Schriftenreihe
der Juristischen Schulung
Band 107

Öffentliches Baurecht

Begründet von

Prof. Dr. Klaus Finkelnburg

Fachanwalt für Verwaltungsrecht in Berlin

und

Prof. Dr. Karsten Michael Ortloff

Vorsitzender Richter am Verwaltungsgericht Berlin a. D.

Fortgeführt und neu bearbeitet ab der 6. Auflage von

PD Dr. Martin Kment, LL. M. (Cambridge)

Vertreter des Lehrstuhls für Deutsches und Europäisches
Verwaltungsrecht unter Einfluss des Energie- und Kommunikationsrechts
an der Universität Osnabrück
Stellvertretender Geschäftsführer des Zentralinstituts für Raumplanung
an der Westfälischen Wilhelms-Universität Münster

Band I: Bauplanungsrecht

6., neu bearbeitete Auflage

Verlag C. H. Beck München 2011

Verlag C. H. Beck im Internet:
beck.de

ISBN 978 3 406 51688 7

© 2011 Verlag C. H. Beck oHG
Wilhelmstraße 9, 80801 München
Druck und Bindung: Nomos Verlagsgesellschaft
In den Lissen 12, 76547 Sinzheim

Satz: Druckerei C. H. Beck, Nördlingen

Gedruckt auf säurefreiem, alterungsbeständigem Papier
(hergestellt aus chlorfrei gebleichtem Zellstoff)

Vorwort

Seit der 5. Auflage dieses Lehrbuchs im Jahr 1998 hat das Bauplanungsrecht eine Vielzahl einschneidender Veränderungen erlebt. Besonders bedeutsam waren das Europarechtsanpassungsgesetz im Jahr 2004, welches sich etwa in der Neufassung der Vorschriften über die Aufstellung der Bauleitpläne niederschlug, wie auch das im Jahr 2007 in Kraft getretene Gesetz zur Erleichterung von Planvorhaben für die Innenentwicklung der Städte. Diese und weitere tiefgreifende Modifikationen des Gesetzeswerks flankiert von Fortentwicklungen der Rechtsprechung haben eine völlige Neubearbeitung des Lehrbuchs erforderlich gemacht. Dabei wurde mit Bedacht vorgegangen, um den Charakter der Vorauflage zumindest zum Teil zu erhalten, gleichzeitig wurde an anderer Stelle ganz bewusst mit der Tradition gebrochen. So findet sich nunmehr zu Beginn der einzelnen Sinnabschnitte ein Fall, der den Leser in die Thematik einstimmt. Außerdem ist jedem Themenblock jeweils eine Auswahl von Literatur vorangestellt, während weiterführende Hinweise den Fußnoten vorbehalten bleiben. Insgesamt wurden Rechtsprechung und Literatur bis Ende 2010 berücksichtigt.

Stoffzusammenstellung und Schwerpunktsetzung orientieren sich an der Zielgruppe des Lehrbuchs: Es wendet sich zunächst an Studenten und Referendare. Daher wurde der Darstellung und Erläuterung von Problemen, die im Studium und Examen immer wieder von Bedeutung sein können, ein besonderes Augenmerk geschenkt. Darüber hinaus ist dieses Buch an die Praxis adressiert. Es möchte – wie bisher auch – allen von Nutzen sein, die sich im Berufsalltag mit dem Baurecht befassen oder als Nichtjuristen zu diesem Rechtsbereich Zugang suchen.

Naturgemäß unterlaufen auch bei sorgfältigster Arbeit Fehler. Ich hoffe deshalb auf Anregungen und Kritik.

Zu danken ist meinem wissenschaftlichen Mitarbeiter Herrn *Christoph Thäsler*, meiner ehemaligen wissenschaftlichen Mitarbeiterin Frau *Annette Braun*, meiner Sekretärin Frau *Anette Vorjohann* sowie meiner studentischen Hilfskraft Frau *Ann-Sofie Plate* für die vielfältige Unterstützung. Ebenso danke ich Herrn *Dr. Klaus Winkler* und Frau *Sonja Mücke*, die von Verlagsseite das Entstehen der Neuauflage fürsorglich begleitet haben. Das Buch ist zu einem großen Teil im vitalen akademischen Umfeld des Zentralinstituts für Raumplanung an der Westfälischen Wilhelms-Universität Münster entstanden. Dies hat die Fertigstellung des Buches in vielerlei Hinsicht gefördert.

Münster, im März 2011 *Martin Kment*

Inhaltsverzeichnis

Vorwort	V
Inhaltsverzeichnis	VII
Abkürzungsverzeichnis	XXV
Literaturverzeichnis und Literaturempfehlungen	XXXI

1. Teil. Einführung in das Baurecht ... 1

§ 1. Das private Baurecht ... 1
   I. Die bürgerlich-rechtliche Baufreiheit ... 2
   II. Schranken der bürgerlich-rechtlichen Baufreiheit ... 2
   III. Verhältnis zum öffentlichen Baurecht ... 4

§ 2. Die Entstehung des öffentlichen Baurechts ... 6
   I. Notwendigkeit eines öffentlichen Baurechts ... 6
   II. Die Entwicklung des öffentlichen Baurechts ... 6
      1. Preußisches Allgemeines Landrecht ... 6
      2. Die Zeit bis zum 1. Weltkrieg ... 7
      3. Die Zeit der Weimarer Republik ... 7
      4. Die Zeit nach 1933 ... 8
      5. Unmittelbare Nachkriegszeit ... 8
      6. Bundesrepublik Deutschland ... 9
      7. Europäischer Einfluss ... 11

§ 3. Die Rechtsquellen des öffentlichen Baurechts ... 13
   I. Gesetzgebungskompetenzen ... 13
   II. Baurecht des Bundes ... 15
      1. Baugesetzbuch ... 15
      2. Baunutzungsverordnung ... 15
      3. Planzeichenverordnung ... 16
      4. Immobilienwertermittlungsverordnung ... 16
      5. Raumordnungsgesetz ... 17
      6. Sonstige Bundesgesetze von baurechtlicher Bedeutung, insbesondere zur Fachplanung ... 18
   III. Baurecht der Länder ... 19
   IV. Gemeindliche Satzungen nach dem BauGB ... 20

§ 4. Der verfassungsrechtliche Standort des öffentlichen Baurechts ... 21
   I. Die Eigentumsgarantie des Grundgesetzes ... 21
      1. Das Eigentum als Rechtsinstitut ... 22
         a) Begriff und Bedeutung ... 22
         b) Inhalt und Schranken sowie Enteignung ... 22
      2. Das Eigentum als Grundrecht ... 24
         a) Begriff des grundrechtsgeschützten Eigentums ... 24
         b) Bedeutung der grundrechtlichen Gewährleistung ... 24
   II. Eigentumsgarantie und öffentliches Baurecht ... 25
      1. Grundsatz der Baufreiheit ... 25
         a) Genehmigungsanspruch ... 25
         b) Bestandsschutz und seine Abgrenzung zur Legalisierungswirkung einer Baugenehmigung ... 26
         c) Entzug von Baulandqualität ... 27
      2. Einschränkungen der Baufreiheit ... 27
         a) Bauleitplanung ... 28
         b) Beschränkungen durch §§ 34, 35 BauGB ... 29

c) Veränderungssperre	29
d) Sonstige Beschränkungen der Baufreiheit	29
2. Teil. Die Bauleitplanung	**33**
§ 5. Die Planungshoheit	**33**
I. Verfassungsrechtliche Grundlage	34
1. Planungshoheit als Element der Selbstverwaltungsgarantie	34
2. Einschränkungen der Planungshoheit und Partizipation	35
II. Das Prinzip der Erforderlichkeit	35
1. Pflicht zum Erlass erforderlicher Bauleitpläne	35
2. Verbot nicht erforderlicher Bauleitpläne	37
III. Begrenzung durch Ziele der Raumordnung	38
1. Raumordnungsziele	38
2. Anpassung	38
IV. Verfahrensrechtliche Bindungen der Planungshoheit	39
V. Inhaltliche Bindungen der Planungshoheit	39
1. Die Vorgaben des BauGB	39
2. Sonstige gesetzliche Vorgaben – Regelungen zu Bindungen an Fachplanung und Umweltschutzrecht	40
VI. Die Abwägung	42
1. Abwägung und planerische Gestaltungsfreiheit	42
2. Durchführung eines Abwägungsvorgangs	43
3. Zusammenstellung des Abwägungsmaterials	44
a) Öffentliche Belange	44
b) Vorgaben des Umweltschutzes für die Abwägung	45
aa) Bodenschutzklausel	45
bb) Eingriff in Natur und Landschaft	46
cc) FFH- und Vogelschutzrichtlinie	47
c) Spezialgesetzliche Belange	49
d) Private Belange	49
e) Auszusondernde Belange	49
f) Ermittlung der Belange	50
4. Bewertung der planungserheblichen Belange	52
5. Die Abwägung der öffentlichen und privaten Belange	53
a) Planungsgrundsätze	53
aa) Nachhaltige städtebauliche Entwicklung	54
bb) Sozialgerechte Bodennutzung	55
cc) Menschenwürdige Umwelt	55
dd) Natürliche Lebensgrundlagen und allgemeiner Klimaschutz	55
ee) Baukultur	56
b) Konfliktbewältigung	57
c) Abwägungsergebnis	57
VII. Der Schutz der Planungshoheit	58
1. Partizipation an fremder ortsbedeutsamer Planung	58
a) Nachbargemeindliche Bauleitplanung	58
aa) Verfahrensbeteiligung	58
bb) Interkommunale Abstimmung	59
b) Fachplanung	60
2. Wehrfähigkeit der Planungshoheit	61
VIII. Stadtentwicklungsplanung	63
§ 6. Planungszuständigkeit und Planungsverfahren	**64**
I. Zuständigkeit zur Bauleitplanung	65
1. Zuständigkeit der Gemeinde	66
a) Innergemeindliche Zuständigkeit	66
b) Inkompatibilitäten	66
2. Zuständigkeit sonstiger Körperschaften	67
a) Gebietskörperschaften	67
b) Zusammenschlüsse von Gemeinden	67
c) Planungsverbände	67

d) Gemeinsame Flächennutzungsplanung	68
II. Das Verfahren zur Aufstellung der Bauleitpläne	68
1. Vorbereitung der Bauleitplanung und Einschaltung eines Dritten	68
2. Planaufstellungsbeschluss	69
3. Umweltprüfung	70
a) Unionsrechtliche Vorgaben	70
b) Pflicht zur Durchführung einer Umweltprüfung	72
c) Durchführung der Umweltprüfung	73
aa) Ermittlung der Umweltauswirkungen	73
bb) Beschreibung der Umweltauswirkungen	74
cc) Bewertung der Umweltauswirkungen	74
dd) Koordination der Umweltprüfung (Scoping)	75
ee) Berücksichtigung der Umweltprüfung	75
ff) Abschichtung	76
4. Begründung und Umweltbericht	77
5. Öffentlichkeitsbeteiligung	78
a) Frühzeitige Öffentlichkeitsbeteiligung	78
aa) Zweck	79
bb) Zeitpunkt	79
cc) Form	79
b) Bürgerbeteiligung durch Auslegung des Planentwurfs	80
aa) Auslegungsbeschluss	80
bb) Gegenstand der Auslegung	80
cc) Dauer der Auslegung	81
dd) Anregungen	82
6. Behördenbeteiligung	83
a) Behörden und sonstige Träger öffentlicher Belange	83
b) Zweck der Behördenbeteiligung	84
c) Ablauf der Behördenbeteiligung bei Planauslegung	84
d) Bedeutung der Stellungnahme	85
7. Gemeinsame Vorschriften zur Beteiligung	85
a) Gleichzeitige Durchführung der Beteiligung	85
b) Erneute Auslegung	85
c) Elektronische Medien	86
d) Präklusion	86
8. Grenzüberschreitende Beteiligung	87
9. Beschluss über den Bauleitplan	89
a) Entscheidungsfindung der Gemeinde	89
b) Begründung, Umweltbericht und zusammenfassende Erklärung	89
c) Ausfertigung	89
10. Genehmigung	90
a) Flächennutzungsplan	90
b) Bebauungsplan	91
11. Inkrafttreten der Bauleitpläne	92
a) Flächennutzungsplan	92
b) Bebauungsplan	93
aa) Genehmigungsfreie Bebauungspläne	93
bb) Genehmigungspflichtige Bebauungspläne	93
12. Monitoring	94
13. Aufstellung eines Bebauungsplans im vereinfachten Verfahren	95
a) Anwendungsbereich	95
b) Umfang der Verfahrenserleichterung	96
III. Die Änderung oder Ergänzung von Bauleitplänen	97
1. Begriff der Änderung oder Ergänzung	97
2. Verfahren der Änderung oder Ergänzung – Vereinfachtes Verfahren	97
IV. Die Aufhebung von Bauleitplänen	98
1. Begriff der Aufhebung, Verwerfungskompetenz und -pflicht	98
2. Verfahren der Aufhebung	99
V. Bebauungsplan der Innenentwicklung	99

1. Regelungsgegenstand des Bebauungsplans der Innenentwicklung	99
2. Erleichterungen und Besonderheiten des beschleunigten Verfahrens	101
VI. Funktionslosigkeit von Bebauungsplänen	102

§ 7. Der Flächennutzungsplan ... 103
I. Die Funktion des Flächennutzungsplans	104
II. Die äußere Form des Flächennutzungsplans	105
1. Karte des Gemeindegebiets	105
2. Begründung	105
III. Der Geltungsbereich des Flächennutzungsplans	105
1. Der gemeindeumfassende Flächennutzungsplan	106
2. Der sachliche Teilflächennutzungsplan	106
3. Der teilgemeindliche Flächennutzungsplan	107
4. Der mehrgemeindliche Flächennutzungsplan	107
5. Der regionale Flächennutzungsplan	108
IV. Der Inhalt des Flächennutzungsplans	108
1. Die Darstellungen	108
a) Allgemeiner Inhalt der Darstellungen	108
aa) Beabsichtigte städtebauliche Entwicklung	109
bb) Bedürfnisse der Gemeinde	109
cc) Darstellung der Grundzüge	109
b) Die Darstellung der Art der baulichen Nutzung	110
aa) Bauflächen	110
bb) Baugebiete	110
c) Die Darstellung des Maßes der baulichen Nutzung	111
d) Die Darstellung der gemeindlichen Infrastruktur	111
aa) Anlagen und Einrichtungen des Gemeinbedarfs (§ 5 II Nr. 2 BauGB)	111
bb) Verkehrsflächen (§ 5 II Nr. 3 BauGB)	112
cc) Flächen für Versorgung und Entsorgung (§ 5 II Nr. 4 BauGB)	112
dd) Grünflächen (§ 5 II Nr. 5 BauGB)	112
ee) Wasserflächen und Flächen zum Schutz gegen Hochwasser (§ 5 II Nr. 7 BauGB)	112
e) Die Darstellung sonstiger Nutzungen von Flächen	112
aa) Flächen für Zwecke des Umweltschutzes (§ 5 II Nr. 6 BauGB)	113
bb) Aufschüttungen, Abgrabungen, Bodenschätze (§ 5 II Nr. 8 BauGB)	113
cc) Landwirtschaft und Wald (§ 5 II Nr. 9 BauGB)	113
dd) Natur- und Landschaftsschutz (§ 5 II Nr. 10 BauGB)	113
ee) Ausgleichsflächen (§ 5 II a BauGB)	113
2. Kennzeichnungen, nachrichtliche Übernahmen, Vermerke	114
a) Kennzeichnungen	114
b) Nachrichtliche Übernahmen und Vermerke	115
V. Rechtliche Bedeutung des Flächennutzungsplans	115
1. Rechtsnatur des Flächennutzungsplans	115
2. Rechtswirkungen des Flächennutzungsplans	116
a) Zulässigkeit von Vorhaben	116
b) Bebauungsplanung	116
c) Öffentliche Planungsträger	117
3. Rechtsschutz	118
a) Unangreifbarkeit des Flächennutzungsplans für den Regelfall	118
b) Ausnahmsweise Rechtsschutzmöglichkeiten	119
aa) Normenkontrolle gegen Ausweisungen im Rahmen des § 35 III 3 BauGB	119
bb) Nachbargemeinden, Behörden und sonstige Träger öffentlicher Belange	119
cc) Inzidenzprüfung	120

§ 8. Der Bebauungsplan ... 120
I. Die Funktion des Bebauungsplans	121
II. Die äußere Form des Bebauungsplans	121
1. Karte des Plangebiets	121
2. Begründung des Bebauungsplans	122
III. Der Inhalt des Bebauungsplans	123

1. Festsetzungen 123
   a) Bedeutung der Festsetzungen 123
   b) Inhalt 123
   c) Hinreichende Bestimmtheit 124
   d) Zeitliche Geltung des Bebauungsplans und Festsetzungen für einen bestimmten Zeitraum (§ 9 II BauGB) 125
2. Kennzeichnungen 126
3. Nachrichtliche Übernahmen und Vermerke 127
4. Räumlicher Geltungsbereich 128
IV. Die Arten der Bebauungspläne 128
   1. Einteilung der Bebauungspläne nach ihrem Inhalt 128
      a) Der qualifizierte Bebauungsplan 128
      b) Der einfache Bebauungsplan 129
      c) Der vorhabenbezogene Bebauungsplan 129
   2. Einteilung der Bebauungspläne nach ihrem Verhältnis zum Flächennutzungsplan 129
      a) Der aus dem Flächennutzungsplan entwickelte Bebauungsplan ... 129
      b) Der im Parallelverfahren entwickelte Bebauungsplan 131
      c) Der vorzeitige Bebauungsplan 132
      d) Der „unechte" vorzeitige Bebauungsplan 134
      e) Der selbstständige Bebauungsplan 134
V. Rechtliche Bedeutung des Bebauungsplans 136
   1. Rechtsnatur des Bebauungsplans 136
   2. Rechtswirkungen des Bebauungsplans 136
   3. Rechtsschutz 137

§ 9. Die Festsetzungen im Bebauungsplan – insbesondere Vorgaben der BauNVO ... 138
I. Festsetzungen zur Art der baulichen Nutzung 139
   1. Der Begriff der „Art der baulichen Nutzung" 139
      a) Festsetzung von Baugebieten 139
      b) Typenzwang 139
      c) Statische Festsetzung 140
      d) Typisierende Auslegung der Baugebietsvorschriften 141
      e) Abweichungen von der festgesetzten Art der Nutzung 141
   2. Wohnnutzung 141
      a) Kleinsiedlungsgebiete (§ 2 BauNVO) 142
         aa) Allgemeine Zweckbestimmung 142
         bb) Allgemein zulässige Anlagen 143
         cc) Ausnahmsweise zulässige Anlagen 143
      b) Reine Wohngebiete (§ 3 BauNVO) 143
         aa) Allgemeine Zweckbestimmung 143
         bb) Allgemein zulässige Anlagen 144
         cc) Ausnahmsweise zulässige Anlagen 145
      c) Allgemeine Wohngebiete (§ 4 BauNVO) 146
         aa) Allgemeine Zweckbestimmung 146
         bb) Allgemein zulässige Anlagen 146
         cc) Ausnahmsweise zulässige Anlagen 148
      d) Besondere Wohngebiete (§ 4 a BauNVO) 148
         aa) Allgemeine Zweckbestimmung 148
         bb) Allgemein zulässige Anlagen 149
         cc) Ausnahmsweise zulässige Anlagen 149
   3. Mischnutzung 149
      a) Dorfgebiete (§ 5 BauNVO) 149
         aa) Allgemeine Zweckbestimmung 149
         bb) Allgemein zulässige Anlagen 150
         cc) Ausnahmsweise zulässige Anlagen 150
      b) Mischgebiete (§ 6 BauNVO) 151
         aa) Allgemeine Zweckbestimmung 151
         bb) Allgemein zulässige Anlagen 151
         cc) Ausnahmsweise zulässige Anlagen 152
      c) Kerngebiete (§ 7 BauNVO) 153

aa) Allgemeine Zweckbestimmung	153
bb) Allgemein zulässige Anlagen Zum Ausschluss einzelner Nutzungsarten des Kerngebiets OVG Bremen BRS 47 Nr. 49; OVG Lüneburg BRS 46 Nr. 55.	153
cc) Ausnahmsweise zulässige Anlagen	154
4. Gewerbliche Nutzung	154
a) Gewerbegebiete (§ 8 BauNVO)	154
aa) Allgemeine Zweckbestimmung	154
bb) Allgemein zulässige Anlagen	155
cc) Ausnahmsweise zulässige Anlagen	155
b) Industriegebiete (§ 9 BauNVO)	156
aa) Allgemeine Zweckbestimmung	156
bb) Allgemein zulässige Anlagen	156
cc) Ausnahmsweise zulässige Anlagen	157
5. Sondergebiete	157
a) Sondergebiete, die der Erholung dienen (§ 10 BauNVO)	157
aa) Wochenendhausgebiete	158
bb) Ferienhausgebiete	158
cc) Campingplatzgebiete	158
b) Sonstige Sondergebiete (§ 11 BauNVO)	159
aa) Zweckbestimmung	159
bb) Art der Nutzung	160
c) Sondergebiete für Einkaufszentren und großflächige Handelsbetriebe	160
aa) Entstehung der heutigen Regelung	160
bb) Die Beschränkungen des § 11 III BauNVO	161
6. Baugebietsübergreifend zulässige Nutzungen	164
a) Stellplätze und Garagen (§ 12 BauNVO)	164
aa) Prinzipielle Zulässigkeit	165
bb) Einschränkungen	165
cc) Garagengeschosse	165
b) Gebäude und Räume für freie Berufe (§ 13 BauNVO)	166
c) Nebenanlagen (§ 14 BauNVO)	167
7. Modifizierung der an sich im Baugebiet zulässigen Nutzungen durch den Bebauungsplan	168
a) Erweiterung der allgemein zulässigen Nutzung	169
b) Ausschluss oder Rückstufung von an sich allgemein zulässigen Nutzungen	169
c) Ausnahmen von Ausnahmen	170
d) Ausschluss einzelner Arten von Anlagen	170
e) Horizontale Gliederung	171
f) Vertikale Gliederung	172
g) „Fremdkörperfestsetzung"	173
II. Festsetzungen über das Maß der baulichen Nutzung, die Bauweise und die überbaubaren Grundstücksflächen	173
1. Das Maß der baulichen Nutzung	173
a) Zulässige Grundfläche	174
aa) Grundflächenzahl	174
bb) Größe der Grundflächen	175
b) Zulässige Geschossfläche	176
aa) Geschossflächenzahl	176
bb) Größe der Geschossfläche	177
c) Zulässige Baumasse	177
d) Zahl der Vollgeschosse	177
e) Höhe der baulichen Anlagen	178
2. Die Bauweise	178
a) Offene Bauweise	179
b) Geschlossene Bauweise	179
c) Sonstige Bauweise	180
3. Die überbaubaren und die nicht überbaubaren Grundstücksflächen und die Stellung der baulichen Anlagen	180

  a) Die überbaubaren Grundstücksflächen 181
   aa) Begriff und Bedeutung 181
   bb) Die Baulinie 181
   cc) Die Baugrenze 181
   dd) Die Bebauungstiefe 182
  b) Die nicht überbaubaren Grundstücksflächen........................ 182
  c) Die Stellung der baulichen Anlagen 182
 III. Sonstige Festsetzungen des Bebauungsplans 183
  1. Zuschnitt der Baugrundstücke 183
  2. Sportplätze und Sportanlagen, Spiel-, Freizeit- und Erholungsflächen 183
   a) Vorgeschriebene freizeitbezogene Nebenanlagen 184
   b) Spiel- und Sportplätze als Grünflächen 184
   c) Sport- und Spielanlagen 184
   d) Gemeinschaftsanlagen 184
   e) Sondergebiet 184
  3. Stellplätze und Garagen... 185
  4. Gemeinbedarfsflächen 185
  5. Versorgungs- und Entsorgungsflächen 185
   a) Versorgungsflächen... 186
   b) Versorgungsleitungen 186
   c) Entsorgungsflächen 186
  6. Geh-, Fahr- und Leitungsrechte 186
  7. Flächen mit besonderem Nutzungszweck............................. 187
  8. Verkehrsflächen 187
  9. Festsetzung sonstiger Nutzungen
   a) Von Bebauung freizuhaltende Flächen 189
   b) Öffentliche und private Grünflächen 189
    aa) Grünflächen 190
    bb) Parkanlagen 190
    cc) Dauerkleingärten... 190
    dd) Anpflanzungen und Bindungen für Bepflanzungen 191
   c) Wasserflächen 191
   d) Flächen für Aufschüttungen, Abgrabungen und Gewinnung von Bodenschätzen 192
   e) Flächen für die Landwirtschaft und Wald 192
  10. Festsetzungen zum Schutz von Natur und Umwelt..................... 192
   a) Ausgleichsflächen... 192
   b) Schutz, Pflege und Entwicklung von Boden, Natur und Landschaft 193
   c) Schutzflächen 193
   d) Vorkehrungen zum Schutz vor schädlichen Umwelteinwirkungen und sonstigen Gefahren.. 194
   e) Verwendungsverbote für luftverunreinigende Stoffe und erneuerbare Energien 195
  11. Festsetzungen zur Innenentwicklung der Gemeinde gem. § 9 II a BauGB 195
  12. Festsetzungen kraft Landesrechts.................................... 197
§ 10. Der vorhabenbezogene Bebauungsplan 198
 I. Historie 199
 II. Funktion und Spezifika des vorhabenbezogenen Bebauungsplans 199
 III. Der Vorhaben- und Erschließungsplan................................. 201
  1. Aufstellung... 201
  2. Inhalt.. 201
  3. Inhaltliche Vorgaben 201
 IV. Der Durchführungsvertrag 202
  1. Notwendige Voraussetzung für den vorhabenbezogenen Bebauungsplan....... 202
  2. Rechtsnatur des Durchführungsvertrags.............................. 202
  3. Inhalt des Durchführungsvertrags 203
  4. Durchsetzung der Vertragspflichten................................. 204
 V. Der das Vorhaben festsetzende Bebauungsplan 204
  1. Das Bebauungsplanverfahren 204
   a) Einleitung des Verfahrens 205

   b) Verfahrensdurchführung 206
   c) Planerische Willensbildung 206
   d) Entwicklungsgebot und Rechtmäßigkeitskontrolle 207
   e) Aufhebung 207
   f) Verfahrensmängel 207
  2. Inhalt des vorhabenbezogenen Bebauungsplans 207
  3. Rechtliche Bedeutung des vorhabenbezogenen Bebauungsplans 208

§ 11. Verträge im Städtebaurecht 210
 I. Der städtebauliche Vertrag 211
  1. Gegenstände des städtebaulichen Vertrags 211
   a) Bauplanungsvertrag 211
   b) Baurealisierungsvertrag 212
   c) Folgekostenvertrag 212
   d) Klimaschutzvertrag 213
  2. Grenzen der vertraglichen Regelung 213
   a) Gesetzesbindung 213
   b) Übermaßverbot 213
   c) Koppelungsverbot 214
   d) Vergaberecht 214
  3. Form des städtebaulichen Vertrags, Leistungsstörung, Anpassung, Bereicherung 215
  4. Durchsetzung der vertraglichen Ansprüche 215
 II. Der nicht typisierte städtebauliche Vertrag 216
 III. Der Erschließungsvertrag 216
  1. Zweck des Erschließungsvertrags 216
  2. Rechtsnatur und Form 217
  3. Inhalt des Erschließungsvertrags 217
   a) Erstellung von Erschließungsanlagen 218
   b) Kosten der Erschließung 218

§ 12. Mängel und Planerhaltung 219
 I. Historie 220
 II. Verletzung von Verfahrens- und Formvorschriften 221
  1. Grundstruktur der Behandlung von Rechtsverletzungen 221
  2. Der Begriff der Verfahrens- oder Formvorschrift 221
  3. Ermittlungs- und Bewertungsfehler (§ 214 I 1 Nr. 1 BauGB) 222
   a) Perpetuierung des verfahrensbezogenen Elements der Abwägung 222
   b) Unzutreffende Ermittlung oder Bewertung 222
    aa) Keine sachgerechte Abwägung 222
    bb) Unvollständigkeit des Abwägungsmaterials 223
    cc) Fehlerhafte Gewichtung 223
   c) Kenntnis und Kennen-Müssen 223
   d) Fehler in wesentlichen Punkten 224
   e) Offensichtlichkeit 224
   f) Kausalität 224
   g) Maßgeblicher Zeitpunkt 225
  4. Beteiligungsmängel (§ 214 I 1 Nr. 2 BauGB) 225
   a) Beteiligungsverfahren 225
   b) Gelegenheit zur Stellungnahme 226
  5. Mängel von Erläuterungsbericht oder Planbegründung (§ 214 I 1 Nr. 3 BauGB) 226
  6. Fehlende Beschlussfassung oder Genehmigung (§ 214 I 1 Nr. 4 BauGB) 227
  7. Die Rüge der Mängel 227
 III. Verletzung der Vorschriften über das Verhältnis zwischen Bebauungsplan und Flächennutzungsplan (§ 214 II BauGB) 228
 IV. Verletzung der Vorschriften für das beschleunigte Verfahren (§ 214 II a BauGB) ... 229
  1. Fehlbeurteilung zum Vorliegen eines Bebauungsplans der Innenentwicklung (§ 214 II a Nr. 1 BauGB) 229
  2. Unterbliebener Hinweis (§ 214 II a Nr. 2 BauGB) 230
  3. Fehlerhafte Vorprüfung (§ 214 II a Nr. 3 BauGB) 230

Inhaltsverzeichnis

    4. Verkennung der Pflicht zur Durchführung einer Umweltverträglichkeitsprüfung (§ 214 II a Nr. 4 BauGB) 231
    5. Geltendmachung des Mangels 232
  V. Sonstige Mängel im Abwägungsvorgang (214 III 2 BauGB) 232
  VI. Mängel im Abwägungsergebnis 232
  VII. Ergänzendes Verfahren 233
    1. Der behebbare Mangel 233
    2. Das ergänzende Verfahren 234
    3. Pflicht zur Behebung der schwebenden Unwirksamkeit 235
    4. Rückwirkende Inkraftsetzung 235
  VIII. Befugnisse der Aufsichtsbehörde 236
  IX. Planerhaltungsregelungen im Spannungsverhältnis zum Europarecht 236

§ 13. Die Entschädigung für Eingriffe durch Bebauungsplan 238
  I. Eingriff durch fremdnützige Festsetzung 239
    1. Die potentiell entschädigungspflichtigen Festsetzungen 239
    2. Die Voraussetzungen eines Entschädigungsanspruchs 239
      a) Vermögensnachteil 240
      b) Zumutbarkeit 240
      c) Befreiung 240
    3. Art und Ausmaß der Entschädigung 241
    4. Verfahren 241
  II. Geh-, Fahr- und Leitungsrechte 242
  III. Bindungen für Bepflanzungen 242
  IV. Aufhebung oder Änderung einer zulässigen Nutzung 243
    1. Entschädigung in den ersten sieben Jahren, Nutzung, Aufhebung und Änderung der Nutzung 243
    2. Entschädigung nach Ablauf von sieben Jahren 244
  V. Wertverlust von vorbereitenden Aufwendungen 245
    1. Anwendungsbereich des § 39 BauGB 245
    2. Schutzgut des § 39 BauGB 246
    3. Geschützter Personenkreis und geschützte Dispositionen 246
  VI. Geltendmachung der Entschädigung wegen planerischer Eingriffe 247

3. Teil. Die Sicherung und Verwirklichung der Bauleitplanung 249

§ 14. Die Veränderungssperre 249
  I. Anwendungsbereich der Veränderungssperre 250
  II. Voraussetzungen der Veränderungssperre 250
    1. Planaufstellungsbeschluss 251
    2. Sicherungsbedürfnis 252
    3. Zeitpunkt 252
  III. Form der Veränderungssperre 253
  IV. Inhalt und Bedeutung der Veränderungssperre 253
    1. Veränderungen nach § 14 I Nr. 1 BauGB 254
    2. Veränderungsverbot nach § 14 I Nr. 2 BauGB 254
  V. Ausnahmen von der Veränderungssperre 255
    1. Ausnahmen kraft Gesetzes 255
    2. Ausnahmen aufgrund behördlicher Zulassung 255
      a) Überwiegende öffentliche Belange 256
      b) Ermessen 256
  VI. Dauer der Veränderungssperre 256
    1. Allgemeine Geltungsdauer 257
    2. Geltungsdauer bei besonderen Umständen 257
    3. Erneuerte Veränderungssperre 257
    4. Individuelle Verkürzung 258
    5. Außerkrafttreten der Veränderungssperre 258
  VII. Entschädigung 259
  VIII. Faktische Veränderungssperre 260

§ 15. Die Zurückstellung von Baugesuchen und die vorläufige Untersagung von Bauvorhaben ... 261
  - I. Die Zurückstellung von Baugesuchen ... 261
    1. Die Voraussetzungen der Zurückstellung ... 261
       a) Mögliche Veränderungssperre ... 262
       b) Gegenstand der Zurückstellung ... 262
       c) Sicherungsbedürfnis ... 262
       d) Zeitpunkt und Dauer der Zurückstellung ... 263
       e) Sonderregelung für privilegierte Außenbereichsvorhaben ... 263
    2. Rechtswirkungen und Rechtsnatur der Zurückstellung ... 264
  - II. Die vorläufige Untersagung ... 265
  - III. Rechtsschutz ... 265

§ 16. Teilungsgenehmigung und Sicherung von Gebieten mit Fremdenverkehrsfunktion ... 266
  - I. Teilungsgenehmigung ... 266
    1. Bedeutungsverlust der Teilungsgenehmigung im BauGB ... 266
    2. Begriffsdefinition: Teilung von Grundstücken ... 267
    3. Übereinstimmung mit den Festsetzungen des Bebauungsplan ... 267
  - II. Sicherung von Gebieten mit Fremdenverkehrsfunktion ... 268
    1. Begründung der Genehmigungspflicht ... 268
    2. Genehmigungsvoraussetzungen ... 269
    3. Genehmigungsverfahren ... 269

§ 17. Die gemeindlichen Vorkaufsrechte ... 270
  - I. Sachlicher Anwendungsbereich der Vorkaufsrechte ... 270
    1. Kauf ... 270
    2. Grundstücke ... 271
  - II. Die Vorkaufsfälle ... 272
    1. Vorkaufsrechte kraft Gesetzes ... 272
    2. Vorkaufsrecht kraft Satzung ... 273
    3. Konkurrenzen ... 274
    4. Gemeinwohlerfordernis ... 274
    5. Ausschließungsgründe ... 275
    6. Abwendungsbefugnis ... 275
  - III. Ausübung des Vorkaufsrechts und Verzicht ... 276
  - IV. Rechtswirkungen ... 277
  - V. Veränderung des Kaufpreises ... 277
    1. Reduzierung auf den Verkehrswert ... 277
    2. Kaufpreis in Höhe des Entschädigungswerts ... 278
  - VI. Rechtsschutz ... 278
  - VII. Reprivatisierung ... 279

§ 18. Die Grundzüge der Bodenordnung ... 279
  - I. Umlegung ... 281
    1. Begriff der Umlegung ... 281
    2. Voraussetzungen der Umlegung ... 281
       a) Umlegung im Geltungsbereich eines Bebauungsplans ... 281
       b) Umlegung innerhalb der im Zusammenhang bebauten Ortsteile ... 282
    3. Durchführung der Umlegung ... 282
       a) Umlegungsbeschluss ... 282
       b) Vorbereitung der Neuordnung ... 283
       c) Verteilungsgrundsätze ... 283
       d) Umlegungsplan ... 284
  - II. Freiwillige Umlegung ... 285
  - III. Vereinfachte Umlegung ... 285

§ 19. Die Enteignung zu städtebaulichen Zwecken ... 286
  - I. Einleitung und Gesetzgebungskompetenzen ... 287
  - II. Die Voraussetzungen der Enteignung ... 288
    1. Zulässiger Enteignungszweck ... 288

  a) Enteignung zur Verwirklichung eines Bebauungsplans 288
  b) Enteignung im unbeplanten Innenbereich 288
  c) Enteignung zur Beschaffung von Ersatzland oder Ersatzrechten 288
  d) Enteignung zur Verwirklichung eines Baugebots 289
  e) Enteignung zur Erhaltung von Gebäuden 289
  f) Enteignung zur Durchführung des Stadtumbaus 289
 2. Gegenstand der Enteignung 289
  a) Eigentum 289
  b) Andere Rechte an Grundstücken 289
  c) Obligatorische Rechte 289
  d) Keine Gegenstände abseits des § 86 BauGB 290
 3. Gemeinwohlerfordernis 290
 4. Subsidiarität 290
 5. Verhältnismäßiger Eingriff 291
III. Die Entschädigung 291
 1. Die Entschädigung für den Rechtsverlust 291
  a) Verkehrswert 292
  b) Qualität des Grundstücks 292
  c) Preisermittlung 292
  d) Wertabzüge 293
  e) Vorteilsausgleich 294
 2. Die Entschädigung für andere Vermögensnachteile 295
 3. Entschädigungsberechtigte und -verpflichtete 295
 4. Die Art der Entschädigung 296
IV. Das Enteignungsverfahren 296
 1. Enteignungsbehörde 297
 2. Antrag 297
  a) Antragsbefugnis 297
  b) Form, Inhalt und Bedeutung des Antrags 298
 3. Vorbereitendes Verfahren 298
 4. Eigentliches Enteignungsverfahren 298
 5. Entscheidung 299
 6. Ausführungsanordnung 299
 7. Vorzeitige Besitzeinweisung 299
V. Rechtsschutz 300
VI. Rückenteignung 301

4. Teil. Räumliche Gesamtplanung außerhalb des BauGB 303

§ 20. Raumordnungsplanung 303
I. Die Entwicklung der Raumordnung 305
II. Kompetenzrechtliche Grundlagen 306
III. Die Staatsaufgabe „Raumordnung" 308
IV. Leitvorstellung und Grundsätze der Raumordnung 309
 1. Leitvorstellung 309
 2. Grundsätze der Raumordnung 309
V. Raumordnung in den Ländern 310
 1. Raumordnungspläne 311
  a) Arten von Plänen 311
  b) Planinhalte 312
 2. Verfahren zur Aufstellung des Raumordnungsplans 314
 3. Bindungswirkung der Erfordernisse der Raumordnung 314
  a) Ziele der Raumordnung 315
   aa) Zielbindung nach § 4 ROG 315
   bb) Bindungswirkung bei raumbedeutsamen Planungen und Maßnahmen des
    Bundes 315
   cc) Ausnahmen in Raumordnungsplänen 316
   dd) Zielabweichungsverfahren 316
  b) Grundsätze und sonstige Erfordernisse der Raumordnung 316
  c) Raumordnungsklauseln und Sonderregelungen für Abfallbeseitigungsanlagen 317

4. Planerhaltung 317
VI. Raumordnung im Bund 318
   1. Raumordnung für den Gesamtraum 318
   2. Raumordnung für die ausschließliche Wirtschaftszone 318
   3. Entwicklung von Leitbildern und Europäische Raumordnung. 319

§ 21. Die Sicherung und Verwirklichung der Raumordnungsplanung. 320
I. Raumordnerische Zusammenarbeit 321
II. Untersagung raumordnungswidriger Planungen und Maßnahmen 321
III. Das Raumordnungsverfahren 322
   1. Die dem Raumordnungsverfahren unterliegenden Planungen und Maßnahmen.. 322
   2. Zweck des Raumordnungsverfahrens 323
   3. Gang des Verfahrens 324
   4. Bedeutung der raumordnerischen Beurteilung 325
   5. Rechtsqualität des Raumordnungsverfahrens 325
   6. Vereinfachtes Raumordnungsverfahren 326
IV. Flankierende Maßnahmen 326

5. Teil. Die planungsrechtliche Zulässigkeit baulicher und sonstiger Vorhaben 329

§ 22. Das planungsrechtlich relevante Vorhaben 329
I. Fachplanerische Vorhaben 330
II. Vorhaben allgemeiner Art 331
   1. Vorhaben, die bauliche Anlagen betreffen 331
     a) Bauliche Anlage 331
       aa) Element des Bauens 332
       bb) Element der bodenrechtlichen Relevanz 332
     b) Errichtung, Änderung oder Nutzungsänderung 333
   2. Aufschüttungen, Abgrabungen und Ähnliches 333

§ 23. Vorhaben im Geltungsbereich eines Bebauungsplans 334
I. Vorhaben im Geltungsbereich eines qualifizierten Bebauungsplans (§ 30 I BauGB). 335
   1. Der Begriff des qualifizierten Bebauungsplans 335
   2. Der planungsrechtliche Maßstab 336
   3. Zulässigkeit von Vorhaben 336
   4. Rechtsanspruch 337
II. Vorhaben im Geltungsbereich eines einfachen Bebauungsplans (§ 30 III BauGB) .. 337
   1. Begriff des einfachen Bebauungsplans 337
   2. Planungsrechtliche Zulässigkeit 337
   3. Rechtsanspruch 338
III. Vorhaben im Geltungsbereich eines vorhabenbezogenen Bebauungsplans (§ 30 II BauGB) 338
IV. Ausschluss bebauungsplanrechtlich zulässiger Vorhaben im Einzelfall 339
   1. Baugebietswidrigkeit 339
   2. Unzumutbare Störungen 340
   3. Störanfälligkeit 340

§ 24. Ausnahmen und Befreiungen 342
I. Ausnahmen 342
   1. Der Begriff der Ausnahme 342
   2. Die Zulassung der Ausnahme 343
II. Befreiung 344
   1. Der Begriff der Befreiung 344
   2. Die Struktur der Befreiungsvoraussetzungen 344
   3. Die Befreiungstatbestände des § 31 II BauGB 345
     a) Gründe des Wohls der Allgemeinheit (§ 31 II Nr. 1 BauGB) ... 345
     b) Städtebauliche Vertretbarkeit (§ 31 II Nr. 2 BauGB) 346
     c) Offenbar nicht beabsichtigte Härte (§ 31 II Nr. 3 BauGB) ... 346
   4. Wahrung der Grundzüge der Planung 347
   5. Vereinbarkeit mit den öffentlichen Belangen 347
   6. Ermessen 348
III. Befreiung bei künftigen Gemeinbedarfsgrundstücken 348

IV. Befreiung bei Bauten des Bundes und der Länder........................ 349
§ 25. Vorhaben im Geltungsbereich eines künftigen Bebauungsplans 351
    I. § 33 BauGB im System der Bauleitplanung............................... 351
    II. Vorabzulassung nach § 33 I BauGB...................................... 352
        1. Planaufstellungsbeschluss... 352
        2. Formelle Planreife des Bebauungsplanentwurfs.......................... 352
        3. Plankonformität des Vorhabens....................................... 352
            a) Materielle Planreife... 352
            b) Prüfung des Vorhabens.. 353
        4. Anerkenntnis der künftigen Festsetzungen............................. 353
        5. Sicherung der Erschließung... 354
    III. Vorabzulassung nach § 33 II BauGB..................................... 354
    IV. Vorabzulassung nach § 33 III BauGB.................................... 355
    V. Rechtsschutz... 355
§ 26. Vorhaben im unbeplanten Innenbereich................................. 355
    I. Historie.. 357
    II. Räumlicher Anwendungsbereich des § 34 BauGB.......................... 358
        1. Im Zusammenhang bebauter Ortsteil.................................. 358
            a) Bebauungszusammenhang..................................... 358
            b) Ortsteil.. 359
        2. Durch Satzung begrenzte oder bestimmte Ortsteile...................... 360
            a) Klarstellungssatzung... 360
            b) Entwicklungssatzung.. 360
            c) Ergänzungssatzung.. 361
    III. Der Maßstab des einfachen Bebauungsplans............................. 362
    IV. Der Maßstab des Einfügens.. 362
        1. Nähere Umgebung... 363
        2. Eigenart... 363
            a) Maßgebende Bebauung....................................... 363
            b) Der „Rahmen"... 364
        3. Einfügen.. 364
            a) Begriff des Einfügens... 365
            b) Die einfügungsbedürftigen Merkmale........................... 365
                aa) Art der baulichen Nutzung................................. 365
                bb) Maß der baulichen Nutzung............................... 365
                cc) Bauweise.. 366
                dd) Überbaubare Grundstücksflächen........................... 366
            c) Rahmenüberschreitende Vorhaben (erweiterndes Korrektiv)......... 366
            d) Rücksichtnahmegebot (einschränkendes Korrektiv)................ 367
            e) Sonderregelungen nach § 34 III a BauGB........................ 367
        4. Anforderungen an gesunde Wohn- und Arbeitsverhältnisse................ 368
        5. Ortsbild... 368
        6. Naturschutzrechtliche Eingriffsregelung, Natura 2000-Gebiete, Arten- und Biotopschutz... 369
    V. Die BauNVO als Maßstab.. 370
    VI. Keine schädlichen Auswirkungen auf zentrale Versorgungsbereiche (§ 34 III BauGB)... 371
        1. Regelungszweck des § 34 III BauGB................................... 371
        2. Zentrale Versorgungsbereiche....................................... 372
        3. Schädliche Auswirkungen... 373
        4. Sonderregelung des § 9 II a BauGB................................... 373
§ 27. Vorhaben im Außenbereich.. 375
    I. Freihalten des Außenbereichs.. 376
    II. Begriff des Außenbereichs und Grenzziehung zum Innenbereich.............. 376
    III. Privilegierte Vorhaben.. 377
        1. Begriff der privilegierten Vorhaben................................... 377
            a) Vorhaben der Land- und Forstwirtschaft........................ 377
                aa) Land- und Forstwirtschaft................................. 377

bb) Betrieb	378
cc) Dienen	379
dd) Untergeordneter Teil der Betriebsfläche	380
b) Betrieb der gartenbaulichen Erzeugung	380
c) Ortsgebundene Vorhaben	380
d) Relativ außenbereichsgebundene Vorhaben	381
aa) Besondere Anforderungen an die Umgebung	381
bb) Nachteilige Wirkungen auf die Umgebung	382
cc) Besondere Zweckbestimmung	382
e) Anlagen der Wind- und Wasserenergie	383
f) Energetische Nutzung von Biomasse	383
g) Vorhaben der Kernenergie	384
2. Zulässigkeit privilegierter Vorhaben	384
IV. Sonstige Vorhaben	384
1. Begriff des sonstigen Vorhabens	385
2. Zulässigkeit sonstiger Vorhaben	385
V. Öffentliche Belange	385
1. Funktion der öffentlichen Belange in der Genehmigungssituation des § 35 BauGB	385
2. Begriff der öffentlichen Belange	386
a) Flächennutzungsplan (§ 35 III 1 Nr. 1 BauGB)	386
b) Darstellungen eines Landschaftsplans oder sonstiger Pläne (§ 35 III 1 Nr. 2 BauGB)	387
c) Schädliche Umwelteinwirkungen (§ 35 III 1 Nr. 3 BauGB)	388
d) Unwirtschaftliche Aufwendungen (§ 35 III 1 Nr. 4 BauGB)	388
e) Naturschutz, Landschaftspflege, Bodenschutz, Denkmalschutz, Schutz der Landschaft und des Orts- und Landschaftsbilds (§ 35 III 1 Nr. 5 BauGB)	388
f) Agrarstruktur, Wasserwirtschaft und Hochwasserschutz (§ 35 III 1 Nr. 6 BauGB)	390
g) Splittersiedlung (§ 35 III 1 Nr. 7 BauGB)	390
h) Funkstellen und Radaranlagen (§ 35 III 1 Nr. 8 BauGB)	390
i) Ungeschriebene öffentliche Belange	391
3. Nachvollziehende Abwägung	391
VI. Steuerungskraft von Flächennutzungsplänen und Zielen der Raumordnung nach § 35 III 2, 3 BauGB	392
1. Zielbindungspflicht (§ 35 III 2 Hs. 1 BauGB)	392
2. Abwägungsabschichtung (§ 35 III 2 Hs. 2 BauGB)	393
3. Konzentrationsflächen (§ 35 III 3 BauGB)	393
VII. Begünstigte sonstige Vorhaben	395
1. Nutzungsänderung land- oder forstwirtschaftlicher Anlagen	395
2. Neuerrichtung eines gleichartigen Wohngebäudes	396
3. Ersatzbauten	396
4. Änderung oder Nutzungsänderung erhaltenswerter Gebäude	397
5. Erweiterung von Wohngebäuden	397
6. Erweiterung gewerblicher Betriebe	398
VIII. Außenbereichssatzung	398
1. Funktion	398
2. Voraussetzungen	399
a) Wohnbebauung von einigem Gewicht	399
b) Städtebauliche Entwicklung	399
c) Umweltrechtliche Aspekte	399
3. Rechtliche Bedeutung	400
4. Verfahren	400

§ 28. Gemeindliches Einvernehmen ... 401
  I. Begriff des Einvernehmens ... 402
  II. Notwendigkeit des Einvernehmens ... 402
  III. Maßstab für die Erteilung des Einvernehmens ... 404
  IV. Verfahren ... 405
  V. Rechtsschutz ... 405

§ 29. Die Sicherung der Erschließung ... 407
I. Erschließung als gemeindliche Aufgabe ... 407
   1. Begriff der Erschließung ... 407
   2. Träger der Erschließung ... 408
   3. Art und Umfang der Erschließung ... 408
      a) Erfordernisse der Bebauung und des Verkehrs ... 408
      b) Planbindung ... 409
   4. Erstellung der Erschließungsanlagen ... 409
   5. Unterhaltung der Erschließungsanlagen ... 409
   6. Erschließungsbeitrag ... 410
II. Planungsrechtliche Bedeutung der Erschließung ... 410
   1. Planungsrechtlicher Begriff der Erschließung ... 411
   2. Sicherung der Erschließung ... 411
   3. Rechtsanspruch auf Erschließung ... 412

6. Teil. Besonderes Städtebaurecht ... 415

§ 30. Städtebauliche Sanierungsmaßnahmen ... 416
I. Begriff der städtebaulichen Sanierung ... 416
   1. Städtebauliche Missstände ... 416
      a) Missstände in der städtebaulichen Substanz ... 417
      b) Missstände in der städtebaulichen Funktion ... 417
   2. Städtebauliche Sanierung als Gesamtmaßnahme ... 417
II. Vorbereitung der Sanierung ... 418
   1. Vorbereitende Untersuchungen ... 418
   2. Förmliche Festlegung des Sanierungsgebiets ... 419
      a) Sanierungssatzung ... 419
      b) Rechtswirkungen der Sanierungssatzung ... 420
      c) Sanierungsvermerk ... 420
   3. Genehmigungspflichten im Sanierungsgebiet ... 420
      a) Die genehmigungspflichtigen Vorhaben ... 421
         aa) Vorhaben und sonstige Maßnahmen nach § 14 I BauGB ... 421
         bb) Längerfristige Gebrauchs- und Nutzungsvereinbarungen ... 421
         cc) Übereignung eines Grundstücks bzw. Grundstücksteils und Bestellung und Veräußerung eines Erbbaurechts ... 421
         dd) Bestellung eines das Grundstück belastenden Rechts ... 422
         ee) Bestimmte grundstücksbezogene schuldrechtliche Verträge ... 422
         ff) Sonstige Genehmigungstatbestände ... 423
      b) Ausnahmen von der Genehmigungspflicht ... 423
      c) Die Genehmigung ... 423
      d) Genehmigungsvoraussetzungen ... 424
         aa) Vorgaben des § 145 II BauGB ... 424
         bb) Vorgaben des § 145 III BauGB ... 426
         cc) Genehmigung trotz Ablehnungsgrund nach § 145 II BauGB ... 426
         dd) Genehmigungsanspruch ... 426
      e) Übernahmeanspruch ... 426
   4. Ziele und Zwecke der Sanierung ... 427
   5. Städtebauliche Planung ... 427
   6. Sozialplan ... 427
III. Durchführung der Sanierung ... 428
   1. Ordnungsmaßnahmen ... 428
      a) Aufgabe der Gemeinde ... 428
      b) Begriff der Ordnungsmaßnahme ... 429
         aa) Bodenordnung einschließlich des Erwerbs von Grundstücken ... 429
         bb) Umzug von Bewohnern und Betrieben ... 429
         cc) Freimachen von Grundstücken ... 429
         dd) Herstellung oder Änderung von Erschließungsanlagen ... 429
         ee) Bereitstellung von Flächen und die Durchführung von Maßnahmen zum Ausgleich ... 430
   2. Baumaßnahmen ... 430

	a) Zuständigkeit	430
	b) Begriff der Baumaßnahmen	430
IV.	Finanzierung	430
	1. Städtebauförderungsmittel	430
	2. Die Kostentragungspflicht nach BauGB	431
	3. Ausgleichsbetrag	432
V.	Beendigung der Sanierung	433
	1. Aufhebung der Sanierungssatzung	433
	2. Erklärung der Sanierung als abgeschlossen	433

§ 31. Städtebauliche Entwicklungsmaßnahmen ... 434
  I. Historie ... 434
  II. Begriff der städtebaulichen Entwicklungsmaßnahme ... 435
  III. Voraussetzung städtebaulicher Entwicklungsmaßnahmen ... 436
  IV. Vorbereitung der städtebaulichen Entwicklungsmaßnahme ... 436
   1. Vorbereitende Untersuchungen ... 437
   2. Entwicklungssatzung ... 437
   3. Genehmigungspflichtige Vorgänge ... 438
  V. Durchführung der Entwicklungsmaßnahme ... 438
   1. Gesamtplanung ... 438
   2. Bebauungsplanung ... 438
   3. Erwerb der Grundstücke durch die Gemeinde ... 439
    a) Erwerbspflicht ... 439
    b) Ausnahmen von der Erwerbspflicht ... 440
    c) Ausgleichszahlung ... 440
   4. Neuordnung des Gebiets ... 440
   5. Anpassungsgebiet ... 441
   6. Veräußerung der Grundstücke ... 441
  VI. Kosten der städtebaulichen Entwicklungsmaßnahme ... 442
  VII. Abschluss der städtebaulichen Entwicklungsmaßnahme ... 442

§ 32. Stadtumbau, soziale Stadt, private Initiativen ... 443
  I. Stadtumbau ... 444
   1. Stadtumbaumaßnahmen ... 445
   2. Stadtumbaugebiet ... 446
   3. Städtebauliches Entwicklungskonzept ... 446
   4. Stadtumbauvertrag ... 446
   5. Sicherung von Durchführungsmaßnahmen ... 447
  II. Soziale Stadt ... 448
   1. Alternative Gesamtmaßnahmen ... 448
   2. Maßnahmen ... 448
   3. Maßnahmengebiet und Entwicklungskonzept ... 448
  III. Private Initiativen ... 449
   1. Regelungsanlass ... 449
   2. Landesrechtliche Vorgaben zu privaten Initiativen ... 449
   3. Voraussetzungen ... 450

§ 33. Erhaltungsschutz ... 451
  I. Ortsrechtliche Begründung des Erhaltungsschutzes ... 452
   1. Form der Erhaltungssatzung ... 452
    a) Kommunale Satzung ... 452
    b) Bebauungsplan ... 452
   2. Voraussetzung der Einführung von Erhaltungsschutz ... 453
   3. Inhalt der Erhaltungssatzung ... 454
    a) Angabe des Gebiets ... 454
    b) Festlegung des Erhaltungsziels ... 454
    c) Rechtswirkung ... 454
    d) Rechtsschutz ... 454
  II. Das Genehmigungsverfahren ... 455
   1. Zuständigkeit ... 455
   2. Verfahren ... 455

3. Genehmigung bei Erhaltungssatzung nach § 172 I 1 Nr. 1 BauGB 455
   a) Genehmigungserfordernis 455
   b) Genehmigungsvoraussetzungen 455
   c) Übernahmeverlangen 456
4. Genehmigung bei Milieuschutzsatzung (§ 172 I Nr. 2 BauGB) 456
   a) Genehmigungserfordernis 456
   b) Genehmigungsvoraussetzungen 456
5. Genehmigung bei Erhaltungssatzung nach § 172 I 1 Nr. 3 BauGB 457
6. Ausnahmen von der Genehmigungspflicht 457
III. Erhaltungsschutz und Denkmalschutz 458

§ 34. Die städtebaulichen Gebote 459
I. Das Baugebot 460
   1. Baugebot im Geltungsbereich eines Bebauungsplans 460
      a) Bebauungsgebot 460
      b) Anpassungsgebot 461
      c) Nutzungsgebot 461
   2. Baugebot im unbeplanten Innenbereich 461
   3. Übernahmeanspruch 461
II. Das Modernisierungs- und das Instandsetzungsgebot 462
   1. Voraussetzungen 462
   2. Inhalt 462
   3. Kosten 463
III. Das Pflanzgebot 463
IV. Das Rückbau- und das Entsiegelungsgebot 463
V. Zuständigkeit, Verfahren, allgemeine Voraussetzungen 464
   1. Zuständigkeit 464
   2. Verfahren 464
   3. Allgemeine Voraussetzungen 464
      a) Planverwirklichungsinteresse 464
      b) Wirtschaftliche Zumutbarkeit 465
VI. Ausnahmen 465
VII. Durchsetzung der städtebaulichen Gebote 466
VIII. Enteignung 466

Sachverzeichnis 468

Abkürzungsverzeichnis

a. A.	anderer Ansicht
a. a. O.	am angegebenen Ort
AbfG	Abfallgesetz
abl.	ablehnend
Abl	Amtsblatt
ABl.EG	Amtsblatt der Europäischen Gemeinschaften
Abs.	Absatz
AbwAG	Abwasserabgabengesetz
AcP	Archiv für die civilistische Praxis
a. E.	am Ende
a. F.	alte Fassung
a. M.	am Main
AfK	Archiv für Kommunalwissenschaften
AFWG	Gesetz über den Abbau der Fehlsubventionierung im Wohnungswesen
AG	Ausführungsgesetz
AgrarR	Agrarrecht
ALR	Preußisches Allgemeines Landrecht
ÄndG	Änderungsgesetz
Anm.	Anmerkung
AO	Abgabenordnung
AöR	Archiv des öffentlichen Rechts
ARL	Akademie für Raumforschung und Landesplanung
Art.	Artikel
AS	Amtliche Sammlung
ASOGBln	Allgemeines Sicherheits- und Ordnungsgesetz Berlin
AtomG	Atomgesetz
AtVfG	Atomrechtliche Verfahrensordnung
Aufl.	Auflage
AUR	Agrar- und Umweltrecht
AWZ	Ausschließliche Wirtschaftszone
BAnz	Bundesanzeiger
BaWüVBl	Baden-Württembergisches Verwaltungsblatt
BauGB	Baugesetzbuch
BauGB-MaßnG	Maßnahmengesetz zum BauGB
BauleitplanfestG	Hamburgisches Gesetz über die Feststellung von Bauleitplänen und ihre Sicherung (Bauleitplanfeststellungsgesetz)
BauNVO	Baunutzungsverordnung
BauO	Bauordnung
BauOBaWü	Landesbauordnung Baden-Württemberg
BauOBbg	Bauordnung für Brandenburg
BauOBln	Bauordnung für Berlin
BauOMeVo	Bauordnung für Mecklenburg-Vorpommern
BauONW	Bauordnung für das Land Nordrhein-Westfalen
BauORhPf	Landesbauordnung für Rheinland-Pfalz
BauOSa	Bauordnung für Sachsen
BauOSaAnh	Bauordnung für Sachsen-Anhalt
BauOSaarl	Bauordnung für das Saarland
BauOSchlH	Landesbauordnung für das Land Schleswig-Holstein
BauOThü	Bauordnung für Thüringen
BauR	Baurecht
BauROG	Bau- und Raumordnungsgesetz 1998
BauZVO	Bauplanungs- und Zulassungsverordnung

BayBauO .... Bayerische Bauordnung
BayBgm .... Der Bayerische Bürgermeister
BayLplG .... Bayerisches Landesplanungsgesetz
BayOblG .... Bayerisches Oberstes Landesgericht
BayVBl. .... Bayerische Verwaltungsblätter
BayVGH .... Bayerischer Verwaltungsgerichtshof
BB .... Der Betriebsberater
BbauBl .... Bundesbaublatt
BbauG .... Bundesbaugesetz
Bd. .... Band
BesVwR .... Besonderes Verwaltungsrecht
BezG .... Bezirksgericht
BBergG .... Bundesberggesetz
Bbg .... Brandenburg
BbgBO .... Brandenburgische Bauordnung
BGB .... Bürgerliches Gesetzbuch
BGBl . ... Bundesgesetzblatt
BGH .... Bundesgerichtshof
BGHZ .... Entscheidungen des BGH in Zivilsachen
BImSchG .... Bundes-Immissionsschutzgesetz
BiRS .... Bielenberg/Runkel/Spannowsky
BK .... Berliner Kommentar
BKL .... Battis/Krautzberger/Löhr
BKleingG .... Bundeskleingartengesetz
BLG .... Bundesleistungsgesetz
BlGBW .... Blätter für Grundstücks-, Bau- und Wohnungsrecht
BNatSchG .... Bundesnaturschutzgesetz
BO .... Bauordnung
BremBauO .... Bremische Landesbauordnung
BremStGH .... Bremischer Staatsgerichtshof
BRS .... Baurechtssammlung
BSG .... Bundessozialgericht
BSGE .... Entscheidungen des Bundessozialgerichts
BT .... Bundestag
Buchholz .... Sammel- und Nachschlagewerk der Rechtsprechung des BVerwG, herausgegeben von Buchholz
Buchst. .... Buchstabe
BuG .... Bauamt und Gemeindebau
BVerfG .... Bundesverfassungsgericht
BVerfGE .... Entscheidungen des Bundesverfassungsgerichts
BVerfGG .... Bundesverfassungsgerichtsgesetz
BVerwG .... Bundesverwaltungsgericht
BVerwGE .... Entscheidungen des Bundesverwaltungsgerichts
BWVBl. .... Baden-Württembergische Verwaltungsblätter
BWVPr .... Baden-Württembergische Verwaltungspraxis
DB .... Der Betrieb
ders. .... derselbe
dies. .... dieselbe
difu .... Deutsches Institut für Urbanistik
DIN .... Deutsche Industrie-Norm
Diss. .... Dissertation
DNotZ .... Deutsche Notar-Zeitschrift
DÖV .... Die öffentliche Verwaltung
DRiZ .... Deutsche Richterzeitung
Drs. .... Drucksache
DtZ .... Deutsch-Deutsche Rechts-Zeitschrift
DSchG .... Datenschutzgesetz
DV .... Deutsche Verwaltung
DVBl . ... Deutsches Verwaltungsblatt

Abkürzungsverzeichnis XXVII

DVO	Durchführungsverordnung
DVP	Deutsche Verwaltungspraxis
DWW	Deutsche Wohnungswirtschaft
EAG Bau	Europarechtsanpassungsgesetz Bau
EGBGB	Einführungsgesetz zum BGB
Einl	Einleitung
EnWG	Energiewirtschaftsgesetz
EPlaR	Entscheidungen zum Planungsrecht
EStG	Einkommenssteuergesetz
ESVGH	Entscheidungssammlung des Hessischen und des Baden-Württembergischen Verwaltungsgerichtshofs
EuGH	Europäischer Gerichtshof
EVertr	Einigungsvertrag
EZBK	Ernst/Zinkahn/Bielenberg/Krautzberger
f.	folgende/r (Seite, Paragraph)
Festschr.	Festschrift
ff.	folgende (Seiten, Paragrafen)
FlurbG	Flurbereinigungsgesetz
Fn.	Fußnote
FStrG	Bundesfernstraßengesetz
G	Gesetz
GastG	Gaststättengesetz
GBl	Gesetzblatt
GBO	Grundbuchordnung
GE	Das Grundeigentum
geänd.	geändert
GewArch.	Gewerbearchiv
GewO	Gewerbeordnung
GfU	Gesellschaft für Umweltrecht
GFZ	Geschossflächenzahl
GG	Grundgesetz
GmSOGB	Gemeinsamer Senat der Obersten Gerichtshöfe des Bundes
GO	Gemeindeordnung
GRZ	Grundflächenzahl
GS	Gesetzessammlung
GuG	Grundstücksmarkt und Grundstückswert
GVABl.	Gesetz-, Verordnungs- und Amtsblatt
GVBl.	Gesetz- und Verordnungsblatt
GVNW	Gesetz- und Verordnungsblatt Nordrhein-Westfalen
HambBauO	Hamburgische Bauordnung
Hb	Handbuch
HbStR	Isensee/Kirchhof (Hrsg.), Handbuch des Staatsrechts
HdUVP	Handbuch der Umweltverträglichkeitsprüfung
HessBauO	Hessische Bauordnung
HessVGH	Hessischer Verwaltungsgerichtshof
h. L.	herrschende Lehre
h. M.	herrschende Meinung
i. d. F.	in der Fassung
i. E.	im Erscheinen
ILS	Institut für Landes- und Stadtentwicklungsforschung
ImmoWertV	Immobilienwertermittlungsverordnung
InvWoBaulG	Investitionserleichterungs- und Wohnbaulandgesetz
i. S.	im Sinne
i. V. m	in Verbindung mit
JA	Juristische Arbeitsblätter
JDW	Jäde/Dirnberger/Weiß
JR	Juristische Rundschau
JuS	Juristische Schulung
JW	Juristische Wochenschrift

JZ	Juristenzeitung
KG	Kammergericht
KGJ	Jahrbücher der Entscheidungen des Kammergerichts
Komm.	Kommentar
KommJur	Kommunaljurist
KreisG	Kreisgericht
krit.	Kritisch
Krw-/AbfG	Kreislaufwirtschaft- und Abfallgesetz
KStZ	Kommunale Steuer-Zeitschrift
L	Leitsatz
Landkrs.	Der Landkreis
LBG	Landbeschaffungsgesetz
LBO	Landesbauordnung
LG	Landgericht
LKRZ	Zeitschrift für Landes- und Kommunalrecht
LKV	Landes- und Kommunalverwaltung
LPG	Landesplanungsgesetz
LS	Leitsatz
LT	Landtag
LuftVG	Luftverkehrsgesetz
LWaldG Bln	Berliner Landeswaldgesetz
MBO	Musterbauordnung
MDR	Monatsschrift für Deutsches Recht
m. w. N.	mit weiteren Nachweisen
NatSchG Bln	Berliner Naturschutzgesetz
NBauO	Niedersächsische Bauordnung
Nds	Niedersächsisch
n. F.	neue Fassung
NJ	Neue Justiz
NJOZ	Neue Juristische Online Zeitschrift
NJW	Neue Juristische Wochenschrift
NJW-RR	NJW-Rechtsprechungs-Report
NN	Normalniveau
NotBZ	Zeitschrift für die notarielle Beratungs- und Beurkundungspraxis
Nr.	Nummer, Nummern
NST-N	Niedersächsischer Städtetag – Nachrichten
NuR	Natur und Recht
n. v.	nicht veröffentlicht
NVwZ	Neue Zeitschrift für Verwaltungsrecht
NVwZ-RR	NVwZ-Rechtsprechungs-Report
NW	Nordrhein-Westfalen
NWVBl.	Nordrhein-Westfälische Verwaltungsblätter
NZBau	Neue Zeitschrift für Baurecht
O	Ordnung
OBGNW	Ordnungsbehördengesetz NW
OLG	Oberlandesgericht
OLGE	Entscheidungen der Oberlandesgerichte
OVG	Oberverwaltungsgericht
OVGE	Entscheidungen des OVG (Berlin, Lüneburg, Münster)
OwiG	Ordnungswidrigkeitengesetz
PBefG	Personenbeförderungsgesetz
PlanzV 90	Planzeichenverordnung 1990
PrFlG	Preußisches Fluchtliniengesetz
PrOVG	Preußisches Oberverwaltungsgericht
PrOVGE	Entscheidung des PrOVG
PrPVG	Preußisches Polizeiverwaltungsgesetz
RdL	Recht der Landwirtschaft
RG	Reichsgericht
RGaO	Reichsgaragenordnung

RGBl.	Reichsgesetzblatt
RGZ	Entscheidungen des RG in Zivilsachen
RhPf	Rheinland-Pfalz
RL	Richtlinie
Rn.	Randnummer
ROG	Raumordnungsgesetz
RoV	Raumordnungsverordnung
Rpfleger	Rechtspfleger
RPLPlG	Rheinland-Pfälzisches Landesplanungsgesetz
Rspr.	Rechtsprechung
RuR	Raumforschung und Raumordnung
RzF	Rechtsprechung zur Flurbereinigung
S.	Satz oder Seite
s.	siehe
SächsVBl.	Sächsische Verwaltungsblätter
SchlHAnz	Schleswig-Holsteinische Anzeigen
SeuffArch	Seufferts Archiv
SH	Schleswig-Holstein
SKV	Staats- und Kommunalverwaltung
Slg.	Amtliche Sammlung der Rechtsprechung des EuGH
sog.	sogenannt/sogenannte/sogenanntes
SprengG	Sprengstoffgesetz
SRG	Spannowsky/Runkel/Goppel
SRÜ	UN-Seerechtsübereinkommen
StBauFG	Städtebauförderungsgesetz
StGB	Strafgesetzbuch
str.	streitig
st.Rspr.	ständige Rechtsprechung
StT	Städtetag
StVG	Straßenverkehrsgesetz
StVO	Straßenverkehrsordnung
SUP	Strategische Umweltprüfung
TA	Technische Anleitung
TelwegG	Telegraphenwege-Gesetz
ThürVBl.	Thüringische Verwaltungsblätter
u. a.	unter anderem
UN	Vereinte Nationen
UPR	Umwelt- und Planungsrecht
Urt.	Urteil
UVP	Umweltverträglichkeitsprüfung
UVPG	Gesetz über die Umweltverträglichkeitsprüfung
VBlBW	Verwaltungsblätter für Baden-Württemberg
VermG	Vermögensgesetz
VersR	Versicherungsrecht
Verw	Die Verwaltung
VerwArch.	Verwaltungsarchiv
VerwPr	Die Verwaltungspraxis
VerwRspr	Verwaltungsrechtsprechung
VG	Verwaltungsgericht
VGH	Verwaltungsgerichtshof
vgl.	vergleiche
VO	Verordnung
VOB	Vergabe- und Vertragsordnung für Bauleistungen
Vorb.	Vorbemerkung
VR	Verwaltungsrundschau
VVDStRL	Veröffentlichungen der Vereinigung der Deutschen Staatsrechtslehrer
VwGO	Verwaltungsgerichtsordnung
VwVfG	Verwaltungsverfahrensgesetz
VwVG	Verwaltungsvollstreckungsgesetz

VwZG	Verwaltungszustellungsgesetz
WaStrG	Wasserstraßengesetz
WEG	Wohnungseigentumsgesetz
WHG	Wasserhaushaltsgesetz
WiVerw	Wirtschaft und Verwaltung
WM	Wertpapier-Mitteilungen
WoBauErlG	Wohnungsbau-Erleichterungsgesetz (Gesetz zur Erleichterung des Wohnungsbaus im Planungs- und Baurecht sowie zur Änderung mietrechtlicher Vorschriften)
II. WoBauG	Zweites Wohnungsbaugesetz (Wohnungsbau- und Familienheimgesetz)
WoFG	Wohnraumförderungsgesetz
WVR	Weimarer Reichsverfassung
ZaöRV	Zeitschrift für ausländisches öffentliches Recht und Völkerrecht
ZEV	Zeitschrift für Erbrecht und Vermögensnachfolge
ZfBR	Zeitschrift für deutsches und internationales Baurecht
ZfIR	Zeitschrift für Immobilienrecht
ZfUR	Zeitschrift für Umweltrecht
ZfV	Zeitschrift für Vermessungswesen
ZfW	Zeitschrift für Wasserrecht
ZMR	Zeitschrift für Miet- und Raumrecht
ZOV	Zeitschrift für offene Vermögensfragen
ZPO	Zivilprozessordnung
ZRP	Zeitschrift für Rechtspolitik
ZUR	Zeitschrift für Umweltrecht
zust.	zustimmend

Literaturverzeichnis und Literaturempfehlungen

Battis, Öffentliches Baurecht und Raumordnungsrecht, 5. Aufl. 2006
Birk, Bauplanungsrecht in der Praxis, 5. Aufl. 2007
Brenner, Öffentliches Baurecht, 3. Aufl. 2009
Brohm, Öffentliches Baurecht, 3. Aufl. 2002
Büchner/Schlotterbeck, Baurecht Band 1 – Städtebaurecht einschließlich örtlicher Bauvorschriften, 4. Aufl. 2008; Band 2 – Bauordnungsrecht einschließlich Baunachbarrecht, 4. Aufl. i. E.
Decker/Konrad, Bayerisches Baurecht, 2. Aufl. 2008
Dietlein/Burgi/Hellermann, Öffentliches Recht in Nordrhein-Westfalen, 3. Aufl. 2009
Dürr, Baurecht Baden-Württemberg, 12. Aufl. 2008
Dürr, Baurecht Schleswig Holstein, 2005
Dürr/Asche, Baurecht Thüringen, 2. Aufl. 2005
Dürr/Bremer, Baurecht für Niedersachsen und Schleswig-Holstein, 1994
Dürr/König, Baurecht: Bauplanungsrecht, Bauordnungsrecht, gerichtlicher Rechtsschutz (Bayerisches Landesrecht), 5. Aufl. i. E.
Dürr/Korbmacher, Baurecht für Berlin, 2. Aufl. 2001
Dürr/Middeke, Baurecht Nordrhein-Westphalen, 3. Aufl. 2005
Dürr/Piel, Baurecht Sachsen, 3. Aufl. 2005
Erbguth, Öffentliches Baurecht mit Bezügen zum Umwelt- und Raumplanungsrecht, 5. Aufl. 2009
Gaentzsch, Baurecht 93, 1994
Gelzer/Bracher/Reidt, Bauplanungsrecht, 7. Aufl. 2004
Hoppe/Bönker/Grotefels, Öffentliches Baurecht, 4. Aufl. 2010
Hoppenberg/de Witt (Hrsg.), Handbuch des öffentlichen Baurechts, (Loseblatt) Stand 2010
Koch, in: *Hoffmann-Riem/Koch* (Hrsg.), Hamburgisches Staats- und Verwaltungsrecht, 3. Aufl. 2006
Koch/Hendler, Baurecht, Raumordnungs- und Landesplanungsrecht, 5. Aufl. 2009
Krebs, Baurecht, in: Schmidt-Aßmann/Schoch (Hrsg.), Besonderes Verwaltungsrecht, 14. Aufl. 2008, S. 451 ff.
Kuschnerus, Der sachgerechte Bebauungsplan – Handreichung für die kommunale Planung, 3. Aufl. 2005
Lautner, Städtebaurecht, Länder- und Regionalplanungsrecht unter besonderer Berücksichtigung der Rechtslage in Hessen, 3. Aufl. 1990
Ley/Messer, Grundriß des Baurechts für Rheinland-Pfalz, 6. Aufl. 1995
Oldiges, in: Steiner (Hrsg.), Besonderes Verwaltungsrecht 8. Aufl. 2006, S. 363 ff.
Peine, Öffentliches Baurecht, 4. Aufl. 2003
Portz/Runkel, Baurecht für die kommunale Praxis, 3. Aufl. 1998
Rabe/Heintz, Bau- und Planungsrecht, 6. Aufl. 2006
Rabe/Steinfort/Heintz, Raumordnungs- und Bauplanungsrecht, städtebauliche Sanierung und Entwicklung, Bauordnungsrecht, 5. Aufl. 2002
Reichert/Dürr, Baurecht für Baden-Württemberg, 12. Aufl. 2008
Schäfer, in: Fritz (Hrsg.), Handbuch des Fachanwalts – Verwaltungsrecht, 2. Aufl. 1990
Schmidt-Eichstaedt, Städtebaurecht, 4. Aufl. 2005
Seiler/Dürr, Baurecht für Rheinland-Pfalz und das Saarland, 2. Aufl. 1995
Steiner, Baurecht mit Bezügen zum Raumordnungs- und Landesplanungsrecht, 4. Aufl. 2005

Stollmann, Öffentliches Baurecht, 6. Aufl. 2009
Stüer, Der Bebauungsplan – Städtebaurecht in der Praxis, 4. Aufl. 2009
Stüer, Handbuch des Bau- und Fachplanungsrechts, 4. Aufl. 2009
Tettinger/Erbguth/Mann, Besonderes Verwaltungsrecht, 10. Aufl. 2009, S. 320 ff.
Wirth, Öffentliches Baurecht, 2. Aufl. 2008

Kommentare zum Baugesetzbuch (Auswahl):
Battis/Krautzberger/Löhr, BauGB, 11. Aufl. 2009
Brügelmann (Begr.), Baugesetzbuch, (Loseblatt), 2010
Ernst/Zinkahn/Bielenberg/Krautzberger (Hrsg.), BauGB, (Loseblatt), 2010
Ferner/Kröninger/Aschke, Baugesetzbuch mit Baunutzungsverordnung, 2. Aufl. 2008
Jäde/Dirnberger/Weiß, Baugesetzbuch – Baunutzungsverordnung, 6. Aufl. 2010
Schlichter/Stich/Driehaus/Paetow (Hrsg.), Berliner Kommentar zum Baugesetzbuch, (Loseblatt), 2010
Schrödter (Hrsg.), Baugesetzbuch, 7. Aufl. 2006
Spannowsky/Uechtritz (Hrsg.), Baugesetzbuch, 2009

Kommentare zur Baunutzungsverordnung (Auswahl):
Boeddinghaus, Baunutzungsverordnung, 5. Aufl. 2005
Fickert/Fieseler, Baunutzungsverordnung, 11. Aufl. 2008
König/Roeser/Stock, BauNVO 2. Aufl. 2003
Rist, Baunutzungsverordnung, 3. Aufl. 2010
Stange/Knaup, Baunutzungsverordnung, 9. Aufl. 2010

Sonstige berücksichtigte Kommentare zum Grundgesetz und Umweltrecht
Bielenberg/Runkel/Spannowsky (Hrsg.), Raumordnungs- und Landesplanungsrecht des Bundes und der Länder, (Loseblatt), 2010
Dreier (Hrsg.), Grundgesetz, 2. Aufl., Bd. I 2004, Bd. II 2006, Bd. III 2008
Hoppe (Hrsg.), UVPG – Gesetz über die Umweltverträglichkeitsprüfung, 3. Aufl. 2007
Jarass/Pieroth, Grundgesetz für die Bundesrepublik Deutschland, 10. Aufl. 2009
Landmann/Rohmer (Begr.), Umweltrecht, (Loseblatt), 2010
v. Mangoldt/Klein/Starck (Hrsg.), Kommentar zum Grundgesetz, 6. Aufl., Bd. I 2010, Bd. II 2010, Bd. III i. E.
Maunz/Dürig (Begr.), Grundgesetz, (Loseblatt), 2010
v. Münch/Kunig (Hrsg.), Grundgesetz, 5. Aufl., Bd. I 2000, Bd. II 2001, Bd. III 2003
Peters/Balla, Gesetz über die Umweltverträglichkeitsprüfung, 3. Aufl. 2006
Sachs (Hrsg.), Grundgesetz, 5. Aufl. 2009
Spannowsky/Runkel/Goppel, Raumordnungsgesetz, 2010

Weitere Literaturnachweise sind den jeweiligen Bearbeitungen vorangestellt oder in den Fußnoten ausgewiesen.

1. Teil. Einführung in das Baurecht

Seit der Mensch die Erde bevölkert, wird gebaut. Von den Pfahlbauten der Steinzeit, über den Turmbau zu Babel, die Pyramiden Ägyptens und die Städte der Antike führt die Spur des bauenden Menschen bis in unsere Zeit. Das Dach über dem Kopf gehört nicht weniger als Essen und Trinken zu den Grundbedürfnissen des Menschen. Es ist deshalb wenig verwunderlich, dass das Bauen – gerade wegen häufig auftretenden Nutzungskonflikten – schon frühzeitig als regelungsbedürftig erkannt worden ist. Nicht anders als die baurechtlichen Vorschriften früherer Jahrhunderte hat das heutige Baurecht die **bauliche Nutzung von Grund und Boden** zum Gegenstand. Es ist vorwiegend öffentliches und zu einem kleinen Teil privates Recht. Das öffentliche Baurecht, welches nachfolgend dargestellt wird, enthält die Regelungen, denen die bauliche und sonstige Nutzung der Grundstücke im öffentlichen Interesse unterworfen ist.[1] Das private Baurecht bestimmt, ob und in welchen Grenzen ein Grundstück privaten Dritten gegenüber baulich genutzt werden darf.

1

§ 1. Das private Baurecht

Schrifttum: *Baur*, Die gegenseitige Durchdringung von privatem und öffentlichem Recht im Bereich des Bodeneigentums, in: Festschr. für Sontis, 1977, S. 193; *Blümel*, Vereinfachung des Baugenehmigungsverfahrens und Nachbarschutz, in: Festschr. für Boujong, 1996, S. 521; *Bock*, Die Verfahrensbeschleunigung im Baurecht und der Nachbarschutz, DVBl. 2006, 12; *Broß*, Berührungsbereiche zwischen öffentlich-rechtlichem Baurecht und Zivilrecht, VerwArch 89 (1998), 489; *Calliess*, Öffentliches und privates Nachbarrecht als wechselseitige Auffangordnungen, Verw 34 (2001), 169; *Dolderer*, Das Verhältnis des öffentlichen zum privaten Nachbarrecht, DVBl. 1998, 19; *Dürr*, Die Entwicklung des öffentlichen Baunachbarrechts, DÖV 2001, 625; *Grziwotz/Saller/Lüke*, Praxishandbuch Nachbarrecht, 2005; *Haag*, Öffentliches und Privates Nachbarrecht, 1996; *Martini*, Baurechtsvereinfachung und Nachbarschutz, DVBl. 2001, 1488; *Papier*, Der Bebauungsplan und die Baugenehmigung in ihrer Bedeutung für den zivilrechtlichen Nachbarschutz, in: Festschr. für Weyreuther, 1993, S. 291; *Seidel*, Bauordnungsrechtliche Verfahrensprivatisierung und Rechtsschutz des Nachbarn, NVwZ 2004, 139; *Stürner*, Dienstbarkeit heute, AcP 194 (1994), 265; *Uechtritz*, Vorläufiger Rechtsschutz eines Nachbarn bei genehmigungsfreigestellten Bauvorhaben, BauR 1998, 719.

Fall 1 (nach *VGH Mannheim* NVwZ-RR 1995, 563):

Bauherr B beantragt eine Baugenehmigung für sein geplantes Mehrfamilienhaus. Während des Baugenehmigungsverfahrens meldet sich Nachbar N, der vorbringt, B habe sich vertraglich dazu verpflichtet, einen Grenzabstand von mindestens 6 m zu seinem Grundstück einzuhalten. B bestreitet die Wirksamkeit des Vertrags. Er habe den Vertrag bereits wirksam angefochten. Außerdem sei die notwendige Form bei Vertragsschluss nicht eingehalten worden und zwischenzeitlich die Geschäftsgrundlage für den Vertrag entfallen, so dass er hilfsweise den Rücktritt erkläre. Die Baugenehmigungsbehörde versagt die Baugenehmigung, da sie mit der Genehmigung nicht einem möglicherweise vertrags-

2

---

[1] EZBK/*Krautzberger*, BauGB, Vorb. §§ 1-13 a Rn. 6.

brüchigen Vorhaben zur Verwirklichung verhelfen wolle. Der Streit zwischen B und N solle erst geklärt sein.
Lösung: Rn. 12

I. Die bürgerlich-rechtliche Baufreiheit

3   Das **private Baurecht**,[1] das hier nur dargestellt wird, soweit zum Verständnis des öffentlichen Baurechts erforderlich, wird von dem aus § 903 BGB abzuleitenden **Grundsatz der bürgerlich-rechtlichen Baufreiheit** beherrscht. Nach dieser Vorschrift kann der Eigentümer einer Sache mit ihr nach Belieben verfahren, soweit nicht Gesetz oder Rechte Dritter entgegenstehen. Daher ist der Eigentümer eines Grundstücks den anderen Privatrechtssubjekten gegenüber prinzipiell berechtigt, sein Grundstück nach seinem Belieben zu bebauen.[2] Auch dingliche oder obligatorische Nutzungsrechte wie Erbbaurecht, Nießbrauch oder Pacht können, abgeleitet von der Baufreiheit des Eigentümers, die Befugnis zur baulichen Nutzung gewähren.

II. Schranken der bürgerlich-rechtlichen Baufreiheit

4   Die bürgerlich-rechtliche Baufreiheit wird durch das **bürgerliche Recht** begrenzt.
– So ist es nach § 907 BGB verboten, auf einem Grundstück gefährliche Anlagen zu errichten.
– Nach § 909 BGB darf ein Grundstück nicht derart vertieft werden, dass der Boden des Nachbargrundstücks seine Stütze verliert.[3]
– Ein Überbau muss nicht geduldet werden, wenn er den Regeln der Baukunst nicht entspricht und deshalb über die Grenzverletzung hinausreichende Beeinträchtigungen des Nachbarn besorgen lässt.[4]
– Das Schikaneverbot des § 226 BGB verbietet den Neidbau, der nicht eigenen Nutzen, sondern nur die Schädigung des Nachbarn bezweckt.[5]

5   Wichtig sind darüber hinaus auch die Schranken des Landesprivatrechts. Art. 124 EGBGB lässt landesrechtliche Bestimmungen zu, die das Eigentum an Grundstücken zugunsten der Nachbarn Beschränkungen unterwerfen. In allen Bundesländern finden sich daher **Nachbarrechtsgesetze**,[6] die Bestimmungen über Licht-, Fenster- und Traufrechte, Grenzwände, Bodenerhöhungen, Einfriedungen oder Grenzabstände enthalten. Auch obligatorische oder dingliche Rechte, insbesondere die **Grunddienstbarkeit** (§§ 1018 ff. BGB), können der Baufreiheit Grenzen ziehen. Zwar haben die obligatorischen und dinglichen Rechte des BGB an Bedeutung verloren, da die wesentliche Aufgabe einer am allgemeinen Wohl ausgerichteten Regelung zu Art und Maß der baulichen Nutzung heute durch die Bauleitplanung ausgefüllt wird. Gleichwohl kann das Privatrecht weiterhin als **ergänzendes Gestaltungsmittel** eingesetzt werden.[7] Dabei verschafft es der öffentlichen Hand auf vertraglicher Basis die not-

---

[1] Das Bauvertragsrecht gehört nicht zum eigentlichen Baurecht. Es ist Werkvertragsrecht, gerichtet auf Erstellung eines Bauwerks, geregelt in §§ 631 ff. BGB und in der kraft Vereinbarung geltenden Vergabe- und Vertragsordnung für Bauleistungen (VOB).
[2] Palandt/*Bassenge*, BGB, 69. Aufl. 2010, § 903 Rn. 1.
[3] *BGH* NJW 1988, 1202 (1203).
[4] *BGH* NJW-RR 2009, 24 (24 f.).
[5] *OLG Hamburg* SeuffArch 59 Nr. 124.
[6] Aufgezählt bei Palandt/*Bassenge*, BGB, 69. Aufl. 2010, Art. 124 EGBGB Rn. 2; siehe zudem *Grziwotz/Saller/Lüke*, Praxishandbuch Nachbarrecht, 2005.
[7] *Baur*, Möglichkeiten und Grenzen des Zivilrechts bei der Gewährleistung öffentlicher und sozialer Erfordernisse im Bodenrecht, AcP 176 (1976), 97 (103).

§ 1. Das private Baurecht

wendige Rechtsstellung und schützt den betroffenen Bürger zugleich vor unnötigen Beeinträchtigungen, indem bei ihm das Eigentumsrecht und das restliche Nutzungsrecht verbleiben.[8] Das Privatrecht kann somit im Einzelfall das feinere und der Interessenlage besser angepasste Instrumentarium bereithalten als der Zwangseingriff aufgrund hoheitlicher Planung. Ungeachtet dessen, sieht sich der verpflichtete Grundstückseigentümer auch bei Einsatz des Privatrechts einer Gestaltungsordnung ausgesetzt, die für ihn ebenso **verbindlich** ist wie der öffentliche Plan.[9]

Demgemäß kann das Privatrecht ein zulässiges und geeignetes Mittel für **Nutzungsbeschränkungen** sein,[10] beispielsweise für die Begründung von im Bebauungsplan vorgesehenen Geh-, Fahr- und Leitungsrechten. Eine Gemeinde kann bei der Veräußerung eines Grundstücks dem Erwerber die vertragliche Verpflichtung auferlegen, sich bei der Bebauung an bestimmte städtebauliche Vorgaben zu halten, etwa an die Festsetzungen eines noch nicht bestandskräftigen Bebauungsplans.[11] Sie kann auch mit den Grundstückseigentümern eines Plangebiets flankierende Maßnahmen im Zusammenhang mit der Verwirklichung des Bebauungsplans vereinbaren.[12]

Die **äußere Grenze der privatrechtlichen Gestaltungsalternative** ist erst dann erreicht, wenn die maßgeblichen Regeln des verwaltungsrechtlichen Planungsverfahrens durch die zivilrechtliche Verlagerung umgangen werden.[13] Dies ist etwa dann der Fall, wenn die „Flucht ins Privatrecht"[14] wesensprägende deutsche Planungsprinzipien überrollt, wenn also die Grundannahmen des Bauplanungsrechts grundlegend systemverändert werden sollen.[15] So wäre es beispielsweise unzulässig, privatrechtlich Positivfestlegungen, wie sie etwa dem niederländischen Planungsrecht bekannt sind,[16] zu etablieren, da sich diese nicht in das deutsche Planungsrecht systemkonform einfügen lassen. Positivfestlegungen gehen als Gestaltungsform mit ihrem Eingriffspotenzial zudem weit über das hinaus, was der deutsche Gesetzgeber als planungsrechtlich zulässigen Festlegungstyp definiert hat.[17]

Die Schranken, die das bürgerliche Recht der privaten Baufreiheit zieht, bedürfen der Geltendmachung durch den Berechtigten. Notfalls muss er auf dem Zivilrechtsweg auf Unterlassung der privatrechtlich unzulässigen Nutzung oder Beseitigung der Bebauung klagen und das erstrittene Urteil nach §§ 887, 890 ZPO vollstrecken. Der Berechtigte kann aber auch von der Wahrnehmung seiner Rechte absehen und das privatrechtswidrige Bauvorhaben hinnehmen. Die private Baurechtsordnung ist insoweit nur eine **relative Ordnung**.

---

[8] *Westermann*, Zulässigkeit und Folgen einer Aufspaltung des Bodeneigentums in Verfügungs- und Nutzungseigentum, 1974, S. 58.
[9] *Baur*, Möglichkeiten und Grenzen des Zivilrechts bei der Gewährleistung öffentlicher und sozialer Erfordernisse im Bodenrecht, AcP 176 (1976), 97 (103).
[10] BGH NJW 1984, 924 (925); NJW 1967, 1609 (1610 f.); Staudinger/*Mayer*, BGB, 2009, § 1090 Rn. 26; *Kment*, Grenzüberschreitendes Verwaltungshandeln, 2010, S. 600 f.
[11] BGH NJW 1985, 1892 (1894); OVG Lüneburg BRS 49 Nr. 45.
[12] BVerwGE 92, 56 (58 ff.)= NJW 1993, 2695 („Einheimischen-Modell").
[13] *Stürner*, AcP 194 (1994), 265 (293); Soergel/*Stürner*, BGB, 13. Aufl. 2001, § 1091 Rn. 2; Staudinger/*Mayer*, BGB, 2009, § 1090 Rn. 26.
[14] Vgl. dazu *Ehlers*, Verwaltung in Privatrechtsform, 1984, S. 74 ff.; *Huber*, Die Demontage des Öffentlichen Rechts, in: Festschr. für Stober, 2008, S. 547 (548 f.).
[15] *Kment*, Grenzüberschreitendes Verwaltungshandeln, 2010, S. 600 f.
[16] *Bradtke/Matjeka/Schröer*, Handlungsempfehlungen für grenzüberschreitende Gewerbegebietsplanungen, 1999, S. 61; *Bradtke*, in: ILS, Grenzüberschreitender Bebauungsplan für das Gewerbegebiet Aachen-Heerlen, 1997, S. 22 (23).
[17] Vgl. dazu auch BK/*Gaentzsch*, BauGB, § 9 Rn.2.

III. Verhältnis zum öffentlichen Baurecht

9   Privates und öffentliches Baurecht stehen einander weitgehend selbstständig gegenüber,[18] fungieren jedoch – gerade nach der Ausweitung des vereinfachten Genehmigungsverfahrens in den Landesbauordnungen (vgl. etwa § 68 BauONW; § 75 a NBauO) – zunehmend als **Ergänzungsordnungen**, wobei das Privatrecht aufgerufen ist, den Rückzug des öffentlichen Rechts aufzufangen.[19] Ungeachtet dessen, begründet das private Baurecht **keine Rechte zugunsten des Staats**. Weder kann die Baubehörde durch Verwaltungsakt die Einhaltung des privaten Baurechts erzwingen, noch darf sie eine Baugenehmigung wegen entgegenstehender privater Rechte versagen.[20] Die Baugenehmigung ergeht nach dem „ehernen" Grundsatz des Bauordnungsrechts unbeschadet der Rechte Dritter (vgl. etwa § 75 III 1 BauONW; Art. 68 IV BayBauO).[21] Es wird also ausschließlich die Vereinbarkeit des Vorhabens mit dem öffentlichen Recht überprüft. Nur wenn feststeht, dass ein Vorhaben aus bürgerlich-rechtlichen Gründen nicht ausgeführt werden wird, ist die Baugenehmigungsbehörde berechtigt, die Baugenehmigung mangels **Sachbescheidungsinteresses** zu versagen.[22] Dem entspricht es, dass die Vorschriften des öffentlichen Baurechts für das Privatrecht lediglich von begrenzter Bedeutung sind. Die Erteilung einer Baugenehmigung schließt es beispielsweise nicht aus, das Vorhaben mit Mitteln des Privatrechts zu unterbinden.[23] Eine Verbindung zwischen öffentlichem Baurecht und bürgerlichem Deliktsrecht ergibt sich, wenn Vorschriften des öffentlichen Baurechts nicht nur der Allgemeinheit, sondern auch dem Schutz Einzelner dienen und deshalb Schutzgesetze i. S. von § 823 II BGB sind, wie etwa die Vorschriften über Gebäudeabstände, Brandwände oder Festsetzungen im Bebauungsplan.[24] Die Einhaltung dieser Schutzgesetze kann der Nachbar auf dem Zivilrechtsweg mit der **quasinegatorischen Unterlassungsklage** (§ 823 II BGB, § 1004 I 2 BGB analog) durchsetzen,[25] wobei umstritten ist, ob die schlichte Existenz eines bauordnungsrechtlichen Genehmigungsakts mit einer generell Anspruch ausschließenden Wirkung verbunden ist.[26]

---

[18] *BGH* NJW 1993, 1580 (1581 f.); *Martini*, DVBl. 2001, 1488 (1491 f.); *Dolderer*, DVBl. 1998, 19; *Bock*, DVBl. 2006, 12 (16 f.); *Haag*, Öffentliches und Privates Nachbarrecht, 1996, S. 32 ff., 82 ff.; *Manssen*, NVwZ 1996, 144 (146).

[19] Ausführlich hierzu *Calliess*, Verw 34 (2001), 169. Siehe auch *Bock*, DVBl. 2006, 12 (16).

[20] *VGH München* BayVBl. 1966, 351.

[21] *BVerwG* NJW 1997, 1865 (1865); *Broß*, VerwArch 89 (1998), 489 (490); *Gröhn/Hellmann-Sieg*, Der Wohnungseigentümer als Nachbar im Sinne des öffentlichen Baurechts, BauR 2010, 400 (401).

[22] BVerwGE 20, 124 (126); 42, 115 (117) = NJW 1973, 1518 und dazu *Bettermann*, Über die Bindung der Verwaltung an zivilgerichtliche Urteile, in: Festschr. für Baur, 1981, S. 273 (294 ff.); BVerwGE 61, 128 (130) = NJW 1981, 2426; *BVerwG* NJW 1994, 482 (482 f.); *VGH Mannheim* NVwZ-RR 1995, 563 (564); siehe aber auch mit abweichender Tendenz *VGH München* BayVBl. 2009, 507 (507 f.) mit Besprechung *Schröder*, Die Behandlung von Bauanträgen mit außerhalb des Prüfprogramms der Genehmigungsbehörde liegenden Mängeln, BayVBl. 2009, 495.

[23] Dazu eingehend *Papier*, in: Festschr. für Weyreuther, 1993, S. 291; *Blümel*, in: Festschr. für Boujong, 1996, S. 521; *Seidel*, NVwZ 2004, 139 (142 ff.).

[24] Vgl. BGHZ 40, 306 (310) = NJW 1964, 396; *BGH* WM 1974, 572; NJW 1970, 1180 (1180 f.); *OLG München* BauR 1993, 620 (621 f.); *OLG Karlsruhe* NJW-RR 1993, 665 (666); *OLG Frankfurt* NJW-RR 2000, 1542 (1542 ff.).

[25] *BGH* NJW 1993, 1580 (1581 f.); NJW 1997, 55; *Manssen*, NVwZ 1996, 144 (146); *Broß*, VerwArch 89 (1998), 489 (495 ff.); *Dürr*, DÖV 2001, 625 (625 f.); *Uechtritz*, BauR 1998, 719 (732); *Seidel*, NVwZ 2004, 139 (143).

[26] Ablehnend: *BGH* NJW 1999, 356 (357); *v. Mutius*, Jura 1989, 297 (308); *Papier*, in: Festschr. für Weyreuther, 1993, S. 291 (301); a. A.: *OLG München* NJW-RR 2001, 1456 (1457); *Dolderer*, DVBl. 1998, 19 (24 f.); *Seidel*, NVwZ 2004, 139 (143).

Weitere **Wechselwirkungen** zwischen dem privaten und öffentlichen Recht zeigen 10
sich im Rahmen des § 906 BGB. So hat der Gesetzgeber in § 906 I 3 BGB den
Verweis auf die Grenz- und Richtwerte der technischen Regelwerke i. S. des § 48
BImSchG gewählt, um die **Wesentlichkeit** einer Beeinträchtigung für den Regelfall –
also vorbehaltlich Besonderheiten des Einzelfalls – festzulegen.[27] Dieser legislative
Harmonisierungsansatz zwischen dem öffentlich-rechtlichen und zivilrechtlichen Bereich weist jedoch noch Lücken auf. So hält die zivilrechtliche Rechtsprechung
weiterhin daran fest, die **Ortsüblichkeit** im Rahmen des § 906 BGB an den tatsächlichen Gegebenheiten zu bemessen, planungsrechtliche Vorgaben – wie Ausweisungen eines Bebauungsplans – jedoch nur als Anhaltspunkt der rechtlichen Beurteilung
zu berücksichtigen.[28] Diese Einordnung verkennt Funktion und Wirkung der hoheitlichen Planung, die bei **Bauleitplänen** gerade darin liegen, die in Bezug genommenen
Gebiete als Ergebnis eines umfassenden Abwägungsprozesses gemeinwohlorientiert
neu zu gestalten (auch hinsichtlich des Bestands).[29] Diese Aufgabe darf nicht durch
eine auf tatsächlichen Gesichtspunkten basierende, zivilrechtliche Ortsüblichkeitswürdigung konterkariert werden.[30]

Gelegentlich bedient sich das öffentliche Baurecht dann auch des Zivilrechts. So wird 11
das gemeindliche Vorkaufsrecht der §§ 24 ff. BauGB durch Verwaltungsakt ausgeübt,
aber teilweise privatrechtlich umgesetzt. Die Umlegung erfolgt nach §§ 45 ff. BauGB
in öffentlich-rechtlicher Form, kann aber auch mit Hilfe des Privatrechts in einem
freiwilligen Verfahren durchgeführt werden.[31]

Lösung zu Fall 1:

Die Genehmigung wird zu Unrecht vorenthalten, da die Versagung allein auf den 12
privatrechtlichen Disput zwischen Bauherr und Nachbar gestützt wird. Es ist zwar
anerkannt, dass ein Bauantrag im Hinblick auf entgegenstehende private Rechte
Dritter wegen fehlenden Sachbescheidungs- bzw. Antragsinteresses als unzulässig
abgelehnt werden kann, um die Baurechtsbehörde von unnötiger und nutzloser Verwaltungstätigkeit zu entlasten. Die in den Landesbauordnungen zum Ausdruck kommende grundsätzliche Trennung des Baugenehmigungsverfahrens von den privatrechtlichen Aspekten der Verwirklichung des Bauvorhabens selbst (vgl. etwa § 75
III 1 BauONW; § 70 I 2 BauORhPf) lässt eine (ausnahmsweise) Berücksichtigung
entgegenstehender privater Rechte Dritter im Rahmen des Sachbescheidungs- oder
Antragsinteresses für das Verwaltungsverfahren jedoch nur dann zu, wenn die entgegenstehenden privaten Rechte Dritter **offensichtlich** sind (etwa weil sie gerichtlich
festgestellt wurden) und deshalb die Baugenehmigung für den Bauantragsteller ersichtlich nutzlos wäre. Da die privatrechtlichen Rechtsbeziehungen zwischen B und
N alles andere als geklärt sind, kann von einem offensichtlich entgegenstehenden
Recht des N nicht gesprochen werden.

---

[27] BVerwGE 79, 254 (258); *BGH* NJW 1999, 1029 (1030).
[28] *BGH* NJW 1983, 751 (752).
[29] *Erbguth*, Baurecht, § 15 Rn. 33; *Brohm*, Baurecht, § 31 Rn. 7.
[30] *Koch/Hendler*, Baurecht, § 27 Rn. 55.
[31] *BVerwG* NJW 1985, 989 (989 f.); *Busse*, Städtebauliche Verträge im Lichte der Rechtsprechung, KommJur 2009, 241 (248). Siehe auch nachfolgend § 18 Rn. 13.

§ 2. Die Entstehung des öffentlichen Baurechts

Schrifttum: *Breuer*, Zur Entstehungsgeschichte eines modernen Städtebaurechts in Deutschland, Verw 19 (1986), 305; *Ehebrecht-Stüer*, Entwicklung des Städtebaurechts, in: Festschr. für Hoppe, 2000, S. 39; *Ernst*, Zur Geschichte des städtischen Bau- und Bodenrechts, BBauBl. 1953, 206; *Krautzberger*, 50 Jahre Städtebaurecht des Bundes, NVwZ 2010, 729; *Schmidt-Aßmann*, Grundfragen des Städtebaurechts, 1972.

I. Notwendigkeit eines öffentlichen Baurechts

1   Einer Rechtsordnung, die die Nutzung von Grund und Boden ausschließlich privatrechtlich regelt, fehlt die Möglichkeit, das öffentliche Interesse an einer geordneten Bodennutzung gegenüber dem privatnützigen Interesse an ungehemmter Ausnutzung von Grund und Boden hinreichend zur Geltung zu bringen. Eine schrankenlose Bodennutzung wäre die Folge. Zu leicht ist der Einzelne geneigt, die oft lästigen und kostspieligen Anforderungen und Beschränkungen zu missachten, die im Interesse des Gemeinwohls an die Bebauung zu stellen sind. Gesunde Lebensverhältnisse in einer menschenwürdigen Umwelt sind deshalb nur zu erzielen, wenn ein am **allgemeinen Wohl** ausgerichtetes **öffentliches Baurecht** die Bodennutzung regelt. Dies ist Anlass und Rechtfertigung für die Ausbildung des öffentlichen Baurechts. Es enthält die Regeln und Beschränkungen, denen die bauliche und sonstige Bodennutzung vornehmlich im öffentlichen Interesse unterworfen ist.

II. Die Entwicklung des öffentlichen Baurechts

2   Die Wurzeln des heutigen öffentlichen Baurechts liegen im 19. Jahrhundert. Dies soll am Beispiel des **Preußischen Baurechts**, das in vielem, nicht zuletzt in seiner Unzulänglichkeit, exemplarisch ist, nachgezeichnet werden.[1]

1. Preußisches Allgemeines Landrecht

3   Das **Preußische Allgemeine Landrecht** von 1794 enthielt in § 65 I 8 den liberalem Gedankengut entstammenden **Grundsatz der Baufreiheit**.[2] Er bestimmte, dass „jeder Eigentümer seinen Grund und Boden mit Gebäuden zu besetzen oder seine Gebäude zu verändern wohl befugt" sei. Jedoch sollte „zum Schaden oder Unsicherheit des Gemeinwesens oder zur Verunstaltung der Städte und öffentlichen Plätze" kein Bau vorgenommen werden. Die Pflicht, vor Ausführung des Bauvorhabens „der Obrigkeit zur Beurteilung Anzeige zu machen", sicherte die Einhaltung dieser im Wesentlichen auf Gefahrenabwehr beschränkten Generalklausel.[3]

---

[1] Siehe zur Entwicklung in den übrigen Ländern *Schlez*, Die Entwicklung des Baurechts und die Eigentumsordnung, VerwArch 65 (1974), 361; *Breuer*, Verw 19 (1986), 305 (305 ff.); *ders.*, Das sächsische Baurecht und die baurechtliche Entwicklung in anderen deutschen Staaten während des 19. Jahrhunderts, in: Bauer u. a., 100 Jahre Allgemeines Baugesetz Sachsen, 2000, S. 209; EZBK/*Krautzberger*, BauGB, Einl. Rn. 2 ff.

[2] *Schmidt-Aßmann*, Grundfragen, S. 7 ff.

[3] *Breuer*, Verw 19 (1986), 305 (308); *Brohm*, Stadtentwicklungsplanung und neues Bodenrecht, Verw 9 (1976), 409 (411); siehe auch *Schmidt-Aßmann*, Grundfragen, S. 8 ff.

2. Die Zeit bis zum 1. Weltkrieg

Die stürmische städtebauliche Entwicklung seit 1870 offenbarte die Mängel dieses liberalen Baurechts. Art und Maß der baulichen Nutzung waren kaum zu steuern. Hinterhaus und Mietskaserne sowie ungeplante Stadterweiterungen mit ungeordnetem Nebeneinander von Gewerbe- und Wohnbebauung sind charakteristische Erscheinungen dieser Zeit. „Wohlfahrtspflege" gehörte, wie 1882 das *Preußische Oberverwaltungsgericht* in seinem berühmt gewordenen **Kreuzbergurteil** entschied,[4] nicht zu den Aufgaben der Baupolizei. Die überbordende bauliche Entwicklung zwang zum Bau immer neuer Straßen und Versorgungseinrichtungen und stellte die Gemeinden vor nicht lösbare finanzielle Probleme. Aus dieser Notlage heraus wurde 1875 das **Fluchtliniengesetz**[5] geschaffen, das den Gemeinden das Recht gab, Straßen- und Baufluchtlinien festzusetzen, wobei sie – ähnliche Formulierungen finden sich heute in § 1 BauGB – auf die Wohnbedürfnisse, die Förderung des Verkehrs, der Feuersicherheit und der öffentlichen Gesundheit sowie auf den Schutz des Orts- und Landschaftsbilds vor Verunstaltung Bedacht zu nehmen hatten. Durch Ortsstatut konnte untersagt werden, an noch nicht fertig gestellten Straßen zu bauen. Die Grundstückseigentümer konnten verpflichtet werden, Anliegerbeiträge zu den Herstellungskosten der Straßen zu leisten. Das Fluchtliniengesetz verwirklichte damit erste städteplanerische Vorstellungen. Seine vornehmliche Bedeutung lag jedoch in der finanziellen Entlastung der Gemeinden, die mit Hilfe der ortsstatuarischen Bauverbote die bauliche Ausdehnung des Gemeindegebiets lenken und den Straßenbau ihren finanziellen Möglichkeiten anpassen konnten. Art und Maß der baulichen Nutzung konnten mit dem Fluchtliniengesetz nicht geregelt werden. Dadurch blieb es möglich, Wohnnutzung und gewerbliche Nutzung zu mischen und die Grundstücke durch Hinterhausbebauung in der Tiefe voll auszunutzen. Außerhalb der im Zusammenhang bebauten Ortsteile ließ das **Ansiedlungsgesetz**[6] eine Beschränkung der Bebauung zu. Durch die **Verunstaltungsgesetze**[7] wurde einer Verunstaltung des Orts- und Landschaftsbilds entgegengewirkt. Das Bauordnungsrecht war in Bauordnungen enthalten, die als **Polizeiverordnung** erlassen wurden und denen ministerielle Musterbauordnungen zugrunde lagen.[8]

3. Die Zeit der Weimarer Republik

1918 erweiterte das **Wohnungsgesetz** die planungsrechtlichen Befugnisse der Gemeinden.[9] Erstmals konnten Art und Maß der Bebauung durch die Ausweisung

---

[4] PrOVG 9, 353. Dazu *Weyreuther*, Eigentum, öffentliche Ordnung und Baupolizei – Gedanken zum Kreuzbergurteil des Preußischen OVG, 1972.

[5] Gesetz betr. die Anlegung und Veränderung von Straßen und Plätzen in Städten und ländlichen Ortschaften v. 2. 7. 1875, GS 1875 S. 561; vgl. dazu *Stüer*, Hb. des Bau- und Fachplanungsrechts, Rn. 14; *Schmidt-Aßmann*, Grundfragen, S. 22 ff.

[6] Gesetz betr. die Verteilung der öffentlichen Lasten bei Grundstücksteilungen und die Gründung neuer Ansiedlungen v. 25. 8. 1876, GS 1876 S. 405. Siehe hierzu *Ehebrecht-Stüer*, in: Festschr. für Hoppe, 2000, S. 39 (41).

[7] Gesetz betr. die Verunstaltung landschaftlich hervorragender Gegenstände v. 2. 6. 1902, GS 1902 S. 159 und Gesetz gegen die Verunstaltung von Ortschaften und landschaftlich hervorragenden Gegenden v. 15. 7. 1907, GS 1907 S. 260; vgl. dazu *Scholz*, Handbuch des gesamten öffentlichen Grundstücksrechts, 1932, S. 148 ff.

[8] Vgl. etwa die bei *Baltz/Fischer*, Preußisches Baupolizeirecht, 5. Aufl., 1928, S. 252 wiedergegebene Einheitsbauordnung von 1919, die den Provinzialbehörden mit dem Ersuchen übersandt worden ist, sie wörtlich in die zu erlassenden Regierungs- und Ortspolizeiverordnungen zu übernehmen.

[9] *Schmidt-Aßmann*, Grundfragen, S. 34 ff.

besonderer Baugebiete und durch die Abstufung der baulichen Ausnutzungsmöglichkeiten der Grundstücke geregelt werden. Eine umfassende städtebauliche Planung, die, ausgehend von einem das ganze Gemeindegebiet darstellenden Gesamtplan (Flächennutzungsplan), die Bebauung im Einzelnen durch Teilpläne (Bebauungspläne) regelt, fehlte jedoch noch immer. Sie ist trotz eines weit gediehenen Entwurfs für ein **Preußisches Städtebaugesetz**[10] bis zum Ende der Weimarer Republik nicht mehr verwirklicht worden. Reichsbaurecht hat es vor 1933 nicht gegeben. Das Kaiserreich besaß keine Gesetzgebungsbefugnisse für das Baurecht und die Weimarer Republik machte von der ihr durch Art. 10 WRV verliehenen Gesetzgebungskompetenz trotz umfangreicher Vorarbeiten keinen Gebrauch.

4. Die Zeit nach 1933

6 Erst das Dritte Reich hat ein reichseinheitliches, wenn auch in zahlreiche Rechtsquellen zersplittertes Baurecht geschaffen. Es ging auf den **Entwurf für ein Reichsstädtebaugesetz**[11] von 1932 zurück, enthielt kaum nationalsozialistisches Gedankengut und konnte deshalb nach Kriegsende in großen Teilen weiter verwendet werden.[12] Es führte dazu, dass sich allmählich das Prinzip herausstellte, wonach sich die Baufreiheit nach Vorgaben der Planung zu richten habe.[13] Viele seiner Vorschriften sind erst durch das BBauG von 1960 aufgehoben worden. Zu nennen sind insbesondere[14]

– das **Gesetz über die Aufschließung von Wohnsiedlungsgebieten**,[15] mit dessen Hilfe die städtebauliche Entwicklung gesteuert, eine unerwünschte Bebauung verhindert und eine Bausperre erlassen werden konnte,
– die **Verordnung über die Regelung der Bebauung**,[16] die eine Ausweisung von Baugebieten, die Beschränkung der Geschossflächen und die Beschränkung der Bebauung im Außenbereich ermöglichte,
– die **Verordnung über Baugestaltung**,[17]
– die **Verordnung über den Abbruch von Gebäuden**,[18]
– die **Reichsgaragenordnung**,[19]
– das **Gesetz über die Neugestaltung Deutscher Städte**[20] und
– das **Gesetz über die Zahlung und Sicherung von Anliegerbeiträgen**.[21]

5. Unmittelbare Nachkriegszeit

7 Das Kriegsende von 1945 stellte dem Städtebau **außergewöhnliche Aufgaben**.[22] Viele Städte und Gemeinden waren zerstört. Nahezu 2,5 Mio. Wohnungen, ein Viertel der

---

[10] Entwurf v. 17. 7. 1928, LT-Drs. Nr. 3015.
[11] ReichsarbBl. 1931, S. 266; vgl. dazu auch EZBK/*Krautzberger*, BauGB, Einl. Rn. 36.
[12] Recht aus der nationalsozialistischen Zeit wurde als gültig angesehen, wenn es nach der seinerzeit geltenden verfassungsrechtlichen Grundlage ordnungsgemäß erlassen, von den Mitgliedern der Rechtsgemeinschaft hingenommen und jahrelang beachtet worden ist, soweit es nicht offenbares Unrecht anordnete; vgl. etwa BVerfGE 6, 389 (414) m. w. N.
[13] *Evers*, Bauleitplanung, Sanierung und Stadtentwicklung, 1972, S. 17.
[14] Vgl. hierzu auch *Knoll*, Die bau- und bodenrechtliche Gesetzgebung in der Zeit zwischen den beiden Weltkriegen, NJW 1956, 1226.
[15] Gesetz v. 22. 9. 1933, RGBl. I, S. 659.
[16] Verordnung v. 15. 2. 1936, RGBl. I, S. 104.
[17] Verordnung v. 10. 11. 1936, RGBl. I, S. 938.
[18] Verordnung v. 3. 4. 1937, RGBl. I, S. 440.
[19] Verordnung v. 17. 2. 1939, RGBl. I, S. 219.
[20] Gesetz v. 4. 10. 1937, RGBl. I, S. 1054.
[21] Gesetz v. 30. 9. 1936, RGBl. I, S. 854.
[22] Vgl. EZBK/*Krautzberger*, BauGB, Einl. Rn. 45 ff.

§ 2. Die Entstehung des öffentlichen Baurechts

gesamten Bausubstanz, waren dem Krieg zum Opfer gefallen. Die Unterbringung der Flüchtlinge erforderte weitere Wohnungen, was einen Fehlbedarf von insgesamt über 5 Mio. Wohnungen ergab. Diese Aufgabe ließ sich nur mit Hilfe eines modernen Planungsrechts bewältigen. Die meisten Länder erließen deshalb auf der Grundlage des vom Zentralamt für Arbeit der Britischen Zone erarbeiteten Lemgoer Entwurfs **Aufbaugesetze**,[23] die eine den heutigen Vorstellungen entsprechende Bauleitplanung schufen. Mit ihrer Hilfe wurde der Wiederaufbau der Städte und Gemeinden begonnen und bis zum Inkrafttreten des BBauG weitgehend abgeschlossen. Die Aufbaugesetze sind durch § 186 BBauG aufgehoben worden. Die auf ihrer Grundlage erlassenen städtebaulichen Pläne wurden durch § 173 BBauG in das Recht des BBauG übergeleitet. Sie gelten, soweit nicht zwischenzeitlich aufgehoben, noch heute (§ 233 III BauGB).

6. Bundesrepublik Deutschland

Nach Klärung der Gesetzgebungskompetenzen auf dem Gebiet des Baurechts[24] durch das **Rechtsgutachten des BVerfGs**[25] entfaltete sich in der Bundesrepublik Deutschland eine rege gesetzgeberische Tätigkeit. Alle Bundesländer erließen Bauordnungen, die, mehrfach novelliert, auf eine von Bund und Ländern erarbeitete **Musterbauordnung** zurückgehen und daher vielfach übereinstimmen.[26] Der Bund regelte das Recht der städtebaulichen Planung in dem 1960 erlassenen **Bundesbaugesetz**,[27] das in den Jahren 1976[28] und 1979[29] novelliert wurde. Später wurde das Bundesbaugesetz dann mit dem seit 1971 die städtebaulichen Sanierungs- und Entwicklungsmaßnahmen regelnden **Städtebauförderungsgesetz**[30] unter teilweiser Fortentwicklung zum Baugesetzbuch[31] zusammengefasst. Eine grundlegende Neuschöpfung war das BauGB demnach nicht.[32]

---

[23] Sämtlich in § 186 BBauG aufgezählt, ebenso bei EZBK/*Krautzberger*, BauGB, Einl. Rn. 49. Siehe dazu auch *Pathe*, Die westdeutschen Aufbaugesetze, DV 1950, 33.
[24] Siehe hierzu nachfolgend § 3 Rn. 1 ff.
[25] BVerfGE 3, 407.
[26] Dazu eingehend *Otto* in Bd. II § 1, I, 1, a).
[27] BGBl. I, S. 341. Zu seinem Inkrafttreten *Dittus*, Zum Erscheinen des Bundesbaugesetzes, DVBl. 1960, 537; *Wambsganz/Zinkahn*, Das Bundesbaugesetz, NJW 1960, 1321. Vgl. dazu auch *Ehebrecht-Stüer*, in: Festschr. für Hoppe, 2000, S. 39 (49 ff.); *Krautzberger*, NVwZ 2010, 729 (730).
[28] Bekanntmachung der Neufassung des BBauG v. 18. 8. 1976 (BGBl. I, S. 2256, S. 3617). Zur BBauG-Novelle 1976 *Schmidt-Aßmann*, Die Novelle zum BBauG, NJW 1976, 1913; *Seewald*, Das Gesetz zur Änderung des Bundesbaugesetzes (Bundesbaugesetz-Novelle), JZ 1977, 6; *Battis*, Die Novelle zum Bundesbaugesetz, DVBl. 1977, 160; *Schrödter*, Die Novelle zum Bundesbaugesetz, DVBl. 1977, 165.
[29] Durch Art. 1 des Gesetzes zur Beschleunigung von Verfahren und zur Erleichterung von Investitionsvorhaben im Städtebaurecht vom 6. 7. 1979 (BGBl. I, S. 949). Siehe dazu *Gubelt*, Verfahrensbeschleunigung und Investitionserleichterungen im Städtebaurecht, NJW 1979, 2071; *Bröll*, Die Bundesbaugesetznovelle 1979, BayVBl. 1979, 550; *Söfker*, Das Gesetz zur Beschleunigung von Verfahren und zur Erleichterung von Investitionsvorhaben im Städtebaurecht, BBauBl. 1979, 429 und 508.
[30] Gesetz über städtebauliche Sanierungs- und Entwicklungsmaßnahmen in den Gemeinden (Städtebauförderungsgesetz – StBauFG) vom 27. 7. 1971 (BGBl. I, S. 1125), geänd. durch Gesetz v. 9. 11. 1984 (BGBl. I, S. 1321). Siehe dazu *Bielenberg*, Städtebauförderungsgesetz, Kommentar, 1975; *Schlichter/Stich/Krautzberger*, Städtebauförderungsgesetz, Kommentar, 2. Aufl. 1985.
[31] Zur Entstehung des BauGB *Hoppenberg*, Das Baugesetzbuch, NJW 1987, 748; *Löhr*, Das neue Baugesetzbuch, NVwZ 1987, 361; *Krautzberger*, Das neue Baugesetzbuch, NVwZ 1987, 449; *von Feldmann/Groth*, Das neue Baugesetzbuch, DVBl. 1986, 652.
[32] Die Rechtsprechung zu BBauG und StBauFG ist deshalb vielfach noch von Bedeutung.

9 Die Wiederherstellung der **deutschen Einheit**[33] führte zu weiteren Änderungen und Ergänzungen und zu zahlreichen Sonderregelungen für das Beitrittsgebiet, wodurch das öffentliche Baurecht zu einem komplizierten und unübersichtlichen Rechtsgebiet wurde.[34] Zwar galt nach Art. 8 des Einigungsvertrags das BauGB gleich dem übrigen Recht des Bundes grundsätzlich im Beitrittsgebiet. Eine Zersplitterung wurde jedoch durch den in das BauGB eingefügten § 246 a ausgelöst, der das BauGB gemäß der Anlage I Kap. XIV Abschn. II Nr. 1 EVertr für die neuen Länder modifizierte und so für diese teilweise besonderes Städtebaurecht schuf.[35] § 246 a BauGB verwies beispielsweise für die Bauleitplanung weitgehend auf die Bestimmungen der Bauplanungs- und Zulassungsverordnung der DDR,[36] die kurz vor Herstellung der deutschen Einheit vom Ministerrat der DDR in Anlehnung an das BauGB erlassen worden war. Durch sie wurden der städtebauliche Vertrag (§ 54 BauZVO) und der Vorhaben- und Erschließungsplan (§ 55 BauZVO) in das Baurecht eingeführt. Eine Folge der deutschen Einheit ist des Weiteren das ebenfalls 1990 erlassene „**Maßnahmengesetz zum Baugesetzbuch**" (BauGB-MaßnG)[37]. Es diente vor allem der erleichterten und schnelleren Verwirklichung von Wohnbauvorhaben und ersetzte oder ergänzte für Maßnahmen oder Vorhaben, die der Deckung eines dringenden Wohnbedarfs der Bevölkerung dienten, die Vorschriften des BauGB. Weitere Änderungen brachte 1993 das **Investitionserleichterungs- und Wohnbaulandgesetz**,[38] das außer dem BauGB u. a. das BauGB-MaßnG, die BauNVO, das Raumordnungsgesetz und das BNatSchG änderte und dabei den Vorhaben- und Erschließungsplan und den städtebaulichen Vertrag auch in den alten Bundesländern einführte.

---

[33] Grundlage ist der Einigungsvertrag zwischen der Bundesrepublik Deutschland und der DDR v. 31. 8. 1990, mit Ratifizierungsgesetz v. 31. 8. 1990 (BGBl. II, S. 885).

[34] Siehe hierzu *Krautzberger*, Das Städtebaurecht nach dem Einigungsvertrag, NVwZ 1991, 328; *Stüer*, Das Bauplanungsrecht in den neuen Bundesländern, DVBl. 1992, 266.

[35] Siehe zum Baurecht im Beitrittsgebiet, das als solches heute nicht mehr gilt, *Krautzberger*, Das Städtebaurecht nach dem Einigungsvertrag, NVwZ 1991, 238; *Berg*, Übergangsprobleme des Baurechts im Gebiet der früheren DDR, BauR 1991, 14; *Bielenberg*, Neues Baurecht für die Deutsche Demokratische Republik, DVBl. 1990, 841; *ders.*, Die Besonderheiten des Städtebaurechts nach dem Einigungsvertrag im Gebiet der neuen Länder, DVBl. 1990, 1314; *Bielenberg/ Krautzberger/Söfker*, Städtebaurecht in den neuen Ländern, 2. Aufl., 1992; *Fickert*, Übergangsregelungen und Besonderheiten des Städtebaurechts in den neuen (Bundes-)Ländern der ehemaligen DDR, in: Festschr. für Gelzer, 1991, S. 15; *Lassak/Berg (Hrsg.)*, Grundlagen des Baurechts in den neuen Bundesländern, 1990; *Stüer*, Das Bauplanungsrecht in den neuen Bundesländern, DVBl. 1992, 266.

[36] Verordnung zur Sicherung einer geordneten städtebaulichen Entwicklung und der Investitionen in den Gemeinden (Bauplanungs- und Zulassungsverordnung – BauZVO) vom 20. 6. 1990 (GBl. DDR I, S. 739, S. 950).

[37] Das BauGB-MaßnG ist erlassen worden als Art. 2 des Gesetzes zur Erleichterung des Wohnungsbaus im Planungs- und Baurecht sowie zur Änderung mietrechtlicher Vorschriften (Wohnungsbau-Erleichterungsgesetz – WoBauErlG) vom 17. 5. 1990 (BGBl. I, S. 926). Siehe dazu *Moench*, Das Maßnahmegesetz zum Baugesetzbuch, NVwZ 1990, 918; *Lüers*, Investitionserleichterungs- und Wohnbaulandgesetz, ZfBR 1993, 106; *Jäde*, Das Wohnungsbau-Erleichterungsgesetz, UPR 1991, 50; *Scholtissek*, Der Gesetzentwurf zum Wohnungsbau-Erleichterungsgesetz, UPR 1990, 167.

[38] Gesetz zur Erleichterung von Investitionen und der Ausweisung und Bereitstellung von Wohnbauland (Investitionserleichterungs- und Wohnbaulandgesetz) vom 22. 4. 1993 (BGBl. I, S. 466). Siehe dazu *Busse*, Das Investitionserleichterungs- und Wohnbaulandgesetz, BayVBl. 1993, 193 und 231; *Krautzberger/Runkel*, Die städtebaurechtlichen Vorschriften des Investitionserleichterungs- und Wohnbaulandgesetzes vom 22. April 1993 (BGBl. I, S. 466), DVBl. 1993, 453; *Leisner*, Städtebauliche Entwicklungsmaßnahmen und Eigentum Privater, NVwZ 1993, 935; *Hoffmann*, Das Investitionserleichterungs- und Wohnbaulandgesetz als Durchbruch für den „Aufschwung Ost"?, LKV 1993, 281.

§ 2. Die Entstehung des öffentlichen Baurechts

Da § 246 a BauGB und das BauGB-MaßnG als Zeitgesetze nur bis zum 31. 12. 1997 galten, forderte der Bundestag die Bundesregierung auf, nach deren Auslaufen das Städtebaurecht wieder einheitlich im Baugesetzbuch zusammenzuführen.[39] Dies ist durch das **Bau- und Raumordnungsgesetz 1998**[40] geschehen, dessen Art. 1 das BauGB in insgesamt 99 seiner Vorschriften geändert und dabei § 246 a BauGB und – durch seinen Art. 11 II – das BauGB-MaßnG aufgehoben hat. Ein Sonderrecht für die neuen Bundesländer und für Wohnbauvorhaben gibt es seit dem 1. 1. 1998 nicht mehr. Nunmehr gilt im gesamten Bundesgebiet ein im BauGB vereintes **einheitliches Städtebaurecht**, was es bisher noch niemals gegeben hat.

7. Europäischer Einfluss

Wie viele andere Rechtsbereiche auch hat sich das Baurecht im Verlauf der Jahre vielfältigen **europäischen Vorgaben zum Umweltschutz** gegenübergesehen, die zu einer steten Veränderung des Regelwerks führten.[41] Neben dem europäischen Anpassungsbedarf gab es zwar auch andere Motivationen, das Baurecht fortzuentwickeln – wie etwa Überlegungen zur Verfahrensbeschleunigung (Planerhaltungsregeln nach §§ 214 ff. BauGB) oder zur Kooperation mit Privaten (§§ 11 f. BauGB).[42] Der europäische Einfluss ist gleichwohl als treibende Kraft deutlich zu spüren gewesen. Die Inkorporation der **Umweltverträglichkeitsprüfung** (UVP)[43] in § 1 a II Nr. 3 BauGB a. F. im Jahr 1998 bildete hierbei den Anfang. Sie ist eine Reaktion des deutschen Gesetzgebers auf die bis dahin unzureichende Umsetzung der UVP-Richtlinie[44] vom 27. 6. 1985 durch das damalige UVPG.[45] Daneben griff das BauGB in § 1 a II Nr. 3 und 4 BauGB a. F. eine Verträglichkeitsprüfung gemäß der **FFH-Richtlinie**[46] und der **Vogelschutzrichtlinie**[47] auf.

Seinen endgültigen Durchbruch erlangte die UVP im deutschen Bauplanungsrecht allerdings erst mit der korrigierenden Änderung des BauGB im Jahr 2001, welche zur Umsetzung der **UVP-Änderungsrichtlinie**,[48] der IVU-Richtlinie[49] und andere euro-

---

[39] BR-Drs. 82/93.
[40] Gesetz zur Änderung des Baugesetzbuchs und zur Neuregelung des Rechts der Raumordnung (Bau- und Raumordnungsgesetz 1998 – BauROG) v. 18. 8. 1997 (BGBl. I, S. 2081). Siehe hierzu *Battis/Krautzberger/Löhr*, Die Neuregelungen des Baugesetzbuches zum 1. 1. 1998, NVwZ 1997, 1145; *Finkelnburg*, Bauleitplanung, Teilungsgenehmigung, Vorkaufsrechte und Zulässigkeit von Vorhaben, NJW 1998, 1; *Lüers*, Die Änderungen des Baugesetzbuchs durch das Bau- und Raumordnungsgesetz 1998 – BauROG, ZfBR 1997, 231; *Wagner*, Novelle des BauGB 1998, DVBl. 1997, 1137.
[41] *Krautzberger*, NVwZ 2010, 729 (732 f.).
[42] *Erbguth*, Städtebaurecht und Raumordnungsrecht im Wandel: Ökologisierung durch Europäisierung, Rechtsschutz, Föderalismusreform, NVwZ 2007, 985 (986 ff.); *Krautzberger*, Zur Europäisierung des Städtebaurechts, DVBl. 2005, 197.
[43] Siehe im Einzelnen zur UVP Hoppe/*Kment*, UVPG, Vorb. Rn. 2 ff.
[44] Richtlinie des Rates vom 27. 6. 1985 über die Umweltverträglichkeitsprüfung bei bestimmten öffentlichen und privaten Projekten (85/337/EWG), ABl. Nr. L 175, S. 40.
[45] *EuGH* Slg 1998, I-6135 = NVwZ 1998, 1281. Weitere Fälle, in denen die Europarechtskonformität überprüft wurden, sind *EuGH* Slg. 1996, I-5403 = DVBl. 1997, 40; Slg. 1999, I-5613 = DVBl. 2000, L 214; Slg. 1999, I-5901 = ZUR 2000, 284; siehe aus jüngerer Zeit *EuGH*, Slg. 2006, I-3969 = NVwZ 2006, 803. Vgl. dazu auch Hoppe/*Kment*, UVPG, Vorb. Rn. 10.
[46] RL 92/43/EWG des Rates vom 21. 5. 1992 zur Erhaltung der natürlichen Lebensräume sowie der wildlebenden Tiere und Pflanzen, ABl. Nr. L 206, S. 7.
[47] RL 79/409/EWG des Rates vom 2. 4. 1979 über die Erhaltung der wildlebenden Vogelarten, ABl. Nr. L 103, S. 1.
[48] RL 97/11/EG vom 3. 3. 1997, ABl. Nr. 73, S. 5.
[49] RL 96/61/EG des Rates vom 24. 9. 1996 über die integrierte Vermeidung und Vermin-

päischer Richtlinienbestimmungen erfolgte. Das UVP-Änderungsgesetz[50] brachte die Einführung des **Umweltberichts** in § 2 a BauGB mit sich und modifizierte außerdem die Verfahrensvorschriften zur **Behörden- und Bürgerbeteiligung** in den §§ 3 bis 4 b und 10 BauGB. Zudem mussten die Vorschriften für den Vorhaben- und Erschließungsplan entsprechend ergänzt werden wie auch die Regelung zur Genehmigung von Vorhaben während der Bebauungsplanaufstellung (§ 33), zur Planerhaltung (§ 214) und zu städtebaulichen Verträgen (§ 11). Erste Erfahrungen mit der UVP zeigten schnell, dass eine erstmalige Umweltprüfung auf der Ebene der Projektverwirklichung häufig zu spät kam. Oftmals waren die Planungen in dieser Phase bereits zu stark konkretisiert, um eine effektive UVP mit ihrer integrierten Alternativenprüfung durchzuführen.[51] Deshalb wurde der Gedanke von der Umweltprüfung dahingehend erweitert, dass auch die einer Projektverwirklichung voranstehende Planungsebene mit in die Umweltprüfung einbezogen werden sollte.

13   Die auf diesen Entwicklungsprozess zurückzuführende Richtlinie 2001/42/EG (sog. **SUP-Richtlinie**)[52] wurde dann 2004 durch das „**Europarechtsanpassungsgesetz Bau**"[53] (EAG Bau) in das nationale Baurecht überführt und schlug sich in der Neufassung der Vorschriften über die Aufstellung und die neu hinzugekommene Überwachung der Bauleitpläne (§§ 1 bis 4 c und 13 BauGB), dabei insbesondere in der Einführung des § 2 IV BauGB zur **Umweltprüfung** bei Bebauungsplänen nieder. Außerdem wurden u. a. die Vorschriften zu Vorhabengenehmigung und Planerhaltung entsprechend angepasst sowie – europarechtsunabhängig – die gemeindenachbarliche Abstimmung (§ 2 II BauGB) ausgeweitet[54] und Regelungen zu Stadtumbau (§§ 171 a ff. BauGB) sowie zur sozialen Stadt (§ 171 e BauGB) aufgenommen.

14   Einen engen Bezug zum Europarecht weist schließlich auch die vorerst letzte wichtige Novellierung des BauGB im Jahre 2007 auf. Durch das „**Gesetz zur Erleichterung von Planvorhaben für die Innenentwicklung der Städte**"[55] wurden Modifika-

---

derung der Umweltverschmutzung, ABl. Nr. L 257, S. 26; zunächst neu gefasst als RL 2008/1/EG vom 15. 1. 2008, ABl. Nr. L 24, S. 8; später neu gefasst als RL 2010/75/EU vom 24. 11. 2010, ABl. Nr. L 334, S. 17.

[50] Art. 12 des Gesetzes zur Umsetzung der UVP-Richtlinie, der IVU-Richtlinie und weiterer EG-Richtlinien zum Umweltschutz vom 27. 7. 2001 (BGBl. I, S. 1950). Siehe hierzu *Battis/Krautzberger/Löhr*, Die Umsetzung des neuen UVP-Rechts in das Baugesetzbuch, NVwZ 2001, 961; *Krautzberger/Stemmler*, Die Neuregelung der UVP in der Bebauungsplanung durch die UVPG-Novelle 2001, UPR 2001, 241.

[51] Hoppe/*Kment*, UVPG, Vorb. Rn. 18.

[52] RL 2001/42/EG des Europäischen Parlaments und des Rates vom 27. 6. 2001 über die Prüfung der Umweltauswirkungen bestimmter Pläne und Programme, ABl. Nr. L 197, S. 30. Vgl. dazu Hoppe/*Kment*, UVPG, Vorb. Rn. 18 ff.; *Sydow*, Horizontale und vertikale Verzahnung der Strategischen Umweltprüfung mit anderen umweltbezogenen Prüfverfahren, DVBl. 2006, 65; *Calliess*, Verfahrensrechtliche Anforderungen der Richtlinie zur strategischen Umweltprüfung, in: Hendler, Die strategische Umweltprüfung (sog. Plan-UVP) als neues Instrument des Umweltrechts, 2004, S. 174.

[53] Gesetz v. 24. 6. 2004 (BGBl. I, S. 1359). Vgl. dazu *Finkelnburg*, Die Änderungen des Baugesetzbuchs durch das Europarechtsanpassungsgesetz Bau, NVwZ 2004, 897; *Battis/Krautzberger/Löhr*, Die Änderungen des Baugesetzbuchs durch das Europarechtsanpassungsgesetz Bau (EAG Bau 2004), NJW 2004, 2553; *Kneip*, Zur Novellierung des Baugesetzbuches, GewArch 51 (2005), 12; *Wagner/Engel*, Neuerungen im Städtebaurecht durch das Europarechtsanpassungsgesetz Bau (EAG Bau), BayVBl. 2005, 33.

[54] Siehe hierzu *Kment*, Die Bedeutung raumordnungsrechtlicher Zielfestlegungen im Rahmen des § 2 Abs. 2 S. 2 BauGB, NVwZ 2007, 996; *Bunzel*, Weiterungen des interkommunalen Abstimmungsgebots, ZfBR 2008, 132.

[55] Gesetz v. 21. 12. 2006 (BGBl. I, S. 3316). Siehe dazu *Battis/Krautzberger/Löhr*, Gesetz zur Erleichterung von Planungsvorhaben für die Innenentwicklung der Städte (BauGB 2007),

tionen des europarechtlich geprägten Bebauungsplanverfahrens vorgenommen, um die Entwicklung des städtischen Innenbereichs zu fördern und damit zugleich die Flächeninanspruchnahme im Außenbereich abzumildern. Das in § 13a BauGB vorgesehene beschleunigte Aufstellungsverfahren (**Bebauungsplan der Innenentwicklung**) zeichnet sich insbesondere dadurch aus, dass es von einer Umweltprüfung absieht und dementsprechend ebenfalls auf einen Umweltbericht verzichtet.[56] Außerdem werden Eingriffe in Natur und Landschaft als nicht ausgleichspflichtige Eingriffe i. S. des § 1a III 5 BauGB eingestuft und eine von Darstellungen des Flächennutzungsplans abweichende Planaufstellung zugelassen.[57]

§ 3. Die Rechtsquellen des öffentlichen Baurechts

Schrifttum: *Battis/Kersten*, Die Raumordnung nach der Föderalismusreform, DVBl. 2007, 152; *Erbguth*, Zur Föderalismusreform im Bereich Umwelt, insbesondere Raumordnung, in: Festschr. für Rengeling, 2008, S. 35; *Ipsen*, Die Kompetenzverteilung zwischen Bund und Ländern nach der Föderalismusnovelle, NJW 2006, 2801; *Kment*, Zur angestrebten Änderung der Gesetzgebungskompetenz im Bereich der Raumordnung, NuR 2006, 217; *Mainczyk*, Planzeichenverordnung 1990 in Kraft, BBauBl. 1991, 419; *Tillmann*, Die Abgrenzung des Bauplanungsrechts vom Bauordnungsrecht, AöR 132 (2007), 582; Ziegler, Zur BauNVO, ZfBR 1994, 160.

I. Gesetzgebungskompetenzen

Art. 70 I GG verteilt die **Gesetzgebungsbefugnis** zwischen dem Bund und den Ländern in der Weise, daß die Länder das Recht der Gesetzgebung besitzen, soweit nicht das Grundgesetz dem Bund Gesetzgebungsbefugnisse verleiht. Eine ausdrückliche Gesetzgebungsbefugnis des Bundes für das „Baurecht" findet sich im Grundgesetz nicht.[1] Ihm wird jedoch in **Art. 74 I Nr. 18 GG** die konkurrierende Gesetzgebungsbefugnis für den städtebaulichen Grundstücksverkehr, das Bodenrecht (ohne das Recht der Erschließungsbeiträge) und das Wohngeld-, das Altschuldenhilfe-, das Wohnungsbauprämien-, das Bergarbeiterwohnungsbau- und das Bergmannssiedlungsrecht zugewiesen. Eine Zusammenfassung dieser Materien ergibt auch unter Berücksichtigung des Gedankens des Sachzusammenhangs oder der Natur der Sache

1

NVwZ 2007, 121; *Schröer*, Ein Jahr BauGB-Novelle 2007: Erste Erfahrungen aus der Praxis, NZBau 2008, 46; *Spannowsky*, Die Einführung eines beschleunigten Verfahrens für Bebauungspläne der Innenentwicklung, NuR 2007, 521; *Gronemeyer*, Änderungen des BauGB und der VwGO durch das Gesetz zur Erleichterung von Planungsvorhaben für die Innenentwicklung der Städte, BauR 2007, 815.

[56] *Jachmann/Mitschang*, Bebauungspläne der Innenentwicklung, BauR 2009, 913; *Scheidler*, Bebauungspläne der Innenentwicklung, VR 2009, 181; *Seidler*, Die Innenentwicklung nach § 13a BauGB, NZBau 2008, 495; *Krautzberger*, Umweltprüfung, Denkmalschutz und Sozialplanung, UPR 2009, 361.

[57] Vgl. *Tomerius*, Auswirkungen der Baugesetzbuch-Novelle 2007, ZUR 2008, 1 (5 f.); kritisch *Götze/Müller*, Das Gesetz zur Erleichterung von Planungsvorhaben für die Innenentwicklung der Städte („BauGB 2007"), ZUR 2008, 8 (9 ff.).

[1] BVerfGE 3, 407 (419) – Baurechtsgutachten. Siehe zur Gesetzgebungsbefugnis des Bundes im Bereich des Baurechts ferner BVerfGE 33, 265 (268 ff.) = NJW 1972, 1851; 34, 139 (144) = NJW 1973, 505 und *Wandersleb*, Die Gesetzgebungsbefugnis des Bundes auf dem Gebiete des Bau-, Wohnungs- und Siedlungswesens, DÖV 1959, 244; *Böhm*, Das Rechtsgutachten des BVerfG über die Gesetzgebungszuständigkeit des Bundes im Bereich des Baurechts, NJW 1954, 1474.

keine Gesamtmaterie „Baurecht".[2] Der Bund muss sich vielmehr die Gesetzgebungszuständigkeit für das Baurecht mit den Ländern teilen und seine Kompetenz jeweils gesondert für die einzelnen Regelungsbereiche nachweisen, die baurechtliche Elemente besitzen.

2   Der Schwerpunkt der ihm von Art. 74 I Nr. 18 GG zugewiesenen Gesetzgebungszuständigkeit liegt im „**Bodenrecht**". Entsprechend der Feststellung des *BVerfG* in seinem Baurechtsgutachten ist das „Bodenrecht" dadurch charakterisiert, dass es auf die unmittelbaren rechtlichen **Beziehungen des Menschen zu Grund und Boden** gerichtet ist[3] und somit insbesondere das Recht der städtebaulichen Planung beinhaltet.[4] Obschon das Kriterium der „**Unmittelbarkeit**" bei einer eingehenden Untersuchung der Kompetenznorm durchaus Zweifel aufwirft,[5] bestimmt das Baurechtsgutachten des *BVerfG* weiterhin uneingeschränkt die kompetenzrechtliche Einordnung der Materie.[6]

3   Das von Art. 74 I Nr. 18 GG und den übrigen Gesetzgebungskompetenzen des Bundes nicht erfasste **Bauordnungsrecht** gehört zur Gesetzgebungszuständigkeit der Länder.[7] Es besitzt keine bodenrechtliche Relevanz, da es primär auf **Sicherheit und Gestaltung der Einzelanlagen** ausgerichtet ist und somit eine spezialgesetzliche Ausprägung des Polizei- und Ordnungsrechts darstellt.[8] Seine **Abgrenzung** zum Bodenrecht fällt nicht immer ganz leicht.[9] Letztlich dürfte sich eine Zuordnung zum Bodenrecht jedoch daran zu orientieren haben, ob die gesetzgeberisch getroffene Regelung die Nutzung von Grund und Boden **flächenbezogen** zu steuern sucht.[10] Insgesamt darf für das öffentliche Baurecht festgestellt werden, dass es keinesfalls einen einheitlichen Kompetenztitel kennt, sondern teils Bundes-, teils Landes- und, soweit die Gemeinden hierzu ermächtigt sind, gemeindliches Satzungsrecht ist.

4   Seit der **Föderalismusreform** von 2006[11] bedürfen Bundesgesetze, die sich auf den Kompetenztitel des Art. 74 I Nr. 18 GG stützen lassen, **nicht** mehr den erhöhten **Anforderungen des Art. 72 II GG**. Der Erlass entsprechender Gesetze muss also nicht zur Herstellung gleichwertiger Lebensverhältnisse im Bundesgebiet oder zur Wahrung der Rechts- oder Wirtschaftseinheit im gesamtstaatlichen Interesse erforderlich sein.

---

[2] BVerfGE 3, 407 (415 f.); 40, 261 (265 f.); v. Mangoldt/Klein/Starck/*Oeter*, GG, Art. 74 Rn. 140.
[3] BVerfGE 3, 407 (424); 34, 139 (144).
[4] BVerfGE 3, 407 (424); 65, 283 (288); 77, 288 (299); Jarass/Pieroth/*Pieroth*, GG, Art. 74 Rn. 38.
[5] *Tillmann*, AöR 132 (2007), 582 (584 ff.); *Kment*, Rechtsschutz im Hinblick auf Raumordnungspläne, 2002, S. 211 f (Fn. 4).
[6] *Kment*, NuR 2006, 217 (218).
[7] *BVerwG* NJW 1991, 713 (714); Jarass/Pieroth/*Pieroth*, GG, Art. 74 Rn. 39.
[8] BVerwGE 129, 318 (323) = NVwZ 2008, 311; v. Mangoldt/Klein/Starck/*Oeter*, GG, Art. 74 Rn. 140.
[9] Vgl. *BVerwG* ZfBR 2005, 559.
[10] BVerwGE 129, 318 (322 f.) = NVwZ 2008, 311.
[11] BGBl. I, S. 2034; vgl. dazu *Ipsen*, NJW 2006, 2801; *Häde*, Zur Föderalismusreform in Deutschland, JZ 2006, 930; *Degenhart*, Die Neuordnung der Gesetzgebungskompetenzen durch die Föderalismusreform, NVwZ 2006, 1209; *Schulze-Fielitz*, Umweltschutz im Föderalismus, NVwZ 2007, 249.

II. Baurecht des Bundes

Der Bund hat vor allem Gesetze und Verordnungen städtebaulichen Inhalts erlassen. 5
Die wichtigsten sind:

1. Baugesetzbuch

Das Baugesetzbuch[12] enthält an erster Stelle das allgemeine Städtebaurecht. Darunter fällt die hoheitliche Gestaltung des lokalen Raums unter **überfachlichen** und **örtlichen Gesichtspunkten**, wobei die Regelung der unmittelbaren rechtlichen Beziehung des Menschen zum Grund und Boden eingeschlossen ist. Wesentliches Handlungsinstrument ist die städtebauliche Planung in der Form der **Bauleitplanung** mit dem Flächennutzungsplan und dem Bebauungsplan. Darüber hinaus enthält das Baugesetzbuch die notwendigen Vorgaben zur Sicherung der gemeindlichen Bauleitplanung durch Veränderungssperre (§ 14 BauGB), Zurückstellung von Baugesuchen (§ 15 BauGB), Teilungsgenehmigung (§ 19 BauGB) oder gemeindliche Vorkaufsrechte (§§ 24 ff. BauGB). Daneben finden sich Vorschriften über die Zusammenarbeit mit Privaten (§§ 4 b, 11 f. BauGB), die planungsrechtliche Zulässigkeit baulicher Vorhaben (§§ 29 ff. BauGB), die Entschädigung für Eingriffe durch Bebauungsplan (§§ 39 ff. BauGB), die städtebauliche Umlegung (§§ 45 ff. BauGB), die Enteignung zu städtebaulichen Zwecken (§§ 85 ff. BauGB), die Erschließung (§§ 123 ff. BauGB) und den Umweltschutz (insbesondere § 1 a BauGB).[13] Sonstige Regelungsgegenstände des Baugesetzbuchs sind die städtebauliche Sanierung (§§ 136 ff. BauGB) und Entwicklungsmaßnahmen (§§ 165 ff. BauGB), der Stadtumbau (§§ 171 a ff. BauGB), die soziale Stadt (§ 171 e BauGB), die Erhaltungssatzung (§§ 172 ff. BauGB) und die städtebaulichen Gebote (§§ 175 ff. BauGB), die man gemeinsam als besonderes Städtebaurecht einordnet, wie auch sonstige Vorschriften, zu denen insbesondere die Planerhaltungsregelungen (§§ 214 f. BauGB) zählen.

2. Baunutzungsverordnung

Die Baunutzungsverordnung (BauNVO)[14] ist 1962 aufgrund von § 2 X BBauG erst- 6
mals erlassen und in den Folgejahren (1968, 1977, 1986 und 1990) mehrfach novelliert worden.[15] Die bis zum Jahr 2004 noch in § 2 V BauGB enthaltene Ermächtigung

---

[12] Baugesetzbuch v. 23. 9. 2004 (BGBl. I, S. 2414) zuletzt geänd. durch Art. 4 des Gesetzes zur Neuregelung des Wasserrechts vom 31. 7. 2009 (BGBl. I, S. 2585).

[13] Seit der Neufassung des Art. 74 Nr. 18 GG durch das Gesetz zur Änderung des Grundgesetzes v. 27. 10. 1994 (BGBl. I, S. 3146) gehört das bis dahin zur Bodenordnung zählende Recht der Erschließungsbeiträge zur Gesetzgebungszuständigkeit der Länder. Das bisherige Erschließungsbeitragsrecht gilt nach Art. 125 a I GG als Bundesrecht fort, kann aber durch Landesrecht ersetzt, also auch geändert werden. Vgl. hierzu auch *Kallerhoff*, Die Gesetzgebungskompetenz für das Erschließungsbeitragsrecht, 1994.

[14] Verordnung über die bauliche Nutzung der Grundstücke (Baunutzungsverordnung – BauNVO) v. 23. 1. 1990 (BGBl. I, S. 132), zuletzt geänd. durch Art. 3 des Investitionserleichterungs- und WohnbaulandG vom 22. 4. 1993 (BGBl. I, S. 466); vgl. dazu *Ziegler*, ZfBR 1994, 160.

[15] *Stich*, Die drei Baunutzungsverordnungen 1962, 1968 und 1977, DÖV 1978, 537. Zur Novelle 1977 siehe *Rothe*, Die Baunutzungsverordnung in neuer Fassung, DVBl. 1977, 882. Vgl. zur Novelle 1990 *Bunzel*, Die neue Baunutzungsverordnung, DÖV 1990, 230; *Fickert*, Einige aktuelle Fragen im Zusammenhang mit Regelungen über die „Art der baulichen Nutzung" aufgrund der (vierten) Änderungsverordnung 1990 zur Baunutzungsverordnung, BauR 1990, 263 und 418; *Jahn*, Regelungsschwerpunkte des neuen Baunutzungsrechts, BayVBl. 1990, 390; *Lemmel*, Änderungen der Baunutzungsverordnung 1990 und ihre Bedeutung für die

zum Erlass der BauNVO findet sich nunmehr in § 9a Nr. 1–3 BauGB.[16] Die BauNVO enthält Vorschriften über die Darstellung und Festsetzung von Art und Maß der baulichen Nutzung, der Bauweise und der überbaubaren Grundstücksflächen in den Bauleitplänen. Sie **ergänzt** gemäß ihrem § 1 III 2 den **Bebauungsplan**, und zwar in ihrer bei seiner Festsetzung geltenden Fassung.[17] Sämtliche Fassungen der BauNVO sind daher noch von Bedeutung.

3. Planzeichenverordnung

7   Auf Grund § 2 V Nr. 4 BauGB a. F. (jetzt: § 9a Nr. 4 BauGB) erlassen, bestimmt die Planzeichenverordnung (PlanzV)[18] die der Ausarbeitung der Bauleitpläne zugrundezulegenden Unterlagen und die für die Darstellungen oder Festsetzungen in den Bauleitplänen zu verwendenden **Planzeichen**. Die PlanzV legt fest, dass als Grundlagen für Bauleitpläne Karten zu verwenden sind, die in Genauigkeit und Vollständigkeit den Zustand des Plangebiets in einem für den Planinhalt ausreichenden Grade erkennen lassen (§ 1 I 1 PlanzV). Dieselben Anforderungen gelten auch für die zu wählenden Maßstäbe. Um die erforderliche Genauigkeit und Vollständigkeit zu erzielen, bietet die PlanzV Planzeichen an, die in der Anlage zur PlanzV aufgeführt sind. Die Gemeinde ist jedoch nicht gehindert, von der PlanzV abzuweichen oder ergänzend eigene Darstellungsformen zu wählen, sofern die Aussagen der selbst kreierten Festsetzungen hinreichend deutlich werden.[19]

4. Immobilienwertermittlungsverordnung

8   Die **Immobilienwertermittlungsverordnung**[20] und die sie (in Zukunft wohl) ergänzenden Immobilienwertermittlungs-Richtlinien[21] enthalten die Grundsätze und Materialen für die **Ermittlung des Verkehrswerts** (§ 194 BauGB) von Grundstücken. Dabei kennt die Wertermittlungsverordnung drei unterschiedliche Verfahren, um den Wert von Gründstücken oder Grundstücksteilen einschließlich ihrer Bestandteile zu ermitteln: das Vergleichswertverfahren (§§ 1 f. ImmoWertV), das Ertragswertverfahren (§§ 17 ff. ImmoWertV) und das Sachwertverfahren (§§ 21 ff. ImmoWertV).[22] Die Ermächtigung zum Erlass der ImmoWertV findet sich in § 199 I BauGB.

Anwendung bestehender Bebauungspläne, in: Festschr. für Weyreuther, 1993, S. 273. Die fünf Fassungen der BauNVO sind abgedruckt bei Brügelmann/*Ziegler*, BauGB, Bd. 6.

[16] BKL/*Löhr*, BauGB, § 9a Rn. 2.

[17] *Fickert/Fieseler*, BauNVO, § 1 Rn. 72.

[18] Verordnung über die Ausarbeitung der Bauleitpläne und die Darstellung des Planinhalts (Planzeichenverordnung 1990 – PlanzV 90) v. 18. 12. 1990 (BGBl. 1991 I, S. 58); siehe hierzu *Mainczyk*, BBauBl. 1991, 419. Für ältere Bauleitpläne gilt die PlanzeichenVO vom 19. 1. 1965 (BGBl. I, S. 21) oder vom 30. 7. 1981 (BGBl. I, S. 833); vgl. dazu *Mainczyk*, Die neue Planzeichenverordnung, NVwZ 1982, 90.

[19] *BVerwG* BauR 2001, 1060 (1061).

[20] Verordnung über die Grundsätze für die Ermittlung der Verkehrswerte von Grundstücken (Immobilienwertermittlungsverordnung – ImmoWertV), v. 19. 5. 2010, BGBl. 2010 I, S. 639. Vgl. zur früheren Fassung auch *Holtschmidt*, Die Neuregelung der städtebaulichen Wertermittlung durch das Baugesetzbuch und die neue Wertermittlungsverordnung vom Dezember 1988, ZfBR 1989, 14.

[21] Zur früheren Wertermittlungsverordnung 2006 wurden solche Richtlinien erlassen; vgl. Richtlinien für die Ermittlung der Verkehrswerte (Marktwerte) von Grundstücken (Wertermittlungsrichtlinien 2006 – WertR 2006) vom 1. 3. 2006, BAnz. Nr. 108 a v. 10. 6. 2006, Berichtigung vom 1. 7. 2006, BAnz. Nr. 121, S. 4798. Für die neue Immobilienwertermittlungsverordnung ist dies zu erwarten.

[22] Vgl. dazu auch *Stemmler*, Von der Wertermittlungsverordnung zur Immobilienwertermitt-

5. Raumordnungsgesetz

Das Raumordnungsgesetz (ROG)[23] liefert die gesetzliche Grundlage für die Entwicklung, Ordnung und Sicherung des Gesamtraums der Bundesrepublik Deutschland und seiner Teilräume unter Verwendung **zusammenfassender** und **überörtlicher Raumordnungspläne**, die wie die Bauleitpläne auch **fachübergreifender** Natur sind.[24] Als zusätzliche Instrumente zur Verwirklichung seiner Aufgabe nach § 1 I ROG kennt das Raumordnungsrecht die raumordnerische Zusammenarbeit und die Abstimmung raumbedeutsamer Planungen und Maßnahmen. Außerdem definiert es die Leitvorstellung bei der Aufgabenerfüllung (§ 1 II ROG), etabliert das Gegenstromprinzip (§ 1 III ROG) und definiert Grundsätze der Raumordnung (§ 2 ROG). Im Übrigen setzt das ROG einen Rahmen für die Raumordnung in den Ländern (Landesplanung) und bestimmt die Raumordnung im Bund.

Das Raumordnungsgesetz ist in Folge der Föderalismusreform von 2006[25] neu geordnet und ausgestaltet worden. Triebfeder war die Abschaffung der bisherigen Rahmengesetzgebungskompetenz des Bundes nach Art. 75 GG und die Überführung der Sachmaterie „Raumordnung" in die **konkurrierende Gesetzgebungskompetenz** des Bundes nach Art. 72, 74 GG. Mit der neuen Verortung des Raumordnungsrechts in Art. 74 I Nr. 31 GG ist verbunden, dass der Bundesgesetzgeber entgegen der bisherigen verfassungsrechtlichen Ausgangssituation zu einer gesetzlichen Vollregelung berechtigt ist, die nicht einmal dem Erforderlichkeitsvorbehalt des Art. 72 II GG unterliegt.[26] Die Ausweitung der Bundesbefugnisse wird teilweise durch den neu eingefügten Art. 72 III 1 Nr. 4 GG kompensiert, wonach die Länder von Regelungen des Bundes durch den Erlass eigener Vorschriften abweichen dürfen (sog. **Abweichungskompetenz**).[27] Dieses Abweichungsrecht ist dem Wortlaut nach im Bereich der Raumordnung unbeschränkt, im Gegensatz zu anderen Materien, wie beispielsweise dem Wasserhaushaltsrecht (Art. 72 III 1 Nr. 5 GG), bei dem das Recht der stoff- oder anlagenbezogenen Regelungen ausschließlich dem Bund zugeordnet ist, die Länder also von Bundesregelungen auf diesem Gebiet nicht abweichen dürfen.

Bislang ist noch ungeklärt, ob auch der konkurrierenden (Bundes-)Kompetenz zur Regelung der Raumordnung ein solcher, hier freilich ungeschriebener, **abweichungs-**

---

lungsverordnung, GuG 2010, 193; *Drosdzol*, Die neue Immobilienwertermittlungsverordnung, ZEV 2010, 403 (404).

[23] Raumordnungsgesetz (ROG) v. 22. 12. 2008 (BGBl. I, S. 2986), zuletzt geänd. durch Art. 9 des Gesetzes zur Neuregelung des Wasserrechts v. 31. 7. 2009 (BGBl. I, S. 2585). Vgl. hierzu *Söfker*, Das Gesetz zur Neufassung des Raumordnungsgesetzes, UPR 2009, 161; *Durner*, Das neue Raumordnungsgesetz, NuR 2009, 373; *Ritter*, Das Gesetz zur Neufassung des Raumordnungsgesetzes (ROG 2009): Weiterentwicklung oder beginnendes Siechtum?, DÖV 2009, 425; *Krautzberger/Stüer*, Das neue Raumordnungsgesetz des Bundes, BauR 2009, 180.

[24] Siehe hierzu ausführlich § 20 Rn. 12.

[25] Siehe speziell zur Raumordnung *Battis/Kersten*, DVBl. 2007, 152; *Schmitz/Müller*, Das Raumordnungsrecht nach der Föderalismusreform, RuR 2007, 456.

[26] BGBl. I, 2034; vgl. dazu auch *Ipsen*, NJW 2006, 2801 (2803); *Degenhart*, Die Neuordnung der Gesetzgebungskompetenzen durch die Föderalismusreform, NVwZ 2006, 1209 (1210).

[27] *Kment*, NuR 2006, 217 (219); *Hoppe*, Kompetenz-Debakel für die Raumordnung durch die Föderalismusreform infolge der uneingeschränkten Abweichungszuständigkeit der Länder?, DVBl. 2007, 144 (145); allgemein *Degenhart*, Verfassungsrechtliche Rahmenbedingungen der Abweichungsgesetzgebung, DÖV 2010, 422. Zur Gefahr eines hieraus möglicherweise resultierenden „Ping-Pong-Spiels" zwischen Bundes- und Landesgesetzgeber siehe nur *Hoppe*, Zur Flexibilisierung der Ziele der Raumordnung (§ 3 Nr. 2 ROG) in einem neuen Raumordnungsgesetz, BauR 2007, 26 (30 f.).

fester Kern innewohnt.²⁸ Dabei spielt in die Diskussion die bis zur Föderalismusreform bestehende Kompetenzgrundlage des Raumordnungsgesetzes mit hinein: So wurde zugunsten des Bundes zum einen aus der Natur der Sache eine ausschließliche Gesetzgebungskompetenz für die länderübergreifende Raumordnung im Bund angenommen²⁹ und zum anderen in Art. 75 I Nr. 4 GG a. F. die Rechtsgrundlage erblickt, um Rahmenvorschriften für die raumordnungsrechtliche Gesetzgebung der Länder zu erlassen.³⁰ Im Ergebnis dürfte jedenfalls für die Raumordnung im Bund im Abschnitt 3 des Gesetzes (§§ 17 ff. ROG) vom Bestehen eines solchen abweichungsfesten Kerns auszugehen sein.³¹

6. Sonstige Bundesgesetze von baurechtlicher Bedeutung, insbesondere zur Fachplanung

12 Zahlreiche Bundesgesetze nicht spezifisch baurechtlichen Inhalts enthalten Regelungen, die von baurechtlicher Bedeutung sein können. Hierzu zählen insbesondere solche Gesetze, welche die **räumliche Fachplanung** zum Gegenstand haben. Die Fachplanung zielt im Unterschied zur städtebaulichen Planung wie auch im Gegensatz zur überörtlichen Raumordnungsplanung auf eine **fachliche, sektoral begrenzte Raumgestaltung** ab und orientiert sich vornehmlich an besonderen Sachgesichtspunkten. Sie kann in Planfeststellungen münden,³² zu Schutzgebietsausweisungen führen³³ oder sonstige räumliche Fachplanungen³⁴ hervorbringen. Als gesetzliche Grundlagen dieses weiten Bereichs können u. a. genannt werden:

13 – **Bundesfernstraßengesetz**,³⁵ das u. a. die Bebauung in der Nähe von Bundesfernstraßen beschränkt (§§ 9, 9 a FStrG);
    – **Flurbereinigungsgesetz**;³⁶
    – **Bundesnaturschutzgesetz**,³⁷ das u. a. Regelungen über Eingriffe in Natur und Landschaft enthält und deren Verhältnis zum Baurecht bestimmt (§ 18 BNatSchG);

---

²⁸ So *Kment*, NuR 2006, 217 (220 f.); *Battis/Kersten*, DVBl. 2007, 152 (158 f.); *Spannowsky*, Die Grenzen der Länderabweichungsbefugnis gem. Art. 72 Abs. 3 Nr. 4 GG im Bereich der Raumordnung, UPR 2007, 41 (44 ff.); a. A. *Erbguth*, in: Festschr. für Rengeling, 2008, S. 35 (52); kritisch *Hoppe*, Kompetenz-Debakel für die Raumordnung durch die Föderalismusreform infolge der uneingeschränkten Abweichungszuständigkeit der Länder?, DVBl. 2007, 144 (146).
²⁹ BVerfGE 3, 407 (427 f.).
³⁰ Zur Rahmenkompetenz des Bundes *Schmidt-Aßmann*, Bundeskompetenz zur Raumordnung unter veränderten Rahmenbedingungen, in: Festschr. für Weyreuther, 1993, S. 73.
³¹ *Battis/Kersten*, DVBl. 2007, 152 (158 f.); *Kment*, NuR 2006, 217 (220 f.); *ders./Grüner*, Ausnahmen von Zielen der Raumordnung, UPR 2009, 93 (94); *Söfker*, UPR 2008, 161 (161); *Ritter*, Das uneingeschränkte Abweichungsrecht nach Art. 72 Abs. 3 GG, ARL-Nachrichten 3/2006, 12 (12 ff.); ablehnend *Erbguth*, in: Festschr. für Rengeling, 2008, S. 35 (48 f.); *Schmitz/Müller*, Das Raumordnungsrecht nach der Föderalismusreform, RuR 2007, 456 (460 ff.).
³² Hierzu zählen etwa verbindliche Pläne, die zur Errichtung von Abfalldeponien, Straßen oder Schienenwegen führen.
³³ Zu den Schutzgebietsfestsetzungen zählen beispielsweise ausgewiesene Naturschutzgebiete oder Wasserschutzgebiete.
³⁴ Hierunter fallen etwa Luftreinhalte- und Lärmminderungsplanungen, wasserrechtliche Maßnahmenprogramme oder Schulentwicklungsplanungen.
³⁵ Bundesfernstraßengesetz (FStrG) v. 28. 6. 2007 (BGBl. I, S. 1206), zuletzt geänd. durch Art. 6 des Gesetzes zur Neuregelung des Wasserrechts v. 31. 7. 2009 (BGBl. I, S. 2585).
³⁶ Flurbereinigungsgesetz (FlurbG) v. 16. 3. 1976 (BGBl. I, S. 546), zuletzt geänd. durch Art. 17 JahressteuerG 2009 v. 19. 12. 2008 (BGBl. I, S. 2794).
³⁷ Gesetz über Naturschutz und Landschaftspflege (Bundesnaturschutzgesetz – BNatSchG) v. 29. 6. 2009 (BGBl. I, S. 2542).

§ 3. Die Rechtsquellen des öffentlichen Baurechts

- **Bundeswaldgesetz:**[38] bewaldete Grundstücke können nur bebaut werden, wenn zuvor durch eine Umwandlungsgenehmigung (§ 9 BWaldG) die Beseitigung des Waldes zugelassen worden ist;[39]
- **Luftverkehrsgesetz:**[40] es enthält in §§ 12 ff. LuftVG Baubeschränkungen im Bereich von Flughäfen;
- **Schutzbereichsgesetz,**[41] das Beschränkungen der Nutzung von Grundstücken für Zwecke der Verteidigung zulässt;[42]
- **Bundeskleingartengesetz,**[43] das u. a. die Nutzung von im Bebauungsplan für Dauerkleingärten festgesetzten Flächen regelt;
- **Tierkörperbeseitigungsanstalten-Verordnung,**[44] die u. a. in § 3 bauliche Anforderungen an Tierkörperbeseitigungsanstalten stellt.

III. Baurecht der Länder

Nach Art. 70 GG besitzen die Länder das Recht zur Gesetzgebung für alle baurechtlichen Teilgebiete, die dem Bund nicht zugewiesen sind. Hierunter fallen insbesondere:

14

- **Bauordnungsrecht.** Alle Bundesländer haben Bauordnungen erlassen,[45] die in ihrem Kern auf eine von einer Sachverständigenkommission des Bundes und der Länder erarbeitete und wiederholt überarbeitete **Musterbauordnung** zurückgehen und daher vielfach übereinstimmen.[46] Sie sind im Gegensatz zum Bauplanungsrecht grundsätzlich **objektbezogen** und dienen vorrangig der **Gefahrenabwehr**.[47] Daneben verfolgen die Bauordnungen aber auch baugestalterische Anliegen und sozialstaatliche sowie umweltpolitische Zielsetzungen. Im Einzelnen regeln sie die Anforderungen baukonstruktiver, baugestalterischer und bauwirtschaftlicher Art an Bauwerk und Baustoffe, das Baugenehmigungsverfahren, die Ordnung des Bauvorgangs, die Unterhaltung und Instandsetzung baulicher Anlagen und die Bekämpfung der von ihnen ausgehenden Gefahren. Zu den Bauordnungen sind **Ausführungsverordnungen** ergangen, die es erleichtern, die bauordnungsrechtlichen Vorgaben flexibel der technischen und sonstigen Entwicklung anzupassen. Hierzu zählen etwa die Baubereichsverordnungen, Baudurchführungsverordnungen, Bauvorlagenverordnungen, Güteüberwachungsverordnungen, Prüfzeichenverordnungen, Bauprüfungsverordnungen, Garagenverordnungen, Warenhausverord-

---

[38] Gesetz zur Erhaltung des Waldes und zur Förderung der Forstwirtschaft (Bundeswaldgesetz) v. 2. 5. 1975 (BGBl. I, S. 1037), zuletzt geänd. durch Art. 10 des Gesetzes zur Neuregelung des Wasserrechts v. 31. 7. 2009 (BGBl. I, S. 2585).
[39] *VG Köln* AgrarR 1987, 147 zu einem Grundstück in einem im Zusammenhang bebauten Ortsteil; *VGH Mannheim* ESVGH 29, 83 zu einem Außenbereichsgrundstück.
[40] Luftverkehrsgesetz (LuftVG) v. 10. 5. 2007 (BGBl. I, S. 698), zuletzt geänd. durch Art. 1 des Gesetzes zur Änderung luftverkehrsrechtlicher Vorschriften v. 24. 8. 2009 (BGBl. I, S. 2942).
[41] Gesetz über die Beschränkung von Grundeigentum für die militärische Verteidigung (Schutzbereichsgesetz) v. 7. 12. 1956 (BGBl. I, S. 899), zuletzt geänd. durch Art. 2 Abs. 11 des Gesetzes zur Novellierung des Verwaltungszustellungsrechts v. 12. 8. 2005 (BGBl. I, S. 2354).
[42] Siehe dazu BVerwGE 70, 77 (78 ff.) = NVwZ 1985, 39.
[43] Bundeskleingartengesetz (BKleingG) v. 28. 2. 1983 (BGBl. I, S. 210), zuletzt geänd. durch Art. 11 Erstes Gesetz über die Bereinigung von Bundesrecht im Zuständigkeitsbereich des Bundesministeriums für Verkehr, Bau und Stadtentwicklung v. 19. 9. 2006 (BGBl. I, S. 2146).
[44] Verordnung über Tierkörperbeseitigungsanstalten und Sammelstellen (Tierkörperbeseitigungsanstalten-Verordnung) v. 21. 12. 2001 (BGBl. I, S. 4193), zuletzt geänd. durch Art. 6 Abs. 2 Nr. 2 des Gesetzes zur Durchführung gemeinschaftsrechtlicher Vorschriften über die Verarbeitung und Beseitigung von nicht für den menschlichen Verzehr bestimmten tierischen Nebenprodukten v. 25. 1. 2004 (BGBl. I, S. 82).
[45] Eingehend hierzu *Otto* in Bd. II § 1 I 1 b.
[46] Die 106. ARGEBAU (Bauministerkonferenz) hat eine weitgehend überarbeitete MBO 2002 verabschiedet; vgl. dazu *Jäde*, Musterbauordnung 2002, NVwZ 2003, 221.
[47] *Krebs*, Baurecht, Rn. 6; *Brenner*, Baurecht, S. 4 f.

nungen. Von bauordnungsrechtlicher Bedeutung sind ferner die **Wohnungsaufsichtsgesetze der Länder**.[48]

15 Die Ausgestaltung der landesrechtlichen Bauordnungen hat trotz der kompetenzrechtlichen Trennung von Bauplanungs- und Bauordnungsrecht erheblichen Einfluss auf die planungsrechtliche Seite des öffentlichen Baurechts. Dies ist dem Umstand geschuldet, dass die Bauaufsichtsbehörde im **Genehmigungsverfahren**, welches der Erlangung einer Baugenehmigung vorausgeht, regelmäßig die planungsrechtliche Zulässigkeit des Vorhabens (§§ 29 ff. BauGB) als einen Aspekt der zu prüfenden öffentlichen Vorschriften untersucht. **Bauplanungs- und Bauordnungsrecht sind** folglich **miteinander verwoben**, wobei das Bauordnungsrecht gegenüber dem bundesrechtlich ausgeformten Bauplanungsrecht eine **Schutzfunktion** ausübt.[49] Dementsprechend sinkt aber auch der bauordnungsrechtliche Schutzstandard in dem Maße, in dem die Genehmigungsbedürftigkeit von Vorhaben auf Landesebene zurückgenommen wird, etwa infolge des immer großzügigeren Einsatzes des **Genehmigungsfreistellungsverfahrens**.[50]

16 – **Ausführungsgesetze und -verordnungen zum BauGB.** Der Bundesgesetzgeber hat von seiner Kompetenz zur Ausgestaltung des „Bodenrechts" zwar grundsätzlich erschöpfend Gebrauch gemacht. Gleichwohl finden sich im BauGB in §§ 9 IV, 104 II, 203, 246 Ermächtigungen zugunsten der Länder, welche diese befähigen, ergänzende baurechtsrelevante Regelungen zu treffen.[51]

17 – **Landesplanungsgesetze.** Landesplanungsgesetze sind auch nach der Föderalismusreform weiterhin zulässig. Das Grundgesetz erlaubt in Art. 72 III 1 Nr. 4 GG explizit den Erlass von abweichenden Regelungen zum bundesrechtlichen Raumordnungsrecht, welches sich nunmehr auf einen Kompetenztitel der konkurrierenden Gesetzgebung (Art. 74 I Nr. 31 GG) stützen kann.

18 – **Landesnaturschutzgesetze.** Das Landesnaturschutzrecht teilt mit der Landesplanung dasselbe Schicksal. In Art. 74 III 1 Nr. 2 GG findet sich für diese Sachmaterie die Befugnis der Länder, Abweichungsgesetze zu erlassen, ohne dass dabei die allgemeinen Grundsätze des Naturschutzes, das Recht des Artenschutzes oder des Meeresnaturschutzes tangiert werden dürfen.

19 – **Denkmalschutzgesetze.** Im Unterschied zur Weimarer Reichsverfassung von 1919 (Art. 150 I WRV) äußert sich das Grundgesetz an keiner Stelle explizit zum Denkmalschutz und überlässt damit den Ländern den Bereich des Denkmalschutzes fast vollständig (Art. 30, 70, 83 GG).[52] Die somit in Regie der Länder ergangenen Denkmalschutzgesetze sind von erheblicher baurechtlicher Bedeutung. Dies gilt insbesondere für den darin verankerten „Umgebungsschutz", der zum Schutz eines Baudenkmals vor Beeinträchtigung die Bebauung in seiner Nähe Beschränkungen unterwirft (vgl. etwa § 10 DSchG Bln; § 9 I lit. b DSchG NW).

IV. Gemeindliche Satzungen nach dem BauGB

20 Zahlreiche Bestimmungen des BauGB ermächtigen die Gemeinden, durch Satzung **örtliches Baurecht** zu setzen und damit als Ausfluss der gemeindlichen Planungshoheit den Gegebenheiten der örtlichen Gemeinschaft (Art. 28 II GG) Rechnung zu tragen. Neben dem Bebauungsplan, der gem. § 10 I als Satzung beschlossen wird, gehören zu diesem „Ortsrecht" die Satzung über die Veränderungssperre (§ 16 I BauGB), über die Einführung der Genehmigung für die Begründung oder Teilung von Wohnungseigentum oder Teileigentum in vom Fremdenverkehr geprägten Gemeinden (§ 22 I BauGB), die Vorkaufssatzung (§ 25 I BauGB), die Klarstellungs-,

---

[48] Vgl. dazu *Zezschwitz*, Die neuen Wohnungsaufsichtsgesetze der Länder und ihre verfassungsrechtliche Problematik, NJW 1976, 129; *Tietzsch*, Das Wohnungsaufsichtsgesetz für Berlin, 1983.
[49] *Brohm*, Baurecht, § 18 Rn. 1; *Erbguth*, Baurecht, § 1 Rn. 12.
[50] Vgl. dazu *Stüer/Ehebrecht-Stüer*, Bauplanungsrecht und Freistellungspolitik der Länder, DVBl. 1996, 482.
[51] Vgl. Brügelmann/*Gierke*, BauGB, § 9 Rn. 550.
[52] *Hönes*, Denkmalschutz und Raumordnung, NVwZ 2008, 1299 (1300).

Entwicklungs- und Ergänzungssatzung (§ 34 IV BauGB), die Außenbereichssatzung (§ 35 VI BauGB), die Erschließungsbeitragssatzung (§ 132 BauGB), die Sanierungssatzung (§ 142 BauGB), die Satzung über die alternative Berechnungsmethode für den Ausgleichsbetrag bei Sanierungen (§ 154 II a BauGB), die Entwicklungssatzung (§ 165 VI-IX BauGB), die Städteumbausatzung (§ 171 d BauGB) und die Erhaltungssatzung (§ 172 BauGB).

§ 4. Der verfassungsrechtliche Standort des öffentlichen Baurechts

Schrifttum: *Appel*, Der Eigentumsschutz von Nutzungsmöglichkeiten – ein (un-)gelöstes Problem des Eigentumsgrundrechts?, NuR 2005, 427; *Badura*, Eigentum, in: Handbuch des Verfassungsrechts, 1994; *Brenndörfer*, Reichweite und Grenzen des baurechtlichen Bestandsschutzes, 2008; *Ehlers*, Eigentumsschutz, Sozialbindung und Enteignung bei der Nutzung von Boden und Umwelt, VVDStRL 51 (1992), 211; *Fickert*, Grundlagen, Entwicklung und Reichweite des Rechtsinstituts Bestandsschutz, seine bauplanungsrechtliche Fortbildung und seine Bedeutung innerhalb des Städtebaurechts, in: Festschr. für Weyreuther, 1993, S. 319; *Jäde*, Bestandsschutz im Bauplanungsrecht, BayVBl 2007, 641; *Jarass*, Inhalts- und Schrankenbestimmung oder Enteignung?, NJW 2000, 2841; *Kment*, Begrenzung der Legalisierung einer Baugenehmigung durch das Prinzip der Interessenabwägung im öffentlichen Baurecht, BauR 2000, 1675; *Mampel*, Art. 14 GG fordert sein Recht, NJW 1999, 975; *Papier*, Die Weiterentwicklung der Rechtsprechung zur Eigentumsgarantie des Art 14 GG, DVBl. 2000, 1398; *Sarnighausen*, Abschied vom Bestandsschutz im öffentlichen Baurecht, DÖV 1993, 758; *Uechtritz*, Grenzen des baurechtlichen Bestandsschutzes bei Nutzungsunterbrechungen, DVBl. 1997, 347; *Sieckmann*, Eigentumsgarantie und baurechtlicher Bestandsschutz, NVwZ 1997, 853; *Uschkereit*, Der Bestandsschutz im Bau- und Immissionsschutzrecht, 2007; *Wahl*, Abschied von den „Ansprüchen aus Art. 14 GG", Festschr. für Redeker, 1993, S. 245.

Fall 2 (nach BVerwGE 134, 355):

Das Grundstück des A liegt in einem Neubaugebiet. Die Gemeinde G plant, angrenzend 1 an das Grundstück des A eine Straße zu errichten. Sie trifft in ihrem Bebauungsplan eine Festsetzung nach § 9 I Nr. 26 BauGB (Flächen für Aufschüttungen, Abgrabungen und Stützmauern), die auch einen Teil des Grundstücks des A einschließt. A hält dies für verfassungswidrig, da ihm mit dieser Festsetzung die Duldung einer erforderlichen Aufschüttung bzw. Abgrabung aufgebürdet werde und so das Grundstück durch die zukünftige Böschungsfläche letztlich entschädigungslos enteignet werde.
Lösung: Rn. 37

Da das öffentliche Baurecht die bauliche und sonstige Nutzung des Grundeigentums 2 zum Gegenstand hat, wird sein **verfassungsrechtlicher Standort** vor allem von Art. 14 GG bestimmt.

I. Die Eigentumsgarantie des Grundgesetzes

Das Grundgesetz gewährleistet in Art. 14 I 1 das Eigentum als Rechtsinstitut und als Grundrecht.[1]

---

[1] Hierzu und zum Folgenden insbesondere BVerfGE 24, 367 (388 ff.) – Hamburger DeichordnungsG = NJW 1969, 309; 58, 300 (330 ff.) – Naßauskiesung = NJW 1982, 745.

1. Das Eigentum als Rechtsinstitut

a) Begriff und Bedeutung

3   Nur eine Rechtsordnung, die das Eigentum als **Rechtsinstitut** kennt, kann Eigentum als Grundrecht gewährleisten. Das auf individuellen Eigentumsschutz zielende Grundrecht des Art. 14 I 1 GG enthält deshalb notwendig zugleich die Gewährleistung des Rechtsinstituts „Eigentum".[2] Was unter dem als Rechtsinstitut gewährleisteten „Eigentum" zu verstehen ist, lässt sich dem Wortlaut des sprachlich kurz gefassten Art. 14 I 1 GG nicht entnehmen, wohl aber durch Rückgriff auf Zweck und historischen Hintergrund ermitteln.[3] Das Grundgesetz fand bei seiner Entstehung ein vornehmlich **privatrechtlich geprägtes Eigentum** vor, gekennzeichnet von Privatnützigkeit und Verfügungsbefugnis des Eigentümers und dazu bestimmt, die **persönliche Freiheit** des Einzelnen im vermögensrechtlichen Bereich abzusichern, um ihm eine eigenverantwortliche Gestaltung seines Lebens zu ermöglichen.[4] Der **Grundbestand** der Rechtsnormen, die ein durch diese Merkmale gekennzeichnetes Privateigentum formen, wird von der Institutsgarantie des Art. 14 I 1 GG umfasst. Eine grundlegende Veränderung dieses Normenbestands durch eine Gesetzgebung, die an die Stelle des Privateigentums etwas setzt, was in diesem Sinne den Namen „Eigentum" nicht mehr verdient, wäre verfassungswidrig.[5]

b) Inhalt und Schranken sowie Enteignung

4   Art. 14 I 2 GG ermächtigt den Gesetzgeber, Inhalt und Schranken des Eigentums zu bestimmen. Das Grundgesetz gewährleistet mithin das Eigentum nicht unabänderlich in seiner überkommenen Form, sondern nur im Grundbestand der es herkömmlich ausmachenden Normen und unterwirft es im Übrigen der **Ausformung durch den Gesetzgeber**. Dieser hat nicht nur die das Eigentum üblicherweise ausmachenden Grundsätze zu berücksichtigen, sondern hat auch zu beachten, dass nach Art. 14 II GG „Eigentum verpflichtet" und sein Gebrauch zugleich dem **Wohle der Allgemeinheit**, also nicht nur dem privaten Nutzen, dienen soll. Der Gesetzgeber ist hierdurch gehalten, eine Eigentumsordnung zu schaffen und fortzuentwickeln, die sowohl dem durch Art. 14 I 1 GG geschützten Eigentümerinteresse als auch dem Allgemeininteresse an einer sozial gerechten Eigentumsordnung gerecht wird. Vor diesem Hintergrund legt er generell und abstrakt die Rechte und Pflichten des Eigentümers fest und schafft diejenigen Rechtssätze – sie mögen privatrechtlicher oder öffentlich-rechtlicher Natur sein –, die die Rechtsstellung des Eigentümers ausmachen.[6] Die Ermächtigung des Art. 14 I 2 GG beinhaltet grundsätzlich im über den Bestandsschutz hinausgehenden Bereich einen **großzügigen Beurteilungsspielraum** zugunsten des Gesetzgebers.[7] Dieser wird begrenzt von den allgemeinen Bestimmungen des Grundgesetzes sowie von Art. 14 GG selbst. Wie jedes grundrechtskonkretisierende und grundrechtsbeschränkende Gesetz muss auch ein Gesetz, das Inhalt und Schranken

---

[2] Die praktische Bedeutung der Institutsgarantie des Art. 14 I 1 GG ist jedoch gering; vgl. dazu Jarass/Pieroth/*Jarass*, GG, Art. 14 Rn. 4.
[3] Siehe hierzu etwa Maunz/Dürig/*Papier*, GG, Art. 14 Rn. 57.
[4] BVerfGE 24, 367 (389); 26, 215 (222); 31, 229 (240); 37, 132 (140); 42, 263 (294); 52, 1 (39) = NJW 1980, 985; BVerfGE 69, 272 (300).
[5] BVerfGE 24, 364 (389); 31, 229 (240); 102, 1 (15); 104, 1 (8 f.); *BVerfG-K* NVwZ 2003, 727 (727).
[6] BVerfGE 58, 300 (330).
[7] Dreier/*Wieland*, GG, Art. 14 Rn. 127; Jarass/Pieroth/*Jarass*, GG, Art. 14 Rn. 34.

des Eigentums bestimmt, formell und materiell der Verfassung entsprechen.⁸ Insbesondere muss es:

- die **grundlegende Wertentscheidung**, die Art. 14 GG zugunsten des Privateigentums getroffen hat, respektieren und den Grundbestand der Normen, die herkömmlich das Eigentum formen, unangetastet lassen;⁹
- das **Gleichheitsgebot** wahren;¹⁰
- den **Grundsatz der Verhältnismäßigkeit** beachten:¹¹ Die Inhalts- und Schrankenbestimmung muss aus Gründen des Allgemeininteresses, insbesondere aus Gründen, die sich auf Art. 14 II GG zurückführen lassen, gerechtfertigt und zur Verwirklichung dieses Interesses geeignet und erforderlich sein.¹² Das öffentliche Interesse ist Grund und Rechtfertigung, aber auch Grenze der Inhalts- und Schrankenbestimmung des Eigentums. Einschränkungen dürfen nicht weitergehen, als der Schutzzweck reicht, dem sie dienen;¹³
- **die Substanz des Eigentums** auch im Einzelfall erhalten:¹⁴ Dies ist nicht mehr der Fall, wenn Eigentum entzogen oder zu seinem Entzug ermächtigt oder das Eigentum übermäßig und daher unzumutbar belastet wird. Eine **schwere und unerträgliche Belastung des Eigentums durch eine Inhalts- und Schrankenbestimmung** schlägt dabei nicht in eine Enteignung i. S. des Art. 14 III GG um.¹⁵ Das Gewicht der Maßnahme ebenso wie ihre Folgen sind für die Abgrenzung der Inhalts- und Schrankenbestimmung von der Enteignung unbedeutend.¹⁶ Eine Enteignung liegt auch nicht deshalb vor, weil ein Entschädigungs- oder Übernahmeanspruch gesetzlich vorgesehen oder ein Ausgleichsanspruch geboten ist.¹⁷ Eine **Enteignung** i. S. des Art. 14 III GG ist demgegenüber eine Entziehung konkreter Rechtspositionen zur Erfüllung bestimmter öffentlicher Aufgaben.¹⁸ Der hoheitliche Beschaffungsvorgang¹⁹ ist unter dem Blickwinkel des Art. 14 III GG nur zulässig, wenn er zum Wohle der Allgemeinheit erforderlich ist.²⁰ Das Gesetz muss Art und Ausmaß der hierfür zu leistenden Entschädigung regeln (sog. **Junktimklausel**).²¹

---

⁸ BVerfGE 21, 73 (79); *BVerfG-K* NVwZ 2003, 727 (727).
⁹ Dies schließt die Schaffung von öffentlichem Eigentum für den öffentlichen Gebrauch bestimmter Sachen nicht aus; so BVerfGE 24, 367 (388 f. u. 392 ff.); 58, 300 (339); Maunz/Dürig/*Papier*, GG, Art. 14 Rn. 75.
¹⁰ BVerfGE 72, 66 (78); *BVerfG-K* NVwZ 2003, 727 (727); BGHZ 67, 320 (327) = NJW 1977, 841.
¹¹ Zur Bedeutung des Verhältnismäßigkeitsgrundsatzes im Rahmen des Art. 14 I 2 GG: BVerfGE 72, 9 (23); 72, 66 (77 f.); 75, 78 (97 f.); 76, 220 (238); 92, 262 (273); 110, 1 (28).
¹² BVerfGE 76, 220 (238); 100, 226 (241); 110, 1 (28).
¹³ BVerfGE 71, 137 (146); BVerwGE 84, 361 (373).
¹⁴ BVerfGE 42, 263 (295); 50, 290 (341); 81, 208 (368); 84, 382 (385).
¹⁵ BVerfGE 100, 226 (240); 102, 1 (16); *Jarass*, NJW 2000, 2841 (2844).
¹⁶ *Ehlers*, VVDStRL 51 (1992), 211 (236 f.); *Papier*, DVBl. 2000, 1398 (1402); a. A. Sachs/*Wendt*, GG, Art. 14 Rn. 150.
¹⁷ BVerfGE 100, 226 (245 f.); *BVerfG-K* NJW 1998, 367 (367 f.); BVerwGE 94, 1 (5 f.); BGHZ 121, 328 (331).
¹⁸ BVerfGE 72, 66 (76); 79, 174 (191); 112, 93 (109); 115, 97 (112); *Spannowsky*, Umlegung im Lichte des Eigentumsschutzes, UPR 2004, 321 (321 f.).
¹⁹ Vgl. dazu BVerfGE 104, 1 (10); Maunz/Dürig/*Papier*, GG, Art. 14 Rn. 361; Jochum/*Durner*, Grundfälle zu Art. 14 GG, JuS 2005, 412 (412 f.,)
²⁰ BVerfGE 53, 336 (349); 74, 264 (279 f.); BGHZ 68, 100 (102); Jarass/Pieroth/*Jarass*, GG, Art. 14 Rn. 82.
²¹ Vgl. dazu BVerfGE 4, 219; 46, 268 (287); 58, 300 (319); v. Münch/Kunig/*Bryde*, GG, Art. 14 Rn. 89.

9   Ein eigentumsbeschränkendes Gesetz, das diese Vorgaben nicht einhält, ist verfassungswidrig, ein auf dieses Gesetz gestützter Eingriffsakt rechtswidrig.

2. Das Eigentum als Grundrecht

10 Der von Art. 14 I 1 GG vor dem Hintergrund der soeben erörterten Institutsgarantie gewährte Grundrechtsschutz sichert das Eigentum in der Hand des Eigentümers.

a) Begriff des grundrechtsgeschützten Eigentums

11 „Eigentum" im Sinne der grundrechtlichen Gewährleistung des Art. 14 I 1 GG sind außer dem Eigentum im bürgerlich-rechtlichen Sinne alle sonstigen vermögenswerten Rechte des Privatrechts sowie diejenigen vermögenswerten Rechtspositionen des öffentlichen Rechts, die nicht auf staatlicher Gewährung oder Zuteilung beruhen, sondern ein Äquivalent eigener Leistung darstellen.[22] Inhalt und Grenzen dieses von Art. 14 I 1 GG geschützten Eigentums ergeben sich aus der **Zusammenschau aller die Eigentümerstellung regelnden gesetzlichen Vorschriften**. Art. 14 I 1 GG schützt das Eigentum in der Gestalt, die sich aus der Gesamtheit der Inhalt und Schranken des Eigentums gem. Art. 14 I 2 GG konkretisierenden verfassungsmäßigen Gesetze bürgerlichen oder öffentlichen Rechts ergibt.[23] Sie bestimmen die konkrete Reichweite des grundrechtlichen Eigentumsschutzes.[24]

b) Bedeutung der grundrechtlichen Gewährleistung

12 Der Schutz, den Art. 14 I 1 GG dem privaten Eigentümer[25] gewährt, bedeutet insbesondere Folgendes:

13 – **Rechtswidrige Einwirkungen** auf den Bestand seines Eigentums braucht der Eigentümer nicht hinzunehmen, sondern kann sie gerichtlich abwehren. Dagegen kann er nicht einen rechtswidrigen Eingriff hinnehmen und zum Ausgleich **Entschädigung** verlangen (*kein* dulde und liquidiere).[26]

14 – Eine **vollständige oder teilweise Entziehung** seines Eigentums braucht der Eigentümer gem. Art. 14 III GG nur hinzunehmen, wenn das Wohl der Allgemeinheit die Enteignung erfordert und ihm eine gesetzlich geregelte Entschädigung gewährt wird.[27] Sie dient dem Wohl der Allgemeinheit auch dann, wenn die Enteignung zugunsten eines Privaten erfolgt und zugleich ein bestimmter, im öffentlichen Nutzen liegender Zweck erreicht wie auch dauerhaft gesichert wird.[28] Bloße Nach-

---

[22] BVerfGE 70, 191 (199); 72, 9 (18 f.); 72, 175 (193); 83, 201 (208 f.); 97, 350 (371); 112, 93 (107).
[23] BVerfGE 74, 129 (148); 58, 300 (330 u. 336).
[24] BVerfGE 74, 203 (214); *Schoch*, Rechtliche Konsequenzen der neuen Eigentumsdogmatik für die Entschädigungsrechtsprechung des BGH, in: Festschr. für Boujong, 1996, S. 655 (659); *Mampel*, NJW 1999, 975 (975).
[25] Da juristische Personen des öffentlichen Rechts nicht grundrechtsfähig sind, schützt, wie BVerfGE 61, 82 (108 f.) = NJW 1982, 2173 formuliert, Art. 14 GG als Grundrecht „nicht das Privateigentum, sondern das Eigentum Privater". Siehe auch BVerfGE 98, 17 (47); BVerfG, NJW 1990, 1783 (1783); *Bethge*, Grundrechtsträgerschaft juristischer Personen, AöR 104 (1979), 54 (86 ff.); Maunz/Dürig/*Papier*, GG, Art. 14 Rn. 206; a. A. Dreier/*Wieland*, GG, Art. 14 Rn.70.
[26] BVerfGE 58, 300 (323 f.).
[27] BVerfGE 56, 249 (261); BVerwGE 117, 138 (139).
[28] BVerfGE 74, 264, (285 ff.); BVerwGE 87, 241 (243); *Jarass*, Die enteignungsrechtliche Vorwirkung bei Planfeststellungen, DVBl. 2006, 1329 (1331 ff.).

teile für das Eigentum oder gar schwere Beeinträchtigungen des Eigentums stellen keine Enteignung dar.[29]
– Art. 14 I 2 GG gewährt **Bestandsschutz**.[30] Nur wenn Gründe des öffentlichen Interesses es erfordern, Rechtsänderungen auch auf bestehende Eigentumspositionen zu erstrecken, muss der Eigentümer dies hinnehmen.[31] In der Regel kann aber eine Änderung der Anforderungen des Baurechts aus Gründen der Verhältnismäßigkeit nicht zur Unterbindung bestehender Nutzungen führen.[32]

II. Eigentumsgarantie und öffentliches Baurecht

Die grundgesetzliche Eigentumsgarantie ist von besonderer Bedeutung für die durch das öffentliche Baurecht geregelte bauliche und sonstige Nutzung der Grundstücke.

1. Grundsatz der Baufreiheit

Zum Inhalt des von Art. 14 I 1 GG als Rechtsinstitut und als Individualrecht gewährleisteten Eigentums gehört herkömmlich die als „**Baufreiheit**" bezeichnete Befugnis des Grundeigentümers, sein Grundstück im Rahmen der Gesetze baulich zu nutzen.[33] Das Recht zu bauen muss somit nicht verwaltungsrechtlich eingeräumt werden, sondern ist herkömmlich **mit dem Grundeigentum verbunden**.[34] Dies hat insbesondere Konsequenzen für den Bestandsschutz,[35] der auch auf Art. 14 I 1 GG zurückgeführt wird.[36] Der Grundsatz der Baufreiheit ist eng verbunden mit einem Anspruch auf Erteilung der Baugenehmigung und dem im Baurecht speziell ausgeformten Bestandsschutz.

a) Genehmigungsanspruch

Der Eigentümer hat aufgrund der von Art. 14 I 1 GG gewährleisteten Baufreiheit einen **Rechtsanspruch** auf Erteilung der Baugenehmigung.[37] Allerdings besteht die Baufreiheit nur nach **Maßgabe des einfachen Rechts**.[38] Ein Recht auf Zulassung eines Vorhabens außerhalb der gesetzlichen Regelungen gibt es nicht.[39] Verfassungswidrig wäre es allerdings, die Erteilung der Baugenehmigung für ein Vorhaben, das den öffentlich-rechtlichen Vorschriften entspricht, in das Ermessen der Verwaltung zu stellen.

---

[29] BVerfGE 100, 226 (240); 102, 1 (16); *BVerwG* NVwZ-RR 1997, 516 (516); *Jarass*, NJW 2000, 2841 (2844).
[30] Maunz/Dürig/*Papier*, GG, Art. 14 Rn. 84.
[31] BVerfGE 72, 9 (22 f.).
[32] BVerwGE 84, 322 (334); BGHZ 140, 285 (291); Jarass/Pieroth/*Jarass*, GG, Art. 14 Rn. 59.
[33] BVerfGE 35, 263 (276); 104, 1 (11); BVerwGE 106, 228 (234); BGHZ 60, 112 (115) ; *Papier*, Aktuelle Probleme des Planungsschadensrechts nach § 44 BBauG, BauR 1976, 297 (300 ff.); *Badura*, Eigentum, in: HbVerfR, Rn. 79 ff; *Huber*, Rechtliche Grenzen von Planungswertausgleich und städtebaulichen Verträgen, DÖV 1999, 173 (174); *Leisner*, HbStR VI, 2. Aufl. 2001, § 149 Rn. 104; BKL/*Krautzberger*, BauGB, § 1 Rn. 7.
[34] Jarass/Pieroth/*Jarass*, GG, Art. 14 Rn. 24; a. A. *Breuer*, Die Bodennutzung im Konflikt zwischen Städtebaurecht und Eigentumsgarantie, 1976, 162 ff.
[35] Siehe hierzu nachfolgend § 4 Rn. 19 ff.
[36] Entgegen *Erbguth*, Baurecht, § 2 Rn. 24, handelt es sich somit nicht nur um eine Frage der dogmatischen Einordnung.
[37] BVerfGE 104, 1 (11); BVerwGE 50, 282 (285).
[38] BVerwGE 106, 228 (234); 120, 130 (137).
[39] BVerwGE 120, 130 (137).

b) Bestandsschutz und seine Abgrenzung zur Legalisierungswirkung einer Baugenehmigung

19 Art. 14 I 1 GG vermittelt baulichen Anlagen, die im Einklang mit dem materiellen Baurecht errichtet wurden oder, sofern sie bei ihrer Errichtung materiell baurechtswidrig waren, in einem späteren substantiellen Zeitraum dem materiellen Baurecht entsprachen,[40] **Bestandsschutz**.[41] Dieser berechtigt dazu, die bauliche Anlage zu erhalten und zu nutzen, auch wenn dies nach nunmehr geltendem Recht nicht mehr zulässig ist. Der Bestandsschutz schützt also sowohl vor behördlicher Anordnung der Beseitigung als auch vor Nutzungsuntersagung (passiver Bestandsschutz).[42]

20 Der Bestandsschutz ist abzugrenzen von der **Legalisierungswirkung** einer erteilten **Baugenehmigung**. Die Baugenehmigung als Verwaltungsakt schützt nämlich – ähnlich wie der Bestandsschutz – den Bestand und die Nutzung der baulichen Anlage für den Zeitraum ihrer Wirksamkeit vor einem bauordnungsrechtlichen Eingriff, selbst dann – oder gerade dann – wenn die bauliche Anlage mit dem materiellen Recht im Widerspruch steht.[43] Dabei geht der Schutzumfang der Baugenehmigung sogar noch weiter als beim Bestandsschutz. Im Gegensatz zu Letztgenanntem muss das Vorhaben **zu keinem Zeitpunkt dem materiellen Baurecht entsprochen haben**, um in den Genuss der Legalisierungswirkung zu kommen. Allein die formale Erteilung der Baugenehmigung, die nach Ablauf der Widerspruchsfrist Bestandskraft erlangt, reicht aus, um ein behördliches Einschreiten abzuwehren.[44] Vor diesem Hintergrund ist es angezeigt, beim Vorliegen einer Baugenehmigung zunächst auf diese zurückzugreifen. Der passive Bestandsschutz, der unmittelbar aus der Verfassung abgeleitet wird und auf das einfache Recht einwirkt, kommt erst dann ins Spiel, wenn keine Baugenehmigung ihre Schutzwirkung entfaltet.

21 Wegen seiner Verfassungsunmittelbarkeit muss sich der Bestandsschutz dem **Primat des einfachen Rechts** unterwerfen und hat demzufolge an Bedeutung eingebüßt.[45] Es liegt in der Sphäre des Gesetzgebers, mit den Mitteln des einfachen Rechts Grenzen und Umfang des Bestandsschutzes auszugestalten.[46] Allerdings müssen die einfachgesetzlichen Regelungen die **Wertungen des Art. 14 GG berücksichtigen**; gegebenenfalls sind sie verfassungskonform auszulegen. Kann den Anforderungen des Art. 14 GG jedoch selbst durch eine verfassungskonforme Auslegung nicht entsprochen werden, ist eine Entscheidung des *BVerfG* nach Art. 100 GG herbeizuführen.[47] Eine Umgehung der einfachgesetzlichen Vorgaben, verbunden mit einem direkten Rück-

---

[40] Zur nachträglich eingetretenen materiellen Legalität *BVerwG* NJW 1981, 473 (473); NVwZ 2001, 474; *Weidemann/Krappel*, Der passive Bestandsschutz im Baurecht – offene verfassungsrechtliche Fragen, NVwZ 2009, 1207 (1209).
[41] BVerwGE 47, 126 (128); 72, 362 (363) = NJW 1986, 2126. Siehe zum Bestandsschutz allgemein *Uschkereit*, Bestandsschutz, 2007; *Brenndörfer*, Bestandsschutz, 2008; *Wahl*, Festschr. für Redeker, 1993, S. 245; *Fickert*, in: Festschr. für Weyreuther, 1993, S. 319; *Sieckmann*, NVwZ 1997, 853; *Jäde*, BayVBl. 2007, 641; *Sarnighausen*, DÖV 1993, 758.
[42] *BVerwG* BRS 28 Nr. 37.
[43] *VGH Mannheim* ZfBR 2010, 164 (165); *Kment*, BauR 2000, 1675 (1675).
[44] *Brohm*, Baurecht, § 22 Rn. 6.
[45] Grundlegend, *Wahl*, in: Festschr. für Redeker, 1993, S. 245 ff.; vgl. auch *Gohrke/Brehsan*, Genießt der baurechtliche Bestandsschutz noch Bestandsschutz?, NVwZ 1999, 932; *Mampel*, Verkehrte Eigentumsordnung – Das Unwesen des verfassungsunmittelbaren Bestandsschutzes, ZfBR 2002, 327.
[46] *Kment*, BauR 2000, 1675 (1675); *Appel*, NuR 2005, 427 (429 ff.).
[47] BVerwGE 106, 228 (235); *Kment*, Grenzüberschreitendes Verwaltungshandeln, 2010, S. 399; *Jarass*, BImSchG, 8. Aufl. 2010, § 16 Rn. 40; *Kloepfer*, Die Bedeutung von Art. 2 Abs. 1 Grundgesetz im Verwaltungsprozess, 2008, S. 45.

griff auf die Verfassung, ist unzulässig, um eine Anspruchsposition abzuleiten.[48] Fehlt eine einfachgesetzliche Vorgabe, ist ein unmittelbarer Rückgriff auf Art. 14 I 1 GG zulässig, um die Regelungslücke auszufüllen.[49]

Inhaltlich umfasst der passive Bestandsschutz grundsätzlich die Gewährleistung der **Instandsetzung** und **Modernisierung** sowie der **Anpassung** des Vorhabens an gewandelte Lebensgewohnheiten, etwa den Einbau sanitärer Einrichtungen oder die Errichtung von Garagen, da sie dem Bestand unmittelbar dienen.[50] Ergänzungen, Erweiterungen, Nutzungsänderungen[51] oder die Ausdehnung der Nutzung in einer Weise, die eine immissionsschutzrechtliche Genehmigungspflicht auslöst,[52] gestattet der Bestandsschutz nicht.[53] Er **endet** für ein Bauwerk mit dessen Abriss, Zerstörung oder Baufälligkeit,[54] für eine Nutzung mit deren endgültiger Aufgabe.[55] Wird eine Nutzung für einen bestimmten Zeitraum unterbrochen und dann wieder aufgenommen, ist darauf abzustellen, wie sich die nähere Umgebung fortentwickelt hat. Löst die Wiederaufnahme der ursprünglichen Nutzung mit der näheren Umgebung einen bauplanungsrechtlichen Konflikt aus, ist die Rückkehr zur alten Nutzung nicht mehr möglich.[56] Letztlich berechtigt der Bestandsschutz auch nicht dazu, einen Ersatzbau zu errichten.[57]

22

c) Entzug von Baulandqualität

Art. 14 I 1 GG schützt eine einmal vorhanden gewesene **Bebaubarkeit** vor entschädigungsloser Entziehung. Voraussetzung ist, dass das Grundstück Bauland im Rechtssinne und erschlossen oder in seiner Erschließung gesichert war.[58] Dabei muss die entzogene, vormals zulässige Nutzung die Qualität einer eigentumsrechtlichen Rechtsposition erlangt haben.[59] Wird diese konkrete Bebauungsmöglichkeit durch Änderung des geltenden Baurechts beseitigt oder eingeschränkt, kann dies einen entschädigungspflichtigen Eingriff in den Bestand des Eigentums darstellen.[60]

23

2. Einschränkungen der Baufreiheit

Eine beliebige und unbeschränkte Baufreiheit, ein Recht des Eigentümers, sein Grundstück so zu bebauen, wie er es möchte, war niemals Inhalt des Grundeigentums.[61] Deshalb gewährleistet auch Art. 14 I 1 GG die Bebaubarkeit von Grund und

24

---

[48] BVerwGE 106, 228 (235).
[49] Vgl. *Pietzcker*, Die Schutznormlehre – Verständnisse und Missverständnisse, in: Festschr. für Isensee, 2007, S. 577 (579); *Badura*, Staatsrecht, 2003, C 17.
[50] BVerwGE 25, 161 (163); 47, 185 (188 f.); 72, 362 (363); *BVerwG* NJW 1981, 1224 (1224). Vgl. auch *Schröer*, Bestandsschutz bei Umbauten und Sanierungen, NZBau 2008, 105.
[51] *BVerwG* NVwZ-RR 1995, 312 (312).
[52] BVerwGE 98, 235 (238 f.) = NVwZ 1996, 379, für den Fall eines genehmigten Vorhabens.
[53] BVerwGE 72, 362 (363); *BVerwG* NJW 1981, 1224 (1224); *OVG Lüneburg* BRS 46 Nr. 63 und 71; *Wahl*, in: Festschr. für Redeker, 1993, S. 245 (246).
[54] *BVerwG* BRS 25 Nr. 155; 23 Nr. 149.
[55] BVerwGE 98, 235 (238 ff.) = NVwZ 1996, 379, für den Fall eines genehmigten Vorhabens; *BVerwG* NVwZ 1991, 264 (265 f.); NVwZ 2001, 557 (558); vgl. auch *Tettinger*, Bestandsschutz bei Nutzungsunterbrechung, DVBl. 1997, 347.
[56] Vgl. zum Parallelproblem bei Vorliegen einer Baugenehmigung und Nutzungsunterbrechungen *Kment*, BauR 2000, 1675 (1680 f.); siehe zudem *Graf*, Fortgeltung der Baugenehmigung bei längerer Nutzungsunterbrechung, ZfBR 2006, 215; *Uechtritz*, DVBl. 1997, 347.
[57] BVerwGE 72, 362 (363) = NJW 1986, 2126; *BVerwG* BRS 25 Nr. 155.
[58] BVerwGE 26, 111 (117 ff.) = NJW 1967, 1099; BKL/*Battis*, BauGB, § 42 Rn. 4.
[59] *BGH* NJW 1997, 2115 (2118).
[60] BGH BRS 26 Nr. 86. Siehe auch § 42 BauGB und die dort gezogenen zeitlichen Grenzen.
[61] RGZ 128, 18; *PreußOVG* 75, 344; *BVerwG* NVwZ 1994, 1008.

Boden nur **im Rahmen der Gesetze**.[62] Typische und, soweit den Grundsatz der Erforderlichkeit wahrend,[63] zulässige Beschränkungen der Baufreiheit sind:

a) Bauleitplanung

25   Der Bebauungsplan, der nach § 1 V 1 BauGB eine dem Wohle der Allgemeinheit entsprechende sozialgerechte Bodennutzung gewährleisten soll, stellt für die Grundstücke des Plangebiets eine **Inhalts- und Schrankenbestimmung** des Eigentums dar.[64] Der Eigentumsgewährleistung des Art. 14 I 1 GG wird bei der Bauleitplanung dadurch Rechnung getragen, dass das Eigentum „selbstverständlich und in hervorgehobener Weise" zu den abwägungserheblichen privaten Belangen gehört und in die bei der Aufstellung des Bebauungsplans vorzunehmende Abwägung (§ 1 VII BauGB) eingestellt werden muss. Wirkt der Bebauungsplan über das nach Art. 14 I 1 GG zulässige Maß auf das Eigentum der im Plangebiet oder in seiner Nachbarschaft belegenen Grundstücke ein, hat er eine Wirkung, die einer Enteignung nahe- oder gleichkommen kann.[65] In diesem Fall kann ein **sachlicher oder finanzieller Ausgleich** notwendig sein, gegebenenfalls ist das Grundstück sogar von der öffentlichen Hand zum Verkehrswert zu übernehmen,[66] sofern vorrangig in Betracht zu ziehende[67] Ausnahme- und Befreiungsvorschriften sowie sonstige administrative und technische Vorgaben keine hinreichende Abhilfe versprechen. In eine **Enteignung** schlägt der Eingriff mangels Vermögensverschiebung jedoch nicht um,[68] genauso wenig wie eine Entschädigungsregelung oder ein gesetzlicher Übernahmeanspruch ein Indiz für eine Enteignung sind.[69] Dies hat Auswirkungen für die folgenden Fälle:

26   – Setzt der Bebauungsplan private Grundstücke als Flächen für den Gemeinbedarf, für Sport- und Spielanlagen, als Verkehrs- oder Versorgungsflächen fest, ist der Eigentümer gem. **§ 40 BauGB** zu entschädigen, soweit ihm hierdurch Vermögensnachteile entstehen. Zu einer Enteignung kommt es gleichwohl nicht.[70]

27   – Enthält ein Bebauungsplan Festsetzungen, die nachhaltig die vorgegebene Grundstückssituation eines Nachbargrundstücks **schwer und unerträglich** verändern, liegt eine Inhalts- und Schrankenbestimmung vor, die ausgleichsbedürftig ist, um dem Grundsatz der Verhältnismäßigkeit zu entsprechen. Der Bebauungsplan muss, will er vor Art. 14 GG Bestand haben, das betroffene Grundstück in das Plangebiet einbeziehen und seine bisherige Nutzung aufheben oder ändern, um so die Voraussetzungen für eine Entschädigung des Eigentümers nach §§ 40 ff. BauGB zu schaffen.[71] Will er dies nicht, muss er anderweitige planerische Festset-

---

[62] BVerfGE 35, 263 (276) = NJW 1973, 1491; BVerwGE 106, 228 (234); 120, 130 (137).
[63] Zu dem aus Art. 14 I GG folgenden Grundsatz der Erforderlichkeit im Baurecht s. BVerwGE 40, 94 (98 f.); 40, 258 (262 ff.); *BVerwG*, BRS 74 Nr. 20.
[64] BVerfGE 87, 114 (141) = NJW-RR 1993, 971; *BVerfG* NVwZ 1999, 979 (979 f.); BVerwGE 67, 84 = NVwZ 1985, 42; *BVerfG* NVwZ 1993, 772; NVwZ 1997, 887 (889 f.); NVwZ 2003, 727 (727); *BVerwG*, BRS 74 Nr. 20; BK/*Philipp*, BauGB, § 8 Rn. 3.
[65] BVerfGE 83, 201 (212 f.); 100, 226 (245 f.); BVerwGE 88, 191 (197).
[66] BVerfGE 100, 226 (245 f.); BVerwGE 94, 1 (12); *Papier*, DVBl. 2000, 1398 (1401 ff.); *Rennert*, Eigentumsbindung und Enteignung nach der höchstrichterlichen Rechtsprechung, VBlBW 1995, 41 (45 ff.).
[67] BVerwGE 100, 226 (240); *BVerwG* DVBl. 2003, 1074 (1075).
[68] BVerfGE 102, 1 (16); *BVerfG* NVwZ 2010, 512 (515); BVerwGE 84, 361 (367); *BVerwG* NVwZ 1997, 887 (889 f.); *BVerwG*, BRS 74 Nr. 20; Maunz/Dürig/*Papier*, GG, Art. 14 Rn. 28.
[69] Jarass/Pieroth/*Jarass*, GG, Art. 14 Rn. 36.
[70] *Jarass*, Verfassungsrechtlicher Enteignungsbegriff und Planungsrecht, in: Festschr. für Hoppe, 2000, S. 229 (238).
[71] Eine Pflicht zur Regelung eines finanziellen Ausgleichs besteht jedoch nicht. Der Plangeber kann sich quasi auch für die Nichtigkeit des Planwerks entscheiden; vgl. *BVerwG*, BRS 74 Nr. 20.

zungen treffen, um die nachbarschädlichen Auswirkungen unterhalb der Schwelle einer unverhältnismäßigen Belastung zu halten.[72]
– Hebt der Bebauungsplan eine bisher zulässige Nutzung auf oder verändert er sie, kann dies zu einer Entschädigung nach Maßgabe des **§ 42 BauGB** führen, wenn die Wertminderung des Grundstücks spürbar und nicht unerheblich ist.[73]

b) Beschränkungen durch §§ 34, 35 BauGB

§ 34 BauGB, der in einem im Zusammenhang bebauten Ortsteil ein Vorhaben nur zulässt, wenn es sich in die Eigenart der näheren Umgebung einfügt, stellt ebenso eine Inhalts- und Schrankenbestimmung des Eigentums dar[74] wie § 35 BauGB. Letztgenannter lässt im Außenbereich lediglich Vorhaben zu, die ihrem Wesen nach nur im Außenbereich ausgeführt werden sollen, und entzieht im Übrigen den Außenbereich prinzipiell der Bebauung und bringt damit die **Situationsgebundenheit**[75] der Grundstücke zum Ausdruck.[76]

c) Veränderungssperre

Eine Veränderungssperre (§§ 14 ff. BauGB) stellt eine Konkretisierung der Sozialgebundenheit des Eigentums dar.[77] Denn jedes Grundstück, das aufgrund seiner Lage für eine bauliche Nutzung in Betracht kommt, ist situationsbedingt mit dem Risiko einer Bauleitplanung und einer sie sichernden Veränderungssperre belastet. Geht die Veränderungssperre über den Zeitraum hinaus, der für eine ordnungsgemäße Bauleitplanung typischerweise erforderlich ist, wird die **Inhalts- und Schrankenbestimmung ausgleichspflichtig**.[78] Nach § 18 BauGB ist deshalb nach vier Jahren Entschädigung zu leisten.

d) Sonstige Beschränkungen der Baufreiheit

– **Gemeindliche Vorkaufsrechte:** Die Vorschriften des BauGB über die gemeindlichen Vorkaufsrechte sind aus der Sicht des Art. 14 GG Inhalts- und Schrankenbestimmungen.[79] Die Ausübung des Vorkaufsrechts durch die Gemeinde ist daher kein enteignender Tatbestand. Kommt es hierdurch zu einer **Verzögerung bei der Auszahlung** des Kaufpreises, hat der Verkäufer gegen die Gemeinde keinen Anspruch aus enteignendem Eingriff auf Ersatz des ihm entstandenen Zinsverlustes.[80]
– **Baugebot:** Die Bestimmungen über das Baugebot des § 176 BauGB, die es ermöglichen, den Eigentümer eines Grundstücks zu verpflichten, sein Grundstück aus städtebaulichen Gründen und im Rahmen der Zumutbarkeit einer Bebauung zuzuführen, konkretisieren Inhalt und Schranken des Eigentums.[81]

---

[72] Vgl. dazu auch BVerwGE 47, 144 (155 f.).
[73] Vgl. dazu *BGH* NVwZ-RR 1991, 593 (594); BKL/*Battis*, BauGB, § 42 Rn. 6.
[74] *BVerwG* NVwZ-RR 1997, 516 (516).
[75] Zur Situationsgebundenheit vgl. BVerwGE 112, 274 (291); 118, 181 (185 f.); *BVerwG* NVwZ 2009, 719 (722).
[76] *BVerwG* Buchholz 406.11 § 35 BBauG Nr. 77; OVG Saarlouis BRS 48 Nr. 77; *Weyreuther*, Bauen im Außenbereich, 1979, S. 517.
[77] BGHZ 73, 161 (174) = NJW 1979, 478.
[78] *Berkemann*, Ist die Rechtsprechung zur Entschädigung bei faktischer Veränderungssperre überholt?, in: Festschr. für Weyreuther, 1993, S. 389 (405); *Hager/Kirchberg*, Haftungsfragen bei Veränderungssperre, Zurückstellung und faktischer Bausperre, NVwZ 2002, 538 (538 f.).
[79] *BGH* NJW 1989, 37 (39).
[80] *BGH* NJW 1989, 37 (37).
[81] BVerwGE 84, 335 (349 f.) = NVwZ 1990, 658; vgl. auch BVerwGE 7, 297 = NJW 1959, 165.

33 – **Beschränkungen im Sanierungsgebiet:** Die städtebauliche Sanierung ist keine Enteignung.[82] Das Genehmigungserfordernis des § 144 BauGB soll sicherstellen, dass die Sanierung nicht durch einzelne Bauvorhaben oder Rechtsvorgänge gefährdet wird. Es dient dem Allgemeinwohlinteresse und stellt deshalb eine zulässige Bestimmung von Inhalt und Schranken des Eigentums dar, sofern auf **konkrete Allgemeinwohlbelange** abgestellt wird und die Nutzungsvorstellungen des Grundstückseigentümers nicht auf ungewisse Zeit zurückstehen müssen.[83]

34 – **Maßnahmen zum Schutz von Boden, Natur und Landschaft:** Beschränkungen dieser Art sind Konkretisierungen der Sozialgebundenheit und damit Inhalts- und Schrankenbestimmungen, sofern sie sich auf ein Grundstück beziehen, das aufgrund seiner Lage oder seines Zustands für solche Maßnahmen situationsgebunden ist.[84]

35 – **Beschränkung der Bildung von Wohnungseigentum:** Beschränkungen der Begründung oder Teilung von Wohnungseigentum zur Sicherung der Zweckbestimmung von Gebieten mit Fremdenverkehrsfunktion gem. § 22 BauGB stellen eine Regelung über Inhalt und Schranken des Eigentums dar.[85]

36 – **Bauordnungsrechtliche Schranken:** Bauordnungsrechtliche Gebote können sich belastend auf das Eigentumsrecht auswirken. So dient beispielsweise das bauordnungsrechtliche Gebot, Abstandsflächen vor Gebäuden einzuhalten, dazu, eine sozial verträgliche, sozial- und gesundheitspolitisch erwünschte aufgelockerte Bebauung zu erreichen. Es aktualisiert damit die Sozialpflichtigkeit des Eigentums und stellt ebenso eine Regelung im Sinne des Art. 14 I 2 GG dar,[86] wie die in den Bauordnungen angeordnete Stellplatzpflicht.[87]

Lösung zu Fall 2:

37 Der Gesetzgeber ist nicht verpflichtet, der Festsetzungsmöglichkeit nach § 9 I Nr. 26 BauGB eine finanzielle Ausgleichsregelung zur Seite zu stellen (ausgleichspflichtige Inhalts- und Schrankenbestimmung). Der nach Art. 14 I 2 GG gebotene gerechte Ausgleich zwischen den schutzwürdigen Interessen des Eigentümers und den Belangen des Gemeinwohls ist bei Anwendung des § 9 I Nr. 26 BauGB regelmäßig sichergestellt; die Anwendung der Norm führt **im Regelfall nicht zu einer unverhältnismäßigen oder gleichheitswidrigen Belastung** der Grundeigentümer. Soweit die verfassungsrechtlichen Anforderungen in besonders gelagerten Einzelfällen ausnahmsweise verfehlt zu werden drohen, kann dem der Plangeber im Rahmen der Abwägung (§ 1 VII BauGB) Rechnung tragen und verfassungsrechtlich unzulässige Härtefälle auch ohne finanziellen Ausgleich real vermeiden.

Die gemeinnützige Festsetzung von Böschungsflächen auf angrenzenden Privatgrundstücken nach § 9 I Nr. 26 BauGB dient zwar letztlich ebenfalls dem (öffent-

---

[82] *BVerwG* NJW 1996, 2807 (2807 f.).
[83] *BGH* NVwZ 1982, 329 (330); *OVG Münster* BRS 30 Nr. 196.
[84] BVerwGE 49, 365 (368) = NJW 1976, 765; BVerwGE 67, 84 (86) = NVwZ 1985, 42; BVerwGE 67, 93 (94 f.) = NVwZ 1985, 41; *BVerwG* NVwZ 2001, 1035 (1036); siehe ferner *Kimminich*, Die Rechtsprechung zur enteignenden Wirkung natur- und landschaftsschützender Maßnahmen, NuR 1979, 45; *Paetow*, Naturschutzrecht und Eigentumsgarantie, VBlBW 1985, 3; *Jeromin*, Naturschutz versus Eigentumsfreiheit, NuR 2010, 301.
[85] *BVerwG* NVwZ 1995, 271 (271).
[86] BVerwGE 88, 191 (194) = NJW 1991, 3293.
[87] *BVerwG* NVwZ 1993, 169 (169).

lichen) Verkehrsinteresse, weil sie die bauplanungsrechtlichen Grundlagen für die Errichtung und Unterhaltung von Böschungen als konstruktive Voraussetzung für den Straßenkörper schafft. Im Gegensatz zur Festsetzung einer Böschungsfläche als Teil der öffentlichen Verkehrsfläche (§ 9 I Nr. 11 BauGB) sollen hier die betreffenden Flächen gerade **im Eigentum des privaten Grundeigentümers** A verbleiben und diesem im Grundsatz auch weiterhin zur privatnützigen Verwendung zur Verfügung stehen. Nutzungsbeschränkungen erlegt die Festsetzung dem A lediglich insoweit auf, als seine privaten Nutzungen, die der Funktion der festgesetzten Böschungsfläche zuwiderlaufen, gem. § 30 I BauGB ausgeschlossen sind. Weitere, über die nutzungsbeschränkende Wirkung hinausgehende unmittelbare Belastungen für den A sind mit der Festsetzung einer Böschungsfläche gem. § 9 I Nr. 26 BauGB nicht verbunden, auch keine Rechtspflicht, auf seinem Privatgrundstück die Errichtung und Unterhaltung der Straßenböschung durch den Straßenbaulastträger zu dulden. Damit berechtigt die Festsetzung nach § 9 I Nr. 26 BauGB den zuständigen Straßenbaulastträger nicht dazu, die Straßenböschung auf dem betreffenden Privatgrundstück des A auch tatsächlich herzustellen und zu unterhalten, solange die aus dem Eigentum fließende entsprechende Rechtsmacht des A noch nicht auf ihn (den Straßenbaulastträger) übergegangen ist. „Duldungspflichten", die über die nutzungsbeschränkende Wirkung bauleitplanerischer Festsetzungen hinausgehen und in der Sache einen Transfer von Eigentümerrechten bewirken, sind dem Festsetzungsinstrumentarium des § 9 I–III BauGB fremd.

Ergänzende Anmerkung: Um Errichtung und Unterhaltung einer Straßenböschung zu erreichen, steht – als ultima ratio – die planakzessorische städtebauliche Enteignung zur Verfügung, freilich mit der Besonderheit, dass die Enteignung grundsätzlich nicht zu einem Vollrechtsentzug führt, weil ein Grundstück gem. § 92 I BauGB nur in dem Umfang enteignet werden darf, in dem dies zur Verwirklichung des Enteignungszwecks erforderlich ist. Reicht für die Zweckverwirklichung – wie bei § 9 I Nr. 26 BauGB regelmäßig der Fall – die Belastung des betroffenen Grundstücks mit einem Recht (§ 86 I Nr. 1 BauGB) aus, darf angesichts der Verpflichtung der Enteignung auf das Interventionsminimum (Art. 14 III 1 GG, § 87 I BauGB) nur die Übertragung dieses Rechts hoheitlich durchgesetzt werden. Für diesen Teilrechtsentzug ist im Enteignungsbeschluss eine nach dem Verkehrswert des Rechts zu bestimmende (§ 95 Abs. 1 BauGB) Enteignungsentschädigung festzusetzen.

2. Teil. Die Bauleitplanung

Die Gemeinde[1] besitzt von Verfassungs wegen das „**Planungshoheit**" genannte 1
Recht, im Rahmen der Gesetze eigenverantwortlich über die städtebauliche Entwicklung ihres Gemeindegebiets zu entscheiden; Art. 28 II 2 GG. Das BauGB stellt ihr hierfür das Instrument der „Bauleitplanung" zur Verfügung, die sich grundsätzlich in zwei Stufen vollzieht. Die Gemeinde stellt für das ganze Gemeindegebiet einen Flächennutzungsplan auf, der die von ihr beabsichtigte städtebauliche Entwicklung in ihren Grundzügen darstellt.[2] Aus ihm entwickelt sie sodann parzellenscharfe Bebauungspläne (§ 8 II 1 BauGB), mit denen sie insbesondere Art und Maß der baulichen Nutzung, die überbaubaren Grundstücksflächen und die örtlichen Verkehrsflächen festsetzt.[3] Im Geltungsbereich eines Bebauungsplans ist nach § 30 BauGB ein Vorhaben nur zulässig, wenn es dessen Festsetzungen nicht widerspricht.[4] Der Bebauungsplan erweist sich damit als das Instrument, mit dem die Gemeinde die Bebauung der Grundstücke verbindlich ordnet und lenkt. Ohne Bebauungsplan ist eine Bebauung nur in den Grenzen der §§ 34 oder 35 BauGB zulässig.[5]

§ 5. Die Planungshoheit

Schrifttum: *Erbguth*, Abwägung auf Abwegen? – Allgemeines und Aktuelles, JZ 2006, 484; *ders.*, Abwägung als Wesensmerkmal rechtsstaatlicher Planung – die Anforderungen des Rechtsstaatsprinzips, UPR 2010, 281; *Gärditz*, Schwerpunktbereich – Einführung in das Klimaschutzrecht, JuS 2008, 324; *Göb*, Möglichkeiten und Grenzen der Stadtentwicklungsplanung, DÖV 1990, 592; *Halama*, Die Metamorphose der Krabbenkamp-Formel in der Rechtsprechung des Bundesverwaltungsgerichts, DVBl. 2004, 79; *Henneke*, Die Kommunen in der Föderalismusreform, DVBl. 2006, 867; *Herrmann*, Umweltschutz im Planungsrecht, in: Koch (Hrsg.), Umweltrecht, 2007, § 13; *Hoppe*, Die Bedeutung von Optimierungsgeboten im Planungsrecht, DVBl. 1992, 853; *ders.*, Entwicklung von Grundstrukturen des Planungsrechts durch das BVerwG, DVBl. 2003, 697; *ders.*, Zum „Mehrwert" bei der Prüfung der Nachhaltigkeit im Planungsrecht, in: Festschr. für Krauzberger, 2008, S. 263; *Kment*, Unmittelbarer Rechtsschutz von Gemeinden gegen Raumordnungspläne, DÖV 2003, 349; *ders.*, Zu den Aufgaben und Pflichten des Beamten im Abwägungsvorgang, BauR 2005, 1257; *ders.*, Das Gebot der interkommunalen Abstimmung als Abwehrrecht, UPR 2005, 95; *ders.*, Ziele der Raumordnung – Anforderungen an ihre Bestimmtheit, DVBl. 2006, 1336, *ders.*, Die Bedeutung raumordnungsrechtlicher Zielfestlegungen im Rahmen des § 2 II 2 BauGB, NVwZ 2007, 996; *ders.*, Suche nach Alternativen in der Strategischen Umweltprüfung, DVBl. 2008, 364; *Koch*, Der Schutz der Umwelt in der Rechtsprechung zum Bauplanungsrecht, Verw 33 (1998), 505; *Mitschang/Wagner*, FFH-Verträglichkeitsprüfung in der Bauleitplanung – planerische und rechtliche Belange, DVBl. 2010, 1257; *Moench*, Die Planungspflicht der Gemeinde, DVBl. 2005, 676; *Ronellenfitsch*, Umwelt und Verkehr unter dem Einfluss des Nachhaltigkeitsprinzips, NVwZ 2006, 385; *Schmidt*, Klimaschutz in der Bauleitplanung nach dem BauGB 2004, NVwZ 2006, 1354; *Schink*, Umweltschutz

---

[1] Grundgesetz und BauGB sprechen durchgängig von „Gemeinde" und meinen damit gleichermaßen Stadt- und Landgemeinde, Großstadt wie Dorf.
[2] Siehe hierzu nachfolgend § 7.
[3] Siehe die nachfolgenden Ausführungen unter § 8.
[4] Vgl. dazu nachfolgend § 23 Rn. 3 ff.
[5] Siehe nachfolgend § 26, § 27.

im Bauplanungsrecht, in: GFU, Umweltrecht im Wandel, 2001, S. 837; *Schoch*, Verfassungswidrigkeit des bundesgesetzlichen Durchgriffs auf Kommunen, DVBl. 2007, 261; *Spannowsky*, Notwendigkeit und rechtliche Anforderungen an die Alternativenprüfung in der Bauleitplanung, UPR 2005, 401; *Spoerr*, Raumordnungsziele und gemeindliche Bauleitplanung, in: Festschr. für Hoppe, 2000, S. 343; *Stich*, Der gegenwärtige Stand der Anforderungen des Umweltschutzes an die gemeindliche Bauleitplanung, WiVerw 2002, 65; *Weyreuther*, Das bebauungsrechtliche Gebot der Rücksichtnahme und seine Bedeutung für den Nachbarschutz, BauR 1975, 1; *ders.*, Über die Erforderlichkeit von Bebauungsplänen, DVBl. 1981, 369.

Fall 3 (nach *BVerwG* NVwZ-RR 1995, 130):

2 Die Gemeinde G möchte im nördlichen Randbereich ihres Ortsteils A Industrie ansiedeln. Das Vorhaben würde jedoch zu einer erheblichen Verkehrszunahme auf der Landstraße 1 (L 1) führen, die schon jetzt – vor der Verwirklichung des Planungsvorhabens – stark frequentiert ist. Die (insbesondere durch den Verkehrslärm) betroffenen Bewohner der Ortsteils A haben rechtliche Bedenken hinsichtlich der Zulässigkeit des Bebauungsplans und äußern dies in Leserbriefen und schriftlichen Einwendungen. Durch die öffentliche „Unruhe" aufgeschreckt, entschließt sich die Gemeinde G, entlang der L 1 eine Freihaltetrasse festzusetzen, damit zukünftig die L 1 vierspurig ausgebaut werden kann und der Verkehrsfluss sichergestellt ist. Zudem ist die Errichtung von Lärmschutzanlagen geplant. Anwohner N hält diese Vorgehensweise für unzureichend. Insbesondere sei der spätere Ausbau der L 1 ungewiss, da er – was zutrifft – über das Gelände einer ehemaligen Deponie führe. Sind die vorgetragenen Bedenken gerechtfertigt?
Lösung: Rn. 87

3 Die Bauleitplanung ist nach dem BauGB eine Aufgabe der Gemeinde. Dies hat seinen Grund darin, dass die Verfassung der Gemeinde die Planungshoheit für ihr Gemeindegebiet gem. Art. 28 II 1 GG zuspricht.

I. Verfassungsrechtliche Grundlage

1. Planungshoheit als Element der Selbstverwaltungsgarantie

4 Art. 28 II 1 GG gewährleistet der Gemeinde das Recht, alle **Angelegenheiten der örtlichen Gemeinschaft** im Rahmen der Gesetze in eigener Verantwortung zu regeln.[1] Zu den wichtigsten Angelegenheiten der örtlichen Gemeinschaft gehört die **städtebauliche Planung**. Sie fällt daher unter den Schutz der gemeindlichen Selbstverwaltungsgarantie des Art. 28 II 1 GG und repräsentiert nach der heutigen Vorstellung von dem, was Gemeinde und gemeindliche Selbstverwaltung bedeutet, einen **wesentlichen Bestandteil** dieser verfassungsrechtlichen Gewährleistung.[2] Planungshoheit ist das der Gemeinde als Selbstverwaltungskörperschaft zustehende Recht auf eigenverantwortliche Planung und Regelung der Bodennutzung in ihrem Gebiet.[3] Die Gemeinde und nur sie entscheidet, in welcher Weise sie sich städtebaulich entwickeln will, und gestaltet nach ihren Vorstellungen die Bauleitpläne.[4] Sie gibt sich ihre eigene, unverwechselbare städtebauliche Gestalt.

---

[1] Dreier/*Dreier*, GG, Art. 28 Rn. 110 ff.
[2] Vgl. BVerfGE 56, 298 (313 u. 317 f.); 76, 107 (118 f.); BVerwGE 51, 6 (13); 112, 274 (286); 118, 181 (185); *VGH Kassel* NVwZ 2010, 1165 (1168); Sachs/*Nierhaus*, GG, Art. 28 Rn. 65; Jarass/Pieroth/*Pieroth*, GG, Art. 28 Rn. 22.
[3] BVerwGE 84, 209 (214) = NVwZ 1990, 464 m. w. N.
[4] BVerwGE 130, 113 (119); *BVerwG* NVwZ 2000, 1048 (1049).

2. Einschränkungen der Planungshoheit und Partizipation

Die verfassungsrechtliche Garantie eigenverantwortlicher kommunaler Selbstverwaltung besteht allerdings nur „**im Rahmen der Gesetze**". Über Aspekte ihrer Ausgestaltung kann mithin der Gesetzgeber entscheiden. Es ist daher zulässig, die gemeindliche Planungshoheit gesetzlich zu konturieren und zu limitieren. Der Gesetzesvorbehalt des Art. 28 II 1 GG erteilt jedoch keinen Freibrief bei der Ausgestaltung der gemeindlichen Planungshoheit, sondern unterliegt verfassungsrechtlichen Vorgaben, die von der gemeindlichen Selbstverwaltungsgarantie eingefordert werden.[5] Zugunsten der Gemeinden streitet das **verfassungsrechtliche Aufgabenverteilungsprinzip**, das den Gesetzgeber dazu verpflichtet, nur solche Aufgaben mit relevantem öffentlichen Charakter der Gemeinde zu entziehen, deren ordnungsgemäße Erfüllung anderenfalls nicht sichergestellt wäre.[6] Dahinter liegt wohl letztlich eine Auseinandersetzung mit der Frage, ob aus Gründen des Gemeinwohls der Entzug der Aufgabe geeignet, erforderlich und angemessen ist.[7]

Ob der vollständige Entzug der Planungshoheit unzulässig ist, weil damit in einen unantastbaren **Kernbestand** der Selbstverwaltungsgarantie[8] eingegriffen würde, ist bislang von der Rechtsprechung offen gelassen worden.[9] Jedenfalls erwächst den Gemeinden durch Art. 28 II 1 GG ein **Recht auf Anhörung**, wenn ihrer Planungshoheit Beschränkungen auferlegt werden.[10] Sie ist also bei allen sie betreffenden Planungen kraft Verfassungsrechts zu beteiligen. Nur so ist sichergestellt, dass die gemeindlichen Belange bei überörtlichen Planungen, Fachplanungen oder Planungen anderer Gemeinden frühzeitig und effektiv Berücksichtigung finden.[11]

II. Das Prinzip der Erforderlichkeit

Nach § 1 III BauGB hat die Gemeinde die Bauleitpläne aufzustellen, sobald und soweit es für die städtebauliche Entwicklung und Ordnung erforderlich ist. Dies begründet eine Planungspflicht und zieht der Freiheit zur städtebaulichen Planung eine Schranke.[12]

1. Pflicht zum Erlass erforderlicher Bauleitpläne

Auf Grund ihrer Planungshoheit entwickelt die Gemeinde selbst ihre städtebauliche Konzeption. Jeder Bebauungsplan, der von ihrer Planungskonzeption getragen wird, ist grundsätzlich im Sinne von § 1 III 1 BauGB „erforderlich".[13] Um den Terminus der „Erforderlichkeit" näher zu bestimmen, bietet es sich an, an die **Entwicklungs-**

---

[5] BVerfGE 56, 298 (313 f.); 76, 107 (119 f.); 103, 332 (366 f.).
[6] BVerfGE 79, 127 (153).
[7] *Ehlers*, Die verfassungsrechtliche Garantie der kommunalen Selbstverwaltung, DVBl. 2000, 1301 (1307 f.); Dreier/*Dreier*, GG, Art. 28 Rn. 128 f.; vgl. auch BVerfGE 76, 107 (119 ff.).
[8] Vgl. dazu *Burgi*, Kommunalrecht, 2. Aufl., 2008, § 6 Rn. 36 ff.
[9] Vgl. BVerfGE 76, 107 (118 f.); 103, 332 (366); ablehnend *Clemens*, Kommunale Selbstverwaltung und institutionelle Garantie – Neue verfassungsrechtliche Vorgaben durch das BVerfG NVwZ 1990, 834 (838).
[10] BVerfGE 56, 298 (320).
[11] BVerwGE 79, 318 (325); 100, 388 (391 ff.); *Stüer*, in: Hoppenberg/de Witt, Hb. öffentliches Baurecht, B Rn. 20 ff.
[12] Moench, DVBl. 2005, 676 (677); Weyreuther, DVBl. 1981, 369 (371 ff.).
[13] BVerwGE 92, 8; 114, 301 (304); BVerwG BRS 50 Nr. 9; NJW 1971, 1626 (1626); NVwZ-RR 2003, 7 (7); NVwZ 2006, 458 (459); BauR 2008, 325 (325); VGH Kassel NVwZ-RR 2004, 726 (727); Reidt, in: Gelzer/Bracher/Reidt, Bauplanungsrecht, Rn. 36.

und Ordnungsfunktion der Bauleitplanung anzuknüpfen ebenso wie an das **Planmäßigkeitsgebot** des § 1 I BauGB, welches vorgibt, die Vorbereitung und Leitung der Grundstücksnutzung durch Bauleitplanung sicherzustellen.[14] Weitere Auslegungshilfen liefern Planungsgrundsätze und -leitlinien nach § 1 V und VI BauGB.[15]

9 Zu einer strikten **Planungspflicht** hinsichtlich des „Ob" oder „Wie" verdichtet sich das Gebot, gem. § 1 III 1 BauGB die erforderlichen Bauleitpläne zu erlassen, nur in besonderen **Ausnahmefällen**. Dies ist der Fall, wenn nämlich qualifizierte städtebauliche Gründe von besonderem Gewicht vorliegen.[16] Dies ist etwa der Fall, wenn die Genehmigungspraxis auf der Grundlage von § 34 I und II BauGB bzw. § 35 BauGB – also ohne Bauleitplanung – städtebauliche Konflikte auslöst oder auszulösen droht, die eine Gesamtkoordination der widerstreitenden öffentlichen und privaten Belange in einem förmlichen Planungsverfahren dringend erfordern.[17]

10 Erzwingbar ist die Erfüllung der gesetzlichen Planungspflicht lediglich im Wege der **Kommunalaufsicht**;[18] sie besteht ausschließlich im öffentlichen Interesse.[19] Daher korrespondiert mit der gesetzlichen Planungspflicht der Gemeinde auch kein Planungsanspruch ihrer Bürger oder anderer öffentlicher Gebietskörperschaften.[20] Dies schließt § 1 III 2 Hs. 1 BauGB aus, der bestimmt, dass auf die Aufstellung von Bauleitplänen kein Anspruch besteht. Ein Anspruch kann gem. § 1 III 2 Hs. 2 BauGB auch nicht durch **Vertrag** begründet werden.[21] Verträge, die der Anordnung des § 1 III 2 BauGB widersprechen, sind gem. § 59 I VwVfG i. V. m. § 134 BGB grundsätzlich nichtig.[22] Dies gilt gem. § 1 III 2 i. V. m. VIII BauGB zudem für vertragliche Verpflichtungen zur Änderung, Ergänzung oder Aufhebung eines Bebauungsplans. Einem Anspruch auf Fortführung eines begonnenen Planungsverfahrens oder auf Behebung eines Verfahrens- oder Formfehlers, der einen Bebauungsplan unwirksam macht, steht § 1 III 2 BauGB ebenfalls entgegen.[23] Gleiches gilt für Ansprüche, einen bestehenden Bauleitplan aufrechtzuerhalten; ein Plangewährleistungsanspruch kann somit nicht begründet werden.[24] Ausgenommen sind lediglich vertragliche Verpflichtungen, die die Bauleitplanung begleiten und Ziele beinhalten, zu denen sich das BauGB **neutral** verhält.[25]

---

[14] Vgl. BKL/*Krautzberger*, BauGB, § 1 Rn. 14 ff. u. 28.
[15] Vgl. dazu nachfolgend § 5 Rn. 60 ff.
[16] BVerwGE 119, 25 (32); Brügelmann/*Gierke*, BauGB, § 1 Rn. 193 a; Gelzer/Bracher/*Reidt*, Bauplanungsrecht, Rn. 49; *Stüer*, Planungshoheit und Planungspflicht in der Abwägungs- und Rechtsschutzpyramide, NVwZ 2004, 814 (818).
[17] BK/*Gaentzsch*, BauGB, § 1 Rn. 19 f.
[18] BVerwGE 119, 25 (36 u. 43).
[19] *BVerwG* NVwZ 2004, 220 (223).
[20] *BVerwG* DVBl. 1982, 1096 (1096 f.); NVwZ 2006, 458 (458 f.); BKL/*Krautzberger*, BauGB, § 1 Rn. 31.
[21] Dies entsprach schon vor der gesetzlichen Regelung der h. M. Vgl. etwa *BVerwG* NJW 1980, 2538 (2539); BGHZ 76, 16 (22) = NJW 1980, 826. Allgemein dazu *Gehrmann*, Nichtigkeit der Verpflichtung, einen Bebauungsplan aufzustellen, UPR 1982, 82; *Gusy*, Zulässigkeit gemeindlicher Verpflichtungen zum Erlaß oder zum Nichterlaß eines Bebauungsplans?, BauR 1981, 164; *Krebs*, Zulässigkeit und Wirksamkeit vertraglicher Bindungen kommunaler Bauleitplanung, VerwArch 72 (1981), 49.
[22] BKL/*Krautzberger*, BauGB, § 1 Rn. 31; BK/*Gaentzsch*, BauGB, § 1 Rn. 11.
[23] *BVerwG* NVwZ-RR 1997, 213 (213).
[24] *BVerwG* NJW 1970, 626 (626).
[25] Vgl. BVerwGE 92, 56 (65); *Dolde/Menke*, Das Recht der Bauleitplanung, NJW 1996, 2616 (2618).

Die Freistellung der Gemeinde von Planungsansprüchen Dritter, die keine Ausnahme 11 zulässt,[26] unterstreicht die kommunale Planungshoheit und vermeidet zugleich **Schadensersatz- und Entschädigungsansprüche** wegen unterlassener Planung.[27] Die Gemeinde kann im Rahmen der Erforderlichkeit frei entscheiden, ob sie eine Planung durchführt oder ein begonnenes Planungsverfahren wieder fallen lässt.[28] Nur das Vertrauen in einen rechtsverbindlichen Bebauungsplan wird nach Maßgabe der §§ 39 ff. BauGB geschützt, ausgenommen im Vorfeld oder im Zuge des Planaufstellungsverfahrens wurden (drittschützende) Sorgfaltspflichten verletzt.[29]

2. Verbot nicht erforderlicher Bauleitpläne

Neben dem Gebot, erforderliche Bauleitpläne aufzustellen, findet sich in § 1 III 12 BauGB eine weitere gesetzliche Vorgabe: das **Verbot**, nicht erforderliche Bauleitpläne zu erlassen.[30] Auch diese Anordnung verdichtet sich lediglich in den seltensten Fällen zu einer wirklichen Schranke der Planungshoheit, da der Gemeinde mit diesem Verbot letztlich nur ein Missbrauch ihrer Planungshoheit untersagt wird. Verboten ist eine Bauleitplanung, die von **keiner erkennbaren Planungskonzeption** der Gemeinde getragen ist und sich daher als grober und offensichtlicher Missgriff erweist.[31] An § 1 III BauGB scheitert etwa die Festsetzung eines Baugebiets allein zum Nutzen der Eigentümer[32] oder aus Prestigegründen.[33] Nicht erforderlich ist zudem ein Bauleitplan, der aus rechtlichen oder tatsächlichen Gründen auf Dauer oder auf unabsehbare Zeit nicht vollzogen werden kann.[34] Auch eine „vorgeschobene Planung" ist nicht erforderlich, wie etwa die Festsetzung einer Fläche für die Landwirtschaft, die nach der Planbegründung anderen Zwecken dienen soll.[35] Nicht durch § 1 III BauGB gehindert wird allerdings die Festsetzung einer Fläche für ein Verwaltungsgebäude, ein Schul- oder Sportzentrum, ein Alten- und Pflegeheim oder ein Wohngebiet, die die Gemeinde nach der von ihr erwarteten oder erstrebten künftigen Entwicklung für notwendig und damit für erforderlich hält, auch wenn eine **alsbaldige Verwirklichung nicht beabsichtigt** ist.[36]

Erforderlich kann eine Planung auch sein, wenn ihr Hauptzweck in der Verhinderung 13 bestimmter Nutzungen besteht. Es gibt kein generelles Verbot negativer Festsetzungen, kein allgemeines Verbot der **„Negativplanung"**, da positive Planungsziele auch

---

[26] *BVerwG* NJW 1977, 1979 (1980).
[27] *BGH* BRS 19 Nr. 1 zur Enteignungsentschädigung; fraglich (beiläufig) *BVerwG* NJW 1977, 1979 (1980), das einen Amtshaftungsanspruch für denkbar hält. Vgl. auch *Birk*, Zur Problematik individueller Rechtsverletzung wegen nicht stattgefundener förmlicher Planung, NuR 1982, 1.
[28] *BVerwG* NVwZ-RR 1997, 213 (213).
[29] Zu denken ist beispielsweise an das Hervorrufen einer unrichtigen Vorstellung vom Stand der Bauleitplanung durch die Gemeinde.
[30] BVerwGE 116, 144 (146 f.).
[31] *VGH München* BauR 2010, 191 (191); *OVG Koblenz* BauR 2010, 1539 (1539 f.).
[32] *BVerwG* NVwZ-RR 1997, 213 (213); *BayVerfGH* NVwZ-RR 2009, 825 (826); *OVG Saarlouis* BRS 49 Nr. 6; *OVG Lüneburg* BRS 50 Nr. 14; BK/*Gaentzsch*, BauGB, § 1 Rn. 11.
[33] BKL/*Krautzberger*, BauGB, § 1 Rn. 26.
[34] *BVerwG* BRS 71 Nr. 3; NVwZ-RR 2004, 726 (727 ff.); ZfBR 2010, 787 (788); *OVG Saarlouis* NuR 2010, 743 (745).
[35] BVerwGE 40, 258 (262); *BVerwG* NVwZ 1999, 1338 (1338 f.); *VGH München* BRS 38 Nr. 17; *OVG Berlin* DVBl. 2009, 1393 L.
[36] *OVG Lüneburg*, BRS 38 Nr. 12; *OVG Koblenz* BRS 44 Nr. 15; *VGH Mannheim* BRS 22 Nr. 2 und 11. Vgl. aber auch *OVG Lüneburg* BRS 36 Nr. 9.

durch negative Beschreibungen festgesetzt werden können.³⁷ Allerdings darf sich der Bebauungsplan nicht allein in der Verhinderung bestimmter Vorhaben erschöpfen.³⁸

III. Begrenzung durch Ziele der Raumordnung

14 Nach § 1 IV BauGB sind die Bauleitpläne den Zielen der Raumordnung anzupassen.³⁹ Da der Bebauungsplan gem. § 8 II 1 BauGB grundsätzlich aus dem Flächennutzungsplan zu entwickeln ist, wirkt sich diese Bindung vornehmlich bei der Flächennutzungsplanung aus.

1. Raumordnungsziele

15 „Ziele der Raumordnung" sind gemäß der Legaldefinition in § 3 I Nr. 2 ROG **verbindliche Vorgaben** in Form von räumlich und sachlich bestimmten oder bestimmbaren, vom Träger der Raumordnung abschließend abgewogenen (§ 7 Abs. 2 ROG) textlichen oder zeichnerischen Festlegungen in Raumordnungsplänen zur Entwicklung, Ordnung und Sicherung des Raums. Wegen der gemeindlichen Planungshoheit ist es nicht zulässig, in ihnen rein **städtebauliche Ziele** niederzulegen.⁴⁰ Ziele der Raumordnung, die unter Missachtung der Mitwirkungsrechte der Gemeinden im Raumordnungsverfahren aufgestellt worden sind, binden die Gemeinde nicht.⁴¹

2. Anpassung

16 Die Ziele der Raumordnung stellen für die städtebauliche Planung **Rahmenbedingungen** dar.⁴² Sie bedürfen auf der Ebene der Bauleitplanung der Verfeinerung und Ausdifferenzierung. Wie groß der Spielraum ist, den die Gemeinde dabei besitzt, hängt von dem Konkretisierungsgrad der raumordnerischen Ziele, von ihrer inhaltlichen Dichte ab. Innerhalb dieses Rahmens ist die Gemeinde strikt an die raumordnerischen Entscheidungen gebunden. Sie kann sie nicht im Wege der Abwägung nach § 1 VII BauGB überwinden.⁴³

17 In dem vorgenannten Rahmen begründet § 1 IV BauGB ein **Gebot zu dauerhafter materieller Übereinstimmung** der Bauleitplanung mit den Zielen der Raumordnung.⁴⁴ Neue Bauleitpläne müssen entsprechend diesen Zielen gestaltet werden.⁴⁵

---

³⁷ Grundlegend zur „Negativplanung" *BVerwG* NVwZ 1991, 875 (876 f.); NVwZ 1999, 878 (878); vgl. auch *VGH Kassel* BRS 54 Nr. 10; *OVG Saarlouis* NuR 2010, 743 (745).
³⁸ *BVerwG* NVwZ 1991, 875 (876 f.); *Moench*, DVBl. 2005, 676 (678).
³⁹ BVerwGE 90, 329 (333 f.); 119, 217 (223); *BVerwG*, NVwZ 2005, 584 (585); *Spoerr*, in: Festschr. für Hoppe, S. 343 ff.; *Hoppe*, Kritik an der textlichen Fassung und inhaltlichen Gestaltung von Zielen der Raumordnung in der Planungspraxis, DVBl. 2001, 81 (82); *Kment*, Rechtsschutz im Hinblick auf Raumordnungspläne, 2002, S. 75 f.; *ders.*, DVBl. 2006, 1336 (1337); *Goppel*, Ziele der Raumordnung, BayVBl. 1998, 289 (290); *Reidt/Wahlhäuser*, Die „Indienstnahme" von Gemeinden bei der Festlegung von Raumordnungszielen, UPR 2008, 169 (170).
⁴⁰ *OVG Saarlouis* BRS 24 Nr. 7; zur Abgrenzung zwischen der Raumordung und dem Baurecht siehe etwa *OVG Münster* BauR 2010, 426 (427); *Reidt/Wahlhäuser*, Die „Indienstnahme" von Gemeinden bei der Festlegung von Raumordnungszielen, UPR 2008, 169 (173); *Maidowski/Schulte*, Einzelhandel: Quo vadis?, BauR 2009, 1380.
⁴¹ BVerwGE 95, 123 (131 f.) = NVwZ 1995, 264.
⁴² BVerwGE 90, 329 (333 f.) = NVwZ 1993, 167; BVerwGE 119, 217 (223).
⁴³ BVerwGE 90, 329 (333 f.); 118, 181 (184 f.); 119, 25 (38 f.).
⁴⁴ *VGH Mannheim* BRS 36 Nr. 1.
⁴⁵ Anschaulich *OVG Lüneburg* BRS 23 Nr. 11; 30 Nr. 10; vgl. auch *VGH Kassel* ZUR 2010, 542 (544).

Bestehende Bauleitpläne, die den nach ihrem Erlass formulierten Zielen der Raumordnung widersprechen, sind durch Änderung in einem angemessenen Zeitraum[46] diesen Zielen anzupassen;[47] anderenfalls sind sie nichtig, selbst wenn der Widerspruch der Planwerke relativ schnell beseitigt werden könnte.[48] Verweigert die Gemeinde die Anpassung, kann sie mit den Mitteln der Kommunalaufsicht zur Änderung des Bauleitplans gezwungen werden. Führt die Planänderung zu Entschädigungsansprüchen gegen die Gemeinde (§§ 39 ff. BauGB), gewähren die Landesplanungsgesetze (etwa § 33 III LPlG NW) den Gemeinden Ersatzansprüche. In besonders gelagerten Fällen kann durch § 1 IV BauGB sogar eine Pflicht zur erstmaligen Aufstellung eines Bauleitplans („**Erstplanungspflicht**") begründet werden;[49] entsprechende gesetzliche Vorgaben lassen sich mitunter auch ergänzend dem Landesplanungsrecht entnehmen (etwa § 33 II LPlG NRW).[50]

IV. Verfahrensrechtliche Bindungen der Planungshoheit

Das BauGB zieht der Planungshoheit **verfahrensrechtliche Schranken**. Die Gemeinde ist nicht frei, wie sie den Flächennutzungsplan erlässt und die Bebauungspläne festsetzt. Sie hat sich vielmehr des durch Bürger- und Trägerbeteiligung, öffentliche Auslegung des Planentwurfs und Abwägung der öffentlichen und privaten Belange gegeneinander und untereinander gekennzeichneten Bauleitplanverfahrens zu bedienen. Hinzu kommen Verfahrensbesonderheiten, die das Unionsrecht vorschreibt, wie etwa die Erstellung eines Umweltberichts nach § 2 a BauGB. Wie sich aus § 216 BauGB ergibt, sind der Gemeinde Abweichungen nicht gestattet. Letztere können nach Maßgabe der §§ 214, 215 BauGB die Rechtswirksamkeit der Bauleitpläne in Frage stellen.[51]

18

V. Inhaltliche Bindungen der Planungshoheit

Auch inhaltlich ist die Planungshoheit durch Vorgaben des BauGB und durch sonstige gesetzliche Vorgaben vielfältig gebunden.

19

1. Die Vorgaben des BauGB

Zahlreich sind die Vorgaben, die sich aus dem BauGB ergeben. So ist die Gemeinde bei Festsetzung der Art der baulichen Nutzung an die **Typisierung der Baugebiete** durch die §§ 1 ff. BauNVO gebunden.[52] Sie ist nicht befugt, den Baugebieten einen anderen als den von der BauNVO vorgegebenen Inhalt zu geben oder gar eigene Baugebietstypen zu entwickeln.[53] Die Gemeinde besitzt kein „**Festsetzungsfin-**

20

---

[46] Vgl. Brügelmann/*Gierke*, BauGB, § 1 Rn. 429 ff. Eine sofortige Unwirksamkeit des Bauleitplans kann nicht eintreten, sonst wäre die Anpassungspflicht des § 1 IV BauGB überflüssig; vgl. *VGH Kassel* NVwZ-RR 2010, 47 (48); a. A. *Waechter*, Raumordnungsziele als höherrangiges Recht, DÖV 2010, 493 (495 ff.): Unwirksamkeit des Bauleitplans *ex lege*.
[47] BVerwGE 119, 25 (39); *OVG Lüneburg* BRS 39 Nr. 58; *VGH Kassel* NVwZ-RR 2010, 47 (48); *Moench*, DVBl. 2005, 676 (684).
[48] *BVerwG* NVwZ 2005, 584 (585 ff.); BKL/*Krautzberger*, BauGB, § 1 Rn. 42.
[49] BVerwGE 119, 25 (39 f.); EZBK/*Runkel*, BauGB, § 1 Rn. 67 u. 71; *Ingold*, Erstplanungspflichten im System des Planungsrechts, 2007.
[50] Zu dieser strittigen Frage eingehend *Brocke*, Die Rechtsentwicklungen eines Standortvorsorgeplanes – der Landesentwicklungsplan VI in Nordrhein-Westfalen, DVBl. 1979, 184.
[51] Zum Verfahren der Bauleitplanung im Einzelnen unten § 6 Rn. 13 ff.
[52] Zur Festsetzung der Art der baulichen Nutzung im Einzelnen unten § 9 Rn. 2.
[53] *VGH Mannheim* BRS 39 Nr. 49: Unzulässig ist die Festsetzung eines „Dorfmischgebiets".

dungsrecht"; dies gilt auch für die Kombination von Festsetzungstypen.[54] Nur nach Maßgabe von § 1 V bis X BauNVO vermag sie die Baugebiete zu modifizieren. Ausnahmen dieser strikten Vorgaben können sich ergeben, sofern die Länder gem. § 9 IV BauGB zusätzliche Festsetzungsmöglichkeiten schaffen. Des Weiteren bestehen ergänzende Festsetzungsmöglichkeiten beim Vorhaben- und Erschließungsplan (§ 12 III 2 BauGB), in Fremdenverkehrsgebieten (§ 22 I BauGB) und in Erhaltungsgebieten (§ 172 I BauGB). Bei der Festsetzung des Maßes der baulichen Nutzung kann die Gemeinde nur auf die **Nutzungsmaße** des § 16 BauNVO und die Obergrenzen des § 17 BauNVO zurückgreifen.[55] Auch die möglichen sonstigen Festsetzungen[56] sind der Gemeinde durch § 9 BauGB verbindlich vorgegeben. Trotz dieser Grenzen verbleibt der Gemeinde noch ein erheblicher **Gestaltungsspielraum**, der es ihr gestattet, die bauliche Entwicklung ihres Gemeindegebiets weitgehend nach ihren Vorstellungen zu ordnen und zu lenken.

2. Sonstige gesetzliche Vorgaben – Regelungen zu Bindungen an Fachplanung und Umweltschutzrecht

21   Bindungen, die von der planenden Gemeinde als zwingendes Recht zu beachten sind, können sich auch aus **gesetzlichen Bestimmungen außerhalb des BauGB** ergeben, wie die §§ 6 II, 10 II 1 BauGB verdeutlichen. Diese Vorschriften ermöglichen es, auf der Ebene des **Fachplanungsrechts** Gebietsfestlegungen zum Schutz oder zur Förderung bestimmter öffentlicher Belange zu treffen, die **Vorrang vor der örtlichen Bauleitplanung** beanspruchen können.[57] Die gemeindliche Bauleitplanung darf derartigen Nutzungsregelungen, die regelmäßig als Verordnung beschlossen werden, etwa nach dem Bundesnaturschutzgesetz, Bundeswaldgesetz oder Luftverkehrsgesetz nicht widersprechen.[58] Zum Teil wird in den entsprechenden Fachgesetzen sogar ausdrücklich eine planerische Zurückhaltung der Gemeinden eingefordert. So bestimmt etwa § 78 I Nr. 1 WHG, dass in festgesetzten Überschwemmungsgebieten Ausweisungen von neuen Baugebieten in Bauleitplänen oder sonstigen Satzungen nach dem Baugesetzbuch untersagt sind, es sei denn, die Bauleitpläne beziehen sich auf Häfen oder Werften.[59]

22   Die Bindungen durch das Fachplanungsrecht können aber auch dahin gehen, dass sich die Bauleitplanung mit **außerbaurechtlichen Planungen** des Naturschutzrechts (Landschaftsplanung i. S. des § 10 ff. BNatSchG),[60] des Gewässerschutzrechts (Maßnahmenprogramme und Bewirtschaftungspläne gem. § 82 f. WHG),[61] des Immissionsschutzrechts (Luftreinhaltepläne gem. § 47 BImSchG bzw. Lärmaktionspläne

---

[54] BVerwGE 92, 56 (62) = NJW 1993, 2695; BVerwGE 94, 151 (154); *BVerwG* NVwZ 1995, 696 (697); *VGH Mannheim* NVwZ 1999, 548 (548 f.).
[55] Zum Maß der baulichen Nutzung unten § 9 Rn. 121 ff.
[56] Zu diesen unten § 9 Rn. 149 ff.
[57] Zur Auswirkung auf das Abwägungsgebot siehe *Stüer*, Städtebauliche Abwägungsdirektiven – Ist das Abwägungsgebot noch das „Herzstück" der städtebaulichen Planung?, UPR 2010, 288.
[58] *BVerwG* BRS 48 Nr. 17; NVwZ 2004, 1242 (1243); *OVG Schleswig* NuR 2010, 420 (421); *Kauch/Roer*, Bauleitplanung und Fachplanungen, 1997, S. 37 ff.
[59] *VGH München* NVwZ-RR 2008, 309 (310); *Hünnekens/Arnold*, Bauen in Überschwemmungsgebieten, BauR 2006, 1232 (1235 ff.); *Paul/Pfeil*, Hochwasserschutz in der Bauleitplanung (unter besonderer Berücksichtigung des Hochwasserschutzgesetzes 2005), NVwZ 2006, 505 (507); vgl. zusätzlich *BVerwG* NVwZ-RR 1993, 598 (599); *VG Düsseldorf* ZUR 2010, 268 (269 f.).
[60] *Gellermann*, Naturschutzrecht nach der Novelle des Bundesnaturschutzgesetzes, NVwZ 2010, 73 (75 f.).
[61] Sieder/Zeitler/Dahme/*Knopp*/Knopp, WHG und AbwAG, Stand 2010, §§ 36 WHG a. f. ff.

nach § 47 d BImSchG) oder des Kreislaufwirtschafts- und Abfallrechts (Abfallwirtschaftspläne gem. § 29 KrW-/AbfG)[62] auseinanderzusetzen hat. Die überwiegend zum Umweltschutz erlassenen Pläne sind regelmäßig bei der **Abwägung zu berücksichtigen**, können aber **ausnahmsweise** auch **strikte Bindungen** entfalten. So erstarkt beispielsweise eine Flächenausweisung für Abfallbeseitigungsanlagen zur Endlagerung von Abfällen (sog. Deponien) dann zu einer verbindlichen Vorgabe, wenn sie gem. § 29 IV i. V. m. I 3 Nr. 2 KrW-/AbfG für verbindlich erklärt wird.[63] Ähnlich starke Bindungen können in Ausnahmefällen immissionsschutzrechtliche Aktionspläne hervorrufen, wenn die Immissionsproblematik gesundheitsschützende Grenzwerte des EU-Rechts betrifft und der aufzustellende Bebauungsplan das einzige effektive Mittel ist, um die Einhaltung der Grenzwerte sicherzustellen.[64] Das Unionsrecht führt insofern zu einer erhöhten Beachtlichkeit.

Weitere Bindungen der gemeindlichen Planungshoheit können sich durch **fachplanerische Projektzulassungen** ergeben, die unter den Voraussetzungen des **§ 38 BauGB** eine besondere Stellung genießen können.[65] Gem. § 38 BauGB sind nämlich auf Planfeststellungsverfahren und sonstige Verfahren mit gleicher Wirkung die §§ 29 bis 37 BauGB nicht anwendbar, sofern sie Vorhaben von **überörtlicher Bedeutung** betreffen. Gleiches gilt, wenn sich die Planfeststellung auf die Errichtung bzw. den Betrieb öffentlich zugänglicher Abfallbeseitigungsanlagen bezieht, welche nach dem BImSchG genehmigt werden. § 38 BauGB bewirkt, dass diese Vorhaben keine bauplanungsrechtlichen Zulässigkeitsvoraussetzungen erfüllen müssen.[66] Die bauplanungsrechtlichen Belange fließen lediglich in die fachplanerische Abwägung ein, wobei ihre Berücksichtigung durch ein Beteiligungsrecht der Gemeinden abgesichert wird; vgl. § 38 S. 1 BauGB.[67] Die Freistellung der fachgesetzlichen Planfeststellung im Rahmen des § 38 BauGB enthält nun notwendig die entsprechende Bindung der Gemeinden. Letztgenannte haben bei der **Neuaufstellung** ihrer Bauleitpläne die Planung auf die gültigen fachrechtlichen Planfeststellungen auszurichten und darin einzubeziehen.[68] Der **Vorrang** des Fachplanungsrechts wird nur für den Fall **durchbrochen**, dass die zuständigen Fachplanungsbehörden bei der Aufstellung eines Flächennutzungsplans beteiligt wurden und im Rahmen des Beteiligungsverfahrens dem gemeindlichen Planwerk nicht widersprochen haben. In diesem Fall ordnet **§ 7 S. 1 BauGB**, auf den § 38 S. 2 BauGB verweist, an, dass das Fachrecht seine Planungen dem Flächennutzungsplan anzupassen hat.[69]

23

---

[62] *Erbguth*, Die Abfallwirtschaftsplanung, 2. Aufl., 2004.
[63] Landmann/Rohmer/*Beckmann*, Umweltrecht, § 29 Krw-/AbfG Rn. 64 ff.
[64] *Jarass*, BImSchG, § 47 Rn. 46; *Cancik*, Umweltrechtliche Aktionspläne in der Bauleitplanung – eine Annäherung an Probleme der Verzahnung von Planungsinstrumenten, DVBl. 2008, 546 (552 f.).
[65] Vgl. *Finke*, Die Privilegierung von Fachplanung nach § 38 BauGB, 2001.
[66] BVerwGE 70, 242 (243 f.); EZBK/*Runkel*, BauGB, § 38 Rn. 2.
[67] *BVerwG* NVwZ 2005, 585 (586); *Stüer*, Bauleitplanung und Fachplanung, UPR 1998, 408 (412); *Kirchberg/Boll/Schütz*, Der Rechtsschutz von Gemeinden in der Fachplanung, NVwZ 2002, 550 (552).
[68] BVerwGE 81, 111 (116); *Koch*, Zur Konkurrenz zwischen Fachplanung und Bauleitplanung, in: Festschr. für Schlichter, 1995, 461 (467 ff.)
[69] Siehe hierzu *Kraft*, Bauleitplanung und Fachplanung, BauR 1999, 829 (831 ff.).

VI. Die Abwägung

1. Abwägung und planerische Gestaltungsfreiheit

24 Innerhalb der vorgenannten gesetzlichen Grenzen bildet die Gemeinde ihren planerischen Willen durch gerechte Abwägung der im Plangebiet vorhandenen öffentlichen und privaten Belange gegeneinander und untereinander (§ 1 VII BauGB).[70] Dem Abwägungsgebot liegt die Vorstellung zugrunde, dass Planung ein komplexer Willensbildungsprozess ist, der aus Elementen des Erkennens, Wertens und Wollens besteht. Wesenseigen ist jeder Planung eine mehr oder weniger weitreichende **Gestaltungsfreiheit**.[71] Ohne sie ist Planung nicht denkbar. Sie gibt der Gemeinde als dem Träger der Planungshoheit das Recht, innerhalb der ihr vom Gesetz gezogenen Schranken in freier Entscheidung, also autonom, darüber zu befinden, wie und in welcher Weise sie sich städtebaulich geordnet fortentwickeln will.[72] Dies hat auch Auswirkungen auf die **gerichtliche Kontrolle** der Planung. Aus der Verbindung von Planung und Gestaltungsfreiheit ergibt sich für diese die Beschränkung darauf, festzustellen, ob im Einzelfall die gesetzlichen Grenzen der Gestaltungsfreiheit überschritten sind oder von der Gestaltungsfreiheit in einer der Ermächtigung zum Planen nicht entsprechenden Weise Gebrauch gemacht worden ist.[73]

25 Trotz all dieser Freiräume ist die planerische Gestaltungsfreiheit nicht frei von **gesetzlichen Bindungen**. Schon aufgrund ihrer Auswirkung auf die Eigentumsgarantie des Art. 14 GG muss sie sich am Grundsatz der Verhältnismäßigkeit orientieren.[74] Rechtsprechung und Literatur haben die Abwägung schon früh einem verfassungsrechtlich verankerten Gebot der gerechten Abwägung unterworfen und fortwährend feingliedrig ausgestaltet.[75] Dabei betont gerade die Rechtsprechung die **Eigenständigkeit** der Abwägung gegenüber anderen verwaltungsrechtlichen Entscheidungsverfahren und vermeidet bewusst Parallelen zur Ermessenslehre.[76] In seinem Kern verlangt das **Gebot gerechter Abwägung**,[77] dass neben der Selbstverständlichkeit,

26 – dass eine Abwägung überhaupt stattfindet,
– in die Abwägung alle Belange eingestellt werden, die nach Lage der Dinge in sie einzustellen sind,
– die Bedeutung der betroffenen öffentlichen und privaten Belange nicht verkannt wird und

---

[70] Grundlegend zur Abwägung BVerwGE 34, 301; 45, 309; 47, 144; 48, 56; 59, 87.

[71] BVerwGE 34, 301 (304); 45, 309; 64, 33; 119, 25 (28); *Erbguth*, UPR 2010, 281 (282); kritisch: *Durner*, Konflikte räumlicher Planung, 2005, S. 305 ff.

[72] BVerwGE 34, 301 (304); 119, 25 (28).

[73] *Stüer*, Hb. für Bau- und Fachplanungsrechts, Rn. 1493.

[74] BVerfGE 79, 174 (198); *BVerfG* NVwZ 2003, 727 (728); *Erbguth*, UPR 2010, 281 (283 f.).

[75] BVerwGE 34, 301 (307); 41, 67 (69); 48, 56 (63); 64, 33 (35); *VGH München* BayVBl. 1997, 591 (593); *Kment*, Rechtsschutz im Hinblick auf Raumordnungspläne, 2002, S. 125 ff; *Schmidt-Aßmann*, Planen unter dem Grundgesetz, DÖV 1974, 541 (543 f.); *Redeker*, Flächenkonzentration durch Ziele der Raumordnung, in: Festschr. für Hoppe, 2000, S. 329 (337); EZBK/*Söfker*, BauGB, § 1 Rn. 179. Mitunter wird das Gebot der gerechten Abwägung auch aus den Grundrechten hergeleitet. Siehe etwa BVerwGE 45, 309 (324); 67, 74 (75 ff.); *Bartlsperger*, Das Abwägungsgebot in der Verwaltung als objektives und individualrechtliches Erfordernis konkreter Verhältnismäßigkeit, in: Erbguth u. a., Abwägung im Recht, 1996, S. 79 (87 ff.); *Hendler*, Raumordnungsziele und Eigentumsgrundrecht, DVBl. 2001, 1233 (1240); Siehe auch *Durner*, Konflikte räumlicher Planung, 2005, S. 297 ff.

[76] BVerwGE 34, 301 (304).

[77] Vgl. dazu *Hoppe*, DVBl. 2003, 697; *Erbguth*, JZ 2006, 484.

– der Ausgleich zwischen den von der Planung berührten öffentlichen Belangen in einer Weise vorgenommen wird, der zur objektiven Gewichtung der einzelnen Belange nicht außer Verhältnis steht.

Diese **Grundlinien der Abwägung**, die noch durch weitere, dem Rechtsstaatsprinzip angelehnte Handlungsmaßstäbe ergänzt werden (Gebot der Konfliktbewältigung[78] usw.),[79] strukturieren den Prozess der Abwägung maßgeblich und führen so zu einer Stufenbildung. 27

2. Durchführung eines Abwägungsvorgangs

Es ist relativ selten, dass in der Praxis bei der Durchführung eines Bauleitplanaufstellungsverfahrens völlig auf die Abwägung verzichtet wird.[80] Würde diese Ausnahmesituation tatsächlich einmal eintreten, fände sich hierfür die Bezeichnung des „**Abwägungsausfalls**".[81] 28

Problemstellungen, die zum Abwägungsausfall diskutiert werden, sind in der Praxis jedoch etwas anders gelagert: Es wird der Frage nachgegangen, ob bzw. unter welchen Voraussetzungen eine Gemeinde sich im Vorfeld eines Bauleitplanaufstellungsverfahrens gegenüber Außenstehenden verpflichten darf, ohne damit eine wahrhaft objektive Abwägung auszuschließen. Gerade gegenüber ansiedelungswilligen Unternehmen oder Projektträgern kann es nämlich immer wieder dazu kommen, dass Gemeinden in Aussicht stellen, Bebauungspläne aufzustellen, zu ergänzen oder gegebenenfalls auch aufzuheben, um so lukrative Baurechte zu schaffen. Die enge Zusammenarbeit zwischen Vorhabenträger und Gemeinde kann dabei durchaus sachlich gerechtfertigt sein, wenn eine dem Planverfahren vorangestellte Absprache geradezu unerlässlich ist, um überhaupt sachgerecht planen und eine angemessene effektive Realisierung der Planung gewährleisten zu können.[82] Allerdings liegt in einer **Vorausbindung des kommunalen Planungsträgers** stets die Gefahr, dass im Vorfeld der Abwägung mehr oder minder endgültige Festlegungen getroffen werden, die das Planungsermessen spürbar einschränken. Gerade bei komplexen Planungsentscheidungen ist es häufig nicht mehr möglich, einzelne Elemente des exakt aufeinander abgestimmten Gesamtkonzepts des Vorhabens zu verändern. Um den Vorhabenträger nicht zu verlieren, wird – gerade in wirtschaftlich angeschlagenen Gemeinden – daher die Bereitschaft groß sein, auch planerisch unbefriedigende, zum Teil suboptimale Teilregelungen zu akzeptieren.[83] 29

Dessen ungeachtet hat die Rechtsprechung **selbstbindende Vorentscheidungen** der Kommunen für **unbeachtlich** angesehen, wenn 30

– die planungsrechtliche Zuständigkeitsordnung eingehalten wird,
– die Vorwegnahme der Entscheidung im Sinne einer sachlichen Notwendigkeit geschuldet ist und
– die vorweggenommene Abwägungsentscheidung inhaltlich nicht zu beanstanden ist, insbesondere weil sie eine städtebauliche Prägung aufweist.[84]

---

[78] Siehe hierzu nachfolgend § 5 Rn. 69.
[79] Vgl. etwa *Hoppe*, in: Hoppe/Bönker/Grotefels, Baurecht, § 7 Rn. 23 ff.
[80] Ausgeschlossen ist dies aber nicht. Vgl. etwa OVG *Münster* DVBl. 2009, 1385 (1388 ff.): nahezu vollständiger Abwägungsausfall.
[81] *Hellermann*, in: Dietlein/Burgi/Hellermann, ÖRecht, § 4 Rn. 80.
[82] BVerwGE 45, 309 (317).
[83] *Koch/Hendler*, Baurecht, § 17 Rn. 24.
[84] BVerwGE 45, 309 (321); *Busse*, Kooperatives Recht im Bauplanungsrecht, BayVBl. 1994,

31 Dabei ist zu berücksichtigen, dass nach Ansicht des *BVerwG*, der Umstand, dass eine Gemeinde einen Projektentwurf eines Vorhabenträgers zur Grundlage ihrer Planungen macht – auch wenn alternative Planungen nicht in das Planaufstellungsverfahren einbezogen werden – **kein** regelmäßiges **Indiz** für einen Abwägungsfehler sein soll.[85]

32 Die zugegebenermaßen praxisorientierte Rechtsprechung muss sich allerdings der **Kritik** aussetzen, dass Bindungen eines Entscheidungsorgans, die vor dem eigentlichen Entscheidungsverfahren eingegangen werden, die **Effektivität von Beteiligungsrechten** erheblich in Mitleidenschaft ziehen. Demnach ist zu befürchten, dass auch die baurechtliche Öffentlichkeits- und Behördenbeteiligung leidet, wenn sich eine Gemeinde im Vorfeld des eigentlichen Planaufstellungsverfahrens bereits konkreten Verpflichtungen ausgesetzt hat. Gerade eine rechtsstaatlich gebotene Beteiligung der Öffentlichkeit, welche den Vorgaben der §§ 3 ff. BauGB gerecht wird, muss daher auch im Rahmen von Vorabsprachen zwischen Projektträger und Gemeinde eingefordert werden, um den Entscheidungsprozess nicht in einen informellen Bereich abrutschen zu lassen.[86] Eine bloße Erörterung des Themas in einem öffentlichen Rahmen genügt deshalb nicht.[87]

3. Zusammenstellung des Abwägungsmaterials

33 In die Abwägung muss, damit sie ordnungsgemäß ist, an öffentlichen und privaten Belangen eingestellt werden, was nach Lage der Dinge, insbesondere nach den örtlichen Gegebenheiten, für die Entscheidungsfindung von Bedeutung ist. Anderenfalls liegt ein „**Abwägungsdefizit**" vor.

a) Öffentliche Belange

34 Die öffentlichen Belange, die bei der Abwägung zu berücksichtigen sind, zählt § 1 VI BauGB beispielhaft und damit nicht abschließend („insbesondere") auf. Die Aufzählung darf als „Checkliste" verstanden werden, welche dem Rechtsanwender die breit gefächerten Interessenbereiche vor Augen hält, die er bei der Abwägung möglicherweise zu berücksichtigen hat. Die unterschiedlichen Themengebiete, die hier Erwähnung finden, machen schnell deutlich, dass die diversen Interessenfelder **durchaus entgegengesetzte Stoßrichtungen** haben können und nicht immer parallel zueinander verlaufen; hier sei exemplarisch auf die Belange des Umweltschutzes nach § 1 V Nr. 7 BauGB und die Belange der Wirtschaft nach § 1 V Nr. 8 BauGB verwiesen, die häufig für unterschiedliche Raumnutzungsansprüche streiten.

35 Die konkrete Ausgestaltung des Katalogs der abwägungsrelevanten Belange in § 1 VI BauGB hat im Zuge der verschiedenen BauGB-Novellen immer wieder ein leicht modifiziertes Gepräge erhalten, ausgelöst durch den Wunsch des Gesetzgebers, bestimmte planungsrechtliche Anliegen herauszustellen. So hat es zuletzt etwa im Einklang mit der Neufassung der §§ 2 II 2, 9 II a und 34 III BauGB sowie des § 11 III 2 BauNVO im Jahre 2007 eine Betonung der **Erhaltung und Entwicklung zentraler**

353; *Schulze-Fielitz*, Das Flachgas-Urteil des Bundesverwaltungsgerichts – BVerwGE 45, 309, Jura 1992, 201.

[85] *BVerwG* NVwZ 1988, 351 (352). Es kommt allerdings zu einem Abwägungsfehler, wenn die Gemeinde das Konzept des Vorhabenträgers nicht als unter dem Abwägungsvorbehalt stehend begreift, vgl. *Reidt*, Die Sicherung zentraler Versorgungsbereiche durch aktive Bauleitplanung – § 9 Abs. 2 a BauGB und andere Möglichkeiten, BauR 2007, 2001 (2008). Vgl. auch *Spannowsky*, Die Zulässigkeit abwägungsdirigierender Verträge, ZfBR 2010, 429 (431 ff.).

[86] BVerwGE 124, 385 (389).

[87] *OVG Münster* NWVBl. 1994, 169 (170); *Erbguth*, Baurecht, § 5 Rn. 154.

Versorgungsbereiche in § 1 VI Nr. 4 BauGB gegeben. Das Gesetz zur Anpassung des Baugesetzbuchs an EU-Richtlinien aus dem Jahre 2004 hatte zuvor insbesondere die **umweltrechtlichen Belange** des früheren § 1 a BauGB a. F. in den Katalog der abwägungsrelevanten Belange nach § 1 VI BauGB überführt und ihnen dort unter Nr. 7 eine neue systematische Heimat gegeben. Ziel der Neuverortung war es, die Wertigkeit der Umweltbelange zu verdeutlichen. Es sollte herausgestellt werden, dass ihnen **kein grundsätzlicher Vorrang** gegenüber anderen Belangen zukommt und sie vielmehr – wie jeder andere Belang auch – entsprechend ihrem situationsabhängigen Gewicht ohne abstrakte Besserstellung in die Abwägung einfließen.[88]

b) Vorgaben des Umweltschutzes für die Abwägung

Ungeachtet der allgemeinen Einordnung des Umweltschutzes in den Katalog der Belange in § 1 VI Nr. 7 BauGB spielen umweltschützende Belange in der bauleitplanerischen Abwägung eine immer größere Rolle. Gerade durch europarechtliche Vorgaben wird ihre Relevanz für die **gemeindliche Ermittlungstätigkeit** (nicht ihr Gewicht in der Abwägung!) derart forciert, dass der Gesetzgeber diesem Erscheinungsbild durch die separate Regelung des **§ 1 a BauGB** Rechnung getragen hat. Diese Vorschrift konkretisiert die Planungsleitlinien des § 1 VI Nr. 7 BauGB hinsichtlich des Boden- und Naturschutzes sowie der Schutzgebiete nach der FFH- und Vogelschutzrichtlinie.[89] Zugleich gewährleistet sie, dass die fachgesetzlichen Vorschriften zum Umweltschutz in sachgerechter Form **integraler Bestandteil** des bauleitplanerischen Aufstellungsverfahrens sind; vgl. § 1 a I BauGB.

36

aa) Bodenschutzklausel

Erster Aspekt der baurechtlichen Umweltschutzbestimmungen ist der Bodenschutz. § 1 a II BauGB, die sog. **Bodenschutzklausel**, schreibt vor, dass mit Grund und Boden sparsam und schonend umgegangen werden soll; dabei sind zur Verringerung der zusätzlichen Inanspruchnahme von Flächen für bauliche Nutzungen die Möglichkeiten der Entwicklung der Gemeinde insbesondere durch Wiedernutzbarmachung von Flächen, Nachverdichtung und andere Maßnahmen zur Innenentwicklung zu nutzen sowie Bodenversiegelungen auf das notwendige Maß zu begrenzen (S. 1).[90] Zudem sollen landwirtschaftlich, als Wald oder für Wohnzwecke genutzte Flächen nur im notwendigen Umfang umgenutzt werden (S. 2). Dieser letzte Passus ist im Jahre 2004 hinzugenommen worden und führt nunmehr die Umwidmungsklausel des § 1 V 3 BauGB a. F. (1987) mit der Bodenschutzklausel zusammen,[91] um die Ziele der nationalen Nachhaltigkeitsstrategie zu fördern und eine zusätzlich Inspruchnahme von Außenbereichsflächen möglichst zu vermeiden.[92] Allerdings führt die Bodenschutzklausel nicht zu einem absoluten Versiegelungsverbot oder gar einer Baulandsperre.[93] Bei der Planung ist vielmehr darauf zu achten, möglichst bereits beanspruchte Gebiete vorrangig heranzuziehen und hinsichtlich unberührter Gebiete Zurückhaltung zu üben. Damit wird auch deutlich, dass die Bodenschutzklausel qualitativ

37

---

[88] Vgl. BT-Drs. 15/2250, S. 38.
[89] *Schink*, in: GfU, Umweltrecht im Wandel, 2001, S. 837 (840); BKL/*Krautzberger*, BauGB, § 1 a Rn. 1.
[90] *Krautzberger*, 20 Jahre Bodenschutzklausel im Städtebaurecht, in: Festschr. für Rengeling, 2008, S. 139 ff; *Stich*, WiVerw 2002, 65 (68 ff.); *Waechter*, Flächensparsamkeit in der Bauleitplanung, DVBl. 2009, 997.
[91] EZBK/*Krautzberger*, BauGB, § 1 a Rn. 16.
[92] BT-Drs. 15/2250, S. 31.
[93] BKK/*Krautzberger*, BauGB, § 1 a Rn. 7.

einen bloßen **Abwägungsbelang** darstellt; Priorität im Abwägungsprozess genießt sie nicht.[94]

38 Die Regelung des § 1 a II BauGB steht schließlich in einem engen **Verhältnis zu § 3 I Nr. 9 Bundes-Bodenschutzgesetz** (BBodSchG). Danach finden die Vorschriften des BBodSchG keine Anwendung, wenn das Bauplanungsrecht oder das Bauordnungsrecht entsprechende Regelungen aufweist. Solche Regelungen können etwa Darstellungen des Flächennutzungsplans nach § 5 II Nr. 10 BauGB oder hinsichtlich des Bebauungsplans solche des § 9 I Nr. 2, 3, 5, 10, 15 und 18 BauGB sein.[95]

bb) Eingriff in Natur und Landschaft

39 Eingriffe in Natur und Landschaft teilen rechtstechnisch ihr Schicksal mit den Belangen des Bodenschutzes. Wie § 1 a III 1 BauGB deutlich hervorhebt, fließen sie – wie die übrigen öffentlichen Belange auch – **ohne abstrakten Vorrang** in die Abwägung ein.[96] Daneben findet das allgemeine Prüfungsregime des Bundesnaturschutzrechts zu Eingriffen in Natur und Landschaft, wie es von §§ 13 ff. BNatSchG normiert wird, keine Anwendung. Insofern schreibt § 18 I BNatSchG den **Regelungsvorrang des Baurechts** ausdrücklich fest.[97]

40 Die Verlagerung der Bewältigung von Eingriffen in Natur und Landschaft in die Bauleitplanung ist grundsätzlich sachgerecht, weil die Planwerke die spätere Vorhabenzulassung maßgeblich vorbestimmen. Die naturschutzrechtlichen Eingriffsregelungen erst auf der Ebene der Vorhabenzulassung in Ansatz zu bringen, käme demgemäß grundsätzlich zu spät, um noch effektiv gestaltend auf den Entwicklungsprozess Einfluss zu nehmen.[98] Allerdings bestimmt das Fachrecht auch im Rahmen der Bauleitplanung über die **Qualifizierung einer Maßnahme** als Eingriff in Natur und Landschaft.[99] Das BNatSchG liefert somit den Beurteilungsmaßstab, um im Rahmen eines Vergleichs zwischen der Ausgangslage und der nach Schaffung des Baurechts zu erwartenden Situation über den Betrachtungsgegenstand zu befinden.[100] Die **Rechtsfolgen** eines eventuellen Eingriffs beurteilen sich dann nach § 1 a III BauGB. So sind zunächst **vermeidbare Eingriffe** im Vorhinein unzulässig. Ein **Ausgleich** erfolgt gem. § 1 a III 2 BauGB im Übrigen durch geeignete Darstellungen und Festsetzungen nach den §§ 5 und 9 BauGB als Flächen oder Maßnahmen zum Ausgleich. Sie werden im Regelfall nach § 5 II a und § 9 I a 2 BauGB den Eingriffen in Natur und Landschaft zugeordnet. Ausgleichsmaßnahmen und -flächen können sich – wie § 1 a III 3, § 9 I a und § 200 a BauGB klarstellen – auch auf andere Stellen als solche am Ort des Eingriffs beziehen; ein **unmittelbarer räumlicher Bezug** ist **nicht erforderlich**.[101] Ausgleichsmaßnahmen und -flächen müssen nicht einmal zwin-

---

[94] *BVerwG* BauR 2008, 1416; *Kratzenberg*, Bodenschutz in der Bauleitplanung, UPR 1997, 177 (182); a. A. *Koch/Hendler*, Baurecht, § 17 Rn. 43.
[95] *Bönker*, in: Hoppe/Bönker/Grotefels, Baurecht, § 5 Rn. 113; *Herrmann*, in: Koch, Umweltrecht, 2007, § 13 Rn. 78; vgl. dazu ausführlich Schrödter/*Schrödter*, BauGB, § 1 a Rn. 15 ff.
[96] BVerwGE 104, 68 (72); *Schink*, in: GfU, Umweltrecht im Wandel, 2001, S. 837 (861).
[97] BVerwGE 104, 68 (74).
[98] *Bönker*, in: Hoppe/Bönker/Grotefels, Baurecht, § 5 Rn. 121; vgl. auch *BVerwG* NVwZ 2006, 821 (821).
[99] Schrödter/*Schrödter*, BauGB, § 1 a Rn. 26 ff.; *Scheidler*, Die naturschutzrechtliche Eingriffsregelung im BNatSchG 2010, UPR 2010, 134 (141).
[100] Vgl. auch *Stich*, WiVerw 2002, 65 (80 ff.).
[101] BVerwGE 104, 353 (359); *Schink*, Die Bedeutung umweltschützender Belange für die Flächennutzungsplanung, ZfBR 2000, 154 (163); *Wolf*, Zur Flexibilisierung des Kompensationsinstrumentariums der naturschutzrechtlichen Eingriffsregelung, NuR 2001, 481 (486); a. A. *Gassner*, Aktuelle Fragen der naturschutzrechtlichen Eingriffsregelung, NuR 1999, 79 (80 f.).

gend in demselben Bebauungsplan normiert werden, der zugleich den Eingriff hervorruft.[102] Gem. § 9 I a 1 BauGB ist es ebenfalls erlaubt, entsprechende Festsetzungen in einem anderen Bebauungsplan vorzusehen;[103] gegebenenfalls sogar „auf Vorrat" als sog. **Öko-Konto**.[104] Ein Ausgleichsbebauungsplan darf sich schließlich sogar auf Flächen beziehen, die sich außerhalb des Gemeindegebiets befinden. Die **Kosten** der Ausgleichsmaßnahmen sind gem. § 135 a BauGB regelmäßig an den Vorhabenträger weiterzureichen.[105]

Anstelle von Darstellungen und Festsetzungen können auch **vertragliche Vereinbarungen** nach § 11 BauGB oder sonstige geeignete Maßnahmen zum Ausgleich auf von der Gemeinde bereitgestellten Flächen getroffen werden. Sofern auf vertragliche Vereinbarungen zurückgegriffen wird, sind die Vertragspflichten möglichst durch Eintragung einer beschränkten persönlichen Dienstbarkeit (§ 1090 BGB) bzw. durch Eintragung einer Reallast (§ 1105 BGB) abzusichern.[106] Ist die notwendige Sicherheit vertraglich nicht zu gewährleisten, muss das Regelungsziel durch verbindliche Festsetzungen in einem Bebauungsplan erreicht werden.[107]   41

Die **Ausgleichspflicht** kann aber auch **entfallen**. Dies schreibt § 1a III 5 BauGB vor, soweit die Eingriffe bereits vor der planerischen Entscheidung erfolgt sind oder zulässig waren; etwa aufgrund von § 34 BauGB.[108] Von der Pflicht zur Vermeidung bzw. Abmilderung des Eingriffs befreit § 1a III 5 BauGB jedoch nicht. Dies gilt auch für die Bebauungspläne der Innenentwicklung, denen nach § 13 II Nr. 4 BauGB ein ähnliches Privileg zugutekommen soll.[109]   42

cc) FFH- und Vogelschutzrichtlinie

Im Gegensatz zu Eingriffen in Natur und Landschaft orientiert sich der Schutz von FFH- und Vogelschutzgebieten nach dem **naturschutzrechtlichen Fachrecht** und nicht nach dem BauGB. § 1a IV BauGB stellt insofern klar, dass soweit ein Schutzgebiet in seinen für die Erhaltungsziele oder den Schutzzweck maßgeblichen Bestandteilen erheblich beeinträchtigt werden kann, das BNatSchG die Zulässigkeit und die Anforderungen an die Durchführung von derartigen Eingriffen einschließlich der Einholung der Stellungnahme der europäischen Kommission regelt.   43

Die entsprechenden Bestimmungen des BNatSchG (**§§ 31 ff. BNatSchG**) basieren im Wesentlichen auf den unionsrechtlichen Vorgaben der FFH- und Vogelschutzrichtlinie, die im Geltungsbereich des Unionsrechts ein kohärentes Netz besonderer   44

---

[102] *Stüer*, Der Bebauungsplan, Rn. 704.
[103] EZBK/*Söfker*, BauGB, § 9 Rn. 237; *Tophoven*, Der Eingriffs- und Ausgleichsbebauungsplan in der Bauleitplanung, NVwZ 2004, 1052; *Stich*, WiVerw 2002, 65 (91).
[104] Vgl. *Mitschang*, Bauleitplanung, Eingriffsregelung und „Öko-Konto", ZfBR 1995, 240 (240 f.); BKL/*Krautzberger*, BauGB, § 135 a Rn. 5; *Wolf*, Perspektiven der naturschutzrechtlichen Eingriffsregelung, ZUR 1998, 183 (192 f.); *Schink*, in: GfU, Umweltrecht im Wandel, 2001, S. 837 (865 f.).
[105] *BVerwG* NVwZ 2006, 821 (822); Schrödter/*Schrödter*, BauGB, § 135 a Rn. 23. Zur Frage, ob Ausgleichsmaßnahmen vom Vorhabenträger dauerhaft gepflegt werden müssen, siehe ablehnend *Schmidt-Eichstaedt*, Müssen Ausgleichsmaßnahmen vom Vorhabenträger dauerhaft gepflegt werden?, BauR 2010, 1865.
[106] *Stich*, WiVerw 2002, 65 (107 ff.); vgl. dazu auch BT-Drs. 16/12274, S. 58.
[107] *VGH München* NuR 2010, 505 (507).
[108] *BVerwG* NVwZ 2003, 1259 (1260 f.); NVwZ 2007, 223 (223).
[109] BKL/*Battis*, BauGB, § 13 a Rn. 17; *Uechtritz*, BauR 2007, 476 (482 f.); kritisch *Götze/Müller*, Das Gesetz zur Erleichterung von Planungsvorhaben für die Innenentwicklung der Städte („BauGB 2007") – Zu „Risiken und Nebenwirkungen" eines Planungserleichterungsgesetzes, ZUR 2008, 8 (12 f.).

Schutzgebiete zur Erhaltung der natürlichen Lebensräume und der wild lebenden Tiere und Pflanzen errichten wollen.[110] Die **Gebiete** werden auf der Grundlage von Gebietsmeldungen der Mitgliedstaaten ausgewählt und dann von der EU-Kommission im Einvernehmen mit den Mitgliedstaaten in eine europaweite Liste aufgenommen. Danach erfolgt die Ausweisung als Schutzgebiet.[111]

45 Sind Beeinträchtigungen ausgewiesener Schutzgebiete zu befürchten, ist vor der Realisierung des jeweiligen Unterfangens eine **Verträglichkeitsprüfung** vorgeschrieben, die sich nach den Vorgaben des § 34 I-V BNatSchG richtet.[112] Dieser Verträglichkeitsprüfung sind sowohl die einzelnen Vorhaben bzw. Projekte zu unterziehen (vgl. § 34 I BNatSchG), wie auch Pläne mit Beeinträchtigungspotenzial (vgl. § 36 S. 1 BNatSchG), wobei gem. § 36 S. 2 BauGB die Prüfung eines Bauleitplans – in Anlehnung an die Regelungen von Eingriffen in Natur und Landschaft –[113] eine spätere Verträglichkeitsprüfung eines auf Grundlage des Bauleitplans erlassenen Vorhabens ausschließt.[114] Inhaltlich richtet sich die Verträglichkeitsprüfung auf die Konsequenzen der Projekt- bzw. Planverwirklichung für die Erhaltungsziele des Schutzgebiets.[115] Nur ausnahmsweise, wenn zwingende Gründe des überwiegenden öffentlichen Interesses es erfordern, keine zumutbaren Alternativen existieren und zudem ein Kohärenzausgleich (eine Ausgleichsmaßnahme) geleistet wird, darf eine Beeinträchtigung des Schutzgebiets gem. § 34 III BNatSchG akzeptiert werden.[116] Werden im Gebiet vorkommende prioritäre natürliche Lebensraumtypen oder prioritäre Arten betroffen, ist die Zulässigkeit gem. § 34 IV BNatSchG an noch höhere Anforderungen hinsichtlich der erlaubten zwingenden öffentlichen Interessen geknüpft.[117]

46 Fällt auf Grundlage dieser naturschutzrechtlichen Vorgaben eine Verträglichkeitsprüfung negativ aus, kann die Bauleitplanung nicht realisiert werden. Die Vorgaben zu den FFH- und Vogelschutzgebieten setzen der kommunalen Bauleitplanung **absolute Grenzen**, die nicht im Wege der Abwägung überwunden werden können.[118] Dies gilt sogar entsprechend für sog. **potenzielle oder faktische Schutzgebiete**,[119] die noch nicht verbindlich durch die EU-Kommission ausgewiesen sind, gleichwohl aber auf-

---

[110] Vgl. Landmann/Rohmer/*Gellermann*, Umweltrecht, Vorb. §§ 32-38 BNatSchG Rn. 1.

[111] *Erbguth/Schlacke*, Umweltrecht, 3. Aufl. 2010, § 10 Rn. 51; *Mitschang/Wagner*, DVBl. 2010, 1257 (1257 ff.).

[112] Vgl. *Jarass*, Die Zulässigkeit von Projekten nach FFH-Recht, NuR 2007, 371; *Storost*, FFH-Verträglichkeitsprüfung und Abweichungsentscheidung, DVBl. 2009, 673; *Reidt*, Europäischer Habitat- und Artenschutz in der Bauleitplanung, NVwZ 2010, 8 (11); *Mitschang/Wagner*, DVBl. 2010, 1257 (1260 ff.).

[113] Siehe oben unter § 5 Rn. 39 f.

[114] *Reidt*, Der europäische Habitatschutz bei Vorhaben im Geltungsbereich existierender Bebauungspläne, BauR 2010, 167 (168).

[115] *Schink*, Der Einfluß der FFH-Richtlinie auf die Bauleitplanung, in: Festschr. für Hoppe, S. 589 (604 f.).

[116] BVerwGE 120, 1 (11); 128, 1 (16 ff.); *Köck*, Der Kohärenzausgleich für Eingriffe in FHH-Gebiete, ZUR 2005, 466 (467 ff.); *Thyssen*, Berücksichtigung der Anforderungen des europäischen Umweltrechts bei Genehmigungsverfahren wasserrechtlicher Projekte – ein (un-)kalkulierbares Risiko?, EurUP 2010, 258 (263 ff.).

[117] Schrödter/*Schrödter*, BauGB, § 1 a Rn. 115 ff.

[118] BVerwGE 107, 1 (20); *Louis/Wolf*, Naturschutzrecht und Baurecht, NuR 2002, 455 (457); *Mitschang*, Restriktionen europäischer Richtlinien für die kommunale Planungshoheit, ZfBR 2006, 642 (646); *Möstl*, Fauna-Flora-Habitat-Schutzgebiete in der kommunalen Bauleitplanung, DVBl. 2002, 726 (731 f.); *Mitschang/Wagner*, DVBl. 2010, 1257 (1267).

[119] Vgl. dazu auch *EuGH* Slg. 2005, I-167 Rn. 24 ff.; BVerwGE 120, 87 (101 ff.).

grund des im fraglichen Gebiet vorliegenden Naturzustands tatsächlich eine entsprechende Schutzwürdigkeit besitzen.[120]

c) Spezialgesetzliche Belange

Neben den in § 1 VI BauGB aufgezählten öffentlichen Belangen können noch weitere Belange aufgrund einer spezialgesetzlichen Vorgabe hinzukommen. So bestimmt § 247 BauGB für den Hauptstadtausbau Berlins, dass bei der Aufstellung von Bauleitplänen den Belangen, die sich aus der **Entwicklung Berlins als Hauptstadt Deutschlands** ergeben, und den Erfordernissen der Verfassungsorgane des Bundes für die Wahrnehmung ihrer Aufgaben besonders Rechnung zu tragen ist. Diese Belange und Erfordernisse werden zwischen dem Bund und Berlin in einem gemeinsamen Ausschuss erörtert. Kommt es zu keiner Übereinstimmung, stellen die Verfassungsorgane des Bundes ihre Erfordernisse eigenständig fest; sie haben dabei eine geordnete städtebauliche Entwicklung Berlins zu berücksichtigen.[121]

47

d) Private Belange

Zu den privaten Belangen gehören die subjektiven öffentlichen und privaten **Rechte der Planbetroffenen** und damit insbesondere alles, was nach Art. 2 II oder 14 GG[122] an persönlichen oder materiellen Rechtsgütern verfassungsrechtlich geschützt ist, vornehmlich das Eigentum.[123] Dies gilt neben dem Grundeigentum im Plangebiet auch für Grundeigentum, das zwar außerhalb der Plangrenzen, jedoch in der Nachbarschaft des Plangebiets liegt und mehr als geringfügigen belastenden Einwirkungen der durch den Plan ermöglichten Nutzungen ausgesetzt sein wird.[124] Auch gewerbliche Erweiterungsinteressen, Erwerbschancen oder Erwerbsinteressen, das Anliegerinteresse oder die Interessen von Mietern oder Pächtern gehören zu den privaten Belangen, die bei der Abwägung zu berücksichtigen sind,[125] sofern sie bodenrechtliche Relevanz besitzen.[126]

48

e) Auszusondernde Belange

Die genannten öffentlichen und privaten Belange sind jedoch nicht schlechthin berücksichtigungsfähig. **Auszuscheiden** sind insbesondere:[127]

49

– objektiv geringwertige Interessen;
– Interessen, deren Betroffenheit unwahrscheinlich ist;
– nicht schutzwürdige Interessen.

---

[120] BVerwGE 124, 201 (207 f.); BVerwG NVwZ 2006, 823 (824); vgl. auch *Wagner/Emmer*, Zum Schutz gemeldeter FFH-Gebiete vor Aufnahme in die Gemeinschaftsliste – Vorgaben der so genannten Dragaggi-Entscheidung des EuGH, NVwZ 2006, 422.

[121] Zu alledem und den sonstigen Regelungen des § 247 BauGB *Hoppe*, Zur Bauleitplanung und Landesplanung in Berlin, DVBl. 1997, 4; *Schmidt-Eichstaedt*, Nochmals – Berlin oder Bonn – Wer entscheidet über die städtebauliche Entwicklung Berlins als Hauptstadt Deutschlands?, DVBl. 1993, 1054.

[122] *Reinhardt*, Die Eigentumsverhältnisse und die Realisierung des Bebauungsplans als Bestandteil der Abwägung im Rahmen des Aufstellungsverfahrens, DÖV 1995, 21.

[123] BVerwG BauR 2008, 2031; DVBl. 2009, 1452; VGH München NuR 1996, 40.

[124] BVerwGE 107, 215 (217 ff.); 116, 144 (149); BVerwG BauR 2008, 2031.

[125] BVerwGE 59, 87 (101 f.); *Stüer*, Hb.. Bau- und Fachplanungsrechts, Rn. 1525.

[126] BVerwG BauR 2007, 331 (332); *Reidt*, in: Gelzer/Bracher/Reidt, Bauplanungsrecht, Rn. 584 ff.

[127] BVerwGE 59, 87 (102 ff.); 107, 215 (219); BVerwG NVwZ 2000, 1413 (1414); *Kment*, BauR 2005, 1257 (1259); BKL/*Krautzberger*, § 1 Rn. 116.

Hierzu gehören zum einen Interessen, denen ein „Makel" anhaftet, wie es etwa bei **Schwarzbauten**", bei nicht genehmigungsfähigen oder in unzulässiger Art und Weise betriebenen gewerblichen Anlagen der Fall ist. Nicht schutzwürdig sind auch Interessen, die von vornherein mit dem Risiko eines steten Wandels behaftet sind: Der Gewerbetreibende muss beispielsweise damit rechnen, durch die Ausweisung weiterer Gewerbegebiete zusätzliche Konkurrenz zu erhalten; die Tankstelle kann nicht darauf vertrauen, dass der Verkehrsfluss nicht eines Tages durch eine veränderte Straßenführung verringert wird.

– **Interessen, die für die planende Gemeinde nicht erkennbar waren und die sie auch nicht zu erkennen brauchte, einschließlich der nicht fristgerecht geltend gemachten Belange der Träger öffentlicher Belange und der Öffentlichkeit (§ 4a VI BauGB).**

Hier zeigt sich die besondere Bedeutung der Bürger- und Trägerbeteiligung, die der Gemeinde Kenntnis von nicht ohne weiteres erkennbaren öffentlichen oder privaten Belangen geben kann.

f) Ermittlung der Belange

50 Die Gemeinde hat gem. § 2 III BauGB zur Vorbereitung der Abwägung zu ermitteln, welche planungserheblichen Belange im Plangebiet von Bedeutung sind. Dabei gilt der Grundsatz, dass sich der **Ermittlungsumfang** an den **Besonderheiten des Einzelfalls** zu orientieren hat: Je elementarer und potenziell bedeutsamer der Belang ist und je schwerwiegender die von der Planung hervorgerufenen Auswirkungen für diesen Belang zu sein scheinen, umso mehr Ermittlungssensibilität und -intensität sind zu fordern und umso mehr Ermittlungsaufwand ist zu betreiben. Die Ermittlungsbemühungen müssen zudem dann erhöht werden, wenn die Hinweislage im Zeitpunkt der Planung besonders dicht ist.[128] In diesem Sinne hat der *BGH* im Zusammenhang mit **Altlastenfällen** eine erhöhte Erkundungspflicht bei der Ausweisung von Wohngebieten angenommen, bei denen ein Altlastenverdacht besteht, jedoch wegen der Kostenintensität der Gefahrenforschung eine Untersuchungspflicht „ins Blaue hinein" abgelehnt.[129] Ähnlich verschärfte Anforderungen gelten für die Einstellungspflicht bei **Eingriffen in Natur und Landschaft** oder bei **schädlichen Umweltauswirkungen**, gerade wenn der Bebauungsplan vorhabenbezogen ist und sich die schädlichen Umweltauswirkungen deshalb spezifischer ermitteln lassen.[130] Allerdings verlieren diese in der Rechtsprechung entwickelten besonderen Maßstäbe zusehends an eigenständigem Gewicht, da sie regelmäßig durch die Pflicht zur Durchführung einer **Strategischen Umweltprüfung** i. S. des § 2 IV BauGB **überlagert** werden.[131] Die hierauf bezogene Anlage 1 zum BauGB liefert insofern ein dezidiertes Prüfungsprogramm, welches die Gewinnung der entscheidenden umweltrelevanten Daten sicherstellt. Richtmaß der Untersuchungsbemühungen ist dabei gem. § 2 IV 3 BauGB das, „was nach gegenwärtigem Wissensstand und allgemein anerkannten Prüfmethoden sowie nach Inhalt und Detaillierungsgrad des Bauleitplans angemessenerweise verlangt werden kann."

51 Ähnliche Überlagerungseffekte lassen sich hinsichtlich der Pflicht zur **Alternativenprüfung** feststellen. Das nationale planungsrechtliche Abwägungsgebot hat seit eh und je verlangt, Planungsvarianten in die Abwägungsentscheidung einzustellen, sofern sich diese „ernsthaft anbieten" oder „aufdrängen"[132], „ernstlich in Betracht

---

[128] *Hoppe*, in: Hoppe/Bönker/Grotefels, Baurecht, § 7 Rn. 47.
[129] BGHZ 106, 323 (329); 113, 367 (371); vgl. dazu auch *Koch*, Verw 33 (1998), 505 (518).
[130] BVerwGE 104, 68 (73 f.); *BVerwG* NVwZ 1997, 1215 (1216).
[131] Vgl. dazu nachfolgend § 6 Rn. 17 ff.
[132] BVerwGE 69, 256 (273); *BVerwG* NVwZ 1991, 781 (784); NVwZ 2000, 560 (560).

kommen"[133] oder zumindest „von der Sache her nahe liegen"[134]. Diese zurückhaltend verstandenen Anforderungen an die Ermittlungsbemühungen der Gemeinden resultieren daraus, dass der Kreis der zu ermittelnden Alternativen maßgeblich in Abhängigkeit von ihrer Einflussnahme auf das Abwägungsergebnis bestimmt und meist restriktiv definiert wird.[135] Ganz anders verhält es sich hinsichtlich der unionsrechtlich geforderten Alternativenprüfung im Rahmen der Umweltprüfung gem. § 2 IV BauGB i. V. m. Nr. 2 lit. d der Anlage 1. Sie unterliegt keinem vergleichbaren Abwägungsvorbehalt, sondern zielt primär auf eine umfassende Informationsbeschaffung.[136] Daher hört sie nicht bereits bei nur „nahe liegenden Alternativen" auf, sondern erfasst vielmehr alle Alternativen, die nicht offensichtlich – ohne vernünftige Zweifel – fern liegen.[137]

Bei ihren Bemühungen um die Zusammenstellung der öffentlichen und privaten Belange hilft der Gemeinde zusätzlich die **Beteiligung der Träger öffentlicher Belange** wie auch die **Öffentlichkeitsbeteiligung** gem. §§ 3 ff. BauGB: Sie trägt zu einer umfassenden Ermittlung und Sammlung des Abwägungsmaterials bei, indem sie in breiter Weise die von der Planung berührten Interessen und Belange sowie bestehende oder mögliche Konflikte zur Kenntnis der Gemeinde bringt. Niemand ist besser geeignet, Interessen zu artikulieren, als der Betroffene selbst bzw. als fachlich betroffene Behörden. Außerdem kann, etwa zur Klärung, welche Emissionen von vorhandenen oder geplanten Anlagen ausgehen oder mit welchen Immissionen zu rechnen ist, die Einholung von **Sachverständigengutachten** zwingend geboten sein.[138] 52

Des Weiteren ist zu beachten, dass die Ermittlung der relevanten Belange grundsätzlich auf der Basis einer **Prognose** erfolgt, die ihrerseits auf der Grundlage geeigneter Prognosemethoden durchzuführen ist.[139] Um ein vertretbares Prognoseergebnis zu erzielen, sind dabei alle verfügbaren Daten, Erfahrungswerte und die im Rahmen der Behörden- und Öffentlichkeitsbeteiligung abgegebenen Stellungnahmen sachgerecht einzubeziehen.[140] 53

Lässt die Gemeinde Belange außer Acht, die planungserheblich sind, ist die Planung wegen unvollständigen Abwägungsmaterials mit einem Mangel im Abwägungsvorgang behaftet, den man als **„Abwägungsdefizit"** bezeichnet. Umgekehrt kann es aber auch dazu kommen, dass Belange in die Abwägung eingestellt werden, die nach Lage der Dinge dort nicht einzustellen sind, etwa weil sie objektiv nicht realisierbare Projekte betreffen oder auf die Verwirklichung ungeeigneter Maßnahmen gerichtet sind. Bei diesem im Verhältnis zum Abwägungsdefizit seltener auftretenden Abwägungsfehler spricht man von einem **„Abwägungsüberschuss"**[141]. 54

---

[133] BVerwGE 117, 149 (169); BVerwG NVwZ 2003, 1263 (1267); NVwZ-RR 2005, 453 (454).
[134] BVerwGE 71, 166 (171 f.).
[135] *Herrmann*, Alternativenprüfung aus fachplanungsrechtlicher und FFH-Sicht, in: Ziekow, Aktuelle Fragen des Luftverkehrs-, Fachplanungs- und Naturschutzrechts, 2006, S. 331 (336 f.). Vgl. auch *Spannowsky*, UPR 2005, 401.
[136] *Kment*, DVBl. 2008, 364 (365).
[137] *Kment*, DVBl. 2008, 364 (366); *Schink*, Umweltprüfung für Pläne und Programme – Verfahrensanforderungen, NuR 2005, 143 (146).
[138] Vgl. BVerwGE 128, 238; *BVerwG* BauR 2004, 1132; *OVG Münster* BRS 46 Nr. 28. Siehe aber auch *OVG Münster*, ZfBR 2009, 583 (585).
[139] BVerwGE 56, 110 (121); 69, 256 (272); 123, 261 (275); *Hoppe*, in: Hoppe/Bönker/Grotefels, Baurecht, § 7 Rn. 50 ff.
[140] *Jochum*, Amtshaftung für Abwägungs- und Prognosefehler in der Bauleitplanung, 1994, S. 121 ff.
[141] *Hoppe*, in: Hoppe/Bönker/Grotefels, Baurecht, § 7 Rn. 113.

4. Bewertung der planungserheblichen Belange

55 Die Gemeinde muss im Anschluss an das Zusammenstellen des Abwägungsmaterials die für das Plangebiet **erheblichen Belange** zutreffend **bewerten**. Dies ist gemeint, wenn das *BVerwG* fordert, dass die Bedeutung der betroffenen öffentlichen und privaten Belange nicht verkannt werden darf.[142] Hierzu ist erforderlich, dass die Gemeinde die Planungsgrundsätze und Planungsleitlinien des § 1 V, VI BauGB, an denen sich die städtebauliche Planung auszurichten und zu orientieren hat, rechtlich zutreffend auslegt und die ihnen vom Gesetzgeber verliehene Gewichtigkeit erkennt. Anderenfalls erliegt sie einer „**Abwägungsfehleinschätzung**". Es handelt sich hierbei um unbestimmte Rechtsbegriffe, bei deren Auslegung und Bewertung die Gemeinde uneingeschränkt der gerichtlichen Kontrolle unterliegt.[143] Dabei kommt den öffentlichen Belangen nicht von vornherein ein höherer Wert als den privaten Belangen zu.[144]

56 Von dem **Grundsatz der abstrakten Gleichrangigkeit** der Belange gibt es aber auch **Ausnahmen**. So hat das *BVerwG* unter der Begrifflichkeit des **Optimierungsgebots** Belange identifiziert, denen zwar kein absoluter Vorrang, wohl aber ein besonderes Gewicht zukommen soll.[145] Das heißt nicht, dass diesen besonderen Belangen auf jeden Fall zur Durchsetzung verholfen werden muss.[146] Vielmehr hat dies nur „so weit wie möglich" zu geschehen.[147] In jüngerer Zeit ist der Nutzen der Kategorie der „Optimierungsgebote" zweifelhaft geworden,[148] so dass selbst das *BVerwG* nunmehr nur noch von „**Abwägungsdirektiven**" spricht.[149] Ungeachtet dessen gibt es weiterhin Belange, die bei der Abwägung ein besonderes Gewicht genießen bzw. genießen sollen. Sie können nur zurückgestellt werden, wenn unter Beachtung einer **gesteigerten Begründungslast** die Planung durch entgegenstehende Belange mit noch höherem Gewicht geboten ist.[150]

57 Welche Belange mit einem derartigen Gewichtungsprivileg ausgestattet sind, ist weiterhin Gegenstand einer lebhaften Diskussion. Jedenfalls **§ 50 S. 1 BImSchG (Trennungsgebot)**, welcher den planerischen Immissionsschutz betrifft,[151] dürfte in den Genuss eines abstrakten Vorrangs kommen.[152] Die Vorschrift verfolgt die Bewahrung von Wohngebieten sowie anderen schutzwürdigen Gebieten vor schädlichen Umwelteinwirkungen, also vor schädlichen Immissionen, sowie vor den Auswirkungen schwerer Unfälle und Störungen.[153] Diese Zielsetzung soll durch eine räumliche

---

[142] BVerwGE 34, 301 (309); *VGH Mannheim* BRS 40 Nr. 1.
[143] BVerwGE 45, 309 = NJW 1975, 70.
[144] BVerwGE 47, 144 (148) = NJW 1975, 841; *Hoppe*, in: Hoppe/Bönker/Grotefels, Baurecht, § 7 Rn. 62.
[145] BVerwGE 71, 163 (165); 85, 348 (362); *BVerwG* NVwZ 1991, 69 (70).
[146] *VGH Kassel* NuR 2008, 352 (356); *Hoppe*, DVBl. 1992, 853 (856 ff.).
[147] BVerwGE 71, 163 (165)
[148] Kritisch insbesondere *Di Fabio*, Die Struktur von Planungsnormen, in: Festschr. für Hoppe, S. 75 (88 ff.).
[149] BVerwGE 108, 248 (253); 123, 37 (43); 125, 116 (172); 128, 238 (240). Ungeachtet dessen sprechen weiterhin von Optimierungsgeboten *VGH München* NVwZ-RR 2007, 161 (163); *OVG Lüneburg* NuR 2006, 185 (190).
[150] *Erbguth*, in: Tettinger/Erbguth/Mann, BesVwR, Rn. 989; *Brohm*, Baurecht, § 13 Rn. 6; *Grüner*, Die Einschränkung der planerischen Gestaltungsfreiheit durch Optimierungsgebote und Abwägungsdirektiven, URR 2011, 50 (55 f.).
[151] Landmann/Rohmer/*Hansmann*, Umweltrecht, § 50 BImSchG, Rn. 14.
[152] *Jarass*, BImSchG, 8. Aufl. 2010, § 50 Rn. 19; *Hoppe*, in: Hoppe/Bönker/Grotefels, Baurecht, § 7 Rn. 31.
[153] Zum Störfall *Berkemann*, Der Störfallbetrieb in der Bauleitplanung – Skizzen zur recht-

Zuordnung erreicht werden, insbesondere durch hinreichende Abstände zwischen den Risikoquellen und den schutzwürdigen Gebieten.

Hinsichtlich der Bodenschutzklausel des § 1 a II 1 BauGB, der Anordnung des § 1 BNatSchG oder der naturschutzrechtlichen Eingriffsregelung (§ 1 a III BauGB) ist ein Sonderstatus im Sinne eines Optimierungsgebots bzw. einer Abwägungsdirektive zu bezweifeln. Zwar spricht das *BVerwG* durchaus von Belangen, die „in der Abwägung mit erheblichem Gewicht zu Buche schlagen"[154] bzw. deren Zurückstellung einer Rechtfertigung bedarf, „die dem Gewicht dieser vom Gesetzgeber herausgehobenen Belange Rechnung trägt"[155].[156] Gleichzeitig lässt es sich das Gericht aber nicht nehmen, in denselben Entscheidungen ausdrücklich zu betonen, dass die betroffenen Belange gerade nicht unter dem Schutz eines Optimierungsgebots stehen.[157] Hinzu kommt, dass der Gesetzgeber durch die Regelung des § 1 a II 3 BauGB bzw. des § 1 a III 1 BauGB, wonach die entsprechenden, hier in Rede stehenden Belange „in der Abwägung nach § 1 VII zu berücksichtigen" sind, eine Entwertung der Belange vorgenommen hat.[158]

5. Die Abwägung der öffentlichen und privaten Belange

Die planerische Willensbildung vollzieht sich in der Weise, dass die Gemeinde nach Ermittlung und Gewichtung der für das Plangebiet erheblichen öffentlichen und privaten Belange diese entsprechend dem Gebot des § 1 VII BauGB gegeneinander und untereinander gerecht abwägt.[159] Unterlässt sie dies, leidet der Bauleitplan an einem „Abwägungsausfall".

a) Planungsgrundsätze

Bei der Abwägung hat die Gemeinde die Planungsgrundsätze des § 1 V BauGB als **gesetzliche Zielvorgaben** für die städtebauliche Planung zu berücksichtigen. Die in § 1 V BauGB anzutreffenden generellen Planungsziele werden in § 1 VI BauGB durch die Planungsleitlinien („Katalog von Belangen")[160] **konkretisiert**. Die Planungsgrundsätze des § 1 V BauGB dienen dazu, die planerische Abwägung im Sinne von Orientierungs- oder Leitlinien zu steuern.[161] Sie stehen „inmitten" jeder Planung und werden so grundsätzlich Gegenstand jeder Abwägung. Auf diese Weise liefern sie der Planung regelmäßig eine allgemeine Ausrichtung im Sinne eines allgemeinen Ziels.[162] Sie sind zudem trotz ihrer Unbestimmtheit der vollen gerichtlichen Kontrolle zugänglich.[163]

---

lichen Problembehandlung nach Maßgabe der RL 96/82/EG (SEVESO II), ZfBR 2010, 18 (20 ff.).

[154] BVerwGE 104, 68 (77).
[155] *BVerwG* BauR 2008, 1416 (1416).
[156] Kritisch zur Rechtsprechung *Faßbender*, Der Beitrag der Rechtsprechung zur Reduzierung des Flächenverbrauchs, ZUR 2010, 81 (83).
[157] BVerwGE 104, 68 (74); *BVerwG* BauR 2008, 1416 (1416).
[158] *Erbguth*, in: Tettinger/Erbguth/Mann, BesVwR, Rn. 989.
[159] Zum Folgenden insbesondere BVerwGE 34, 301; 45, 309 = NJW 1975, 70; 47, 144 = NJW 1975, 841. Ferner *Blumenberg*, Neuere Entwicklungen zu Struktur und Inhalt des Abwägungsgebots im Bauplanungsrecht, DVBl. 1989, 86; *Schulze-Fielitz*, Das Flachgas-Urteil des Bundesverwaltungsgerichts – BVerwGE 45, 309, Jura 1992, 201; *Koch*, Abwägungsvorgang und Abwägungsergebnis als Gegenstände gerichtlicher Plankontrolle, DVBl. 1989, 399.
[160] Siehe oben § 5 Rn. 34.
[161] BVerwGE 68, 213 (217). Vgl. dazu auch *Waechter*, Leitvorstellungen der Bauleitplanung und Planungsverständnis, DVBl. 2006, 465 (467).
[162] BK/*Gaentzsch*, BauGB, § 1 Rn. 49.
[163] BVerwGE 34, 301 (308).

61 Gem. § 1 V BauGB sollen die Bauleitpläne eine **nachhaltige städtebauliche Entwicklung** gewährleisten, die die sozialen, wirtschaftlichen und umweltschützenden Anforderungen auch in Verantwortung gegenüber künftigen Generationen miteinander in Einklang bringt. Zudem soll eine dem Wohl der Allgemeinheit dienende **sozialgerechte Bodennutzung** gewährleistet werden. Darüber hinaus sollen eine **menschenwürdige Umwelt** gesichert und die **natürlichen Lebensgrundlagen**, auch in Verantwortung für den **allgemeinen Klimaschutz**, geschützt und entwickelt werden. Schließlich verlangt § 1 V BauGB, die städtebauliche Gestalt und das Orts- und Landschaftsbild **baukulturell** zu erhalten und zu entwickeln. Dies bedeutet im Einzelnen:

aa) Nachhaltige städtebauliche Entwicklung

62 Die Bauleitpläne regeln vorbereitend oder verbindlich festsetzend die bauliche und sonstige Nutzung der Grundstücke des Plangebiets und bestimmen damit Inhalt und Schranken des Eigentums. Sie müssen, um vor Art. 14 GG Bestand zu haben, aus Gründen, die sich auf Art. 14 II GG zurückführen lassen, gerechtfertigt sein. Dies ist der Fall, wenn der Bauleitplan, wie von § 1 V 1 BauGB gefordert, geeignet ist, eine nachhaltige[164] städtebauliche Entwicklung zu gewährleisten. Diesem Gebot kommt deshalb eine von Verfassungs wegen vorrangige, die anderen Leitsätze überlagernde und sie umfassende Bedeutung zu. Jede städtebauliche Planung muss durch hinreichend gewichtige **städtebauliche Allgemeinbelange** getragen sein. Fehlt es daran, liegt der Planung kein mit der Ordnung der städtebaulichen Entwicklung zusammenhängendes öffentliches Interesse zugrunde. Damit ist der Bauleitplan rechtswidrig und nichtig.[165] Was unter einer nachhaltigen städtebaulichen Entwicklung zu verstehen ist, muss durch Auslegung bestimmt werden, wobei insbesondere § 35 III BauGB herangezogen werden kann. Deshalb wird § 1 V 1 BauGB durch einen Bebauungsplan verletzt, der eine unorganische Siedlungsstruktur schafft und damit dem § 35 BauGB zugrunde liegenden Bestreben entgegenwirkt, die Entwicklung unorganischer Siedlungsstrukturen und die Zersiedlung des Außenbereichs zu verhindern.[166] Verallgemeinernd darf eine nachhaltige Stadtentwicklung wohl dahingehend verstanden werden, dass sie auf eine **langfristig ausgewogene Flächennutzung** abzielt, die das Gesamtsystem, in dem die Stadt bzw. die Gemeinde einschließlich ihrer Umwelt agiert, dauerhaft **funktionsfähig** hält und dabei dem Belangtrias „sozial, wirtschaftlich und umweltschützend" gleichsam gerecht wird.[167] Eine einseitige Fixierung des Nachhaltigkeitserfordernisses auf den Umweltschutz besteht nicht.[168]

---

[164] Das BauROG 1998 hat aus der „geordneten" baulichen Entwicklung eine „nachhaltige" bauliche Entwicklung gemacht, um, wie es in BT-Drs. 13/7589 (S. 8) heißt, Beschlüsse der Weltsiedlungskonferenz der UN umzusetzen und einer Ghetto-Bildung und damit einer Bedrohung des sozialen Friedens vorzubeugen. Dazu *Bunzel*, Nachhaltigkeit – ein neues Leitbild für die kommunale Flächennutzungsplanung. Was bringt das novellierte BauGB?, NuR 1997, 583; *Hoppe*, in: Festschr. für Krautzberger, 2008, S. 263. Zur Zweiten Konferenz der Vereinten Nationen über menschliche Siedlungen (Habitat II) *Krautzberger*, Habitat II und ihre Konsequenzen, UPR 1996, 321.
[165] BVerwGE 45, 309 (324 ff.) = NJW 1975, 70.
[166] *BVerwG* BRS 25 Nr. 23.
[167] *Erbguth*, Baurecht, § 5 Rn. 121; *Krautzberger*, Nachhaltige Entwicklung und Städtebaurechtsordnung, UPR 2001, 130 (131).
[168] *Ronellenfitsch*, NVwZ 2006, 385 (387); *Hoppe*, Nachhaltige Raumentwicklung und gelungene Neufassung des Abwägungsgebots im Regierungsentwurf zur Novellierung des Raumordnungsgesetzes, NVwZ 2008, 936 (938).

bb) Sozialgerechte Bodennutzung

Das Gebot einer dem Wohl der Allgemeinheit entsprechenden sozialgerechten Bodennutzung greift die **Sozialwohlklausel** des Art. 14 II GG auf. Es rechtfertigt und regt Planinhalte an, die dazu beitragen, die Eigentumsnutzung auf das **Wohl der Allgemeinheit** auszurichten, wie etwa Festsetzungen für soziale Zwecke, für Hilfsbedürftige, für die Freizeitgestaltung oder Planinhalte, die eine Eigentumsbildung für breite Bevölkerungskreise fördern.[169]

63

cc) Menschenwürdige Umwelt

Das Gebot, durch die Bauleitplanung eine menschenwürdige Umwelt zu sichern, rückt den Menschen in den Mittelpunkt der Planung. Entsprechend dem Grundsatz des Art. 1 I GG hat die Planung die wohlverstandenen Bedürfnisse des Menschen in der örtlichen Gemeinschaft zu beachten. Sie hat der **freien Entfaltung der Persönlichkeit** in der Gemeinschaft zu dienen. Auch die städtebauliche Planung ist gehalten, einen Beitrag zur Formung der menschlichen Gemeinschaft zu leisten und dementsprechend die Bauvorschriften so anzuwenden, dass man den Bedürfnissen und unterschiedlichen Nutzungsansprüchen der Menschen gerecht wird.[170] Dabei darf der Terminus „Umwelt" nicht als Umweltschutz im engeren Sinne verstanden werden, und schon gar nicht ist die Schutzwürdigkeit der Baugebiete allein in Bezug auf Immissionen zu verstehen.[171]

64

dd) Natürliche Lebensgrundlagen und allgemeiner Klimaschutz

Das Gebot des Schutzes und der Entwicklung der natürlichen Lebensgrundlagen fordert und rechtfertigt Darstellungen und Festsetzungen **vorbeugenden Umwelt-, Landschafts- und Naturschutzes**.[172] Auch die Bauleitplanung hat zur Erhaltung des Naturhaushalts als Lebensgrundlage des Menschen und zur Entwicklung zerstörter oder beeinträchtigter Umwelt beizutragen. Allerdings statuiert § 1 V 2 BauGB auch in Verbindung mit der Staatszielbestimmung des Art. 20 a GG **keinen abstrakten Vorrang des Umweltschutzes** gegenüber anderen Belangen.[173]

65

Die Aufnahme der Formulierung „in Verantwortung für den allgemeinen Klimaschutz" hat den **allgemeinen („globalen") Klimaschutz** – in Abgrenzung zum örtlichen Klima im Sinne des § 1 VI Nr. 7 lit. a BauGB – nunmehr zur eigenständigen Aufgabe der Bauleitplanung gemacht.[174] Die Neufassung des § 1 V 2 BauGB im Jahre 2004 verdeutlicht, dass der ohnehin bestehende Umwelt- und Naturschutz, den die Bauleitplanung bislang geleistet hat, nunmehr auch in Verantwortung für den globalen Klimaschutz wahrgenommen wird. Aus diesem Grund sind Festsetzungen in Bebauungsplänen, die den globalen Klimaschutz verfolgen, grundsätzlich zulässig, sofern sie einen **örtlichen, bodenrechtlichen Bezugspunkt** aufweisen, d.h. in diesem Zusammenhang mit Instrumenten des Städtebaurecht verfolgt werden können.[175]

66

---

[169] Vgl. Schrödter/*Schrödter*, BauGB, § 1 Rn. 85 f.
[170] EZBK/*Söfker*, BauGB, § 1 Rn. 106.
[171] BVerwGE 68, 207 (211).
[172] Hierzu *Stich*, Schutz und Entwicklung der natürlichen Lebensgrundlagen als wichtige neue Aufgabe der gemeindlichen Bauleitplanung, ZfBR 1989, 9.
[173] *BVerwG* NVwZ-RR 2003, 171 (171).
[174] A. A. EZBK/*Gaentzsch*, § 1 Rn. 107 a.
[175] *Koch*, Der „städtebauliche Grund" (§ 9 Abs. 1 Baugesetzbuch) als Schranke planerischer Gestaltungsfreiheit, Verw 37 (2004), 537 (541 ff.); BK/*Gaentzsch*, BauGB, § 1 Rn. 54; *Ingold/Schwarz*, Klimaschutzelemente der Bauleitplanung, NuR 2010, 153 (156); *Mitschang*, Die Umsetzung klimaschützender und energieeinsparungsbezogener Anforderungen in der Bauleitplanung und im Besonderen Städtebaurecht – Sachstand und Perspektiven, ZfBR 2010, 534 (538 f.);

67 Allerdings ist zu beachten, dass globale Klimaschutzbemühungen nicht in der örtlichen Gemeinschaft ruhen und somit nicht in den Bereich der kommunalen Selbstverwaltungsgarantie gem. Art. 28 II GG fallen.[176] Die Wahrnehmung derartiger Aufgaben muss deshalb auf eine **Kompetenz** zurückgeführt werden, die den Gemeinden hierzu **eigens übertragen** worden ist. Man kann eine entsprechende Übertragung in der Änderung des § 1 V 2 BauGB durch das EAG Bau aus dem Jahre 2004 erblicken. Eine solche Kompetenzerweiterung im Bereich der Bauleitplanung und damit eine unmittelbare zusätzliche Aufgabenübertragung an die Gemeinden, die **qualitativ** auch neue Pflichten betrifft, widerspricht zwar nicht Art. 28 II GG,[177] ist jedoch seit der Föderalismusreform 2006[178] gem. **Art. 84 I 7 GG** verfassungsrechtlich nicht mehr möglich.[179] Für die Bauleitplanung gibt es insofern keine Ausnahmen.[180] Allerdings streitet für die Rechtmäßigkeit bauleitplanerischer Aktivitäten zugunsten des globalen Klimaschutzes bislang noch **Art. 125 b II GG**, der den § 1 V 2 BauGB als Übergangsrecht aufrecht erhält.[181] Sollte Art. 125 b II GG zukünftig keine Anwendung mehr finden (etwa, weil das BauGB neu erlassen würde), wäre dann der Landesgesetzgeber gefordert, den Kommunen Aufgaben zum globalen Klimaschutz zu übertragen.[182]

ee) Baukultur

68 Mit dem Begriff der „Baukultur"[183] sollte ein Grundsatz eines modernen Planungsinstrumentariums in die Bauleitplanung eingeführt werden, der ausdrücklich nicht nur ästhetische Angelegenheiten in Bezug nimmt. Er soll vielmehr für ein Ausbalancieren vieler Qualitätsaspekte stehen und einfordern, dass die Planung nicht nur technische und ökonomische Belange behandelt, sondern über einen hinausreichenden Qualitätswillen verfügt sowie über die Bereitschaft zu verstärkter interdisziplinärer Zusammenarbeit und Beteiligung Betroffener. Es geht also um eine wahrnehmbare **baukulturelle Integrations- und Kulturleistung** als Beitrag für attraktive Städte, für eine stabile Wirtschaftsentwicklung und für mehr Qualität im Erscheinungsbild der gebauten Umwelt, wobei eine hohe Gestaltqualität mit Kostenbewusstsein, Verfahrenseffizienz und Nutzerorientierung verbunden werden soll.

Reidt, Klimaschutz, erneuerbare Energien und städtebauliche Gründe, BauR 2010, 2025 (2030); a. A. *Kraft*, Aktuelle Fragen immissionsschutzrechtlicher Festsetzungen in Bebauungsplänen, DVBl. 1998, 1048 (1049 f.); *Gärditz*, JuS 2008, 324 (328).

[176] *BVerwG* NVwZ 2006, 690 (692); *Schmidt*, NVwZ 2006, 1354 (1357); *Glaser*, „Angelegenheiten der örtlichen Gemeinschaft" im Umweltschutz, Verw 41 (2008), 483 (500).

[177] *BVerwG* NVwZ 2006, 690 (692); *Meßmann*, Das Aufgabenübertragungsvebot des Art. 84 Abs. 1 Satz 7 GG: Hindernis für die Erweiterung bereits übertragener Aufgaben und die Übertragung von Angelegenheiten der örtlichen Gemeinschaft?, DÖV 2010, 726 (729 ff.).

[178] BGBl. I, S. 2034. Vgl. hierzu *Häde*, Zur Föderalismusreform in Deutschland, JZ 2006, 930; *Ipsen*, Die Kompetenzverteilung zwischen Bund und Ländern nach der Föderalismusnovelle, NJW 2006, 2801; *Degenhart*, Die Neuordnung der Gesetzgebungskompetenzen durch die Föderalismusreform, NVwZ 2006, 1209.

[179] *Schoch*, DVBl. 2007, 261 (263 f.); *Burgi*, Künftige Aufgaben der Kommunen im sozialen Bundesstaat, DVBl. 2007, 70 (76 f.). Vgl. auch BVerfGE 111, 10 (31).

[180] Jarass/Pieroth/*Pieroth*, GG, Art. 84 Rn. 7; *ders.*, Das Verbot bundesgesetzliches Aufgabenübertragung an Gemeinden, in: Festschr. für Schnapp, 2008, 213 (227); Dreier/*Hermes*, GG, Art. 84 Rn. 72; a. A. wohl *Ingold*, Das Aufgabenübertragungsverbot aus Art. 84 Abs. 1 Satz 7 GG als Hindernis für die bauplanungsrechtliche Gesetzgebung des Bundes?, DÖV 2010, 134 (137 f.).

[181] Vgl. Sachs/*Degenhart*, GG, Art. 125 b Rn. 6; *Jarass/Pieroth*, GG, Art. 125 b Rn. 7 ff.

[182] *Henneke*, DVBl. 2006, 867 (868).

[183] Vgl. hierzu auch BT-Drs. 15/2250, S. 37; BK/*Gaentzsch*, BauGB, § 1 Rn. 54.

b) Konfliktbewältigung

Die im Plangebiet vorhandenen und die durch die beabsichtigte Planung zu erwartenden Konflikte dürfen nicht ungelöst bleiben. Dies besagt der **Grundsatz der planerischen Konfliktbewältigung**.[184] Der Bebauungsplan muss die vorgefundenen Konflikte grundsätzlich durch geeignete Festsetzungen bewältigen,[185] wobei die Anforderungen an dieses Gebot nicht überdehnt werden sollten.[186] Demgemäß kann der Plangeber auch „**planerische Zurückhaltung**" üben und die Konfliktlösung dem Baugenehmigungsverfahren (§ 15 BauNVO) oder einem anderen Verfahren, etwa einem straßenrechtlichen Planfeststellungsverfahren, überlassen.[187] Voraussetzung für die Zulässigkeit einer Verschiebung der Konfliktbewältigung in ein anderes Verfahren ist, dass die Konfliktbewältigung durch ein späteres Verwaltungsverfahren gesichert oder wenigstens wahrscheinlich ist.[188] Ist bereits absehbar, dass sich der vom Bebauungsplan offen gelassene Konflikt auch in einem späteren Verfahren nicht sachgerecht lösen lässt, ist die Konfliktverlagerung unzulässig.[189]

69

c) Abwägungsergebnis

Unter Beachtung der Planungsleitsätze, der planerischen Richtpunkte des § 1 V BauGB sowie der der Planungshoheit gezogenen normativen Schranken wägt die Gemeinde die im Plangebiet vorhandenen öffentlichen und privaten Belange **gegeneinander und untereinander gerecht** ab und gelangt so zu einem abschließenden Abwägungsergebnis.[190] Dies bildet den Inhalt des Bauleitplans. Dem Abwägungsgebot des § 1 VII BauGB liegt die Erkenntnis zugrunde, dass es unmöglich ist, allen in einem Plangebiet vorhandenen privaten und öffentlichen Belangen gleichermaßen Rechnung zu tragen: Die Wohnbedürfnisse der Bevölkerung kollidieren mit den Erfordernissen des Verkehrs, die der Verteidigung widersprechen denen der Landwirtschaft, die der Kleingärtner denen des Gewerbes. Die Gemeinde ist deshalb befugt, sich im Rahmen der Abwägung für die einen und damit zwangsläufig gegen andere Belange zu entscheiden. Die Abwägung darf nur nicht in einer Weise vorgenommen werden, die zu der objektiven Gewichtigkeit einzelner Belange, wie sie insbesondere in § 1 V, VI BauGB zum Ausdruck kommt, außer Verhältnis steht.[191] Anderenfalls ist das Abwägungsergebnis fehlerhaft,[192] liegt eine „**Abwägungsdisproportionalität**"[193] vor. Im Übrigen ist die Gemeinde frei, sich zwischen den verschiedenen kollidierenden Belangen zu entscheiden.[194] Dies ist das **eigenverantwortliche**

70

---

[184] Siehe hierzu *BVerwG* NVwZ 1988, 351 (353); NVwZ 1989, 960 (960); NVwZ-RR 1995, 130 (130 f.); *Pfeifer*, Der Grundsatz der Konfliktbewältigung in der Bauleitplanung, 1988; *ders.*, Regeln und Prinzipien im Bauplanungsrecht, DVBl. 1989, 337; *Müller*, Bebauungsplan in der Gemengelage: mögliche planerische Festsetzungen zur Konfliktbewältigung, BauR 1994, 191 und 294; *Jäde*, Konfliktbewältigung durch Baugenehmigung?, in: Konflikte baulicher Nutzungen, 1994, S. 77; *Weyreuther*, BauR 1975, 1 (5 f.).
[185] *BVerwG* NVwZ-RR 1995, 130 (130 f.).
[186] *BVerwG* NVwZ 1988, 351 (353).
[187] *BVerwG* BauR 1983, 543 (545); NVwZ 1989, 960 (960); NVwZ 2006, 821 (822).
[188] *BVerwG* NVwZ-RR 1995, 130 (130 f.); NVwZ 2010, 1246 (1249); *OVG Münster* BauR 2010, 1034 (1036); *OVG Hamburg* BauR 2010, 1040 (1042).
[189] *OVG Münster* DVBl. 2009, 1385 (1388 f.); *VGH Mannheim* VBlBW 2009, 143 (145).
[190] *BVerwG* NuR 2005, 773 (775); *Erbguth*, Baurecht, § 5 Rn. 158.
[191] BVerwGE 45, 309 (314); 56, 283 (289 f.); *OVG Münster* NWVBl. 2006, 185 (186); NWVBl. 2006, 329 (330 ff.); *OVG Koblenz* BauR 2010, 1539 (1541); *OVG Saarlouis* NuR 2010, 743 (747).
[192] Zu den Mängeln im Abwägungsergebnis siehe unten § 12 Rn. 41 f.
[193] *Stüer*, Hb. Bau- und Fachplanungsrecht, Rn. 1547; *Brohm*, Baurecht, § 13 Rn. 19.
[194] Vgl. BVerwGE 128, 238 (241 ff.): Es müssen nicht zwingend aktive Schallschutzvorkeh-

und **schöpferische Element** der Planung, das das Wesen der Planungshoheit ausmacht.

VII. Der Schutz der Planungshoheit

71 Zum Schutz ihrer Planungshoheit wird die Gemeinde in sie berührende Planungen ihrer Nachbargemeinden und sonstiger Planungsträger einbezogen. Sie kann Rücksichtnahme auf ihre Planungshoheit verlangen. Gegen sie beeinträchtigende rechtswidrige Planungen und baurechtliche Einzelentscheidungen kann sie sich gerichtlich zur Wehr setzen.

1. Partizipation an fremder ortsbedeutsamer Planung

72 Die Planungshoheit gibt der Gemeinde ein Recht, in fremde ortsbedeutsame Planung – **verfahrensrechtlich** wie auch in **materieller Hinsicht** – einbezogen zu werden.

a) Nachbargemeindliche Bauleitplanung

73 Im **Verhältnis zu Nachbargemeinden** zerfällt der Schutz der Gemeinde in zwei Normstränge: einen verfahrensrechtlichen und einen materiell-rechtlichen Aspekt. Die verfahrensrechtliche Absicherung der Gemeinde liefert § 4 BauGB, der die Behördenbeteiligung einschließlich der Beteiligung der Gemeinde vorschreibt. Daneben fordert § 2 II 1 BauGB als besondere Anforderung an den Abwägungsprozess, dass Bauleitpläne benachbarter Gemeinden inhaltlich aufeinander abgestimmt sind (**interkommunales Abstimmungsgebot**).[195] Das Beteiligungsrecht der Gemeinden ruht hier nicht.[196]

aa) Verfahrensbeteiligung

74 **Verfahrensrechtlich** ist die Nachbargemeinde aufgrund der ihr eigenen Planungshoheit ein Träger öffentlicher Belange.[197] Wird sie in ihrer Planungshoheit von nachbargemeindlicher Bauleitplanung berührt, darf sie im Rahmen der Trägerbeteiligung (**§ 4 BauGB**) an dem Planungsverfahren der Nachbargemeinde partizipieren. Bei der Beteiligung ist sicherzustellen, dass die Gemeinde **möglichst frühzeitig** an der Aufstellung der nachbargemeindlichen Bauleitpläne beteiligt (§ 4 I 1 i.V.m. § 3 I 1 Hs. 1 BauGB) und sie von der Auslegung des Planentwurfs benachrichtigt (§ 3 II 3 BauGB) wird. Bei der Aufstellung von Flächennutzungsplänen ist darauf zu achten, dass die Gemeinde dem Entwurf **widersprechen** muss, wenn sie nicht den Bindungswirkungen des § 7 BauGB unterworfen werden möchte.[198] Das Recht der Nachbargemeinde auf Verfahrensbeteiligung besteht nach § 1 VIII BauGB auch bei der Änderung, Ergänzung oder Aufhebung eines Bauleitplans.

---

rungen getroffen werden. Passiver Schallschutz kann innerhalb der zulässigen Grenzwerte ebenfalls gewählt werden.

[195] BVerwGE 117, 25 (32f.); *BVerwG* NVwZ 2010, 1026 (1030); *OVG Münster* NVwZ 2005, 1201 (1202).

[196] BVerwGE 84, 209 (216); *Koch/Hendler*, Baurecht, § 15 Rn. 4; a.A. wohl *Schenke*, Der Rechtsschutz von Nachbargemeinden im Bauplanungsrecht, VerwArch 98 (2007), 448 (454).

[197] BKL/*Battis*, BauGB, § 4 Rn. 3; BK/*Gaentzsch*, BauGB, § 4 Rn. 5.

[198] EZBK/*Bielenbarg/Runkel*, BauGB, § 7 Rn. 6; BKL/*Battis*, BauGB, § 4 Rn. 6. Siehe auch unten § 7 Rn. 49ff.

bb) Interkommunale Abstimmung

Nach § 2 II 1 BauGB sind die Bauleitpläne benachbarter Gemeinden[199] aufeinander abzustimmen. Man bezeichnet dies als das interkommunale oder nachbargemeindliche Abstimmungsgebot. Es dient dem Ausgleich widerstreitender Interessen, die sich aus der Kollision der Planungshoheit benachbarter Gemeinden ergeben.[200] Die Anforderungen, unter denen es zu einer Abstimmungspflicht kommt, hat das BVerwG in gefestigter Rechtsprechung definiert. Es stellt fest, dass § 2 II 1 BauGB „dahin ausgelegt werden (soll), daß es einer (materiellen) Abstimmung – unabhängig davon, ob in der Nachbargemeinde bereits Bauleitpläne oder bestimmte planerische Vorstellungen bestehen – immer dann bedarf, wenn ‚unmittelbare Auswirkungen gewichtiger Art' in Betracht kommen".[201] Dies dürfte insbesondere dann der Fall sein, wenn es sich um grenzüberschreitende oder sonstige Auswirkungen erheblichen Ausmaßes auf die städtebauliche Ordnung oder Entwicklung (bzw. Planungsmöglichkeiten) selbst weiter entfernt liegender Städte und Nachbargemeinden handelt.[202] Diese Rechtsprechung wurde in jüngerer Vergangenheit noch dahingehend erweitert, dass nachbargemeindliche Belange bei der Abwägung nicht erst dann eine Rolle spielen, wenn sie sich als „Auswirkungen gewichtiger Art" qualifizieren lassen. Sie finden schon dann aufgrund des **Abwägungsgebots** des § 1 VII BauGB Beachtung, wenn sie „**mehr als geringfügig betroffen sind**".[203] Gemeinden sollen in dieser Hinsicht keinen geringeren Schutz genießen als private Betroffene.[204]

75

Des Weiteren gilt es zu beachten, dass der **Wortlaut des § 2 II 1 BauGB** wohl zu eng ausgefallen ist, wenn dort von der Abstimmung der „Bauleitpläne" gesprochen wird. Abzustimmen sind die planerischen Interessen benachbarter Gemeinden, auch wenn sie noch nicht durch das Medium eines verbindlichen Bauleitplans fixiert wurden.[205] Das **Vorhandensein von Bauleitplänen** der Nachbargemeinde steigert das Gewicht nachbargemeindlicher Planungsinteressen, ist aber nicht Voraussetzung für deren Beachtlichkeit. Ebenfalls nicht zwingend erforderlich ist eine **hinreichende Konkretisierung** der Planungsabsicht sowie die Erwartung nachhaltiger Störungen,[206] wie dies etwa im Verhältnis zu raumordnungsrechtlichen Zielfestlegungen oder im Wettstreit mit konkurrierenden Fachplanungen auf dem Gemeindegebiet der Fall ist.[207] Dort gilt nämlich der Grundsatz, dass derjenige Planungsträger den Vorrang genießen soll, der seine Planung zuerst konkretisiert und verfestigt hat. Nachfolgende Planungen müssen dann grundsätzlich auf den zeitlichen Vorsprung Rücksicht nehmen.[208]

76

---

[199] Zur Unterrichtung grenznaher Gemeinden im Nachbarstaat siehe § 4 a V BauGB. Hierzu allgemein *Beyerlin*, Grenzüberschreitende unterstaatliche Zusammenarbeit, ZaÖRV 40 (1980), 573; *Bothe*, Rechtsprobleme grenzüberschreitender Planung, AÖR 102 (1977), 68; *Kment*, Grenzüberschreitendes Verwaltungshandeln, 2010, S. 300 ff.

[200] Eine gesteigerte Form des interkommunalen Ausgleichs planerischer Interessen ist durch einen gemeinsamen Flächennutzungsplan benachbarter Gemeinden (§ 204 BauGB) und durch Bildung eines Planungsverbands (§ 205 BauGB) möglich.

[201] BVerwGE 84, 209 (215 f.). So auch die st. Rspr. BVerwGE, 40, 323 (331); *BVerwG* NVwZ 1995, 266 (226).

[202] *VGH München* NVwZ 2000, 822 (823); *OVG Lüneburg* NVwZ 2001, 452 (452); *OVG Greifswald* BauR 2010, 740 (741); *Kment*, DÖV 2003, 349 (354).

[203] BVerwGE 117, 25 (32 f.); *BVerwG* NVwZ 2010, 1026 (1029 f.); *Halama*, DVBl. 2004, 79 (81).

[204] BVerwGE 117, 25 (33); *Kment*, UPR 2005, 95 (95).

[205] BVerwGE 40, 323 (330); *BVerwG* NVwZ 1995, 694 (695).

[206] So noch: *Grziwotz*, Die Antragsbefugnis einer Gemeinde im verwaltungsgerichtlichen Normenkontrollverfahren, DVBl. 1988, 768 (773).

[207] BVerwGE 100, 388 (393 f.); *Kment*, DÖV 2003, 349 (351).

[208] BVerwGE 100, 388 (393 f.).

77 Das Recht auf interkommunale Abstimmung im Rahmen des § 2 II 1 BauGB ist **räumlich begrenzt**. Es besteht nur gegenüber „benachbarten" Gemeinden. Damit sind nicht nur die unmittelbar an das Gemeindegebiet angrenzenden Kommunen angesprochen.[209] Von Bedeutung ist vielmehr, welche überörtliche Auswirkung eine Planung haben kann.[210] Deshalb kann bei Vorhaben, die einen größeren Einzugsbereich haben, wie etwa bei Einkaufszentren, eine Abstimmungspflicht auch gegenüber Gemeinden bestehen, die eine größere Distanz zur Standortgemeinde aufweisen.

78 **Raumordnungsrechtliche Gesichtspunkte** spielen im Rahmen des § 2 II 1 BauGB keine Rolle.[211] Die Regelung beschränkt sich entsprechend ihrer Funktion allein auf die **städtebauliche Ebene** und grenzt sich insofern von dem Sachbereich der Raumordnungs- und Landesplanung ab.[212] D. h., § 2 II 1 BauGB verlangt eine interkommunale Abstimmung zwischen der angestrebten Planung der aktiv gewordenen Gemeinde und der Rechtsposition derjenigen Gemeinden, deren Planungshoheit durch die Auswirkungen der fremden Planung auf ihr Gemeindegebiet eingeschränkt werden könnte.[213] Es treffen folglich einzig *kommunale* Interessen aufeinander, die einer *interkommunalen* Abstimmung bedürfen; nicht erfasst sind demgegenüber raumordnungs- oder landesplanerische Aspekte.[214] Weder Ziele noch Grundsätze der Raumordnung dürften somit in ihrer direkten Anwendung Beachtung im Rahmen des § 2 II 1 BauGB erfahren.[215]

b) Fachplanung

79 An ortsbedeutsamer Fachplanung ist die Gemeinde aufgrund ihrer Planungshoheit ebenfalls zu **beteiligen**;[216] mitunter kann sich sogar ein gemeindlicher **Auskunftsanspruch** gegenüber dem Planungsträger ergeben.[217] Die Beteiligung am Fachplanungsverfahren ist für die Gemeinde von besonderer Bedeutung, da die Fachplanungsträger an den Flächennutzungsplan nur relativ, nämlich nach Maßgabe des **§ 7 BauGB**,[218] gebunden sind, und für planfestzustellende Vorhaben von überörtlicher Bedeutung nach § 38 BauGB die §§ 29 bis 37 BauGB, also auch die Festsetzungen gemeindlicher Bebauungspläne, nicht gelten. Die Freistellung dieser Fachplanungen von den Bindungen an den Bebauungsplan oder die Begrenzungen der §§ 34, 35 BauGB bedeutet indes keinen generellen Vorrang der Fachplanung vor den Belangen des Städtebaus. Vielmehr sind die städtebaulichen Belange im Rahmen der fachplanerischen Abwägung zu berücksichtigen.[219] Mit welcher Maßgeblichkeit dies zu

---

[209] *Kment*, UPR 2005, 95 (95); *Bönker*, in: Hoppe/Bönker/Grotefels, Baurecht, § 5 Rn. 142.
[210] *BVerwG* NVwZ 1995, 694 (695); ZfBR 2010, 269 (271); BKL/*Battis*, BauGB, § 2 Rn. 22.
[211] *Otting*, Factory Outlet Center und interkommunales Abstimmungsgebot, DVBl. 1999, 595 (596); *Kment*, DÖV 2003, 349 (354 f.).
[212] EZBK/*Söfker*, BauGB, § 2 Rn. 109; *Kment*, UPR 2005, 95 (96).
[213] BVerwGE 84, 209 (215); *Kment*, Rechtsschutz im Hinblick auf Raumordnungspläne, 2002, S. 292.
[214] Bielenberg/Runkel/Spannowsky/*Runkel*, Raumordnungs- und Landesplanungsrecht, Stand 2010, K § Rn. 476; *Halama*, Durchsetzung und Abwehr von Zielen der Raumordnung und Landesplanung auf der Gemeindeebene, in: Festschr. für Schlichter, 1995, S. 201 (224); *Kment*, DÖV 2003, 349 (355).
[215] *Kment*, DÖV 2003, 349 (355).
[216] BVerfGE 56, 298 (320); *BVerwG* DVBl. 1969, 362 (363).
[217] BVerwGE 81, 111 (120 ff.); EZBK/*Runkel*, BauGB, § 38 Rn. 73.
[218] Siehe nachfolgend unter § 7 Rn. 49 ff.
[219] *BVerwG* NVwZ 2005, 585 (586); *Stüer*, Bauleitplanung und Fachplanung, UPR 1998, 408 (412); *Kirchberg/Boll/Schütz*, Der Rechtsschutz von Gemeinden in der Fachplanung, NVwZ 2002, 550 (552).

geschehen hat, bestimmt das jeweilige Fachplanungsrecht.[220] Dabei können sich im Wege gerechter Abwägung der öffentlichen und privaten Belange die fachplanerischen Belange zu Lasten der städtebaulichen Belange durchsetzen.[221] Wenn die Fachplanung eine nachhaltige Störung einer bereits hinreichend konkretisierten städtebaulichen Planung zur Folge hat, kommt eine Verletzung der gemeindlichen Planungshoheit durch die – dann fehlerhafte – Fachplanung in Betracht.[222] Entstehen der Gemeinde infolge der Fachplanung Aufwendungen für Entschädigungen oder Kosten für die Aufstellung, Änderung, Ergänzung oder Aufhebung von Bebauungsplänen, sind ihr diese gem. §§ 38 S. 3, 37 III BauGB von dem Fachplanungsträger zu ersetzen.

Die verbindliche Bauleitplanung hat die durch den **Planfeststellungsbeschluss** begründete fachplanerische Zweckbestimmung einer Fläche aufgrund der diesem Beschluss zukommenden Verbindlichkeit und Bestandskraft zu **respektieren**.[223] Für die Fachplanung nach dem Bundesfernstraßengesetz (FStrG) und dem Bundeswasserstraßengesetz (WaStrG) folgt dies überdies aus dem in § 16 III 3 FStrG und § 13 III 1 WaStrG ausdrücklich bestimmten Vorrang der Bundesplanung vor der Ortsplanung. Die Gemeinde darf durch Bebauungsplan keine Festsetzungen treffen, die inhaltlich der Fachplanung widersprechen oder mit ihr konkurrieren. Insoweit wird die verbindliche **Bauleitplanung von der Fachplanung verdrängt**. Erst jenseits dessen, was Gegenstand der fachplanerischen Feststellung ist, setzt die Regelungsbefugnis der gemeindlichen Bauleitplanung ein.[224] So darf sie die betriebsbezogene Nutzung von Flächen eines planfestgestellten Eisenbahngeländes nicht regeln; sie darf jedoch durch Bebauungsplan bestimmen, dass etwa auch im Bahnhofsbereich Spielhallen oder andere Nutzungen unzulässig sind.[225]

80

2. Wehrfähigkeit der Planungshoheit

Die Gemeinde besitzt vielfältige Möglichkeiten, ihre Planungshoheit gegen rechtswidrige Eingriffe und Verletzungen zu verteidigen. Die Planungshoheit ist **wehrfähig**.[226] Schutzgut ist insofern nicht nur die durch verbindliche Pläne konkretisierte kommunale Planungshoheit, sondern gerade auch die **planerische Vorstellung**, sofern sie schon hinreichend bestimmt und damit ausreichend **substantialisiert** ist.[227] Fehlt eine bestimmte planerische Vorstellung der Gemeinde, kann sie mitunter auch die Verletzung ihrer Planungshoheit rügen, sofern „unmittelbare Auswirkungen gewichtiger Art" in Betracht kommen und deshalb eine Verletzung des Abstimmungsgebots aus § 2 II 1 BauGB zu befürchten ist.[228] Die Konstellationen, in denen sich Rechtsschutzfragen stellen, können vielfältig sein:

81

Ist in einem Rechtsstreit über die Erteilung einer Baugenehmigung die **Gültigkeit eines Bebauungsplans** im Streit, ist die Gemeinde, die ihn festgesetzt hat, beizuladen (§ 65 VwGO). Gegen das Urteil, das inzident die Ungültigkeit des Bebauungsplans

82

---

[220] BVerwGE 70, 242 (244); *BVerwG* NJW 1989, 242 (243); NJW 1986, 2774 (2774).
[221] BVerwGE 102, 74 (76); *BVerwG* NVwZ 2001, 90 (90 f.).
[222] *BVerwG* BRS 42 Nr. 1.
[223] BVerwGE 81, 111 (116); *Koch*, Zur Konkurrenz zwischen Fachplanung und Bauleitplanung, in: Festschr. für Schlichter, 1995, S. 461 (467 ff.).
[224] BVerwGE 81, 111 (115 f.); *OVG Saarbrücken* BRS 65 Nr. 155.
[225] *OVG Koblenz* BauR 2000, 499 (506); *OVG Saarbrücken* BRS 65 Nr. 155.
[226] BVerwGE 40, 323 (330); 90, 96 (100).
[227] BVerwGE 84, 209 (216); 117, 25 (33); *Kment*, UPR 2005, 95 (95); *Halama*, DVBl. 2004, 79 (81).
[228] BVerwGE 84, 209 (215 f.); *Kment*, DÖV 2003, 349 (354).

feststellt, kann sie, da beschwert, Rechtsmittel einlegen.[229] Wird im Geltungsbereich eines Bebauungsplans (§ 30 BauGB) eine Baugenehmigung entgegen dessen Festsetzungen erteilt, kann die Gemeinde sie anfechten. Gleiches gilt, wenn im unbeplanten Innenbereich (§ 34 BauGB) oder im Außenbereich (§ 35 BauGB) eine Baugenehmigung ohne das nach § 36 BauGB erforderliche Einvernehmen der Gemeinde erteilt wird[230] bzw. zu Unrecht das Einvernehmen ersetzt wird.[231] Dagegen besitzt die Gemeinde keinen Anspruch gegen den Bauherrn auf Unterlassung eines planungswidrigen Vorhabens.[232] Sie kann lediglich von der Baugenehmigungsbehörde verlangen, nach pflichtgemäßem Ermessen mit einer Nutzungsuntersagung oder einer Beseitigungsanordnung gegen das baurechtswidrige Vorhaben vorzugehen.[233] Auch gegen sie beeinträchtigende Baugenehmigungen im Bereich der Nachbargemeinde kann sie gerichtlich vorgehen.[234]

83 Befürchtet die Gemeinde, durch die Bauleitplanung der Nachbargemeinde in ihrer Planungshoheit verletzt zu werden, kann sie mit der vorbeugenden Feststellungs- oder Unterlassungsklage, der sog. „**Gemeindenachbarklage**"[235], und mit einstweiliger Anordnung (§ 123 VwGO)[236] den Planungsabsichten der Nachbargemeinde entgegentreten. Bebauungspläne einer Nachbargemeinde kann sie gem. § 47 VwGO mit der Normenkontrolle angreifen, sofern sie eine Verletzung des materiell-rechtlichen Gebots der Abstimmung mit der eigenen Bauleitplanung (§ 2 II 1 BauGB) geltend machen kann.[237] Sind durch die Planungsaktivitäten der Nachbargemeinde keine „Auswirkungen gewichtiger Art" auf die eigene Planungshoheit zu befürchten und fordert § 2 II 1 BauGB der Nachbargemeinde daher keinen erhöhten Rechtfertigungszwang für ihre Planung ab (sog. qualifizierter Abstimmungsbedarf), kann eine Normenkontrolle gleichwohl weiterhin Erfolg haben. Denn unterhalb der Schwelle des § 2 II 1 BauGB fallen die gemeindlichen Belange unter die allgemeine Berücksichtigungspflicht des § 1 VII BauGB und lösen somit einen „einfachen Abstimmungsbedarf" aus,[238] dessen Verletzung rügefähig ist. Schließlich ist der Rechtskreis der Gemeinden durch die Ergänzung des § 2 II 1 BauGB (früher: § 2 II BauGB) um einen Satz 2 erweitert worden.[239] Nunmehr können sich Gemeinden auch auf die

---

[229] BVerwGE 92, 66 (68 ff.) = NVwZ 1994, 265; vgl. auch BVerwGE 31, 233 (235 f.) = NJW 1969, 1133 (1133).
[230] BVerwGE 22, 342 (243 ff.) = NJW 1966, 513; siehe ferner *BVerwG* NVwZ 1982, 310 (311); NVwZ 1992, 878 (879); NVwZ 2000, 1048 (1048 f.); siehe auch unten § 28 Rn. 15.
[231] Vgl. *VGH München* BauR 2010, 506 L.
[232] *VGH München* NVwZ 1982, 575 (576).
[233] Siehe dazu *BVerwG* NVwZ 1992, 878 (878 f.).
[234] BVerwGE 117, 25 (31 ff.); OVG Lüneburg NVwZ-RR 2007, 7 (9).
[235] *BVerwGE* 40, 323 (Flächennutzungsplanung). Allgemein *Hug*, Gemeindenachbarklagen im öffentlichen Baurecht, 2008; *Kriener*, Die planungsrechtliche Gemeindenachbarklage, BayVBl. 1984, 97.
[236] *VGH Mannheim* DÖV 2008, 781; *OVG Lüneburg* NVwZ-RR 2007, 7; *VGH München* BRS 29 Nr. 19; BauR 1985, 280 (281).
[237] BVerwGE 84, 209 (215 f.); *BVerwG* NVwZ 1995, 266 (266 f.); *Uechtritz*, Die Gemeinde als Nachbar – Abwehransprüche und Rechtsschutz von Nachbargemeinden gegen Einkaufszentren, Factory-Outlets und Großkinos, BauR 1999, 572 (584); *Kment*, UPR 2005, 95.
[238] BVerwGE 117, 25 (32 f.); *Halama*, DVBl. 2004, 79 (81); *Kment*, UPR 2005, 95 (95).
[239] Siehe hierzu etwa *Kment*, UPR 2005, 95; *ders.*, NVwZ 2007, 996; *Vietmeier*, Die Steuerung des großflächigen Einzelhandels nach §§ 2 und 34 BauGB, BauR 2005, 480; *Hoppe/Otting*, Zur Erweiterung der Planungshoheit und der gemeindenachbarlichen Klagebefugnisse in § 2 Abs. 2 Satz 2 BauGB 2004 um raumordnungsrechtliche Belange, DVBl. 2004, 1125; *Reidt*, Die Genehmigung von großflächigen Einzelhandelsvorhaben – die rechtliche Bedeutung des neuen § 34 Abs. 3 BauGB, UPR 2005, 241.

ihnen **durch Ziele der Raumordnung zugewiesenen Funktionen sowie auf Auswirkungen auf ihre zentralen Versorgungsbereiche berufen.** Dabei ist es nicht notwendig, eine konkrete Gefährdung oder Beeinträchtigung der mit § 2 II 2 BauGB neu hinzugewonnenen Rechtspositionen geltend zu machen. Bereits eine abstrakte Gefährdung etwa der durch Ziele der Raumordnung zugewiesenen Funktion reicht aus.[240]

Da die Gemeinde Planungshoheit nur „im Rahmen der Gesetze" besitzt (Art. 28 II 1 GG), stellt es keinen Eingriff in die Planungshoheit dar, wenn das Gemeindegebiet von gesetzlich zugelassenen raumordnungsrechtlichen Planungen oder Fachplanungen wie Planungen von Bahnlinien, Fernstraßen, Wasserstraßen oder Flughäfen berührt wird. Nur wenn eine Zielfestlegung eines Raumordnungsplans (§ 3 I Nr. 2 ROG) oder die Fachplanung eine bereits hinreichend verfestigte städtebauliche Planung nachhaltig stört – sich also auf sie in gewichtiger Weise unmittelbar auswirkt –, wird die Planungshoheit berührt.[241] Im Spannungsverhältnis der kommunalen Bauleitplanung zu **Raumordnungsplanung** und **Fachplanung** gilt nämlich der Grundsatz, dass derjenige Planungsträger den Vorrang genießen soll, der seine Planung zuerst konkretisiert und verfestigt hat. Nachfolgende Planungen müssen dann grundsätzlich auf den zeitlichen Vorsprung Rücksicht nehmen.[242] Die Gemeinde kann sich dann gegen die Raumordnungsplanung oder Fachplanung zur Wehr setzen, ebenso wie bei einer Verletzung ihres Rechts auf Partizipation.[243]

VIII. Stadtentwicklungsplanung

Ein Ausfluss der gemeindlichen Planungshoheit nach Art. 28 II 1 GG ist neben der Bauleitplanung auch die Stadtentwicklungsplanung. Als Stadtentwicklungsplanung kann man die Planung einer Gemeinde bezeichnen, welche die **Zielvorstellungen** für den Gesamtbereich der gemeindlichen Entwicklung (Stadtentwicklungsplan) oder, vor allem bei Großstädten, für Teilbereiche enthält (Bereichsentwicklungsplan).[244] Sie setzt den Rahmen für eine den sozialen, kulturellen und wirtschaftlichen Erfordernissen dienende städtebauliche Entwicklung und Ordnung einschließlich der raumwirksamen Investitionen der Gemeinde und bestimmt deren Zeit- und Rangfolge. Sie ist eine **ressortübergreifende, koordinierende Planung** der **gesamtgemeindlichen Entwicklung**, welche die verschiedenen Ressortplanungen, wie etwa die Planung der Verkehrswege des öffentlichen Nahverkehrs, der schulischen und sonstigen öffentlichen Einrichtungen, des Gewerbes, des Sports, des Wasserhaushalts und die Finanzplanung auf eine Zielvorstellung ausrichtet und aufeinander abstimmt. Die Bauleitplanung ist, da auf die Leitung und Ordnung der baulichen und sonstigen Nutzung der Grundstücke beschränkt, nicht in der Lage, diese Planungsaufgabe zu erfüllen.

Die Stadtentwicklungsplanung ist bundesrechtlich nicht geregelt, da dem Bund hierfür die Gesetzgebungskompetenz fehlt. Sie kann **Gegenstand der Landesgesetz-**

---

[240] *Kment*, NVwZ 2007, 996 (1000 f.).
[241] BVerwGE 69, 256 (261); 84, 209 (216); 100, 388 (393 f.); *Kment*, DÖV 2003, 349 (351).
[242] BVerwGE 100, 388 (393 f.).
[243] BVerwGE 56, 110 (137) = NJW 1978, 64; BVerwG BRS 23 Nr. 28 und 29; NVwZ-RR 1996, 67 (68); vgl. auch *Held*, Rechtsschutz von Gemeinden gegen Maßnahmen der Fachplanung, LKRZ 2010, 246 (248 ff.).
[244] Vgl. hierzu und zu Folgendem *Badura*, Entwicklungsplanung und gemeindliche Selbstverwaltung, in: Festschr. für Weber, 1974, S. 911; *Battis*, Stadtentwicklungsplanung im Rechtssystem, DVBl. 1976, 144; *Göb*, DÖV 1990, 592; *Stöß*, Großprojekte der Stadtentwicklung in der Krise, 2009.

gebung sein.[245] Im Bundesrecht ist die Stadtentwicklungsplanung in § 1 VI Nr. 11 BauGB erwähnt. Demgemäß sind die Ergebnisse eines von der Gemeinde beschlossenen städtebaulichen Entwicklungskonzepts oder einer von ihr beschlossenen sonstigen städtebaulichen Planung bei der Aufstellung der Bauleitpläne zu berücksichtigen. Die Stadtentwicklungsplanung ist damit in das bundesrechtliche System zweistufiger Bauleitplanung eingefügt, das sie zu respektieren hat.

Lösung zu Fall 3:

87 Jeder Bebauungsplan hat grundsätzlich die von ihm geschaffenen oder ihm sonst zurechenbaren Konflikte zu lösen. Das damit angesprochene **Gebot der Konfliktbewältigung** schließt eine Verlagerung von Problemlösungen aus dem Bauleitplanverfahren auf nachfolgendes Verwaltungshandeln jedoch nicht zwingend aus. Von einer abschließenden Konfliktbewältigung im Bebauungsplan darf die Gemeinde Abstand nehmen, wenn die Durchführung der als notwendig erkannten Konfliktlösungsmaßnahmen außerhalb des Planungsverfahrens auf der Stufe der Verwirklichung der Planung **sichergestellt** ist. Die Grenzen zulässiger Konfliktverlagerung sind indes überschritten, wenn bereits im Planungsstadium absehbar ist, dass sich der offen gelassene Interessenkonflikt auch in einem nachfolgenden Verfahren nicht sachgerecht lösen lassen wird.

Die sich aus dem Bebauungsplan ergebenden Konflikte bestehen in der Zunahme des Verkehrs auf der schon jetzt überlasteten Landstraße L 1 und in dem dadurch verursachten Verkehrslärm im nördlichen Randbereich des Ortsteils A. Diese Konflikte sollen nach der Vorstellung der Gemeinde G durch den Ausbau der L 1 auf vier Fahrbahnen und die Errichtung von Lärmschutzanlagen gelöst werden; der Bebauungsplan setzt hierfür eine Freihaltetrasse fest. Allerdings ist zum Zeitpunkt des Satzungsbeschlusses gerade kein hinreichend sicheres Vertrauen auf eine solche Lösung durch den Ausbau der L 1 gegeben. Eine Verbreiterung der Straße stößt nämlich auf erhebliche Schwierigkeiten, weil sie über das Gelände einer ehemaligen Deponie führt. Somit ist zu erwarten, dass der **Ausbau auf unabsehbare Zeit unterbleibt**, obschon die im Bebauungsplan zugelassene Industrieansiedlung auf jeden Fall erfolgt. Daraus folgt, dass der Bebauungsplan **Abwägungsmängel** aufweist, da er ein Problem aufwirft, das zuvor gelöst werden müsste, dessen Lösung aber ungewiss ist.

§ 6. Planungszuständigkeit und Planungsverfahren

Schrifttum: *Battis/Krautzberger/Löhr*, Die Neuregelung des Baugesetzbuches zum 01-01-1998, NVwZ 1997, 1145; *dies.*, Gesetz zur Erleichterung von Planungsvorhaben für die Innenentwicklung der Städte (BauGB 2007), NVwZ 2007, 121; *Böttger/Broosch*, Die Interpretation von Bebauungsplänen durch die Bauaufsichtsbehörde, DÖV 2005, 466; *Bunzel*, Das beschleunigte Verfahren für Bebauungspläne der Innenentwicklung, LKV 2007, 444; *Engel*, Zur Normverwerfungskompetenz einer Behörde, NVwZ 2000, 1258; *Finkelnburg*, Die Änderungen des Baugesetzbuches durch das Europarechtsanpassungsgesetz Bau, NVwZ 2004, 897; *Klinge*, Bebauungspläne zur Steuerung zentraler Versorgungsbereiche nach § 9 Abs. 2a BauGB und erste Überlegungen zur Anwendung, BauR 2008, 770; *Kment*, Nationale Unbeachtlichkeits-, Heilungs- und Präklusionsvorschriften und Europäisches Recht, 2005; *ders.*, Suche nach Alter-

---

[245] So etwa in § 4 des Gesetzes zur Ausführung des Baugesetzbuchs Berlin (AGBauGB Bln) v. 7. 11. 1999 AGBauGB Bln.

§ 6. Planungszuständigkeit und Planungsverfahren

nativen in der Strategischen Umweltprüfung, DVBl. 2008, 364; *ders.*, Grenzüberschreitendes Verwaltungshandeln, 2010; *Köster*, Mediation in der Bauleitplanung?, DVBl. 2002, 229; *Krautzberger*, Bauleitplanung im vereinfachten und im beschleunigten Verfahren nach dem BauGB 2007, UPR 2007, 170; *Pietzcker/Fiedler*, Die Umsetzung der Plan-UP-Richtlinie im Bauplanungsrecht, DVBl. 2002, 929; *Quaas/Kukk*, Neustrukturierung der Planerhaltungsbestimmungen in §§ 214 ff. BauGB, BauR 2004, 1541; *Rautenberg*, Monitoring im Baugesetzbuch, NVwZ 2005, 1009; *Schmidt-Eichstaedt*, Erste Fragen und Antworten zur praktischen Anwendung des beschleunigten Verfahrens nach § 13a BauGB 2006/2007, BauR 2007, 1148; *Schrödter*, Aktuelle Fragen zur städtebaulichen Umweltprüfung nach dem Europarechtsanpassungsgesetz-Bau, LKV 2006, 251; Troidl, Der funktionslose Bebauungsplan in der Normenkontrolle: Führt die einjährige Antragsfrist (§ 47 Abs. 2 Satz 1 VwGO) zur Funktionslosigkeit der Prinzipalkontrolle?, BauR 2010, 1511; *Uechtritz*, Die Umweltprüfung in der Bauleitplanung, BauR 2005, 1859; *ders.*, Die Änderungen des BauGB durch das Gesetz zur Erleichterung von Planungsvorhaben für die Innenentwicklung der Städte – BauGB 2007, BauR 2007, 476; *v. Danwitz*, Aarhus-Konvention: Umweltinformation, Öffentlichkeitsbeteiligung, Zugang zu den Gerichten, NVwZ 2004, 272.

Fall 4 (Fall nach BVerwGE 133, 98):

Die Stadt S möchte einen Bebauungsplan zugunsten eines Industriegebiets aufstellen und führt hierzu eine Öffentlichkeits- und Behördenbeteiligung durch. Um die Auslegung des Planentwurfs publik zu machen, weist die Stadt S in der öffentlichen Bekanntmachung darauf hin, dass Ort der Auslegung das „Städtebauamt der Stadt S, Am Rathaus 12, 6. OG" sei. Nach Abschluss des Verfahrens und einem Beschluss über den Plan verdichten sich die Anzeichen, dass mehrere Bürger durch die städtische Bekanntmachung nicht in die Lage versetzt waren, den Auslegungsort in dem großen Verwaltungsgebäude von S zu finden. Daraufhin entschließen sich die Ratsmitglieder, die Bekanntgabe des beschlossenen Plans auszusetzen. So soll das Inkrafttreten des möglicherweise rechtswidrigen Plans verhindert werden. Ist dieses Vorgehen zulässig?
Lösung: Rn. 110

Zuständigkeit und Verfahren der Bauleitplanung sind für Flächennutzungs- und Bebauungsplan weitgehend einheitlich im BauGB geregelt. Ergänzend finden sich Vorgaben im Landesrecht, da der Bund von der ihm zustehenden Gesetzgebungsbefugnis[1] nur begrenzt Gebrauch gemacht hat.[2] **Bundesrechtlich** normiert ist vor allem die Öffentlichkeits- und Behördenbeteiligung, die planerische Willensbildung, die Rechtmäßigkeitskontrolle und das Inkrafttreten der Bauleitpläne. Das **Landesrecht** schreibt insbesondere vor, welches Organ der Gemeinde für die Bauleitplanung zuständig ist, wie es sich zusammensetzt, ob bei Interessenkollision ein Mitwirkungsverbot besteht, wie die Bauleitpläne auszufertigen sind und welches die Form der ortsüblichen Bekanntmachung ist.

I. Zuständigkeit zur Bauleitplanung

Als **Träger der Planungshoheit** (Art. 28 II 1 GG) besitzt grundsätzlich die **Gemeinde** die Zuständigkeit zur Bauleitplanung (§ 2 I 1 BauGB).[3] Unter den Voraussetzungen der §§ 203 ff. BauGB kann diese Zuständigkeit auf eine andere Gebietskörper-

---

[1] Zu dieser Befugnis BVerfGE 65, 283 (289) = NVwZ 1984, 430.
[2] Zu den bundesrechtlichen Grenzen der Regelungsbefugnis der Länder *BVerwG* NJW 1972, 699 (700).
[3] Fehlt ihr ausnahmsweise diese Zuständigkeit, ist ein von ihr beschlossener Bauleitplan unwirksam, vgl. *BVerwG* NVwZ 1992, 882 (882 f.).

schaft oder einen Planungsverband übertragen werden. Nur in gemeindefreien Gebieten kommt eine kommunale Bauleitplanung nicht in Betracht. Sie kann den Gemeinden hierfür auch nicht durch landesrechtliche Bestimmungen übertragen werden.[4] Ein Sonderfall ist der Bürgerentscheid über einen Bebauungsplan.[5]

1. Zuständigkeit der Gemeinde

4　Nach § 2 I 1 BauGB stellt die Gemeinde die Bauleitpläne **in eigener Verantwortung** auf. Sie beschließt den Flächennutzungsplan wie auch die Bebauungspläne.

a) Innergemeindliche Zuständigkeit

5　Innergemeindlich ist nach den Gemeindeordnungen der Länder die **Gemeindevertretung (Gemeinderat, Stadtrat)** zuständig.[6] Besonderheiten gelten für die **Stadtstaaten**: In Hamburg wird der Flächennutzungsplan durch das Landesparlament (Bürgerschaft) festgestellt; die Bebauungspläne werden durch Rechtsverordnung des Senats oder Gesetz der Bürgerschaft festgestellt (§§ 2, 3 BauleitplanfestG). In Berlin beschließt der Senat den Flächennutzungsplan mit Zustimmung des Abgeordnetenhauses; Bebauungspläne werden durch Rechtsverordnung des Bezirksamts oder des Senats festgesetzt (§§ 2, 4-9 AGBauGB).

b) Inkompatibilitäten

6　Ein Mitglied der Gemeindevertretung kann nach Maßgabe des Landesrechts wegen Interessenkollision von der **Mitwirkung** an der Bauleitplanung insgesamt[7] oder beschränkt auf die Beschlussfassung[8] **ausgeschlossen** sein.[9]

7　**Beispiel:** Zu den **ausgeschlossenen Mitgliedern** gehören insbesondere Gemeinderatsmitglieder, die oder deren Ehegatte oder deren nahe Verwandte Eigentümer planungsbetroffener Grundstücke sind,[10] oder Gemeinderatsmitglieder, die leitende Angestellte,[11] Geschäftsführer oder

---

[4] BVerwGE 99, 127 (130 ff.); vgl. auch *Zöllner*, Bauleitplanung im gemeindefreien Gebiet?, BayVBl. 1987, 549.

[5] Vgl. dazu *Löbbecke*, Die Zulässigkeit von Bürgerentscheiden „über Bauleitpläne", VBlBW 2009, 253; *West*, Zur Zulässigkeit von Bürgerentscheiden im Bereich der Bauleitplanung, VBlBW 2010, 389.

[6] Etwa § 35 II Nr. 10 BbgGO; § 41 I 1 lit. g GO NW; § 40 I Nr. 5 NdsGO.

[7] Dazu *OVG Koblenz* BRS 42 Nr. 16, 17; *OVG Lüneburg* BRS 39 Nr. 20; 38 Nr. 31, 32; *OVG Münster* NVwZ 1984, 667; BRS 36 Nr. 37.

[8] Dazu *VGH Mannheim* BRS 46 Nr. 8; 28 Nr. 15; 27 Nr. 22. Das Mitglied muss nach *VGH Mannheim* BRS 23 Nr. 17 die Sitzung verlassen; nach *VGH Mannheim* BRS 27 Nr. 24 genügt es, wenn das ausgeschlossene Ratsmitglied im Zuhörerraum Platz nimmt. Streitig ist, ob ein Verfahrensfehler vorliegt, wenn ein Ratsmitglied in der irrigen Annahme eines Befangenheitsgrunds die Sitzung verlässt oder von ihr ausgeschlossen wird; dazu *VGH Mannheim* BRS 46 Nr. 8.

[9] Allgemein zur Befangenheit *v. Mutius*, Voraussetzungen und Rechtsfolgen der Interessenkollision bei Mitwirkung an Entscheidungen im Bereich der kommunalen Bauleitplanung, VerwArch 65 (1974), 429; *ders.*, Gemeinderatsbeschlüsse in Bauleitplanverfahren, DVBl. 1987, 455; *Krebs*, Zur Problematik des kommunalen Mitwirkungsverbots bei der Aufstellung von Flächennutzungsplänen, VerwArch 71 (1980), 181; *Creutz*, Gemeinderechtliche Mitwirkungsverbote bei der Aufstellung von Flächennutzungsplänen, BauR 1979, 470.

[10] So zu § 23 GO NW *OVG Münster* NVwZ 1984, 667 (668 f.); NJW 1979, 2632 (2632 f.) (Flächennutzungsplan); zu § 22 GO SH *OVG Lüneburg* BRS 36 Nr. 28; zu § 18 GemO BW *VGH Mannheim* BRS 15 Nr. 2; zu § 22 I RhPf GO *OVG Koblenz* NVwZ-RR 1996, 218 (219). Vgl. auch *VGH Mannheim* BRS 27 Nr. 23 betreffend ein an das Plangebiet angrenzendes Grundstück.

[11] *OVG Koblenz* BRS 48 Nr. 135 zu § 22 GemO RhPf.

§ 6. Planungszuständigkeit und Planungsverfahren 67

Gesellschafter[12] einer juristischen Person sind, welche durch das Bebauungsplanverfahren unmittelbar betroffen ist. Auch die Stellung als Pächter des zukünftigen Plangebiets kann die Befangenheit auslösen.[13] **Nicht ausgeschlossen** ist ein Gemeinderatsmitglied, das einfaches Mitglied eines planungsbetroffenen Sportvereins ist.[14]

2. Zuständigkeit sonstiger Körperschaften

Die Planungszuständigkeit der Gemeinde kann **nach §§ 203 ff. BauGB** auf andere Körperschaften übertragen werden. 8

a) Gebietskörperschaften

Eine Übertragung der Zuständigkeit zur Bauleitplanung kann **im Einvernehmen** mit der Gemeinde durch Rechtsverordnung der Landesregierung auf eine andere Gebietskörperschaft[15] oder auf einen Verband, an dessen Willensbildung die Gemeinde mitwirkt, erfolgen (§ 203 I BauGB). 9

b) Zusammenschlüsse von Gemeinden

Durch Landesgesetz kann die Zuständigkeit zur Bauleitplanung auf gesetzliche Zusammenschlüsse von Gemeinden wie Verbandsgemeinden oder Verwaltungsgemeinschaften übertragen werden (§ 203 II BauGB). Mit Rücksicht auf Art. 28 II GG ist in dem Gesetz zu regeln, wie die Gemeinde an der Aufgabenerfüllung des Zuständigkeitsempfängers **mitwirkt**.[16] Der Umfang der Übertragung muss dem Grundsatz der **Verhältnismäßigkeit** entsprechen.[17] 10

c) Planungsverbände

Nach § 205 I 1 BauGB können sich Gemeinden und sonstige öffentliche Planungsträger **freiwillig** zum Zwecke gemeinsamer Bauleitplanung zu einem Planungsverband, der Körperschaft des öffentlichen Rechts ist, zusammenschließen. Dem Planungsverband müssen mindestens zwei Gemeinden angehören.[18] Ein Angrenzen der Gemeinden aneinander ist jedoch nicht nötig, sofern nur für die beteiligten Gemeinden relevante Belange ausgleichsbedürftig sind.[19] Ist zum Wohle der Allgemeinheit eine gemeinsame Bauleitplanung mehrerer Gemeinden dringend geboten, kann nach § 205 II BauGB der Planungsverband **zwangsweise** durch Verwaltungsakt der Landesregierung, länderübergreifend durch Vereinbarung der beteiligten Regierungen, geschaffen werden.[20] Welche der einer Gemeinde nach dem BauGB zustehenden Aufgaben im Einzelnen übertragen werden, bestimmt die **Verbands-** 11

---

[12] *VGH Mannheim* BRS 44 Nr. 18.
[13] *OVG Koblenz* DVBl. 2009, 1125 L.
[14] *VGH Mannheim* BRS 46 Nr. 8. Anders bei dem Vereinsvorsitzenden, *VGH Kassel* NVwZ-RR 1996, 72 (73).
[15] Vgl. dazu *Heinemann*, Rechtsfragen zur Übertragung der Flächennutzungsplanung auf die Kreis- oder Stadtverbandsebene, DÖV 1982, 189; *Sodan/Ziekow*, Grundkurs Öffentliches Recht, 2010, § 60 Rn. 3.
[16] Zur gesetzlichen Übertragung der Flächennutzungsplanung auf den Stadtverband Saarbrücken *OVG Saarlouis* AS 14, 145 und BVerfGE 77, 288 (298 ff.) = NVwZ 1988, 619.
[17] BKL/*Battis*, BauGB, § 203 Rn. 6.
[18] EZBK/*Runkel*, BauGB, § 205 Rn. 11; BK/*Gaentzsch*, BauGB, § 205 Rn. 7; Schrödter/ *Schrödter*, BauGB, § 205 Rn. 4.
[19] BKL/*Battis*, BauGB, § 205 Rn. 2.
[20] Vgl. *OVG Lüneburg* BRS 28 Nr. 16 zur Bildung eines Zwangsverbandes auf der Insel Sylt. Allgemein zur Zwangsmitgliedschaft BVerfGE 10, 89 (102) = NJW 1959, 1675.

satzung.²¹ Der Planungsverband ist aufzulösen, wenn die Voraussetzungen für den Zusammenschluss entfallen sind oder der Zweck der gemeinsamen Planung erreicht ist (§ 205 V 1 BauGB).

d) Gemeinsame Flächennutzungsplanung

12 Nach der „**Soll**"-Bestimmung des § 204 I 1 BauGB sind Gemeinden in der Regel verpflichtet, einen gemeinsamen Flächennutzungsplan aufzustellen, wenn ihre städtebauliche Entwicklung wesentlich durch gemeinsame Voraussetzungen und Bedürfnisse bestimmt wird oder ein gemeinsamer Flächennutzungsplan einen gerechten Ausgleich der verschiedenen Belange ermöglicht. Gleiches gilt gem. § 204 I 2 BauGB, wenn die Ziele der Raumordnung oder wenn Einrichtungen und Anlagen des öffentlichen Verkehrs, sonstige Erschließungsanlagen sowie Gemeinbedarfs- oder sonstige Folgeeinrichtungen eine gemeinsame Planung erfordern.²² Die Regelung des § 204 I BauGB kann flankierend hinzugezogen werden, falls Gemeinden einen **regionalen Flächennutzungsplan** im Sinne des § 8 IV ROG aufstellen wollen, der zugleich die Funktion eines Regionalplans als auch eines gemeinsamen Flächennutzungsplans erfüllen soll.²³ Eine analoge Anwendung des § 204 I BauGB auf Bebauungspläne kommt jedoch nicht in Betracht.²⁴

II. Das Verfahren zur Aufstellung der Bauleitpläne

13 Das **Verfahren** zur Aufstellung von Bauleitplänen beginnt mit dem Beschluss der Gemeinde, einen Bauleitplan aufzustellen. Ihm folgen im Regelfall die (frühe) Öffentlichkeitsbeteiligung, die Beteiligung der Träger öffentlicher Belange einschließlich der benachbarten Gemeinden, die Erstellung des Planentwurfs und der Begründung mit Umweltbericht sowie das öffentliche Auslegungs- und Erörterungsverfahren. Im Anschluss daran kommt es zur abschließenden planerischen Willensbildung und damit zur Festlegung des Planinhalts. Soweit vorgeschrieben, schließt sich eine aufsichtsbehördliche Rechtmäßigkeitskontrolle an. Nachdem eine zusammenfassende Erklärung erstellt ist, wird der Bauleitplan in Kraft gesetzt.

1. Vorbereitung der Bauleitplanung und Einschaltung eines Dritten

14 Bevor die Gemeinde ein Bauleitplanverfahren beginnt, wird sie in der Regel Überlegungen anstellen, welcher Inhalt nach den örtlichen Gegebenheiten, den vorherrschenden kommunalpolitischen Vorstellungen sowie den raumordnungsrechtlichen und sonstigen Vorgaben für den aufzustellenden Bauleitplan überhaupt in Betracht kommt. Dies kann eine schwierige und zeitaufwendige Arbeit sein, die Sachkunde und hinreichende Planungsdaten über die Verhältnisse im Plangebiet und die voraussichtliche künftige Entwicklung in der Gemeinde erfordert.²⁵ Städte und größere

---

²¹ *OVG Koblenz* NVwZ-RR 2002, 102 (102).
²² Vgl. dazu *Schmidt-Eichstaedt*, Gemeinsame Flächennutzungsplanung nach Bundes- und Landesrecht, NVwZ 1997, 846; *Hendler*, Modelle interkommunaler Zusammenarbeit im Bauplanungsrecht, UPR 2006, 325; *Winkler*, Verwaltungsträger im Kompetenzverbund, 2009, S. 105 f.
²³ *Hendler*, Regionaler Flächennutzungsplan, ZfBR 2005, 229; *Grotefels/Lahme*, Der regionale Flächennutzungsplan in Nordrhein-Westfalen, BauR 2009, 1390.
²⁴ *OVG Koblenz* BauR 2004, 1119 (1120 f.).
²⁵ Hier liegt einer der Gründe für die Durchführung von Volkszählungen. Vgl. auch das Berliner „Gesetz über eine Erhebung zum Zwecke der Stadtplanung" v. 16. 10. 1969 (GVBl. S. 2116).

§ 6. Planungszuständigkeit und Planungsverfahren

Gemeinden verfügen über ein Planungsamt, das in der Lage ist, **Entwürfe für die Bauleitpläne** zu erarbeiten. Die Gemeinde kann sich aber auch der **Hilfe Dritter**, auch der externer Städteplaner, bedienen (§ 4 b BauGB).[26] Dabei nimmt der Dritte die Stellung eines Verwaltungshelfers ein.[27] Er verfügt über keine eigenen hoheitlichen Befugnisse und verdrängt die Gemeinde nicht aus ihrer Verantwortung für die Bauleitplanung.[28] Ein Dritter kann nach der Konzeption des § 4 b BauGB zusätzlich als **Mediator** eingesetzt werden, um – angelehnt an sein US-amerikanisches Vorbild – das Verfahren zu moderieren.[29] Die wesentlichen Verfahrensschritte – etwa die vollständige Ermittlung und Bewertung der privaten und öffentlichen Belange als notwendige Voraussetzung für die Abwägung nach § 1 VII BauGB – können ihm aber ebenso wenig alleine überlassen werden, wie er die Abwägungsleistung der Gemeinde erbringen darf.[30] Es muss vielmehr sichergestellt sein, dass die Gemeinde alle relevanten Informationen erhält, um diese in den von ihr selbst zu vollziehenden Abwägungsprozess einführen zu können.[31]

2. Planaufstellungsbeschluss

Das eigentliche Verfahren beginnt mit dem Beschluss der Gemeinde, einen Bauleitplan aufzustellen (§ 2 I 2 BauGB). Der Planaufstellungsbeschluss dient insbesondere dazu, Interessierte über das Planungsvorhaben zu informieren und ihre Beteiligung am Verfahren anzustoßen (sog. **Anstoßfunktion**). Deshalb muss der Beschluss erkennen lassen, für welchen räumlichen Bereich das Bauleitplanverfahren eingeleitet wird. Hierzu kann an geläufige geographische Bezeichnungen angeknüpft werden. Häufig wird sich aber auch eine **schlagwortartige Angabe** von geläufigen Namen anbieten, um dem Informationsbedürfnis des Bürgers zu genügen und sein Beteiligungsinteresse zu wecken.[32] Eine Aussage über den Inhalt des künftigen Bauleitplans braucht der Planaufstellungsbeschluss nicht zu enthalten,[33] da es erst die Aufgabe des sich anschließenden Planungsverfahrens ist, den Inhalt des Bauleitplans zu bestimmen. Der Planaufstellungsbeschluss ist nach § 2 I 2 BauGB **ortsüblich bekanntzumachen**.[34] Ortsüblich ist diejenige Form der Bekanntmachung, die nach Landes- oder Ortsrecht (Hauptsatzung) vorgeschrieben ist, beispielsweise die Veröffentlichung im Amtsblatt, in einer Tageszeitung oder durch Aushang an der Gemeindetafel.[35]

---

[26] *BayVerfGH* NVwZ-RR 2009, 825 (826) – Architektenbüro.
[27] *Lüers*, Die Bauleitplanung nach dem BauROG, DVBl. 1998, 433 (444); *Köster*, DVBl. 2002, 229 (234); BK/*Gatz*, BauGB, § 4 b Rn. 7.
[28] *Battis/Krautzberger/Löhr*, NVwZ 1997, 1145 (1151); Schrödter/*Schrödter*, BauGB, § 4 b Rn. 3.
[29] BKL/*Battis*, BauGB, § 4 b Rn. 2; vgl. auch allgemein zur Mediation *Ortloff*, Mediation – Regelungsbedarf?, NJW 2008, 2544.
[30] *Wagner*, DVBl. 1997, 709 (717).
[31] EZBK/*Krautzberger*, BauGB, § 4 b Rn. 43; *Böckel*, Projektmanagement in Verwaltungsverfahren, DÖV 1995, 102 (107); *Erbguth*, Baurecht, § 5 Rn. 237.
[32] BVerwGE 69, 344 (348).
[33] BVerwGE 51, 121 (127) = NJW 1977, 400; BGHZ 82, 361 (366 f.) = NJW 1982, 1281.
[34] Zur ortsüblichen Bekanntmachung *VGH München* BRS 29 Nr. 15; *VGH Mannheim* BRS 23 Nr. 10. Vgl. für NRW die „Verordnung über die öffentliche Bekanntmachung von kommunalem Ortsrecht" (Bekanntmachungsverordnung) v. 26. 8. 1999 (GVBl. NRW 1999, S. 516); vgl. dazu auch *Wahlhäuser*, Wie werden Satzungen rechtsverbindlich?, NWVBl. 2007, 338.
[35] BVerwGE 19, 164 (165 f.). Zu den rechtsstaatlichen Anforderungen an die Bekanntmachung von Satzungen durch Aushang *VG Potsdam* LKV 1995, 258 (258 f.).

16 **Zwingend geboten** ist ein förmlicher Planaufstellungsbeschluss **nicht**, da das BauGB ihn nicht als Verfahrensvoraussetzung vorschreibt.[36] Ein Bauleitplan kann also auch ohne einen Planaufstellungsbeschluss seine volle Rechtswirksamkeit entfalten. Deshalb ist es unschädlich, wenn bei der Beschlussfassung **befangene Ratsmitglieder** beteiligt sind.[37] Nur wenn sich die Mitwirkung der befangenen Mitglieder auf die spätere Abwägung negativ auswirkt oder derartige Ratsmitglieder gar den abschließenden Satzungsbeschluss über den Bauleitplan fassen, ist dies rechtlich erheblich.[38] Ungeachtet dessen hat ein Planaufstellungsbeschluss **rechtliche Bedeutung**. Er ist Voraussetzung für eine Veränderungssperre (§ 14 BauGB), die Zurückstellung von Baugesuchen (§ 15 BauGB), die Ausübung des Vorkaufsrechts (§ 24 I BauGB) oder die Erteilung einer Baugenehmigung im Vorgriff auf die laufende Planung (§ 33 BauGB). Einen Rechtsanspruch auf Bauleitplanung begründet er jedoch nicht; vgl. § 1 III 2 BauGB.[39]

3. Umweltprüfung

17 Die Umweltprüfung ist ein **wesentliches Element der Bauleitplanung**, das gem. § 2 IV BauGB als **Regelverfahren**[40] bei allen Flächennutzungs- und Bebauungsplänen durchzuführen ist.[41] Die Umweltprüfung geht auf europäische Richtlinienbestimmungen zurück und dient dem Zweck, ein hohes Umweltschutzniveau sicherzustellen. Dazu sollen gem. § 2 IV 1 BauGB die voraussichtlichen erheblichen Umweltauswirkungen der Planung ermittelt, beschrieben und bewertet werden.

a) Unionsrechtliche Vorgaben

18 Die Umweltprüfung basiert zu einem wesentlichen Teil auf der europarechtlichen Richtlinie 2001/42/EG über die Prüfung der Umweltauswirkungen bestimmter Pläne und Programme (sog. **SUP-RL**), die nach langer Beratung am 27. 6. 2001 verabschiedet wurde.[42] Entsprechend ihres Art. 1 will sie im Hinblick auf die Förderung einer **nachhaltigen Entwicklung** ein hohes Umweltschutzniveau sicherstellen und dazu beitragen, dass Umwelterwägungen bei der Ausarbeitung und Annahme von Plänen und Programmen einbezogen werden, indem dafür gesorgt wird, dass solche Pläne und Programme, die voraussichtlich erhebliche Umweltauswirkungen haben, einer Umweltprüfung unterzogen werden.

19 Dieses Ziel versucht die Richtlinie jedoch nicht durch die Festlegung von materiellen Standards zu erreichen. Vielmehr setzt die Konzeption der SUP-RL auf die Etablierung eines möglichst effektiven Verfahrensablaufs, der gewährleistet, dass möglichst viele Umweltschutzfaktoren gewonnen werden und möglichst optimal in den Entscheidungsprozess einfließen.[43] Die unionsrechtlich geforderte Umweltprüfung stellt

---

[36] BVerwGE 79, 200 (204) = NVwZ 1988, 916; *VGH München* BRS 44 Nr. 22; *VGH Kassel* BRS 20 Nr. 10.
[37] BVerwGE 79, 200 (206).
[38] BVerwGE 79, 200 (207 f.); *BVerwG* NVwZ 1993, 361.
[39] Siehe oben unter § 5 Rn. 10.
[40] Kritisch zu dieser Konzeption *Faßbender*, Grundfragen und Herausforderungen des europäischen Umweltplanungsrechts, NVwZ 2005, 1122 (1128).
[41] Siehe auch *Schrödter*, Umweltprüfung in der Bauleitplanung, LKV 2008, 109.
[42] ABl. Nr. L 197 v. 21. 7. 2001, S. 30.
[43] *Calliess*, in: Hendler, Die strategische Umweltprüfung (sog. Plan-UVP) als neues Instrument des Umweltrechts, 2003, S. 153 (160 f.); *Pietzcker/Fiedler*, DVBl. 2002, 929 (935); *Grünewald*, Subjektive Verfahrensrechte als Folge der Europäisierung des Bauplanungsrechts, NVwZ 2009, 1520 (1522).

also ein **reines Verfahrenselement** dar.[44] Ihm erwächst lediglich insofern materielle Bedeutung, als dass auf den Entscheidungsprozess nur Einfluss nehmen kann, was zuvor ermittelt wurde und so bei der Entscheidungsfindung berücksichtigt wird.[45] Deshalb drängt die SUP-RL auf eine frühzeitige Berücksichtigung von umweltrelevanten Belangen schon während der Ausarbeitung und vor der Annahme des Plans oder Programms (Art. 4 I SUP-RL) und nicht erst, wenn die Planwerke bereits fertiggestellt sind.[46] Die Erkenntnisse der Umweltprüfung sollen in einen Umweltbericht einfließen. Er steht entsprechend Art. 2 lit. b SUP-RL am Anfang der Umweltprüfung. Er dokumentiert, dass eine Umweltprüfung durchgeführt wurde und manifestiert die Reichweite des Prüfungsumfangs.[47] Beim Umweltbericht handelt es sich keinesfalls um das Abschlussdokument der Umweltprüfung.[48] Er dient vielmehr als **Grundlage für das weitere Verfahren**, wird den Behörden und der Öffentlichkeit zugänglich gemacht und bildet nach der unionsrechtlichen Konzeption, neben den Erträgen der Beteiligungsverfahren gem. Art. 8 SUP-RL, die maßgebliche Entscheidungsgrundlage für das abschließende Befinden über den Plan bzw. das Programm.[49] Inhaltlich muss der Umweltbericht den Anforderungen des Art. 5 I, II SUP-RL entsprechen. Danach ist gefordert, dass der Umweltbericht die voraussichtlich **erheblichen Auswirkungen**, die die Durchführung des Plans oder Programms auf die Umwelt hat, sowie **vernünftige Alternativen**, die die Ziele und den geografischen Anwendungsbereich des Plans oder Programms berücksichtigt, ermittelt, beschreibt und bewertet. Wie dies konkret zu geschehen hat, gibt die SUP-RL im Weiteren vor: Eine im Anhang I niedergelegte Kriterienliste legt den Mindestinhalt des Umweltberichts fest und bestimmt so die notwendigen Informationen, die als Prüfungsergebnis gegeben werden müssen.

Thematisch ist der Umweltbericht **medienübergreifend** angelegt.[50] Dies ergibt sich aus Anhang I zur SUP-RL. Denn nach Anhang I lit. f SUP-RL erfasst die im Umweltbericht dokumentierte Prüfung vielfältige Schutzgüter (z. B. Luft, Wasser usw.) und ihre Wechselwirkung miteinander. Des Weiteren beschränkt er sich gem. Art. 5 Abs. 2 SUP-RL auf diejenigen Angaben, die vernünftigerweise verlangt werden können. Das damit eingefügte **Zumutbarkeitskorrektiv** (oder der Verhältnismäßigkeitsgrundsatz[51]) berücksichtigt insbesondere den gegenwärtigen Wissensstand und die aktuelle Prüfungsmethode, Inhalt und Detaillierungsgrad des Plans bzw.

---

[44] Siehe Erwägungsgrund 5, 6 oder 9 der SUP-RL; *Kment*, DVBl. 2008, 364 (365); *Uechtritz*, in: GfU, Umweltprüfung für Pläne und Programme, 2005, S. 169 (182); *Hamann*, Die Umweltverträglichkeitsprüfung im Baugenehmigungsverfahren, ZfBR 2006, 537 (541 f.).
[45] Hoppe/*Kment*, UVPG, Vorb. Rn. 21; *Schink*, Umweltprüfung für Pläne und Programme, NVwZ 2005, 615 (616); *Scheidler*, Rechtsschutz Dritter bei fehlerhafter oder unterbliebener Umweltverträglichkeitsprüfung, NVwZ 2005, 863 (864).
[46] Hoppe/*Kment*, UVPG, Vorb. Rn. 22; *Jacoby*, Fachlich-methodische Anforderungen einer Umweltverträglichkeitsprüfung (UP) im Rahmen der Raumordnungsplanung, in: Spannowsky/Krämer, Plan-UP-Richtlinie, 2004, S. 85 (85).
[47] *Spannowsky*, Rechts- und Verfahrensfragen einer „Plan-UVP" im deutschen Raumplanungssystem, UPR 2000, 201 (205); *Otto*, Umweltverträglichkeitsprüfung bei Plänen und Programmen, 1999, S. 105 ff.
[48] *Calliess*, in: Hendler, Die strategische Umweltprüfung (sog. Plan-UVP) als neues Instrument des Umweltrechts, 2003, S. 153 (168); *Ginzky*, Die Richtlinie über die Prüfung der Umweltauswirkungen bestimmter Pläne und Programme, UPR 2002, 47 (51).
[49] Hoppe/*Kment*, UVPG, Vorb. Rn. 31.
[50] *Näckel*, Umweltprüfung für Pläne und Programme, 2003, S. 231 ff.; *Uebbing*, Umweltprüfung für Pläne und Programme, 2004, S. 120 ff.
[51] *Uebbing*, Umweltprüfung für Pläne und Programme, 2004, S. 127.

Programms sowie die sonstigen wesentlichen Besonderheiten des konkreten Einzelfalls wie beispielsweise die Abschichtung der Prüfung zwischen mehreren Ebenen.[52]

21 Ein bemerkenswertes Element der SUP-RL ist zudem die Pflicht, eine „**vernünftige Alternativenprüfung**" durchzuführen (Art. 5 I SUP-RL). Gemeint sind damit Alternativen, die sich an den Zielen des Plans bzw. Programms orientieren und den geographischen Anwendungsbereich des Prüfungsgegenstands berücksichtigen. Es muss sich um realistische und realisierbare Planungsvarianten handeln, die nicht mit einem unverhältnismäßigen Mehraufwand verbunden sind, wobei es nicht notwendig ist, ganz neue Planungskonzepte zu entwickeln.[53] Allerdings darf die Alternativenprüfung nicht nur rein „pro forma" erfolgen oder lediglich auf Lösungen beschränkt sein, die sich dem Betrachter aufdrängen.[54] Es ist vielmehr nach „echten" Lösungsalternativen zu suchen, die auch eine **Nullvariante** mit einschließen können.[55]

22 **Rechtshistorisch** betrachtet knüpft die SUP-RL an die sog. **UVP-RL** an, die Richtlinie über die Umweltverträglichkeitsprüfung bei bestimmten öffentlichen und privaten Projekten (RL 85/337/EWG) vom 27. 6. 1985.[56] Beim Vollzug der Richtlinie in den Mitgliedstaaten hatten sich jedoch **erhebliche strukturelle Defizite** gezeigt.[57] Ursache hierfür ist, dass eine erstmalige Prüfung der Umweltauswirkungen erst auf der Projektebene angeordnet wurde und dort bisweilen zu spät kam. Gerade Überlegungen zu Alternativen für das Projekt und seinen Standort bzw. seine Ausführung blieben hier außer Betracht. Diese Defizite versucht die SUP-RL zu schließen, indem sie bereits auf der Ebene der Planung ansetzt.[58] Sie absorbiert dabei zugleich diejenigen Pflichten zur Umweltprüfung, die zuvor im projektbezogenen Einzelfall durch die UVP-RL ausgelöst wurden.[59]

b) Pflicht zur Durchführung einer Umweltprüfung

23 Die Vorgaben der SUP-RL werden national im Wesentlichen durch das Gesetz über die Umweltverträglichkeitsprüfung (UVPG) umgesetzt.[60] Diese vormals auch für die Bauleitplanung gewählte Variante wurde jedoch mit dem Europarechtsanpassungsgesetz Bau[61] aufgegeben. Für Bauleitpläne ist seit 2004 ausschließlich das BauGB maßgeblich, wie dem schwer verständlichen § 17 UVPG entnommen werden kann.[62] Daran ändert es auch nichts, dass das UVPG die Bauleitpläne weiterhin gem. § 2 III Nr. 3 UVPG als Entscheidungen über die Zulässigkeit von Vorhaben versteht, die grundsätzlich eine Pflicht zur Umweltprüfung nach dem UVPG auslösen können.

---

[52] Dies entspricht auch der Rechtslage bei der Umweltverträglichkeitsprüfung (UVP); vgl. BVerwGE 100, 238 (248); 100, 370 (376 f.).

[53] *Spannowsky*, in: Mitschang, Umweltprüfverfahren in Stadt- und Regionalplanung, 2006, S. 89 (100); *Schink*, in: GfU, Umweltprüfung für Pläne und Programme, 2005, S. 93 (146 ff.); Probleme in der praktischen Anwendung zeigt *Ritter*, Planungscontrolling: Konsequenz aus der Pflicht zur Strategischen Umweltprüfung, DÖV 2005, 929 (930) auf.

[54] *Kment*, DVBl. 2008, 364 (366).

[55] *Schink*, Umweltprüfung für Pläne und Programme – Verfahrensanforderungen, NuR 2005, 143 (146); gegen eine Pflicht zur Prüfung der Nullvariante *Pietzcker/Fiedler*, DVBl. 2002, 929 (935).

[56] ABl. Nr. L 175 v. 5. 7. 1985, S. 40

[57] KOM (93) 28 endg., insb. S. 60.

[58] Vgl. Hoppe/*Kment*, UVPG, Vorb. Rn. 18.

[59] Vgl. hierzu auch Art. 11 II SUP-RL.

[60] Gesetz v. 24. 2. 2010, BGBl. I, S. 94.

[61] BGBl. 2004 I, S. 1359.

[62] Hoppe/*Wagner/Paßlick*, UVPG, § 17 Rn. 54, 59.

Gesetzessystematisch bedürfte es der Regelung des § 2 III Nr. 3 UVPG nicht mehr.[63]

Die **Verpflichtung zur Durchführung einer Umweltprüfung** kann § 2 IV 1 BauGB entnommen werden. Lediglich bei vereinfachten Verfahren nach § 13 BauGB und bei Bebauungsplänen der Innenentwicklung gem. § 13 a BauGB findet die Anordnung des § 2 IV 1 BauGB keine Anwendung, wenn bestimmte Anforderungen an die Planung erfüllt sind.[64]

24

c) Durchführung der Umweltprüfung

Die Umweltprüfung erfährt durch die Vorgaben des § 2 IV 1 BauGB eine Grundausrichtung. Danach wird die Umweltprüfung für die Belange des Umweltschutzes nach § 1 Abs. 6 Nr. 7 und § 1 a BauGB durchgeführt, wobei die voraussichtlichen erheblichen Umweltauswirkungen ermittelt und in einem Umweltbericht[65] beschrieben und bewertet werden. Der Arbeitsvorgang wird durch **Anlage 1 zum BauGB** weiter konkretisiert, indem diese die Mindestangaben des Umweltberichts festschreibt.[66] Grundsätzlich verläuft die Umweltprüfung **dreistufig** und weist folgende Etappen auf:

25

1. Ermittlung
2. Beschreibung
3. Bewertung

aa) Ermittlung der Umweltauswirkungen

Die Ermittlung beschreibt einen Prozess des **Suchens und Identifizierens**.[67] Die erforderlichen Daten werden gesammelt und im Umweltbericht zusammengestellt. So wird etwa der aktuelle Umweltbestand erforscht,[68] eine Prognose über die Entwicklung des Umweltzustands bei Durchführung der Planung und bei seiner Nichtdurchführung (sog. Nullvariante) vorgenommen[69] sowie in Betracht kommende anderweitige Planungsmöglichkeiten (sog. Alternativenprüfung) berücksichtigt.[70] Ob es sich um **negative** oder **positive Umweltauswirkungen** handelt, ist in diesem Stadium der Umweltprüfung unerheblich.[71] Die Ermittlungsintensität ist insofern breit. Allerdings erstreckt sich die Ermittlungspflicht grundsätzlich nicht auf jedes noch so marginale Faktum. Erleichterungen ergeben sich zumeist aus **Erheblichkeits- oder Zumutbarkeitsschwellen**, vorliegend etwa aus der Begrenzung des § 2 IV 3 BauGB, der die Umweltprüfung auf dasjenige begrenzt, was „angemessenerweise verlangt werden kann". Weitere Reduzierungen der Ermittlungspflicht basieren auf der Fo-

26

---

[63] *Schubert*, Die bauplanungsrechtliche Umweltprüfung im Spannungsfeld EG-rechtlicher Vorgaben und kommunaler Praktikabilitätsansprüche, NuR 2005, 369 (371 f.)
[64] Siehe dazu nachfolgend unter § 6 Rn. 105.
[65] Siehe zum Umweltbericht auch nachfolgend § 6 Rn. 34.
[66] Siehe auch die Übersicht bei *Balla/Peters/Wulfert*, UBA-Leitfaden zur Strategischen Umweltpürung, UVP-report 2009, 189 (190).
[67] *Uebbing*, Umweltprüfung für Pläne und Programme, 2004, S. 114 f.
[68] Vgl. Nr. 2 lit. a der Anlage 1 zum BauGB.
[69] Vgl. Nr. 2 lit. b der Anlage 1 zum BauGB.
[70] Vgl. Nr. 2 lit. d der Anlage 1 zum BauGB.
[71] Hierfür finden sich Belege im Unionsrecht. Am prägnantesten ist die Erläuterung zu Anlage I lit. f SUP-RL; vgl. auch *Hendler*, Der Geltungsbereich der EG-Richtlinie zur strategischen Umweltprüfung, NuR 2003, 2 (3); Hoppe/*Kment*, UVPG, § 14 f Rn. 18; ablehnend *Jacoby*, Die Strategische Umweltprüfung in der Raumordnung, UVP-report 2001, 134 (135).

kussierung der Prüfung auf betroffene Gebiete, die „voraussichtlich erheblich beeinflusst werden"; vgl. Nr. 1 lit. a der Anlage 1 zum BauGB. Erleichterungen können aber auch durch § 2 IV 5 BauGB erzielt werden, der den faktischen Ermittlungsaufwand verringert, indem er das Heranziehen bereits gewonnener Daten erlaubt.[72] Im Zusammenspiel mit diesen Konkretisierungen wird das Ermitteln mitunter zugleich zu einer **Prognoseentscheidung**.[73] Die zuständige Behörde muss beispielsweise (grob) einschätzen, welche Eintrittswahrscheinlichkeit eine ins Auge gefasste Umweltbeeinträchtigung aufweisen könnte oder welche Arten von Gesundheitsgefahren drohen.

bb) Beschreibung der Umweltauswirkungen

27 Das Beschreiben beinhaltet einen rein **deskriptiven Vorgang**, der die Ermittlungsergebnisse schriftlich dokumentiert. Da der Umweltbericht die notwendigen Informationen für die Beteiligungsverfahren liefert und zudem dazu beiträgt, für eine ausreichende Transparenz der Entscheidungsfindung zu sorgen, muss der beschreibende Teil des Umweltberichts **wertneutral** sein.[74] Werturteile über einzelne Umweltauswirkungen (als „schädlich", „gefährlich", „gemeinwohlbeeinträchtigen", „negativ" etc.) werden erst im nächsten Schritt, der Bewertung, gefällt.[75] Auch die Beschreibung erfolgt nicht uferlos. Sie orientiert sich vorrangig an den ermittelten Daten und erfüllt die Mindestanforderungen der Anlage 1 zum BauGB.

cc) Bewertung der Umweltauswirkungen

28 Das Verfahren nach § 2 IV BauGB endet mit einer (vorläufigen) **Bewertung** der ermittelten und beschriebenen Umweltauswirkungen und Alternativen. So lapidar dieser **Begriff** klingt, so viel Sprengstoff liegt in diesem bedeutsamen Teilabschnitt der Umweltprüfung, da noch viele Detailfragen ungeklärt sind.[76] Als gesichert kann jedoch angesehen werden, dass die Bewertung der Entscheidungsvorbereitung dient, indem sie eine **Beurteilungsgrundlage für die Entscheidung** über die Annahme des Plans oder Programms liefert. Gegenstand des Bewertens ist das Einschätzen, Abschätzen und Gewichten von Umweltauswirkungen und Alternativen.[77] Es geht darum, das ermittelte und beschriebene Datenmaterial subjektiv einzustufen und zu überprüfen, etwa dahingehend, ob einzelne Umweltauswirkungen entscheidungserheblich sind oder eher vernachlässigt werden können.[78] Man kann insofern auch von einer **Risikobewertung** sprechen.[79] Die Anforderungen an die Bewertung werden durch § 2 IV BauGB nicht näher konkretisiert. Gleichwohl lassen sich aus dem Gesichtspunkt der Sachgerechtigkeit Anhaltspunkte gewinnen. So sollten die herangezogenen Bewertungsmaßstäbe nicht rein ökologisch gebildet sein und auch **außerökologische Belange** einbeziehen, um ein Ergebnis hervorzubringen, welches in einem späteren Abwägungsprozess mit anderen Belangen und Interessen überhaupt

---

[72] Siehe dazu im Folgenden § 6 Rn. 31 f.
[73] Siehe Hoppe/*Appold*, UVPG, § 2 Rn. 55.
[74] *Erbguth/Schink*, UVPG, 2. Aufl. 1996, § 2 Rn. 8; *Schmidt-Preuß*, Der verfahrensrechtliche Charakter der Umweltverträglichkeitsprüfung, DVBl. 1995, 485 (485); *Schoeneberg*, Umweltverträglichkeitsprüfung, 1993, Rn. 142.
[75] Hoppe/*Kment*, UVPG, § 14 g Rn. 13.
[76] *Schmidt-Preuß*, Der verfahrensrechtliche Charakter der Umweltverträglichkeitsprüfung, DVBl. 1995, 485 (485 ff.); siehe auch Hoppe/*Beckmann*, UVPG, § 12 Rn. 4.
[77] *Uebbing*, Umweltprüfung für Pläne und Programme, 2004, S. 130; *Erbguth/Schink*, UVPG, 2. Aufl. 1996, § 12 Rn. 5.
[78] *Peters/Balla*, UVPG, § 14 g Rn. 28; *Bunge/Nesemann* in: Storm/Bunge, HdUVP Stand 2010, 0507, S. 41.
[79] Siehe auch Hoppe/*Kment*, UVPG, § 12 Rn. 19.

§ 6. Planungszuständigkeit und Planungsverfahren

in ein Verhältnis gesetzt werden kann.[80] Dies steigert letztlich die Durchsetzungskraft der Umweltbelange in der Entscheidungsphase. Des Weiteren sollte die Bewertung am Prinzip der Nachhaltigkeit (§ 1 V BauGB) und Vorsorge ausgerichtet und aufgrund des medienübergreifenden, integrativen Ansatzes der Umweltprüfung breit angelegt sein.[81]

dd) Koordination der Umweltprüfung (Scoping)

Diese drei Arbeitsschritte (Ermitteln, Beschreiben, Bewerten) werden in der Praxis erheblich erleichtert und beschleunigt, wenn sie **frühzeitig abgestimmt** sind.[82] Hierzu dient das sog. **Scoping** gem. § 2 IV 2 BauGB. In seinem Rahmen legt die Gemeinde für jeden Bauleitplan fest, in welchem Umfang und Detaillierungsgrad die Ermittlung der Belange für die Abwägung erforderlich ist. Das **unselbstständige interne Verfahren**[83] ist **statischer Natur**.[84] Es beginnt möglichst früh, ist entscheidungsorientiert und zudem nach den Maßstäben der Verhältnismäßigkeit konzentriert.[85] Der Untersuchungsrahmen wird gem. § 2 IV 3 BauGB unter Berücksichtigung dessen definiert, was nach gegenwärtigem Wissensstand und aktuellen[86] Prüfmethoden sowie nach Inhalt und Detaillierungsgrad des Bauleitplans angemessenerweise verlangt werden kann. Andere **Behörden und sonstige Träger öffentlicher Belange** werden während des Scopings gem. § 4 I BauGB unterstützend beteiligt und wirken so auf eine zielgerichtete und effektive Ausrichtung der anschließenden Verfahrensdurchführung ein.[87]

29

ee) Berücksichtigung der Umweltprüfung

Den verfahrensrechtlichen Charakter der Umweltprüfung betont der Gesetzgeber mit der Regelung des § 2 IV 4 BauGB. Dort ist festgeschrieben, dass das Ergebnis der Umweltprüfung in der Abwägung (§ 1 VII BauGB) zu berücksichtigen ist. Die Erkenntnisse der Umweltprüfung genießen keinen Vorrang vor anderen Belangen, sondern werden zum **Gegenstand einer Gesamtabwägung**.[88] Dort müssen sie sich ihrem Gewicht entsprechend gegenüber anderen Belangen, etwa solchen der Wirtschaft, des Verkehrs oder der Verteidigung, behaupten. Erst im Rahmen dieser planerischen Gesamtabwägung entscheidet sich also, ob und in welchem Umfang den Umweltbelangen bei der Planungsentscheidung Rechnung zu tragen ist.[89] Haben andere Belange ein größeres Gewicht, müssen die Umweltbelange ganz oder teilweise zurückstehen. Außerdem ist es nicht erforderlich, bei der Planungsentscheidung stets die Alternative zu wählen, die nach dem Ergebnis der abschließenden Umweltbewertung mit den günstigsten Umweltauswirkungen verbunden ist. An den Grundsätzen

30

---

[80] Hoppe/*Kment*, UVPG, § 14 g Rn. 84 ff.
[81] Hoppe/*Kment*, UVPG, § 14 g Rn. 87 ff.
[82] Hoppe/*Kment*, UVPG, § 14 f Rn. 1.
[83] *Uechtritz*, in: GfU, Umweltprüfung für Pläne und Programme, 2005, S. 169 (189).
[84] Hoppe/*Kment*, UVPG, § 14 f Rn. 11; *Jacoby*, Die strategische Umweltprüfung (SUP) in der Raumplanung, 2000, S. 473.
[85] *Schink*, Umweltprüfung für Pläne und Programme – Verfahrensanforderungen, NuR 2005, 143 (145); *Uebbing*, Umweltprüfung für Pläne und Programme, 2004, S. 259 f.; Hoppe/*Kment*, UVPG, § 14 f Rn. 10.
[86] Der Wortlaut des § 2 IV 3 BauGB, der noch von „allgemein anerkannten Prüfmethoden" spricht, setzt das Unionsrecht (Art. 5 II SUP-RL) in diesem Punkt unzureichend um, da er den Maßstab des Gebotenen nicht an die Front der Entwicklung verlagert. Hier ist unmittelbar auf die Richtlinienbestimmung abzustellen.
[87] BK/*Gaentzsch*, BauGB, § 4 Rn. 4 ff.
[88] Brügelmann/*Gierke*, BauGB, § 2 Rn. 221.
[89] Hoppe/*Beckmann*, UVPG, § 14 k Rn. 9.

des Bauplanverfahrens und der Grundstruktur der gesamtplanerischen Abwägungsentscheidung ändert die Umweltprüfung nichts.[90]

ff) Abschichtung

31 Die Umweltprüfung ist ein effektives Instrument, um sich über die Auswirkungen der Planung auf die Umwelt bewusst zu werden. Sie bedeutet jedoch auch einen verfahrensbezogenen Mehraufwand, der die Plandurchführung zeitlich und finanziell belastet. Bei einem mehrstufigen Planungs- und Zulassungsprozess, in dessen Mitte die Bauleitplanung angesiedelt ist, können diese negativen verfahrensrelevanten Effekte der Umweltprüfung auf jeder Planungs- und Zulassungsebenen auftreten. Würde auf jeder Ebene eine Umweltprüfung vollständig durchgeführt, bestünde die Gefahr von Mehrfachprüfungen. Aus Gründen der Verfahrensökonomie bietet es sich deshalb an, die Möglichkeit zu schaffen, **Prüfungsschritte** auf einzelnen Ebenen zu **bündeln** und für die **übrigen Ebenen nutzbar** zu machen. So kann der Prüfungsablauf insgesamt beschleunigt und entlastet werden.[91] Es kann darüber hinaus sogar der Anreiz geschaffen werden, sachlich und geographisch sich überschneidende bzw. sich aufeinander beziehende Planungen zeitlich und inhaltlich abgestimmt durchzuführen, um Synergieeffekte noch stärker zu nutzen.[92] Gesetzgeberisches Instrument der beschriebenen Verfahrensökonomisierung ist die sog. **Abschichtung**, die für die Bauleitplanung in § 2 IV 5[93] und § 4 IV 5 BauGB und für das Zulassungsverfahren in § 17 III UVPG verankert ist wie auch unionsrechtlich von Art. 4 III und Art. 5 II SUP-RL gefordert wird. § 4 IV 5 BauGB bestimmt, dass die Umweltprüfung in einem zeitlich nachfolgend oder gleichzeitig durchgeführten Bauleitplanverfahren auf zusätzliche oder andere erhebliche Umweltauswirkungen beschränkt werden soll, wenn bereits eine Umweltprüfung für das Plangebiet oder für Teile davon in einem Raumordnungs-, Flächennutzungs- oder Bebauungsplanverfahren durchgeführt wurde. Allerdings reicht die Abschichtung nur so weit, wie **planerische Schnittmengen** zwischen einer vorangegangenen und der aktuellen Planung bestehen.[94] Zudem darf sich das Planungsumfeld nicht grundlegend verändert haben oder seit der letzten Umweltprüfung zu viel Zeit verstrichen sein.[95] Nur soweit die Erkenntnisse aus der vorangegangenen Planung noch **aktuell** sind, dürfen sie weiterhin Verwendung finden. Schließlich kommen in den vollen Genuss der Abschichtungswirkung nur solche Entscheidungsebenen, deren Prüfungstiefe nicht von höherer **Konkretisierungsdichte** ist, als die der vorangegangenen Umweltprüfung. Ist dies doch der Fall, sind notwendige Vertiefungen der Umweltprüfung vorzunehmen.[96]

---

[90] *Hoppe*, Die Abwägung im EAG Bau nach Maßgabe des § 1 VII BauGB 2004, NVwZ 2004, 903 (910); *Bunzel*, Die Umweltverträglichkeitsprüfung bei bauplanungsrechtlichen Vorhaben, ZfBR 2002, 124 (133); a. A. *Krautzberger/Stüer*, Städtebaurecht 2004: Umweltprüfung und Abwägung, DVBl. 2004, 914 (923 f.).
[91] *Schink*, in: GfU, Umweltprüfung für Pläne und Programme, 2005, S. 93 (139 f.); *Sauthoff*, Die Strategische Umweltprüfung im Straßenrecht, ZUR 2006, 15 (18); *Spannowsky*, in: ders./ Krämer, Plan-UP-Richtlinie, S. 51 (69 ff.); siehe auch die Gesetzesbegründung v. 29. 6. 2004, BT-Drs. 15/3441, S. 31.
[92] *Peters/Balla*, UVPG, 3. Aufl. 2006, § 14 f Rn. 16.
[93] Vgl. *VGH Kassel* ZfBR 2010, 588 (588 f.); *Reidt*, Europäischer Habitat- und Artenschutz in der Bauleitplanung, NVwZ 2010, 8 (10).
[94] *Bunzel*, in: Eberle/Jacoby, Umweltprüfung für Regionalpläne, 2003, S. 27 (31); *Uebbing*, Umweltprüfung für Pläne und Programme, 2004, S. 269.
[95] *Grotefels*, in: Mitschang, Umweltprüfverfahren in der Stadt und Regionalplanung, 2006, S. 19 (29); *Busse*, Die Plan-UP-Richtlinie aus kommunaler Sicht, KommJUR 2004, 245 (250); *Bunzel*, in: Eberle/Jacoby, Umweltprüfung für Regionalpläne, 2003, S. 27 (31 f.).
[96] Hoppe/*Kment*, UVPG, § 14 f Rn. 36.

Vertreter der **Öffentlichkeit** haben im Rahmen der Abschichtung im Übrigen mit **keinen rechtlichen Nachteilen** zu rechnen. Ihre Verfahrensrechte werden durch die Abschichtung nicht beschnitten.[97] Es kann allerdings ein großes Maß an Aufmerksamkeit gefordert sein, um die Behandlung bestimmter Umweltauswirkungen nicht zu versäumen, die auf höherer Ebene abgearbeitet wurden und in späteren Verfahren nicht mehr aufgegriffen werden.[98]

Eine **weitere Form der Abschichtung** beschreibt § 2 IV 6 BauGB. Zur Vermeidung von Doppelprüfungen ordnet er an, dass Bestandsaufnahmen und Bewertungen von Landschaftsplänen oder sonstigen Plänen nach § 1 VI Nr. 7 lit. g BauGB in der Umweltprüfung heranzuziehen sind.[99] Ein Vorrang wird diesen Plänen gegenüber der Bauleitplanung jedoch nicht zuteil.   32

4. Begründung und Umweltbericht

Die Gemeinde hat gem. § 2 a BauGB die Verpflichtung, im Aufstellungsverfahren dem Entwurf des Bauleitplans eine **Begründung** beizufügen, wobei der Umweltbericht einen gesonderten Teil der Begründung bildet. Die Vorschrift trägt der unionsrechtlichen Aufwertung des Verfahrens im Allgemeinen und der Beteiligungsverfahren im Besonderen Rechnung.[100] In ihr sind zum einen entsprechend dem Stand des Verfahrens die Ziele, Zwecke und wesentlichen Auswirkungen des Bauleitplans und zum anderen im Umweltbericht die aufgrund der Umweltprüfung nach § 2 IV BauGB ermittelten und bewerteten Belange des Umweltschutzes darzulegen. Die Begründung nach § 2 a BauGB korrespondiert mit den Begründungserfordernissen nach § 5 V und § 9 VIII BauGB, hat aber eine abweichende Funktion.[101] Die Begründung des Planentwurfs – einschließlich des Umweltberichts – **begleitet das Bauleitplanverfahren**. Sie darf sich – anders als die endgültige Begründung – auf die wesentlichen Punkte beschränken und muss nicht in vollem Umfang Aufschluss geben, inwiefern die Anforderungen des Abwägungsgebots nach § 1 VII BauGB erfüllt wurden.[102] Zudem ist die Entwurfsbegründung nicht statisch. Sie wird vom Beginn bis zum Ende des Planungsverfahrens entsprechend dem Erkenntnisgewinn **fortgeschrieben**.[103]   33

Gleiches gilt für den **Umweltbericht**, der nach Maßgabe der Anlage 1 zum BauGB anzufertigen ist. Er dokumentiert die Umweltprüfung nach § 2 IV BauGB und gibt u. a. Aufschluss über   34

– den Inhalt und die wichtigsten Ziele des Bauleitplans (Nr. 1 lit. a der Anlage 1)
– die für die Bauleitplanung bedeutsamen Ziele des Umweltschutzes und ihre Berücksichtigung bei der Planaufstellung (Nr. 1 lit. b der Anlage 1)
– eine Prognose über die Entwicklung des Umweltzustands bei Durchführung der Planung und bei Nichtdurchführung der Planung (Nr. 2 lit. b der Anlage 1)

---

[97] Hoppe/*Kment*, UVPG, § 14 f Rn. 38.
[98] Diese Auswirkungen der Abschichtung sind nicht neu. Gerade im Planungsrecht, das aus dem Zusammenspiel mehrerer Planungsebenen lebt (siehe *Kment*, Rechtsschutz im Hinblick auf Raumordnungspläne, 2002, S. 149 f.), sind solche Folgen der Abschichtung durchaus üblich.
[99] Siehe *Louis*, Die Strategische Umweltprüfung für Landschaftspläne, UPR 2006, 285 (288); *Jessel*, Die Integration von Umweltbelangen in die Entscheidungsfindung in der Bauleitplanung, UPR 2004, 408 (412).
[100] BKL/*Battis*, BauGB, § 2 a Rn. 2.
[101] BVerwGE 45, 309 (330 f.); BK/*Mitschang*, BauGB, § 2 a Rn. 13.
[102] BVerwGE 77, 300 (306).
[103] BKL/*Battis*, BauGB, § 2 a Rn. 3.

78   2. Teil. Die Bauleitplanung

– geplante Maßnahmen zur Vermeidung, Verringerung und zum Ausgleich der nachteiligen Auswirkungen (Nr. 2 lit. c der Anlage 1)
– in Betracht kommende Alternativen (Nr. 2 lit. d der Anlage 1).

35   Der Umweltbericht ist als **Teil der Begründung** ein Element des Verfahrensrechts. Er kann als solcher mit der Begründung in einem zusammenfassenden Dokument verfasst werden, muss dort aber eine **eigenständige zusammenhängende Darstellung** erfahren.[104]

5. Öffentlichkeitsbeteiligung

36   Die Öffentlichkeitsbeteiligung ist nach der Konzeption des § 3 BauGB ein **zweistufiges Verfahren**, welches in eine frühzeitige (§ 3 I BauGB) und eine förmliche Komponente (§ 3 II BauGB) unterteilt werden kann.[105] Beide Verfahren sind durch unionsrechtliche Vorgaben (SUP-RL und Öffentlichkeitsbeteiligungs-RL[106]) geprägt, die ihrerseits völkerrechtliche Wurzeln haben (Aarhus-Konvention).[107] Gem. § 4 a I BauGB dienen sie vornehmlich der vollständigen Ermittlung und zutreffenden Bewertung der von der Planung berührten Belange. Sie begünstigen aber auch den **Schutz des Bürgers**, der seine Rechtsposition in den Entscheidungsprozess einbringen und diese hierdurch wahren kann,[108] wie auch die **Akzeptanz der Planung** unter den Planbetroffenen.[109]

a) Frühzeitige Öffentlichkeitsbeteiligung

37   § 3 I BauGB statuiert den ersten Schritt des zweigliedrigen Beteiligungsverfahrens: Nach § 3 I 1 BauGB hat die Gemeinde die Öffentlichkeit möglichst frühzeitig über die allgemeinen Ziele und Zwecke der beabsichtigten Planung und die voraussichtlichen Auswirkungen der Planung zu unterrichten. Man bezeichnet dies als die „**frühzeitige Bürgerbeteiligung**". Von ihr kann nur unter den Voraussetzungen der §§ 3 I 2, 13 I i. V. m. II, 13 a I i. V. m. II i. V. m. § 13 II BauGB abgesehen werden; im Übrigen ist sie zwingend.[110] Mängel bei der frühzeitigen Bürgerbeteiligung sind allerdings ohne Einfluss auf die Rechtswirksamkeit des Bauleitplans (arg. § 214 I 1 Nr. 2 BauGB).[111]

---

[104] *Schmidt-Eichstaedt*, Der neue Umweltbericht nach § 2 a BauGB als Bestandteil der Begründung von UVP-pflichtigen Bebauungsplänen, BauR 2002, 405 (407); BK/*Mitschang*, BauGB, § 2 a Rn. 37 f.
[105] Umfassend dazu *Fackler*, Die Bürgerbeteiligung gemäß § 3 BauGB als subjektives öffentliches Recht, BayVBl. 1993, 353.
[106] RL 2003/35/EG des Europäischen Parlaments und des Rates vom 26. 5. 2003 über die Beteiligung der Öffentlichkeit bei der Ausarbeitung bestimmter umweltbezogener Pläne und Programme und zur Änderung der Richtlinien 85/337/EWG und 96/61/EG des Rates in Bezug auf die Öffentlichkeitsbeteiligung und den Zugang zu Gerichten, ABl. Nr. L 156, S. 17.
[107] *Kment*, Grenzüberschreitendes Verwaltungshandeln, 2010, S. 308 ff.; *Walter*, Internationalisierung des deutschen und Europäischen Verwaltungsverfahrens- und Verwaltungsprozessrechts – am Beispiel der Arhus-Konvention, EuR 2005, 302 (304 ff.); *v. Danwitz*, NVwZ 2004, 272 (273 ff.).
[108] BVerwGE 133, 98 (114); *Erbguth*, Baurecht, § 5 Rn. 19.
[109] *Ziekow*, Perspektiven der Öffentlichkeitsbeteiligung und Verbandsbeteiligung in der Raumordnung, NuR 2002, 701 (703); *Koch*, Formen der Partizipation in Planungs- und Entscheidungsprozessen, UVP-report 2008, 118 (120); *Würtenberger*, Akzeptanz durch Verwaltungsverfahren, NJW 1991, 257 (260 ff.).
[110] BKL/*Battis*, BauGB, § 3 Rn. 6.
[111] *BVerwG* NVwZ-RR 2003, 172 (173).

aa) Zweck

Die frühzeitige Bürgerbeteiligung soll den Bürgern Gelegenheit geben, sich mit Anregungen und Kritik an der Bauleitplanung zu beteiligen. Sie dient zugleich der **Vervollständigung des Planungsmaterials** und ist damit ein „Instrument der Planung".[112] Deshalb ist der Kreis der Partizipationsberechtigten nicht auf die Planungsbetroffenen beschränkt, sondern **unbegrenzt**. Außerdem kann man in der Bürgerbeteiligung an der Bauleitplanung eine Form der Mitwirkung der Bürger an der Gestaltung der Angelegenheiten der örtlichen Gemeinschaft, also eine Form unmittelbarer Demokratie sehen,[113] auch wenn den Bürgern eine Entscheidungsbefugnis nicht zusteht.

38

bb) Zeitpunkt

Die Gemeinde hat die **frühzeitige** Bürgerbeteiligung durchzuführen, sobald sich ihre Überlegungen über die Ziele und Zwecke der beabsichtigten Planung, über sich wesentlich unterscheidende anderweitige planerische Lösungen sowie über die voraussichtlichen Auswirkungen der Planung soweit **verdichtet** haben, dass sie öffentlich vorgestellt werden können. Dies kann sogar schon vor dem Planaufstellungsbeschluss nach § 2 I BauGB sein.[114] Über noch unausgegorene Planungsüberlegungen braucht die Gemeinde nicht zu informieren. Deshalb kann die Gemeinde ihren internen Meinungsbildungsprozess zunächst ohne Beteiligung der Öffentlichkeit betreiben. Jedoch dürfen die Planinhalte noch nicht in ihren Einzelheiten feststehen, um den Bürgern eine Einflussmöglichkeit auf die Planung zu belassen. Wählt die Gemeinde den Zeitpunkt der Bürgerbeteiligung zu spät, liegt ein Verfahrensfehler vor, der allerdings unbeachtlich ist (arg. § 214 I 1 Nr. 2 BauGB).

39

cc) Form

Die Unterrichtung der Bürger hat „**öffentlich**" zu erfolgen. Dies kann nach dem Ermessen der Gemeinde in einer öffentlichen Veranstaltung, Ausstellung oder durch öffentliche Aufforderung an die Bürger erfolgen, sich bei der Planungsbehörde über die Planung zu unterrichten.[115] Sogar ein **ergänzendes internetgestütztes Verfahren** ist denkbar.[116] Es genügt nicht, lediglich die unmittelbar planungsbetroffenen Bürger zu unterrichten. **Adressat** muss die Öffentlichkeit sein, zu der jedermann einschließlich anerkannter Naturschutzverbände gehört.[117] Außerdem muss durch ortsübliche Bekanntmachung auf die Planung und die Möglichkeit, über sie unterrichtet zu werden, **hingewiesen** werden.[118] Der Öffentlichkeit ist **Gelegenheit zur Äußerung und Erörterung** zu geben (§ 3 I 1 Hs. 2 BauGB). Dies ist ein Unterschied zur späteren Auslegung des Planentwurfs (§ 3 II BauGB), die mit keiner öffentlichen Erörterung verbunden ist. Mit dem Abschluss der Erörterung, für den die Gemeinde einen Schlusstermin bestimmen kann, ist die frühzeitige Bürgerbeteiligung beendet.

40

---

[112] BVerwGE 133, 98 (114); ausführlich *Hendler*, Bürgerschaftliche Mitwirkung an der städtebaulichen Planung, 1977.
[113] *BVerwG* BRS 47 Nr. 4; siehe zum Demokratiegebot in der Planung *Pieroth*, Das Verfassungsrecht der Öffentlichkeit für die staatliche Planung, in: Festschr. für Hoppe, 2000, 195 (197 f.); vgl. auch BKL/*Battis*, § 3 Rn. 2.
[114] Schrödter/*Schrödter*, BauGB, § 3 Rn. 12; JDW/*Jäde*, BauGB, § 3 Rn. 4.
[115] EZBK/*Krautzberger*, BauGB, § 3 Rn. 18; BK/*Gaentzsch*, BauGB, § 3 Rn. 5.
[116] Vgl. § 4 a IV BauGB; siehe zudem *Berghäuser/Berghäuser*, E-Partizipation und frühzeitige Öffentlichkeitsbeteiligung in der Bauleitplanung, NVwZ 2009, 766 (768 f.).
[117] BKL/*Battis*, BauGB, 2009, § 3 Rn. 6; BK/*Gaentzsch*, BauGB, § 3 Rn. 6; Schrödter/*Schrödter*, BauGB, § 3 Rn. 9.
[118] Zu den Anforderungen an die öffentliche Bekanntmachung BVerwGE 69, 344 (345 ff.) = NJW 1985, 1570.

Die Stellungnahmen gehen als Planungsmaterial in die weitere Planung ein.[119] Eine förmliche Prüfung der abgegebenen Äußerungen erfolgt nicht. Demgemäß entfällt auch eine **Mitteilung an die Bürger**, ob ihre Anregungen berücksichtigt worden sind. Für die Anregungen, die aufgrund der späteren Auslegung des Planentwurfs erfolgen, schreibt § 3 II 4 BauGB eine solche Mitteilung vor. Führt die frühzeitige Bürgerbeteiligung zu einer Änderung der vorgestellten Planung, findet keine erneute frühzeitige Bürgerbeteiligung statt (§ 3 I 3 BauGB). Das Planungsverfahren nimmt dann seinen Fortgang. Etwas anderes gilt nur, wenn die Gemeinde von der ursprünglichen Planung gänzlich abläßt und eine qualitativ neue Planung beginnt.[120]

b) Bürgerbeteiligung durch Auslegung des Planentwurfs

41 Im System der abgestuften Öffentlichkeitsbeteiligung folgt auf der zweiten Stufe die Öffentlichkeitsbeteiligung **im Rahmen des Auslegungsverfahrens**. In diesem Sinne bestimmt § 3 II 1 BauGB, dass die Entwürfe der Bauleitpläne mit der Begründung und den nach Einschätzung der Gemeinde wesentlichen, bereits vorliegenden umweltbezogenen Stellungnahmen für die Dauer eines Monats öffentlich auszulegen sind.

aa) Auslegungsbeschluss

42 Auf der Grundlage ihrer planerischen Vorstellungen, in die die Ergebnisse der frühzeitigen Öffentlichkeits- und Behördenbeteiligung einfließen, unter Beachtung der gesetzlichen Vorgaben und nach einer ersten Abwägung der planungserheblichen Belange gegeneinander und untereinander (§ 1 VII BauGB) beschließt die Gemeinde regelmäßig den Planentwurf und seine öffentliche Auslegung. Dieser Beschluss, der im BauGB nicht erwähnt, aber in der Praxis üblich ist, wird als „**Auslegungsbeschluss**"[121] bezeichnet.[122] An ihn schließt sich die von § 3 II BauGB vorgesehene öffentliche Auslegung des Planentwurfs an, das sog. Auslegungs- oder „Anregungsverfahren".[123]

bb) Gegenstand der Auslegung

43 Ausgelegt wird der von der Gemeinde beschlossene **Entwurf des Bauleitplans**. Anders als bei der frühzeitigen Bürgerbeteiligung schließt dies Alternativentwürfe nicht ein. Der Bürger erfährt jetzt nur noch, wozu sich die Gemeinde entschlossen hat und was nach ihren Vorstellungen Inhalt des künftigen Bauleitplans sein soll. Dem Planentwurf ist nach § 3 II 1 BauGB eine **Begründung** beizufügen. Dies sind auf die Planentwürfe bezogene Erklärungen, nicht etwa Entwürfe der Begründung, die später den beschlossenen Bauleitplänen nach §§ 5 V, 9 VIII BauGB beizufügen sind.[124] Hinzu kommt der **Umweltbericht** (§ 2a BauGB) wie auch die nach der Einschätzung der Gemeinde **wesentlichen umweltbezogenen Stellungnahmen**.[125]

---

[119] Schrödter/*Schrödter*, BauGB, § 3 Rn. 16.

[120] JDW/*Jäde*, BauGB, § 3 Rn. 11; BK/*Gaentzsch*, BauGB, § 3 Rn. 11.

[121] So BVerwGE 110, 118 (125); 124, 385 (394).

[122] Das Kommunalrecht bestimmt, ob dieser Beschluss vom Gemeinderat oder einem seiner Ausschüsse zu fassen ist; vgl. *BVerwG* NVwZ 1988, 916 (917); *VGH Mannheim* BRS 23 Nr. 14; BKL/*Battis*, BauGB, 2009, § 3 Rn. 12; EZBK/*Krautzberger*, BauGB, § 3 Rn. 32; a. A. *OVG Koblenz* NVwZ 1982, 124: nach BBauG (BauGB) zwingend Gemeinderat.

[123] So die Bezeichnung in BVerwGE 45, 309 (318) = NJW 1975, 70; *BVerwG* NVwZ 2003, 1261 (1262).

[124] Zum Unterschied von Entwurfs- und Planbegründung BVerwGE 45, 309 (330 f.) = NJW 1975, 70.

[125] EZBK/*Krautzberger*, BauGB, § 3 Rn. 35; BKL/*Battis*, BauGB, § 3 Rn. 13.

Das gesamte Begründungsmaterial dient der Information über die dem Planentwurf zugrundeliegenden Planungsabsichten der Gemeinde. Darüber hinausgehende Erläuterungen braucht die Gemeinde nicht zu geben.[126] Sie muss auch keine Kopien von Planungsunterlagen zur Verfügung stellen.[127] Ausreichend, aber auch notwendig ist es, dass der Entwurf und seine Anlagen am Auslegungsort so bereitliegen, dass ohne weiteres – ohne Fragen oder Ersuchen an Dienstkräfte des Planungsträgers richten zu müssen – Einsicht genommen werden kann.[128]

cc) Dauer der Auslegung

Die Dauer der Auslegung beträgt nach § 3 II 1 BauGB einen **Monat**. Die Monatsfrist ist als zusammenhängender Zeitraum gedacht,[129] den die Gemeinde überschreiten,[130] aber nicht unterschreiten[131] darf. Die Berechnung der Frist erfolgt gem. § 186 BGB, der grundsätzlich für alle in Gesetzen enthaltenen Fristbestimmungen gilt,[132] nach den §§ 187 bis 193 BGB. An wie vielen Tagen innerhalb der Auslegungszeit und an wie vielen Stunden des Tags der Entwurf des Bauleitplans einsehbar sein muss, bestimmt das BauGB nicht. Dies zu bestimmen, obliegt dem Landesrecht oder der Gemeinde kraft ihrer Organisationsgewalt. Es ist zulässig, die Einsichtnahme auf die **Dienst- oder Publikumsstunden** der Gemeindeverwaltung oder sogar darunter zu beschränken.[133] Eine unterste Grenze zieht der Zweck der Auslegung. Er verlangt, dass die Bürger während eines Monats hinreichend Gelegenheit haben, den Planentwurf einzusehen. Besteht diese Gelegenheit nicht in ausreichendem Maße, weil die Zeit der Einsichtnahme innerhalb des Auslegungsmonats unzumutbar beschränkt wird, ist § 3 II 1 BauGB verletzt.[134]

44

Ort und Dauer der Auslegung sowie Angaben dazu, welche Arten umweltbezogener Informationen verfügbar sind, sollen mindestens eine Woche vorher **ortsüblich bekannt gemacht** werden (§ 3 II 2 BauGB).[135] Dies umfasst auch die **Präzisierung der Dienststelle** – nicht aber zwingend des Dienstzimmers – und der konkreten Auslegungszeiten.[136] Die Bekanntmachung wird gem. § 3 II 2 BauGB mit dem **Hinweis** verbunden, dass Stellungnahmen während der Auslegungsfrist abgegeben werden können und dass nicht fristgerecht abgegebene Stellungnahmen bei der Beschlussfassung über den Bauleitplan unberücksichtigt bleiben können. Sofern sich nach den

45

---

[126] *Reidt*, in: Gelzer/Bracher/Reidt, Bauplanungsrecht, Rn. 466.
[127] *VGH Kassel* BRS 33 Nr. 13; 28 Nr. 18; *VGH München* BRS 30 Nr. 16; *Reidt*, in: Gelzer/Bracher/Reidt, Bauplanungsrecht, Rn. 465.
[128] *VGH Mannheim* BRS 27 Nr. 15; *VGH München* BRS 27 Nr. 14; *OVG Lüneburg* BRS 33 Nr. 8.
[129] *OVG Bremen* BRS 23 Nr. 9.
[130] *OVG Lüneburg* BRS 44 Nr. 19 (7 Wochen).
[131] *OVG Bremen* BRS 22 Nr. 18, 19.
[132] *Gem. Sen.OBG* NJW 1972, 2035 (2035) = BVerwGE 40, 363 = BGHZ 59, 396.
[133] *BVerwG* NJW 1981, 594 (594 f.); BRS 44 Nr. 20.
[134] *BVerwG* NJW 1981, 594 (595); *OVG Lüneburg* BRS 44 Nr. 19; *VGH München* BRS 44 Nr. 22. Zur Beschränkung der Einsichtszeit bei Kleingemeinden *VGH München* BRS 38 Nr. 21. Vgl. auch *Bussmann*, Zeit der Auslegung von Bebauungsplan-Entwürfen gemäß § 2a Absatz 6 BBauG bei gleitender Arbeitszeit, BauR 1978, 447; Schrödter/*Schrödter*, BauGB, § 3 Rn. 36. Zu eng die Beanstandungen von *VGH München* BRS 36 Nr. 21 (18 Stunden wöchentlich); *OVG Münster* BRS 33 Nr. 14 (26, 5 Stunden wöchentlich); *VGH München* BRS 28 Nr. 11 (4 Tage wöchentlich vormittags).
[135] *VGH München* DVBl. 2010, 387 (388 f.). Kommunale Bekanntmachungsfristen sind zusätzlich zu beachten, *OVG Lüneburg* BRS 42 Nr. 24.
[136] BVerwGE 133, 98 (114 f.); *OVG Lüneburg* BauR 2008, 636 (637 f.); *Bönker*, in: Hoppe/Bönker/Grotefels, Baurecht, § 5 Rn. 202; a. A. *VGH Mannheim* VBlBW 2008, 185 (187).

Umständen private Belange aufdrängen oder der Gemeinde anderweitig bekannt sind, bleiben diese jedoch für die Abwägung beachtlich, auch wenn sie nicht vorgetragen werden.[137]

46 Wird ein Bebauungsplan aufgestellt, kommt zur Bekanntmachung der Hinweis hinzu, dass ein Normenkontrollantrag (§ 47 VwGO) gegen einen Bebauungsplan unzulässig ist, soweit er auf Einwendungen gestützt wird, die vom Antragsteller nicht oder verspätet geltend gemacht wurden, aber hätten geltend gemacht werden können (§ 3 II 2 BauGB a. E.).[138] Fehlt der Hinweis zur **Präklusionswirkung**, entfällt diese, ohne die Rechtmäßigkeit des Bebauungsplans zu tangieren.[139]

47 Die Bekanntmachung soll die Bürger zur Mitwirkung an der Planung ermuntern.[140] Diese „**Anstoßfunktion**"[141] erfordert es, das Plangebiet so genau zu bezeichnen, dass den Bürgern bewusst gemacht wird, um welches Gebiet es geht, und sie „angestoßen" werden, sich durch Anregungen an dem Bauleitplanverfahren zu beteiligen. Die **Bezeichnung des Plangebiets** lediglich mit einer Nummer oder einer vagen Ortslagenbezeichnung genügt nicht, während eine geläufige geografische Bezeichnung ausreichend ist.[142] Werden in die Bekanntmachung Zusätze aufgenommen, die das Recht einschränken, Anregungen vorzubringen, ist das Auslegungsverfahren fehlerhaft.[143] Behörden und sonstige Träger öffentlicher Belange sollen von der Auslegung benachrichtigt werden (§ 3 II 3 BauGB).

dd) Anregungen

48 Während der Dauer der Auslegung kann sich nach § 3 II BauGB **jedermann**, auch wenn nicht planungsbetroffen, mit Anregungen zu dem Planentwurf äußern. **Sammeleingaben** oder **ernstgemeinte anonyme Anregungen** müssen beachtet werden. Die Gemeinde hat nach § 3 II 4 BauGB zu prüfen, ob sie den fristgemäß vorgebrachten Anregungen durch Änderung des Planentwurfs Rechnung trägt. Da § 3 II 2, 4 BauGB keine Ausschlussfrist begründet, können auch **verspätet erhobene Anregungen** berücksichtigt werden. Die **Prüfung der Anregungen** wird regelmäßig von demselben Organ der Gemeinde vorgenommen, das für die Bauleitplanung zuständig ist, also durch den Gemeinderat;[144] Landesrecht kann jedoch Abweichendes bestimmen.[145] Prüfung und Entscheidung gehen in das Abwägungsergebnis ein und müssen insofern auch den Anforderungen des § 1 VII BauGB entsprechen.[146] Das **Ergebnis der Prüfung** ist den Bürgern, die Anregungen fristgerecht erhoben haben, **mitzuteilen**. Es muss den Einwendern aber nicht vor dem Satzungsbeschluss nach § 10 I BauGB mitgeteilt werden.[147] Die Besonderheiten bei Sammeleinwendungen regelt § 3 II 5 BauGB.[148] Da die Bürgeranregungen kein Rechtsbehelf sind, verlangt die Mitteilung weder eine förmliche Bescheidung noch ist eine Begründung erforder-

---

[137] BVerwGE 59, 87 (104); *BVerwG* NVwZ 1986, 740 (741).
[138] Zur Bestimmung der Auslegungsfrist in der Bekanntmachung *BVerwG* BRS 54 Nr. 27; *VGH Mannheim* NVwZ-RR 1997, 694 L.
[139] *Uechtritz*, BauR 2007, 476 (489).
[140] Hierzu und zum Folgenden BVerwGE 55, 369 = BRS 33 Nr. 36; 69, 344 = NJW 1985, 1570.
[141] BVerwGE 55, 369 (376); *VGH Kassel* ZfBR 2010, 588 (589).
[142] Vgl. auch *OVG Berlin-Brandenburg* ZfBR 2007, 810 (811).
[143] *BVerwG* BRS 33 Nr. 15.
[144] *VGH Mannheim* BRS 18 Nr. 6.
[145] BVerwGE 110, 118 (125).
[146] BVerwGE 110, 118 (125); BK/*Gatz*, BauGB, § 3 Rn. 23.
[147] *BVerwG* NVwZ 2003, 206 (206).
[148] Vgl. hierzu EZBK/*Krautzberger*, BauGB, § 3 Rn. 67.

lich.[149] Die Mitteilung ergeht mangels Regelungsgehalts i. S. des § 35 I VwVfG regelmäßig als **schlicht-hoheitliche Maßnahme**, sofern nicht Landesrecht eine bestimmte Rechtsform vorschreibt.[150]

Bleiben **Stellungnahmen unberücksichtigt**, sind diese gem. § 3 II 6 BauGB bei der Vorlage der Bauleitpläne nach § 6 I oder § 10 II BauGB mit einer Stellungnahme der Gemeinde an die Aufsichtsbehörde weiterzuleiten.

49

6. Behördenbeteiligung

Nach § 4 BauGB werden die Behörden und sonstigen Träger öffentlicher Belange, deren Belange durch die Planung berührt werden kann, sowohl in den Scopingprozess der Umweltprüfung eingebunden (frühzeitige Behördenbeteiligung),[151] als auch im Prozess der Planung beteiligt (**Stellungnahme zum Planentwurf**). Obschon § 4 BauGB nunmehr mit „Beteiligung der Behörden" überschrieben ist, hat sich der deutsche Gesetzgeber weder vollständig dem europäischen Sprachgebrauch angepasst noch hat er sich von der früheren baurechtlichen Terminologie der „Trägerbeteiligung"[152] vollständig gelöst.[153]

50

a) Behörden und sonstige Träger öffentlicher Belange

Der Kreis der Behörden wie auch der sonstigen Träger öffentlicher Belange ist nicht im BauGB definiert. Hierunter dürften gleichwohl all jene Behörden und sonstigen öffentlichen oder privaten Stellen zu verstehen sein, welchen die **Wahrnehmung öffentlicher Aufgaben** obliegt.

51

Beispiel: Behörden des Bundes wie Bundeswasserstraßenverwaltung, Bundeseisenbahnamt, Bundeswehr, Bundesgrenzschutz; Behörden der Länder, insbesondere Behörden der Raumordnung und Landesplanung, der Gewerbeaufsicht, des Denkmal-, Umwelt-, der Flurbereinigung, der Forstverwaltung, Wasserwirtschaftsämter, Straßenverwaltung; Anstalten und Körperschaften des öffentlichen Rechts wie Industrie- und Handelskammern, Handwerks- und Landwirtschaftskammern; die Kirchen; Träger der Daseinsvorsorge wie Unternehmen der Elektrizitäts-, Gas- und Wasserversorgung, Bahn und Post.[154]

52

Auch die **Nachbargemeinde**, auf deren Planungshoheit nach § 2 II 1 BauGB Rücksicht zu nehmen ist, gehört zu den Trägern öffentlicher Belange.[155] **Nicht** zu ihnen rechnen Institutionen, denen keine öffentlichen Aufgaben übertragen worden sind, die sich aber von sich aus um Angelegenheiten von öffentlichem Interesse kümmern. Sie müssen ihre Belange im Rahmen der Bürgerbeteiligung (§ 3 BauGB) in das Planungsverfahren einbringen.

53

Beispiel: Tierschutzvereine, Heimatvereine oder Naturschutzverbände, auch wenn sie nach § 29 BNatSchG behördlich anerkannt sind.[156]

---

[149] *BVerwG* NVwZ 2003, 206 (206); im Ergebnis ebenso *VGH Mannheim* NVwZ-RR 1997, 684 (685).
[150] BVerwGE 110, 118 (125).
[151] Siehe oben unter § 6 Rn. 29.
[152] Hierzu *Hasler*, Die Berücksichtigung und Behandlung von Einwendungen der Träger öffentlicher Belange bei der gemeindlichen Bauleitplanung, VBlBW 1997, 9.
[153] *Finkelnburg*, NVwZ 2004, 897 (900).
[154] Vgl. BVerwGE 104, 367 (370); *EZBK/Krautzberger*, BauGB, § 4 Rn. 15 ff.
[155] BVerwGE 40, 323 (328 f.) zu dem § 4 BauGB vergleichbaren § 2 V BBauG.
[156] BVerwGE 104, 367 (370); *BVerwG* NVwZ-RR 1996, 141 (142); BKL/*Battis*, BauGB, § 4 Rn. 3.

b) Zweck der Behördenbeteiligung

54 Ebenso wie die Bürgerbeteiligung dient auch die Behördenbeteiligung gem. § 4 a I BauGB der Gemeinde zur **Ermittlung der abwägungserheblichen Belange**. Im Interesse sachgerecht abgewogener Planung ist der Kreis der von der Planung berührten Behörden und sonstigen Träger öffentlicher Belange deshalb **weit zu ziehen**.[157] Im Rahmen der frühen Behördenbeteiligung leisten die Behörden und sonstigen Träger öffentlicher Belange einen wichtigen Beitrag, um den Umfang und den Detaillierungsgrad der Umweltprüfung festzulegen; vgl. § 4 I BauGB. Im Übrigen darf auf die Ausführungen zur frühen Öffentlichkeitsbeteiligung verwiesen werden.[158] Ist der Planentwurf erstellt, erhalten die Behörden und sonstigen Träger öffentlicher Belange Gelegenheit, die Belange ihres Aufgabenbereichs, auf die sich ihre Stellungnahme beschränken soll (§ 4 II 3 Hs. 1 BauGB),[159] in das Bauleitplanverfahren einzubringen. Sie sollen über ihre eigenen für das Bauleitplanverfahren bedeutsamen Planungen Aufschluss geben. Dies ermöglicht eine **Koordination** der Bauleitplanung mit den Planungen anderer öffentlicher Stellen.

c) Ablauf der Behördenbeteiligung bei Planauslegung

55 Nachdem Behörden und sonstige Träger möglichst frühzeitig von der Gemeinde über das Planungsvorhaben nach § 4 I BauGB beteiligt wurden, schließt sich gem. § 4 II BauGB eine **zweite Beteiligungsphase** an. Dazu holt die Gemeinde die Stellungnahmen der Behörden und sonstigen Träger öffentlicher Belange zum Planentwurf und der Begründung einschließlich des Umweltberichts ein. Üblicherweise werden hierzu die Unterlagen schriftlich übersandt.[160]

56 § 4 II 2 Hs. 1 BauGB verpflichtet die Behörden und sonstigen Träger öffentlicher Belange ihre Stellungnahmen innerhalb **eines Monats** abzugeben. Die Gemeinde muss in ihrer Aufforderung grundsätzlich nicht auf diese Frist hinweisen; es ist aber aus Gründen der Klarheit sachdienlich.[161] Die Monatsfrist soll gem. § 4 II 2 Hs. 2 BauGB von der Gemeinde angemessen **verlängert** werden, wenn hierfür ein wichtiger Grund vorliegt. In der Regel hat die Gemeinde hierzu nur Anlass, wenn die betroffene Behörde um eine Fristverlängerung ersucht; ein Antrag ist aber nicht erforderlich.[162] Den gesetzlich geforderten wichtigen Grund hat die jeweils betroffene Behörde darzulegen. Ist das Vorbringen plausibel, erfolgt die Fristverlängerung; nur in besonderen Ausnahmefällen besteht insofern ein behördliches Ermessen.[163] Die Dauer der Fristverlängerung bestimmt sich nach den Besonderheiten des Einzelfalls; es ist auf Umfang und Bedeutung sowohl der Planung als auch der berührten Belange abzustellen.[164]

57 Gem. § 4 II 3 Hs. 2 BauGB geben die Behörden und sonstigen Träger öffentlicher Belange in ihren **Stellungnahmen** Aufschluss über von ihnen beabsichtigte oder bereits eingeleitete Planungen und sonstige Maßnahmen sowie deren zeitliche Ab-

---

[157] Ähnlich BVerwGE 58, 154 (156) = NJW 1980, 1063.
[158] Siehe oben unter § 6 Rn. 37 ff.
[159] Dies gilt nicht minder für die Behördenbeteiligung im Rahmen des § 4 I BauGB; vgl. EZBK/*Krautzberger*, BauGB, § 4 Rn. 42.
[160] Schrödter/*Schrödter*, BauGB, § 4 Rn. 6.
[161] BK/*Gaentzsch*, BauGB, § 4 Rn. 17.
[162] JDW/*Jäde*, BauGB, § 4 Rn. 27.
[163] BKL/*Battis*, BauGB, § 4 Rn. 5; EZBK/*Krautzberger*, BauGB, § 4 Rn. 49.
[164] *Jäde*, Das Wohnungsbau-Erleichterungsgesetz – planungsrechtliche Probleme/baurechtliche Genehmigungsverfahren, UPR 1991, 50 (53); BK/*Gaentzsch*, BauGB, § 4 Rn. 17.

§ 6. Planungszuständigkeit und Planungsverfahren

wicklung, die für die städtebauliche Entwicklung und Ordnung des Gebiets bedeutsam sein können. Verfügen sie außerdem über **Informationen**, die für die Ermittlung und Bewertung des Abwägungsmaterials zweckdienlich sind, haben sie diese Informationen der Gemeinde gem. § 4 II 4 BauGB zur Verfügung zu stellen. Dies gilt auch für Informationen, die nicht unmittelbar den Aufgabenbereich der Behörde betreffen; § 4 II 3 Hs. 1 BauGB kommt hier nicht zur Anwendung.[165]

d) Bedeutung der Stellungnahme

Die Stellungnahmen sind grundsätzlich von der Gemeinde **in der Abwägung** nach § 1 VII BauGB zu **berücksichtigen** (§ 4 a I BauGB). Sie können je nach ihrer Gewichtigkeit in der Abwägung überwunden werden. Hierbei ist zu beachten, dass die Stellungnahmen mitunter auf gesetzlich angeordneten, materiellen Abwägungsvorrängen basieren können und hierdurch spezielle Gewichtungsvorgaben (**Optimierungsgebote**), etwa nach § 50 S. 1 BImSchG,[166] relevant werden.

58

7. Gemeinsame Vorschriften zur Beteiligung

Die weitgehend parallel ausgestaltete Beteiligung von Öffentlichkeit sowie Behörden und sonstigen Trägern öffentlicher Belange[167] hat den Gesetzgeber dazu veranlasst, Vorgaben, die beide Beteiligungsformen gleichermaßen betreffen, in § 4 a BauGB zu bündeln. So verdeutlicht § 4 a I BauGB, wie bereits dargelegt,[168] die Funktion der Beteiligungsverfahren, die insbesondere in der vollständigen Ermittlung und zutreffenden Bewertung der von der Planung berührten Belange gesehen wird.

59

a) Gleichzeitige Durchführung der Beteiligung

Nach § 4 a II BauGB kann die frühzeitige Öffentlichkeitsbeteiligung nach § 3 I BauGB **gleichzeitig** mit der frühen Behördenbeteiligung nach § 4 I BauGB durchgeführt werden. Dasselbe gilt für das Verhältnis von öffentlicher Auslegung nach § 3 II BauGB und Behördenbeteiligung nach § 4 II BauGB. Die Möglichkeit der Verbindung befreit die Gemeinde jedoch nicht von der Pflicht, die jeweils individuellen formalen Erfordernisse der Beteiligungsverfahren einzuhalten.[169] In der bloßen Benachrichtigung über die Auslegung gem. § 3 II 3 BauGB wird deshalb auch im Kontext des § 4 a II BauGB grundsätzlich keine hinreichende Beteiligung i. S. des § 4 II BauGB liegen.[170]

60

b) Erneute Auslegung

Wird der **Entwurf** des Bauleitplans nach der Auslegung **geändert** oder **ergänzt**, ist er gem. § 4 a III 1 BauGB erneut auszulegen. Dies gilt auch, wenn die Änderung im Rahmen eines ergänzenden Verfahrens nach § 214 IV BauGB erfolgt.[171] Die Stellungnahmen der Öffentlichkeit wie auch der Behörden und sonstigen Träger öffentlicher Belange sind in jedem Fall erneut einzuholen;[172] **Klarstellungen** und **redaktionelle Korrekturen** bieten hierfür jedoch keinen Anlass. Mit dem neuen Entwurf und der

61

---

[165] BK/*Gaentzsch*, BauGB, § 4 Rn. 19.
[166] Siehe oben unter § 5 Rn. 56 f.
[167] Siehe oben unter § 6 Rn. 36 ff. und 50 ff.
[168] Siehe oben unter § 6 Rn. 38.
[169] JDW/*Jäde*, BauGB, § 4 a Rn. 3; BK/*Gaentzsch*, BauGB, § 4 a Rn. 3.
[170] *BVerwG* NVwZ 1998, 956 (958).
[171] *BVerwG* NVwZ 2010, 777 (778 f.).
[172] Vgl. etwa BVerwGE 133, 98 (116 ff.).

angepassten Begründung ist auch der aktualisierte Umweltbericht beizufügen.[173] Jede weitere Änderung oder Ergänzung des geänderten Entwurfs zieht eine erneute Auslegung nach sich. Die Dauer der erneuten Auslegung kann gem. § 4a III 3 BauGB **angemessen verkürzt** werden, wobei eine Verkürzung auf weniger als zwei Wochen noch angemessen sein kann.[174] Auszulegen ist der **gesamte Entwurf**.[175] Es kann zudem bestimmt werden, dass Anregungen nur zu den geänderten oder ergänzten Teilen vorgebracht werden können; hierauf ist allerdings in der erneuten Bekanntmachung nach § 3 II 2 BauGB hinzuweisen. Fehlt eine derartige **Begrenzung**, sind Stellungnahmen zum gesamten Planentwurf zulässig.[176] Werden durch die Änderung oder Ergänzung des Bauleitplanentwurfs die Grundzüge der Planung nicht berührt, kann die Einholung der Stellungnahmen auf die von der Änderung oder Ergänzung betroffene Öffentlichkeit sowie die davon berührten Behörden und sonstigen Träger öffentlicher Belange beschränkt werden. Für den von den Änderungen nicht betroffenen Teil des Plangebiets ist der Zweck des Offenlegungsverfahrens bereits mit der erstmaligen Auslegung erfüllt. Denn schon die erstmalige Auslegung des Entwurfs gibt den Betroffenen Gelegenheit, ihre Wünsche und Bedenken abschließend geltend zu machen.[177]

c) Elektronische Medien

62 § 4a IV BauGB erlaubt den Einsatz **elektronischer Informationstechnologien** bei der Öffentlichkeits- und Behördenbeteiligung.[178] So darf die Gemeinde gem. § 4a IV 2 BauGB den Entwurf des Bauleitplans und die Begründung einschließlich des Umweltberichts in das **Internet** einstellen sowie die Stellungnahmen der Behörden und der sonstigen Träger öffentlicher Belange unter den weiteren Voraussetzungen des § 4a IV 2 bis 4 BauGB per **Email** einholen. Allgemein gilt jedoch zu beachten, dass der Einsatz elektronischer Medien gem. § 4a IV 1 BauGB als **ergänzendes Mittel** erfolgen soll, nicht aber das förmliche Verfahren ersetzt.[179] Die Verwendung elektronischer Medien ist zudem nicht verpflichtend.[180]

d) Präklusion

63 § 4a VI BauGB enthält eine **formelle Präklusionsregelung**, die unionsrechtlich nicht zu beanstanden ist.[181] Sie bestimmt in § 4a VI 1 BauGB, dass Stellungnahmen, die im Verfahren der Öffentlichkeits- und Behördenbeteiligung nicht rechtzeitig abgegeben worden sind, bei der Beschlussfassung über den Bauleitplan unberücksichtigt bleiben können, sofern die Gemeinde deren Inhalt nicht kannte und nicht hätte kennen müssen und deren Inhalt für die Rechtmäßigkeit des Bauleitplans nicht von Bedeutung ist. Sofern die Präklusionswirkung Stellungnahmen der Öffentlichkeitsbeteiligung erfassen soll, muss gem. § 4a VI 2 BauGB auf die Folgen unterlassener oder

---

[173] *Uechtritz*, BauR 2005, 1859 (1873); EZBK/*Krautzberger*, BauGB, § 4a Rn. 25 f; BKL/*Battis*, BauGB, § 4a Rn. 4.
[174] *Schmidt-Eichstaedt*, Das EAG Bau – ein Jahr danach, ZfBR 2005, 751 (755); EZBK/*Krautzberger*, BauGB, § 4a Rn. 28; Schrödter/*Schrödter*, BauGB, § 4a Rn. 8.
[175] So zu § 2a VII BBauG *BVerwG* BRS 49 Nr. 31 = NVwZ-RR 1990, 286 (287).
[176] *Bönker*, in: Hoppe/Bönker/Grotefels, Baurecht, § 5 Rn. 225.
[177] BVerwGE 133, 98 (117).
[178] Vgl. hierzu auch *Steinebach*, Informations- und Kommunikationssysteme im Verfahren der Bauleitplanung, ZfBR 2004, 16; *Bunzel*, Internet und Bauleitplanung, BauR 2008, 301.
[179] JDW/*Jäde*, BauGB, § 4a Rn. 13.
[180] BKL/*Battis*, BauGB, § 4a Rn. 6.
[181] *Kment*, Nationale Unbeachtlichkeitsvorschriften, S. 161.

verspäteten Vorbringens zuvor in der Bekanntmachung nach § 3 II 2 BauGB **hingewiesen** worden sein. Dem Einzelnen soll sein Recht zur effektiven Partizipation am Planaufstellungsprozess also nur genommen werden können, wenn ihm ein verspätetes Handeln vorgeworfen werden kann.[182]

Die wegen des den Behördenbelangen zukommenden öffentlichen Interesses nicht unbedenkliche Präklusionsregelung hat nur einen **begrenzten Anwendungsbereich**. Sie wird aufgrund ihrer strikten Voraussetzungen erheblich relativiert. So bleibt die Gemeinde verpflichtet, verspätet vorgebrachte Belange, die ihr bekannt sind oder hätten bekannt sein müssen[183] oder die für die Rechtmäßigkeit der Abwägung von Bedeutung sind,[184] zu berücksichtigen. Damit reduziert sich die Bedeutung des Abwägungsausschluss des § 4 a VI 1 BauGB auf die der Gemeinde unbekannten und auch nicht erkennbaren Belange von nicht planungserheblicher Bedeutung, also erheblich. Will die Gemeinde diesen kleinen Rest an Belangen trotz Präklusionseintritts gleichwohl berücksichtigen, steht es in ihrem Ermessen, den Inhalt der verspäteten Stellungnahmen aufzugreifen.[185]

64

8. Grenzüberschreitende Beteiligung

Eingefordert durch völkerrechtliche[186] und unionsrechtliche Vorgaben[187] bestimmt § 4 a V 1 BauGB, dass bei Bauleitplänen, die **erhebliche Auswirkungen auf Nachbarstaaten** haben können, die Gemeinden und Behörden des Nachbarstaats nach den Grundsätzen der Gegenseitigkeit und Gleichwertigkeit zu unterrichten sind. Handelt es sich bei den Auswirkungen um erhebliche Umweltauswirkungen, ist gem. § 4 a V 2 BauGB grundsätzlich nach dem **UVPG** vorzugehen. Fälle, in denen erhebliche Auswirkungen – also unmittelbare Auswirkungen gewichtiger Art –[188] in Nachbarstaaten auftreten können, bei denen es sich aber gleichwohl nicht um Umweltauswirkungen handeln wird, dürften in der Praxis nur selten anzutreffen sein.[189] Dem-

65

---

[182] *Kment*, Nationale Unbeachtlichkeitsvorschriften, S. 128; *Quaas/Kukk*, BauR 2004, 1541 (1544); *Stüer/Rieder*, Präklusion im Fernstraßenrecht, DÖV 2003, 473 (475).
[183] Vgl. BVerwGE 57, 87 (103).
[184] Vgl. *Schmidt-Eichstaedt*, ZfBR 2005, 751 (756); BKL/*Battis*, BauGB, § 4 a Rn. 15.
[185] *Quaas/Kukk*, BauR 2004, 1541 (1544).
[186] Bedeutsam sind hier die Espoo-Konvention (ECE-Übereinkommen über die Umweltverträglichkeitsprüfung im grenzüberschreitenden Rahmen v. 25. 2. 1991; vgl. zu seiner letzten Änderung, BGBl. II 2006, S. 224), das SEA-Protokoll (Protokoll über die strategische Umweltprüfung zum Übereinkommen über die Umweltverträglichkeitsprüfung im grenzüberschreitenden Rahmen v. 21. 3. 2003; BGBl. 2006 II, S. 497) und die Aarhus-Konvention (Übereinkommen über den Zugang zu Informationen, die Öffentlichkeitsbeteiligung an Entscheidungsverfahren und den Zugang zu Gerichten in Umweltangelegenheiten v. 25. 6. 1998; BGBl. 2006 II, S. 1251). Vgl. dazu ausführlich *Kment*, Grenzüberschreitendes Verwaltungshandeln, 2010, S. 300 ff.
[187] RL 2003/35/EG des Europäischen Parlaments und des Rates v. 26. 5. 2003 über die Beteiligung der Öffentlichkeit bei der Ausarbeitung bestimmter umweltbezogener Pläne und Programme und zur Änderung der Richtlinien 85/337/EWG und 96/61/EG des Rates in Bezug auf die Öffentlichkeitsbeteiligung und den Zugang zu Gerichten; SUP-RL (Richtlinie 2001/42/EG des Europäischen Parlaments und des Rates v. 27. 6. 2001 über die Prüfung der Umweltauswirkungen bestimmter Pläne und Programme, ABl Nr. L 197, S. 30). Beide Richtlinien enthalten ähnliche beteiligungsrelevante Gewährleistungen; vgl. Art.2 V RL 2003/35/EG.
[188] EZBK/*Krautzberger*, BauGB, § 4 a Rn. 40; BKL/*Battis*, BauGB, § 4 a Rn. 9; BK/*Gaentzsch*, BauGB, § 4 a Rn. 12. Siehe zur Erheblichkeit auch *Gantzer*, Grenzüberschreitende Behörden- und Öffentlichkeitsbeteiligung bei umweltrelevanten Vorhaben am Oberrhein, VBlBW 2005, 464 (466).
[189] Hoppe/*Appold*, UVPG, § 2 Rn. 22.

nach prägt das UVPG maßgeblich die rechtliche Vorgehensweise bei der grenzüberschreitenden Beteiligung im Baurecht;[190] lediglich für die Stellungnahmen der Öffentlichkeit und Behörden des anderen Staats, einschließlich der Rechtsfolgen nicht rechtzeitig abgegebener Stellungnahmen gilt das BauGB.[191] Zudem schreibt § 4 a V 3 BauGB vor, dass bei Bauleitplänen mit potenziell erheblichen Umweltauswirkungen, die eine grenzüberschreitende Beteiligung erforderlich machen, ein entsprechender Hinweis in die Bekanntmachung nach § 3 II 2 BauGB aufzunehmen ist.

66 **Schwierigkeiten** der grenzüberschreitenden Beteiligungsverfahren treten aufgrund des völkerrechtlichen Territorialitätsgrundsatzes immer wieder auf, wenn Zustellungen oder Bekanntgaben im Ausland erfolgen sollen, Auslegung, Akteneinsicht oder Erörterungstermine im Ausland geplant sind oder eine grenzüberscheitende Ein- bzw. Ausreise notwendig wird. Hinzu kommen sprachliche Hürden und die Gefahr von Übersetzungsfehlern ebenso wie nicht zuletzt psychologische Barrieren auf Seiten von Betroffenen, die sich gegebenenfalls einem fremden Rechtssystem anvertrauen müssen.[192] Eine enge und vertrauensvolle **zwischenstaatliche Kooperation** kann in diesen Fällen zumeist zu einer Abmilderung der Problemintensität beitragen.

67 Von Kooperationsbemühungen abzugrenzen ist das in grenzüberschreitenden Interaktionen oft anzutreffende und auch in § 4 a V 1 BauGB aufgegriffene Kriterium der **Gegenseitigkeit** und **Gleichwertigkeit**. Es bezweckt primär nicht die Zusammenarbeit mit ausländischen Partnern, sondern will vermeiden, dass anfallende Verfahrensbelastungen einseitig auf nationale Behörden oder gar auf in der Bundesrepublik Deutschland agierende Private abgewälzt werden.[193] Sofern es zur Anwendung kommt, enthält es eine formelle und materielle Komponente[194] und verlangt daher zweierlei: Der Grundsatz der Gegenseitigkeit – das vor allem formelle Element – fordert, dass der in das Verfahren involvierte Nachbarstaat die unter den Vorbehalt der Gegenseitigkeit gestellte Verfahrenshandlung ebenfalls vornimmt.[195] Die Verfahrenshandlungen müssen also formell beiderseits der Grenze und nicht einseitig praktiziert werden.[196] Der Grundsatz der Gleichwertigkeit – das materielle Element – legt einen Maßstab an die inhaltliche Vergleichbarkeit der Regelungsinhalte im Sinne einer Reziprozität.[197] D. h., dass etwa der Zeitpunkt, der Umfang, die Ausgestaltung usw. der in Rede stehenden Verfahrenshandlungen übereinstimmen müssen.[198] Bezogen auf die Pflicht zur Übersetzung von Entscheidungsunterlagen könnte etwa untersucht werden, wann die Übersetzung geliefert wird, welche Elemente sie erfasst und schließlich, ob die Übersetzung in deutscher Sprache und nicht nur in Englisch erfolgt.

---

[190] Siehe zu den Einzelheiten *Kment*, Grenzüberschreitendes Verwaltungshandeln, 2010, S. 314 ff.
[191] So schreibt es § 4 V 2 Hs. 2 BauGB vor.
[192] Vgl. ausführlich *Kment*, Grenzüberschreitendes Verwaltungshandeln, 2010, S. 355 ff.
[193] *Dyong*, Umweltbeeinträchtigende Betriebe in den Grenzbereichen, Städte- und Gemeindebund 1980, 277 (278).
[194] *Peters/Balla*, UVPG, § 8 Rn. 8.
[195] EZBK/*Krautzberger*, BauGB, § 4 a Rn. 47.
[196] BKL/*Battis*, BauGB, § 4 a Rn. 9; *Peters/Balla*, UVPG, § 8 Rn. 8.
[197] EZBK/*Krautzberger*, BauGB, § 4 a Rn. 48; Hoppe/*Wagner*, UVPG, § 9 a Rn. 17.
[198] Vgl. BKL/*Battis*, BauGB, § 4 a Rn. 9.

9. Beschluss über den Bauleitplan
a) Entscheidungsfindung der Gemeinde

Hat die Gemeinde die Beteiligungsverfahren abgeschlossen, bildet sie ihren **endgültigen planerischen Willen**. Sie wägt die von ihr ermittelten planungserheblichen öffentlichen und privaten Belange gegeneinander und untereinander gerecht ab (§ 1 VII BauGB) und legt fest, welchen Inhalt der Bauleitplan endgültig haben soll (vgl. §§ 5, 9 BauGB).[199] Der Flächennutzungsplan, der keine gemeindliche Rechtsnorm, sondern schlichter Plan ist,[200] wird durch einfachen Gemeinderatsbeschluss, der Bebauungsplan gem. § 10 I BauGB als gemeindliche Satzung beschlossen. Der Satzungsbeschluss ist dabei für den Bebauungsplan eine **unverzichtbare bundesrechtliche Wirksamkeitsvoraussetzung** (§ 214 I 1 Nr. 4 BauGB).[201]

68

b) Begründung, Umweltbericht und zusammenfassende Erklärung

Den Bauleitplänen ist gem. § 5 V bzw. § 9 VIII BauGB eine **Begründung** einschließlich **Umweltbericht** beizufügen, die jedoch nicht am Rechtscharakter des Planwerks partizipiert und auch **nicht rechtsverbindlich** wird.[202] Hinzu kommt sowohl beim Flächennutzungsplan gem. § 6 V 3 BauGB als auch beim Bebauungsplan gem. § 10 IV BauGB eine **zusammenfassende Erklärung**,[203] die jedoch von der Begründung und dem Umweltbericht zu trennen ist und als dritte selbstständige Unterlage neben das Planwerk und die Planbegründung tritt.[204] Sie beschreibt in knapper und leicht verständlicher Form die Art und Weise, wie die Belange des Umweltschutzes und die Ergebnisse der Öffentlichkeitsbeteiligung berücksichtigt wurden, und aus welchen Gründen der konkrete Plan nach Abwägung mit den geprüften, in Betracht kommenden anderweitigen Planungsalternativen gewählt wurde.[205] Inhaltliche Überschneidungen mit der Begründung und dem Umweltbericht sind kaum zu vermeiden, aber auch nicht schädlich.

69

c) Ausfertigung

Da Rechtsnormen aus rechtsstaatlichen Gründen der Ausfertigung bedürfen, ist auch der Bebauungsplan anschließend auszufertigen.[206] Die Ausfertigung geht der Bekanntmachung des Plans voraus[207] und dient dazu, die **Authentizität** des Plans sicherzustellen.[208] **Art, Inhalt und Umfang** der Ausfertigung richten sich nach Landesrecht,[209] insbesondere nach den Bestimmungen über die Ausfertigung kommunaler Satzungen. Die Ausfertigung bestätigt, dass der Bebauungsplan das gemeindliche Bebauungsplanverfahren durchlaufen hat und dass die unterzeichnete Fassung dem Beschluss des Gemeinderats entspricht.[210] Sie besteht aus einer vom Bürgermeis-

70

---

[199] Zur planerischen Willensbildung im Einzelnen § 5 Rn. 24 f.
[200] Siehe nachfolgend § 7 Rn. 45.
[201] BVerwGE 79, 200 (207 f.); BK/*Gaentzsch*, BauGB, § 10 Rn. 5.
[202] BKL/*Löhr*, BauGB, § 9 Rn. 123.
[203] Kritisch dazu *Finkelnburg*, NVwZ 2004, 897 (900 f.).
[204] *Reidt*, in: Gelzer/Bracher/Reidt, Bauplanungsrecht, Rn. 397; JDW/*Jäde*, BauGB, § 6 Rn. 7.
[205] Hoppe/*Wagner*, UVPG, § 14 l Rn. 17; EZBK/*Stock*, BauGB, § 10 Rn. 148.
[206] Zur Ausfertigung von Bebauungsplänen BVerwGE 88, 204 (206 ff.); BVerwG NVwZ 1990, 258 (258); NVwZ-RR 1996, 631 (631 f.); VGH Mannheim NVwZ-RR 1991, 20 (20); OVG Lüneburg BRS 55 Nr. 59.
[207] *BVerwG* NVwZ-RR 1999, 161 (162); EZBK/*Stock*, BauGB, § 10 Rn. 105.
[208] *BVerwG* NVwZ 1998, 1067 (1068).
[209] *OVG Saarlouis* BRS 66 Nr. 46.
[210] Vgl. *OVG Münster* NVwZ-RR 2003, 667.

ter oder einem anderen dafür zuständigen Amtsträger unterzeichneten und mit dem Gemeindesiegel versehen Abschrift des von dem Gemeinderat gefassten Beschlusses. Wenn der Bebauungsplan, wie zumeist, aus Satzungstext und zeichnerischer Darstellung zusammengesetzt ist, empfiehlt es sich, auch die zeichnerische Darstellung, den eigentlichen Plan, auszufertigen, um Zweifel an der Identität der zeichnerischen Darstellung mit dem vom Gemeinderat gefassten Beschluss auszuschließen. Rechtlich geboten ist dies jedoch nicht. Allerdings dürfen keine Zweifel bestehen, dass die zeichnerische Darstellung zu dem Satzungstext gehört und daher von dessen Ausfertigung mit umfasst wird. Eine fehlerhafte Ausführung hat die Unwirksamkeit des Bebauungsplans zur Folge;[211] allerdings ist ein ergänzendes Verfahren nach § 214 IV BauGB möglich.[212]

10. Genehmigung

71 Der Flächennutzungsplan und die Bebauungspläne, die nicht aus dem Flächennutzungsplan entwickelt worden sind, bedürfen der **Genehmigung** der höheren Verwaltungsbehörde (§§ 6, 10 II BauGB),[213] bevor sie in Kraft gesetzt werden können. Im Übrigen sind die Bebauungspläne genehmigungs- und anzeigefrei.[214]

a) Flächennutzungsplan

72 Der Flächennutzungsplan unterliegt nach § 6 I BauGB einer **Genehmigungspflicht**.[215] Über die Genehmigung ist nach § 6 IV 1 BauGB binnen **drei Monaten** zu entscheiden, sofern nicht die Frist aus wichtigem Grund von der übergeordneten Behörde verlängert wird, was in der Regel nur bis zu drei weiteren Monaten möglich ist. Ein wichtiger Grund kann sich insbesondere aufgrund des besonderen Umfangs oder der besonderen Komplexität der durch den Plan aufgeworfenen Fragen ergeben.[216] Wird die Genehmigung nicht fristgerecht unter Angabe von Gründen abgelehnt, gilt sie nach § 6 IV 4 BauGB als erteilt.

73 Die Genehmigung darf nach § 6 II BauGB nur versagt werden, wenn der Flächennutzungsplan nicht ordnungsgemäß zustande gekommen ist oder inhaltlich dem BauGB oder sonstigen Rechtsvorschriften widerspricht. Anderenfalls ist sie zu erteilen. Das Genehmigungsverfahren dient mithin ausschließlich der **Rechtmäßigkeitskontrolle**; Zweckmäßigkeitserwägungen sind nicht zulässig.[217] **Prüfungsmaßstab** ist das gesamte Bundes- und Landesrecht.[218] Bei einem Verfahrens- oder Formfehler ist nach § 216 BauGB die Genehmigung auch zu versagen, wenn der Fehler nach § 214 BauGB auf die Rechtswirksamkeit des in Kraft getretenen Flächennutzungsplans ohne Einfluss wäre. Die Kontrollbefugnis der Genehmigungsbehörde reicht somit weiter als die

---

[211] *OVG Lüneburg* NVwZ-RR 1996, 73 (73 f.). Zur notwendigen Dokumentenbeständigkeit des Bebauungsplans *OVG Schleswig* NVwZ-RR 1997, 468 (468).
[212] *BVerwG* NVwZ-RR 1997, 515 (516); *OVG Saarlouis* BRS 74 Nr. 88.
[213] Nach § 203 III BauGB können durch Rechtsverordnung statt der höheren Verwaltungsbehörde andere staatliche Behörden oder die Landkreise oder kreisfreie Gemeinden für zuständig erklärt werden, was zahlreich geschehen ist.
[214] Ausnahmen lässt allerdings § 246 I a BauGB zu.
[215] Außer in den Stadtstaaten Berlin und Hamburg, § 246 I BauGB.
[216] *BVerwG* NVwZ 2006, 932 (932); EZBK/*Krautzberger*, BauGB, § 6 Rn. 47.
[217] *Stüer*, Hb. Bau- und Fachplanungsrecht, Rn. 1098 ff. Siehe ergänzend auch *Böttger/Broosch*, Die Interpretation von Bebauungsplänen durch die Bauaufsichtsbehörde, DÖV 2005, 466.
[218] *BVerwG* NVwZ 2006, 932 (933); *OVG Koblenz* NVwZ 1988, 371 (372).

§ 6. Planungszuständigkeit und Planungsverfahren

durch die §§ 214 f. BauGB begrenzte Kontrollbefugnis des Gerichts gegenüber dem formell in Kraft getretenen Bauleitplan.[219]

Entsprechen einzelne Darstellungen des Flächennutzungsplans nicht dem Gesetz, kann die Genehmigungsbehörde die zu **beanstandenden Teile** von der Genehmigung **ausnehmen** (§ 6 III BauGB). Lassen sich die Versagungsgründe ausräumen, kann die Genehmigung mit der Auflage erteilt werden, dass die Gemeinde die Mängel vor dem Inkraftsetzen des Flächennutzungsplans beseitigt.[220] Diese „**Genehmigung nach Maßgabe**" war früher ausdrücklich im BauGB vorgesehen. Sie ergibt sich nunmehr aus § 36 I VwVfG.[221] Will sich die Gemeinde die Auflage zu eigen machen, um den Flächennutzungsplan in Kraft setzen zu können, muss sie, notfalls nach erneuter Auslegung des Planentwurfs, einen entsprechenden Beschluss fassen, den sog. „**Beitrittsbeschluss**".[222] 74

Wird die Genehmigung verweigert, steht der Gemeinde der Verwaltungsrechtsweg mit der **Verpflichtungsklage** offen.[223] Dritten gegenüber ist die Genehmigung kein Verwaltungsakt, sondern Teil des Planungsverfahrens. Sie können die Genehmigung nicht selbstständig anfechten, da ihnen die Klagebefugnis fehlt.[224] 75

b) Bebauungsplan

Ob bei einem Bebauungsplan eine Genehmigung erforderlich ist, ergibt sich aus § 10 II BauGB oder aus § 246 I a BauGB i. V. m. Landesrecht. Einer Genehmigung der höheren Verwaltungsbehörde bedürfen nach § 10 II BauGB der **selbstständige Bebauungsplan** des § 8 II 2 BauGB, der **im Parallelverfahren entwickelte Bebauungsplan** nach § 8 III 2 BauGB und der **vorzeitige Bebauungsplan** i. S. des § 8 IV BauGB.[225] Alle übrigen, insbesondere die aus dem Flächennutzungsplan entwickelten Bebauungspläne, sind genehmigungsfrei.[226] Diese Befreiung gilt – in einer besonderen Konstellation – entgegen § 8 III 2 BauGB auch dann, wenn Bebauungspläne im Parallelverfahren nach § 8 III 1 BauGB beschlossen werden und der im Parallelverfahren aufgestellte Flächennutzungsplan zum Zeitpunkt der Bekanntmachung des Bebauungsplans bereits von der höheren Verwaltungsbehörde genehmigt, aber mangels Bekanntmachung der Genehmigung noch nicht wirksam geworden ist.[227] 76

Für Genehmigungsmaßstab, Genehmigungsverfahren und Genehmigungsinhalt ist nach § 10 II 2 BauGB der für die Genehmigung des Flächennutzungsplans geltende § 6 II und IV BauGB entsprechend anzuwenden. Dies bedeutet insbesondere, dass es 77

---

[219] *Reidt*, in: Gelzer/Bracher/Reidt, Bauplanungsrecht, Rn. 774; *Söfker*, Zu den Unterschieden der Rechtskontrolle von Bauleitplänen durch die Genehmigungsbehörden und Gerichte aufgrund der §§ 155 a bis 155 c BBauG, ZfBR 1979, 191 (192).
[220] *BVerwG* NVwZ 2010, 1026 (1033). Im Einzelfall kann die Pflicht bestehen, den Plan durch eine Auflage genehmigungsfähig zu machen, BVerwGE 95, 123 (127) = NVwZ 1995, 267.
[221] BK/*Gaentzsch/Philipp*, BauGB, § 6 Rn. 12; Schrödter/*Schrödter*, BauGB, § 6 Rn. 16.
[222] BVerwGE 75, 262 = NJW 1987, 1346; *OVG Saarlouis* BRS 48 Nr. 4; *VGH München* BRS 25 Nr. 22. Zur Zulässigkeit eines „vorgezogenen" Beitrittsbeschlusses *BVerwG* NVwZ-RR 1995, 687 (687).
[223] BVerwGE 34, 301 (303). Die Außenwirkung des Verwaltungsakts folgt aus der Einwirkung auf den Bereich gemeindlicher Selbstverwaltung nach Art. 28 II 1 GG. Zur Klageart bei Genehmigung unter Auflage *OVG Lüneburg* BRS 46 Nr. 22.
[224] *OVG Lüneburg* BRS 23 Nr. 27; *Stüer*, Der Bebauungsplan, Rn. 537 f.
[225] Siehe zu den genehmigungsbedürftigen Bebauungsplänen auch nachfolgend § 8 Rn. 36 ff.
[226] Das frühere Anzeigeverfahren des § 11 BauGB a. f. ist mit dem BauGB 1998 vollständig beseitigt worden.
[227] *BVerwG* BRS 73 Nr. 43.

sich um ein ausschließlich der **Rechtmäßigkeitskontrolle** dienendes Genehmigungsverfahren handelt und dass Genehmigungsmaßstab das gesamte Bundes- und Landesrecht ist.[228] Eine Möglichkeit, über Teile des Bebauungsplans zu entscheiden, besteht mangels des Verweises auf § 6 III BauGB grundsätzlich nicht. Diese Regelung ist speziell auf den Flächennutzungsplan zugeschnitten. Für den Bebauungsplan reicht es, eine Vorweggenehmigung von Teilen zu erlassen (§ 10 II i. V. m. § 6 IV 1 Hs. 2 BauGB) bzw. die Genehmigung auf den genehmigungsfähigen Teil des Bebauungsplans zu begrenzen, sofern der Bebauungsplan überhaupt teilbar ist.[229]

78 Das Vertrauen des Bundesgesetzgebers in die Rechtmäßigkeit gemeindlicher Bebauungsplanung, das im Wegfall des Anzeigeverfahrens und – im Beitrittsgebiet – im Wegfall des Genehmigungsverfahrens für aus dem Flächennutzungsplan entwickelte Bebauungspläne zum Ausdruck kommt, ist auf Verlangen der Länder im Vermittlungsausschuss relativiert worden. Diese haben nach **§ 246 I a BauGB** die Möglichkeit, durch Gesetz zu bestimmen, dass Bebauungspläne, die nicht der Genehmigung bedürfen, vor ihrem Inkrafttreten der höheren Verwaltungsbehörde anzuzeigen sind.[230] Letztere kann die Verletzung von Rechtsvorschriften, die eine Versagung der Genehmigung nach § 6 II BauGB rechtfertigen würde, innerhalb eines Monats geltend machen.[231] Bleibt sie untätig, darf der Bebauungsplan in Kraft gesetzt werden.

11. Inkrafttreten der Bauleitpläne

79 Nach Durchlaufen des Bauleitplanverfahrens ist die **Gemeinde verpflichtet, den Bauleitplan in Kraft zu setzen** und damit das Planungsverfahren abzuschließen. Sie ist nicht berechtigt, den Bauleitplan stillschweigend nicht wirksam werden zu lassen, indem sie ihn „liegen lässt". Der dadurch ausgelöste Schwebezustand wäre rechtsstaatlich nicht zu vertreten.[232] Will die Gemeinde „in letzter Minute" von ihrer Planungsabsicht Abstand nehmen, muss sie den Beschluss über den Bauleitplan förmlich aufheben.[233]

a) Flächennutzungsplan

80 Der Flächennutzungsplan wird nach § 6 V BauGB dadurch in Kraft gesetzt, dass die Gemeinde seine *Genehmigung* – nicht den Plan selbst – ortsüblich bekannt macht. Es handelt sich insofern um eine **Ersatzverkündung**.[234] Der Wortlaut der Genehmigung braucht nicht bekanntgemacht zu werden, jedoch muss aus der Bekanntmachung hervorgehen, dass, wann und von wem der Flächennutzungsplan genehmigt worden ist.[235] Mit der Bekanntmachung wird der Flächennutzungsplan *ex nunc* wirksam (§ 6 V 2 BauGB). Ein früherer oder späterer **Zeitpunkt des Inkrafttretens** kann nicht

---

[228] *BVerwG* NVwZ 1989, 662; NVwZ 2004, 1242: Landschaftsschutzverordnung; siehe auch oben unter § 6 Rn. 73.

[229] *BVerwG* NJW 1985, 1569 (1570); BK/*Gaentzsch*, BauGB, § 10 Rn. 11; Schrödter/*Schrödter*, BauGB, § 10 Rn. 48 f.

[230] Von dieser Möglichkeit hatte zuletzt nur Brandenburg (Gesetz v. 10. 6. 1998, GVBl. I, S. 126) befristet bis 2004 Gebrauch gemacht.

[231] BKL/*Krautzberger*, BauGB, § 246 Rn. 7.

[232] BVerwGE 54, 211 (217) = NJW 1978, 554; vgl. auch *OVG Lüneburg* BRS 35 Nr. 23. Dazu *Wohlgemuth*, Läßt sich die Rechtsunsicherheit bei der Aufgabe umstrittener Bebauungspläne durch die Gemeinde vermindern?, BauR 1981, 213.

[233] A. A. wohl *BVerwG* NVwZ-RR 1997, 213 (214).

[234] Verfassungsrechtlich ist die Ersatzverkündung nicht zu beanstanden; vgl. BVerfGE 65, 283 (288); 71, 150 (156).

[235] EZBK/*Krautzberger*, BauGB, § 6 Rn. 85.

§ 6. Planungszuständigkeit und Planungsverfahren

bestimmt werden, da § 6 V 2 BauGB zwingend ist. Nach § 6 V 4 BauGB kann jedermann Flächennutzungsplan, Begründung und zusammenfassende Erklärung einsehen und über deren Inhalt Auskunft verlangen. Die Dokumente sind also bereitzuhalten, und über den Inhalt ist eine erklärende Erläuterung zu geben.[236]

b) Bebauungsplan

Als Rechtsnorm bedarf der Bebauungsplan der Verkündung.[237] Verkündung bedeutet, dass die Rechtsnorm der **Öffentlichkeit förmlich zugänglich gemacht** wird, so dass sich jedermann verlässliche Kenntnis von ihrem Inhalt verschaffen kann. Die nähere Ausgestaltung der Verkündung obliegt dem Gesetzgeber. Daher ist es zulässig, dass § 10 III BauGB für den Bebauungsplan, der sich wegen seiner Größe und seines zeichnerischen Teils für eine Veröffentlichung in dem für das sonstige Ortsrecht vorgesehenen Publikationsorgan wenig eignet, ein besonderes Verfahren der Verkündung vorsieht (§ 10 III 5 BauGB). Es ist zu unterscheiden:

81

aa) Genehmigungsfreie Bebauungspläne

Bei **genehmigungsfreien Bebauungsplänen** ist der Beschluss des Bebauungsplans zusammen mit einem Hinweis, wo der Bebauungsplan eingesehen werden kann, ortsüblich bekanntzumachen (§ 10 III 1 u. 3 BauGB). Der Bebauungsplan ist fortan gem. § 10 III 2 Hs. 1 BauGB mit seiner Begründung und der zusammenfassenden Erklärung zu jedermanns Einsicht bereitzuhalten.[238] Über seinen Inhalt ist zudem Auskunft zu geben.[239] Mit der Bekanntmachung tritt der Bebauungsplan gem. § 10 III 4 BauGB in Kraft.[240]

82

bb) Genehmigungspflichtige Bebauungspläne

Ist der Bebauungsplan **genehmigungspflichtig**, ist gem. § 10 III 1 BauGB die Erteilung der Genehmigung ortsüblich bekanntzumachen. Da nicht die „Genehmigung", sondern nur deren „Erteilung" bekanntzumachen ist, braucht die Genehmigung nicht wörtlich, insbesondere nicht unter Mitteilung aufsichtsbehördlicher Auflagen, sondern nur ihrem wesentlichen Inhalt nach bekannt gemacht zu werden.[241] Zusätzlich muss die Bekanntmachung – in § 10 III BauGB nicht erwähnt – aus rechtsstaatlichen Gründen einen Hinweis auf den räumlichen Geltungsbereich des Bebauungsplans enthalten.[242] Da diese Bekanntmachung keine Anstoßfunktion erfüllen muss, genügt eine **schlagwortartige Bezeichnung** des Plangebiets, sofern sie geeignet ist, zu dem bei der Gemeinde ausliegenden Plan hinzuführen.[243] Eine Darlegung der Nummer des Bebauungsplans allein reicht jedoch nicht.[244] Die Gemeinde hat den Bebauungsplan und seine Begründung von der Schlussbekanntmachung an zu jedermanns Ein-

83

---

[236] JDW/*Jäde*, BauGB, § 6 Rn. 12.
[237] BVerwGE 44, 244 (249 f.) = NJW 1974, 811; BVerfGE 65, 283 (291) = NVwZ 1984, 430.
[238] *BVerwG* ZfBR 2010, 581 (582). Die Pflicht des § 10 III BauGB kann sich sogar auf DIN-Vorschriften erstrecken; vgl. *BVerwG* NVwZ 2010, 1567 (1568).
[239] So schreibt es § 10 III 2 Hs. 2 BauGB vor.
[240] *BVerwG* ZfBR 2010, 581 (582).
[241] BVerwGE 75, 262 (264) = NJW 1987, 1346; *BVerwG* NJW 1985, 1569 (1569); NVwZ 1987, 317 (318).
[242] Schrödter/*Schrödter*, BauGB, § 10 Rn. 65.
[243] BVerwGE 69, 344 (348 ff.) = NJW 1985, 1570; *BVerwG* BRS 44 Nr. 23 unter Aufgabe von BVerwGE 55, 369, das gleiche Anforderungen an Auslegungs- und Schlussbekanntmachung gestellt hatte.
[244] *BVerwG* NVwZ 2001, 203 (204); *OVG Münster* NVwZ-RR 2005, 7 (7); EZBK/*Stock*, BauGB, § 10 Rn. 115.

sicht bereitzuhalten und auf Verlangen über den Inhalt Auskunft zu geben.[245] Wird ein Bebauungsplan **verspätet** zur Einsichtnahme zur Verfügung gestellt, tritt er erst mit diesem Zeitpunkt in Kraft.[246] Wird der Bebauungsplan **zeitweilig nicht** zur Einsichtnahme **bereitgehalten**, verletzt die Gemeinde zwar ihre aus § 10 III BauGB folgende Pflicht; der Bebauungsplan verliert aber nicht seine Rechtswirksamkeit.[247] Anderenfalls hätte es die Gemeinde in einfacher Weise in der Hand, Bebauungspläne außer Kraft treten zu lassen, was ihr durch § 1 VIII BauGB verwehrt ist. Mit dem Beginn des Tags der Bekanntmachung – also an demselben Tag – tritt der Bebauungsplan gem. § 10 III 4 BauGB in Kraft.[248] Hinzukommen muss allerdings das Bereithalten des Bebauungsplans zu jedermanns Einsicht. § 10 III 4 BauGB, der dies nicht als Voraussetzung für das Inkrafttreten nennt, muss insofern ergänzend ausgelegt werden. Dies gebietet systematisch der § 10 III 4 BauGB wie auch das Rechtsstaatsgebot. Der Bebauungsplan tritt *ex nunc* in Kraft. Der strikte Wortlaut des § 10 III 4 BauGB schließt es aus, den Zeitpunkt des Inkrafttretens des Bebauungsplans hinauszuschieben oder den Bebauungsplan mit Rückwirkung in Kraft zu setzen.[249] Abweichendes gilt nur im Anwendungsbereich des § 214 IV BauGB.[250]

12. Monitoring

84 § 4 c S. 1 BauGB verpflichtet die Gemeinden, die **erheblichen Umweltauswirkungen**, die aufgrund der Durchführung der Bauleitpläne eintreten, zu **überwachen**, um insbesondere unvorhergesehene nachteilige Auswirkungen frühzeitig zu ermitteln und in der Lage zu sein, geeignete Maßnahmen zur Abhilfe zu ergreifen.[251] Die Regelung führt ein **planungsrechtliches Novum** ein und ist unionsrechtlich veranlasst.[252] Dahinter steht der Gedanke, dass die Belange der Umwelt nur dann effektiv Berücksichtigung finden können, wenn sie nicht nur formal in die Planungsphase eingestellt werden, sondern auch bei der konkreten Durchführung des Plans, also in der Umsetzung in die Realität, weiterhin eine Rolle spielen.[253]

85 Hinsichtlich der **Durchführung des Monitorings** besteht bei den zuständigen Gemeinden mangels bundesrechtlicher Vorgaben ein erheblicher Ausgestaltungsspielraum.[254] Es muss nicht zwingend auf den gesamten Planungsraum ausgerichtet sein, sondern kann durchaus abschnittsweise erfolgen und gegebenenfalls auf etwaige vorhandene Überwachungssysteme zurückgreifen.[255] Da die Gemeinde gem. § 2 IV BauGB

---

[245] *BVerwG* ZfBR 2010, 581 (582).
[246] BVerwGE 71, 150 (156 f.); EZBK/*Stock*, BauGB, § 10 Rn. 136 ff.; enger *OVG Lüneburg* BRS 39 Nr. 26; *BGH* UPR 1987, 182 (182 f.), beide zu § 12 BBauG.
[247] Im Ergebnis ähnlich *VGH Mannheim* BRS 22 Nr. 27; 24 Nr. 18.
[248] *BGH* NVwZ 1995, 101 (102).
[249] BVerwGE 101, 58 (61); *BVerwG* Buchholz 406.11 § 33 BBauG/BauGB Nr. 10; EZBK/*Stock*, BauGB, § 10 Rn. 144.
[250] *BVerwG* NVwZ 2001, 203 (205); BRS 66 Nr. 200.
[251] Siehe hierzu *Rautenberg*, NVwZ 2005, 1009; *Sailer*, Bauplanungsrecht und Monitoring, 2006; *Bunzel/Fröhlich/Tomerius*, Monitoring und Bauleitplanung, 2004.
[252] Art. 10 SUP-RL fordert das Monitoring. Vgl. dazu auch *Schomerus/Busse*, Zur Umsetzung der Richtlinie über die Strategische Umweltprüfung in das deutsche Recht, NordÖR 2005, 398 (400); *Schink*, Umweltprüfung für Pläne und Programme – Verfahrensanforderungen, NuR 2005, 143 (149).
[253] *Calliess*, in: *Hendler*, Die strategische Umweltprüfung (sog. Plan-UVP) als neues Instrument des Umweltrechts, 2003, S. 153 (176); *Bovet/Hanusch*, Monitoring in der Raumordnungsplanung, DVBl. 2006, 1345 (1345 f.).
[254] *BVerwG* ZfBR 2010, 272 (273).
[255] BKL/*Battis*, BauGB, § 4 c Rn. 3.

i. V. m. Nr. 3 lit. b der Anlage 1 zum BauGB verpflichtet ist, im Verlauf des Planungsprozesses im Umweltbericht die geplanten Maßnahmen zur Überwachung der erheblichen Auswirkungen der Durchführung des Bauleitplans auf die Umwelt zu beschreiben, wird sich der konkrete Ablauf des Monitorings regelmäßig an den Dokumentationen des Umweltberichts ausrichten. § 4 c S. 2 BauGB hält hierzu an. Im Übrigen wird sich die **Untersuchungsdichte** regelmäßig an den bereits im Umweltbericht prognostizierten nachteiligen Auswirkungen auf die Umwelt, der Art der Nutzung, der Schutzbedürftigkeit des Plangebiets und dem Konkretisierungsgrad des Plans orientieren.[256] **Untersuchungsgegenstand** sind dabei erhebliche nachteilige Umweltauswirkungen, die durch den Planvollzug auftreten und die Belange des § 1 VI Nr. 7 BauGB und § 1 a BauGB tangieren.[257] Eine erneute Umweltprüfung i. S. des § 2 IV BauGB ist damit aber nicht gemeint, ebenso wenig wie eine allgemeine Vollzugskontrolle.[258] Unterstützung erfährt die Gemeinde gem. § 4 III i. V. m. § 4 c S. 2 BauGB durch andere Fachbehörden. Letztgenannte unterrichten die Gemeinde nach Abschluss des Verfahrens zur Aufstellung des Bauleitplans, sofern nach den ihnen vorliegenden Erkenntnissen die Durchführung des Bauleitplans erhebliche, insbesondere unvorhergesehene nachteilige Auswirkungen auf die Umwelt hat. Diese Bringschuld der Fachbehörden bezweckt eine sachverständige und verfahrensökonomische Durchführung des Monitorings.[259]

Werden nachteilige Entwicklungen bzw. negative Abweichungen zwischen den Prognosen des Umweltberichts und der tatsächlichen Entwicklung festgestellt, ergibt sich hieraus **keine Rechtspflicht, die Bauleitpläne zu ändern**.[260] Die Gemeinden sollen durch § 4 c BauGB lediglich in die Lage versetzt werden, gegebenenfalls geeignete Abhilfemaßnahmen zu ergreifen.[261] Die Gemeinde kann nun beurteilen, ob sich eine Ergänzungs-, Änderungs- oder Aufhebungspflicht nach **§ 1 III BauGB** ergibt.[262] Insofern ist es systemkonform, dass § 4 c BauGB der zuständigen Gemeinde auch keine zusätzlichen Eingriffsbefugnisse oder Betretungsrechte verleiht.[263] Diese bedürfen separater Ermächtigungsgrundlagen.

86

13. Aufstellung eines Bebauungsplans im vereinfachten Verfahren

a) Anwendungsbereich

In besonderen Fallkonstellationen kann die Gemeinde einen Bebauungsplan mit Erleichterungen des Verfahrens aufstellen. § 13 BauGB hält hierfür ein vereinfachtes Verfahren bereit.[264] Es kommt bei der *erstmaligen* Aufstellung[265] eines Bebauungs-

87

---

[256] BKL/*Battis*, BauGB, § 4 c Rn. 5.
[257] *Schrödter*, LKV 2006, 251 (254); *Uechtritz*, Die Umweltprüfung in der Bauleitplanung, BauR 2005, 1859 (1874).
[258] BT-Drs. 15/2250, S. 47.
[259] BK/*Gaentzsch*, BauGB, § 4 c Rn. 9; *Bunzel*, in: *Mitschang,* Umweltprüfverfahren in der Stadt- und Regionalplanung, 2006, 61 (70).
[260] *Bunzel*, in: *Mitschang,* Umweltprüfverfahren in der Stadt- und Regionalplanung, 2006, 61 (84); *Bovet/Hanusch*, Monitoring in der Raumordnungsplanung, DVBl. 2006, 1345 (1346); *Uechtritz*, in: GfU, Umweltprüfung für Pläne und Programme, 2005, S. 169 (209); BK/*Gaentzsch*, BauGB, § 4 c Rn. 8.
[261] Hoppe/*Kment*, UVPG, Vorb. Rn. 33.
[262] *Stüer/Sailer*, Monitoring in der Bauleitplanung, BauR 2004, 1392 (1399); Schrödter/*Schrödter*, BauGB, § 4 c Rn. 14 ff.
[263] BKL/*Battis*, BauGB, § 4 c Rn. 8.
[264] Vgl. *Krautzberger*, UPR 2007, 170; kritisch *Manssen*, Steuerung des Einzelhandels mittels Bauleitplanung, SächsVBl. 2008, 111 (114).
[265] Siehe zur Anwendung des § 13 BauGB bei der Änderung oder Ergänzung eines Bauleitplans nachfolgend § 6 Rn. 93.

plans dann in Betracht, wenn ein Bebauungsplan für ein **ehemaliges Gebiet nach § 34 BauGB** erlassen werden soll, ohne den sich aus der Eigenart der näheren Umgebung ergebenden Zulässigkeitsmaßstab wesentlich zu ändern. Damit sind im Wesentlichen **bestandssichernde Bebauungspläne** gemeint, durch die nach § 34 BauGB mögliche Gebietsverschlechterungen und -änderungen verhindert werden sollen.[266] Vereinzelt dürfte es auch zu geringfügigen Lockerungen des in § 34 I BauGB verankerten Einfügungsgebots kommen können.[267] Eine Begrenzung des § 13 BauGB auf einfache Bebauungspläne besteht nicht. Der Anwendungsbereich des § 13 I BauGB kann sich auch auf qualifizierte und vorhabenbezogene Bebauungspläne erstrecken.[268]

88 Von den Vorzügen des § 13 BauGB können schließlich auch Bebauungspläne profitieren, die lediglich Festsetzungen nach § 9 II a BauGB treffen und damit thematisch die **Sicherung und Entwicklung zentraler Versorgungsbereiche** behandeln.[269] Gleiches gilt für **Bebauungspläne der Innenentwicklung** nach § 13 a BauGB, für die § 13 a II Nr. 1 BauGB eine entsprechende Anwendung des § 13 II und III 1 BauGB anordnet.[270]

89 **Voraussetzung der Verfahrenserleichterung** nach § 13 BauGB ist allerdings in allen Fallkonstellationen, dass durch die Planung nicht die Zulässigkeit von Vorhaben vorbereitet oder begründet wird, die einer UVP-Pflicht unterliegen (§ 13 I Hs. 2 Nr. 1 BauGB), und keine Anhaltspunkte für eine Beeinträchtigung der Erhaltungsziele und Schutzgüter der Gebiete von unionsrechtlicher Bedeutung und der Europäischen Vogelschutzgebiete nach § 1 VI Nr. 7 lit. b BauGB bestehen (§ 13 I Hs. 2 Nr. 2 BauGB). Die Beeinträchtigung der Schutzgüter des § 1 VI Nr. 7 lit. b BauGB ist dabei schon dann schädlich, wenn sie nur geringfügig ist, da es sich um sehr sensible Schutzgebiete handelt.[271]

b) Umfang der Verfahrenserleichterung

90 Die **Verfahrensvereinfachung** besteht gem. § 13 II BauGB darin, dass von der frühzeitigen Bürger- und Behördenbeteiligung abgesehen und statt der Auslegung des Planentwurfs und der Behördenbeteiligung den betroffenen Bürgern und berührten Behörden bzw. sonstigen Trägern öffentlicher Belange Gelegenheit zur Stellungnahme innerhalb einer angemessenen Frist gegeben werden kann. Insofern besteht ein **Wahlrecht der Gemeinde**.[272] Bei einer großen Zahl von Beteiligten kann es gleichwohl ratsam sein, es bei dem üblichen Planaufstellungsverfahren zu belassen. Wird nach § 13 II 1 Nr. 2 BauGB die betroffene Öffentlichkeit beteiligt, gilt die Hinweispflicht des § 3 II 2, Hs. 2 BauGB uneingeschränkt fort, obschon das Verfahren nach § 3 II BauGB nicht eingeleitet wird. Damit wird auf die **prozessuale Präklusionsregelung** des § 47 II a VwGO Rücksicht genommen, die auch im vereinfachten Verfahren greift.[273]

---

[266] Schrödter/*Schrödter*, BauGB, § 13 Rn. 7; BKL/*Löhr*, BauGB, § 13 Rn. 2 b; EZBK/*Krautzberger*, BauGB, § 13 Rn. 28 a.
[267] BK/*Spannowsky*, BauGB, § 13 Rn. 23.
[268] BKL/*Löhr*, BauGB, § 13 Rn. 2 b; EZBK/*Krautzberger*, BauGB, § 13 Rn. 28 c.
[269] *Sparwasser*, Bebauungspläne zur Sicherung zentraler Versorgungsbereiche, VBlBW 2007, 281; *Klinge*, BauR 2008, 770.
[270] Siehe zum Bebauungsplan der Innenentwicklung nachfolgend § 6 Rn. 98 ff.
[271] BKL/*Löhr*, BauGB, § 13 Rn. 1 c.
[272] BK/*Spannowsky*, BauGB, § 13 Rn. 33.
[273] *Kopp/Schenke*, VwGO, 16. Aufl. 2009, § 47 Rn. 75 a.

Des Weiteren wird im vereinfachten Verfahren von der **Umweltprüfung** nach § 2 IV BauGB und der Erstellung eines **Umweltberichts** nach § 2 a BauGB abgesehen. Ebenso entfällt die Angabe nach § 3 II 2 BauGB, welche Arten umweltbezogener Informationen verfügbar sind, sowie die zusammenfassende Erklärung, die im Regelverfahren nach § 6 V 3 BauGB und § 10 IV vorgeschrieben ist. Zudem ist es folgerichtig, gem. § 13 III 2, 3 BauGB von der Pflicht des **Monitorings** Abstand zu nehmen wie auch bei der Beteiligung der Öffentlichkeit auf das Fehlen einer Umweltprüfung hinzuweisen. **Europarechtlich** sind diese Verfahrensverkürzungen aufgrund der geringfügigen Auswirkungen des Planungsvorhabens auf die Umwelt **unbedenklich**.[274]

III. Die Änderung oder Ergänzung von Bauleitplänen

Nach § 1 VIII BauGB gelten die Vorschriften über die Aufstellung von Bauleitplänen auch für ihre Änderung oder Ergänzung.

1. Begriff der Änderung oder Ergänzung

Bei der **Änderung** eines Bauleitplans werden dessen Darstellungen oder Festsetzungen inhaltlich verändert. Die **Ergänzung** fügt vorhandenen Darstellungen oder Festsetzungen weitere hinzu.[275] Aus § 1 VIII BauGB folgt, dass der auf die Änderung oder Ergänzung eines Bauleitplans zielende Plan in seiner Entstehung ein selbstständiger Bauleitplan ist, so wie auch ein „Änderungsgesetz" ein selbstständiges Gesetz ist. Er verschmilzt mit seiner Festsetzung *ex lege* mit dem ursprünglichen Bauleitplan zu einer rechtlichen Einheit. Auf diese Weise wird, wiederum ähnlich der Änderung eines Gesetzes, aus zwei im Entstehungsvorgang getrennten Plänen ein einziger Plan, nämlich der ursprüngliche Bauleitplan in seiner geänderten oder ergänzten Gestalt.[276]

2. Verfahren der Änderung oder Ergänzung – Vereinfachtes Verfahren

§ 1 VIII BauGB verpflichtet die Gemeinde, die einen Bauleitplan ändern oder ergänzen will, grundsätzlich ein Planungsverfahren gem. §§ 2 ff. BauGB durchzuführen. Es unterscheidet sich nicht von dem Verfahren zur erstmaligen Aufstellung eines Bauleitplans. § 13 BauGB lässt für die Änderung oder Ergänzung von Bauleitplänen, die die Grundzüge der Planung nicht berühren, ein **vereinfachtes Verfahren** zu. Die Änderung bzw. Ergänzung ist in diesem Fall üblicherweise vom Umfang her geringfügig oder weist **keine wesentliche Bedeutung für die planerische Gesamtkonzeption** auf;[277] ihr darf also nicht eine derartige Bedeutung zukommen, dass die angestrebte und im Plan zum Ausdruck gebrachte städtebauliche Ordnung in beachtlicher Weise beeinträchtigt wird.[278] Die konkrete Beurteilung richtet sich dabei nach den

---

[274] *Scheidler*, Die Neufassung des § 33 BauGB durch das EAG-Bau, UPR 2006, 337 (339); *Krautzberger*, Umwelt- und Naturschutzbelange bei Bebauungsplänen nach dem vereinfachten und beschleunigten Verfahren (§§ 13, 13 a BauGB), UPR 2011, 62 (63).
[275] BVerwGE 50, 114 (118) = NJW 1976, 1680; BK/*Gaentzsch*, BauGB, § 1 Rn. 90.
[276] BVerwGE 50, 114 (118) = NJW 1976, 1680; ähnlich zum Fachplanungsrecht BVerwGE 61, 307 (308 f.) = NVwZ 1982, 249.
[277] *BVerwG* NVwZ 1990, 873 (874 f.); NVwZ-RR 2000, 759 (759). Beispiele sind nach *VGH Mannheim* BRS 28 Nr. 8 oder *VGH München* BRS 29 Nr. 13 die Verringerung einer Gebäudehöhe, nach *VGH Mannheim* BRS 22 Nr. 28 das Ziehen einer kleinen Baulinie. Nach *BVerwG* NVwZ 1990, 361 (362) können auch inhaltliche Fehler des Bebauungsplans, die die Grundzüge der Planung nicht berühren, im vereinfachten Verfahren beseitigt werden.
[278] BVerwGE 134, 264 (266 f.).

Besonderheiten des Einzelfalls.²⁷⁹ Im Übrigen darf – ebenso wie bei der Aufstellung von Bauleitplänen im vereinfachten Verfahren –²⁸⁰ bei der Änderung oder Ergänzung eines Bauleitplans nicht die Zulässigkeit von Vorhaben vorbereitet oder begründet werden, die einer UVP-Pflicht unterliegen (§ 13 I, Hs. 2 Nr. 1 BauGB), ebenso wie es auch keine Anhaltspunkte geben darf, die auf eine Beeinträchtigung der Erhaltungsziele und Schutzgüter der Gebiete von unionsrechtlicher Bedeutung oder der Europäischen Vogelschutzgebiete nach § 1 VI Nr. 7 lit. b BauGB hinweisen (§ 13 I, Hs. 2 Nr. 2 BauGB). Es kann insofern – wie auch hinsichtlich der einzelnen Verfahrenserleichterungen – auf die Anwendung des § 13 BauGB im Rahmen der erstmaligen Aufstellung eines Bebauungsplans verwiesen werden.²⁸¹

IV. Die Aufhebung von Bauleitplänen

95 Die Vorschriften über die Aufstellung von Bauleitplänen gelten nach § 1 VIII BauGB auch für ihre Aufhebung.

1. Begriff der Aufhebung, Verwerfungskompetenz und -pflicht

96 Die Aufhebung eines Bauleitplans ist seine **Außerkraftsetzung**, sei es ersatzlos, sei es unter gleichzeitiger Festsetzung eines an seine Stelle tretenden Bauleitplans. Da eine Rechtsnorm außer durch Nichtigkeitserklärung in einem gerichtlichen Normenkontrollverfahren nur in dem für ihren Erlass geltenden Verfahren aufgehoben werden kann, bedarf auch ein als nichtig erkannter Bebauungsplan grundsätzlich der Aufhebung.²⁸² Zwar wird um die **Normverwerfungskompetenz** anderer Behörden gestritten²⁸³ und diese durch das *BVerwG* zumindest bei offensichtlicher Ungültigkeit eines Bebauungsplans anerkannt.²⁸⁴ Da der Gemeinde jedoch gesetzlich ein Weg aufgezeigt ist, wie sie sich von einem für ungültig erachteten Bebauungsplan befreien kann, besteht kein Bedürfnis, Gemeinden eine Verwerfungskompetenz hinsichtlich ihrer eigenen Normsetzung zuzugestehen.²⁸⁵ Deshalb ist die Gemeinde nicht *befugt*, einen nichtigen Bauleitplan außerhalb eines förmlichen Planaufhebungsverfahrens durch Beschluss außer Kraft zu setzen oder seine Nichtigkeit verbindlich festzustellen.²⁸⁶ Wegen des Grundsatzes der Rechtssicherheit ist die Gemeinde gegebenenfalls

---

²⁷⁹ BVerwGE 133, 98 (109 f.); 134, 264 (266 f.).
²⁸⁰ Siehe oben unter § 6 Rn. 89.
²⁸¹ Siehe oben unter § 6 Rn. 89.
²⁸² BVerwGE 75, 142 (144). Vgl. auch ferner *BGH* BRS 46 Nr. 41; *OVG Münster* NVwZ 1982, 636 (636); *Pagenkopf*, Grenzen behördlicher und gerichtlicher Plankontrolle, BauR 1979, 1 (10); *Jäde*, Die „Aufhebung" nichtiger Bebauungspläne, BayVBl. 1988, 5.
²⁸³ Vgl. BK/*Gaentzsch*, § 10 Rn. 39 ff.; BKL/*Löhr*, BauGB, § 10 Rn. 10 ff.; *Engel*, NVwZ 2000, 1258; *Diedrich*, Die Verwerfungskompetenz für Bebauungspläne oder ein Hallenbad in schwerer juristischer See, BauR 2000, 819; *Wehr*, Normverwerfung durch die Exekutive, 1998; speziell zum Baurecht: *Jung*, Gemeindliche Verwerfungsbefugnis bei rechtsverbindlichen Bebauungsplänen außerhalb des Verfahrens nach § 2 VI BBauG, NVwZ 1985, 790; *Klapdor*, Sind Beschlüsse des Gemeinderates zur Feststellung der Nichtigkeit von Bebauungsplänen zulässig oder bedarf es eines förmlichen Aufhebungsverfahrens?, BauR 1982, 409; *Wohlgemuth*, Läßt sich die Rechtsunsicherheit bei der Aufgabe umstrittener Bebauungspläne durch die Gemeinde verhindern? BauR 1981, 213; *Haldenwang*, Planungspflicht statt Verwerfungskompetenz, BauR 1982, 543; *Lenz*, Aufhebung unwirksamer Bebauungspläne, BauR 1982, 546.
²⁸⁴ *BVerwG* NVwZ 2001, 1035 (1037); zustimmend *OVG Münster* NuR 2006, 191 (192 f.).
²⁸⁵ Siehe BVerwGE 54, 211 (217); *Jung*, Gemeindliche Verwerfungsbefugnis bei rechtsverbindlichen Bebauungsplänen außerhalb des Verfahrens nach § 2 VI BBauG, NVwZ 1985, 790 (794 f.).
²⁸⁶ BVerwGE 54, 211 (217); *OVG Münster* NVwZ 1982, 636 (636); *Jung*, Gemeindliche

sogar *verpflichtet*, den für nichtig erkannten Bebauungsplan aufzuheben, sofern sie seine Mängel nicht beheben kann und will (§ 215 a III BauGB).[287]

2. Verfahren der Aufhebung

Die Aufhebung eines Bauleitplans erfordert nach § 1 VIII BauGB die Durchführung eines **förmlichen Planaufhebungsverfahrens** mit Behörden- und Öffentlichkeitsbeteiligung. Eine Aufhebung im vereinfachten Verfahren sieht § 13 BauGB nicht vor.[288] Wird der aufzuhebende Bauleitplan durch einen anderen Plan ersetzt, ist Gegenstand des Verfahrens zur Aufstellung des neuen Plans zugleich die Aufhebung des bisherigen Plans. Er wird von dem neuen Plan ersetzt und dadurch aufgehoben.[289] Erweist sich der neue Bauleitplan als nichtig, ist der von ihm aufgehobene und ersetzte Bauleitplan wirksam geblieben.

V. Bebauungsplan der Innenentwicklung

Der Bebauungsplan der Innenentwicklung[290] ist ein **jüngeres Instrument des Bauplanungsrechts**, das mit der Änderung des BauGB im Jahre 2007 eingeführt wurde.[291] Es soll den immer noch auf zu hohem Niveau voranschreitenden Flächenverbrauch in der Bundesrepublik Deutschland[292] eindämmen und zugleich die Verwirklichung wichtiger Planungsvorhaben beschleunigen.[293] Dabei steht die Vorschrift in engem Zusammenhang mit der Bodenschutzklausel des § 1 a II BauGB,[294] indem sie für die Wiedernutzbarmachung von Flächen, die Nachverdichtung oder andere Maßnahmen der Innenentwicklung ein spezielles beschleunigtes Verfahren zur Planaufstellung, Planänderung und Planergänzung einführt; § 13 a I 1, IV BauGB. Charakteristisch ist für dieses Verfahren, dass es **als Ausnahme von** der gem. § 2 IV BauGB grundsätzlich vorgeschriebenen **Umweltprüfung** konzipiert ist.[295]

1. Regelungsgegenstand des Bebauungsplans der Innenentwicklung

Bebauungspläne der Innenentwicklung setzen Maßnahmen fest, die die **Erhaltung, Erneuerung, Fortentwicklung, Anpassung und den Umbau vorhandener Ortsteile** betreffen. Erfasst sind zudem unbebaute Flächen des Innenbereichs (sog. Au-

---

Verwerfungsbefugnis bei rechtsverbindlichen Bebauungsplänen außerhalb des Verfahrens nach § 2 VI BBauG, NVwZ 1985, 790 (795).

[287] BVerwGE 75, 142 (144).

[288] Nur der vorhabenbezogene Bebauungsplan kann nach § 12 VI 3 BauGB im vereinfachten Verfahren aufgehoben werden.

[289] Vgl. BVerwGE 85, 289 (292 f.) = NVwZ 1991, 673; *Stüer*, in: Hoppenberg/de Witt, Hb. öffentliches Baurecht, Rn. 709.

[290] Siehe allgemein hierzu *Schmidt-Eichstaedt*, BauR 2007, 1148; *Mitschang*, Bebauungspläne im beschleunigten Verfahren, ZfBR 2007, 433; *Krautzberger/Stüer*, BauGB 2007: Stärkung der Innenentwicklung, DVBl. 2007, 160; *Robl*, Das beschleunigte Verfahren für Bebauungspläne der Innenentwicklung, 2010, S. 49 ff.

[291] Allgemein zur Baurechtsänderung von 2007 *Battis/Krautzberger/Löhr*, NVwZ 2007, 121; speziell zu § 13 a siehe auch BT-Drs. 16/2496, S. 12 ff. Zur Verwendung der BauNVO im Rahmen des § 13 a BauGB siehe *Mitschang*, Die Bedeutung der Baunutzungsverordnung für die Innenentwicklung der Städte und Gemeinden, ZfBR 2009, 10.

[292] *SRU*, Umweltgutachten 2008, S. 268 ff.

[293] *Reidt*, Wer die Wahl hat, hat die Qual – Vor- und Nachteile des beschleunigten Verfahrens gem. § 13 a BauGB, NVwZ 2007, 1029 (1029 f.).

[294] *Bunzel*, LKV 2007, 444 (444 f.). Vgl. zur Bodenschutzklausel oben unter § 5 Rn. 37.

[295] BT-Drs. 16/2496, S. 15; BKL/*Battis*, BauGB, § 13 a Rn. 3.

ßenbereichsinseln des Innenbereichs)[296] und **Konversionsflächen** (Gewerbe- und Industriebrachen wie auch aufgegebene militärische Liegenschaften),[297] die dem Siedlungsbereich zuzuordnen sind. In den Außenbereich vorstoßende Flächen zählen allerdings nicht dazu.[298]

100 Hinsichtlich der fraglichen Gebiete ist zu unterscheiden, welche Grundfläche durch den Bebauungsplan überplant werden soll:

101 – Der Bebauungsplan der Innenentwicklung kann eingesetzt werden, wenn in ihm eine **zulässige Grundfläche**[299] im Sinne des § 19 II BauNVO[300] oder eine **Grundfläche von weniger als 20.000 qm**[301] festgesetzt wird (§ 13 a I 2 Nr. 1 BauGB). Um diesen abstrakt generellen Schwellenwert nicht zu umgehen, werden die Grundflächen mehrerer Bebauungspläne addiert, sofern diese in einem engen sachlichen, räumlichen und zeitlichen Zusammenhang aufgestellt werden.[302]

102 – Gem. § 13 a I 2 Nr. 2 BauGB kommt der Bebauungsplan der Innenentwicklung auch dann in Betracht, wenn die festgesetzte **Grundfläche zwischen 20.000 und 70.000 qm** angesiedelt ist. Erforderlich ist in diesem Fall, dass eine überschlägige **Vorprüfung im Einzelfall** unter Berücksichtigung der in Anlage 2 zum BauGB genannten Kriterien ergibt, dass der Bebauungsplan voraussichtlich keine erheblichen Umweltauswirkungen hat, die nach § 2 IV 4 BauGB in der Abwägung zu berücksichtigen wären.[303] Die Prüfung ist an § 14 b IV UVPG angelehnt und hat die Behörden und sonstigen Träger öffentlicher Belange, deren Aufgabenbereiche durch die Planung berührt werden können, zu beteiligen.[304]

103 – Wird in einem Bebauungsplan weder eine zulässige Grundfläche noch eine Größe der Grundfläche festgesetzt, ist gem. § 13 a I 3 BauGB maßgeblich, welche Fläche voraussichtlich **versiegelt** wird.[305]

104 Das beschleunigte Verfahren, welches der Bebauungsplan der Innenentwicklung ermöglicht, ist grundsätzlich – bezogen auf alle Varianten des § 13 a I BauGB – **ausgeschlossen**, wenn durch den Bebauungsplan die Zulässigkeit von UVP-pflichtigen Vorhaben begründet wird oder wenn eine Beeinträchtigung der Erhaltungsziele und

---

[296] *BayVerfGH* NVwZ-RR 2009, 825 (826); *OVG Koblenz*, Urt. v. 24. 2. 2010 – 1 C 10852/09 – JURIS; *Bunzel*, LKV 2007, 444 (445); *Erbguth*, Baurecht, § 5 Rn. 63 a; BKL/*Battis*, BauGB, § 13 a Rn. 4.

[297] *Uechtritz*, BauR 2007, 476 (478); *Bienek*, Die Novelle des Baugesetzbuches 2007, SächsVBl. 2007, 49 (50).

[298] *Bienek/Krautzberger*, Aktuelle Fragen zum städtebaulichen Innenbereich nach § 34 BauGB und zum Außenbereich nach § 35 BauGB, UPR 2008, 81 (83).

[299] Zur Berechnung der Grundfläche *Schrödter*, Der Bebauungsplan der Innenentwicklung – Teil 1, ZfBR 2010, 332 (333 f.);

[300] Vgl. hierzu auch *Gronemeyer*, Änderungen des BauGB und der VwGO durch das Gesetz zur Erleichterung von Planungsvorhaben für die Innenentwicklung der Städte, BauR 2007, 815 (816).

[301] Es geht nicht um die vom Bebauungsplan insgesamt erfasste Fläche; vgl. *Uechtritz*, BauR 2007, 476 (479).

[302] Vgl. *Bunzel*, LKV 2007, 444 (446).

[303] Vgl. dazu *Müller-Grune*, Beschleunigtes Verfahren und Bebauungspläne der Innenentwicklung – der neue § 13 a BauGB, BauR 2007, 985 (988); *Schwarz*, Screening im beschleunigten Verfahren nach § 13 a BauGB, LKV 2008, 12;

[304] *Hoppe/Laubinger*, UVPG, § 14 b Rn. 67. Zu Details auch *Schrödter*, Der Bebauungsplan der Innenentwicklung – Teil 1, ZfBR 2010, 332 (334 ff..)

[305] *Scheidler*, Bebauungspläne der Innenentwicklung – das Verfahren nach § 13 a BauGB, VR 2009, 181 (183).

Schutzgüter der Gebiete von unionsrechtlicher Bedeutung bzw. der Europäischen Vogelschutzgebiete nach § 1 VI Nr. 7 lit. b BauGB zu befürchten ist. Insofern hat der Gesetzgeber gem. § 13 a I 4 und 5 BauGB eine Angleichung an das vereinfachte Verfahren nach § 13 BauGB vorgenommen.[306] Diese Nähe zum vereinfachten Verfahren nach § 13 BauGB ist systemgerecht, da auf die verfahrensrechtlichen Vorgaben des vereinfachten Verfahrens in § 13 a II Nr. 1 BauGB Bezug genommen wird.

2. Erleichterungen und Besonderheiten des beschleunigten Verfahrens

Im Einzelnen[307] ermöglicht das beschleunigte Verfahren nach § 13 a BauGB neben der entsprechenden Anwendung des § 13 II, III 1 BauGB, die zu einer **Verkürzung der Beteiligungsverfahren** führt und zudem den **Verzicht auf die Umweltprüfung** erlaubt (§ 13 a II Nr. 1 BauGB),[308] dass von **Darstellungen des Flächennutzungsplans abgewichen** wird, bevor der Flächennutzungsplan geändert oder ergänzt wurde, vorausgesetzt, die geordnete städtebauliche Entwicklung des Gemeindegebiets wird nicht beeinträchtigt (§ 13 a II Nr. 2 BauGB).[309] Bedeutsam ist außerdem, dass gem. § 13 a II Nr. 4 BauGB im beschleunigten Verfahren für Bebauungspläne mit einer Grundfläche von insgesamt weniger als 20.000 qm **kein Ausgleich für Eingriffe in Natur und Landschaft** zu erfolgen hat. Der nur für den ersten Typ der Bebauungspläne der Innenentwicklung anwendbare Verzicht auf einen Ausgleich von Eingriffen kann damit gerechtfertigt werden, dass der Bebauungsplan der Innenentwicklung gerade zusätzliche Flächenversiegelungen und -beanspruchungen zugunsten von Natur und Landschaft vermeiden will.[310] Außerdem verhindert die Fiktion des § 13 a II Nr. 4 BauGB nicht, dass die Anforderungen des § 1 a III BauGB an die Abwägung nach § 1 VII BauGB uneingeschränkt gerichtlich überprüft werden können, um etwaigem Missbrauch vorzubeugen.[311]

Schließlich ist bei der Aufstellung eines Bebauungsplans im beschleunigten Verfahren gem. § 13 a III 1 Nr. 1 BauGB insbesondere ortsüblich bekanntzumachen, dass von der Durchführung einer Umweltprüfung abgesehen wird. Dies umfasst auch die Gründe für dieses Vorgehen, wenn ein Fall des § 13 a I 2 Nr. 2 BauGB mit Vorprüfung vorliegt. Weitere **Hinweise zur Öffentlichkeitsbeteiligung** sind gem. § 13 a III 1 Nr. 2 BauGB zu geben, um die Grundlagen für die Präklusionsvorschrift des § 47 II a VwGO zu legen.[312] Insgesamt ist § 13 a BauGB rechtspolitisch diskussionswürdig, **unionsrechtliche Bedenken** bestehen in der Sache wohl nicht.[313]

---

[306] Siehe oben § 6 Rn. 89.
[307] § 13 a II Nr. 3 BauGB ist entbehrlich. Er enthält weder zusätzlich Anwendungsvoraussetzungen, noch werden Verfahrenserleichterungen statuiert; vgl. *Krautzberger/Stüer*, BauGB 2007: Stärkung der Innenentwicklung, DVBl. 2007, 160 (164); BKL/*Battis*, BauGB, § 13 a Rn. 16.
[308] *Schrödter*, Umweltprüfung in der Bauleitplanung, LKV 2008, 109 (110 f.); siehe hierzu bereits oben unter § 6 Rn. 90 f.
[309] BKL/Battis, BauGB, § 13 a Rn. 15.
[310] Vgl. auch BT-Drs. 16/2496, S. 2; BT-Drs. 16/3308, S. 18. Kritisch *Scheidler*, Erleichterung von Planungsvorhaben für die Innenentwicklung der Städte nach dem jüngsten BauGB-Entwurf, ZfBR 2006, 752 (756).
[311] BKL/Battis, BauGB, § 13 a Rn. 17. *Krautzberger*, Umwelt- und Naturschutzbelange bei Bebauungsplänen nach dem vereinfachten und beschleunigten Verfahren (§§ 13, 13 a BauGB), UPR 2011, 62 (64). Kritisch *Scheidler*, Bebauungspläne der Innenentwicklung – das Verfahren nach § 13 a BauGB, VR 2009, 181 (185).
[312] Vgl. *OVG Münster* ZfBR 2008, 801 (802); *Kopp/Schenke*, VwGO, 16. Aufl. 2009, § 47 Rn. 75 a; Posser/Wolff/*Giesberts*, VwGO, § 47 Rn. 57 a.
[313] *Uechtritz*, BauR 2007, 476 (481); *Krautzberger*, Gesetz zur Erleichterung von Planungs-

VI. Funktionslosigkeit von Bebauungsplänen

107 Ein dem Wesen der Bauleitplanung eigentümlicher Grund für das Außerkrafttreten eines Bauleitplans insgesamt oder einzelner seiner Darstellungen oder Festsetzungen ist der Eintritt von **Funktionslosigkeit**.[314] Dem liegt der Gedanke zugrunde, dass ein Bauleitplan in ungleich stärkerem Maße als herkömmliche Rechtsvorschriften **wirklichkeitsbezogen** und deshalb weniger auf Geltung als auf **konkrete Erfüllung** angelegt ist.[315] Deshalb ist ein Bauleitplan in seinem Bestand anfällig gegenüber tatsächlichen Entwicklungen im Plangebiet, die seine konkrete Erfüllung in Frage stellen. Von hier ausgehend nimmt die Rechtsprechung unter zwei Voraussetzungen ein Außerkrafttreten eines Bauleitplans oder einzelner seiner Darstellungen oder Festsetzungen wegen Funktionslosigkeit an:[316] Es müssen – erstens – die Verhältnisse, auf die sich eine planerische Darstellung oder Festsetzung bezieht, in der tatsächlichen Entwicklung einen Zustand erreicht haben, der eine **Verwirklichung der Darstellung oder Festsetzung auf unabsehbare Zeit ausschließt,** und es muss – zweitens – die Erkennbarkeit dieser Tatsachen einen Grad erreicht haben, der einem etwa dennoch in die Fortgeltung der Darstellung oder der Festsetzung gesetzten **Vertrauens** die Schutzwürdigkeit nimmt.[317] Der Grund für das Außerkrafttreten des Bauleitplans wegen Funktionslosigkeit liegt in der aus tatsächlichen Gründen eingetretenen Unmöglichkeit seiner Verwirklichung, nicht in der Entstehung derogierenden Rechts.

108 **Beispiel:** Nicht beachtete und durch die tatsächliche Entwicklung überholte Festsetzungen des Bebauungsplans können wegen Funktionslosigkeit unter anderem außer Kraft treten, wenn der Bebauungsplan eine geschlossene Bauweise festsetzt, das Gebiet tatsächlich aber in offener Weise bebaut wird. Ähnliches gilt, wenn eine Bebauungstiefe festgesetzt wird, aber durchgängig im Wege der Befreiung eine Hinterlandbebauung zugelassen wird oder ein im Bebauungsplan für eine zweigeschossige Bebauung vorgesehenes Gebiet tatsächlich nur eingeschossig bebaut wird. Die funktionslosen Festsetzungen führen zur Unwirksamkeit des gesamten Bauleitplans, wenn nicht anzunehmen ist, dass der Bauleitplan auch ohne die obsolete Darstellung oder Festsetzung gelten soll.[318]

109 Wie die vorgenannten Beispiele zeigen, kann die Funktionslosigkeit Grenzen, die der Bebauungsplan zieht, beseitigen und damit zu einer **Erweiterung der Nutzungsmöglichkeiten** führen. Sie kann aber auch Nutzungsmöglichkeiten, insbesondere

---

vorhaben für die Innenentwicklung der Städte („BauGB 2007"), UPR 2006, 405 (406); a. A. *Götze/Müller*, Das Gesetz zur Erleichterung von Planungsvorhaben für die Innenentwicklung der Städte („BauGB 2007") – Zu „Risiken und Nebenwirkungen" eines Planungserleichterungsgesetzes, ZUR 2008, 8 (9 ff.) hinsichtlich § 13 a I 2 Nr. 1 BauGB.

[314] *Baumeister*, Rechtswidrigwerden statt Funktionslosigkeit von Bebauungsplänen, GewArch 1996, 318; *Erhard*, Außer-Kraft-Treten eines Bebauungsplans wegen Funktionslosigkeit nur bei legaler oder behördlich geduldeter planabweichender Entwicklung?, NVwZ 2006, 1362; *Gronemeyer*, Der Geltungsverlust von Bebauungsplänen infolge normwidersprechender Fakten, DVBl. 1977, 756; *Bier*, Gültigkeit von Bebauungsplänen im Hinblick auf die Frage eines „Außer-Kraft-Tretens wegen Funktionslosigkeit", UPR 2004, 335; *Grooterhorst*, Der Geltungsverlust von Bebauungsplänen durch die nachträgliche Veränderung der tatsächlichen Verhältnisse, 1988; *Degenhart*, Geltungsverlust „funktionsloser" Bebauungspläne?, BayVBl. 1990, 71; *Steiner*, Der funktionslose Bebauungsplan, in: Festschr. für Schlichter, 1995, S. 313.

[315] Grundlegend BVerwGE 54, 5 (7 ff.) = NJW 1977, 2325; aber auch schon BVerwGE 26, 282 = NJW 1967, 1291; *Troidl*, BauR 2010, 1511 (1513).

[316] BVerwGE 54, 5 (11); *BVerwG* NVwZ 1994, 281 (281 f.); NVwZ-RR 1997, 512 (512 f.); NVwZ 2001, 1055 (1056); NVwZ 2004, 1244 (1245); ZfBR 2010, 787 (788); BGHZ 97, 1 (5); *OVG Lüneburg* BRS 44 Nr. 48; NVwZ-RR 1995, 439; *OVG Münster* BauR 2010, 1543 (1544).

[317] Vgl. auch *Troidl*, BauR 2010, 1511 (1513 f.).

[318] *OVG Münster* BRS 29 Nr. 17; *OVG Berlin* BRS 35 Nr. 6.

Nutzungsmaße, einschränken und dadurch eine **Schrumpfung** der durch den Bebauungsplan gewährten Nutzungsmöglichkeiten bewirken.[319]

Lösung zu Fall 4:

In der öffentlichen Bekanntmachung hat die Stadt S den Ort der Auslegung ihres Bebauungsplanentwurfs nach § 3 II 2 Hs. 1 BauGB derart präzisiert, dass sie das Stadtbauamt mit Adresse und Geschoss angegeben hat. Es wurde jedoch keine Angabe zum **Dienstraum** des Verwaltungsgebäudes gemacht, in dem die Planunterlagen zur Einsichtnahme bereit liegen. Dieser braucht aber **im Regelfall nicht bezeichnet** zu werden. Die ortsübliche Bekanntmachung will Planbetroffene und sonstige Interessierte lediglich dazu ermuntern, sich an einem Planungsverfahren zu beteiligen. Sie hat nicht den darüber hinausgehenden Zweck, den am Planungsprozess Interessierten jedwede Anstrengung zu ersparen, um den Planentwurf ausfindig zu machen. **Eigenständige Bemühungen**, die den Betroffenen nicht überfordern, dürfen ihm daher zugemutet werden. Dazu gehört es auch, durch Nachfragen entweder eingangs beim Pförtner, bei im angegebenen Geschoss beschäftigten oder im Dienstgebäude zufällig anzutreffenden Bediensteten den genauen Standort der Planunterlagen zu ermitteln. Die öffentliche Bekanntmachung der Stadt S genügt somit den gesetzlichen Anforderungen des § 3 II 2 Hs. 1 BauGB.

Dessen ungeachtet, ist es einer Gemeinde (bzw. Stadt) **nicht zu verwehren**, von getätigten Planungsbemühungen – selbst noch kurz vor der Bekanntmachung des beschlossenen Plans – **Abstand zu nehmen**, wenn sie (mittlerweile) von der Rechtswidrigkeit der Planung (wenn auch zu Unrecht) überzeugt ist und deshalb annehmen muss, dass die Bekanntmachung lediglich zu einer scheinbar geltenden Satzung führen werde. Das schlichte Unterlassen einer Bekanntmachung ist jedoch dafür nicht das richtige Mittel. Die Stadt S muss vielmehr im Wege des **Satzungsbeschlusses** ihren eigenen Planungsbeitrag wieder aufheben, um einen rechtsstaatlich unbefriedigenden Schwebezustand zu beseitigen. Für Außenstehende ist schließlich nicht ersichtlich, wann der beschlossene Plan oder ob er überhaupt in Zukunft bekannt gemacht wird.

§ 7. Der Flächennutzungsplan

Schrifttum: *Graf*, Rechtliche Anforderungen an den Inhalt und die Regelungstiefe der Darstellung im Flächennutzungsplan, BauR 2004, 1552; *Grotefels/Lahme*, Der regionale Flächennutzungsplan in Nordrhein-Westfalen, BauR 2009, 1390; *Kment*, Unmittelbarer Rechtsschutz Privater gegen Ziele der Raumordnung und Flächennutzungspläne im Rahmen des § 35 III BauGB, NVwZ 2003, 1047; *ders.*, Die unmittelbare Außenwirkung des Flächennutzungsplans, NVwZ 2004, 314; *Mitschang*, Die heutige Bedeutung der Flächennutzungsplanung: Aufgaben, Stand und Perspektiven für ihre Weiterentwicklung, LKV 2007, 102; *ders.* (Hrsg.), Flächennutzungsplanung – Aufgabenwandel und Perspektiven, 2007; *Schenke*, Rechtsschutz gegen Flächennutzungspläne, NVwZ 2007, 134; *Stüer*, Normenkontrolle von Bauleitplänen – Der Flächennutzungsplan auf Wanderschaft zur Rechtsnorm, BauR 2007, 1495; *Wollenteit*, Antragsberechtigung bei der Normenkontrolle von Flächennutzungsplänen, NVwZ 2008, 1281.

---

[319] BVerwGE 54, 5 (10).

Fall 5 (nach BVerwGE 95, 123):

1   Die Gemeinde A beschließt einen Flächennutzungsplan mit dem Sondergebiet S. Dieses Sondergebiet möchte die Gemeinde von Wohn- und Gewerbebebauung freihalten, um es in Zukunft entweder einem Freizeitpark oder einem großflächigen Einzelhandelsbetrieb zugutekommen lassen zu können. Da sich die Verhandlungen mit den Betreibern beider Großprojekte verzögern, beschließt die Gemeinde das Sondergebiet ohne nähere Zweckbestimmung, um sich alle Optionen offen zu halten. Im anschließenden Genehmigungsverfahren nach § 6 BauGB wird dies beanstandet. Zu Recht?
Lösung: Rn. 58

I. Die Funktion des Flächennutzungsplans

2   Der Flächennutzungsplan[1] ist die erste Stufe im prinzipiell zweistufigen System der Bauleitplanung. In ihm stellt die Gemeinde für das ganze Gemeindegebiet die von ihr beabsichtigte städtebauliche Entwicklung in den Grundzügen dar. Er ist das **städtebauliche Entwicklungsprogramm** der Gemeinde.[2] Soweit es für die städtebauliche Entwicklung und Ordnung erforderlich ist (§ 1 III BauGB), entwickelt sie sodann aus dem Flächennutzungsplan die Bebauungspläne (§ 8 II 1 BauGB), die als Rechtsnorm (§ 10 I BauGB) die Darstellungen des Flächennutzungsplans in rechtsverbindliche Festsetzungen umsetzen (§ 8 I BauGB). Sie bilden somit den rechtlichen Ausgangspunkt für die Bebauung der Grundstücke (§ 30 BauGB) und sind Grundlage für städtebauliche Gebote (§§ 175 ff. BauGB), Enteignung (§§ 85 ff. BauGB), gemeindliche Vorkaufsrechte (§§ 24 ff. BauGB) oder bodenordnende Maßnahmen (§§ 45 ff. BauGB). Zutreffend bezeichnet § 1 II BauGB den Flächennutzungsplan als den **vorbereitenden** und den Bebauungsplan als den verbindlichen Bauleitplan. Der Flächennutzungsplan hat eine **koordinierende** und eine **integrierende Funktion**.[3] Die aus ihm entwickelten Bebauungspläne und die Fachplanungen, die sich ihm nach Maßgabe des § 7 BauGB anzupassen haben, werden durch ihn in einen konzeptionellen Gesamtzusammenhang gebracht.[4] Außerdem transportiert er über das Gebot, die Bauleitplanung den Zielen der Raumordnung anzupassen (§ 1 IV BauGB), deren Inhalte in die Ebene der Bebauungsplanung und verleiht den Zielen der Raumordnung dadurch letztlich externe Verbindlichkeit. Denn der Flächennutzungsplan ist das **Scharnier** zwischen der überörtlichen Raum- und Landesplanung und der örtlichen Bebauungsplanung. Zum Teil wirkt er aber auch unmittelbar auf die Zulässigkeit von Vorhaben ein. Im Außenbereich wird ihm gem. § 35 III 3 BauGB die Funktion zugesprochen, die Ansiedlung privilegierter Nutzungen auf bestimmte Räume im Gemeindegebiet zu konzentrieren.[5]

---

[1] Vgl. auch *Demske*, Die Steuerungswirkung des Flächennutzungsplans und seine Bedeutung nach Inkrafttreten des Europarechtsanpassungsgesetzes (EAG Bau), 2009; *Held*, Flächennutzungsplane, LKRZ 2008, 367; *Guckelberger*, Die veränderte Steuerungswirkung der Flächennutzungsplanung, DÖV 2006, 973; *Mitschang*, (Hrsg.), Flächennutzungsplanung – Aufgabenwandel und Perspektiven, 2007.
[2] BVerwGE 77, 300 (304); 109, 371 (376); 124, 132 (139); BK/*Gaentzsch/Philipp*, BauGB, § 5 Rn. 3; Schrödter/*Schrödter*, BauGB, § 5 Rn. 1.
[3] Vgl. BVerwGE 124, 132 (137); *Graf*, BauR 2004, 1552 (1552 f.).
[4] *Brohm*, Baurecht, § 6 Rn. 4; BKL/*Löhr*, BauGB, § 5 Rn. 1.
[5] *Söfker*, Zur bauplanungsrechtlichen Absicherung des Repowering von Windenergieanlagen, ZfBR 2008, 14 (15); *Kment*, NVwZ 2004, S. 314 (314).

II. Die äußere Form des Flächennutzungsplans

1. Karte des Gemeindegebiets

Grundlage des Flächennutzungsplans ist eine Karte des Gemeindegebiets,[6] die so genau und vollständig sein muss, dass sie eine eindeutige Darstellung des planerischen Willens der Gemeinde ermöglicht (§ 1 I PlanzV 90). Häufig wird für den Flächennutzungsplan die Deutsche Grundkarte **im Maßstab 1:5000 oder 1:10 000** verwandt, während der Bebauungsplan in der Regel einen Maßstab von 1:500 oder 1:1000 aufweist. Die Darstellungen, Kennzeichnungen, nachrichtlichen Übernahmen und Vermerke, die der Flächennutzungsplan nach § 5 BauGB enthält, erfolgen mittels der Planzeichen und Planfarben der **Planzeichenverordnung** (PlanzV) sowie durch Text und Schrift. Sie müssen so **hinreichend deutlich** sein, dass eine Entwicklung von Bebauungsplänen aus dem Flächennutzungsplan möglich ist. Dies gilt insbesondere dann, wenn von der PlanzV abgewichen wird.[7] Anderenfalls ist der Flächennutzungsplan ganz oder teilweise unwirksam (arg. § 2 V PlanzV 90).

3

2. Begründung

Nach § 5 V BauGB ist dem Flächennutzungsplan eine **Begründung** nach Maßgabe des § 2a BauGB beizufügen; nach der Genehmigung des Flächennutzungsplans kommt zusätzlich eine „**zusammenfassende Erklärung**" gem. § 6 V BauGB hinzu.[8] Die Begründung hat gem. § 2a S. 2 Nr. 1 BauGB die Ziele, Zwecke und wesentlichen Auswirkungen des Flächennutzungsplans wie auch nach § 2a S. 2 Nr. 2 BauGB die Ergebnisse der Umweltprüfung nach § 2 IV BauGB in Form des Umweltberichts nach Anlage 1 zum BauGB darzulegen. Außerdem sind die für die Abwägung (§ 1 VII BauGB) maßgebenden Überlegungen wiederzugeben (arg. § 214 I 2 BauGB). Die Begründung ist nicht Teil des Flächennutzungsplans, sondern ihm „**beigefügt**".[9] **Mängel der Begründung** können allerdings nach Maßgabe von § 214 I 1 Nr. 3 BauGB die Wirksamkeit des Flächennutzungsplans in Frage stellten. Trotzdem erlangt nur der Flächennutzungsplan selbst Rechtswirksamkeit (arg. § 6 V 2 BauGB). Allein sein Inhalt ist maßgebend. Er setzt sich gegenüber einer abweichenden, dann allerdings fehlerhaften Begründung durch.[10] Die Divergenzen zwischen der Begründung und den Darstellungen des Flächennutzungsplans dürften jedoch nicht derart groß sein, dass sie den Eindruck vermitteln, die Abwägung habe zu einem anderen Ergebnis geführt als zu demjenigen, welches in den Darstellungen des Flächennutzungsplans zum Ausdruck kommt. In diesem Fall ist der Plan abwägungsfehlerhaft.[11]

4

III. Der Geltungsbereich des Flächennutzungsplans

Der Flächennutzungsplan umfasst grundsätzlich das ganze Gemeindegebiet (§ 5 I 1 BauGB). Um die Steuerungswirkung des § 35 III 3 BauGB zu erleichtern, kommt ausnahmsweise ein sachlicher Teilflächennutzungsplan in Betracht (§ 5 IIb BauGB). Des Weiteren ist ein teilgemeindlicher Flächennutzungsplan als Folge kommunaler

5

---

[6] Sie kann auf mehrere Teilblätter aufgeteilt sein. Dazu *BGH* NJW 1991, 293 (294).
[7] *BVerwG* NVwZ-RR 2001, 422 (423).
[8] Vgl. zur zusammenfassenden Erklärung bereits oben § 6 Rn. 69.
[9] BK/*Gaentzsch/Philipp*, BauGB, § 5 Rn. 48; EZBK/*Söfker*, BauGB, § 5 Rn. 76.
[10] *VGH München* BRS 29 Nr. 2; EZBK/*Söfker,* BauGB, § 5 Rn. 76.
[11] *Stüer*, Plandivergenzen, BauR 2006, 31 (33); BKL/*Löhr*, BauGB, § 5 Rn. 9.

Gebietsveränderungen (§ 204 II BauGB),[12] ein mehrgemeindlicher Flächennutzungsplan unter benachbarten Gemeinden (§ 204 I BauGB) und bei Planungsverbänden (§ 205 BauGB) möglich.

1. Der gemeindeumfassende Flächennutzungsplan

6   Aus § 5 I 1 BauGB („für das ganze Gemeindegebiet") folgt, dass der Flächennutzungsplan grundsätzlich gemeindeumfassend zu sein hat, und zwar flächendeckend. Es ist ein gesamträumliches Planungskonzept für das **gesamte Gemeindegebiet** zu entwickeln.[13]

7   Das Gebot gemeindeumfassender Flächennutzungsplanung lässt, abgesehen vom Fall des § 5 I 2 und IIb BauGB, keine **„weiße Flecken"** im Flächennutzungsplan zu. Deshalb muss die Gemeinde, auch wenn das Bedürfnis für eine Bauleitplanung (§ 1 III BauGB) nur in einem Teil des Gemeindegebiets besteht, gleichwohl den Flächennutzungsplan für das ganze Gemeindegebiet aufstellen, es sei denn, ein Bebauungsplan reicht aus, um die städtebauliche Entwicklung zu ordnen (§ 8 II 2 BauGB).

8   Ausnahmsweise kann die Gemeinde nach § 5 I 2 BauGB **Flächen** und sonstige **Darstellungen** aus dem Flächennutzungsplan **ausnehmen**, wenn dadurch die Grundzüge der Art der Bodennutzung nicht berührt werden und sie beabsichtigt, die Darstellung zu einem späteren Zeitpunkt vorzunehmen. Es soll die Flächennutzungsplanung nicht aufhalten, wenn einzelne Flächen oder Darstellungen von untergeordneter Bedeutung wegen nicht abgeschlossener Untersuchungen oder Überlegungen noch nicht reif für die Flächennutzungsplanung sind. Der Grundsatz gemeindeumfassender Flächennutzungsplanung wird hierdurch nicht aufgegeben, sondern lediglich **zeitlich gestuft**. Dies darf allerdings nicht dazu führen, dass wesentliche Konflikte ausgespart werden und dadurch unbewältigt bleiben.[14] Die Gründe für die gestufte Flächennutzungsplanung sind im Erläuterungsbericht darzulegen. Die Gemeinde ist bei gestufter Flächennutzungsplanung zur Planvervollständigung durch Planergänzung verpflichtet, sobald die Hinderungsgründe für eine umfassende Flächennutzungsplanung entfallen sind.

9   Die **Aufsichtsbehörde** kann räumliche oder sachliche Teile des Flächennutzungsplans von der Genehmigung ausnehmen (§ 6 III BauGB).[15] Dies führt ebenso wie die Vorweggenehmigung räumlicher oder sachlicher Teile des Flächennutzungsplans (§ 6 IV 1 BauGB) vorübergehend zu einem nicht gemeindeumfassenden Flächennutzungsplan. Durch die Teilgenehmigung dürfen die Grundzüge der Art der Bodennutzung nicht berührt werden (arg. § 5 I 2 BauGB).

2. Der sachliche Teilflächennutzungsplan

10   Aufgrund des zunehmenden Bedeutungsgewinns des Flächennutzungsplans für den Außenbereich hat sich der Gesetzgeber entschlossen, den Gemeinden für die spezifischen Rechtswirkungen im Rahmen des **§ 35 III 3 BauGB** einen **sachlichen Teil-**

---

[12] Nach dem vom BauROG aufgehobenen § 246a I Nr. 1 S. 3 BauGB waren im Beitrittsgebiet Teil-Flächennutzungspläne zulässig, wenn dies für die städtebauliche Entwicklung der Gemeinde vordringlich war. Sie gelten, soweit nicht aufgehoben, fort.
[13] BVerwGE 117, 287 (293 ff.); 122, 109 (111).
[14] *Pfeifer*, Der Grundsatz der Konfliktbewältigung in der Bauleitplanung: das Verhältnis der Bauleitplanung zu nachfolgenden Genehmigungsverfahren, 1989, S. 67; BKL/*Löhr*, BauGB, § 5 Rn. 2.
[15] Siehe oben § 6 Rn. 74.

flächennutzungsplan als Planungsinstrument zur Verfügung zu stellen. Mit seiner Hilfe kann die in § 35 III 3 BauGB vorgesehene Ausschlusswirkung für Teilbereiche des Gemeindegebiets bereits dann erreicht werden, wenn für das gesamte Gemeindegebiet noch kein umfassendes planerisches Gesamtkonzept vorliegt oder ein vermeintlich bestehender „normaler" Flächennutzungsplan unwirksam ist.[16] Es sollen also rasch rechtliche Rahmenbedingungen geschaffen werden können, ohne sofort das aufwändige Verfahren zur Neuaufstellung eines gesamten Flächennutzungsplans durchlaufen zu müssen.[17] Ein anderer Anwendungsfall ist gegeben, wenn im Gemeindegebiet bereits ein funktionstüchtiger Flächennutzungsplan existiert, dieser aber um Aussagen zu Konzentrationsflächen für bestimmte privilegierte Nutzungen (z. B. Windenergie) ergänzt werden soll bzw. vorhandene Darstellungen zu derartigen Nutzungen geändert werden sollen.[18] Im Unterschied zur Änderung eines Flächennutzungsplans im Regelverfahren ermöglicht der sachliche Teilflächennutzungsplan, eine Regelungskonzeption für die Ausschlusswirkung des § 35 III 3 BauGB sachlich auf einen **Teilbereich des Gemeindegebiets** zu begrenzen, ohne die Auswirkungen der Modifikation in jeglicher Hinsicht – wie bei einer Änderung des Gesamtplans sonst der Fall – für das gesamte Gemeindegebiet beurteilen zu müssen.[19] **Räumlich** muss sich der sachliche Teilflächennutzungsplan entgegen § 5 I 1 BauGB nicht auf das gesamte Gemeindegebiet beziehen. Er kann auch nur Teile des gemeindlichen Außenbereiches erfassen.[20] In diesem Fall gelten seine Rechtswirkungen aber auch nur für den von ihm in Bezug genommenen räumlichen Bereich. Im Übrigen bleibt es bei der allgemeinen Anwendung des Zulassungsregimes des § 35 BauGB.[21]

3. Der teilgemeindliche Flächennutzungsplan

Werden Gemeinden in ihrem Gebiet oder Bestand verändert, gelten nach Maßgabe des **§ 204 II BauGB** und vorbehaltlich abweichender landesrechtlicher Regelung bestehende Flächennutzungspläne in den Grenzen ihres bisherigen räumlichen Geltungsbereichs fort. Das Gebot gemeindeumfassender Flächennutzungsplanung (§ 5 I 1 BauGB) gilt mithin nur für die Aufstellung, nicht für die Fortgeltung eines Flächennutzungsplans. Nur wenn die **Gebietsveränderung** die Grundlagen des Flächennutzungsplans derart verändert, dass er nicht mehr als eine den Grundsätzen des § 1 BauGB entsprechende Ordnung der städtebaulichen Entwicklung angesehen werden kann, tritt er als unvereinbar mit den Planungsgrundsätzen des BauGB außer Kraft.[22]

11

4. Der mehrgemeindliche Flächennutzungsplan

Benachbarte Gemeinden sollen nach **§ 204 I BauGB** einen gemeinsamen Flächennutzungsplan aufstellen, wenn ihre städtebauliche Entwicklung wesentlich durch gemeinsame Voraussetzungen und Bedürfnisse bestimmt wird oder ein gemeinsamer

12

---

[16] BK/*Gaentzsch/Philipp*, BauGB, § 5 Rn. 42 b; *Mitschang*, LKV 2007, 102 (106).
[17] BKL/*Löhr*, BauGB, § 5 Rn. 35 f.
[18] BKL/*Löhr*, BauGB, § 5 Rn. 35 g f.
[19] *Erbguth*, Baurecht, § 8 Rn. 123; BK/*Gaentzsch/Philipp*, BauGB, § 5 Rn. 42 b.
[20] *Mitschang*, LKV 2007, 102 (107); *Guckelberger*, Die veränderte Steuerungswirkung der Flächennutzungsplanung, DÖV 2006, 973 (977 f.); EZBK/*Söfker*, BauGB, § 5 Rn. 62 g; a. A. v. *Nicolai*, Welche Vorteile bringt ein Teilflächennutzungsplan der Gemeinde?, ZfBR 2005, 529 (531).
[21] BK/*Gaentzsch/Philipp*, BauGB, § 5 Rn. 42 b; Schrödter/*Schrödter*, BauGB, § 5 Rn. 42 e.
[22] BVerwGE 45, 25 (29) = NJW 1974 1010, ergangen zum BBauG, das keine § 204 II BauGB entsprechende Fortgeltungsregelung enthielt; vgl. auch EZBK/*Runkel*, BauGB, § 204 Rn. 74.

Flächennutzungsplan einen gerechten Ausgleich der verschiedenen Belange ermöglicht. Zu einem mehrgemeindlichen Flächennutzungsplan kann es ferner kommen, wenn Gemeinden und sonstige öffentliche Planungsträger zu einem **Planungsverband** zusammengeschlossen sind, dem die Flächennutzungsplanung übertragen ist (§ 205 BauGB).[23]

5. Der regionale Flächennutzungsplan

13 Erfolgt die Regionalplanung durch Zusammenschlüsse von Gemeinden und Gemeindeverbänden zu regionalen Planungsgemeinschaften, kann nach § 8 IV ROG ein und derselbe Plan zugleich die Funktion eines Flächennutzungsplans nach § 204 BauGB übernehmen. Man spricht dann von einem „**regionalen Flächennutzungsplan**".[24] Der regionale Flächennutzungsplan vereint beide Planungsinstrumente. Daher muss er sowohl den **Anforderungen des ROG** als auch den **Vorschriften des Baugesetzbuchs** entsprechen. Zugleich kann er raumordnungsrechtliche Festlegungen i. S. des § 8 V bis VII ROG als auch die Darstellungen i. S. des § 5 BauGB treffen. Die enthaltenen Ziele und Grundsätze der Raumordnung sind als solche im Plan zu kennzeichnen.[25]

IV. Der Inhalt des Flächennutzungsplans

14 Der Flächennutzungsplan enthält Darstellungen, Kennzeichnungen, nachrichtliche Übernahmen und Vermerke (§ 5 BauGB).

1. Die Darstellungen

15 Wesentlicher Inhalt des Flächennutzungsplans sind seine „Darstellungen". Entsprechend den „Festsetzungen" des Bebauungsplans bringen sie den planerischen Willen der Gemeinde zum Ausdruck. Die Abweichung der Termini (Darstellungen; Festsetzungen) soll den Unterschied zwischen dem Flächennutzungsplan als dem nur *vorbereitenden* **Bauleitplan** und dem Bebauungsplan als dem *verbindlichen* Bauleitplan deutlich machen.

a) Allgemeiner Inhalt der Darstellungen

16 Die Darstellungen des Flächennutzungsplans geben die sich aus der beabsichtigten städtebaulichen Entwicklung ergebende Art der Bodennutzung nach den voraussichtlichen **Bedürfnissen der Gemeinde** in den **Grundzügen** wieder (§ 5 I 1 BauGB). Darstellungen, die nicht diesen Zwecken dienen oder sie verfehlen, da sie etwa keine Aussage über die beabsichtigte städtebauliche Entwicklung enthalten, sind unzulässig.[26] Daher muss die Flächennutzungsplanung die folgenden Vorgaben beachten:

---

[23] Siehe hierzu bereits oben § 6 Rn. 11 f.
[24] *Spannowsky*, Der „Regionale Flächennutzungsplan" als neues Instrument der räumlichen Ordnung des örtlichen und überörtlichen Raums, UPR 1999, 409; *Hendler*, Regionaler Flächennutzungsplan, ZfBR 2005, 229; *Grotefels/Lahme,* Der regionale Flächennutzungsplan in Nordrhein-Westfalen, BauR 2009, 1390.
[25] Vgl. zu den Einzelheiten *Hendler*, Regionaler Flächennutzungsplan, ZfBR 2005, 229; *Koch*, Der Regionale Flächennutzungsplan: Potenziale, Probleme und Lösungsansätze, RuR 2000, 389; *Grotefels/Lahme*, BauR 2009, 1390.
[26] BVerwGE 124, 132 (137). Unzulässig ist etwa die Darstellung einer Sonderbaufläche ohne Angabe der Zweckbestimmung, BVerwGE 95, 123 (125 f.) = NVwZ 1995, 267.

aa) Beabsichtigte städtebauliche Entwicklung

Ausgangspunkt der Planung ist die „**beabsichtigte städtebauliche Entwicklung**". 17
Hier zeigt sich die Planungshoheit der Gemeinde, die in eigener Verantwortung
darüber entscheidet, wie sie sich städtebaulich fortentwickeln will. Die sich daraus
ergebenden Anforderungen an die Bodennutzung werden im Flächennutzungsplan
dargestellt.

bb) Bedürfnisse der Gemeinde

Aus der beabsichtigten städtebaulichen Entwicklung resultieren „Bedürfnisse der 18
Gemeinde", beispielsweise hinsichtlich des Wohnbedarfs, der Arbeitsplätze oder der
kommunalen Infrastruktur. Sie sind **prognostisch** zu ermitteln, wobei nach dem
üblicherweise in einer Gemeinde vorhandenen Datenmaterial („Planungskataster")
Bedürfnisse für einen Zeitraum von etwa 10 bis 15 Jahren voraussehbar sind.[27] Was
hiernach **objektiv notwendig** ist, um die Bedürfnisse der Gemeinde zu erfüllen, muss
hinsichtlich der daraus folgenden Art der Bodennutzung im Flächennutzungsplan
dargestellt werden. Alles objektiv nicht Notwendige, ist auch nicht „erforderlich" i. S.
von § 1 III BauGB.[28] Ein Flächennutzungsplan, der an den voraussehbaren Bedürfnissen der Gemeinde vorbeiplant, verletzt § 5 I 1 BauGB und ist fehlerhaft. An der
Pflicht, auf die vorhersehbaren Bedürfnisse abzustellen, wird zugleich deutlich, dass
Bauleitplanung kein Selbstzweck ist, sondern den Bedürfnissen der Menschen in der
Gemeinde zu dienen hat.

cc) Darstellung der Grundzüge

Die Art der Bodennutzung, die sich aus der beabsichtigten städtebaulichen Entwick- 19
lung und den voraussehbaren Bedürfnissen der Gemeinde ergibt, ist, wie § 5 I 1
BauGB ausdrücklich bestimmt, in den „**Grundzügen**" darzustellen,[29] wenngleich der
mit § 9 I Nr. 17 BauGB wortgleiche § 5 II Nr. 8 BauGB zeigt, dass auch ins Einzelne
gehende Darstellungen möglich sind.[30] Im Allgemeinen sind die Darstellungen des
Flächennutzungsplans schon wegen der Größe des Plangebiets, welches das ganze
Gemeindegebiet umfasst, **grobmaschig** und damit von **geringerer Schärfe** als der auf
vollzugsfähige Festsetzungen angelegte Bebauungsplan.[31] Der Flächennutzungsplan
muss nicht alle möglichen Darstellungen des § 5 II BauGB enthalten. Wie der Wortlaut des § 5 II BauGB bereits vorgibt („können"), ist eine sachgerechte Auswahl
zulässig, die sich an den Besonderheiten der aktuellen Planungssituation orientiert.
Zudem ist die Aufzählung des § 5 II BauGB nur beispielhaft („insbesondere") und
darf somit um Darstellungen ergänzt werden. Diese müssen jedoch ebenso wie die
übrigen Darstellungsoptionen des § 5 II BauGB auf eine **geordnete städtebauliche
Entwicklung des Gemeindegebiets abzielen**; Aussagen, die nicht Gegenstand einer
zulässigen Festsetzung in einem Bebauungsplan werden können (§ 9 BauGB), sind
auch im Flächennutzungsplan unzulässig.[32] Von den in § 5 II BauGB erwähnten
Darstellungen sind die nachfolgenden besonders hervorzuheben:

---

[27] BK/*Gaentzsch/Philipp*, BauGB, § 5 Rn. 10; BKL/*Löhr*, BauGB, § 5 Rn. 1.
[28] Zum Verständnis des Merkmals der „Erforderlichkeit" im Sinne objektiver Notwendigkeit BVerwGE 56, 110 (118) = NJW 1978, 64.
[29] Dazu *OVG Saarlouis* BRS 40 Nr. 5.
[30] BVerwGE 124, 132 (138 f.).
[31] BVerwGE 48, 70 (73) = NJW 1975 1985. Bedenklich wegen seiner konkretisierenden Anforderungen an den Flächennutzungsplan *OVG Berlin* BRS 39 Nr. 19.
[32] BVerwGE 124, 132 (138 f.); *Reidt*, in: Gelzer/Bracher/Reidt, Bauplanungsrecht, Rn. 128.

b) Die Darstellung der Art der baulichen Nutzung

20 Die städtebaulich wichtigste Darstellung des Flächennutzungsplans ist die der für die Bebauung vorgesehen Flächen.[33] Nach § 5 II Nr. 1 BauGB erfolgt dies durch die Darstellung von **Bauflächen** oder von **Baugebieten**. Die Teile des Gemeindegebiets, die der Flächennutzungsplan weder als Bauflächen noch als Baugebiete darstellt, sind für eine Bebauung auf der Grundlage eines Bebauungsplans nicht vorgesehen.[34] Der Unterschied von Bauflächen und Baugebieten ist folgender:

aa) Bauflächen

21 Bauflächen sind nach § 5 II Nr. 1 BauGB für eine Bebauung vorgesehene Flächen, bei denen lediglich die **allgemeine Art** ihrer baulichen Nutzung dargestellt ist. Nach § 1 I BauNVO, der § 5 II Nr. 1 konkretisiert, gibt es vier Arten[35] von Bauflächen:

- Wohnbauflächen (W)
- gemischte Bauflächen (M)
- gewerbliche Bauflächen (G)
- Sonderbauflächen (S).[36]

22 Beschränkt sich der Flächennutzungsplan auf die Darstellung von Bauflächen, müssen im Bebauungsplan, der nur die Festsetzung von Baugebieten kennt (§ 1 III 1 BauNVO), die Bauflächen zu einem der in § 1 II BauNVO vorgesehenen Baugebiete **konkretisiert** werden. Dabei hat die Gemeinde, die den Bebauungsplan aus dem Flächennutzungsplan zu entwickeln hat (§ 8 II 1 BauGB), in der Regel eines derjenigen Baugebiete festzusetzen, die – an den Signaturen erkennbar – von § 1 II BauNVO der dargestellten Baufläche zugeordnet sind.

Beispiel: So kann eine gemischte Baufläche (M) im Bebauungsplan als Dorfgebiet (MD), Mischgebiet (MI) oder Kerngebiet (MK) konkretisiert werden.

23 Die Darstellung von Bauflächen im Flächennutzungsplan gibt der Gemeinde somit einen gewissen **Gestaltungsspielraum** bei der Bebauungsplanung. Allerdings ist zu beachten, dass die möglichen Darstellungen über Bauflächen **abschließend geregelt** sind. Dies mag man als einen gewissen Widerspruch zu dem allgemeinen Prinzip empfinden, wonach die Darstellungsmöglichkeiten im Flächennutzungsplan nicht abschließend normiert sind (§ 5 II BauGB).[37] Jedoch wird hierdurch hinsichtlich der Begrifflichkeiten und Wirkungen des Flächennutzungsplans eine gewisse **Einheitlichkeit** sichergestellt, die gerade bei der späteren Entwicklung des Bebauungsplans aus dem Flächennutzungsplan praktische Vorteile bringt.[38]

bb) Baugebiete

24 Will die Gemeinde im Flächennutzungsplan die beabsichtigte Art der baulichen Nutzung konkreter vorherbestimmen, muss sie statt der Bauflächen eines der Baugebiete des **§ 1 II BauNVO** darstellen.[39] Dies sind:

- Kleinsiedlungsgebiete (WS)

---

[33] Vgl. hierzu *Graf*, BauR 2004, 1552 (1553 ff.).
[34] Ob sie dennoch bebaubar sind, hängt davon ab, ob im Einzelfall die Voraussetzungen von § 34 oder § 35 BauGB erfüllt sind.
[35] Ein bauplanerisches Darstellungserfindungsrecht besteht nicht; vgl. BVerwGE 92, 56 (62).
[36] Zu ihnen BVerwGE 95, 123 (125) = NVwZ 1995, 267.
[37] Siehe oben § 7 Rn. 19.
[38] EZBK/*Söfker*, BauGB, § 1 BauNVO Rn. 4.
[39] FKA/*Aschke*, BauGB, § 1 BauNVO Rn. 3.

- reine Wohngebiete (WR)
- allgemeine Wohngebiete (WA)
- besondere Wohngebiete (WB)
- Dorfgebiete (MD)
- Mischgebiete (MI)
- Kerngebiete (MK)
- Gewerbegebiete (GE)
- Industriegebiete (GI)
- Sondergebiete (SO).

Die **Bedeutung** dieser Baugebiete sowie die in ihnen allgemein oder ausnahmsweise zulässige bauliche und sonstige Nutzung ist in den **§§ 2 ff. BauNVO** bestimmt.[40] Für den Bebauungsplan bleibt bei der Darstellung von Baugebieten im Flächennutzungsplan nur wenig Gestaltungsspielraum. Der Flächennutzungsplan hat die wesentliche planerische Vorentscheidung bereits getroffen.

c) Die Darstellung des Maßes der baulichen Nutzung

Der Flächennutzungsplan kann nach § 5 II Nr. 1 BauGB das allgemeine Maß der baulichen Nutzung darstellen. Nach § 16 I BauNVO erfolgt dies durch die Darstellung der **Geschossflächenzahl**, der **Baumassenzahl** oder der **Höhe der baulichen Anlagen**.[41] Welches Maß der baulichen Nutzung der Flächennutzungsplan höchstens darstellen darf, ergibt § 17 BauNVO. Selbst Ausführungen zur **Zahl der Vollgeschosse** sind möglich.[42] Aussagen zur Bauweise und zur überbaubaren Grundstücksfläche finden sich üblicherweise nicht. Sie gehören nicht mehr zu den Grundzügen der Bodennutzung.

d) Die Darstellung der gemeindlichen Infrastruktur

Gem. § 5 II Nr. 2, 3, 4, 5 und 7 BauGB stellt der Flächennutzungsplan die gemeindliche Infrastruktur dar. Dazu gehören:

aa) Anlagen und Einrichtungen des Gemeinbedarfs (§ 5 II Nr. 2 BauGB)

Gem. **§ 5 II Nr. 2 BauGB** kann die Ausstattung des Gemeindegebiets mit Einrichtungen und Anlagen zur Versorgung mit Gütern und Dienstleistungen des öffentlichen und privaten Bereichs, insbesondere mit den der Allgemeinheit dienenden baulichen Anlagen und Einrichtungen des Gemeinbedarfs, wie Schulen und Kirchen, zum Gegenstand des Flächennutzungsplans gemacht werden. Hinzu kommen Darstellungen zu Gebäuden und Einrichtungen, die sonstigen kirchlichen, sozialen, gesundheitlichen oder kulturellen Zwecken dienen, sowie Darstellungen zu Flächen für Sport- und Spielanlagen.[43] Dies kann, wie Nr. 4 der Anlage zur PlanzV zu entnehmen ist, durch Darstellung der Fläche und Angabe der Zweckbestimmung oder ohne Flächendarstellung durch Angabe der bloßen Lage im Gemeindegebiet erfolgen. Die **einzelnen Anlagen**, wie Schulen, Kirchen, Alten- und Pflegeheime, Kindertagesstätten, Krankenhäuser, Theater, Museen, Sporthallen, Verwaltungs- und Gerichtsgebäude, Strafanstalten, Messe- und Ausstellungsgelände sind **konkret zu bezeichnen**.

---

[40] Siehe hierzu § 9 Rn. 19 ff.
[41] *Fickert/Fieseler*, BauNVO, § 16 Rn. 1.
[42] BVerwGE 124, 132 (138).
[43] Siehe zu den Sport- und Spielanlagen auch BKL/*Löhr*, BauGB, § 5 Rn. 16.

bb) Verkehrsflächen (§ 5 II Nr. 3 BauGB)

29 Dargestellt werden gem. § 5 II Nr. 3 BauGB die Flächen für den überörtlichen Verkehr, wie Bundes-, Land- oder Ortsstraßen, für Bahnhöfe, Raststätten oder Flughäfen, für örtliche Hauptverkehrszüge, wie innergemeindliche Haupt- und Durchgangsstraßen, Straßenbahn-, U-Bahn- oder S-Bahn-Strecken. Es sind also alle Verkehrsarten erfasst mit Ausnahme des Wasserverkehrs.[44] Die Vorschrift dient dazu, den Belangen der Fachplanungsträger Rechnung zu tragen, die nach Maßgabe des § 7 BauGB an den Flächennutzungsplan gebunden sind.[45]

cc) Flächen für Versorgung und Entsorgung (§ 5 II Nr. 4 BauGB)

30 Flächen für Versorgung und Entsorgung nach § 5 II Nr. 4 BauGB sind Flächen für Versorgungsanlagen, wie Wasser-, Elektrizitäts-, Gas- und Fernheizwerke, für die Abfallentsorgung (§ 3 VII Krw-/AbfG), etwa für Müllbunker, Müllumladestationen, Müllverbrennungsanlagen oder Deponien, für die Abwasserbeseitigung, für Ablagerungen sowie für Hauptversorgungs- und Hauptwasserleitungen. Auch diese Darstellungen sind vornehmlich für die **Fachplanung**, weniger für die Bebauungsplanung von Bedeutung. Zudem ist zu beachten, dass nur die öffentliche Ver- und Entsorgung erfasst ist, wobei es unbedeutend ist, ob der Betreiber privat- oder öffentlich-rechtlich organisiert ist.[46]

dd) Grünflächen (§ 5 II Nr. 5 BauGB)

31 Grünflächen nach § 5 II Nr. 5 BauGB sind insbesondere Parkanlagen, Dauerkleingärten, Sport-, Spiel-, Zelt- und Badeplätze sowie Friedhöfe. Wählt der Flächennutzungsplan für seine Darstellung den Oberbegriff „Grünfläche", ist die Gemeinde frei, welche Art von Grünfläche sie im Bebauungsplan festsetzt. Die Grünflächen sind vornehmlich abzugrenzen von den Flächen für die Landwirtschaft und für den Wald (§ 5 II Nr. 9 BauGB) sowie von den Flächen für Sport- und Spielanlagen nach § 5 II Nr. 2 BauGB: Die Flächen nach § 5 II Nr. 5 BauGB haben unmittelbare städtebauliche Bedeutung; sie sind in die bebauten Gebiete eingegliedert und ihnen fest zugeordnet.[47]

ee) Wasserflächen und Flächen zum Schutz gegen Hochwasser (§ 5 II Nr. 7 BauGB)

32 Zu den Wasserflächen i. S. des § 5 II Nr. 7 BauGB zählen Seen, Flüsse, Bäche und Kanäle. Hinzu kommen Häfen und Flächen für die Wasserwirtschaft, wie Talsperren oder Trinkwasserreservoirs. Ferner sind Flächen erfasst, die im Interesse des Hochwasserschutzes und der Regelung des Wasserabflusses freizuhalten sind, beispielsweise für Dämme, Deiche, Sielanlagen oder Schöpfwerke, aber auch freie Flächen daneben zum Hochwasserabfluss.[48]

e) Die Darstellung sonstiger Nutzungen von Flächen

33 Weitere Darstellungen, die der Flächennutzungsplan vornehmen kann, sind:

---

[44] Schrödter/*Schrödter*, BauGB, § 5 Rn. 28.
[45] Siehe nachfolgend § 7 Rn. 49 ff.
[46] BK/*Gaentzsch*, BauGB, § 5 Rn. 32.
[47] Vgl. dazu auch BKL/*Löhr,* BauGB, § 5 Rn. 20.
[48] Vgl. zu den Auswirkungen des Hochwasserschutzes auf die Bauleitplanung *Paul/Pfeil,* Hochwasserschutz in der Bauleitplanung (unter besonderer Berücksichtigung des Hochwasserschutzgesetzes 2005), NVwZ 2006, 505; *Mitschang,* Die Auswirkungen des neuen Hochwasserschutzgesetzes auf die Regional- und Bauleitplanung, LKV 2006, 433 (437 ff.).

aa) Flächen für Zwecke des Umweltschutzes (§ 5 II Nr. 6 BauGB)

Zu den Flächen des § 5 II Nr. 6 BauGB gehören Flächen, auf denen die Nutzung aus Gründen des Umweltschutzes Beschränkungen unterliegt. Ferner sind Flächen für Vorkehrungen zum Schutz gegen schädliche Umwelteinwirkungen (§ 3 I BImSchG) erfasst, wie etwa Lärmschutzwälle. Selbst **numerisch-präzise Schwellenwerte** etwa zur Begrenzung von Geruchsemissionen dürfen dargestellt werden.[49] Flächen i. S. des § 5 II Nr. 6 BauGB können auch als Grünflächen (§ 5 II Nr. 5 BauGB) oder als Schutzflächen (§ 5 II Nr. 10 BauGB) ausgewiesen werden.[50]

34

bb) Aufschüttungen, Abgrabungen, Bodenschätze (§ 5 II Nr. 8 BauGB)

Zu den Aufschüttungen gem. § 5 II Nr. 8 BauGB zählen Abraumhalden und Müllauffüllplätze. Abgrabungen betreffen vor allem Sand- und Kiesgruben, aber auch die Gewinnung von Bodenschätzen, wie Steine, Erden, Salze oder Mineralien. Wird unter einer Fläche bereits Bergbau betrieben oder ist sie durch fachplanerische Entscheidung für den Abbau von Mineralien bestimmt, kann sich der Flächennutzungsplan mit einer Kennzeichnung nach § 5 III Nr. 2 BauGB begnügen.[51]

35

cc) Landwirtschaft und Wald (§ 5 II Nr. 9 BauGB)

Die Darstellung betrifft Flächen für die **Landwirtschaft** (§ 201 BauGB) und für **Wald**. Nach den Vorstellungen des BauGB gehört die Land- und Forstwirtschaft vor allem in den Außenbereich (§ 35 I Nr. 1 BauGB), der daneben auch für die anderen in § 35 I BauGB aufgezählten nicht landwirtschaftlichen Vorhaben vorgesehen ist. Stellt der Flächennutzungsplan eine Fläche für die Landwirtschaft und/oder für Wald dar, kann die Gemeinde im Bebauungsplan entsprechende Flächen festzusetzen (§ 9 I Nr. 18 BauGB) und dadurch gegebenenfalls die nach § 35 BauGB im Außenbereich mit der Land- und Forstwirtschaft konkurrierenden anderen Nutzungen ausschließen.[52] Eine Darstellung von Waldgebieten ist im Übrigen auch zulässig, wenn sie nicht der Forstwirtschaft dient, sondern lediglich eine baumbestandene Fläche, etwa in ihrer Funktion als Immissionsschutz, erfassen will.[53]

36

dd) Natur- und Landschaftsschutz (§ 5 II Nr. 10 BauGB)

§ 5 II Nr. 10 BauGB trifft Vorgaben für Flächen, die für Maßnahmen zum Schutz, zur Pflege und zur Entwicklung von Natur und Landschaft vorgesehen sind. Damit ist es möglich, Naturschutz, Landschaftsplanung und Flächennutzungsplanung miteinander zu verzahnen, indem der Flächennutzungsplan die flächenmäßigen Anforderungen einer vorhandenen Landschaftsplanung übernimmt oder die Flächen für künftige Maßnahmen des Natur- und Landschaftsschutzes bestimmt. Eine **eigenständige landschaftsbezogene Planung** der Gemeinde wird hierdurch jedoch **nicht etabliert**.[54]

37

ee) Ausgleichsflächen (§ 5 II a BauGB)

Zum Ausgleich für zu erwartende Eingriffe in Natur und Landschaft sind Ausgleichsflächen darzustellen, und zwar am Ort des Eingriffs oder an anderer Stelle, die mit einer geordneten städtebaulichen Entwicklung und den Zielen der Raumordnung, des Naturschutzes und der Landschaftspflege vereinbar ist (§ 1 a III

38

---

[49] BVerwGE 124, 132 (138 f.); BKL/*Löhr*, BauGB, § 5 Rn. 25.
[50] Schrödter/*Schrödter*, BauGB, § 5 Rn. 35.
[51] Weder die Darstellung noch die Kennzeichnung begründen einen Anspruch des Berechtigten gegen ein anderes Vorhaben; vgl. *VGH Kassel* BRS 35 Nr. 78.
[52] EZBK/*Söfker*, BauGB, § 5 Rn. 54.
[53] *OVG Lüneburg* DVBl. 1979, 629 (630); JDW/*Jäde*, BauGB, § 5 Rn. 22.
[54] EZBK/*Söfker*, BauGB, § 5 Rn. 59; BKL/*Löhr*, BauGB, § 5 Rn. 35.

BauGB).⁵⁵ In diesem Zusammenhang ermöglicht § 5 II a BauGB die Zuordnung von Eingriffen in Natur und Landschaft zu **Ausgleichsmaßnahmen und -flächen** bereits auf der Ebene des Flächennutzungsplans, der hierdurch eine gesteigerte Bedeutung bekommt.⁵⁶ Durch § 5 II a BauGB wird es in das planerische Ermessen der Gemeinde gestellt, gegebenenfalls Eingriff und Ausgleich räumlich und zeitlich voneinander zu entkoppeln, beide in einen großräumigen, das gesamte Gemeindegebiet **umfassenden Zusammenhang** zu bringen und den **Ausgleich** gezielt, vorausschauend und sachgerecht **sicherzustellen**.⁵⁷ Eine **Rechtspflicht** zur Schaffung eines gemeindegebietsübergreifenden Eingriffs- und Ausgleichsflächenkonzepts ruht in § 5 II a BauGB allerdings nicht.⁵⁸

2. Kennzeichnungen, nachrichtliche Übernahmen, Vermerke

39 Neben den Darstellungen enthält der Flächennutzungsplan nach § 5 III, IV, IVa BauGB zusätzlich Kennzeichnungen, nachrichtliche Übernahmen und Vermerke. Sie sind nicht Ausdruck des planerischen Willens der Gemeinde, nicht Dokumentation einer beabsichtigten städtebaulichen Entwicklung, sondern **Beschreibung eines städtebaulichen Befundes**, der bei der Bebauungsplanung zu berücksichtigen ist.⁵⁹ Eine unmittelbare, rechtliche Wirkung kommt ihnen nicht zu.⁶⁰ Es handelt sich auch nicht um öffentliche Belange, die nach § 35 III BauGB einem Vorhaben entgegengehalten werden könnten.⁶¹

a) Kennzeichnungen

40 Nach § 5 III BauGB sollen im Flächennutzungsplan gekennzeichnet werden:

– Flächen, bei deren Bebauung besondere bauliche Vorkehrungen gegen **äußere Einwirkungen** oder bei denen besondere bauliche Sicherungsmaßnahmen gegen **Naturgewalten** erforderlich sind. Hierzu zählen etwa Flächen, die der Gefahr von Lawinen oder Erdrutschen ausgesetzt sind.
– Flächen, unter denen der **Bergbau** umgeht oder die für den **Abbau von Mineralien** bestimmt sind. Diese Flächen können nach Maßgabe des § 5 II Nr. 8 BauGB auch planerisch dargestellt werden, wodurch eine Bindung für Folgeplanungen erzeugt wird.
– für bauliche Nutzungen vorgesehene Flächen, deren Böden erheblich mit umweltgefährdenden Stoffen belastet sind. Diese Kennzeichnung macht deutlich, dass die Flächen wegen vorhandener **Altlasten** vor einer baulichen Nutzung saniert werden müssen. Eine Kennzeichnungspflicht für **Verdachtsfälle** besteht jedoch nicht.⁶²

41 Nach § 5 II Nr. 1 BauGB sind außerdem Bauflächen zu kennzeichnen, für die eine zentrale **Abwasserbeseitigung** nicht vorgesehen ist.

---

⁵⁵ Siehe bereits § 5 Rn. 40.
⁵⁶ *Müller/Mahlburg*, Die Aufwertung der Flächennutzungsplanung durch das BauROG, DVBl. 1998, 1110 (1112).
⁵⁷ BKL/*Löhr*, BauGB, § 5 Rn. 35 b f.; *Stüer*, Refinanzierung von Ausgleichsmaßnahmen unter besonderer Berücksichtigung von Pflegemaßnahmen, NuR 2004, 11 (13). Siehe zu den Vor- und Nachteilen dieses Vorgehens *Bunzel*, Bauleitplanung und Flächenmanagement bei Eingriffen in Natur und Landschaft, Difu, 1999, S. 102 f.
⁵⁸ *BVerwG* NVwZ 2006, 821 (821).
⁵⁹ BK/*Gaentzsch/Philipp*, BauGB, § 5 Rn. 43.
⁶⁰ Vgl. zur Warnfunktion der Kennzeichnung BKL/*Löhr*, BauGB, § 5 Rn. 41.
⁶¹ Schrödter/*Schrödter*, BauGB, § 5 Rn. 47.
⁶² *Söfker*, Baugesetzbuch und Umweltschutz, UPR 1987, 201 (205); Schrödter/*Schrödter*, BauGB, § 5 Rn. 47.

b) Nachrichtliche Übernahmen und Vermerke

Nach § 5 IV BauGB soll der Flächennutzungsplan Planungen und sonstige Nutzungsregelungen vermerken, die nach anderen Vorschriften festgesetzt sind. Dies sind vor allem **Planfeststellungen** nach den Fachplanungsgesetzen, aber auch andere Planungen.[63] Hinzu kommt eine Verpflichtung, nach Landesrecht **denkmalgeschützte Mehrheiten von baulichen Anlagen** nachrichtlich zu übernehmen oder, wenn erst in Aussicht genommen, zu vermerken.

Ähnliches gilt gem. § 5 IVa BauGB für **Überschwemmungsgebiete**. Sofern sie i. S. des § 76 II WHG festgesetzt sind, sollen sie nachrichtlich übernommen werden. Einen Vermerk finden noch nicht festgesetzte Überschwemmungsgebiete i. S. des § 76 III WHG sowie als Risikogebiete i. S. des § 73 I 1 WHG bestimmte Gebiete.[64]

V. Rechtliche Bedeutung des Flächennutzungsplans

Die rechtliche Bedeutung des Flächennutzungsplans hängt wesentlich von seiner Rechtsnatur ab.

1. Rechtsnatur des Flächennutzungsplans

Der Flächennutzungsplan wird durch einfachen Gemeinderatsbeschluss erlassen,[65] nicht, wie der Bebauungsplan, als Satzung (§ 10 I BauGB). Er ist daher **keine Rechtsnorm**, auch wenn er, was die Beachtlichkeit von Mängeln angeht, von §§ 214 f. BauGB den Satzungen des BauGB gleichgestellt wird.[66] Er ist nur das, was er seinem Namen nach sein will: ein schlichter Plan. Als solcher dokumentiert er die Absichten der Gemeinde über ihre künftige bauliche Entwicklung und bestimmt mit seinen Darstellungen das künftige Planungsverhalten der Gemeinde (§ 8 II 1 BauGB) wie auch anderer öffentlicher Planungsträger (§ 7 BauGB).[67] Er ist ein **planungsbindender Plan**. Darin unterscheidet er sich vom Bebauungsplan, der mehr ist, als sein Name erkennen lässt: Er nennt sich Plan, ist aber Rechtsnorm (§ 10 I BauGB) und damit für jedermann verbindlich.

Eine **Besonderheit** gilt allerdings im Rahmen des § 35 III 3 BauGB. Dort ist der Flächennutzungsplan mittels indirekter gesetzlicher Regelung zu einem Rechtssatz erhoben worden.[68] Er besitzt die Kraft, privilegierte Vorhaben auszuschließen und

---

[63] Vgl. BVerwGE 74, 124: „Bezeichnung" eines militärischen Vorhabens nach § 1 III LBG.

[64] *Stüer*, Hochwasserschutz in der Bauleitplanung und bei der planungsrechtlichen Zulässigkeit von Vorhaben, ZfBR 2007, 17 (20).

[65] Anders in den Stadtstaaten mit Einheitsgemeinde: In Berlin beschließt ihn der Senat; er bedarf der Zustimmung des Abgeordnetenhauses (§ 2 AGBauGB). In Hamburg beschließt ihn die Bürgerschaft (§ 2 BauleitplanG). In Bremen gelten keine Besonderheiten, da nach Art. 143 der Landesverfassung die Stadt Bremen und die Stadt Bremerhaven je eine Gemeinde bilden.

[66] *BVerwG* NVwZ 1991, 262 (263); BK/*Gaentzsch/Philipp*, BauGB, § 5 Rn. 3; *Löhr*, Die kommunale Flächennutzungsplanung: eine Untersuchung zu Organisation und Verfahren der vorbereitenden Bauleitplanung nach dem Bundesbaugesetz, 1977, S. 133 ff; *Herrmann*, Rechtsschutz gegen Flächennutzungspläne im System des Verwaltungsprozessrechts, NVwZ 2009, 1185 (1185); *Schenke*, NVwZ 2007, 134 (135); vgl. aber *Stüer*, BauR 2007, 1495 (1501 ff.) mit dem Passus im Titel „auf Wanderschaft zur Rechtsnorm".

[67] EZBK/*Söfker*, BauGB, § 5 Rn. 8.

[68] *Redeker*, Flächenkonzentration durch Ziele der Raumordnung, in: Festschr. für Hoppe, 2000, S. 329 (340); *Kment*, NVwZ 2004, 314 (314 f.); *Hoppe*, Zur planakzessorischen Zulassung

damit unmittelbar – wie ein Bebauungsplan – über die Zulässigkeit eines Vorhabens zu entscheiden; er hat folglich **unmittelbare Außenwirkung**.[69] Deshalb spricht § 35 III 3 BauGB auch nicht von „Darstellungen", sondern von „**Ausweisungen**" des Flächennutzungsplans; das Gesetz dokumentiert folglich den Verlust der rechtlichen Unverbindlichkeit.[70]

2. Rechtswirkungen des Flächennutzungsplans

a) Zulässigkeit von Vorhaben

47 Im Regelfall fehlt dem Flächennutzungsplan gegenüber dem Bürger eine unmittelbare Verbindlichkeit; er ist in der Mehrzahl der Fälle nur vorbereitender Bauleitplan ohne Normcharakter. Daher verleiht er **keinen Anspruch** auf Umsetzung seiner Darstellungen in einen Bebauungsplan (§ 1 III 2 BauGB) oder auf Erteilung einer seinem Inhalt entsprechenden Baugenehmigung. Im Geltungsbereich eines qualifizierten Bebauungsplans richtet sich die Bebauung gem. **§ 30 I BauGB** ausschließlich nach den Festsetzungen des Bebauungsplans. Entgegenstehende Darstellungen des Flächennutzungsplans, die insbesondere denkbar sind, wenn der Flächennutzungsplan jünger ist als der Bebauungsplan, können einem dem Bebauungsplan nicht widersprechenden Vorhaben nicht entgegengesetzt werden.[71] Die Rechtssatzqualität des Bebauungsplans (§ 10 I BauGB) lässt für eine Berücksichtigung des Flächennutzungsplans keinen Raum. In einem im Zusammenhang bebauten Ortsteil ist ein Vorhaben zulässig, wenn es sich gemäß **§ 34 BauGB** in die Eigenart der näheren Umgebung einfügt, gleichgültig, wie die nähere Umgebung im Flächennutzungsplan dargestellt ist.[72] Im Außenbereich besitzt der Flächennutzungsplan eine doppelte Funktion: Zum einen können die Darstellungen des Flächennutzungsplans gem. **§ 35 III 1 Nr. 1 BauGB** einem Vorhaben als zu gewichtender öffentlicher Belang entgegengesetzt werden.[73] Zum anderen kann er aber auch gem. **§ 35 III 3 BauGB** – ausnahmsweise – Vorhaben auf bestimmte Flächen im Gemeindegebiet konzentrieren und an anderer Stelle ausschließen; insofern besitzt er als „**Ersatzplan**" des Außenbereichs unmittelbare Außenwirkung.[74]

b) Bebauungsplanung

48 Für die Bebauungsplanung ist der Flächennutzungsplan nach Maßgabe des § 8 II 1 BauGB verbindlich. Die Bebauungspläne sind aus ihm **zu entwickeln**.[75] Sie haben die Darstellungen des Flächennutzungsplans zu konkretisieren und in rechtsverbindliche

---

von Außenbereichsvorhaben durch Raumordnungs- und durch Flächennutzungspläne, DVBl. 2003, 1345 (1355).

[69] BVerwGE 117, 287 (303); 128, 382 (387 ff.); OVG Münster ZfBR 1998, 160 (161); *Ecker*, Die Zulässigkeit von Windenergieanlagen nach dem Bau- und Naturschutzrecht, VBlBW 2001, 173 (174); *Hendler*, Verwaltungsgerichtliche Normenkontrolle Privater gegen Raumordnungs- und Flächennutzungspläne, NuR 2004, 485 (490); *Jeromin*, Normenkontrolle gegen Flächennutzungspläne, NVwZ 2006, 1374 (1374 f.); *Wollenteit*, NVwZ 2008, 1281 (1281); *Schenke*, NVwZ 2007, 134 (136 f.).

[70] *Kment*, Rechtsschutz im Hinblick auf Raumordnungspläne, 2002, S. 132.

[71] BVerwGE 28, 148 (152) = NJW 1968, 1105; *BVerwG* BRS 22 Nr. 81; Schrödter/*Rieger*, BauGB, § 30 Rn. 11.

[72] BVerwGE 35, 256 (258) = NJW 1970, 1939; BVerwGE 62, 151 (153) = NJW 1981, 2770; BKL/*Krautzberger*, BauGB, § 34 Rn. 28.

[73] BVerwGE 68, 311 (313 f.); *BVerwG* NVwZ 1997, 899 (990); FKA/*Ferner*, BauGB, § 35 Rn. 29; vgl. auch unten § 27 Rn. 42.

[74] Siehe hierzu auch § 7 Rn. 46.

[75] Hierzu unten § 8 Rn. 32.

§ 7. Der Flächennutzungsplan

Festsetzungen umzusetzen.[76] Will die Gemeinde bei ihrer Bebauungsplanung mehr als nur unwesentlich von dem Flächennutzungsplan abweichen, muss sie ihn zuvor oder gleichzeitig (§ 8 III 1 BauGB) ändern.[77] Besonderheiten gelten für den Bebauungsplan der Innenentwicklung. In dieser speziellen Planungssituation kann gem. § 13a II Nr. 2 BauGB ein Bebauungsplan, der von Darstellungen des Flächennutzungsplans abweicht, auch aufgestellt werden, bevor der Flächennutzungsplan geändert oder ergänzt ist.[78]

c) Öffentliche Planungsträger

Öffentliche Planungsträger, insbesondere die Träger der Fachplanungen, die nach § 4 oder § 13 BauGB an der Aufstellung des Flächennutzungsplans beteiligt worden sind, haben den Flächennutzungsplan nach Maßgabe des **§ 7 BauGB** bei ihren Planungen zu beachten. Dies bedeutet:

49

Soweit sie dem Flächennutzungsplan nicht rechtzeitig – nämlich bis zum Beschluss der Gemeinde (§ 7 S. 2 BauGB) – widersprochen haben, sind sie verpflichtet, ihre **Planungen** dem Flächennutzungsplan **anzupassen**.[79] Sie müssen also dessen wesentliche Vorgaben beachten.[80] Die für das Entwickeln eines Bebauungsplans aus dem Flächennutzungsplan nach § 8 II BauGB aufgestellten Grundsätze gelten entsprechend.[81] Eine rechtlich bereits abgeschlossene Fachplanung braucht dem Flächennutzungsplan allerdings nicht angepasst zu werden. Dem steht die **Bestandskraft des Planfeststellungsbeschlusses** entgegen.[82] Die Gemeinde hat eine abgeschlossene Fachplanung gem. § 5 IV 1 BauGB in den Flächennutzungsplan nachrichtlich zu übernehmen.[83] Inhaltlich hat sie die von ihr vorgefundene Fachplanung bei der Flächennutzungsplanung zu beachten. Sie hat zu respektieren, dass das bestandskräftig planfestgestellte Vorhaben rechtlich zulässig ist, kann weder darüber hinweggehen noch an ihm vorbeiplanen.[84] In Aussicht genommene, aber fachplanerisch noch nicht abgeschlossene Verfahren hat sie im Flächennutzungsplan zu vermerken (§ 5 IV 2 BauGB). Der Fachplanungsträger ist bei Weiterverfolgung des vorgemerkten Vorhabens gem. § 7 BauGB an den Flächennutzungsplan gebunden, soweit er ihm nicht widersprochen hat.[85] Eines Widerspruchs bedarf es allerdings nicht, wenn der Träger der Flächennutzungsplanung der Fachplanung inhaltlich zugestimmt hat.[86]

50

---

[76] EZBK/*Bielenberg/Runkel*, BauGB, § 8 Rn. 5 ff.
[77] BK/*Philipp*, BauGB, § 5 Rn. 18.
[78] Siehe § 6 Rn. 105.
[79] Zur Anpassung eines Landschaftsplans an den Flächennutzungsplan *OVG Münster* BRS 57 Nr. 278.
[80] *VGH Mannheim* NVwZ-RR 1996, 14 (14 f.); vgl. auch *Kraft*, Bauleitplanung und Fachplanung, BauR 1999, 829 (832 f.).
[81] BKL/*Löhr*, BauGB, § 7 Rn. 3; BK/*Gaentzsch/Philipp*, BauGB, § 7 Rn. 4; a. A. Brügelmann/*Gierke*, BauGB, § 7 Rn. 101 c.
[82] *Erbguth*, Auswirkungen des Planfeststellungsverfahrens auf die Bauleitplanung, NVwZ 1989, 608 (609); Schrödter/*Schrödter*, BauGB, § 7 Rn. 8.
[83] Siehe bereits oben § 7 Rn. 42.
[84] BVerwGE 100, 388 (393 f.); *Kment*, Unmittelbarer Rechtsschutz von Gemeinden gegen Raumordnungspläne, DÖV 2003, 349 (351). Will die Gemeinde diese Rechtswirkungen nicht eintreten lassen, muss sie sich rechtzeitig gerichtlich gegen die Planungen der Fachplanungsbehörden zur Wehr setzen; vgl. dazu auch oben § 5 Rn. 84.
[85] EZBK/*Bielenberg/Runkel*, BauGB, § 7 Rn. 10.
[86] *VGH Mannheim* NVwZ-RR 1998, 99 (100).

51 Hat der Fachplanungsträger dem Flächennutzungsplan **widersprochen**, entfaltet das Planwerk keine Bindungswirkungen.[87] Die Gemeinde, die den Widerspruch eines Fachplanungsträgers vermeiden will, wird deshalb versuchen, dessen Vorhaben im Flächennutzungsplan zu berücksichtigen, beispielsweise durch Darstellung der Trassen für Bundesfernstraßen oder der Flächen für Flughäfen, Bahnhöfe, Abfallentsorgung, Häfen oder Kanäle (§ 5 II Nr. 3, 4, 7 BauGB).[88] Da der Flächennutzungsplan die Art der Bodennutzung nur in ihren Grundzügen darstellt, verbleibt dem Fachplanungsträger auch bei einer Bindung an den Flächennutzungsplan in der Regel noch ein hinreichender planerischer Gestaltungsspielraum. Das dem Fachplanungsträger von § 7 S. 1 BauGB eingeräumte Widerspruchsrecht dient dazu, Absichten des Fachplanungsträgers trotz entgegenstehender gemeindlicher Planungsabsichten verwirklichen zu können.[89] Daher ist ein Widerspruch nur beachtlich, wenn er sich auf konkrete Planungsvorstellungen bezieht, also nicht nur allgemeiner Art ist.[90] Er beseitigt nur die Beachtlichkeit des Flächennutzungsplans für das dem Widerspruch zugrundeliegende Vorhaben. In diesem Fall ist der Flächennutzungsplan für den Fachplanungsträger lediglich Abwägungsmaterial im Rahmen der Fachplanung.[91]

52 Macht nach Inkrafttreten des Flächennutzungsplans eine Veränderung der Sachlage eine abweichende Planung erforderlich, kann der Planungsträger dem Flächennutzungsplan **nachträglich widersprechen**. Ein entsprechender Widerspruch, der die Bindung an den Flächennutzungsplan aufhebt, ist nur zulässig, wenn die für die abweichende Fachplanung geltend gemachten Belange die sich aus dem Flächennutzungsplan ergebenden städtebaulichen Belange nicht nur unwesentlich überwiegen.[92] Entstehen der Gemeinde durch die abweichende Planung Aufwendungen, sind sie ihr von dem Planungsträger zu ersetzen (§ 7 S. 3 bis 6 BauGB).[93]

3. Rechtsschutz

a) Unangreifbarkeit des Flächennutzungsplans für den Regelfall

53 Angesichts der Tatsache, dass der Flächennutzungsplan ein schlichter Plan ist, sind gegen ihn gerichtete **Rechtsschutzmöglichkeiten nur sehr gering**: Da ihm im Regelfall die Qualität einer Rechtsnorm fehlt, unterliegt er nicht der Normenkontrolle des § 47 VwGO.[94] Mangels Verwaltungsaktqualität kann er zudem nicht mit der Anfechtungsklage des § 42 I VwGO angegriffen werden.[95] Eine Feststellungsklage nach § 43 I VwGO scheitert grundsätzlich daran, dass er wegen fehlender unmittelbarer Rechtswirkungen nach außen kein Rechtsverhältnis begründet. Nur Rechtsbeziehungen, die sich aus einem Flächennutzungsplan ergeben, können Gegenstand einer **Feststellungsklage** sein.[96] Art. 19 IV GG steht diesem Ergebnis aus der Sicht des Bürgers nicht entgegen. Er eröffnet den Rechtsweg nur gegenüber möglichen Rechtsverletzungen der öffentlichen Gewalt. Da der Flächennutzungsplan als nur

---

[87] Die Wirkungen eines erfolgten Widerspruchs sind im BauGB nicht ausdrücklich geregelt; vgl. dazu Schrödter/*Schrödter*, BauGB, § 7 Rn. 2.
[88] Siehe hierzu auch oben § 5 Rn. 23.
[89] BKL/*Löhr*, BauGB, § 7 Rn. 2.
[90] EZBK/*Bielenberg/Runkel*, BauGB, § 7 Rn. 6; BKL/*Löhr*, BauGB, § 7 Rn. 7
[91] BKL/*Löhr*, BauGB, § 7 Rn. 15.
[92] Schrödter/*Schrödter*, BauGB, § 7 Rn. 12; JDW/*Jäde*, BauGB, § 7 Rn. 22.
[93] EZBK/*Bielenberg/Runkel*, BauGB, § 7 Rn. 22.
[94] *BVerwG* NVwZ 1991, 262 (262 f.).
[95] *BVerwG* BRS 52 Nr. 6 = NVwZ 1992, 882.
[96] *OVG Lüneburg* BRS 23 Nr. 27.

§ 7. Der Flächennutzungsplan

vorbereitender Bauleitplan keine unmittelbare Verbindlichkeit nach außen entfaltet, kann er unmittelbar keine Rechte verletzen.

b) Ausnahmsweise Rechtsschutzmöglichkeiten

Von der Grundprämisse einer gerichtlichen Unangreifbarkeit des Flächennutzungsplans gibt es **Ausnahmen**. So sind in bestimmten Konstellationen zulässige Feststellungsklagen nach § 43 I VwGO denkbar. Außerdem eröffnet die Steuerungswirkung des Flächennutzungsplans im Rahmen des § 35 III 3 BauGB Ansatzpunkte für eine abweichende Beurteilung: 54

aa) Normenkontrolle gegen Ausweisungen im Rahmen des § 35 III 3 BauGB

Die Ausweisungen des Flächennutzungsplan besitzen im Rahmen des § 35 III 3 BauGB Außenwirkung.[97] Aus diesem Grund ist es folgerichtig, eine Normenkontrolle gem. § 47 VwGO zu eröffnen.[98] Das BVerwG wählt hierzu den Weg über eine analoge Anwendung des § 47 I Nr. 1 VwGO,[99] überdehnt dabei wohl aber die Wortlautgrenze der Norm („Satzungen ... nach den Vorschriften des Baugesetzbuchs") bzw. die Anforderungen an das Vorliegen einer planwidrigen Regelungslücke.[100] Sachgerechter dürfte die Anwendung des **§ 47 I Nr. 2 VwGO** sein, der einen hinreichenden Spielraum bietet, um die Sondersituation des Flächennutzungsplans zu erfassen.[101] 55

bb) Nachbargemeinden, Behörden und sonstige Träger öffentlicher Belange

Nachbargemeinden können gegen die Darstellungen des Flächennutzungsplans eine **Feststellungsklage** erheben, wenn sie damit die Verletzung ihrer **Rechte aus § 2 II BauGB** rügen möchten.[102] Ist die Herbeiführung von Rechtsschutz dringend, ist auch eine **vorbeugende Feststellungsklage** statthaft.[103] Dasselbe gilt im Fall der Verletzung von Beteiligungsrechten gem. § 4 BauGB sowohl für Nachbargemeinden wie auch für andere Behörden bzw. sonstige Träger öffentlicher Belange.[104] Besitzen die Darstellungen gem. § 35 III 3 BauGB Außenwirkung ist zudem an eine Normenkontrolle nach § 47 VwGO zu denken.[105] 56

---

[97] Siehe hierzu bereits § 7 Rn. 47.
[98] Siehe hierzu *Scheidler*, Flächennutzungspläne als Gegenstand einer Normenkontrollklage, DÖV 2008, 766 (767 ff.); *Wollenteit*, NVwZ 2008, 1281; *Kment*, NVwZ 2003, 1047 (1055); kritisch *Herrmann*, Rechtsschutz gegen Flächennutzungspläne im System des Verwaltungsprozessrechts, NVwZ 2009, 1185 (1187 ff.).
[99] BVerwGE 128, 382 (389 f.); *BVerwG* BRS 73 Nr. 54.
[100] Kritisch auch *Erbguth*, Baurecht, § 15 Rn. 15; *Battis*, Flächennutzungsplan und entsprechende Anwendbarkeit der (prinzipalen) Normenkontrolle – Urteilsanmerkung, JZ 2007, 1153 (1154).
[101] *Kment*, NVwZ 2003, 1047 (1055); *Hendler*, Verwaltungsgerichtliche Normenkontrolle Privater gegen Raumordnungs- und Flächennutzungspläne, NuR 2004, 485 (490).
[102] *Hug*, Gemeindenachbarklagen im öffentlichen Baurecht: interkommunaler Rechtsschutz im Bauleitplanungs- und Baugenehmigungsrecht nach den „Zweibrücken"- und „Mühlheim-Kärlich"-Entscheidungen des Bundesverwaltungsgerichts und den BauGB-Novellen 2004 und 2007, 2008, S. 309 ff.; *Fingerhut*, Zur Kontrolldichte richterlicher Entscheidungen bei planungsrechtlichen Gemeindenachbarklagen, 1976, S. 119 ff.; *Hoppe*, Zwischengemeindliche planungsrechtliche Gemeindenachbarklage, in: Festschr. für Wolff, 1973, S. 307 (322 f.).
[103] BVerwGE 40, 323 (326); *VGH München* NVwZ 1985, 837 (873).
[104] *Erbguth*, Baurecht, § 15 Rn. 15.
[105] BKL/*Battis*, BauGB, § 2 Rn. 24; a. A. *OVG Koblenz* BRS 71 Nr. 42.

cc) Inzidenzprüfung

57 Der Flächennutzungsplan kann durchaus auch mittelbar einer Überprüfung unterzogen werden (sog. **Inzidenzprüfung**). Ist aus ihm ein Bebauungsplan entwickelt worden oder wirkt er sich als öffentlicher Belang nach § 35 III 1 Nr. 1 BauGB zu Lasten des Bürgers aus, kann seine Rechtmäßigkeit in einem Rechtsstreit inzident überprüft werden. Das Ausgangsverfahren kann sich in diesen Fällen um die Wirksamkeit des Bebauungsplans drehen oder gegen eine auf den Flächennutzungsplan gestützte Einzelmaßnahme oder gegen die Zulässigkeit einer Außenbereichsbebauung richten. Dieselben Grundsätze gelten insbesondere auch, wenn die Ausschlusswirkung des § 35 III 3 BauGB zu Lasten eines Vorhabenträgers negativ auf die Zulassungsentscheidung der Baugenehmigungsbehörde durchschlägt und hiergegen von dem Betroffenen eine Verpflichtungsklage nach § 42 VwGO erhoben wird.[106]

Lösung zu Fall 5:

58 Die Genehmigung wird dem Flächennutzungsplan der Gemeinde A dann zu Recht versagt, wenn dieser gegen Bundes- oder Landesrecht verstößt. Insofern ist eine **Rechtmäßigkeitskontrolle** durchzuführen. Die beanstandete Darstellung einer Sondergebietsfläche ohne nähere Zweckbestimmung **verstößt gegen § 5 I BauGB**. Die Darstellung enthält keine Aussage über die beabsichtigte städtebauliche Entwicklung, sondern bringt allenfalls zum Ausdruck, dass keine Wohnbauflächen, gemischte oder gewerbliche Bauflächen vorgesehen sind. Ihr kann nicht entnommen werden, was die Gemeinde **positiv** planen will. Auch wenn der Flächennutzungsplan seinem Wesen nach nur ein vorbereitender Bauleitplan (§ 1 II BauGB) und insofern „grobmaschiger" ist als ein Bebauungsplan, der gem. § 8 I 1 BauGB die rechtsverbindlichen Festsetzungen enthält, so müssen seine Darstellungen doch so bestimmt und eindeutig sein, dass sie einen ausreichenden Rahmen für Konkretisierungen in einem Bebauungsplan und für Planungen anderer Planungsträger bilden können. Dies ist bei der Darstellung einer Sondergebietsfläche ohne nähere Zweckbestimmung jedoch nicht der Fall; sie stellt keine hinreichende Grundlage für das Entwicklungsgebot des § 8 II 1 BauGB dar. Hinzu kommt, dass der Flächennutzungsplan im Ergebnis auch einer **materiellen Prüfung weitgehend entzogen** wäre, weil die Frage, ob die in diesem dargestellten Bauflächen und Baugebiete in verträglicher Weise einander zugeordnet sind, nur geklärt werden kann, wenn zumindest die allgemeine Zweckbestimmung des Sondergebiets festgelegt ist.

§ 8. Der Bebauungsplan

Schrifttum: *Battis/Otto*, Planungsrechtliche Anforderungen an Bedingungen und Befristungen gem. § 9 Abs. 2 BauGB, UPR 2006, 165; *Finkelnburg*, Das Verhältnis zwischen Bebauungsplan und Flächennutzungsplan nach § 8 Abs. 2 bis 4 BauGB, in: Festschr. für Weyreuther, 1993, S. 111 ff.; *Heemeyer*, Festsetzung befristeter und bedingter Nutzungen nach § 9 Abs. 2 BauGB, DVBl. 2006, 25; *Kuschnerus*, Der sachgerechte Bebauungsplan, 3. Aufl. 2005; *ders.*, Befristete und bedingte Festsetzungen in Bebauungsplänen – Zur praktischen Anwendung des neuen § 9 Abs. 2 BauGB, ZfBR 2005, 125; *Runkel*, Das Gebot der Entwicklung der Bebauungspläne aus dem Flächennutzungsplan, ZfBR 2009, 298; *Schieferdecker*, Baurecht auf Zeit im BauGB 2004,

---

[106] Vgl. BVerwGE 122, 109.

BauR 2005, 320; *Schmaltz*, Zur drittschützenden Wirkung von Festsetzungen eines Bebauungsplans, in: Festschr. für Schlichter, 1995, S. 583.

Fall 6 (nach *BVerwG* NVwZ 1991, 875):

Die Gemeinde G beschließt einen Bebauungsplan, der ein Plangebiet erfasst, das nur aus 1 landwirtschaftlich genutzten Flächen besteht. An das Plangebiet schließen in nordwestlicher Richtung ein Badesee mit einem Campingplatz, eine Kläranlage und eine Müllverbrennungsanlage an. In nordöstlicher Richtung befindet sich ein Landschaftsschutzgebiet. Der Bebauungsplan setzt das gesamte Plangebiet als „Fläche für die Landwirtschaft" fest und schreibt im Übrigen vor, dass an den Grenzen des Plangebiets Feldhecken zu erhalten bzw. zu pflanzen sind. Auf den überplanten Flächen beabsichtigen die Unternehmer U1 und U2 schon vor der Aufstellung des Bebauungsplans sowohl eine Recyclinganlage für aluminiumhaltige Salzschlacke als auch eine Kiesgrube zu errichten. Beide Unternehmer halten den Bebauungsplan für nichtig. Zu Recht?
Lösung: Rn. 54

I. Die Funktion des Bebauungsplans

Der Bebauungsplan, den die Gemeinde als Satzung beschließt (§ 10 I BauGB), ist im 2 prinzipiell zweistufigen Verfahren der Bauleitplanung[1] die zweite Stufe (§ 8 II 1 BauGB), der „**verbindliche Bauleitplan**" (§ 1 II BauGB). Er enthält **flächenscharf** die aus dem Flächennutzungsplan entwickelten rechtsverbindlichen Festsetzungen für die städtebauliche Ordnung (§ 8 I 1 BauGB). Nach § 30 BauGB ist im Geltungsbereich eines Bebauungsplans ein Vorhaben nur zulässig, wenn es den Festsetzungen des Bebauungsplans nicht widerspricht. Vorhaben, die ihm widersprechen, können unter den Voraussetzungen des § 31 BauGB zugelassen, Vorhaben, die ihm nicht widersprechen, unter den Voraussetzungen des § 15 BauNVO unterbunden werden. Der Bebauungsplan ist das **planerische Instrument**, mit dem die Gemeinde das Baugeschehen leitet. Der Bebauungsplan begründet keine Verpflichtung für den Grundstückseigentümer, die planerischen Festsetzungen zu verwirklichen; er ist mithin lediglich eine „**Angebotsplanung**".[2] Erzwungen werden kann seine Verwirklichung nur durch den Erlass eines Baugebots (§ 176 BauGB) und mittelbar durch Enteignung (§ 85 I Nr. 1 BauGB) oder die Ausübung gemeindlicher Vorkaufsrechte (§§ 24 ff. BauGB).

II. Die äußere Form des Bebauungsplans

1. Karte des Plangebiets

Der Bebauungsplan besteht in der Regel aus einer Karte des Plangebiets, deren Maß- 3 stab, Genauigkeit und Vollständigkeit es zulassen müssen, den Inhalt des Bebauungsplans eindeutig festzusetzen (§ 1 I PlanzV 90). Gebräuchlich sind Karten im **Maßstab 1:500 oder 1:1000**.[3] In diese Karte werden unter Verwendung der Farben und Zeichen

---

[1] Zum vorzeitigen (§ 8 IV BauGB) und zum selbstständigen (§ 8 II 2 BauGB) Bebauungsplan, die nicht aus dem Flächennutzungsplan entwickelt werden, siehe nachfolgend § 8 Rn. 41 ff. und Rn. 46 ff.
[2] BVerwGE 94, 100 (104) = NVwZ 1994, 275 (276).
[3] *Kuschnerus*, Der sachgerechte Bebauungsplan, Rn. 517.

der **Planzeichenverordnung** die rechtsverbindlichen Festsetzungen für die städtebauliche Ordnung sowie Kennzeichnungen und nachrichtliche Übernahmen (§ 9 I, V, VI BauGB) eingetragen (§ 2 PlanzV 90). Erfolgen die Eintragungen nicht unter Verwendung der Planzeichen der PlanzV oder in Abweichung von ihnen, ist dies unschädlich, sofern der Planinhalt deutlich erkennbar ist (§ 2 V PlanzV).[4] Anderenfalls ist der Bebauungsplan ganz oder teilweise nichtig.[5] Ergänzende Festsetzungen durch Schrift sind zulässig.[6] Zahlreiche Bebauungspläne enthalten textliche Ergänzungen, die als „Planergänzungsbestimmungen" bezeichnet werden. Es ist auch zulässig und kommt insbesondere bei der Änderung oder Ergänzung von Bebauungsplänen vor, die Festsetzungen nur durch Text („Textbebauungsplan") zu treffen.

2. Begründung des Bebauungsplans

4   Nach § 9 VIII BauGB ist dem Bebauungsplan eine **Begründung** nach Maßgabe des § 2 a BauGB beizufügen, in der die Ziele, Zwecke und wesentlichen Auswirkungen des Bebauungsplans darzulegen sind. Hinzu kommt der **Umweltbericht**, der als gesonderter Teil der Begründung entsprechend der Anlage 1 zum BauGB die Ergebnisse der Umweltprüfung festhält.[7] Ist über den Bebauungsplan nach § 10 I BauGB beschlossen worden, wird ihm zudem gem. § 10 IV BauGB eine **zusammenfassende Erklärung** beigefügt. Diese informiert über die Art und Weise, wie die Umweltbelange und die Ergebnisse der Öffentlichkeits- und Behördenbeteiligung in dem Bebauungsplan berücksichtigt wurden, und aus welchen Gründen der Plan nach Abwägung mit den geprüften, in Betracht kommenden anderweitigen Planungsmöglichkeiten gewählt wurde.[8]

5   Die Begründung ist dem Bebauungsplan lediglich „beigefügt". Deshalb ist sie **kein materiell-rechtlicher Bestandteil** des Bebauungsplans, gehört insbesondere nicht zu dessen normativem Inhalt.[9] Sie kann die Festsetzungen des Bebauungsplans weder unmittelbar einschränken noch ergänzen. Nur zu seiner Auslegung kann sie herangezogen werden.

6   Der vornehmliche **Zweck** der Begründung liegt darin, die städtebauliche Rechtfertigung und Erforderlichkeit des Bebauungsplans wie auch die Grundlagen der planerischen Abwägung wiederzugeben. Deshalb ist sie gleich dem Bebauungsplan von der Gemeindevertretung mit zu beschließen.[10] Dies hat zur Folge, dass die Begründung des Bebauungsplans weit mehr als die Begründung eines Gesetzentwurfs Inhalt und Ziele des Bebauungsplans zu verdeutlichen vermag und dadurch eine wesentliche Hilfe für **Verständnis**, **Auslegung** und **Kontrolle** des Bebauungsplans ist.[11]

7   Aus der Funktion der Begründung als Hilfsmittel der Plankontrolle ergibt sich ihr **notwendiger Inhalt**: Sie hat die Ziele, Zwecke und Auswirkungen des Bebauungs-

---

[4] *BVerwG* NVwZ-RR 1997, 515 (516).
[5] *BVerwG* NVwZ 1994, 684 (684 f.).
[6] So früher § 9 I 1 BBauG. Im BauGB ist die Erwähnung von Zeichnung, Farbe, Schrift und Text entfallen, da dies inzwischen selbstverständlich ist.
[7] Siehe bereits oben § 6 Rn. 34 f.
[8] *Kuschnerus*, Der sachgerechte Bebauungsplan, Rn. 477 f.
[9] BVerwGE 74, 47 (50) = NJW 1986, 2720; 120, 239 (244); *VGH Kassel* NVwZ 1993, 906 (907).
[10] BVerwGE 68, 369 (376) = NJW 1984, 1775 = NVwZ 1984, 583; 77, 300 (306) = NVwZ 1988, 54; *BVerwG* NVwZ 1990, 364 (365).
[11] BVerwGE 77, 300 (306) = NVwZ 1988, 54; *BVerwG* NVwZ 1990, 364 (364); nach *VGH Kassel* NVwZ 1993, 906 (907) soll dies nicht zwingend geboten sein.

plans in ihren zentralen Punkten zu enthalten, muss aber nicht die gemeindliche Motivation für jede einzelne Festsetzung widerspiegeln und braucht sich nicht zu jeder möglicherweise strittig werdenden Frage zu äußern. **Mängel der Begründung** sind nur nach Maßgabe von § 214 I 1 Nr. 3 BauGB beachtlich. Fehlt die Begründung jedoch ganz oder beschränkt sie sich auf die Wiedergabe des Gesetzeswortlauts, ohne einen konkreten Bezug zur Planung aufzuweisen, ist der Bebauungsplan unwirksam.[12]

III. Der Inhalt des Bebauungsplans

Der Bebauungsplan enthält Festsetzungen, Kennzeichnungen, nachrichtliche Übernahmen und Vermerke. Außerdem bestimmt er gem. § 9 VII BauGB seinen räumlichen Geltungsbereich. Es gilt der aus § 8 I 1 BauGB („der" Bebauungsplan) folgende Grundsatz der Plankonzentration und das sich aus ihm ergebende **Verbot kumulativer Bebauungspläne**. D. h., dass es für ein Gebiet immer nur einen Bebauungsplan gibt. Jeder weitere Plan wäre nichtig, sofern er nicht, ähnlich einem Änderungsgesetz, mit dem ursprünglichen Bebauungsplan zu einer rechtlichen Einheit verschmilzt.[13] 8

1. Festsetzungen

Wesentlicher Inhalt des Bebauungsplans sind seine **Festsetzungen**. 9

a) Bedeutung der Festsetzungen

Die Festsetzungen geben, insoweit vergleichbar den Darstellungen des Flächennutzungsplans, den planerischen Willen der Gemeinde wieder. Die Gemeinde lenkt durch die Festsetzungen **rechtsverbindlich** (§ 8 I BauGB) die bauliche und sonstige Nutzung der Grundstücke des Plangebiets. 10

b) Inhalt

Da die Festsetzungen Inhalt und Schranken des Grundeigentums im Plangebiet bestimmen, bedürfen sie nach Art. 14 I 2 GG einer gesetzlichen Grundlage.[14] Letztgenannte findet sich in § 9 BauGB, in sonstigen gesetzlichen Vorschriften (u. a. § 50 BImSchG) und in der BauNVO,[15] wobei **§ 9 BauGB** im Unterschied zu § 5 II BauGB (Aufzählung beim Flächennutzungsplan) eine strikt zu beachtende **abschließende Regelung** trifft,[16] deren Nichtbeachtung zur Rechtswidrigkeit der entsprechend abweichenden Festsetzung führt.[17] Die jeweiligen gesetzlichen Bestimmungen normieren, welche Festsetzungen die Gemeinde im Bebauungsplan treffen darf, insbesondere hinsichtlich der Art und des Maßes der baulichen Nutzung (§ 9 I Nr. 1 BauGB), der Bauweise oder etwa der Nutzung von Flächen für Zwecke der Allgemeinheit (§ 9 I Nr. 5 BauGB). Auf die Einzelheiten wird noch an späterer Stelle einzugehen sein.[18] Die Festsetzungen können im Einzelfall auch den Schutz privater 11

---

[12] *BVerwG* NVwZ 1990, 364 (364).
[13] Vgl. dazu BVerwGE 50, 114 (118) = NJW 1976, 1680.
[14] Siehe § 4 Rn. 4 ff.
[15] Eine Untersuchung zum Reformbedarf der BauNVO liefert *Boeddinghaus*, Überprüfung der Baunutzungsverordnung, BauR 2010, 998.
[16] BVerwGE 92, 56 (60).
[17] *BVerwG*, BauR 1970, 87 (89). Eine Ausnahme gilt gem. § 12 III BauGB für den vorhabenbezogenen Bebauungsplan; siehe § 10 Rn. 31.
[18] Zu diesen Festsetzungen im Einzelnen siehe nachfolgend § 9.

Interessen bezwecken und haben dann **drittschützende Wirkung**.[19] Da der Bebauungsplan gebietsbezogen ist, trifft er seine Festsetzungen in der Regel **konkret** und **individuell**, d. h. „im Angesicht der konkreten Sachlage".[20] Zwar kann auch er generelle Festsetzungen treffen, etwa wenn er durch Festsetzung eines allgemeinen Wohngebiets „nicht störende Handwerksbetriebe" zulässt (§ 4 II Nr. 2 BauNVO). Das Gebot des § 1 VII BauGB, bei der Aufstellung des Bebauungsplans die öffentlichen und privaten Belange gegeneinander und untereinander gerecht abzuwägen, und das in § 1 III BauGB enthaltene Verbot, andere als „erforderliche" Festsetzungen zu treffen, zwingen jedoch dazu, den Bebauungsplan stets an den **konkreten örtlichen Gegebenheiten** auszurichten. Festsetzungen ohne konkret-individuelle Beziehung zum Plangebiet sind unzulässig, sofern sie nicht im Einzelfall nach der städtebaulichen Ordnung erforderlich und hierdurch gerechtfertigt sind. Deshalb ist ein sämtliche Bebauungspläne des Gemeindegebiets ergänzender Bebauungsplan unzulässig, der generell und abstrakt die Erhaltung von Bäumen bestimmter Art und Größe im ganzen Gemeindegebiet vorschreibt.[21]

12 Ebenfalls unzulässig sind rein verhindernde Festsetzungen, die allein dem Ziel dienen, unerwünschte Nutzungen zu vermeiden.[22] Eine solche reine **Negativplanung** ist nur dann gerechtfertigt, wenn mit ihr konkrete städtebauliche Ziele verfolgt werden, so dass in der negativen Festsetzung zugleich ein konstruktiver Ansatz zum Ausdruck kommt.[23]

c) Hinreichende Bestimmtheit

13 Der Bebauungsplan unterliegt als grundrechtsberührende Rechtsnorm dem Gebot hinreichender Bestimmtheit. Seine Festsetzungen müssen aus sich heraus **klar** und **unmissverständlich** sein;[24] auf die Auslegung darf aber stets zurückgegriffen werden.[25] Dies gilt zum einen für das äußere Bild des Bebauungsplans, der nicht als Folge von Streichungen, Übermalungen oder sonstigen Korrekturen unklar oder missverständlich sein darf.[26] Dies gilt zum anderen aber auch für den Inhalt des Bebauungsplans. Er darf nicht wegen einander widersprechenden Festsetzungen,[27] etwa durch die gleichzeitige Festsetzung einer gewerblichen Nutzung und einer Fläche für den Gemeinbedarf,[28] oder wegen unpräziser Festsetzungen,[29] deren Inhalt auch nicht im Wege der Auslegung eindeutig bestimmbar ist,[30] eine genaue Aussage vermissen lassen.

---

[19] Dazu *OVG Münster* BRS 52 Nr. 180; *Schmaltz*, in: Festschr. für Schlichter, 1995, S. 583.
[20] BVerwGE 50, 114 (120 f.) = NJW 1976, 1680.
[21] BVerwGE 50, 114 (121).
[22] *BVerwG* NVwZ 1999, 878 (878); NVwZ 1999, 984 (985).
[23] Siehe oben § 5 Rn. 13.
[24] *BVerwG* NVwZ 1994, 684 (684); NVwZ 1998, 1179 (1179 f.); *OVG Münster* NVwZ 1990, 886 (886).
[25] BVerwGE 119, 45 (51); *VGH München* BauR 2007, 345 (348); vgl. dazu auch *Bischopink/ Arnold*, Planung multifunktionaler Vorhaben durch vorhabenbezogene Bebauungspläne unter Berücksichtigung des § 12 III a BauGB 2007, NVwZ 2007, 991 (991 f.).
[26] *OVG Münster* NVwZ 1990, 886 (886 f.).
[27] *VGH München* NVwZ-RR 2010, 50 (50 ff.).
[28] *OVG Münster* NVwZ 1984, 452 (453).
[29] *VGH Mannheim* BRS 35 Nr. 8: Gebäudehöhe „etwa 7,5 m".
[30] *VGH Mannheim* BRS 40 Nr. 9: Sondergebiet Erholungseinrichtungen; *OVG Münster* BauR 1997, 436 (437): zentrentypische Einzelhandelsbetriebe. Zu dem vieles umfassenden Betriff der Grünfläche BVerwGE 42, 5 (6 ff.) = NJW 1973, 1710. Ferner *OVG Münster* BRS 50

d) Zeitliche Geltung des Bebauungsplans und Festsetzungen für einen bestimmten Zeitraum (§ 9 II BauGB)

Der Bebauungsplan besitzt im **Grundsatz** eine **zeitlich unbegrenzte Geltung**.[31] **Ausnahmsweise** kann er wegen Funktionslosigkeit (teilweise) außer Kraft treten.[32] Seine Aufhebung, Änderung oder Ergänzung unterliegt im Übrigen den gleichen Regeln wie seine Aufstellung; vgl. § 1 VIII BauGB.[33] Angesichts absehbar zeitlich begrenzter Nutzungen, die durch verkürzte Nutzungszyklen etwa bei Zweckbauten oder Freizeitgroßanlagen (EXPO Hannover) hervorgerufen werden, hat sich der Gesetzgeber dazu entschlossen, ein **Baurecht auf Zeit** einzuführen.[34] In § 9 II BauGB hat er die Voraussetzungen geschaffen, in besonderen Fällen in den Bebauungsplan Festsetzungen aufzunehmen, die vorsehen, dass bestimmte bauliche und sonstigen Nutzungen bzw. Anlagen nur für einen bestimmten Zeitraum erlaubt (§ 9 II 1 Nr. 1 BauGB) oder bis zum Eintritt bestimmter Umstände zulässig oder unzulässig sind (§ 9 II 1 Nr. 2 BauGB). Ermöglicht werden hierdurch befristete wie auch auflösend und aufschiebend bedingte Planinhalte.[35] Hinzu kommt gem. § 9 II 2 BauGB die Anordnung, dass bei den Baurechten auf Zeit die Folgenutzung festgesetzt werden soll. Diese Vorgabe bezieht sich auf die Fälle der zeitlich befristeten oder auflösend bedingten Festsetzungen, bei denen die Festsetzung einer Nachnutzung im Regelfall unverzichtbar ist.[36] Man hat es also mit hintereinander geschalteten Nutzungen zu tun, bei denen die erste nach Ablauf einer bestimmten Zeitperiode oder nach Eintritt eines Umstands endet und die zweite unmittelbar daran anknüpft. Auch Aneinanderreihungen von mehreren Folgenutzungen sind zulässig.[37]

14

Regelungszweck der ersten Variante des § 9 II BauGB ist, für die Ausgangsnutzung ein zeitlich befristetes Nutzungsrecht zu schaffen und für die Vorhabenträger der Folgenutzung frühzeitig Planungssicherheit zu erzeugen.[38] Die Variante des § 9 II 1 Nr. 2 BauGB setzt demgegenüber beim Eintritt zeitlich unbestimmter Ereignisse an. Sie will einen zeitlichen Aufschub bewirken bzw. das Vorliegen bestimmter Voraussetzungen sicherstellen, bevor ein Baurecht gewährt wird. So kann etwa die Zulässigkeit eines Vorhabens unter den Vorbehalt der Verwirklichung eines anderen Vorhabens gestellt werden.[39] Denkbar ist aber auch, erst eine vorherige Nutzungsbeendigung sicherzustellen, bevor eine Ersatznutzung des Grundstücks zugelassen wird.

15

Nr. 28: Fehler von Abgrenzungen zwischen unterschiedlich festgesetzten Maßen der baulichen Nutzung.

[31] BKL/*Löhr*, BauGB, § 9 Rn. 98 f.
[32] Siehe hierzu oben § 6 Rn. 107 ff.
[33] Siehe oben § 6 Rn. 92 ff. und Rn. 95 ff.
[34] BT-Drs. 15/2250, S. 49; vgl. auch *Heemeyer*, DVBl. 2006, 25 (25 f.).
[35] *Kuschnerus*, ZfBR 2005, 125 (126); *Heemeyer*, DVBl. 2006, 25 (26 f.); *Schieferdecker*, BauR 2005, 320 (321).
[36] BKL/*Löhr*, BauGB, § 9 Rn. 98 g; *Kuschnerus*, ZfBR 2005, 125 (130). Bei den auflösend bedingten Festsetzungen ist jedoch zu beachten, dass aufgrund der Ungewissheit des Ereigniseintritts darauf Rücksicht zu nehmen ist, dass sich bei einem unerwartet späten Unwirksamwerden der Vornutzung möglicherweise wesentliche Änderungen der Sach- oder Rechtslage ergeben können. Ist dies zu befürchten, sollte von der Festsetzung einer Folgenutzung nach § 9 II a 2 BauGB Abstand genommen werden. Vgl. dazu auch Schrödter/*Schrödter*, BauGB, § 9 Rn. 171 o.
[37] BKL/*Löhr*, BauGB, § 9 Rn. 98 g.
[38] BKL/*Löhr*, BauGB, § 9 Rn. 98 g; *Krautzberger*, Bodenschutz und Baurecht auf Zeit im Außenbereich, UPR 2010, 81 (82).
[39] Z. B. kann die Zulässigkeit einer Wohnnutzung die vorherige Errichtung von Lärmschutzwällen erfordern; vgl. BT-Drs. 15/2250, S. 49.

Bei dem Ersetzen alter Windkraftanlagen durch neue (sog. Repowering) ist dies durchaus denkbar.[40] Letztlich dient § 9 II BauGB insgesamt auch der Vermeidung faktischer Planungshemmnisse. Denn die Gemeinde muss im Rahmen des § 9 II BauGB nicht mit Ansprüchen aus dem **Planungsschadensrecht** rechnen oder auf **bestandsgeschützte Nutzungen** Rücksicht nehmen.[41] Insofern beugt § 9 II BauGB einem „hinderlichen" Vertrauensschutz Betroffener vor; eigentumsrechtliche Bedenken bestehen hiergegen nicht.[42]

16 Hinsichtlich der Anwendung des § 9 II BauGB ist zu beachten, dass Befristungen und/oder Bedingungen sich lediglich auf **Festsetzungen** beziehen dürfen, nicht aber auf den Bebauungsplan als Ganzes.[43] Sie müssen zudem einen bodenrechtlichen Bezug haben.[44] Des Weiteren muss die Wahl dieses planerischen Gestaltungsmittels – so fordert es § 9 II 1 BauGB – auf besondere Fälle beschränkt bleiben.[45] Es bedarf mithin des Nachweises eines **besonderen städtebaulichen Grunds**,[46] wie etwa einer besonderen Nutzungsdynamik. Es kann auch zur Vermeidung von Leerständen oder beim Stadtumbau auf die Regelung zurückgegriffen werden.[47] Zum Regelfall darf das Baurecht auf Zeit jedoch nicht avancieren.[48]

2. Kennzeichnungen

17 Nach § 9 V BauGB sollen im Bebauungsplan – vergleichbar den Vorgaben für den Flächennutzungsplan nach § 5 III BauGB –[49] gekennzeichnet werden:

– Flächen, bei deren Bebauung besondere bauliche Vorkehrungen gegen **äußere Einwirkungen** oder bei denen besondere bauliche Sicherungsmaßnahmen gegen **Naturgewalten** erforderlich sind;
– Flächen, unter denen der **Bergbau** umgeht[50] oder die für den **Abbau von Mineralien** bestimmt sind;
– Flächen, deren Böden erheblich mit **umweltgefährdenden Stoffen** belastet sind.[51]

18 Kennzeichnungen sind nicht Teil des planerischen Willens der Gemeinde, sondern **Wiedergabe eines vorgefundenen Zustands**. Sie sollen darauf aufmerksam machen, dass bei der Bebauung des Grundstücks mit besonderen Anforderungen zu rechnen ist.[52] Rechtliche Verbindlichkeit kommt ihnen nicht zu.[53] Deshalb führt das Fehlen

---

[40] *Söfker*, Zur bauplanungsrechtlichen Absicherung des Repowering von Windenergieanlagen, ZfBR 2008, 14 (16 ff.); BK/*Gaentzsch*, BauGB, § 9 Rn. 73 e.
[41] BK/*Gaentzsch*, BauGB, § 9 Rn. 73 b; *Heemeyer*, DVBl. 2006, 25 (26); *Schieferdecker*, BauR 2005, 320 (331 ff.). Vgl. zum Planungsschadensrecht auch nachfolgend § 13.
[42] *Lege*, Baurecht auf Zeit und Planungsschadensrecht, LKV 2007, 97 (99 ff.); *Pietzcker*, „Baurecht auf Zeit", NVwZ 2001, 968 (969).
[43] EZBK/*Söfker*, BauGB, § 9 Rn. 240 e.
[44] *Schmidt-Eichstaedt*, Die Genehmigungsfähigkeit von Zwischennutzungen nach Bauplanungsrecht und nach Bauordnungsrecht, ZfBR 2009, 738 (741).
[45] *Battis/Otto*, UPR 2006, 165 (166).
[46] EZBK/*Söfker*, BauGB, § 9 Rn. 241 b.
[47] *Schieferdecker*, BauR 2005, 320 (323); BKL/*Löhr*, BauGB, § 9 Rn. 98 h. Zum Stadtumbau siehe nachfolgend § 32.
[48] JDW/*Jäde*, BauGB, § 9 Rn. 85; BK/*Gaentzsch*, BauGB, § 9 Rn. 73 b.
[49] Es kann auf die dortigen Erläuterungen verwiesen werden; vgl. § 7 Rn. 40 f.
[50] Dazu allgemein *Rahner/Philipp*, Bauleitplanung und Bergrecht, ZUR 1995, 116.
[51] Zur Kennzeichnung von Altlasten s. *Schröter*, Kennzeichnungspflicht von Altlasten nach dem BauGB, UPR 1991, 176; *Baden*, Abwägung und Altlasten, ZfBR 1988, 108. Zur Altlastenbeseitigung allgemein *Pohl*, Die Altlastenregelungen der Länder, NJW 1995, 1645; *Brandt*, Altlastenrecht: ein Handbuch, 1993.
[52] Zum Zweck der Kennzeichnungspflicht *BGH* NJW 1991, 2701 (2702).
[53] BKL/*Löhr*, BauGB, § 9 Rn. 112.

einer gebotenen Kennzeichnung einerseits nicht zur Nichtigkeit des Bebauungsplans.[54] Andererseits kann eine Kennzeichnung eine gebotene Abwägung auch nicht ersetzen.[55]

3. Nachrichtliche Übernahmen und Vermerke

Nach § 9 VI BauGB sollen nach anderen gesetzlichen Vorschriften getroffene Festsetzungen sowie Denkmäler nach Landesrecht in den Bebauungsplan nachrichtlich übernommen werden, soweit sie zu seinem Verständnis oder für die städtebauliche Beurteilung von Baugesuchen **notwendig** oder **zweckmäßig** sind. Festsetzungen oder Denkmäler ohne planungsrechtliche Bedeutung brauchen nicht dokumentiert zu werden. 19

Eine weitere Anordnung zur nachrichtlichen Übernahme findet sich in § 9 VI a BauGB. Danach sind – parallel zu den Vorgaben für den Flächennutzungsplan (§ 5 IVa BauGB) –[56] festgesetzte **Überschwemmungsgebiete** i. S. des § 76 II WHG ebenfalls nachrichtlich zu übernehmen. Noch nicht festgesetzte Überschwemmungsgebiete i. S. des § 76 III WHG sowie Gebiete, die als Risikogebiete i. S. des § 73 I 1 WHG bestimmt sind, sollen im Bebauungsplan vermerkt werden. 20

Während die Kennzeichnungen des § 9 V BauGB auf einen tatsächlichen Befund im Plangebiet aufmerksam machen, haben die nachrichtlichen Übernahmen und Vermerke **vorgefundene rechtliche Gegebenheiten** zum Gegenstand, auf die sie hinweisen, ohne sie sich zu eigen zu machen. Gerade die von § 9 VI, VI a BauGB gewählte Bezeichnung der nachrichtlichen „Übernahme" ist deshalb missverständlich, da hier nichts übernommen, sondern lediglich als vorhanden nachrichtlich dokumentiert wird. 21

Zu den Festsetzungen, die gem. § 9 VI BauGB nachrichtlich zu übernehmen sind, gehören die **fachplanerische Festsetzung** von Straßen, Eisenbahnanlagen oder Flughäfen, aber auch Nutzungsregelungen wie Natur- oder Landschaftsschutzgebiete.[57] Die zusätzliche Erwähnung von „Denkmälern nach Landesrecht" trägt dem Umstand Rechnung, dass zwar nach einigen Denkmalschutzgesetzen die Denkmaleigenschaft durch förmliche Unterschutzstellung erfolgt, also eine nach „gesetzlichen Vorschriften getroffene Festsetzung" ist, während nach anderen Denkmalschutzgesetzen die Denkmaleigenschaft unmittelbar durch Gesetz begründet wird. 22

Das **Fehlen** einer nach § 9 VI, VI a BauGB gebotenen nachrichtlichen Übernahme oder eines nach § 9 VI a BauGB verlangten Vermerks berührt die Wirksamkeit des Bebauungsplans nicht (arg. § 214 I BauGB),[58] kann aber nach § 216 BauGB im Genehmigungs- oder Anzeigeverfahren gerügt werden. Spätere Festsetzungen, Überschwemmungsgebiete oder Denkmäler können nachträglich ohne weiteres, also ohne förmliches Verfahren der Planänderung oder Planergänzung, nachrichtlich in den Bebauungsplan übernommen werden.[59] 23

---

[54] *OVG Koblenz* NVwZ 1986, 56; *VGH Mannheim* DÖV 1972, 821 (822).
[55] *OVG Lüneburg* NVwZ-RR 2002, 172 (175).
[56] Siehe bereits § 7 Rn. 43.
[57] Umfassende Aufzählung der unter § 9 VI BauGB fallenden Festsetzungen bei Brügelmann/*Gierke*, BauGB, § 9 Rn. 653 ff.
[58] *Kuschnerus*, Der sachgerechte Bebauungsplan, Rn. 676.
[59] Kritisch hierzu *Erbguth*, Baurecht, § 5 Rn. 97.

4. Räumlicher Geltungsbereich

24 Nach § 9 VII BauGB setzt der Bebauungsplan die Grenzen seines räumlichen Geltungsbereichs fest. Dies ist notwendig, da er – anders als der Flächennutzungsplan – nur für jeweils einen kleinen **Teil des Gemeindegebiets**, in der Regel für einige wenige Grundstücke, gilt. Es ist sogar möglich, dass sich der Bebauungsplan auf Gebietsteile der Gemeinde bezieht, die voneinander getrennt sind.[60] Als Rechtsnorm muss der Bebauungsplan seinen Geltungsbereich eindeutig erkennen lassen. Unzulässig ist es deshalb, die Grenzen veränderlich festzusetzen.[61] **"Unscharfe" Grenzen** führen zumindest zur Teilnichtigkeit. Ein Anspruch auf Aufnahme in den Geltungsbereich des Bebauungsplan besteht grundsätzlich wegen §§ 1 III 2 und 2 I 1 BauGB nicht.[62]

25 Ein **gemeindeübergreifender Bebauungsplan** kann unter den Voraussetzungen des § 205 BauGB zustande kommen.[63]

IV. Die Arten der Bebauungspläne

26 Nach ihrem Inhalt kann man die Bebauungspläne in qualifizierte, einfache und vorhabenbezogene Bebauungspläne und nach ihrem Verhältnis zum Flächennutzungsplan in die zweistufig entwickelten, im Parallelverfahren entstandenen, vorzeitigen oder selbstständigen Bebauungspläne einteilen.

1. Einteilung der Bebauungspläne nach ihrem Inhalt

27 Nach ihrem **Inhalt** unterscheidet man qualifizierte, einfache und vorhabenbezogene Bebauungspläne.

a) Der qualifizierte Bebauungsplan

28 Enthält ein Bebauungsplan **mindestens Festsetzungen** über **Art und Maß der baulichen Nutzung**, die **überbaubaren Grundstücksflächen** und die **örtlichen Verkehrsflächen** (§ 30 I BauGB), bezeichnet man ihn als „qualifizierten Bebauungsplan". Da diese Festsetzungen ausreichen, um die Nutzung der Grundstücke des Plangebiets hinreichend zu leiten, ist der qualifizierte Bebauungsplan in seinem räumlichen Geltungsbereich der **alleinige Maßstab** für die planungsrechtliche Zulässigkeit von Vorhaben. Letztgenannte sind nach § 30 I BauGB zulässig, wenn sie den Festsetzungen des Bebauungsplans nicht widersprechen und die Erschließung gesichert ist. Die Festsetzungen des Bebauungsplans können mit Hilfe des § 31 BauGB erweitert und über § 15 BauNVO eingeschränkt werden.[64] Andere Maßstäbe, beispielsweise der Flächennutzungsplan, sind ohne Bedeutung. Der qualifizierte Bebauungsplan ist das Instrument, mit dem die Gemeinde die Bebauung im Plangebiet abschließend regelt. Er lässt zu, was ihm nicht widerspricht und unterbindet, was ihm zuwiderläuft. Kein anderes Instrument kommt ihm darin gleich.

---

[60] *BVerwG* NVwZ 1997, 1216 (1217 f.).
[61] BVerwGE 50, 114 (122 f.) = NJW 1976, 1680.
[62] *BVerwG* BRS 67 Nr. 52; *BVerwG* NVwZ 2004, 1120 (1121).
[63] Siehe bereits oben § 6 Rn. 11.
[64] Dazu unten § 23 Rn. 15 ff.; § 24 Rn. 6 ff.

b) Der einfache Bebauungsplan

Enthält ein Bebauungsplan nicht die in § 30 I BauGB aufgezählten vier Festsetzungen, ist er ein „einfacher Bebauungsplan" (§ 30 III BauGB).[65] Da er zu **inhaltsarm** ist, um die Nutzung der Grundstücke im Plangebiet hinreichend zu leiten, bestimmt § 30 III BauGB, dass neben ihm als ergänzender Maßstab („im Übrigen"), also **subsidiär**,[66] innerhalb eines im Zusammenhang bebauten Ortsteils die Vorgaben des **§ 34 BauGB** und im Außenbereich die Regelungen des **§ 35 BauGB** gelten. Sie füllen die planungsrechtlichen Lücken aus, die der einfache Bebauungsplan lässt, treten aber zurück, soweit der einfache Bebauungsplan durch seine Festsetzungen Regelungen getroffen hat.[67] Sofern die Erschließung gesichert ist, steht der durch ihn festgesetzten Nutzung nichts mehr im Wege, auch wenn sie sich im Widerspruch zu den §§ 34 f. BauGB befindet. Im Übrigen muss das Vorhaben, um genehmigungsfähig zu sein, § 34 oder § 35 BauGB entsprechen; der einfache Bebauungsplan allein vermag es nicht zuzulassen. Dies unterscheidet ihn von dem qualifizierten Bebauungsplan, dem er indes in seiner Sperrwirkung gleicht: Was im Widerspruch zu seinen Festsetzungen steht, ist im Plangebiet unzulässig, auch wenn es nach §§ 34 oder 35 BauGB zulässig wäre. Auch die Festsetzungen des einfachen Bebauungsplans können über § 31 BauGB erweitert[68] und über § 15 BauNVO eingeschränkt werden.

29

c) Der vorhabenbezogene Bebauungsplan

Durch den vorhabenbezogenen Bebauungsplan kann die Gemeinde nach Maßgabe von § 12 BauGB **ohne Bindung** an § 9 BauGB und die Bestimmungen der BauNVO (§ 12 III BauGB) die Zulässigkeit von Vorhaben bestimmen, wenn sich der Vorhabenträger vertraglich zur Durchführung des Vorhabens und der Erschließungsmaßnahmen und ganz oder teilweise zur Tragung der Planungs- und Erschließungskosten verpflichtet („**Durchführungsvertrag**").[69] In seinem Geltungsbereich ist nach § 30 II BauGB ein Vorhaben zulässig, wenn es dem vorhabenbezogenen Bebauungsplan nicht widerspricht und die Erschließung gesichert ist.

30

2. Einteilung der Bebauungspläne nach ihrem Verhältnis zum Flächennutzungsplan

Nach ihrem **Verhältnis zum Flächennutzungsplan** lassen sich vier Grundtypen des Bebauungsplans unterscheiden: der aus dem Flächennutzungsplan und der im Parallelverfahren entwickelte, der vorzeitige und der selbstständige Bebauungsplan.[70]

31

a) Der aus dem Flächennutzungsplan entwickelte Bebauungsplan

Nach § 8 II 1 BauGB ist der Bebauungsplan, gleichgültig ob qualifiziert, einfach oder vorhabenbezogen, grundsätzlich **aus dem Flächennutzungsplan zu entwickeln**.[71]

32

---

[65] Der einfache Bebauungsplan kann beispielsweise benutzt werden, um den Standort für ein technisches Großvorhaben zu bestimmen oder um einen Uferwanderweg festzusetzen und damit die rechtliche Möglichkeit zur Enteignung der benötigten Flächen zu schaffen (§ 85 I Nr. 1 BauGB).
[66] *VGH Kassel* BRS 23 Nr. 32; *OVG Münster* BRS 23 Nr. 50.
[67] Vgl. BVerwGE 68, 352 (356) = NJW 1984, 1775; *BVerwG* BRS 44 Nr. 181; *VGH Mannheim* BRS 29 Nr. 40.
[68] BVerwGE 19, 164 (170) = NJW 1964, 2442.
[69] Näheres dazu unten § 10.
[70] Umfassend hierzu *Finkelnburg*, in: Festschr. für Weyreuther, 1993, S. 111 ff.
[71] *BVerwG* ZfBR 2010, 575 (577); *VGH Kassel* ZfBR 2010, 588 (590).

Dieser Bebauungsplan, der dem System zweistufiger Bauleitplanung entspricht, bedarf keiner aufsichtsbehördlichen Genehmigung,[72] während alle nicht aus einem Flächennutzungsplan entwickelten Bebauungspläne von der Gemeinde erst nach Genehmigung durch die höhere Verwaltungsbehörde in Kraft gesetzt werden dürfen (§ 10 II BauGB). Die Gemeinde wird daher bestrebt sein, ihre Bebauungspläne möglichst aus dem Flächennutzungsplan zu entwickeln, um in den Genuss der Genehmigungsfreiheit zu gelangen. „**Entwickeln**" bedeutet in diesem Zusammenhang sowohl Bindung an die Darstellungen des Flächennutzungsplans als auch die gestalterische Freiheit der Gemeinde, die Grundkonzeption des Flächennutzungsplans planerisch fortzuschreiben.[73] **Abweichungen** von den Darstellungen des Flächennutzungsplans sind deshalb zulässig, sofern sie sich als Ergebnis des Übergangs von der vorbereitenden in die stärker verdeutlichende Planungsstufe des Bebauungsplans rechtfertigen lassen und der Grundkonzeption des Flächennutzungsplans nicht widersprechen bzw. ihr gegenüber unwesentlich sind.[74] **Keine Bindungen** existieren, soweit der Flächennutzungsplan infolge seiner Grobmaschigkeit keine relevanten Darstellungen enthält.

33 Dass es bei dem Entwicklungsgebot vor allem darum geht, die sich aus dem Flächennutzungsplan ergebende geordnete städtebauliche Entwicklung zu wahren, belegt § 214 II Nr. 2 BauGB. Danach ist eine **Verletzung des Entwicklungsgebots** für die Rechtswirksamkeit des Bebauungsplans **unbeachtlich**, wenn die sich aus dem Flächennutzungsplan ergebende geordnete städtebauliche Entwicklung nicht beeinträchtigt worden ist. Trotz äußerlicher Abweichung von den Darstellungen des Flächennutzungsplans sind deshalb Festsetzungen des Bebauungsplans noch aus dem Flächennutzungsplan entwickelt, wenn

- in einem als Wohnbaufläche oder als Mischgebiet dargestellten Gebiet eine kleine öffentliche Grünfläche, eine Gemeinbedarfsfläche oder eine Schule festgesetzt werden, die der Wohnbevölkerung dienen sollen;[75]
- in einem Gebiet, für das der Flächennutzungsplan Wohnbauflächen mit eingestreuten Flächen für den Gemeinbedarf darstellt, der Bebauungsplan den Standort der Gemeinbedarfsflächen verschiebt;[76]
- wenn das im Flächennutzungsplan dargestellte Nutzungsmaß überschritten wird, sofern die Voraussetzungen des § 17 II oder III BauNVO vorliegen;[77]
- wenn im Flächennutzungsplan eine Waldfläche ausgewiesen ist, die später im Bebauungsplan als Fläche zum Schutz, zur Pflege und zur Entwicklung von Boden, Natur und Landschaft (§ 9 I Nr. 20 BauGB) ausgewiesen wird.[78]

34 Dagegen ist der Bebauungsplan **nicht** mehr aus dem Flächennutzungsplan **entwickelt**, wenn

- eine als Forstgelände oder Grünfläche dargestellte Fläche als Baugebiet,[79]

---

[72] Er kann jedoch gem. § 246 I a BauGB durch Landesrecht einer Anzeigepflicht unterworfen werden.
[73] Zum Folgenden BVerwGE 48, 70 (74 f.) = NJW 1975, 1985; *BVerwG* BRS 67 Nr. 55. Siehe auch *Runkel*, ZfBR 2009, 298.
[74] *BVerwG* BRS 67 Nr. 55; *VGH Mannheim* NVwZ-RR 1998, 614 L; *VGH Kassel* ZfBR 2010, 588 (590); *Runkel*, ZfBR 1999, 298 (301 ff.); *Boeddinghaus*, Planung und Erhaltung einer geordneten Nutzungsmischung, BauR 1998, 919 (920).
[75] *BVerwG* BRS 35 Nr. 20; *OVG Berlin* LKV 1996, 27; *VGH München* BRS 38 Nr. 19.
[76] *VGH Mannheim* BRS 32 Nr. 11.
[77] So *OVG Berlin* LKV 1996, 27 (28); NVwZ-RR 1995, 69 (70 ff.).
[78] *BVerwG* NVwZ-RR 2003, 406 (407).
[79] BVerwGE 48, 70 (76) = NJW 1975, 1985; *OVG Hamburg* BRS 40 Nr. 24; *OVG Saarlouis* BRS 30 Nr. 2. Vgl. auch *BVerwG* NVwZ-RR 1995, 484 (484 f.): Kein Vereinshaus auf einer als „Grünfläche – Fläche für Freikörperkultur" dargestellten Fläche.

– eine dargestellte Wohnbaufläche als Weinbaufläche,[80]
– eine dargestellte gemischte Baufläche als Industriegebiet,[81]
– ein dargestellter Hauptverkehrszug als Wohnbaufläche dargestellt wird,[82]
– eine dargestellte landwirtschaftliche Nutzfläche als Standort für ein Hochhaus[83] oder
– das Maß der baulichen Nutzung erheblich über das dargestellte Maß hinaus[84]

festgesetzt wird. Gleiches gilt, wenn der Bebauungsplan die Errichtung von **Windenergieanlagen** für mehr als die Hälfte der Fläche ausschließt, die nach den Darstellungen des Flächennutzungsplans für die Errichtung von Windenergieanlagen geeignet ist.[85]

Von einem „Entwickeln" aus dem Flächennutzungsplan kann zudem nicht gesprochen werden, wenn der Bebauungsplan vom Flächennutzungsplan abweicht, um **veränderten tatsächlichen Verhältnissen**, denen der Flächennutzungsplan nicht mehr entspricht, Rechnung zu tragen. Die Gemeinde muss vielmehr die veränderte Situation durch Änderung des Flächennutzungsplans bewältigen, bevor sie situationsgerechte Bebauungspläne festsetzt.[86] 35

b) Der im Parallelverfahren entwickelte Bebauungsplan

Zur Beschleunigung der Bebauungsplanung kann nach § 8 III 1 BauGB mit der Aufstellung, Änderung, Ergänzung oder Aufhebung eines Bebauungsplans begonnen werden, während gleichzeitig[87] der Flächennutzungsplan aufgestellt, geändert oder ergänzt wird. Das Gesetz bezeichnet dies als **„Parallelverfahren"**.[88] 36

Das Entwicklungsgebot ist beim Parallelverfahren modifiziert.[89] Auch hier ist der Bebauungsplan zu „entwickeln", allerdings nicht aus einer vorhandenen flächenplanerischen Darstellung, sondern aus dem **Entwurf** des parallel in der Aufstellung oder Änderung befindlichen Flächennutzungsplans.[90] Das Parallelverfahren ist gekennzeichnet durch eine **inhaltliche Abstimmung** zwischen den beiden Planentwürfen. 37

Wird der parallel entwickelte Bebauungsplan **zeitlich nach dem Flächennutzungsplan** festgesetzt, mündet das Parallelverfahren in das zweistufige Verfahren des § 8 II 1 BauGB, für das uneingeschränkt das Entwicklungsgebot gilt. Der Bebauungsplan bedarf dann keiner Genehmigung (arg. § 10 II 1 BauGB). 38

Der Bebauungsplan kann **vor dem Flächennutzungsplan** bekannt gemacht werden (§ 8 III 2 BauGB), wenn nach dem Stand der Planungsarbeiten die Annahme gerechtfertigt ist, dass er aus den künftigen Darstellungen des Flächennutzungsplans ent- 39

---

[80] *VGH Kassel* NVwZ 1988, 541 (541 f.).
[81] *VGH Mannheim* BRS 27 Nr. 1. Bedenklich *OVG Münster* BRS 28 Nr. 10, das die Ausweisung eines als Kleinsiedlungsgebiet dargestellten Gebiets als reines Wohngebiet für zulässig hält.
[82] *VGH Kassel* BRS 69 Nr 41.
[83] *OVG Koblenz* BRS 32 Nr. 12.
[84] *OVG Berlin* NVwZ-RR 1995, 69 (70 ff.).
[85] *OVG Münster* BRS 67 Nr. 7.
[86] Bedenklich deshalb *OVG Koblenz* BRS 32 Nr. 10; *VGH Mannheim* BRS 32 Nr. 9.
[87] Nicht danach: *VGH Mannheim* BRS 52 Nr. 29.
[88] Das zur schnelleren Durchführung der Planungsverfahren von der Praxis *praeter legem* entwickelte Parallelverfahren war von BVerwGE 48, 70 (77 ff.) = NJW 1975, 1985 bereits gebilligt worden, bevor es 1979 in das BBauG aufgenommen wurde.
[89] Dazu und zum Folgenden BVerwGE 70, 171 (175 ff.) = NJW 1985, 133 = NVwZ 1985, 485 zu dem in S. 2 von § 8 III BauGB abweichenden § 8 III BBauG. Ähnlich schon BVerwGE 56, 283 (285 f.).
[90] BK/*Philipp*, BauGB, § 8 Rn. 18.

wickelt sein wird.[91] Diese Prognose erfordert einen hinreichend fortgeschrittenen Stand des Flächennutzungsplanverfahrens, eine Art **„Planreife"**.[92] Solange diese Prognose nicht möglich ist, kann der parallel entwickelte Bebauungsplan nicht vorzeitig bekannt gemacht werden. Er muss zurückgestellt werden, bis der Flächennutzungsplan die notwendige Planreife erlangt hat. Erweist sich die auf verlässlicher Grundlage mit gebotener Sorgfalt erstellte **Prognose *nachträglich* als unrichtig** und wird die Flächennutzungsplanung doch noch geändert, berührt dies die Rechtmäßigkeit des vorzeitig bekanntgemachten Bebauungsplans nicht. Der vor dem Flächennutzungsplan bekanntgemachte Bebauungsplan bedarf grundsätzlich nach § 10 II 1 BauGB der **Genehmigung** der höheren Verwaltungsbehörde. Eine Ausnahme gilt nur für den Fall, dass der im Parallelverfahren aufgestellte Flächennutzungsplan zum Zeitpunkt der Bekanntmachung des Bebauungsplans bereits von der höheren Verwaltungsbehörde genehmigt, aber mangels Bekanntmachung der Genehmigung noch nicht wirksam geworden ist.[93] Eine Verletzung des § 8 III BauGB ist unter den Voraussetzungen des § 214 II Nr. 4 BauGB für die Rechtswirksamkeit des Bebauungsplans unbeachtlich.[94]

40 Das Parallelverfahren wird erstens bei der **erstmaligen Aufstellung** des Flächennutzungsplans angewandt und konkurriert hier mit dem vorzeitigen Bebauungsplan i. S. des § 8 IV BauGB.[95] Zweitens und vor allem findet es Anwendung, wenn ein **Flächennutzungsplan ergänzt** oder **geändert** werden muss, weil sich ein von der Gemeinde beabsichtigter Bebauungsplan nicht aus ihm entwickeln lässt. Der vorzeitige Bebauungsplan steht in diesem Fall nicht zur Verfügung. Hier ist das Parallelverfahren zu wählen, da es der regelmäßig vorhandenen Zeitnot angemessen Rechnung trägt. Die parallele Änderung des Flächennutzungsplans zur Ermöglichung einer konkreten Bebauungsplanung relativiert allerdings nicht unerheblich die Beständigkeit des Flächennutzungsplans. Dies ist durchaus **kritisch** zu bewerten:[96] Der Flächennutzungsplan wird anfällig gegenüber Änderungswünschen. Die Selbstbindung der Gemeinde durch den Flächennutzungsplan wird zur Disposition gestellt, der Bebauungsplan in Wirklichkeit nicht mehr aus dem Flächennutzungsplan entwickelt, sondern der Flächennutzungsplan durch parallele Änderung den Bedürfnissen des beabsichtigten Bebauungsplans angepasst. Dem Entwicklungsgebot wird nur noch formal Rechnung getragen.

c) Der vorzeitige Bebauungsplan

41 In **Abkehr vom Prinzip der Zweistufigkeit** besteht nach § 8 IV 1 BauGB die Möglichkeit, einen Bebauungsplan aufzustellen, zu ändern, zu ergänzen oder aufzuheben, bevor der Flächennutzungsplan aufgestellt ist. Hierzu ist allerdings der Nachweis erforderlich, dass dringende Gründe dieses Vorgehen erfordern und der anvisierte Bebauungsplan der beabsichtigten städtebaulichen Entwicklung des Gemeindegebiets nicht entgegenstehen wird. Das Gesetz bezeichnet diesen Bebauungs-

---

[91] *Bielenberg*, Einige Vollzugsprobleme des neuen Baugesetzbuches, ZfBR 1988, 55 (57); BKL/*Löhr*, BauGB, § 8 Rn. 9
[92] Die Anforderungen an die Planreife orientieren sich an § 33 I Nr. 2 BauGB; vgl. JDW/*Jäde*, BauGB, § 8 Rn. 10; EZBK/*Bielenberg/Runkel*, BauGB, § 8 Rn. 17.
[93] *BVerwG* BRS 73 Nr. 43.
[94] Siehe auch nachfolgend § 12 Rn. 29.
[95] Hierzu alsbald unter § 8 Rn. 41 ff.
[96] Dies gilt gerade auch vor dem Hintergrund, dass der Flächennutzungsplan durch die Regelung des § 13 a II Nr. 2 BauGB ohnehin einen Bedeutungsverlust hinzunehmen hat; vgl. dazu ergänzend oben § 6 Rn. 105.

plan als „vorzeitigen Bebauungsplan". Er ist nach § 10 II 1 BauGB von der höheren Verwaltungsbehörde zu **genehmigen**.

Wie bereits angeklungen,[97] ist Voraussetzung für die Aufstellung eines vorzeitigen Bebauungsplans – erstens –, dass **„dringende Gründe"** dies erfordern. Damit ist sichergestellt, dass der vorzeitige Bebauungsplan den Flächennutzungsplan nicht allgemein verdrängt, ihn nicht dahin denaturiert, schließlich nur noch darstellen zu können, was vorzeitige Bebauungspläne bereits festgesetzt haben. „Dringende Gründe" liegen vor, wenn nach den konkreten städtebaulichen Erfordernissen eine geordnete städtebauliche Entwicklung die Festsetzung eines Bebauungsplans bereits vor Inkrafttreten des Flächennutzungsplans erfordert, wenn durch das Warten auf den Flächennutzungsplan die städtebauliche Entwicklung mehr gefährdet würde als durch einen vorzeitigen Bebauungsplan.[98] Es ist ohne Bedeutung, von wem es zu verantworten ist, dass noch kein Flächennutzungsplan vorhanden ist, da § 8 IV BauGB ausschließlich auf das objektive Kriterium der dringenden Gründe abstellt. Deshalb kann ein vorzeitiger Bebauungsplan auch bei **schuldhafter Verzögerung** der Flächennutzungsplanung oder bei **nachträglicher Unwirksamkeit** wegen Rechtsmängeln festgesetzt werden.[99] Nach § 214 II Nr. 1 BauGB ist es für die Rechtswirksamkeit des Bebauungsplans unbeachtlich, wenn die Anforderungen an die „dringenden Gründe" nicht richtig beurteilt worden sind.[100]

42

Der vorzeitige Bebauungsplan darf – zweitens – der **beabsichtigten städtebaulichen Entwicklung des Gemeindegebiets nicht entgegenstehen**. Er ist an den vorhandenen Absichten über die städtebauliche Entwicklung des Gemeindegebiets zu messen.[101] Diese kupierte Form der Zweistufigkeit hat ihren guten Sinn. Gibt es bereits Vorstellungen für die Flächennutzungsplanung, die mehr als erste Überlegungen sind, muss darauf Rücksicht genommen werden. Fehlen Absichten der städtebaulichen Entwicklung, ist der vorzeitige Bebauungsplan nicht gebunden. Demnach schafft die Gemeinde selbst die Fakten für eine Bindung. Je mehr sie sich mit der städtebaulichen Entwicklung des Gemeindegebiets auseinandersetzt und je sicherer sich damit vorhersagen lässt, dass der vorzeitige Bebauungsplan mit der Grundkonzeption des künftigen Flächennutzungsplans vereinbar ist, desto geringere Anforderungen sind an die den vorzeitigen Bebauungsplan rechtfertigenden dringenden Gründe zu stellen.[102] Sobald die Planungsabsichten Eingang in ein förmlich eingeleitetes Verfahren der Flächennutzungsplanung gefunden haben, steht es der Gemeinde frei, nunmehr den Weg des Parallelverfahrens (§ 8 III BauGB) zu wählen. Sie befreit sich damit von dem Erfordernis dringender Gründe für die vorzeitige Bebauungsplanung, das sie gegen die Notwendigkeit enger inhaltlicher Abstimmung von Bebauungs- und Flächennutzungsplanung eintauscht.[103]

43

Dank der Möglichkeit des vorzeitigen Bebauungsplans vermag das **Fehlen des Flächennutzungsplans** die Bebauungsplanung der Gemeinde nicht völlig zu blockieren. Die Gemeinde braucht nicht zunächst oder parallel einen Flächennutzungsplan aufzustellen, sondern kann vorzeitige Bebauungspläne festsetzen. Diese Möglichkeit endet mit dem Inkrafttreten des Flächennutzungsplans. Fortan muss die Gemeinde

44

---

[97] Siehe oben § 8 Rn. 41.
[98] *BVerwG* NVwZ 1985, 745 (746); BKL/*Löhr*, BauGB, § 8 Rn. 11.
[99] *BVerwG* NVwZ 1992, 882 (883 f.); NVwZ 2000, 197 (197 f.).
[100] Siehe hierzu auch nachfolgend § 12 Rn. 26.
[101] Hierzu *OVG Saarlouis* BRS 38 Nr. 18.
[102] *BVerwG* NVwZ 1985, 745 (746).
[103] So BVerwGE 70, 171 (177 f.) = NJW 1985, 133 = NVwZ 1985, 485.

die Bebauungspläne aus dem Flächennutzungsplan entwickeln. Daher kann ein vorzeitiger Bebauungsplan trotz „dringender Gründe" nicht aufgestellt werden, wenn ein Flächennutzungsplan zwar vorhanden ist, aber zur Ermöglichung des Bebauungsplans geändert werden muss.[104] Die Gemeinde ist nun gezwungen, zuvor oder im Parallelverfahren den Flächennutzungsplan zu ändern. Erst dann kann sie auf der Grundlage der Änderung den Bebauungsplan festsetzen. Ist ein Flächennutzungsplan wegen Fehlerhaftigkeit unwirksam, bleibt § 8 IV 1 BauGB allerdings anwendbar.[105]

d) Der „unechte" vorzeitige Bebauungsplan

45 § 8 IV 2 BauGB ermöglicht es, in evidenter **Durchbrechung des Prinzips der Zweistufigkeit** einen vorzeitigen Bebauungsplan trotz vorhandenen Flächennutzungsplans aufzustellen, sofern Gebiets- oder Bestandsänderungen von Gemeinden oder anderen Veränderungen der Zuständigkeit für die Aufstellung von Flächennutzungsplänen eingetreten sind. Auch für den „unechten" vorzeitigen Bebauungsplan nach § 8 IV 2 BauGB sind **dringende Gründe** erforderlich.[106] Zudem darf er der **beabsichtigten städtebaulichen Entwicklung des Gemeindegebiets nicht entgegenstehen**. Zur scheinbaren Wiederherstellung des Prinzips der Zweistufigkeit ist der Flächennutzungsplan im Wege der Berichtigung nachträglich anzupassen. Dies zeigt die Bedenklichkeit des unecht vorzeitigen Bebauungsplans, der die Funktion des Flächennutzungsplans, erste Planungsstufe zu sein, bis zur Unkenntlichkeit denaturiert. Der bisherige Inhalt des Flächennutzungsplans wird funktionslos und die Gemeinde wird ermächtigt und verpflichtet, die durch die Obsoleszenz entstandene Lücke durch Anpassung des Flächennutzungsplans an den Bebauungsplan zu schließen. Sie hat den Inhalt des Bebauungsplans in die „grobmaschigere" Sprache des Flächennutzungsplans zu transponieren und analog § 6 V BauGB ortsüblich bekanntzumachen, dass der Flächennutzungsplan durch Anpassung inhaltlich geändert worden ist. Eine **Genehmigung** der höheren Verwaltungsbehörde ist nur für den vorzeitigen Bebauungsplan (§ 10 II 1 BauGB), nicht für die Anpassung des Flächennutzungsplans erforderlich.

e) Der selbstständige Bebauungsplan

46 Nach § 8 II 2 BauGB ist ein Flächennutzungsplan nicht erforderlich, wenn der Bebauungsplan ausreicht, um die städtebauliche Entwicklung zu ordnen. Dies schränkt die Pflicht der Gemeinde zur Flächennutzungsplanung ein – insoweit gehört diese Regelung systematisch eigentlich zu § 5 I BauGB – und ermächtigt die Gemeinde gleichzeitig zum Erlass eines Bebauungsplans ohne Bindungen an höherstufige Vorgaben eines Flächennutzungsplans. Zutreffend bezeichnet § 214 II Nr. 1 BauGB ihn als „selbstständigen" Bebauungsplan.[107] Er bleibt aber inhaltlich ein **Bebauungsplan wie jeder andere**. Der selbstständige Bebauungsplan bedarf der **Genehmigung** der höheren Verwaltungsbehörde (§ 10 II 1 BauGB). Nach § 214 II 1 BauGB ist es für die Rechtswirksamkeit des selbstständigen Bebauungsplans jedoch unbeachtlich, wenn die Anforderungen des § 8 II 2 BauGB nicht richtig beurteilt worden sind. Dies ist – trotz § 216 BauGB – ein bedenklicher Freibrief.[108]

---

[104] BVerwGE 48, 70 (79 f.) = NJW 1975, 1985; BKL/*Löhr*, BauGB, § 8 Rn. 15.
[105] *BVerwG* NVwZ 1992, 882 (883).
[106] Vgl. *VGH Kassel* BRS 55 Nr. 49 zur Vorgängervorschrift. Siehe auch BK/*Gaentzsch*, BauGB, § 8 Rn. 22.
[107] Siehe dazu ausführlich *Finkelnburg*, in: Festschr. für Weyreuther, S. 111 (116 ff.).
[108] Siehe auch BKL/*Löhr*, BauGB, § 8 Rn. 7.

§ 8. Der Bebauungsplan

Dank § 8 II 2 BauGB führt die **fehlende Erforderlichkeit eines Flächennutzungsplans** (§ 1 III BauGB)[109] nicht zu einer Sperre für die verbindliche Bauleitplanung. Die Gemeinde ist bei nicht erforderlichem Flächennutzungsplan nicht auf das Instrument des vorzeitigen Bebauungsplans beschränkt, sondern kann sich in den Grenzen des § 8 II 2 BauGB des selbstständigen Bebauungsplans bedienen. Dies stellt eine echte Abkehr vom Prinzip der Zweistufigkeit dar. 47

Der selbstständige Bebauungsplan ist zulässig, wenn er ausreicht, um die städtebauliche Entwicklung der Gemeinde insgesamt – also im gesamten Gemeindegebiet – zu ordnen.[110] Dies ist nur bei kleinen Gemeinden mit geringer baulicher Entwicklung denkbar. Die **praktische Bedeutung** des selbstständigen Bebauungsplans ist deshalb eher gering. **Nicht** erforderlich ist es, dass der selbstständige Bebauungsplan gleich einem Flächennutzungsplan (§ 5 I BauGB) das **gesamte Gemeindegebiet** umfasst.[111] Da die unerlässliche Parzellenschärfe dem Bebauungsplan maßstäbliche Grenzen setzt, würde § 8 II 2 BauGB praktisch unanwendbar, wenn man für den selbstständigen Bebauungsplan das gesamte Gemeindegebiet als Geltungsbereich fordern würde. Nicht ein gemeindeumfassender Geltungsbereich, sondern eine **gemeindeumfassende Ordnungskraft** ist notwendig. Reicht die Ordnungskraft des selbstständigen Bebauungsplans nicht aus und bedarf es deshalb zur Ordnung der städtebaulichen Entwicklung mehrerer Bebauungspläne, ist § 8 II 2 BauGB unanwendbar. Nicht ohne Grund formuliert § 8 II 2 BauGB, „der" Bebauungsplan müsse ausreichen, um die städtebauliche Entwicklung zu ordnen. Wer anderes zulässt, öffnet das Tor für eine punktuelle Überplanung des Gemeindegebiets ohne vorherige Ordnung durch einen Flächennutzungsplan. Diese Konzeption kann lediglich durch die Aneinanderreihung vorzeitiger Bebauungspläne (§ 8 IV BauGB) verwirklicht werden. Diese verlangen allerdings dringende Gründe für die vorzeitige Bebauungsplanung. Überdies wird darauf geachtet, dass die beabsichtigte städtebauliche Entwicklung des Gemeindegebiets nicht beeinträchtigt wird.[112] 48

Verfehlt ist es, aus § 8 II 2 BauGB die Befugnis der Gemeinde abzuleiten, ohne Flächennutzungsplan Bebauungspläne festzusetzen, die nur einen kleinen Teil des Gemeindegebiets betreffen, wenn ihre Festsetzungen „die **Grundzüge der Bodenordnung im Gemeindegebiet nicht berühren**".[113] Hier wird für den selbstständigen Bebauungsplan auf das Erfordernis gesamtgemeindlicher Ordnungskraft verzichtet und als neuer Typus eines flächennutzungsplanfreien Bebauungsplans ein Bebauungsplan ohne gesamtgemeindliche Auswirkung geschaffen. Eine gesetzliche Grundlage gibt es hierfür nicht, weder in § 8 II 2 BauGB noch an anderer Stelle. Die Gemeinde muss auch in diesen Fällen den Weg des vorzeitigen Bebauungsplans nach § 8 IV BauGB gehen.[114] 49

Eine besondere Form des selbstständigen Bebauungsplans ist der **Bebauungsplan der Innenentwicklung** nach § 13 a BauGB.[115] So erlaubt § 13 a II Nr. 2 BauGB ebenfalls eine Durchbrechung des Prinzips der Zweistufigkeit und des darin verankerten Ent- 50

---

[109] Vgl. zur Erforderlichkeit von Bauleitplänen auch oben § 5 Rn. 7 ff.
[110] Ebenso *OVG Saarlouis* BRS 35 Nr. 18; *OVG Koblenz* BRS 36 Nr. 15; BKL/*Löhr*, BauGB, § 8 Rn. 7; EZBK/*Bielenberg/Runkel*, BauGB, § 8 Rn. 12 f.
[111] A. A. *OVG Saarlouis* BRS 35 Nr. 18.
[112] Siehe hierzu auch oben § 8 Rn. 43.
[113] So aber *VGH Mannheim* BRS 35 Nr. 19; 25 Nr. 5. Kritisch hierzu *OVG Saarlouis* AS 17, 260.
[114] Siehe bereits § 8 Rn. 43.
[115] Vgl. dazu ausführlich *Robl*, Das beschleunigte Verfahren für Bebauungspläne der Innenentwicklung, 2010, S. 49 ff.

wicklungsgebots. Nach Maßgabe des § 13 a II Nr. 2 BauGB darf ein Bebauungsplan von den Darstellungen des Flächennutzungsplans abweichend aufgestellt werden, bevor der Flächennutzungsplan geändert oder ergänzt ist, sofern dies im Einklang mit der geordneten städtebaulichen Entwicklung des Gemeindegebiets verläuft.[116] Kommt es zur Aufstellung eines abweichenden Bebauungsplans, ist der Flächennutzungsplan im Wege der Berichtigung anzupassen. Daraus folgt zugleich, dass der selbstständige Bebauungsplan *ipso iure* den Flächennutzungsplan ändert, ohne dass ein Änderungsverfahren durchzuführen ist.[117]

V. Rechtliche Bedeutung des Bebauungsplans

1. Rechtsnatur des Bebauungsplans

51 Der Bebauungsplan wird nach § 10 I BauGB von der Gemeinde als **Satzung** beschlossen.[118] Satzungen sind Rechtsvorschriften, die von einer dem Staat zugeordneten juristischen Person des öffentlichen Rechts im Rahmen der ihr gesetzlich verliehenen Autonomie mit Wirkung für die ihr angehörenden oder unterworfenen Personen erlassen werden.[119] Der Bebauungsplan ist mithin **Rechtsnorm**.[120] Dies gilt auch für den nach § 233 III BauGB oder § 173 III BBauG übergeleiteten Bebauungsplan.[121]

2. Rechtswirkungen des Bebauungsplans

52 Als Rechtssatz ist der Bebauungsplan aus sich heraus **unmittelbar** und für **jedermann verbindlich**.[122] Dies unterscheidet ihn vom Flächennutzungsplan.[123] Auch Behörden und andere Träger öffentlicher Belange sind an ihn gebunden. Nur unter den Voraussetzungen der §§ 31, 37 BauGB können sie von ihm abweichen. **Ausnahmen** gelten für die unter **§ 38 BauGB** fallenden Planungsträger.[124] Der Bebauungsplan ist für alle ihm Unterworfenen der rechtliche Maßstab für die Zulässigkeit

---

[116] Vgl. BKL/*Battis*, BauGB, § 13 a Rn. 15; *Schrödter*, Der Bebauungsplan der Innenentwicklung – Teil 2, ZfBR 2010, 422 (423).

[117] JDW/*Jäde*, BauGB, § 13 a Rn. 18; *Schrödter*, Der Bebauungsplan der Innenentwicklung – Teil 2, ZfBR 2010, 422 (424); *Scheidler*, Bebauungspläne der Innenentwicklung – das Verfahren nach § 13 a BauGB, VR 2009, 181 (185).

[118] Die Stadtstaaten Berlin und Hamburg bestimmen nach § 246 II BauGB, welche Form der Rechtssetzung an die Stelle der in § 10 BauGB vorgesehenen Satzung tritt. Das Land Bremen kann eine solche Bestimmung treffen. In Berlin ergeht nach §§ 4 ff. AGBauGB der Bebauungsplan als Rechtsverordnung des Bezirksamts oder des für die verbindliche Bauleitplanung zuständigen Mitglieds des Senats. In Hamburg werden nach § 3 I des Gesetzes über die Feststellung von Bauleitplänen und ihre Sicherung Bebauungspläne durch Rechtsverordnung des Senats, in den Fällen des § 3 II durch Gesetz der Bürgerschaft (sog. satzungsvertretendes Gesetz; dazu BVerfGE 70, 35 = NJW 1985, 2315) festgestellt. Bremen hat von der Ermächtigung des § 246 II BauGB keinen Gebrauch gemacht.

[119] Allgemein zu städtebaulichen Satzungen *Bönker*, Harmonisierung des Rechts der städtebaulichen Satzungen, 1995; *ders.*, UPR 1995, 55; *Stüer*, Städtebauliche Satzungen – Reformkonzept, DVBl. 1995, 121.

[120] Es wurde vor der gesetzgeberischen Klarstellung diskutiert, den Bebauungsplan als eine besondere Art des Verwaltungsakts auszugestalten; vgl. *Schmidt-Aßmann*, Vorüberlegungen zu einem neuen Städtebaurecht, DVBl. 1984, 582 (586 f.); *Breuer*, Die Kontrolle der Bauleitplanung – Analyse eines Dilemmas, NVwZ 1982, 273 (280).

[121] BVerwGE 19, 164 (169) = NJW 1964, 2442 zu § 173 III BBauG.

[122] *BVerwG* BRS 28 Nr. 6.

[123] Siehe oben § 7 Rn. 45.

[124] Siehe bereits § 5 Rn. 23.

§ 8. Der Bebauungsplan

von Vorhaben im Plangebiet (§§ 29, 30 BauGB). Daneben bildet er nach § 8 I 2 BauGB die Grundlage für die weiteren, zur Verwirklichung der städtebaulichen Ordnung im Plangebiet erforderlichen Maßnahmen. Hierzu gehören das gemeindliche Vorkaufsrecht (§§ 24 I Nr. 1, 25 I Nr. 1 BauGB), die Umlegung (§ 45 S. 2 Nr. 1 BauGB), die Grenzregelung (§ 80 I BauGB), die Enteignung (§ 85 I Nr. 1 BauGB), die Erschließung (§ 125 I BauGB), die städtebaulichen Entwicklungsmaßnahmen (§§ 165 III, 166 BauGB) sowie die Bau-, Abbruch-, Rückbau- und Entsiegelungsgebote (§§ 176, 178, 179 ff. BauGB).

3. Rechtsschutz

Als Rechtsnorm kann der Bebauungsplan weder mit der Anfechtungs- noch mit der Feststellungsklage,[125] sondern nur mit der **Normenkontrolle** nach § 47 VwGO angegriffen werden.[126] Dies gilt auch dann, wenn der Bebauungsplan nach dem Recht der Stadtstaaten als Gesetz beschlossen wird.[127] Daneben unterliegt er der **Inzidenzkontrolle** in allen gerichtlichen Verfahren, deren Entscheidung von seiner Gültigkeit abhängt, insbesondere bei der Nachbarklage, bei Klagen auf Erteilung einer Baugenehmigung oder bei Klagen, die sich gegen die Ausübung des Vorkaufsrechts, gegen Maßnahmen der Bodenordnung oder der Enteignung richten.

53

Lösung zu Fall 6:

Der Bauleitplan der Gemeinde G könnte gegen § 1 III BauGB verstoßen, wenn es sich um eine unzulässige „**Negativplanung**" handeln würde. § 1 III BauGB erkennt die gemeindliche Planungshoheit an und räumt der Gemeinde ein Planungsermessen ein. Ein Bebauungsplan ist deshalb „erforderlich" i. S. dieser Vorschrift, soweit sich dies aus der **planerischen Konzeption** der Gemeinde ergibt. Er darf nicht nur das vorgeschobene Mittel sein, um einen Bauwunsch zu durchkreuzen. Letzteres kann aber nicht schon dann angenommen werden, wenn eine negative Zielrichtung im Vordergrund steht. Auch eine zunächst nur auf die Verhinderung einer – aus der Sicht der Gemeinde – Fehlentwicklung gerichtete Planung kann einen Inhalt haben, der rechtlich nicht zu beanstanden ist. Aus dem Umstand allein, dass der Erlass des Bebauungsplans in unmittelbarem Zusammenhang mit den Vorhaben des U1 und U2 stand, kann somit nicht der Verstoß gegen § 1 III BauGB hergeleitet werden. Vielmehr spricht einiges dafür, dass die Gemeinde durch den Erhalt der landwirtschaftlichen Flächen konzeptionell eine Verbindung zum Landschaftsschutzgebiet suchte und letzteres von zu stark heranrückender Bebauung freihalten wollte.

54

---

[125] *BVerwG* Buchholz 406.11 § 10 BBauG Nr. 5. Auch die vorbeugende Feststellungsklage scheidet gegenüber in der Aufstellung befindlichen Bebauungsplänen aus, BVerwGE 54, 211 (215) = NJW 1978, 554.
[126] Zur Verfassungsbeschwerde s. *Hoppe*, Planung und Pläne in der verfassungsgerichtlichen Kontrolle, in: Bundesverfassungsgericht und Grundgesetz, 1976, Bd. I S. 663.
[127] BVerfGE 70, 35 (55 ff.); *Drettmann*, Die Vereinbarkeit des Erlasses von Bebauungsplänen in Gesetzesform mit der Rechtsweggarantie des Art. 19 Abs. 4 GG, BauR 1985, 21 (22 ff.).

§ 9. Die Festsetzungen im Bebauungsplan – insbesondere Vorgaben der BauNVO

Schrifttum: *Bischopink*, Verkaufsflächenbegrenzung über Sondergebietsfestsetzungen, ZfBR 2010, 223; *ders.*, Immissionsschutz in der Bauleitplanung, BauR 2006, 1070; *Boeddinghaus*, Einzelhäuser, Doppelhäuser und Hausgruppen, BauR 1998, 15; *ders.*, Zur planungsrechtlichen Regelung der bauordnungsrechtlich definierten Abstandsflächen, BauR 2007, 641; *ders.*, Überprüfung der Baunutzungsverordnung, BauR 2010, 998; *Fehlau*, Das Verwendungsverbot im Bauplanungsrecht - § 9 Abs. 1 Nr. 23 BauGB, BauR 1992, 712; *Fehrenbach*, Die Festsetzung von Lärmgrenzwerten in Bebauungsplänen, 1997; *Finkelnburg*, Die Festsetzung von mit Geh-, Fahr- und Leitungsrechten zu belastenden Flächen im Bebauungsplan, BauR 1996, 303; *Fischer*, Zur Bauleitplanung für überwiegend bebaute Gebiete, DVBl. 2002, 950; *Fischer/Tegeder*, Geräuschkontingentierung als Konfliktlösung in der Bauleitplanung, NVwZ 2005, 30; *Fugmann-Hessing*, Der bauplanungsrechtliche Begriff des Wohngebäudes – ein Abwehrmittel gegen "unliebsame Nachbarn"?, DÖV 1996, 322; *Grziwotz*, Stellplatzverpflichtung und Tiefgaragenbonus, BauR 1988, 531; *Hauth*, Klärendes und Klärungsbedürftiges zu § 11 Abs. 3 BauNVO, BauR 2006, 775; *Herkner*, Mobilfunk in der Bauleitplanung, BauR 2006, 1399; *Jeromin*, Gestaltungsfestsetzungen in Bebauungsplänen, LKRZ 2010, 87; *Klinge*, Bebauungspläne zur Steuerung zentraler Versorgungsbereiche nach § 9 Abs. 2a BauGB und erste Überlegungen zur Anwendung, BauR 2008, 770; *Kopf*, Steuerungsmöglichkeiten von Einzelhandelsbetrieben in der gemeindlichen Planung, LKRZ 2008, 286; *Krautzberger*, Notwendigkeit und Strategien der Aufschließung von Gewerbe- und Industrieflächen, WiVerw 1991, 117; *Krieger/Luckas*, Abstandsflächen – Rechtliche Herausforderungen bei der Bebauung großstädtischer Innenstadtlagen, BauR 2010, 173; *Kuschnerus*, Die Steuerung des Einzelhandels durch landesplanerische Ziele der Raumordnung, ZfBR 2010, 324; *Lüers*, Baurechtliche Instrumente des Hochwasserschutzes, UPR 1996, 241; *Nickel/Kopf*, Die Flexibilität des § 11 Abs. 3 BauNVO – Widerlegung der Regelvermutung bei Einzelhandelsgroßprojekten, ZfBR 2003, 122; *Peus/Krenzer*, Abstandsflächen – Abweichungsgenehmigungen – Atypik, NWVBl. 2010, 11; *Poppen*, Altenpflegeheime als Anlagen für soziale oder gesundheitliche Zwecke, BauR 2002, 726; *Rausch*, Sind Sportwettbüros "Vergnügungsstätten" im Sinne der Baunutzungsverordnung?, DÖV 2009, 667; *Reidt*, Factory-Outlet- und Sonderpostenmärkte als besondere Formen des großflächigen Einzelhandels, NVwZ 1999, 45; *ders.*, Die Sicherung zentraler Versorgungsbereiche durch aktive Bauleitplanung – § 9 Abs. 2a BauGB und andere Möglichkeiten, BauR 2007, 2001; *Sarnighausen*, Zum Begriff der Vorbelastung im Baunachbarrecht, NJW 1994, 1375; *ders.*, Garagen und Stellplätze im Baunachbarrecht, NVwZ 1996, 7; *Schladebach*, Freizeitparks im Bauplanungsrecht, ZfBR 1999, 251; *Schmidt-Eichstaedt*, Steuerung der Standortfindung des Einzelhandels durch einen strategischen, stadtweiten Bebauungsplan, BauR 2009, 41; *Schröer*, Bordellbetriebe und Öffentliches Baurecht, NZBau 2009, 166; *Schulze-Fielitz*, Verkehrslärmschutz und Bauleitplanung, UPR 2008, 401; *Spiegels*, Zum Lärmschutz bei der Überplanung einer Gemengelage – Abwägung und planerische Festsetzungsmöglichkeiten, BauR 2007, 315; *Stühler*, Zum bauplanungsrechtlichen Grundsatz der Gebietsverträglichkeit, BauR 2007, 1350; *Tysper*, Der Mobilfunkanlagenbegriff im öffentlichen Bauplanungsrecht, BauR 2008, 614; *Uechtritz*, Unzulässigkeit baugebietsbezogener, vorhabenunabhängiger Verkaufsflächenbegrenzungen, BauR 2008, 1821; *Wellhöfer*, Geräusche von Freizeitanlagen, NuR 2005, 575; *Yurdakul*, Anmerkungen zum neuen Vollgeschoßbegriff der Brandenburgischen Bauordnung aus der Praxis der Stadtplanung, BauR 2004, 36.

Fall 7 (nach BVerwGE 131, 86):

1 Die Stadt S plant, im nördlichen Stadtgebiet Ansiedlungsraum für großflächigen Einzelhandel zu schaffen. Nach einem ersten Entwurf soll es in einem Sondergebiet zu einer Ausweisung von Flächen kommen, die ca. 16.000 qm Verkaufsfläche schaffen. Außerdem ist geplant, branchenabhängig bestimmte Höchstgrenzen an Verkaufsfläche festzusetzen. Beispielsweise sind für Schuhe maximal 2000 qm im gesamten Plangebiet zulässig, für

Textilbekleidung sind 6000 qm vorgesehen. Der Rechtsamtsleiter der Stadt S hat jedoch Bedenken hinsichtlich dieses Entwurfs. Welche?
Lösung: Rn. 202

Die Festsetzungsmöglichkeiten des Bebauungsplans sind vielfältig. Sie werden im Wesentlichen durch die BauNVO in rechtliche Bahnen gelenkt. Die BauNVO gibt Vorgaben zur Art der baulichen Nutzung (§§ 1 ff. BauNVO) wie auch zu dessen Maß (§ 16 BauNVO). Sonstige Festsetzungsmöglichkeiten hält insbesondere § 9 BauGB vor, der schließlich sogar die Länder ermächtigt, inhaltlich auf den Bebauungsplan Einfluss zu nehmen (vgl. § 9 IV BauGB).

I. Festsetzungen zur Art der baulichen Nutzung

Nach § 9 I Nr. 1 BauGB kann der Bebauungsplan die „Art der baulichen Nutzung" festsetzen. Sie gehört zu den Festsetzungen, die ein Bebauungsplan aufweisen muss, um ein qualifizierter Bebauungsplan (§ 30 I BauGB) zu sein. Die Festsetzung der Art der baulichen Nutzung vermittelt **Nachbarschutz**, und zwar kraft Bundesrecht.[1] Sie gewähren einen Anspruch auf Wahrung des Gebietscharakters.[2]

1. Der Begriff der „Art der baulichen Nutzung"

§ 9 I Nr. 1 BauGB definiert nicht, was unter der „**Art der baulichen Nutzung**" zu verstehen und wie sie im Bebauungsplan festzusetzen ist. Dies findet sich in § 1 III 1 BauNVO.

a) Festsetzung von Baugebieten

Nach § 1 III 1 BauGB wird die Art der baulichen Nutzung durch die Festsetzung eines der in **§ 1 II BauNVO** aufgezählten **Baugebiete** bestimmt. Dies geschieht entweder dadurch, dass die im Flächennutzungsplan dargestellten Bauflächen weiter entwickelt (§ 1 I BauNVO) oder in der vorgefundenen Form übernommen werden (§ 1 II BauNVO). Daneben kann der Bebauungsplan auch konkrete Arten von Nutzungen festsetzen, beispielsweise nach § 9 I Nr. 5 BauGB eine Fläche für den Gemeinbedarf oder nach § 9 I Nr. 22 BauGB eine Fläche für Gemeinschaftsanlagen.[3]

b) Typenzwang

§ 1 III 1 BauNVO unterwirft die planende Gemeinde bei der Festsetzung der Art der baulichen Nutzung einem **Typenzwang**.[4] Sie muss sich der Baugebiete des § 1 II BauNVO bedienen und ist gehindert, dem Baugebiet einen anderen als den von der BauNVO vorgegebenen Inhalt zu geben oder gar eigene Baugebietstypen zu entwickeln.[5] Die Gemeinde besitzt **kein „Festsetzungsfindungsrecht"**.[6] Lediglich in

---

[1] Siehe etwa BVerwGE 94, 151 (156 ff.) = NJW 1994, 1546; ferner *Otto*, in: Bd. II, § 18 I, 2, b mit zahlreichen Nachweisen; *Sarnighausen*, Erweiterte Nachbarrechte im Bauplanungsrecht?, NJW 1995, 502.
[2] *BVerwG* NVwZ 2000, 1054 (1054 f.); NVwZ 2008, 427 (428).
[3] *BVerwG* NVwZ 1990, 459 (460). Zu diesen Festsetzungen siehe nachfolgend § 9 Rn. 158.
[4] Zum Typenzwang BVerwGE 94, 151 (154); *BVerwG* NVwZ 1992, 879; NVwZ 1994, 292 (292).
[5] *VGH Mannheim* BRS 39 Nr. 49: unzulässig ist die Festsetzung eines „Dorfmischgebiets".
[6] BVerwGE 92, 56 (62) = NJW 1993, 2695.

2. Teil. Die Bauleitplanung

den Grenzen von § 1 IV bis X BauNVO ist sie berechtigt, den Inhalt der Baugebiete zu **modifizieren**.[7] Die nachfolgenden Baugebiete stehen ihr zur Wahl:

- Kleinsiedlungsgebiete (WS)
- reine Wohngebiete (WR)
- allgemeine Wohngebiete (WA)
- besondere Wohngebiete (WB)
- Dorfgebiete (MD)
- Mischgebiete (ME)
- Kerngebiete (MK)
- Gewerbegebiete (GE)
- Industriegebiete (GI)
- Sondergebiete (SO).

6   Durch die Festsetzung eines dieser Baugebiete werden gem. § 1 III 2 BauNVO die dieses Baugebiet konkretisierenden Bestimmungen der §§ 2 bis 14 BauNVO **Bestandteil des Bebauungsplans**, soweit dieser nicht aufgrund von § 1 IV bis X BauNVO etwas anderes bestimmt. Die Baugebietsvorschriften der §§ 2ff. BauNVO charakterisieren zumeist in ihrem **Abs. 1** die **allgemeine Zweckbestimmung** oder Eigenart des Baugebiets und bestimmen in **Abs. 2**, welche Arten von Nutzungen in dem Baugebiet allgemein – entsprechend einer typisierenden Zuordnung – zulässig sind mit der Folge, dass ein Rechtsanspruch auf ihre Zulassung besteht (sog. **Regelbebauung**). Außerdem zählen die Baugebietsvorschriften in ihrem jeweiligen **Abs. 3** diejenigen Nutzungen auf, die als Ausnahme (§ 31 I BauGB), also nach dem Ermessen der Baugenehmigungsbehörde, zugelassen werden können (sog. **Ausnahmenbebauung**).[8]

7   **Beispiel:** Setzt der Bebauungsplan als Art der baulichen Nutzung ein allgemeines Wohngebiet fest, ergibt sich aus § 4 I BauNVO als allgemeine Zweckbestimmung, dass das Gebiet vorwiegend dem Wohnen dient. Die in § 4 II BauNVO aufgezählten baulichen und sonstigen Anlagen sind allgemein und die in § 4 III BauNVO aufgezählten sind als Ausnahme zulässig.

c) Statische Festsetzung

8   Die Verweisung des § 1 III 2 BauNVO auf die §§ 2 bis 14 BauNVO ist wegen der jedem Bebauungsplan nach § 1 VII BauGB zugrundeliegenden, auf den Zeitpunkt der Beschlussfassung über den Bebauungsplan bezogenen Abwägung eine **statische**, keine dynamische.[9] Die Baugebietsfestsetzung im Bebauungsplan hat denjenigen Inhalt, der sich aus der im Zeitpunkt der Festsetzung des Bebauungsplans geltenden Fassung der BauNVO ergibt. **Spätere Änderungen der BauNVO** werden nicht automatisch Bestandteil des Bebauungsplans. Sie müssen im Wege eines Planänderungsverfahrens ausdrücklich für anwendbar erklärt werden. Um die Bedeutung des von einem Bebauungsplan festgesetzten Baugebiets zu ermitteln, muss deshalb stets geprüft werden, welche Fassung der BauNVO[10] bei seiner Festsetzung galt. Für vor dem 1. 8. 1962 erlassene oder nach § 173 III BBauG übergeleitete Bebauungspläne gelten nach § 173 V BBauG die vor Erlass der BauNVO maßgebend gewesenen landesrechtlichen Bestimmungen. Die erstmals 1962 erlassene BauNVO gilt nach ihrem § 25 für alle Bauleitpläne, deren Aufstellung oder Änderung am 1. 8. 1962

---

[7] Dazu unten unter § 9 Rn. 100 ff.
[8] *BVerwG* NVwZ 2008, 786 (787 f.).
[9] Zu diesen Arten der Verweisung allgemein *Ossenbühl*, Die verfassungsrechtliche Zulässigkeit der Verweisung als Mittel der Gesetzgebungstechnik, DVBl. 1967, 401; *Karpen*, Die Verweisung als Mittel der Gesetzgebungstechnik, 1970.
[10] Zusammenstellung der verschiedenen Fassungen der BauNVO bei Brügelmann/*Ziegler*, BauGB, Bd. 6, Verordnungstext zur BauNVO.

eingeleitet worden war. Die BauNVO 1968 gilt für alle Bauleitpläne, deren Aufstellung oder Änderung nach dem 1. 1. 1969 eingeleitet worden ist (Art. 2 Änderungs-VO). Die BauNVO 1977 ist nach § 25 a BauNVO für Bauleitpläne maßgebend, die nicht vor dem 1. 1. 1977 erlassen oder ausgelegt worden sind. Die BauNVO 1990 gilt nach § 25 c BauNVO für Bauleitpläne, deren Entwurf ab dem 27. 1. 1990 ausgelegt worden ist.

Erlangt die BauNVO im Fall des § 34 II BauGB Bedeutung, kommt es auf den Zeitpunkt der Entscheidung über den Bauantrag und auf die zu diesem Zeitpunkt maßgebliche BauNVO an. § 34 II BauGB darf insofern als **dynamische Verweisung** verstanden werden.[11]

d) Typisierende Auslegung der Baugebietsvorschriften

Die im Bebauungsplan festgesetzten Baugebiete werden durch die Bestimmungen der BauNVO konkretisiert. Diese Bestimmungen bedürfen der Auslegung. Hierbei ist grundsätzlich von einer **typisierenden Betrachtung** auszugehen.[12]

Beispiel: Ob ein Tischlereibetrieb „nicht störend" i. S. des § 4 II Nr. 2 BauNVO ist, entscheidet sich nicht durch Beurteilung des konkreten Handwerksbetriebs, sondern danach, ob ein Tischlereibetrieb in einem allgemeinen Wohngebiet typischerweise als störend anzusehen ist, selbst wenn der konkrete Betrieb wegen seiner Betriebsweise nicht stört.

Zu beachten ist ferner, dass der ausdrücklichen Zulassung einer bestimmten Nutzung in einem Baugebiet durch die BauNVO in der Regel nicht entnommen werden kann, dass diese Nutzung nicht in einem anderen Baugebiet als Unterfall einer dort erwähnten Nutzung ebenfalls zulässig sein kann.[13] Entscheidend für die **Auslegung der Baugebietsvorschriften** der BauNVO ist stets die städtebauliche **Zweckbestimmung eines Gebiets**; systematische Gesichtspunkte spielen nur eine untergeordnete Rolle.

e) Abweichungen von der festgesetzten Art der Nutzung

Eine Erweiterung der festgesetzten Art der baulichen Nutzung ist nach § 31 BauGB möglich: Sieht der Bebauungsplan **Ausnahmen** von seinen Festsetzungen vor, können diese nach § 31 I BauGB zugelassen werden. Wichtige Ausnahmen finden sich in den Baugebietsvorschriften der §§ 2 bis 14 BauNVO. Sie sind nach § 1 III 2 BauNVO **Bestandteil des Bebauungsplans** und fallen daher unter § 31 I BauGB. Eine Abweichung von der festgesetzten Art der baulichen Nutzung ist außerdem durch Gewährung einer **Befreiung** nach § 31 II BauGB möglich.[14] Einschränkungen der festgesetzten Art der baulichen Nutzung lässt § 15 BauNVO zu.[15]

2. Wohnnutzung

Nach § 1 II BauNVO gibt es **vier Baugebiete**, die ausschließlich oder vorwiegend dem Wohnen dienen:

– Kleinsiedlungsgebiete (WS)
– reine Wohngebiete (WR)

---

[11] BVerwGE 109, 314 (318); *BVerwG* BRS 54 Nr. 50.
[12] Zur Typisierung etwa *BVerwG* NVwZ 1993, 987 (987); NVwZ 2008, 786 (787 f.). Einzelfallbezogenes Korrektiv ist § 15 BauNVO; vgl. *Stühler*, BauR 2007, 1350 (1355); EZBK/*Söfker*, BauGB, § 15 BauNVO Rn. 7.
[13] BVerwGE 90, 140 (144).
[14] Zu Ausnahmen und Befreiungen siehe nachfolgend § 24.
[15] Dazu unten § 23 Rn. 15 ff.

– allgemeine Wohngebiete (WA)
– besondere Wohngebiete (WB).

15   Sie unterscheiden sich insbesondere durch die **Wohnqualität**, die sie vermitteln: Während das reine Wohngebiet (§ 3 BauNVO) ausschließlich dem Wohnen dient und andere Nutzungen nur ausnahmsweise zulässig sind, dienen die anderen drei Wohngebiete nur „vorwiegend" dem Wohnen und lassen daneben andere Nutzungen allgemein zu (§§ 2, 4, 4a BauNVO). Sie sind „lebendiger", bieten aber weniger Wohnruhe. Auch im Dorf-, Misch- und Kerngebiet (§§ 5 bis 7 BauNVO), die zur Gruppe der Mischgebiete gehören, ist eine Wohnnutzung möglich, neben der es jedoch andere diese Gebiete prägende Nutzungen gibt. Im Gewerbe- und Industriegebiet (§§ 8, 9 BauNVO) ist Wohnnutzung unzulässig, abgesehen von den als Ausnahme möglichen Betriebswohnungen. Eine **Wohnnutzung** kann durch besondere Festsetzungen des Bebauungsplans eingeschränkt werden:

16   – Nach § 9 I Nr. 6 BauGB kann die **höchstzulässige Zahl der Wohnungen** in Wohngebäuden[16] festgesetzt werden.[17] Dies wirkt auf die Schaffung größerer Wohnungen hin und begegnet der Gefahr, dass durch die Zusammenlegung von Grundstücken und die dadurch eintretende Addierung der Geschossflächen größere Wohnhäuser als städtebaulich erwünscht entstehen.[18]

17   – § 9 I Nr. 7 BauGB lässt die Festsetzung von Flächen zu, auf denen ganz oder teilweise nur Wohngebäude errichtet werden dürfen, die mit Mitteln des **sozialen Wohnungsbaus** gefördert werden können. Dies setzt voraus, dass die Wohnungen nach Größe, Ausstattung und Miete für Haushalte geeignet und bestimmt sind, die sich am Markt nicht angemessen mit Wohnraum versorgen können und auf Unterstützung angewiesen sind (§ 1 II WoFG). Die Festsetzung vermag nicht zu erzwingen („können"), dass die Wohnungen auch tatsächlich im sozialen Wohnungsbau errichtet werden und damit der Zielgruppe zur Verfügung stehen.[19] Die wohnungspolitische Bedeutung des § 9 I Nr. 7 BauGB ist deshalb gering.

18   – Nach § 9 I Nr. 8 BauGB kann der Bebauungsplan Flächen festsetzen, auf denen ganz oder teilweise nur Wohngebäude errichtet werden dürfen, die für **Personengruppen mit besonderem Wohnbedarf**,[20] etwa Senioren, Studenten oder alleinstehende Arbeitnehmer, bestimmt sind.[21] Die Festsetzung muss auf „einzelne Flächen" beschränkt und deshalb in eine Bebauung mit anderem Nutzungszweck „eingestreut" und wegen ihres geringen Umfangs ungeeignet sein, das Entstehen einseitiger Bevölkerungsstrukturen zu begünstigen. Der „besondere Wohnbedarf" muss in baulichen Besonderheiten der Wohngebäude zum Ausdruck kommen.

a) Kleinsiedlungsgebiete (§ 2 BauNVO)

aa) Allgemeine Zweckbestimmung

19   Kleinsiedlungsgebiete dienen nach § 2 I BauNVO vorwiegend der Unterbringung von Kleinsiedlungen einschließlich **Wohngebäuden** mit entsprechenden **Nutzgärten**

---

[16] Nach *OVG Lüneburg* NVwZ-RR 1997, 518 (518 f.) ist die Festsetzung einer von der Größe des Grundstücks abhängigen Höchstzahl der Wohnungen unzulässig.

[17] BVerwGE 107, 256 (259); *BVerwG*, Beschl. v. 26. 1. 2005 – 4 BN 4/05 – JURIS. Bis zur Neufassung der Nr. 6 durch das BauROG 1998 waren hierfür „besondere städtebauliche Gründe" erforderlich. Das BBauG kannte eine allgemeine Beschränkung der Zahl der Wohnungen durch den Bebauungsplan nicht. Nach § 3 IV und § 4 IV BauNVO 1977 konnte im reinen und im allgemeinen Wohngebiet die Zahl der Wohnungen auf höchstens zwei beschränkt werden. Zu dieser, für ältere Bebauungspläne noch maßgebenden Regelung *BVerwG* NVwZ-RR 1996, 187 (188).

[18] Zum Nachbarschutz dieser Beschränkung *OVG Münster* BRS 52 Nr. 180; *OVG Lüneburg* NVwZ-RR 1995, 497; *OVG Weimar* NVwZ-RR 1997, 596 (596 f.).

[19] BKL/*Löhr*, BauGB, § 9 Rn. 30.

[20] Dazu *Hruby*, Wohnbauflächen für Personengruppen mit besonderem Wohnbedarf, 1987.

[21] Keine „Gruppe" bilden nach BVerwGE 91, 318 (325 ff.) Personen mit geringem Einkommen.

§ 9. Die Festsetzungen im Bebauungsplan – insbesondere Vorgaben der BauNVO

und **landwirtschaftlichen Nebenerwerbsstellen**. Typisch für das Kleinsiedlungsgebiet, das sich aus den für einkommensschwächere Bevölkerungskreise bestimmten und daher sozialpolitisch wichtigen Kleinsiedlungen der 30er Jahre entwickelt hat, ist das Wohnen in Verbindung mit nebenberuflicher intensiver Gartenbaunutzung und Kleintierhaltung.[22] In den letzten Jahrzehnten ist die Neigung hierzu zurückgegangen. Daher ist die Ausweisung von Kleinsiedlungsgebieten selten geworden.

bb) Allgemein zulässige Anlagen

Nach § 2 II BauNVO sind im Kleinsiedlungsgebiet Kleinsiedlungen einschließlich Wohngebäuden mit entsprechenden Nutzgärten, landwirtschaftliche Nebenerwerbsstellen und Gartenbaubetriebe allgemein zulässig ebenso wie der Versorgung des Gebiets dienenden Läden, Schank- und Speisewirtschaften sowie nicht störende Handwerksbetriebe.[23] **Kleinsiedlung** ist nach der früher maßgebenden Begriffsbestimmung des § 10 II WoBauG eine Siedlerstelle, die aus einem Wohngebäude mit angemessener Landzulage besteht und die nach Größe, Bodenbeschaffenheit und Einrichtung dazu bestimmt und geeignet ist, dem Kleinsiedler durch Selbstversorgung aus vorwiegend gartenbaumäßiger Nutzung des Bodens eine fühlbare Ergänzung seines sonstigen Einkommens zu bieten.[24] Die Kleinsiedlung soll einen Wirtschaftsteil enthalten, der die Haltung von Kleintieren ermöglicht; eine Dimensionierung der Anlage ausschließlich auf die Größe zur Deckung des täglichen Bedarfs der Bewohner ist nicht erforderlich.[25] Das Wohngebäude kann eine Einliegerwohnung enthalten.

Zulässig sind außerdem Stellplätze und Garagen (§ 12 BauNVO), Räume für freie Berufe (§ 13 BauNVO) und Nebenanlagen (§ 14 BauNVO).[26]

cc) Ausnahmsweise zulässige Anlagen

Nach § 2 III BauNVO können ausnahmsweise zugelassen werden:

1. sonstige Wohngebäude mit nicht mehr als zwei Wohnungen, die nach § 3 IV BauNVO auch ganz oder teilweise der **Betreuung und Pflege ihrer Bewohner** dienen können. Dies macht deutlich, dass die Ausweisung eines Wohngebäudes grundsätzlich nicht als gebietstypisch angesehen wird, da dies die Unterscheidung zum allgemeinen Wohngebiet des § 4 BauNVO verwischt.
2. Anlagen für kirchliche, kulturelle, soziale, gesundheitliche und sportliche Zwecke;[27]
3. Tankstellen;
4. nicht störende Gewerbebetriebe.

b) Reine Wohngebiete (§ 3 BauNVO)

aa) Allgemeine Zweckbestimmung

Das reine Wohngebiet dient nach § 3 I BauNVO dem Wohnen. Nur als Ausnahme können andere Nutzungen zugelassen werden.[28] Es weist von seinem Gebietscharakter **große Wohnruhe** auf. Diese Wohnruhe geht mit dem Verzicht auf die in anderen Wohngebieten anzutreffenden Annehmlichkeiten einher: Läden und Handwerksbetriebe zur Deckung des täglichen Bedarfs sind nur ausnahmsweise zulässig. Auf die

---

[22] *Fickert/Fieseler*, BauNVO, § 2 Rn. 1 u. 1.1.
[23] Zu diesen Begriffen siehe nachfolgend unter § 9 Rn. 32 ff.
[24] Das Abstellen auf die Versorgung soll insbesondere die Wohnruhe sicherstellen; vgl. *BVerwG* NJW 1998, 3792 (3793).
[25] König/Roeser/Stock/*Stock*, BauNVO, § 2 Rn. 33.
[26] Hierzu unten unter § 9 Rn. 83 ff.
[27] Zu diesen Anlagen siehe nachfolgend unter § 9 Rn. 35.
[28] *BVerwG* BRS 73 Nr. 68.

"Eckkneipe", Restaurants und Cafés[29] muss ebenso verzichtet werden wie auf Tankstellen oder den Zigarettenautomaten an der Hauswand.[30] Wer hierauf Wert legt, muss sich in anderen Wohngebieten niederlassen. Die Bauleitplanung benachbarter Gebiete muss die Belange des reinen Wohngebiets in die planerische Abwägung (§ 1 VII BauGB) einbeziehen. So sind in seiner unmittelbaren Nähe ein Sportplatz,[31] ein Bolzplatz,[32] ein Freibad,[33] eine Tennisanlage[34] oder ein großes Schulzentrum[35] zwar nicht von vornherein unzulässig, müssen jedoch auf das reine Wohngebiet Rücksicht nehmen und, falls erforderlich, durch geeignete Vorkehrungen Störungen ausschließen.[36] **Öffentliche Spielplätze** (§ 9 I Nr. 15 BauGB) sowie die bauordnungsrechtlich gebotenen oder freiwillig angelegten **privaten Kinderspielplätze** sind wegen des wohnbezogenen Bedarfs im reinen Wohngebiet grundsätzlich zulässig,[37] nicht aber Bolzplätze[38] und Kindertagesstätten.[39]

bb) Allgemein zulässige Anlagen

24 Nach § 3 II BauNVO sind im reinen Wohngebiet **nur Wohngebäude** allgemein zulässig. Wohngebäude sind bauliche Anlagen, die zum Wohnen geeignet und bestimmt sind.[40] Der Begriff des „**Wohnens**" umfasst die Gesamtheit der mit der Führung eines häuslichen Lebens verbundenen Tätigkeiten und deren eigenständige Gestaltung. Ihm ist eine gewisse Dauer eigen.[41] Deshalb zählen **Wohn- und Altenheime**[42] zu den Wohngebäuden, nicht aber ein Freigängerhaus[43] oder ein durch häufigen Wechsel gekennzeichnetes Studentenwohnheim.[44] Darüber hinaus erklärt § 3 IV BauNVO Gebäude, die ganz oder teilweise der **Betreuung und Pflege** ihrer Bewohner dienen, zu Wohngebäuden.[45] Ein Heim, in dem von der Behörde für nur kurze Zeit **Asylbewerber** untergebracht werden, ist, je nach der Betriebsform, Ge-

---

[29] *VGH Kassel* BRS 38 Nr. 79.
[30] *OVG Münster* BRS 46 Nr. 45; *OVG Bremen* BRS 33 Nr. 26; dies ist nach *BVerwG* BRS 36 Nr. 150 mit Art. 14 GG vereinbar.
[31] *VGH München* BRS 47 Nr. 43; *OVG Bremen* BRS 44 Nr. 5 m.w.N.
[32] *BVerwG* BRS 66 Nr. 173; NVwZ 2001, 431 (432); *OVG Münster* BRS 46 Nr. 28.
[33] *OVG Lüneburg* BRS 36 Nr. 23.
[34] *OVG Münster* BRS 40 Nr. 82; aber auch *VGH Mannheim* BRS 32 Nr. 4: zulässig, da die Lärmwerte nicht überschritten werden.
[35] *OVG Lüneburg* BRS 32 Nr. 18; für Zulässigkeit eines Schulsportplatzes *VGH Mannheim* BRS 40 Nr. 62.
[36] BVerwGE 88, 143 (150 f.) = NVwZ 1991, 884; *OVG Münster* BRS 52 Nr. 193; *VGH München* BRS 47 Nr. 43.
[37] *VGH Mannheim* BRS 44 Nr. 33 m.w.N.; dazu auch *OVG Berlin* NVwZ-RR 1995, 67 (67 f.).
[38] Dazu *BVerwG* BRS 66 Nr. 173; *OVG Schleswig* NVwZ 1995, 1019 (1019 f.).
[39] *OVG Saarlouis* ZfBR 2009, 366 (367, 370); *OVG Hamburg* BauR 2009, 203 (206 ff.); vgl. dazu auch *Rojahn*, Kinderlärm zwischen Immissionsschutz und Sozialadäquanz, ZfBR 2010, 752.
[40] *Fugmann-Heesing*, DÖV 1996, 322 (324 f.).
[41] *BVerwG* BRS 67 Nr. 70; NVwZ 1996, 893 (894); *OVG Lüneburg* BauR 2008, 2022 (2023); *OVG Bremen* BRS 52 Nr. 42; ferner *VGH Mannheim* BRS 49 Nr. 47.
[42] *OVG Saarlouis* BRS 27 Nr. 33.
[43] *VGH Kassel* BRS 36 Nr. 183.
[44] *OVG Saarlouis* BRS 22 Nr. 43.
[45] Dies ist eine Antwort auf *VGH Mannheim* BRS 49 Nr. 47, der – nach seinerzeitigem Baurecht zutreffend, aber sozialpolitisch unbefriedigend – Pflegeheime nicht als Wohngebäude, sondern als Anlagen für gesundheitliche oder soziale Zwecke ansah, wodurch sie im reinen Wohngebiet nicht allgemein zulässig waren. Siehe auch *BVerwG* NVwZ 1996, 893 (894); ZfBR 2009, 691 (692); *OVG Hamburg* BRS 73 Nr. 66; *VGH München* NVwZ-RR 2007, 653 (654 f.); *Poppen*, BauR 2002, 726.

werbebetrieb oder soziale Einrichtung, aber kein Wohngebäude.[46] Bei mehr als nur kurzfristigem Aufenthalt der Asylbewerber liegt in der Regel Wohnnutzung vor.[47] Stellplätze und Garagen sind nach Maßgabe des § 12 II BauNVO, Räume für freiberuflich Tätige nach § 13 BauNVO und untergeordnete Nebenanlagen nach § 14 I BauNVO zulässig. Nebenanlagen wie Tennisplätze,[48] hohe Antennenanlagen[49] oder Ställe zur Tierzucht[50] scheitern jedoch häufig daran, dass sie der Eigenart des reinen Wohngebiets widersprechen (§ 14 I 1 BauNVO).

cc) Ausnahmsweise zulässige Anlagen
Als Ausnahme können im reinen Wohngebiet nach § 3 III BauNVO zugelassen werden: 25

1. **Läden** und **nicht störende Handwerksbetriebe**,[51] die zur Deckung des täglichen Bedarfs für die Bewohner des Gebiets dienen,[52] sowie kleine Betriebe des **Beherbergungsgewerbes**. Der Beherbergungsbetrieb, der im besonderen Wohngebiet, im Dorf-, Misch- und Kerngebiet allgemein und im allgemeinen Wohngebiet als Ausnahme zulässig ist, ist städtebaulich dadurch gekennzeichnet, dass Räume ständig wechselnden Gästen zum vorübergehenden Aufenthalt zur Verfügung gestellt werden, ohne dass diese dort ihren häuslichen Wirkungskreis gestalten könnten.[53] Deshalb stellt das Vermieten von Apartmentwohnungen keinen Beherbergungsbetrieb dar.[54] Er ist zu unterscheiden von der **Schank- und Speisewirtschaft**, die der Verabreichung von Getränken und Speisen zum Verzehr an Ort und Stelle dient (vgl. § 1 I Nr. 1, 2 GastG). Sie ist im reinen Wohngebiet nicht zulässig (arg. § 4 II Nr. 2 BauNVO).[55]
Ein „kleiner" Betrieb des Beherbergungsgewerbes ist durch eine geringe Zahl von Räumen gekennzeichnet (typisch: Pension), so dass er baulich zumeist nicht besonders in Erscheinung tritt und infolgedessen den Charakter des reinen Wohngebiets nicht beeinträchtigt.[56]
2. Anlagen für soziale Zwecke[57] sowie den Bedürfnissen der Bewohner des Gebiets dienende Anlagen für kirchliche, kulturelle, gesundheitliche und sportliche Zwecke.[58]

---

[46] *BVerwG* NVwZ 1998, 173 (173 f.); *OVG Bremen* BRS 52 Nr. 42; *OVG Berlin* BRS 47 Nr. 41. Vgl. auch *Spindler*, Die bauplanungsrechtliche Zulässigkeit von Asylbewerberunterkünften in Wohngebieten, NVwZ 1992, 125.
[47] *OVG Schleswig* BRS 52 Nr. 212.
[48] *BVerwG* NJW 1986, 393; ferner *VGH München* BRS 44 Nr. 57; *VGH Kassel* BRS 38 Nr. 78; *VGH Mannheim* BRS 42 Nr. 40.
[49] *OVG Lüneburg* BRS 47 Nr. 22; *OVG Lüneburg* BRS 44 Nr. 41.
[50] *VGH Kassel* BRS 32 Nr. 21; Anlagen für eine kleine Brieftaubenzucht hält *OVG Lüneburg* BRS 36 Nr. 49 für zulässig.
[51] *OVG Münster* BRS 54 Nr. 190: Störend ist ein Handwerksbetrieb, der Natursteine verarbeitet.
[52] Ein Getränkemarkt kann nach *VGH Mannheim* BRS 50 Nr. 56 hierunter fallen, sofern er nicht wegen der von ihm ausgehenden Störungen an § 15 BauNVO scheitert. Weitere Beispiele bei *Reidt*, in: Gelzer/Bracher/Reidt, Bauplanungsrecht, Rn. 1338 f.
[53] BVerwGE 90, 140 (142 ff.). Zur Abgrenzung von Wohnen und Beherbergung auch *OVG Schleswig* NordÖR 2008, 495 (496 f.); *OVG Münster* NVwZ-RR 2008, 20 (21); *OVG Berlin/Brandenburg* LKV 2007, 39 (39).
[54] *BVerwG* NVwZ 1989, 1060.
[55] *BVerwG* BRS 18 Nr. 14; *OVG Lüneburg* BRS 35 Nr. 49. Vgl. auch *BVerwG* BRS 39 Nr. 45; *OVG Lüneburg* BRS 35 Nr. 183.
[56] *OVG Münster* BRS 17 Nr. 23.
[57] Diese müssen, anders als die folgenden Anlagen, nicht den Bedürfnissen der Bewohner des Gebiets dienen, *BVerwG* ZfBR 2009, 691 (692); *OVG Münster* BRS 56 Nr. 50. Hierzu zählen auch Kindertagesstätten; vgl. *Guckelberger*, Geräuschemissionen von Kinder- und Jugendeinrichtungen aus öffentlich-rechtlicher Sicht, UPR 2010, 241 (243).
[58] Zu diesen Anlagen siehe nachfolgend § 9 Rn. 35. Zu den bei Zulassung einer solchen Ausnahme (hier: Kindertagesstätte als Anlage für soziale Zwecke) zu beachtenden Belangen s. *OVG Münster* BRS 56 Nr. 50, 51.

c) Allgemeine Wohngebiete (§ 4 BauNVO)

aa) Allgemeine Zweckbestimmung

26 Allgemeine Wohngebiete dienen **vorwiegend** dem **Wohnen** (§ 4 I BauNVO). Anders als im reinen Wohngebiet ist im allgemeinen Wohngebiet das Wohnen nicht die ausschließlich zulässige Nutzungsart. Es steht jedoch im Vordergrund, muss „vorwiegen". Der Wohncharakter prägt auch das allgemeine Wohngebiet. Daneben, dem Wohnen untergeordnet, sind Anlagen zulässig, die den **materiellen, kulturellen oder sozialen**[59] Bedürfnissen des Gebiets dienen. Das allgemeine Wohngebiet ist deshalb „lebendiger" und abwechslungsreicher als das reine Wohngebiet, weist aber weniger Wohnruhe auf. Von den beiden weiteren Wohngebieten, dem Kleinsiedlungsgebiet (§ 2 BauNVO) und dem besonderen Wohngebiet (§ 4 a BauNVO), unterscheidet es sich dadurch, dass diese in ihrem Gebietscharakter durch ein bewusstes Nebeneinander von Wohn- und anderer Nutzung gekennzeichnet sind, das Wohnen also nicht die den Gebietscharakter allein prägende Nutzungsart ist.

bb) Allgemein zulässige Anlagen

27 Im allgemeinen Wohngebiet sind nach § 4 II BauNVO die folgenden baulichen und sonstigen Nutzungen allgemein zulässig, die in getrennten Gebäuden, aber auch in ein und demselben Gebäude („Wohn- und Geschäftshaus") verwirklicht werden können:

28 1. **Wohngebäude**.[60] Sie bilden die Hauptnutzungsart des allgemeinen Wohngebiets. Zu ihnen rechnen nach § 3 IV BauNVO auch Gebäude, die ganz oder teilweise der **Betreuung und Pflege** ihrer Bewohner dienen.[61]

29 2. Die der Versorgung des Gebiets dienenden Läden, Schank- und Speisewirtschaften sowie nicht störende Handwerksbetriebe.

30 (a) Laden
Der Begriff des „**Ladens**", den die BauNVO auch in den §§ 3 III Nr. 1 und 4 a II Nr. 2 verwendet, ist gleichbedeutend mit dem des Einzelhandelsbetriebs, von dem in §§ 5 II Nr. 5, 6 II Nr. 3, 7 II Nr. 2 BauNVO die Rede ist.[62] Ein Laden ist eine für jedermann offene Verkaufsstelle, in der gewerbsmäßig Waren zum Verkauf feilgeboten werden. Auf die Betriebsweise kommt es nicht an. Auch Selbstbedienungsläden, Verbrauchermärkte oder Discountgeschäfte sind „Läden".[63] Der **Größe** des im allgemeinen Wohngebiet zulässigen Ladens zieht § 11 III BauNVO eine Grenze, indem er großflächige Einzelhandelsbetriebe in das Kern- oder Sondergebiet verweist.[64] Was unter § 11 III BauNVO fällt, ist im allgemeinen Wohngebiet nicht zulässig.[65] Der Laden muss der Versorgung des Gebiets, also der **Nahversorgung**[66] dienen. Ein Vergleich mit § 3 III Nr. 1 BauNVO, der für das reine Wohngebiet als Ausnahme nur Läden „zur Deckung des täglichen Bedarfs" zulässt, zeigt, dass der Begriff der „Versorgung des Gebiets" über den täglichen Bedarf hinausgehend alles umfasst, was eine Wohnbevölkerung benötigt, um angemessen mit Gebrauchs- und Verbrauchsgütern versorgt zu sein. Daher sind nicht nur Lebensmittelgeschäfte, sondern auch Drogerien und Apotheken, Boutiquen, Haushalts- und Schreibwarengeschäfte, Buch- und Tabakläden zulässig.

---

[59] Hierin unterscheidet sich das allgemeine Wohngebiet vom reinen Wohngebiet. Die Anlagen für soziale Bedürfnisse sind im allgemeinen Wohngebiet grundsätzlich zulässig; vgl. dazu auch *Guckelberger*, Geräuschemissionen von Kinder- und Jugendeinrichtungen aus öffentlich-rechtlicher Sicht, UPR 2010, 241 (243).
[60] Zum Begriff des Wohngebäudes *BVerwG* NVwZ 1996, 787 (788).
[61] Dazu *Uechtritz*, BauR 1989, 519.
[62] *Hauth*, Die Zulässigkeit von nicht großflächigen Einzelhandelsbetrieben, insbesondere in allgemeinen Wohn- und Mischgebieten, BauR 1988, 513 (514 ff.); *Fickert/Fieseler*, BauNVO § 5 Rn. 15.1.
[63] *VGH Mannheim* BRS 35 Nr. 33.
[64] Hierzu unten § 9 Rn. 77 ff.
[65] *OVG Lüneburg* BRS 46 Nr. 47.
[66] So *OVG Berlin* OVGE 13, 93 zu einer vergleichbaren Vorschrift des Landesrechts.

§ 9. Die Festsetzungen im Bebauungsplan – insbesondere Vorgaben der BauNVO

Dagegen gehören Geschäfte für langlebige Wirtschaftsgüter wie ein Möbelgeschäft oder ein Autohaus nicht ins allgemeine Wohngebiet. Der Einzugsbereich des Ladens muss nicht auf das Plangebiet beschränkt sein, sondern kann auch angrenzende Wohngebiete umfassen.[67] Nur wenn der Einzelhandelsbetrieb in seiner Größe über das hinausgeht, was eine Nahversorgung erfordert, und somit ersichtlich auf Kunden aus entfernteren Gebieten abzielt, ist er im allgemeinen Wohngebiet unzulässig.

(b) Schank- und Speisewirtschaften 31
Der Begriff deckt sich mit dem gleichlautenden Begriff des Gaststättenrechts. Auch die Schank- und Speisewirtschaft muss der **Versorgung des Gebiets** dienen.[68]

(c) Handwerksbetriebe 32
Handwerksbetriebe, die der Versorgung des Gebiets dienen, sind im allgemeinen Wohngebiet nur zulässig, wenn sie ihrer Art nach zu den „**nicht störenden**" **Betrieben** gehören. Dies ist aufgrund *typisierender* **Betrachtungsweise** zu beurteilen.[69] Es gibt Betriebe, die wegen ihrer besonderen Eigenart in Gebieten, in denen überwiegend gewohnt wird, wesensfremd sind und deshalb dort stets als „gebietsstörend" empfunden werden.[70]

Beispiel: Gebietsstörend sind die Kraftfahrzeugreparaturwerkstatt,[71] das Fuhrunternehmen,[72] 33 die Steinmetzwerkstatt,[73] die Werbeanlage,[74] die Fleischerei mit eigenem Schlachtbetrieb[75] oder die Tischlerei.[76]

Der Prüfung, ob die Nutzungen im Einzelfall tatsächlich stören, bedarf es bei **typisierender** 34 **Betrachtung** nicht. Vielmehr gilt: Der typischerweise störende Handwerksbetrieb ist im allgemeinen Wohngebiet generell nicht, der typischerweise nicht störende Handwerksbetrieb, etwa der Friseur oder der Schuster, hingegen generell zulässig. Stört ein Betrieb gleichwohl, kann er über § 15 I 2 BauNVO verhindert werden. Ist ein Betrieb nach seiner allgemeinen Art oder weil er vom typischen Erscheinungsbild abweicht, in seinem Störverhalten nicht typisierbar, ist eine einzelfallbezogene Prüfung erforderlich.[77]

3. Ebenfalls allgemein zulässig sind Anlagen für kirchliche, kulturelle, soziale, gesundheitliche[78] 35 und sportliche[79] Zwecke, die auch im besonderen Wohn-, Dorf-, Misch- und Kerngebiet allgemein und im Kleinsiedlungs-, reinen Wohn-, Gewerbe- und Industriegebiet ausnahmsweise zulässig sind. **Anlagen für soziale Zwecke** sind beispielsweise ein öffentlicher Kinderspielplatz,[80] eine Kindertagesstätte,[81] ein Jugendfreizeitheim[82] oder ein Freigängerhaus.[83] **Asylbewerberunterkünfte** oder **Obdachlosenheime**[84] zählen zu den Anlagen für soziale

---

[67] *VGH Mannheim* NVwZ-RR 2000, 413 (414).
[68] Grundlegend hierzu *OVG Berlin* NVwZ-RR 1995, 15 (15 ff.). Nahversorgung verneint von *OVG Saarlouis* BRS 54 Nr. 44 für einen Imbissraum mit Laufkundschaft. Vgl. auch *VGH Mannheim* BRS 49 Nr. 57 (Pilsstube mit Billardraum) sowie *Kosmider*, Der Kiosk im Gaststätten- und Bauplanungsrecht, GewArch. 1987, 281; *Maaß/Wagner*, Steuerung von Gaststättennutzung durch Bebauungsplan, BauR 2010, 555.
[69] BVerwGE 116, 155 (159); *BVerwG* BRS 70 Nr. 140; *VGH Mannheim* BRS 66 Nr. 75.
[70] *BVerwG* BRS 29 Nr. 27; *BVerwG* BRS 27 Nr. 123. Dazu auch *v. Holleben*, Die baurechtliche Typisierungsmethode – ein Korrektiv für Fehlplanungen?, DÖV 1975, 599.
[71] *VG Berlin* NVwZ 1986, 687 (688); anders für das Mischgebiet *BVerwG* BRS 29 Nr. 27. Vgl. auch *OVG Berlin* BRS 18 Nr. 17 betr. größeren Garagenbetrieb.
[72] *VGH Kassel* BRS 18 Nr. 19.
[73] *VGH München* BRS 30 Nr. 28.
[74] *BVerwG* BRS 70 Nr. 140.
[75] *OVG Lüneburg* BRS 40 Nr. 44.
[76] *BVerwG* BRS 24 Nr. 15.
[77] *BVerwG* BRS 24 Nr. 15.
[78] *OVG Münster* NJW 1986, 3157 (3157): Heim für Personen mit einer geistigen Behinderung; *VGH Mannheim* NVwZ-RR 1995, 487 (487): Tierarztpraxis.
[79] Sie müssen nach *BVerwG* NVwZ 1991, 982 (983) der Eigenart und Zweckbestimmung des allgemeinen Wohngebiets entsprechen. Zum Bolzplatz als Anlage für sportliche Zwecke s. *BVerwG* NVwZ 1992, 884 (884).
[80] *BVerwG* NJW 1992, 1779 (1780).
[81] *OVG Münster* BRS 56 Nr. 50, 51.
[82] *VGH München* BRS 38 Nr. 215.
[83] *BVerwG* NVwZ 2005, 1186 (1187).
[84] Vgl. *OVG Münster* BRS 39 Nr. 201.

Zwecke, sofern sie für eine nur vorübergehende Unterbringung gedacht sind. Anderenfalls zählen sie zu den Wohngebäuden.[85]

36 Außerdem sind Stellplätze und Garagen (§ 12 BauNVO), Räume für freiberuflich Tätige (§ 13 BauNVO) und nach Maßgabe des § 14 BauNVO untergeordnete Nebenanlagen zulässig, die der Eigenart des allgemeinen Wohngebiets nicht widersprechen.[86] Auch das Halten eines Pferdes oder Esels kann zulässig sein.[87]

cc) Ausnahmsweise zulässige Anlagen

37 Als **Ausnahmen** können im allgemeinen Wohngebiet nach § 4 III BauNVO Betriebe des Beherbergungsgewerbes, sonstige nicht störende Gewerbebetriebe,[88] Anlagen für Verwaltungen,[89] Gartenbaubetriebe[90] und Tankstellen zugelassen werden.

d) Besondere Wohngebiete (§ 4 a BauNVO)

aa) Allgemeine Zweckbestimmung

38 Das besondere Wohngebiet des § 4 a BauNVO[91] ist geschaffen worden, um bebaute Gebiete, die eine von anderen Nutzungen durchsetzte, vorwiegende Wohnnutzung aufweisen, entsprechend ihrer Eigenart planerisch zu ordnen und zu lenken. Durch die Ausweisung als allgemeines Wohngebiet, Misch- oder Kerngebiet ist dies nur unvollkommen möglich. Diese Zielrichtung erklärt es, dass nach § 4 a I 1 BauNVO ein besonderes Wohngebiet nur festgesetzt werden darf für „überwiegend bebaute Gebiete, die aufgrund ausgeübter Wohnnutzung und vorhandener sonstiger in § 4 a II BauNVO genannter Anlagen eine **besondere Eigenart aufweisen** und in denen unter Berücksichtigung dieser Eigenart die Wohnnutzung erhalten und fortentwickelt werden soll". Die Ausweisung anderer als überwiegend in dieser Weise bebauter Gebiete als besonderes Wohngebiet ist nicht zulässig.[92] Der Gebietscharakter des besonderen Wohngebiets ist mithin durch ein **Nebeneinander von Wohnnutzung und sonstiger Nutzung** im Sinne des § 4 a II Nr. 2 bis 5 BauNVO gekennzeichnet.[93] Erforderlich ist, dass die Betriebe und Anlagen nach der besonderen Eigenart des Gebiets mit der Wohnnutzung vereinbar sind (§ 4 a I 2 BauNVO). Die Unterordnung der Betriebe und Anlagen unter die Wohnnutzung unterscheidet das besondere Wohngebiet vom Mischgebiet (§ 6 BauNVO), in welchem Wohnnutzung und nicht wesentlich störende gewerbliche Nutzung einander gleichrangig sind.

---

[85] Allgemein zu Asylbewerberheimen *VGH Mannheim* BRS 49 Nr. 51; *OVG Bremen* BRS 55 Nr. 181; *VGH Kassel* BRS 54 Nr. 148; *OVG Lüneburg* BRS 54 Nr. 149; *OVG Münster* NVwZ-RR 2004, 247. Ferner *Huber*, Bauplanungsrechtliche Zulässigkeit von Asylbewerberunterkünften, NVwZ 1986, 279; *Sarnighausen*, Nachbarrechte gegen Unterkünfte für Asylbewerber im öffentlichen Baurecht, NVwZ 1994, 741; *Spindler*, NVwZ 1992, 125.

[86] *VG Berlin* NJW 1984, 140 (141): Tigerhaltung unzulässig; zur Hundehaltung *OVG Lüneburg*, BRS 54 Nr. 45 und 46; *VGH Mannheim* BRS 52 Nr. 49.

[87] *VGH München*, Urt. v. 5. 10. 2009 – 15 B 08.2380; vgl. aber auch *OVG Lünerburg* NJOZ 2009, 416 (417); *OVG Saarlouis* BauR 2009, 1185 L; generell ablehnend *BVerwG* ZfBR 2010, 798 (798).

[88] Dazu *BVerwG* BRS 29 Nr. 27; BRS 67 Nr. 70.

[89] Zu diesem Begriff unten § 9 Rn. 54.

[90] Zu diesem Begriff, der sich auch in § 5 II Nr. 8 und § 6 II Nr. 6 BauNVO findet, *BVerwG* NVwZ-RR 1997, 9 (9 f.).

[91] Siehe dazu *Förster*, BauR 1978, 439; *Wilke*, Zulässigkeit gewerblicher Vorhaben in besonderen Wohngebieten, StT 1981, 526.

[92] *OVG Lüneburg* BRS 46 Nr. 17.

[93] Hierzu *VGH Mannheim* BRS 49 Nr. 58.

bb) Allgemein zulässige Anlagen

Die vom Bebauungsplan im besonderen Wohngebiet **vorgefundenen Anlagen** genießen **Bestandsschutz**. Allgemein zulässig sind nach § 4 a II BauNVO: **39**

1. Wohngebäude. Zur Erhaltung oder Fortentwicklung der Wohnstruktur kann der Bebauungsplan, wenn besondere städtebauliche Gründe dies rechtfertigen, nach § 4 a IV BauNVO festsetzen, dass oberhalb eines im Bebauungsplan bestimmten **Geschosses** nur Wohnungen zulässig sind oder in den Gebäuden ein im Bebauungsplan näher bestimmter Teil der **Geschossfläche für Wohnungen** zu verwenden ist.
2. Läden, mit Ausnahme der unter § 11 III BauNVO fallenden Einkaufszentren und großflächigen Handelsbetriebe, Betriebe des Beherbergungsgewerbes, Schank- und Speisewirtschaften;
3. sonstige Gewerbebetriebe;[94]
4. Geschäfts- und Bürogebäude;[95]
5. Anlagen für kirchliche, kulturelle, soziale, gesundheitliche und sportliche Zwecke.[96]

Nach § 12 BauNVO sind Stellplätze und Garagen, nach § 13 BauNVO Räume und Gebäude für freie Berufe sowie nach § 14 BauNVO unselbstständige Nebenanlagen zulässig.

cc) Ausnahmsweise zulässige Anlagen

Ausnahmsweise können nach § 4 a III BauNVO im besonderen Wohngebiet Anlagen für zentrale Einrichtungen der Verwaltung, Vergnügungsstätten,[97] soweit sie nicht wegen ihrer Zweckbestimmung oder ihres Umfangs nur in Kerngebieten allgemein zulässig sind, und Tankstellen zugelassen werden. **40**

3. Mischnutzung

Nach § 1 II BauNVO gibt es **drei Baugebiete** mit Mischnutzung: **41**

– Dorfgebiete (MD)
– Mischgebiete (MI)
– Kerngebiete (NK).

In jedem dieser Gebiete darf **gleichrangig mit anderen Nutzungen gewohnt** werden. Dies kennzeichnet die Gebiete mit Mischnutzung. **42**

a) Dorfgebiete (§ 5 BauNVO)

aa) Allgemeine Zweckbestimmung

Nach § 5 I BauNVO dient das Dorfgebiet der Unterbringung der Wirtschaftsstellen land- und forstwirtschaftlicher Betriebe, dem Wohnen und der Unterbringung von nicht wesentlich störenden Gewerbebetrieben sowie von der Versorgung der Bewohner des Gebiets dienenden Handwerksbetrieben.[98] Das Dorfgebiet ist nämlich ein Baugebiet, mit dem in erster Linie den **Belangen der Land- und Forstwirtschaft** einschließlich ihrer Entwicklungsmöglichkeiten Rechnung getragen werden soll;[99] zu ihnen Gunsten ist Standortsicherheit zu gewährleisten.[100] Deshalb hat die Wohnnutzung weit mehr als in anderen Gebieten Immissionen landwirtschaftlicher Betriebe hinzunehmen.[101] **43**

---

[94] Zur Möglichkeit ihrer Beschränkung gem. § 1 V bis IX BauNVO s. *VGH Mannheim* BRS 49 Nr. 58.
[95] Zu diesen Begriffen unter § 9 Rn. 49.
[96] Hierzu oben unter § 9 Rn. 35.
[97] Siehe hierzu nachfolgend § 9 Rn. 58.
[98] BVerwGE 133, 377 (379); *OVG Münster* BRS 65 Nr. 31.
[99] *VGH München* BRS 47 Nr. 53; *VGH München* BRS 46 Nr. 19.
[100] *OVG Lüneburg* ZfBR 2007, 476 (476); *VGH Mannheim* BRS 70 Nr. 173.
[101] Vgl. *VGH Mannheim* NVwZ-RR 1996, 2 (3); *VGH München* BRS 47 Nr. 161; VGH

bb) Allgemein zulässige Anlagen

44 Nach § 5 II BauNVO sind im Dorfgebiet Wirtschaftsstellen land- und forstwirtschaftlicher Betriebe und die dazugehörigen Wohnungen und Wohngebäude einschließlich der Gebäude, die ganz oder teilweise der Betreuung und Pflege ihrer Bewohner dienen (§ 3 IV BauNVO) sowie Kleinsiedlungen einschließlich Wohngebäude mit entsprechenden Nutzgärten und landwirtschaftliche Nebenerwerbsstellen und zudem sonstige Wohngebäude allgemein zulässig.[102] Dasselbe gilt für Betriebe zur Be- und Verarbeitung sowie Sammlung land- und forstwirtschaftlicher Erzeugnisse, für Einzelhandelsbetriebe mit Ausnahme der unter § 11 III BauNVO fallenden Einkaufszentren sowie großflächigen Handelsbetriebe,[103] ferner für Schank- und Speisewirtschaften[104] wie auch Betriebe des Beherbergungsgewerbes, auch wenn sie nicht der Versorgung des Gebiets dienen.[105] Des Weiteren sind auch sonstige Gewerbebetriebe erfasst, die nicht dorfgebietstypisch sein müssen,[106] Anlagen für örtliche Verwaltungen sowie für kirchliche, kulturelle, soziale, gesundheitliche und sportliche Zwecke,[107] Gartenbaubetriebe und Tankstellen, wobei unter Gartenbaubetrieben nicht Betriebe der gartenbaulichen Erzeugung schlechthin zu verstehen sind, sondern nur solche Betriebe, die nach Größe und Arbeitsweise mit der Zweckbestimmung des Baugebiets vereinbar sind.[108] Und schließlich sind Stellplätze und Garagen (§ 12 BauNVO), Räume und Gebäude für freie Berufe (§ 13 BauNVO) und untergeordnete Nebenanlagen (§ 14 BauNVO) zulässig.

45 Das Dorfgebiet weist die **breiteste Mischnutzung** aller Baugebiete auf. Der Bebauungsplan kann über § 1 V bis IX BauNVO einzelne Nutzungen ausschließen oder nur als Ausnahme zulassen. Diese Steuerung, im Einzelfall auch über § 15 BauNVO, hat angesichts der Vielzahl der im Rahmen der dörflichen Struktur zulässigen Nutzungen große praktische Bedeutung.[109]

cc) Ausnahmsweise zulässige Anlagen

46 Ausnahmsweise können nach § 5 III BauNVO **Vergnügungsstätten** i. S. des § 4 a III Nr. 2 BauNVO zugelassen werden.[110]

Mannheim BauR 2009, 1881 (1886 f.); ferner *Funk*, Zum Nebeneinander von Landwirtschaft und Wohnen im Dorfgebiet – insbesondere zur Anwendbarkeit der VDI-Richtlinie 3471, BayVBl. 1994, 225. Allgemein zum Nachbarschutz im dörflichen Bereich *Hagemann*, Neue Aspekte zum Nachbarschutz im Dorfgebiet, AgrarR 1994, 83; *Jäde*, Neue Aspekte des Nachbarschutzes im Dorfgebiet, AgrarR 1993, 71. Zur Störung durch Gerüche *BVerwG* NVwZ-RR 1995, 6; *OVG Frankfurt/Oder* NVwZ-RR 1996, 3 (4); *VGH Kassel* NVwZ-RR 1995, 633 (633 f.) betr. VDI-Richtlinie 3473 „Emissionsminderung Tierhaltung – Rinder".

[102] Können solche Betriebe im Planungsgebiet keinen Platz finden, darf kein Dorfgebiet in einem Bebauungsplan festgesetzt werden; vgl. BVerwGE 133, 377 (379 f.).

[103] *BVerwG* NVwZ-RR 2002, 730 (732); *VGH Mannheim* NVwZ-RR 2007, 659 (660).

[104] *VGH Mannheim* BRS 50 Nr. 64: Gastwirtschaft mit Tanzveranstaltungen am Wochenende ist Schankwirtschaft, nicht Vergnügungsstätte.

[105] *BVerwG* NVwZ-RR 1996, 428 (428).

[106] *BVerwG* NVwZ-RR 1996, 251.

[107] Zu diesen Anlagen oben unter § 9 Rn. 35.

[108] Vgl. *BVerwG* NVwZ-RR 1997, 9 (10).

[109] Vgl. etwa *OVG Lüneburg* NuR 2010, 296 (297 f.) – Gepardenhaltung.

[110] Dazu *VGH München* BRS 47 Nr. 52 und allgemein zu den Vergnügungsstätten alsbald unter § 9 Rn. 58.

b) Mischgebiete (§ 6 BauNVO)

aa) Allgemeine Zweckbestimmung

Nach § 6 I BauNVO dient das Mischgebiet dem **Wohnen** und der **Unterbringung von Gewerbebetrieben**, die das Wohnen nicht wesentlich stören. Das Mischgebiet vereinigt damit zwei gleichrangig nebeneinander stehende Hauptnutzungen.[111] Es unterscheidet sich darin vom reinen, allgemeinen und besonderen Wohngebiet, die ausschließlich oder vorwiegend dem Wohnen dienen[112] sowie vom Gewerbe- und Industriegebiet, die ausschließlich oder vorwiegend zur Unterbringung von Gewerbebetrieben bestimmt sind. Die **qualitative** und **quantitative Gleichwertigkeit und Gleichgewichtigkeit** von Wohnen und das Wohnen nicht wesentlich störendem Gewerbe sowie deren wechselseitige Verträglichkeit bestimmen die Eigenart des Mischgebiets. Der Wohnnutzer muss Beeinträchtigungen durch Gewerbebetriebe hinnehmen, die nicht wesentlich stören, und der Gewerbebetrieb muss sich Einschränkungen durch Wohnnutzung gefallen lassen.[113] Zur Wahrung dieser Eigenart kommt **§ 15 BauNVO als Steuerungsinstrument** eine wesentliche Bedeutung zu. Wer größere Wohnruhe sucht, findet sie im reinen, allgemeinen oder besonderen Wohngebiet. Der Gewerbebetrieb, der freie Entfaltungsmöglichkeit braucht, muss sich im Gewerbe- oder Industriegebiet ansiedeln.

47

bb) Allgemein zulässige Anlagen

Nach § 6 II BauNVO sind im Mischgebiet allgemein zulässig:

48

1. Wohngebäude,[114] zu denen nach § 3 IV BauNVO auch solche Gebäude gehören, die ganz oder teilweise der Betreuung und Pflege ihrer Bewohner dienen.
2. Geschäfts- und Bürogebäude. Sie sind außer im Mischgebiet auch im besonderen Wohngebiet, Kerngebiet und Gewerbegebiet allgemein zulässig. Die BauNVO verwendet keinen dieser beiden Begriffe ohne den andern (§§ 4 a II Nr. 4; 6 II Nr. 2; 7 II Nr. 1; 8 II Nr. 2 BauNVO) und bringt damit zum Ausdruck, dass sie den **Begriff des „Geschäfts- und Bürogebäudes"** als Einheit versteht. Ein Geschäfts- und Bürogebäude ist dazu bestimmt, gewerbliche Nutzungen aufzunehmen, die Dienstleistung und Handel[115] zum Gegenstand haben: Banken, Versicherungen, Verbände, Rechtsanwälte, Architekten und sonstige freie Berufe, Makler, Großhandel, nicht jedoch Produktion, Be- und Verarbeitung. Die Zweckbestimmung des Baugebiets kann die in dem Geschäfts- und Bürogebäude konkret beabsichtigte Nutzung einschränken. So sind zentrale Einrichtungen der Wirtschaft in Geschäfts- und Bürogebäuden des Kerngebiets zulässig, während sie in einem besonderen Wohngebiet mit der Wohnnutzung unvereinbar und daher nach § 15 I 1 BauNVO unzulässig sein können. **Behördengebäude** fallen nicht unter den Begriff des Geschäfts- und Bürogebäudes, da die BauNVO Verwaltungsgebäude und Anlagen der Verwaltung gesondert geregelt hat (§§ 4 III Nr. 3; 4 a III Nr. 1; 5 II Nr. 7; 6 II Nr. 5; 7 II Nr. 1; 8 II Nr. 2).[116] Soweit die BauNVO Gewerbebetriebe zulässt, werden damit auch die diesen Betrieben zugeordneten Bürogebäude als baurechtlich unselbständiger Teil des Gewerbebetriebs erfasst.

49

---

[111] Dazu und zur möglichen Differenzierung und Gliederung des Mischgebiets BVerwGE 40, 94 (100); 79, 309 (311 f., 317 f.) = NJW 1988, 3168; 88, 268 (274 ff.) = NVwZ 1992, 373; *BVerwG* NVwZ-RR 1997, 463 (463 f.); *VGH Mannheim* BRS 52 Nr. 53; *OVG Berlin* BRS 52 Nr. 51.

[112] Siehe hierzu oben § 9 Rn. 14 ff.

[113] *VGH München* BRS 73 Nr. 75; *OVG Berlin/Brandenburg* OVGE 27, 112.

[114] Zum Begriff des Wohngebäudes oben unter § 9 Rn. 24.

[115] Mit Ausnahme von Einkaufszentren und großflächigen Handelsbetrieben, die unter § 11 III BauNVO fallen und daher baurechtlich nicht in „Geschäfts- und Bürogebäuden" betrieben werden dürfen.

[116] Str. *Fickert/Fieseler*, BauNVO, § 4 a Rn. 19 halten büromäßig betriebene Verwaltungen in Geschäfts- und Bürogebäuden für zulässig; anders demgegenüber *Reidt*, in: Gelzer/Bracher/Reidt, Bauplanungsrecht, Rn. 1426.

50 3. **Einzelhandelsbetriebe** mit Ausnahme der unter § 11 III BauNVO fallenden Einkaufszentren und großflächigen Handelsbetriebe,[117] Schank- und Speisewirtschaften sowie Betriebe des Beherbergungsgewerbes.

51 4. **Sonstige Gewerbebetriebe.** Hierunter fallen wegen § 6 I BauNVO nur Betriebe, die das Wohnen nicht wesentlich stören.[118] Dabei ist auf eine **typisierende Betrachtung** abzustellen und eine Einzelfallbeurteilung nur geboten, wenn sich ein Gewerbebetrieb der Typisierung entzieht.[119]

52 **Beispiel:** Unzulässig ist danach ein Fernverkehrsunternehmen,[120] ein Zeitungsauslieferungslager,[121] eine chemische Fabrik[122] oder ein Bauunternehmen.[123] Eine Kraftfahrzeugreparaturwerkstatt, die als solche einer typisierenden Betrachtung nicht zugänglich ist, wird nach den konkreten Umständen des Einzelfalls beurteilt.[124]

53 Eine **nicht mehr unwesentliche Störung** des Wohnens liegt insbesondere vor, wenn die Nachtruhe gestört wird. Anhaltspunkte für die erforderliche Wohnruhe im Mischgebiet gibt die **DIN 18 005 „Schallschutz im Städtebau",**[125] die für das Mischgebiet einen Planungsrichtpegel von tags 60 dB (A) und nachts von 50 dB (A) vorsieht. Ein strengerer Richtpegel von 45 dB (A) gilt nachts für Industrie-, Gewerbe- und Freizeitlärm sowie für Geräusche von vergleichbaren öffentlichen Betrieben.

54 5. Anlagen für Verwaltungen sowie für kirchliche, kulturelle, soziale, gesundheitliche und sportliche Zwecke.[126] **Anlagen für Verwaltungen** sind Gebäude oder sonstige Einrichtungen, die ausschließlich für Zwecke der öffentlichen Verwaltung verwendet werden, nicht aber private Verwaltungen, etwa für Versicherungsgesellschaften oder eine Konzernverwaltung.[127]
6. Gartenbaubetriebe;[128]
7. Tankstellen;[129]
8. Vergnügungsstätten im Sinne des § 4a III Nr. 2 BauNVO in den Teilen des Gebiets, die überwiegend durch gewerbliche Nutzung geprägt sind.[130]

Stellplätze und Garagen sind nach § 12 BauNVO, Räume und Gebäude für freie Berufe nach § 13 BauNVO und untergeordnete Nebenanlagen[131] nach § 14 BauNVO zulässig.

cc) Ausnahmsweise zulässige Anlagen

55 Die einzige in § 6 III BauNVO für das Mischgebiet vorgesehene Ausnahme ist die Zulassung von **Vergnügungsstätten** außerhalb der in § 6 II Nr. 8 BauNVO genannten Gebiete.[132]

---

[117] Zu den im Mischgebiet zulässigen Verbrauchermärkten und den ihnen von § 15 BauNVO gezogenen Grenzen *BVerwG* BauR 2005, 1886; *OVG Berlin* BRS 52 Nr. 51; *VGH Mannheim* BRS 46 Nr. 49; *VGH Mannheim* BRS 70 Nr. 72
[118] *BVerwG* BRS 66 Nr. 7; *BVerwG* NVwZ-RR 1999, 107.
[119] *VGH Mannheim* BRS 54 Nr. 51; ferner *BVerwG* BRS 29 Nr. 27; siehe ferner oben § 9 Rn. 10.
[120] *VGH Kassel* BRS 54 Nr. 52.
[121] *VGH München* BRS 54 Nr. 47.
[122] *BVerwG* NVwZ-RR 1992, 402 (404).
[123] *BVerwG* BRS 66 Nr. 7.
[124] *BVerwG* BRS 29 Nr. 27.
[125] Abgedruckt u. a. bei *Fickert/Fieseler*, BauNVO, Anhang 7.1.
[126] Zu diesen Anlagen siehe bereits unter § 9 Rn. 35.
[127] *BVerwG* BRS 63 Nr. 102; vgl. auch BVerwGE 116, 155 (159 f.).
[128] Zu diesem Begriff *BVerwG* NVwZ-RR 1997, 9 (9 f.).
[129] Hierzu *BVerwG* NVwZ 1986, 642 (642).
[130] Zu den Vergnügungsstätten im Einzelnen siehe nachfolgend unter § 9 Rn. 58.
[131] *OVG Lüneburg* BRS 48 Nr. 38: Pferdeunterstand kann der Eigenart des Mischgebiets widersprechen.
[132] Zu den Vergnügungsstätten im Einzelnen siehe nachfolgend unter § 9 Rn. 58.

§ 9. Die Festsetzungen im Bebauungsplan – insbesondere Vorgaben der BauNVO

c) Kerngebiete (§ 7 BauNVO)

aa) Allgemeine Zweckbestimmung

Das Kerngebiet dient nach § 7 I BauNVO vorwiegend der Unterbringung von **56** Handelsbetrieben sowie der **zentralen Einrichtungen von Wirtschaft, Verwaltung und Kultur.** Typisches Kerngebiet ist der „City-Bereich" einer Großstadt. Wohnen ist im Kerngebiet nur zulässig, wenn der Bebauungsplan dies festsetzt (§ 7 II Nr. 7 BauNVO).

bb) Allgemein zulässige Anlagen[133]

Nach § 7 II BauNVO sind im Kerngebiet allgemein zulässig: **57**

1. Geschäfts-, Büro- und Verwaltungsgebäude;
2. Einzelhandelsbetriebe einschließlich der unter § 11 III BauNVO fallenden Einkaufszentren **58** und großflächigen Handelsbetriebe,[134] Schank- und Speisewirtschaften, Betriebe des Beherbergungsgewerbes und Vergnügungsstätten. Unter **Vergnügungsstätten** sind in Abgrenzung von den kulturellen Einrichtungen und den Schank- und Speisewirtschaften mit musikalischer oder sonst unterhaltender Umrahmung[135] Gewerbebetriebe zu verstehen, bei denen die kommerzielle, nicht an künstlerischen Ansprüchen ausgerichtete Unterhaltung der Besucher im Vordergrund steht, wie Kinos, Diskotheken, Nachtlokale oder Spielhallen.[136] Es ist zwischen Vergnügungsstätten aller Art, kerngebietstypischen und nichtkerngebietstypischen Vergnügungsstätten zu unterscheiden. Welche dieser Fallgruppe der Vergnügungsstätten in einem Baugebiet allgemein bzw. als Ausnahme zulässig ist, wird in den entsprechenden Baugebieten ausdrücklich genannt. Dies schließt es aus, Vergnügungsstätten als „Gewerbebetriebe" zuzulassen.[137] Im Kerngebiet sind Vergnügungsstätten aller Art zulässig. Sie können jedoch nach § 1 V, IX BauNVO ausgeschlossen werden[138] oder im Einzelfall an § 15 BauNVO scheitern. Im Gewerbegebiet (§ 8 III Nr. 3 BauNVO) sind als Ausnahme Vergnügungsstätten aller Art zulässig, im Mischgebiet (§ 6 II Nr. 8, III BauNVO) sind sie in den Teilen des Gebiets, die überwiegend durch gewerbliche Nutzung geprägt sind, allgemein zulässig, soweit sie nicht wegen ihrer Zweckbestimmung oder ihres Umfangs nur im Kerngebiet allgemein zulässig sind.[139] Eine „kerngebietstypische" Vergnügungsstätte ist ein zentraler, für ein größeres und allgemeines Publikum erreichbarer Dienstleistungsbetrieb mit größerem Einzugsbereich.[140] Jede diese Voraussetzung nicht erreichende Vergnügungsstätte, insbesondere die kleinere Spielhalle, ist im überwiegend gewerblich geprägten Teil des Mischgebiets zulässig. In seinen übrigen Teilen kann sie als Ausnahme zugelassen werden. Auch im besonderen Wohngebiet (§ 4a III Nr. 2 BauNVO) und im Dorfgebiet (§ 5 III BauNVO) sind nicht kerngebiets-

---

[133] Zum Ausschluss einzelner Nutzungsarten des Kerngebiets *OVG Bremen* BRS 47 Nr. 49; *OVG Lüneburg* BRS 46 Nr. 55.

[134] Zu ihnen unten § 9 Rn. 77.

[135] *VGH Mannheim* BRS 50 Nr. 64.

[136] Zu den Vergnügungsstätten siehe etwa BVerwGE 68, 207 (211); *BVerwG* BRS 70 Nr. 71; *OVG Münster* BRS 63 Nr. 67; *VGH München* NVwZ-RR 2003, 9 (10); *VGH München* BRS 62 Nr. 65; *Schröer*, NZBau 2009, 166; *Rausch*, DÖV 2009, 667; *Fickert*, Einige aktuelle Fragen im Zusammenhang mit Regelungen über die „Art der baulichen Nutzung" aufgrund der (vierten) Änderungsverordnung 1990 zur Baunutzungsverordnung, BauR 1990, 263; *Jahn*, Die baurechtliche Zulässigkeit von Vergnügungsstätten nach Änderung der Baunutzungsverordnung, BauR 1990, 280.

[137] *BVerwG* NVwZ 1991, 266.

[138] *OVG Münster* BRS 49 Nr. 77; *OVG Bremen* BRS 47 Nr. 49; vgl. auch *VGH Mannheim* BRS 48 Nr. 41.

[139] *OVG Schleswig* NordÖR 2009, 472 L.

[140] Zur kerngebietstypischen Vergnügungsstätte *BVerwG* NVwZ-RR 1993, 287 (287); *BVerwG* NVwZ 1986, 643 (643): Striptease-Bar mit 60 Sitzplätzen und Spielkasino, nicht hingegen Spielkasino für höchstens 20 Besucher; *BVerwG* NVwZ 1989, 50 (50 f.): Spielhalle mit einer Fläche von über 200 qm; ferner *VGH Kassel* BRS 46 Nr. 53, 54; *VGH Mannheim* BRS 50 Nr. 155; *OVG Berlin/Brandenburg* ZfBR 2008, 487 (488 f.); *VGH München* NVwZ-RR 2003, 816 (817): Diskothek mit Table-Dance-Veranstaltungen.

typische Vergnügungsstätten als Ausnahme zulässig, kerngebietstypische hingegen ausgeschlossen.
3. sonstige nicht wesentlich störende Gewerbebetriebe; hierzu rechnen auch Anlagen der Fremdwerbung.[141]
4. Anlagen für kirchliche, kulturelle, soziale, gesundheitliche und sportliche Zwecke[142]
5. Tankstellen im Zusammenhang mit Parkhäusern[143] und Großgaragen
6. Wohnungen für Aufsichts- und Bereitschaftspersonen, für Betriebsinhaber und Betriebsleiter

59 7. sonstige Wohnungen nach Maßgabe von Festsetzungen des Bebauungsplans.[144] Für den Bebauungsplan gibt es keine festen Vorgaben, nach welchen Kriterien er Wohnungen zulässt: oberhalb eines bestimmten Geschosses, wie es § 7 III Nr. 7 BauNVO 1968/1977 vorsah, in einzelnen oder in Teilen von Geschossen, im gesamten Kerngebiet,[145] in Teilen des Gebiets oder nur auf einzelnen Grundstücken. Hierzu muss nicht auf § 1 IV, VIII BauNVO zurückgegriffen werden. Die **Zulassung von Wohnungen** durch den Bebauungsplan schließt die übrigen Nutzungen des § 7 II BauNVO nicht aus.[146] Außerdem kann nach § 7 IV BauNVO für Teile des Kerngebiets festgesetzt werden, dass oberhalb eines im Bebauungsplan bestimmten Geschosses nur Wohnungen zulässig sind oder in Gebäuden ein im Bebauungsplan bestimmter Anteil der zulässigen Geschossfläche oder eine bestimmte Größe der Geschossfläche für Wohnungen zu verwenden ist.[147] Eine solche Festsetzung ist selbst dann zulässig, wenn hierdurch in diesem Teil des Kerngebiets der Gebietscharakter des § 7 I BauNVO nicht mehr gewahrt ist (§ 7 IV 2 BauNVO).[148]

cc) Ausnahmsweise zulässige Anlagen

60 Als Ausnahme können nach § 7 III BauNVO **Tankstellen** sowie **Wohnungen**[149] zugelassen werden. Diese Ausnahme erlangt Bedeutung, wenn und soweit der Bebauungsplan Wohnungen nicht gem. § 7 II Nr. 7 oder IV BauNVO festgesetzt hat.[150]

4. Gewerbliche Nutzung

61 Das Gewerbe- und das Industriegebiet sind die Baugebiete mit vorwiegender oder ausschließlicher **gewerblicher Nutzung**.[151]

a) Gewerbegebiete (§ 8 BauNVO)

aa) Allgemeine Zweckbestimmung

62 Nach § 8 I BauNVO dient das Gewerbegebiet vorwiegend der Unterbringung von **nicht erheblich belästigenden Gewerbebetrieben**.

---

[141] *BVerwG* NVwZ 1995, 899.
[142] Zu diesen Anlagen siehe oben unter § 9 Rn. 35.
[143] Vgl. zum Parkhaus im Kerngebiet auch *OVG Lüneburg* NVwZ-RR 2010, 140 (141).
[144] Die BauNVO 1962 ließ noch keine Wohnungen im Kerngebiet zu. BauNVO 1968 und 1977 erlaubten sie „oberhalb eines im Bebauungsplan bestimmten Geschosses". In der BauNVO 1990 entfällt die Bindung an das Geschoss als Begrenzungskriterium, jedoch bedürfen Wohnungen im Kerngebiet seither der ausdrücklichen Zulassung durch den Bebauungsplan; anderenfalls sind sie nur als Ausnahme nach § 7 III Nr. 2 BauNVO zulässig.
[145] Siehe aber *OVG Münster* BRS 74 Nr. 69.
[146] *BVerwG* NVwZ-RR 2001, 217 (218).
[147] Siehe hierzu nachfolgend unter § 9 Rn. 131 ff.
[148] Siehe zu den Festsetzungsgrenzen aber auch *OVG Münster* BRS 74 Nr. 69.
[149] Dazu *OVG Münster* OVGE 43, 202.
[150] Dazu *OVG Münster* OVGE 43, 202.
[151] Dazu allgemein *Schenke*, Gewerbliche Wirtschaft und Bauplanungsrecht (verfassungsrechtliche Schranken, Plangewährleistung), WiVerw 1990, 226; *Krautzberger*, WiVerw 1991, 117; *Söfker*, Besondere städtebauliche Fragen bei der Aufschließung und Überplanung von Flächen für Gewerbe- und Industriezwecke, WiVerw 1991, 165.

bb) Allgemein zulässige Anlagen

Nach § 8 II BauNVO sind im Gewerbegebiet allgemein zulässig: 63

1. Gewerbebetriebe aller Art[152] einschließlich der Prostitution,[153] Lagerhäuser, Lagerplätze und öffentliche Betriebe. Der äußerst weite Begriff des „**Gewerbebetriebs aller Art**" ist von der Zweckbestimmung des Gewerbegebiets her dahin einzuschränken, dass nur solche Gewerbebetriebe zulässig sind, die im Einklang mit der von der BauNVO vorausgesetzten typischen Funktion dieses Gebiets stehen und nicht anderen Baugebieten ausdrücklich oder nach ihrer allgemeinen Zweckbestimmung zugewiesen sind.[154] Deshalb sind im Gewerbegebiet alle Gewerbebetriebe unzulässig, die erheblich belästigen. Sie gehören grundsätzlich ins Industriegebiet. Ob Belästigungen zu erwarten sind, ist – soweit möglich – aufgrund einer **typisierenden Betrachtungsweise** zu beurteilen.[155] Unzulässig sind im Gewerbegebiet Einkaufszentren und großflächige Handelsbetriebe, die § 11 III BauNVO ins Kern- oder Sondergebiet verweist,[156] kerngebietstypische Vergnügungsstätten, die im Gewerbegebiet nur als Ausnahme zulässig sind,[157] Heime für Asylbewerber, die als Wohngebäude nicht und als Einrichtungen für soziale Zwecke nur ausnahmsweise zulässig sind[158] sowie Beherbergungsbetriebe, in denen gewohnt wird oder die wohnähnlich genutzt werden.[159] Die Vielzahl der unter den Begriff der „Gewerbebetriebe aller Art" fallenden Betriebe macht es oft unerlässlich, zur städtebaulichen Ordnung des Gebiets einzelne Arten von Gewerbebetrieben auszuschließen[160] oder das Gewerbegebiet nach dem Störungsgrad der Betriebe zu gliedern.[161] Insbesondere Einzelhandelsbetriebe werden häufig generell oder hinsichtlich einzelner Branchen aus dem Gewerbegebiet ausgeschlossen.[162]
2. Geschäfts-, Büro- und Verwaltungsgebäude;[163]
3. Tankstellen;
4. Anlagen für sportliche Zwecke.

Stellplätze und Garagen nach § 12 BauNVO, Gebäude und Räume für freie Berufe nach § 13 BauNVO und Nebenanlagen gem. § 14 BauNVO.

cc) Ausnahmsweise zulässige Anlagen

Als Ausnahmen können nach § 8 III BauNVO zugelassen werden: 64

1. Betriebswohnungen, nämlich Wohnungen für Aufsichts- und Bereitschaftspersonen sowie für Betriebsinhaber und Betriebsleiter.[164] Dagegen können sonstige Wohnungen im Gewerbegebiet nicht zugelassen werden.[165] Dies erfordert es, die Betriebswohnungen von den sonstigen Wohnungen abzugrenzen. Die **Betriebswohnung** muss – erstens – für Aufsichts- und Bereitschaftspersonen sowie für Betriebsinhaber und Betriebsleiter bestimmt sein und darf nur von diesem Personenkreis genutzt werden. Aufsichts- und Bereitschaftspersonen sind Personen,

---

[152] Zu diesem Begriff BVerwGE 68, 213 (214 f.) = NJW 1984, 1574; 90, 140 (144 ff.).
[153] *BVerwG* NVwZ-RR 1996, 84; *OVG Hamburg* ZfBR 2010, 156 (157). Dazu *Stühler*, Prostitution und öffentliches Recht (unter besonderer Berücksichtigung des Baurechts), NVwZ 1997, 861; *ders.*, Prostitution und öffentliches Baurecht, BauR 2010, 1013.
[154] BVerwGE 90, 140 (145 f.).
[155] Zu Betrieben mit nach BImSchG genehmigungsbedürftigen Anlagen *BVerwG* NJW 1975, 460 (461 f.); einschränkend *BVerwG* NVwZ 1993, 987 (987).
[156] BVerwGE 68, 352 (356) = NVwZ 1984, 1773; 68, 360 (365 f.) = NVwZ 1984, 1771.
[157] *BVerwG* NVwZ 1989, 50 (50); *VGH Mannheim* BRS 48 Nr. 39.
[158] Vgl. *OVG Lüneburg* BRS 52 Nr. 155; *OVG Münster* BRS 49 Nr. 89; *OVG Münster* NVwZ-RR 2004, 247 (247).
[159] BVerwGE 90, 140.
[160] Hierzu allgemein *BVerwG* BRS 47 Nr. 55; *OVG Lüneburg* BRS 44 Nr. 12 und 13.
[161] *VGH Mannheim* BRS 49 Nr. 73.
[162] Dazu *VGH München* BRS 50 Nr. 17; *VGH Mannheim* BRS 49 Nr. 73; *VGH Kassel* BRS 44 Nr. 156; *OVG Münster* BRS 49 Nr. 30 und 76.
[163] Zu diesen Begriffen siehe unter § 9 Rn. 49, 54.
[164] Siehe dazu *BVerwG* NVwZ 1999, 1336; *OVG Münster* ZfBR 2008, 499 (500 f.); *VGH München* ZfBR 2008, 598 (599 f.).
[165] *BVerwG* BRS 40 Nr. 56; *VGH Kassel* BRS 38 Nr. 80.

die zur Sicherheit des Betriebs oder zur Wartung oder Reparatur von Betriebsanlagen jederzeit kurzfristig verfügbar sein müssen;[166] Betriebsinhaber und Betriebsleiter tragen die Gesamtverantwortung für den Betrieb, was ihre alsbaldige Erreichbarkeit sinnvoll macht.[167] Die Wohnung muss – zweitens – dem Gewerbebetrieb zugeordnet sein,[168] was es erfordert, dass sie sich auf dem Betriebsgrundstück oder in seiner unmittelbaren Nähe befindet.[169] Sie muss – drittens – dem Gewerbebetrieb in Grundfläche und Baumasse untergeordnet sein. Bei ihrer Ermessensentscheidung, ob sie Betriebswohnungen im Gewerbegebiet zulässt, hat die Baugenehmigungsbehörde das Erfordernis gesunder Wohnverhältnisse zu beachten, aber auch zu berücksichtigen, dass Betriebswohnungen ein höheres Maß an Störungen hinnehmen müssen, als andere Wohnungen[170] und deshalb für sie grundsätzlich die Immissionsrichtwerte des Gewerbegebiets gelten.

2. Anlagen für kirchliche, kulturelle,[171] soziale und gesundheitliche Zwecke;[172]
3. Vergnügungsstätten.[173]

b) Industriegebiete (§ 9 BauNVO)

aa) Allgemeine Zweckbestimmung

65 Nach § 9 I BauNVO dient das Industriegebiet ausschließlich der Unterbringung von **Gewerbebetrieben**, und zwar vorwiegend solcher Betriebe, die in anderen Baugebieten unzulässig sind.[174] Gewerbebetriebe, deren Ansiedlung im Industriegebiet wegen ihres Störungspotentials oder ihrer Gefährlichkeit (z. B. eine Munitionsfabrik) an § 15 I 2 BauNVO scheitert, gehören ins Sondergebiet (§ 11 II BauNVO) oder nach § 35 I Nr. 4 BauGB in den Außenbereich.[175]

bb) Allgemein zulässige Anlagen

66 Im Industriegebiet sind nach § 9 II BauNVO Gewerbebetriebe aller Art, Lagerhäuser, Lagerplätze und öffentliche Betriebe sowie Tankstellen allgemein zulässig. Dies macht deutlich, dass – ebenso wie im Gewerbegebiet nach dem gleichlautenden § 8 II Nr. 1 BauNVO – im Industriegebiet **prinzipiell jeglicher Gewerbebetrieb** zulässig sein kann. Aus § 9 I BauNVO folgt jedoch, dass das Industriegebiet vornehmlich für die nicht mehr ins Gewerbegebiet oder ein sonstiges Baugebiet gehörenden Gewerbebetriebe bestimmt ist. Die sonstigen, die nicht erheblich belästigenden Gewerbebetriebe dürfen deshalb ihrer Quantität nach den Vorrang der Betriebe mit höherem Störungsgrad nicht in Frage stellen, was über § 15 I 1 BauNVO sicherzustellen ist.[176] Nicht zulässig sind wegen § 11 III BauNVO Einkaufszentren und großflächige Handelsbetriebe[177] sowie Vergnügungsstätten, die nur in den Baugebieten zulässig

---

[166] *OVG Münster* BRS 33 Nr. 28; 55 Nr. 60. Darin liegt zugleich eine Begrenzung auf die hierfür notwendige Zahl von Personen. Siehe dazu *VGH Mannheim* BRS 30 Nr. 32.
[167] Aus der Industriegeschichte sind das Wohnhaus *Alfred Krupps* inmitten der Gussstahlfabrik in Essen und die Villa Borsig auf dem früheren Gelände der Borsig-Werke in Berlin-Moabit bekannt. Beide sind heute nicht mehr vorhanden.
[168] Dieses und das folgende Merkmal der Unterordnung ist erst durch die BauNVO 1990 eingeführt worden. Es fehlte in § 8 II Nr. 1 BauNVO 1962, 1968 und 1977. Dies muss bei den zu den früheren Fassungen des § 8 II Nr. 1 BauNVO ergangenen Entscheidungen *OVG Lüneburg* BRS 39 Nr. 51 und 55 Nr. 59; *OVG Münster* BRS 55 Nr. 60 beachtet werden.
[169] *BVerwG* BRS 62 Nr. 78; *OVG Münster* ZfBR 2009, 583 (584).
[170] *BVerwG* BRS 40 Nr. 56.
[171] Vgl. dazu *BVerwG* NVwZ 2002, 1384 (1385) – Seniorenpflegeheim; *BVerwG* NVwZ 2006, 457 (457 f.) – Krematorium.
[172] Dazu oben § 9 Rn. 35.
[173] Dazu oben § 9 Rn. 58.
[174] *BVerwG* NVwZ 2000, 679 (679); vgl. aber auch *OVG Münster* BRS 71 Nr. 62.
[175] Hierzu BVerwGE 55, 118 (126 ff.) = NJW 1978, 1818.
[176] *BVerwG* NVwZ 2000, 1054 (1055); *OVG Berlin* BRS 54 Nr. 55.
[177] BVerwGE 68, 342 (347 f.) = NVwZ 1984, 1768. Greift bei älteren, nicht geänderten Bebau-

§ 9. Die Festsetzungen im Bebauungsplan – insbesondere Vorgaben der BauNVO

sind, für die sie ausdrücklich in der BauNVO erwähnt sind.[178] Büro- und Verwaltungsgebäude sind als solche im Industriegebiet unzulässig, es sei denn, sie sind einem dort ansässigen Gewerbebetrieb zugeordnet. Will die Gemeinde aus städtebaulichen Gründen das Industriegebiet von vornherein der Schwerindustrie oder den störungsintensiven Gewerbebetrieben vorbehalten, muss sie über § 1 IX BauNVO das sonstige Gewerbe aus dem Industriegebiet ausschließen.

Stellplätze und Garagen sind nach § 12 BauNVO, Gebäude und Räume für freie Berufe nach § 13 BauNVO[179] und untergeordnete Nebenanlagen nach § 14 BauNVO zulässig. 67

cc) Ausnahmsweise zulässige Anlagen

Nach § 9 III BauNVO können ausnahmsweise dem Gewerbebetrieb zugeordnete und untergeordnete Wohnungen für Aufsichts- und Bereitschaftspersonen sowie für Betriebsinhaber und Betriebsleiter zugelassen werden.[180] Eine weitere Ausnahmemöglichkeit ist für Anlagen vorgesehen, die einen kirchlichen,[181] kulturellen, sozialen, gesundheitlichen und bzw. oder sportlichen Zweck verfolgen.[182] Da die Zulassung dieser Anlagen als Ausnahmen im Ermessen der Baugenehmigungsbehörde steht (§ 31 I BauGB), kann auch ohne Rückgriff auf § 15 BauNVO die Wahrung des Gebietscharakters sichergestellt werden. Bei der Zulassung von Betriebswohnungen ist zu beachten, dass dies wegen des Gebots der Rücksichtnahme zu einer Einschränkung der industriellen Nutzung führen kann.[183] 68

5. Sondergebiete

Die BauNVO kennt Sondergebiete, die der Erholung dienen (§ 10 BauNVO), und sonstige Sondergebiete (§ 11 BauNVO). 69

a) Sondergebiete, die der Erholung dienen (§ 10 BauNVO)

Sondergebiete, die der Erholung dienen, sind nach § 10 I BauNVO insbesondere Wochenendhausgebiete, Ferienhausgebiete und Campingplatzgebiete.[184] Da diese **Aufzählung nicht abschließend** ist („insbesondere"), sind auch andere der Erholung dienende Sondergebiete möglich, beispielsweise ein Wassersportgebiet[185] oder ein Sportzentrum mit Erholungsfunktion. Nach § 10 II 1 BauNVO muss die **genaue Zweckbestimmung** des Sondergebiets und die **Art der zulässigen Nutzung** im Bebauungsplan dargestellt und festgesetzt werden.[186] Dies ist für die Wochenend- 70

---

ungsplänen § 11 III BauNVO nicht, ist der Handelsbetrieb als Gewerbebetrieb im Industriegebiet zulässig; vgl. dazu *VGH Mannheim* BRS 38 Nr. 60.
[178] *BVerwG* NVwZ 1991, 266; NVwZ 2000, 1054 (1055). Nach den früheren Fassungen der BauNVO waren kerngebietstypische Vergnügungsstätten als Gewerbebetriebe auch im Industriegebiet zulässig. Dazu *VGH Mannheim* BRS 49 Nr. 64.
[179] Was angesichts des Ausschlusses selbstständiger Büro- und Verwaltungsgebäude erstaunt.
[180] Dazu *OVG Lüneburg* BRS 39 Nr. 51; *OVG Münster* BRS 33 Nr. 28; *OVG Münster* NVwZ-RR 2004, 247 (248).
[181] Eine Begräbnisstätte für Gemeindepriester mit 10 Grabplätzen ist jedoch in der Regel unzulässig; *VGH Mannheim* BauR 2010, 882 (884 f.).
[182] Dazu oben § 9 Rn. 35 sowie *OVG Münster* NVwZ-RR 2004, 247 (247 f.).
[183] *OVG Lüneburg* BRS 39 Nr. 51.
[184] *OVG Weimar* ZfBR 2004, 182 (182 f.).
[185] *BVerwG* BRS 33 Nr. 31.
[186] *Fickert/Fieseler*, BauNVO, § 10 Rn. 7. Überflüssig ist § 10 II 2 BauNVO, da die dort genannten Festsetzungen auch nach S. 1 im Rahmen der Festsetzung der Art der Nutzung getroffen werden können. Vgl. auch *OVG Saarlouis* NVwZ-RR 2003, 265 (265).

haus-, Ferienhaus- und Campingplatzgebiete bereits durch die Absätze 3 bis 5 des § 10 BauNVO geschehen, die nach § 1 III 2 BauNVO Bestandteil des Bebauungsplans sind. Setzt der Bebauungsplan die Zweckbestimmung oder die Art der Nutzung nicht fest, wird beispielsweise ohne nähere Kennzeichnung ein Sondergebiet „Erholungseinrichtungen" in den Plan aufgenommen, ist der Bebauungsplan unwirksam.[187]

aa) Wochenendhausgebiete

71 Im Wochenendhausgebiet sind nach § 10 III BauNVO Wochenendhäuser zulässig. Der Begriff des **Wochenendhauses** ist in der BauNVO nicht bestimmt. Daraus, dass es nach § 10 I BauNVO der Erholung zu dienen hat, folgt, dass das Wochenendhaus nicht zum dauernden Wohnen, sondern **zu zeitlich begrenztem Aufenthalt** an Wochenenden oder in den Ferien bestimmt ist.[188] Wochenendhäuser dürfen deshalb nur beschränkten Raum aufweisen, dessen Grundfläche im Bebauungsplan, begrenzt nach der besonderen Eigenart des Gebiets und unter Berücksichtigung der landschaftlichen Gegebenheiten, festzusetzen ist.[189] Gem. § 1 III 3 BauNVO können besondere Festsetzungen über die Art der Nutzung getroffen werden. Das Wochenendhaus ist ein Einzelhaus. Im Bebauungsplan kann jedoch festgesetzt werden, dass die Wochenendhäuser nur als Hausgruppen zulässig sind oder als solche zugelassen werden können (§ 10 III 2 BauNVO).

bb) Ferienhausgebiete

72 Nach § 10 IV BauNVO sind im Ferienhausgebiet **Ferienhäuser** zulässig, die aufgrund ihrer Lage, Größe, Ausstattung, Erschließung und Versorgung für den Erholungsaufenthalt geeignet und dazu bestimmt sind, überwiegend und auf Dauer einem **wechselnden Personenkreis** zur Erholung zu dienen.[190] Im Bebauungsplan kann die Grundfläche der Ferienhäuser, begrenzt nach der besonderen Eigenart des Gebiets und unter Berücksichtigung der landschaftlichen Gegebenheiten, festgesetzt werden. Die auf Dauer angelegte Vermietung an einen wechselnden, erholungssuchenden Personenkreis kennzeichnet das Ferienhaus.

cc) Campingplatzgebiete

73 Campingplatzgebiete dienen nach § 10 V BauNVO der Aufnahme von **Camping- und Zeltplätzen**. Dies sind Plätze, die während des ganzen Jahres oder wiederkehrend während bestimmter Zeiten des Jahres betrieben werden und die zum Aufstellen und zum vorübergehenden Bewohnen von mehr als drei Wohnwagen oder Zelten bestimmt sind.[191] Zu den **Wohnwagen** rechnen Wohnanhänger, Klappanhänger und motorisierte Wohnfahrzeuge, die so bemessen und beschaffen sind, dass sie jederzeit zum Verkehr auf öffentlichen Straßen zugelassen werden können. Camping- und Zeltplätze gelten nach den Bauordnungen (z.B. § 2 I 3 Nr. 3 BauONW; § 2 I 1 Nr. 11 NBauO) als bauliche Anlage und bedürfen einer Baugenehmigung. Planungsrechtlich sind sie nur in Gebieten zulässig, die gem. § 10 BauNVO als Campingplatzgebiete festgesetzt sind. Dabei sind im Bebauungsplan die genaue **Zweckbestimmung**

---

[187] *VGH Mannheim* BRS 40 Nr. 9.
[188] *BGH* NVwZ 1987, 168 (168); *OVG Koblenz* BRS 44 Nr. 46.
[189] Hierzu *VGH Kassel* BRS 38 Nr. 11.
[190] *BGH* NVwZ 1987, 168 (168); *Fickert/Fieseler*, BauNVO, § 10 Rn. 35.1. Allgemein *Gaentzsch*, ZfBR 1991, 192.
[191] So die Begriffsbestimmung in den Campingplatzverordnungen der Länder. Vgl. etwa § 2 I Campingplatzverordnung BW v. 15. 7. 1984 (GVBl. S. 545, ber. 1985 S. 20), zul. geänd. durch Art. 3 VO v. 28. 6. 2005 (GVBl. S. 609); § 1 I Camping- und Wochenendplatzverordnung v. 10. 11. 1982 (GVBl. NRW. S. 274), zul. geänd. durch Art. 260 Zweites Befristungsgesetz v. 5. 4. 2005 (GV. NW. S. 731). Vgl. auch *OVG Münster* BRS 70 Nr. 187.

– Campingplatz oder Zeltplatz – und die **Art der Nutzung** festzusetzen; Lage, Zahl und Größe der Standplätze sowie die der Ver- und Entsorgung dienenden Einrichtungen können ebenfalls bestimmt werden. Im Außenbereich sind Campingplätze nicht zulässig, da sie nicht privilegiert sind und als „sonstige Vorhaben" (§ 35 II BauGB) die ihnen regelmäßig entgegenstehenden öffentlichen Belange (§ 35 III 1 BauGB) nicht überwinden können.[192] Eine Zulässigkeit nach § 34 BauGB scheitert daran, dass sich ein Campingplatz in der Regel nicht in die Eigenart des im Zusammenhang bebauten Ortsteils einfügt.

b) Sonstige Sondergebiete (§ 11 BauNVO)

Nach § 11 BauNVO kann der Bebauungsplan „sonstige Sondergebiete" festsetzen. **74**

aa) Zweckbestimmung

Während die BauNVO bei den Baugebieten der §§ 2 bis 9 die Zweckbestimmung des Gebiets selbst festlegt, dessen Charakter beschreibt und die Art der Nutzung bestimmt und dies über § 1 III 2 BauNVO zum Inhalt des Bebauungsplans macht, müssen bei den sonstigen Sondergebieten **Zweckbestimmung** und **Art der Nutzung** im Bebauungsplan **festgesetzt** werden (§ 11 II 1 BauNVO). Das hierdurch gekennzeichnete Sondergebiet muss sich, so bestimmt es § 11 I BauNVO, von den anderen Baugebieten der BauNVO **wesentlich unterscheiden**.[193] Das sonstige Sondergebiet dient somit der Verwirklichung von Nutzungsbedürfnissen, die sich in den typischen Baugebieten der §§ 2 bis 10 BauNVO nicht hinreichend befriedigen lassen. Das hohe Maß baulicher Nutzung, das § 17 I BauNVO für die sonstigen Sondergebiete zulässt, zeigt, dass sie auch für **intensive Nutzungen** geeignet sind. § 11 II BauNVO zählt beispielhaft einige sonstige Sondergebiete auf, die sich nach ihrer Zweckbestimmung, so ist die Aufzählung zu verstehen, von den typisierten Baugebieten wesentlich unterscheiden: Gebiete für Fremdenverkehr[194] sowie Kurgebiet und Gebiete für Fremdenbeherbergung,[195] Ladengebiete, Gebiete für Einkaufszentren und großflächige Handelsbetriebe, Gebiete für Messen, Ausstellungen und Kongresse, Hochschulgebiete, Klinikgebiete, Hafengebiete,[196] Gebiete für Anlagen, die der Erforschung, Entwicklung oder Nutzung erneuerbarer Energien, wie Wind- und Sonnenenergie, dienen. Auch andere als die aufgezählten Sondergebiete sind möglich, etwa mit der Zweckbestimmung Wassersport,[197] Freizeit- und Segelsport,[198] Go-Kart[199], Gartenhausgebiet,[200] Büro- und Verwaltungsgebäude,[201] Stellplätze[202] oder Brennelementelager.[203] Erforderlich ist stets, dass sich das sonstige Sondergebiet von den typisierten Baugebieten wesentlich unterscheidet.[204] Anderenfalls ist der Bebauungsplan unwirk-

---

[192] BVerwGE 48, 109 (110 ff.) = NJW 1975, 2114.
[193] BVerwGE 134, 117 (120); *VGH München* BauR 2010, 191 (191).
[194] Dazu *VGH München* BRS 54 Nr. 9: Der räumliche Geltungsbereich kann auf ein Grundstück mit einem Beherbergungsbetrieb beschränkt werden.
[195] Dazu BVerwGE 56, 283 (286 f.) = NJW 1979, 1516; *BVerwG* NVwZ 1989, 1060; *OVG Lüneburg* BRS 50 Nr. 26.
[196] *BVerwG* NVwZ 1990, 257 (258).
[197] *BVerwG* BRS 33 Nr. 31.
[198] *BVerwG* Buchholz 406.12 § 10 BauNVO Nr. 3.
[199] *OVG Münster* BRS 57 Nr. 278.
[200] *BVerwG* NVwZ 1990, 362 (363); *VGH Mannheim* BRS 57 Nr. 279.
[201] *OVG Saarlouis* BRS 55 Nr. 189.
[202] *BVerwG* NVwZ 1991, 778 (779 ff.).
[203] *OVG Lüneburg* BRS 39 Nr. 20.
[204] *BVerwG* NVwZ-RR 1999, 224 (225); NVwZ 2002, 1114 (1114); *OVG Lüneburg* BRS 73 Nr. 168.

sam. Eine **wesentliche Unterscheidung** liegt vor,[205] wenn das sonstige Sondergebiet nach Zweckbestimmung oder Art der Nutzung etwas festsetzt, das sich in den typisierten Baugebieten nicht verwirklichen lässt. Dies trifft insbesondere auf Sondergebiete zu, die, wie etwa die in § 11 II BauNVO aufgezählten, eine einseitige Nutzungsstruktur aufweisen. Zwar lassen sich diese Nutzungen regelmäßig auch in einem der anderen Baugebiete verwirklichen, nicht jedoch als ausschließliche Nutzung, sondern stets in Gemeinschaft mit anderen Nutzungen. Diese lassen sich auch nicht gemäß § 1 V, VI, IX BauNVO ausschließen, da stets die allgemeine Zweckbestimmung des typisierten Baugebiets gewahrt bleiben muss, was einseitige Nutzungsstrukturen ausschließt.[206] Sie ermöglicht nur das Sondergebiet.

bb) Art der Nutzung

76 Angesichts der Unterschiedlichkeit der Sondergebiete muss der Bebauungsplan neben der Zweckbestimmung auch die Art der im Sondergebiet zulässigen Nutzung festsetzen. Fehlt dies, ist der Bebauungsplan unwirksam.[207] Erst diese Festsetzung ergibt, welche baulichen Anlagen und Nutzungen in dem sonstigen Sondergebiet zulässig sind. Bei der Festsetzung der Art der Nutzung besitzt die Gemeinde gem. § 1 III 3 Hs. 2 BauNVO **planerische Gestaltungsfreiheit**. An die in den §§ 2 bis 10 BauNVO aufgeführten Nutzungsarten ist sie ebenso wenig gebunden wie an die Differenzierungsvoraussetzungen des § 1 IV bis IX BauNVO, die nach § 1 III 3 BauNVO für das Sondergebiet nicht gelten.[208] Auch Kombinationen von Nutzungen sind zulässig.[209] So kann der Bebauungsplan, der ein Sondergebiet „Kurgebiet" festsetzt, den Beherbergungsbetrieben vorschreiben, dass Vollverpflegung möglich sein muss und die Zimmer nicht mit eigenen Kochstellen ausgestattet werden dürfen.[210] In einem Sondergebiet „Hafengebiet" kann der Bebauungsplan die immissionsschutzrechtlichen Anforderungen festlegen, denen die dort zu errichtenden Anlagen genügen müssen.[211]

c) Sondergebiete für Einkaufszentren und großflächige Handelsbetriebe

aa) Entstehung der heutigen Regelung

77 Die **BauNVO 1962** enthielt keine Bestimmungen über Einkaufszentren und großflächige Handelsbetriebe. Sie waren als „Einzelhandelsbetriebe" oder „Gewerbebetriebe" in den meisten Baugebieten zulässig.[212] Dadurch entstanden in wachsender Zahl Einkaufszentren und Verbrauchermärkte, die durch ein reichhaltiges Warenangebot, günstige Preise und ausreichende Parkmöglichkeiten erhebliche Kaufkraft vom klassischen Einzelhandel abzogen. In vielen kleineren Städten und Gemeinden führte dies zu Strukturveränderungen durch Geschäftsaufgaben bis hin zur Verödung von Ortskernen. Wo einst Einzelhandelsgeschäfte das Bild bestimmten, zogen Schnellrestaurants und Spielhallen ein. Die **BauNVO 1968** schuf dann mit § 11 III erstmals eine Sonderregelung für Einkaufszentren und Verbrauchermärkte, die vorwiegend der übergemeindlichen Versorgung dienten.[213] Sie waren nur noch in Kern-

---

[205] Zur wesentlichen Unterscheidung *BVerwG* NVwZ 1990, 362 (363); NVwZ 2010, 40 (41); *VGH München* BRS 54 Nr. 9; *OVG Saarlouis* BRS 55 N. 189.
[206] *BVerwG* NVwZ 1987, 50 (51); *OVG Saarlouis* BRS 55 Nr. 189.
[207] *VGH Mannheim* BRS 42 Nr. 14.
[208] *BVerwG* NVwZ 2008, 902 (902 f.).
[209] BVerwGE 134, 117 (123).
[210] *BVerwG* NVwZ 1985, 338 (339 f.); *OVG Lüneburg* BRS 50 Nr. 26.
[211] *BVerwG* NVwZ 1990, 257 (258).
[212] Diese Rechtslage gilt noch heute im Geltungsbereich der Bebauungspläne, die aufgrund der statischen Verweisung des § 1 III 2 BauNVO durch die BauNVO 1962 ergänzt werden.
[213] Zu diesem Begriff *BVerwG* NVwZ-RR 1990, 229 (230). In Berlin (West) gab es aufgrund

§ 9. Die Festsetzungen im Bebauungsplan – insbesondere Vorgaben der BauNVO

und Sondergebieten zulässig. Damit konnte insbesondere in ländlichen Gemeinden, in denen Einkaufszentren und Verbrauchermärkte in der Regel auch der übergemeindlichen Versorgung dienen, die Entstehung solcher Zentren und Märkte beschränkt werden. Für größere Städte, in denen Einkaufszentren und Verbrauchermärkte Einrichtungen vor allem der örtlichen Versorgung sind, brachte § 11 III BauNVO 1968 hingegen keine Änderung. Nachdem durch die Kommunalreform zahlreiche kleine Gemeinden zu Großgemeinden zusammengeschlossen worden waren, verlor § 11 III BauNVO 1968 weitgehend seine Steuerungsfunktion.[214] Die **BauNVO 1977** führte die heute geltende Regelung ein, die Einkaufszentren, großflächige Einzelhandels- und vergleichbare sonstige Handelsbetriebe in das Kern- oder Sondergebiet verweist.[215]

bb) Die Beschränkungen des § 11 III BauNVO

§ 11 III BauNVO trifft eine Sonderregelung für **Einkaufszentren**, bestimmte **großflächige Einzelhandelsbetriebe** und ihnen vergleichbare **sonstige großflächige Handelsbetriebe**.[216] Sie sind nur im Kerngebiet und im Sondergebiet zulässig. In die anderen Baugebiete finden sie keinen Eingang, auch nicht als „Einzelhandelsbetriebe", „sonstige Gewerbebetriebe" oder „Gewerbebetriebe aller Art" (arg. § 11 III BauNVO). Zulässig sind sie unter den Voraussetzungen des § 34 BauGB im unbeplanten Innenbereich.[217] Im Kerngebiet fallen diese Handelsbetriebe unter den wegen § 11 III BauNVO erweitert zu verstehenden Begriff des „Einzelhandelsbetriebs" in § 7 II Nr. 2 BauNVO. Im Sondergebiet hat der Bebauungsplan die genaue Zweckbestimmung und die Art der Nutzung festzusetzen. Dabei können, sofern städtebaulich begründet, **vorhabenbezogen** die Verkaufsfläche begrenzt und Differenzierungen nach Branchen oder Sortimenten vorgenommen werden.[218] Eine **flächenbezogene bzw. gebietsbezogene Regelung** ist jedoch nicht erlaubt, um einen Wettlauf der Interessenten (sog. „**Windhundrennen**") zu vermeiden. Die Systematik der BauNVO verlangt vielmehr nach einem Vorhabenbezug.[219] Dies gilt auch dann, wenn

78

---

seiner insularen Lage keine Einkaufszentren und großflächigen Handelsbetriebe der übergemeindlichen Versorgung, *OVG Berlin* BRS 52 Nr. 51.
[214] Er ist noch maßgebend für Bebauungspläne, die aufgrund der statischen Verweisung des § 1 III 2 BauNVO durch die BauNVO 1968 ergänzt werden.
[215] Vgl. zur Historie sowie zur älteren Rechtslage im Hinblick auf den Einzelhandel *Bosch*, Der großflächige Handelsbetrieb nach Änderung der Baunutzungsverordnung, BauR 1987, 247; *Dichtl/Schenke*, Einzelhandel und Baunutzungsverordnung, 1988; *Hoppenberg/Köttgen*, Die Änderung des § 11 III BauNutzVO, NJW 1987, 1534; *Jahn*, Zum Begriff des „großflächigen" (Einzel-)Handelsbetriebs in § 11 III BauNutzVO, NVwZ 1987, 1053; *König/Roeser/Stock/Stock*, BauNVO, § 11 Rn. 34 ff.
[216] Vgl. dazu *Bischopink*, ZfBR 2010, 223; *Schröer*, Öffentliches Baurecht: Großflächigkeit und Agglomeration von Einzelhandelsbetrieben, NJW 2009, 1729; *Kopf*, LKRZ 2008, 286; *Hauth*, Klärendes und Klärungsbedürftiges zu § 11 Abs. 3 BauNVO, BauR 2006, 775; *Schmidt-Eichstaedt*, BauR 2009, 41; *Berg*, Einzelhandelsgroßprojekte – Planungs- und wirtschaftsrechtliche Probleme und Perspektiven, WiVerw 1990, 209; *Reidt*, Einkaufszentren und großflächige Einzelhandelsbetriebe in der interkommunalen Abstimmung – Materieller Inhalt und Rechtsschutzmöglichkeiten, LKV 1994, 93; *Thies*, Einzelhandelsgroßbetriebe im Städtebaurecht, 1992; *Bienek*, Steuerung der Ansiedlung von Einzelhandelsbetrieben im Bauplanungs- und Raumordnungsrecht, UPR 2008, 370.
[217] BVerwGE 68, 342 (351 f.) = NVwZ 1984, 1768; 68, 352 (357 ff.) = NVwZ 1984, 1773; 68, 360 (368 f.) = NVwZ 1984, 1771; *BVerwG* NVwZ 1991, 982 (983); *OVG Lüneburg* BRS 39 Nr. 58; *OVG Saarlouis* BRS 36 Nr. 72.
[218] *BVerwG* NVwZ 1990, 1071 (1072 f.); *Fickert/Fieseler*, BauNVO, § 11 Rn. 11.11.
[219] BVerwGE 131, 86 (91 f.); *BVerwG* NVwZ 2010, 782 (784); ZfBR 2010, 138 (139); dazu *Uechtritz*, BauR 2008, 1821; *Reidt*, Möglichkeiten und Grenzen der Nutzungskontingentierung im Städtebaurecht, UPR 2009, 1; *Mampel*, Verkaufsflächenbegrenzungen in Bebauungsplänen,

das Sondergebiet mehrere Grundstücke umfasst und sich diese im Eigentum eines Vorhabenträgers befinden.[220] Nur wenn ein einziger Handelsbetrieb betroffen ist und damit die gebietsbezogene mit der vorhabenbezogenen Verkaufsflächenbeschränkung identisch ist, kann eine baugebietsbezogene Verkaufsflächenbegrenzung zulässig sein.[221]

79 – **Einkaufszentren** (§ 11 III Nr. 1 BauNVO) sind eine größere Zusammenfassung von selbstständigen Betrieben verschiedener Branchen des Einzelhandels, des Handwerks und der Dienstleistung, die in einem räumlichen Zusammenhang zueinander stehen und in der Regel einen einheitlich geplanten und gebauten Gebäudekomplex bilden, wie beispielsweise das Europa-Center in Berlin.[222] Eine Ansammlung weniger Geschäfte oder Betriebe, eine Ladenzeile etwa, oder ein Trödelmarkt,[223] erfüllen nicht den Begriff des Einkaufszentrums. Ein Einkaufszentrum fällt unabhängig von seiner Größe und seinen Auswirkungen stets unter § 11 III BauNVO. Die von § 11 III BauNVO vorgenommene Gleichbehandlung von Einkaufszentren und großflächigen Handelsbetrieben verhindert, dass durch eine Aufteilung großflächiger Handelsbetriebe in eine Anhäufung von Einzelhandelsgeschäften § 11 III BauNVO umgangen wird.[224]

80 – **Großflächige Einzelhandelsbetriebe** (§ 11 III Nr. 2 BauNVO).[225] Ein Einzelhandelsbetrieb richtet sich grundsätzlich an Endverbraucher, während Betriebe des Zwischen- oder Großhandels nicht in diese Kategorie fallen.[226] Factory-Outlet-Center und Fabrikverkaufseinrichtungen sind demnach als Einzelhandelsbetrieb zu qualifizieren.[227] Wann ein Einzelhandelsbetrieb „großflächig" ist, wird von § 11 III Nr. 2 BauNVO nicht bestimmt. Der Begriff ist unter Berücksichtigung der üblichen Betriebsgrößen des typischen Einzelhandels zu bestim-

---

BauR 2009, 435; kritisch *Hentschel/Wurzel*, Verkaufsflächenbegrenzungen: Das Urteil des BVerwG vom 3. 4. 2008, NVwZ 2008, 1201.

[220] *BVerwG* ZfBR 2010, 138 (139).
[221] *BVerwG* NVwZ 2010, 782 (784).
[222] Zum Begriff des Einkaufszentrums *BVerwG* NVwZ 1990, 1074 (1074 f.); BRS 71 Nr 64; *OVG Münster* NVwZ-RR 2006, 592 (596); *OVG Saarlouis* BRS 74 Nr. 81; sowie allgemein *Beckmann/Sonnemann*, Zur Weiterentwicklung des Einkaufszentrenbegriffs, UPR 1992, 221; *Schenke*, Der Begriff des Einkaufszentrums, NVwZ 1989, 632. Zum Maßstab der Verkaufsfläche *BVerwG* NVwZ-RR 2004, 815 (816 f.); *OVG Münster* BRS 62 Nr. 191; BRS 63 Nr. 70; zur Großflächigkeit ab 800 qm BVerwGE 124, 364 (365 ff.); zu weiteren Kriterien *OVG Münster* BRS 62 Nr. 191; BRS 63 Nr. 70; NVwZ-RR 2004, 245 (246).
[223] *OVG Münster* NVwZ-RR 1996, 135 (135 f.).
[224] *VGH Mannheim* ZfBR 2005, 78 (81 f.). Ähnliches wurde bei Spielhallen versucht; dazu BVerwGE 70, 180 (183 ff.) = NJW 1985, 269.
[225] Der Lebensmittelhandel unterscheidet laut EuroHandelsInstitut (veröffentlicht in „Dynamik im Handel" 11/96) folgende Betriebsformen: *Lebensmittel-SB-Laden:* Ein Einzelhandelsgeschäft mit weniger als 200 qm Verkaufsfläche, das Lebensmittel in Selbstbedienung anbietet; *Lebensmittel-SB-Markt:* Ein Lebensmittel-Einzelhandelsgeschäft mit 200 bis 400 qm Verkaufsfläche, das auch Frischwaren sowie integrierte Nonfood in Selbstbedienung führt; *Supermarkt:* Ein Lebensmittel-Selbstbedienungsgeschäft mit einer Verkaufsfläche von mindestens 400 qm, das Lebensmittel einschließlich Frischwaren führt und in dem der Anteil der für Nonfood vorgesehenen Fläche nicht über 25 Prozent liegt; *Lebensmittel-Discountmarkt:* Ein Lebensmittel-Selbstbedienungsgeschäft, das ein auf umschlagstarke Artikel konzentriertes Angebot führt und den Verbraucher insbesondere über seine Niedrigpreispolitik anspricht; *Verbrauchermarkt:* Ein Einzelhandelsgeschäft mit mindestens 1500 qm Verkaufsfläche, das überwiegend in Selbstbedienung Lebensmittel sowie Ge- und Verbrauchsgüter des kurz-, mittel- und langfristigen Bedarfs anbietet; *SB-Warenhaus:* Ein Einzelhandelsgeschäft mit mindestens 5000 qm Verkaufsfläche, das seinen Standort außerhalb von Innenstädten hat und überwiegend in Selbstbedienung Lebensmittel sowie ein umfangreiches Sortiment an Ge- und Verbrauchsgütern des kurz-, mittel- und langfristigen Bedarfs anbietet.
[226] *Fickert/Fieseler*, BauNVO, § 11 Rn. 19.
[227] *OVG Koblenz* NVwZ-RR 2001, 638 (693); *VGH München* NVwZ 2000, 822 (823 f.); *OVG Greifswald* NVwZ-RR 2000, 559 (559); *Jahn*, Einkaufen auf amerikanisch? – Zur bauplanungsrechtlichen Zulässigkeit sog. „Factory-Outlet-Center", GewArch 1997, 456 (457 f.); *Reidt*, NVwZ 1999, 45 (46).

§ 9. Die Festsetzungen im Bebauungsplan – insbesondere Vorgaben der BauNVO 163

men und liegt bei einer Verkaufsfläche von 800 qm oder geringfügig darüber.[228] Ein Zusammenfassen einer Ansammlung nicht großflächiger und baulich wie auch funktionell selbstständiger Betriebe ist nicht möglich.[229] Einzelhandelsbetriebe, die nicht mehr als 800 qm Verkaufsfläche aufweisen, fallen nicht unter § 11 III BauNVO. Sie sind als „Läden", als „Einzelhandelsbetriebe", als „sonstige Gewerbebetriebe" oder als „Gewerbebetriebe aller Art" in den für diese Nutzungsart vorgesehenen Baugebieten zulässig. Auch großflächige Einzelhandelsbetriebe fallen nicht schlechthin, sondern nur dann unter § 11 III BauNVO, wenn sie sich nach Art, Lage oder Umfang auf die Verwirklichung der Ziele der Raumordnung und Landesplanung oder auf die städtebauliche Entwicklung und Ordnung nicht nur unwesentlich auswirken können. Auswirkungen dieser Art sind nach § 11 III 2 BauNVO insbesondere schädliche Umwelteinwirkungen im Sinne des § 3 BImSchG sowie Auswirkungen auf die infrastrukturelle Ausstattung, auf den Verkehr, auf die Versorgung der Bevölkerung im Einzugsbereich des Betriebs, auf die Entwicklung zentraler Versorgungsbereiche in der Gemeinde oder in anderen Gemeinden, auf das Orts- und Landschaftsbild und auf den Naturhaushalt. Die aufgezählten Einwirkungsbereiche haben nur beispielhaften Charakter.[230] § 11 III BauNVO stellt für das Vorliegen derartiger Auswirkungen eine Regelvermutung auf.[231] Die Auswirkungen sind anzunehmen, wenn die Geschossfläche (§ 20 III BauNVO) des Betriebs 1200 qm überschreitet. Wegen dieser Vermutung, die Ausdruck einer **typisierenden Betrachtungsweise** ist und daher auch bei einer nur geringfügigen Überschreitung der genannten Geschossfläche gilt,[232] bedarf es bei großflächigen Handelsbetrieben, die diese Geschossfläche besitzen, nicht des konkreten Nachweises, dass die genannten Auswirkungen eintreten. Die Vermutung des § 11 III 3 BauNVO reicht aus, den Betrieb in das Kern- oder Sondergebiet zu verweisen.[233] Eine **konkrete** statt der typisierenden Betrachtungsweise ist nur geboten, wenn Anhaltspunkte für eine **atypische Fallgestaltung** vorliegen.[234] Dies ist insbesondere denkbar, wenn der Betrieb trotz seiner Größe von dem Erscheinungsbild des typischen großflächigen Einzelhandelsbetriebs abweicht, beispielsweise weil er nur ein schmales Warenangebot (Gartencenter, Möbeleinzelhandel)[235] aufweist oder auf ein Warenangebot für vornehmlich gewerbliche Kunden (Baustoffmarkt) beschränkt ist oder wenn die städtebauliche Situation Besonderheiten aufweist, etwa weil der Einzugsbereich des Betriebs im Warenangebot unterversorgt ist, zentrale Versorgungsbereiche an anderen Standorten des Einzugsbereichs nicht geplant sind oder der Betrieb in zentraler und für die Wohnbevölkerung allgemein gut erreichbarer Lage errichtet werden soll (vgl. **§ 11 III 4 Hs. 2 BauNVO**).[236] Da in diesen Fällen die Vermutung des § 11 III 3 BauNVO nicht greift, ist anhand der konkreten Auswirkungen des Betriebs zu prüfen, ob von ihm tatsächlich negative Auswirkungen der in § 11 III 2, 3 BauNVO genannten Art ausgehen, die es ausschließen, ihn in einem anderen als einem Kern- oder Sondergebiet zu errichten. Bestehen Anhaltspunkte dafür, dass die genannten Auswirkungen bereits bei weniger als 1200 qm Geschossfläche vorliegen, gilt die Regelvermutung ebenfalls nicht (**§ 11 III 4 Hs. 1 BauNVO**). Der Betrieb ist dann, auch wenn von geringerer Geschossfläche, ebenfalls nur im Kern- oder Sondergebiet zulässig. Stets ist auch § 15 BauNVO als Korrektiv von Bedeutung.

---

[228] BVerwGE 124, 364 (365 ff.); 124, 376 (378); NVwZ-RR 2004, 815 (816 f.); *OVG Münster* BRS 49 Nr. 72; NVwZ-RR 2004, 245 (246); weiter *VGH Mannheim* BRS 44 Nr. 43 (1000 qm).

[229] BVerwGE 117, 25 (34); *VGH Mannheim* BRS 71 Nr. 32; *Schütz*, Großflächiger Einzelhandel – neue Akzente bei der Auslegung und Anwendung des § 11 Abs. 3 BauNVO, UPR 2006, 169 (171 f.); *Hauth*, BauR 2006, 775 (782); *Reidt*, NVwZ 1999, 45 (47); *Krausnick*, Factory-Outlet-Center – Erfolgsmodell des Einzelhandels ohne bauplanungsrechtliche Zukunft?, VerwArch 96 (2005), 191 (195).

[230] König/Roeser/*Stock/Stock*, BauNVO, § 11 Rn. 66.

[231] Zum Folgenden grundlegend BVerwGE 68, 342 (345 f.) = NVwZ 1984, 1768; 68, 352 (355 f.) = NVwZ 1984, 1773; 68, 360 (365 f.) = NVwZ 1984, 1771; siehe ferner *BVerwG* ZfBR 2002, 805 (806); NVwZ 2006, 340 (340); *Nickel/Kopf*, ZfBR 2003, 122.

[232] *BVerwG* NVwZ-RR 1990, 230 (230 f.).

[233] *BVerwG* ZfBR 2002, 805 (806).

[234] Vgl. auch *OVG Saarlouis* BRS 74 Nr. 80.

[235] Nicht hingegen „Einrichtungshaus", *VGH München* BRS 47 Nr. 59.

[236] Ablehnend bei einer Erweiterung des Einzelhandelsbetriebs, die wegen der Beibehaltung des Sortimentsumfangs keine Veränderung in den städtebaulichen Auswirkungen hervorruft *VGH Mannheim* ZfBR 2005, 78 (81 f.).

81 Schwierigkeiten bereiten in der Praxis insbesondere **nicht integrierte Einzelhandelsstandorte**. Die Verwirklichung eines Vorhabens auf der „grünen Wiese", in Grenzbereichen zu Nachbargemeinden oder an Standorten, die außer Verhältnis zur Größe der Ansiedlungsgemeinde stehen, bewirken häufig Sozial- und Umweltlasten durch eine Verschiebung von Verkehrsflüssen oder die Gefährdung der Versorgungslage an den Siedlungsorten.[237] Um diesem Phänomen entgegenzuwirken, beschließen einzelne Bundesländer spezielle, verbindliche Ziele der Raumordnung, um regulativ auf die Ansiedlung von großflächigen Einzelhandelsbetrieben einzuwirken.[238] Teilweise werden diese Konzeptionen auch durch kommunale Einzelhandelskonzepte flankiert. Zulässigkeit wie auch Eignung der raumplanerischen Steuerungsinstrumente sind gleichwohl Gegenstand einer intensiven juristischen Debatte.[239] Ähnlich Schwierigkeiten gelten bei der Festsetzung sog. **Sortimentsbeschränkungen**. Diese treffen Aussagen zur Zulässigkeit bestimmter Handelssortimente, etwa Lederwaren oder Möbel, in Beziehung zur Zentrenrelevanz des Einzelhandelsvorhabens. Die Zulässigkeit von Sortimentsbeschränkungen ist an die Voraussetzung geknüpft, dass sie sowohl hinreichend bestimmt als auch durch städtebauliche Gründe gerechtfertigt sind.[240]

82 – **„Sonstige" großflächige Handelsbetriebe** (§ 11 III Nr. 3 BauNVO), die, wie etwa der Großhandel, keine Einzelhandelsbetriebe sind, fallen unter § 11 III BauNVO, wenn sie auch an den Endverbraucher verkaufen und in ihren Auswirkungen den in Nr. 2 bezeichneten Einzelhandelsbetrieben vergleichbar sind. Der Begriff der Großflächigkeit entspricht dem des Einzelhandelsbetriebs;[241] die Auswirkungsvermutung des § 11 III 2, 3 BauNVO gilt auch für sie. Reiner Großhandel wird von § 11 III BauNVO nicht erfasst.

6. Baugebietsübergreifend zulässige Nutzungen

83 Nach Maßgabe der §§ 12 bis 14 BauNVO sind baugebietsübergreifend Stellplätze und Garagen, Gebäude und Räume für freie Berufe sowie Nebenanlagen zulässig. Diese Vorschriften sind gem. § 1 III 2 BauNVO **Bestandteil des Bebauungsplans** und ergänzen die §§ 2 bis 10 BauNVO, soweit der Bebauungsplan nichts anderes bestimmt.

a) Stellplätze und Garagen (§ 12 BauNVO)

84 Das Bauordnungsrecht (etwa § 51 BauONW; Art. 47 BayBauO) bestimmt, ob und in welcher Zahl insbesondere zur Entlastung der Straßen vom ruhenden Verkehr bei der Bebauung eines Grundstücks **Stellplätze oder Garagen**[242] für Kraftfahrzeuge herzustellen sind.[243] Ob die bauordnungsrechtlich notwendigen oder die darüber hinaus

---

[237] *BVerwG* NVwZ 2010, 587 (587f.); ZfBR 2010, 267 (267f.); *VGH Mannheim* VBlBW 2010, 357 (361).

[238] Ein bedeutsames Prinzip ist in diesem Zusammenhang auch das Zentrale-Orte-Prinzip, das in § 2 II Nr. 2 ROG normativ verankert ist; vgl. dazu Bielenberg/Runkel/Spannowsky/*Runkel*, ROG, Stand 2010, § 2 Rn. 33 ff.

[239] Vgl. *Kment*, Unionsrechtliche Fesseln für die planerische Koordination des Einzelhandels? – Eine Betrachtung unter besonderer Berücksichtigung der unionsrechtlichen Niederlassungsfreiheit, EuR 2011, 266; *Schlarmann/Krappel*, Die Rechtsprechung des Bundesverwaltungsgerichts zu Verkaufsflächenobergrenzen in Sondergebieten für den großflächigen Einzelhandel, DVBl. 2008, 1473; *Vietmeier*, Die Steuerung des großflächigen Einzelhandels nach §§ 2 und 34 BauGB, BauR 2005, 480; *Hoppe*, Das zentralörtliche Gliederungsprinzip: Keine Basis für Gemeindenachbarklagen und für ein klagebewehrtes raumordnungsrechtliches Kongruenzgebot, NVwZ 2004, 282; *Kuschnerus*, ZfBR 2010, 324 (328f.).

[240] BVerwGE 131, 86 (90f.); *BVerwG* BRS 64 Nr. 28; BRS 69 Nr. 31; *OVG Münster* NVwZ-RR 2004, 171 (172f.).

[241] Siehe hierzu oben § 9 Rn. 80.

[242] Zu Stellplätzen und Garagen eingehend *Otto* in Bd. II § 5 II; ferner *Geiger*, Grenzgaragen außerhalb festgesetzter Bauräume, BayVBl. 1995, 587; *Mampel*, Grenzgaragen, UPR 1995, 328; *Sarnighausen*, NVwZ 1996, 7; zum Nachbarschutz *Dürr*, Der baurechtliche Nachbarschutz gegenüber Stellplätzen und Garagen, BauR 1997, 7.

[243] BVerwGE 2, 122 (125 f.) = NJW 1955, 1452.

vom Bauherrn gewünschten Stellplätze errichtet werden dürfen, bestimmt der Bebauungsplan entweder durch § 12 BauNVO oder durch ausdrückliche Festsetzung (§ 9 I Nr. 4 und 22 BauGB). Als Nebenanlagen nach § 14 BauNVO können Stellplätze und Garagen nicht errichtet werden, da § 12 BauNVO für sie *lex specialis* ist.[244] Der Grundsatz der Rücksichtnahme ist zu beachten.[245]

aa) Prinzipielle Zulässigkeit

Nach § 12 I BauNVO sind Stellplätze und Garagen grundsätzlich in allen Baugebieten zulässig.[246] Die Begriffe „Stellplätze und Garagen" werden von der BauNVO nicht umschrieben und voneinander abgegrenzt, sondern als **Sammelbegriff** verwendet.[247] Eine **Garage** ist ein ganz oder teilweise („offene Garage") umschlossener Raum zum Abstellen von Kraftfahrzeugen. Ein **Stellplatz** – früher: Einstellplatz – ist eine Fläche im Freien, die dem Abstellen von Kraftfahrzeugen außerhalb der öffentlichen Verkehrsfläche dient. Er kann überdacht sein („Carport"). Sammelgaragen fallen ebenfalls unter § 12 I BauNVO, nicht aber gewerblich betriebene Garagen, die nach den Vorschriften über die planungsrechtliche Zulässigkeit gewerblicher Betriebe zu beurteilen sind.

85

bb) Einschränkungen

§ 12 II, III BauNVO schränkt die prinzipielle Zulässigkeit von Stellplätzen und Garagen in bestimmten Baugebieten ein.[248] Insbesondere in **Wohngebieten** sowie in Sondergebieten, die der Erholung dienen, sind Stellplätze und Garagen nur für den durch die zugelassene Nutzung verursachten gebiets-, nicht grundstücksbezogenen Bedarf zulässig (§ 12 II BauNVO).[249] Die prinzipielle Zulässigkeit von Stellplätzen und Garagen kann zudem durch Bebauungsplan eingeschränkt werden. Nach § 12 VI BauNVO kann im Bebauungsplan festgesetzt werden, dass Stellplätze und Garagen im Baugebiet oder in **bestimmten Teilen des Baugebiets** unzulässig oder nur in **beschränktem Umfang** (Festsetzung von Höchstzahlen) zulässig sind.[250] Eine Einschränkung kann auch § 15 BauNVO verlangen.[251] Die bauordnungsrechtliche Pflicht zur Herstellung von notwendigen Stellplätzen oder Garagen bleibt hiervon unberührt (arg. § 12 VII BauNVO). Sie muss dann auf anderen Grundstücken erfüllt oder, wenn dies nicht möglich ist, finanziell abgelöst werden.[252] Notfalls muss auf die Bebauung verzichtet werden.

86

cc) Garagengeschosse

Wenn **besondere städtebauliche Gründe** dies rechtfertigen, kann der Bebauungsplan nach § 12 IV, V BauNVO und unter Beachtung der Beschränkungen von § 12 II, III

87

---

[244] *VGH Mannheim* BRS 52 Nr. 177; *Fickert/Fieseler*, BauNVO, § 12 Rn. 1.1; EZBK/Stock, BauGB, § 12 BauNVO, Rn. 15.
[245] *VGH Mannheim* BRS 54 Nr. 100; *OVG Lüneburg* BRS 52 Nr. 115; *VGH München* NVwZ-RR 1995, 9 (10).
[246] § 12 I BauNVO ist insoweit in allen Fassungen der BauNVO unverändert geblieben. Für übergeleitete (§ 173 III BBauG) oder vor dem 1. 8. 1962 festgesetzte Bebauungspläne gilt statt § 12 BauNVO noch die RGaO.
[247] *BVerwG* NVwZ 1986, 120 (120). Dies schließt es nach *BVerwG* NVwZ-RR 1990, 121 (123) nicht aus, dass der Bebauungsplan Garagen und Stellplätze unterschiedlich behandelt.
[248] BVerwGE 127, 231 (233 ff.).
[249] Hierzu und zum Nachbarschutz, den § 12 II BauNVO vermittelt, BVerwGE 94, 151 (154 ff.) = NJW 1994, 1546.
[250] *BVerwG* NJW 1997, 2063 (2064).
[251] *BVerwG* NVwZ 2001, 813 (814 f.).
[252] Dazu auch *Schröer*, Erzwungene Ablösung von Kfz-Stellplätzen verfassungswidrig?, NVwZ 1997, 140.

BauNVO festsetzen, dass in bestimmten Geschossen oder Teilen von Geschossen, sie mögen ober- oder unterhalb der Geländeoberfläche liegen, nur Stellplätze oder Garagen und zugehörige Nebeneinrichtungen zulässig sind.[253] Die Festsetzung eines solchen Garagengeschosses schließt zugleich Garagen und Stellplätze an anderer Stelle auf dem Grundstück aus, sofern der Bebauungsplan nichts anderes bestimmt.

b) Gebäude und Räume für freie Berufe (§ 13 BauNVO)

88 In allen Baugebieten außer im Sondergebiet lässt § 13 BauNVO die Berufsausübung freiberuflich Tätiger und solcher Gewerbetreibender zu, die ihren Beruf in ähnlicher Art ausüben.[254] Diese **planungsrechtliche Privilegierung**, die keine andere Berufsgruppe genießt, rechtfertigt sich daraus, dass die Leistungen der freiberuflich Tätigen von den Bewohnern aller Baugebiete benötigt werden. Auch ist ihre Berufsausübung in der Regel mit keinen Belästigungen oder Störungen verbunden, stellt keine Anforderungen an die Umgebung und passt daher in jedes Baugebiet.[255] Sie generell aus einem Baugebiet zu verbannen, wäre mit Art. 12, 14 GG nicht zu vereinbaren.

89 Die **freien Berufe**[256] – ein von Hause aus soziologischer Begriff,[257] der in § 18 I Nr. 1 EStG Eingang in das Steuerrecht gefunden hat – haben Dienstleistungen zum Gegenstand, die vorwiegend auf individuellen geistigen Leistungen oder persönlicher Fertigkeit beruhen. Der Freiberufler befindet sich in unabhängiger Stellung und bietet seine Leistungen allgemein an. Unter diesen Begriff fallen – in Anlehnung an § 18 I Nr. 1 EStG – insbesondere Ärzte,[258] Tierärzte,[259] Rechtsanwälte, Steuerberater, Wirtschaftsprüfer, Architekten. Ihren Beruf üben in ähnlicher Art Versicherungsvertreter, Handelsmakler, Handelsvertreter, Immobilienmakler sowie Sachverständige aus. Dagegen fallen Betriebe des Handels oder des Handwerks, auch wenn sie nur einen kleinen Umfang haben, nicht unter § 13 BauNVO, ebenso wenig wie ein Innungsverband,[260] die zentrale Verwaltung von Lohnsteuerhilfsvereinen,[261] ein Bräunungsstudio[262] oder ein Hundesalon.[263]

90 **Gebäude für freie Berufe**,[264] die § 13 BauNVO nur in den Baugebieten nach §§ 4 a bis 9 BauNVO zulässt, sind Baulichkeiten, die überwiegend für freie oder ähnliche Berufe genutzt werden, wie ein „Ärztehaus". Räume für freie Berufe sind dagegen in den Gebäuden aller Baugebiete zulässig, vorausgesetzt, sie sind nicht erheblichen Störungen ausgesetzt.[265] In den Gebäuden darf nur ein Teil, und zwar höchstens die

---

[253] Zur möglichen Privilegierung von Garagengeschossen bei der Berechnung des Nutzungsmaßes siehe § 21 a BauNVO.
[254] Werden diese Berufe büromäßig ausgeübt (Rechtsanwalt), stehen ihnen auch die in einigen Baugebieten zulässigen Bürogebäude (§§ 4 a II Nr. 4, 6 II Nr. 2, 7 II Nr. 1, 8 II Nr. 2 BauNVO) offen. Im Sondergebiet können Räume für freie Berufe aufgrund der Zweckbestimmung des Gebiets zulässig sein, etwa für den Badearzt im Kurgebiet.
[255] Siehe auch *VG Würzburg* NVwZ-RR 1996, 136 (139).
[256] Zum Folgenden BVerwGE 68, 324 (326 ff.) = NVwZ 1984, 236; *BVerwG* BRS 23 Nr. 36.
[257] BVerfGE 10, 354 (364).
[258] *BVerwG* NVwZ 2008, 786 (787); *VGH Kassel* NVwZ-RR 2010, 181 L; *OVG Münster* BRS 65 Nr. 71.
[259] *OVG Münster* BRS 55 Nr. 55.
[260] BVerwGE 68, 324 (327 f.) = NVwZ 1984, 236.
[261] *BVerwG* NVwZ-RR 1997, 398 (398 f.).
[262] *VGH Mannheim* BRS 44 Nr. 44.
[263] *BVerwG* BRS 42 Nr. 57.
[264] Hierzu *BVerwG* NVwZ 1996, 787 (788).
[265] *VGH München* ZfBR 2008, 598 (600).

§ 9. Die Festsetzungen im Bebauungsplan – insbesondere Vorgaben der BauNVO 167

Hälfte der Wohnungen oder Wohnfläche freiberuflich genutzt werden.[266] Der Wohnhauscharakter darf nicht beseitigt werden.[267] Die schleichende Umfunktionierung von Wohngebäuden in bürogenutzte Gebäude ist dadurch erheblich erschwert.

c) Nebenanlagen (§ 14 BauNVO)

§ 14 I BauNVO lässt in allen Baugebieten **untergeordnete Nebenanlagen und Einrichtungen** zu. Sie gelten als im Bebauungsplan festgesetzt.[268] Zu ihnen gehören nach § 14 I 2 BauNVO auch Einrichtungen und Anlagen für die Kleintierhaltung, deren genauen Standort der Bebauungsplan nach § 9 I Nr. 19 BauGB festsetzen kann. Garagen und Stellplätze rechnen wegen § 12 BauNVO nicht zu den Nebenanlagen.[269] Nach § 14 II BauNVO können in den Baugebieten außerdem die der Versorgung mit Elektrizität, Gas, Wärme und Wasser sowie der Ableitung von Abwasser dienenden sowie fernmeldetechnische Nebenanlagen als Ausnahmen zugelassen werden, auch soweit für sie im Bebauungsplan keine besonderen Flächen festgesetzt sind.[270] Die Nebenanlagen können zusätzlich zu den im Baugebiet zugelassenen Hauptanlagen errichtet werden. Dies wird dadurch gefördert, dass sie nach §§ 20 IV, 21 III BauNVO auf die zulässige Geschossfläche des Baugrundstücks und auf die Baumasse nicht angerechnet werden und nach § 23 V 1 BauNVO auch auf den nicht überbaubaren Grundstücksflächen zugelassen werden können. Der Bebauungsplan kann gem. § 14 I 3 BauNVO die Zulässigkeit von Nebenanlagen einschränken oder ausschließen.

91

Damit eine Anlage oder Einrichtung eine nach § 14 I BauNVO zulässige Nebenanlage ist, müssen die folgenden vier Voraussetzungen erfüllt sein:[271]

– Sie muss dem bestimmungsgemäßen **Nutzungszweck** des Grundstücks oder des Baugebiets dienen, ihm förderlich sein.

92

Beispiel: In einem Wohngebiet können eine Schwimmhalle oder ein Schwimmbecken,[272] eine Hundehütte[273] oder ein Tennisplatz[274] dem Nutzungszweck „Wohnen" dienen. In einem Gewerbegebiet dient eine Werbeanlage dem Nutzungszweck des Gewerbebetriebs, für den sie wirbt.[275] Dagegen ist eine Werbeanlage für Fremdwerbung keine Neben-, sondern Hauptanlage, da der dienende Bezug zum Nutzungszweck des Grundstücks fehlt.[276]

93

– Die Anlage darf der **Eigenart des umgebenden Baugebiets** nicht widersprechen.[277]

94

---

[266] BVerwGE 68, 324 (330) = NVwZ 1984, 236; *OVG Münster* NVwZ-RR 1996, 133 (135).
[267] *BVerwG* NVwZ 2001, 1284 (1285); *VGH Mannheim* NVwZ-RR 2008, 22 (22).
[268] BVerwGE 91, 234 (238).
[269] *VGH Mannheim* BRS 52 Nr. 177.
[270] Problematisch ist in diesem Zusammenhang die Zulässigkeit von Mobilfunksendeanlagen *VGH Kassel* NVwZ 2000, 694 (695) – ablehnend; *VGH München* DVBl. 2010, 659 (660 f.); BRS 71 Nr 11; NVwZ-RR 2010, 11 (12); *OVG Münster* NVwZ-RR 2004, 404 (405 f.); *VGH Kassel* BRS 70 Nr. 79; *König/Roeser/Stock/Stock*, BauNVO, § 14 Rn. 35 – befürwortend; *OVG Münster* NVwZ-RR 2003, 637 (639 ff.) – offen gelassen; siehe ferner *Bromm*, Die Errichtung von Mobilfunkanlagen im Bauplanungs- und Bauordnungsrecht, UPR 2003, 57; *Herkner*, BauR 2006, 1399.
[271] Zum Folgenden *BVerwG* NJW 1977, 2090.
[272] *OVG Münster* BRS 28 Nr. 20, bestätigt durch *BVerwG* NJW 1977, 2090.
[273] *OVG Münster* BRS 30 Nr. 29.
[274] *BVerwG* NJW 1986, 393; *VGH München* BRS 38 Nr. 77; *VGH Kassel* BRS 38 Nr. 78, jeweils wegen der besonderen örtlichen Verhältnisse § 14 BauNVO verneinend.
[275] *VGH Mannheim* BRS 50 Nr. 141.
[276] BVerwGE 91, 234 (239 f.).
[277] Dazu *VGH Mannheim* BRS 42 Nr. 40.

95 **Beispiel:** Ein Widerspruch ist angenommen worden zwischen einem Wohngebiet und einer größeren Windenergieanlage,[278] einem hohen Antennenmast[279] oder einem Raubtierzwinger für zwei Tiger.[280]

96 – Aus der Bezeichnung „Nebenanlage" folgt, dass die Anlage im Verhältnis zum Nutzungszweck des Grundstücks oder des Baugebiets eine untergeordnete, eine **zubehörähnliche Hilfsfunktion** haben muss.[281]

97 **Beispiel:** Keine Nebenanlage liegt vor bei einer Schwimmhalle, deren Größe eine selbstständige Funktion ohne Anlehnung[282] an eine „Hauptanlage Wohnhaus" gestatten würde; dasselbe gilt bei einer Tennisanlage von den Ausmaßen einer Vereinssportanlage[283] oder bei einer Mobilfunksendestation und -empfangsstation.[284] Andererseits darf die Anlage nicht derart einer Hauptanlage eingegliedert sein, dass sie ihre Selbstständigkeit verliert und zum wesentlichen Bestandteil wird: Der Anbau einer Toilettenanlage an eine Gastwirtschaft, die überdachte Terrasse an einem Wohnhaus sind Teil des Hauses, nicht Nebenanlage[285] und daher auf Grund- und Geschossfläche anzurechnen und auf den nicht überbaubaren Grundstücksflächen nicht zulässig.

98 – Da § 14 I BauNVO ausdrücklich von einer „untergeordneten" Nebenanlage spricht, muss die Anlage eine räumlich-gegenständliche, eine **„optische" Unterordnung** aufweisen.

99 **Beispiel:** Eine räumlich-gegenständliche Unterordnung fehlt bei einer großen Schwimmhalle[286] oder einer großen Tennisanlage.[287]

7. Modifizierung der an sich im Baugebiet zulässigen Nutzungen durch den Bebauungsplan

100 Der aus § 1 III 1 BauNVO für die Gemeinde folgende Zwang, die Art der baulichen Nutzung im Bebauungsplan durch Festsetzung eines der typisierten Baugebiete der §§ 2 ff. BauNVO zu bestimmen, wird dadurch gemildert, dass die Gemeinde nach Maßgabe von § 1 IV bis X BauNVO berechtigt ist, die Baugebiete aus **städtebaulichen Gründen**[288] durch sog. „Feinsteuerung" zu modifizieren.[289] Örtlichen Gegebenheiten sowie planerischen Detailvorstellungen der Gemeinde kann dadurch be-

---

[278] *OVG Münster* BRS 36 Nr. 75.
[279] *VGH Mannheim* BRS 40 Nr. 49.
[280] *VG Berlin* NJW 1984, 140.
[281] *VGH München*, Beschl. v. 22. 8. 2008 – 15 ZB 08/613 – JURIS; *OVG Lüneburg* BRS 73 Nr. 72.
[282] *OVG Münster* BRS 35 Nr. 39.
[283] *VGH München* BRS 38 Nr. 77.
[284] *BVerwG* NVwZ 2000, 680 (680 f.). Einzelheiten sind hier jedoch noch nicht geklärt; vgl. *OVG Münster* NVwZ-RR 2004, 481 (481 f.); *VGH München* ZfBR 2008, 500 (500 ff.); *OVG Münster* NVwZ-RR 2005, 608 (609 f.); BRS 69 Nr. 84; *OVG Lüneburg* BRS 67 Nr. 64; *Tysper*, BauR 2008, 614 (620 ff.); *Gehrken/Kahle/Mechel*, Mobilfunkanlagen im öffentlichen Immissionsschutz- und Baurecht, ZUR 2006, 72 (74 f.).
[285] *VGH Mannheim* BRS 29 Nr. 22 und 91.
[286] *OVG Münster* BRS 35 Nr. 39.
[287] *VGH Kassel* BRS 38 Nr. 78.
[288] Die stets erforderlich sind. Dazu BVerwGE 77, 308 (312) = NVwZ 1982, 1072.
[289] Vgl. dazu auch EZBK/*Söfker*, BauGB, § 1 BauNVO, Rn. 8 ff.; *Manssen*, Steuerung des Einzelhandels mittels Bauleitplanung, SächsVBl. 2008, 111 (113 f.); *Kuschnerus*, Der sachgerechte Bebauungsplan, Rn. 570 ff.

grenzt Rechnung getragen werden. § 1 IV bis X BauNVO lässt vor allem die folgenden Modifizierungen zu:

a) Erweiterung der allgemein zulässigen Nutzung

Die Gemeinde kann nach § 1 VI Nr. 2 BauNVO die von der BauNVO für ein Baugebiet allgemein zugelassenen Nutzungen erweitern, indem sie alle oder einzelne der als Ausnahme vorgesehenen Nutzungen zu allgemein zulässigen **Nutzungen „hochstuft"**. 101

Beispiel: Der Bebauungsplan erklärt die nach § 2 III Nr. 3 BauNVO im Kleinsiedlungsgebiet ausnahmsweise zulässigen Tankstellen für allgemein zulässig. 102

Voraussetzung ist, dass die **allgemeine Zweckbestimmung** des Baugebiets **gewahrt bleibt**. Deshalb findet die Erweiterung ihre Grenze an dem, was die BauNVO für das jeweilige Baugebiet für ausnahmsweise zulässig und damit für prinzipiell gebietstypisch und gebietsverträglich erklärt hat. Die Übernahme von Nutzungsmöglichkeiten aus anderen Baugebieten ist nicht zulässig. Will die Gemeinde anderes, muss sie als Art der baulichen Nutzung ein anderes Baugebiet festsetzen. Durch das Heraufstufen von Ausnahmen zu allgemein zulässigen Nutzungen erhält der Eigentümer einen Rechtsanspruch auf Genehmigung der nunmehr allgemein zulässigen Nutzung; die Gemeinde begibt sich der Möglichkeit, im Rahmen ihres Ermessens (§ 36 BauGB) die Zulassung dieser Nutzungen zu steuern. 103

b) Ausschluss oder Rückstufung von an sich allgemein zulässigen Nutzungen

Nach § 1 V BauNVO kann im Bebauungsplan bestimmt werden, dass „bestimmte Arten von Nutzungen, die nach den §§ 2, 4 bis 9 und 13 BauNVO allgemein zulässig sind, nicht zulässig sind".[290] Der **Nutzungskatalog eines Baugebiets** kann dadurch **verkleinert** werden. Unter dem Begriff „bestimmte Arten von Nutzungen" sind die in den §§ 2, 4 bis 9 und 13 BauNVO mit einem typisierenden Begriff als allgemein zulässig bezeichneten Nutzungen gemeint, beispielsweise in § 7 II Nr. 2 BauNVO die „Einzelhandelsbetriebe, Schank- und Speisewirtschaften, Betriebe des Beherbergungsgewerbes und Vergnügungsstätten". Von ihnen können einzelne gestrichen werden. Es ist nicht erforderlich, dass sämtliche der in einer Nummer der Absätze 2 der Baugebietsvorschriften aufgeführten Nutzungen ausgeschlossen werden. § 1 V BauNVO verlangt **keinen „en bloc"-Ausschluss**.[291] 104

Beispiel: Im Kerngebiet können die nach § 7 II Nr. 2 BauNVO zulässigen „Vergnügungsstätten" ausgeschlossen werden, ohne dass zugleich die anderen in § 7 II Nr. 2 BauNVO ebenfalls aufgeführten Nutzungen ausgeschlossen werden müssen.[292] 105

Statt eine Nutzung gänzlich auszuschließen, kann der Bebauungsplan nach § 1 V BauNVO auch bestimmen, dass eine im Baugebiet an sich allgemein zulässige Nutzung nur **ausnahmsweise zulässig** sein soll. Dadurch wird die Zulassung dieser Nutzungsarten, die an sich zugelassen werden müssten und nur über § 15 BauNVO verhindert werden könnten, in das Ermessen von Baugenehmigungsbehörde und 106

---

[290] BVerwGE 77, 308 (314 f.); 133, 310 (313); *BVerwG* NVwZ 2005, 324 (325 ff.); ZfBR 2009, 364 (365); *VGH Mannheim* VBlBW 2009, 143 (143).
[291] BVerwGE 77, 308 (313 ff.) = NVwZ 1987, 1072; 77, 317 (320) = NVwZ 1987, 1074.
[292] BVerwGE 77, 308 (313 ff.) = NVwZ 1987, 1072; 77, 317 (319 ff.) = NVwZ 1987, 1074. Vgl. auch *BVerwG* NVwZ-RR 1992, 117; *VGH Mannheim* BRS 49 Nr. 58.

2. Teil. Die Bauleitplanung

Gemeinde (§§ 31 I, 36 BauGB) gestellt, die dadurch ein zusätzliches Steuerungsinstrument erhalten.

107 **Beispiel:** Der Bebauungsplan kann bestimmen, dass im Kerngebiet abweichend von § 7 II Nr. 2 BauNVO Vergnügungsstätten nur ausnahmsweise zulässig sind.

108 Begrenzt wird diese Beschränkungsbefugnis durch die **Zweckbestimmung des Baugebiets**, die **gewahrt bleiben** muss. Deshalb ist es unzulässig, in einem Dorfgebiet Wirtschaftsstellen land- und forstwirtschaftlicher Betriebe oder Wohnungen auszuschließen oder nur noch ausnahmsweise zuzulassen, da sie nach § 5 I BauNVO zu den Hauptnutzungen des Dorfgebiets gehören.[293] Die Zweckbestimmung eines Mischgebiets ist nicht mehr gewahrt, wenn sämtliche nicht störenden Gewerbebetriebe ausgeschlossen werden.[294]

c) Ausschluss von Ausnahmen

109 Nach § 1 VI Nr. 1 BauNVO kann im Bebauungsplan festgesetzt werden, dass alle oder einzelne der in den Baugebietsvorschriften der §§ 2 bis 9 BauNVO vorgesehenen Ausnahmen **nicht Bestandteil des Bebauungsplans** werden. Die an sich ausnahmsweise zulässige Nutzung wird damit gänzlich ausgeschlossen und kann nur noch im Wege der Befreiung (§ 31 II BauGB) zugelassen werden.

110 **Beispiel:** Die nach § 8 III Nr. 2 BauNVO im Gewerbegebiet ausnahmsweise zulässigen Anlagen für kirchliche, kulturelle, soziale und gesundheitliche Zwecke werden ausgeschlossen.[295]

111 Nennenswerte **praktische Bedeutung** hat § 1 VI Nr. 1 BauNVO nicht, da die Gemeinde über ihr Ermessen (§ 31 I BauGB) ohnehin die Zulassung von Ausnahmen weitgehend verhindern kann.

d) Ausschluss einzelner Arten von Anlagen

112 Nach § 1 IX BauNVO kann im Bebauungsplan festgesetzt werden, dass nur **bestimmte Arten** der in den Baugebieten allgemein oder ausnahmsweise zulässigen baulichen Anlagen zulässig sind, dass sie nicht zulässig sind oder nur ausnahmsweise zugelassen werden können.[296] Dies lässt es zu, Einzelhandelsbetriebe als Unterart der Nutzung „Gewerbebetriebe aller Art" in einem Gewerbegebiet (§ 8 BauNVO),[297] Spielhallen als Unterart der Nutzung „Vergnügungsstätten" in einem Kerngebiet (§ 7 BauNVO)[298] oder bestimmte chemische Reinigungen als Unterart der Nutzung „sonstige Gewerbebetriebe" in einem Mischgebiet[299] auszuschließen oder nur ausnahmsweise zuzulassen.[300] Voraussetzung ist stets, dass die betroffene „Art der bauli-

---

[293] *OVG Lüneburg* NVwZ 1995, 284 (285 f.); *VGH München* BRS 47 Nr. 53; *OVG Koblenz* BRS 52 Nr. 16; *VGH Mannheim* BRS 52 Nr. 17. Zur Unzulässigkeit des Ausschlusses von Wohngebäuden in einem allgemeinen Wohngebiet *OVG Münster* BRS 40 Nr. 28 und von gewerblicher Nutzung in einem Mischgebiet *OVG Lüneburg* BRS 38 Nr. 38.
[294] *VGH Mannheim* NVwZ-RR 1996, 139; vgl. auch *BVerwG* NVwZ 1999, 1340 (1341).
[295] *OVG Bremen* BRS 55 Nr. 62.
[296] Zum Folgenden BVerwGE 77, 317 (319 ff.) = NVwZ 1987, 1074; *BVerwG* ZfBR 2008, 799 (800); *VGH Mannheim* BRS 73 Nr. 140 sowie *Jahn*, Verbot bzw. Einschränkung von Einzelhandelsbetrieben durch qualifizierten Bebauungsplan gemäß § 1 Abs. 5 und Abs. 9 BauNVO, BayVBl. 1988, 40.
[297] *VGH Kassel* BRS 55 Nr. 6; *VGH München* BRS 50 Nr. 17; siehe dazu auch *BVerwG* NVwZ-RR 1990, 229; *OVG Münster* BRS 49 Nr. 76; *VGH Mannheim* BRS 49 Nr. 73.
[298] *BVerwG* BRS 55 Nr. 42; *OVG Bremen* BRS 47 Nr. 49.
[299] *OVG Saarlouis* BRS 58 Nr. 31.
[300] *OVG Münster* BRS 49 Nr. 77.

chen Anlage" eine **typisierbare Unterart** der von der BauNVO in dem Baugebiet zugelassenen Nutzungen bildet. Deshalb ist es unzulässig, einzelfallbezogen bestimmte konkrete Anlagen zuzulassen oder auszuschließen[301] oder nach der Größe der Anlage, etwa nach der Verkaufsfläche von Handelsbetrieben, zu differenzieren, es sei denn, die Größe typisiert zugleich bestimmte Arten von Anlagen.[302] Eine Sortimentsbeschränkung, die etwa Lebensmittel oder Schuh- und Lederwaren erfasst, ist aber erlaubt.[303]

Beispiel: Eine Beschränkung der im allgemeinen Wohngebiet zulässigen Einzelhandelsbetriebe durch den Bebauungsplan auf eine Verkaufsfläche von nicht mehr als 400 qm ist unzulässig, weil damit kein bestimmter Typus von Einzelhandelsbetrieb gekennzeichnet wird. 113

Der Ausschluss oder die ausschließliche Zulassung bestimmter Arten baulicher Anlagen durch den Bebauungsplan ist nur zulässig, wenn dies durch **„besondere" städtebauliche Gründe** gerechtfertigt wird.[304] Städtebauliche Gründe müssen für eine noch feinere Ausdifferenzierung der zulässigen Nutzungen sprechen als die, welche die BauNVO vorgenommen hat.[305] 114

e) Horizontale Gliederung

Nach § 1 IV BauNVO können für die in den §§ 4 bis 9 BauNVO bezeichneten Baugebiete[306] im Bebauungsplan Festsetzungen getroffen werden, die das Baugebiet ganz oder teilweise (§ 1 VIII BauNVO) nach der Art der zulässigen Nutzung (Nr. 1) oder nach der Art der Betriebe und Anlagen und deren besonderen Bedürfnissen und Eigenschaften (Nr. 2) „horizontal" gliedern.[307] Die **allgemeine Zweckbestimmung des Baugebiets** muss **gewahrt bleiben**.[308] Dabei ist auf das gesamte Baugebiet, nicht auf dessen durch die horizontale Gliederung entstehenden Teilgebiete abzustellen. Deshalb ist es zulässig, ein Gewerbegebiet in der Weise horizontal zu gliedern, dass in einem Teil nur „nicht wesentlich störende Gewerbebetriebe", in dem anderen Teil „nicht erheblich nachteilige Gewerbebetriebe" zulässig sind.[309] Das in dieser Weise gegliederte Baugebiet entspricht in seiner Gesamtheit noch dem Gebietstypus „Gewerbegebiet". Für Gewerbe- und Industriegebiete kann nach § 1 IV 2 BauNVO die Gliederung auch für mehrere Gewerbe- und Industriegebiete einer Gemeinde zueinander getroffen werden. Danach genügt es, wenn sie – gemeinsam betrachtet – den Gebietstypus wahren.[310] Dadurch ist es möglich, für einzelne Gewerbegebiete Emis- 115

---

[301] *BVerwG* NVwZ 1994, 292 (292); *OVG Münster* BRS 55 Nr. 9.
[302] BVerwGE 77, 317 (321 f.) = NVwZ 1987, 1074; *BVerwG* ZfBR 2009, 364 (365); *OVG Berlin* BRS 50 Nr. 20. Zu unbestimmt nach *OVG Münster* BRS 58 Nr. 33: Ausschluss „zentrumstypischer Einzelhandelsbetriebe" aus einem Gewerbegebiet.
[303] *BVerwG* ZfBR 2008, 72 (72); BRS 67 Nr. 18; NVwZ 2005, 324 (326); *OVG Münster* NVwZ-RR 2004, 171 (171).
[304] Diese müssen sich nicht aus dem Plangebiet („interne Gründe"), sondern können sich auch aus dem übrigen Gemeindegebiet („externe Gründe") ergeben; vgl. *BVerwG* NVwZ-RR 1997, 517 (518) zu § 9 I Nr. 6 BauGB a. F.
[305] BVerwGE 77, 317 (321) = NVwZ 1987, 1074. Vgl. zu den besonderen städtebaulichen Gründen auch *Fickert/Fieseler*, BauNVO, § 1 Rn. 114 f.
[306] Also nicht für Kleinsiedlungs- und reine Wohngebiete, für die ein Bedürfnis nach Gliederung generell verneint wird, und wegen der Sonderregelung des § 1 III 3 BauNVO nicht für Sondergebiete.
[307] *BVerwG* NVwZ 1998, 1067 (1067 f.); ZfBR 2008, 689 (689).
[308] *BVerwG* NVwZ-RR 1990, 171; ZfBR 2008, 689 (689); *OVG Münster* BRS 74 Nr. 73.
[309] *VGH Mannheim* BRS 49 Nr. 73.
[310] Dazu *VGH München* BRS 52 Nr. 10.

sionsgrenzwerte festzusetzen.[311] Die Festschreibung sog. „Zaunwerte", die sich auf eine einzelne Anlage beziehen, sind jedoch unzulässig.[312]

116 **Beispiel:** Ein allgemeines Wohngebiet kann in drei Teilgebiete gegliedert werden, in denen jeweils neben der Hauptnutzung „Wohnen" die anderen (Neben-) Nutzungen des § 4 II Nr. 2 und 3 BauNVO teils ausgeschlossen, teils für nur ausnahmsweise zulässig erklärt werden.[313] Zulässig ist es, ein Dorfgebiet derart zu gliedern, dass in einem Teil die landwirtschaftlichen Betriebe, in einem anderen Teil die Wohnungen konzentriert sind,[314] oder in einem Teil störende landwirtschaftliche Betriebe ausgeschlossen werden.[315] Dagegen ist es unzulässig, in einem räumlich überwiegenden Teil des Dorfgebiets (§ 5 BauNVO) Wirtschaftsstellen landwirtschaftlicher Betriebe auszuschließen, da dies den Gebietscharakter des gesamten Gebiets als Dorfgebiet nicht mehr wahrt.[316]

f) Vertikale Gliederung

117 Von einer „vertikalen" Gliederung baulicher Anlagen spricht man, wenn der Bebauungsplan gem. § 9 III BauGB und § 1 VII BauNVO in den Baugebieten nach §§ 4 bis 9 BauNVO – also wiederum nicht im Kleinsiedlungs-, reinen Wohn- und Sondergebiet – die Art der baulichen Nutzung für bestimmte übereinanderliegende Geschosse, Ebenen oder Teile einer baulichen Anlage unterschiedlich festsetzt.[317] Er kann etwa bestimmen, dass für bestimmte Geschosse, Ebenen oder sonstige Teile baulicher Anlagen

– einzelne oder mehrere der in dem Baugebiet allgemein zulässigen Nutzungen ausschließlich zulässig oder unzulässig sind oder nur als Ausnahme zugelassen werden können oder
– alle oder einzelne Ausnahmen, die in den Baugebieten nach §§ 4 bis 9 vorgesehen sind, nicht oder allgemein zulässig sind.

118 In allen Fällen muss, wie § 1 VII Nr. 3 bestimmt und für Nr. 1 und Nr. 2 analog gilt, die **allgemeine Zweckbestimmung des Baugebiets gewahrt bleiben**. Zulässig ist es nach § 1 IX BauNVO, die vertikale Gliederung auch in Bezug auf **Unterarten baulicher Nutzungen** vorzunehmen. Nach § 1 VIII BauNVO kann sie auf Teile des Baugebiets beschränkt werden. Durch die vertikale Gliederung, die nahezu jede Gestaltung der Nutzung zulässt, kann beispielsweise bestimmt werden, dass im Mischgebiet ab einem bestimmten Geschoss ausschließlich Wohnungen zulässig sind oder dass bestimmte Geschosse gewerblich genutzt werden müssen. Dagegen lässt § 1 VII BauNVO eine Festsetzung **nicht** zu, die besagt, dass ein bestimmter **Prozentsatz der Geschossfläche** eines Gebäudes Wohnzwecken dienen muss, da dies keine Festsetzung für „bestimmte" Geschosse oder Ebenen ist.[318]

119 Festsetzungen nach § 9 III BauGB bedürfen keiner besonderen Rechtfertigung, müssen aber sachlich geboten sein.[319] So ist bezüglich der vertikalen Gliederung zu

---

[311] *BVerwG* NVwZ 1991, 881 (882); NVwZ-RR 1997, 522; NVwZ 1998, 1067 (1067 f.); *Fischer/Tegeder*, Geräuschkontingentierung als Konfliktlösung in der Bauleitplanung, NVwZ 2005, 30 (31 ff.); *Spiegels*, BauR 2007, 315 (317 ff.).
[312] BVerwGE 110, 193 (200 f.).
[313] *OVG Lüneburg* BRS 52 Nr. 12; ähnlich zum besonderen Wohngebiet *VGH Mannheim* BRS 57 Nr. 24.
[314] *OVG Koblenz* BRS 52 Nr. 16.
[315] *VGH München* BRS 49 Nr. 60.
[316] So beiläufig *BVerwG* NVwZ-RR 1990, 171.
[317] Obwohl von § 9 III BauGB allgemein zugelassen, bedarf es der Konkretisierung in der BauNVO. Sie ist in § 1 VII BauNVO, ferner in §§ 4a IV, 7 IV, 12 IV BauNVO erfolgt. Vgl. auch BVerwGE 88, 268 (274 f.); Brügelmann/*Gierke*, BauGB, § 9 Rn. 516 ff.
[318] *BVerwG* NVwZ-RR 1991, 455 (456). Dies kann jedoch gem. § 7 IV Nr. 2 BauNVO im Kerngebiet festgesetzt werden.
[319] BKL/*Löhr*, BauGB, § 9 Rn. 102 u. 105.

fordern, dass eine städtebauliche Situation vorliegt, die eine vertikale Nutzungsvermischung gerade **zweckmäßig** erscheinen lässt, wie etwa in innerstädtischen Kerngebieten.[320]

g) „Fremdkörperfestsetzung"

Bereits bebaute Gebiete bedürfen häufig eines Bebauungsplans, um die vorhandene **Gemengelage zu ordnen** und Konflikte zu lösen. Dabei kann es sich als unmöglich erweisen, die gesamte gewachsene Struktur mit einem der Baugebiete des § 1 II BauNVO zu erfassen. Dies kann zur Folge haben, dass vorhandene Anlagen unzulässig werden, zwar noch aufgrund des ihnen zukommenden Bestandsschutzes erhalten bleiben, aber nicht mehr erweitert oder geändert werden dürfen. Deshalb sieht § 1 X BauNVO vor, dass im Bebauungsplan für ein überwiegend bebautes Gebiet bestimmt werden kann, dass Erweiterungen, Änderungen, Nutzungsänderungen und Erneuerungen dieser nach Festsetzung des Baugebiets zu „**Fremdkörpern**" werdenden Anlagen allgemein zulässig sind oder zugelassen werden können.[321] Der Bebauungsplan kann hierzu nähere Bestimmungen treffen. Stets muss nach § 1 X 3 BauNVO die **allgemeine Zweckbestimmung** des Baugebiets in seinen übrigen Teilen **gewahrt** bleiben.

II. Festsetzungen über das Maß der baulichen Nutzung, die Bauweise und die überbaubaren Grundstücksflächen

In den §§ 16 ff. BauNVO regelt die BauNVO das Maß der baulichen Nutzung, die Bauweise und die überbaubaren Grundstücksflächen.

1. Das Maß der baulichen Nutzung

Nach § 9 I Nr. 1 BauGB kann der Bebauungsplan das Maß der baulichen Nutzung festsetzen. Diese Festsetzung gehört nach § 30 I BauGB zu den Mindestfestsetzungen, die ein Bebauungsplan enthalten muss, um ein **qualifizierter Bebauungsplan** zu sein. Sie ist **nicht nachbarschützend**, sofern sich nicht aus dem Bebauungsplan mit hinreichender Deutlichkeit ergibt, dass der Plangeber der Festsetzung des Maßes der baulichen Nutzung eine nachbarschützende Wirkung beilegen wollte.[322] Durch das Maß der baulichen Nutzung dimensioniert der Bebauungsplan das **Volumen der auf einem Grundstück zulässigen Baukörper**.[323] Gem. § 16 II BauNVO kann das Maß der baulichen Nutzung bestimmt werden durch Festsetzung der Grundflächenzahl oder der Größe der Grundflächen der baulichen Anlagen, der Geschossflächenzahl oder der Größe der Geschossfläche, der Baumassenzahl oder der Baumasse, der Zahl der Vollgeschosse oder der Höhe baulicher Anlagen.

Entschließt sich die Gemeinde, im Bebauungsplan das Maß der baulichen Nutzung festzusetzen, hat sie nach **§ 16 III BauNVO** die Grundflächenzahl oder die Größe

---

[320] BVerwGE 88, 268 (275); BK/*Gaentzsch*, BauGB, § 9 Rn. 76.
[321] *BVerwG* BauR 2002, 1665; NVwZ 2008, 214 (215); *OVG Weimar* UPR 2008, 280 L; *VGH Mannheim* GewArch 2009, 171 (172 f.); *Fischer*, DVBl. 2002, 950; *Reidt*, in: Gelzer/Bracher/Reidt, Bauplanungsrecht, Rn. 1690 ff.
[322] *BVerwG* NVwZ 1996, 170 (171); *VGH Mannheim* BRS 57 Nr. 210; *OVG Bremen* BRS 49 Nr. 191.
[323] Obwohl eine Festsetzung des Maßes der baulichen Nutzung nur für Baugebiete vorgesehen ist (arg. § 17 BauNVO), kann sie auch für Anlagen des Gemeinbedarfs (§ 9 I Nr. 5 BauGB) erfolgen; vgl. *OVG Bremen* BRS 23 Nr. 9 (Altenheim).

der Grundflächen der baulichen Anlagen stets[324] und die Zahl der Vollgeschosse oder die Höhe baulicher Anlagen dann festzusetzen, wenn anderenfalls öffentliche Belange, insbesondere das Orts- und Landschaftsbild, beeinträchtigt werden können. Im Übrigen entscheidet die Gemeinde nach ihrem planerischen Ermessen, welcher der in § 16 II BauNVO genannten Festsetzungen sie sich zur Bestimmung des Maßes der baulichen Nutzung bedient. Sie ist dabei an die von **§ 17 BauNVO** vorgegebenen **Obergrenzen** gebunden,[325] die sie nur unter den Voraussetzungen des § 17 II, III BauNVO überschreiten darf.[326] Anderenfalls ist der Bebauungsplan nichtig.[327] Das Maß der baulichen Nutzung kann nach § 16 V BauNVO für Teile des Baugebiets, für einzelne Grundstücke oder Grundstücksteile und für Teile baulicher Anlagen, und zwar oberhalb wie unterhalb der Geländeoberfläche, unterschiedlich festgesetzt werden,[328] sofern dies aus sachgerechten städtebaulichen Gründen erforderlich ist.[329] Ohne sachlichen Grund würde eine unterschiedliche Festsetzung gegen Art. 3 GG verstoßen. Im Bebauungsplan können nach Art und Umfang bestimmte Ausnahmen von dem festgesetzten Maß der baulichen Nutzung vorgesehen werden (§ 16 VI BauNVO).

a) Zulässige Grundfläche

124 Die auf einem Grundstück zulässige Grundfläche baulicher Anlagen wird durch Festsetzung einer „**Grundflächenzahl**" oder durch unmittelbare Festsetzung der Größe der Grundfläche bestimmt. Durch diese Festsetzung, soll im Interesse des Bodenschutzes die **Bodennutzung begrenzt** werden.[330] Außerdem wird die **Größe der Baukörper** von ihrer Grundfläche her dimensioniert, damit wird zugleich das Ausmaß der möglichen Überbauung der Grundstücke festgelegt und als Folge dessen der Umfang der auf den Grundstücken zu erhaltenden Freiflächen bestimmt. Die Stellung der baulichen Anlagen auf den Grundstücken wird durch die Festsetzung ihrer zulässigen Grundflächen nicht festgelegt. Dies ist nur durch die Festsetzung von Baulinien, Baugrenzen oder Bebauungstiefen gem. § 23 BauNVO möglich.

aa) Grundflächenzahl

125 In der Regel erfolgt die Bestimmung der auf den Baugrundstücken zulässigen Grundflächen baulicher Anlagen durch Festsetzung einer Grundflächenzahl[331] (§ 16 II Nr. 1 BauNVO). Sie gibt an, wie viel **Quadratmeter Grundfläche baulicher Anlagen je Quadratmeter Grundstücksfläche**[332] zulässig sind (§ 19 I BauNVO). Sie ist eine **relative Zahl** (Beispiel: GRZ 0,4), die höchstens, nämlich wenn das Grundstück vollständig überbaut werden darf, 1,0 betragen kann. Bezugsgröße ist nach § 19 III

---

[324] Unterlässt sie dies, ist der Bebauungsplan nichtig, *BVerwG* NVwZ 1996, 894 (894). Die BauNVO 1962, 1968, 1971 verlangten diese Festsetzungen nicht.

[325] Nach *BVerwG* NVwZ 1985, 748 (748 f.) richtet sich § 17 BauNVO ausschließlich an die planende Gemeinde. Er vermittelt aus sich heraus keinen Drittschutz.

[326] Zu den Gründen, die eine Überschreitung zulassen, BVerwGE 112, 41 (45 ff.); *BVerwG* NVwZ 2000, 813 (814 f.); *OVG Berlin/Brandenburg* NVwZ-RR 2009, 51 (54 ff.); *VGH Mannheim* BRS 57 Nr. 82; *OVG Berlin* BRS 56 Nr. 42; *VGH Koblenz* BRS 74 Nr. 14.

[327] *OVG Berlin* NVwZ-RR 1995, 69 (70).

[328] Dies erfordert eindeutige Grenzziehungen, ohne die der Bebauungsplan nichtig ist, *OVG Münster* BRS 50 Nr. 28.

[329] *OVG Bremen* BRS 23 Nr. 9.

[330] *BVerwG* NVwZ 1996, 894 (894 f.).

[331] Planzeichen gem. 2.5 Anl.PlanzV: Dezimalzahl oder GRZ mit Dezimalzahl, beispielsweise 0,4 oder GRZ 0,4.

[332] Zum Grundstücksbegriff der BauNVO *BVerwG* BRS 63 Nr. 94.

BauNVO die Fläche des Grundstücks,[333] die im Bauland hinter der festgesetzten Straßenbegrenzungslinie, ersatzweise hinter der tatsächlichen Straßengrenze liegt oder vom Bebauungsplan als maßgebend festgesetzt ist. Gem. § 21 a II BauNVO kann der Bebauungsplan zulassen, dass die Grundstücksfläche fiktiv durch Hinzurechnung von **Flächenanteilen an außerhalb des Grundstücks liegenden Gemeinschaftsanlagen** wie Kinderspielplätzen, Freizeiteinrichtungen, Stellplätzen oder Garagen erhöht wird. Durch diese Erhöhung der Bebaubarkeit des Grundstücks soll ein Anreiz zur Schaffung dieser Gemeinschaftsanlagen gegeben werden. Aus der Multiplikation der in Quadratmetern ausgedrückten Größe des Grundstücks mit der Grundflächenzahl errechnet sich die auf einem Grundstück „zulässige Grundfläche" (§ 19 II BauNVO).

Beispiel: Größe des Grundstücks: 1000 qm; Grundflächenzahl: 0,4; auf dem Grundstück zulässige Grundfläche der baulichen Anlagen: 400 qm; Freifläche: 600 qm.   126

Die „zulässige Grundfläche" ist somit die rechnerisch ermittelte Grundstücksfläche, die mit baulichen Anlagen überdeckt werden darf. „Überdeckt" ist die Fläche des Grundstücks, die bei einer senkrechten Grundrissprojektion der baulichen Anlagen in Anspruch genommen wird. Deshalb gehören in den Luftraum über dem Baugrundstück hineinragende Bauteile, wie überkragende oder auf Stelzen stehende Obergeschosse oder Balkone zu den das Grundstück überdeckenden Bauteilen. Die Grundflächen von Garagen und Stellplätzen mit ihren Zufahrten, von Nebenanlagen (§ 14 BauNVO) und von baulichen Anlagen unterhalb der Geländeoberfläche, durch die das Grundstück unterbaut wird, sind nach § 19 IV BauNVO mitzurechnen.[334] Die zulässige Grundfläche darf jedoch durch die vorgenannten Anlagen bis zu 50%, höchstens jedoch bis zu einer GRZ von 0,8 überschritten werden. Weitere Überschreitungen in geringfügigem Ausmaß können zugelassen werden. Im Bebauungsplan können abweichende Bestimmungen getroffen werden. Soweit der Bebauungsplan nichts anderes festsetzt, kann im Einzelfall von der Einhaltung der vorgenannten Grenzen bei Überschreitungen mit geringfügigen Auswirkungen auf die natürliche Funktion des Bodens abgesehen werden. Dies gilt auch, wenn die Einhaltung der Grenzen zu einer wesentlichen Erschwerung der zweckentsprechenden Grundstücksnutzung führen würde. Hierdurch ist es möglich, Balkone, Loggien, Terrassen sowie bauliche Anlagen, die nach Landesrecht im Grenzabstand bzw. Bauwich oder in den Abstandsflächen zulässig sind oder zugelassen werden können und die nach § 19 IV BauNVO 1968 und 1979 generell nicht angerechnet wurden, im Einzelfall außer Ansatz zu lassen. § 21 a III BauNVO lässt in der dort näher geregelten Weise eine Überschreitung der zulässigen Grundfläche durch überdachte Stellplätze und Garagen zu.   127

bb) Größe der Grundflächen

Statt mit Hilfe der Grundflächenzahl die zulässige Grundfläche der baulichen Anlagen relativ, in Abhängigkeit von der Grundstücksgröße, zu bestimmen, kann der Bebauungsplan gem. § 16 II Nr. 1 BauNVO die absolute Größe[335] der überbaubaren Grundstücksfläche[336] festsetzen.   128

---

[333] Maßgebend ist in der Regel das Buchgrundstück. Vgl. *BVerwG* BRS 23 Nr. 45; *Praml*, Das Baugrundstück im Planungsrecht, DVBl. 1980, 218.
[334] Anders die für ältere Bebauungspläne noch maßgebenden früheren Fassungen der BauNVO. Nach ihnen waren die Grundflächen von Nebenanlagen und teilweise von Garagen und Stellplätzen nicht mitzurechnen. Zur Verstärkung des Bodenschutzes (§ 1 a II BauGB) ist seit der BauNVO 1990 die Anrechnung auf die zulässige Grundfläche vorgeschrieben.
[335] *VGH München* NVwZ-RR 2007, 79 (79 f.); NVwZ-RR 2007, 447 (448 f.).
[336] Planzeichen gem. 2.6 Anl.PlanzV: GR mit Flächenangabe (GR 100 qm).

129 **Beispiel:** GR 100 qm.

130 Die Festsetzung einer absoluten Größe empfiehlt sich, wenn bei unterschiedlichen Grundstücksgrößen sichergestellt werden soll, dass bauliche Anlagen von im Höchstmaß gleich großer Grundfläche errichtet werden. Würde bei unterschiedlicher Grundstücksgröße eine Grundflächenzahl festgesetzt, könnten große Grundstücke mit großen, kleine Grundstücke jedoch nur mit kleinen Anlagen bebaut werden, wodurch das Ortsbild beeinträchtigt werden könnte. Die Festsetzung der überbaubaren Grundstücksfläche als absolute Größe dient daher auch **gestalterischen Zwecken**. Gleichwohl machen die Gemeinden hiervon nur selten Gebrauch. Die relative Grundflächenzahl beherrscht die planerische Praxis.

b) Zulässige Geschossfläche

131 Durch die Festsetzung der auf den Grundstücken zulässigen **Geschossfläche** (§§ 16 II Nr. 2, 20 II bis IV BauNVO) dimensioniert der Bebauungsplan die **Baukörper** und gestaltet die **Bebauungsdichte des Plangebiets**. Sie erfolgt durch Festsetzung einer Geschossflächenzahl oder der Größe der Geschossfläche.[337] Die auf einem Grundstück zulässige Geschossfläche ist von unmittelbarer Bedeutung für die Erstellungskosten eines Bauwerks.

132 **Beispiel:** Bei einer GFZ von 0,4 dürfen gem. § 20 II BauNVO je 1 qm Grundstücksfläche 0,4 qm Geschossfläche errichtet werden. Für die Errichtung von 1 qm Geschossfläche werden mithin 2,5 qm Grundstücksfläche benötigt. Beträgt der Grundstückspreis 250,- €/qm, werden die Baukosten für die Erstellung eines Quadratmeters Geschossfläche mit 675,- € Grundstückskosten belastet. Bei einer GFZ von 2,0 sind für 1 qm Geschossfläche nur noch 0,5 qm Grundstücksfläche erforderlich. Die Grundstückskosten je 1 qm Geschossfläche würden sich nur noch auf 125,- € belaufen. Die geringere Belastung mit Grundstückskosten, die zu einer geringeren Kostenmiete führt, wird allerdings erkauft mit größerer Bebauungsdichte und damit in der Regel mit geringerem Wohnwert.

aa) Geschossflächenzahl

133 Zumeist wird die auf einem Grundstück **zulässige Geschossfläche** (§ 20 III BauNVO) durch die Festsetzung einer **Geschossflächenzahl**[338] (Beispiel: GFZ 0,6) bestimmt. Sie gibt an, wie viel Quadratmeter Geschossfläche je Quadratmeter Grundstücksfläche zulässig sind (§ 20 II BauNVO).[339] Soweit der Bebauungsplan nichts anderes bestimmt, sind die Flächen von Aufenthaltsräumen in anderen als Vollgeschossen einschließlich ihrer Treppenräume und Umfassungswände nicht mitzurechnen. Dadurch soll der Dachgeschossausbau erleichtert werden. **Nebenanlagen** (§ 14 BauNVO), Balkone, Loggien, Terrassen sowie bauliche Anlagen, die nach Landesrecht in den Abstandsflächen zulässig sind oder zugelassen werden können, bleiben nach § 20 IV BauNVO bei der Ermittlung der Geschossfläche unberücksichtigt, ebenso wie nach Maßgabe von § 21 a IV BauNVO die Flächen bestimmter Garagen und Stellplätze. Um einen Anreiz für den Bau von Tiefgaragen und einen Ausgleich für deren hohe Erstellungskosten zu geben, kann der Bebauungsplan nach § 21 a V BauNVO bestimmen, dass sich die zulässige Geschossfläche um die Fläche der Tiefgarage erhöht (sog. „**Tiefgaragenbo-**

---

[337] In Industrie-, Gewerbe- und sonstigen Sondergebieten kann statt der zulässigen Geschossfläche die zulässige Baumasse festgesetzt werden. Dazu alsbald unter § 9 Rn. 135.

[338] Planzeichen gem. 2.1 Anl.PlanzV: Dezimalzahl im Kreis (0,7) oder GFZ mit Dezimalzahl (GFZ 0,7).

[339] Die tatsächliche Geschossfläche eines Gebäudes ist die Summe der Flächen seiner Vollgeschosse, gerechnet nach den Außenmaßen des Gebäudes (§ 20 BauNVO). Vgl. dazu *BVerwG* NVwZ 2006, 1065 (1065 ff.).

nus").³⁴⁰ Welche Grundstücksfläche als Anknüpfungspunkt für die Bemessung der Geschossfläche dient, bestimmt § 19 III BauNVO.

bb) Größe der Geschossfläche

Statt der relativen Geschossflächenzahl kann der Bebauungsplan gem. § 16 II Nr. 2 BauNVO die **absolute Größe** der Geschossfläche³⁴¹ (Beispiel: GF 500 qm) festsetzen. Eine solche Festsetzung ist nur sinnvoll, wenn mit einer Veränderung der Grundstücksgröße nicht zu rechnen ist oder der Bebauungsplan Mindestgrößen der Grundstücke (§ 9 I Nr. 3 BauGB) festsetzt. In der Praxis kommt die Festsetzung der Geschossfläche nur selten vor. Das Bild der Bebauungspläne bestimmt die Geschossflächenzahl.

134

c) Zulässige Baumasse

In Gewerbe-, Industrie- und sonstigen Sondergebieten kann nach § 17 I BauNVO die **Dimensionierung der Baukörper** durch Festsetzung einer an den Maßen des § 17 I BauNVO auszurichtenden **Baumassenzahl** oder der Baumasse³⁴² erfolgen. Die Baumassenzahl gibt nach § 21 I BauNVO an, wie viel Kubikmeter Baumasse je Quadratmeter Grundstücksfläche zulässig sind. Sie ist eine relative Zahl, die die Größe des Baukörpers in Abhängigkeit von der Grundstücksgröße festlegt. Die Grundstücksfläche bemisst sich nach § 19 III BauNVO, die Baumasse nach § 21 III BauNVO. Der Bebauungsplan kann nach § 16 II Nr. 2 BauNVO die Baumasse auch als absolute Zahl festsetzen, unabhängig von der Größe des Grundstücks.

135

d) Zahl der Vollgeschosse

Nach § 16 II Nr. 3 BauNVO kann der Bebauungsplan eine Festsetzung zur Zahl der Vollgeschosse³⁴³ treffen. Hierdurch wird auf die **Dimensionierung der Baukörper** und auf das **Ortsbild** Einfluss genommen. Welche Zahl der Vollgeschosse festgesetzt wird, bestimmt die Gemeinde nach ihrem planerischen Ermessen, **ohne Bindung an Vorgaben aus der BauNVO**.³⁴⁴ Die Festsetzung, die nachbarschützend sein kann,³⁴⁵ erfolgt zwingend oder als Höchstgrenze, der auch eine Mindestgrenze zugeordnet werden kann (§ 16 IV BauNVO). Als Vollgeschoss gilt gemäß § 20 I BauNVO, was nach Landesrecht ein Vollgeschoss ist oder auf die Zahl der Vollgeschosse angerechnet wird.³⁴⁶ Diese Verweisung auf das Landesrecht ist statisch, nicht dynamischer Natur. Maßgebend ist der **bauordnungsrechtliche Vollgeschossbegriff**, der im Zeitpunkt des Inkrafttretens des Bebauungsplans galt.³⁴⁷ Dies kann dazu führen, dass ein Gebäude planungsrechtlich eine andere Zahl von Vollgeschossen aufweist als nach dem

136

---

³⁴⁰ Hierzu *Grziwotz*, BauR 1988, 531.
³⁴¹ Planzeichen gem. 2.2 Anl. PlanzV: GF mit Flächenangabe (GF 500 qm).
³⁴² Planzeichen gem. 2.3 und 2.4 Anl.PlanzV: Dezimalzahl im Rechteck oder BMZ mit Dezimalzahl; BM mit Volumenangabe.
³⁴³ Planzeichen gem. 2.7 Anl. PlanzV: römische Ziffer.
³⁴⁴ § 17 BauNVO 1962, 1968, 1977 enthielt Höchstgrenzen für die Zahl der Vollgeschosse.
³⁴⁵ *OVG Münster* BRS 52 Nr. 180; *OVG Bremen* BRS 57 Nr. 128; a. A. *OVG Lüneburg* BRS 17 Nr. 120.
³⁴⁶ *OVG Greifswald* BRS 71 Nr. 134. Zum Begriff des Vollgeschosses und der Berechnung seiner Zahl *Yurdakul*, BauR 2004, 36; *Boeddinghaus*, Bestimmung der Zahl der Vollgeschosse im Geltungsbereich der Bebauungspläne, BauR 1990, 435; *Jäde*, Das dynamische Vollgeschoß, BayVBl. 1986, 169. Zur Berechnung der Zahl der Vollgeschosse bei versetzten Ebenen innerhalb eines Gebäudes *OVG Münster* BRS 52 Nr. 180; *VGH Kassel* BRS 39 Nr. 103.
³⁴⁷ *OVG Saarlouis* BRS 46 Nr. 100; BRS 50 Nr. 188; *VGH Mannheim* BRS 42 Nr. 114; a. A. *VGH Kassel* BRS 42 Nr. 113.

derzeitigen bauordnungsrechtlichen Vollgeschossbegriff, der u. a. für den Brandschutz, die Abstandsflächen oder die Pflicht zur Herstellung von Aufzügen von Bedeutung ist. Nach § 2 XI 1 BauOBln sind Vollgeschosse Geschosse, deren Oberkante im Mittel mehr als 1,40 m über die Geländeoberfläche hinausragt[348] und die über mindestens zwei Drittel ihrer Grundfläche eine lichte Höhe von mindestens 2,30 m haben.[349] Ähnlich definiert § 2 V 1 BauONW Vollgeschosse als Geschosse, deren Deckenoberkante im Mittel mehr als 1,60 m über die Geländeoberfläche hinausragt und die eine Höhe von mindestens 2,30 m haben. Der Bebauungsplan kann nach § 21 a I BauNVO bestimmen, dass Garagengeschosse auf die Zahl der Vollgeschosse nicht angerechnet werden.

e) Höhe der baulichen Anlagen

137   Sollen die baulichen Anlagen im Plangebiet eine bestimmte Höhe einhalten oder nicht über- oder unterschreiten, muss der Bebauungsplan gem. §§ 16 II Nr. 4, IV, 18 BauNVO die **Höhe der baulichen Anlagen** zwingend oder als Höchst- oder Mindestgrenze festsetzen.[350] Aus Gründen der Normenklarheit sind **Bezugspunkte** zu bestimmen, von und bis zu denen die Höhe der baulichen Anlagen gerechnet wird (§ 18 I BauNVO), etwa das Normalniveau (NN) oder die Straßenhöhe.[351] Auf diese Weise können einheitliche First- oder Traufhöhen oder einheitliche Oberkanten der Gebäude sichergestellt werden. Bei Gebäuden stellt die festgesetzte Zahl der Vollgeschosse eine ungefähre, aber keine genaue Höhenbegrenzung dar, da die Bauordnungen für die Höhe der Vollgeschosse nur eine Mindesthöhe (etwa 2,30 m) vorschreiben.[352] Nur eine Festsetzung der Gebäudehöhe bringt daher eine genaue Begrenzung. Für Anlagen ohne Geschosse, etwa bei Sendemasten, Schornsteinen oder Fabrikhallen, ist die Festsetzung der Höhe der baulichen Anlagen die einzige Möglichkeit, durch den Bebauungsplan Einfluss auf die Höhenausdehnung zu nehmen. Nach § 18 II BauNVO können geringfügige Abweichungen von der festgesetzten Höhe zugelassen werden.

2. Die Bauweise

138   Die Bauweise, die der Bebauungsplan nach § 9 I Nr. 2 BauGB i. V. m. § 22 BauNVO festsetzen kann,[353] bestimmt, ob Gebäude[354] mit (offene Bauweise) oder ohne (geschlossene Bauweise) Abstand zur seitlichen Grundstücksgrenze zu errichten sind.[355] Durch diese Festsetzung kann die Gemeinde für **aufgelockerte oder zusammenhängende Bebauung** sorgen. Daneben definieren die Bauordnungen Abstandsflächen vor den Außenwänden von Gebäuden, die auf dem Grundstück liegen müssen (etwa § 6 BauOBln, § 5 BauOBaWü; § 6 BauONW), was zu den seitlichen Grundstücks-

---

[348] Zu Kellergeschossen im Einzelnen *VGH Kassel* BRS 40 Nr. 111; *OVG Saarlouis* BRS 50 Nr. 118.

[349] Zu Art und Weise der Berechnung von Dachgeschossen *VGH Mannheim* BRS 42 Nr. 114; *VGH Kassel* BRS 33 Nr. 92. Zum „offenen", nicht von Wänden umgebenen Geschoss *VGH Mannheim* BRS 48 Nr. 91.

[350] Zu den hierfür zur Verfügung stehenden Planzeichen s. 2.8 PlanzV.

[351] Beispiele nach 2.8 Anl.PlanzV: Firsthöhe (FH) 53 m über Normalniveau (NN); Traufhöhe (TH) 12,4 m über Gehweg. Siehe auch *OVG Münster* BRS 70 Nr. 51; *OVG Greifswald* BRS 70 Nr. 81.

[352] Vgl. etwa § 2 V 1 BauONW; § 2 IV 1 NBauO verlangt demgegenüber nur 2,20 m.

[353] Planzeichen: Signaturen gem. 3.1 bis 3.3 Anl.PlanzV.

[354] Auf andere bauliche Anlagen als Gebäude bezieht sich § 22 BauNVO nicht, *OVG Bremen* BRS 40 Nr. 119.

[355] Vgl. dazu *Boeddinghaus*, BauR 1998, 15.

grenzen hin zu einem Grenzabstand und damit zur offenen Bauweise führt. Diese landesrechtlichen Abstandsflächen können gem. § 9 I Nr. 2 a BauGB im Bebauungsplan abweichend festgesetzt werden. Damit wird den Gemeinden die Option eröffnet, städtebaulich auf zu großzügig oder zu gering empfundene Abstandsflächenregelungen des Landesrechts zu reagieren.[356] Verlangen der Bebauungsplan oder § 34 BauGB[357] eine geschlossene Bebauung, geben die Bauordnungen (§ 6 I 3 BauOBln; § 6 I 2 BauONW; Art. 6 I 3 BayBauO) dem Planungsrecht den Vortritt und lassen die seitliche Abstandsfläche von Gebäuden entfallen.[358] Das **Planungsrecht verdrängt** dann das **Bauordnungsrecht**. Setzt der Bebauungsplan die Bauweise nicht fest, bestimmt das Bauordnungsrecht, ob und in welcher Breite Grenzabstände einzuhalten sind.[359]

a) Offene Bauweise

In der offenen Bauweise werden nach § 22 II BauNVO die **Gebäude mit seitlichem Grenzabstand** (früher: Bauwich) als Einzelhäuser, Doppelhäuser oder Hausgruppen errichtet, deren Länge höchstens 50 m betragen darf. Ein **Doppelhaus** ist ein aus zwei funktional selbstständigen Gebäuden durch Aneinanderbauen an einer Seite zu einer Einheit zusammengefügtes Gebäude.[360] Eine **Hausgruppe** liegt vor, wenn mindestens drei selbstständige Gebäude aneinander gebaut sind.[361] Der Bebauungsplan kann Flächen festsetzen, auf denen nur bestimmte dieser Hausformen zulässig sind. Die Breite des seitlichen Grenzabstands ist mit der Festsetzung der offenen Bauweise nicht bestimmt. Sie ergibt sich aus den bauordnungsrechtlichen Bestimmungen über die Abstandsflächen vor Außenwänden von Gebäuden (§ 6 BauOBln, § 5 BauOBaWü; § 6 BauONW) oder durch vom Bebauungsplan festgesetzte seitliche Baulinien oder Baugrenzen (§ 23 BauNVO).[362] Soweit die offene Bauweise auch dem Interesse der Eigentümer des Gebiets an aufgelockerter Bebauung dient, ist sie **nachbarschützend**.[363]

b) Geschlossene Bauweise

In der geschlossenen Bauweise sind gem. § 22 III BauNVO die **Gebäude**[364] **in allen Geschossen**[365] **ohne seitlichen Grenzabstand**, also von Nachbargrenze zu Nachbargrenze, zu errichten.[366] Eine Ausnahme von der geschlossenen Bauweise gilt, wenn die vorhandene Bebauung eine Abweichung, also eine offene Bauweise, erfordert,[367]

---

[356] *Boeddinghaus*, BauR 2007, 641 (643 ff.); *Haaß*, Bauplanungsrechtliche Regelungen im Gewande bauordnungsrechtlicher Vorschriften, NVwZ 2008, 252 (256 f.).
[357] *BVerwG* NVwZ 1994, 1008 (1008).
[358] Zum Verhältnis der planungs- und der bauordnungsrechtlichen Grenzabstände *OVG Berlin* BRS 38 Nr. 119; *OVG Hamburg* BRS 54 Nr. 94.
[359] *BVerwG* NVwZ-RR 1991, 282 (283).
[360] Zum Begriff des Doppelhauses BVerwGE 110, 355 (357 ff.); *VGH Kassel* BRS 54 Nr. 161; *OVG Münster* NVwZ-RR 1997, 277 (277); *VGH Mannheim* BRS 58 Nr. 77.
[361] Zum Begriff der Hausgruppe *OVG Lüneburg* BRS 46 Nr. 98.
[362] Vgl. auch *OVG Hamburg* BauR 2010, 1040 (1041 f.).
[363] *OVG Koblenz* BRS 20 Nr. 164; BRS 23 Nr. 182; a. A. *VGH Kassel* BRS 25 Nr. 188.
[364] Nur soweit sie innerhalb der festgesetzten überbaubaren Grundstücksfläche errichtet werden. Außerhalb dieser gilt die offene Bauweise. Vgl. *OVG Berlin* BRS 38 Nr. 119.
[365] *VGH Kassel* BRS 35 Nr. 94. Der Bebauungsplan kann nach § 22 IV BauNVO für einzelne Geschosse unterschiedliche Regelungen treffen.
[366] *OVG Münster* NVwZ-RR 2003, 721 (721). Zu einem Rücksprung siehe *VGH Mannheim* ZfBR 2009, 805 L.
[367] Weitergehend („vernünftigerweise geboten") *OVG Lüneburg* BRS 39 Nr. 105, 106; *OVG*

etwa mit Rücksicht auf die Nachbarbebauung. Welcher Abstand dann einzuhalten ist, bestimmt allein das Bauordnungsrecht.[368] **Rücksichtnahme auf die Nachbarbebauung** kann in Betracht kommen, wenn das Nachbargrundstück bereits in offener Bauweise bebaut war,[369] ferner mit Rücksicht auf vorhandene Fenster in der Grenzwand eines an der Grundstücksgrenze stehenden Nachbargebäudes.[370] Die Festsetzung der geschlossenen Bauweise dient vornehmlich städtebaulichen Zwecken und ist daher nicht nachbarschützend.[371]

c) Sonstige Bauweise

141　Nach § 22 IV BauNVO kann im Bebauungsplan eine von der offenen oder geschlossenen Bauweise **abweichende Bauweise** festgesetzt werden.[372] Dadurch ist es möglich, eine halboffene Bauweise, bei der jeweils nur an eine seitliche Grundstücksgrenze gebaut werden darf,[373] Gartenhofhäuser[374] oder eine Bauweise, bei der im Erdgeschoss geschlossen und in den Obergeschossen mit seitlichem Grenzabstand gebaut wird,[375] oder Hausgruppen oder Reihenhäuser von mehr als 50 m Länge festzusetzen. Es kann auch durch die Verwendung von Baulinien oder Baugrenzen festgesetzt werden, wie weit an die vorderen, rückwärtigen oder seitlichen Grundstücksgrenzen herangebaut werden darf oder muss.[376]

3. Die überbaubaren und die nicht überbaubaren Grundstücksflächen und die Stellung der baulichen Anlagen

142　Die Lage des Baukörpers auf dem Grundstück wird durch die Festsetzung der überbaubaren Grundstücksflächen bestimmt.[377] Der Flächennutzungsplan kennt keine entsprechenden Darstellungen, so dass die Gemeinde ihre Festsetzungen **ohne flächennutzungsplanerische Vorgabe** trifft.

Lüneburg NVwZ 1983, 228 (229); a. A. *Fickert/Fieseler*, § 22 BauNVO Rn. 9, die zwingende Gründe für die Abweichung fordern. Offengelassen von *BVerwG* NVwZ-RR 1993, 176; enger aber *BVerwG* NVwZ-RR 1995, 310 (311). Unzutreffend *VGH Kassel* BRS 35 Nr. 94, der dem Bauordnungsrecht entnehmen will, ob die vorhandene Bebauung ein Abweichen von der im Bebauungsplan festgesetzten geschlossenen Bauweise erfordert. Wäre dies richtig, könnte das Landesrecht § 22 III BauNVO „aushebeln". Nicht das Landesrecht ist maßgeblich, sondern die tatsächlichen Verhältnisse.

[368] *BVerwG* NVwZ-RR 1993, 176; *OVG Lüneburg* BRS 39 Nr. 105.
[369] *OVG Lüneburg* BRS 39 Nr. 105.
[370] *BVerwG* NVwZ-RR 1995, 310 (311); *OVG Koblenz* BRS 46 Nr. 97; vgl. aber auch *VGH München* BRS 44 Nr. 104, der die geschlossene Bauweise zulässt, auch wenn Fenster in der Grenzwand der Nachbargebäude geschlossen werden müssten; enger *VGH München* BRS 56 Nr 102. Anders *VGH Mannheim* BRS 28 Nr. 128, der eine geschlossene Bauweise nicht zulässt, wenn dies zur Schließung von Fenstern im Nachbargebäude führt.
[371] Vgl. EZBK/*Bielenberg*, BauGB, § 22 BauNVO Rn. 31.
[372] *BVerwG* BRS 69 Nr. 92; *VGH Mannheim* BRS 71 Nr. 71; *OVG Münster* ZfBR 2009, 372 (372).
[373] Zu dieser Bauweise *VGH Mannheim* BRS 24 Nr. 102; *VGH München* BRS 23 Nr. 46.
[374] *OVG Münster* BRS 36 Nr. 51.
[375] *VGH Mannheim* BRS 35 Nr. 33.
[376] *BVerwG* NVwZ-RR 1996, 629; *OVG Münster* DVBl. 2010, 264 L.
[377] Die von § 9 I Nr. 2 BauGB außerdem erwähnte Festsetzung der nicht überbaubaren Grundstücksflächen und der Stellung der baulichen Anlagen ist als solche in der BauNVO nicht vorgesehen.

a) Die überbaubaren Grundstücksflächen

aa) Begriff und Bedeutung

Als überbaubare Grundstücksfläche bezeichnet man den **Teil des Grundstücks, auf dem bauliche Anlagen errichtet werden dürfen**. Sie wird nicht als solche, also nicht flächenhaft festgesetzt, sondern durch die Festsetzung von Baulinien, Baugrenzen oder Bebauungstiefen bestimmt. Diese Festsetzungen können **nachbarschützend** sein.[378] Ohne sie ergibt sich eine planungsrechtliche Beschränkung der Überbaubarkeit nur aus der zulässigen Grundfläche (§ 19 II BauNVO) sowie daraus, dass ein Bebauungsplan ohne Festsetzung der überbaubaren Grundstücksflächen[379] ein einfacher Bebauungsplan (§ 30 III BauGB) ist, so dass sich die überbaubare Grundstücksfläche innerhalb eines im Zusammenhang bebauten Ortsteils dann gem. § 34 BauGB nach der Eigenart der näheren Umgebung bestimmt. Für Außenbereichsgrundstücke (§ 35 BauGB) findet sich eine derartige Beschränkung nicht. Bauordnungsrechtlich ziehen die Bestimmungen über Abstandsflächen, die vor den Außenwänden der Gebäude gelten (etwa § 6 BauOBln, § 5 BauOBaWü; § 6 BauONW),[380] der Überbaubarkeit Grenzen.

143

bb) Die Baulinie

Setzt der Bebauungsplan eine Baulinie[381] fest, **muss** nach § 23 II 1 BauNVO **auf dieser Linie gebaut werden**, und zwar auch unterhalb der Geländeoberfläche. Ein geringfügiges Vor- oder Zurücktreten von Gebäudeteilen kann als Ausnahme zugelassen werden (§ 23 II 2 BauNVO). Weitere Ausnahmen, die nach Art und Umfang bestimmt sein müssen, können gem. § 23 II 3 BauNVO im Bebauungsplan vorgesehen werden.[382] Die Baulinien können auf dem Grundstück in beliebiger Richtung als vordere, hintere oder seitliche Baulinie gezogen werden. Dadurch ist es möglich, den Grundriss von Gebäuden zwingend vorzuschreiben (**Baukörperfestsetzung**).

144

cc) Die Baugrenze

Setzt der Bebauungsplan eine Baugrenze[383] fest, bedeutet dies nach § 23 III 1 BauNVO, dass **Gebäude- und Gebäudeteile diese Grenze nicht**, auch nicht unterirdisch,[384] **überschreiten dürfen**. Anders als bei der Baulinie ist jedoch ein Unterschreiten, ein Zurücktreten hinter die Baugrenze statthaft.[385] Es ist möglich, auf einem Grundstück sowohl Baulinien, wie auch Baugrenzen zu ziehen. So wird häufig die vordere Bebauungsgrenze als Baulinie bestimmt, an der gebaut werden muss, während seitlich Baugrenzen gezogen werden, die unterschritten werden können. Auch bei der Baugrenze kann ein Vortreten von Gebäudeteilen in geringfügigem Ausmaß zugelassen werden. Der Bebauungsplan kann weitere nach Art und Umfang bestimmte Ausnahmen zulassen (§ 23 III 2, 3 i. V. m. II 3 BauNVO). Ob die Festset-

145

---

[378] *VGH Mannheim* BRS 46 Nr. 174; *OVG Bremen* BRS 30 Nr. 155; *VGH München* BRS 47 Nr. 183.
[379] Es genügt nach BVerwGE 29, 49 (51), eine einzige Baugrenze oder Baulinie.
[380] Dazu eingehend *Boeddinghaus*, Zu den Anforderungen an eine andere Festsetzung von Abstandsflächen in einem Bebauungsplan, BauR 1989, 4; *Waechter*, Abstandsklage, nachbarliches Gemeinschaftsverhältnis und planungsrechtliche Schicksalsgemeinschaft, BauR 2009, 1237; *Peus/Krenzer*, NWVBl. 2010, 11; *Krieger/Luckas*, BauR 2010, 173; *Schwarzer*, Die Abstandsvorschriften in der Bayerischen Bauordnung, in: Festschr. für Gelzer, 1991, S. 231; siehe ferner *BVerwG* BRS 49 Nr. 5.
[381] Planzeichen gem. 3.4 Anl. PlanzV.
[382] Dazu *VGH Mannheim* BRS 28 Nr. 14.
[383] Planzeichen gem. 3.5 Anl. PlanzV.
[384] *Sarnighausen*, Zum Bauen auf nicht überbaubaren Flächen, UPR 1994, 330.
[385] *VGH Mannheim* BRS 71 Nr. 72.

zung einer Baugrenze **Nachbarschutz** vermittelt, ist eine Frage des Einzelfalls, insbesondere der örtlichen Verhältnisse.[386]

dd) Die Bebauungstiefe

146   Die Bebauungstiefe ist, wie die Verweisung von § 23 IV BauNVO auf § 23 III BauNVO ergibt, eine **hintere Baugrenze**. Sie besagt, bis zu welcher Tiefe, zumeist gerechnet ab der tatsächlichen Straßengrenze, gebaut werden darf. Ein geringfügiges Vortreten von Gebäudeteilen kann zugelassen werden. Der Bebauungsplan kann nach Art und Umfang bestimmte Ausnahmen vorsehen (§ 23 IV 1 i. V. m. III 2, 3 i. V. m. II 3 BauNVO). Ob der hinteren Baugrenze **nachbarschützende Wirkung** zukommt, hängt davon ab, ob sie nach den örtlichen Verhältnissen nur eine städtebauliche Funktion hat oder auch der Erhaltung der Wohnqualität dienen soll.[387]

b) Die nicht überbaubaren Grundstücksflächen

147   Obwohl von § 9 I Nr. 2 BauGB erwähnt, sieht die BauNVO keine besondere Festsetzung der nicht überbaubaren Grundstücksflächen vor. Sie sind vielmehr der **Teil des Grundstücks, der außerhalb der durch Baulinien, Baugrenzen oder Festsetzung der Bebauungstiefe bestimmten überbaubaren Grundstücksflächen liegt**. Dies bestätigt § 23 V BauNVO, der im Anschluss an die Regelungen über die überbaubaren Grundstücksflächen (Abs. 1 bis 4) bestimmt, welche baulichen Anlagen ausnahmsweise auf den nicht überbaubaren Grundstücksflächen zulässig sind: Nebenanlagen im Sinne des § 14 BauNVO, wie Müllboxen, Sonnenschutzanlagen, Schwimmbecken, Geräteschuppen oder Gartenlauben.[388] Ferner zählen hierzu bauliche Anlagen, die nach Landesrecht[389] in den Abstandsflächen zulässig sind – hierzu rechnen insbesondere die Garagen im Grenzabstand – oder zugelassen werden können, sofern der Bebauungsplan nicht eindeutig[390] etwas anderes festsetzt.[391] Gebäudeteile, die geringfügig, also nicht mit wesentlichen Teilen des Gebäudes,[392] in die nicht überbaubare Fläche hineinragen, können nach § 23 II 2, III 2 BauNVO zugelassen werden.[393] Die Zulässigkeit dieser Ausnahmen ergibt sich unmittelbar aus der BauNVO, so dass § 31 I BauGB nicht anwendbar ist. Das Einvernehmen der Gemeinde nach § 36 I BauGB ist daher nicht erforderlich.[394]

c) Die Stellung der baulichen Anlagen

148   Die von § 9 I Nr. 2 BauGB ebenfalls erwähnte Stellung der baulichen Anlagen kann nicht als solche festgesetzt werden. Sie wird **durch die Festsetzung von Baulinien oder Baugrenzen bestimmt**. Sie lassen eine verbindliche Festlegung des Grundrisses baulicher Anlagen und damit die Festsetzung ihrer Stellung auf dem Grundstück zu.[395]

---

[386] *OVG Münster* NVwZ-RR 1997, 277 (278).
[387] *OVG Bremen* NVwZ-RR 1997, 276 (276).
[388] *BVerwG* ZfBR 2005, 698 (698 f.); *VGH München* BRS 73 Nr. 42.
[389] Diese Verweisung auf das Landesrecht ist dynamisch; *VGH Mannheim* BauR 1996, 66.
[390] Zur notwendigen Eindeutigkeit *VGH Mannheim* BRS 49 Nr. 137; *OVG Lüneburg* BRS 33 Nr. 149.
[391] *OVG Münster* ZfBR 2009, 165 (166).
[392] Dazu *BVerwG* BRS 29 Nr. 126.
[393] Dazu *VGH München* BRS 49 Nr. 151.
[394] *OVG Lüneburg* BRS 33 Nr. 149.
[395] *BVerwG* NVwZ 1996, 894 (894); *OVG Lüneburg* NVwZ-RR 2009, 633 L; *OVG Berlin/Brandenburg* BRS 71 Nr. 24.

III. Sonstige Festsetzungen des Bebauungsplans

Außer den in der BauNVO näher geregelten Festsetzungen von Art und Maß der baulichen Nutzung, der Bauweise und der überbaubaren und nicht überbaubaren Grundstücksflächen lässt § 9 BauGB weitere Festsetzungen zu. 149

1. Zuschnitt der Baugrundstücke

Nach § 9 I Nr. 3 BauGB können zur Vermeidung einer zu großen Verdichtung der Bebauung **Mindestmaße** für Größe,[396] Breite und Tiefe der Baugrundstücke und aus Gründen des sparsamen und schonenden Umgangs mit Grund und Boden **Höchstmaße** für Wohnbaugrundstücke festgesetzt werden. Die Festsetzung von Mindestgrößen hat die Folge, dass ein Grundstück, das die Mindestgröße nicht erreicht, baulich nicht nutzbar ist,[397] sofern nicht durch Zukauf, Umlegung oder Enteignung eine dem Bebauungsplan entsprechende Grundstücksgröße herbeigeführt wird. 150

2. Sportplätze und Sportanlagen, Spiel-, Freizeit- und Erholungsflächen

§ 9 I BauGB enthält in den **Nr. 4, 5, 15 und 22** Festsetzungsmöglichkeiten für **freizeitorientierte Nutzungen**.[398] Ob diese Vielfalt, die den Eindruck wenig gelungener Gesetzgebungstechnik vermittelt, notwendig war, muss bezweifelt werden. Im Rahmen der planerischen Abwägung (§ 1 VII BauGB) ist bei diesen Festsetzungen insbesondere die Lärmemission der Spiel- oder Sportstätten und ihre Einwirkung auf die Umgebung zu ermitteln und zu bewältigen.[399] Grundsätzlich ist ein **Nebeneinander von Sportstätte und Wohnnutzung** nicht ausgeschlossen.[400] Auf der Sportstätte sind jedoch nur Sportnutzungen zuzulassen, die umgebungsverträglich sind. Sofern der Bebauungsplan notwendige Beschränkungen nicht ausdrücklich vorsieht, können sie sich durch eine mit Blick auf die örtliche Situation und das Gebot der Rücksichtnahme vorzunehmende Auslegung des Bebauungsplans ergeben. Unzumutbare Störungen, die gleichwohl von der Sportstätte ausgehen, sind durch bauaufsichtliche Anordnungen oder gegebenenfalls durch immissionsschutzrechtliche Anordnungen nach § 24 BImSchG zu unterbinden. Die betroffenen Anwohner haben einen **Unterlassungsanspruch**. Er ist gegenüber einer privaten Sportstätte bürgerlich-rechtlicher Art (§§ 1004, 906 BGB). Gegenüber einem von der öffentlichen Hand betriebenen Spiel- oder Sportplatz ist der Abwehranspruch öffentlich-rechtlicher Natur. Er ergibt sich entweder aus Art. 2 II 1 und 14 I 1 GG, aus analoger Anwendung der §§ 1004, 906 BGB oder als öffentlichrechtlicher Folgenbeseitigungsanspruch.[401] Maßstab für 151

---

[396] Dazu BVerwGE 92, 231 (233 ff.) = NVwZ 1994, 288.
[397] Zur Vereinbarkeit mit Art. 14 GG *BVerwG* BRS 54 Nr. 57.
[398] Hierzu *Wellhöfer*, NuR 2005, 575; *Berkemann*, Sportstättenbau in Wohngebieten – Alte und neue bau- und immissionsschutzrechtliche Probleme, NVwZ 1992, 817; *Schladebach*, ZfBR 1999, 251; *Ketteler*, Die Bedeutung der Sportanlagenlärmschutzverordnung im Spannungsfeld zwischen Sport und Wohnen, BauR 1992, 459; *Kutscheidt*, Rechtsprobleme bei der Bewertung von Geräuschemissionen, NVwZ 1989, 193; *Schink*, Bau- und immissionsschutzrechtliche Probleme beim Sportstättenbau in Wohngebieten, DVBl. 1992, 515.
[399] Dazu und zum Folgenden *VGH München* BRS 47 Nr. 43; *VGH Mannheim* BRS 46 Nr. 29; *OVG Koblenz* BRS 44 Nr. 15, 16; *OVG Münster* NVwZ-RR 1995, 435 (435 f.).
[400] BVerwGE 81, 197 (207 ff.) – Tegelsbarg = NJW 1989, 1291; 88, 143 (145 ff.) = NVwZ 1991, 884. Vgl. ferner *BVerwG* NVwZ 1991, 982 (983); *BGH* NJW 1983, 751 (752); *OVG Hamburg* NJW 1986, 2333 (2333 f.); *OVG Münster* BRS 49 Nr. 205.
[401] BVerwGE 81, 197 (199 f.) = NJW 1989, 1291. Dazu auch BVerwGE 68, 62 (63 ff.) – Glockengeläut = NJW 1984, 989; 79, 254 (256 ff.) – Feueralarmsirene = NJW 1988, 2396; *VGH Mannheim* BRS 50 Nr. 194; zu eng *OVG Lüneburg* BRS 47 Nr. 176.

das, was an Lärmeinwirkung zu dulden ist bzw. nicht hingenommen werden muss, sind die §§ 3 I, 22 BImSchG.[402] Bei der Beurteilung von Lärm können Regelwerke wie die TA-Lärm oder die VDI-Richtlinie 2058 oder Freizeitlärm-Richtlinie zur **Orientierung** herangezogen werden, dürfen aber nicht schematisch angewandt werden.

a) Vorgeschriebene freizeitbezogene Nebenanlagen

152 Nach **§ 9 I Nr. 4 BauGB** können die Flächen für **Nebenanlagen** festgesetzt und verbindlich vorgeschrieben werden, so dass sie für die Nutzung von Grundstücken erforderlich sind. Hierzu zählt das Gesetz beispielhaft Spiel-, Freizeit- und Erholungsflächen, wobei in der Praxis vor allem die privaten Kinderspielplätze erfasst werden, die nach den Bauordnungen auf Wohngrundstücken mit einer Mehrzahl von Wohnungen (§ 8 II 1 BauOBln: mehr als sechs Wohnungen; § 9 II 1 BauONW schlicht: Gebäude mit Wohnungen) angelegt werden müssen. § 9 I Nr. 4 BauGB gibt der Gemeinde die Möglichkeit, den **Standort** der Spiel-, Freizeit- oder Erholungsflächen auf den Grundstücken zu bestimmen und sie damit von anderen Stellen fernzuhalten. Ohne eine Festsetzung nach § 9 I Nr. 4 BauGB sind die gesetzlich vorgeschriebenen Spiel-, Freizeit und Erholungsflächen nur als untergeordnete Nebenanlagen nach § 14 I BauNVO erlaubt.

b) Spiel- und Sportplätze als Grünflächen

153 Öffentliche oder private Sport-, Spiel-, Zelt- oder Badeplätze, die im Wesentlichen aus Grünflächen bestehen und aus städtebaulicher Sicht zur Auflockerung und Durchgrünung der Baugebiete beitragen, können nach **§ 9 I Nr. 15 BauGB** festgesetzt werden. Die Freizeitnutzung muss **konkret** angegeben sein.[403]

c) Sport- und Spielanlagen

154 Sport- und Spielanlagen, die weder gesetzlich vorgeschriebene Nebenanlagen noch überwiegend Grünflächen sind, insbesondere Sport-, Schwimm-, Turn- oder Tennishallen, können gem. **§ 9 I Nr. 5 BauGB** festgesetzt werden. Hierdurch wird ihr **Standort bestimmt**. Die Anlage ist **nicht Teil des sie umgebenden Baugebiets** und an dessen **Nutzungsmaß nicht gebunden**. Ohne eine Festsetzung nach § 9 I Nr. 5 BauGB können Anlagen für sportliche Zwecke nur dort errichtet werden, wo die BauNVO sie in den Baugebieten allgemein (§§ 4 II, 4a II, 5 II, 6 II, 7 II, 8 II BauNVO) oder als Ausnahme (§§ 2 III, 3 III, 9 III BauNVO) zulässt. Sie sind an das für das Baugebiet geltende Nutzungsmaß gebunden.

d) Gemeinschaftsanlagen

155 Sollen für bestimmte räumliche Bereiche Kinderspielplätze oder Freizeiteinrichtungen als Gemeinschaftsanlagen geschaffen werden, findet sich die gesetzliche Grundlage, um entsprechende Festsetzungen zu treffen, in **§ 9 I Nr. 22 BauGB**.[404]

e) Sondergebiet

156 Im Sondergebiet können Spiel-, Sport- und sonstige Freizeitanlagen nach **§ 10 II BauNVO** festgesetzt werden.[405]

---

[402] *OVG Schleswig* NVwZ 1995, 1019 (1019 f.); *OVG Hamburg* NJW 1986, 2333 (2333 f.).
[403] BVerwGE 42, 5 (6 ff.) = NJW 1973, 1710. Dazu auch *OVG Berlin* BRS 50 Nr. 22.
[404] Vgl. *BVerwG* NVwZ 1989, 633 (633).
[405] Siehe ergänzend oben unter § 9 Rn. 70 ff.

3. Stellplätze und Garagen

Stellplätze und Garagen sind nach Maßgabe des § 12 BauNVO **ohne ausdrückliche Festsetzung** in allen Baugebieten zulässig. Außerdem kann der Bebauungsplan nach § 9 I Nr. 4 BauGB Flächen für Garagen und Stellplätze und ihre Einfahrten vorsehen und dadurch den **Standort auf dem Grundstück** bestimmen. Soweit sich aus dem Bebauungsplan nichts anderes ergibt, gelten für die festgesetzten Stellplätze die in § 12 II, III BauNVO enthaltenen Beschränkungen. Flächen für Gemeinschaftsanlagen von Stellplätzen und Garagen, die für einen bestimmten räumlichen Bereich[406] und damit für einen begrenzten Personenkreis bestimmt sind, können nach § 9 I Nr. 22 BauGB Eingang in den Bebauungsplan finden.

157

4. Gemeinbedarfsflächen

§ 9 I Nr. 5 BauGB eröffnet die Möglichkeit, **Flächen zu definieren**, die dem Gemeinbedarf – genauer: Anlagen und Einrichtungen des Gemeinbedarfs – vorbehalten sein sollen.[407] Darunter sind Anlagen und Einrichtungen zu verstehen, die der Allgemeinheit dienen und mit denen, unabhängig von ihrem Träger, eine dem bloßen privatwirtschaftlichen Gewinnstreben entzogene öffentliche Aufgabe wahrgenommen wird.[408] Als Beispiele nennt § 5 II Nr. 2 BauGB mit Blick auf den Flächennutzungsplan Schulen und Kirchen sowie sonstige kirchlichen sowie sozialen, gesundheitlichen und kulturellen Zwecken dienende Gebäude und Einrichtungen. Hierunter fallen Altenheime,[409] Kindergärten, Krankenhäuser oder Verwaltungsgebäude.[410] Wegen des **Gebots hinreichender Bestimmtheit** muss der Bebauungsplan angeben, für welche Art von Einrichtungen oder Anlagen die festgesetzte Fläche bestimmt ist.[411] Die Bedeutung von § 9 I Nr. 5 BauGB liegt außer in der Standortbestimmung darin, dass eine festgesetzte Gemeinbedarfsfläche nicht Teil des sie umgebenden Baugebiets, sondern **Fläche eigener Art und als solche kraft der Festsetzung zulässig** ist,[412] gleichgültig, wie das sie umgebende Gebiet ausgewiesen ist.[413] Auch das Maß der baulichen Nutzung in dem sie umgebenden Baugebiet ist für die Gemeinbedarfsfläche nicht maßgebend. Größere Flächen für den Gemeinbedarf, wie Ausstellungsgelände, Klinik- oder Hochschulgebiete können als Sondergebiet nach § 11 BauNVO festgesetzt werden. Ohne Festsetzung nach § 9 I Nr. 5 BauGB können Anlagen und Einrichtungen des Gemeinbedarfs nach Maßgabe der §§ 2 ff. BauNVO errichtet werden. Sie sind dann Teil des Baugebiets und damit an das dort geltende Maß der baulichen Nutzung gebunden.

158

5. Versorgungs- und Entsorgungsflächen

Nach § 9 I Nr. 12, 13 und 14 BauGB kann der Bebauungsplan die Versorgungsflächen, die Führung von Versorgungsanlagen und -leitungen sowie die Flächen für die Abfall- und Abwasserbeseitigung sowie für Ablagerungen festsetzen.

159

---

[406] Dazu *BVerwG* NVwZ 1989, 663 (663); *OVG Münster* BRS 48 Nr. 9; *VGH Mannheim* BRS 50 Nr. 24.
[407] *BVerwG* NVwZ 2006, 84 (85).
[408] *BVerwG* NVwZ 1994, 1004 (1004 f.).
[409] *OVG Bremen* BRS 23 Nr. 9.
[410] *OVG Lüneburg* BRS 38 Nr. 12.
[411] *OVG Lüneburg* BRS 40 Nr. 157.
[412] *OVG Bremen* BRS 23 Nr. 9; *VGH Mannheim* BRS 25 Nr. 18; EZBK/Söfker, BauGB, § 9 Rn. 56.
[413] Gleichwohl ist auf andere Nutzungen Rücksicht zu nehmen; vgl. *OVG Lüneburg* NVwZ-RR 2010, 219.

a) Versorgungsflächen

160 Versorgungsflächen (§ 9 I Nr. 12 BauGB) sind **Flächen für öffentliche oder private Anlagen der Daseinsvorsorge** (arg. § 5 II Nr. 2 BauGB).

161 **Beispiel:** Kraftwerke,[414] Gas-, Wasser- oder Fernheizwerke sowie deren Nebenanlagen, wie Umspannwerke,[415] Verteilerstationen, Wassertürme oder Gasbehälter.

162 Die **Art der Anlage** ist im Bebauungsplan **genau zu bezeichnen**. Durch die Festsetzung von Flächen nach § 9 I Nr. 12 BauGB können Versorgungsanlagen in allen Baugebieten errichtet werden, was insbesondere den Bau von Blockheizwerken für große Wohnanlagen ermöglicht.[416] Die Versorgungsfläche ist planungsrechtlich **kein Teil des sie umgebenden Baugebiets**, dessen Maß der baulichen Nutzung für sie mithin nicht gilt. Ohne besondere Festsetzung sind Versorgungsanlagen als gewerbliche oder öffentliche Betriebe nur im Gewerbe- oder Industriegebiet zulässig (§§ 8 II Nr. 1, 9 II Nr. 1 BauNVO). Der Ver- oder Entsorgung dienende Nebenanlagen können gem. § 14 II BauNVO als Ausnahme in den Baugebieten zugelassen werden.[417]

b) Versorgungsleitungen

163 Elektrizitäts-, Gas-, Wasser- oder Heizwerke benötigen Verteilungsnetze, wie Hochspannungs-, Gas-, Wasser- oder Fernwärmeleitungen. Sie werden von **§ 9 I Nr. 13 BauGB** als „Versorgungsanlagen und -leitungen" bezeichnet. Ihre Führung kann im Bebauungsplan festgesetzt und damit klargestellt werden, dass planungsrechtlich gegen eine dementsprechende Leitungsführung, beispielsweise eine Freileitung über ein Grundstück oder eine unterirdische Leitung in einem Grundstück, keine Bedenken bestehen. Soweit es zur Führung der Leitung der **Inanspruchnahme fremder Grundstücke** bedarf und deren Inanspruchnahme nicht bereits insbesondere durch Baulast oder Dienstbarkeit rechtlich gesichert ist, muss der Bebauungsplan gemäß § 9 I Nr. 21 BauGB die Belastung dieser Grundstücke mit einem Leitungsrecht festsetzen.[418]

c) Entsorgungsflächen

164 Nach § 9 I Nr. 14 BauGB kann der Bebauungsplan die Flächen für Abfall- und Abwasserbeseitigung, einschließlich der Rückhaltung und Versickerung von Niederschlagswasser, sowie für Ablagerungen festsetzen. Hierdurch können die Standorte für Abfalldeponien und Müllverbrennungsanlagen, für Klärwerke und Rieselfelder festgesetzt werden.

6. Geh-, Fahr- und Leitungsrechte

165 Nach Bauordnungsrecht darf ein Grundstück nur bebaut werden, wenn es an einer befahrbaren öffentlichen Straße liegt oder zu ihr eine rechtlich gesicherte Zufahrt besteht. Ähnlich fordert das Bauplanungsrecht, dass die Erschließung des Grundstücks gesichert sein muss (§§ 30, 33, 34, 35 BauGB). Aus diesem Grund hat der Bebauungsplan die planerischen Vorkehrungen für eine hinreichende Erschließung der zur Bebauung vorgesehenen Grundstücke zu treffen. Soweit ein Baugrundstück

---

[414] BVerwGE 69, 30 (35).
[415] *OVG Münster* BRS 33 Nr. 45.
[416] Dazu – noch zum früheren Recht ergangen – *OVG Münster* OVGE 16, 238.
[417] Siehe hierzu auch oben unter § 9 Rn. 91 ff.
[418] *OVG Koblenz* NVwZ 1986, 57. Siehe auch nachfolgend § 9 Rn. 165.

von der öffentlichen Straße durch ein fremdes Grundstück getrennt ist, kann es nur erschlossen werden, wenn zu seinen Gunsten durch eine ein Geh-, Fahr- und Leitungsrecht gewährende Dienstbarkeit oder Baulast die Befugnis begründet wird, über das fremde Grundstück zu gehen, zu fahren und auf ihm Leitungen zu verlegen. **§ 9 I Nr. 21 BauGB** sieht deshalb vor, dass der Bebauungsplan die **mit solchen Geh-, Fahr- und Leitungsrechten zu belastenden Flächen** festsetzt.[419] Diese Festsetzung hindert fortan jede ihr widersprechende Nutzung der Fläche. Das Geh-, Fahr- oder Leitungsrecht selbst **kann der Bebauungsplan nicht begründen**.[420] Hierzu bedarf es eines zusätzlichen Rechtsakts, nämlich der Begründung der Baulast oder Dienstbarkeit durch Erklärung des Eigentümers und Eintragung in das Baulastenverzeichnis oder Grundbuch. Ist der Eigentümer nicht bereit, Dienstbarkeit oder Baulast zu bewilligen, kann die Dienstbarkeit nach §§ 85 ff. BauGB durch Enteignung oder nach § 61 BauGB im Wege der Umlegung begründet werden. Eine Baulast kann zwangsweise nicht begründet werden (arg. § 86 BauGB). Soweit der Eigentümer bereits vor Begründung der Geh-, Fahr- oder Leitungsrechte durch deren Festsetzung im Bebauungsplan wirtschaftlich unzumutbar beeinträchtigt wird, kann er gem. § 41 I BauGB verlangen, dass das Geh-, Fahr- oder Leitungsrecht gegen Entschädigung an seinem Grundstück begründet wird.[421]

7. Flächen mit besonderem Nutzungszweck

Gem. **§ 9 I Nr. 9 BauGB** kann der Bebauungsplan den besonderen Nutzungszweck von Flächen festsetzen. Dadurch können beispielsweise ein Parkhaus, eine Tankstelle, ein Ausflugslokal oder ein Hotel **unabhängig von der Ausweisung des sie umgebenden Gebiets** zugelassen und eine genaue Standortbestimmung vorgenommen werden.

166

8. Verkehrsflächen

Der Bebauungsplan setzt nach **§ 9 I Nr. 11 BauGB** die Verkehrsflächen fest. Die Festsetzung der örtlichen Verkehrsflächen durch Bebauungsplan ist nach § 30 I BauGB **Voraussetzung für einen qualifizierten Bebauungsplan**. Da die Bebauung eines Grundstücks nur zulässig ist, wenn die Erschließung gesichert ist (§§ 30, 33, 34, 35 BauGB),[422] gehört die Herstellung der örtlichen Verkehrsflächen – erschließungsrechtlich: der zum Ausbau bestimmten öffentlichen Straßen, Wege und Plätze (§ 127 II Nr. 1 BauGB) –[423] zur unabdingbaren Voraussetzung jeder Bebauung. **Verkehrsflächen** im Sinne von § 9 I Nr. 11 BauGB sind außer den örtlichen Verkehrsflächen ganz allgemein alle Flächen, die dem **öffentlichen Verkehr** dienen: die öffentlichen Straßen, Wege und Plätze einschließlich der Fußgängerbereiche[424] und der Parkflächen und Parkhäuser. Private Straßen, Parkplätze, Parkhäuser oder Garagenanlagen gehören nicht hierher, da sie nicht für den öffentlichen Verkehr bestimmt sind.[425]

167

---

[419] Dazu *Finkelnburg*, BauR 1996, 303; *Broß*, Ausgewählte Probleme des Baurechts, VerwArch 86 (1995), 483.
[420] *OVG Münster* NVwZ-RR 1997, 598 (599).
[421] Dazu eingehend unten § 13 Rn. 13.
[422] Zur Erschließung siehe nachfolgend § 29.
[423] Siehe § 29 Rn. 6.
[424] Zu den Rechtsfragen der Fußgängerzonen *Lenz*, Planungs-, wege- und verkehrsrechtliche Fragen bei der Einrichtung von Fußgängerzonen, BauR 1980, 130; *Peine*, Die Einrichtung von Fußgängerzonen als Problem der Abgrenzung von Straßenrecht und Straßenverkehrsrecht, DÖV 1978, 835.
[425] A. A. *VGH München* BRS 47 Nr. 18; *VGH Mannheim* NVwZ-RR 1995, 485 (486).

Sie fallen unter § 9 I NRn. 4, 9 oder 22 BauGB. Die in § 9 I Nr. 11 BauGB des Weiteren vorgesehene Festsetzung des Anschlusses anderer Flächen an die Verkehrsflächen lässt die Festsetzung von Zu- und Ausfahrgeboten oder -verboten zu,[426] wodurch der **Anliegerverkehr** geordnet und geleitet werden kann.

168 Verkehrsflächen sind ferner die Flächen für den **schienengebundenen Verkehr**, wie Eisenbahnen, Straßenbahnen oder U-Bahnen einschließlich zugeordneter Gebäude, und für den Luftverkehr, wie Start- und Landebahnen, Abfertigungsgebäude und Wartungshallen, nicht dagegen Flächen für den Schiffsverkehr, die unter § 9 I Nr. 16 BauGB fallen. Durch **Festsetzung der Höhenlage (§ 9 III BauGB)** ist eine genaue Festlegung unterirdischer Verkehrsflächen möglich.[427] Festsetzungen nach § 9 III BauGB bedürfen dabei keiner besonderen Rechtfertigung, müssen aber sachlich geboten sein.[428] Hinsichtlich der Höhenlage muss demnach ein städtebaulicher oder planungsrechtlicher Grund vorliegen, bauordnungsrechtliche Erwägungen allein reichen insofern nicht.[429]

169 Die von den festgesetzten Verkehrsflächen ausgehenden **Lärmemissionen** können für die Anlieger zu einem Eingriff in das Eigentum (Art. 14 GG) und in das Grundrecht auf körperliche Unversehrtheit (Art. 2 II 1 GG) führen. Der Bebauungsplan muss diese Probleme planerisch bewältigen,[430] notfalls durch Festsetzungen von **Schutzflächen oder schützenden baulichen oder sonstigen technischen Vorkehrungen** nach § 9 I Nr. 24 BauGB.[431]

170 Verkehrsflächen können auch durch straßenrechtliche Planfeststellung festgesetzt werden, so etwa die Bundesfernstraßen nach § 17 FStG. Daneben haben die Gemeinden durch § 9 I Nr. 11 BauGB auch die Möglichkeit, Straßen durch einen hierauf beschränkten (einfachen) Bebauungsplan festzusetzen.[432] Man bezeichnet dies als „isolierte" Straßenplanung.[433]

171 Ergänzend besteht nach § 9 I Nr. 26 BauGB die Möglichkeit, Flächen für **Aufschüttungen, Abgrabungen** und **Stützmauern** festzusetzen, soweit sie zur Herstellung des Straßenkörpers erforderlich sind. Die Festsetzung begründet für sich genommen jedoch noch keine unmittelbare Rechtspflicht des Eigentümers, die Errichtung und Unterhaltung von Aufschüttungen, Straßenböschungen usw. auf dem eigenen Grundstück zu dulden.[434]

---

[426] *BVerwG* BRS 30 Nr. 12; BRS 32 Nr. 34.
[427] Siehe dazu auch *BayVerfGH* NVwZ-RR 2009, 825 (826).
[428] BKL/*Löhr*, BauGB, § 9 Rn. 102 u. 105.
[429] *OVG Saarlouis* BRS 35 Nr. 99.
[430] Zum Verkehrslärm *BVerwG* NVwZ 1990, 256; *Sarnighausen*, NJW 1994, 1375 (insb. 1378); *Schmidt*, Entwicklung der Lärmminderungsplanung, UPR 1995, 379 (382 ff.); *Bürgel*, Schutz vor Verkehrslärm an Straßen und Schienenwegen, NJW 1996, 1804; EZBK/*Söfker*, BauGB, § 1 Rn. 264.
[431] *OVG Lüneburg* BRS 42 Nr. 10; *OVG Berlin* BRS 39 Nr. 19; *OVG Münster* BRS 36 Nr. 8.
[432] *VGH Mannheim* BauR 2010, 871 (872); *OVG Lüneburg* ZfBR 2010, 277.
[433] BVerwGE 38, 152 (155 ff.); 72, 172 (173); 94, 100 (106) = NVwZ 1994, 275; *BVerwG* NVwZ 1992, 1093 (1094); *OVG Schleswig* NVwZ-RR 1996, 11 (11); *VGH München* BayVBl. 2007, 564 (565); *Fickert*, Reichweite und Grenzen der Straßenplanung durch Bebauungsplan – Ein Beitrag zum Verhältnis des Bebauungsplans zur straßenrechtlichen Planfeststellung, BauR 1988, 678. Soweit das Fachplanungsrecht nicht ausdrücklich subsidiär gegenüber der Bauleitplanung ist, wie etwa nach § 28 III PBefG, bedarf es neben der Festsetzung im Bebauungsplan zusätzlich eines Planfeststellungsverfahrens. Vgl. dazu *Brohm*, Kompetenzüberschneidungen im Bundesstaat, DÖV 1983, 525 (529 ff.).
[434] Vgl. BVerwGE 134, 355 (357 ff.).

9. Festsetzung sonstiger Nutzungen

Entsprechend der Aufgabe der Bauleitplanung, die bauliche und „sonstige" Nutzung der Grundstücke vorzubereiten und zu leiten (§ 1 I 1 BauGB), kann der Bebauungsplan außer baulichen Nutzungen auch **sonstige Nutzungen** festsetzen. Hierunter fallen:

a) Von Bebauung freizuhaltende Flächen

Nach § 9 I Nr. 10 BauGB kann der Bebauungsplan die **von der Bebauung freizuhaltenden Flächen und ihre Nutzung** definieren. Derartige Festsetzungen kommen insbesondere in Betracht, wenn aus verkehrlichen Gründen („Sichtdreieck"),[435] um die ungehinderte Sicht auf ein Baudenkmal zu gewährleisten oder zur Gestaltung des Orts- oder Landschaftsbildes[436] eine Fläche unbebaut bleiben soll. Weitere Festsetzungen, die einen Ausschluss der Bebauung zur Folge haben, sind die Festsetzung einer Grünfläche (§ 9 I Nr. 15 BauGB), einer Fläche für Wald (§ 9 I Nr. 18 b BauGB) oder zum Schutz, zur Pflege und zur Entwicklung von Boden, Natur und Landschaft (§ 9 I Nr. 20 BauGB), als Schutzfläche (§ 9 I Nr. 24 BauGB) oder für Anpflanzungen (§ 9 I Nr. 25 BauGB). Bei diesen Festsetzungen ist die **Freihaltung** von Bebauung **nicht Ziel, sondern Folge** der für die Fläche vorgesehenen Bestimmung. Auch die Festsetzung von Baulinien, Baugrenzen, Bebauungstiefen oder der offenen Bauweise (§§ 22 f. BauNVO) führt dazu, dass ein Teil des Grundstücks von der Bebauung frei bleibt. Ist die Nichtbebauung des Grundstücks der angestrebte städtebauliche Zweck, muss die Festsetzung nach § 9 I Nr. 10 BauGB gewählt werden, da keine der vorgenannten weiterreichenden Festsetzungen zur Erreichung dieses Zwecks erforderlich ist. Zur Milderung des in dem Anbauverbot des § 9 I Nr. 10 BauGB liegenden Eigentumseingriffs kann der Bebauungsplan Nutzungen zulassen, die den Zweck, dem die Freihaltung dient, nicht beeinträchtigen, etwa die Nutzung als Grünfläche.

b) Öffentliche und private Grünflächen

Nach § 9 I Nr. 15 BauGB kann der Bebauungsplan die **öffentlichen** und **privaten Grünflächen** festsetzen.

Beispiel: Parkanlagen, Dauerkleingärten, Sport-, Spiel-, Zelt-[437] und Badeplätze[438] sowie Friedhöfe.

Wie der **Oberbegriff „Grünflächen"** verdeutlicht, sind damit öffentliche oder private[439] Anlagen gemeint, die aus städtebaulicher Sicht außer zu dem ihnen zugeordneten Zweck zur **Auflockerung und Durchgrünung der Baugebiete** beitragen und die deshalb, sieht man von funktional zugeordneten Baulichkeiten, wie Umkleideräu-

---

[435] Vgl. *OVG Münster*, Urt. v. 25. 2. 1993 – 7 a D 147/91.NE – JURIS. Das fernstraßenrechtliche Anbauverbot kann nach § 9 VII FStG durch die Festsetzungen eines Bebauungsplans verdrängt werden. Hierzu *BVerwG* BRS 28 Nr. 112.
[436] Hierzu *VGH München* BRS 29 Nr. 2.
[437] Zu denen Campingplätze nicht gehören. Sie sind nur im Sondergebiet nach § 10 I BauNVO zulässig. *VGH Kassel* BRS 52 Nr. 7.
[438] Die Sport-, Spiel-, Zelt- und Badeplätze wurden im Zusammenhang mit den Sportanlagen, Spiel-, Freizeit- und Erholungsflächen bereits oben § 9 Rn. 151 ff. behandelt.
[439] Die Zuordnung zum öffentlichen oder privaten Bereich muss wegen des Grundsatzes hinreichender Bestimmtheit im Bebauungsplan erfolgen, *OVG Münster* BRS 52 Nr. 27; *OVG Saarlouis* BRS 42 Nr. 32.

men, Gartenlauben, Friedhofskapellen einmal ab, frei von Bebauung sind.[440] Die Festsetzung ist in der Regel **nicht nachbarschützend**.[441]

aa) Grünflächen

177 Beschränkt sich der Bebauungsplan darauf, eine „Grünfläche" festzusetzen, ist **nur die Anlage einer begrünten Fläche** gestattet.[442] Dazu gehören nicht nur selbstständige Grünflächen, sondern auch die Festsetzung privater Grünflächen als Randbegrünung auf an die Straße angrenzenden Baugrundstücken.[443] Soll die Grünfläche zu einem der in § 9 I Nr. 15 BauGB aufgezählten Zwecke genutzt werden, muss der Bebauungsplan diese konkret bezeichnen.[444]

bb) Parkanlagen

178 Parkanlagen sind öffentliche Grünflächen,[445] die der **Allgemeinheit zur Verfügung stehen**. Sie sind gemeindliche Einrichtungen und nach Maßgabe des § 127 II Nr. 4 BauGB Erschließungsanlagen.[446]

cc) Dauerkleingärten

179 Ein Dauerkleingarten ist nach der auch für § 9 I Nr. 15 BauGB maßgebenden **Begriffsbestimmung des § 1 BKleingG**[447] ein Garten, der zur nicht erwerbsmäßigen gärtnerischen Nutzung bestimmt ist, in einer Anlage liegt, in der mehrere Einzelgärten mit gemeinschaftlichen Einrichtungen wie Wegen, Spielflächen oder Vereinshäusern zusammengefasst sind (Kleingartenanlage) und der aufgrund eines Pachtverhältnisses genutzt wird. Wesentliches Merkmal des Kleingartens ist die **Nutzung fremden Landes**.[448] Er ist eine private, keine öffentliche Grünfläche.[449] Eine im Bebauungsplan mit der Zweckbestimmung „Dauerkleingärten" festgesetzte Fläche[450] darf nur für Kleingärten im Sinne des § 1 BKleingG genutzt werden. Es ist unzulässig, sie zu parzellieren und zum Zwecke der gärtnerischen Nutzung an einzelne Eigentümer zu veräußern.[451] Der „Eigentümergarten" ist kein Kleingarten im Sinne von § 1 II 1 BKleingG. Art und Maß der baulichen Nutzung von Dauerkleingärten werden von der BauNVO nicht geregelt. Stattdessen bestimmt § 3 II BKleingG, dass im Kleingarten eine Laube in einfacher Ausführung mit höchstens 24 qm Grundfläche zulässig ist, die nach Ausstattung und Einrichtung nicht zum dauernden Wohnen geeignet sein darf.[452] Der Bebauungsplan kann eine geringere Größe vorschreiben. Dies folgt aus der Verweisung des § 3 II BKleingG auf die §§ 29 ff.

---

[440] *OVG Lüneburg* BRS 46 Nr. 22.

[441] *OVG Berlin* NuR 1995, 299 (299); für Nachbarschutz hingegen *VGH Mannheim* BRS 47 Nr. 60.

[442] BVerwGE 42, 5 (7) = NJW 1973, 1710; dazu auch *VGH München* BRS 49 Nr. 11.

[443] *BVerwG* NVwZ 1991, 877 (878); zu eng *OVG Lüneburg* BRS 46 Nr. 23.

[444] *VGH Mannheim* BRS 46 Nr. 6.

[445] *OVG Lüneburg* BRS 49 Nr. 10.

[446] *OVG Münster* BRS 44 Nr. 188.

[447] BVerwGE 68, 6 (9) = NVwZ 1984, 581. Vgl. auch *Battis/Krieger*, Bauplanungsrechtliche Neueinordnung der Kleingärten, NuR 1981, 83; EZBK/*Otte*, BauGB, § 1 BKleingG Rn. 21.

[448] Der Kleingarten ist, beruhend auf Gedanken des Leipziger Arztes *Dr. Schreber* („Schrebergarten"), ursprünglich zur Sicherung und Verbesserung der Ernährung zunächst der ärmeren, in Notzeiten auch der Bevölkerung schlechthin geschaffen worden. Inzwischen dient er vorwiegend als Ersatz für fehlende Hausgärten; im Vordergrund steht sein Freizeit- und Erholungswert. Vgl. BVerfGE 52, 1 (33 ff.) = NJW 1980, 985.

[449] *OVG Münster* BRS 50 Nr. 27.

[450] Zur Abwägung bei der Festsetzung von Dauerkleingärten *OVG Lüneburg* BRS 44 Nr. 17.

[451] BVerwGE 68, 6 (10) = NVwZ 1984, 581; *OVG Berlin* BRS 36 Nr. 48.

[452] *OVG Münster* ZfBR 2010, 385 (385 ff.).

§ 9. Die Festsetzungen im Bebauungsplan – insbesondere Vorgaben der BauNVO

BauGB. Dagegen können wegen § 3 II 1 BKleingG größere Lauben im Bebauungsplan nicht zugelassen werden. Der Bebauungsplan, der Dauerkleingärten festsetzt, wird häufig ein einfacher Bebauungsplan sein. Zu seiner Ergänzung gilt § 35 BauGB, da Kleingärten keinen im Zusammenhang bebauten Ortsteil bilden.[453]

dd) Anpflanzungen und Bindungen für Bepflanzungen

Der Bebauungsplan kann nach § 9 I Nr. 25 BauGB für das Plangebiet oder Teile davon sowie für Teile baulicher Anlagen, beispielsweise für Dächer oder Mauern,[454] das **Anpflanzen sowie Bindungen für Bepflanzungen** und für die Erhaltung von Bäumen, Sträuchern und sonstigen Bepflanzungen vorsehen. Dies gilt nicht für Flächen, auf denen eine landwirtschaftliche Nutzung oder Wald festgesetzt ist. **Städtebauliche Gründe**, die diese Festsetzungen rechtfertigen, sind etwa die Absicht, eine Gartenstadt, eine Waldsiedlung oder eine durchgrünte Stadtlandschaft zu schaffen, bauliche Anlagen in die Landschaft einzubetten oder sie von Lärm oder Schadstoffen abzuschirmen.[455] 180

- Festsetzungen nach **§ 9 I Nr. 25 lit. a BauGB** sind dazu bestimmt, neue Anpflanzungen zu schaffen. Es kann die Anpflanzung bestimmter Arten von Bäumen und Sträuchern in einer bestimmten Dichte und in einem bestimmten Mischungsverhältnis festgesetzt werden.[456] Diese Festsetzung begründet eine unmittelbare Anpflanzungspflicht des Eigentümers, zu der er gem. § 178 BauGB durch Pflanzgebot[457] oder durch eine der Baugenehmigung beigefügte Auflage angehalten werden kann. Beides ist mit den Mitteln des Verwaltungszwangs durchsetzbar.[458] Nach Maßgabe des § 41 II BauGB kann der Eigentümer eine Entschädigung verlangen.[459] 181
- Die Bindungen für Bepflanzungen und für die Erhaltung, die nach **§ 9 I Nr. 25 lit. b BauGB** festgesetzt werden können,[460] begründen die Pflicht, einen bereits vorhandenen Bestand von Bäumen, Sträuchern oder sonstigem Bewuchs zu erhalten. Individuelle Bäume oder Sträucher können, da ihre singuläre Erhaltung schwerlich ein städtebauliches Erfordernis ist, nur mit den Mitteln des Naturschutzes erhalten werden. Durchgesetzt wird die durch § 9 I Nr. 25 lit. b BauGB begründete Erhaltungspflicht durch ordnungsbehördliche Verfügung, Pflanzgebot (§ 178 BauGB) oder Auflage zur Baugenehmigung. Eine Entschädigung nach § 41 II BauGB ist möglich. 182

Weitere **Begrünungspflichten** können sich **aus dem Bauordnungsrecht** ergeben, soweit es die gärtnerische Anlegung von Vorgärten oder anderweitig nicht benötigten Flächen der Grundstücke vorschreibt bzw. die Anordnung von Bepflanzungen mit Bäumen oder Sträuchern zulässt. Die bauordnungsrechtliche Begrünungspflicht kann über § 9 IV BauGB als Festsetzung in den Bebauungsplan aufgenommen werde, sofern das Landesrecht dies vorsieht. 183

c) Wasserflächen

Nach **§ 9 I Nr. 16 BauGB** kann der Bebauungsplan Wasserflächen sowie Flächen für die Wasserwirtschaft, für Hochwasserschutzanlagen[461] und für die Regelung des 184

---

[453] Vgl. *BVerwG* NJW 1984, 1576 (1576); *OVG Bremen* BRS 38 Nr. 74.
[454] Dazu *Gern*, Begrünungspflicht von Flachbauten in Bebauungsplänen, VBlBW 1986, 167.
[455] Hierzu auch *Stich* u. a., Stadtökologie in Bebauungsplänen, 1992; *Battis*, Rechtliche Rahmenbedingungen des ökologischen Bauens, NuR 1993, 1 (3 f.). Vgl. auch *OVG Lüneburg* BRS 38 Nr. 13.
[456] *BVerwG* NVwZ 1991, 877 (878).
[457] Dazu unten § 34 Rn. 14.
[458] *OVG Berlin* BRS 52 Nr. 24.
[459] Dazu unten § 13 Rn. 14.
[460] Dazu *BVerwG* NVwZ-RR 1996, 629 (629 f.).
[461] *Lüers*, UPR 1996, 241; *Mitschang*, Wasser- und Gewässerschutz in städtebaulichen Planungen, ZfBR 1996, 63.

Wasserabflusses festsetzen. Da die Festsetzung derartiger Flächen beispielsweise von Wasserschutzgebieten und Deichanlagen umfassend im Bundes- und Landeswasserrecht, insbesondere im Wasserhaushaltsgesetz und den Wasser- und Deichgesetzen der Länder geregelt ist, kommt § 9 I Nr. 16 BauGB nur **geringe Bedeutung** zu.[462] Die nach anderen Gesetzen getroffenen Festsetzungen sind gem. § 9 VI BauGB nachrichtlich in den Bebauungsplan zu übernehmen.

d) Flächen für Aufschüttungen, Abgrabungen und Gewinnung von Bodenschätzen

185 Nach **§ 9 I Nr. 17 BauGB** kann der Bebauungsplan Flächen für Aufschüttungen, Abgrabungen oder für die Gewinnung von Steinen, Erden und anderen Bodenschätzen festsetzen. Im Außenbereich, in dem derartige Vorhaben zumeist vorkommen, ist ihr Abbau nach § 35 I Nr. 4 BauGB in Konkurrenz mit den anderen privilegierten Nutzungen zulässig.[463] Eine Festsetzung nach § 9 I Nr. 17 BauGB, die durch einfachen Bebauungsplan getroffen werden kann, hat die **Folge**, dass die anderen privilegierten Nutzungen zugunsten der Nutzung für Aufschüttungen, Abgrabungen oder die Gewinnung von Bodenschätzen verdrängt werden und die festgesetzte Nutzung für entgegenstehende öffentliche Belange (§ 35 III BauGB) **unangreifbar** gemacht wird.

e) Flächen für die Landwirtschaft und Wald

186 Nach **§ 9 I Nr. 18 BauGB** kann der Bebauungsplan Flächen für die **Landwirtschaft (§ 201 BauGB)** und für **Wald** festsetzen. Er kann die Festsetzung auf einzelne der von § 201 BauGB der Landwirtschaft zugeordneten Betätigungen beschränken. § 35 I Nr. 1, 2 BauGB weist die Land- und Forstwirtschaft dem Außenbereich zu. Durch Festsetzungen nach § 9 I Nr. 18 BauGB wird die Landwirtschaft zusätzlich gesichert und gefördert, da hierdurch die **anderen im Außenbereich zulässigen privilegierten und sonstigen Nutzungen ausgeschlossen** werden. Die festgesetzte Fläche ist nur noch für Landwirtschaft oder Wald nutzbar.

10. Festsetzungen zum Schutz von Natur und Umwelt

187 Zu den Belangen, die bei der Bauleitplanung zu berücksichtigen sind, gehören die Belange des Umweltschutzes, des Naturschutzes und der Landschaftspflege (§ 1 VI Nr. 7 i. V. m. § 1 a BauGB), die allgemeinen Anforderungen an gesunde Wohn- und Arbeitsverhältnisse und die Sicherheit der Wohn- und Arbeitsbevölkerung (§ 1 VI Nr. 1 BauGB).[464] § 9 I sieht eine **Reihe von Festsetzungen** vor, mit denen diesen Belangen Rechnung getragen werden kann.[465]

a) Ausgleichsflächen

188 Bei der Festsetzung des Bebauungsplans ist nach **§ 1 a III BauGB** in die Abwägung nach § 1 VII BauGB die Vermeidung und der Ausgleich der zu erwartenden Eingriffe in Natur und Landschaft einzubeziehen. Gemeint sind Eingriffe durch die im Bebau-

---

[462] Vgl. auch *OVG Münster* NVwZ-RR 1992, 232 (232 f.).
[463] Dazu BVerwGE 67, 84 (86 ff.) = NVwZ 1985, 42; *BVerwG* NVwZ 1984, 303 (303 f.); BRS 48 Nr. 213.
[464] Siehe auch *Stich*, Die Bedeutung des Naturschutzes, der Landschaftspflege und der Grünordnung bei der gerichtlichen Überprüfung von Bebauungsplänen, DVBl. 1992, 257 (264 ff.).
[465] Siehe hierzu auch *BVerfG* NVwZ 2003, 727 (728).

ungsplan festgesetzte Nutzung, die zu Veränderungen der Gestalt oder der Nutzung von Grundflächen führt bzw. die Leistungsfähigkeit des Naturhaushalts oder das Landschaftsbild erheblich oder nachhaltig beeinträchtigen kann (§ 14 I BNatSchG). Der Ausgleich dieser Eingriffe erfolgt nach § 1a III 2, 3 BauGB in der Regel durch die Festsetzung von **Ausgleichsflächen oder Ausgleichsmaßnahmen** im Bebauungsplan.[466] Diese können nach **§ 9 I a BauGB** auf den Grundstücken, auf denen Eingriffe in Natur und Landschaft zu erwarten sind, oder an anderer Stelle sowohl im sonstigen Geltungsbereich des Bebauungsplans als **auch in einem anderen Bebauungsplan** festgesetzt werden. Die Flächen oder Maßnahmen zum Ausgleich an anderer Stelle können den Grundstücken, auf denen Eingriffe zu erwarten sind, ganz oder teilweise zugeordnet werden; dies gilt auch für Maßnahmen auf von der Gemeinde bereitgestellten Flächen. Als **Maßnahmen** kommen insbesondere Anpflanzungsgebote nach § 9 I Nr. 25 BauGB oder Maßnahmen zum Schutz, zur Pflege oder zur Entwicklung von Boden, Natur und Landschaft nach § 9 I Nr. 20 BauGB in Betracht.

b) Schutz, Pflege und Entwicklung von Boden, Natur und Landschaft

Nach § 9 V BNatSchG sind die Inhalte der Landschaftsplanung in Planungen und Verwaltungsverfahren zu berücksichtigen.[467] Hierzu können Festsetzungen in die Bebauungspläne aufgenommen werden.[468] Den Weg hierfür eröffnet **§ 9 I Nr. 20 BauGB**. Danach kann der Bebauungsplan Flächen oder Maßnahmen zum Schutz, zur Pflege und zur Entwicklung von Boden, Natur und Landschaft festsetzen, soweit solche Festsetzungen nicht nach anderen Vorschriften getroffen werden können.

189

c) Schutzflächen

Nach **§ 9 I Nr. 24 Hs. 1 BauGB** kann der Bebauungsplan die von der Bebauung freizuhaltenden Schutzflächen und ihre Nutzung festsetzen. **Schutzflächen** sind zunächst Flächen, die bebauungsfrei zu halten sind, um dadurch andere Flächen vor Einwirkungen zu schützen.

190

Beispiel: Um einen Kur- oder Krankenhausbezirk oder um ein Forschungszentrum werden bebauungsfreie Flächen gelegt, um die Einwirkung durch Geräusche, Erschütterungen oder Schadstoffe gering zu halten.

191

Schutzflächen sind aber auch diejenigen **Flächen, die in der unmittelbaren Umgebung emittierender Anlagen bebauungsfrei gehalten werden**, da ihre bauliche Nutzung wegen der Nähe der Emissionsquellen zu ungesunden Wohn- oder Arbeitsverhältnissen führen würde. Der Bebauungsplan darf sich nicht darauf beschränken, die Schutzfläche als solche festzusetzen, sondern muss **zugleich ihre Nutzung bestimmen**. In Betracht kommen insbesondere eine Nutzung als Grünfläche, eine land- oder forstwirtschaftliche Nutzung,[469] aber auch jede andere Nutzung bis hin zur Errichtung baulicher Anlagen untergeordneter Art, wie technische Bauwerke, Schutzräume oder Gerätehäuser, sofern sie mit der Funktion der Schutzfläche vereinbar sind. § 9 I Nr. 24 Hs. 1 BauGB verlangt kein absolutes Bauverbot.

192

---

[466] Siehe bereits oben § 5 Rn. 40.
[467] Vgl. dazu Landmann/Rohmer/*Gellermann*, Umweltrecht, § 14 BNatSchG a.f. Rn. 21 ff.
[468] *Stich* u. a., Stadtökologie in Bebauungsplänen, 1992; *Tegeder*, Geräusch-Immissionsschutz in der Bauleitplanung, UPR 1995, 210; vgl. auch *Battis*, Rechtliche Rahmenbedingungen des ökologischen Bauens, NuR 1993, 1 (3 f.).
[469] *VGH München* BRS 54 Nr. 7: Festsetzung einer Waldfläche als Immissionsschutzfläche, in dem entschiedenen Fall allerdings als abwägungsfehlerhaft angesehen.

d) Vorkehrungen zum Schutz vor schädlichen Umwelteinwirkungen und sonstigen Gefahren

193 § 9 I Nr. 24 Hs. 2 BauGB lässt die Festsetzung von Flächen für besondere Anlagen und Vorkehrungen zum Schutz vor schädlichen Umwelteinwirkungen und sonstigen Gefahren sowie die Festsetzung der baulichen und technischen Vorkehrungen zu, die zum Schutz vor diesen Einwirkungen oder zu ihrer Vermeidung oder Minderung erforderlich sind.[470] Diese Festsetzungen gewähren in der Regel **Drittschutz**.[471] **Schädliche Umwelteinwirkungen** sind nach § 3 I, II BImSchG Immissionen wie Luftverunreinigungen,[472] Geräusche, Erschütterungen, Licht, Wärme, Strahlen oder ähnliches, die nach Art, Ausmaß oder Dauer geeignet sind, Gefahren, erhebliche Nachteile oder erhebliche Belästigungen für die Allgemeinheit oder die Nachbarschaft herbeizuführen. Die „**sonstigen Gefahren**" beziehen sich vor allem auf die Störanfälligkeit von Anlagen, z. B. im Hinblick auf Explosionsgefahren von industriellen Anlagen.[473]

194 § 9 I Nr. 24 Hs. 2 BauGB definiert nicht, was unter „besonderen Anlagen und Vorkehrungen" zu verstehen ist. Da § 5 II Nr. 6 BauGB, der die flächennutzungsplanerische Vorgabe für § 9 I Nr. 24 BauGB enthält, nur von Vorhaben spricht, liegt der Schluss nahe, dass der Begriff der „**Vorkehrungen**" der Oberbegriff und die „Anlagen" ein lediglich zur Verdeutlichung erwähnter Anwendungsfall der dem Immissionsschutz dienenden Vorkehrungen ist.[474] Dies macht eine Abgrenzung beider Begriffe entbehrlich. **Vorkehrungen sind hinreichend bestimmte bauliche oder technische Maßnahmen des aktiven oder passiven Immissionsschutzes.**

195 **Beispiel:** Zu den Vorkehrungen zählen Lärmschutzmauern oder -wälle,[475] Schallschutzfenster, Messstationen oder die immissionshemmende Ausführung von Außenwänden.[476]

196 Soweit Maßnahmen des baulichen Immissionsschutzes an bereits vorhandenen Gebäuden festgesetzt werden, kann der Eigentümer von dem Träger des die Umwelteinwirkung verursachenden Vorhabens **Ersatz der notwendigen Kosten** verlangen.[477] Werden für die Maßnahmen des Immissionsschutzes Flächen benötigt, können sie im Bebauungsplan festgesetzt werden.

---

[470] Zum Folgenden *BVerwG* NVwZ 1991, 881 (882); NVwZ 1990, 257; *BVerwGE* 80, 184 = NJW 1989, 467 = BRS 48 Nr. 15; *Strohmeier*, Verkehrslärmschutz in der Bauleitplanung, 1996; *Fischer/Tegeder*, NVwZ 2005, 30; *Petz*, KommunalPraxis spezial 2010, 22; *Schulze-Fielitz*, UPR 2008, 401; *Schink*, Straßenverkehrslärm in der Bauleitplanung, NVwZ 2003, 1041; *Hansmann*, Schutz vor Luftverunreinigungen in der Bauleitplanung, Immissionsschutz 2006, 148.
[471] BVerwGE 80, 184 (188) = NJW 1989, 467.
[472] Siehe zu diesem Begriff § 3 IV BImSchG; siehe auch die Geruchsimmissionen-Richtlinie, v. 5. 11. 2009, MBl. NW, S. 533.
[473] EZBK/*Söfker*, BauGB, § 9 Rn. 205. Hier besteht eine enge Beziehung zur RL 96/82/EG des Rates v. 9. 12. 1996 zur Beherrschung der Gefahren bei schweren Unfällen mit gefährlichen Stoffen, ABl. EG Nr. L 10, S. 13.
[474] A. A. EZBK/*Söfker*, BauGB, § 9 Rn. 205, der hier differenziert. Danach sollen Anlagen Einrichtungen sein, die für sich betrachtet, dem Immissionsschutz dienen, während Vorkehrungen an baulichen oder sonstigen Anlagen angebracht werden.
[475] *OVG Lüneburg* BRS 42 Nr. 10.
[476] Beispiel aus den textlichen Festsetzungen eines Bebauungsplans: „Zum Schutz vor Verkehrslärm müssen entlang der Fasanenstraße die Umfassungsbauteile einschließlich der Fenster von zum Wohnen genutzten Räumen ein bewertetes Schalldämmmaß von mindestens 40 dB aufweisen."
[477] BVerwGE 80, 184 (193) = NJW 1989, 467.

§ 9. Die Festsetzungen im Bebauungsplan – insbesondere Vorgaben der BauNVO 195

Emissions- oder Immissionsgrenzwerte sind keine Vorkehrungen im Sinne von § 9 I Nr. 24 BauGB.[478] Sie sind nicht geeignet, schädliche Umwelteinwirkungen abzuwehren, sondern legen nur das Ziel des Immissionsschutzes fest. Eine Aussage über die konkret zu treffenden Maßnahmen beinhalten sie aber nicht.[479]

197

e) Verwendungsverbote für luftverunreinigende Stoffe und erneuerbare Energien

Nach § 9 I Nr. 23 lit. a BauGB können Gebiete festgesetzt werden, in denen zum Schutz vor schädlichen Umwelteinwirkungen bestimmte **luftverunreinigende Stoffe** nicht oder nur beschränkt verwendet werden dürfen.[480] Ziel dieser Festsetzung ist es, umweltschonende Regelungen für die Wärmeversorgung von Baugebieten zu ermöglichen und hierzu bestimmte Stoffe, wie Kohle und Heizöl, auszuschließen.[481] Ein Stoff verunreinigt die Luft, wenn er ihre natürliche Zusammensetzung durch Rauch, Ruß, Staub, Gas, Aerosole, Dämpfe oder Geruchsstoffe verändert (§ 3 IV BImSchG). Das **Verwendungsverbot** kann zum Anschluss des Gebiets an zentrale Einrichtungen wie Fernwärme- oder Erdgasnetze führen, wobei bestehende Heizungsanlagen wegen des ihnen zukommenden Bestandsschutzes weiter betrieben werden können. Verwendungsverbote nach § 9 I Nr. 23 lit. a BauGB können aber auch dazu benutzt werden, um im Plangebiet Luftreinhaltegebiete wie Kur- oder Krankenhausbezirke zu schaffen, oder um Gebiete außerhalb des Plangebiets vor zusätzlicher Luftverschmutzung zu schützen.[482] Da das Verwendungsverbot dem Umweltschutz dienen muss, darf es nicht benutzt werden, um energie-, wirtschafts- oder gesellschaftspolitisch unerwünschte Stoffe zurückzudrängen.[483]

198

Der gebietsbezogene Ansatz des § 9 I Nr. 23 lit. a BauGB wird durch die vorhabenbezogene Festsetzungsmöglichkeit des **§ 9 I Nr. 23 lit. b BauGB** komplettiert. Letztgenannte erlaubt, im Plangebiet bei der Errichtung von Gebäuden bestimmte bauliche Maßnahmen für den Einsatz **erneuerbarer Energien** wie insbesondere Solarenergie einzufordern.

199

11. Festsetzungen zur Innenentwicklung der Gemeinde gem. § 9 II a BauGB

Eine Besonderheit planerischer Festsetzungsmöglichkeiten gilt für im Zusammenhang bebaute Ortsteile i. S. des § 34 BauGB. Im Anwendungsbereich des § 34 BauGB

200

---

[478] *BVerwG* NVwZ 1994, 1009 (1009 f.); ZfBR 2006, 355 (356 f.).
[479] So *BVerwG* NVwZ 1991, 881 (882), das jedoch die Festsetzung von Emissionsgrenzwerten über § 1 IV 1 Nr. 2 BauNVO für möglich hält; *VGH Mannheim* NVwZ-RR 1997, 694 (695). Teilweise anders *OVG Bremen* DVBl. 1982, 964; *Fehlau*, BauR 1992, 712 (716 ff.); *Ziegler*, Zu den Nutzungsbegriffen des § 1 Abs. 4–9 BauNVO insbesondere im Hinblick auf die Festsetzung von Emissionswerten, ZfBR 1991, 196 (198 f.); vgl. auch *Fehrenbach*, Die Festsetzung von Lärmgrenzwerten in Bebauungsplänen, 1997; EZBK/*Söfker*, BauGB, § 9 Rn. 206.
[480] Grundlegend *BVerwG* NVwZ 1989, 664 (664 ff.); *Stich*, Verbote der Verwendung bestimmter Heizstoffe in Baugebieten, DÖV 1981, 645; *Fehlau*, BauR 1992, 712; *Stühler*, Zur Auslegung des Verwendungsverbots gem. § 9 Abs. 1 Nr. 23 BauGB, VBlBW 1996, 328.
[481] Weitere Instrumente zur Erreichung dieses Ziels sind der kommunalrechtliche Anschluss- und Benutzungszwang an Fernheizungen, ortsrechtliche Heizstoffverwendungsverbote auf landesrechtlicher Grundlage (§ 49 III BImSchG) und Rechtsverordnungen der Landesregierung gem. § 49 I BImSchG.
[482] Instruktiv *OVG Berlin* BRS 38 Nr. 7. Siehe auch *Fehlau*, BauR 1992, 712 (721 ff.); *Bischopink*, BauR 2006, 1070.
[483] EZBK/*Söfker*, BauGB § 9 Rn. 187; a. A. BKL/*Löhr*, BauGB, § 9 Rn. 81 a.

– aber auch nur hier[484] – kann gem. § 9 II a BauGB **zur Erhaltung oder Entwicklung zentraler Versorgungsbereiche**,[485] auch im Interesse einer **verbrauchernahen Versorgung** der Bevölkerung und der **Innenentwicklung der Gemeinden**, ein einfacher Bebauungsplan aufgestellt werden. Dieser darf Festsetzungen treffen, wie sie bisher auch schon nach § 1 IX BauNVO zulässig waren, muss allerdings anders als bei § 1 IX BauNVO **keine Baugebiete** festsetzen.[486] Konkret sind die Gemeinden ermächtigt, bestimmte Arten der nach § 34 I und II BauGB möglichen baulichen Nutzungen (ausnahmsweise) zuzulassen oder aber auszuschließen,[487] wobei positive Ausweisungen wegen ihrer Eingriffsintensität gegenüber den nicht berücksichtigten Nutzungen nachrangig einzusetzen sind.[488] Die Erhaltung und[489] bzw. oder Entwicklung der von § 9 II a 1 BauGB in Bezug genommenen zentralen Versorgungsbereiche liefert hierzu im Hintergrund die **besondere Planrechtfertigung**, die § 1 III BauGB als *lex specialis* verdrängt.[490] Die besonderen Festsetzungsbefugnisse der Gemeinde stehen jedoch unter dem Vorbehalt, dass zunächst einmal gem. § 9 II a 3 BauGB überhaupt ein zentraler Versorgungsbereich vorhanden und planungsrechtlich abgesichert ist.[491] Dies kann durch einen einfachen oder qualifizierten Bebauungsplan i. S. des § 30 BauGB, durch die Qualifizierung des potenziellen Planungsgebiets als im Zusammenhang bebauter Ortsteil nach § 34 BauGB oder durch einen in Aufstellung befindlichen Bebauungsplan erfolgen, sobald bei Letztgenanntem dessen Aufstellung förmlich eingeleitet ist.[492] Ein **Einzelhandelskonzept** allein reicht hierzu nicht aus.[493] Es ist sicherlich nützlich, um sachgerecht zu planen, allerdings nicht zwingend erforderlich, um in den Genuss des § 9 II a BauGB kommen zu können. Daher verlangt § 9 II a 2 BauGB nur, dass ein *existierendes* städtebauliches Entwicklungskonzept, das Aussagen über die zu erhaltenden oder zu entwickelnden zentralen Versorgungsbereiche der Gemeinde oder eines Gemeindeteils enthält, zu berücksichtigen ist. Erstellt werden muss ein Einzelhandelskonzept aber nicht.[494] Im Übrigen bleibt es bei den üblichen Anforderungen an die Aufstellung des einfachen Bebauungsplans.

---

[484] Vgl. *Reidt*, BauR 2007, 2001 (2006).

[485] Der zentrale Versorgungsbereich darf in diesem Kontext ebenso wie in § 34 III BauGB verstanden werden; vgl. dazu auch *BVerwG* NVwZ 2010, 587 (587 ff.); *BVerwG* ZfBR 2010, 267 (267 f.); *OVG Münster* NVwZ 2007, 727 (730 ff.); *OVG Lüneburg* BRS 73 Nr. 87.

[486] *Klinge*, BauR 2008, 770 (774); BKL/*Löhr*, BauGB, § 9 Rn. 98 l. Siehe hierzu auch oben § 9 Rn. 112.

[487] *OVG Koblenz* BRS 74 Nr. 102.

[488] *Sparwasser*, Bebauungspläne zur Sicherung zentraler Versorgungsbereiche, VBlBW 2007, 281 (285).

[489] Eine kumulative Berücksichtigung beider Aspekte ist nicht ausgeschlossen; vgl. *Klinge*, BauR 2008, 770 (772).

[490] *Schmitz*, Die Sicherung zentraler Versorgungsbereiche und der verbrauchernahen Versorgung, ZfBR 2007, 532 (535 f.); *Erbguth*, Baurecht, § 5 Rn. 103 a.

[491] Die „Soll"-Vorschrift wird im praktischen Ergebnis als zwingend zu verstehen sein; *Reidt*, BauR 2007, 2001 (2007); BKL/*Löhr*, BauGB, § 9 Rn. 98 j.

[492] Vgl. dazu *Schmitz*, Die Sicherung zentraler Versorgungsbereiche und der verbrauchernahen Versorgung, ZfBR 2007, 532 (535).

[493] *Berkemann*, in: ders., BauGB 2004 – Nachgefragt, 2006, S. 253; BKL/*Löhr*, BauGB, § 9 Rn. 98 j; *Frenz*, Der Baugenehmigungsanspruch, JuS 2009, 902 (904); siehe zu den Einzelhandelskonzepten auch *Uechtritz*, Die Bedeutung informeller Planungen für die Bauleitplanung und Genehmigungsentscheidungen, ZfBR 2010, 646 (648 ff.).

[494] BK/*Gaentzsch*, BauGB, § 9 Rn. 73 k; EZBK/*Söfker*, BauGB, § 9 Rn. 242 d. Zu den planerischen Anforderungen an ein Einzelhandelskonzept *Reidt*, BauR 2007, 2001 (2008).

12. Festsetzungen kraft Landesrechts

Nach § 9 IV BauGB können die Länder durch Rechtsvorschrift bestimmen, dass auf Landesrecht beruhende Regelungen in den Bebauungsplan als Festsetzungen aufgenommen werden können.[495] Hiervon haben alle Länder Gebrauch gemacht und insbesondere die Aufnahme von landesrechtlichen Anforderungen an die **Gestaltung baulicher Anlagen** in die Bebauungspläne zugelassen.[496] Dies gibt der Gemeinde die Möglichkeit, im Bebauungsplan Regelungen nicht planungsrechtlicher Art zu treffen,[497] die sie anderenfalls durch eine allgemeine gemeindliche Satzung, etwa eine Gestaltungssatzung[498] treffen müsste. Nicht erforderlich – auch weil höchst unpraktikabel – ist es, dass die Gemeinde zunächst durch Satzung eine örtliche Gestaltungsvorschrift erlässt, um diese danach als Festsetzung in den Bebauungsplan aufzunehmen.[499] Der Bebauungsplan wird ihr gewissermaßen als Rechtsform für normative Regelungen des Landesrechts „geliehen" bzw. als Rechtsinstitut zur Verfügung gestellt.[500] Dies hat für die Gemeinde den Vorteil, dass sie die normativen Regelungen konkreter als in einer allgemeinen gemeindlichen Satzung, nämlich bezogen und beschränkt auf den räumlichen Geltungsbereich des Bebauungsplans treffen kann.[501] Die Regelungen werden **Teil des Bebauungsplans** und unterliegen mit ihm der Normenkontrolle.[502] Da die nach § 9 IV BauGB getroffenen Festsetzungen **materiell auf Landesrecht** beruhen, gelten für sie nicht die allgemeinen Vorschriften des BauGB, insbesondere nicht das Abwägungsgebot des § 1 VII BauGB oder das Begründungsgebot des § 9 VIII BauGB,[503] es sei denn, das Landesrecht bestimmt dies, wozu es nach § 9 IV Hs. 2 BauGB befugt ist.[504] Formvorschriften des Landesrechts sind, sofern nicht ein anderes bestimmt ist, zu beachten, etwa das Gebot, die gesetzliche Ermächtigungsgrundlage anzugeben.[505] Sollen Baugestaltungsvorschriften geändert werden, die in einen Bebauungsplan aufgenommen wurden, sind allerdings die für die Planänderung maßgeblichen Vorschriften des BauGB einzuhalten.

---

[495] Dazu *Arnoldussen/Steinfort*, Gestaltungssatzung nach den Landesbauordnungen und gestalterische Festsetzungen im Bebauungsplan nach § 9 IV BauGB, 1991; *Gelzer*, Die Rechtmäßigkeit von Gestaltungsfestsetzungen in den Bebauungsplänen, in: Festschr. für Redeker, 1993, S. 395; *Grabosch*, Bebauungspläne und gestalterische Festsetzungen, NWVBl. 1990, 293; *Klein*, Kommunale Baugestaltungssatzungen, 1992; *Manssen*, Die Aufnahme von auf Landesrecht beruhenden Regelungen in den Bebauungsplan (§ 9 Abs. 4 BauGB), BauR 1991, 697.
[496] Vgl. etwa § 12 I AG BauGB Bln: „Bei besonderem Gestaltungsbedarf können durch Rechtsverordnung oder nach § 9 Abs. 4 des Baugesetzbuchs im Bebauungsplan besondere Anforderungen an die äußere Gestaltung von baulichen Anlagen sowie von Werbeanlagen und Warenautomaten gestellt werden; Werbeanlagen und Warenautomaten können auch beschränkt oder ausgeschlossen werden." Ähnlich § 12 BauONW. Vgl. auch BK/*Gaentzsch*, BauGB, § 9 Rn. 79; *Jeromin*, LKRZ 2010, 87.
[497] Vgl. etwa OVG Münster NVwZ-RR 1996, 491 (Farbe der Dacheindeckung).
[498] Viele Landesbauordnungen, so etwa § 56 NBauO, ermächtigen die Gemeinden zum Erlass von Gestaltungssatzungen. Hierzu auch OVG Lüneburg BRS 55 Nr. 129.
[499] BKL/*Löhr*, BauGB, § 9 Rn. 107; a. A. OVG Lüneburg BRS 54 Nr. 88.
[500] BK/*Gaentzsch*, BauGB, § 9 Rdn. 77.
[501] Hierzu OVG Münster BRS 54 Nr. 112.
[502] VGH München BRS 48 Nr. 110.
[503] BVerwG NVwZ 1995, 899 (900). Dazu auch BVerwG NVwZ 1991, 874 (875); NVwZ-RR 1993, 286 (286).
[504] BVerwG ZfBR 2005, 562 (562).
[505] OVG Lüneburg BRS 54 Nr. 88.

Lösung zu Fall 7:

202 Der Rechtsamtsleiter wird bemängeln, dass **vorhabenunabhängige Kontingentierung** von Nutzungsoptionen – d. h. die Festlegungen von maximalen Verkaufsflächen, die sich auf das Plangebiet insgesamt und nicht auf individuelle Vorhaben beziehen – der Baunutzungsverordnung grundsätzlich fremd sind. Dort, wo die Verordnung die Festlegung von Nutzungsanteilen (Quoten) oder die Quantifizierung einer Nutzungsart zulässt, wie in § 4 a IV Nr. 2 und § 7 IV 1 Nr. 2 BauNVO und in Gestalt der Beschränkung freiberuflicher Berufsausübung auf „Räume" in den Baugebieten der §§ 2 bis 4 (vgl. § 13 BauNVO), wird dies ausdrücklich geregelt. Eine Kontingentierung der Verkaufsflächen, die auf das Sondergebiet insgesamt bezogen ist, öffnet das Tor für so genannte **„Windhundrennen"** potenzieller Investoren und Bauantragsteller und schließt die Möglichkeit ein, dass Grundeigentümer im Fall der Erschöpfung des Kontingents von der kontingentierten Nutzung ausgeschlossen sind. Dieses Ergebnis widerspricht dem der Baugebietstypologie (§§ 2 bis 9 BauNVO) zugrunde liegenden Regelungsansatz, demzufolge im Geltungsbereich eines Bebauungsplans im Grunde jedes Baugrundstück für jede nach dem Nutzungskatalog der jeweiligen Baugebietsvorschrift zulässige Nutzung in Betracht kommen können soll.

§ 10. Der vorhabenbezogene Bebauungsplan

Schrifttum: *Arnold/Bischopink*, Planung multifunktionaler Vorhaben durch vorhabenbezogene Bebauungspläne unter Berücksichtigung des § 12 III a BauGB 2007, NVwZ 2007, 991; *Bernhardt*, Der vertragsbezogene Bebauungsplan nach § 12 III a BauGB, NVwZ 2008, 972; *Birk*, Städtebauliche Verträge, 4. Aufl. 2002; *ders.*, Der Vorhaben- und Erschließungsplan – praxisbedeutsame Schwerpunkte, NVwZ 1995, 625; *Busse/Grziwotz*, Der Vorhaben- und Erschließungsplan, 2. Aufl. 2006; *Köster*, Der vorhabenbezogene Bebauungsplan nach § 12 BauGB, ZfBR 2005, 147; *Krautzberger*, Der Durchführungsvertrag beim Vorhaben- und Erschließungsplan nach § 12 BauGB, NotBZ 2010, 241; *Menke*, Der vorhabenbezogene Bebauungsplan, NVwZ 1998, 577; *Reidt*, Grundstücksveräußerungen der öffentlichen Hand und städtebauliche Verträge als ausschreibungspflichtige Baukonzession?, BauR 2007, 1664; *Wirth*, Der Bauherr als Baubehörde – Chancen des Vorhaben- und Erschließungsplanes, BauR 1999, 130.

Fall 8 (nach *VGH Mannheim* NVwZ 1997, 699):

1 Der Großindustrielle G möchte in der Stadt S ein Logistikzentrum von bundesweiter Bedeutung errichten. Hierzu lässt er einen detaillierten Projektplan entwerfen, mit dem er an die Stadt S herantritt. Er wünscht einen vorhabenbezogenen Bebauungsplan zu erlassen, um für sein Projekt die optimalen Voraussetzungen zu schaffen. Nachfolgend wird der Projektplan in den Vorhaben- und Erschließungsplan übernommen, um so das Vorhaben zu beschreiben. Nach Abschluss der Planungen und Erlass des vorhabenbezogenen Bebauungsplans meldet sich Konkurrent K bei der Stadt S und bemängelt einen Verstoß des Bebauungsplans gegen die BauNVO und das Bestimmtheitsgebot. Sind die Einwendungen des K stichhaltig?
Lösung: Rn. 37

I. Historie

Im Zuge der Anpassung des Baurechts der DDR an das Bauplanungsrecht der Bundesrepublik ist 1990 mit der Vorhaben- und Erschließungsplansatzung (§ 55 BauZVO)[1] ein bis dahin unbekanntes, aus einem Vorhaben- und Erschließungsplan, einer den Plan rechtlich umsetzenden Satzung und einem Durchführungsvertrag bestehendes gemeindliches Planungsinstrument geschaffen worden, um kurzfristig die planungsrechtlichen Voraussetzungen für die Verwirklichung von in der DDR dringend benötigten Vorhaben herbeiführen zu können.[2] Die Vorhaben- und Erschließungsplansatzung wurde vom **Einigungsvertrag** (Anl. I Kapitel XIV Abschnitt II Nr. 1) für das Beitrittsgebiet beibehalten und – leicht verändert – in § 246 a I Nr. 6 BauGB verankert. Das InvWoBaulG verlagerte sie – erneut modifiziert – ins **BauGB-MaßnG** (§ 7) und führte sie damit auch in den alten Bundesländern ein. Nunmehr hat sie – verändert und vereinfacht – unter der Bezeichnung „vorhabenbezogener Bebauungsplan" ihren Platz in **§ 12 BauGB** gefunden.[3]

II. Funktion und Spezifika des vorhabenbezogenen Bebauungsplans

Der vorhabenbezogene Bebauungsplan ist ein Planungsinstrument, das dazu bestimmt ist, für ein **spezifisches Projekt** eines **bestimmten Vorhabenträgers** – des Investors – die planungsrechtlichen Voraussetzungen zu schaffen. Der Vorhabenträger, eine **natürlichen oder juristischen Person des Privatrechts**,[4] muss sich vertraglich zur Durchführung des Vorhabens und zur Tragung von Planungs- und Erschließungskosten verpflichten. Dabei zeigen sich Besonderheiten:

- Der vorhabenbezogene Bebauungsplan schafft die planungsrechtlichen **Voraussetzungen für ein Vorhaben**,[5] das zulässig ist, wenn es ihm nicht widerspricht und die Erschließung gesichert ist (§ 30 II BauGB). Darin ähnelt der vorhabenbezogene Bebauungsplan dem qualifizierten Bebauungsplan.[6]
- Anders als der qualifizierte Bebauungsplan trifft der vorhabenbezogene Bebauungsplan seine **Festsetzungen** nicht generell und abstrakt für noch nicht bekannte Vorhaben, sondern **individuell** und **konkret** für ein zwischen Vorhabenträger und

---

[1] DDR-BauZVO v. 20. 6. 1990, GBl. der DDR I, S. 739.
[2] Vgl. dazu auch *Pietzcker*, Der Vorhaben- und Erschließungsplan nach § 55 BauZVO, DVBl. 1992, 658 (658); *Weidemann/Deutsch*, Der Vorhaben- und Erschließungsplan, NVwZ 1991, 956 (956).
[3] *Köster*, ZfBR 2005, 147 (147); *Kuschnerus*, Der vorhabenbezogene Bebauungsplan im Lichte der jüngeren Rechtsprechung, BauR 2004, 946 (946).
[4] VGH München NVwZ-RR 2006, 381 (382 f.); *Erbguth*, Baurecht, § 5 Rn. 205. Mitunter werden auch Körperschaften des öffentlichen Rechts als Vorhabenträger nach § 12 BauGB anerkannt; vgl. hierzu erläuternd EZBK/*Krautzberger*, BauGB, § 12 Rn. 57 ff.; Schrödter/*Quaas/Kukk*, BauGB, § 12 Rn. 13.
[5] Deshalb bedarf es aus der Sicht des Bauherrn eines vorhabenbezogenen Bebauungsplans nur, wenn das Vorhaben nach dem vorhandenen Planungsrecht nicht verwirklicht werden kann. § 7 I BauGB-MaßnG hatte dies zur Voraussetzung für eine Satzung mit Vorhaben- und Erschließungsplan erhoben, so dass stets zunächst zu prüfen war, ob das Vorhaben mit Hilfe der §§ 30 ff. BauGB, auch in Verbindung mit einer Befreiung, verwirklicht werden konnte. Dies führte bei schwieriger Rechtslage immer wieder zu Zweifeln über die Zulässigkeit des Vorhaben- und Erschließungsplans. Nunmehr kann auch bei planungsrechtlicher Zulässigkeit des Vorhabens der Weg des vorhabenbezogenen Bebauungsplans gewählt werden, was vor allem für die Gemeinde von Vorteil sein kann, während der Bauherr sorgsam abwägen sollte, welche Belastungen er übernimmt.
[6] EZBK/*Krautzberger*, BauGB, § 12 Rn. 142.

Gemeinde abgestimmtes Vorhaben.⁷ Es muss sich um ein oder mehrere bauliche Anlagen handeln, wobei der Vorhabenbegriff des § 29 I BauGB maßgeblich ist.⁸

6 – Die Festsetzungen erfolgen nicht, wie beim qualifizierten Bebauungsplan, für jedermann, sondern **zugunsten eines bestimmten Vorhabenträgers**, der allerdings mit Zustimmung der Gemeinde wechseln kann.

7 – Der Vorhabenträger muss sich vertraglich zur Durchführung des Vorhabens verpflichten.⁹ Der vorhabenbezogene Bebauungsplan ist damit, anders als der qualifizierte Bebauungsplan, auf **alsbaldige Verwirklichung** angelegt. Deshalb muss auch sichergestellt sein, dass der Vorhabenträger die subjektive Durchführungsbereitschaft für das gesamte Projekt mitbringt, eine Verfügungsbefugnis hinsichtlich der zu beplanenden Fläche besitzt und objektiv über ausreichende finanzielle Mittel verfügt, um das Vorhaben zu Ende zu führen.¹⁰ Gerade hinsichtlich der **Liquidität** des potenziellen Vorhabenträgers sind Verifizierungen ratsam und zulässig. Gegebenenfalls sollte sich die Gemeinde Sicherheiten geben lassen.¹¹ Wird das Vorhaben nicht durchgeführt, soll der vorhabenbezogene Bebauungsplan von der Gemeinde aufgehoben werden. Entschädigungsansprüche, die bei der Aufhebung eines qualifizierten Bebauungsplans drohen, schließt das Gesetz aus.

8 – Der Vorhabenträger muss vertraglich zumindest einen Teil der **Planungs- und Erschließungskosten** übernehmen. Die Gemeinde kann sich dadurch von erheblichen Kosten entlasten. Dagegen treffen beim qualifizierten Bebauungsplan die Planungskosten stets die Gemeinde. Von den Erschließungskosten muss sie zumindest den obligatorischen Gemeindeanteil tragen und sie hat in der Regel die Vorfinanzierungslast.

9 Das Planungsinstrument des vorhabenbezogenen Bebauungsplans besteht mithin aus **planerischen, vertraglichen** und **normativen Elementen**, die miteinander abgestimmt und aufeinander bezogenen sind. Dies erfordert mehrere Schritte: Zunächst erstellt der Träger des Vorhabens in Abstimmung mit der Gemeinde einen **Vorhaben- und Erschließungsplan** und konzipiert damit das Vorhaben und seine Erschließung. Das klassische Bebauungsplanverfahren kennt diesen Schritt nicht. Bei ihm erfolgt die Planung in der Regel erst nach der Festsetzung des Bebauungsplans. In einem zweiten Schritt schließt der Vorhabenträger mit der Gemeinde einen **Durchführungsvertrag**, in welchem er sich verpflichtet, Vorhaben und Erschließung auch tatsächlich zu verwirklichen und als der durch die Planung Begünstigte die Planungs- und Erschließungskosten ganz oder teilweise zu tragen. Die Gemeinde, die nunmehr davon ausgehen kann, dass Vorhaben und Erschließung durchgeführt werden, erlässt in einem dritten Schritt den **vorhabenbezogenen Bebauungsplan**, der das Vorhaben normativ umsetzt und damit die planungsrechtliche Grundlage für die anschließend zu erteilende Baugenehmigung bildet.

---

⁷ BVerwGE 119, 45 (52); *OVG Münster* ZfBR 2004, 575 (576); *Turiaux*, Der vorhabenbezogene Bebauungsplan gem. § 12 BauGB – Beschleunigungspotential, Durchführungsverpflichtung und praktische Probleme, NJW 1999, 391 (392); *Wirth*, BauR 1999, 130 (130 f.); *Funke*, Der vorhabenbezogene Bebauungsplan zwischen konservierender und zukunftsoffener Bauleitplanung, BauR 2004, 1882 (1884); JDW/*Jäde*, BauGB, § 12 Rn. 6 f.

⁸ *OVG Magdeburg* LKV 1994, 220 (221); *OVG Münster* ZfBR 2004, 575 (576); wohl auch *BVerwG* ZfBR 2005, 72 (72).

⁹ Vgl. *OVG Bautzen* LKV 1995, 84 (85).

¹⁰ *OVG Bautzen* SächsVBl. 2008, 115 (119); *Köster*, ZfBR 2005, 147 (148); *Busse/Grziwotz*, Der Vorhaben- und Erschließungsplan, Rn. 71 ff.; EZBK/*Krautzberger*, § 12 Rn. 62 f.

¹¹ *Busse/Grziwotz*, Der Vorhaben- und Erschließungsplan, Rn. 75 ff.

III. Der Vorhaben- und Erschließungsplan

Kernstück des „vorhabenbezogenen Bebauungsplans" ist der Vorhaben- und Erschließungsplan.[12]

1. Aufstellung

Die **Initiative** zur Schaffung eines vorhabenbezogenen Bebauungsplans geht vom **Vorhabenträger** aus. Er tritt in einem ersten Schritt an die Gemeinde heran und erstellt in Abstimmung mit ihr den Vorhaben- und Erschließungsplan. Der Plan ergibt, welches Vorhaben und welche Erschließungsmaßnahmen verwirklicht werden sollen. Führt die von § 12 I 1 BauGB geforderte Abstimmung des Plans mit der Gemeinde zu keiner Übereinstimmung, ist das Vorhaben gescheitert.

2. Inhalt

Der Vorhaben- und Erschließungsplan ist die **zeichnerische Darstellung** und **Grundlage für Vorhaben- und Erschließungsmaßnahmen**. In ihn kann aufgenommen werden, was Vorhabenträger oder die im Rahmen der Abstimmung beteiligte Gemeinde für darstellungsbedürftig halten. Das Vorhaben und die Erschließungsmaßnahmen werden konkret beschrieben. Insbesondere werden Art und Maß der baulichen Nutzung, die überbaubaren Grundstücksflächen und häufig auch die Stellung der baulichen Anlagen, die Lage der Stellplätze oder beabsichtigte Maßnahmen des Immissionsschutzes angegeben. Insofern ähnelt der Inhalt des Vorhaben- und Erschließungsplans dem Inhalt eines Bebauungsplans. Die Detailregelungen können aber auch in den Durchführungsvertrag aufgenommen werden; hierhin gehören auch Regelungen, die keinen Bezug zur Nutzung und Gestaltung des Grundstücks haben.[13] Da der Vorhaben- und Erschließungsplan nach § 12 III 1 BauGB **Bestandteil des vorhabenbezogenen Bebauungsplans** wird, muss er in **Genauigkeit** und **Bestimmtheit** den an eine Rechtsnorm zu stellenden Anforderungen entsprechen. Das Vorhaben und die beabsichtigten Erschließungsmaßnahmen müssen sich aus ihm eindeutig ergeben. Ein Plan, der nur ein Vorhaben oder nur die Erschließung umfasst, ist kein „Vorhaben- und Erschließungsplan" und kann daher nicht Gegenstand eines vorhabenbezogenen Bebauungsplans sein. Ein Plan, der nur Vorhabenplan oder nur Erschließungsplan ist, kommt als Grundlage für einen städtebaulichen Vertrag (§ 11 BauGB) oder einen Erschließungsvertrag (§ 124 BauGB) in Betracht.

3. Inhaltliche Vorgaben

Da der Vorhaben- und Erschließungsplan Bestandteil des vorhabenbezogenen Bebauungsplans wird (§ 12 III 1 BauGB), muss er alle für einen Bebauungsplan geltenden gesetzlichen Vorgaben beachten. Er genießt jedoch – wie der vorhabenbezogene Bebauungsplan auch[14] – das Privileg des § 12 III 2 BauGB, so dass er **von den Festsetzungen des § 9 BauGB** und den **Vorgaben der BauNVO abweichen** kann.[15]

---

[12] Obwohl das eigentliche Planungsinstrument der vorhabenbezogene Bebauungsplan ist, von dem der Vorhaben- und Erschließungsplan nur einen Bestandteil bildet (§ 12 III 1 BauGB), hat sich – *pars pro toto* – weitgehend der Name „Vorhaben- und Erschließungsplan" eingebürgert, auch bei der amtlichen Überschrift des § 12 BauGB.
[13] EZBK/*Krautzberger*, BauGB, § 12 Rn. 82.
[14] Siehe nachfolgend § 10 Rn. 31.
[15] BVerwGE 116, 296 (299); *Menke*, NVwZ 1998, 577 (578 f.); BKL/*Krautzberger*, BauGB, § 12 Rn. 7.

Die Bindung an das Bestimmtheitsgebot besteht jedoch auch hier.[16] Die **Parallelität** zwischen dem vorhabenbezogenen Bebauungsplan und dem Vorhaben- und Erschließungsplan setzt sich insofern fort, als das, was nicht Inhalt eines vorhabenbezogenen Bebauungsplans sein kann, zugleich ungeeignet ist, Inhalt des Vorhaben- und Erschließungsplans zu werden. Da der vorhabenbezogene Bebauungsplan, wie jeder andere Bebauungsplan auch, grundsätzlich aus dem Flächennutzungsplan zu entwickeln ist (§ 8 II 1 BauGB),[17] darf der Vorhaben- und Erschließungsplan nicht im Widerspruch zum Flächennutzungsplan stehen.

IV. Der Durchführungsvertrag

14 Zwischen Gemeinde und Vorhabenträger ist nach § 12 I 1 BauGB ein die Durchführung des Vorhabens regelnder Vertrag, der „Durchführungsvertrag", zu schließen. Er verknüpft den Vorhaben- und Erschließungsplan mit dem vorhabenbezogenen Bebauungsplan und **schreibt Rechte** und **Verpflichtungen** von Vorhabenträger und beteiligter Gemeinde **fest**.

1. Notwendige Voraussetzung für den vorhabenbezogenen Bebauungsplan

15 Der Abschluss eines Durchführungsvertrags ist Voraussetzung für die Zulässigkeit eines vorhabenbezogenen Bebauungsplans. Daher muss der Durchführungsvertrag **spätestens bei Inkrafttreten des Bebauungsplans abgeschlossen** sein;[18] anderenfalls ist der vorhabenbezogene Bebauungsplan nichtig.[19] Zum Zeitpunkt des Satzungsbeschlusses muss der Durchführungsvertrag zudem zumindest seinem wesentlichen Inhalt nach bekannt sein,[20] da sein Inhalt in die planerische Abwägung (§ 1 VII BauGB) einzubeziehen ist.[21]

2. Rechtsnatur des Durchführungsvertrags

16 Der Durchführungsvertrag ist ein **öffentlich-rechtlicher Vertrag** i. S. d. § 54 VwVfG, der nicht Bestandteil des Bebauungsplans wird.[22] Er bedarf der **Schriftform** (§ 11 III BauGB, § 57 VwVfG). Werden Grundstücke erworben oder übertragen, ist er notariell zu beurkunden (§ 62 S. 2 VwVfG i. V. m. § 311 b BGB). Da der Durchführungsvertrag Elemente eines Erschließungsvertrags (§ 124 BauGB) enthält und eine Unter-

---

[16] *VGH Mannheim* NVwZ 1997, 699 (700); Schrödter/*Quaas/Kukk*, BauGB, § 12 Rn. 15; BK/*Gatz*, BauGB, § 12 Rn. 22.

[17] BKL/*Krautzberger*, BauGB, § 12 Rn. 24 ff.

[18] *Kuschnerus*, Der vorhabenbezogene Bebauungsplan im Lichte der jüngeren Rechtsprechung, BauR 2004, 946 (952); *Krautzberger*, NotBZ 2010, 241 (242). Es dürfte ebenfalls ausreichen, dass ein bindendes Vertragsangebot des Vorhabenträgers vorliegt, ohne dass der Vertrag von Seiten der Gemeinde unterschrieben wurde. In diesem Fall ist die Realisierung des Vorhabens gleichfalls sichergestellt; vgl. *VGH Mannheim* BRS 74 Nr. 237.

[19] Vgl. *VGH Mannheim* NVwZ 1997, 699 (700); NVwZ-RR 2003, 407 (408); *OVG Bautzen* NVwZ 1995, 181 (181); siehe ferner *Bielenberg*, Aufstellung eines Vorhaben- und Erschließungsplans (VE-Plans) – Hinweise für die Praxis, ZfBR 1996, 6 (15); *Reidt*, Anwendungsproblem des Vorhaben- und Erschließungsplans, BauR 1995, 788 (796); *Köster*, ZfBR 2005, 147 (148).

[20] Enger *OVG Bautzen* NVwZ 1995, 181 (181).

[21] *VGH Mannheim* NVwZ 1997, 699 (700).

[22] Aus diesem Grund ist auch keine öffentliche Auslegung des Durchführungsvertrags im Beteiligungsverfahren notwendig; vgl. *Köster*, ZfBR 2005, 147 (148); *Thurow*, Der vorhabenbezogene Bebauungsplan – ein zukunftsweisendes Planungsinstrument?, UPR 2000, 16 (18 f.).

art des städtebaulichen Vertrags (§ 11 BauGB) ist,[23] ergibt sich die Schriftform auch aus diesen Vorschriften. Eine **vergaberechtliche Dimension** besitzt der Durchführungsvertrag nicht, da die Projektverwirklichung zugunsten des Vorhabenträgers und gerade nicht für die Gemeinde erfolgt.[24]

3. Inhalt des Durchführungsvertrags

Um den Anforderungen des Gesetzes zu genügen und den Weg für den Erlass eines vorhabenbezogenen Bebauungsplans zu öffnen, muss der Durchführungsvertrag mindestens Regelungen über die Durchführung des Vorhabens und der Erschließungsmaßnahmen enthalten. Hierzu gehört auch, festzuschreiben, innerhalb welcher **Fristen** die Vertragspflichten erfüllt werden[25] und wie die **Kosten** für Planung und Erschließung zwischen den Vertragspartnern verteilt sind.[26] Daneben sind andere Absprachen zulässig, die typischerweise das Einräumen von Sicherheiten, die Abwicklung von Gewährleistungsfällen oder Rechtsmittelverzichte betreffen. 17

Das **Vorhaben**, zu dessen Durchführung sich der Vorhabenträger vertraglich verpflichtet, ergibt sich im Einzelnen aus dem Vorhaben- und Erschließungsplan, dem Projektplan sowie etwaigen weiteren Plänen, die nach den Ausführungsrichtlinien der Länder dem Durchführungsvertrag als Anlage beizufügen sind. Da nach § 12 I 1 BauGB der Vorhabenträger in der Lage sein muss, das Vorhaben durchzuführen, wird im Zusammenhang mit den Verhandlungen über den Durchführungsvertrag häufig ein **Bonitätsnachweis** verlangt.[27] Auch kann die Sicherung der übernommenen Durchführungsverpflichtung durch Vertragsstrafe oder Bürgschaft vereinbart werden.[28] Nach Maßgabe des § 61 VwVfG ist es außerdem möglich, dass sich der Vorhabenträger der sofortigen Vollstreckung unterwirft. 18

Die **Erschließungsmaßnahmen** umfassen alles, was zu einer funktionsgerechten Nutzung des Vorhabens erforderlich ist. Dazu gehört die verkehrliche Erschließung, sowie – falls erforderlich – die Herstellung von Anlagen der Versorgung mit Wasser, Gas, Strom und Wärme wie auch der Entsorgung. Auch hier kann eine finanzielle Absicherung verlangt werden, um sicherzustellen, dass die Erschließungsmaßnahmen auch tatsächlich durchgeführt werden. 19

Die **Planungs- und Erschließungskosten**, die der Vorhabenträger ganz oder teilweise zu übernehmen hat,[29] müssen – wie § 124 III BauGB für den Erschließungsvertrag, § 11 II BauGB für den städtebaulichen Vertrag und § 56 I 2 VwVfG allgemein für den öffentlich-rechtlichen Vertrag bestimmt – den gesamten Umständen nach **angemessen** sein und, dies verlangt zusätzlich § 124 III BauGB, in **sachlichem Zusammenhang** mit der Erschließung stehen. Die Vereinbarung muss sich auf alle 20

---

[23] *Bielenberg*, Aufstellung eines Vorhaben- und Erschließungsplans (VE-Plans) – Hinweise für die Praxis, ZfBR 1996, 6 (14).
[24] Ausführlich *Reidt*, BauR 2007, 1664 (1669 ff.).
[25] Es ist weithin üblich, für die einzelnen Maßnahmen jeweils gesonderte Fristen zu vereinbaren.
[26] *Turiaux*, Der Vorhabenbezogene Bebauungsplan gem. § 12 BauGB – Beschleunigungspotential, Durchführungsverpflichtung und praktische Probleme, NJW 1999, 391 (393); *Reidt*, Der „neue" Vorhaben- und Erschließungsplan/vorhabenbezogene Bauplanung nach dem BauROG, BauR 1998, 909 (916).
[27] Siehe oben § 10 Rn. 7.
[28] *Krautzberger*, NotBZ 2010, 241 (245).
[29] *Dolde/Menke*, Das Recht der Bauleitplanung, NJW 1996, 2616 (2626).

Erschließungsmaßnahmen beziehen.[30] Das Angemessenheitsgebot kann dazu führen, dass ein Teil der Kosten bei der Gemeinde zu verbleiben hat.

4. Durchsetzung der Vertragspflichten

21 Führt der Vorhabenträger das Vorhaben nicht oder nicht fristgerecht durch, kann die Gemeinde ihn **auf Erfüllung verklagen** oder vereinbarte **Sicherungen** (Vertragsstrafe, Bürgschaft) in Anspruch nehmen. Bei einer vertraglichen Unterwerfung unter die sofortige Vollstreckung, kommt zudem ein unmittelbares Vorgehen gegen den Vorhabenträger in Betracht. Die Gemeinde ist außerdem nach § 12 VI 1 BauGB gehalten, notfalls den **vorhabenbezogenen Bebauungsplan aufzuheben**. Sie entzieht damit der Verwirklichung des Vorhabens die rechtliche Grundlage. **Entschädigungsansprüche** wegen Aufhebung des Bebauungsplans schließt § 12 VI 2 BauGB aus. Die Rückabwicklung des Durchführungsvertrags richtet sich im Übrigen nach dem allgemeinen Vertragsrecht; vgl. § 62 S. 1 VwVfG.[31]

22 Es kann außerdem versucht werden, das Vorhaben durch einen anderen Vorhabenträger durchführen zu lassen. Ein solcher **Wechsel des Vorhabenträgers** bedarf nach § 12 V BauGB der Zustimmung der Gemeinde, die nur verweigert werden darf, wenn Tatsachen die Annahme rechtfertigen, dass die Durchführung des Vorhaben- und Erschließungsplans innerhalb der vereinbarten Frist infolge des Wechsels des Vorhabenträgers gefährdet ist.[32] Insofern besteht grundsätzlich ein Anspruch auf Zustimmung.[33]

V. Der das Vorhaben festsetzende Bebauungsplan

23 Letzter Schritt zur Schaffung der rechtlichen Voraussetzungen für die Verwirklichung des Vorhabens ist der Erlass des vorhabenbezogenen Bebauungsplans.[34]

1. Das Bebauungsplanverfahren

24 Der vorhabenbezogene Bebauungsplan wird verfahrensrechtlich wie jeder andere Bebauungsplan behandelt.[35] Die Verfahrenserleichterungen, welche die Vorhaben- und Erschließungsplansatzung nach § 7 III, VI BauGB-MaßnG besaß,[36] sind entfallen. Der vorhabenbezogene Bebauungsplan ist nicht mehr dazu bestimmt, kurzfristig Baurecht zu schaffen. Deshalb orientieren sich die Anforderungen an die Aufstellung eines vorhabenbezogenen Bebauungsplans grundsätzlich an den **allgemeinen Regeln** zum Bebauungsplan, etwa hinsichtlich des förmlichen Verfahrens an den Vorgaben der §§ 2 ff. BauGB. Sein Verfahren weist nur wenige Besonderheiten auf:

---

[30] *Birk*, Städtebauliche Verträge, Rn. 512 f.
[31] Vgl. *Reidt*, Chancen und Risiken des Vorhaben- und Erschließungsplans, NVwZ 1996, 1 (5 f.).
[32] *Menke*, NVwZ 1998, 577 (580).
[33] JDW/*Jäde*, BauGB, § 12 Rn. 74.
[34] Die Gemeinde besitzt ein Wahlrecht. Sie kann auch einen herkömmlichen Bebauungsplan erlassen; vgl. *Busse/Grziwotz*, Der Vorhaben- und Erschließungsplan, Rn. 21 ff.
[35] Siehe hierzu bereits die obigen Ausführungen unter § 6 Rn. 13 ff.
[36] Zu ihnen etwa *Söfker*, Der Vorhaben- und Erschließungsplan, in: Festschr. für Schlichter, 1995, S. 389 (396 f.).

a) Einleitung des Verfahrens

Da der Bebauungsplan des § 12 BauGB vorhabenbezogen ist, geht die **Initiative** zur Einleitung des Bebauungsplanverfahrens in der Regel nicht von der Gemeinde, sondern vom Vorhabenträger aus. Er beantragt nach § 12 II BauGB die Einleitung des Bebauungsplanverfahrens. Mit diesem Antragsrecht, das dem Verfahren auf Erlass eines qualifizierten oder einfachen Bebauungsplans fremd ist, kann sich der Vorhabenträger Gewissheit verschaffen, ob die Gemeinde bereit ist, den von ihm vorgelegten Vorhaben- und Erschließungsplan zum Anlass für die Einleitung eines Bebauungsplanverfahrens zu nehmen. Die Gemeinde hat über den Antrag gem. § 12 II 1 BauGB nach **pflichtgemäßem Ermessen** zu entscheiden.[37] Sie darf ihn nicht unbeschieden lassen. Der Vorhabenträger kann die Entscheidung der Gemeinde notfalls mit der allgemeinen Leistungsklage[38] verwaltungsgerichtlich einfordern. Die Gemeinde muss die Einleitung des Bebauungsplanverfahrens ablehnen, wenn der von dem Vorhabenträger vorgelegte Vorhaben- und Erschließungsplan rechtswidrig und daher nicht festsetzungsfähig ist. Sie darf die Einleitung nach ihrem pflichtgemäßen Ermessen ablehnen, insbesondere, wenn der Inhalt des Vorhaben- und Erschließungsplans ihren städtebaulichen Vorstellungen nicht entspricht. Einen Anspruch auf Einleitung eines Bebauungsplanverfahrens besitzt der Vorhabenträger nicht; § 1 III 2 BauGB schließt dies aus.[39] Auch vorangegangenes Tun der Gemeinde, etwa die Billigung des mit ihr abgestimmten Vorhaben- und Erschließungsplans, vermag einen **Anspruch auf Einleitung des Bebauungsplanverfahrens** nicht zu begründen. Selbst nach dessen Einleitung gibt § 1 III 2 BauGB der Gemeinde das Recht, jederzeit von dem Verfahren Abstand zu nehmen. Der Vorhabenträger handelt somit bis zum Wirksamwerden des vorhabenbezogenen Bebauungsplans auf eigenes Risiko.[40] Der Beschluss der Gemeinde, das Verfahren zur Aufstellung eines vorhabenbezogenen Bebauungsplans einzuleiten, ist nach § 2 I 2 BauGB ortsüblich bekanntzumachen. Unmittelbare[41] **rechtliche Folgen** hat dies nicht, da nach § 12 III 2 BauGB zur Sicherung der Bebauungsplanung weder eine Veränderungssperre erlassen, noch eine Zurückstellung von Baugesuchen oder ein vorläufiges Bauverbot begehrt werden kann. Auch gemeindliche Vorkaufsrechte werden nach § 12 III 2 BauGB, der u.a. die Geltung der §§ 24 bis 28 BauGB ausschließt, durch die Einleitung des Planaufstellungsverfahrens nicht begründet. Dies hängt damit zusammen, dass der Vorhabenträger und *nicht* die Gemeinde für die Durchführung des Vorhabens und der Erschließungsmaßnahmen verantwortlich ist.[42]

---

[37] *BGH* NVwZ 2006, 1207 (1208); *VGH Mannheim* NVwZ-RR 2003, 407 (409); *VGH Mannheim* NVwZ 2000, 1060 (1060); *Menke*, NVwZ 1998, 577 (579); *Köster*, ZfBR 2005, 147 (151); *Krautzberger*, NotBZ 2010, 241 (249).

[38] Nicht mit der Verpflichtungsklage, da die Entscheidung der Gemeinde keine verbindliche Einzelfallregelung mit Außenwirkung ist (§ 35 VwVfG), sondern die Entscheidung über die Einleitung eines Normsetzungsverfahrens. Im Ergebnis wie hier *VGH Mannheim* NVwZ 2000, 1060 (1060 f.); *Bönker*, in: Hoppe/Bönker/Grotefels, Baurecht, § 13 Rn. 186; *Jäde*, Vorhaben- und Erschließungsplan, 1993, S. 126; a.A. BKL/*Krautzberger*, BauGB, § 12 Rn. 44; *Dolderer*, Die Einleitung des vorhabenbezogenen Bebauungsplanverfahrens – Rechtsgrundsätze und Rechtsschutz, UPR 2001, 41 (43).

[39] *BVerwG* NVwZ 2006, 1207 (1208); *VGH Mannheim* NVwZ 2000, 1060 (1061); BK/*Gatz*, BauGB, § 12 Rn. 16.

[40] Unter Umständen kann sich die Gemeinde jedoch schadensersatzpflichtig machen, wenn der Verzicht auf den Erlass des Bebauungsplans nicht städtebaulichen Gründen geschuldet ist; vgl. dazu *Wirth*, BauR 1999, 130 (133); *Birk*, NVwZ 1995, 625 (629); *Pietzcker*, Der Vorhaben- und Erschließungsplan nach § 55 BauZVO, DVBl. 1992, 658 (660).

[41] Gleichwohl wird damit die Voraussetzung für die Anwendbarkeit des § 33 BauGB geschaffen; vgl. unten § 25 Rn. 4.

[42] Vgl. *OVG Münster* ZNER 2005, 253.

b) Verfahrensdurchführung

26 Die Öffentlichkeits- und Behördenbeteiligung orientiert sich an den §§ 3-4 b BauGB einschließlich der Beteiligung von Nachbargemeinden.[43] Anders als früher nach § 7 III BauGB-MaßnG reicht eine Betroffenenbeteiligung nicht aus.[44] Im Übrigen entlässt die Anbindung des Bebauungsplans an ein konkretes Vorhaben nicht aus der Pflicht, eine notwendige Umweltprüfung durchzuführen. Im Vorfeld wird deshalb auf Antrag des Vorhabenträgers oder auch von Amts wegen – sofern die Gemeinde es nach Einleitung des Bebauungsplanverfahrens für erforderlich hält – gem. § 12 II 2 BauGB ein Scoping-Termin durchgeführt.[45] In dessen Rahmen informiert die Gemeinde den Vorhabenträger über den voraussichtlich erforderlichen Untersuchungsrahmen der Umweltprüfung unter Beteiligung der Behörden und sonstigen Träger öffentlicher Belange, deren Aufgabenbereich hiervon betroffen ist.[46] Die Untersuchung endet regelmäßig in einem Umweltbericht, der gem. § 12 I 2 BauGB dem Planentwurf als ein wesentlicher Bestandteil der Begründung nach § 2 a BauGB beizufügen ist.[47] Die hiermit verbundenen Belastungen – insbesondere die **Kostenlast** – trifft den Vorhabenträger. Dies gilt auch für eine notwendige Übersetzung, die im Fall grenzüberschreitender Öffentlichkeits- und Behördenbeteiligung iS. des § 4 a V 2 BauGB durch den Vorhabenträger bereitzustellen ist, sofern das UVPG dies fordert.

c) Planerische Willensbildung

27 Die abschließende planerische Willensbildung der Gemeinde, in die der Vorhaben- und Erschließungsplan, der nach § 12 III 1 BauGB Bestandteil des vorhabenbezogenen Bebauungsplans wird, einbezogen ist, erfolgt aufgrund einer **Abwägung** nach § 1 VII BauGB.[48] In diesem Rahmen sind die im Durchführungsvertrag getroffenen Regelungen als Abwägungsmaterial zu berücksichtigen.[49] Im Übrigen gibt es grundsätzlich keine rechtlichen Besonderheiten,[50] obschon die hohe **Interdependenz der Entscheidungskomponenten** bei den oftmals in Rede stehenden komplexen Planungsentscheidungen zu berücksichtigen sind.[51] Sie führen dazu, dass einzelne Planungselemente mitunter faktisch alternativlos werden, will man nicht das gesamte Vorhabenkonzept in Frage stellen. Hieraus nährt sich die Gefahr, dass sich Gemeinden gegebenenfalls nicht mehr an der von § 1 VII BauGB geforderten bestmöglichen Planung orientieren, sondern sich mit Kompromisslösungen zufrieden geben.[52] Das *BVerwG* akzeptiert diese Spannungslage und möchte bei alternativlosen Projektentwürfen nicht einmal ein Indiz für einen Abwägungsfehler erblicken.[53]

---

[43] Zur Anfechtung einer Vorhaben- und Erschließungsplansatzung durch die Nachbargemeinde wegen Verletzung des interkommunalen Abstimmungsgebots *BVerwG* NVwZ 1995, 266.
[44] Siehe zur früheren Rechtslage EZBK/*Krautzberger*, BauGB, § 12 Rn. 140 a.
[45] BKL/*Krautzberger*, BauGB, § 12 Rn. 22 a.
[46] *VGH München* NuR 2006, 301 (303).
[47] JDW/*Jäde*, BauGB, § 12 Rn. 48.
[48] *BVerwG* NVwZ 1999, 987 (987 f.); BRS 66 Nr. 22; *OVG Münster* BRS 59 Nr. 255.
[49] *OVG Münster* NVwZ 1997, 697 (698); *Birk*, NVwZ 1995, 625 (629).
[50] Es bleibt bei den allgemeinen Anforderungen, die etwa durch § 1 IV BauGB (Zielanpassung), § 1 V, VI BauGB (Abwägungsvorgaben), § 1 a III BauGB (naturschutzrechtliche Eingriffsregelung) und § 2 II BauGB (Abstimmung mit der Nachbargemeinde), ausgelöst werden; ebenso *Erbguth*, Baurecht, § 5 Rn. 211.
[51] *Köster*, ZfBR 2005, 147 (151).
[52] Kritisch *Battis*, Das System der räumlichen Gesamtplanung, in: Festschr. für Hoppe, S. 303 (311); *Koch/Hendler*, Baurecht, § 14 Rn. 14 ff.; *Erbguth*, Baurecht, § 5 Rn. 229.
[53] *BVerwG* NVwZ 1988, 351 (352); siehe auch *Spannowsky*, Die Zulässigkeit abwägungsdirigierender Verträge, ZfBR 2010, 429 (431 ff.); vgl. zudem oben § 5 Rn. 31 f.

d) Entwicklungsgebot und Rechtmäßigkeitskontrolle

Das Verhältnis zum Flächennutzungsplan wird auch beim vorhabenbezogenen Bebauungsplan wesentlich durch das **Entwicklungsgebot** nach § 8 II 1 BauGB geprägt.[54] Wurde der vorhabenbezogene Bebauungsplan aus dem Flächennutzungsplan entwickelt, bedarf er keiner Genehmigung der höheren Verwaltungsbehörde;[55] anderenfalls ist er nach Maßgabe des § 10 II BauGB genehmigungspflichtig. Sein Inkrafttreten bestimmt sich wie das aller Bebauungspläne nach § 10 III BauGB.[56]

e) Aufhebung

Bei der Aufhebung eines vorhabenbezogenen Bebauungsplans kann nach § 12 VI 3 BauGB das **vereinfachte Verfahren** des § 13 BauGB angewendet werden. Dies ist eine Erleichterung gegenüber der Aufhebung sonstiger Bebauungspläne, für die im Regelfall § 13 BauGB nicht gilt.[57] Auch eine erteilte Baugenehmigung tangiert die Aufhebung nicht. Sie kann aber unter Beachtung der Voraussetzungen des § 49 VwVfG – insbesondere mit Blick auf § 49 II 1 Nr. 4 VwVfG – widerrufen werden.

f) Verfahrensmängel

Mängel des Verfahrens sind, wie bei sonstigen Bebauungsplänen, nur nach Maßgabe der §§ 214 f. BauGB beachtlich.[58]

2. Inhalt des vorhabenbezogenen Bebauungsplans

Der vorhabenbezogene Bebauungsplan kann die Festsetzungen treffen, die jeder Bebauungsplan treffen kann. Er ist hierauf jedoch nicht beschränkt. § 12 III 2 BauGB bestimmt ausdrücklich, dass er im Bereich des Vorhaben- und Erschließungsplans bei der Bestimmung der Zulässigkeit der Vorhaben **nicht an die Festsetzungen nach § 9 BauGB** und nach der **BauNVO gebunden** ist. Unbeschadet einer fortbestehenden Orientierungs- und **Leitbildfunktion der BauNVO**,[59] besitzt die Gemeinde beim vorhabenbezogenen Bebauungsplan mithin ein „**Festsetzungsfindungsrecht**", das den Anforderungen des Bestimmtheitsgebots gleichwohl unterliegt.[60] Bedient sie sich allerdings bei ihren Festsetzungen der Baugebiete der BauNVO, ist sie an deren Inhalt gebunden.[61] Ähnlich Restriktionen bestehen zudem, wenn der vorhabenbezogene Bebauungsplan aus städtebaulichen Entwicklungserfordernissen gem. § 12 IV BauGB einzelne Flächen außerhalb des Bereichs des Vorhaben- und Erschließungsplans einbezieht;[62] in diesem Fall bleibt es bei der Bindung an § 9 BauGB und an die Vorgaben der BauNVO.[63]

Des Weiteren wird der Vorhaben- und Erschließungsplan Bestandteil des vorhabenbezogenen Bebauungsplans (§ 12 III 1 BauGB). Folgerichtig misst § 30 II BauGB

---

[54] BKL/*Krautzberger*, BauGB, § 12 Rn. 24 ff.
[55] Nach § 246 I a BauGB kann durch Landesrecht eine Anzeigepflicht zur aufsichtsbehördlichen Rechtmäßigkeitskontrolle eingeführt werden.
[56] *BVerwG* SächsVBl. 1998, 236 (236 f.); *OVG Bautzen* BRS 57 Nr. 257.
[57] Siehe hierzu auch die obigen Ausführungen unter § 6 Rn. 95 ff.
[58] *OVG Bautzen* LKV 1995, 84 (85); Schrödter/*Quaas/Kukk*, BauGB, § 12 Rn. 10.
[59] BVerwGE 116, 296 (299 f.): BauNVO als „Plansprache".
[60] BVerwGE 119, 45 (51 ff.).
[61] *OVG Frankfurt Oder* NVwZ-RR 1996, 3 (3).
[62] JDW/*Jäde*, BauGB, § 12 Rn. 34 f.; Schrödter/*Quaas/Kukk*, BauGB, § 12 Rn. 52 ff.
[63] Vgl. *OVG Münster*, Urt. v. 11. 9. 2008 – 7 D 74/07.NE – JURIS; *OVG Bautzen* SächsVBl. 2008, 115 (119 f.).

Vorhaben im Geltungsbereich eines vorhabenbezogenen Bebauungsplans nicht nur an dessen Festsetzungen, sondern an dessen gesamten Inhalt, also auch an dem inkorporierten Vorhaben- und Erschließungsplan. Dies bedingt auch, dass vorhabenbezogener Bebauungsplan und Vorhaben- und Erschließungsplan miteinander **korrespondieren**.[64] Kommt es zu **Widersprüchen**, ist der Bebauungsplan unwirksam. In diesem Fall kommt allenfalls eine Fehlerbehebung nach § 214 IV BauGB in Betracht.[65]

33 Der vorhabenbezogene Bebauungsplan muss grundsätzlich Aussagen zu einem **konkreten Vorhaben** enthalten. **Ausnahmsweise** kann sich die Gemeinde jedoch gem. § 12 III a 1 BauGB dazu entschließen, eine **allgemeine Ausweisung** eines Baugebiets nach der BauNVO vorzunehmen, sofern dafür gesorgt ist, dass das konkrete Vorhaben im Durchführungsvertrag eine hinreichende Konkretisierung findet.[66] Vorteil dieser Variante ist eine größere Flexibilisierung, die es erlaubt, nachträglich auf Veränderungen des Vorhabens, die sich im Rahmen des festgesetzten Baugebietscharakters bewegen, allein durch eine Anpassung des Durchführungsvertrags zu reagieren (vgl. § 12 III a 2 BauGB), ohne zu einer aufwändigeren Änderung des vorhabenbezogenen Bebauungsplans gezwungen zu sein.[67] Bei Mängeln ist auch hier ein Vorgehen nach § 214 IV BauGB mitunter möglich.[68]

3. Rechtliche Bedeutung des vorhabenbezogenen Bebauungsplans

34 Der vorhabenbezogene Bebauungsplan ist die planungsrechtliche **Grundlage für die baurechtliche Genehmigung** des Vorhabens. Nach § 30 II BauGB ist in seinem Geltungsbereich ein Vorhaben zulässig, wenn es ihm nicht widerspricht und die Erschließung gesichert ist. Der vorhabenbezogene Bebauungsplan ersetzt nicht die Baugenehmigung.

35 Während im Geltungsbereich eines qualifizierten Bebauungsplans ein **Vorhaben zulässig** ist, wenn es dessen „Festsetzungen" nicht widerspricht (**§ 30 I BauGB**), darf es beim vorhabenbezogenen Bebauungsplan diesem insgesamt („dem Bebauungsplan") nicht widersprechen. Diese terminologische Abweichung vom Regelfall hängt damit zusammen, dass der vorhabenbezogene Bebauungsplan nicht nur „Festsetzungen" im Sinne des § 9 BauGB (arg. § 12 III 2 Hs. 1 BauGB), sondern als seinen Bestandteil auch den Vorhaben- und Erschließungsplan (§ 12 III 1 BauGB) enthält. Auch ihm darf das Vorhaben, dessen Genehmigung begehrt wird, nicht widersprechen. Ausnahmen von den Festsetzungen des vorhabenbezogenen Bebauungsplans können

---

[64] BVerwGE 119, 45 (52); *BVerwG* BRS 66 Nr. 22; *OVG Bautzen* SächsVBl. 2008, 115 (119); *OVG Münster* ZfBR 2006, 490 (491); *VGH Mannheim* NVwZ-RR 2003, 407 (408 f.).

[65] *OVG Münster* BRS 64 Nr. 227; *VGH München* NVwZ-RR 2002, 260 (262).

[66] Die Einführung des § 12 III a BauGB ist eine Reaktion auf BVerwGE 119, 45 (51 ff.). In diesem Urteil hatte das BVerwG die hinreichende Bestimmtheit allgemeiner Baugebietsfestsetzungen bezweifelt.

[67] *Bernhardt*, NVwZ 2008, 972 (973); *Arnold/Bischopink*, NVwZ 2007, 991 (994); *Uechtritz*, Die Änderungen des BauGB durch das Gesetz zur Erleichterung von Planungsvorhaben für die Innenentwicklung der Städte – BauGB 2007, BauR 2007, 476 (485 f.). Zu rechtsstaatlichen Bedenken hinsichtlich des § 12 III a BauGB siehe *Gronemeyer*, Änderungen des BauGB und der VwGO durch das Gesetz zur Erleichterung von Planungsvorhaben für die Innenentwicklung der Städte, BauR 2007, 815 (821); *Götze/Müller*, Das Gesetz zur Erleichterung von Planungsvorhaben für die Innenentwicklung der Städte („BauGB 2007") – Zu „Risiken und Nebenwirkungen" eines Planungserleichterungsgesetzes, ZUR 2008, 8 (14 f.); *Fleckenstein*, § 12 Abs. 3 a BauGB – Vertragliches Baurecht?, DVBl. 2008, 216 (218 f.).

[68] *OVG Münster* ZfBR 2004, 473 (478).

nach Maßgabe des § 31 I BauGB zugelassen,[69] Befreiungen nach § 31 II BauGB erteilt werden.[70] Von dem übrigen Inhalt des vorhabenbezogenen Bebauungsplans, insbesondere von dem Vorhaben- und Erschließungsplan, sind Befreiungen nicht möglich. Bereits vor Festsetzung des vorhabenbezogenen Bebauungsplans kann bei Planreife das Vorhaben gem. § 33 BauGB im Vorgriff auf den zu erwartenden Bebauungsplan genehmigt werden.[71] In diesem Fall ist aber auch § 36 BauGB zu beachten.[72]

Das Planungsinstrument „vorhabenbezogener Bebauungsplan" ist nicht nur vorhaben-, sondern auch **vorhabenträgerbezogen**. Der Vorhabenträger muss sich als Voraussetzung für die Zulässigkeit des vorhabenbezogenen Bebauungsplans vertraglich zur Durchführung des Vorhabens verpflichten. Nur mit Zustimmung der Gemeinde ist ein Wechsel des Vorhabenträgers zulässig (§ 12 V BauGB). Dieser dem Bau- und Bauplanungsrecht fremde **personale Bezug** ist bei der Erteilung der Baugenehmigung von Bedeutung: Trotz der ausschließlichen Vorhabenbezogenheit des § 30 II BauGB kann die Baugenehmigung versagt werden, wenn ein anderer als der Vorhabenträger sie beantragt.[73] Analog § 12 V 2 BauGB darf die Baugenehmigung jedoch einem anderen als dem Vorhabenträger nur verweigert werden, wenn Tatsachen die Annahme rechtfertigen, dass die fristgerechte Durchführung des Vorhaben- und Erschließungsplans gefährdet ist, wenn ein anderer als derjenige, der den Durchführungsvertrag abgeschlossen hat, die Baugenehmigung erhält. Bauordnungsrechtlich kann die Zustimmung des Eigentümers verlangt werden, wenn ein anderer als dieser die Baugenehmigung beantragt.

36

Lösung zu Fall 8:

K zielt mit seinen Einwendungen darauf ab, dass der Vorhaben- und Erschließungsplan als Bestandteil des vorhabenbezogenen Bebauungsplans fehlerhaft sei und somit auch die Rechtmäßigkeit des vorhabenbezogenen Bebauungsplans als Ganzes beeinträchtige. Mit seinen Einwendungen liegt K jedoch falsch: Der Vorhaben- und Erschließungsplan wird zwar in der Tat gem. § 12 III 1 BauGB **Bestandteil** des vorhabenbezogenen Bebauungsplans, so dass er in Genauigkeit und Bestimmtheit den an eine Rechtsnorm zu stellenden Anforderungen entsprechen muss. Dabei genießt er aber auch das Privileg des § 12 III 2 BauGB, so dass er **von den Festsetzungen des § 9 BauGB und den Vorgaben der BauNVO abweichen** kann. Demnach ist es nicht zu beanstanden, dass der Vorhaben- und Erschließungsplan das Vorhaben des G nicht durch Festsetzung eines Baugebiets i. S. der BauNVO bestimmt. Es genügt auch eine konkrete Beschreibung des ins Auge gefassten Vorhabens nach Art und Maß der baulichen Nutzung in der Form eines Projektplans. In diesen Unterlagen ist das Projekt in jeder Hinsicht eindeutig beschrieben.

37

---

[69] Kritisch hierzu *Müller-Grune*, Nachträgliche Änderungen des Vorhabens im Bereich vorhabenbezogener Bebauungspläne – zur Nichtanwendbarkeit des § 31 BauGB, BauR 2008, 936 (937 f.).
[70] *VGH Mannheim* NVwZ-RR 2008, 225 (225); Schrödter/*Rieger*, BauGB, § 31 Rn. 4.
[71] *Menke*, NVwZ 1998, 577 (581).
[72] *Stüer*, Hb. des Bau- und Fachplanungsrechts, Rn. 2265.
[73] Vgl. *Hamberger*, Der Vorhaben- und Erschließungsplan i. S. d. § 7 BauGB-MaßnG, 1994, S. 198; *Bielenberg*, Aufstellung eines Vorhaben- und Erschließungsplans (VE-Plans) – Hinweise für die Praxis, ZfBR 1996, 6 (12); a. A. *Funke*, Der vorhabenbezogene Bebauungsplan zwischen konservierender und zukunftsoffener Bauleitplanung, BauR 2004, 1882 (1885).

§ 11. Verträge im Städtebaurecht

Schrifttum: *Bick*, Städtebauliche Verträge, DVBl. 2001, 154; *Birk*, Städtebauliche Verträge, 4. Aufl. 2002; *Brohm*, Städtebauliche Verträge zwischen Privat- und Öffentlichem Recht, JZ 2000, 321; *Driehaus*, Erschließungs- und Ausbaubeiträge, 8. Aufl. 2007; *Fieseler*, Städtebauliche Sanierungsmaßnahmen; *Reidt*, Städtebaulicher Vertrag und Durchführungsvertrag im Lichte der aktuellen Rechtsentwicklung, BauR 2008, 1541; *Runkel*, Städtebauliche Verträge, GuG 1994, 137; *Sparwasser*, Stadtplanung und Raumplanung – Herausforderung Einzelhandel oder: Braucht der Einzelhandel mehr Steuerung?, NVwZ 2006, 264.

Fall 9 (nach BVerwGE 50, 171):

1 A besitzt ein 4000 qm großes unerschlossenes Grundstück. Er vereinbart mit der Gemeinde G, das Grundstück nach Teilung in 6 Parzellen auf seine Kosten zu erschließen. In dem Vertrag stellt die Gemeinde G ihre „Zustimmung" zu dem Vorhaben als Gegenleistung in Aussicht. Nachdem A auf den einzelnen Grundstücken bereits 5 Gebäude errichtet und auch verkauft hat, melden sich die neuen Eigentümer bei der Gemeinde G und bitten um ordnungsgemäße Erschließung. G wendet sich daraufhin mit Bescheid an A und fordert ihn darin auf, den „Zufahrtsweg... entsprechend dem Vertrag... auszubauen und mit den erforderlichen Entwässerungseinrichtungen... zu versehen". Weiter heißt es in dem Bescheid: „Sollten Sie mit diesen Bauarbeiten nicht bis zum 15. 1. 201 x begonnen bzw. mir nicht bis zu diesem Zeitpunkt eine Auftragsbestätigung eines anerkannten Tiefbauunternehmers nachgewiesen haben, werde ich leider gezwungen sein, die notwendigen Maßnahmen auf Ihre Kosten im Wege der Ersatzvornahme durchführen zu lassen." A wendet sich nun an den Rechtsanwalt R, der umgehend Widerspruch erhebt. Erfolgreich?
Lösung: Rn. 28

2 Mit dem in § 11 BauGB geregelten „Städtebaulichen Vertrag",[1] mit der Zulassung „anderer städtebaulicher Verträge" in § 11 IV BauGB und mit dem Erschließungsvertrag des § 124 BauGB besitzt die Gemeinde ein breit gefächertes **Instrumentarium zur vertraglichen Kooperation** mit Eigentümern, Bauwilligen und Investoren zur, wie es in der Überschrift vor § 11 BauGB heißt, „Zusammenarbeit mit Privaten". Die Bereitstellung, Erschließung und Bebaubarkeit von Bauland soll beschleunigt und verbessert sowie die Planungshoheit der Gemeinde in Übereinstimmung mit den Bauabsichten der Eigentümer gebracht werden.[2] **In der Praxis** hat sich der städtebauliche Vertrag **erfolgreich durchgesetzt** und tritt dort immer häufiger an die Stelle der Bauleitplanung.[3] Neben den öffentlich-rechtlichen Vertragswerken[4] können auch privatrechtliche Verträge zur Erfüllung eines rechtmäßigen öffentlichen Interesses der planenden Gemeinde geschlossen werden, soweit dem keine zwingenden Vorschriften des öffentlichen Rechts entgegenstehen.[5] Es sind auch Verträge möglich, die aus einer Mischung öffentlich-rechtlicher und privatrechtlicher Bestandteile bestehen.[6]

---

[1] Vorläufer der heutigen gesetzlichen Regelung war zunächst § 54 BauZVO, den der Einigungsvertrag (Anl. I Kapitel XIV Abschnitt II Nr. 1) für das Beitrittsgebiet übernahm (§ 246a I Nr. 11 BauGB), danach § 6 BauGB-MaßnG.
[2] Amtliche Begründung, BT-Drs. 12/3944 S. 23/24. Vgl. auch *Kamp*, Kommunale Steuerung der Bebaubarkeit durch Verträge und dingliche Rechte, 2008.
[3] *Reidt*, BauR 2008, 1541 (1541 f.); *Sparwasser*, NVwZ 2006, 264 (269).
[4] *Bick*, DVBl. 2001, 154 (157).
[5] BVerwGE 92, 56 (59) – „Einheimischenmodell" = NJW 1993, 2695.
[6] *BVerwG* NVwZ 1994, 1012 (1012).

I. Der städtebauliche Vertrag

§ 11 I 1 BauGB bestimmt lapidar, dass die Gemeinde städtebauliche Verträge schlie- 3
ßen kann. Damit ist positivrechtlich die Rechtsfigur des städtebaulichen Vertrags
anerkannt.[7]

1. Gegenstände des städtebaulichen Vertrags

§ 11 I 2 BauGB zählt beispielhaft, nicht abschließend („insbesondere") mögliche 4
Gegenstände städtebaulicher Verträge auf:[8]

a) Bauplanungsvertrag

Nach § 11 I 2 Nr. 1 BauGB kann Gegenstand eines städtebaulichen Vertrags die 5
Vorbereitung und Durchführung städtebaulicher Maßnahmen auf eigene Kosten des
Privaten sein. Man kann diesen Vertrag als „**Bauplanungsvertrag**" bezeichnen. Er
kann insbesondere umfassen:

– die Ausarbeitung des Bebauungsplans sowie erforderlichenfalls des Umweltberichts,[9]
– die der Erstellung des Planentwurfs vorausgehenden Untersuchungen, insbesondere die Ermittlung der planungsrechtlich erheblichen Belange,
– die Vorbereitung und Organisation von Verfahrensschritten des Bebauungsplanverfahrens, etwa der frühzeitigen Bürgerbeteiligung sowie die Mitwirkung an der Sichtung und Auswertung der vorgebrachten Einwendungen,
– die Neuordnung der Grundstücksverhältnisse durch Erwerb oder freiwillige Umlegung[10]
– die Freilegung von Grundstücken,[11]
– die Bodensanierung, wie etwa die Ermittlung und Entsorgung von Altlasten,[12]
– der Abriss von Gebäuden und die Umwidmung von frei werdenden Flächen.[13]

Da Normsetzung als hoheitliche Tätigkeit nicht auf einen Privaten übertragen 6
werden kann, bestimmt § 11 I 2 Nr. 1 BauGB ausdrücklich, dass bei alledem die
Verantwortung der Gemeinde für das gesetzlich vorgesehene Planaufstellungsverfahren **unberührt** bleibt.[14] Nur die Gemeinde entscheidet darüber, ob ein Planaufstellungsverfahren eingeleitet wird. Die vertragliche Begründung eines Anspruchs des Privaten auf Aufstellung eines Bauleitplans schließt § 1 III 2 BauGB
aus.[15] Ausschließlich die Gemeinde fasst den Planaufstellungsbeschluss und leitet
damit das Planaufstellungsverfahren ein. Nur sie kann die öffentliche Auslegung
des Planentwurfs, den sie sich damit zu eigen macht, beschließen. Sie nimmt die
endgültige Abwägung der öffentlichen und privaten Belange vor (§ 1 VII BauGB)

---

[7] Auch nach § 6 BauGB-MaßnG stand die Zulässigkeit städtebaulicher Verträge außer Zweifel, wurde aber nicht in dieser sprachlich klaren Form zum Ausdruck gebracht.
[8] Siehe auch die Übersicht bei *Lange/Wilhelm*, Verträge im öffentlichen Baurecht, DVP 2009, 451.
[9] Dies meint jedoch nicht die Übernahme der Kosten für die gemeindliche Planung; *Oerder*, Praktische Probleme der Städtebaulichen Verträge nach § 11 BauGB, BauR 1998, 22 (26).
[10] Zur freiwilligen Umlegung siehe unten § 18 Rn. 13.
[11] Von § 6 I 2 BauGB-MaßnG noch ausdrücklich erwähnt.
[12] Siehe hierzu etwa *Kratzenberg*, Bodenschutz in der Bauleitplanung, UPR 1997, 177; JDW/ *Dirnberger*, BauGB, § 11 Rn. 26 ff.
[13] Vgl. § 171 c S. 2 BauGB; siehe dazu auch § 32 Rn. 12.
[14] EZBK/*Krautzberger*, BauGB, § 11 Rn. 114; BK/*Stich*, BauGB, § 11 Rn. 29.
[15] Auch ein Anspruch gegen die Gemeinde, eine städtebauliche Planung zu unterlassen, kann vertraglich nicht begründet werden, *OVG Berlin* BRS 58 Nr. 13.

und setzt den Bebauungsplan durch ortsübliche Bekanntmachung in Kraft (§ 10 III BauGB).[16]

b) Baurealisierungsvertrag

7   Nach § 11 I 2 Nr. 2 BauGB kann Gegenstand eines städtebaulichen Vertrags die Förderung und Sicherung der mit der Bauleitplanung verfolgten Ziele, kurz: deren **Realisierung** sein. Dazu gehört die Verpflichtung zur Bebauung entsprechend den (gegebenenfalls bedingten oder befristeten) Festsetzungen des Bebauungsplans,[17] die Durchführung des im Bebauungsplan festgesetzten Ausgleichs für zu erwartende Eingriffe in Natur und Landschaft (§ 1 a III 3 BauGB)[18] oder die Vereinbarung von Maßnahmen zur Deckung des Wohnbedarfs von Bevölkerungsgruppen mit besonderen Problemen bei der Wohnraumversorgung sowie des Wohnbedarfs der ortsansässigen Bevölkerung. Deshalb können in einem städtebaulichen Vertrag der Bau von Sozialwohnungen oder von für Einheimische bestimmten Wohnungen[19] vereinbart werden.[20]

c) Folgekostenvertrag

8   Als **Folgekosten** werden im Städtebaurecht ganz allgemein die Aufwendungen bezeichnet, die eine Gemeinde infolge städtebaulicher Planungen insbesondere für Anlagen und Einrichtungen des Gemeinbedarfs entstehen.[21] Nach § 11 I 2 Nr. 3 BauGB kann die Übernahme dieser Kosten oder sonstigen Aufwendungen, zu denen auch die Bereitstellung von Grundstücken durch die Gemeinde gehört, durch einen Privaten Gegenstand eines städtebaulichen Vertrags sein.[22] Gleichgültig ist, ob die Kosten vor oder nach Vertragsschluss entstanden sind.[23] Notwendig ist hingegen die **Ursächlichkeit von Vorhaben und Kosten**.[24] Diese müssen Voraussetzung oder Folge des geplanten Vorhabens sein. Nur Kosten, die auf das Vorhaben oder den seiner Zulässigkeit zugrunde liegenden Bebauungsplan zurückgehen, kann die Ge-

---

[16] Vgl. auch *Erbguth/Witte*, Biete Planung, suche Grundstück – Möglichkeiten und Grenzen städtebaulicher Verträge, DVBl. 1999, 435 (438 f.).

[17] Vgl. dazu *Reidt*, BauR 2008, 1541 (1543 f.). Eine Bindung an die Vorgaben zum Baugebot (§§ 175 II, 176 BauGB) besteht jedoch nicht; vgl. *Bick*, DVBl. 2001, 154 (158).

[18] Zu einem Vertrag, mit dem sich eine Gemeinde gegenüber der Naturschutzbehörde zu Ausgleichsmaßnahmen verpflichtet, BVerwGE 104, 353 (361 f.); *VGH Mannheim* BRS 58 Nr. 247. Siehe zudem *Mitschang*, Die Kompensation von Eingriffen in Natur und Landwirtschaft durch städtebauliche Verträge, BauR 2003, 183 (185 ff.); ders., Die Durchführung von Ausgleichsmaßnahmen und ihre Kostenerstattung, ZfBR 2005, 644 (649 f.). Der Ausgleich von Eingriffen in Natur und Landschaft muss grundsätzlich dauerhaft kompensiert sein. Dies ist gegebenenfalls dinglich sicherzustellen; *OVG Koblenz* NVwZ-RR 2003, 629 (631).

[19] Zum „Einheimischenmodell" BVerwGE 92, 56 (60 ff.) = NJW 1993, 2695; *OVG Lüneburg* BRS 71 Nr. 220; *Stüer*, Der Bebauungsplan, 4. Aufl. 2009, Rn. 1208; *Brohm*, JZ 2000, 321 (329 f.).

[20] *Grziwotz*, Einheimischenmodelle zwischen Gemeindepolitik, Leipzig, Karlsruhe und Brüssel, in: Festschr. für Krautzberger, S. 187 (188 f.); ders., Verträge im Zusammenhang mit einer Baulandausweisung, NotBZ 2010, 18 (23 f.); *Brohm*, JZ 2000, 321.

[21] Vgl. BVerwGE 42, 331 (343) = NJW 1973, 1895; 90, 310 (311) = NJW 1993, 1810; *BVerwG* NVwZ 1994, 1012 (1012); *Oerder*, Praktische Probleme der Städtebaulichen Verträge nach § 11 BauGB, BauR 1998, 22 (30 ff.).

[22] Vgl. auch BVerwGE 133, 85 (93); *OLG Celle* BRS 73 Nr. 225.

[23] BKL/*Löhr*, BauGB, § 11 Rn. 19.

[24] *BVerwG* ZfBR 2005, 682 (682); *VGH Mannheim* BauR 2005, 1595 (1598); *OVG Lüneburg* BRS 71 Nr. 220; *VGH München* BayVBl. 2009, 722 (723); *Otto*, Unzulässige Klauseln in städtebaulichen Verträgen und Fragen zu ihrer strafrechtlichen Relevanz, ZfBR 2006, 320 (321 f.).

meinde durch städtebaulichen Vertrag auf den Privaten abwälzen.[25] Eine Übertragung von Kosten auf den Bauwilligen, die der Gemeinde ohnehin im Rahmen der laufenden Verwaltung entstanden wären, ist nicht zulässig.[26]

d) Klimaschutzvertrag

Als Reaktion auf den fortschreitenden Klimawandel eröffnet § 11 I 2 Nr. 4 BauGB die Möglichkeit, Verträge über die Nutzung von Netzen und Anlagen der **Kraft-Wärme-Kopplung** sowie von **Solaranlagen** für die Wärme-, Kälte- und Elektrizitätsversorgung zu schließen.[27] Die Verträge müssen sich im Einklang mit den durch städtebauliche Planungen und Maßnahmen verfolgten Zielen und Zwecken befinden. Außerdem müssen sie in Anlehnung an § 1 III BauGB einen städtebaulichen Bezug aufweisen und nicht lediglich einen hiervon abgekoppelten Selbstzweck verfolgen.[28] Diese an die allgemeine Bauleitplanung gerichtete Voraussetzung[29] gilt auch für den städtebaulichen Vertrag. Bindungen, die durch den kommunalen Anschluss- und Benutzungszwang ausgelöst werden, bleiben hiervon allerdings unberührt.

9

2. Grenzen der vertraglichen Regelung

a) Gesetzesbindung

Wie jeder öffentlich-rechtliche Vertrag unterliegt auch der städtebauliche Vertrag der aus Art. 20 III GG folgenden Bindung an Gesetz und Recht,[30] an **zwingende gesetzliche Bestimmungen**, bei deren Nichtbeachtung der Vertrag gem. § 59 I VwVfG i. V. m. § 134 BGB nichtig ist.

10

b) Übermaßverbot

Nach § 11 II 1 BauGB müssen die im städtebaulichen Vertrag vereinbarten Leistungen den gesamten Umständen nach **angemessen** sein. Die im Vertrag vereinbaren Leistungen und Gegenleistungen müssen somit unter Berücksichtigung der gesamten Umstände in einem ausgewogenen Verhältnis zueinander stehen.[31] Die Gemeinde darf insbesondere ihre Monopolstellung als Trägerin der Bauleitplanung nicht missbrauchen, um Vorhabenträger über Gebühr zu belasten.[32] Die Vereinbarung einer übermäßigen Gegenleistung führt zur **Nichtigkeit** des städtebaulichen Vertrags. Kenntnis bzw. Unkenntnis von der Unzulässigkeit der Leistungsverpflichtungen ist dabei unerheblich.[33]

11

---

[25] BVerwGE 90, 310 (311 f.) = NJW 1993, 1810; 124, 385 (387); *Uechtritz*, Vetragliche Abwälzbarkeit verwaltungsinterner Kosten – Das Bundesverwaltungsgericht schafft Klarheit!, BauR 2006, 1201.

[26] BVerwGE 124, 385 (393 ff.).

[27] *Söfker*, Bebauungsplan, Energieeinsparungsverordnung und Erneuerbare-Energien-Wärmegesetz, UPR 2009, 81 (87); *Krautzberger*, Städtebauliche Verträge zur Umsetzung klimaschützender und energieeinsparender Zielsetzungen, DVBl. 2008, 737 (742); *Kahl*, Klimaschutz durch die Kommunen – Möglichkeiten und Grenzen, ZUR 2010, 395 (397).

[28] *Krautzberger*, Städtebauliche Verträge zur Umsetzung klimaschützender und energieeinsparender Zielsetzungen, DVBl. 2008, 737 (742).

[29] Siehe ergänzend oben § 5 Rn. 65 ff.

[30] So und zum Folgenden BVerwGE 42, 331 (334) = NJW 1973, 1895.

[31] Vgl. auch BVerwGE 124, 385 (393 ff.); OVG Lüneburg BRS 70 Nr. 221; VGH München BayVBl. 2009, 722 (723 f.); *Reidt*, BauR 2008, 1541 (1543); *Grziwotz*, Verträge im Zusammenhang mit einer Baulandausweisung, NotBZ 2010, 18 (22).

[32] *Kämmerer/Martini*, Erbbaurechtsersetzende Wiederkaufsrechte der öffentlichen Hand. Zu den rechtsstaatlichen Grenzen bodenpolitischen Rosinenpickens, BauR 2007, 1337 (1343).

[33] *BVerwG* NVwZ 1991, 574 (575).

c) Koppelungsverbot

12 Bei einem öffentlich-rechtlichen Vertrag müssen die Leistungen, die der Private zu erbringen hat, im **sachlichen Zusammenhang** mit der vertraglichen Leistung der Behörde stehen (§ 56 I 2 VwVfG). Abweichungen von diesen Maßgaben untersagt das sog. Koppelungsverbot.[34] Es umfasst auch das Verbot, eine Leistung für etwas zu vereinbaren, auf das ein Anspruch besteht (§ 11 II 2 BauGB).[35] Verstöße gegen das Kopplungsverbot führen zur **Nichtigkeit** des Vertrags.[36]

13 **Beispiel:** Eine Gemeinde verlangt für eine Baugebietsausweisung die Sanierung eines städtischen Gebäudes (z. B. Schwimmbad), das in keiner Verbindung zum Baugebiet steht.[37] Ebenfalls unzulässig ist die Abschöpfung planungsbedingter Wertzuwächse, die unabhängig von gemeindlichen Kosten oder Aufwendungen entstehen.[38]

d) Vergaberecht

14 Da das Vergaberecht grundsätzlich nicht zwischen öffentlich-rechtlichen und privatrechtlichen Verträgen unterscheidet,[39] können auch städtebauliche Verträge nach §§ 98 f GWB **vergaberechtlich** relevant sein.

15 **Beispiel:** Eine Gemeinde beauftragt ein Unternehmen und bezahlt dieses für Erschließungs- oder Sanierungsarbeiten.[40] Demgegenüber vergaberechtlich unbedenklich sind Verträge, welche die jeweils von der Gemeinde beauftragten Unternehmen dann mit Subunternehmen schließen.[41]

16 Weiterhin kontrovers diskutiert wird die Frage nach der vergaberechtlichen Relevanz sog. **Baukonzessionen**.[42] Dabei handelt es sich um den Verkauf eines gemeindlichen Grundstücks in dessen Rahmen dem Erwerber die Verpflichtung aufgebürdet wird, das Grundstück im öffentlichen Interesse an einer geordneten städtebaulichen Entwicklung in einer bestimmten Art und Weise zu bebauen.[43] Der Gesetzgeber hat in diesem Zusammenhang auf die in der Rechtsprechung[44] anzufindende, bedenkliche Überdehnung des **vergaberechtlichen Auftragsbegriffs** nach § 99 I, III GWB rea-

---

[34] Dazu *BVerwG* NVwZ 1994, 485 (485); *Erbguth*, Allgemeines Verwaltungsrecht, 2009, § 21 Rn. 14 f.; *Bick*, DVBl. 2001, 154 (159 f.); *Reidt*, Klimaschutz, Erneuerbare Energien und städtebauliche Gründe, BauR 2010, 2025 (2031 f.).

[35] BVerwGE 96, 326 (335).

[36] *Runkel*, GuG 1994, 137 (139).

[37] Vgl. auch BVerwGE 111, 162 (173 f.); *VGH München* NVwZ-RR 2005, 781 (782 f.); *OVG Greifswald* BRS 73 Nr. 226.

[38] *Grziwotz*, Baulandausweisung und Abschöpfung von Planungsgewinnen, BayVBl. 2008, 709 (710 f.); *Labbé/Bühring*, Baulandausweisung und Abschöpfung von Planungsgewinnen, BayVBl. 2007, 289.

[39] *Burgi*, Der Verwaltungsvertrag im Vergaberecht, NZBau 2002, 57 (58 ff.); *Würfel/Butt*, Ausschreibungspflicht für städtebauliche Verträge – oder – Schaut man einem geschenkten Gaul doch ins Maul?, NVwZ 2003, 153 (155 ff.).

[40] Vgl. dazu Schrödter/*Quaas/Kukk*, BauGB, § 11 Rn. 51 f.

[41] *Wilke*, Vergaberechtliche Aspekte städtebaulicher Verträge, ZfBR 2004, 141 (145).

[42] *Vetter/Bergmann*, Investorenwettbewerbe und Vergaberecht – Eine kritische Auseinandersetzung mit der Ahlhorn-Entscheidung des OLG Düsseldorf NVwZ 2008, 133; *Burgi*, BauGB-Verträge und Vergaberecht, NVwZ 2008, 929; *Reicherzer*, Planungshoheit contra Vergaberecht – Vergaberechtspflichtigkeit städtebaulicher Verträge, NVwZ 2008, 856; *Reidt*, BauR 2008, 1541 (1546 ff.); *Große Hündfeld*, Städtebaurecht einerseits – Vergaberecht andererseits – Zur Verwerfung der Ahlhorn-Rechtsprechung durch den EuGH, BauR 2010, 1504.

[43] *Ziekow*, Städtebauliche Verträge zwischen Bauauftrag und Baukonzession, DVBl. 2008, 137 (140 ff.).

[44] *OLG Düsseldorf* NZBau 2007, 530; *OLG Karlsruhe* VergabeR 2008, 826; *OLG Düsseldorf* NZBau 2008, 727; *OLG Brandenburg* VergabeR 2008, 989.

§ 11. Verträge im Städtebaurecht

giert und mit einer Änderung des § 99 III und VI GWB die vergaberechtliche Bedeutsamkeit erheblich eingeschränkt.[45] Zum einen wurde der vergaberechtlich relevante Tatbestand auf Fälle reduziert, in denen der Auftraggeber einen unmittelbaren wirtschaftlichen Vorteil erlangt, zum anderen wurde der Begriff der Baukonzession enger gefasst. Unionsrechtlich hat diese zurückhaltende Sicht des Gesetzgebers nunmehr durch den *EuGH* Rückendeckung erhalten.[46]

3. Form des städtebaulichen Vertrags, Leistungsstörung, Anpassung, Bereicherung

Der städtebauliche Vertrag ist ein öffentlich-rechtlicher Vertrag im Sinne der §§ 54 ff. VwVfG. Wie jeder öffentlich-rechtliche Vertrag bedarf auch er deshalb der **Schriftform**, soweit nicht durch Rechtsvorschrift eine andere Form vorgeschrieben ist (§ 11 III BauGB).[47] So verlangt etwa § 311b I 1 BGB die notarielle Beurkundung für „Flächenabtretungen" in einem städtebaulichen Vertrag, da sie zur Übereignung eines Grundstücks verpflichten.[48] 17

Die Qualifizierung des städtebaulichen Vertrags als Vertreter des öffentlich-rechtlichen Vertrags nach den §§ 54 ff. VwVfG bewirkt zudem, dass Fragen zu **Leistungsstörungen**, **Anpassungen** und **Bereicherungsansprüchen** nach den allgemeinen Regeln zu beantworten sind;[49] insofern besitzt § 11 BauGB als Spezialregelung keine verdrängende Wirkung.[50] Gegebenenfalls ist über § 62 S. 2 VwVfG auch auf das BGB zurückzugreifen, wenn die §§ 54 ff. VwVfG keine einschlägige Vorgabe beinhalten. 18

4. Durchsetzung der vertraglichen Ansprüche

Zur Absicherung der übernommenen Verpflichtungen können sich die Vertragsparteien nach Maßgabe des § 61 VwVfG der sofortigen **Vollstreckung** aus dem städtebaulichen Vertrag unterwerfen. Außerdem sind die Ansprüche auf dem Verwaltungsrechtsweg einklagbar. Dagegen ist eine Durchsetzung der vertraglich gegenüber der Gemeinde übernommenen Pflichten durch Verwaltungsakt nicht möglich. Hierzu bedürfte es einer besonderen gesetzlichen Grundlage, an der es jedoch fehlt.[51] Die Rechtswirkungen des Vertrags sind zudem auf die Beziehung zwischen den Vertragsparteien begrenzt. Gegenüber Dritten – insbesondere im Fall des **Nachbarkonflikts** – vermag der Vertrag keine Bindungswirkung zu entfalten.[52] Insofern muss auf Festsetzungen nach § 9 BauGB zurückgegriffen werden, die Allgemeinverbindlichkeit besitzen. 19

---

[45] Gesetz zur Modernisierung des Vergaberechts v. 23. 4. 2009 (BGBl. I, S. 790), ber. durch Gesetz v. 9. 7. 2009 (BGBl. I, S. 1795).

[46] *EuGH* NVwZ 2010, 565, Rn. 40 ff.; vgl. auch *Schabel*, Städtebauliche Verträge, Grundstücksverkäufe und Vergaberecht, NWVBl. 2009, 5 (8); *Größe Hündfeld*, Städtebaurecht einerseits – Vergaberecht andererseits – Zur Verwerfung der Ahlhorn-Rechtsprechung durch den EuGH, BauR 2010, 1504 (1506).

[47] Die Anforderungen an die Schriftform ergeben sich aus § 126 BGB. Siehe im Einzelnen MünchKomm/*Einsele*, BGB, 5. Aufl. 2006, § 126 Rn. 6 ff.

[48] *VGH Mannheim* BRS 56 Nr. 243; JDW/*Dirnberger*, BauGB, § 11 Rn. 65.

[49] Vgl. dazu *Bönker*, in: Hoppe/Bönker/Grotefels, Baurecht, § 13 Rn. 117 ff.

[50] *Bick*, DVBl. 2001, 154 (156); *Birk*, Städtebauliche Verträge, Rn. 27 ff.

[51] Vgl. BVerwGE 50, 171 (174).

[52] Vgl. *BVerwG* NVwZ-RR 2002, 329; *OVG Münster*, Urt. v. 22. 6. 1998 – 7 a D 170/95.NE-JURIS.

II. Der nicht typisierte städtebauliche Vertrag

20 § 11 IV BauGB bestimmt ausdrücklich, dass die Zulässigkeit „**anderer städtebaulicher Verträge**" unberührt bleibt. Damit sind zum einen die verschiedentlich im BauGB erwähnten vertraglichen Vereinbarungen gemeint, etwa

– der Durchführungsvertrag zum vorhabenbezogenen Bebauungsplan (§ 12 I 1 BauGB);
– die Vereinbarung mit dem Grundstückseigentümer über die Durchführung von Ordnungsmaßnahmen und die Errichtung oder Änderung von Gemeinbedarfs- und Folgeeinrichtungen im Sanierungsbereich (§ 146 III 1 BauGB);
– die Ablösungsvereinbarung über Ausgleichsbeträge (§ 154 III BauGB);[53]
– die Übertragung von Sanierungsaufgaben auf einen Sanierungsträger (§§ 157 ff. BauGB)[54] oder von städtebaulichen Entwicklungsaufgaben auf einen Entwicklungsträger (§ 167 BauGB);[55]
– die Abwendungsvereinbarung im städtebaulichen Entwicklungsbereich (§ 166 III 3 Nr. 2 BauGB);
– der Stadtumbauvertrag (§ 171 c BauGB).

21 Zum anderen stellt § 11 IV BauGB eine **allgemeine Öffnungsklausel** dar, die städtebauliche Verträge jedweden Inhalts zulässt, sofern dem nicht zwingende gesetzliche Bestimmungen entgegenstehen. Sie ist darin § 54 VwVfG vergleichbar.

III. Der Erschließungsvertrag

22 Nach § 124 I BauGB kann die Gemeinde die Erschließung (§§ 123 ff. BauGB)[56] durch Vertrag – Erschließungsvertrag genannt – auf einen Dritten übertragen.

1. Zweck des Erschließungsvertrags

23 Die Gemeinde erfüllt die ihr nach § 123 I BauGB obliegende Aufgabe der Erschließung dadurch, dass sie auf eigenen oder erworbenen Flächen die Erschließungsanlagen erstellen lässt oder gelegentlich auch durch eigene Bedienstete erstellt. Die Kosten, den „Erschließungsaufwand", trägt sie dabei zunächst selbst, kann ihn aber anschließend im Umfang des § 128 BauGB und abzüglich des gesetzlichen Gemeindeanteils von mindestens 10 % (§ 129 I 3 BauGB) durch Erhebung eines Erschließungsbeitrags auf die Eigentümer oder Erbbauberechtigten der erschlossenen Grundstücke umlegen.[57] Der Zwang, die Erschließung oft über Jahre vorfinanzieren zu müssen, kann bei knappen Haushaltsmitteln zur Zurückstellung der Erschließungsmaßnahme führen, was die Bebaubarkeit der Grundstücke, welche die Sicherung der Erschließung voraussetzt (§§ 30, 33, 34, 35 BauGB), ausschließt. Die Möglichkeit, Vorausleistungen auf den Erschließungsbeitrag zu verlangen (§ 133 III BauGB) oder Teilleistungen bereits vor der endgültigen Herstellung der Erschließungsanlage abzurechnen (§ 133 II BauGB), kann diese missliche Situation abmildern, aber nicht beseitigen. Dem will § 124 I BauGB entgegenwirken. Er gibt der Gemeinde mit dem Erschließungsvertrag ein Instrument an die Hand, um **ohne Einsatz eigener Mittel**[58]

---

[53] Siehe BKL/*Löhr*, BauGB, § 154 Rn. 16.
[54] *Fieseler*, Städtebauliche Sanierungsmaßnahmen, Rn. 544 ff.
[55] Schrödter/*Köhler*, BauGB, § 167.
[56] Zur Erschließung siehe unten § 29.
[57] Vgl. dazu auch BVerwGE 70, 280 (283 ff.).
[58] Der Gemeindeanteil des § 129 I 3 BauGB, der nach BVerwGE 70, 204 (205 ff.) auch im Rahmen eines Erschließungsvertrags von der Gemeinde zu tragen war, braucht seit der Neufassung des § 124 BauGB durch das InvWoBauLG bei Erschließungsverträgen von der Gemeinde nicht mehr getragen zu werden.

§ 11. Verträge im Städtebaurecht

ein Gebiet zu erschließen. Der Dritte, der regelmäßig zugleich Eigentümer der zu erschließenden Grundstücke ist, führt die Erschließung auf eigene Kosten durch und veräußert anschließend die erschlossenen Grundstücke als Bauland, wobei die Erschließungskosten in den Kaufpreis der Grundstücke einfließen, über den mithin die Erschließung finanziert wird. Die Erschließungsanlagen werden zumeist der Gemeinde unentgeltlich übereignet, der auf diese Weise durch die Erschließung keine Kosten entstehen.

2. Rechtsnatur und Form

Der Erschließungsvertrag ist ein **öffentlich-rechtlicher Vertrag**.[59] Er bedarf nach § 124 IV BauGB der Schriftform, soweit nicht durch Rechtsvorschriften eine andere Form vorgeschrieben ist.[60]   24

3. Inhalt des Erschließungsvertrags

Der Erschließungsvertrag ist nach § 124 II BauGB ein Vertrag, durch den sich ein Dritter (Erschließungsträger oder Erschließungsunternehmer) der Gemeinde gegenüber zur Erstellung bestimmter Erschließungsanlagen in einem bestimmten Gebiet im eigenen Namen und für eigene oder fremde Rechnung sowie – in der Regel – zur Übertragung der fertig gestellten Erschließungsanlagen auf die Gemeinde verpflichtet. Beschränkt sich der Vertrag auf die Verpflichtung des Erschließungsträgers, die Erschließung durchzuführen und vorzufinanzieren, und verpflichtet er die Gemeinde, dem Erschließungsträger den Erschließungsaufwand zu ersetzen, handelt es sich nicht um einen Erschließungsvertrag, sondern um einen **Vorfinanzierungsvertrag**.[61] Die Erschließungslast als solche (§ 123 I BauGB) kann nicht übertragen werden, sondern nur deren technische und kostenmäßige Durchführung.[62] Kommt der Dritte seinen vertraglich übernommenen Erschließungspflichten nicht nach, aktualisiert sich die **Erschließungspflicht der Gemeinde**.[63] Letztgenannte kann dann gegebenenfalls im Wege der Ersatzvornahme zu Lasten des Vertragspartners die Erschließungsmaßnahmen durchführen lassen.[64] Der wesentliche Inhalt eines Erschließungsvertrags ist in der Praxis folgender:[65]   25

---

[59] BVerwGE 32, 37 (38) = NJW 1969, 2162; BGHZ 54, 287 (290) = NJW 1970, 2107; 58, 386 (388 f.) = NJW 1972, 1364.
[60] Zur notariellen Form für einen Erschließungsvertrag, der eine Verpflichtung zur Veräußerung eines Grundstücks enthält, BVerwGE 70, 247 (254 f.) = NVwZ 1985, 346.
[61] Zum Vorfinanzierungsvertrag *OVG Saarlouis* DÖV 1989, 861 (863); *OVG Münster* NJW 1989, 1879 (1879 ff.); *Rodegra*, Die Berücksichtigung von Fremdanliegern beim Abschluß von Erschließungsverträgen, NVwZ 1997, 633 (634 f.); EZBK/*Grziwotz*, BauGB, § 124 Rn. 11 ff..
[62] *Driehaus*, Erschließungs- und Ausbaubeiträge, § 6 Rn. 16; BKL/*Löhr*, BauGB, § 124 Rn. 4.
[63] *Driehaus*, Erschließungs- und Ausbaubeiträge, § 6 Rn. 16.
[64] *Birk*, Städtebaulichen Verträge, Rn. 256.
[65] Die Gemeinden verwenden zumeist die von der Bundesvereinigung der Kommunalen Spitzenverbände erarbeiteten Musterverträge. Vgl. zum Inhalt von Erschließungsverträgen außerdem *Birk*, Der Erschließungsvertrag gemäß § 123 Abs. 3 BBauG im BBauG- und KAG-Bereich, VBlBW 1984, 97 (106 ff.); *Rodegra*, Die Berücksichtigung von Fremdanliegern beim Abschluß von Erschließungsverträgen, NVwZ 1997, 633 (633 f.); *Driehaus*, Erschließungs- und Ausbaubeiträge, § 6 Rn. 27 ff., insb. Rn. 61.

a) Erstellung von Erschließungsanlagen

26 Gegenstand des Erschließungsvertrags kann die Errichtung von nach Bundes- oder nach Landesrecht beitragsfähigen sowie nicht beitragsfähigen **Erschließungsanlagen** in einem (präzise) bestimmten Erschließungsgebiet,[66] also nicht in der Gemeinde insgesamt, sein (§ 124 II 1 BauGB). In Betracht kommen sämtliche oder einzelne Erschließungsanlagen im Sinne von § 127 II BauGB, aber auch Anlagen zur Versorgung mit Elektrizität, Gas, Wärme und Wasser. Ebenfalls denkbar sind Anlagen zur Abwasserentsorgung und sonstige Anlagen wie Kindertagesstätten oder Krankenhäuser. Der Erschließungsvertrag enthält dann Züge eines **Folgekostenvertrags**.[67] Im Zusammenhang mit der vereinbarten Herstellungspflicht können Art und Weise der Baudurchführung, Ausführungsfristen, Gewährleistung und Haftung geregelt werden. Der Erschließungsträger wird in der Regel außerdem zur **Übertragung der fertig gestellten Erschließungsanlagen** auf die Gemeinde verpflichtet. Diese widmet die Straßen entsprechend den straßenrechtlichen Bestimmungen. Sie trifft fortan die Unterhaltungslast. Die Erstellung von Anlagen, die nicht zur Erschließungsaufgabe der Gemeinde gehört, etwa der Ausbau bereits hergestellter Straßen, kann nicht Gegenstand eines Erschließungsvertrags sein. Der Umfang der Erschließungslast der Gemeinde nach § 123 BauGB bestimmt und begrenzt den Erschließungsvertrag.

b) Kosten der Erschließung

27 Nach § 124 II 2 BauGB kann sich der Dritte gegenüber der Gemeinde verpflichten, die Erschließungskosten ganz oder teilweise zu tragen, und zwar einschließlich des **gemeindlichen Eigenanteils**, wie sich daraus ergibt, dass § 124 II 3 BauGB ausdrücklich § 129 I 3 BauGB für nicht anwendbar erklärt. Gleichgültig ist, ob die Erschließungsanlagen beitragsfähig sind.[68] Nach § 124 III 1 BauGB müssen die vertraglich vereinbarten Leistungen den gesamten Umständen nach **angemessen** sein und in **sachlichem Zusammenhang** mit der Erschließung stehen. Die Übertragung der Kostenlast der Erschließung ist der wesentliche Zweck des Erschließungsvertrags. Es sind vor allem Bauträger, Wohnungsbaugesellschaften oder sonstige Eigentümer großer und unbebauter Areale, die zur vertraglichen Übernahme der Erschließung und ihrer Kosten bereit sind, um auf diese Weise zu bebaubaren Grundstücken zu kommen. Sie hätten die Erschließungskosten im Umfang der §§ 127 ff. BauGB über den Erschließungsbeitrag ohnehin zu tragen. Der Erschließungsvertrag verschiebt somit hinsichtlich der Erschließungsanlagen des § 127 BauGB lediglich die **Vorfinanzierungslast** von der Gemeinde auf den Erschließungsträger und befreit die Gemeinde vom Eigenanteil. Bei späterer Veräußerung kann der Erschließungsaufwand vom Erschließungsträger über den Kaufpreis an den Erwerber weitergegeben werden.[69] Die Gemeinde kann dagegen keinen Erschließungsbeitrag erheben, da für sie infolge des Erschließungsvertrags kein Erschließungsaufwand entstanden ist.[70]

---

[66] Es darf sich auch um mehrere Teilgebiete handeln, vorausgesetzt diese stehen in einem funktionalen Zusammenhang; vgl. *Birk*, Städtebaulichen Verträge, Rn. 218.

[67] Zum Folgekostenvertrag, der in seiner typischen Ausprägung eine Geldleistung an die Gemeinde zum Ausgleich für bestimmte Folgekosten eines Bauvorhabens zum Gegenstand hat, BVerwGE 42, 331 = NJW 1973, 1895 sowie oben unter I 1 c.

[68] Anders vor der Neufassung des § 124 BauGB durch das InvWoBauLG; zur früheren Rechtslage BVerwGE 89, 7 (9 ff.).

[69] BGHZ 61, 359 (361) = NJW 1974, 96. Dazu auch *Driehaus*, Erschließungs- und Ausbaubeiträge, § 6 Rn. 51.

[70] BKL/*Löhr*, BauGB, § 127 Rn. 6; JDW/*Dirnberger*, BauGB, § 127 Rn. 5.

Lösung zu Fall 9:

Nach § 72 VwGO hilft die Widerspruchsbehörde dem Widerspruch ab, wenn sie ihn 28
für begründet hält, mithin der angegriffene Verwaltungsakt rechtswidrig ist. Hierfür
spricht vorliegend, dass Behörden bei der Durchsetzung vertraglicher Ansprüche den
Weg der gerichtlichen Klage zu gehen haben, wenn sie Verpflichtungen aus einem
Vertrag durchsetzen wollen. Da A mit der Gemeinde G einen Erschließungsvertrag
nach § 124 BauGB geschlossen hat, verweist das Gebot der „**Waffengleichheit**", das
Ausdruck der spezifisch vertraglichen Gleichordnung der Beteiligten ist, die Gemeinde G auf den verwaltungsgerichtlichen Rechtsschutz. Diese Wertung findet in § 61
VwVfG auch eine normative Absicherung. Danach müssen sich Vertragsparteien
ausdrücklich der **sofortigen Vollstreckung unterwerfen**, um unmittelbar aus dem
Vertragsverhältnis heraus im Wege der Vollstreckung in Anspruch genommen werden
zu können. Dem *telos* des § 61 VwVfG würde es widersprechen, wenn sich die
Behörde eigenständig einen Vollstreckungstitel durch Erlass eines Verwaltungsakt
beschaffen könnte. Rechtsanwalt R wird folglich mit seinem Widerspruch Erfolg
haben.

§ 12. Mängel und Planerhaltung

Schrifttum: *Blechschmidt,* BauGB-Novelle 2007: Beschleunigtes Verfahren, Planerhaltung und Normenkontrollverfahren, ZfBR 2007, 120; *Dolde,* Das ergänzende Verfahren nach § 215a I BauGB als Instrument der Planerhaltung, NVwZ 2001, 976; *Erbguth,* Rechtsschutzfragen und Fragen der §§ 214 und 215 BauGB im neuen Städtebaurecht, DVBl. 2004, 802; *Hoppe,* Der Rechtsgrundsatz der Planerhaltung als Struktur- und Abwägungsprinzip – Ein Vorschlag der Expertenkommission zur Novellierung des Baugesetzbuchs zur Planerhaltung, DVBl. 1996, 12; *ders./Henke,* Der Grundsatz der Planerhaltung im neuen Städtebaurecht, DVBl. 1997, 1407; *Kahl,* Grundrechtsschutz durch Verfahren in Deutschland und in der EU, VerwArch 95 (2004), 1; *Kment,* Nationale Unbeachtlichkeits-, Heilungs- und Präklusionsvorschriften, 2005; *ders.,* Zur Europarechtskonformität der neuen baurechtlichen Planerhaltungsregeln, AöR 130 (2005), 570; *ders.,* Planerhaltung auf dem Prüfstand: Die Neuerungen der §§ 214, 215 BauGB 2007 europarechtlich betrachtet, DVBl. 2007, 1275; *ders.,* Planerhaltung und Europarecht, in: Erbguth, Neues Städtebau- und Raumordnungsrecht, 2007, S. 101; *Lohse,* Irren ist gemeindlich: Zur Unbeachtlichkeit einer aufgrund fehlerhafter Wahl des vereinfachten Verfahrens unterlassenen Umweltprüfung, DÖV 2009, 794; *Quaas/Kukk,* Neustrukturierung der Planerhaltungsbestimmungen in §§ 214 ff. BauGB, BauR 2004, 1541; *Schmidt,* Möglichkeiten und Grenzen der Heilung von Satzungen nach § 215a BauGB, NVwZ 2000, 977; *Sendler,* Der Jubilar, der Grundsatz der Planerhaltung und das Richterrecht, DVBl. 2005, 659; *Stelkens,* Planerhaltung bei Abwägungsmängeln nach dem EAG Bau – zugleich Versuch einer Abgrenzung zwischen § 1 Abs. 7 und § 2 Abs. 3 BauGB, UPR 2005, 81; *Uechtritz,* Die Änderungen im Bereich der Fehlerfolgen und der Planerhaltung nach §§ 214 ff. BauGB, ZfBR 2005, 11; *ders.,* Die Änderungen des BauGB durch das Gesetz zur Erleichterung von Planungsvorhaben für die Innenentwicklung der Städte – BauGB 2007, BauR 2007, 476; *Upmeier,* Einführung zu den Neuerungen durch das Europarechtsanpassungsgesetz Bau (EAG Bau), BauR 2004, 1382; *Wahl,* Das Verhältnis von Verwaltungsverfahren und Verwaltungsprozessrecht in europäischer Sicht, DVBl. 2003, 1285.

Fall 10:

1 Die Stadt S beschloss einen Bebauungsplan, der ein Industriegebiet auswies. Die Nachbarn N1, N2 und N3 wollten sich gemeinsam gegen dieses Projekt wehren. Um die „Mühen des Widerstands" aufzuteilen, einigten sie sich darauf, das N1 die Organisation eines Bürgerprotests übernahm. Später lag es an N2, gegenüber der Stadt S zu rügen, dass erhebliche Einwendungen aus der Mitte des Bürgerprotests nicht berücksichtigt wurden, da ihre Mitglieder nicht zur Öffentlichkeitsbeteiligung zugelassen wurden. Und letztlich erklärte sich N3 bereit, den Bebauungsplan gerichtlich anzugreifen. Im Gerichtsverfahren gesteht der Vertreter der Stadt S ein, dass es bei der Aufstellung des Bebauungsplans möglicherweise zu einer Verletzung von Verfahrensrecht gekommen sei. Diese Frage könne aber vernachlässigt werden. Schließlich habe N3 nicht selbst den möglichen Verfahrensfehler gerügt. Es könne nur N2 erfolgreich klagen, da er die Rüge bei der Stadt S eingereicht habe. Die Klagefrist für eine Klage des N2 sei jedoch – was zutrifft – verstrichen. Schätzt der Vertreter der Stadt S die Rechtslage richtig ein?
Lösung: Rn. 58

I. Historie

2 Ursprünglich enthielt das Baurecht weder Bestimmungen über den Einfluss von Verfahrens- oder Formfehlern auf die Rechtswirksamkeit der Bauleitpläne, noch Regelungen zu den Konsequenzen inhaltlicher Mängel. Es galt der allgemeine Grundsatz, dass die Rechtswidrigkeit einer Rechtsnorm ihre **Nichtigkeit** zur Folge hat.[1] Zahlreiche Bauleitpläne waren deshalb wegen oft nur geringfügiger Mängel nichtig, was häufig erst nach Jahren erkannt wurde und zu erheblicher Rechtsunsicherheit führte.[2] Um die Rechtsbeständigkeit der Bauleitpläne zu erhöhen, haben die BBauG-Novellen 1976 und 1979 durch die §§ 155a und 155b BBauG die Verletzung bestimmter Verfahrens-, Form- und sonstiger Vorschriften für unbeachtlich erklärt,[3] für die Geltendmachung einiger der beachtlich gebliebenen Fehler Fristen eingeführt und der Gemeinde die Möglichkeit eingeräumt, Verfahrens- oder Formfehler zu beheben und den Bauleitplan erneut und sogar rückwirkend in Kraft zu setzen.[4] Die §§ 214, 215 BauGB setzen diese Entwicklung bis heute fort. Das BauROG 1998 hat den **Grundsatz der Planerhaltung** erstmals gesetzlich verankert,[5] nachdem er schon 1994 von *Sendler*[6] formuliert und später insbesondere von *Hoppe*[7] aufgegriffen und dog-

---

[1] Der Flächennutzungsplan wurde insoweit wie eine Rechtsnorm behandelt.
[2] Auch im Hinblick hierauf kritisch zum Nichtigkeitsdogma *Sendler*, DVBl. 2005, 659 (659 f.).
[3] Zu diesen Vorschriften *Boecker*, Heilung mangelhafter Bauleitpläne und Satzungen – Gedanken zu den neuen Vorschriften der §§ 155a bis c des Bundesbaugesetzes, BauR 1979, 361; *Geimer*, Anmerkungen zu § 155b Abs. 1 Satz 1 Nr. 3, 5 und 6 BBauG, BauR 1980, 208; *Kirchhof*, Die Baurechtsnovelle 1979 als Rechtswegsperre? – Zur Vereinbarkeit der §§ 155a und b BBauG mit Art 19 IV GG, NJW 1981, 2382; *Lemmel*, Die Unbeachtlichkeit von Mängeln der Begründung des Bebauungsplanes nach der Bundesbaugesetz-Novelle 1979, DVBl. 1981, 318.
[4] Zur Verfassungsmäßigkeit dieser Regelungen BVerwGE 64, 33 (35 f.) = NJW 1981, 591; 75, 262 (268 f.) = NJW 1987, 1346.
[5] Die amtliche Überschrift des vierten Abschnitts vor § 214 BauGB lautete „Planerhaltung".
[6] *Sendler*, Neue Entwicklung bei Rechtsschutz und gerichtliche Kontrolldichte im Planfeststellungsrecht, in: *Kormann*, Aktuelle Fragen der Planfeststellung, UPR Special Bd.7, 1994, S. 9 (28 ff.).
[7] *Hoppe*, Das Abwägungsgebot in der Novellierung des Baugesetzbuches, DVBl. 1994, 1033 (1041); *ders.*, DVBl. 1996, 12 (12 ff.).

matisch flankiert wurde.⁸ Behebbare Mängel von Satzungen – auch materiell-rechtlicher Art – führen nunmehr nicht mehr stets zur Nichtigkeit. Sie können in einem „ergänzenden Verfahren" behoben werden, bis zu dessen Abschluss die Satzung schwebend unwirksam ist.

II. Verletzung von Verfahrens- und Formvorschriften

1. Grundstruktur der Behandlung von Rechtsverletzungen

§ 214 I BauGB schränkt für den Flächennutzungsplan und die „Satzungen nach diesem Gesetzbuch", nämlich für Bebauungspläne (§ 10 BauGB) und die Satzungen nach §§ 16, 22 II, 25, 34 IV, 35 VI, 142, 162, 165, 172 BauGB, die Beachtlichkeit der Verletzung von Verfahrens- und Formvorschriften erheblich ein. Dies geschieht dadurch, dass § 214 I BauGB nur die von ihm **aufgezählten Verletzungen für beachtlich** und damit alle übrigen Verletzungen von Verfahrens- und Formvorschriften für unbeachtlich erklärt. Der Gesetzgeber sieht die nicht ausdrücklich erwähnten Verfahrens- und Formvorschriften als weniger gewichtig an und stuft sie als bloße Ordnungsvorschriften ein. Ihre Einhaltung ist für die Rechtswirksamkeit daher von vornherein unbeachtlich.⁹ Eine **Ausnahme dieses Strukturprinzips** stellt nur § 214 I 1 Nr. 1 BauGB dar. Dort wird nicht mehr an die Voraussetzung der Unbeachtlichkeit angeknüpft, sondern im Einzelnen bestimmt, unter welchen Voraussetzungen Fehler beachtlich sein sollen.¹⁰

3

Die als beachtlich eingestuften Verstöße gegen Verfahrens- oder Formvorschriften sind ihrerseits von unterschiedlicher Gewichtigkeit: Die in § 214 I 1 Nr. 1 bis 3 BauGB genannten Mängel sind nach § 215 I Nr. 1 BauGB nur beachtlich, wenn sie **innerhalb eines Jahres** schriftlich gegenüber der Gemeinde gerügt worden sind, während die Mängel des § 214 I 1 Nr. 4 BauGB **ohne Rüge** zur Unwirksamkeit des Bauleitplans führen, sofern sie nicht gemäß § 214 IV BauGB behoben werden.

4

Eine weitere Differenzierung hinsichtlich der Bedeutung von Fehlern weisen § 214 I 1 Nr. 2, Hs. 2 und Nr. 3, Hs. 2 BauGB auf. Sie stellen die Beachtlichkeit bestimmter Verfahrensverstöße voran, um sodann für nicht so schwerwiegend angesehene Fehler hiervon wieder eine Ausnahmeregelung zu treffen. Man bezeichnet diese Regelungstechnik auch als Anordnung einer **„internen Unbeachtlichkeit"**.¹¹

2. Der Begriff der Verfahrens- oder Formvorschrift

Mit dem Doppelbegriff „Verfahrens- und Formvorschriften dieses Gesetzbuchs" sind alle **Vorschriften des BauGB** gemeint, die sich auf den äußeren Ablauf des Planungs- oder Satzungsverfahrens beziehen.¹² **Landesrechtliche** Verfahrens- oder Formvorschriften fallen nicht unter § 214 I BauGB.¹³ Für sie kann das Landesrecht Unbeachtlichkeit vorschreiben.¹⁴

5

---

⁸ *Kment*, in: *Erbguth*, Neues Städtebau- und Raumordnungsrecht, 2007, S. 101 (102).
⁹ *Kment*, AöR 130 (2005), 570 (590).
¹⁰ Vgl. auch BT-Drs. 15/2996, S. 96.
¹¹ *Finkelnburg*, Die Änderungen des Baugesetzbuchs durch das Europarechtsanpassungsgesetz Bau, NVwZ 2004, 897 (901); BK/*Lemmel*, BauGB, § 214 Rn. 20.
¹² BVerwGE 74, 47 (50 f.) = NJW 1986, 2720; *OVG Münster*, NVwZ-RR 1991, 138 (139).
¹³ *OVG Koblenz* NVwZ 1982, 124 (124). Anders § 214 IV BauGB, der sich auch auf Verfahrens- oder Formfehler des Landesrechts bezieht.
¹⁴ Siehe dazu *Hill*, Zur Dogmatik sog. Heilungsvorschriften im Kommunalverfassungsrecht, DVBl. 1983, 1.

3. Ermittlungs- und Bewertungsfehler (§ 214 I 1 Nr. 1 BauGB)

a) Perpetuierung des verfahrensbezogenen Elements der Abwägung

6 § 214 I 1 Nr. 1 BauGB widmet sich als erste Vorschrift zu den Verfahrens- und Formmängeln den **Ermittlungs- und Bewertungsfehlern**. Sie zielt darauf ab, der Kategorisierung des **planerischen Abwägungsvorgangs** in der Bauleitplanung **als Verfahren** auf der Ebene der Planerhaltung Rechnung zu tragen.[15] Die Verletzung von Verfahrens- und Formvorschriften soll danach nur beachtlich sein, wenn „entgegen § 2 Abs. 3 die von der Planung berührten Belange, die der Gemeinde bekannt waren oder hätten bekannt sein müssen, in wesentlichen Punkten nicht zutreffend ermittelt oder bewertet worden sind und wenn der Mangel offensichtlich und auf das Ergebnis des Verfahrens von Einfluss gewesen ist". Der Bezugspunkt der Unbeachtlichkeitsregelung ist § 2 III BauGB, der bestimmt, dass bei der Aufstellung der Bauleitpläne „die Belange, die für die Abwägung von Bedeutung sind (Abwägungsmaterial), zu ermitteln und zu bewerten" sind.[16] Damit soll entsprechend der gesetzgeberischen Intention der durch die unionsrechtlichen Vorgaben hervorgerufene Wechsel vom materiell-rechtlichen Abwägungsvorgang zu den verfahrensbezogenen Elementen des Ermittelns und Bewertens der Belange nachvollzogen werden.[17] Der Vorgang des Abwägens wird damit zukünftig in einen prozeduralen Vorgang und einen materiell-rechtlichen Teil aufgeschlüsselt.[18]

b) Unzutreffende Ermittlung oder Bewertung

7 Ansatzpunkt für eine Anwendung des § 214 I 1 Nr. 1 BauGB ist zunächst, dass „von der Planung berührte Belange [...] nicht zutreffend ermittelt oder bewertet wurden". Gemeint ist damit, dass – in Anlehnung an die gefestigte Rechtsprechung[19] zum Mangel im Abwägungsvorgang –

(1) eine sachgerechte Abwägung überhaupt **nicht stattgefunden** hat,

(2) in die Abwägung **nicht eingestellt** worden ist, was nach Lage der Dinge in sie eingestellt werden musste,

(3) oder die **Bedeutung** der abzuwägenden öffentlichen oder privaten Belange **verkannt** worden ist.[20]

aa) Keine sachgerechte Abwägung

8 An einer sachgerechten Abwägung fehlt es insbesondere, wenn die Gemeinde von vornherein entschlossen war, ihre im Planentwurf niedergelegte Planung unverändert festzusetzen, insbesondere, weil sie aufgrund von außerhalb des Planungsverfahrens getroffenen Entscheidungen bereits derart festgelegt war, dass eine Abwägung innerhalb des Planungsvorgangs in Wirklichkeit nicht mehr stattgefunden hat. Man spricht

---

[15] *Erbguth*, DVBl. 2004, 802 (804).
[16] *Wagner/Engel*, Neuerungen im Städtebaurecht durch das Europarechtsanpassungsgesetz Bau (EAG Bau), BayVBl. 2005, 33 (38).
[17] *Krautzberger/Stüer*, Städtebaurecht 2004: Was hat sich geändert?, DVBl. 2004, 781 (789); *Quaas/Kukk*, BauR 2004, 1541 (1541); *Uechtritz*, ZfBR 2005, 11 (12); *Upmeier*, BauR 2004, 1382 (1386); JDW/*Jäde*, BauGB, § 214 Rn. 4.
[18] *Erbguth*, DVBl. 2004, 802 (804); *Uechtritz*, ZfBR 2005, 11 (15); *Labrenz*, Zur neuen Diskussion über das Wesen der Abwägung im Bauplanungsrecht, Verw 43 (2010), 62 (67 ff.). Kritisch dazu *Hoppe*, in: Hoppe/Bönker/Grotefels, Baurecht, § 7 Rn. 2.
[19] Grundlegend BVerwGE 34, 301 (307 ff.); 41, 67 (69 ff.); 47, 144 (146 ff.); 48, 56 (63 ff.). Im Einzelnen zum Vorgang der Abwägung oben § 5 Rn. 24 ff.
[20] Ebenso BVerwGE 131, 100 (106 f.).

§ 12. Mängel und Planerhaltung

dann von einem „**Abwägungsdefizit**".[21] Es kann etwa vorliegen, wenn durch den Abschluss von Verträgen zwischen der Gemeinde und einem Vorhabenträger die Planung bereits quasi unabänderlich festgeschrieben ist, noch ehe das Planungsverfahren begonnen hat. Andererseits sind gewisse Festlegungen in der Praxis unvermeidlich, zumal häufig erst ein konkretes Vorhaben den Anlass für die Bauleitplanung bildet.[22] Festlegungen sind daher unschädlich und begründen kein Abwägungsdefizit, wenn sie sachlich gerechtfertigt sind, bei der Vorwegnahme die planungsrechtliche Zuständigkeitsordnung gewahrt wurde und die vorweggenommene Entscheidung inhaltlich nicht zu beanstanden ist.

bb) Unvollständigkeit des Abwägungsmaterials

Der in der Praxis bei Weitem häufigste Fehler im Abwägungsvorgang besteht darin, dass in die Abwägung nicht eingestellt wird, was **nach Lage der Dinge in sie eingestellt werden muss**. 9

Beispiele für Fehler: Die Auswirkung der Planung auf benachbarte Gewerbetreibende wurde nicht bedacht;[23] die Gemeinde hat das Gebot, mit Grund und Boden sparsam umzugehen (§ 1 a II BauGB), nicht in die Abwägung eingestellt;[24] ein Sachverständigengutachten über die Auswirkungen eines emittierenden Gewerbebetriebs wurde nicht eingeholt;[25] eine Bestandsaufnahme von Natur- und Landschaft ist unterblieben.[26] 10

cc) Fehlerhafte Gewichtung

Zum Abwägungsverfahren gehört auch die **zutreffende Gewichtung** der einzelnen Belange. 11

Beispiele für Fehler: Bei der Erweiterung eines Campingplatzes wurde den in die Abwägung eingestellten Belangen des Naturschutzes und der Landschaftspflege ein zu geringes Gewicht beigemessen;[27] bei der Inanspruchnahme eines privaten Grundstücks für die Erweiterung eines Schwimmbades wurden die Interessen des Eigentümers nicht mit der ihnen zukommenden Gewichtung in den Abwägungsvorgang eingestellt.[28] 12

c) Kenntnis und Kennen-Müssen

Fehler im Abwägungsvorgang sollen zunächst nur beachtlich sein, wenn die betroffenen Belange der Gemeinde **bekannt waren** oder **hätten bekannt sein müssen**. Nachgezeichnet werden mit diesem Teil des § 214 Abs. 1 S. 1 Nr. 1 BauGB die Vorgaben der Rechtsprechung für den Abwägungsprozess,[29] wobei (kausale und wesentliche Belange)[30], die der Gemeinde (vernünftigerweise) hätten bekannt sein „können", sich ihr aber nicht aufdrängten, nicht erfasst werden.[31] 13

---

[21] Zum Abwägungsdefizit BVerwGE 45, 309 (317 ff.); NVwZ 1988, 351 (352 f.); siehe auch § 5 Rn. 33.
[22] Paradigma ist der vorhabenbezogene Bebauungsplan.
[23] *BVerwG* BRS 24 Nr. 166; dazu auch *BVerwG* NVwZ 1989, 245 (246).
[24] *VGH Mannheim* NVwZ-RR 1990, 288 (289).
[25] *OVG Lüneburg* BRS 46 Nr. 17; BRS 46 Nr. 26; *VGH Mannheim* NVwZ-RR 1991, 20 (21 f.).
[26] *VGH Kassel* BRS 52 Nr. 7.
[27] *OVG Lüneburg* BRS 50 Nr. 53; ähnlich *OVG Lüneburg* BRS 48 Nr. 24.
[28] *OVG Berlin* BRS 48 Nr. 16.
[29] BVerwGE 59, 87 (103); 107, 215 (219); 131, 100 (107); *BVerwG* UPR 2001, S. 44 (45); *Kment*, Rechtsschutz im Hinblick auf Raumordnungspläne, 2002, S. 325; *ders.*, Unmittelbarer Rechtsschutz Privater gegen Ziele der Raumordnung und Flächennutzungspläne, NVwZ 2003, 1047 (1054).
[30] Siehe zu diesen Kriterien noch nachfolgend unter § 12 Rn. 14, 16.
[31] *Kment*, AöR 130 (2005), 570 (591).

d) Fehler in wesentlichen Punkten

14 Des Weiteren soll eine fehlerhafte Ermittlung oder Bewertung der von der Planung berührten Belange nur dann beachtlich sein, wenn sie in wesentlichen Punkten unzutreffend ist.[32] Ob diese Einschränkung des Gesetzgebers **praktische Bedeutung** genießt, ist **zweifelhaft**.[33] Der Gesetzgeber möchte jedenfalls auf diese Weise vermeiden, dass unwesentliche Verfahrensfehler zur Unwirksamkeit des Flächennutzungsplans oder der Satzung führen.[34] Will man das Kriterium der „Wesentlichkeit" nicht untrennbar mit dem Kriterium „von Einfluss gewesen" (Kausalität) verschwimmen lassen,[35] wird man wohl **mehr** zu fordern haben **als eine Abwägungserheblichkeit**.[36] Sofern der Fehler spürbare Auswirkungen auf die Grundzüge der Planung hat, dürften jedenfalls wesentliche Punkte betroffen sein.[37]

e) Offensichtlichkeit

15 Im Folgenden knüpft § 214 I 1 Nr. 1 BauGB an die Offensichtlichkeit des Mangels an.[38] Ein Mangel ist „offensichtlich", wenn er leicht erkennbar ist, weil er sich aus Akten, Protokollen, der Entwurfs- oder der Planbegründung ergibt.[39] Er muss auf **objektiv erfassbaren Sachumständen** beruhen. § 214 I 1 Nr. 1 BauGB lenkt folglich die Prüfung auf die äußere, objektiv fassbare Seite des Abwägungsvorgangs.[40] Lässt sich den Aufstellungsvorgängen nicht entnehmen, dass eine bestimmte – notwendige – Abwägung stattgefunden hat, mag dies darauf hindeuten oder gar die Überzeugung vermitteln, dass ein Mangel im Abwägungsvorgang vorliegt. Dieser ist jedoch nicht „offensichtlich", da er sich nicht aus konkreten Umständen positiv ergibt.[41] Nicht offensichtlich ist ein Mangel, der in den **Planungsmotiven** oder **Planungsvorstellungen** einzelner Ratsmitglieder begründet ist, wie etwa fehlende oder irrige Vorstellungen über die Planung. Sie gehören „zur inneren Seite" des Abwägungsvorgangs, sind nicht „offensichtlich" und deshalb unbeachtlich.[42]

f) Kausalität

16 Letztlich soll die Beachtlichkeit eines Mangels im Rahmen des § 214 I 1 Nr. 1 BauGB noch davon abhängen, ob dieser auf das Ergebnis des Verfahrens von Einfluss gewesen ist. Dabei ist unter dem „Ergebnis des Verfahrens" das (materielle) Abwägungsergebnis zu verstehen.[43] Ein offensichtlicher Mangel im Abwägungsvorgang ist auf das Abwägungsergebnis von Einfluss gewesen, wenn nach den gegebenen Um-

---

[32] *Quaas/Kukk*, BauR 2004, 1541 (1542).
[33] *Schmidt-Eichstaedt*, Das EAG Bau – ein Jahr danach – Zugleich eine Besprechung des Buchs von Jörg Berkemann, Günter Halama, Erstkommentierungen zum BauGB 2004, ZfBR 2005, 751 (761); BK/*Lemmel*, BauGB, § 214 Rn. 25.
[34] Siehe auch BT-Drs. 15/2250, S. 63.
[35] Siehe hierzu *Quaas/Kukk*, BauR 2004, 1541 (1546); EZBK/*Stock*, BauGB, § 214 Rn. 39 g; JDW/*Jäde*, BauGB, § 214 Rn. 6.
[36] OVG Münster ZfBR 2007, 351 (356) – „gravierende Fehleinschätzung"; anders BVerwGE 131, 100 (105 f.); *BVerwG* NVwZ 2008, 899 (900 f.).
[37] *Bönker*, in: Hoppe/Bönker/Grotefels, Baurecht, § 17 Rn. 43.
[38] Vgl. dazu BVerwGE 64, 33 (36 ff.) = NJW 1981, 591.
[39] *BVerwG* NVwZ 1992, 662 (663); *OVG Münster* NVwZ 1994, 301 (302); EZBK/*Stock*, BauGB, § 214 Rn. 142 f.; *Bracher*, in: Gelzer/Bracher/Reidt, Bauplanungsrecht, Rn. 1057.
[40] BVerwGE 64, 33 (36 ff., insb. 38); BK/*Lemmel*, BauGB, § 214 Rn. 26, 63; JDW/*Jäde*, BauGB, § 214 Rn. 5.
[41] *BVerwG* NVwZ 1992, 662 (663).
[42] BVerwGE 64, 33 (38 ff.) = NJW 1981, 591.
[43] *Erbguth*, JZ 2006, 484 (489 ff.); *ders.*, NVwZ 2007, 985 (988).

§ 12. Mängel und Planerhaltung

ständen die **konkrete Möglichkeit** besteht, dass ohne den Mangel anders geplant worden wäre.[44] Anhand der **Planunterlagen** oder sonst erkennbarer oder naheliegender **Umstände** muss sich die Möglichkeit abzeichnen, dass der Mangel im Abwägungsvorgang von Einfluss auf das Abwägungsergebnis gewesen sein kann.[45] Umgekehrt gilt: Ergibt sich anhand der Planunterlagen, dass die Gemeinde auch bei Kenntnis des Fehlers im Abwägungsvorgang an der Planung festgehalten hätte, ist der Mangel nicht erheblich.[46]

g) Maßgeblicher Zeitpunkt

Für die Abwägung ist nach § 214 III 1 BauGB die Sach- und Rechtslage **im Zeitpunkt der Beschlussfassung** über den Bauleitplan maßgebend. Daher können nur bis zu diesem Zeitpunkt aufgetretene Umstände einen Mangel im Abwägungsvorgang i. S. des § 214 I 1 Nr. 1 BauGB begründen. Wenn nachträglich, nach der Beschlussfassung über den Bauleitplan, aber vor seiner Bekanntmachung, Umstände eingetreten sind, die so gewichtig sind, dass sich der Gemeinde eine neue Abwägung hätte aufdrängen müssen, ist **ausnahmsweise** auf den **späteren Zeitpunkt** abzustellen. In diesem Fall ist ein Fehler im Abwägungsvorgang wegen Nichtberücksichtigung der nachträglich eingetretenen, veränderten Umstände, die wegen des noch nicht abgeschlossenen Planaufstellungsverfahrens auch noch berücksichtigungsfähig sind, anzunehmen.[47]

4. Beteiligungsmängel (§ 214 I 1 Nr. 2 BauGB)

Nach § 214 I 1 Nr. 2 BauGB ist es beachtlich, wenn die Vorschriften über die **Öffentlichkeits- und Behördenbeteiligung** (§§ 3 II, § 4 II, § 4a III, V 2, § 13 II 1 Nr. 2 und 3 – auch i. V. m. § 13a II Nr. 1 –, § 22 IX 2, § 34 VI 1 und § 35 VI 5 BauGB) verletzt worden sind und dies fristgerecht gem. § 215 I Nr. 1 BauGB gerügt worden ist. Zum Teil gibt es aber auch Ausnahmen von den für beachtlich erklärten Fehlerbildern (§ 214 I 1 Nr. 2 Hs. 2 BauGB); insofern spricht man von einer „**internen Unbeachtlichkeitsklausel**".[48]

Die von § 214 I 1 Nr. 2 BauGB angesprochene Öffentlichkeits- und Behördenbeteiligung umfasst grundsätzlich zwei Fallgruppen:

a) Beteiligungsverfahren

Nach §§ 3 II, 4 II BauGB erfolgt die Öffentlichkeits- und Behördenbeteiligung an der Bauleitplanung dadurch, dass die Bauleitpläne nebst Begründung und den nach Einschätzung der Gemeinde wesentlichen, bereits vorliegenden umweltbezogenen Stellungnahmen für die Dauer eines Monats öffentlich ausgelegt werden. Hierzu können von Vertretern der Öffentlichkeit **Stellungnahmen abgegeben** werden, die zu prüfen sind; im Fall des § 4a III BauGB erstreckt sich der Gegenstand der Stellungnahme gegebenenfalls auf geänderte oder ergänzte Teile des Planentwurfs. Außerdem holt die Gemeinde die Stellungnahmen der Behörden und sonstigen Träger öffentlicher Belange, deren Aufgabenbereich durch die Planung berührt werden kann, zum Planentwurf und der Begründung ein. Viele im Zusammenhang hier-

---

[44] BVerwGE 64, 33 (39 f.); 131, 100 (109); *VGH München* BayVBl. 2010, 504 (508).
[45] BVerwGE 119, 45 (48 ff.).
[46] *VGH Mannheim* BRS 49 Nr. 27.
[47] BVerwGE 59, 87 (104) = NJW 1980, 1061; *OVG Lüneburg* BRS 35 Nr. 23.
[48] Siehe hierzu bereits oben § 12 Rn. 4.

mit unterlaufenden Fehler bundesrechtlicher Art sind **beachtlich**, beispielsweise die nicht ordnungsgemäße Auslegung der Planentwürfe (§ 3 II 1 BauGB)[49] oder die nicht hinreichende Bekanntmachung der Auslegung (§ 3 II 2 BauGB).[50] Teilweise sind aber auch Einschränkungen hinzunehmen, die durch § 214 I 1 Nr. 2 Hs. 2 BauGB formuliert werden. So ordnet der Gesetzgeber beispielsweise eine **Unbeachtlichkeit** für den Fall an, dass im Rahmen der Öffentlichkeitsbeteiligung einzelne Personen nicht beteiligt worden sind oder die Beteiligung von Behörden oder sonstigen Trägern öffentlicher Belange unterblieben ist.[51] Voraussetzung der Unbeachtlichkeit ist jedoch, dass die entsprechenden Belange unerheblich waren oder in der Entscheidung ohnehin berücksichtigt worden sind.[52]

b) Gelegenheit zur Stellungnahme

21 Nach § 13 II 1 Nr. 2 und 3, §§ 13 a II Nr. 2, 22 IX 2, 34 VI 1, 35 VI 5 BauGB ist den Bürgern bzw. den Behörden „Gelegenheit zur Stellungnahme" zu geben. Erfolgt dies nicht, ist die hierfür eingeräumte Frist nicht angemessen oder wird die Stellungnahme nicht entgegen- oder zur Kenntnis genommen – was der Zweck der „Gelegenheit zur Stellungnahme" ist –, liegt ein **beachtlicher Verfahrensfehler** vor.[53] Hierzu macht § 214 I 1 Nr. 2 Hs. 2 BauGB eine **Einschränkung** (interne Unbeachtlichkeitsklausel) für den Fall, dass die Voraussetzungen für das vereinfachte Verfahren nach § 13 BauGB „verkannt"[54] und statt der an sich gebotenen Auslegung der Planentwürfe den Bürgern lediglich Gelegenheit zur Stellungnahme gegeben worden ist.[55] Dann liegt kein beachtlicher Verfahrensfehler vor.[56] Dasselbe Privileg kommt denjenigen Planern zugute, die bei der Anwendung des § 13 BauGB keine Angabe gemacht haben, dass von einer Umweltprüfung abgesehen wird. Es gilt entsprechend, wenn fälschlicherweise angenommen wurde, die Änderung oder Ergänzung des Bauleitplans berühre die Grundzüge der Planung (§ 13 I BauGB) nicht.[57]

5. Mängel von Erläuterungsbericht oder Planbegründung (§ 214 I 1 Nr. 3 BauGB)

22 Nach § 214 I 1 Nr. 3 Hs. 1 BauGB ist es **beachtlich**, wenn die Vorschriften über die Begründung des Flächennutzungsplans und der Satzungen sowie ihrer Entwürfe nach §§ 2a, 3 II, 5 I 2 Hs. 2 und V, 9 VIII, 22 X BauGB verletzt worden sind. Dies ist insbesondere der Fall, wenn dem Flächennutzungsplan oder dem Bebauungsplan keine Begründung beigefügt oder diese nicht mit ausgelegt worden ist. Dagegen ist es nach § 214 I 1 Nr. 3, Hs. 2 BauGB **unbeachtlich**, wenn die Begründung des in Rede

---

[49] *VGH Kassel* BRS 52 Nr. 31.
[50] *VGH Mannheim* BRS 48 Nr. 2.
[51] Vgl. *OVG Münster* NWVBl. 2010, 396 (397) mit der bedenklichen Einschätzung, dass „einzelne" Personen auch alle für die Beteiligung in Betracht kommende Personen sein können, so dass im Ergebnis der völlige Ausfall der Öffentlichkeitsbeteiligung unbeachtlich wird.
[52] BK/*Lemmel*, BauGB, § 214 Rn. 31 a.
[53] Dazu *VGH Mannheim* NVwZ-RR 1990, 529.
[54] Ein bewusster Verstoß ist hiervon nicht erfasst; vgl. BVerwGE 133, 264 (272).
[55] Siehe dazu *Lohse*, DÖV 2009, 794.
[56] Diese Voraussetzung liegt nicht vor, wenn die Notwendigkeit einer Öffentlichkeitsbeteiligung völlig übersehen worden ist. Dann handelt es sich nicht um eine „Anwendung" der Beteiligungsvorschriften; so zutreffend BVerwGE 117, 239 (243); *VGH Mannheim* BRS 50 Nr. 34. Ein stillschweigendes Annehmen der Voraussetzungen des § 13 BauGB soll aber ausreichen, um den Voraussetzungen des § 214 I 1 Nr. 2 BauGB zu genügen; vgl. BVerwGE 117, 239 (244).
[57] BVerwGE 133, 264 (271).

stehenden Planwerks unvollständig ist; hinsichtlich des Umweltberichts gilt dies jedoch nur für unwesentliche Punkte, die vergessen wurden; vgl. § 214 I 1 Nr. 3 Hs. 3 BauGB.[58] Dem Fehlen der Begründung steht es gleich, wenn sich diese formelmäßig in der Wiederholung einer Vorschrift des BauGB oder in der Beschreibung des Planinhalts erschöpfen, ohne Konkretes über Ziel und Zweck der Planung darzulegen,[59] wenn sie gewissermaßen nur aus Leerformeln bestehen.[60] Auch der unter § 214 I 1 Nr. 3 BauGB fallende Mangel bedarf nach § 215 I Nr. 1 BauGB der fristgerechten Rüge.

6. Fehlende Beschlussfassung oder Genehmigung (§ 214 I 1 Nr. 4 BauGB)

Nach § 214 I 1 Nr. 4 BauGB stellt es eine beachtliche Verletzung einer Verfahrens- oder Formvorschrift dar, wenn ein Beschluss der Gemeinde über den Flächennutzungsplan oder die Satzung nicht gefasst,[61] eine erforderliche Genehmigung nicht erteilt oder der mit der Bekanntmachung des Flächennutzungsplans oder der Satzung verfolgte Hinweiszweck[62] nicht erreicht worden ist. Diese – äußerst seltenen – Mängel sieht das BauGB als so schwerwiegend an, dass sie keiner Rüge bedürfen, also **unbefristet jederzeit beachtlich** sind (arg. § 215 I BauGB), sofern sie nicht gem. § 214 IV BauGB von der Gemeinde behoben werden.

23

7. Die Rüge der Mängel

Die Verletzung der in § 214 I 1 Nr. 1 bis 3 BauGB bezeichneten Verfahrens- und Formvorschriften wird nach § 215 I Nr. 1 BauGB unbeachtlich, wenn sie nicht **innerhalb eines Jahres** seit Bekanntmachung des Flächennutzungsplans oder der Satzung[63] schriftlich gegenüber der Gemeinde geltend gemacht worden ist. Ebenso, wie **jeder**, auch wenn nicht planbetroffen, berechtigt ist, sich mit Anregungen am Verfahren der Bauleitplanung zu beteiligen, ist er auch berechtigt, die Verfahrens- oder Formmängelrüge zu erheben.[64] Sie kommt jedermann zugute. Der gerügte Fehler ist fortan in jedem Verfahren, in dem es auf die Rechtswirksamkeit des Bauleitplans ankommt, beachtlich (*inter-omnes*-Wirkung).[65] Die Rüge hat **schriftlich, konkret und substantiiert** zu erfolgen.[66] Pauschale Rügen genügen nicht, da diese für die Gemeinde keine fördernden Erkenntnisse vermitteln.[67] Sie kann auch in einem über den Bebauungsplan geführten Normenkontrollverfahren, an dem die Gemeinde

24

---

[58] *BVerwG* ZfBR 2010, 272 (273); *OVG Lüneburg* BauR 2010, 569 (569 f.) – beide zu unterbliebenen Ausführungen zu Überwachungsmaßnahmen.
[59] BVerwGE 74, 47 (51) = NJW 1986, 2720; *VGH Mannheim* NVwZ 1984, 529.
[60] *BGH* NVwZ 1982, 210 = BRS 38 Nr. 16; JDW/*Jäde*, BauGB, § 214 Rn. 12.
[61] Dazu rechnet auch, wenn die Satzung so – wie ortsüblich bekanntgemacht – von der Gemeinde nicht beschlossen worden ist. Einen solchen Fall behandelt *OVG Münster* BauR 1992, 749.
[62] Zum Hinweiszweck BVerwGE 69, 344 (350) = NJW 1985, 1570.
[63] Eine Rüge vor Bekanntmachung des Bebauungsplans ist nicht ausreichend; *VGH Kassel* BRS 52 Nr. 31.
[64] *BVerwG* NVwZ 1983, 347 (347); *Dolde*, Die „Heilungsvorschriften" des BauGB für Bauleitpläne, BauR 1990, 1 (3); *Kment*, Nationale Unbeachtlichkeits-, Heilungs- und Präklusionsvorschriften, S. 27 f.
[65] *BVerwG* NVwZ 1983, 347 (347); ZfBR 2001, 418 (418); *Breuer*, Die Kontrolle der Bauleitplanung – Analyse eines Dilemmas, NVwZ 1982, 273 (280); *Hellermann*, in: Dietlein/Burgi/Hellermann, ÖRecht, § 4 Rn. 103.
[66] *BVerwG* NVwZ 1996, 372 (373); *VGH München* BRS 49 Nr. 32; *OVG Lüneburg* NVwZ-RR 2002, 98 (98); *VGH Mannheim* NVwZ-RR 2009, 146 (149).
[67] *BVerwG* NVwZ 1996, 372 (373): „Der Gesetzgeber erwartet Mithilfe, nicht Destruktion".

beteiligt ist, schriftsätzlich abgegeben werden.[68] Der Sachverhalt, der die Verletzung begründen soll, ist darzulegen. Durch die Notwendigkeit der Rüge und die Unbeachtlichkeit des Mangels bei nicht fristgerechter Rüge wird verhindert, dass eine Verletzung an sich erheblicher Verfahrens- oder Formvorschriften noch nach Jahren, möglicherweise nach weitgehender Verwirklichung des Bauleitplans, geltend gemacht werden kann. Voraussetzung der Heilung durch Zeitablauf ist nach § 215 II BauGB, dass die Gemeinde bei Inkraftsetzung des Flächennutzungsplans oder der Satzung auf die Voraussetzungen für die Geltendmachung der Verletzung von Verfahrens- und Formvorschriften sowie die Rechtsfolgen des § 215 I BauGB **hingewiesen** hat.[69] Hat die Gemeinde diesen Hinweis unterlassen oder fehlerhaft vorgenommen und nicht ordnungsgemäß nachgeholt, ist eine Heilung ausgeschlossen. Bei Angabe einer längeren, über die Ein-Jahres-Frist des § 215 I BauGB hinausgehenden Fristangabe, gilt die zu Unrecht angegebene Frist.

III. Verletzung der Vorschriften über das Verhältnis zwischen Bebauungsplan und Flächennutzungsplan (§ 214 II BauGB)

25 Im prinzipiell zweistufigen System der Bauleitplanung kommt den Vorschriften, die das **Verhältnis des Bebauungsplans zum Flächennutzungsplan** regeln, besondere Bedeutung zu.[70] § 214 II BauGB erklärt die Verletzung einer Reihe dieser Vorschriften generell oder unter bestimmten Voraussetzungen für unbeachtlich. Das BauGB bedient sich hier eines anderen Systems als bei den Verfahrens- und Formfehlern: Während § 214 I BauGB – abgesehen von § 214 I 1 Nr. 1 BauGB –[71] eine „Beachtlichkeitsklausel" enthält und nur die ausdrücklich erwähnten Verfahrens- und Formfehler für beachtlich erklärt, enthält § 214 II BauGB eine **„Unbeachtlichkeitsklausel"**: lediglich die ausdrücklich erwähnten Verletzungen der Vorschriften über das Verhältnis des Bebauungsplans zum Flächennutzungsplan sind unbeachtlich, alle anderen beachtlich. Unbeachtlich sind nach Maßgabe des § 214 II BauGB:

26 – die **unrichtige Beurteilung der Anforderungen** an die Aufstellung eines selbstständigen Bebauungsplans (§ 8 II 2 BauGB) oder an die in § 8 IV BauGB bezeichneten dringenden Gründe für die Aufstellung eines vorzeitigen Bebauungsplans. Dabei ist nicht erforderlich, dass die Gemeinde eine Beurteilung dieser Anforderungen überhaupt – wenn auch mit unrichtigem Ergebnis – vorgenommen hat;[72]

27 – die **Verletzung des Gebots des § 8 II 1 BauGB**, den Bebauungsplan aus dem Flächennutzungsplan zu entwickeln, sofern hierbei die sich aus dem Flächennutzungsplan ergebende geordnete städtebauliche Entwicklung nicht beeinträchtigt worden ist;[73]

28 – die Entwicklung des Bebauungsplans aus einem **Flächennutzungsplan, dessen Unwirksamkeit** wegen Verletzung von Verfahrens- oder Formvorschriften ein-

---

[68] *VGH Kassel* BRS 52 Nr. 31; *VGH München* BRS 49 Nr. 32.
[69] Zur Hinweisbekanntmachung *BVerwG* NVwZ 1990, 364 (365); *OVG Münster* BRS 52 Nr. 28; *VGH Mannheim* VBlBW 2008, 145 (146).
[70] Dazu *Finkelnburg*, Das Verhältnis zwischen Bebauungsplan und Flächennutzungsplan nach § 8 Abs. 2 bis 4 BauGB, in: Festschr. für Weyreuther, 1993, S. 111.
[71] Siehe bereits § 12 Rn. 3.
[72] *BVerwG* NVwZ 1985, 745 (746 f.); a. A. *OVG Münster* BRS 36 Nr. 14; *OVG Saarlouis* BRS 35 Nr. 17; *OVG Koblenz* BRS 36 Nr. 15.
[73] *BVerwG* NVwZ 2000, 197 (198). Zur Vereinbarkeit mit der geordneten städtebaulichen Entwicklung *VGH Kassel* BRS 46 Nr. 9; 47 Nr. 20; ZfBR 2010, 588 (591)

§ 12. Mängel und Planerhaltung 229

schließlich des § 6 BauGB sich nach Bekanntmachung des Bebauungsplans herausstellt;[74]
– der **Verstoß** des im Parallelverfahren aufgestellten Bebauungsplans **gegen § 8 III BauGB**, ohne dass die geordnete städtebauliche Entwicklung beeinträchtigt worden ist. 29

Mängel nach § 214 II BauGB werden gem. §§ 215 I 1 Nr. 2 BauGB unbeachtlich, wenn sie nicht **innerhalb von einem Jahr** seit Bekanntmachung des Flächennutzungsplans oder der städtebaulichen Satzung schriftlich gegenüber der Gemeinde geltend gemacht worden sind. 30

IV. Verletzung der Vorschriften für das beschleunigte Verfahren (§ 214 II a BauGB)

Mit § 214 II a BauGB ist im Jahre 2007 eine Vorschrift in das Regelwerk der Planerhaltungsvorschriften aufgenommen worden, welche in wesentlichen Bereichen den **Bebauungsplan der Innenentwicklung** von Fehlerfolgen befreit.[75] Ergänzend zu den Vorgaben des § 214 I und II BauGB sieht er vor: 31

1. Fehlbeurteilung zum Vorliegen eines Bebauungsplans der Innenentwicklung (§ 214 II a Nr. 1 BauGB)

§ 214 II a Nr. 1 BauGB bestimmt, dass eine Verletzung von Verfahrens- und Formvorschriften und der Vorschriften über das Verhältnis des Bebauungsplans zum Flächennutzungsplan für die Rechtswirksamkeit des Bebauungsplans auch unbeachtlich ist, wenn sie darauf beruht, dass die Voraussetzung nach § 13 a I 1 BauGB unzutreffend beurteilt worden ist. Es muss folglich verkannt worden sein, dass der Bebauungsplan nicht der Wiedernutzbarmachung von Flächen, der Nachverdichtung oder anderen Maßnahmen der Innenentwicklung dient. Beachtlich bleibt allerdings die gezielte Inanspruchnahme von Flächen des Außenbereichs, also der **bewusste Verstoß** gegen die Regelung des § 13 II a 1 BauGB.[76] Kommt es im weiteren Verlauf der Planung zu Fehlern im Verfahren der Öffentlichkeits- und Behördenbeteiligung, genießt § 214 I 1 Nr. 2 BauGB als speziellere Regelung Vorrang.[77] Darüber hinaus ist zu beachten, dass die Regelung des § 214 II a Nr. 1 BauGB einzig die fehlerhafte Beurteilung der Anforderungen des § 13 a I 1 BauGB in Bezug nimmt und die flächenmäßige Begrenzung des § 13 a I 2 BauGB demgegenüber nicht als unbeachtlichen Fehler ausweist. Eine diesbezügliche Fehleinschätzung ist somit beachtlich.[78] 32

---

[74] Siehe dazu auch *VGH Mannheim* BRS 50 Nr. 33.
[75] Siehe dazu *Blechschmidt*, BauGB-Novelle 2007: Beschleunigtes Verfahren, Planerhaltung und Normenkontrollverfahren, ZfBR 2007, 120 (122 ff.); *Kuchler*, Welche Vorschriften zur Planerhaltung gelten seit dem In-Kraft-Treten des Gesetzes zur Erleichterung von Planungsvorhaben für die Innenentwicklung der Städte für vor und nach diesem Zeitpunkt aufgestellte Flächennutzungspläne und Satzungen nach dem BauGB?, BauR 2007, 835.
[76] OVG Magdeburg ZfBR 2009, 57 (59 f.); *Kment*, DVBl. 2007, 1275 (1278); ähnlich BVerwGE 133, 264 (272); vgl. auch BT-Drs. 16/2496, S. 17. Kritisch hierzu *Scheidler*, Das beschleunigte Verfahren für Bebauungspläne der Innenentwicklung – Anmerkungen zum neuen § 13 a BauGBBauR 2007, 650 (651).
[77] *Battis/Krautzberger/Löhr*, Gesetz zur Erleichterung von Planungsvorhaben für die Innenentwicklung der Städte (BauGB 2007), NVwZ 2007, 121 (127).
[78] *Uechtritz*, BauR 2007, 476 (483); *Kment*, DVBl. 2007, 1275 (1278).

2. Unterbliebener Hinweis (§ 214 II a Nr. 2 BauGB)

33 Nach § 214 II a Nr. 2 BauGB ist ein **fehlender Hinweis** nach § 13 a III BauGB für die Rechtswirksamkeit des Bebauungsplans unbeachtlich. Damit soll nach der Vorstellung des Gesetzgebers zweierlei keine Auswirkung auf die Wirksamkeit des Bebauungsplans haben. Zum einen, dass der Hinweis unterbleibt, dass eine Umweltprüfung nicht durchgeführt wird (§ 13 a III Nr. 1 BauGB), und zum anderen, dass der Hinweis fehlt, welche Informations- und Beteiligungsoptionen der Öffentlichkeit offen stehen, für den Fall, dass eine frühzeitige Unterrichtung und Erörterung im Sinne des § 3 I BauGB entfällt (§ 13 a III Nr. 2 BauGB).[79]

3. Fehlerhafte Vorprüfung (§ 214 II a Nr. 3 BauGB)

34 § 214 II a Nr. 3 BauGB ist eine spezielle Planerhaltungsregelung für Bebauungspläne der Innenentwicklung mit 20.000 qm bis weniger als 70.000 qm Grundfläche (§ 13 a I 2 Nr. 2 BauGB). Bei diesen Plänen ist der Verzicht auf eine förmliche Umweltprüfung gem. § 13 a I 2 Nr. 2 BauGB an das Ergebnis einer **überschlägigen Prüfung** unter Berücksichtigung der Kriterien in Anlage 2 zum BauGB geknüpft. Ergibt diese Prüfung, dass voraussichtlich keine erheblichen Umweltauswirkungen zu erwarten sind, können die Verfahrenserleichterungen des § 13 a BauGB in Anspruch genommen werden.[80] Aus Sicht der Planerhaltungsvorschriften gilt diese Vorprüfung gem. **§ 214 II a Nr. 3, Hs. 1 BauGB** als ordnungsgemäß durchgeführt, wenn sie entsprechend den Vorgaben des § 13 a I 2 Nr. 2 BauGB verfahrensmäßig und methodisch korrekt durchgeführt worden ist und die Einschätzung der Gemeinde, dass keine erheblichen Umweltauswirkungen zu erwarten sind, **nachvollziehbar** ist. Das Merkmal der „Nachvollziehbarkeit" orientiert sich an § 3 a S. 4 UVPG[81] und räumt der zuständigen Behörde einen Beurteilungsspielraum ein,[82] der den gerichtlichen Kontrollumfang reduziert:[83] Von der Gemeinde ist lediglich gefordert, den von § 13 a I 2 Nr. 2 BauGB verlangten Prüfungsprozess hinreichend zu belegen und eine in sich schlüssige Argumentation für die ermittelte Entscheidung vorzuweisen, selbst wenn in Einzelfällen bzw. in Details die getroffene Bewertung anders hätte ausfallen können.[84] Unspezifische, den konkreten Fall vernachlässigende Leerformen erfüllen diese Anforderungen allerdings nicht. Entscheidungserheblicher Zeitpunkt für die Beurteilung der Nachvollziehbarkeit dürfte der Moment sein, in dem die Gemeinde ihr Urteil über die Umweltrelevanz des Planwerks trifft.[85] Nachträglich sich einstellende Erkenntnisse über eine mögliche Umwelterheblichkeit des Plans können der Rechtmäßigkeit der Entscheidung nicht entgegengehalten werden.

35 Hinsichtlich des Verfahrens der Vorprüfung nach § 13 a I 2 Nr. 2 BauGB ist es nach **§ 214 II a Nr. 3, Hs. 2 BauGB** unbeachtlich, wenn einzelne Behörden oder sonstige Träger öffentlicher Belange **nicht beteiligt** worden sind. Stellt man diese Regelung der Anordnung des § 214 I 1 Nr. 2 BauGB gegenüber, ergibt sich, dass die Unbeachtlichkeitsanordnung des § 214 II a Nr. 3, Hs. 2 BauGB unabhängig davon gelten soll, ob aufgrund der Nichtbeteiligung einzelner Behörden oder sonstiger Träger öffent-

---

[79] *Kment*, DVBl. 2007, 1275 (1278).
[80] Siehe bereits oben § 6 Rn. 104.
[81] Vgl. BT-Drs. 16/2496, S. 17.
[82] Vgl. *OVG Münster* UPR 2007, 37 (38).
[83] *Uechtritz*, BauR 2007, 476 (484); *Blechschmidt*, ZfBR 2007, 120 (124).
[84] *Battis/Krautzberger/Löhr*, Gesetz zur Erleichterung von Planungsvorhaben für die Innenentwicklung der Städte (BauGB 2007), NVwZ 2007, 121 (128).
[85] *Uechtritz*, BauR 2007, 476 (484).

licher Belange im Entscheidungsfindungsprozess erhebliche Belange berücksichtigt wurden oder nicht.[86] Im Übrigen besteht in allen anderen Fällen von Verfahrensfehlern, etwa bei einem gänzlichen Versäumnis der Vorprüfung, gem. § 214 II a Nr. 3 Hs. 3 BauGB ein für die Rechtswirksamkeit des Bebauungsplans **beachtlicher Mangel**.

4. Verkennung der Pflicht zur Durchführung einer Umweltverträglichkeitsprüfung (§ 214 II a Nr. 4 BauGB)

Die Regelung des § 214 Abs. 2 a Nr. 4 BauGB ist eine Unbeachtlichkeitsregelung für beide Typen des Bebauungsplans der Innenentwicklung und bezieht sich auf die Vorgabe des § 13 a I 4 BauGB. Danach ist das beschleunigte Verfahren ausgeschlossen, wenn durch den Bebauungsplan die Zulässigkeit von Vorhaben begründet wird, die einer Pflicht zur Durchführung einer Umweltverträglichkeitsprüfung nach dem UVPG oder nach Landesrecht unterliegen.[87] Hinsichtlich § 13 a I 4 BauGB fingiert nun § 214 II a Nr. 4, Hs. 1 BauGB, dass die Annahme der Gemeinde zutreffend ist, die Einschränkung des § 13 a I 4 BauGB sei gewahrt. Einzige Voraussetzung ist, dass das Ergebnis **nachvollziehbar** ist.[88] Eine Beachtung von Prüfkriterien, etwa im Sinne von Anlage 2 zum UVPG, ist – anders als im Rahmen des § 214 II a Nr. 3 BauGB – gesetzlich nicht vorgesehen. Es dürfte jedoch gleichwohl zu verlangen sein, dass sich die Gemeinde auch im Rahmen des § 13 a I 4 BauGB an den europarechtlichen Vorgaben des Anhangs 3 der UVP-RL (bzw. an Anlage 2 zum UVPG) orientiert, um ihre Entscheidungsfindung nachvollziehbar darlegen zu können.[89] Schließlich sind die im Anhang 3 der UVP-RL bzw. in Anlage 2 zum UVPG aufgeführten Kriterien (Merkmale des Projekts, Standort des Projekts und Merkmale der potentiellen Auswirkungen), die naheliegenden Prüfkriterien um die UVP-Pflichtigkeit eines Vorhabens zu ermitteln. Deshalb ist es auch schwer vorstellbar, wie eine Entscheidung nachvollziehbar ausfallen soll, die die Kriterien des Anhangs 3 der UVP-RL bzw. der Anlage 2 zum UVPG außer Acht lässt und andere oder schlimmstenfalls gar keine Kriterien zur Beurteilung der UVP-Relevanz des Vorhabens heranzieht. Nur anhand der Kriterien des Anhangs 3 der UVP-RL bzw. der Kriterien der Anlage 2 zum UVPG wird eine in sich schlüssige Argumentation für die ermittelte Entscheidung gelingen.

Der Gesetzgeber räumt der Gemeinde mit dem Kriterium der „Nachvollziehbarkeit" neben § 214 II a Nr. 3, Hs. 1 BauGB auch im Rahmen des § 214 II a Nr. 4 Hs. 1 BauGB einen **Beurteilungsspielraum** ein. Dieser reicht allerdings nicht so weit, der Gemeinde zu ermöglichen, mit einem Bebauungsplan des beschleunigten Verfahrens die Zulässigkeit von Vorhaben zu begründen, die der Spalte 1 der Anlage 1 zum UVPG zuzuordnen sind. Ein derartiges Unterfangen führt gem. § 214 II a Nr. 4 Hs. 2 BauGB zur Rechtswidrigkeit des Bebauungsplans.[90]

---

[86] *Kment*, DVBl. 2007, 1275 (1279); *Uechtritz*, BauR 2007, 476 (484).
[87] Siehe bereits oben unter § 6 Rn. 104.
[88] Siehe zu den Einzelheiten des Merkmals der Nachvollziehbarkeit bereits die obigen Ausführungen unter § 12 Rn. 34.
[89] *Kment*, DVBl. 2007, 1275 (1281).
[90] *Kment*, in: Erbguth, Neues Städtebau- und Raumordnungsrecht, 2007, S. 101 (120); BKL/ *Battis*, BauGB, § 214 Rn. 18.

5. Geltendmachung des Mangels

38 Mängel nach § 214 II a BauGB werden gem. § 215 I 2 BauGB unbeachtlich, wenn sie nicht **innerhalb von einem Jahr** seit Bekanntmachung des Flächennutzungsplans oder der städtebaulichen Satzung **schriftlich** gegenüber der Gemeinde geltend gemacht worden sind.

V. Sonstige Mängel im Abwägungsvorgang (214 III 2 BauGB)

39 Die Funktion des § 214 III 2 BauGB erschöpft sich darin, eine **Auffangregelung** für diejenigen Fälle zu schaffen, in denen **Mängel des Abwägungsvorgangs** nicht § 214 I 1 Nr. 1 BauGB zugerechnet werden können. Diese sog. „Angstklausel" hat erhebliche Kritik auf sich gezogen. Sie schreibt vor, dass Mängel, die Gegenstand der Regelung in § 214 I 1 Nr. 1 BauGB sind, nicht als Mängel der Abwägung geltend gemacht werden können und im Übrigen Mängel im Abwägungsvorgang nur erheblich sein sollen, wenn sie offensichtlich und auf das Abwägungsergebnis von Einfluss gewesen sind.[91] Mit diesem Passus suggeriert die Norm, dass es neben den – nach der neuen Konzeption des BauGB – verfahrensrechtlich geprägten Vorgaben des Abwägungsvorgangs,[92] die in § 214 I 1 Nr. 1 BauGB erfasst werden, doch noch andere Elemente des Abwägungsvorgangs gibt. In der Praxis werden sich insofern jedoch kaum Anwendungsfelder finden lassen.[93]

40 Sofern doch erhebliche Mängel im Abwägungsvorgang i. S. des § 241 III 2 BauGB ermittelt werden, sind diese gem. § 215 I 1 Nr. 3 BauGB unbeachtlich, wenn sie nicht **innerhalb von einem Jahr** seit Bekanntmachung des Flächennutzungsplans oder der städtebaulichen Satzung schriftlich gegenüber der Gemeinde geltend gemacht worden sind.

VI. Mängel im Abwägungsergebnis

41 § 214 BauGB schränkt die Beachtlichkeit von **Mängeln des Abwägungsergebnisses** nicht ein. Daher ist ein Bauleitplan nur gültig, wenn sich sein Inhalt als das Ergebnis einer im Sinne von § 1 VII BauGB gerechten Abwägung der öffentlichen und privaten Belange gegeneinander und untereinander darstellt.[94] Dazu gehört auch die Bewältigung der durch die Bauleitplanung hervorgerufenen Konflikte.[95]

42 Das Gebot gerechter Abwägung ist **beispielsweise** verletzt bei:
– Festsetzungen einer zur Verkehrsberuhigung bestimmten Pflasterung einer innerörtlichen Straße, die in Wirklichkeit unzumutbare Lärmbelästigungen für die Anwohner zur Folge hat;[96]
– Festsetzung eines Industriegebiets neben einem Wohngebiet;[97]

---

[91] Siehe zu den einzelnen Tatbestandsmerkmalen bereits oben § 12 Rn. 14, 16.
[92] *Kment*, Zu den Aufgaben und Pflichten des Beamten im Abwägungsvorgang – Gesetzesbindung, Unparteilichkeit und Gehorsamspflicht, BauR 2005, 1257 (1258); *Krautzberger/Stüer*, Städtebaurecht 2004: Was hat sich geändert?, DVBl. 2004, 781 (789); *Upmeier*, BauR 2004, 1382 (1386).
[93] Siehe jedoch *Erbguth*, Baurecht, § 15 Rn. 95.
[94] Zu den Einzelheiten siehe § 5 Rn. 24 ff.
[95] Allgemein zur Konfliktbewältigung durch die Bauleitplanung *BVerwG* NVwZ 1988, 351 (353); NVwZ 1989, 960 (960); NVwZ-RR 1995, 130 (130 f.); *VGH Mannheim* BRS 52 Nr. 3; 50 Nr. 10; *OVG Koblenz* NVwZ 1992, 1000 (1000 f.); siehe auch § 5 Rn. 69.
[96] *OVG Koblenz* NVwZ 1990, 281 (281 f.).
[97] BVerwGE 45, 309 (322 ff.) = NJW 1975, 70; *OVG Münster* DVBl. 2009, 1385 (1388).

– Festsetzung eines Wohngebiets im Entwicklungsbereich eines landwirtschaftlichen Betriebs mit erheblichen Geruchsemissionen („heranrückende Wohnbebauung").[98]

VII. Ergänzendes Verfahren

Mängel, die nach § 214 BauGB oder nach allgemeinen Grundsätzen für die Rechtswirksamkeit des Bebauungsplans und der übrigen auf der Grundlage des BauGB erlassenen Satzungen[99] beachtlich oder erheblich sind,[100] führen nicht zwangsläufig zur Nichtigkeit des Bebauungsplans. Nach § 214 IV BauGB ist zu **differenzieren**: Mängel, die durch ein ergänzendes Verfahren behoben werden können, machen nach dem in § 214 IV BauGB zum Ausdruck gekommenen **Grundsatz der Planerhaltung** den Bebauungsplan lediglich schwebend unwirksam. Er entfaltet bis zur Behebung des Mangels keine Rechtswirkungen. Im Normenkontrollverfahren wird er vom Oberverwaltungsgericht nach § 47 V VwGO für bis zur Behebung des Mangels nicht wirksam erklärt. Nicht behebbare Mängel führen dagegen zur Nichtigkeit des Bebauungsplans. Der Plan ist gescheitert.

43

1. Der behebbare Mangel

§ 214 IV BauGB bestimmt nicht, wann der Mangel eines Bebauungsplans behebbar ist, sondern überlässt dies der Entscheidung im Einzelfall. Grundsätzlich gilt, dass **alle in § 214 BauGB oder nach Landesrecht**[101] **beachtlichen formellen und materiellen Fehler** von § 214 IV BauGB erfasst sind,[102] soweit nicht die Schwere des Mangels das ergänzende Verfahren ausschließt.[103] Die Anwendung dieses Richtsatzes wird durch **Typisierungen** erleichtert:

44

(1) Behebbar ist grundsätzlich die Verletzung von **Verfahrens- und Formvorschriften**.[104]

45

(2) Inhaltliche Mängel, die in einer **Kollision entgegenstehender Rechtsvorschriften** ihren Grund haben, sind behebbar,[105] indem die Kollision beseitigt wird: die Landschaftsschutzverordnung, der der Bebauungsplan widerspricht, wird aufgehoben; die Umwandlungsgenehmigung nach dem Waldgesetz wird erteilt.

46

(3) Inhaltliche **Verstöße** des Bebauungsplans **gegen Vorgaben von BauGB oder BauNVO** sind durch Änderung des Bebauungsplans behebbar: Eine nicht hinreichend bestimmte Festsetzung wird präzisiert, eine nach § 1 IX BauNVO unzulässige

47

---

[98] *OVG Koblenz* BRS 47 Nr. 8; *OVG Lüneburg* BRS 47 Nr. 26; anders *VGH Kassel* BRS 47 Nr. 28, wenn der landwirtschaftliche Betrieb bereits durch die vorhandene Bebauung Einschränkungen unterworfen ist.
[99] Diese sind auch gemeint, wenn im Folgenden vom Bebauungsplan die Rede ist.
[100] Vgl. den unterschiedlichen Sprachgebrauch in § 214 I, II BauGB einerseits und § 214 III 2 BauGB andererseits.
[101] Dazu BVerwGE 110, 118 (122); *Gärtner*, Rechtsfolgen einer fehlerhaft bekannt gemachten Hauptsatzung der Gemeinde für Bebauungspläne und Verwaltungsakte sowie Handlungsempfehlungen, LKV 2006, 107 (108).
[102] BVerwGE 110, 193 (202); BRS 70 Nr. 46; BKL/*Battis*, BauGB, § 214 Rn. 23.
[103] BVerwGE 119, 54 (63); *BVerwG* NVwZ 2003, 1259 (1259); *Dolde*, NVwZ 2001, 976 (977); a. A. *Schmidt*, NVwZ 2000, 977 (979).
[104] Beispiel nach *BVerwG* NVwZ-RR 1996, 630; NVwZ 1990, 258: Fehlerhafte Ausfertigung eines Bebauungsplans.
[105] BVerwGE 119, 54 (63); *BVerwG* NVwZ 2003, 1259 (1259); kritisch *Palme*, Fehlerheilung im Planfeststellungsverfahren auch bei Verstoß gegen zwingendes Recht?, NVwZ 2006, 909 (911 f.).

Differenzierung wird aufgehoben.¹⁰⁶ Ebenfalls ist ein Verstoß gegen § 1 IV BauGB oder § 2 II BauGB behebbar.¹⁰⁷ Der Bebauungsplan darf jedoch hierdurch nicht seine Identität verlieren, darf nicht inhaltlich ein gänzlich anderer Bebauungsplan werden.¹⁰⁸ Ist dies unvermeidlich – müssen also die Grundzüge der Planung verändert werden – so liegt in Wirklichkeit ein nicht behebbarer Mangel vor.¹⁰⁹ Der Bebauungsplan ist nicht schwebend unwirksam, sondern nichtig. Für eine Planerhaltung ist kein Raum.

48 (4) Der **Kern der Abwägungsentscheidung** darf nicht betroffen sein, wenn das Verfahren nach § 214 IV BauGB erfolgreich durchgeführt werden soll.¹¹⁰ Eine Nachbesserung scheidet aus, wenn die Abwägungsmängel von solcher Art sind, dass der Fehler die Planung als Ganzes von vornherein in Frage stellt.¹¹¹ Zudem darf auch bei Abwägungsmängeln die Fehlerbehebung nicht zu einer neuen Planung führen.¹¹²

2. Das ergänzende Verfahren

49 Auch der Begriff des „ergänzenden Verfahrens" ist in § 214 IV BauGB nicht bestimmt. Hier hilft ein „Blick zurück" auf den durch das BauROG 1998 aufgehobenen § 215 III BauGB a. F. Er sah eine Fehlerbehebung „durch **Wiederholung des nachfolgenden Verfahrens**" vor. Dies gilt auch für § 214 IV BauGB. Die Gemeinde kann das frühere, durch die Schlussbekanntmachung (§ 10 III 1 BauGB) des fehlerhaften Bauleitplans nur scheinbar abgeschlossene Bebauungsplanverfahren wieder aufnehmen, an die vor der Rechtsverletzung liegenden Verfahrensabschnitte anknüpfen, den Fehler beheben und die zeitlich nach dem Fehler liegenden Teile des Verfahrens wiederholen.¹¹³ Dabei darf sich die Fehlerbehebung auch allein auf die **fehlerhaften Teile** des Plans beschränken,¹¹⁴ was bei der Bereinigung eines Abwägungsfehlers in der Regel jedoch schwer fallen wird, da sich die jeweiligen Belange stets in einer Gesamtabhängigkeit zueinander befinden.¹¹⁵

50 Nach der Mangelbeseitigung folgt in der Regel eine erneute ortsübliche **Schlussbekanntmachung**, mit der der Bauleitplan *ex nunc* in Kraft tritt (§§ 6 V 2, 10 III 4 BauGB). Die schwebende Unwirksamkeit ist beendet. Das ergänzende Verfahren kann nicht gewählt werden, wenn sich zwischenzeitlich die Verhältnisse so grundlegend verändert haben, dass der fehlerhafte Bebauungsplan einen funktionslosen

---

¹⁰⁶ BVerwGE 110, 193 (202 f.).
¹⁰⁷ BVerwGE 119, 54 (63); *BVerwG* NVwZ 2007, 953 (953); BKL/*Battis*, BauGB, § 214 Rn. 24; kritisch *Stelkens*, UPR 2005, 81 (85 f.).
¹⁰⁸ *BVerwG* NVwZ 2003, 1259 (1259); *Dolde*, NVwZ 2001, 976 (977); *Hoppe/Henke*, DVBl. 1997, 1407 (1412); *Schmidt*, NVwZ 2000, 977 (979); BKL/*Battis*, BauGB, § 214 Rn. 24.
¹⁰⁹ BVerwGE 110, 193 (203); *VGH Mannheim* BRS 62 Nr. 55; *OVG Lüneburg* NVwZ-RR 2009, 546 (547); *Hoppe/Henke*, DVBl. 1997, 1407 (1412).
¹¹⁰ *BVerwG* NVwZ 1999, 420 (420); BRS 63 Nr. 73; NVwZ 2002, 83 (84); ZfBR 2004, 382 (382); EZBK/*Kalb*, BauGB, § 214, Rn. 219.
¹¹¹ *OVG Koblenz* BRS 63 Nr. 13; *OVG Münster* NVwZ 1999, 79 (84).
¹¹² Siehe hierzu oben § 12 Rn. 47.
¹¹³ Was unter den Voraussetzungen des § 13 BauGB auch im vereinfachten Verfahren geschehen kann, *BVerwG* NVwZ 1990, 361 (362). Hat sich zwischenzeitlich die Sach- oder Rechtslage geändert, ist eine erneute Abwägung erforderlich. *BVerwG* NVwZ 1993, 361 (361 f.). Zudem kann eine erneute Öffentlichkeitsbeteiligung notwendig werden; vgl. *BVerwG* NVwZ 2010, 777 (778 f.).
¹¹⁴ *VGH Mannheim* BRS 62 Nr. 55.
¹¹⁵ Vgl. dazu *BVerwG*, Beschl. v. 25. 11. 2008 – 4 BN 15/08 – JURIS; *Dolde*, NVwZ 2001, 976 (981).

Inhalt hat oder das ursprüngliche Abwägungsgebot nunmehr unverhältnismäßig und deshalb nicht mehr haltbar ist.[116]

3. Pflicht zur Behebung der schwebenden Unwirksamkeit

Die Gemeinde kann ein ergänzendes Verfahren nach § 214 IV BauGB einleiten, wenn sie durch eigene Erkenntnis oder aufgrund einer gerichtlichen Inzident- oder Normenkontrollentscheidung zu der Überzeugung gelangt ist, dass der Bebauungsplan mit einem behebbaren Mangel behaftet und daher schwebend unwirksam ist. Sie ist aus rechtsstaatlichen Gründen gehalten, den Schwebezustand zu beenden. Dies kann allerdings, statt durch **Fehlerbehebung**, auch durch **Aufhebung des Bebauungsplans** erfolgen.[117] Aus Gründen der Rechtsklarheit ist hierfür ein förmliches Planaufhebungsverfahren erforderlich. Nur so kann der Rechtsschein des ortsüblich bekannt gemachten, aber in Wirklichkeit schwebend unwirksamen Bebauungsplans verlässlich beseitigt werden.

51

4. Rückwirkende Inkraftsetzung

Nach § 214 IV BauGB kann der reparierte Bauleitplan auch *ex tunc* – also **rückwirkend auf den Zeitpunkt der ersten Schlussbekanntmachung** – in Kraft gesetzt werden.[118] Diese Befugnis nach § 214 IV BauGB ist eine Ausnahme von der Grundregel der §§ 6 V 2, 10 III 4 BauGB, nach denen ein Bauleitplan grundsätzlich *ex nunc* in Kraft tritt.[119] Die rückwirkende Inkraftsetzung ist auch statthaft, wenn der Bauleitplan inhaltlich verändert worden ist, das ergänzende Verfahren sich mithin nicht auf die Reparatur des Fehlers beschränkt hat.[120] Sie darf jedoch nicht dazu führen, dass die Planung über den Zeitpunkt des ursprünglich vorgesehenen Inkrafttretens zurückwirkt.[121]

52

Ob die Gemeinde von der Möglichkeit rückwirkender Inkraftsetzung Gebrauch macht, entscheidet sie nach ihrem **Ermessen**. Es wird im Hinblick auf die rechtsstaatlich gebotene Beseitigung der Folgen des unwirksam gewesenen Plans häufig dahin reduziert sein, dass der Bauleitplan mit Rückwirkung in Kraft gesetzt werden muss.[122] Dadurch folgt der Planreparatur die Reparatur der Fehlerfolgen. Dort, wo sich der fehlerhafte Bauleitplan, etwa durch auf ihn gestützte Baugenehmigungen, entfalten konnte, wird er durch den reparierten Plan ersetzt, der rückwirkend an seine Stelle tritt und fortan die Rechtsgrundlage für die zuvor erteilten Baugenehmigungen bildet. Nur wenn der schwebend unwirksame Bauleitplan noch nicht umgesetzt, noch nicht zur Grundlage für die städtebauliche Ordnung und für weitere zum Vollzug

53

---

[116] *BVerwG* NVwZ 1993, 361 (361); NVwZ 1997, 893; NVwZ 2007, 1310 (1311). Zum Zeitpunkt des Abschlusses des Verfahrens *BVerwG* ZfBR 2009, 273.

[117] Vgl. auch *BVerwG* NVwZ 1997, 893 (895): Die Gemeinde hat die Wahl, ob sie ein ergänzendes oder ein neues Bebauungsplanverfahren einleitet. Dies kann, so ist hinzuzufügen, auch mit dem Ziel der Planaufhebung geführt werden. Bestätigt durch *BVerwG* NVwZ 2002, 83 (84).

[118] Hierzu *Finkelnburg*, in: Festschr. für Schlichter, 1995, S. 301; *Gassner*, Aktuelle Probleme der rückwirkenden Inkraftsetzung von Satzungen gem. § 215 Abs. 3 BauGB, BauR 1993, 33; *Schmaltz*, Die rückwirkende Inkraftsetzung eines Bebauungsplans, DVBl. 1981, 328. Siehe zudem BVerwGE 75, 262 (268 f.) = NJW 1987, 1346; *BVerwG* NVwZ 1993, 361 (361 f.); OVG Lüneburg BRS 46 Nr. 11.

[119] BVerwGE 101, 58 (61) = NVwZ 1996, 892.

[120] *BVerwG* NVwZ 1996, 890 (891).

[121] BKL/*Battis*, BauGB, § 214 Rn. 28.

[122] BVerwGE 75, 262 (269) = NJW 1987, 1346.

des Bebauungsplans dienende Maßnahmen gemacht worden war, kann die Gemeinde davon absehen, zur Folgenbeseitigung den reparierten Bauleitplan rückwirkend in Kraft zu setzen. Die Rückwirkung kann auch **teilweise** erfolgen.[123]

54 Verfassungsrechtlich ist die Rückwirkung unbedenklich, da sie nicht zu einem grundlegend anderen Planungsinhalt führt.[124] Dies gilt auch bei materiellen Fehlern.[125] Allerdings kann es Widersprüche zum **Unionsrecht** geben.[126]

VIII. Befugnisse der Aufsichtsbehörde

55 Die Unbeachtlichkeit von Fehlern des Bauleitplans gem. §§ 214 f. BauGB bezieht sich auf den förmlich in Kraft gesetzten Bauleitplan. Der noch nicht in Kraft getretene Bauleitplan ist nicht bestandsschutzwürdig. Schutz verdient in diesem Stadium vielmehr die Rechtsordnung vor Verletzungen durch den von der Gemeinde beschlossenen Bauleitplan. Daher ist der Plan im Genehmigungsverfahren (§ 10 II BauGB)[127] gem. § 216 BauGB von der Genehmigungsbehörde **umfassend auf die Einhaltung aller gesetzlichen Bestimmungen des Bundes- und Landesrechts zu überprüfen**.[128] Dies bedeutet, dass auch ein nach §§ 214 f. BauGB unbeachtlicher Fehler zur Versagung der Genehmigung führen kann.

IX. Planerhaltungsregelungen im Spannungsverhältnis zum Europarecht

56 Die nationalen Vorgaben der §§ 214 f. BauGB weisen in einigen Bereichen Spannungsfelder im Verhältnis zum Europäischen Recht auf. Dies beruht auf einem **abweichenden Verständnis von der Bedeutung des Verwaltungsverfahrens** in Deutschland und Europa. Während sich in Deutschland ungebrochen das verfestigte Verständnis von der „dienenden Funktion des Verfahrensrechts" hält,[129] genießt das Verwaltungsverfahren in der Europäischen Union eine vergleichsweise gewichtige Bedeutung.[130] Die in der Bundesrepublik eingetretene Abwertung des Verwaltungsverfahrens,[131] dem teilweise ein rechtlicher Eigenwert mit dem Argument abgesprochen wird, dass das Verfahrensergebnis ohnehin der kompletten Rechtskontrolle

---

[123] Brügelmann/*Dürr*, BauGB, § 214 Rn. 90; BKL/*Battis*, BauGB, § 214 Rn. 28.
[124] BVerwGE 75, 262 (268); 105, 153 (160).
[125] *Uechtritz*, ZfBR 2005, 11 (19); BKL/*Battis*, BauGB, § 214 Rn. 28; a. A. *Erbguth*, DVBl. 2004, 802 (808).
[126] *Kment*, AöR 130 (2005), 570 (612 ff.). Siehe auch nachfolgend § 12 Rn. 56.
[127] Siehe dazu oben unter § 8 Rn. 32 ff.
[128] Vgl. *Söfker*, Zu den Unterschieden der Rechtskontrolle von Bauleitplänen durch die Genehmigungsbehörden und Gerichte aufgrund der §§ 155 a bis 155 c BBauG, ZfBR 1979, 191 (192); BKL/*Battis*, BauGB, § 216 Rn. 2.
[129] *VGH Mannheim* NVwZ 1986, 663 (664); *Sodan*, Unbeachtlichkeit und Heilung von Verfahrens- und Formfehlern, DVBl. 1999, 729 (732); Stelkens/Bonk/Sachs/*Sachs*, VwVfG, 7. Aufl. 2008, § 45 Rn. 7; *Pöcker*, Irritationen einer Grundlage des Rechtssystems – Die Problematik der Verhältnisse von materiellem Recht und Verfahrensrecht bei Planungsentscheidungen, DÖV 2003, 980 (980 f.). Formulierungen wie z. B. im Rahmen des § 214 I 1 Nr. 1 BauGB, wonach eine Verletzung von Verfahrens- und Formvorschriften nur beachtlich ist, wenn sie „… auf das *Ergebnis* des Verfahrens von Einfluss gewesen ist…", verdeutlichen anschaulich die untergeordnete Funktion des Verwaltungsverfahrens. Siehe demgegenüber aber auch Stelkens, Eigenwert des Verfahrens im Verwaltungsrecht, DVBl. 2010, 1078.
[130] *Kahl*, VerwArch 95 (2004), 1 (8 ff.).
[131] *Schoch*, Die Europäisierung des verwaltungsgerichtlichen Rechtsschutzes, 2000, S. 11.

durch die Gerichte unterliege,[132] findet sich in dieser Form auf der europäischen Ebene nicht. Aus europäischer Sicht wird durch das Verfahren nämlich nicht festgestellt, was rechtens *ist*, sondern durch das Verfahren *wird* die Entscheidung rechtens gegenüber dem Bürger.[133] Deshalb können Fehler im Verfahren im Regelfall nicht mit dem richterlichen Hinweis auf ihre Unerheblichkeit für das Verfahrensergebnis unbeachtet bleiben. Für diesen Ausspruch fehlt es der richterlichen Überprüfung bereits an der notwendigen Kontrolldichte, da sich die judikative Prüfungskompetenz unionsrechtlich nicht auf die inhaltliche Richtigkeit der Entscheidung erstrecken soll.[134] Das Gericht kann somit nicht die Gewähr bieten, dass ein Verfahrensfehler ohne Auswirkungen auf das Ergebnis geblieben ist bzw. das Verfahrensergebnis auch ohne Beachtung des Verfahrens in der Sache zutrifft.[135] Das Gericht überprüft nur das Verfahren, ersetzt es aber nicht. Dadurch erlangt das Verfahren als Garant für ein sachgerechtes Ergebnis einen erhöhten Stellenwert.[136] Aus diesem Grund können sich durchaus Widersprüche zwischen dem nationalen Recht und dem Unionsrecht ergeben, die einen unionsrechtlichen Anwendungsvorrang nach sich ziehen oder zumindest zu einer unionsrechtkonformen Auslegung anhalten. Gerade bei **sofort wirksamen Unbeachtlichkeitsregelungen** oder **Heilungsvorschriften**, die jeweils einen unionsrechtlichen Bezug aufweisen müssen, kann dies relevant werden.[137]

Beispiel: § 214 I 1 Nr. 1 BauGB verwendet eine Reihe von Einzelkriterien („bekannte Belange oder Belange, die hätten bekannt sein müssen", „in wesentlichen Punkten nicht zutreffende Ermittlung oder Bewertung", „offensichtlicher Mangel" und „auf das Verfahren von Einfluss gewesen"), die schon für sich genommen europarechtlich Bedenken aufwerfen („offensichtlicher Mangel"), jedenfalls aber in ihrer Kumulation die Erheblichkeitsschwelle der Fehler zu stark absenken.[138] Eine Kollision mit Art. 5 SUP-RL dürfte daher naheliegen.

57

Lösung zum Fall 10:

Die Rechtsansicht des Vertreters der Stadt S ist unzutreffend. Er übersieht, dass ein gerügter Fehler in jedem Verfahren, in dem es auf die Rechtswirksamkeit des Bauleitplans ankommt, beachtlich ist (*inter-omnes*-**Wirkung**). Ob der Ausschluss einzelner Bürger von der Öffentlichkeitsbeteiligung rechtmäßig erfolgte oder zu einem beachtlichen und rechtzeitig gerügten Fehler führte (§ 214 I 1 Nr. 2, § 215 I 1 Nr. 2 BauGB), bleibt somit entscheidungserheblich.

58

---

[132] *Franßen*, 50 Jahre Verwaltungsgerichtsbarkeit in der Bundesrepublik Deutschland, DVBl. 1998, 413 (420 f.); *Weyreuther*, Rechtliche Bindung und gerichtliche Kontrolle planender Verwaltung im Bereich des Bodenrechts, BauR 1977, 293 (298).
[133] *Kment*, DVBl. 2007, 1275 (1275); *Wahl*, DVBl. 2003, 1285 (1287); *Classen*, Strukturunterschiede zwischen deutschem und europäischem Verwaltungsrecht, NJW 1995, 2457 (2457 f.).
[134] *Kahl*, VerwArch 95 (2004), 1 (10 f.).
[135] *Classen*, Strukturunterschiede zwischen deutschem und europäischem Verwaltungsrecht, NJW 1995, 2457 (2461).
[136] *Wahl*, DVBl. 2003, 1285 (1290).
[137] Vgl. dazu *Kment*, AöR 130 (2005), 570; *ders.*, DVBl. 2007, 1275.
[138] Siehe hierzu *Kment*, AöR 130 (2005), 570 (592 ff.).

§ 13. Die Entschädigung für Eingriffe durch Bebauungsplan

Schrifttum: *Deutsch*, Planungsschadensrecht (§§ 39 ff. BauGB) und Eigentumsgrundrecht (Art. 14 GG), DVBl. 1995, 546; *Enders/Bendermacher*, Ersatzleistungen als mögliche Konsequenzen einer planerischen Steuerung von Gemeinden bei der Windenergienutzung, ZfBR 2002, 29; *Remmert*, Nutzungsvorbereitende Aufwendungen in Gebieten nach §§ 34, 35 BauGB und ihre Entschädigung bei Entwertung durch Bebauungsplan, DVBl. 1995, 221; *Steiner*, Bauen nach künftigem Bebauungsplan (§ 33 BauGB), DVBl. 1991, 739; *Stüer*, Entschädigungspflichten der Gemeinden und der Bauaufsichtsbehörden bei der Verhinderung von Windenergieanlagen?, ZfBR 2004, 338; *Tyczewski/Freund*, Einzelhandelssteuerung im Lichte des Planungsschadensrechtes, BauR 2007, 491.

Fall 11 (nach BGHZ 116, 215):

1 A hat ein Grundstück im Grenzbereich zwischen unbeplantem Innenbereich (§ 34 BauGB) und Außenbereich (§ 35 BauGB). Die zuständige Gemeinde G erlässt am 20. 3. 2008 eine Ergänzungssatzung nach § 34 IV 1 Nr. 3 BauGB, mit der das Grundstück des A dem unbeplanten Innenbereich zugeordnet wird. Nun verkauft A das Grundstück an B, der dort ein Wohnhaus errichten möchte. Nachdem B bereits einen Architektenentwurf hat anfertigen lassen, ändert die Gemeinde G die Ergänzungssatzung, so dass das Grundstück des B wieder in den Außenbereich fällt. B's Träume zerplatzen endgültig, als ihm die zuständige Behörde in der Folge die Genehmigung für sein Wohnhaus verweigert. Er verlangt Entschädigung für die bereits getroffenen Aufwendungen. Mit Erfolg?
Lösung: Rn. 26

2 Der Bebauungsplan regelt normativ die bauliche und sonstige Nutzung der Grundstücke im Plangebiet. Dies kann für den betroffenen Eigentümer durchaus **erhebliche nachteilige Folgen** haben. Verdichtet sich das Belastungsniveau derart, dass die Inhalts- und Schrankenbestimmung des Bebauungsplans ausgleichspflichtig wird,[1] spricht man allgemein – wenn auch rechtlich unscharf – von einem „**Planungsschaden**", also dem Schaden, der durch die verbindliche Bauleitplanung bewirkt wird. Er kommt insbesondere in Betracht, wenn der Bebauungsplan Flächen festsetzt, die der Nutzung durch den Eigentümer entzogen oder mit Geh-, Fahr- oder Leitungsrechten (§§ 40, 41 I BauGB) belastet werden sollen, bei der Festsetzung von Bindungen für Bepflanzungen (§ 41 II BauGB) und bei der Änderung oder Aufhebung einer zulässigen Nutzung (§ 42 BauGB). Nach der Rechtsprechung des *BVerfG* kann die Intensität einer solchen, den Rechtsinhaber treffenden Belastung mitunter nur dann mit dem Grundgesetz vereinbar sein, wenn die hierfür verantwortliche Inhalts- und Schrankenbestimmung durch Ausgleichsansprüche abgemildert wird.[2] Diese Ausgleichsfunktion erfüllen die §§ 39 ff. BauGB.[3]

---

[1] Eine übermäßig belastende Inhalts- und Schrankenbestimmung schlägt nicht in eine Enteignungsregelung um; vgl. dazu bereits oben § 4 Rn. 8.

[2] *BVerfG* NVwZ 1999, 979 (980); *Papier*, Eigentum in der Planung, in: Festschr. für Hoppe, S. 213 (215); BKL/*Battis*, BauGB, Vorb. §§ 39-44 Rn. 5; siehe auch oben § 4 Rn. 8.

[3] Die ursprünglich geltenden §§ 40 ff. BBauG sind insbesondere durch die BBauG-Novelle 1976, auf die die heutige Regelung zurückgeht, erheblich verändert worden. Hierzu *Breuer*, Entschädigungsrechtliche Konsequenzen von Eingriffen in die Baufreiheit, DÖV 1978, 189 (192 ff.); *Papier*, Aktuelle Probleme des Planungsschadensrechts nach § 44 BBauG, BauR 1976, 297; *Uechtritz*, Zur Aktualität des § 44 Abs. 2 BBauG – Planungsschadensrecht ab 1. 1. 1984, BauR 1983, 523. Bei der Heranziehung älterer Rechtsprechung muss dies bedacht werden.

I. Eingriff durch fremdnützige Festsetzung

Setzt der Bebauungsplan für eine private Fläche eine Nutzung für **öffentliche oder** 3 **sonstige fremdnützige Zwecke**, beispielsweise als Straßenland oder als Standort für eine Kindertagesstätte fest, kann die Fläche unter den Voraussetzungen der §§ 85 ff. BauGB gegen Entschädigung enteignet werden.[4] Solange dies nicht geschehen ist, kann der Eigentümer aufgrund des Bestandsschutzes die bisherige Nutzung fortsetzen. Der Aufnahme einer erweiterten oder veränderten Nutzung stehen jedoch die Festsetzungen des Bebauungsplans (§ 30 BauGB) entgegen. Eine Veräußerung der Fläche ist kaum noch möglich, da niemand bereit sein wird, die mit der fremdnützigen Festsetzung belastete Fläche zu angemessenem Preis zu erwerben. Fremdnützige Festsetzungen des Bebauungsplans können daher schon vor einer förmlichen Enteignung zu Beschränkungen führen, die einen enteignenden Eigentumseingriff darstellen. § 40 BauGB bestimmt, in welchen Fällen, unter welchen Voraussetzungen und in welcher Weise bei fremdnützigen planerischen Festsetzungen Entschädigung zu leisten ist.

1. Die potentiell entschädigungspflichtigen Festsetzungen

Nach § 40 BauGB ist bei der **Festsetzung folgender Flächen** im Bebauungsplan eine 4 Entschädigung möglich:[5]

– Flächen für den Gemeinbedarf sowie für Sport- und Spielanlagen (§ 9 I Nr. 5 BauGB);
– Flächen für Personengruppen mit besonderem Wohnbedarf (§ 9 I Nr. 8 BauGB);
– Flächen mit besonderem Nutzungszweck (§ 9 I Nr. 9 BauGB);
– von der Bebauung freizuhaltende Schutzflächen und Flächen für besondere Anlagen und Vorkehrungen zum Schutz vor Einwirkungen (§ 9 I Nr. 24 BauGB);
– Verkehrsflächen (§ 9 I Nr. 11 BauGB);
– Versorgungsflächen (§ 9 I Nr. 12 BauGB);
– Flächen für die Abfall- und Abwasserbeseitigung einschließlich der Rückhaltung und Versickerung von Niederschlagswasser sowie für Ablagerungen (§ 9 I Nr. 14 BauGB);
– Grünflächen (§ 9 I Nr. 15 BauGB);
– Flächen für Aufschüttungen, Abgrabungen oder für die Gewinnung von Steinen, Erden und anderen Bodenschätzen (§ 9 I Nr. 17 BauGB);
– Flächen für Gemeinschaftsstellplätze und Gemeinschaftsgaragen wie auch für Gemeinschaftsanlagen (§ 9 I Nr. 22 BauGB);
– von der Bebauung freizuhaltende Flächen (§ 9 I Nr. 10 BauGB);
– Wasserflächen, Flächen für die Wasserwirtschaft, für Hochwasserschutzanlagen und für die Regelung des Wasserabflusses (§ 9 I Nr. 16 BauGB);
– Flächen zum Schutz, zur Pflege und zur Entwicklung von Boden, Natur und Landschaft (§ 9 I Nr. 20 BauGB).

Diese Aufzählung ist **abschließend**, abgesehen von den gesondert geregelten Fällen 5 der §§ 41, 42 BauGB. Auf andere Festsetzungen des Bebauungsplans ist § 40 BauGB nicht, auch nicht entsprechend, anwendbar. Sie stellen von vornherein keinen Eigentumseingriff dar, da sie nicht fremdnützig sind.

2. Die Voraussetzungen eines Entschädigungsanspruchs

Obwohl die fremdnützige planerische Festsetzung den Eigentumseingriff nur vor- 6 bereitet, indem sie die Voraussetzung für eine spätere Enteignung schafft (§ 85 I Nr. 1

---

[4] Siehe nachfolgend § 19 Rn. 5.
[5] Der Flächennutzungsplan oder ein Bebauungsplanentwurf fallen nicht unter § 40 BauGB. Dazu *BGH* BRS 53 Nr. 133.

BauGB), stellt sie einen bereits **unmittelbaren Eigentumseingriff** dar, wenn und soweit

- dem Eigentümer allein durch die planerische Festsetzung **Vermögensnachteile** entstehen (§ 40 I 1 BauGB) und ihm ein weiteres Behalten oder eine weitere Nutzung des Grundstücks nicht mehr **zumutbar** ist (§ 40 II Nr. 1 BauGB), oder
- das Vorhaben nach § 32 BauGB nicht ausgeführt werden darf und hierdurch die **bisherige Nutzung** einer baulichen Anlage **aufgehoben oder wesentlich herabgesetzt** wird (§ 40 II Nr. 2 BauGB).

7 Liegen diese Voraussetzungen nicht vor, besteht allein aufgrund der fremdnützigen planerischen Festsetzung noch **kein Entschädigungsanspruch**. Der Eigentümer muss vielmehr warten, bis das Grundstück zur Verwirklichung des fremdnützigen Zwecks benötigt und ihm abgekauft oder durch Enteignung entzogen wird.

a) Vermögensnachteil

8 Ein **Vermögensnachteil** im Sinne von § 40 I 1 BauGB liegt vor, wenn bereits als Folge der fremdnützigen planerischen Festsetzung eine fühlbare, nicht notwendig eine besonders schwere **Beeinträchtigung eines Vermögenswertes** eintritt, die bei vernünftiger wirtschaftlicher Betrachtung die enteignungsrechtliche Opfergrenze überschreitet.[6] Zumeist führt die fremdnützige planerische Festsetzung zu einer Verringerung des Verkehrswerts und damit zu einem Vermögensnachteil. Dieser ist in der Regel spürbar, es sei denn, der Eigentümer beabsichtigt nicht, das Grundstück zu veräußern oder es baulich zu nutzen oder zu beleihen. Soweit die in § 40 I 2 BauGB genannten Festsetzungen dem Interesse des Eigentümers oder der Erfüllung einer ihm obliegenden Rechtspflicht dienen, schließt § 40 I 2 BauGB einen Vermögensnachteil und damit einen Entschädigungsanspruch aus.

b) Zumutbarkeit

9 Weitere Voraussetzung für einen Entschädigungsanspruch ist nach § 40 II Nr. 1 BauGB, dass es dem Eigentümer mit Rücksicht auf die Festsetzung oder Durchführung des Bebauungsplans wirtschaftlich nicht mehr zuzumuten ist, das Grundstück zu behalten oder es in der bisherigen oder einer anderen zulässigen Art zu nutzen. Für die danach maßgebende **wirtschaftliche Unzumutbarkeit** ist auf die Person des Eigentümers und damit auf die **Umstände des Einzelfalls** abzustellen.[7] Die durch die fremdnützige planerische Festsetzung eintretende Veränderung seiner wirtschaftlichen Verhältnisse ist an seiner gesamten wirtschaftlichen Lage und an seinen wirtschaftlichen Interessen zu messen.

c) Befreiung

10 Weist der Bebauungsplan Flächen als Baugrundstücke für den Gemeinbedarf, als Verkehrs-, Versorgungs- oder Grünflächen aus (§ 9 I Nr. 5, 11, 12, 15 BauGB), beschränkt **§ 32 BauGB** die Erteilung von Befreiungen für wertsteigernde Veränderungen vorhandener baulicher Anlagen.[8] Soweit hierdurch die bisherige Nutzung der

---

[6] BGHZ 50, 93 (98) = NJW 1968, 1278; 63, 240 (248) = NJW 1975, 384; 97, 1 (6 f.) = NJW 1986, 2253; *BGH* NVwZ-RR 1991, 593 (594).

[7] Vgl. *BGH* NJW 1985, 1781 (1782); NVwZ 2010, 1444 (1445); BKL/*Battis*, BauGB, § 40 Rn. 9; JDW/*Jäde*, BauGB, § 40 Rn. 10.

[8] Zu § 32 BauGB eingehend unten § 24 Rn. 26 f.

baulichen Anlage aufgehoben oder wesentlich herabgesetzt wird, besteht nach § 40 II Nr. 2 BauGB ein Entschädigungsanspruch, **ohne** dass eine **wirtschaftliche Unzumutbarkeit** vorliegen muss.

3. Art und Ausmaß der Entschädigung

Die Besonderheit der Entschädigung bei unzumutbarem Vermögensnachteil durch fremdnützige Festsetzungen des Bebauungsplans besteht darin, dass die Entschädigung des Eigentümers nicht unmittelbar in Geld, sondern durch Gewährung eines **Übernahmeanspruchs** erfolgt.[9] Der Eigentümer kann von dem durch die Festsetzung Begünstigten oder von der Gemeinde die Übernahme der von der fremdnützigen Festsetzung betroffenen Fläche gegen Entschädigung verlangen.[10] Die Entschädigung bemisst sich gem. § 43 I 3 BauGB nach den §§ 93 ff. BauGB unter Berücksichtigung von § 43 III 2, IV, V BauGB. Sie umfasst auch die Entschädigung für einen auf dem Grundstück befindlichen Gewerbebetrieb.[11] Der Eigentümer hat nicht die Möglichkeit, die von der Festsetzung betroffenen Flächen zu behalten und Entschädigung für die eingetretene Wertminderung oder die sonstigen Nachteile zu verlangen (arg. § 43 III 1 BauGB).[12] Diese Form der Entschädigung durch Gewährung eines Übernahmeanspruchs ist mit Art. 14 GG vereinbar, der es dem Gesetzgeber ausdrücklich überlässt, neben dem Ausmaß der Entschädigung auch deren Art zu regeln. Ist von den Festsetzungen des Bebauungsplans nur eine **Teilfläche** des Grundstücks betroffen, kann der Eigentümer gem. §§ 43 I 3, 92 III BauGB die Übernahme auch des Restgrundstücks verlangen, wenn dieses nicht mehr in angemessenem Umfang baulich oder wirtschaftlich genutzt werden kann. Nach dem Grundsatz der Verhältnismäßigkeit kann der Eigentümer anstelle der Übernahme des Grundstücks die **Begründung von Miteigentum** oder eines geeigneten Rechts (**Dienstbarkeit**) verlangen, wenn die Verwirklichung des Bebauungsplans nicht die Entziehung des Eigentums erfordert (§ 40 II 2 BauGB). Wird, falls ein Vorhaben nach § 32 BauGB nicht ausgeführt werden darf, die bisherige Nutzung des Grundstücks lediglich erschwert, nicht aber aufgehoben oder wesentlich herabgesetzt (§ 40 II 1 Nr. 2 BauGB), erfolgt nach § 40 III BauGB eine unmittelbare **Entschädigung in Geld**. Der Entschädigungspflichtige kann jedoch auf die Übernahme des Grundstücks bestehen, wenn dieses für den festgesetzten Zweck alsbald benötigt wird. Die Höhe der Entschädigung bemisst sich gem. § 43 II 2 BauGB nach den für die Eigentumsentschädigung geltenden §§ 93 ff. BauGB unter Berücksichtigung von § 43 III 2, IV, V BauGB.

11

4. Verfahren

Nach § 87 II 1 BauGB, der über § 43 I 3 BauGB entsprechend anwendbar ist, hat sich der Eigentümer zunächst ernsthaft um den **freihändigen Erwerb des Grundstücks** durch den Begünstigten oder die Gemeinde zu angemessenen Bedingungen zu bemühen. Kommt eine Einigung nicht zustande, kann er bei der Enteignungsbehörde die **Entziehung seines Eigentums** oder die **Begründung des Rechts** beantragen (§ 43 I BauGB). Das Gesetz verleiht ihm ein **Initiativrecht**, das es ihm ermöglicht,

12

---

[9] Weitere Übernahmeansprüche finden sich u. a. in § 173 II BauGB (Erhaltungssatzung), § 168 BauGB (Entwicklungsbereich), § 145 V BauGB (Sanierungsgebiet).
[10] Zur Entschädigung des Erbbauberechtigten, die abweichend von § 40 II BauGB in Geld erfolgt, *BGH* NJW 1978, 2199 = BRS 34 Nr. 137.
[11] *BGH* BRS 53 Nr. 140.
[12] Dazu eingehend BGHZ 50, 93 (98) = NJW 1968, 1278 zu dem vergleichbaren § 40 BBauG 1960.

den Zeitpunkt der zu erwartenden förmlichen Enteignung vorzuverlagern und sich dadurch zu einem früheren Zeitpunkt die Enteignungsentschädigung zu verschaffen. Ergreift der Eigentümer diese Initiative, findet ein „**Enteignungsverfahren mit vertauschten Rollen**"[13] statt, dessen Ziel es ist, den durch die Festsetzung des Bebauungsplans Begünstigten zur Übernahme des Grundstücks oder zur Begründung des Rechts zu zwingen und ihm die dafür zu zahlende Entschädigung aufzuerlegen. Ist die **Entschädigung unmittelbar in Geld** zu leisten (§ 40 III BauGB), hat zunächst die höhere Verwaltungsbehörde zu entscheiden (§ 43 II 1 BauGB).[14] Gegen die behördlichen Entscheidungen können die Beteiligten nach § 217 BauGB Antrag auf gerichtliche Entscheidung stellen.

II. Geh-, Fahr- und Leitungsrechte

13   Nach § 9 I Nr. 21 BauGB kann der Bebauungsplan die mit **Geh-, Fahr- und Leitungsrechten** zu belastenden Flächen festsetzen.[15] Der betroffene Eigentümer ist fortan gehindert, diese Flächen in einer dem künftigen Geh-, Fahr- oder Leitungsrecht entgegenstehenden Weise zu nutzen. Dies stellt unter den Voraussetzungen des § 40 II BauGB einen **enteignenden Eigentumseingriff** dar. Nach Maßgabe des § 41 I BauGB kann der Eigentümer verlangen, dass das Grundstück gegen Entschädigung mit einem entsprechenden dinglichen Nutzungsrecht belastet wird. Eine Entschädigung ohne gleichzeitige Begründung des Nutzungsrechts schließt § 43 III 1 BauGB aus. Kommt es zu keiner Einigung mit dem Begünstigten, kann der Eigentümer gem. § 43 I BauGB ein Enteignungsverfahren gegen sich selbst beantragen. Ziel dieses Verfahrens ist die Begründung der im Bebauungsplan vorgesehenen Geh-, Fahr- und Leitungsrechte durch Dienstbarkeit gegen Entschädigung. Ist die Belastung mit einer Dienstbarkeit für den Eigentümer unbillig, kann er nach §§ 43 II 2, 92 II 2 BauGB die Entziehung seines Eigentums gegen Entschädigung verlangen. Soweit die festgesetzten Rechte der Erschließung oder Versorgung des betroffenen Grundstücks dienen, muss der Eigentümer dies nach § 41 I 2 BauGB entschädigungslos hinnehmen.

III. Bindungen für Bepflanzungen

14   Setzt der Bebauungsplan gem. **§ 9 I Nr. 25 BauGB** das Anpflanzen von Bäumen, Sträuchern oder sonstigen Bepflanzungen oder Bindungen für Bepflanzungen und für die Erhaltung von Bäumen, Sträuchern, sonstigen Bepflanzungen und Gewässern fest,[16] aktualisiert er die **Sozialpflichtigkeit des Eigentums**. Nur soweit hierfür besondere, über das bei ordnungsgemäßer Bewirtschaftung erforderliche Maß hinausgehende Aufwendungen notwendig sind oder eine wesentliche Wertminderung des Grundstücks eintritt, ist dem Eigentümer nach § 41 II BauGB eine angemessene Entschädigung in Geld zu leisten. Es gelten die §§ 43 II, 44 BauGB.

---

[13] *BGH* BRS 53 Nr. 133.
[14] Ohne deren vorherige Anrufung eine Klage auf Entschädigung unzulässig ist; *BGH* NJW 1976, 1264 (1265); BRS 53 Nr. 183.
[15] Zu diesen Festsetzungen oben § 9 Rn. 165.
[16] Hierzu oben § 9 Rn. 180 ff.

IV. Aufhebung oder Änderung einer zulässigen Nutzung

Wurde unter der Geltung des BBauG 1960 die nach §§ 30, 33, 34 oder 35 BBauG zulässige Nutzung eines Grundstücks durch Bebauungsplan aufgehoben oder geändert und trat hierdurch eine nicht nur unwesentliche Wertminderung ein, gewährte § 44 BBauG grundsätzlich eine Entschädigung in Höhe der Differenz der Bodenwerte vor und nach der Planänderung. Diese führte zu finanziellen Belastungen der Gemeinden, die in vielen Fällen sachlich gebotene Umplanungen unmöglich machten. Seit der **BBauG-Novelle 1976** wurde deshalb die planungsrechtlich zulässige Nutzung eines Grundstücks entsprechend der Sozialgebundenheit des Eigentums lediglich für die Dauer von sieben Jahren unter umfassenden Eigentumsschutz gestellt. Danach wurde nur noch für planerische Eingriffe in die tatsächlich ausgeübte Nutzung entschädigt.[17] Diesem Regelungsansatz folgt § 42 BauGB.

1. Entschädigung in den ersten sieben Jahren, Nutzung, Aufhebung und Änderung der Nutzung

Wird die zulässige Nutzung eines Grundstücks innerhalb einer Frist von **sieben Jahren** ab Zulässigkeit aufgehoben oder geändert, bemisst sich nach § 42 II BauGB die zu leistende Entschädigung nach dem Unterschied zwischen dem Wert des Grundstücks aufgrund der bisher zulässigen Nutzung und seinem Wert, der sich nach Aufhebung oder Änderung ergibt.[18] Während der ersten sieben Jahre besteht mithin ein absoluter Plangewährleistungsanspruch, der die zulässige Nutzung schützt, gleichgültig, ob sie ausgeübt oder verwirklicht wurde. Zulässig und damit geschützt ist jede **bauliche oder sonstige Nutzung**, die nach den planungsrechtlichen Bestimmungen der §§ 30, 34, 35 BauGB zulässig ist oder genehmigt wurde.[19] Die Zulässigkeit nicht genehmigter Nutzung bestimmt sich also danach, ob ein Rechtsanspruch auf Genehmigungserteilung besteht.[20] Bei Ermessensstatbeständen (§§ 31 I und II, 33 I und II sowie 34 II und III BauGB) muss eine Ermessensreduktion auf Null vorliegen.[21]

Die **Aufhebung oder Änderung der Nutzung** erfolgt regelmäßig durch Bebauungsplan, kann aber auch aufgrund des § 34 BauGB durch Erteilung von Baugenehmigungen erfolgen, die Nutzungen ermöglichen, durch die „vorhandene Bestände planungsrechtlich unzulässig werden".[22] Auch durch sonstige planungsrechtliche Maßnahmen, wie eine Abrundungssatzung nach § 34 IV BauGB oder eine Erhaltungssatzung nach § 172 BauGB, kann es zur Aufhebung oder Änderung einer zulässigen Nutzung kommen. Dagegen ist § 42 BauGB nicht anwendbar bei Nutzungs-

---

[17] Der entsprechende Entschädigungsanspruch des Erbbauberechtigten folgt aus § 200 II BauGB, der der sonstigen dinglich oder obligatorisch Nutzungsberechtigten aus §§ 43 II 3, 96, 97 II, III BauGB.
[18] *Köck*, Rücknahme von Baurecht, LKV 2010, 404 (406).
[19] *Stüer*, ZfBR 2004, 338 (339).
[20] BK/*Paetow*, BauGB, § 42 Rn. 11; BKL/*Battis*, BauGB, § 42 Rn. 4; *Steiner*, DVBl. 1991, 739 (743 f.).
[21] Im Rahmen des § 33 BauGB reicht der Zustand der „Planreife" jedoch nicht aus, um nach § 42 I BauGB Entschädigung zu verlangen. Der Planentwurf unterliegt weiter dem Vorbehalt des abschließenden Satzungsbeschlusses; vgl. *OLG München* NVwZ-RR 1998, 282 (283 f.); BK/ *Paetow*, BauGB, § 42 Rn. 11; a. A. *Steiner*, DVBl. 1991, 739 (743 f.).
[22] BGHZ 64, 366 (370 ff.) = NJW 1975, 1562; 81, 374 (375 ff.) = NJW 1982, 1394; kritisch *Papier*, Aktuelle Probleme des Planungsschadensrechts nach § 44 BBauG, BauR 1976, 297 (304 f.); *Uechtritz*, Zur Aktualität des § 44 Abs. 2 BBauG – Planungsschadensrecht ab 1. 1. 1984, BauR 1983, 523 (525 ff.).

beschränkungen, die sich nicht aus Maßnahmen des Planungsrechts, sondern des Immissions-, Landschafts-, Natur- oder Denkmalschutzrechts ergeben.[23] Soweit durch die Änderung in eine ausgeübte Nutzung, etwa in einen Gewerbebetrieb eingegriffen wird, ist hierfür nach § 42 IV BauGB zusätzlich zu der Verkehrswertdifferenz eine Entschädigung zu leisten.

2. Entschädigung nach Ablauf von sieben Jahren

18 Wird die zulässige Nutzung eines Grundstücks nach Ablauf von sieben Jahren ab Zulässigkeit[24] aufgehoben oder geändert, kann der Eigentümer nur eine **Entschädigung für Eingriffe in die ausgeübte Nutzung** verlangen. Dies gilt insbesondere, wenn infolge der Aufhebung oder Änderung der zulässigen Nutzung die Ausübung der verwirklichten Nutzung oder die sonstigen Möglichkeiten der wirtschaftlichen Verwertung des Grundstücks, die sich aus der verwirklichten Nutzung ergeben, unmöglich gemacht oder wesentlich erschwert werden (§ 42 III 1 BauGB). Eingriffsgeschützt ist mithin nur noch die im Zeitpunkt des Wirksamwerdens des ändernden Bebauungsplans konkret ausgeübte zulässige Nutzung.[25] Die **Höhe der Entschädigung** für die Beeinträchtigung des Grundstückswerts bemisst sich nach dem Unterschied zwischen dem Wert des Grundstücks aufgrund der ausgeübten Nutzung und seinem Wert, der sich infolge der Aufhebung oder Änderung der bisher zulässigen Nutzung ergibt (§ 42 III 2 BauGB). Dies bedeutet: Nach Ablauf von sieben Jahren ist die Entschädigung bei Aufhebung oder Änderung der bisher zulässig gewesenen Nutzung nicht mehr anhand der Höhe der Bodenwertdifferenz zwischen der bisher zulässig gewesenen und der nunmehr nur noch zulässigen Nutzung zu bestimmen, sondern nur noch nach der Wertdifferenz zwischen der tatsächlich ausgeübten und der neu festgesetzten Nutzung. Es wird quasi fingiert, die tatsächlich ausgeübte Nutzung sei die bisher zulässig gewesene Nutzung. Der Wert des so genutzten Grundstücks wird mit dem Wert des Grundstücks nach der Planaufhebung oder Planänderung verglichen. Die sich hierbei errechnende Bodendifferenz wird entschädigt. Bisher zulässig gewesene, aber nicht ausgeübte Nutzungen werden bei der Berechnung der Entschädigung nicht in Ansatz gebracht.

19 Neben dieser Entschädigung für die Verringerung des Bodenwerts wird nach § 42 IV BauGB Entschädigung für Eingriffe in ausgeübte Nutzungen geleistet. Bisher zulässige, aber nach der Planänderung nicht mehr zulässige Nutzungen, die infolge einer Veränderungssperre oder der Zurückstellung eines Baugesuchs (§ 42 V BauGB) oder infolge der rechtswidrigen Versagung einer Baugenehmigung oder eines Vorbescheids (§ 42 VII BauGB) nicht mehr innerhalb der ersten sieben Jahre aufgenommen werden konnten oder für die vor Ablauf der Siebenjahresfrist eine Baugenehmigung oder ein Vorbescheid erteilt wurden (§ 42 VI BauGB), werden entsprechend § 42 II BauGB entschädigt. Voraussetzung ist jedoch, dass der **Eigentümer bereit und in der Lage war, das beabsichtigte Vorhaben zu verwirklichen** (§ 42 VIII BauGB), wobei es ebenfalls ausreichen dürfte, dass die Nutzung eines **Dritten** nicht verwirklich wurde, die im Einvernehmen mit dem Eigentümer aufgenommen werden sollte.[26] Die Entschädigung des § 42 BauGB wird grundsätzlich in **Geld** geleistet (§ 42 I BauGB). Sie bemisst sich gem. § 43 II BauGB nach §§ 93 ff., 43 IV, V BauGB.

---

[23] BGHZ 99, 262 (265 ff.) = NJW 1987, 1320.
[24] Bei Heilung eines Fehlers ab dessen Unbeachtlichkeit, *BGH* NJW 1992, 2633 (2634 f.).
[25] BVerwGE 75, 34 (38 ff.); BK/*Paetow*, BauGB, § 42 Rn. 23.
[26] *Breuer*, Entschädigungsrechtliche Konsequenzen von Eingriffen in die Baufreiheit, DÖV 1978, 189 (198); BKL/*Battis*, BauGB, § 42 Rn. 13; Schrödter/*Breuer*, BauGB, § 42 Rn. 75.

§ 13. Die Entschädigung für Eingriffe durch Bebauungsplan

Wird die zulässige Nutzung eines Grundstücks aufgehoben, kann der Eigentümer nach § 42 IX BauGB unter den Voraussetzungen des § 40 II 1 Nr. 1 BauGB statt einer Geldentschädigung auch die Übernahme seines Grundstücks gegen Entschädigung verlangen.

V. Wertverlust von vorbereitenden Aufwendungen

Die Aufhebung oder Änderung einer bisher zulässigen Nutzung durch Bebauungsplan kann auch zur Folge haben, dass Vorbereitungen für die Verwirklichung der bisher planungsrechtlich zulässig gewesenen, jetzt aber unzulässigen gewordenen Nutzung abgebrochen werden müssen. Die dafür erforderlichen Aufwendungen wurden nutzlos erbracht. Eine Enteignungsentschädigung kann hierfür nicht beansprucht werden, da sich der verfassungsrechtliche Eigentumsschutz auf das Grundstück und seine Nutzung beschränkt und **reine Vermögensaufwendungen** nicht umfasst, auch wenn sie im Zusammenhang mit dem Grundstück erbracht worden sind.[27] Es liegt deshalb im Belieben des Gesetzgebers, ob er, letztlich aus **Billigkeit**, eine Entschädigung für den Vermögensschaden gewährt, der dadurch entstanden ist, dass Aufwendungen, die im Vertrauen auf eine planungsrechtlich zulässig gewesene Nutzung erbracht worden sind, in Folge einer Änderung der rechtlichen Verhältnisse nutzlos geworden sind. Eine solche Entschädigung wegen enttäuschten Vertrauens in den Bestand eines Bebauungsplans gewährt § 39 BauGB.[28]

1. Anwendungsbereich des § 39 BauGB

Ein Entschädigungsanspruch kommt nach dem eindeutigen Wortlaut des § 39 S. 1 BauGB nur bei Grundstücken in Betracht, die **im Geltungsbereich eines Bebauungsplans** im Sinne von § 30 BauGB liegen, der geändert, ergänzt oder aufgehoben wird. Auf Grundstücke im nicht beplanten Innenbereich, im Außenbereich, im künftigen Geltungsbereich eines in der Aufstellung befindlichen Bebauungsplans oder im Geltungsbereich einer Abrundungssatzung nach § 34 IV BauGB[29] findet § 39 BauGB keine Anwendung.[30] Der Bebauungsplan muss, wie § 39 S. 1 BauGB ausdrücklich hervorhebt, **rechtsverbindlich** sein. Dazu rechnet auch der mit einem nach § 214 BauGB beachtlichen Fehler behaftete Bebauungsplan, wenn der Fehler nach § 215 BauGB unbeachtlich geworden oder im ergänzenden Verfahren (§ 214 IV

---

[27] *Remmert*, DVBl. 1995, 221 (223); ähnlich BK/*Paetow*, BauGB, § 39 Rn. 3; EZBK/*Bielenberg/Runkel*, BauGB, § 39 Rn. 4; *Deutsch*, DVBl. 1995, 546 (551); a. A. Schrödter/*Breuer*, BauGB, § 39 Rn. 24 ff., der den Vertrauensschaden Art. 14 III 2 GG zuordnet.
[28] *Tyczewski/Freund*, BauR 2007, 491 (494).
[29] BGH NJW 1992, 431 (433); a. A. *Remmert*, DVBl. 1995, 221, die die Anwendung des § 39 BauGB in diesen Fällen wegen Gleichheit der Interessenlage für geboten hält.
[30] Wie hier im Ergebnis u. a. EZBK/*Bielenberg/Runkel*, BauGB, § 39 Rn. 17; BK/*Paetow*, BauGB, § 39 Rn. 7 und, bis auf die Fälle des § 34 IV BauGB, *Remmert*, DVBl. 1995, 221; *Stüer*, ZfBR 2004, 338 (341); *Tyczewski/Freund*, BauR 2007, 491 (499); *Enders/Bendermacher*, ZfBR 2002, 29 (35 f.). Für eine analoge Anwendung des § 39 BauGB *Schenke*, Gewerbliche Wirtschaft und Bauplanungsrecht (verfassungsrechtliche Schranken, Plangewährleistung), WiVerw 1990, 226 (247 ff.) und zu dem vergleichbaren § 39j BBauG *Birk*, Tendenzen des Planungsschadensrechtes, NVwZ 1984, 1 (4); *Schenke*, Der Aufwendungsersatz beim Ausschluß einer gemäß §§ 34 f. BBauG bestehenden baulichen Nutzungsmöglichkeit durch einen Bebauungsplan, DÖV 1987, 45; offen gelassen von BVerwGE 117, 44 (49). Zur analogen Anwendung bei städtebaulichen Entwicklungssatzungen *Watzke/Otto*, Die Stellung der Eigentümer bei Aufhebung einer Entwicklungssatzung gem. § 162 BauGB, ZfBR 2007, 117 (122).

BauGB) behoben worden ist.[31] Dagegen vermittelt der nichtige Bebauungsplan keinen Vertrauensschutz.[32]

2. Schutzgut des § 39 BauGB

22 § 39 BauGB schützt das „**berechtigte Vertrauen**" in den Bestand des Bebauungsplans. Da grundsätzlich jedermann auf den Bestand eines Bebauungsplans vertrauen kann, ist diese Voraussetzung so lange erfüllt, wie keine rechtlichen Maßnahmen zur Änderung des Bebauungsplans eingeleitet worden sind. Erst wenn die Gemeinde beschlossen hat, den Bebauungsplan aufzuheben oder zu ändern und dies ortsüblich bekannt gemacht hat, ist ein Vertrauen in den Bestand des Bebauungsplans nicht mehr „berechtigt" i. S. v. § 39 S. 1 BauGB.[33] Da es für § 39 BauGB allein auf das von dem Bebauungsplan objektiv ausgehende Bestandsvertrauen ankommt, ist es unerheblich, ob der Nutzungsberechtigte von der Einleitung des Planänderungsverfahrens Kenntnis erlangt hat. Dem Planänderungsverfahren vorausgehende Maßnahmen wie Änderung des Flächennutzungsplans, Aufstellung einer dem Bebauungsplan entgegenstehenden Stadtentwicklungs-, Landes- oder Regionalplanung oder bloße auf eine Planänderung zielende Erörterung in der Gemeinde sind hingegen nicht ausreichend, um das Vertrauen in den Bebauungsplan zu zerstören.[34]

23 Hinsichtlich **zeitlich bedingter** oder **befristeter Festlegungen** nach § 9 II BauGB (Baurecht auf Zeit)[35] kann sich kein berechtigtes Vertrauen bilden. Die fehlende Beständigkeit dieser Festlegungen ist ihnen wesensimmanent.

3. Geschützter Personenkreis und geschützte Dispositionen

24 § 39 BauGB schützt nicht jeden, der in seinen Dispositionen auf den Bestand des Bebauungsplans vertraut hat, sondern nur denjenigen, der zivilrechtlich befugt war, Dispositionen zur Nutzung des Grundstücks zu treffen. Dies sind **Eigentümer** sowie **dinglich oder obligatorisch Nutzungsberechtigte**, wie Wohnungseigentümer, Erbbauberechtigte, Nießbraucher, Mieter oder Pächter.[36] Der durch Auflassungsvormerkung gesicherte Grundstückserwerber rechnet dazu, wenn er nach dem Kaufvertrag bereits vor Eigentumsübertragung das Recht zur Nutzung des Grundstücks besaß.[37] Geschützt werden **Vermögensaufwendungen**, die der Vorbereitung einer bisher zulässig gewesenen Grundstücksnutzung dienten. Hierunter fallen Aufwendungen für den Architekten, für die Erstellung von Bauvorlagen, die Statik, die Vermessung, für Bodenuntersuchungen, Finanzierung, Erschließung einschließlich der dafür zu leistenden Abgaben (§ 39 S. 2 BauGB). Unerheblich ist dabei, ob bereits Leistungen erbracht wurden; schon das Eingehen einer Verpflichtung fällt unter den Tatbestand der Aufwendung.

---

[31] Schrödter/*Breuer*, BauGB, § 39 Rn. 36; EZBK/*Bielenberg/Runkel*, BauGB, § 39 Rn. 16; *Stüer*, Hb. des Bau- und Fachplanungsrechts, Rn. 1840.
[32] BGHZ 84, 292 (295 ff.) = NJW 1983, 215; ebenso in BGHZ 110, 1 (4); *BGH* NJW 1992, 431 (433); *Enders/Bendermacher*, ZfBR 2002, 29 (35); *Deutsch*, DVBl. 1995, 546 (551).
[33] Siehe BKL/*Battis*, BauGB, § 39 Rn. 9; BK/*Paetow*, BauGB, § 39 Rn. 16.
[34] EZBK/*Bielenberg/Runkel*, BauGB, § 39 Rn. 22; *Schiefderdecker*, in: Hoppe/Bönker/Grotefels, Baurecht, § 9 Rn. 11; a. A. BK/*Paetow*, BauGB, § 39 Rn. 16, hinsichtlich eines entgegenstehenden Flächennutzungsplans.
[35] Siehe hierzu § 8 Rn. 14 ff.
[36] *OLG Nürnberg* NVwZ 1991, 1114 (1115); BKL/*Battis*, BauGB, § 39 Rn. 2.
[37] *OLG Nürnberg* NVwZ 1991, 1114 (1115). Zur Entschädigungsberechtigung des Grundstückserwerbers eingehend *Schenke/Melchior*, Entschädigungsberechtigung des Grundstückserwerbers nach § 39 BauGB?, NVwZ 1991, 1052.

VI. Geltendmachung der Entschädigung wegen planerischer Eingriffe

Die Geltendmachung der Entschädigung ist insbesondere in § 44 BauGB geregelt. Sind entschädigungspflichtige Vermögensnachteile eingetreten, kann der Entschädigungsberechtigte nach § 44 III 2 BauGB die Fälligkeit des Anspruchs dadurch herbeiführen, dass er die Leistung der Entschädigung schriftlich bei dem Begünstigten, subsidiär bei der Gemeinde **beantragt**. Dient die Planung der Beseitigung oder Minderung von Auswirkungen, die von der Nutzung eines Grundstücks ausgehen, ist der Eigentümer dieses Grundstücks als Veranlasser nach Maßgabe des § 44 II BauGB entschädigungspflichtig.[38] Ab Fälligkeit ist die Entschädigung zu **verzinsen**. Wird der Entschädigungsanspruch nicht innerhalb von drei Jahren nach Ablauf des Kalenderjahres, in welchem die entschädigungspflichtigen Vermögensnachteile eingetreten sind, fällig gestellt, **erlischt** er (§ 44 IV BauGB). Voraussetzung für dieses Erlöschen ist, dass die Gemeinde bei der Bekanntmachung der Genehmigung des Bebauungsplans auf diese Rechtsfolge hingewiesen hat (§ 44 V BauGB). **Rechtsschutz** gewährt die Kammer für Baulandsachen beim Landgericht (§ 217 I BauGB).

25

Lösung zu Fall 11:

In Betracht kommt lediglich ein Entschädigungsanspruch des B nach § 39 BauGB. § 39 BauGB ist jedoch nicht direkt anwendbar, da kein Bebauungsplan geändert, ergänzt oder aufgehoben wurde. Es geht vielmehr um die Änderung einer Ergänzungssatzung nach § 34 IV 1 Nr. 3 BauGB. Möglicherweise kann § 39 BauGB **entsprechend angewandt** werden, da die Schützwürdigkeit bei Änderung einer Ergänzungssatzung der Änderung eines Bebauungsplans vergleichbar sein könnte. Schließlich darf der Begünstigte auf neue Genehmigungsmöglichkeiten hoffen. Dem ist jedoch entgegenzuhalten, dass sich die **Ergänzungssatzung** über die Zugehörigkeit eines Grundstücks zum Innen- oder Außenbereich **vom Bebauungsplan maßgeblich unterscheidet**. Auch wenn sie materiellrechtlichen Zielvorstellungen wie einer geordneten städtebaulichen Entwicklung Rechnung trägt und die Bestimmbarkeit der zulässigen Nutzung berücksichtigen muss, begründet sie doch **nicht selbst** die planungsrechtliche **Zulässigkeit** von Vorhaben im Innenbereich. Diese beurteilt sich vielmehr im Einzelfall nach § 34 BauGB, dem insoweit eine planersetzende Funktion zukommt. Der planerische Gehalt von Ergänzungssatzungen bleibt danach hinter demjenigen von Bebauungsplänen zurück. Die Ergänzungssatzungen sind daher, soweit es um die Zulässigkeit von Vorhaben geht, als Grundlage schutzwürdigen Vertrauens in aller Regel weniger geeignet als rechtsverbindliche Bebauungspläne. Eine entsprechende Anwendung des § 39 BauGB entfällt somit. Ein Entschädigungsanspruch des B kann hierauf nicht gestützt werden.

26

---

[38] Unter Auswirkungen sind Emissionen nach § 3 III BImSchG zu verstehen; vgl. BK/*Paetow*, BauGB, § 44 Rn. 4.

3. Teil. Die Sicherung und Verwirklichung der Bauleitplanung

Städtebauliche Vorstellungen der Gemeinde, die noch nicht Eingang in einen verbindlichen Bauleitplan gefunden haben, können durch eine ihnen zuwiderlaufende Bebauung durchkreuzt werden. Zur **Sicherung ihrer Planungshoheit** muss die Gemeinde deshalb in der Lage sein, derartige Vorhaben zu verhindern. Dies geschieht durch den Erlass einer Veränderungssperre, die Zurückstellung von Baugesuchen und die vorläufige Untersagung baulicher Maßnahmen (§§ 14 ff. BauGB). Der in Kraft getretene Bebauungsplan bedarf auch der **Verwirklichung**. Dem dienen die gemeindlichen Vorkaufsrechte, die Bodenordnung und die Enteignung.

§ 14. Die Veränderungssperre

Schrifttum: *Degenhart*, Veränderungssperre und baurechtlicher Vorbescheid, DVBl. 1981, 994; *Graf*, Freistellung von den Wirkungen einer Veränderungssperre analog § 14 III BauGB – Neue Erkenntnisse beim so genannten veränderungssperrenrechtlichen Bestandsschutz?, NVwZ 2004, 1435; *Hager/Kirchberg*, Veränderungssperre, Zurückstellung von Baugesuchen und faktische Bausperren – Voraussetzungen, aktuelle Probleme, Haftungsfragen, NVwZ 2002, 400; *Kuhla*, Die Veränderungssperre in der Normenkontrolle, NVwZ 1988, 1084; *Schenke*, Veränderungssperre und Zurückstellung des Baugesuchs als Mittel zur Sicherung der Bauleitplanung, WiVerw 1994, 253; *Schmidt-Eichstaedt*, Das EAG Bau - ein Jahr danach- Zugleich eine Besprechung des Buchs von Jörg Berkemann, Günter Halama, Erstkommentierungen zum BauGB 2004, ZfBR 2005, 751; *Söfker*, Das Sicherungsbedürfnis beim Erlaß von Veränderungssperren, in: Festschr. für Weyreuther, 1993, S. 377; *Spieler*, Veränderungssperre und Zurückstellung von Bauvorhaben nach rechtskräftiger Verurteilung zur Erteilung der Baugenehmigung, BauR 2008, 1397.

> **Fall 12 (nach BVerwGE 69, 1):**

Der Unternehmer U erlangt für seine geplante Windkraftanlage einen Vorbescheid, der ihm die planungsrechtliche Zulässigkeit seines Vorhabens im Außenbereich (§ 35 BauGB) bescheinigt. Nachdem sich die politischen Verhältnisse im Rat geändert haben, beschließt die Gemeinde, viele Außenbereichsflächen zu überplanen, um dort Windkraftanlagen durch entsprechende Festsetzung zur landwirtschaftlichen Nutzung auszuschließen. Zudem ergeht eine Veränderungssperre nach § 14 BauGB. Als U gegenüber der Baugenehmigungsbehörde einen Antrag auf Baugenehmigung stellt, wird dieser Antrag mit dem Hinweis abgewiesen, die Veränderungssperre verhindere gem. § 14 I Nr. 1 BauGB die Durchführung seines Vorhabens. U verweist auf die Bestandskraft seines Vorbescheids. Wie ist die Rechtslage?
Lösung: Rn. 36

I. Anwendungsbereich der Veränderungssperre

3   Durch den Erlass einer Veränderungssperre, geregelt in den §§ 14, 16 bis 18 BauGB, kann die Gemeinde in einem Gebiet, für das sie die Festsetzung eines Bebauungsplans beabsichtigt, für begrenzte Zeit **jegliche Bautätigkeit unterbinden**.[1] In zwei Fällen wird von der Veränderungssperre Gebrauch gemacht:

4   – Hat die Gemeinde ein **Bebauungsplanverfahren eingeleitet**, kann sie vorsorglich oder aus Anlass konkret angekündigter Bauvorhaben durch eine Veränderungssperre verhindern, dass vor Festsetzung des Bebauungsplans durch bauliche Maßnahmen dessen spätere Verwirklichung erschwert oder unmöglich gemacht wird.

5   – Wird der Gemeinde noch **vor Einleitung eines Bebauungsplanverfahrens** ein Bauvorhaben bekannt, das baurechtlich zulässig, aber städtebaulich unerwünscht ist, kann sie dies zum Anlass nehmen, um ein Bebauungsplanverfahren einzuleiten, und daran eine Veränderungssperre zu knüpfen.[2] Diese Verfahrensweise ist legitim (arg. § 36 I 3 BauGB),[3] so hart sie den Eigentümer treffen mag. Das Eigentümerinteresse ist gegenüber den städtebaulichen Belangen nachrangig, wie § 36 I 3 BauGB zeigt, wonach sicherzustellen ist, dass bei bestimmten Vorhaben die Gemeinde rechtzeitig „über Maßnahmen zur Sicherung der Bauleitplanung nach den §§ 14 und 15 entscheiden kann". Dem Bauherrn können nach § 39 BauGB Entschädigungsansprüche zustehen.[4] Auch sind Amtshaftungsansprüche bei einer der Veränderungssperre vorausgegangenen pflichtwidrigen Verzögerung der Entscheidung über einen gestellten Vorbescheids- oder Baugenehmigungsantrag denkbar.[5] **Unzulässig**, weil mit Art. 14 GG unvereinbar, ist der Erlass der Veränderungssperre, wenn die Gemeinde in Wirklichkeit die Festsetzung eines Bebauungsplans nicht beabsichtigt, sondern dies nur vorgibt, um das Bauvorhaben **aus anderen als städtebaulichen Gründen** mit Hilfe der Veränderungssperre zu Fall zu bringen.[6]

II. Voraussetzungen der Veränderungssperre

6   Die Gemeinde kann nach **§ 14 I BauGB** eine Veränderungssperre beschließen, sobald sie einen Planaufstellungsbeschluss gefasst hat und ein Bedürfnis zur Sicherung des künftigen Planbereichs besteht. Eine Abwägung des Sicherungsinteresses mit den Belangen der von der Veränderungssperre Betroffenen ist nicht erforderlich.[7]

---

[1] Außer der planungsrechtlichen Veränderungssperre der §§ 14 ff. BauGB gibt es fachplanerische Veränderungssperren zur Sicherung wasserwirtschaftlicher (§ 86 WHG), wasserstraßenrechtlicher (§ 15 WaStrG), luftrechtlicher (§ 8a LuftVG), eisenbahnrechtlicher (§ 19 AEG), nahverkehrsrechtlicher (§ 28a PBefG) oder straßenrechtlicher (§ 9a FStrG) Planungen. Sie sind auch im Baugenehmigungsverfahren zu beachten. Der Sicherung der Umlegung (§§ 45 ff. BauGB) dient die Verfügungs- und Veränderungssperre des § 51 BauGB. Im Sanierungsgebiet übernimmt nach § 144 IV BauGB die Genehmigungspflicht des § 144 I BauGB die Aufgaben der Veränderungssperre. Gleiches gilt nach § 14 IV BauGB und § 169 I Nr. 3 BauGB für den städtebaulichen Entwicklungsbereich. Raumordnung und Landesplanung werden dadurch gesichert, dass nach § 14 ROG während der Planungsphase raumbedeutsame Planungen und Maßnahmen untersagt werden können.

[2] BVerwG BauR 2004, 1352 (1354). Dies gilt selbst dann, wenn eine rechtskräftige Verurteilung zur Erteilung der Baugenehmigung erfolgt ist; vgl. BVerwGE 117, 44 (46 ff.); *Spieler*, BauR 2008, 1397.

[3] Vgl. auch *BVerwG* NVwZ 1994, 685 (686); *OVG Lüneburg* BRS 52 Nr. 169: Keine einstweilige Anordnung zur Erlangung einer Baugenehmigung bei drohender Veränderungssperre.

[4] Siehe hierzu auch oben § 13 Rn. 20 ff.

[5] *BGH* NVwZ 1994, 405 (406 ff.); EZBK/*Runkel*, BauGB, § 18 Rn. 21.

[6] *OVG Münster* NVwZ-RR 1997, 602 (603); *VGH München* BRS 47 Nr. 85.

[7] *BVerwG* NVwZ 1993, 473.

1. Planaufstellungsbeschluss

Die Gemeinde muss rechtswirksam[8] beschlossen haben, einen Bebauungsplan aufzustellen, zu ändern, zu ergänzen oder aufzuheben (§ 1 VIII BauGB),[9] und muss diesen Beschluss **ortsüblich bekannt gemacht** haben (§ 2 I 2 BauGB).[10] Ohne Planaufstellungsbeschluss ist eine Veränderungssperre gem. § 14 I BauGB nicht zulässig;[11] es sei denn, er wird hinreichend durch andere Verfahrenselemente der Planaufstellung ersetzt.[12] Der Planaufstellungsbeschluss muss sich auf einen **Bebauungsplan** beziehen; bei anderen städtebaulichen Satzungen, der Aufstellung eines vorhabenbezogenen Bebauungsplans[13] oder eines Flächennutzungsplans finden die §§ 14 ff. BauGB keine Anwendung. Der Planaufstellungsbeschluss bestimmt den möglichen Geltungsbereich der Veränderungssperre („für den künftigen Planbereich"). Er muss deshalb den **Planbereich eindeutig bestimmbar bezeichnen**.[14] Den Inhalt der beabsichtigten Planung braucht er nicht anzugeben, da sie im Zeitpunkt des Planaufstellungsbeschlusses oft noch nicht konkretisierbar ist.[15]

Sollen **große Teile des Gemeindegebiets** überplant werden – etwa um die Ansiedlung von Windkraftanlagen zu steuern – so müssen zumindest die Bereiche, in denen die verschiedenen Nutzungen verwirklicht werden sollen, **grob skizziert** werden.[16] Eine Festlegung von Baugebietstypen bzw. konkrete Ausführungen zur Erreichung des Planungsziels sind jedoch nicht erforderlich.[17] Eine gleichwohl notwendige Konkretisierung kann nicht nachträglich erfolgen, um eine nichtige Veränderungssperre zu heilen.[18] Ebenfalls unzulässig ist im Regelfall die **nachträgliche Änderung der Planungskonzeption**.[19] Eine Änderung einzelner Planungsvorstellungen bleibt jedoch zulässig, sofern die anfängliche Grundkonzeption erhalten bleibt und das damit verbundene Sicherungsbedürfnis fortbesteht.[20]

---

[8] *VGH Kassel* BRS 30 Nr. 77.
[9] Vgl. auch *OVG Koblenz* NVwZ-RR 2002, 419 (419).
[10] *OVG Weimar* NVwZ-RR 2002, 415 (416); *OVG Koblenz* BRS 36 Nr. 108; *OVG Lüneburg* NVwZ-RR 2010, 91 (93); BRS 74 Nr. 123.
[11] *BVerwG* NVwZ 1993, 471 (471); NVwZ 1993, 473; *VGH Mannheim* BRS 47 Nr. 86; *VGH Mannheim* BRS 47 Nr. 87; BKL/*Krautzberger*, BauGB, § 14 Rn. 6; JDW/*Jäde*, BauGB, § 14 Rn. 4.
[12] Vgl. *OVG Greifswald* BauR 2010, 192 (193): Ersetzung durch Beschluss der frühzeitigen Öffentlichkeitsbeteiligung.
[13] Siehe § 12 III 2 Hs. 2 BauGB.
[14] BGHZ 58, 124 (128); 82, 361 (365); *BGH* NJW 1982, 1281 (1282); *VGH Kassel* ZfBR 2003, 482 (482); *OVG Lüneburg* NVwZ-RR 2004, 173 (174).
[15] BVerwGE 51, 121 (127); *VGH Mannheim* BRS 69 Nr. 118; *BGH* NJW 1982, 1281 (1282), insoweit unter Aufgabe von BGHZ 58, 124 (128) = NJW 1972, 727 = BRS 25 Nr. 87; a. A. *OVG Koblenz*, BRS 22 Nr. 94.
[16] BVerwGE 120, 138 (146 f.); *BVerwG* NVwZ 2004, 984 (985 f.); ZfBR 2008, 70 (70); NVwZ 2010, 42 (43); *OVG Lüneburg* NVwZ-RR 2003, 547 (547 f.).
[17] *VGH Mannheim* BRS 71 Nr. 119; *OVG Lüneburg* NVwZ-RR 2003, 547 (548); höhere Anforderungen stellt *VGH München* ZfBR 2008, 287 (289).
[18] *OVG Berlin* NVwZ-RR 1990, 124 (125).
[19] *OVG Lüneburg* NVwZ 2000, 1061 (1061); *OVG Koblenz* NVwZ-RR 2002, 419 (420); BKL/*Krautzberger*, BauGB, § 14 Rn. 9 a; zur Erhaltung des Sicherungsbedürfnisses bei späterer Änderung der Planung *OVG Berlin* NVwZ-RR 1996, 313 (314).
[20] *BVerwG* ZfBR 2008, 70 (71).

2. Sicherungsbedürfnis

9   Die Veränderungssperre dient nach § 14 I BauGB der **„Sicherung der Planung"**.[21] Nur eine sich zumindest in ihren **Umrissen abzeichnende Planung** vermag ein Sicherungsbedürfnis zu begründen. Deshalb darf die Veränderungssperre erst beschlossen werden, wenn der Stand der Planungsarbeiten wenigstens ein Mindestmaß dessen erkennen lässt, was Inhalt des künftigen Bebauungsplans sein soll.[22] Eine Sicherung der Planung ist **erforderlich**, sobald planungsgefährdende Maßnahmen nicht auszuschließen sind und mildere Mittel, etwa die Zurückstellung des Baugesuchs oder eine vorläufige Untersagung nach § 15 BauGB zur Sicherung nicht ausreichen.[23] Auch die beabsichtigte Aufhebung eines Bebauungsplans kann ein Sicherungsbedürfnis auslösen;[24] eine Bindung an das Abwägungsgebot des § 1 VII BauGB besteht aber nicht.[25] Beschränkt sich das Sicherungsbedürfnis auf einen Teil des Plangebiets, kann und muss die Veränderungssperre als „Individualsperre" auf ein oder wenige Grundstücke beschränkt werden.[26] Ist die beabsichtigte Planung auf ein Ziel gerichtet, das mit den Mitteln der Bauleitplanung nicht erreicht werden kann, fehlt es an einem Sicherungsbedürfnis.[27] Dagegen ist es unerheblich, ob der – noch nicht beschlossene – Bebauungsplan in allen seinen beabsichtigten Festsetzungen rechtmäßig ist.[28] Eine antizipierte **Rechtmäßigkeitskontrolle** des künftigen Bebauungsplans findet im Rahmen der Prüfung des Sicherungsbedürfnisses grundsätzlich **nicht** statt, ausgenommen, die beabsichtigte Planung ist offensichtlich rechtswidrig.[29] In der Regel ist deshalb ein Sicherungsbedürfnis zu bejahen.

3. Zeitpunkt

10   Es liegt im **Ermessen** der Gemeinde, ob und wann sie von der Möglichkeit Gebrauch macht, eine Veränderungssperre zu erlassen. Solange das Bebauungsplanverfahren noch nicht abgeschlossen ist, kann sie sich dieses Mittels **jederzeit** bedienen.[30] Dies gilt auch während eines anhängigen Baugenehmigungs-, Widerspruchs- oder Verwaltungsstreitverfahrens und sogar noch nach dessen Abschluss, um nach Verurteilung zur Erteilung der Baugenehmigung einen Versagungsgrund zu schaffen, den sie einer Vollstreckung des Urteils im Wege der Vollstreckungsgegenklage (§ 167 VwGO, § 767 ZPO) entgegensetzen kann.[31]

---

[21] BKL/*Krautzberger*, BauGB, § 14 Rn. 1.
[22] BVerwGE 51, 121 (128 f.) = NJW 1977, 400; 120, 138 (146 f.); *BVerwG* NVwZ 2010, 42 (43); *VGH München* NVwZ-RR 2010, 11 (11); *OVG Lüneburg* BRS 74 Nr. 116; *OVG Weimar* BRS 74 Nr. 119; *OVG Bremen* BRS 32 Nr. 89; zumindest missverständlich *BVerwG* NVwZ 1994, 685 (686); das auf den „Planaufstellungsbeschluss" abstellt, statt auf den Stand der Planungsarbeiten. Siehe auch *BGH* NJW 1982, 1281 (1282); a. A. *VGH München* BRS 22 Nr. 95.
[23] *OVG Lüneburg* NJW 1984, 1776 (1777); a. A. JDW/*Jäde*, BauGB, § 14 Rn. 32; *Hager/Kirchberg*, NVwZ 2002, 400 (402); *Söfker*, in: Festschr. für Weyreuther, 1993, S. 377 (383 f.).
[24] *BVerwG* NJW 1977, 405 (405 f.); *OVG Münster* BRS 29 Nr. 68.
[25] *BVerwG* NVwZ 1993, 473; NVwZ 1994, 685 (686).
[26] Zur Individualsperre BVerwGE 51, 121 (129) = NJW 1977, 400.
[27] *BVerwG* NVwZ 1994, 685 (686); *OVG Münster* BRS 70 Nr. 113; *OVG Koblenz* BRS 74 Nr. 118; *VGH München* BRS 66 Nr. 15; Schrödter/*Rieger*, BauGB, § 14 Rn. 11.
[28] *BVerwG* NVwZ 1994, 685 (686); vgl. auch *OVG Münster* NVwZ-RR 1995, 134 (134 f.); *OVG Bremen* BRS 32 Nr. 89. Im Ergebnis ebenso *VGH Kassel* BRS 30 Nr. 77, der Nichtigkeit des Planaufstellungsbeschlusses annimmt.
[29] *BVerwG* NVwZ 2004, 477 (478); *OVG Lüneburg* NVwZ 1999, 1001 (1002).
[30] *BVerwG* NVwZ 1993, 475.
[31] *BVerwG* BRS 18 Nr. 60; *VGH Kassel* ZfBR 2009, 478 (480); *OVG Koblenz* BRS 17 Nr. 58; *OVG Lüneburg* BRS 27 Nr. 149.

III. Form der Veränderungssperre

Die Veränderungssperre wird von der Gemeinde gem. § 16 I BauGB als **Satzung** beschlossen.[32] Die Satzung bedarf keiner Genehmigung und muss der Aufsichtsbehörde auch nicht angezeigt werden. Diese bundesrechtliche Freistellung von präventiver Kontrolle schließt es aus, sie durch Landesrecht einer vorherigen aufsichtsbehördlichen Überprüfung zu unterwerfen.[33] Der Aufsichtsbehörde stehen gegenüber der Veränderungssperre nur die allgemeinen Mittel der **Kommunalaufsicht** zur Verfügung.

11

Die Satzung ist gem. § 16 II 1 BauGB **ortsüblich bekanntzumachen**.[34] Wahlweise kann der Weg der Ersatzverkündung gewählt werden.[35] D. h.: Bekanntmachung, dass eine Veränderungssperre beschlossen worden ist, und Bereithaltung der Satzung zu jedermanns Einsicht (§§ 16 II 2, 10 III 2 bis 5 BauGB).[36] Die Satzung wird mit der Bekanntmachung rechtsverbindlich.[37]

12

Die **Verletzung von Verfahrens- und Formvorschriften**, die sich aus dem BauGB ergeben, ist nur nach Maßgabe der §§ 214 ff. BauGB beachtlich.[38] Landesrechtliche Verfahrensfehler sind beachtlich, sofern nicht das Landesrecht ein anderes bestimmt. Sämtliche Verfahrens- und Formfehler können nach § 214 IV BauGB behoben werden.[39]

13

Als Satzung unterliegt die Veränderungssperre der **Normenkontrolle** nach § 47 VwGO.[40] Außerdem kann sie **inzident** in einem Klageverfahren auf Erteilung der Baugenehmigung oder Aufhebung einer Untersagungsverfügung überprüft werden.[41] Die Veränderungssperre ist **nicht drittschützend**. Selbst wenn der spätere Bebauungsplan Festsetzungen zugunsten eines Nachbarn trifft, kann sich dieser nicht gegen die Veränderungssperre wenden.[42]

14

IV. Inhalt und Bedeutung der Veränderungssperre

§ 14 I Nr. 1 und 2 BauGB bestimmt abschließend, welchen Inhalt die Gemeinde der Veränderungssperre geben darf. Ein darüber hinausgehender Inhalt ist nicht zulässig. Da die beiden Nr.1 und 2 **nebeneinander** stehen, kann sich die Veränderungssperre auf eine von ihnen beschränken oder auch auf beide Fälle ausdehnen. Der Beschluss über die Veränderungssperre muss erkennen lassen, was im Planungsbereich **konkret**

15

---

[32] In Berlin (§ 246 II BauGB, § 13 I 1 AG BauGB) und Hamburg (§ 246 II BauGB, § 4 Gesetz über die Feststellung von Bauleitplänen und ihre Sicherung) ergeht die Veränderungssperre als Rechtsverordnung.
[33] *Ley*, Genehmigungs- und anzeigenfreie bauplanungsrechtliche Satzungen und Kommunalaufsicht – Erörtert am Beispiel der Veränderungssperre, NVwZ 1988, 1105 (1106 f.).
[34] Vgl. dazu auch *OVG Lüneburg* BauR 2010, 67 (68).
[35] *OVG Berlin/Brandenburg* BRS 71 Nr. 118; *Reidt*, in: Gelzer/Bracher/Reidt, Bauplanungsrecht, Rn. 2314 f.
[36] BKL/*Krautzberger*, BauGB, § 16 Rn. 3; BK/*Lemmel*, BauGB, § 16 Rn. 3.
[37] *VGH München* BayVBl. 2010, 562 (563 ff.), auch mit Ausführungen zu weiteren Problemen im Zusammenhang mit der Bekanntmachung.
[38] BKL/*Krautzberger*, BauGB, § 16 Rn. 1.
[39] *BVerwG* NVwZ 2002, 205 (205 f.); *VGH München* BRS 73 Nr. 114; BK/*Lemmel*, BauGB, § 14 Rn. 6.
[40] *Kuhla*, Die Veränderungssperre in der Normenkontrolle, NVwZ 1988, 1084.
[41] *OVG Weimar* NVwZ-RR 2002, 415 (416); BKL/*Krautzberger*, BauGB, § 14 Rn. 25.
[42] *BVerwG* NVwZ 1989, 453.

untersagt ist, wobei es sich empfiehlt, die Verbotstatbestände des § 14 I BauGB wörtlich zu übernehmen.[43] Im Einzelnen kann die Gemeinde in der Satzung über die Veränderungssperre die folgenden Veränderungsverbote erlassen:

1. Veränderungen nach § 14 I Nr. 1 BauGB

16 Nach § 14 I Nr. 1 BauGB kann die Veränderungssperre bestimmen, dass **Vorhaben im Sinne des § 29 BauGB** nicht durchgeführt oder bauliche Anlagen nicht **beseitigt** werden dürfen. Das Veränderungsverbot kann damit alle[44] Vorhaben erfassen, welche die Errichtung, Änderung oder Nutzungsänderung von baulichen Anlagen zum Gegenstand haben, auch wenn sie nicht genehmigungs-, zustimmungs- oder anzeigepflichtig sind. Die Veränderungssperre kann für alle diese Vorhaben sowie für die in § 14 I Nr. 1 BauGB zusätzlich erwähnte Beseitigung baulicher Anlagen ein materielles Veränderungsverbot erlassen. Sind die Vorhaben genehmigungs- oder zustimmungspflichtig, begründet die auf § 14 I Nr. 1 BauGB gestützte Veränderungssperre einen **materiellen Versagungsgrund** im Genehmigungs- oder Zustimmungsverfahren; sind sie nur anzeigepflichtig oder gar anzeigefrei, bildet das Veränderungsverbot die Rechtsgrundlage, um das **Bauvorhaben zu untersagen** und notfalls seine **Beseitigung anzuordnen**. Rechtswidrig erstellte oder rechtswidrig genutzte Bauten werden jedoch von § 14 I Nr. 1 BauGB nicht erfasst. Hier ist allein auf das bauordnungsrechtliche Instrumentarium zurückzugreifen.[45]

2. Veränderungsverbot nach § 14 I Nr. 2 BauGB

17 Nach § 14 I Nr. 2 BauGB kann die Veränderungssperre bestimmen, dass **erhebliche oder wertsteigernde Veränderungen von Grundstücken** und **baulichen Anlagen**, deren Veränderungen nicht genehmigungs-, zustimmungs- oder anzeigepflichtig sind, nicht vorgenommen werden dürfen. Da diese Vorhaben im Wesentlichen bereits von § 14 I Nr. 1 BauGB erfasst werden, überschneidet sich das Veränderungsverbot nach Nr. 2 mit dem nach Nr. 1. Die Gemeinde braucht deshalb angesichts des umfassenden Veränderungsverbots nach § 14 I Nr. 1 BauGB von § 14 I Nr. 2 BauGB in der Regel keinen Gebrauch zu machen.[46] Erlässt sie gleichwohl ein Veränderungsverbot nach beiden Vorschriften, geht Nr. 2 als die speziellere Regelung der Nr. 1 vor. Genehmigungs-, zustimmungs- und anzeigefreie Vorhaben sind dann nur unzulässig, wenn sie erhebliche oder wesentliche wertsteigernde Veränderungen von Grundstücken oder baulichen Anlagen zur Folge haben.[47] Im Übrigen sind sie zulässig. Unter § 14 I Nr. 1 BauGB fallen dann nur noch die genehmigungs-, zustimmungs- oder anzeigepflichtigen Vorhaben.

18 Die unter ein auf § 14 I Nr. 2 BauGB gestütztes Veränderungsverbot fallenden Maßnahmen können mit den Mitteln des Bauordnungsrechts **untersagt, verhindert** und **beseitigt** werden.[48] Der Grundsatz der Verhältnismäßigkeit ist zu beachten: Ist erkennbar, dass das Vorhaben den Festsetzungen des künftigen Bebauungsplans entsprechen wird, ist die Anordnung seiner Beseitigung nicht zulässig. Lässt der Stand der Planung noch keine abschließende Beurteilung zu, kann es geboten sein, die

---

[43] BK/*Lemmel*, BauGB, § 14 Rn. 13; Schrödter/*Rieger*, BauGB, § 14 Rn. 13.
[44] Eine Ausnahme für legal begonnene, aber nicht fertiggestellte Vorhaben formuliert *VGH München* NVwZ-RR 2010, 11 f.
[45] *BVerwG* NVwZ 1993, 476 (477).
[46] *Reidt*, in: Gelzer/Bracher/Reidt, Bauplanungsrecht, Rn. 2321.
[47] BK/*Lemmel*, BauGB, § 14 Rn. 18; BKL/*Krautzberger*, BauGB, § 14 Rn. 15.
[48] BKL/*Krautzberger*, BauGB, § 14 Rn. 16.

Beseitigung des Vorhabens aufzuschieben, bis der Stand der Planung eine sichere Beurteilung gestattet. Für unzulässige wertsteigernde Veränderungen ist im Falle der Enteignung und bei Planungsschäden kein Ersatz zu leisten (§ 95 II Nr. 4 BauGB; § 43 II 2 BauGB).

V. Ausnahmen von der Veränderungssperre

1. Ausnahmen kraft Gesetzes

Trotz einer Veränderungssperre können nach § 14 III BauGB Vorhaben, die vor Inkrafttreten der Veränderungssperre baurechtlich genehmigt worden oder die aufgrund eines anderen baurechtlichen Verfahrens zulässig sind, etwa weil sie nach Bauordnungsrecht der Behörde ordnungsgemäß angezeigt oder zur Kenntnis gegeben worden sind und die Behörde innerhalb der gesetzlich bestimmten Frist nicht reagiert hat,[49] ausgeführt werden.[50] Die Genehmigung[51] oder Zulässigkeit setzt sich aus Gründen des Bestands- und Vertrauensschutzes gegenüber der Veränderungssperre durch. Ein Vorbescheid steht als vorweggenommener Teil der Baugenehmigung dieser gleich.[52] Ihn vervollständigende Baugenehmigungen müssen trotz eingetretener Veränderungssperre erteilt werden.[53] Eine bisher ausgeübte Nutzung und Unterhaltungsarbeiten werden nach § 14 III BauGB von der Veränderungssperre nicht berührt.[54]

19

2. Ausnahmen aufgrund behördlicher Zulassung

Von der Veränderungssperre kann die Baugenehmigungsbehörde nach § 14 II 1 BauGB eine Ausnahme zulassen, wenn überwiegende öffentliche Belange nicht entgegenstehen. Sie beseitigt damit für den **Einzelfall** das durch die Veränderungssperre begründete Verbot und gibt den Weg frei für eine anschließende Genehmigung des Vorhabens nach Maßgabe der §§ 30, 33, 34 oder 35 BauGB. Ein Vorhaben, das im Geltungsbereich einer Veränderungssperre liegt, benötigt mithin zu seiner Verwirklichung **zwei Genehmigungen**: die Ausnahmegenehmigung nach § 14 II BauGB und die allgemeine Baugenehmigung.

20

Insbesondere in Gemeinden, die zugleich Baugenehmigungsbehörde sind (kreisfreie Städte, Stadtstaaten), wird § 14 II BauGB immer wieder als **planungsrechtliches Steuerungsinstrument** im nicht beplanten Innenbereich gebraucht oder missbraucht: Die Veränderungssperre zwingt den Eigentümer, will er alsbald bauen, sich mit der Gemeinde zu „arrangieren". Das Bauvorhaben muss in allen Einzelheiten mit der

21

---

[49] Eine Bestandsschutz gewährende materiell-rechtliche Zulässigkeit wird hierdurch nicht begründet.

[50] *Hager/Kirchberg*, NVwZ 2002, 400 (403); JDW/*Jäde*, BauGB, § 14 Rn. 41. Vgl. auch *VGH München*, NVwZ-RR 2010, 11 (13).

[51] Es ist unerheblich, ob die Genehmigung bereits bestandskräftig geworden ist oder ein Widerspruch erhoben wurde; vgl. *VGH Mannheim* VBlBW 2001, 323 (323 f.); *OVG Berlin* LKV 2004, 33 (34); BK/*Lemmel*, BauGB, § 14 Rn. 22; *Reidt*, in: Gelzer/Bracher/Reidt, Bauplanungsrecht, Rn. 2326; *Schmidt-Eichstaedt*, ZfBR 2005, 751 (757).

[52] BVerwGE 69, 1 (2 f.); 117, 44 (46 f.); *Graf*, NVwZ 2004, 1435 (1435); *Goerlich*, Zur Reichweite des Bauvorbescheids, NVwZ 1985, 90 (91); *Weber*, Bauvorbescheid und vorläufiger Rechtsschutz, DVBl. 2010, 958 (958).

[53] BVerwGE 69, 1 (4); *BGH* NJW 1986, 1605 (1606); *OVG Lüneburg* NJW 1982, 1772; *OVG Münster* BRS 38 Nr. 110; a. A. noch *BVerwG* BRS 16 Nr. 45. Allgemein dazu *Degenhart*, DVBl. 1981, 994.

[54] *OVG Greifswald* LKV 1996, 213 (213); *OVG Lüneburg* BRS 25 Nr. 86.

Gemeinde abgestimmt werden, die dabei Wünsche insbesondere hinsichtlich Gestaltung oder Nutzung durchsetzen kann, die sie weder nach § 34 BauGB noch, da unterhalb der Regelungsschwelle der BauNVO liegend, mit Hilfe des Bebauungsplans durchsetzen könnte. Für das ihr genehme Vorhaben erteilt sie dann die Ausnahmegenehmigung nach § 14 II BauGB und gibt damit den Weg frei, es planungsrechtlich über § 34 BauGB zu genehmigen. Die weitere Durchführung des Bebauungsplanverfahrens kann dann sogar entbehrlich werden.

a) Überwiegende öffentliche Belange

22   Überwiegende öffentliche Belange, die eine Ausnahmegenehmigung nach § 14 II BauGB ausschließen, stehen dem Vorhaben entgegen, wenn es geeignet ist, die **Durchführung** der Planung **unmöglich zu machen** oder **wesentlich zu erschweren** (arg. § 15 I 1 BauGB).[55] Lässt sich eine Gefährdung der Planung durch das Vorhaben nicht feststellen, stehen ihm überwiegende Belange nicht entgegen.

b) Ermessen

23   Die Zulassung der Ausnahme steht im **Ermessen** der Baugenehmigungsbehörde.[56] Sie bedarf hierzu des Einvernehmens der Gemeinde, das nicht nach § 36 II 3 BauGB durch Entscheidung der höheren Verwaltungsbehörde ersetzt werden kann, da § 36 II 1 BauGB den Fall des § 14 II BauGB nicht nennt. Dieses Ermessen **verdichtet** sich in zwei Fällen **zur Pflicht**, eine Ausnahme von der Veränderungssperre zuzulassen:

24   – mit Rücksicht auf Art. 14 GG, wenn positiv feststeht, dass das Vorhaben den Festsetzungen des künftigen Bebauungsplans nicht widerspricht, insbesondere wenn es **nach § 33 I BauGB genehmigungsfähig** ist;[57]

25   – wenn die **Baugenehmigung** vor Erlass der Veränderungssperre **rechtswidrig abgelehnt** wurde und dem Verfahren überwiegende öffentliche Belange oder sonstige Hinderungsgründe nicht entgegenstehen.[58] Anderenfalls besteht trotz rechtswidriger Ablehnung kein Anspruch auf Gewährung einer Ausnahme von der Veränderungssperre.[59] Die Veränderungssperre ist insofern „stärker" als der nicht erfüllte Genehmigungsanspruch.

VI. Dauer der Veränderungssperre

26   Die Veränderungssperre beseitigt während ihrer Dauer die Baufreiheit. Sie ist daher an Art. 14 GG zu messen.[60] Dies zieht ihr eine **zeitliche Grenze**. Da sie dazu dient, eine geordnete städtebauliche Entwicklung zu sichern, ist sie während der üblichen Dauer des Bebauungsplanverfahrens, die das BauGB mit drei Jahren und in besonderen Fällen mit vier Jahren annimmt, Inhalts- und Schrankenbestimmung des Eigentums und als solche entschädigungslos hinzunehmen.[61] Geht sie zeitlich darüber

---

[55] Schrödter/*Rieger,* BauGB, § 14 Rn. 19.
[56] *Reidt*, in: Gelzer/Bracher/Reidt, Bauplanungsrecht, Rn. 2344; JDW/*Jäde,* BauGB, § 14 Rn. 30.
[57] *VGH Mannheim* NJW 1986, 149 (149 f.); BKL/*Krautzberger,* BauGB, § 14 Rn. 19; Schrödter/*Rieger,* BauGB, § 14 Rn. 19.
[58] *BVerwG* NVwZ 1993, 473; BRS 49 Nr. 115.
[59] *BVerwG* BRS 18 Nr. 60; *VGH München* BRS 47 Nr. 89.
[60] *BVerwG* NVwZ 1992, 1090 (1090 f.).
[61] Vgl. zur Dauer der Veränderungssperre *Kuhla,* NVwZ 1988, 1084 (1086 f.).

hinaus, wird sie nach der gesetzlichen Konzeption (§ 18 I 2 BauGB) mit Verweis auf die Vorschriften über die Entschädigung als Enteignung qualifiziert,[62] obschon es sich nach dem neueren Verständnis des *BVerfG*[63] um eine **ausgleichspflichtige Inhalts- und Schrankenbestimmung** i. S. des Art. 14 I 2 GG handelt.[64] Der Grenzziehung zwischen hinzunehmender und ausgleichspflichtiger Inhalts- und Schrankenbestimmung dienen die §§ 17 f. BauGB.

1. Allgemeine Geltungsdauer

Die Veränderungssperre kann zunächst für die Dauer von höchstens **zwei Jahren**, gerechnet ab ihrem Inkrafttreten,[65] erlassen werden (§ 17 I 1 BauGB).[66] Sie kann gem. § 17 I 3 BauGB **um ein Jahr verlängert** werden. Die Verlängerung ändert die Geltungsdauer und damit den Inhalt der ursprünglichen Satzung. Sie muss deshalb auch durch Satzung erfolgen. Da nur verlängert werden kann, was noch gilt, setzt die Verlängerung voraus, dass die Veränderungssperre noch in Kraft ist.[67] Anderenfalls muss die Veränderungssperre nach § 17 III BauGB erneut beschlossen werden.

27

2. Geltungsdauer bei besonderen Umständen

Wenn besondere Umstände es erfordern,[68] gestattet § 17 II BauGB eine **weitere Verlängerung** um ein Jahr auf insgesamt vier Jahre. **Besondere Umstände** liegen vor, wenn die Verzögerung des Bebauungsplanverfahrens durch eine ungewöhnliche Sachlage, die nicht auf ein Fehlverhalten der planenden Gemeinde zurückzuführen ist, verursacht wurde.[69] Nach Ablauf des vierten Jahres tritt die Veränderungssperre auf jeden Fall außer Kraft. War die Veränderungssperre bereits außer Kraft getreten, muss die Gemeinde auch hier den Weg der Erneuerung der Veränderungssperre nach § 17 III BauGB wählen.[70]

28

3. Erneuerte Veränderungssperre

Der erneute Erlass einer Veränderungssperre kommt zunächst in Betracht, wenn die Gemeinde nicht von den Verlängerungsmöglichkeiten des § 17 I 3 oder II BauGB Gebrauch gemacht hat.[71] In Fällen eines derartigen **Versäumnisses** gelten für die erneute Veränderungssperre die Voraussetzungen, die entsprechend für eine Verlängerung gelten würden.[72] **Reichen** demgegenüber trotz Inanspruchnahme bestehender Verlängerungsmöglichkeiten nach § 17 I 3, II BauGB **vier Jahre nicht aus**, um die Planung abzuschließen, und besteht nach wie vor ein Sicherungsbedürfnis, gestattet

29

---

[62] Siehe hierzu etwa BVerwGE 5, 143 (144 ff.); BGHZ 73, 161 (165 ff.).
[63] BVerfGE 100, 226 (240); 102, 1 (16); vgl. auch *Jarass*, Inhalts- und Schrankenbestimmung oder Enteignung? – Grundfragen der Struktur der Eigentumsgarantie, NJW 2000, 2841 (2844).
[64] BK/*Halama*, BauGB, § 18 Rn. 14; *Erbguth*, Baurecht, § 6 Rn. 7; Brügelmann/*Grauvogel*, BauGB, § 18 Rn. 26; wohl auch *Hager/Kirchberg*, NVwZ 2002, 538 (539).
[65] *BVerwG* NVwZ 1992, 1090 (1090).
[66] Erlässt die Gemeinde die Veränderungssperre für einen kürzeren Zeitraum, behält sie ein Zeitguthaben.
[67] OVG Berlin NVwZ-RR 1990, 124 (125).
[68] Dies ist ein gerichtlich nachprüfbarer unbestimmter Rechtsbegriff, *OVG Münster* NJW 1975, 1751 (1752).
[69] BVerwGE 51, 121 (139); *OVG Berlin/Brandenburg* LKV 2007, 477 (477); *VGH Mannheim* BRS 69 Nr. 122; vgl. auch *OVG Lüneburg* BRS 47 Nr. 88; *OVG Berlin* BRS 42 Nr. 101
[70] *OVG Münster* BRS 30 Nr. 78; vgl. auch *VGH Mannheim* NVwZ-RR 1995, 135 (135).
[71] *BVerwG* BRS 70 Nr. 114.
[72] BVerwGE 51, 121 (136 ff.); *BVerwG* NVwZ 1993, 474 (474 f.).

§ 17 III BauGB der Gemeinde auch, die Veränderungssperre erneut zu beschließen. Dies ist nur zulässig, wenn **besondere Umstände** es erfordern.[73] Diese von § 17 III BauGB im Gegensatz zu § 17 II BauGB nicht erwähnte Anforderung folgt bereits daraus, dass auch die über drei Jahre hinausgehende Verlängerung nach § 17 II BauGB nur bei Vorliegen dieser Voraussetzungen zulässig ist.[74] Zudem sind mit Blick auf Art. 14 GG nochmals **gesteigerte Anforderungen** an das besondere Bedürfnis für eine zeitlich fortgesetzte Sperre zu stellen.[75] Dies hindert jedoch nicht, von § 17 III BauGB mehrfach Gebrauch zu machen.[76]

4. Individuelle Verkürzung

30 Die aus der Veränderungssperre folgende Sperrwirkung – nicht die Veränderungssperre als solche[77] – kann **individuell vorzeitig enden**.[78] Dies folgt aus **§ 17 I 2 BauGB**, der bestimmt, dass im Einzelfall auf die Zweijahresfrist der seit der Zustellung der ersten Zurückstellung eines Baugesuchs nach § 15 I BauGB abgelaufene Zeitraum anzurechnen ist. Dies gilt, obwohl in § 17 I BauGB nicht erwähnt, entsprechend im Fall einer vorläufigen Untersagung nach § 15 I 2 BauGB. Damit wird mit Rücksicht auf Art. 14 GG und zur Vermeidung einer Ausgleichspflicht (nach BauGB: Entschädigung)[79] der Beginn der Veränderungssperre auf den Zeitpunkt der ersten Zurückstellung des Baugesuchs oder der ersten vorläufigen Untersagung vorverlegt mit der Folge, dass die Sperrwirkung entsprechend vorzeitig endet. § 17 I 2 BauGB wird analog angewandt, wenn es zu einem Zeitverlust durch verzögerliche Bearbeitung oder rechtswidrige Ablehnung des Baugenehmigungsantrags gekommen ist.[80]

5. Außerkrafttreten der Veränderungssperre

31 Die Veränderungssperre tritt außer Kraft:
- mit **Ablauf des Zeitraums**, für den sie erlassen wurde, spätestens mit Ablauf der in § 17 BauGB bestimmten gesetzlichen Höchstdauer;
- mit rechtsverbindlichem **Abschluss des Bebauungsplanverfahrens** (§ 17 V BauGB), folglich mit der abschließenden Bekanntmachung des Bebauungsplans;[81]
- im **Sanierungsgebiet** und im **städtebaulichen Entwicklungsbereich** mit dessen förmlicher Festlegung. Dies gilt nicht, wenn in der Sanierungssatzung die Genehmigungspflicht nach § 144 I BauGB ausgeschlossen ist (§ 17 VI BauGB).[82]

32 Entfallen die Voraussetzungen für den Erlass der Veränderungssperre, weil die Bebauungsplanung gescheitert ist oder aus anderen Gründen ein Sicherungsbedürfnis

---

[73] BVerwGE 51, 121 (138); *VGH Mannheim* NVwZ-RR 1995, 135 (135); BKL/*Krautzberger*, BauGB, § 17 Rn. 6.
[74] BVerwGE 51, 121 (138).
[75] BVerwGE 51, 121 (136); *VGH München* BRS 73 Nr. 114.
[76] BKL/*Krautzberger*, BauGB, § 17 Rn. 5; siehe auch Schrödter/*Rieger*, BauGB, § 14 Rn. 11 f.
[77] *BVerwG* NVwZ 1992, 1090 (1091).
[78] *BVerwG* NVwZ 1992, 1090 (1090 f.).
[79] Siehe nachfolgend § 13.
[80] *BVerwG* NJW 1971, 445 (446); NVwZ 1992, 1090 (1090); *VGH München*, Beschl. v. 31. 7. 2007 – 26 ZB 05.1833 – JURIS. Nach *OVG Lüneburg* BRS 39 Nr. 91 ist auch der durch die rechtswidrige Ablehnung einer Bodenverkehrsgenehmigung oder eines Negativattests entstandene Zeitverlust anzurechnen. Vgl. ferner *OVG Berlin* BRS 52 Nr. 85; *VGH Mannheim* NVwZ-RR 1993, 402 (403).
[81] *BVerwG* NVwZ 1990, 656 (656 f.).
[82] Siehe nachfolgend § 30 Rn. 18.

§ 14. Die Veränderungssperre

nicht mehr besteht, ist die Gemeinde nach § 17 IV BauGB verpflichtet, die Veränderungssperre ganz oder teilweise außer Kraft zu setzen.[83] Die Veränderungssperre tritt nämlich **nicht automatisch** außer Kraft. Der Wegfall der Voraussetzungen des § 14 I BauGB kann zur Unwirksamkeit der Satzung über die Veränderungssperre führen, was im Wege der Normenkontrolle (§ 47 VwGO) geltend gemacht werden kann.[84]

VII. Entschädigung

Dauert die Veränderungssperre länger als vier Jahre, ist dem Betroffenen nach § 18 I 1 BauGB für dadurch **entstandene Vermögensnachteile** eine angemessene Entschädigung in Geld zu gewähren.[85] Eine nicht spürbare Veränderungssperre löst keine Entschädigungspflicht aus. Die Veränderungssperre ist **spürbar**, wenn der Eigentümer eine von ihm beabsichtigte rechtlich an sich mögliche Bebauung oder Nutzung des Grundstücks, infolge der Veränderungssperre nicht vornehmen konnte, oder er durch die Veränderungssperre gehindert wurde, das Grundstück im Wege der Veräußerung, Vermietung oder Verpachtung einer solchen Nutzung zuzuführen.[86]

33

Zu entschädigen sind **entgangene Nutzungen**.[87] Es ist der Betrag zu ermitteln, den ein Bauwilliger als Miet-, Pacht- oder Erbbauzins für das Recht gezahlt hätte, auf dem Grundstück diejenige Nutzung vorzunehmen, die die Veränderungssperre unterbunden hat. Abzuziehen ist der Wert der tatsächlich gezogenen Nutzung. Der Ermittlung der Nutzungsentschädigung ist der Grundstückswert zugrunde zu legen, der im Falle einer Enteignung für die Enteignungsentschädigung maßgebend gewesen wäre (§ 18 I 2 BauGB). Der mit der unterbundenen Grundstücksnutzung erzielbar gewesene Gewinn wird nicht ausgeglichen, da Entschädigung und nicht Schadensersatz zu leisten ist.[88] Wenn die Veränderungssperre einer endgültigen Entziehung des Eigentums vorausgeht, ist sie nicht nur vorübergehendes Bauverbot, sondern Vorwirkung der späteren Enteignung, nämlich der Beginn der Entziehung des Eigentums. Der Eigentümer erhält in diesem Fall bis zur Durchführung der Enteignung als Entschädigung eine **Verzinsung** des durch die Bausperre bewirkten Minderwerts seines Grundstücks.[89] Für die Geltendmachung des Entschädigungsanspruchs ist § 18 II, III BauGB zu beachten.[90] Danach erlischt der Entschädigungsanspruch, wenn die Entschädigung nicht **innerhalb von drei Jahren** nach Ablauf des Kalenderjahres, in welchem die Vermögensnachteile eingetreten sind, schriftlich verlangt worden ist.[91]

34

---

[83] *VGH Mannheim* BRS 71 Nr. 119; *Spindler*, Die Verpflichtung zur Aufhebung einer Veränderungssperre nach § 17 Abs. 4 BauGB und ihre Durchsetzung im Prozess, DÖV 2010, 217.
[84] *Kuhla*, NVwZ 1988, 1084 (1087); im Ergebnis ähnlich *OVG Münster* BRS 24 Nr. 78; BKL/*Krautzberger*, BauGB, § 17 Rn. 8.
[85] Verfassungsrechtlich zulässig wäre es auch, durch Gesetz statt der Geldentschädigung einen Anspruch auf Übernahme der von der Veränderungssperre betroffenen Fläche gegen Entschädigung zu gewähren, wie es das „Gesetz über die Erweiterung des Hamburger Hafens" (GVBl. 1961, S. 339) vorsah. Dazu *BGH* BRS 34 Nr. 81.
[86] BGHZ 58, 124 (129) = NJW 1972, 727; EZBK/*Runkel*, § 18 Rn. 17.
[87] *BGH* NJW 1959, 2156 (2159 f.).
[88] BGHZ 136, 182 (186); kritisch *Ossenbühl*, Zur Bestimmung der Passivlegitimation und der Höhe einer Entschädigung beim enteignungsgleichen Eingriff, JZ 1997, 559 (561).
[89] *BGH* BRS 34 Nr. 104; *BGH* NJW 1962, 2051 (2054); BKL/*Battis*, BauGB, § 18 Rn. 10.
[90] Siehe zu den Einzelheiten EZBK/*Runkel*, BauGB, § 18 Rn. 52 ff.
[91] BKL/*Battis*, BauGB, § 18 Rn. 10.

VIII. Faktische Veränderungssperre

35 Von einer faktischen Bausperre spricht man, wenn sich die Baugenehmigungsbehörde **zu Unrecht** so verhält, **als bestünde für das Grundstück eine wirksame Veränderungssperre**:[92] Sie wendet eine nichtige Veränderungssperre an oder weist Bauinteressenten mit der Begründung ab, das Grundstück sei wegen einer beabsichtigten Planung derzeit nicht bebaubar, obwohl eine Veränderungssperre nicht besteht.[93] Hätte der Eigentümer des betroffenen Grundstücks dieses bebauen oder durch Veräußerung einer baulichen Nutzung zuführen können und wollen, erhält er analog § 18 BauGB oder wegen enteignungsgleichen Eingriffs[94] **Entschädigung** für die entgangene Nutzung.[95] Vorteile, etwa durch zwischenzeitliche Wertsteigerung des Grundstücks, sind anzurechnen. Lagen die materiellen Voraussetzungen einer Veränderungssperre vor, setzt die Entschädigung erst nach Ablauf von zwei Jahren ein.[96] Denkbar ist ein **Schadensersatzanspruch** wegen Amtspflichtverletzung.[97]

Lösung zu Fall 12:

36 Trotz Vorliegens einer Veränderungssperre ist das Vorhaben des U zu genehmigen, wenn sich die Wirkung des Vorbescheids gegenüber der Veränderungssperre durchsetzt. Für einen derartigen Vorrang könnte § 14 III BauGB sprechen, der angeordnet, dass „Vorhaben, die vor dem Inkrafttreten der Veränderungssperre baurechtlich genehmigt worden sind, ... von der Veränderungssperre nicht berührt" werden. Damit bestätigt der Gesetzgeber, dass er die der Baugenehmigung nach Landesrecht zukommende **Bindungswirkung nicht durchbrechen** will, wenn eine Veränderungssperre das der Genehmigungserteilung zugrunde gelegte Bauplanungsrecht ändert und eine weitere Rechtsänderung durch den in Aussicht stehenden Bebauungsplan anbahnt. Dieser auf dem Bauplanungsrecht liegende Akzent der Vorschrift rechtfertigt die Folgerung, dass der Begriff „baurechtlich genehmigt" auch den – nicht ausdrücklich genannten – Bauvorbescheid umfasst, welcher ausschließlich die **planungsrechtliche Rechtmäßigkeit** eines Vorhabens feststellt. Zwar erlangt der Betroffene mit dem Bauvorbescheid noch nicht eine derart starke Rechtsposition, wie sie die Baugenehmigung dem Bauherrn verschafft; es fehlt insbesondere die Baufreigabe. Jedoch stehen sich Baugenehmigung und Bauvorbescheid **in bauplanungsrechtlicher Hinsicht gleichwertig** gegenüber. Beide haben insofern den gleichen Regelungsinhalt, denn sie bescheinigen die bebauungsrechtliche Unbedenklichkeit des Vorhabens. Diese regelungsbezogene Identität lässt den Bauvorbescheid in den Genuss des § 14 III BauGB kommen. U kann die Baugenehmigung somit nicht unter Hinweis auf eine Veränderungssperre nach § 14 I Nr. 1 BauGB verwehrt werden.

---

[92] Vgl. etwa *BGH* NJW 1966, 884 (885); NJW 1972, 727 (728 ff.).
[93] BGHZ 58, 124 (129); 78, 152 (158 ff.); 90, 17 (28 ff.); EZBK/*Runkel*, § 18 Rn. 20; BK/*Halama*, BauGB, § 18 Rn. 104 f.; Schrödter/*Breuer*, BauGB, § 18 Rn. 50, 59.
[94] So *BGH* NJW 1989, 2117 (2117 f.); NVwZ 1992, 1119; BRS 53 Nr. 160. Hierzu auch *Brohm*, Baurecht, § 24 Rn. 9.
[95] *Bönker*, in: Hoppe/Bönker/Grotefels, Baurecht, § 10 Rn. 43.
[96] BGHZ 78, 152 (160); *OLG Oldenburg* NVwZ-RR 1993, 593 (594); BKL/*Battis*, BauGB, § 18 Rn. 4; a. A. BK/*Halama*, BauGB, § 18 Rn. 136; *Schenke*, WiVerw 1994, 253 (354).
[97] *BGH* NVwZ 1992, 1119 (1121); EZBK/*Runkel*, BauGB, § 18 Rn. 21.

§ 15. Die Zurückstellung von Baugesuchen und die vorläufige Untersagung von Bauvorhaben

Schrifttum: *Finkelnburg*, Die Änderungen des Baugesetzbuchs durch das Europarechtsanpassungsgesetz Bau, NVwZ 2004, 897; *Hager/Kirchberg*, Veränderungssperre, Zurückstellung von Baugesuchen und faktische Bausperren – Voraussetzungen, aktuelle Probleme, Haftungsfragen, NVwZ 2002, 400; *Hinsch*, Zurückstellung nach § 15 III BauGB – Mittel zur Sicherung einer Konzentrationsplanung, NVwZ 2007, 770.

Fall 13:

Die Gemeinde G hat 4000 Einwohner und verfügt über einen großen unbeplanten Innenbereich, der überwiegend die Qualität eines Dorfgebiets (§ 5 BauNVO) hat. Nachdem die landwirtschaftlich genutzten Hofstellen nach und nach aufgegeben werden, ändert sich das Dorfbild zusehends. Der Gemeindekern droht in ein Mischgebiet (§ 6 BauGB) „abzurutschen". Dies alarmiert den Rat der Gemeinde, der nunmehr mit Hilfe eines Bebauungsplans die zukünftige Ansiedlung im Gemeindekern steuern möchte. Da das planerische Konzept ausgewogen sein soll, benötigt die Gemeinde genügend Zeit, um dieses zu entwickeln. Sie beantragt deshalb bei der zuständigen Baugenehmigungsbehörde gem. § 15 I BauGB, die Entscheidung über die Zulässigkeit von Vorhaben, welche den Gemeindekern betreffen, für sechs Monate auszusetzen. Der Rechtsanwalt R einer mit Kraftstoffen handelnden Unternehmensgruppe, die in der Gemeinde G eine Tankstelle errichten möchte, hält dieses Vorgehen für unzulässig. Zu Recht?
Lösung: Rn. 14

Hat die Gemeinde noch keine Veränderungssperre erlassen, kann sie zur Sicherung ihrer Bebauungsplanung nach § 15 I BauGB von der Baugenehmigungsbehörde die **Zurückstellung** von „Baugesuchen"[1] oder die **vorläufige Untersagung** eines genehmigungsfreien Bauvorhabens verlangen.[2] Hierdurch erhält sie die Zeit, eine Veränderungssperre zu beschließen (§ 14 BauGB) oder bereits den Bebauungsplan festzusetzen, der dann nach § 30 BauGB der Beurteilung des Bauvorhabens zugrunde zu legen ist.

I. Die Zurückstellung von Baugesuchen

1. Die Voraussetzungen der Zurückstellung

Die Gemeinde kann die Zurückstellung beantragen[3] und die Baugenehmigungsbehörde[4] hat dem **Antrag** zu entsprechen,[5] wenn die folgenden Voraussetzungen erfüllt sind:

---

[1] Die amtliche Überschrift von § 15 BauGB verwendet den kaum noch üblichen Ausdruck „Baugesuch" statt des in den Bauordnungen gebräuchlichen Begriffs des „Bauantrags".

[2] § 15 BauGB gilt entsprechend im Verfahren auf Erlass einer Erhaltungssatzung (§ 172 II BauGB) und bei der vorbereitenden Sanierungsuntersuchung (§ 141 IV BauGB) sowie bei der vorbereitenden Untersuchung für einen städtebaulichen Entwicklungsbereich (§ 165 IV i. V. m. § 141 IV BauGB).

[3] Eine bestimmte Form des Antrags ist nicht vorgeschrieben, obschon die Schriftform ratsam ist; JDW/*Jäde*, BauGB, § 15 Rn. 8; BKL/*Krautzberger*, BauGB, § 15 Rn. 3 a.

[4] Ist die Gemeinde zugleich Baugenehmigungsbehörde, kann das gemeindliche Planungsamt von dem gemeindlichen Bauaufsichtsamt die Zurückstellung verlangen, vgl. *BVerwG* BRS 22 Nr. 156 zu § 36 BBauG.

[5] BVerwGE 72, 172 (173); *OVG Lüneburg* BRS 30 Nr. 81.

a) Mögliche Veränderungssperre

4   Eine Zurückstellung setzt voraus, dass der Erlass einer Veränderungssperre möglich ist, eine Veränderungssperre aber nicht besteht.[6] Es muss mithin ein **Bebauungsplanverfahren** ordnungsgemäß **eingeleitet** sein und ein generelles Sicherungsbedürfnis bestehen (§ 14 I BauGB)[7] und es darf eine **Veränderungssperre noch nicht beschlossen** worden sein. An einer Veränderungssperre fehlt es auch, wenn sie wegen Zeitablaufs außer Kraft getreten oder wenn sie nichtig ist. Daher ist in der Zeit zwischen dem Außerkrafttreten einer Veränderungssperre und dem Erlass einer neuen Veränderungssperre eine Zurückstellung möglich.[8]

b) Gegenstand der Zurückstellung

5   Zulässiger Gegenstand der Zurückstellung sind alle Entscheidungen, welche die „**Zulässigkeit von Vorhaben im Einzelfall**" zum Gegenstand haben (§ 15 I 1 BauGB). Hierzu gehören insbesondere Entscheidungen über Anträge auf Erteilung einer Baugenehmigung oder eines Vorbescheids.[9] Da nur der „Einzelfall" einer Zurückstellung zugänglich ist, kann die Gemeinde nicht vorsorglich die Zurückstellung aller künftigen Baugesuche beantragen. Anträge auf Genehmigungen im **Sanierungsgebiet** oder im **städtebaulichen Entwicklungsbereich** nach § 144 I BauGB können nicht zurückgestellt werden (§ 15 II BauGB).

c) Sicherungsbedürfnis

6   Die Zurückstellung muss zur Sicherung der Bebauungsplanung **erforderlich** sein. Es muss gem. § 15 I 1 BauGB zu befürchten sein, dass die Verwirklichung des künftigen Bebauungsplans[10] durch das Vorhaben unmöglich gemacht oder wesentlich erschwert werden könnte.[11] Deshalb ist eine Zurückstellung nicht möglich, wenn die Gemeinde noch keine Vorstellungen über den Inhalt des künftigen Bebauungsplans besitzt. Allein das Ziel, ein bestimmtes Vorhaben zu verhindern, lässt eine Zurückstellung nicht zu.[12] Das **konkret erforderliche Sicherungsbedürfnis** unterscheidet die Zurückstellung von der Veränderungssperre,[13] die erlassen werden darf, wenn sie abstrakt zur Sicherung der Bebauungsplanung erforderlich ist.[14] Einem im Einzelfall fehlenden Sicherungsbedürfnis wird bei der Veränderungssperre durch den Ausnahmevorbehalt des § 14 II BauGB Rechnung getragen. Seiner bedarf es bei der Zurückstellung nicht, die bei im Einzelfall fehlendem Sicherungsbedürfnis schlechthin unzulässig ist. Ein Sicherungsbedürfnis fehlt insbesondere, wenn das Bebauungsplanverfahren den Stand der Planreife erreicht hat und anzunehmen ist, dass das Vorhaben

---

[6] BKL/*Krautzberger*, BauGB, § 15 Rn. 2.
[7] Siehe oben § 14 Rn. 9.
[8] *VGH Mannheim* BRS 50 Nr. 102; *OVG Bremen* BRS 24 Nr. 82.
[9] *BVerwG* NJW 1971, 445 (446), das darauf hinweist, dass bei einem Vorbescheid zumeist ein Bedürfnis für eine Zurückstellung fehlt, da er nicht zum Bauen berechtigt. Vgl. auch *VGH Kassel* BRS 24 Nr. 140.
[10] Siehe für den Flächennutzungsplan nachfolgend § 15 Rn. 8 ff.; andere Planungen werden nicht erfasst; *VGH Kassel* BRS 24 Nr. 141.
[11] Hier besteht kein Beurteilungsspielraum der Gemeinde. Die Voraussetzungen sind gerichtlich voll überprüfbar; vgl. BK/*Lemmel*, BauGB, § 15 Rn. 6; BKL/*Krautzberger*, BauGB, § 15 Rn. 3.
[12] *BVerwG* NVwZ 1990, 558 (558 f.). Zur Amtshaftung bei rechtswidriger Zurückstellung *BGH* NVwZ-RR 1996, 65 (65).
[13] *BVerwG* NVwZ 1990, 558 (558).
[14] Siehe bereits § 14 Rn. 9.

den künftigen Festsetzungen des Bebauungsplans nicht entgegensteht, es also **nach § 33 BauGB** bereits vor Festsetzung des Bebauungsplans **genehmigungsfähig** ist.

d) Zeitpunkt und Dauer der Zurückstellung

Die Zurückstellung ist möglich, **solange das Bebauungsplanverfahren noch nicht abgeschlossen** und **dem Bauantrag noch nicht stattgegeben** worden ist:[15] in jeder Lage des Baugenehmigungsverfahrens, auch nach Erklärung des Einvernehmens (§ 36 BauGB),[16] nach Ablehnung des Baugesuchs im Widerspruchsverfahren[17] oder während des verwaltungsgerichtlichen Verfahrens.[18] Die Zurückstellung beginnt mit der Bekanntgabe des Zurückstellungsbescheides (vgl. § 31 II VwVfG). Ihre **Höchstdauer** beträgt 12 Monate (§ 15 I 1 BauGB). Sie ist damit zeitlich begrenzter als die Veränderungssperre (§ 17 BauGB).[19] Auf die Zurückstellung sind Zeiten einer faktischen Zurückstellung anzurechnen.[20] Nach Ausschöpfung der Höchstdauer ist eine erneute Zurückstellung nicht möglich. Die Gemeinde kann ihre Planung nur noch durch Veränderungssperre sichern. Die Zurückstellung endet mit Ablauf der im Zurückstellungsbescheid bestimmten Zeit, die wegen § 37 I VwVfG genau anzugeben ist,[21] spätestens kraft Gesetzes nach zwölf Monaten (§ 43 II VwVfG). Mit **Erlass der Veränderungssperre** verliert der Verwaltungsakt der Zurückstellung gem. § 43 II VwVfG durch **Erledigung** „in anderer Weise" seine Wirksamkeit.[22] Nunmehr hat die Behörde über den ihr vorliegenden Antrag zu entscheiden und ihn mit Rücksicht auf die Veränderungssperre abzulehnen, sofern nicht gem. § 14 II BauGB eine Ausnahme von der Veränderungssperre zugelassen wird.

7

e) Sonderregelung für privilegierte Außenbereichsvorhaben

§ 15 III BauGB erlaubt die Zurückstellung bestimmter Vorhaben, wenn eine Gemeinde beschlossen hat, einen **Flächennutzungsplan**[23] aufzustellen, zu ändern oder zu ergänzen, und sie damit eine **Konzentrationsfläche** i. S. des § 35 III 3 BauGB einrichten will.[24] Die Vorschrift korrespondiert mit der Zulässigkeit, gem. § 5 IIb BauGB sachliche Teilflächennutzungspläne aufzustellen, und ersetzt § 245 b I BauGB a. F., welcher seinerseits mit der Außenbereichsprivilegierung von Windkraftanlagen eingeführt wurde.[25]

8

Mit § 15 III BauGB werden die Sicherungsmöglichkeiten der Gemeinde gegenüber der Regelung des § 245 b I BauGB a. F. deutlich erweitert. Sie erstrecken sich nunmehr auf alle **Vorhaben nach § 35 I Nr. 2 bis 6 BauGB**. Auf Antrag der Gemeinde

9

---

[15] Nach Ablehnung des Bauantrags ist eine Zurückstellung nach Rücknahme des Versagungsbescheides möglich. Dazu *OVG Lüneburg* BRS 54 Nr. 78.
[16] *VGH Kassel* BRS 24 Nr. 141.
[17] Ähnlich *OVG Münster* BRS 29 Nr. 69.
[18] *OVG Lüneburg* BRS 38 Nr. 111.
[19] Siehe hierzu § 14 Rn. 26 ff.
[20] *BGH* NJW 1981, 458 (460 f.); *OVG Münster* BRS 29 Nr. 69; a. A. *VGH Mannheim* BRS 36 Nr. 111.
[21] *OVG Münster* BRS 38 Nr. 110.
[22] BK/*Lemmel*, BauGB, § 15 Rn. 12: „ gegenstandslos"; a. A. BKL/*Krautzberger*, BauGB, § 15 Rn. 8: „bleibt wirksam"; Schrödter/*Rieger*, BauGB, § 15 Rn. 12: „ist aufzuheben"; EZBK/ *Bielenberg/Stock*, BauGB, § 15 Rn. 52: entfällt nicht ohne weiteres, wobei zu Unrecht auf *BVerwG* BRS 24 Nr. 148 Bezug genommen wird.
[23] § 15 III BauGB ist auf Raumordnungspläne nicht anwendbar; vgl. *Hinsch*, NVwZ 2007, 770 (774).
[24] *Finkelnburg*, NVwZ 2004, 897 (901).
[25] BT-Drs. 15/2250, S. 52; BKL/*Krautzberger*, BauGB, § 15 Rn. 13.

hat die Baugenehmigungsbehörde gem. § 15 III 1 BauGB die Entscheidung über die Zulässigkeit dieser Vorhaben für einen Zeitraum bis zu längstens einem Jahr nach Zustellung der Zurückstellung des Baugesuchs auszusetzen, wenn zu befürchten ist, dass diese Vorhaben die Durchführung der Flächennutzungsplanung mit der Rechtswirkung des § 35 III 3 BauGB unmöglich machen oder wesentlich erschweren. Wie schon bei der Veränderungssperre nach § 14 BauGB,[26] muss hierzu als Bewertungsgrundlage ein **hinreichend bestimmter Planaufstellungsbeschluss** vorliegen, der auch auf die Konzentrationsabsicht schließen lässt.[27] Im Übrigen darf man bereits dann davon ausgehen, dass ein Vorhaben die Planung unmöglich macht bzw. wesentlich erschwert, wenn es außerhalb der Konzentrationszone – also im Ausschlussbereich – verwirklicht werden soll.[28] Schließlich läuft eine Verwirklichung außerhalb der Konzentrationszone ihrer primär beabsichtigten Verhinderungswirkung diametral entgegen.

10   Die in § 15 III 2, 3 BauGB enthaltenen **Fristenregelungen** bestimmen zweierlei:[29] Erstens ist ein **Antrag** der Gemeinde auf Zurückstellung gem. § 15 III 3 BauGB nur innerhalb von sechs Monaten, nachdem die Gemeinde in einem Verwaltungsverfahren von dem Bauvorhaben förmlich Kenntnis erhalten hat, zulässig. Kenntnis erhält die Gemeinde etwa im Rahmen ihrer Beteiligung nach § 36 BauGB oder nach § 5 UVPG.[30] Zweitens ist auf die **maximal mögliche Geltungsdauer** der Zurückstellung (1 Jahr) die Zeit zwischen dem Eingang des Baugesuchs bei der zuständigen Behörde bis zur Zustellung der Zurückstellung des Baugesuchs nicht anzurechnen, soweit der Zeitraum für die Bearbeitung des Baugesuchs erforderlich ist. Ist die planende Gemeinde jedoch selbst Baugenehmigungsbehörde, läuft die Jahresfrist grundsätzlich mit Eingang des Genehmigungsantrags.[31] Eine Regelung zur Verlängerung der Zurückstellungsfrist oder ihrer erneuten Anordnung gibt es nicht. Man hat sich also bewusst gegen ein Hintereinanderschalten von Zurückstellungen entschieden, um so die betroffenen Gemeinden zu einem zügigen planerischen Tätigwerden anzuhalten.[32]

2. Rechtswirkungen und Rechtsnatur der Zurückstellung

11   Durch die Zurückstellung wird in das den Bauantrag betreffende Verwaltungs-, Widerspruchs- oder Verwaltungsstreitverfahren ein Zeitraum eingeschoben, während dessen keine Entscheidung ergehen darf.[33] Die Zurückstellung begründet somit ein **zeitweiliges Verfahrenshindernis** und nicht, wie die Veränderungssperre,[34] einen materiellen Versagungsgrund.[35] Der Bauantrag wird nicht, wie bei der Veränderungssperre, zurückgewiesen, sondern bleibt vorerst unbeschieden. Hieraus ergibt sich seine Rechtsnatur: Die Zurückstellung ist als Einzelfallregelung ein **Verwaltungsakt**.[36] Sie ist damit von anderer Rechtsnatur als die Veränderungssperre, die als

---

[26] Siehe oben § 14 Rn. 7 f.
[27] EZBK/*Stock*, BauGB, § 15 Rn. 71 j f.
[28] *Erbguth*, Baurecht, § 6 Rn. 10; a. A. *Hinsch*, NVwZ 2007, 770 (773 f.).
[29] Vgl. zu § 15 III BauGB: *OVG Münster* NVwZ-RR 2006, 597 (598 f.); *OVG Koblenz* ZfBR 2005, 484 (485 f.).
[30] BKL/*Krautzberger*, BauGB, § 15 Rn. 15; *Hinsch*, NVwZ 2007, 770 (772).
[31] *BGH* NVwZ 2002, 124 (125); *OVG Münster* NVwZ-RR 2006, 597 (598); Schrödter/*Rieger*, BauGB, § 15 Rn. 8.
[32] *Finkelnburg*, NVwZ 2004, 897 (901).
[33] *BVerwG* BRS 24 Nr. 148.
[34] Siehe oben § 14 Rn. 16.
[35] *OVG Schleswig* NordÖR 2007, 417 (418).
[36] *OVG Münster* NVwZ-RR 2001, 17 (17); *VGH Mannheim* NVwZ-RR 2003, 333 (333); *Stüer*, in: Hoppenberg/de Witt, Hb. öffentliches Baurecht, B Rn. 1122.

§ 15. Zurückstellung v. Baugesuchen u. vorläufige Untersagung v. Bauvorhaben 265

Satzung eine gemeindliche Rechtsnorm ist.[37] Als Verwaltungsakt ist die Zurückstellung zu begründen (§ 39 VwVfG) und mit einer Rechtsmittelbelehrung zu versehen (§ 211 BauGB). Die Regelung über die Zurückstellung ist wegen ihrer auf 12 Monate beschränkten Dauer eine nach Art. 14 GG zulässige **Inhalts- und Schrankenbestimmung** des Eigentums.[38] § 15 BauGB sieht deshalb keine Entschädigung für die Zurückstellung vor. Schließt sich eine Veränderungssperre an, tritt nach vier Jahren eine ausgleichspflichtige Wirkung ein.[39] Deshalb bestimmt § 17 I 2 BauGB, dass auf die Dauer der nach vier Jahren entschädigungspflichtigen Veränderungssperre (§ 18 BauGB) die Zeit einer Zurückstellung anzurechnen ist.[40]

II. Die vorläufige Untersagung

Bei **genehmigungsfreien Vorhaben**, bei denen ein Antrag auf Zurückstellung des Baugesuchs ausscheidet, kann die Gemeinde nach § 15 I 2 BauGB bei der Baugenehmigungsbehörde eine vorläufige Untersagung des Vorhabens beantragen.[41] Die **Dauer der vorläufigen Untersagung** ist, anders als die Dauer der Zurückstellung, im Gesetz nicht bestimmt, sondern wird nach § 15 I 2 BauGB durch das Landesrecht festgesetzt. Solange eine solche Festsetzung, deren Länge im Ermessen des Landesgesetzgebers steht, die aber mit Blick auf § 15 I 1 BauGB und den Grundsatz der Gleichbehandlung den Zeitraum eines Jahres nicht überschreiten sollte, durch das Landesrecht nicht erfolgt ist, kann von § 15 I 2 BauGB kein Gebrauch gemacht werden.[42] Man wird deshalb auf vergleichbare landesrechtliche Vorschriften (z. B. die Fristen für die Genehmigungsfreistellung) zurückgreifen müssen.[43] Die vorläufige Untersagung verliert mit Ablauf der für sie bestimmten Frist ihre Wirksamkeit (§ 43 II VwVfG). Das Bauvorhaben kann ausgeführt werden, sofern nicht inzwischen eine Veränderungssperre erlassen worden ist. Da die vorläufige Untersagung einer Zurückstellung gleichsteht (§ 15 II 2 BauGB), ist der Zeitraum der vorläufigen Untersagung auf die Dauer einer Veränderungssperre anzurechnen (§ 17 I 2 BauGB).

12

III. Rechtsschutz

Die Zurückstellung des Baugesuchs und die vorläufige Untersagung sind als Einzelfallregelungen Verwaltungsakte. Rechtsschutz gegenüber Verwaltungsakten gewähren **Widerspruch** und die verwaltungsgerichtliche **Anfechtungsklage**, die nach § 80 I VwGO aufschiebende Wirkung haben.[44] Bei der Zurückstellung als einem verfahrensbezogenen Verwaltungsakt ist § 44 a VwGO zu beachten.

13

---

[37] Siehe bereits oben § 14 Rn. 11.
[38] BGHZ 73, 161 (182); *BGH* NJW 1981, 458 (459).
[39] Siehe oben § 14 Rn. 33 f.
[40] Dazu *BVerwG* BRS 30 Nr. 76.
[41] *Reidt*, in: Gelzer/Bracher/Reidt, Bauplanungsrecht, Rn. 2424; *Hager/Kirchberg*, NVwZ 2002, 400 (405 f.).
[42] BKL/*Krautzberger*, BauGB, § 15 Rn. 5.
[43] VGH Mannheim NVwZ-RR 2001, 574 (575 f.); *Hager/Kirchberg*, NVwZ 2002, 400 (406); EZBK/*Bielenberg/Stock*, BauGB, § 15 Rn. 60 a; *Reidt*, in: Gelzer/Bracher/Reidt, Bauplanungsrecht, Rn. 2426.
[44] OVG Berlin NVwZ 1995, 399; *VGH Mannheim* NVwZ-RR 2003, 333 (333); OVG Lüneburg BRS 49 Nr. 156.

Lösung zu Fall 13:

14 Die Rechtsauffassung des Rechtsanwalts R ist zutreffend. Gem. § 15 I BauGB kann eine Zurückstellung von Baugesuchen nur „im Einzelfall" beantragt werden. Eine **flächendeckende Zurückstellung** für ein ganzes Gemeindezentrum, das – üblicherweise – aus einer Vielzahl von Grundstücken besteht, ist somit nicht möglich. Die Gemeinde G hätte zur Veränderungssperre nach § 14 BauGB greifen müssen.

§ 16. Teilungsgenehmigung und Sicherung von Gebieten mit Fremdenverkehrsfunktion

Schrifttum: *Breuer*, Struktursicherung in Kur- und Erholungsgemeinden, NVwZ 1985, 635; *Finkelnburg*, Die Änderungen des Baugesetzbuchs durch das Europarechtsanpassungsgesetz Bau, NVwZ 2004, 897; *Greiving*, Die Satzung zur Sicherung von Gebieten mit Fremdenverkehrsfunktion gemäß § 22 BauGB und ihre gemeindliche Anwendungspraxis, DVBl. 2001, 336; *Hartmann*, Zur Sicherung von Gebieten mit Fremdenverkehrsfunktionen gem. § 22 BauGB, ThürVBl. 1994, 30; *Hiltl/Gerold*, Probleme des § 22 BauGB, insbesondere der sog. „Fremdenverkehrs-Dienstbarkeit", BayVBl. 1993, 385; *Witt*, Die Teilung von Grundstücken nach § 19 BauGB in der Fassung des EAG-Bau, NordÖR 2005, 286.

Fall 14:

1 E ist Eigentümer eines Zweifamilienhauses in der Küstenstadt K. Die vom Fremdenverkehr lebende Stadt hat eine Fremdenverkehrssatzung erlassen, um die in der Vergangenheit angewachsene Zahl an Zweitwohnungen zukünftig zu begrenzen. E ist finanziell in Schwierigkeiten geraten und möchte den oberen Teil seines Hauses als Zweitwohnung an einen Interessenten aus Süddeutschland verkaufen. Die hierzu erforderlich Genehmigung nach § 22 I 1 BauGB wird dem E nicht erteilt. Er fragt seinen Onkel O, der früher sechs Semester Jura studiert hat, ob es nicht doch eine Möglichkeit gebe, „an Geld zu kommen". Er, E, sei verzweifelt, da er weder für einen Teil des Hauses noch für das gesamte Haus einen Interessenten finden könne. Was wird O dem E raten?
Lösung: Rn. 14

I. Teilungsgenehmigung

1. Bedeutungsverlust der Teilungsgenehmigung im BauGB

2 Mit dem Europarechtsanpassungsgesetz Bau (EAG Bau)[1] hat der Bundesgesetzgeber die vormals bestehenden Vorgaben zur Teilung von Grundstücken aufgehoben (§ 19f. BauGB a. F.) und sich in § 19 BauGB auf eine Definition der Grundstücksteilung sowie ein materiell-rechtliches Verbot beschränkt. Damit hat die Teilungsgenehmigung ihre **Funktion als allgemeines Sicherungsinstrument verloren**.[2] Lediglich als Sonderregelung findet sie sich an verschiedenen Stellen des BauGB, wie im

---

[1] BGBl. I, S. 1359.
[2] *Erbguth*, Baurecht, § 6 Rn. 11.

§ 16. Teilungsgenehmigung u. Sicherung v. Gebieten m. Fremdenverkehrsfunktion 267

Zusammenhang mit Umlegungsgebieten, Sanierungsgebieten, Entwicklungsbereichen, zur Sicherung von Gebieten mit Fremdenverkehrsfunktion oder bei Enteignungsverfahren;[3] sofern dort Spezialvorschriften bestehen, gehen diese § 19 BauGB vor.[4]

2. Begriffsdefinition: Teilung von Grundstücken

Gemäß der für das BauGB maßgeblichen[5] Legaldefinition des § 19 I BauGB ist die **Teilung** eines Grundstücks die dem Grundbuchamt gegenüber abgegebene oder sonst wie erkennbar gemachte Erklärung des Eigentümers, dass ein Grundstücksteil grundbuchmäßig abgeschrieben und als selbstständiges Grundstück oder als ein Grundstück zusammen mit anderen Grundstücken oder mit Teilen anderer Grundstücke eingetragen werden soll. Der **Grundstücksbegriff** ist dabei im grundbuchrechtlichen Sinne zu verstehen.[6]

Eine Teilung eines Grundstücks kommt auch in Betracht, wenn grundbuchmäßig solche Flächen getrennt werden, die **räumlich getrennt liegen**, jedoch nach ihrer Eintragung im Grundbuch Teile desselben Buchgrundstücks sind.[7] **Keine Teilung** stellt die Belastung eines Grundstücks mit einem Recht dar (z. B. Dienstbarkeit, Erbbaurecht) ebenso wenig wie die Teilung zur Bildung von Wohneigentum nach § 8 WEG.[8]

3. Übereinstimmung mit den Festsetzungen des Bebauungsplan

§ 19 II BauGB bestimmt, dass durch die Teilung eines Grundstücks im Geltungsbereich eines Bebauungsplans **keine Verhältnisse** entstehen dürfen, die den Festsetzungen des **Bebauungsplans widersprechen**. Ob und inwiefern ein Widerspruch vorliegt, ergibt sich aus der Anwendung des § 30 BauGB. Relevant sind alle Festsetzungen des Bebauungsplans nach § 9 BauGB insbesondere in Verbindung mit Festlegungen der BauNVO (z. B. Art und Maß der baulichen Nutzung), nicht aber nachrichtliche Übernahmen gem. § 9 VI BauGB.[9]

Beispiel: Durch eine Teilung des Grundstücks ist die vom Bebauungsplan vorgesehene Geschossflächenzahl nicht mehr einzuhalten.[10]

§ 19 II BauGB etabliert **keine präventive Kontrolle**.[11] Somit können sich die Folgen, die aus einem Verstoß gegen § 19 II BauGB entstehen, häufig erst im Nachhinein zeigen.

Beispiel: Der Käufer eines unbebauten Teilgrundstücks erhält keine Baugenehmigung, da ein durch Baulinien festgesetzter Baukörper aufgrund der Teilung nicht mehr errichtet werden kann.

Ein **Verstoß gegen § 19 II BauGB** kann sich nicht nur negativ auf das Genehmigungsverfahren auswirken.[12] Selbst bestehende Nutzungen können als Resultat einer

---

[3] Siehe §§ 22, 51, 109, 144 BauGB.
[4] So etwa das Genehmigungserfordernis des § 144 II Nr. 5 BauGB (ggf. i. V. m. § 169 I Nr. 3 BauGB).
[5] Schrödter/*Rieger*, BauGB, § 19 Rn. 3; BKL/*Krautzberger*, BauGB, § 19 Rn. 2.
[6] BVerwGE 44, 250 (251); 50, 311 (317); 88, 24 (29).
[7] BVerwGE 44, 250 (251).
[8] BK/*Kraft*, BauGB, § 19 Rn. 6; BKL/*Krautzberger*, BauGB, § 19 Rn. 4.
[9] EZBK/*Söfker*, BauGB, § 19 Rn. 36 ff.
[10] Siehe zu Beispielen für rechtswidrige Grundstücksteilungen *Witt*, NordÖR 2005, 286 (288 ff.).
[11] BKL/*Krautzberger*, BauGB, § 19 Rn. 8; BK/*Kraft*, BauGB, § 19 Rn. 12, 14 ff.
[12] *Witt*, NordÖR 2005, 286 (289).

rechtswidrigen Grundstücksteilung unzulässig werden. § 19 II BauGB liefert dann die Rechtfertigung, nachträglich eine Nutzungsuntersagung, Baulasten oder ggf. sogar eine Beseitigungsanordnung auszusprechen.[13] Allerdings muss zuvor geprüft werden, ob nicht die Voraussetzungen einer **Ausnahme** oder **Befreiung** nach § 31 BauGB vorliegen.[14]

II. Sicherung von Gebieten mit Fremdenverkehrsfunktion

10 § 22 BauGB sieht die Möglichkeit vor, zur Sicherung der Zweckbestimmung von Gebieten mit Fremdenverkehrsfunktion[15] die Begründung oder Teilung von Wohnungseigentum oder Teileigentum einer Genehmigungspflicht zu unterwerfen. Dadurch soll aus städtebaulichen Gründen ein **Überhandnehmen von Zweitwohnungen verhindert** werden. Verfassungsrechtliche Bedenken bestehen gegenüber § 22 BauGB nicht.[16]

1. Begründung der Genehmigungspflicht

11 Die Genehmigungspflicht für die Begründung oder Teilung von Wohnungseigentum oder Teileigentum besteht nicht kraft Gesetzes. Sie muss von der Gemeinde durch Bebauungsplan oder sonstige Satzung eingeführt werden. Dabei handelt die Gemeinde nicht in Ausübung ihrer Planungshoheit und damit in planerischer Gestaltungsfreiheit, sondern aufgrund einer ihr von § 22 BauGB erteilten Ermächtigung. Dies bedeutet, dass sie eine **Fremdenverkehrssatzung**[17] nur erlassen darf, wenn die Voraussetzungen der gesetzlichen Ermächtigung erfüllt sind.[18] Nach § 22 I BauGB darf die Genehmigungspflicht für Gebiete – also nicht ohne weiteres für das gesamte Gemeindegebiet –[19] eingeführt werden, die eine **Zweckbestimmung für den Fremdenverkehr** aufweisen oder hierfür vorgesehen sind. Dies ist nach § 22 I 4 BauGB insbesondere[20] der Fall bei Kurgebieten, Gebieten für die Fremdenbeherbergung, durch Bebauungsplan festgesetzten Wochenend- und Ferienhausgebieten und bei im Zusammenhang bebauten Ortsteilen, deren Eigenart solchen Gebieten entspricht, sowie bei sonstigen Gebieten mit Fremdenverkehrsfunktionen, die durch Beherbergungsbetriebe und Wohngebäude mit Fremdenbeherbergung geprägt sind. Diese Fremdenverkehrsfunktion muss durch die **Begründung oder Teilung von Wohnungseigentum oder Teileigentum (abstrakt) beeinträchtigt** werden können. Nach den Erfahrungen der letzten Jahrzehnte ist in der Regel davon auszugehen, dass in Fremdenverkehrsgebieten zunehmend Zweitwohnungen entstehen. Diese entwickeln sich zu „Rolladensiedlungen" und „Geisterstädten" mit der daraus folgenden Belas-

---

[13] JDW/*Jäde*, BauGB, § 19 Rn. 8; *Finkelnburg*, NVwZ 2004, 897 (902); *Mampel*, Rechtsfolgen genehmigungsfreien Bauens, BauR 2008, 1080 (1087 ff.); EZBK/*Söfker*, BauGB, § 19 Rn. 44.

[14] EZBK/*Söfker*, BauGB, § 19 Rn. 39, 44. Vgl. auch BVerwGE 40, 268 (272 f.).

[15] Siehe hierzu *Breuer*, NVwZ 1985, 635; *Hartmann*, ThürVBl. 1994, 30; *Hiltl/Gerold*, BayVBl. 1993, 385. Zur Entstehung der Regelung *Bielenberg*, Planungsrecht und Wohnungseigentumsgesetz, ZfBR 1982, 7.

[16] BVerwG NVwZ 1995, 271 (271).

[17] Gleiches gilt für die durch Bebauungsplan eingeführte Genehmigungspflicht.

[18] BVerwGE 96, 217 = NVwZ 1995, 375. Zur Überleitung alter Satzungen *Krautzberger/Stüer*, Städtebaurecht 2004: Was hat sich geändert?, DVBl. 2004, 781 (791).

[19] BVerwGE 96, 217 (218); *Greiving*, DVBl. 2001, 336 (338).

[20] Die Aufzählung ist aufgrund des Wortes „insbesondere" nur beispielhaft. Damit soll verdeutlicht werden, dass auch Außenbereichsflächen erfasst werden können; vgl. BK/*Kraft*, BauGB, § 22 Rn. 5; *Krautzberger*, in: BauGB, § 22 Rn. 6.

tung einer nicht ausgenutzten, aber vorzuhaltenden Infrastruktur, da sie der wechselnden Benutzung durch Fremde entzogen sind.[21] Dies ist finanziell und städtebaulich nicht vertretbar. Es gefährdet die Fremdenverkehrsfunktion des Gebiets und rechtfertigt deshalb den Erlass einer Fremdenverkehrssatzung.[22] Die Satzung ist **ortsüblich bekanntzumachen**. In der Satzung kann die höchstzulässige Zahl der Wohnungen in Wohngebäuden nach Maßgabe von § 9 I Nr. 6 BauGB festgesetzt werden (§ 22 IX BauGB). Der Satzung ist eine **Begründung** beizufügen, in der darzulegen ist, dass die Voraussetzungen für die Festlegung des Gebiets vorliegen (§ 22 X BauGB).

2. Genehmigungsvoraussetzungen

Nach **§ 22 IV BauGB** darf die Genehmigung nur versagt werden, wenn im Einzelfall durch die Begründung oder Teilung des Wohnungs- oder Teileigentums die Zweckbestimmung des Gebiets für den Fremdenverkehr und dadurch die städtebauliche Entwicklung und Ordnung beeinträchtigt wird. Dies ist anhand der **konkreten Gegebenheiten** des Gebiets zu ermitteln. Eine Gefährdung ist beispielsweise in einem Gebiet angenommen worden, in welchem in einem Zeitraum von etwa zehn Jahren rund 20 % der Wohnungen als Zweitwohnungen dem Fremdenverkehr entzogen worden sind.[23] Fehlen Anhaltspunkte für eine solche Gefährdung, besteht ein **Rechtsanspruch** auf Erteilung der Genehmigung;[24] ein Ermessensspielraum ist der Baugenehmigungsbehörde nicht eröffnet. Nach § 22 IV 3 BauGB kann zudem selbst bei Vorliegen einer Gefährdung die Genehmigung erteilt werden, um wirtschaftliche Nachteile zu vermeiden, die für den Eigentümer eine besondere Härte bedeuten.[25] Wird die Genehmigung versagt, kann der Eigentümer von der Gemeinde unter der Voraussetzung des § 40 II BauGB die **Übernahme des Grundstücks** gegen Entschädigung verlangen, insbesondere wenn es ihm wirtschaftlich nicht mehr zuzumuten ist, das Grundstück zu behalten (§ 22 VII BauGB).[26]

12

3. Genehmigungsverfahren

Über die Genehmigung entscheidet nach § 22 V 1 BauGB die Baugenehmigungsbehörde im Einvernehmen mit der Gemeinde. Über die Genehmigung ist gem. § 22 V 2 BauGB **innerhalb eines Monats** zu entscheiden. Die Frist kann gem. § 22 V 3 BauGB um höchstens drei Monate verlängert werden. Wird sie nicht innerhalb der Frist versagt, gilt sie als erteilt (§ 22 V 4 BauGB). Das **Einvernehmen der Gemeinde** gilt als erteilt, wenn es nicht binnen zwei Monaten nach Eingang des Ersuchens der Genehmigungsbehörde verweigert wird (§ 22 V 6 BauGB). Das **Grundbuchamt** darf die zur Begründung oder Teilung von Wohnungseigentum oder Teileigentum erforderlichen Eintragungen in das Grundbuch erst vornehmen, wenn der Genehmigungsbescheid oder ein Zeugnis, dass eine Genehmigung als erteilt gilt oder nicht erforderlich ist, vorgelegt wird (§ 22 VI BauGB).[27]

13

---

[21] So BVerwGE 99, 237 (239) = NVwZ-RR 1996, 373.
[22] Vgl. auch *Greiving*, DVBl. 2001, 336 (338 f.).
[23] BVerwGE 99, 237 (240).
[24] *Bracher*, in: Gelzer/Bracher/Reidt, Bauplanungsrecht, Rn. 2467.
[25] BVerwGE 99, 237 (241 f.). Vgl. zu Fehlkalkulationen BVerwGE 99, 242 (247).
[26] *Krautzberger*, in: BauGB, § 22 Rn. 21; JDW/*Jäde*, BauGB, § 22 Rn. 28; vgl. auch § 13 Rn. 6 ff.
[27] Siehe hierzu Schrödter/*Rieger*, BauGB, § 22 Rn. 25 ff; BKL/*Krautzberger*, BauGB, § 22 Rn. 18 ff.

Lösung zu Fall 14:

14 O wird seinem Neffen E raten, von der Stadt K gem. § 22 VII iVm. § 40 II BauGB die Übernahme des Grundstücks gegen Entschädigung zu verlangen. Sofern die wirtschaftliche Situation des E tatsächlich prekär ist, kann es ihm nicht zugemutet werden, das Zweifamilienhaus zu behalten.

§ 17. Die gemeindlichen Vorkaufsrechte

Schrifttum: Bönker, Die Vorkaufssatzung gemäß § 25 Abs. 1 BauGB, BauR 1996, 313; *Grziwotz*, Kaufvertragsabwicklung bei der Ausübung eines gemeindlichen Vorkaufsrechts, NVwZ 1994, 215; *Stock*, Die gesetzlichen Vorkaufsrechte nach dem Baugesetzbuch, ZfBR 1987, 10.

Fall 15 (nach *VGH Kassel* NVwZ-RR 2005, 650):

1 Der Unternehmer U kauft am 3. 3. 2009 für 350.000 € ein ehemaliges Bundeswehrdepot mit NATO-Lager, das eine Fläche von ca. 400.000 qm umfasst. Das Grundstück liegt im Außenbereich der Gemeinde G. Die Gemeinde G hatte bereits im Dezember 2008 die Aufstellung eines Bebauungsplans für diesen Bereich mit der Bezeichnung „Ehemaliges Bundeswehrdepot mit NATO-Lager" beschlossen. Gleichzeitig beschloss sie eine Veränderungssperre und durch weiteren gesonderten Beschluss im Januar 2009 den Erlass einer Vorkaufsrechtssatzung nach § 25 BauGB. Als die Gemeinde von dem Kauf des U erfährt, übt sie ihr Vorkaufsrecht aus. Die Gemeinde möchte das ehemalige Bundeswehrdepot umgestalten und eine ökologische, auch naturschutzfachlich abgestützte Aufwertung des gesamten Plangebiets erzielen. Unternehmer U bezweifelt, dass dieses Vorgehen dem Wohl der Allgemeinheit dient. Zu Recht?
Lösung: Rn. 36

2 Die §§ 24 ff. BauGB räumen der Gemeinde Vorkaufsrechte beim Kauf von Grundstücken ein. Sie erhält damit die Möglichkeit, diese **Grundstücke** ohne Enteignungsverfahren zu **erwerben**, sofern sie diese zum Wohle der Allgemeinheit benötigt.[1]

I. Sachlicher Anwendungsbereich der Vorkaufsrechte

3 Die gemeindlichen Vorkaufsrechte beziehen sich – wie ihr Name sagt – nur auf **Kaufverträge**, und zwar von Grundstücken.

1. Kauf

4 Das Recht der Gemeinde, sich durch **Eingriff in fremde Vertragsbeziehungen** das Eigentum an einem Grundstück zu verschaffen, ist auf den Fall des „Kaufs" be-

---

[1] Gesetzliche Vorkaufsrechte nicht spezifisch baurechtlicher Art finden sich in § 19 III AEG, § 8a III LuftVG, § 28a III PBefG, § 15 III WaStrG, § 9a VI FStrG, § 66 BNatSchG sowie in den Wald- und Denkmalschutzgesetzen. Vorläufer der gemeindlichen Vorkaufsrechte enthielten die Aufbaugesetze der Länder. Dazu *Peßler*, Einzelfragen zum Vorkaufsrecht der Aufbaugesetze, NJW 1960, 1785.

schränkt. Es muss, wie sich aus § 463 BGB, auf den § 28 II 2 BauGB verweist, ergibt, ein **Kaufvertrag**[2] (§ 433 BGB) über ein nach §§ 24, 25 BauGB vorkaufsbefangenes Grundstück wirksam geschlossen sein.[3] Andere Verträge, die sich auf ein vorkaufsbefangenes Grundstück beziehen, muss die Gemeinde hinnehmen: den Tausch,[4] die Schenkung, die gemischte Schenkung,[5] den Eigentumswechsel durch Einbringung eines Grundstücks in eine Gesellschaft, durch Fusion, Spaltung oder Vermögensübertragung, die Erb- oder Vermögensauseinandersetzung, den Erbvertrag oder den Erbteilskauf.[6] Ein Eindringen der Gemeinde in diese Vertragsbeziehungen wäre überdies verfassungsrechtlich bedenklich, da unverhältnismäßig. Die Gemeinde erhielte das Grundstück ohne eine Gegenleistung erbringen zu müssen (Schenkung) oder erbringen zu können (Tausch) oder ohne Beteiligter des zugrunde liegenden gesellschafts- oder erbrechtlichen Rechtsverhältnisses zu sein. Es ist deshalb sachgerecht, dass der Zugriff der Gemeinde auf Kaufverträge beschränkt ist. Wenn verwerfliche Motive, unlautere Mittel oder der ausschließliche Zweck, das Vorkaufsrecht der Gemeinde zu vermeiden, Vertragsart oder Vertragsgestaltung beeinflusst haben, kann ein nichtiges Umgehungsgeschäft vorliegen. Dies hindert indes nur den Eigentumswechsel, begründet aber keinen Vorkaufsfall.[7] Die Veräußerung im Wege der Zwangsvollstreckung oder durch den Konkursverwalter schließt § 28 II 2 BauGB i. V. m. § 471 BGB vom Vorkaufsrecht aus. Gleiches gilt nach § 28 II 2 BauGB i. V. m. § 466 S. 2, 1. Hs. BGB für Kaufverträge, bei denen der Käufer neben dem Kaufpreis eine nicht in Geld ablösbare höchstpersönliche Nebenleistung übernommen hat, etwa die persönliche Betreuung des Verkäufers im Alter.

2. Grundstücke

Gegenstand des Kaufvertrags muss ein **Grundstück** oder der **Teil eines Grundstücks** (§ 200 I BauGB) sein. Der Kauf eines **Miteigentumsanteils** steht dem gleich,[8] da anderenfalls durch zeitlich gestufte Veräußerung der Miteigentumsanteile das Vorkaufsrecht umgangen werden könnte. Bei einem Kauf durch einen Miteigentümer besteht diese Gefahr nicht. Er löst kein Vorkaufsrecht aus.[9] Den Kauf von Erbbaurechten oder von Wohnungseigentum, die § 200 II BauGB als grundstücksgleiche Rechte den Grundstücken gleichstellt, schließt § 24 II BauGB vom Vorkaufsrecht aus.[10] Der Kauf von anderen im Zusammenhang mit einem Grundstück stehenden Rechten begründet kein gesetzliches Vorkaufsrecht. Dies gilt beispielsweise für Gesellschaftsanteile, wenn wesentlicher Vermögensgegenstand der Gesellschaft ein Grundstück ist.

5

---

[2] Diesen stellt *OLG Frankfurt* NJW 1996, 935 einem kaufähnlichen Vertrag – der „Kaufpreis" bestand aus Daimler-Benz Aktien – gleich.
[3] BKL/*Krautzberger*, BauGB, § 24 Rn. 17.
[4] *BGH* NJW 1964, 540 (541); *BGHZ* 49, 7 = NJW 1968, 104 (105) – Ringtausch.
[5] *OVG Lüneburg* NJW 1976, 159 (160).
[6] *BGH* BRS 23 Nr. 98; JDW/*Jäde*, BauGB, § 24 Rn. 1.
[7] *BGH* BRS 23 Nr. 98. Zum Missbrauch *BGH* NJW 1964, 540 (541); NJW 1961, 775 (776) – unentgeltliche Bestellung eines Nießbrauchs an die Ehefrau des Käufers unmittelbar vor Abschluss des Grundstückskaufvertrags.
[8] BGHZ 90, 174 (176 ff.) = NJW 1984, 1617.
[9] BGHZ 48, 1 (3 ff.) = NJW 1967, 1607.
[10] Nachdem zuvor BGHZ 90, 174 (176 ff.) das Wohnungseigentum dem Vorkaufsrecht des § 24 BBauG unterworfen hatte.

II. Die Vorkaufsfälle

6   Da das Vorkaufsrecht in fremde Vertragsbeziehungen eingreift, bedarf es nach dem verfassungsrechtlichen Grundsatz des Vorbehalts der Gesetze einer gesetzlichen Grundlage. Sie befindet sich teils in § 24 BauGB, welcher der Gemeinde unmittelbar **kraft Gesetzes** ein Vorkaufsrecht einräumt, teils in § 25 BauGB, der die Gemeinde ermächtigt, sich **durch Satzung** die Rechtsgrundlage für ein Vorkaufsrecht zu schaffen. Diese Vorkaufsrechte stehen der Gemeinde im Einzelfall nur zu, wenn ihre Voraussetzungen **im Zeitpunkt des Abschlusses des Kaufvertrags** bereits gegeben waren.[11] Entsteht das Vorkaufsrecht erst nach Abschluss des Kaufvertrags, unterliegt der Vertrag keinem Vorkaufsrecht, auch wenn eine zu seiner Wirksamkeit erforderliche Genehmigung erst nach der Entstehung des Vorkaufsrechts erteilt wird.[12] Für eine rückwirkende Begründung von gemeindlichen Vorkaufsrechten bieten die §§ 24 ff. BauGB keine Rechtsgrundlage.

1. Vorkaufsrechte kraft Gesetzes

7   In sieben Fällen steht der Gemeinde nach § 24 BauGB ein Vorkaufsrecht zu. Es wird, sprachlich wenig aussagekräftig, als das „**allgemeine Vorkaufsrecht**" bezeichnet:

8   – Nach § 24 I 1 Nr. 1 BauGB im **Geltungsbereich eines Bebauungsplans**, soweit es sich um Flächen handelt, für die nach dem Bebauungsplan eine **Nutzung für öffentliche Zwecke**, beispielsweise als Verkehrs-, Versorgungs- oder Entsorgungsfläche, oder als **Ausgleichsfläche** nach § 1 a III BauGB festgesetzt ist.[13] Dieses Vorkaufsrecht kann nach § 24 I 2 BauGB bereits ausgeübt werden, wenn die Gemeinde den Beschluss gefasst hat, einen Bebauungsplan aufzustellen, zu ändern und zu ergänzen und die öffentliche Auslegung begonnen hat. Diese Vorverlagerung des Vorkaufsrechts in die Planungsphase ist aus der Sicht von Art. 14 GG nur vertretbar, wenn als weitere Voraussetzung hinzugefügt wird, dass nach dem Stand der Planung anzunehmen sein muss, dass der künftige Bebauungsplan für die Fläche eine Nutzung für öffentliche Zwecke oder eine Ausgleichsfläche festsetzt. Die Vorschrift des § 24 I 2 BauGB bezweckt, eine Erhöhung des Verkehrswerts durch eine voranschreitende Planung zu vermeiden.

9   – Nach § 24 I 1 Nr. 2 BauGB an Grundstücken in einem **Umlegungsgebiet** (§§ 45 ff. BauGB).

10 – Nach § 24 I 1 Nr. 3 BauGB in einem förmlich festgelegten **Sanierungsgebiet** oder **städtebaulichen Entwicklungsbereich** (§§ 136 ff., 165 ff. BauGB).[14] Da im Sanierungsgebiet und im städtebaulichen Entwicklungsbereich ein Grundstückskaufvertrag der Genehmigung bedarf (§§ 144 II Nr. 3, 169 I Nr. 3 BauGB), entsteht das Vorkaufsrecht der Gemeinde nur, wenn sie zuvor den Kaufvertrag genehmigt hat.[15]

11 – Nach § 24 I 1 Nr. 4 BauGB im Geltungsbereich einer Satzung zur Sicherung von Durchführungsmaßnahmen des **Stadtumbaus** (§ 171 d BauGB) und einer **Erhaltungssatzung** (§ 172 BauGB).

12 – Nach § 24 I 1 Nr. 5 BauGB im Geltungsbereich eines **Flächennutzungsplans**, soweit es sich um unbebaute Flächen im **Außenbereich** handelt, für die im Flächennutzungsplan eine Nutzung als **Wohnbaufläche** oder **Wohngebiet** dargestellt ist.[16] Unbebaut ist eine Fläche, sofern sich dort keine bauliche Anlage i. S. von § 29 I BauGB befindet.[17] Das Vorkaufsrecht nach § 24 I 1 Nr. 5 BauGB kann nach § 24 I 3 BauGB bereits ausgeübt werden, wenn die Gemeinde einen Beschluss gefasst und ortsüblich bekannt gemacht hat, einen Flächennutzungsplan

---

[11] *BVerwG* NJW 1994, 3178 (3179).
[12] BGHZ 32, 383 (385 ff.) = NJW 1960, 180; *VGH München* BRS 35 Nr. 90.
[13] Vgl. dazu *OLG Schleswig* OLGR Schleswig 2007, 682 (682 f.); *OVG Münster* BRS 69 Nr. 45.
[14] Zur Ausübung dieses Vorkaufsrechts über 20 Jahre nach Inkrafttreten der Sanierungssatzung *BVerwG* NVwZ 1995, 897.
[15] *BGH* NVwZ 1995, 101 (102).
[16] Vgl. dazu *VGH Mannheim* BauR 2010, 874 (875).
[17] *BVerwG* NVwZ-RR 1997, 462 (462 f.); BKL/*Krautzberger*, BauGB, § 24 Rn. 13.

aufzustellen, zu ändern oder zu ergänzen, und wenn nach dem Stand der Planungsarbeiten anzunehmen ist, dass der künftige Flächennutzungsplan eine solche Nutzung darstellen wird. Ebenso wie im Rahmen des § 24 I 2 BauGB auch, soll damit eine Erhöhung des Verkehrswerts durch eine voranschreitende Planung vermieden werden.

– Nach § 24 I 1 Nr. 6 BauGB in **Gebieten**, die nach den §§ 30, 33 oder 34 II BauGB **vorwiegend mit Wohngebäuden** bebaut werden können, soweit die **Grundstücke unbebaut** sind. Dies ist der Fall, wenn sich auf einem Grundstück keine bauliche Anlage i. S. des § 29 I BauGB befindet.[18]   **13**

– Nach § 24 I 1 Nr. 7 BauGB in Gebieten, die zum Zweck des vorbeugenden **Hochwasserschutzes** von der Bebauung freizuhalten sind, insbesondere in Überschwemmungsgebieten. Das Vorkaufsrecht soll die Gemeinden in die Lage versetzen, zur Vermeidung von teilweise erheblichen nachteiligen Überschwemmungsfolgen die notwendigen Flächen zu erwerben und damit langfristig vorzusorgen.[19]   **14**

Betrifft der das Vorkaufsrecht begründende Tatbestand nur eine **Teilfläche** des verkauften Grundstücks (Beispiel: ein Grundstücksstreifen wird als Straßenland benötigt), beschränkt sich das Vorkaufsrecht auf die Teilfläche.[20] Der Vorkaufsverpflichtete kann entsprechend § 28 II 2 BauGB i. V. m. § 467 S. 2 BGB bzw. analog § 92 III BauGB[21] verlangen, dass der Vorkauf auf das gesamte Grundstück erstreckt wird, wenn die Teilfläche nicht ohne Nachteil für ihn vom Restgrundstück abgetrennt werden kann.[22]   **15**

2. Vorkaufsrecht kraft Satzung

Besitzt die Gemeinde an einem Grundstück kein Vorkaufsrecht unmittelbar kraft Gesetzes, kann sie sich aufgrund der Ermächtigung des § 25 BauGB in den dort genannten beiden Fällen durch Erlass einer Satzung selbst die Rechtsgrundlage für ein Vorkaufsrecht schaffen.[23] Es wird daher zutreffend als „**Satzungsvorkaufsrecht**" bezeichnet und kann mit Inkrafttreten der Satzung ausgeübt werden.[24] Dieses Vorkaufsrecht kann auf zwei Bezugspunkte gerichtet werden: **16**

(1) Es kann an **unbebauten Grundstücken**, die im **Geltungsbereich eines Bebauungsplans** liegen, begründet werden (§ 25 I 1 Nr. 1 BauGB).   **17**

Nach § 24 III 1 BauGB, auf den § 25 II 1 BauGB für das Satzungsvorkaufsrecht verweist, darf das Vorkaufsrecht nur ausgeübt werden, wenn das **Wohl der Allgemeinheit** dies rechtfertigt.[25] Somit darf eine Satzung über die Begründung eines Vorkaufsrechts an unbebauten Grundstücken im Geltungsbereich eines Bebauungsplans nur erlassen werden, wenn es denkbar erscheint, dass das Wohl der Allgemeinheit es rechtfertigen kann, die als vorkaufsbefangen bezeichnete Fläche zu erwerben. Die Satzung muss sich auf **einzelne Grundstücke** beschränken; der Wortlaut des § 25   **18**

---

[18] *BVerwG* NVwZ-RR 1997, 462 (462 f.), das ein Grundstück, auf dem sich Bahngleise einer ehemaligen Werksbahn befinden, als bebaut ansieht.
[19] BKL/*Krautzberger*, BauGB, § 24 Rn. 15.
[20] *BGH* BRS 25 Nr. 100; NJW 1971, 560 (561). Vgl. aber auch *OLG Düsseldorf* BRS 23 Nr. 97; *BGH* NJW 1991, 293 (294 f.).
[21] Siehe hierzu auch § 19 Rn. 18.
[22] *BVerwG* BauR 2002, 1216; *BGH* NJW 1971, 560 (561); NJW 1991, 293 (294 f.); *Mayer*, Rechtsprobleme des auf eine Teilfläche beschränkten Vorkaufsrechts nach §§ 24 ff. BBauG, NJW 1984, 100 (104).
[23] Vgl. dazu auch *Bönker*, BauR 1996, 313 (314).
[24] Rückwirkend kann das Vorkaufsrecht nicht ausgeübt werden; vgl. *BVerwG* NJW 1994, 3178 (3179).
[25] *Wiggers*, Gemeindliches Vorkaufsrecht – nur zum Wohl der Allgemeinheit, NJW-Spezial 2010, 300 (300 f.).

I 1 Nr. 1 BauGB („an Grundstücken") lässt es nicht zu, generell ein Vorkaufsrecht an sämtlichen unbebauten Grundstücken des Planbereichs zu begründen.

19 (2) Das Vorkaufsrecht kann außerdem zur Sicherung einer **geordneten städtebaulichen Entwicklung** an bestimmten Flächen in Gebieten, in denen die Gemeinde städtebauliche Maßnahmen in Betracht zieht, begründet werden (§ 25 I 1 Nr. 2 BauGB).

20 Die Vorkaufssatzung nach § 25 I 1 Nr. 2 BauGB ist nicht auf beplante Gebiete beschränkt, sondern kann für **jeden Teil des Gemeindegebiets**, gleichgültig ob beplant oder unbeplant, ob Innen- oder Außenbereich, erlassen werden. Sie darf sich jedoch nicht auf das Gemeindegebiet insgesamt erstrecken. Das Vorkaufsrecht kann auf jedwede Fläche bezogen werden, die im Anwendungsbereich der in Betracht gezogenen städtebaulichen Maßnahmen liegt, nicht nur, wie das Satzungsvorkaufsrecht nach § 25 I 1 Nr. 1 BauGB, auf unbebaute Grundstücke. Der räumliche und inhaltliche Anwendungsbereich des Satzungsvorkaufsrechts nach Nr. 2 ist mithin wesentlich weiter als der des Satzungsvorkaufsrechts nach Nr. 1. Dafür ist aber die Vorkaufssatzung nach Nr. 2 an die Voraussetzung gebunden, dass die Gemeinde in dem Gebiet, auf das sich die Satzung bezieht, **städtebauliche Maßnahmen** in Betracht zieht, zu denen die Bauleitplanung, die Bodenordnung, städtebauliche Sanierungs- oder Entwicklungsmaßnahmen oder der Erlass einer Erhaltungssatzung gehören.[26] Auch hier ist mit Blick auf § 24 III 1 BauGB, auf den § 25 II 1 BauGB verweist, erforderlich, dass ein Erwerb der bezeichneten Fläche durch das **Wohl der Allgemeinheit** gerechtfertigt sein kann. Nur in diesem Fall dient die Vorkaufssatzung der städtebaulichen Ordnung, die letztlich der Rechtfertigungsgrund für alle nach dem BauGB zulässigen Maßnahmen ist.

21 (3) Der **Erlass der Vorkaufssatzung** richtet sich sowohl im Fall des § 25 I 1 Nr. 1 BauGB als auch im Fall des § 25 I 1 Nr. 2 BauGB nach Kommunalrecht, nicht nach den Bestimmungen über den Erlass eines Bebauungsplans. Daher findet weder eine Bürger- oder Trägerbeteiligung noch eine Abwägung der von der Satzung berührten privaten und öffentlichen Interessen statt.[27] § 25 I 2 BauGB schreibt allerdings eine ortsübliche Bekanntmachung gem. § 16 II BauGB vor. Eine aufsichtsbehördliche Genehmigung der Vorkaufssatzung ist nicht vorgesehen.[28]

3. Konkurrenzen

22 Steht der Gemeinde ein Vorkaufsrecht aus mehreren gesetzlichen Gründen zu, kann sie **wählen**, von welchem der Vorkaufsrechte sie Gebrauch macht. In dem Verwaltungsakt, mit dem sie das Vorkaufsrecht ausübt, muss sie angeben, auf welche Vorschrift sie das Vorkaufsrecht stützt. Anderenfalls ist der Verwaltungsakt nicht hinreichend bestimmt (§ 37 I VwVfG). Die Rechtsgrundlage ist wegen der unterschiedlichen Ausschließungs- und Abwendungsgründe der §§ 26, 27 BauGB von Bedeutung.

4. Gemeinwohlerfordernis

23 Ein Vorkaufsrecht darf nach §§ 24 III 1, 25 II 1 BauGB nur ausgeübt werden, wenn das Wohl der Allgemeinheit dies „**rechtfertigt**". Dies ist, da die Ausübung des

---

[26] *BVerwG* BauR 2010, 81; *VGH Mannheim* BauR 2010, 871 (872 f.).
[27] *Bracher*, in: Gelzer/Bracher/Reidt, Bauplanungsrecht, Rn. 2507; *Bönker*, in: Hoppe/Bönker/Grotefels, Baurecht, § 10 Rn. 74.
[28] Zum Verfahren bei Erlass einer Vorkaufssatzung eingehend *Bönker*, BauR 1996, 313 (314 ff.).

Vorkaufsrechts keine Enteignung, sondern eine Inhalts- und Schrankenbestimmung darstellt,[29] weniger, als Art. 14 III 1 GG und ihm folgend § 87 I BauGB für die Enteignung verlangt. Die Enteignung ist nämlich nur zulässig, wenn das Wohl der Allgemeinheit sie „erfordert".[30] Das Wohl der Allgemeinheit „rechtfertigt" die Ausübung des Vorkaufsrechts bereits, wenn mit ihm im Hinblick auf eine bestimmte gemeindliche Aufgabe **überwiegende Vorteile für die Allgemeinheit** angestrebt werden.[31] Verfolgt die Gemeinde mit der Ausübung des Vorkaufsrechts andere, etwa privatwirtschaftliche Zwecke, handelt sie rechtswidrig.[32]

5. Ausschließungsgründe

Die Gemeinde kann nach § 26 BauGB **im Einzelfall** durch Ausschließungsgründen an der Ausübung des Vorkaufsrechts gehindert sein.[33] Demnach sind vom Vorkaufsrecht ausgenommen: 24

– **Verwandtengeschäfte** (Nr. 1),
– bestimmte Kaufverträge **öffentlicher Bedarfsträger** oder der **Kirchen- und Religionsgesellschaften** des öffentlichen Rechts (Nr. 2),[34]
– Grundstücke, auf denen Vorhaben errichtet werden sollen, für die ein in § 38 BauGB genanntes Verfahren eingeleitet oder durchgeführt worden ist (Nr. 3)[35] oder
– Grundstücke, die entsprechend den Festsetzungen des Bebauungsplans oder den Zielen und Zwecken einer städtebaulichen Maßnahme bebaut sind und genutzt werden und deren bauliche Anlagen **keine Missstände oder Mängel** im Sinne von §§ 177 II, III 1 BauGB aufweisen (Nr. 4).[36]

6. Abwendungsbefugnis

§ 27 BauGB räumt dem Käufer die Möglichkeit ein, die **Ausübung des Vorkaufsrechts abzuwenden**, indem er den mit dem Vorkaufsrecht verfolgten **Zweck selbst verwirklicht**. Es ist dann zum Wohl der Allgemeinheit nicht mehr erforderlich, das Vorkaufsrecht in Anspruch zu nehmen. Das Abwendungsrecht setzt gem. § 27 I 1 BauGB voraus, dass die Verwendung des Grundstücks nach den baurechtlichen Vorschriften oder den Zielen und Zwecken der städtebaulichen Maßnahme bestimmt oder mit ausreichender Sicherheit bestimmbar ist und dass der Käufer in der Lage ist und sich gegenüber der Gemeinde verpflichtet – wofür sich ein städtebaulicher Vertrag nach § 11 BauGB anbietet –, das Grundstück binnen angemessener Frist dementsprechend zu nutzen. Weist eine auf dem Grundstück befindliche Anlage Missstände oder Mängel i. S. von § 177 II, III 1 BauGB auf, kann das Vorkaufsrecht gem. § 27 I 2 BauGB dadurch abgewendet werden, dass der Käufer sich verpflichtet und dazu in der Lage ist, die Missstände oder Mängel binnen angemessener Frist zu beseitigen.[37] 25

Das Abwendungsrecht muss binnen **zwei Monaten** nach Zugang des Kaufvertrags bei der Gemeinde ausgeübt werden (§ 27 I 1, 2 i. V. m. § 28 II 1 BauGB). Damit erlischt das gemeindliche Vorkaufsrecht. Hatte die Gemeinde das Vorkaufsrecht 26

---

[29] *BGH* NJW 1989, 37 (38).
[30] *BVerwG* NJW 1990, 2703 (2703).
[31] *BVerwG* NJW 1990, 2703 (2703); *VGH Kassel* NVwZ-RR 2005, 650 (651).
[32] *BGH* NJW 1962, 631 (632); BRS 29 Nr. 76; *VGH Mannheim* BauR 2010, 874 (875).
[33] *BVerwG* NVwZ 1994, 284 (285).
[34] Vgl. dazu *BVerwG* NVwZ 1994, 282 (283 f.).
[35] *OLG München* Rpfleger 2008, 252 (252 f.).
[36] *OVG Saarlouis* BRS 66 Nr. 124.
[37] *Stock*, ZfBR 1987, 10 (16).

bereits ausgeübt, erledigt sich der Verwaltungsakt; der hierdurch zustande gekommene „Zweitvertrag" wird aufgelöst.[38] Der Erstvertrag kann vollzogen werden. Nach Ablauf der Frist der § 27 I 1, 2 i. V. m. § 28 II 1 BauGB erlischt das Abwendungsrecht. Die Gemeinde hat unter den Voraussetzungen des § 27 I 3 BauGB die Ausübungsfrist auf Antrag des Käufers **um zwei Monate zu verlängern**. Das Abwendungsrecht besteht nach § 27 II BauGB nicht in den Fällen des § 24 I 1 Nr. 1 BauGB und in einem Umlegungsgebiet, wenn das Grundstück für Zwecke der Umlegung (§ 45 BauGB) benötigt wird.[39] Die vom Käufer zur Abwendung des Vorkaufsrechts übernommenen Verpflichtungen können von der Gemeinde auf dem Verwaltungsrechtsweg durch Leistungsklage geltend gemacht werden. Bei einem öffentlich-rechtlichen Vertrag ist eine Unterwerfung unter die sofortige Vollstreckung möglich (§ 61 I 1 VwVfG).

III. Ausübung des Vorkaufsrechts und Verzicht

27 Nach § 28 I 1 BauGB ist der Gemeinde unverzüglich der **Grundstückskaufvertrag mitzuteilen**, was in der Regel durch den beurkundenden Notar geschieht. Hierdurch und durch die Grundbuchsperre des § 28 I 2 BauGB ist sichergestellt, dass die Gemeinde von jedem Grundstückskaufvertrag vor dessen grundbuchlichen Vollzug Kenntnis erlangt. Sie hat nunmehr binnen einer nicht verlängerbaren Frist von zwei Monaten, gerechnet ab Mitteilung des Kaufvertrags und nicht vor dessen Wirksamkeit[40] zu prüfen, ob sie ein Vorkaufsrecht besitzt und von ihm Gebrauch machen will; hier übt die Gemeinde **Ermessen** aus.[41] Nach Ablauf dieser Frist erlischt es. Die Gemeinde hat gem. § 28 I 3 BauGB auf Antrag eines am Kaufvertrag Beteiligten unverzüglich ein Zeugnis („**Negativzeugnis**") darüber auszustellen, dass ein Vorkaufsrecht nicht besteht oder nicht ausgeübt wird. Das Zeugnis gilt als Verzicht auf die Ausübung des Vorkaufsrechts (§ 28 I 4 BauGB). Erst nach Vorlage des Negativzeugnisses darf das Grundbuchamt den Eigentumswechsel im Grundbuch eintragen (§ 28 I 2 BauGB). Zur Beschleunigung und Vereinfachung kann die Gemeinde auch gem. § 28 V BauGB für das Gemeindegebiet oder sämtliche Grundstücke einer Gemarkung auf die Ausübung des Vorkaufsrechts verzichten.[42]

28 Nach § 28 II 1 BauGB wird das Vorkaufsrecht durch **privatrechtsgestaltenden Verwaltungsakt** gegenüber dem Verkäufer ausgeübt.[43] Der Verwendungszweck des Grundstücks ist anzugeben (§ 24 III 2 BauGB).[44] Da durch die Ausübung des Vorkaufsrechts auch oder sogar in erster Linie der Käufer betroffen wird, der das von ihm gekaufte Grundstück nicht erhält, ist der Verwaltungsakt auch ihm bekannt zu geben (§ 41 I 1 VwVfG).[45] Erst damit beginnt für ihn die einmonatige Frist (§ 70 I 1 VwGO), innerhalb derer er sich mit Widerspruch und anschließender Anfechtungsklage gegen die Ausübung des Vorkaufsrechts wehren kann. Das Vorkaufsrecht ist nicht übertragbar (§ 28 II 4 BauGB). Es kann jedoch von der Gemeinde nach Maßgabe des § 27 a BauGB **zugunsten eines Dritten** ausgeübt werden.[46]

---

[38] BK/*Paetow*, BauGB, § 27 Rn. 5.
[39] Schrödter/*Schrödter*, BauGB, § 27 Rn. 14 f.
[40] *VGH Mannheim* BRS 42 Nr. 110.
[41] *Bracher*, in: Gelzer/Bracher/Reidt, Bauplanungsrecht, Rn. 2551.
[42] *Stock*, ZfBR 1987, 10 (19).
[43] *BVerwG* BRS 74 Nr. 130; *BGH* NJW 1989, 37 (38); *OVG Lüneburg*, BRS 69 Nr. 124.
[44] Hierzu *BVerwG* NJW 1990, 2703 (2703).
[45] *BVerwG* BRS 39 Nr. 96; NJW 1989, 1626 (1627).
[46] Vgl. dazu BKL/*Krautzberger*, BauGB, § 27 a Rn. 1 ff.

IV. Rechtswirkungen

Die Rechtswirkungen der Ausübung des Vorkaufsrechts ergeben sich aus den §§ 463, 464 II, 465 bis 468 und 471 BGB, auf die § 28 II 2 BauGB verweist. Dies bedeutet insbesondere: Mit der Ausübung des Vorkaufsrechts kommt ein Kaufvertrag zwischen Veräußerer und Gemeinde zu den Bedingungen zustande, die Veräußerer und Erstkäufer vereinbart haben. Die **Gemeinde** tritt mithin nicht in den Erstvertrag ein, sondern **wird Partei eines neuen und selbstständigen Kaufvertrags mit dem Inhalt des Erstvertrags**. Lediglich Vertragsklauseln und vertragliche Verpflichtungen, die nur dazu dienen, die Ausübung des Vorkaufsrechts zu vereiteln oder zu erschweren, sind gegenüber dem Vorkaufsberechtigten unwirksam.[47] Der Kaufvertrag gibt der Gemeinde einen Anspruch auf Auflassung des Grundstücks und Einräumung des Besitzes. Sie kann den Auflassungsanspruch durch Vormerkung im Grundbuch sichern lassen (§ 28 II 3 BauGB). Kommt der Veräußerer seiner Verpflichtung zur Auflassung des Grundstücks nicht nach, muss die Gemeinde ihn auf dem Zivilrechtsweg auf Auflassung verklagen. Die Gemeinde schuldet den vereinbarten Kaufpreis und etwaige Nebenleistungen (§ 466 BGB),[48] sofern nicht der Kaufpreis unter den Voraussetzungen von § 28 III BauGB auf den Verkehrswert reduziert wird.[49] Mit Eintritt der Unanfechtbarkeit des Verwaltungsakts, mit dem das Vorkaufsrecht ausgeübt worden ist, **erlischt der Erstvertrag**.[50] Das gemeindliche Vorkaufsrecht geht anderen obligatorischen oder dinglichen Vorkaufsrechten vor. Für Erwerbsrechte an dem Grundstück, die bereits bestanden, bevor die gesetzlichen Vorkaufsrechte begründet wurden, ist nach § 28 VI BauGB Entschädigung zu leisten.

29

V. Veränderung des Kaufpreises

Von dem aus § 28 II 2 BauGB i. V. m. § 464 II BGB folgenden Grundsatz, dass der durch die Ausübung des Vorkaufsrechts begründete Zweitvertrag mit dem Inhalt, insbesondere mit dem Kaufpreis des Erstvertrags zustande kommt, macht **§ 28 III, IV BauGB** zwei Ausnahmen von großer Tragweite:

30

1. Reduzierung auf den Verkehrswert

Nach § 28 III BauGB kann die Gemeinde bei jeglichem Vorkaufsfall den **Kaufpreis auf den Verkehrswert (§ 194 BauGB) reduzieren**, wenn der im Grundstückskaufvertrag vereinbarte Kaufpreis den Verkehrswert in einer **dem Rechtsverkehr erkennbaren Weise deutlich überschreitet**.[51] Dies geschieht in dem Verwaltungsakt, mit dem das Vorkaufsrecht ausgeübt wird. Um verfassungsrechtlichen Bedenken gegen diese Kaufpreisreduzierung zu begegnen, räumt § 28 III 2 BauGB dem Verkäufer bis zum Ablauf eines Monats ein **Rücktrittsrecht** vom Erstvertrag ein, wodurch das Vorkaufsrecht

31

---

[47] *BGH* BRS 23 Nr. 98.
[48] Zur Übernahme von Maklerlohn *BGH* NJW 1982, 2068 (2069); *OLG Hamburg* MDR 1973, 1018.
[49] Siehe dazu auch nachfolgend § 17 Rn. 31 f.
[50] So *BGH* NJW 1986, 2643 (2644) wegen der Wortfassung des § 28 a VI BBauG/§ 28 III 4 BauGB beim preislimitierten Vorkaufsrecht. Dies dürfte analog für alle anderen Vorkaufsfälle gelten.
[51] Der Gesetzgeber übernimmt mit dem Begriff „dem Rechtsverkehr erkennbarer Weise" einen Terminus, den BVerwGE 57, 87 (98) zur Auslegung von § 153 II BauGB geprägt hat. Vgl. auch *BGH* NVwZ 1995, 409 (409); *LG Karlsruhe* NJW 1995, 1164 (1165); BK/Paetow, BauGB, § 28 Rn. 28.

gegenstandslos wird.⁵² Die §§ 346 bis 349 und 351 BGB sind entsprechend anzuwenden. Die Gemeinde trägt die Notariatskosten des Erstvertrags zum Verkehrswert (§ 28 III 4 BauGB). Übt der Verkäufer das Rücktrittsrecht nicht aus, bedarf es zum Eigentumserwerb der Gemeinde, anders als bei den sonstigen Vorkaufsfällen, keiner Auflassung (§ 28 III 5 BauGB). Die Gemeinde kann das Grundbuchamt ohne Mitwirkung des Verkäufers ersuchen, sie als neuen Eigentümer im Grundbuch einzutragen. Mit der Eintragung geht gem. § 28 III 6 BauGB das Eigentum auf sie über. Führt die Gemeinde das Grundstück nicht innerhalb einer angemessenen Frist dem mit der Ausführung des Vorkaufsrechts verfolgten Zweck zu, hat sie dem Verkäufer den **Unterschiedsbetrag** zwischen dem vereinbarten Kaufpreis und dem Verkehrswert **nachzuzahlen** (§ 28 III 7 BauGB) und ab Fälligkeit zu **verzinsen** (§§ 28 III 8, 44 III 2, 3 BauGB).⁵³

32   Die Gemeinde ist allerdings **nicht verpflichtet**, den Kaufpreis auf **den Verkehrswert zu reduzieren** („kann"). Sie kann es bei dem überhöhten Kaufpreis belassen und vermeidet dadurch das Rücktrittsrecht des Verkäufers.⁵⁴ In diesem Fall bedarf es wie beim Vorkaufsrecht zum Eigentumserwerb durch die Gemeinde der Auflassung.

2. Kaufpreis in Höhe des Entschädigungswerts

33   Wird das Vorkaufsrecht ausgeübt, weil das Grundstück in einem Bebauungsplan als Fläche für öffentliche Zwecke oder als Ausgleichsfläche festgesetzt ist (§ 24 I Nr. 1 BauGB) und sein Erwerb für die Durchführung des Bebauungsplans erforderlich ist und liegen zugleich die Voraussetzungen vor, unter denen das Grundstück enteignet werden könnte, gelten besondere Bestimmungen für die Ausübung des Vorkaufsrechts. Gem. § 28 IV BauGB hat die Gemeinde in dem Verwaltungsakt, mit dem sie das Vorkaufsrecht ausübt, zu bestimmen, dass statt des im Erstvertrag vorgesehenen Kaufpreises der niedrigere oder höhere Betrag zu zahlen ist, der im Falle der Enteignung als Entschädigung zu zahlen wäre.⁵⁵ Dies ist grundsätzlich der **Verkehrswert** (§ 95 I i. V. m. § 194 BauGB), der sich nach § 95 II bis IV BauGB reduzieren kann. Der Betrag ist wie eine Enteignungsentschädigung in entsprechender Anwendung des § 99 III BauGB zu **verzinsen**.⁵⁶ Mit der Unanfechtbarkeit des Bescheids über die Ausübung des enteignungsersetzenden Vorkaufsrechts geht das Eigentum an dem Grundstück über, sobald das Grundbuchamt auf Ersuchen der Gemeinde diese im Grundbuch als Eigentümer eingetragen hat (§ 28 IV 2, 3 BauGB). Einer **Mitwirkung** des Veräußerers bedarf es, anders als bei der Ausübung des nicht enteignungsersetzenden Vorkaufsrechts, **nicht**.

VI. Rechtsschutz

34   Der Verwaltungsakt über die Ausübung des Vorkaufsrechts kann von Verkäufer und Käufer mit **Widerspruch** und verwaltungsgerichtlicher **Anfechtungsklage** angegriffen werden.⁵⁷ Sie haben nach § 80 I VwGO aufschiebende Wirkung.⁵⁸ Gegen den

---

⁵² Vgl. auch *Grziwotz*, NVwZ 1994, 215 (216).
⁵³ *Bracher*, in: Gelzer/Bracher/Reidt, Bauplanungsrecht, Rn. 2577; Schrödter/*Schrödter*, BauGB, § 28 Rn. 35 f.
⁵⁴ BKL/*Krautzberger*, BauGB, § 28 Rn. 11.
⁵⁵ *BGH* NJW 2008, 515 (516 f.).
⁵⁶ *BGH* NJW 1987, 494 (495).
⁵⁷ *BVerwG* BRS 39 Nr. 96; *OVG Münster* NJW 1981, 1467 (1467 f.); *OVG Lüneburg* BRS 36 Nr. 120; *VGH München* BRS 35 Nr. 90; *OVG Koblenz* BRS 70 Nr. 118; BKL/*Krautzberger*, BauGB, § 28 Rn. 21; BK/*Paetow*, BauGB, § 28 Rn. 53.
⁵⁸ Dazu *BGH* NJW 1989, 37 (38); *OVG Lüneburg* NJW 1976, 159 (160).

Verwaltungsakt, mit dem neben der Ausübung des Vorkaufsrechts zugleich der Kaufpreis dem Verkehrswert (§ 28 III BauGB) oder der Enteignungsentschädigung (§ 28 IV BauGB) angepasst wird, ist nach **§ 217 BauGB** der Antrag auf gerichtliche Entscheidung gegeben, über den die **Kammer für Baulandsachen** beim Landgericht entscheidet.

VII. Reprivatisierung

Die Eigentumsgarantie des Art. 14 GG gewährt dem von einer Enteignung betroffenen **früheren Eigentümer** eines Grundstücks ein **Grunderwerbsrecht**, wenn der Zweck der Enteignung nicht verwirklicht wird.[59] § 89 I Nr. 1 BauGB überträgt dies auf die Ausübung des Vorkaufsrechts.[60] Zugleich soll einer Konzentration von Grundeigentum in öffentlicher Hand entgegengewirkt werden. Dementsprechend sind nach Maßgabe des § 89 II BauGB die durch Ausübung des gemeindlichen Vorkaufsrechts **erworbenen Grundstücke** von der Gemeinde **zu veräußern**, sobald der mit dem Erwerb des Grundstücks verfolgte Zweck verwirklicht werden kann oder entfallen ist. Die Veräußerung hat an Bauwillige zu geschehen, die glaubhaft machen, dass sie das Grundstück entsprechend seiner Zweckbestimmung nutzen werden. **Vorrangig** sind die von dem Vorkaufsrecht betroffenen **früheren Käufer** zu berücksichtigen.

35

Lösung zu Fall 15:

Die Voraussetzungen für die Ausübung des Vorkaufsrechts nach § 25 BauGB sind erfüllt, insbesondere ist es entsprechend den Vorgaben des § 25 II 1 iVm. § 24 III 1 BauGB durch das „**Wohl der Allgemeinheit** gerechtfertigt". Die Ausübung des Vorkaufsrechts zielt auf eine Umgestaltung des ehemaligen Bundeswehrdepots und seine ökologische, auch naturschutzfachlich abgestützte Aufwertung ab. Die Durchsetzung dieses Planungsziels ist in der Hand der Gemeinde am ehesten gewährleistet. Es geht um **kostenträchtige** und **vorleistungspflichtige Maßnahmen** wie typischerweise die Entsiegelung von Verkehrsflächen und den Abriss verschiedener Gebäude. Endpunkt der Bemühungen soll die Beseitigung bzw. Milderung eines optisch und funktionell störenden Landschaftseingriffs im Außenbereich sein, der durch das ehemalige Militärdepot mit seinen vielfältigen militärtypischen Bau- und Erschließungsmaßnahmen ausgelöst wird. Dies ist bei privatem Grundeigentum nicht in gleicher Weise zu erwarten oder zu verlangen, wie in der Hand der Gemeinde.

36

§ 18. Die Grundzüge der Bodenordnung

Schrifttum: *Baur*, Private Baulandumlegung, in: Festschr. für Mühl, 1981, S. 71; *Dieterich*, Baulandumlegung, 5. Aufl. 2006; *Freiherr von und zu Franckenstein/Gräfenstein*, Die Umlegung – Kostensparmodell für die Baulandentwicklung, BauR 2008, 463; *Haas*, Die Baulandumlegung – Inhalts- und Schrankenbestimmung des Eigentums, NVwZ 2002, 272; *Kolenda*, Die

---

[59] BVerfGE 38, 175 (179 ff.) = NJW 1975, 37.
[60] Bei Ausübung des Vorkaufsrechts zugunsten Dritter und späterer Zweckentfremdung gilt § 27 a III BauGB.

vereinfachte Umlegung im Baugesetzbuch – eingeführt durch das Europarechtsanpassungsgesetz Bau (EAG Bau), ZfBR 2005, 538; *Löhr*, Das neue Baugesetzbuch – Bodenordnung und Erschließung, NVwZ 1987, 545; *Numberger*, Rechtsprobleme der Baulandumlegung BayVBl. 1988, 737; *Otte*, Entschädigungsansprüche im Rahmen der Umlegung, ZfBR 2010, 117; *Rothe*, Der Umlegungsausschuß nach dem Baugesetzbuch in den neuen Bundesländern, LKV 1994, 86; *Stadler*, Umlegungsrecht und Erschließungsrecht – Änderungen durch die BauGB-Novelle 1998, ZfBR 1998, 12; *Stemmler*, Fortentwicklung des Rechts der Bodenordnung nach dem Baugesetzbuch, DVBl. 2003, 165; *Uechtritz*, Zur Rechtsnatur der Umlegung, ZfIR 2001, 722; *Vondung*, Die freiwillige Umlegung, 1986.

Fall 16 (nach *BVerwG* NVwZ 1993, 1183):

1 Der Bauunternehmer B besitzt im Außenbereich (§ 35 BauGB) der Gemeinde G einige Grundstücke. Diese werden in das Planungsgebiet des Bebauungsplans Nr. 321 einbezogen und zugleich Gegenstand einer planakzessorischen Umlegung nach § 45 S. 2 Nr. 1 BauGB. Der Umlegungsplan gem. § 66 BauGB führt sodann zu einer Neuverteilung der Grundstücke, die B missfällt. B hatte sich die Zuteilung attraktiver Grundstücke gewünscht. Nachdem der Umlegungsplan bestandskräftig geworden ist, kommt es zu einem Normenkontrollverfahren gegen den Bebauungsplan Nr. 321. Im gerichtlichen Verfahren wird der Bebauungsplan für unwirksam erklärt. B, der sich ohnehin durch den Umlegungsplan benachteiligt fühlte, will seine früheren Grundstücke nunmehr zurück. Der von der Gemeinde eingesetzte Umlegungsausschuss verweist demgegenüber auf die Bestandskraft des Umlegungsplans, der von der Wirksamkeit des Bebauungsplans unberührt bleibe. Wie ist die Rechtslage?
Lösung: Rn. 15

2 Die Verwirklichung einer geordneten städtebaulichen Entwicklung erfordert oftmals eine Neuordnung der Grundstücksverhältnisse: ein Gebiet soll bebaut und muss zuvor erschlossen werden, die Grundstücke entsprechen nicht den festgesetzten Höchst- oder Mindestgrößen (§ 9 I Nr. 3 BauGB) oder die vom Bebauungsplan vorgesehene Bebauung setzt einen anderen Zuschnitt der Grundstücke voraus. Die Enteignung hilft hier nicht weiter, da sie zur Verwirklichung des Bebauungsplans nicht erforderlich ist, solange der Eigentümer zur plangemäßen Bebauung bereit ist.[1] Es genügt eine **Neuordnung** der Grundstücke **unter den vorhandenen Eigentümern**. Dem dienen Umlegung (§§ 45 bis 79 BauGB) und vereinfachte Umlegung (§§ 80 bis 84 BauGB), die das BauGB unter dem Begriff der „**Bodenordnung**" zusammenfasst.[2] Bodenordnenden Charakter hat auch die hier nicht weiter zu erörternde Flurbereinigung aus Anlass einer städtebaulichen Maßnahme der §§ 190 BauGB, 87 I FlurbG.[3] Sie dient der Verwirklichung eines städtebaulichen Vorhabens, das land- und forstwirtschaftliche Grundstücke in Anspruch nimmt, wenn der hierdurch entstehende Landverlust auf einen größeren Kreis von Eigentümern verteilt oder Nachteile für die allgemeine Landeskultur vermieden werden sollen.

---

[1] Siehe auch nachfolgend § 19 Rn. 5.
[2] Vorläufer der heutigen Umlegung finden sich im Umlegungsgesetz v. 26. 6. 1936 (RGBl. I S. 518) und der Reichsumlegungsordnung v. 16. 6. 1937 (RGBl. I S. 629), die – insoweit der Flurbereinigung verwandt und nicht frei von nationalsozialistischem Gedankengut – der „Verbesserung der Ernährungs- und Selbstversorgungsgrundlage des deutschen Volkes" dienten.
[3] Sog. „Unternehmensflurbereinigung". Dazu BVerfGE 74, 264 (284 ff.) – Boxberg = NJW 1987, 1251; BVerwGE 135, 110 (116 ff.); *BVerwG*, Buchholz 424.01 § 28 FlurbG Nr. 13.

I. Umlegung

1. Begriff der Umlegung

Die Umlegung ist ein **öffentlich-rechtliches Grundstückstauschverfahren**, das darauf abzielt, im Geltungsbereich eines Bebauungsplans (§ 30 BauGB) oder im Zusammenhang bebauten Ortsteile (§ 34 BauGB) zur Erschließung oder Neugestaltung bestimmter Gebiete bebaute und unbebaute Grundstücke in der Weise neu zu ordnen, dass nach Lage, Form und Größe für die bauliche oder sonstige Nutzung zweckmäßig gestaltete Grundstücke entstehen (§ 45 BauGB). Wird mit der Umlegung dieses Ziel in Wirklichkeit nicht verfolgt oder kann es nicht erreicht werden, ist die Umlegung rechtswidrig.[4]

2. Voraussetzungen der Umlegung

Eine Umlegung darf nach § 45 BauGB im **Geltungsbereich eines Bebauungsplans** oder **innerhalb der im Zusammenhang bebauten Ortsteile**, nicht hingegen im Außenbereich durchgeführt werden.

a) Umlegung im Geltungsbereich eines Bebauungsplans

Die **planakzessorische Umlegung** nach § 45 S. 2 Nr. 1 BauGB ist der bei weitem häufigste Fall der Umlegung. Der Bebauungsplan braucht bei Einleitung des Umlegungsverfahrens noch nicht aufgestellt zu sein. Es genügt, wenn er vor dem Beschluss über die Aufstellung des Umlegungsplans in Kraft tritt (§ 47 II BauGB).[5] Dies gestattet es, die Verfahren der Bauleitplanung und der Umlegung weitgehend parallel zu führen. Daher kann ein nichtiger Bebauungsplan, zu dessen Verwirklichung ein Umlegungsverfahren betrieben wird, durch einen fehlerfreien Bebauungsplan ersetzt werden, solange der Umlegungsplan nicht beschlossen ist.[6] Erweist sich ein der Umlegung zugrunde gelegter Bebauungsplan als nichtig, ist der Umlegungsplan unwirksam und die Umlegung rechtswidrig.[7] Die planakzessorische Umlegung ist zulässig, wenn und sobald sie **zur Verwirklichung eines Bebauungsplans erforderlich** ist (§ 46 I BauGB).[8] Dies ist insbesondere der Fall, wenn im Plangebiet nur durch ein Verfahren der Bodenordnung dem Gebot der gerechten Abwägung der privaten Belange untereinander Rechnung getragen werden kann.[9] Ist bei Einleitung des Umlegungsverfahrens der Bebauungsplan noch nicht festgesetzt, müssen die planerischen Vorstellungen der Gemeinde soweit entwickelt sein, dass sie die verlässliche Schlussfolgerung zu tragen vermögen, die Umlegung sei zur Verwirklichung des künftigen Bebauungsplans erforderlich.[10] Die Umlegung ist unzulässig, wenn die Eigentümer bereit und in der Lage sind, ihre Grundstücke auf privatrechtlicher Grundlage selbst neu zu gestalten; in diesem Fall mangelt es an der Erforderlichkeit.[11] Ein **Rechtsanspruch** gegen die Gemeinde auf Umlegung besteht nicht (§ 46 III BauGB).[12]

---

[4] *BGH* BRS 45 Nr. 200.
[5] *OLG München* NVwZ 1987, 1020 (1020).
[6] *BGH* NJW 1974, 947 (947 f.).
[7] BGHZ 66, 322 (331) = NJW 1976, 1745; *BGH* NVwZ 1984, 750 (750).
[8] Vgl. *Freiherr von und zu Franckenstein/Grafenstein*, BauR 2008, 463 (463 f.).
[9] *BGH* NJW 1977, 388 (389 f.) – Wendehammer.
[10] *BGH* NJW 1987, 3260 (3262).
[11] Zur privaten Umlegung *Baur*, in: Festschr. für Mühl, 1981, S. 71 ff.
[12] Allerdings kann ein Anspruch auf Rückabwicklung einer fehlgeschlagenen Umlegung in

b) Umlegung innerhalb der im Zusammenhang bebauten Ortsteile

6 Innerhalb der im Zusammenhang bebauten Ortsteile (§ 34 BauGB) ist eine Umlegung nach § 45 S. 2 Nr. 2 BauGB zulässig, wenn sich aus der Eigenart der näheren Umgebung oder einem einfachen Bebauungsplan (§ 30 III BauGB) **hinreichende Kriterien für die Neuordnung der Grundstücke** ergeben.[13] Auch wenn die Umlegung Inhaltsbestimmung des Eigentums und nicht Enteignung ist,[14] gelten für sie die Verfassungsgrundsätze der Erforderlichkeit und der Verhältnismäßigkeit. Die Umlegung in einem im Zusammenhang bebauten Ortsteil muss daher aus **städtebaulichen Gründen** notwendig sein.

3. Durchführung der Umlegung

7 Die Umlegung wird **von der Gemeinde** (Umlegungsstelle) **in eigener Verantwortung** angeordnet und durchgeführt (§ 46 I 1 BauGB). Nach Maßgabe des Landesrechts können von der Gemeinde Umlegungsausschüsse gebildet werden (§ 46 II Nr. 1 BauGB).[15] Auch kann die Gemeinde ihre Befugnisse zur Durchführung der Umlegung auf andere Behörden übertragen (§ 46 IV BauGB). Beteiligte des Umlegungsverfahrens sind nach § 48 BauGB insbesondere die Eigentümer der betroffenen Grundstücke und die Inhaber von Rechten an diesen Grundstücken.

a) Umlegungsbeschluss

8 Die Umlegung wird gem. § 47 I 1 BauGB nach **Anhörung der Eigentümer** durch den **Umlegungsbeschluss** der Umlegungsstelle eingeleitet.[16] Er bezeichnet das Umlegungsgebiet und führt die darin gelegenen Grundstücke auf (§ 47 I 2, 3 BauGB).[17] Das **Umlegungsgebiet** ist so zu begrenzen, dass sich die Umlegung zweckmäßig durchführen lässt; insofern besteht ein Ermessen der Umlegungsbehörde.[18] Einzelne Grundstücke können von der Umlegung ausgenommen werden (§ 52 II BauGB). Über das Umlegungsgebiet werden eine Umlegungskarte und ein Verzeichnis der Grundstücke (Bestandskarte und Bestandsverzeichnis) angelegt (§ 53 I 1 BauGB). Eine Auseinandersetzung mit den voraussichtlichen Kosten der Umlegung für betroffene Eigentümer muss jedoch nicht erfolgen.[19] Der Umlegungsbeschluss wird ortsüblich bekannt gemacht (§ 50 I BauGB). Dies löst nach § 51 BauGB eine **Verfügungs- und Veränderungssperre** aus.[20] Insbesondere bedürfen Grundstücksteilungen, Verfügungen oder Vereinbarungen über Grundstücksrechte, erhebliche oder wesentlich wertsteigernde Veränderungen der Grundstücke oder die Errichtung oder Änderung bestimmter baulicher Anlagen der Genehmigung. Diese ist ein **privatrechtsgestaltender Verwaltungsakt**,[21] der nur versagt werden darf, wenn Grund zu

---

Betracht kommen; vgl. BVerwGE 85, 96 (99); *BVerwG* NVwZ 1993, 1183 (1183 f.). Zu einem Anspruch auf Umlegung unter besonderen Umständen siehe BKL/*Löhr*, BauGB, § 46 Rn. 8.

[13] Vgl. dazu auch *Lüers*, Investitionserleichterungs- und Wohnbaulandgesetz, ZfBR 1993, 106 (109).

[14] Grundlegend BVerfGE 104, 1 (9); *BGH* NVwZ 2001, 233 (234); *Haas*, NVwZ 2002, 272; *Uechtritz*, ZfIR 2001, 722 (723).

[15] *Rothe*, Der Umlegungsausschuß nach dem Baugesetzbuch in den neuen Bundesländern, LKV 1994, 86; *Dieterich*, Baulandumlegung, Rn. 64 ff.

[16] Die Einführung des Anhörungsrechts ist eine Reaktion auf *BGH* NVwZ 2002, 509 (510 f.).

[17] *OLG Koblenz* OLGR Koblenz 2001, 311 (311 f.).

[18] *BGH* NVwZ-RR 1998, 8 (8); NVwZ 2001, 233 (234 f.).

[19] *BVerwG* BauR 2008, 1106 (1107).

[20] BGHZ 100, 148 (152); *Numberger*, BayVBl. 1988, 737 (739).

[21] BKL/*Löhr*, BauGB, § 51 Rn. 4;

der Annahme besteht, dass das Vorhaben die Durchführung der Umlegung unmöglich machen oder wesentlich erschweren würde (§ 51 III 1 BauGB). Über die Genehmigung ist grundsätzlich **innerhalb eines Monats** zu entscheiden (§ 51 III 2 i. V. m. § 22 V 2 BauGB), sofern diese Frist nicht ausnahmsweise gem. § 51 III 2 i. V. m. § 22 V 3 BauGB um bis zu drei Monate verlängert wird. Sie gilt als erteilt, wenn sie nicht fristgerecht versagt wird (vgl. § 51 III 2 i. V. m. § 22 V 4 BauGB). Im **Grundbuch** wird ein Umlegungsvermerk eingetragen (§ 54 I 2 BauGB), welcher der Information und der Sicherung der Einhaltung der Verfügungssperre des § 51 BauGB dient.

b) Vorbereitung der Neuordnung

Als „Grundstückstauschverfahren" wird die Umlegung von dem **Grundsatz anteiliger und prinzipiell wertgleicher Abfindung** in Land bestimmt:[22] Jeder Eigentümer erhält für sein in das Umlegungsverfahren eingebrachtes Grundstück anteilig wertgleiches Land zurück, häufig das eingebrachte Grundstück mit verändertem Zuschnitt. Rechtlich setzt sich sein Eigentum ungebrochen an einem verwandelten Grundstück fort (§ 63 I BauGB). Eine so strukturierte Umlegung ist Inhaltsbestimmung des Eigentums, nicht Enteignung.[23]

9

Die Ermittlung der zur Verteilung kommenden Grundstücke, ihre Bewertung, die Festlegung der Neuordnung und die Zuteilung der neugeordneten Grundstücke sind das Herzstück des Umlegungsverfahrens. Um die Neugestaltung vorzubereiten, werden nach § 55 I BauGB die im Umlegungsgebiet gelegenen Grundstücke rechnerisch – nicht rechtlich – zu einer Masse (**Umlegungsmasse**) vereinigt. Sie umfasst sämtliche Grundstücke des Umlegungsgebiets, die Privatgrundstücke ebenso wie die für öffentliche Zwecke genutzten Flächen. Aus der Umlegungsmasse werden sodann nach § 55 II BauGB vorweg die **Flächen ausgeschieden** und der Gemeinde oder sonstigen Erschließungsträgern zugeteilt, die nach dem Bebauungsplan als örtliche Verkehrsflächen, für Parkplätze, Grünanlagen oder für ähnliche Zwecke oder als Flächen zum Ausgleich für Eingriffe in Natur und Landschaft (§ 1 a III BauGB) dienen sollen.[24] Die Gemeinde erhält diese Flächen unentgeltlich und wird durch sie zugleich für die von ihr in die Umlegungsmasse eingeworfenen Flächen abgefunden (§ 55 III BauGB). Die nach Abzug dieser Flächen von der Umlegungsmasse rechnerisch verbleibenden Flächen bilden nach § 55 IV BauGB die **Verteilungsmasse**. Sie wird an diejenigen verteilt, die Grundstücke in die Umlegungsmasse eingeworfen haben. Die Verteilungsmasse ist wegen des Vorwegabzugs in der Regel kleiner als die Umlegungsmasse.

10

c) Verteilungsgrundsätze

Die Verteilungsmasse wird unter den beteiligten Grundstückseigentümern verteilt. Der dem einzelnen Eigentümer zustehende Anteil an der Verteilungsmasse wird als „**Sollanspruch**" bezeichnet. Er errechnet sich gem. § 56 I BauGB nach dem Verhältnis der Flächen oder der Werte, in dem die in die Umlegungsmasse eingeworfenen Grundstücke vor der Umlegung zueinander gestanden haben (vgl. §§ 57, 58 BauGB).[25] Wer beispielsweise flächen- oder wertmäßig an der Umlegungsmasse mit 1% beteiligt war, hat einen Sollanspruch auf 1% der Verteilungsmasse. Entsprechend

11

---

[22] *BGH* BRS 45 Nr. 194; BRS 45 Nr. 200.
[23] *BGH* NJW 1985, 3073 (3074); NJW 1984, 2219 (2219).
[24] Vgl. dazu *Stadler*, ZfBR 1998, 12 (13); *Löhr*, NVwZ 1987, 545 (546).
[25] Einzelheiten zu dieser gelegentlich außerordentlich schwierigen Ermittlung bei *Dieterich*, Baulandumlegung, Rn. 173 ff.

ihrem Sollanspruch erhalten die Eigentümer aus der Verteilungsmasse Grundstücke zugeteilt, die sich nach Möglichkeit in **gleicher oder in gleichwertiger Lage** wie die eingeworfenen Grundstücke befinden sollen (§ 59 I BauGB).[26] Ist es unter Berücksichtigung des Bebauungsplans und sonstiger baurechtlicher Vorschriften nicht möglich, den nach den §§ 57, 58 BauGB errechneten Sollanspruch tatsächlich zuzuteilen, findet nach Maßgabe der §§ 59 ff. BauGB ein **Wertausgleich** in Geld statt,[27] ausnahmsweise in anderer Sonderform (§ 59 IV BauGB).[28] In der Regel werden die eingeworfenen Grundstücke durch die Umlegung wertvoller. Die **Abschöpfung** dieser Werte erfolgt dadurch, dass dem Eigentümer ein kleineres Grundstück zugeteilt wird oder er eine Ausgleichszahlung zu leisten hat (§§ 57 S. 5 und 58 I 4, II, III BauGB).[29]

d) Umlegungsplan

12 Die Verteilung im Einzelnen erfolgt durch den **Umlegungsplan**, den die Umlegungsstelle durch Beschluss nach Erörterung mit den Eigentümern[30] aufstellt und der keiner Begründung bedarf[31]. Der Umlegungsplan besteht aus der Umlegungskarte und dem Umlegungsverzeichnis (§ 66 III BauGB) und enthält den in Aussicht genommenen Neuzustand des Umlegungsgebiets mit allen tatsächlichen und rechtlichen Änderungen (§ 66 II 1 BauGB). Er bestimmt auch, welche Grundstücksrechte aufgehoben, geändert oder neu begründet werden (§ 61 1 BauGB). Soweit eine Aufhebung oder Änderung von Rechten im Umlegungsplan nicht bestimmt ist, gehen nach dem **Surrogationsprinzip des § 63 BauGB** die an den in die Umlegungsmasse eingeworfenen Grundstücken bestehenden Rechte kraft Gesetzes und ohne dass es ihrer Erwähnung im Umlegungsplan bedarf, auf die zugeteilten Grundstücke über;[32] dies gilt entsprechend auch für Geldabfindungen. Der Umlegungsplan ist **Verwaltungsakt**[33], der gem. § 217 BauGB mit dem Antrag auf gerichtliche Entscheidung angefochten werden kann. Mit Eintritt seiner Unanfechtbarkeit tritt der Umlegungsplan in Kraft (§ 71 BauGB). Sobald dies ortsüblich bekannt gemacht ist, wird nach § 72 I 1 BauGB der **bisherige Rechtszustand im Umlegungsgebiet durch den neuen Rechtszustand ersetzt.** Diese Änderung vollzieht sich außerhalb des Grundbuchs: Soweit im Umlegungsplan bestimmt, erlöschen die bisherigen Rechte oder ändern sich. Im Übrigen gehen nach § 63 I BauGB die an den eingeworfenen Grundstücken bestehenden Rechte, wie etwa Grundpfandrechte oder dingliche oder obligatorische Nutzungsrechte auf das zugeteilte neue Grundstück über. Das Grundbuch ist zu berichtigen (§ 74 BauGB). Die neuen Eigentümer werden kraft Gesetzes in den Besitz des neuen Grundstücks eingewiesen (§ 72 I 2 BauGB). Notfalls hat die Gemeinde die Beteiligten in die neuen Besitz- und Nutzungsrechte mit den Mitteln des Verwaltungszwangs einzuweisen. Unter den Voraussetzungen des § 77 BauGB findet bereits vor dem Inkrafttreten des Umlegungsplans eine vorzeitige Besitzeinweisung statt.

---

[26] *BGH* NVwZ 2001, 233 (234).
[27] *BGH* MDR 1978, 125; vgl. dazu auch *Otte*, ZfBR 2010, 117 (119 f.).
[28] BGHZ 168, 346 (349 f.) = NVwZ 2007, 118.
[29] *Stemmler*, DVBl. 2003, 165 (169).
[30] *BGH* NJW 1992, 2637 (2638).
[31] *BGH* NVwZ 1991, 1022.
[32] BGHZ 51, 341 (345); 100, 148 (156).
[33] BGHZ 66, 322 (331); *BGH* NVwZ 1982, 331 (331); NVwZ 1991, 1022.

II. Freiwillige Umlegung

Neben der öffentlich-rechtlichen Umlegung der §§ 45 ff. BauGB gibt es die „freiwillige Umlegung".[34] Hierbei handelt es sich um eine von den Eigentümern selbst **mit den Mitteln des Privatrechts durchgeführte Neuordnung** der Grundstücksverhältnisse. Sie lässt Regelungen auch über den Rahmen der §§ 45 ff. BauGB hinaus zu und ist deshalb zuweilen besser geeignet, Besonderheiten des Einzelfalls Rechnung zu tragen.[35] Sie ist im BauGB weder geregelt noch ausgeschlossen[36] und wird in § 11 I Nr. 1 BauGB als möglicher Gegenstand eines städtebaulichen Vertrags („Neuordnung der Grundstücksverhältnisse") erwähnt.[37] Sofern sie möglich ist, schließt sie die Durchführung einer Umlegung nach §§ 45 ff. BauGB aus, die dann zur Planverwirklichung nicht erforderlich ist.[38] Die freiwillige Umlegung erfolgt durch einen **privatrechtlichen Vertrag** der Grundstückseigentümer untereinander, dessen wesentlicher Inhalt die Neuordnung der Grundstücksverhältnisse durch Kauf oder Tausch ist.[39] Er bedarf nach § 311 b I BGB der notariellen Beurkundung. Bei größeren Gebieten hat sich die vorübergehende Übertragung der Flächen auf einen Umlegungsträger bewährt. Er ordnet die Flächen neu, übereignet dem Erschließungsträger die nach dem Bebauungsplan festgesetzten örtlichen Verkehrsflächen, teilt die übrigen Grundstücke den bisherigen Eigentümern zu, vereinbart Ausgleichszahlungen und verteilt die Kosten der Umlegung. Auch dies geschieht durch bürgerlich-rechtlichen Vertrag,[40] der teils Gesellschafts-, teils Kauf- oder Tauschvertrag ist.[41]

13

III. Vereinfachte Umlegung

Die vereinfachte Umlegung (früher: „Grenzregelung") der §§ 80 ff. BauGB ist ein **reduziertes Umlegungsverfahren**. Es ist dazu bestimmt, zur Herbeiführung einer ordnungsgemäßen Bebauung und Erschließung oder zur Beseitigung baurechtswidriger Zustände im Geltungsbereich eines Bebauungsplans oder innerhalb der im Zusammenhang bebauten Ortsteile benachbarte Grundstücke[42] oder Teile davon gegeneinander auszutauschen oder benachbarte Grundstücke, insbesondere Splittergrundstücke oder Teile benachbarter Grundstücke einseitig zuzuteilen, sofern dies im Einzelfall dem öffentlichen Interesse dienlich oder geboten ist (§ 80 I 1, 3 BauGB).

14

---

[34] Eingehend *Dieterich*, Baulandumlegung, Rn. 465 ff.; *Baur*, in: Festschr. für Mühl, 1981, S. 71 ff.; *Vondung*, Die freiwillige Umlegung, 1986.
[35] Schrödter/*Breuer*, BauGB, § 45 Rn. 45. Auf den Verhältnismäßigkeitsgrundsatz abstellend BK/*Spannowsky*, BauGB, Vor §§ 45–84 Rn. 29.
[36] *BVerwG* NJW 1985, 989 (989 f.); *BVerwG* NVwZ 2002, 473 (474). § 79 BauGB gewährt Abgaben- und Auslagenbefreiung für Geschäfte, die der „Vermeidung der Umlegung" dienen und erkennt damit umlegungsvermeidende private Rechtsvorgänge als legitim an.
[37] Vgl. hierzu auch *BVerwG* NVwZ 2002, 473 (474 f.); *VGH München* NVwZ 2001, 694 (695); *Busse*, Städtebauliche Verträge im Lichte der Rechtsprechung, Bayerischer Gemeindetag 2009, 356 (360).
[38] *BVerwG* NJW 1985, 989 (989 f.); *BGH* NJW 1981, 2124 (2124); BKL/*Löhr*, § 46 Rn. 5.
[39] *BVerwG* NVwZ 2002, 473 (474 f.); Schrödter/*Quaas/Kukk*, BauGB, § 11 Rn. 11.
[40] Es ist auch möglich, die freiwillige und die amtliche Umlegung zu kombinieren, um städtebaulichen Interessen noch stärkeres Gewicht zu schenken. In diesem Fall wird durch privatrechtlichen Vertrag die amtliche Umlegung vorgezeichnet und anschließend amtlich vollzogen. Vgl. dazu *Freiherr von und zu Franckenstein/Gräfenstein*, BauR 2008, 463 (467 ff.); EZBK/*Krautzberger*, BauGB, § 11 Rn. 119.
[41] Vertragsmuster bei *Dieterich*, Baulandumlegung, Rn. 483.
[42] Es werden sowohl „aneinander angrenzende" als auch „in enger Nachbarschaft liegende" Grundstücke erfasst; vgl. dazu *Stemmler*, DVBl. 2003, 165 (166); *Kolenda*, ZfBR 2005, 538 (540).

Die Zahl der in eine Grenzregelung einbeziehbaren Grundstücke wird vom Gesetz nicht beschränkt. Jedoch dürfen die Grundstücke und Grundstücksteile, die Gegenstand der Grenzregelung sind, nicht selbstständig bebaubar sein,[43] und es darf durch die Grenzregelung für den Grundstückseigentümer nur eine unerhebliche Wertminderung eintreten (§ 80 I 2, II 2 BauGB). Dadurch ist dem Verfahren der vereinfachten Umlegung ein enger Rahmen gesetzt. Die durch die vereinfachte Umlegung bewirkten Wertminderungen oder sonstigen Wertänderungen sind gem. § 81 BauGB in Geld auszugleichen.[44] Das Verfahren bestimmt sich nach den §§ 82 bis 84 BauGB.

Lösung zu Fall 16:

15 Dem Umlegungsausschuss muss zunächst zugestanden werden, dass sich das Fehlen eines (wirksamen) Bebauungsplans und sogar seine Nichtigerklärung in einem Normenkontrollverfahren auf einen unanfechtbaren **Umlegungsplan** nach § 66 BauGB nicht unmittelbar auswirken, obwohl das Bestehen eines Bebauungsplans materielle Voraussetzung für die Aufstellung des Umlegungsplans ist. Denn der Umlegungsplan wird als Verwaltungsakt erlassen und wird somit nach Ablauf der Widerspruchsfrist **unanfechtbar**. In diesem Moment endet also an sich die Abhängigkeit des Umlegungsplans von einem (wirksamen) Bebauungsplan. Gleichwohl bleibt der Bebauungsplan, zu dessen Verwirklichung der Umlegungsplan aufgestellt worden ist, **materielle Grundlage** des Umlegungsplans. Der Bebauungsplan, nicht der unanfechtbare Umlegungsplan, vermittelt den Grundstücken die ihnen zugedachte Baulandqualität. Erweist sich der Bebauungsplan als nichtig, können die Grundstücke, sofern sie nicht im Einzelfall nach § 34 BauGB in derselben Weise bebaubar sind, nicht mehr entsprechend den planerischen Festsetzungen, die Grundlage für eine Neuverteilung der Flächen im Umlegungsgebiet waren, baulich genutzt werden. Je nach den Umständen des Einzelfalls kann sich sogar ergeben, dass die zugeteilten Grundstücke als Außenbereichsgrundstücke (§ 35 BauGB) praktisch nicht bebaubar sind. Die auf der Nichtigkeit des Bebauungsplans beruhende Zweckverfehlung des Umlegungsverfahrens führt somit zu einer materiell fehlerhaften Neuverteilung des Bodens, die mit Rücksicht auf die Garantie des Eigentums in Art. 14 I GG einer Korrektur bedarf. Für die danach gebotene Rückabwicklung kommt allein ein auf eine entsprechende Anwendung des § 73 BauGB gestützter Anspruch auf **Änderung des Umlegungsplans** in Betracht. Im Rahmen dieser Änderung wird es voraussichtlich zu einer – für B gegebenenfalls attraktiveren – neuen Zuteilung der Grundstücke kommen.

§ 19. Die Enteignung zu städtebaulichen Zwecken

Schrifttum: *Aust/Jacobs/Paternak*, Die Enteignungsentschädigung, 6. Aufl., 2007; *Kapsa*, Aus der neueren Rechtsprechung des BGH zur Enteignungsentschädigung, insbesondere bei Drittrechten, NVwZ 2003, 1423; *Labbé/Bühring*, Baulandausweisung und Abschöpfung von Planungsgewinnen, BayVBl. 2007, 289; *Scheidler*, Die vorzeitige Besitzeinweisung nach § 116 BauGB, BauR 2010, 42.

---

[43] *Kolenda*, ZfBR 2005, 538 (540 f.); *Stemmler*, DVBl. 2003, 165 (166 f.).
[44] Dazu *Otte*, ZfBR 2010, 117 (121).

Fall 17 (nach BGHZ 90, 243):

A besitzt einen kleinen Handwerksbetrieb verbunden mit einem kleinen Wohnhaus in der Gemeinde G. Die Gemeinde hat auf dem entsprechenden Grundstück eine Nutzung festgesetzt, welcher der A nicht nachkommt. Die Gemeinde G erwägt deshalb, das Grundstück gem. § 85 I Nr. 1 BauGB zu enteignen. Zuvor macht sie dem A jedoch das Angebot, das Grundstück zum Verkehrswert zu kaufen. A lehnt dies ab. Er verweist darauf, dass er von der Gemeinde G für sein schönes Grundstück ein angemessenes Angebot erwarte. Sofern die Gemeinde seinen Betrieb „an sich reiße", müsse sie ihm auch die Gewinnerwartung ausgleichen, die sein Betrieb voraussichtlich in Zukunft habe; im Übrigen könne er für einen längeren Zeitraum gar keinen Erlös erzielen, da er erst an einem anderen Standort ein neues Gewerbe errichten müsse. Und schließlich zwinge ihn der Verkauf zu einem kostspieligen Umzug. Diese Umstände müssten auch im Angebot der Gemeinde Niederschlag finden. Dieser Einlassung des A hält die Gemeinde entgegen, dass im privaten Rechtsverkehr auch kein Ausgleich für den Umzug des vormaligen Eigentümers gewehrt werde. Außerdem sei die behauptete Gewinnerwartung des A in Zukunft gar nicht absehbar. Kommt eine Enteignung der Gemeinde nunmehr in Betracht?
Lösung: Rn. 53

1

I. Einleitung und Gesetzgebungskompetenzen

Art. 14 III GG lässt zum Wohle der Allgemeinheit eine Enteignung durch Gesetz oder aufgrund eines Gesetzes zu, das zugleich Art und Ausmaß der Entschädigung regelt. Die Gesetzgebungszuständigkeit hierfür ist zwischen Bund und Ländern geteilt. Der Bund besitzt sie nach **Art. 74 I Nr. 14 GG** auf den Sachgebieten, für die ihm die ausschließliche oder konkurrierende Gesetzgebungsbefugnis zusteht. Eines der wichtigsten Anwendungsfelder ist dabei das Baurecht (Art. 74 I Nr. 18 GG).[1] Soweit der Bund keine Gesetzgebungskompetenz besitzt oder von einer konkurrierenden Gesetzgebungsbefugnis keinen Gebrauch gemacht hat, sind die Länder zuständig (vgl. Art. 72 I GG). Dies hat zur Folge, dass es kein alle Gebiete umfassendes Enteignungsgesetz gibt. Es ist vielmehr in den einzelnen Fachgesetzen bestimmt, ob und unter welchen Voraussetzungen eine Enteignung zulässig sein soll. So regelt das Bundesfernstraßengesetz (§ 19) die Enteignung für den Bau von Bundesstraßen des Fernverkehrs, das Allgemeine Eisenbahngesetz (§ 22) die Enteignung für Zwecke der Eisenbahn und das Personenbeförderungsgesetz (§ 30) die Enteignung zur Errichtung von Straßen- und Untergrundbahnen. Es ist daher stets zu fragen, zu welchem Zweck eine Enteignung durchgeführt werden soll und durch welches Gesetz der Sachbereich, zu dem der Enteignungszweck gehört, geregelt worden ist. Nur soweit dieses Gesetz eine Enteignung zulässt, kann sie durchgeführt werden. Anderenfalls ist sie mangels gesetzlicher Grundlage nicht möglich.[2] Für den Bereich des **Städtebaurechts**, welches hier allein zu behandeln ist, haben die §§ 85 ff. BauGB die Enteignung geregelt.[3]

2

---

[1] *BGH* NJW 1978, 2093 (2094).
[2] BVerfGE 56, 249 (261 f.) = NJW 1981, 1257; Jarass/Pieroth/*Jarass*, GG, Art. 14 Rn. 78.
[3] Ursprünglich erfolgte die städtebauliche Enteignung nach dem Baulandbeschaffungsgesetz v. 3. 8. 1953 (BGBl. I S. 720), das durch § 186 I Nr. 20 BBauG aufgehoben worden ist. Zum Baulandbeschaffungsgesetz *Pathe*, Das Baulandbeschaffungsgesetz, NJW 1953, 1285.

II. Die Voraussetzungen der Enteignung

3   Die **Zulässigkeit** der Enteignung zu städtebaulichen Zwecken bestimmt sich abschließend nach den §§ 85 bis 92 BauGB.[4]

1. Zulässiger Enteignungszweck

4   § 85 I BauGB zählt die Zwecke auf, zu denen nach dem BauGB enteignet werden kann. Hinzu kommt die Enteignung nach **§ 169 III BauGB** im städtebaulichen Entwicklungsbereich.[5]

a) Enteignung zur Verwirklichung eines Bebauungsplans

5   Nach § 85 I Nr. 1 BauGB kann enteignet werden, um ein Grundstück entsprechend den Festsetzungen eines qualifizierten, einfachen oder vorhabenbezogenen Bebauungsplans bzw. Bebauungsplans der Innenentwicklung zu nutzen. Man bezeichnet diese Enteignung als „**planakzessorische Enteignung**".[6] Sie kann nach Maßgabe des § 108 II BauGB bereits während des Bebauungsplanverfahrens eingeleitet werden. Die planakzessorische Enteignung kommt nur in Betracht, wenn der Bebauungsplan eine bestimmte Nutzung des Grundstücks festsetzt, die der Eigentümer nicht verwirklicht. Soweit der Bebauungsplan eine Nutzung zu fremdnützigen Zwecken festsetzt, kann der Eigentümer nach §§ 40 ff. BauGB selbst die Initiative zur Einleitung des Enteignungsverfahrens ergreifen.[7] Bedarf das Grundstück, um plangemäß genutzt zu werden, zuvor der Veränderung, muss es insbesondere baureif gemacht werden, kann es enteignet werden, um es für die plangemäße Nutzung vorzubereiten. Anschließend muss das Grundstück nach Maßgabe der §§ 89 I Nr. 2, 102 BauGB reprivatisiert werden.

b) Enteignung im unbeplanten Innenbereich

6   Im **unbeplanten Innenbereich** (§ 34 BauGB) können nach § 85 I Nr. 2 BauGB unbebaute oder geringfügig bebaute Grundstücke enteignet werden, um sie – insbesondere zur Schließung von Baulücken – entsprechend den baurechtlichen Vorschriften zu nutzen oder einer baulichen Nutzung zuzuführen. Grundstücke, die mehr als nur geringfügig bebaut sind, können im unbeplanten Innenbereich nicht enteignet werden. Hier muss die Gemeinde zunächst einen Bebauungsplan aufstellen, zu dessen Verwirklichung sie dann nach § 85 I Nr. 1 BauGB enteignen kann.

c) Enteignung zur Beschaffung von Ersatzland oder Ersatzrechten

7   Begehrt ein von einer Enteignung Betroffener eine **Entschädigung in Land** (§ 100 BauGB) oder durch **Gewährung anderer Rechte** (§§ 97 II, 100 IV, 101 I Nr. 1 BauGB), können Ersatzland oder Ersatzrechte unter den Voraussetzungen der §§ 90, 91 BauGB durch Enteignung beschafft werden (§ 85 I Nr. 3 und 4 BauGB).[8]

---

[4] JDW/*Weiß*, BauGB, § 85 Rn. 13; BKL/*Battis*, BauGB, § 85 Rn. 1.
[5] Vgl. *BVerwG* NVwZ 1999, 407.
[6] *BGH* NVwZ 1984, 60 (60).
[7] Dazu oben § 13 Rn. 12.
[8] Vgl. dazu *OVG Koblenz* BRS 74 Nr. 18.

d) Enteignung zur Verwirklichung eines Baugebots

Erfüllt der Eigentümer eines Grundstücks ein ihm auferlegtes **Baugebot** (§ 176 I, II BauGB) nicht, kann das Grundstück nach § 85 I Nr. 5 BauGB enteignet werden, um es einer baulichen Nutzung zuzuführen.[9]

8

e) Enteignung zur Erhaltung von Gebäuden

Im Geltungsbereich einer **Erhaltungssatzung** (§ 172 BauGB) kann nach § 85 I Nr. 6 BauGB enteignet werden, um eine bauliche Anlagen aus den in § 172 III bis V BauGB bezeichneten Gründen zu erhalten.[10]

9

f) Enteignung zur Durchführung des Stadtumbaus

Im Geltungsbereich einer Satzung zur Sicherung von Durchführungsmaßnahmen des Stadtumbaus (§ 171 d BauGB) ist es nach § 85 I Nr. 7 BauGB zulässig, eine Enteignung vorzunehmen, um bauliche Anlagen aus den in § 171 d III BauGB bezeichneten Gründen zu erhalten oder zu beseitigen.

10

2. Gegenstand der Enteignung

§ 86 I und II BauGB bestimmt abschließend, was zu den vorgenannten Zwecken **Gegenstand der Enteignung** sein kann:

11

a) Eigentum

Das **Eigentum** an Grundstücken kann gem. § 86 I Nr. 1 BauGB entzogen oder belastet werden. Dies betrifft auch Miteigentum oder Gesamthandseigentum an Grundstücken oder Grundstücksteilen (§ 200 I BauGB), einschließlich ihrer wesentlichen Bestandteile, insbesondere der Gebäude (§§ 93, 94 BGB). Hinzu kommt das **Zubehör** eines Grundstücks sowie Sachen, die nur zu einem vorübergehenden Zweck mit dem Grundstück verbunden oder in ein Gebäude eingefügt sind, sofern der Eigentümer dies verlangt (§ 86 II i. V. m. § 92 IV BauGB).

12

b) Andere Rechte an Grundstücken

Dingliche Rechte an Grundstücken, wie Nießbrauch, Grundpfandrechte, Vorkaufsrechte oder Dienstbarkeiten können gem. § 86 I Nr. 2 BauGB entzogen oder belastet werden.

13

c) Obligatorische Rechte

Obligatorische Erwerbs-, Besitz- oder Nutzungsrechte, wie etwa das durch Kaufvertrag begründete Recht auf Übereignung eines Grundstücks, Miet- oder Pachtrechte[11] oder Rechte, welche die Benutzung von Grundstücken beschränken, ferner Rückübertragungsansprüche nach dem Vermögensgesetz können nach Maßgabe des § 86 I Nr. 3 BauGB entzogen werden.[12] Einzelne dieser Rechte können im Wege der Enteignung auch begründet werden, soweit das BauGB dies vorsieht (§ 86 I Nr. 4 BauGB).

14

---

[9] Zum Baugebot oben § 34 Rn. 3 ff.
[10] Hierzu und zur Erhaltungssatzung allgemein siehe § 33 Rn. 4 ff.
[11] Dazu BGHZ 83, 1 (3 ff.) = NJW 1982, 2181; *BGH* BRS 26 Nr. 134; BRS 45 Nr. 172.
[12] Vgl. zur Bemessung der Entschädigung *Kapsa*, NVwZ 2003, 1423.

d) Keine Gegenstände abseits des § 86 BauGB

15 **Andere als die in § 86 BauGB genannten Gegenstände** unterliegen der Enteignung nach den Bestimmungen des BauGB **nicht**. So können außer Zubehör (§ 86 II BauGB) keine beweglichen Gegenstände enteignet werden. Auch ein Gewerbebetrieb als solcher unterliegt nicht der Enteignung nach dem BauGB. Nur das Eigentum am Betriebsgrundstück und den Baulichkeiten als den wesentlichen Bestandteilen des Grundstücks oder die zur Nutzung des Betriebsgrundstücks berechtigenden dinglichen oder obligatorischen Rechte können enteignet werden. Die daraus zwangsläufig folgende Betriebseinstellung ist nicht Gegenstand, sondern Folge der Enteignung, für die jedoch nach § 96 BauGB Entschädigung zu leisten ist.

3. Gemeinwohlerfordernis

16 Entsprechend Art. 14 III 1 GG bestimmt § 87 I Hs. 1 BauGB, dass die Enteignung im Einzelnen Fall nur zulässig ist, wenn das Wohl der Allgemeinheit sie erfordert.[13] Zur Annahme des damit als Voraussetzung der Enteignung geforderten **qualifizierten Enteignungszwecks** genügt nicht das allgemeine öffentliche Interesse an der Verwirklichung des Bebauungsplans, der Schließung der Baulücke, der Beschaffung von Ersatzland, der Verwirklichung des Baugebots, der Erhaltung erhaltenswerter Bausubstanz oder der Durchführung des Stadtumbaus. Erforderlich ist vielmehr, dass das Wohl der Allgemeinheit es erfordert, den Bebauungsplan oder das Baugebot gerade jetzt zu verwirklichen, die Baulücke jetzt zu schließen und zu diesem Zweck das Eigentum in die Hand eines anderen Eigentümers zu überführen.[14] Da die Enteignung der §§ 85 ff. BauGB städtebaulichen Zwecken dient, muss dieses Interesse ein **städtebauliches** sein. Deshalb ist eine Enteignung mit dem Ziel, Arbeitsplätze zu schaffen und dadurch die regionale Wirtschaftsstruktur zu verbessern, nach dem BauGB nicht möglich.[15] Eine Enteignung zugunsten eines rechtswidrigen Vorhabens scheidet regelmäßig aus.[16] Eine Verletzung drittschützender Normen ist dabei nicht erforderlich.[17] Nicht zwingend ausgeschlossen ist die Enteignung zugunsten Privater oder zugunsten der Gemeinde; es bedarf aber einer sorgfältigen Prüfung.[18]

4. Subsidiarität

17 Die Enteignung ist nach § 87 I Hs. 2 BauGB nur zulässig, wenn der Enteignungszweck nicht auf andere zumutbare Weise erreicht werden kann. Die Enteignung ist **subsidiär**. Reicht eine Umlegung (§§ 45 ff. BauGB) aus, um den Bebauungsplan zu verwirklichen, muss diese, den Betroffenen geringer beeinträchtigende Maßnahme gewählt werden.[19] Dagegen schließt die Möglichkeit, Maßnahmen nach den §§ 172 ff. BauGB (Erhaltungssatzung, Baugebot usw.) zu treffen, nach § 87 IV die Enteignung nicht aus. Ferner muss ernsthaft versucht worden sein, das zu enteignende Grundstück zu angemessenen Bedingungen **freihändig zu erwerben** (§§ 87 II, 88 BauGB).

---

[13] BVerfGE 56, 249 (261); BVerwGE 117, 138 (139); Jarass/Pieroth/*Jarass*, GG, Art. 14 Rn. 80.

[14] BGHZ 68, 100 (102); 105, 94 (97); *BGH* ZfBR 2002, 266 (266). Vgl. auch BVerfGE 74, 264 (289) – Boxberg: „besonders schwerwiegendes dringendes öffentliches Interesse".

[15] BVerfGE 74, 264 (291 ff.) – Boxberg = NJW 1987, 1251. Zu eng wohl *OLG München* NJW 1990, 519 (Enteignung für ein Universitätsgebäude), während BGHZ 105, 94 (97 ff.) = NJW 1989, 216 zutreffend die Enteignung für den Bau einer Waldorfschule für zulässig hält.

[16] *OLG Nürnberg* ZfIR 2002, 304.

[17] BVerwGE 67, 74 (76); 77, 86 (91).

[18] BVerfGE 74, 264 (285 f.); *BVerwG* NVwZ 1999, 407 (408 f.).

[19] *OLG Stuttgart* NVwZ 1986, 335 (335).

§ 19. Die Enteignung zu städtebaulichen Zwecken

Ein Angebot ist angemessen, wenn es in etwa der Höhe der geschuldeten Enteignungsentschädigung entspricht.[20] Es muss deshalb nicht nur den Betrag für den durch die Enteignung eintretenden Rechtsverlust, sondern auch für andere durch die Enteignung eintretende entschädigungspflichtige Vermögensnachteile umfassen (§§ 95, 96 BauGB). Von dem Versuch eines freihändigen Erwerbs kann abgesehen werden, wenn der Eigentümer zum Ausdruck bringt, dass er nicht bereit ist, auf ein Erwerbsangebot einzugehen. Fehlt es an einem vorherigen angemessenen Angebot zum freihändigen Erwerb, ist die Enteignung unzulässig. Niemand soll den Belastungen der Enteignung ausgesetzt werden, ehe nicht die Möglichkeiten einer gütlichen Regelung ausgeschöpft sind.

5. Verhältnismäßiger Eingriff

Entsprechend dem verfassungsrechtlichen Grundsatz der **Verhältnismäßigkeit** begrenzt § 92 BauGB die **Enteignung räumlich** und **gegenständlich**: Sie ist nach § 92 I 1 BauGB auf die zur Verwirklichung des Enteignungszwecks erforderliche Fläche zu beschränken. Reicht eine Teilfläche des Grundstücks aus, darf nur sie enteignet werden. Unter den Voraussetzungen des § 92 III BauGB kann der Eigentümer die Ausdehnung der Enteignung auf das Restgrundstück verlangen.[21] Reicht die Belastung des Grundstücks mit einer Dienstbarkeit, einem Erbbaurecht oder anderen dinglichen Rechten oder mit obligatorischen Besitz- oder Nutzungsrechten zur Erreichung des Enteignungszwecks aus, darf das Eigentum nicht entzogen werden (§ 92 I 2 BauGB). Ist die Belastung für den Eigentümer unbillig, kann er nach § 92 II BauGB statt der Belastung seines Eigentums dessen Entziehung verlangen.

18

III. Die Entschädigung

Nach Art. 14 III 2 GG ist eine Enteignung nur gegen nach Art und Ausmaß gesetzlich geregelte Entschädigung zulässig.[22] Die Entschädigung ist unter gerechter Abwägung der Interessen der Allgemeinheit und der Beteiligten zu bestimmen. Sie braucht deshalb nicht wie ein auf Naturalrestitution zielender Schadensersatz alle durch die Enteignung bewirkten Vermögenseinbußen zu ersetzen, sondern kann sich darauf beschränken, dem Betroffenen einen **angemessenen Ausgleich** für den durch die Enteignung eintretenden Rechtsverlust und für andere durch die Enteignung eintretende Vermögensnachteile zu gewähren, wie es § 93 II BauGB bestimmt.[23]

19

1. Die Entschädigung für den Rechtsverlust

§ 95 BauGB bestimmt, wie sich die Entschädigung bemisst, die nach § 93 II Nr. 1 BauGB für den durch die Enteignung eintretenden Rechtsverlust, insbesondere für das entzogene Eigentum, das dingliche oder obligatorische Nutzungsrecht zu leisten ist.

20

---

[20] Hierzu und zum Folgenden BGHZ 77, 338 (344 ff.) = NJW 1980, 2814; 90, 243 (244 ff.) = NJW 1984, 1879; BGH BRS 34 Nr. 94.
[21] Dazu grundlegend BGHZ 76, 1 (3 ff.) = NJW 1980, 835; ferner *Krohn*, Rechtsfragen bei Übernahmeansprüchen im Baugesetzbuch, in: Festschr. für Weyreuther, 1993, S. 421.
[22] Vgl. Jarass/Pieroth/*Jarass*, GG, Art. 14 Rn. 83; Maunz/Dürig/*Papier*, GG, Art. 14 Rn. 561 ff.
[23] Vgl. zur Enteignungsentschädigung ausführlich *Aust/Jacobs/Paternak*, Die Enteignungsentschädigung.

a) Verkehrswert

21 Die Entschädigung bemisst sich nach dem **Verkehrswert** (§ 194 BauGB) des zu enteignenden Grundstücks oder sonstigen Gegenstands der Enteignung.[24] Der Verkehrswert wird nach § 194 BauGB durch den Preis bestimmt, der in dem Zeitpunkt, auf den sich die Ermittlung bezieht, im gewöhnlichen Geschäftsverkehr nach den rechtlichen Gegebenheiten und tatsächlichen Eigenschaften, der sonstigen Beschaffenheit und der Lage des Grundstücks und des sonstigen Gegenstands der Wertermittlung ohne Rücksicht auf ungewöhnliche oder persönliche Verhältnisse zu erzielen wäre. Zwei Faktoren sind mithin für den Verkehrswert maßgebend: die tatsächliche und rechtliche Qualität des Grundstücks und die Preisverhältnisse auf dem Grundstücksmarkt zum Preisermittlungsstichtag.

b) Qualität des Grundstücks

22 Maßgebend für die Qualitätsbemessung, für die „rechtlichen Gegebenheiten und tatsächlichen Eigenschaften" (§ 194 BauGB) des Grundstücks, ist nach § 93 IV BauGB der Zustand des Grundstücks in dem Zeitpunkt, in dem die Entschädigungsbehörde über den Enteignungsantrag entscheidet oder die vorzeitige Besitzeinweisung verfügt.[25] Dieser Zeitpunkt – der **„Qualitätsstichtag"** – kann sich aufgrund einer **„Vorwirkung"** der Enteignung verschieben: Bei einem über einen längeren Zeitraum sich hinziehenden Enteignungsverfahren tritt an die Stelle des Enteignungsbeschlusses oder der Besitzeinweisung diejenige Maßnahme, von der ab das Grundstück endgültig von jeder konjunkturellen Weiterentwicklung ausgeschlossen wird.[26] Die ist beispielsweise der Fall, wenn eine Bebauungsplanung, die mit der späteren Enteignung in einem ursächlichen Zusammenhang steht, hinreichend bestimmt ist und die spätere Enteignung mit Sicherheit erwarten lässt. Auf diese Weise ist sichergestellt, dass sich die Entschädigung nach der Qualität bestimmt, die der Gegenstand der Enteignung besaß, bevor er von den Vorwirkungen der Enteignung erfasst wurde.[27]

23 **Beispiel:** Ein Baugrundstück, das durch Bebauungsplan als öffentliche Verkehrsfläche ausgewiesen wird, ist bei der späteren Bemessung der Enteignungsentschädigung qualitativ als Bauland anzusehen.[28]

c) Preisermittlung

24 Die Ermittlung des Verkehrswerts erfolgt nach der aufgrund des § 199 I BauGB erlassenen **Immobilienwertermittlungsverordnung**[29] und die sie (in Zukunft wohl) ergänzenden Immobilienwertermittlungs-Richtlinien.[30] Die Wertermittlungsverord-

---

[24] Zur Ermittlung der Entschädigung bei Beeinträchtigungen von Drittrechten *Kaspa*, NVwZ 2003, 1423 (1423 ff.).
[25] EZBK/*Schmidt-Aßmann/Groß*, BauGB, § 93 Rn. 70 ff.
[26] BGHZ 71, 1 (3 f.) = NJW 1978, 939; *BGH* NVwZ 1988, 867 (868); NVwZ 1992, 603 (603); NVwZ-RR 1989, 393 (393 ff.); BRS 53 Nr. 126. Dazu auch *Hußla*, Die Berücksichtigung einer Vorwirkung der Enteignung bei der Enteignungsentschädigung, BauR 1971, 82; *Kulenkamp*, Enteignungsvorwirkungen durch vorbereitende Planungen?, NJW 1974, 836.
[27] *BGH* BRS 53 Nr. 126.
[28] So ausdrücklich *BGH* NVwZ 1992, 603 (603).
[29] Verordnung über die Grundsätze für die Ermittlung der Verkehrswerte von Grundstücken (Immobilienwertermittlungsverordnung – ImmoWertV), v. 19. 5. 2010, BGBl. 2010 I, S. 639. Vgl. zur früheren Fassung auch *Holtschmidt*, Die Neuregelung der städtebaulichen Wertermittlung durch das Baugesetzbuch und die neue Wertermittlungsverordnung vom Dezember 1988, ZfBR 1989, 14.
[30] Zur früheren Wertermittlungsverordnung 2006 wurden solche Richtlinien erlassen; vgl.

nung sieht in §§ 15 f. ImmoWertV insbesondere bei unbebauten Grundstücken eine Ermittlung des Verkehrswerts durch Preisvergleich (Vergleichswertverfahren),[31] bei bebauten Grundstücken, für deren Wert der nachhaltig erzielbare Ertrag von Bedeutung ist (Mietwohngrundstücke), nach dem Ertragswertverfahren (§§ 17 ff. ImmoWertV) und bei bebauten Grundstücken, bei denen es auf den Ertrag nicht in erster Linie ankommt (Ein- oder Zweifamilienhausgrundstücke), nach dem Sachwertverfahren (§§ 21 ff. ImmoWertV) vor.[32]

Über den Verkehrswert hat die Enteignungsbehörde ein **Gutachten** des nach §§ 192 ff. BauGB gebildeten Gutachterausschusses einzuholen.[33] Maßgebender Zeitpunkt für die Bewertung des entzogenen Rechts und damit für die der Bemessung der Enteignungsentschädigung zugrunde zu legenden Preisverhältnisse auf dem Grundstücksmarkt ist der **Zeitpunkt des enteignenden Eingriffs**. Dies ist nach § 95 I 2 BauGB grundsätzlich der Zeitpunkt, in dem die Enteignungsbehörde über den Enteignungsantrag entscheidet oder die vorzeitige Besitzeinweisung verfügt. Kommt es aus Gründen, die der Enteignete nicht zu vertreten hat, zu einer verspäteten Auszahlung der Enteignungsentschädigung und reicht in Folge zwischenzeitlicher Erhöhung der Verkehrswerte die nach dem Zeitpunkt der enteignungsbehördlichen Entscheidung bemessene Entschädigungssumme im Zeitpunkt ihrer Auszahlung nicht mehr aus, um ein vergleichbares Ersatzobjekt zu beschaffen, wird die Entschädigung durch **Verschiebung des Preisermittlungsstichtages** erhöht, damit der Betroffene in die Lage versetzt wird, mit der Entschädigung ein gleichwertiges Ersatzobjekt zu erwerben.[34]

25

d) Wertabzüge

An dem so bemessenen Wert nimmt § 95 II bis IV BauGB **Wertkorrekturen** vor. Unberücksichtigt bleiben insbesondere:

26

- spekulative Wertsteigerungen (II Nr. 1);
- Wertänderungen, die infolge der bevorstehenden Enteignung eingetreten sind (II Nr. 2);
- Werterhöhungen, die eingetreten sind, nachdem der Enteignete ein ihm zu angemessenen Bedingungen unterbreitetes Kauf- oder Tauschangebot des die Enteignung betreibenden Antragstellers hätte annehmen können, es sei denn, er hat Kapital oder Arbeit für die Werterhöhung aufgewendet (II Nr. 3);
- ungenehmigt während einer Veränderungssperre vorgenommene wertsteigernde Veränderungen des Grundstücks (II Nr. 4);
- wertsteigernde Veränderungen, die nach der Einleitung des Enteignungsverfahrens ohne Zustimmung der Enteignungsbehörde vorgenommen worden sind (II Nr. 5);
- Vereinbarungen, etwa über Nutzungsrechte, die von üblichen Vereinbarungen auffällig abweichen und ersichtlich getroffen worden sind, um eine höhere Entschädigungsleistung zu erlangen (II Nr. 6);

Richtlinien für die Ermittlung der Verkehrswerte (Marktwerte) von Grundstücken (Wertermittlungsrichtlinien 2006 – WertR 2006) vom 1. 3. 2006, BAnz. Nr. 108 a vom 10. 6. 2006, Berichtigung vom 1. 7. 2006, BAnz. Nr. 121, S. 4798. Für die neue Immobilienwertermittlungsverordnung ist dies zu erwarten.

[31] Siehe hierzu etwa *BGH* NVwZ 1992, 812 (813).
[32] Vgl. dazu *Drosdzol*, Die neue Immobilienwertermittlungsverordnung, ZEV 2010, 403 (404); *Stemmler*, Von der Wertermittlungsverordnung zur Immobilienwertermittlungsverordnung, GuG 2010, 193.
[33] Zu den Anforderungen an das Gutachten und die Haftung bei fehlerhaftem Gutachten siehe *BGH* BRS 45 Nr. 18.
[34] Zu den Grenzen der „Steigerungsrechtsprechung" BGHZ 40, 87 (88 ff.) = NJW 1963, 2165; *BGH* BRS 34 Nr. 120; NVwZ 1990, 797 (798); NJW 1992, 1830 (1831 f.).

– Bodenwerte, die nach §§ 40 bis 42 BauGB bei einer Entschädigung wegen Planungsschadens nicht zu berücksichtigen wären (II Nr. 7);[35]
– Anlagen, deren Rückbau, etwa wegen Baurechtswidrigkeit, jederzeit entschädigungslos gefordert werden könnte (III);
– wird der Wert des Eigentums an dem Grundstück durch Rechte Dritter gemindert, die an dem Grundstück aufrechterhalten, an einem anderen Grundstück neu begründet oder gesondert entschädigt werden, ist dies bei der Festsetzung der Entschädigung für den Rechtsverlust zu berücksichtigen (IV).

27 Der Enteignungsbetroffene muss sich nach § 93 III 2 BauGB bei der Festsetzung der Entschädigung ein **Verschulden** anrechnen lassen, das an der Entstehung der ihm durch die Enteignung erwachsenen Vermögensnachteile mitgewirkt hat. Er ist verpflichtet, alle Möglichkeiten zu nutzen, um den Schaden, der ihm infolge der Enteignung droht, abzuwenden oder zu mindern. Er muss auf besonders schwerwiegende Nachteile hinweisen, die für die Behörde nicht erkennbar sind. Außerdem hat er sich rechtzeitig um ein Ersatzgrundstück zu bemühen oder ist gehalten, gegen rechtswidrige und schadensträchtige behördliche Maßnahmen mit Rechtsmitteln vorzugehen.

e) Vorteilsausgleich

28 Nach § 93 III 1 BauGB findet ein Vorteilsausgleich – wie folgt – statt: Vermögensvorteile, die dem Entschädigungsberechtigten infolge der Enteignung entstehen, sind bei der Festsetzung der Entschädigung zu berücksichtigen. Ausgleichspflichtig sind alle durch die Enteignung adäquat verursachten Vermögensvorteile.[36] **Adäquanz** ist gegeben, wenn die Enteignung allgemein geeignet ist, derartige Vorteile mit sich zu bringen und der Zusammenhang der Ereignisse nicht derart lose ist, dass er nach vernünftiger Lebensauffassung keine Berücksichtigung mehr verdient.

29 **Beispiel:** Wertsteigerungen des Restgrundstücks bei Teilenteignung infolge besserer Nutzbarkeit oder die anderweitige Vermietung oder Verpachtung von Betriebsanlagen, die infolge der Enteignung des Betriebsgrundstücks dort nicht mehr eingesetzt werden können.

30 Liegt bei einer Teilenteignung der Vermögensvorteil in einer **planungsbedingten Wertsteigerung** des Restgrundstücks, führt der von § 93 I 1 BauGB vorgesehene Vorteilsausgleich wirtschaftlich zu einer Abschöpfung des Planungsgewinns.[37] Da das BauGB eine allgemeine Abschöpfung von Planungsgewinnen – also einen Planwertausgleich – nicht vorsieht, verbietet es der Gleichbehandlungsgrundsatz, den Enteignungsbetroffenen im Rahmen der Bemessung der Enteignungsentschädigung mit einem Planwertausgleich zu belasten, dem er, wäre er nicht der Enteignete, nicht ausgesetzt wäre. Daher ist ein Vermögensvorteil, der in der Wertsteigerung des Restgrundstücks besteht, nicht ausgleichspflichtig, wenn das Restgrundstück durch die Enteignung nur einen allgemeinen Erschließungsvorteil, etwa in Form allgemein verbesserter Verkehrsverhältnisse oder verbesserter Wohn- und Lebensqualität der umliegenden Gegend erfährt, selbst wenn dies zu einer spürbaren Wertsteigerung führt.

---

[35] BGH LKV 2008, 186 (187).
[36] Hierzu und zum Folgenden BGHZ 62, 305 (306 ff.) = NJW 1974, 1465; BGH BRS 34 Nr. 119.
[37] Zur rechtspolitischen Problematik der Abschöpfung des Planungsgewinns *Schmidt-Aßmann*, Bauordnungsrecht, in: Maurer/Hendler, Baden-Württembergisches Staats- und Verwaltungsrecht, 1990, S. 310 ff.; *Engelken*, Abschöpfung planungsbedingter Bodenwertsteigerungen: Ziele und Konsequenzen der vorliegenden Vorschläge, DÖV 1974, 685 (685 ff.); *Grziwotz*, Baulandausweisung und Abschöpfung von Planungsgewinnen, BayVBl. 2008, 709 (710 f.); *Labbé/Bühring*, BayVBl. 2007, 289.

§ 19. Die Enteignung zu städtebaulichen Zwecken 295

Nur wenn die Enteignung zu einem dem Restgrundstück besonders zuzuordnenden Erschließungsvorteil führt, es etwa zu Bauland macht oder seine bauliche Nutzbarkeit erhöht, kommt ein Vorteilsausgleich in Betracht. Auch dann ist indes eine volle Wertabschöpfung ausgeschlossen, falls anderen, etwa benachbarten Eigentümern, die nicht von der Enteignung betroffen sind, der gleiche Vorteil zuzuordnen ist. Der aus Art. 3 GG abzuleitende Grundsatz der Lastengleichheit begrenzt den Vorteilsausgleich auf den Betrag, der anrechnungsfähig wäre, wenn der enteignungsbetroffene Eigentümer die enteignete Teilfläche nicht allein aufgebracht, sondern der Landabzug nach vorangegangener Umlegung (§§ 45 ff. BauGB) auf einen größeren Kreis von Anliegern verteilt worden wäre.[38]

2. Die Entschädigung für andere Vermögensnachteile

Nach §§ 93 II Nr. 2, 96 BauGB umfasst die Entschädigung auch die **sonstigen** durch die Enteignung eintretenden **Vermögensnachteile**. Dies sind insbesondere der Verlust, den der Betroffene in seiner Berufs- oder Erwerbstätigkeit erleidet (§ 96 Nr. 1 BauGB),[39] die Wertminderung, die durch die Enteignung eines Grundstücksteils oder eines Teils eines wirtschaftlich zusammenhängenden Grundbesitzes an dem Restgrundstück oder den anderen Grundstücken entsteht (§ 96 Nr. 2 BauGB), die Aufwendungen für einen durch die Enteignung erforderlich werdenden Umzug (§ 96 Nr. 3 BauGB) bis hin zu den Kosten für Inserate, Druck neuen Briefpapiers oder entstehende steuerliche Verluste.[40] Alle Aufwendungen auf das Grundstück werden jedoch nicht erfasst.[41] 31

3. Entschädigungsberechtigte und -verpflichtete

Nach § 94 I BauGB ist **entschädigungsberechtigt**, wer durch die Enteignung in seinen Rechten beeinträchtigt wird und dadurch einen Vermögensnachteil erleidet. Soweit die Enteignung zwar eine Rechtsbeeinträchtigung, aber keinen Vermögensnachteil zur Folge hat, ist nicht zu entschädigen. 32

Beispiel: Wird von einem großen Grundstück ein schmaler Streifen für eine Straßenerweiterung enteignet, erhält der Eigentümer eine Entschädigung, da er sein Eigentum verliert. Der Grundpfandgläubiger, dessen Grundschuld erlischt, soweit sie auf dem Grundstücksstreifen ruhte, ist nicht zu entschädigen, wenn die Werthaltigkeit seines Grundpfandrechts im Übrigen nicht beeinträchtigt wird. 33

Wer nur **mittelbar beeinträchtigt** wird, ist nicht entschädigungsberechtigt. Dies gilt etwa für einen Mieter des enteigneten Grundstücks, dem im Hinblick auf die Enteignung vertragsgemäß – also nicht vorzeitig – gekündigt wird. Ihm kann jedoch nach Maßgabe des § 181 BauGB ein Härteausgleich gewährt werden, soweit es der Billigkeit entspricht. 34

Der Enteignungsbeschluss legt fest, an wen die Entschädigung zu leisten ist (§ 113 II Nr. 8 BauGB). Bestehen an dem Gegenstand der Enteignung dingliche oder persönliche Rechte Dritter, muss im Enteignungsverfahren auch über diese „**Nebenrechte**" 35

---

[38] So *BGH* BRS 34 Nr. 100.
[39] *Diers*, Die Obergrenze der Entschädigung bei Betriebsverlagerungen infolge öffentlich-rechtlicher Maßnahmen, BB 1981, 1246; BKL/*Battis*, BauGB, § 96 Rn. 4; JDW/*Weiß*, BauGB, § 96 Rn.6.
[40] Zur Berücksichtigung steuerlicher Belastungen als Folgeschaden BGHZ 65, 253 (255 ff.) = BRS 34 Nr. 149.
[41] *BGH* NJW 2008, 515 (517); siehe zu anderen Vermögensnachteilen sonstiger Art auch Schrödter/*Breuer*, BauGB, § 96 Rn. 19 f.

entschieden werden. Sie können aufrechterhalten (§ 97 I BauGB), durch neue Rechte ersetzt (§ 97 II BauGB) oder nach § 97 III gesondert entschädigt werden. Soweit für das Nebenrecht eine gesonderte Entschädigung nach § 97 III BauGB nicht in Betracht kommt, hat der Nebenberechtigte nach § 97 IV BauGB Anspruch auf Ersatz des Wertes seines Rechts aus der Geldentschädigung für das Eigentum an dem Grundstück. Kommt hierüber eine Einigung nicht zustande, wird die Entschädigungssumme für das Grundstück beim Amtsgericht hinterlegt (§ 118 BauGB). Jeder Beteiligte kann sodann seine Anspruch auf die Entschädigungssumme in einem amtsgerichtlichen Verteilungsverfahren oder durch Klage geltend machen (§ 119 BauGB).

36 Zur **Leistung der Entschädigung** ist nach § 94 II BauGB der Enteignungsbegünstigte verpflichtet. Dies ist der Antragsteller, zu dessen Gunsten die Enteignung erfolgt. Eine subsidiäre Entschädigungspflicht des Staates, der durch seine Enteignungsbehörde die Enteignung bewirkt, besteht nicht. Sie ist trotz des strikten Entschädigungsgebots des Art. 14 III GG entbehrlich, da das in § 117 I BauGB verankerte **Prinzip vorgängiger Entschädigung** sicherstellt, dass es zur Ausführung der Enteignung nur kommt, wenn die Entschädigung gezahlt oder sichergestellt ist. Bei der Enteignung von Ersatzland bestimmt sich der Entschädigungspflichtige nach § 94 II 2 BauGB. Der Enteignungsbeschluss legt fest, von wem die Entschädigung zu leisten ist (§ 113 II Nr. 8 BauGB).

4. Die Art der Entschädigung

37 Das BauGB kennt die Entschädigung in Geld (§ 99), in Land (§ 100) oder durch Gewährung anderer Rechte (§ 101). Regelmäßig wird die **Entschädigung in Geld** geleistet, und zwar in einem einmaligen Betrag, ausnahmsweise auf Antrag in wiederkehrenden Leistungen. Nach Maßgabe des § 100 BauGB kann die **Entschädigung in Ersatzland** festgesetzt werden. Dies kommt insbesondere in Betracht, falls der Enteignete zur Sicherung seiner Berufs- oder Erwerbstätigkeit oder zur Erfüllung der ihm wesensmäßig obliegenden Aufgaben auf Ersatzland angewiesen ist und geeignetes Ersatzland zur Verfügung steht oder beschafft werden kann. Eine Ersatzlandentschädigung ist ferner möglich, wenn dies nach pflichtgemäßen Ermessen der Enteignungsbehörde und gerechter Abwägung der Interessen der Allgemeinheit und der Beteiligten der Billigkeit entspricht und geeignetes Ersatzland verfügbar ist. Nach § 101 BauGB ist eine **Entschädigung durch Gewährung anderer Rechte** wie Miteigentum, Wohnungseigentum, Immobilienfondsanteilen oder sonstigen dinglichen Rechten möglich. Die Art und Höhe der Entschädigung wird im Enteignungsbeschluss festgesetzt (§ 113 II Nr. 8 BauGB).

IV. Das Enteignungsverfahren

38 Das Enteignungsverfahren, geregelt in den §§ 104 bis 122 BauGB, ist traditionell justizförmig gestaltet.[42] Es trägt damit der grundrechtlichen Bedeutung des Eigentums Rechnung. Das Verfahren gliedert sich in ein **vorbereitendes Verfahren**,[43] das mit der Einreichung des Enteignungsantrags beginnt, und das eigentliche **Enteignungsverfahren**, das durch Anberaumung eines Termins zur mündlichen Verhandlung eingeleitet wird (§ 108 I 1 BauGB). Es endet, sofern es nicht zu einer gütlichen oder sonstigen Erledigung des Antrags kommt, mit der **Entscheidung** der Enteig-

---

[42] Vorbild ist u. a. das Preuß. Enteignungsgesetz von 1874.
[43] Dazu BGHZ 48, 286 (287 ff.) = NJW 1968, 152.

nungsbehörde über den Enteignungsantrag, an die sich der **Vollzug** der getroffenen Entscheidung anschließt. Dieses Verfahren wird nachfolgend in seinen Grundzügen dargestellt.

1. Enteignungsbehörde

Die Durchführung der Enteignung liegt in der Hand einer besonderen Behörde, der Enteignungsbehörde.[44] Dies ist nach § 104 I BauGB die **höhere staatliche Verwaltungsbehörde**, mangels solcher nach § 206 II BauGB die Oberste Landesbehörde, kann aber auch nach Maßgabe des Landesrechts eine andere Behörde sein (§ 203 III BauGB). Durch Rechtsverordnung der Landesregierung kann bestimmt werden, dass an den Entscheidungen der Enteignungsbehörde **ehrenamtliche Beisitzer** mitzuwirken haben (§ 104 II BauGB). Da die Landesregierung frei ist, ob sie von dieser Ermächtigung Gebrauch macht, kann sie die Mitwirkung ehrenamtlicher Beisitzer auf die Entscheidungen der Enteignungsbehörde, die aufgrund mündlicher Verhandlung ergehen, beschränken. Dem Begriff des ehrenamtlichen Beisitzers ist dessen Unabhängigkeit wesenseigen. Daher entscheidet eine kollegial zusammengesetzte Enteignungsbehörde – anders als eine monokratisch strukturierte Enteignungsbehörde – **weisungsfrei** (arg. § 91 VwVfG).[45] Sie unterliegt nur der Rechtsaufsicht. Für das Verfahren sind die §§ 81 ff. VwVfG über ehrenamtliche Tätigkeit und Ausschüsse zu beachten. Die Beteiligung ehrenamtlicher Beisitzer verstärkt den Schutz des Eigentums vor staatlichem Zugriff und dient damit dem Grundrechtsschutz.

39

2. Antrag

Die Enteignung findet nur auf **Antrag** statt (arg. § 105 BauGB).

40

a) Antragsbefugnis

Berechtigt, einen Enteignungsantrag zu stellen, ist jede natürliche oder juristische Person des privaten oder öffentlichen Rechts, welche die Absicht hat, einen der **Enteignungszwecke** des § 85 BauGB zu **verwirklichen**.[46] Die Antragsberechtigung ist im Gesetz nicht ausdrücklich geregelt. Sie leitet sich aus § 85 I BauGB ab. Wenn dort bestimmt ist, zu welchem Zweck nach dem BauGB enteignet werden kann, folgt daraus zugleich, dass jeder, der diesen Zweck verwirklichen will, ein Enteignungsverfahren beantragen kann. Eine Ausnahme gilt nur, wenn das Gesetz die Antragsbefugnis ausdrücklich auf bestimmte Antragsteller beschränkt, wie dies beispielsweise in § 87 III 1 und in § 169 III BauGB geschehen ist. Antragsteller und Enteignungsberechtigter müssen mithin **personengleich** sein. Der Antragsteller muss also grundsätzlich die Enteignung zu seinen Gunsten begehren, sofern nicht das Gesetz etwas anderes zulässt. Eine Ausnahme sieht etwa § 87 III 2 BauGB vor, wonach die Gemeinde im Geltungsbereich einer Erhaltungssatzung die Enteignung auch zugunsten eines Bauwilligen verlangen kann.[47]

41

---

[44] *Menger*, Zur rechtlichen Stellung der Enteignungsbehörde nach dem BBauG, VerwArch 70 (1979), 177.
[45] Vgl. auch Stelkens/Bonk/Sachs/*Bonk/Kallerhoff*, VwVfG, 7. Aufl. 2008, § 91 Rn. 4.
[46] BKL/*Battis*, BauGB, § 105 Rn. 2; BK/*Holtbrügge*, BauGB, § 105 Rn. 1.
[47] BGHZ 61, 128 (134 f.) = NJW 1973, 1750.

b) Form, Inhalt und Bedeutung des Antrags

42 Form und Inhalt des Antrags sind im Gesetz nicht bestimmt. § 105 BauGB ist jedoch zu entnehmen („legt vor"), dass der Enteignungsantrag **schriftlich** zu stellen ist. Er muss hinreichend bestimmt sein, um seinen Zweck, ein Enteignungsverfahren in Gang zu bringen, erfüllen zu können. Er hat deshalb zumindest das **Grundstück oder das sonstige Recht**, das enteignet werden soll, zu bezeichnen und den **Enteignungsgrund** anzugeben. Der Antrag ist bei der Gemeinde, in deren Gebiet das Grundstück liegt, einzureichen, nicht bei der Enteignungsbehörde. Durch die Einreichung des Antrags wird das im Gesetz als solches nicht erwähnte „vorbereitende Verfahren" eingeleitet.[48] Es umfasst alle Verfahrensschritte, die dem eigentlichen Enteignungsverfahren vorausgehen, das nach § 108 I BauGB erst mit der Anberaumung eines Termins zur mündlichen Verhandlung beginnt.

3. Vorbereitendes Verfahren

43 Das **vorbereitende Verfahren** beginnt mit der Stellungnahme der Gemeinde, mit der diese den bei ihr eingereichten Enteignungsantrag binnen eines Monats der Enteignungsbehörde vorzulegen hat (§ 105 S. 2 BauGB).[49] Da bei der Enteignung zur Verwirklichung eines Bebauungsplans, zur Schließung einer Baulücke im Innenbereich oder zur Verwirklichung eines Baugebots usw.[50] die Planungshoheit berührt wird, ist die Gemeinde in erster Linie dazu berufen, Auskunft darüber zu geben, ob das Wohl der Allgemeinheit die Enteignung erfordert. Wegen dieser Sachnähe ist die Gemeinde nach § 106 I Nr. 6 BauGB Beteiligte eines jeden Enteignungsverfahrens. Nach Eingang des Enteignungsantrag gibt die Enteignungsbehörde allen Beteiligten und Betroffenen – dem Antragsteller, dem Eigentümer, den dinglich oder obligatorisch an dem Grundstück oder an einem Grundstücksrecht Beteiligten sowie der Gemeinde (§ 106 BauGB) – Gelegenheit zur Äußerung (§ 107 I 3 BauGB). Sie holt zur Vorbereitung ihrer Entscheidung ein Gutachten des Gutachterausschusses (§ 192 BauGB) über den Wert des zu enteignenden Eigentums oder Erbbaurechts ein (§ 107 I 4 BauGB) ein. An das Gutachten ist sie nicht gebunden (§ 193 III BauGB), das deshalb kein Verwaltungsakt und demgemäß nicht mit der Anfechtungsklage angreifbar ist.[51] Über den Enteignungsantrag wird aufgrund mündlicher Verhandlung entschieden (§ 108 BauGB). Ein offensichtlich aussichtsloser Enteignungsantrag kann ohne mündliche Verhandlung zurückgewiesen werden.[52]

4. Eigentliches Enteignungsverfahren

44 Mit der Anberaumung des Termins zur mündlichen Verhandlung wird das **eigentliche Enteignungsverfahren** eingeleitet (§ 108 I 1 BauGB). Die Einleitung ist ortsüblich bekanntzumachen (§ 108 V 1 BauGB). Im Grundbuch wird ein Enteignungsvermerk eingetragen (§ 108 VI 2 BauGB). Für das betroffene Grundstück tritt eine Verfügungs- und Veränderungssperre ein (§ 109 I i. V. m. § 51 BauGB). Zudem bedürfen Grundstücksteilungen nach § 109 BauGB der Genehmigung. Die Enteig-

---

[48] BGHZ 48, 286 (287) = NJW 1968, 152.
[49] Unterlässt die Gemeinde die Weiterleitung, kann der Enteignungsantrag unmittelbar bei der Enteignungsbehörde gestellt werden. Bleibt auch diese untätig, kann Antrag auf gerichtliche Entscheidung wegen Untätigkeit gestellt werden (§ 217 I 3 BauGB); vgl. dazu *Körner*, Rechtsschutz im Enteignungsverfahren bei Untätigkeit der Enteignungsbehörde, UPR 2004, 17.
[50] Vgl. die Aufzählung in § 85 I BauGB.
[51] *BVerwG* DVBl. 1973, 371.
[52] BGHZ 48, 286 (288) = NJW 1968, 152.

nungsbehörde hat auf eine Einigung zwischen den Beteiligten hinzuwirken (§ 110 I BauGB). Denkbar ist auch eine Teileinigung über den Übergang oder die Belastung des Eigentums (§ 111 BauGB); das Enteignungsverfahren wird dann nur noch wegen der Höhe der Entschädigung geführt. Wenn und soweit eine Einigung nicht zustande kommt, entscheidet die Enteignungsbehörde aufgrund mündlicher Verhandlung durch Beschluss über den Enteignungsantrag (§ 112 I BauGB).

5. Entscheidung

Die Enteignungsbehörde kann den Enteignungsantrag ablehnen oder ihm stattgeben. Auf Antrag eines Beteiligten hat sie vorab über den Übergang oder die Belastung des zu enteignenden Grundstücks oder über sonstige durch die Enteignung zu bewirkende Rechtsänderungen zu entscheiden (§ 112 II BauGB).[53] Gibt die Enteignungsbehörde dem Enteignungsantrag statt, erlässt sie gem. § 113 BauGB einen **Enteignungsbeschluss** (Verwaltungsakt). Er hat den Gegenstand der Enteignung zu bezeichnen, gibt die Eigentums- und sonstigen Rechtsverhältnisse vor und nach der Enteignung an, setzt die Entschädigung fest und bestimmt den Enteignungszweck und nach § 114 BauGB die Frist, innerhalb derer das Grundstück zu dem vorgesehenen Zweck zu verwenden ist (**Verwendungsfrist**).[54] Der Enteignungsbeschluss, der mit einer Rechtsmittelbelehrung zu versehen und den Beteiligten zuzustellen ist, kann mit dem Antrag auf gerichtliche Entscheidung gem. § 217 BauGB angefochten werden.

45

6. Ausführungsanordnung

Die im Enteignungsbeschluss ausgesprochenen Rechtsänderungen und sonstigen Regelungen treten nicht sofort ein. Zunächst muss der Enteignungsbeschluss unanfechtbar werden und die Enteignungsentschädigung nach Maßgabe des § 117 BauGB gezahlt oder sichergestellt sein. Danach bedarf es aus Gründen der Rechtsklarheit des Erlasses eines weiteren Verwaltungsakts, der in § 117 I BauGB geregelten **Ausführungsanordnung**. Sie kann mit dem Antrag auf gerichtliche Entscheidung (§ 217 BauGB) angefochten werden, der aufschiebende Wirkung hat.[55] Die Ausführungsanordnung setzt den Tag fest, an dem der bisherige Rechtszustand durch den neuen Rechtszustand ersetzt wird. Die **Rechtsänderung** tritt mit diesem Tag ein, ohne dass es hierzu einer Änderung des Grundbuchs bedarf. Das Grundbuch wird unrichtig und ist vom Grundbuchamt gemäß der neuen Rechtslage zu berichtigen. Die Ausführungsanordnung gilt zugleich als Einweisung des neuen Berechtigten in den Besitz des Grundstücks. Er kann sich den Besitz mit den Mitteln des Zivilrechts verschaffen oder von der Enteignungsbehörde in Ausführung des Enteignungsbeschlusses und der Ausführungsanordnung mit den Mitteln des Verwaltungszwangs in den Besitz des Grundstücks gesetzt werden.'

46

7. Vorzeitige Besitzeinweisung

Da das Enteignungsverfahren und ein sich anschließendes Verfahren auf gerichtliche Entscheidung (§§ 217 ff. BauGB) erhebliche Zeit in Anspruch nehmen können, sieht § 116 BauGB die Möglichkeit vor, den Antragsteller bereits vor rechtskräftigem

47

---

[53] Dazu *Lässig*, Die Aufspaltung von Verwaltungsverfahren in Grund- und Betragsverfahren – insbesondere nach § 112 Abs. 2 BBauG, DVBl. 1981, 483; siehe ferner BGHZ 77, 338 (345) = NJW 1980, 2814; *BGH* BRS 45 Nr. 223.
[54] Zur Verwendungsfrist *BGH* BRS 45 Nr. 226.
[55] *OVG Koblenz* NVwZ 1984, 678.

Abschluss des Enteignungsverfahrens in den Besitz des Grundstücks einzuweisen.[56] Die vorzeitige Besitzeinweisung ist zulässig, sobald der Enteignungsantrag gestellt ist. Sie setzt voraus, dass der Enteignungsantrag **hinreichende Aussicht auf Erfolg** hat und die sofortige Ausführung der mit der Enteignung erstrebten Maßnahmen **aus Gründen des Wohls der Allgemeinheit dringend geboten** ist.[57] Für die voraussichtliche Entschädigung ist auf Verlangen Sicherheit und für die durch die vorzeitige Besitzeinweisung entstehenden Vermögensnachteile ist eine Entschädigung zu leisten.

V. Rechtsschutz

48   Gegen Verwaltungsakte, die im Enteignungsverfahren ergehen, ist nach § 217 BauGB als Rechtsbehelf der Antrag auf gerichtliche Entscheidung gegeben. Mit ihm kann auch die Verurteilung zum Erlass eines Verwaltungsakts oder zu einer sonstigen Leistung sowie eine Feststellung begehrt werden (§ 217 I 3 BauGB). Der Antrag auf gerichtliche Entscheidung ist innerhalb eines Monats seit Zustellung des Verwaltungsakts bei der Stelle einzureichen, die den angefochtenen Verwaltungsakt erlassen hat (§ 217 II 1 BauGB).[58] Er hat, obwohl im Gesetz nicht ausdrücklich bestimmt, aufschiebende Wirkung (arg. § 224 BauGB). Über den Antrag auf gerichtliche Entscheidung entscheidet die **Kammer für Baulandsachen** beim Landgericht (§§ 219 f. BauGB). Sie ist mit zwei Richtern des Landgerichts einschließlich des Vorsitzenden sowie mit einem hauptamtlichen Richter des Verwaltungsgerichts besetzt. Damit soll Art. 14 III 4 GG, der den ordentlichen Gerichten die Entscheidung über die Höhe der Enteignungsentschädigung zuweist, entsprochen und zugleich der spezifische Sachverstand der Verwaltungsgerichtsbarkeit für Fragen des öffentlichen Rechts nutzbar gemacht werden.[59] Über die Rechtsmittel der Berufung und Beschwerde entscheidet ein entsprechend besetzter Senat für Baulandsachen beim Oberlandesgericht (§ 229 BauGB). Revisionsgericht ist der Bundesgerichtshof, der in üblicher Besetzung entscheidet.

49   Das **Verfahren der Baulandgerichte** richtet sich gem. § 221 I BauGB nach der ZPO, soweit sich aus den §§ 217 ff. BauGB nichts anderes ergibt. Nach § 221 II BauGB kann das Baulandgericht von Amts wegen die Aufnahme von Beweisen anordnen und nach Anhörung der Beteiligten auch solche Tatsachen berücksichtigen, die von ihnen nicht vorgebracht worden sind. Das Gericht entscheidet durch Urteil (§ 226 I BauGB). Es kann den angefochtenen Enteignungsbeschluss aufheben und ihn insgesamt oder beschränkt auf die Höhe der Entschädigung ändern, jedoch nicht zum Nachteil dessen, der den Antrag auf gerichtliche Entscheidung gestellt hat.[60] Behördliche Ermessensakte kann das Gericht nach § 223 BauGB nur darauf überprüfen, ob die gesetzlichen Grenzen des Ermessens überschritten wurden oder von dem Ermessen einer dem Zwecke der Ermächtigung nicht entsprechenden Weise Gebrauch gemacht worden ist. Hebt das Gericht eine Ermessensentscheidung auf, kann es die

---

[56] Zur vorzeitigen Besitzeinweisung *Müller*, Das Verfahren bei der vorzeitigen Besitzeinweisung vor Erlaß eines Enteignungsbeschlusses nach dem BBauGB, NJW 1964, 188; *Janssen*, Rechtsschutz bei vorzeitiger Besitzeinweisung nach den Vorschriften des Bundesbaugesetzes, NJW 1969, 219.
[57] *Stüer*, in: Hoppenberg/de Witt, Hb. öffentliches Baurecht, B Rn. 1286; *Scheidler*, BauR 2010, 42 (46).
[58] Hierzu BGHZ 41, 183 (184); 41, 249 (254 ff.); *BGH* NVwZ 2003, 1546 (1547).
[59] BVerfGE 4, 387 (398 ff.) = NJW 1956, 625.
[60] Das Verbot der reformatio in peius gilt auch hier; siehe *BGH* NVwZ 2003, 1546 (1547). Vgl. dazu auch *Kopp/Schenke*, VwGO, 16. Aufl. 2009, § 88 Rn. 6.

Enteignungsbehörde verpflichten, in der Sache unter Beachtung der Rechtsauffassung des Gerichts anderweitig zu entscheiden.[61]

VI. Rückenteignung

Nach § 14 III 1 GG ist eine Enteignung nur zum Wohle der Allgemeinheit zulässig. Wird das enteignete Grundstück dem Enteignungszweck nicht zugeführt, insbesondere, weil das Vorhaben, dessentwegen enteignet wurde, nicht verwirklicht wird, entfällt der die Enteignung legitimierende Zweck. Die Folgen der sich nachträglich als nicht erforderlich erweisenden Enteignung sind zu beseitigen.[62] §§ 102 f. BauGB gewähren deshalb dem Enteigneten einen **Rückerwerbsanspruch bei fehlgeschlagenem Enteignungszweck**.[63] Der hierfür von § 102 BauGB gewählte Begriff der „Rückenteignung" ist indes verfehlt, da es nicht um Enteignung, sondern um Rückgängigmachung von Enteignung geht. Nach § 102 BauGB können der enteignete frühere Eigentümer sowie der frühere Inhaber eines durch Enteignung aufgehobenen Rechts die Rückübereignung des Grundstücks verlangen, wenn und soweit der durch die Enteignung Begünstigte das Grundstück nicht innerhalb der im Enteignungsbeschluss festgesetzten Verwendungsfrist (§§ 113 II Nr. 3, 114 BauGB) verwendet oder wenn er den Enteignungszweck vor Ablauf dieser Frist aufgibt.[64] Der Antrag auf Rückübereignung ist gem. § 102 III 1 BauGB binnen zwei Jahren seit Entstehung des Rückübereignungsanspruchs zu stellen.

50

Wird dem **Antrag stattgegeben**, hat der Antragsteller an den von der Rückübereignung Betroffenen die seinerzeit gezahlte Entschädigung für den Rechtsverlust nach Maßgabe des § 103 BauGB zurückzuzahlen. Eine für andere Vermögensnachteile gewährte Entschädigung ist insoweit zurückzugewähren, als die Nachteile aufgrund der Rückübereignung entfallen. Der öffentlichen Hand, die sich nicht auf Art. 14 GG berufen kann, steht **kein Recht auf Rückgabe** des durch Enteignung erworbenen, dann aber wegen fehlgeschlagenen Enteignungszwecks nicht mehr benötigten Grundstücks zu.[65]

51

Eine **entsprechende Anwendung** des verfassungsrechtlichen Rückerwerbsanspruchs auf den zur Abwendung einer Enteignung erfolgten **freihändigen Grundstückserwerb** ist nicht möglich, da diesem Erwerb kein staatlicher Eingriffsakt zugrunde liegt.[66] In dem enteignungsabwendenden Vertrag kann jedoch entsprechend § 102 BauGB ein Rückerwerbsrecht vereinbart werden.

52

Lösung zu Fall 17:

Da die Enteignung voraussetzt, dass die Gemeinde sich ernsthaft um den freihändigen Erwerb des Grundstücks zu angemessenen Bedingungen bemüht hat (§ 87 II 1 BauGB), muss dem betroffenen Eigentümer A jedenfalls bis zur Einleitung des Enteignungsverfahrens die Möglichkeit eröffnet werden, durch Annahme eines **angemes-**

53

---

[61] BKL/*Battis*, BauGB, § 226 Rn. 4; JDW/*Jäde*, BauGB, § 226 Rn. 6 f.
[62] Grundlegend BVerfGE 38, 175 (179 ff.) = NJW 1975, 37; kritisch *v. Mutius*, Eigentumsgarantie und Anspruch auf Rückübereignung bei Nichtverwirklichung des Enteignungszwecks, VerwArch 66 (1975), 283; enger und von BVerfGE 38, 175 aufgehoben BVerwGE 28, 184 (185 ff.) = NJW 1968, 810; *Schnabel*, Verjährung des Rückenteignungsanspruchs nach § 102 BauGB, ZOV 1993, 392; *Wessels*, Zur Anwendbarkeit des § 102 BauGB auf „fehlgeschlagene" DDR-Enteignungen, NJ 1994, 108.
[63] Ähnliche Regelungen finden sich in § 43 BLG und § 57 LBG.
[64] Die Regelung des § 102 BauGB ist abschließend; vgl. *BVerwG* NJW 1990, 2400 (2400 ff.).
[65] BGHZ 71, 293 (294 f.) = NJW 1978, 1481.
[66] BGHZ 84, 1 (5) = NJW 1982, 2188; vgl. auch *Stüer*, in: Hoppenberg/de Witt, Hb. öffentliches Baurecht, B Rn. 1274.

senen **Erwerbsangebots** der öffentlichen Hand die Enteignung abzuwenden. Ein Angebot ist jedoch nur dann angemessen, wenn es etwa der Höhe der geschuldeten Enteignungsentschädigung entspricht. Demnach ist gem. § 95 BauGB der **Verkehrswert** des Grundstücks zugrunde zu legen. Hinzu kommt gem. § 96 I 2 Nr. 1 BauGB zusätzlich eine Entschädigung für den vorübergehenden oder dauernden Verlust, den der bisherige Eigentümer in seiner **Berufstätigkeit**, seiner Erwerbstätigkeit oder in Erfüllung der ihm wesensgemäß obliegenden Aufgaben erleidet. Hierzu gehören gerade die Kosten für eine **Betriebsverlegung** (vgl. § 96 I 2 Nr. 1 BauGB a. E.), nicht aber künftige **Chancen und Erwerbsmöglichkeiten**. Außerdem sind dem Eigentümer die notwendigen Aufwendungen für einen durch die Enteignung erforderlich werdenden **Umzug** zu ersetzen (§ 96 I 2 Nr. 3 BauGB). In Anbetracht dessen war das Angebot der Gemeinde G, das sich allein auf den Verkehrswert von As Grundstück beschränkte, nicht angemessen. Das Enteignungsverfahren kann somit noch nicht eröffnet werden.

4. Teil. Räumliche Gesamtplanung außerhalb des BauGB

Plan und Planung sind als Mittel zur Koordinierung von Verwaltungsabläufen ein 1
unentbehrliches Instrument moderner Staatstätigkeit. Sie finden sich in allen Bereichen des öffentlichen Rechts: Landes-, Gebiets-, Kreis- und Stadtentwicklungspläne, Bewirtschaftungspläne (§ 83 WHG), Abfallbeseitigungspläne (§ 29 KrW-/AbfG), Luftreinhaltepläne (§ 47 BImSchG), Landschaftspläne (§ 11 BNatSchG) und anderes mehr. Von ihnen interessieren hier nur die raumgestaltenden Pläne. Man kann die Gesamtheit der Vorschriften, die raumgestaltende Pläne zum Gegenstand haben, unter dem Begriff des Raumplanungsrechts zusammenfassen. Raumgestaltend ist eine Planung, wenn sie unmittelbar auf die räumliche Entwicklung eines Gebiets einwirkt. Das Raumplanungsrecht ist in das **Gesamtplanungsrecht** und das **Fachplanungsrecht** zu unterteilen. Das Gesamtplanungsrecht hat die strukturelle Entwicklung oder Gestaltung eines Gebiets zum Gegenstand.[1] Zu ihm gehören die Raumordnung, die Landes- und Regionalplanung, die städtebauliche Planung sowie die Landschaftsplanung. Das Fachplanungsrecht[2] betrifft die planerische Gestaltung des Raumes unter einem vorhabenspezifischen Gesichtspunkt: den Bau einer Eisenbahnlinie, einer Bundesfernstraße, eines Flughafens, einer Abfallentsorgungsanlage. Da die Fachplanung raumgestaltend ist, muss sie auf die Gesamtplanung und muss die Gesamtplanung auf sie Bedacht nehmen.[3]

§ 20. Raumordnungsplanung

Schrifttum: *Battis/Kersten*, Die Raumordnung nach der Föderalismusreform, DVBl. 2007, 152; *Durner*, Das neue Raumordnungsgesetz, NuR 2009, 373; *Emde*, Die Rechtswirkung von Raumordnungsplänen, JA 2010, 87; *Erbguth*, Eignungsgebiete als Ziele der Raumordnung? – Planungspraxis, ROG 98, § 35 Abs. 3 Satz 3 BauGB 98, DVBl. 1998, 209; *Gatz*, Rechtsfragen der Windenergienutzung, DVBl. 2009, 737; *Goppel*, Aspekte des Zielabweichungsverfahrens im Raumordnungsrecht, UPR 2006, 296; *Grotefels*, Vorrang-, Vorbehalts- und Eignungsgebiete in der Raumordnung (§ 7 Abs. 4 ROG), in: Festschr. für Hoppe, 2000, S. 369; *dies.*, Umweltprüfung bei Raumordnungsplänen nach dem neuen Landesplanungsgesetz NRW, NWVBl. 2007, 41; *dies./Lahme*, Der regionale Flächennutzungsplan in Nordrhein-Westfalen, BauR 2009, 1390; *Heemeyer*, Zur Abgrenzung von Zielen und Grundsätzen der Raumordnung, UPR 2007, 10; *Hendler*, Regionaler Flächennutzungsplan, ZfBR 2005, 229; *Hoppe*, „Ziele der Raumordnung und Landesplanung" und „Grundsätze der Raumordnung und Landesplanung" in normtheoretischer Sicht, DVBl. 1993, 681; *ders.*, Zur Abgrenzung der Ziele der Raumordnung (§ 3 Nr. 2 ROG) von Grundsätzen der Raumordnung (§ 3 Nr. 3 ROG) durch § 7 Abs. 1 Satz 3 ROG – Schafft die Kennzeichnung von raumordnerischen Festlegungen als Ziele der Raumordnung gemäß § 7 Abs. 1 Satz 3 ROG größere Rechtssicherheit?, DVBl. 1999, 1457; *ders.*, Kompetenz-Debakel für die Raumordnung durch die Föderalismusreform infolge der uneingeschränkten Abweichungszuständigkeit der Länder?, DVBl. 2007, 144; *ders.*, Zur Flexibilisierung

---

[1] *Grotefels/Grüner*, Überblick über das Recht der Bauleitplanung, Ad Legendum 2009, 342 (344).
[2] Es ist nicht Gegenstand dieses Buches und wird daher nur in seinem Verhältnis zum Flächennutzungsplan (oben § 5 Rn. 74, 79 f.; § 7 Rn. 2, 29, 45, 49 ff.) und zum Bebauungsplan (nachfolgend § 22 Rn. 4 ff.) erörtert.
[3] Dazu oben § 5 Rn. 79 f; § 7 Rn. 49 ff; § 22 Rn. 4 ff.

der Ziele der Raumordnung (§ 3 Nr. 2 ROG) in einem neuen Raumordnungsgesetz – Zugleich ein Beitrag zu dem Dilemma des Ping-Pong-Spiels auf dem Gebiet der Raumordnung zwischen konkurrierender Gesetzgebungszuständigkeit des Bundes und der Abweichungskompetenz der Länder, BauR 2007, 26; *ders.*, Zu der neuen Regelung der Ausnahme von Zielen der Raumordnung (§ 3 Abs. 1 Nr. 2 Gesetz zur Neuregelung des Raumordnungsgesetzes, GeROG) in § 6 Abs. 1 GeROG, DVBl. 2008, 966; *ders.*, „Nachhaltige Raumentwicklung" und gelungene Neufassung des „Abwägungsgebots" im Regierungsentwurf zur Novellierung des Raumordnungsgesetzes, NVwZ 2008, 936; *Kersten*, Abschied von der Gleichwertigkeit der Lebensverhältnisse – der „wirtschaftliche, soziale und territoriale Zusammenhalt" als neue Leitvorstellung der Raumplanung, UPR 2006, 245; *Kment*, Rechtsschutz im Hinblick auf Raumordnungspläne, 2002; *ders.*, Die Problematik des § 4 Abs. 3 ROG – Zielbindung Privater und Gesetzgebungskompetenz, DVBl. 2003, 1018; *ders.*, Bindungswirkungen der Grundsätze der Raumordnung gegenüber Personen des Privatrechts, NVwZ 2004, 155; *ders.*, Das geänderte Raumordnungsgesetz nach Erlass des Europarechtsanpassungsgesetzes Bau, NVwZ 2005, 886; *ders.*, Zur angestrebten Änderung der Gesetzgebungskompetenz im Bereich der Raumordnung, NuR 2006, 217; *ders.*, Die raumordnungsrechtliche Planerhaltung im Lichte des europäischen Rechts – Eine Untersuchung des § 10 ROG, DÖV 2006, 462; *ders.*, Raumordnungsgebiete in der Deutschen Ausschließlichen Wirtschaftszone – Ein Plädoyer für eine Novelle nach der Novelle, Verw 40 (2007), 53; *ders.*, Standortfestlegungen und Streckenverläufe – Neues zum Verhältnis von Raumordnung und Fachplanung, NuR 2010, 392; *ders./Grüner*, Ausnahmen von Zielen der Raumordnung – Zur Neufassung des Raumordnungsgesetzes, UPR 2009, 93; *Köck/Bovet*, Windenergieanlagen und Freiraumschutz – Rechtliche Anforderungen an die räumliche Steuerung von Windenergieanlagen, NuR 2008, 529; *Krautzberger/Stüer*, Das neue Raumordnungsgesetz des Bundes, BauR 2009, 180; *Ritter*, Das Gesetz zur Neufassung des Raumordnungsgesetzes (ROG 2009): Weiterentwicklung oder beginnendes Siechtum?, DÖV 2009, 425; *Scheidler*, Die planerische Steuerung von Windkraftanlagen auf örtlicher und überörtlicher Ebene, LKRZ 2010, 41; *ders.*, Vorgaben zur Umweltprüfung im Raumordnungsgesetz 2009, NVwZ 2010, 19; *Schlacke*, Öffentlichkeitsbeteiligung in der Raumordnung – Stand und Perspektiven am Beispiel Nordrhein-Westfalens, NWVBl. 2007, 420; *Schlarmann/Krappel*, Die Wirksamkeitsakzessorietät niederstufiger Planungen im System der räumlichen Gesamtplanung – zur Wirksamkeit von Bauleitplänen bei Fehlen oder Unwirksamkeit von Raumordnungsplänen – unter besonderer Berücksichtigung der Stadtstaatenklausel des Raumordnungsgesetzes (§ 8 Abs. 1 ROG), NordÖR 2009, 143; *Schmitz/Müller*, Das Raumordnungsrecht nach der Föderalismusreform, RuR 2007, 456; *Söfker*, Das Gesetz zur Neufassung des Raumordnungsgesetzes, UPR 2009, 161; *Uechtritz*, Die Umweltprüfung in der Raumordnung – zur Umsetzung der Plan-UP-Richtlinie, ZUR 2006, 9; *Wolf*, Planung und Gebietsschutz in der Ausschließlichen Wirtschaftszone, NuR 2005, 375; *Zentralinstitut für Raumplanung*, Das Raumordnungsrecht: Vergangenheit – Gegenwart – Zukunft, DVBl. 2005, 1149.

Fall 18 (nach BVerwGE 118, 33; 122, 109):

2 Die in einem sehr windhöfigen Gebiet gelegene Gemeinde G fürchtet, durch die Ansiedelung von Windkraftanlagen ihre landschaftlich attraktive Lage einzubüßen. Um einer „Verspargelung" ihres Außenbereichs entgegenzuwirken, nutzt der Bürgermeister von G seine guten Verbindungen und erreicht, dass in dem für die Gemeinde G relevanten Regionsplan lediglich ein einziges Eignungsgebiet „Windkraft" nach § 8 VII Nr. 3 ROG ausgewiesen wird, wobei eine Stelle im Gemeindegebiet gewählt wird, an dem bereits drei Windkrafträder stehen und nur noch für eine weitere Anlage Platz ist. Unternehmer U möchte gerne drei Windkraftanlagen der neuesten Generation in G errichten. Er kann nachweisen, dass neben dem für die Gemeinde G festgesetzten Eignungsgebiet „Windkraft" noch mindestens an zwei weiteren Standorten drei bis fünf Windkraftanlagen errichtet werden könnten, ohne bedeutsame optische Beeinträchtigungen des Landschaftsbildes zu verursachen. Er wendet sich an Rechtsanwalt R, der dem U Hoffnung für sein Vorhaben macht; die Eignungsgebiete seien rechtswidrig. Trifft die Auffassung des R zu?
Lösung: Rn. 48

§ 20. Raumordnungsplanung

Die zunehmende Bevölkerungsdichte, das Anwachsen der Städte, das Entstehen von 3
Stadtregionen, die Verknappung des Bodens, die steigende Industrialisierung, die zunehmende Zahl großflächiger Einzelhandelsbetriebe, die Notwendigkeit der Ausbeutung von Bodenschätzen und Naturkräften und des sparsamen Umgangs mit ihnen, die wachsenden Verkehrsbedürfnisse, die Belastung der Umwelt, die Zersiedelung der Landschaft, kurz: die ins Ungeheure gestiegenen Anforderungen und Einwirkungen des Menschen an und auf seine Umwelt machen es unerlässlich, die Nutzungswünsche des Einzelnen und die Bedürfnisse der Allgemeinheit durch eine **zusammenfassende und überregionale Planung** zu koordinieren. Ziel dieser Planung muss es sein, das Bundesgebiet einer nachhaltigen Entwicklung zuzuführen, in welcher soziale, wirtschaftliche und ökologische Interessen in einem ausgeglichenen Verhältnis stehen und der Mensch sich geistig, körperlich und seelisch frei entfalten und entwickeln kann. Man bezeichnet diese Planung als Raumordnung, die sich als überörtliche Planung in die **Raumordnung im Bund** und die **Raumordnung in den Ländern** unterteilt. Ihr steht die prinzipiell auf das Gemeindegebiet begrenzte Bauleitplanung gegenüber.

I. Die Entwicklung der Raumordnung

Die Anfänge der Raumordnung[1] gehen in die Zeit **vor dem Ersten Weltkrieg** 4
zurück, als im Regierungsbezirk Düsseldorf eine „Grünflächenkommission" mit Planungsaufgaben insbesondere für das Ruhrgebiet und der mit ähnlichen Aufgaben ausgestattete „Zweckverband Groß-Berlin" sowie alsbald nach Kriegsende der Siedlungsverband Ruhrkohlenbezirk als überörtliche Planungsträger gebildet wurden. Hieraus entwickelten sich allenthalben Ansätze einer die Gemeindegrenzen übergreifenden Raumordnung, der es jedoch an Rechtsgrundlagen fehlte. 1935 wurde im Zusammenhang mit dem Gesetz über die Regelung des Landbedarfs der öffentlichen Hand[2] eine Reichsstelle für Raumordnung[3] gebildet, die zuständig war für die „zusammenfassende, übergeordnete Planung und Ordnung des deutschen Raumes für das gesamte Reichsgebiet", und der Planungsbehörden und Landesplanungsgemeinschaften nachgeordnet waren.[4] Materielle Planungsvorschriften wurden nicht erlassen. **Nach Kriegsende** wurde die Raumordnung auf der Grundlage landesrechtlicher Planungsgesetze[5] fortgesetzt. Im **Jahr 1957** wurde ein Verwaltungsabkommen zwischen dem Bund und den Ländern über die Zusammenarbeit auf dem Gebiet der Raumordnung geschlossen.[6] Es galt bis zum **Erlass des Raumordnungsgesetzes 1965**. Mit diesem Gesetz machte der Bund von seiner – damalig unbestrittenen – aus der Natur der Sache folgenden ausschließlichen Gesetzgebungskompetenz für die länderübergreifende Raumordnung[7] und von seiner sich damals aus Art. 75 I Nr. 4 GG a. F. ergebenden Befugnis Gebrauch, Rahmenvorschriften für die Gesetzgebung der Länder über die Raumordnung zu erlassen. An die Stelle des mehrfach geänderten ROG 1965 ist mit Wirkung vom 1. 11. 1998 das

---

[1] Siehe zur geschichtlichen Entwicklung *Akademie für Raumforschung und Landesplanung*, Zur geschichtlichen Entwicklung der Raumordnung, Landes- und Regionalplanung, 1991; *Zentralinstitut für Raumplanung*, DVBl. 2005, 1149 (1149 ff.).
[2] Gesetz v. 29. 3. 1935, RGBl. I S. 468.
[3] Erlass v. 26. 6. 1935, RGBl. I S. 793.
[4] Vgl. Erste Verordnung zur Durchführung der Reichs- und Landesplanung v. 15. 2. 1936, RGBl. I S. 104.
[5] Nachweise bei *Bielenberg*, DVBl. 1960, 84 und in BVerfGE 3, 407 (426 f.).
[6] BAnZ. 1958 Nr. 25 S. 1.
[7] Zu dieser Kompetenz BVerfGE 3, 407 (427 f.).

durch Art. 2 BauROG 1998[8] geschaffene Raumordnungsgesetz getreten. Im Zuge der Verfassungsänderungen durch die Föderalismusreform im Jahr 2006[9] ist das bundesrechtliche Rahmengesetz durch ein neu gefasstes Raumordnungsgesetz ersetzt worden. Es ist gem. Art. 2 des Gesetzes zur Neufassung des Raumordnungsgesetzes und zur Änderung anderer Vorschriften[10] für die Raumordnung im Bund am 31. 12. 2008 und – aufgrund der verfassungsrechtlichen Vorgaben des Art. 72 III 2 GG mit sechsmonatiger Verzögerung – für die Raumordnung in den Ländern am 30. 6. 2009 in Kraft getreten.[11] Es enthält im Wesentlichen die gleiche inhaltliche Schwerpunktsetzung wie sein Vorgänger, versteht sich nun jedoch nicht mehr als Rahmengesetz, sondern als gesetzliche **„Vollregelung"**.[12]

II. Kompetenzrechtliche Grundlagen

5 Die Rahmengesetzgebungskompetenz des Bundes (Art. 75 GG a. F.) ist mit Inkrafttreten der Föderalismusreform weggefallen.[13] Nunmehr ergibt sich eine neue Gesetzgebungskompetenz für die Raumordnung aus **Art. 74 I Nr. 31 GG**, die das Verständnis vieler Bereiche des Raumordnungsrechts maßgeblich verändert hat. Diese neue Gesetzgebungskompetenz erlaubt dem Bund grundsätzlich eine **Vollregelung** des Rechts der Raumordnung, die weder an die Erforderlichkeitsanforderungen des Art. 72 II GG gebunden ist,[14] noch der Zustimmung durch den Bundesrat bedarf (Art. 74 II GG).[15] Die Länder können jedoch gem. Art. 72 III 1 Nr. 4 GG von den bundesgesetzlichen Regelungen abweichen.[16] Diese **Abweichungskompetenz** erfasst sowohl das materielle wie auch das formelle Recht.[17]

6 Zu beachten ist, dass die Wahrnehmung der Gesetzgebungskompetenz durch den Bund im Bereich der konkurrierenden Gesetzgebung nach sich zieht, dass entgegenstehendes Landesrecht nicht mehr anwendbar ist. D. h., dass für den Fall eines **Widerspruchs** zwischen bestehendem Landesrecht und aktuellem bundesrechtlichen Raumordnungsgesetz das aktuelle Raumordnungsgesetz des Bundes vorgeht (vgl. § 28 I ROG).[18] Sofern ein Landesgesetzgeber jedoch von seiner **Abweichungskompetenz**

---

[8] Gesetz v. 18. 8. 1997, BGBl. I S. 2081.
[9] BGBl. I 2006, S. 2034; vgl. dazu *Ipsen*, Die Kompetenzverteilung zwischen Bund und Ländern nach der Föderalismusnovelle, NJW 2006, 2801; *Häde*, Zur Föderalismusreform in Deutschland, JZ 2006, 930; *Degenhart*, Die Neuordnung der Gesetzgebungskompetenzen durch die Föderalismusreform, NVwZ 2006, 1209; *Schulze-Fielitz*, Umweltschutz im Föderalismus, NVwZ 2007, 249.
[10] Gesetz v. 22. 12. 2008, BGBl. 2008 I, S. 2986.
[11] SRG/*Spannowsky*, ROG, § 28 Rn. 9.
[12] Zum Raumordnungsrecht nach der Föderalismusreform *Durner*, NuR 2009, 373; *Söfker*, UPR 2009, 161; *Ritter*, DÖV 2009, 425; *Krautzberger/Stüer*, BauR 2009, 180; *Wilke*, Zum neuen Raumordnungsgesetz 2008 – mit norddeutschen Akzenten, NordÖR 2009, 236; *Kment/Grüner*, UPR 2009, 93.
[13] Vgl. etwa *Schulze-Fielitz*, Umweltschutz im Föderalismus – Europa, Bund und Länder, NVwZ 2007, 249 (258).
[14] SRG/*Runkel*, ROG, § 1 Rn. 5. Früher war die Raumordnung hieran gebunden; vgl. BVerfGE 111, 226 (253).
[15] *Söfker*, UPR 2009, 161 (167); *Kment/Grüner*, UPR 2009, 93 (94).
[16] Jarass/Pieroth/*Pieroth*, GG, Art. 72 Rn. 28 ff.
[17] *Schmitz/Müller*, RuR 2007, 456 (458); *Söfker*, UPR 2009, 161 (167); a. A. *Spannowsky*, Die Grenzen der Länderabweichungsbefugnis gem. Art. 72 Abs. 3 Nr. 4 GG im Bereich der Raumordnung, UPR 2007, 41 (49): Art. 84 I GG als *lex specialis*.
[18] *Degenhart*, Die Neuordnung der Gesetzgebungskompetenzen durch die Föderalismusreform, NVwZ 2006, 1209 (1212); *Hoppe*, BauR 2007, 26 (27 ff.).

Gebrauch macht, geht wiederum das Landesrecht vor;[19] gegebenenfalls jedoch nur so lange, bis der Bund wieder eine abweichende Regelung trifft usw. (sog. Pingpong-Effekt).[20]

Von der Frage des abweichenden Landesrechts zu unterscheiden ist die Problematik des **ergänzenden Landesrechts**. Danach besteht die Möglichkeit, dass Länder Regelungsspielräume wahrnehmen, die ihnen die konkurrierende bundesgesetzliche Regelung freigehalten hat. Landesgesetzliche Vorschriften können somit raumordnungsrechtliche Vorgaben komplettieren bzw. ergänzen. 7

Beispiel: § 2 II ROG definiert die bundesrechtlich geregelten Grundsätze der Raumordnung als nicht abschließende Vorgaben. Den Ländern ist es somit möglich, weitere Grundsätze dem Grundsatzkatalog des § 2 II ROG beizufügen. Ähnliches gilt hinsichtlich des Rechtscharakters von Raumordnungsplänen, dessen Festlegung der Bundesgesetzgeber den Ländern (weiterhin) überlässt. Ein weiteres Beispiel bildet das Zielabweichungsverfahren (§ 6 II ROG), welches bundesgesetzlich nur hinsichtlich seiner materiellen Regelungen ausgestaltet ist. Hier sind die Länder aufgerufen, die notwendigen Verfahrensregelungen ergänzend zu schaffen (vgl. § 28 III ROG).[21] 8

Gegenstand der juristischen Diskussion ist die Frage, ob neben dem Kompetenztitel des Art. 74 I Nr. 31 GG ein Kompetenzbereich des Bundes besteht, der **abweichungsfest** ist.[22] Sofern man eine abwägungsfeste Kompetenz des Bundes im Bereich Raumordnung annehmen sollte, dürfte es sich hierbei um Vorschriften handeln, die ausschließlich die **Raumordnung im Bund** betrifft.[23] Hierauf stützt sich die Regelung der §§ 17 bis 25 ROG. Eine abweichende Gesetzgebung des Landesgesetzgebers dürfte in diesem Bereich nicht zulässig sein. Unabhängig von der Streitfrage herrscht aber insofern Einigkeit, dass die Bundesländer jedenfalls für die Raumordnung in den Ländern, also für Angelegenheiten, die ihr Gebiet betreffen, eine Abweichungskompetenz besitzen.[24] Dies gilt insbesondere für **gebietliche Besonderheiten**,[25] wie z. B. die spezielle Nutzbarkeit einer Fläche für erneuerbare Energien. Abweichende landesrechtliche Regelungen wären in diesem Anwendungsbereich somit rechtlich unbedenklich. 9

Mitunter kann die Gesetzgebungskompetenz des Bundes auch aus **anderen Kompetenztiteln** herrühren. Dies bedeutet, dass es dem Landesgesetzgeber verwehrt ist, in diesem Bereich abweichende Regelungen zu treffen. So ist es etwa der Landesgesetzgebung nicht erlaubt, die Bindungswirkung der Erfordernisse der Raumordnung (§§ 4 u. 5 ROG) zu modifizieren, sofern diese mit **Raumordnungsklauseln** in den Fachgesetzen verbunden sind.[26] 10

---

[19] Siehe zu den Anforderungen an eine Abweichungsgesetzgebung SRG/*Runkel*, ROG, § 1 Rn. 20 ff.
[20] *Hoppe*, BauR 2007, 26 (31).
[21] Siehe auch SRG/*Spannowsky*, ROG, § 28 Rn. 8 ff.
[22] *Kment*, NuR 2006, 217 (220 f.); *ders./Grüner*, UPR 2009, 93 (94); *Battis/Kersten*, DVBl. 2007, 152 (158 f.); *Spannowsky*, Die Grenzen der Länderabweichungsbefugnis gem. Art. 72 Abs. 3 Nr. 4 GG im Bereich der Raumordnung, UPR 2007, 41 (44 ff.); SRG/*Runkel*, ROG, § 1 Rn. 28 ff.; *Erbguth*, Die Föderalismusreform im Bereich Umwelt, insbesondere Raumordnung, in: Festschr. für Rengeling, 2008, 35 (52); *Hoppe*, DVBl. 2007, 144 (146).
[23] *Kment*, NUR 2006, 217 (220 f.); SRG/*Runkel*, ROG, § 1 Rn. 10, 15; *Battis/Kersten*, DVBl. 2007, 152 (159).
[24] *Hoppe*, DVBl. 2007, 144 (147 f.); *Degenhart*, Die Neuordnung der Gesetzgebungskompetenzen durch die Föderalismusreform, NVwZ 2006, 1209 (1213).
[25] *Battis/Kersten*, DVBl. 2007, 152 (159).
[26] *Söfker*, UPR 2009, 161 (168).

11 **Beispiel:** Im Bodenrecht kann die Zulässigkeit von Vorhaben im Außenbereich (§ 35 III 2, 3 BauGB) mitunter von den Zielen der Raumordnung abhängen.[27] Eine landesrechtliche Modifizierung des Zielbegriffs, wie er in §§ 4 und 5 ROG gebraucht wird, würde einen unzulässigen Eingriff in das Bodenrecht des Bundes i. S. d. Art. 74 I Nr. 18 GG darstellen.

III. Die Staatsaufgabe „Raumordnung"

12 § 1 I 1 ROG bestimmt, dass in dem Gesamtraum Bundesrepublik Deutschland und seinen Teilräumen Raumordnung stattzufinden hat. Raumordnung ist die zusammenfassende, übergeordnete Planung und Ordnung des Raumes.[28] Sie ist übergeordnet, weil sie, anders als die Bauleitplanung, **überörtliche** Planung ist. Dabei ist es unbedeutend, ob die Raumordnung sich räumlich auf das Gebiet mehrerer Gemeinden oder gar nur einen Teilbereich eines Gemeindegebiets bezieht. Bedeutsamer als der räumliche Gegenstand ist die zu bewältigende Aufgabe, der eine Bedeutung zukommen muss, die über das Gebiet einzelner Gemeinden hinausgeht.[29] Die Planungsleistung der Raumordnung ist zudem **zusammenfassend**, weil sie vielfältige Entwicklungen und Ziele sowie Fachplanungen, etwa für Wirtschaft, Verkehr, Landschaftspflege, Wasserwirtschaft, Abfallbeseitigung, Umweltschutz und Energieversorgung zusammenfasst und aufeinander abstimmt;[30] sie muss überfachlich sein und darf nicht auf eine Ersatzfachplanung hinauslaufen.[31] Durch Raumordnungspläne, raumordnerische Zusammenarbeit und durch die Abstimmung raumbedeutsamer Planungen und Maßnahmen ist der Gesamtraum und sind die Teilräume zu entwickeln, zu ordnen und zu sichern.[32] Dabei sind gem. § 1 I 2 ROG unterschiedliche Anforderungen an den Raum aufeinander abzustimmen und die auf der jeweiligen Planungsebene auftretenden Konflikte auszugleichen sowie Vorsorge für einzelne Nutzungen und Funktionen des Raums zu treffen. Angesprochen sind damit die Aufträge, die den vielfältigen raumordnungsrechtlichen Aktivitäten erteilt werden:[33]

13 – der **Koordinierungsauftrag**, der insbesondere zum Zusammenführen verschiedener Sektorpolitiken und unterschiedlicher räumlicher Gesichtspunkte mahnt,

14 – der Auftrag zur **Konfliktbewältigung**, der eine Verlagerung von Problemen in spätere Planungsphasen zu unterbinden sucht und zugleich der Raumordnung einschränkend aufgibt nur gesamträumlich relevante Fragestellungen zu bearbeiten,

15 – der **Vorsorgeauftrag**, der bezogen auf einzelne Raumfunktionen und Raumnutzungen zu verstehen ist und darauf abzielt, zukünftig aufkommenden Raumbedarf vorausschauend zu erkennen und hierfür geeignete Flächen zu sichern.

---

[27] Vgl. nachfolgend § 27 Rn. 62 ff.
[28] BVerfGE 3, 407 (425).
[29] BVerwGE 119, 25 (41); *Halama*, Durchsetzung und Abwehr von Zielen der Raumordnung und Landesplanung auf der Gemeindeebene, in: Festschr. für Schlichter, 1995, S. 201 (218).
[30] BVerwGE 125, 116 (135 ff.); *Kment*, NuR 2010, 392 (392); SRG/*Runkel*, ROG, § 1 Rn. 72 ff.
[31] *BayVerfGH* DÖV 2003, 78 (80); *Spannowsky*, Grenzen landes- und regionalplanerischer Festlegungen gegenüber Verkehrswegeplanungen des Bundes, UPR 2000, 418 (421); *Zentralinstitut für Raumplanung*, DVBl. 2005, 1149 (1156); kritisch in diesem Zusammenhang *Deutsch*, Raumordnung als Auffangkompetenz?, NVwZ 2010, 1520 (1522).
[32] Siehe dazu BVerwGE 125, 116 (135 ff.); SRG/*Runkel*, ROG, § 1 Rn. 47 ff.
[33] Siehe hierzu etwa SRG/*Runkel*, ROG, § 1 Rn. 82 ff.

IV. Leitvorstellung und Grundsätze der Raumordnung

1. Leitvorstellung

Nach Art einer Präambel umschreibt § 1 II ROG die Leitvorstellung der Raumordnung, die der Entwicklung, Ordnung und Sicherung des Gesamtraums der Bundesrepublik Deutschland und seiner Teilräume zugrunde zu legen ist.[34] Leitvorstellung der Raumordnung ist eine „**nachhaltige Raumentwicklung**, die die sozialen und wirtschaftlichen Ansprüche an den Raum mit seinen ökologischen Funktionen in Einklang bringt und zu einer dauerhaften, großräumig ausgewogenen Ordnung mit **gleichwertigen Lebensverhältnissen**[35] in den Teilräumen führt". Bezweckt wird ein Ausgleich der ökologischen, ökonomischen und sozialen Anforderungen an den Raum.[36] Man bezeichnet dies als die **Dreidimensionalität** der angestrebten nachhaltigen Raumentwicklung. Keiner der genannten drei Aspekte besitzt einen Vorrang.[37] Sie sind prinzipiell **gleichrangig**. Die ökologischen und sozialen Nutzungsanforderungen sind mit den ökologischen Schutzbedürfnissen in einen räumlichen Ausgleich zu bringen.

16

Bei der Verwirklichung dieser Leitvorstellung sollen sich nach § 1 III ROG die Entwicklung, Ordnung und Sicherung der Teilräume in die Gegebenheiten und Erfordernisse des Gesamtraums einzufügen. Dessen Entwicklung, Ordnung und Sicherung sollen die Gegebenheiten und Erfordernisse seiner Teilräume berücksichtigen. Dies wird vom Gesetz als das „**Gegenstromprinzip**" bezeichnet. Es schließt eine Dominanz des Großraums zulasten der Teilräume aus und erhebt die wechselseitige Respektierung der Räume zum Grundsatz.[38] Hierin liegt die Absage an einen einseitig planenden Zentralismus.

17

2. Grundsätze der Raumordnung

Die Leitvorstellung der **nachhaltigen Raumentwicklung** ist gem. § 2 I ROG Anwendungsmaxime der gesetzlichen Grundsätze der Raumordnung, wie sie in § 2 II ROG niedergelegt sind.[39] Sie bestimmt somit als eine Art „Oberziel" deren Anwendung und Verständnis.[40] Grundsätze der Raumordnung sind nach § 3 Nr. 3 ROG Aussagen zur Entwicklung, Ordnung und Sicherung des Raumes als Vorgaben für nachfolgende Abwägungs- oder Ermessensentscheidungen. Sie können durch Gesetz oder als Festlegungen in einem Raumordnungsplan aufgestellt werden. Gesetzlich

18

---

[34] § 1 ROG 1965 enthielt vier Leitvorstellungen, die im ROG 1998 zu einer Leitvorstellung fortentwickelt worden sind, die sich an der Agenda 21 der Rio-Konferenz zu Umwelt und Entwicklung orientiert; vgl. dazu *Bunzel*, Zur geplanten Neuregelung des Rechts der Raumordnung, UPR 1997, 1 (21); *Hohmann*, Ergebnisse des Erdgipfels von Rio – Weiterentwicklung des Umweltvölkerrechts durch die UN-Umweltkonferenz von 1992, NVwZ 1993, 311; *Ruffert*, Das Umweltvölkerrecht im Spiegel der Erklärung von Rio und der Agenda 21, ZUR 1993, 208.
[35] Vgl. *Hoppe*, NVwZ 2008, 936 (937); *Reichel*, Gleichwertigkeit der Lebensverhältnisse – Verfassungsauftrag und Raumordnungsrecht, 2009; kritisch dazu *Kersten*, UPR 2006, 245.
[36] *Erbguth*, Verkehrsvermeidung durch Raumordnung – Zugleich zur nachhaltigkeitsbedingten „Wegwägsperre", NVwZ 2000, 28 (28 f.).
[37] *Beaucamp*, Die Leitvorstellung der nachhaltigen Raumentwicklung, RuR 2002, 232 (234); SRG/*Runkel*, ROG, § 1 Rn. 95; *Sieben*, Was bedeutet Nachhaltigkeit als Rechtsbegriff?, NVwZ 2003, 1173 (1175).
[38] *Braese*, Das Gegenstromprinzip in der Raumordnung – zum Abstimmungsverfahren bei Planungen, 1982; *Koch/Hendler*, Baurecht, § 1 Rn. 31; *Ingold*, Auswirkungen von Planungsdefiziten höherstufiger Planungsebenen auf nachgeordnete Pläne, NVwZ 2010, 1399 (1400).
[39] SRG/*Runkel*, ROG, § 1 Rn.93.
[40] SRG/*Spannowsky*, ROG, § 2 Rn.15.

aufgestellt sind insbesondere die Raumordnungsgrundsätze des § 2 II ROG, die **verschiedene Themenbereiche** zusammenfassen:

- Grundaussagen zur nachhaltigen, räumlichen Entwicklung (Nr. 1).
- Anforderungen an die Raumstrukturen (Nr. 2). Hier treten insbesondere die Aussagen über großflächige Kooperation und interkommunale Zusammenarbeit hervor ebenso wie Aussagen zur räumlichen Konzentration der Siedlungstätigkeit vorrangig auf vorhandene Siedlungen mit hinreichender Infrastruktur.
- Gewährleistung der Daseinsvorsorge, insbesondere Infrastruktur und Verkehr (Nr. 3).
- Raumentwicklung zur Gewährleistung einer langfristig wettbewerbsfähigen und räumlich ausgewogenen Wirtschaft (Nr. 4).
- Erhaltung und Entwicklung der Kulturlandschaften sowie Förderung und Pflege von Natur und Landschaft (Nr. 5).
- Sicherung der ökologischen Funktion des Raums (Nr. 6).
- Gewährleistung der Verteidigung und des Zivilschutzes (Nr. 7).
- Förderung der räumlichen Integration innerhalb der Europäischen Union (Nr. 8).

19 Inhaltlich erweisen sich die Grundsätze des § 2 II ROG als vergleichsweise abstrakt bzw. **konkretisierungsbedürftig**, aber dafür nahezu allumfassend.[41] Als Elemente einer Art „**Checkliste**" bzw. Richtsätze führen sie die wesentlichen Aspekte potenziell jeder Raumordnungspläne auf,[42] die naturgemäß auch gegenläufig sein können.[43] Dies ist keineswegs schädlich, da möglicherweise widerstreitende Grundsätze lediglich strikt verbindlich in eine Ermessens- oder Abwägungsentscheidung einfließen, dort aber verworfen werden können.[44]

20 Die in § 2 II ROG aufgeführten Grundsätze sind nicht abschließend („insbesondere"). Die Länder können **als Ergänzung** weitere Grundsätze der Raumordnung aufstellen (§ 28 III ROG), die jedoch nicht im Widerspruch zur Leitvorstellung des § 1 ROG und den Grundsätzen des § 2 II ROG stehen dürfen. Den Inhalten der §§ 1, 2 II ROG widersprechende Grundsätze sind in Ausübung der verfassungsrechtlich garantierten Abweichungsbefugnis (Art. 72 III 1 Nr. 4 GG) aber auch denkbar.[45] Die Festlegung von Grundsätzen kann in einer Rechtsvorschrift, etwa in den Landesplanungsgesetzen, oder in Raumordnungsplänen für das Landesgebiet oder Regionalplänen für Teilräume des Landes (§ 3 I Nr. 7 ROG) geschehen.

V. Raumordnung in den Ländern

21 Die Raumordnungsplanung wird im Wesentlichen durch die Länder vorgenommen.[46] Dieses Bedeutungsübergewicht schlägt sich auch in der Regelungstechnik des ROG nieder. Vorangesellt sind die Vorgaben zur Raumordnung in den Ländern (§§ 8-17

---

[41] BiRS/*Runkel*, ROG, § 3 Rn. 170; *Hoppe*, DVBl. 1993, 681 (683); *Goppel*, Grundsätze der Raumordnung in Raumordnungsplänen, BayVBl. 1999, 331 (332); *Kment*, Rechtsschutz im Hinblick auf Raumordnungspläne, S. 58.

[42] *Moench/Sander*, Die Planung und Zulassung von Factory Outlet Centern, NVwZ 1999, 337 (340); *Hoppe*, DVBl. 1999, 1457 (1458).

[43] *Hoppe*, DVBl. 1993, 681 (683 f.); *Erbguth*, Das Gebot einer materiellen Abgrenzung zwischen Grundsätzen und Zielen der Raumordnung – Am Beispiel der landesplanerischen Stellungnahme nach brandenburgischem Recht, LKV 1994, 89 (91).

[44] Siehe hierzu nachfolgend § 20 Rn. 37.

[45] SRG/*Spannowsky*, ROG, § 2 Rn. 24.

[46] Gem. § 17 ROG kommen nur in begrenztem Umfang raumordnungsrechtliche Planwerke in Betracht. Sie können sich auf eine Ergänzung von Grundsätzen der Raumordnung (Abs. 1), die Entwicklung länderübergreifender Standortkonzepte für See- und Binnenhäfen sowie Flughäfen (Abs. 2) oder Raumordnungspläne für die ausschließliche Wirtschaftszone (Abs. 3) konzentrieren. Vgl. auch nachfolgend § 20 Rn. 42 ff.

ROG), die dann überwiegend im Wege der Verweisung von den leicht modifizierten Vorschriften zur Raumordnung im Bund (§§ 17-25 ROG) in Bezug genommen werden.[47]

1. Raumordnungspläne

a) Arten von Plänen

Für das Gebiet eines jeden Landes sind für einen regelmäßig mittelfristigen Zeitraum (§ 7 I 1 ROG) Raumordnungspläne aufzustellen (§ 8 I ROG).[48] Die Aufstellung räumlicher und sachlicher Teilpläne ist dabei zulässig (§ 7 I 2 ROG). Die Raumordnungspläne eines Landes haben unterschiedliche Geltungsräume. Das Gesetz unterscheidet in § 8 I 1 zwischen dem Raumordnungsplan für das Landesgebiet (**landesweiter Raumordnungsplan**) und den Raumordnungsplänen für die Teilräume der Länder (**Regionalpläne**). Bei Verflechtungen, die mehrere Bundesländer berühren, erfolgt im gegenseitigen Einvernehmen eine gemeinsame Regionalplanung oder eine gemeinsame informelle Planung (§ 8 III ROG).[49] Das Verhältnis der Landespläne zueinander, aber auch ihre Beziehung zur Bauleitplanung ist **hierarchisch** geprägt. Demnach ist der Regionalpan gem. § 8 II 1 ROG aus dem Raumordnungsplan des Landes zu entwickeln.[50] Flächennutzungspläne und sonstige von der Gemeinde beschlossene städtebauliche Planungen – die gem. § 1 IV BauGB an Zielfestlegungen eines Raumordnungsplans anzupassen sind –[51] werden in der Abwägung berücksichtigt (§ 8 II 2 ROG).[52] Erfolgt die Regionalplanung durch Zusammenschlüsse von Gemeinden und Gemeindeverbänden zu regionalen Planungsgemeinschaften, kann ein Regionalplan zugleich die Funktion eines gemeinsamen Flächennutzungsplans nach § 204 BauGB übernehmen, wenn er sowohl die für ihn relevanten raumordnungs- als auch die baurechtlichen Vorschriften einhält (**regionaler Flächennutzungsplan**).[53]

22

---

[47] *Söfker*, UPR 2009, 161 (161).
[48] Für die Stadtstaaten kann der Flächennutzungsplan die Funktion des Raumordnungsplans übernehmen (§ 8 I 2 ROG). Er muss dann die allgemeinen Vorschriften über Raumordnungspläne des §§ 7 ff. ROG beachten; vgl. dazu *BVerwG* ZfBR 2010, 575 (578 ff.); *OVG Bremen* NordÖR 2008, 69 (71 f.); *Schlarmann/Krappel*, NordÖR 2009, 143; *Grooterhorst/Langguth*, Sanktionslosigkeit einer Unterlassung der Raumordnungsplanung in den Stadtstaaten?, NordÖR 2008, 107.
[49] In diesem Zusammenhang ist auch der Staatsvertrag über die Aufgaben und Trägerschaft sowie Grundlagen und Verfahren der gemeinsamen Landesplanung zwischen den Ländern Berlin und Brandenburg v. 6. 4. 1995, GVBl., S. 407 zu nennen. Dieser hat bis heute einen wesentlichen Anwendungsbereich im engen Verflechtungsraum von Berlin und seinem brandenburgischen Umland, obschon er im Hinblick auf die seinerzeit beabsichtigte, dann aber gescheiterte Fusion der beiden Länder geschlossen worden ist. Dazu *Priebs*, Gemeinsame Landesplanung Berlin/Brandenburg – Vorbild für die Regionen Bremen und Hamburg?, DÖV 1996, 541.
[50] *OVG Münster* DVBl. 2009, 1385 (1387).
[51] Siehe hierzu bereits die obigen Ausführungen unter § 5 Rn. 14 ff.
[52] *OVG Koblenz* NuR 2008, 709 (712).
[53] Siehe hierzu *Spannowsky*, Der „Regionale Flächennutzungsplan" als neues Instrument der räumlichen Ordnung des örtlichen und überörtlichen Raums, UPR 1999, 409; *Lahme*, Der regionale Flächennutzungsplan – eine Untersuchung am Beispiel des nordrhein-westfälischen Landesrechts, 2008; *Hendler*, ZfBR 2005, 229; *Koch*, Der Regionale Flächennutzungsplan: Potenziale, Probleme und Lösungsansätze, RuR 2000, 389; *Grotefels/Lahme*, BauR 2009, 1390; siehe auch oben § 7 Rn. 13.

b) Planinhalte

23 **Inhaltlich** haben die Raumordnungspläne die Grundsätze der Raumordnung nach Maßgabe der Leitvorstellung (§ 1 II ROG) und des Gegenstromprinzips (§ 1 III ROG) zu konkretisieren. Die **Ziele der Raumordnung** sind als solche gem. § 7 IV ROG zu kennzeichnen; diese Kennzeichnung hat jedoch keine konstitutive Wirkung.[54] Ziele der Raumordnung sind nach § 3 Nr. 2 ROG die in den Raumordnungsplänen enthaltenen verbindlichen Vorgaben in Form von räumlich bestimmten oder bestimmbaren Festlegungen zur Entwicklung, Ordnung und Sicherung des Raums.[55] Über den Inhalt der Raumordnungspläne verhält sich eingehend § 8 V bis VII ROG. Hervorzuheben ist dabei zunächst, dass der Raumordnungsplan **Festlegungen zur Raumstruktur** enthalten soll (§ 8 V 1 ROG). Dazu gehört die Festlegung der anzustrebenden Siedlungsstruktur (§ 8 V 1 Nr. 1 ROG), der anzustrebenden Freiraumstruktur (§ 8 V 1 Nr. 2 ROG) und der zu sichernden Standorte und Trassen für die Infrastruktur (§ 8 V 1 Nr. 3 ROG).[56] Außerdem soll der Raumordnungsplan nach Maßgabe von § 8 VI ROG **Festlegungen zu raumbedeutsamen Planungen und Maßnahmen von öffentlichen Stellen und Privaten** (im Sinne des § 4 I 2 ROG) enthalten. Dazu gehören etwa Darstellungen in Fachplänen des Verkehrs-, Wasser- und Immissionsschutzrechts. Und schließlich kann der Raumordnungsplan gem. § 8 VII ROG auch **Gebiete** bezeichnen, die für bestimmte raumbedeutsame Funktionen oder Nutzungen unter Ausschluss anderer Nutzungen vorgesehen sind (Vorranggebiete), in denen solche Nutzungen bei der Abwägung mit konkurrierenden baubedeutsamen Nutzungen besonderes Gewicht beigemessen werden soll (Vorbehaltsgebiete) oder die mit Blick auf § 35 BauGB für bestimmte raumbedeutsame Maßnahmen, die an anderer Stelle im Planungsraum ausgeschlossen werden, geeignet sind (Eignungsgebiete).[57] Die Wahl der jeweiligen Gebietstypen kann gerade im Rahmen des § 35 III 2, 3 BauGB erhebliche Bedeutung für die Zulässigkeit von Vorhaben besitzen.[58]

24 **Vorranggebiete** dienen funktional insbesondere dazu, standortgebundene Nutzungen oder Funktionen des Raumes zu sichern, wobei sie thematisch nicht auf bestimmte Inhalte reduziert sind, sondern alle Kerninhalte der Raumordnungspläne im Sinne des § 8 V, VI 2 ROG einbeziehen können.[59] Qualitativ werden die Vorranggebiete allgemein als **Ziele der Raumordnung** (§ 3 Nr. 2 ROG) verstanden.[60] Damit ver-

---

[54] *BVerwG* BRS 66 Nr. 6; ZfBR 2005, 807 (808).

[55] Vgl. dazu BVerwGE 90, 329 (332 f.); BiRS/*Runkel*, ROG, § 3 Rn. 23 ff.; *Heemeyer*, Flexibilisierung der Erfordernisse der Raumordnung – Aktuelle Rechtslage und Ausblick auf alternative Steuerungsmodelle, 2006, S. 37 ff.

[56] Siehe hierzu auch *Kment*, Standortfestlegungen und Streckenverläufe – Neues zum Verhältnis von Raumordnung und Fachplanung, NuR 2010, 392 (393); *Hendler*, Raumordnungsplanung zur Erweiterung des Flughafens Frankfurt Main, LKRZ 2007, 1, (1 f.); *Hösch*, Notwendigkeit einer zentralen Flughafenplanung, UPR 2008, 378 (380); *Steinberg*, Landesplanerische Standortplanung und Planfeststellung – unter besonderer Berücksichtigung der Planung von Verkehrsflughäfen, DVBl. 2010, 137 (138 ff.).

[57] Vgl. dazu *Grotefels*, in: Festschr. für Hoppe, 2000, S. 369; *Kment*, Verw 40 (2007), 53 (56 ff.); *Jarass*, Raumordnungsgebiete (Vorbehalts-, Vorrang- und Eignungsgebiete) nach dem neuen Raumordnungsgesetz, 1998.

[58] Siehe auch nachfolgend § 27 Rn. 62 ff.

[59] *Runkel*, in: ARL, Handwörterbuch der Raumordnung, 2005, S. 1261 (1262 ff.).

[60] *Hornmann*, Windkraft – Rechtsgrundlagen und Rechtsprechung, NVwZ 2006, 969 (973); *Scheidler*, LKRZ 2010, 41 (43); *Goppel*, Die Festlegung von Raumordnungsgebieten – Rechtliche Fragen und planerische Konsequenzen aus der Sicht der Raumordnungsverwaltung, in:

bunden haben sie eine besonders starke Steuerungskraft und belassen dem Adressaten keinen Ermessens- oder Abwägungsspielraum hinsichtlich ihres Festlegungsinhalts.[61]

Im Gegensatz zu den Vorranggebieten leisten die **Vorbehaltsgebiete** nicht die Gewähr, dass sich die durch sie in Bezug genommenen Nutzungen an dem ihnen zugewiesenen Standort gegenüber konkurrierenden Nutzungen durchsetzen. Sie versehen lediglich bestimmte raumbedeutsame Funktionen oder Nutzungen mit einem besonderen Gewicht.[62] Als Gewichtungsvorgabe entfalten sie deshalb typischerweise eine geringere Steuerungskraft und können in nachfolgenden Abwägungs- und Ermessensentscheidungen durch gewichtigere öffentliche und/oder private Belange überwunden werden.[63] Dies rechtfertigt es auch, sie als **Grundsätze der Raumordnung** (§ 3 Nr. 3 ROG) zu qualifizieren.[64] Einen Vorzug gegenüber den Vorranggebieten bildet bei den Vorbehaltsgebieten ihre größere Flexibilität. So ist es etwa möglich, mehrere Vorbehaltsgebiete überlappend in einem Gebiet auszuweisen und es dem jeweiligen Adressaten zu überlassen, der einen oder anderen Nutzung Geltung zu verschaffen.[65]

25

Prägend für die **Eignungsgebiete** ist ihre doppelte Steuerungswirkung im bauplanungsrechtlichen Außenbereich.[66] Sie treffen „innergebietlich", d. h. in Bezug auf den von ihnen eingeschlossenen Raum, eine Eignungsaussage für bestimmte, raumbedeutsame Maßnahmen und entwickeln „außergebietlich", d. h. für den Rest des Planungsgebiets, eine strikte Ausschlusswirkung.[67] Diese strikte Ausschlusswirkung verschafft den Eignungsgebieten außergebietlich die Steuerungswirkung von **Zielen der Raumordnung**.[68] Umstritten ist jedoch die Qualität der Eignungsaussage für das umschlos-

26

Jarass, Raumordnungsgebiete (Vorbehalts-, Vorrang- und Eignungsgebiete) nach dem neuen Raumordnungsgesetz, 1998, S. 26 (27).
[61] *Grotefels*, in: Festschr. für Hoppe, 2000, S. 369 (374 f.); *Köck/Bovet*, NuR 2008, 529 (532); BiRS/*Spannowsky*, ROG, § 7 Rn. 103.
[62] BiRS/*Spannowsky*, ROG, § 7 Rn. 104; *Hoppe*, Die Beimessung eines besonderen Gewichts „bei der Abwägung mit konkurrierenden raumbedeutsamen Nutzungen" in Vorbehaltsgebieten nach § 7 Abs. 4 Satz 1 Nr. 2 ROG 1998, DVBl. 1998, 1008 (1009).
[63] BVerwGE 118, 33 (47 f.).
[64] BVerwGE 118, 33 (47 f.); *OVG Lüneburg* NVwZ 1996, 271; *Erbguth*, DVBl. 1998, 209 (212); *Hoppe*, Die Beimessung eines besonderen Gewichts „bei der Abwägung mit konkurrierenden raumbedeutsamen Nutzungen" in Vorbehaltsgebieten nach § 7 Abs. 4 Satz 1 Nr. 2 ROG 1998, DVBl. 1998, 1008 (1009 f.); *Grotefels*, in: Festschr. für Hoppe, 2000, 369 (377 f.); *Spannowsky*, Gewichtsverschiebungen im Verhältnis zwischen der örtlichen Bauleitplanung und der überörtlichen Landes- und Regionalplanung, DÖV 1997, 757 (763); *Gatz*, DVBl. 2009, 737 (741); a. A.: *VGH München* BayVBl. 1997, 178 (179); *Hendler*, Systematische Aspekte der Raumordnungsgebiete und die Bindungswirkung von Raumordnungszielen, in: Jarass, Raumordnungsgebiete (Vorbehalts-, Vorrang- und Eignungsgebiete) nach dem neuen Raumordnungsgesetz, 1998, S. 88 (106 ff.); *Goppel*, Ziele der Raumordnung, BayVBl. 1998, 289 (291).
[65] BiRS/*Spannowsky*, ROG, § 7 Rn. 104.
[66] *Dolderer*, Das neue Raumordnungsgesetz (ROG 1998) – Seine Neuerungen und ihre Folgen für die gemeindliche Planungshoheit, NVwZ 1998, 345 (347); *Lehners*, Raumordnungsgebiete nach dem Raumordnungsgesetz 1998, 1998, S. 57 f.
[67] *Gatz*, DVBl. 2009, 737 (740 f.); *Köck/Bovet*, NuR 2008, 529 (532); *Grotefels*, in: Festschr. für Hoppe, 2000, S. 369 (379); *Runkel*, Das neue Raumordnungsgesetz und das Umweltrecht, NuR 1998, 449 (452).
[68] *OVG Münster* ZUR 2007, 592 (593); *OVG Münster* NuR 2008, 736 (737); *Kment*, Verw 40 (2007), 53 (58); *Scheidler*, LKRZ 2010, 41 (43); *Schink*, Raumordnungsgebiete und kommunale Planungshoheit – Chancen und Schwierigkeiten für die Kommunen, in: Jarass, Raumordnungsgebiete (Vorbehalts-, Vorrang- und Eignungsgebiete) nach dem neuen Raumordnungsgesetz, 1998, S. 46 (59); *Erbguth*, DVBl. 1998, 209 (210, 212 f.); *Lehners*, Raumordnungsgebiete nach dem Raumordnungsgesetz 1998, 1998, S. 61 ff.

sene Innengebiet.⁶⁹ Während einige für eine Zielqualität plädieren, die den adressierten Gemeinden innergebietlich nur einen größeren Konkretisierungsspielraum überlasse,⁷⁰ argumentieren andere zugunsten einer Grundsatzqualität der Eignungsgebiete etwa mit dem Argument, dass die Festlegung innergebietlich keine positive Nutzungs- oder Funktionszuweisung treffe, sondern lediglich eine innergebietliche Abwägungsvorgabe enthalte.⁷¹ Die Rechtsprechung scheint geneigt zu sein, nunmehr eine Zielqualität der innergebietlichen Festlegungen anzunehmen.⁷²

2. Verfahren zur Aufstellung des Raumordnungsplans

27 Das Verfahren der Aufstellung von Raumordnungsplänen ist aufgrund der starken unionsrechtlichen Überformung durch die SUP-RL dem bauplanungsrechtlichen stark angenähert.⁷³ Die Grundlinien lassen sich – wie folgt – beschreiben:

28 – Bei der Aufstellung von Zielen der Raumordnung ist eine **Umweltprüfung** durchzuführen (§ 9 ROG), welche die voraussichtlich erheblichen Auswirkungen des Raumordnungsplans auf die umweltrelevanten Schutzgüter ermitteln, beschreiben und bewerten soll.⁷⁴

29 – Die Öffentlichkeit sowie die in ihren Belangen berührten öffentlichen Stellen sind von der Aufstellung des Raumordnungsplans zu unterrichten; ihnen ist möglichst zu einem frühen Zeitpunkt und effektiv **Gelegenheit zur Stellungnahme** zum Entwurf des Raumordnungsplans und seiner Begründung zu geben (§ 10 I 1 ROG).⁷⁵ Dies hat nach den Grundsätzen der Gegenseitigkeit und Gleichwertigkeit auch **grenzüberschreitend** zu erfolgen (§ 10 II ROG).

30 – Bei der Aufstellung der Raumordnungspläne sind die Grundsätze der Raumordnung gegeneinander und untereinander **abzuwägen**.⁷⁶ Sonstige öffentliche Belange sowie private Belange sind in der Abwägung zu berücksichtigen, soweit sie auf der jeweiligen Planungsebene erkennbar und von Bedeutung sind (§ 7 II 1 BauGB). In die Abwägung fließen auch die Erkenntnisse der Umweltprüfung inklusive der abgegebenen Stellungnahmen ein (§ 7 II 2 ROG). Die Erhaltungsziele und der Schutzzweck der **Natura-2000-Gebiete** werden gewahrt; das Weitere bestimmt sich insofern nach dem BNatSchG (§ 7 VI ROG).

31 – Der Raumordnungsplan ist **bekanntzumachen** und ihm ist eine **Begründung** nebst **zusammenfassender Erklärung** beizufügen. Außerdem sind Angaben zu **Überwachungsmaßnahmen** zu machen, sofern eine Umweltprüfung i. S. des § 9 ROG durchgeführt wurde (§ 11 ROG).

3. Bindungswirkung der Erfordernisse der Raumordnung

32 Die Bindungswirkung der Erfordernisse der Raumordnung ist in §§ 4, 5 ROG geregelt, wobei § 4 I ROG die Bindungswirkung erfasst, die im Kompetenztitel des ROG ruht,⁷⁷ während § 4 II ROG auf die sog. **Raumordnungsklauseln** abstellt, also die Bindungswirkung, die durch andere Fachgesetze vermittelt werden muss.⁷⁸ Unter

---

⁶⁹ Für eine Zielqualität etwa OVG Lüneburg BauR 2010, 1043 (1045); BiRS/*Runkel*, ROG, § 3 Rn. 55; *Hendler*, Systematische Aspekte der Raumordnungsgebiete und die Bindungswirkung von Raumordnungszielen, in: Jarass, Raumordnungsgebiete (Vorbehalts-, Vorrang- und Eignungsgebiete) nach dem neuen Raumordnungsgesetz, 1998, S. 88 (115); BiRS/*Spannowsky*, ROG, § 7 Rn. 105; für die Grundsatzqualität sprechen sich aus *Spiecker*, Raumordnung und Private, 1999, S. 245; *Erbguth*, DVBl. 1998, 209 (212, 214).
⁷⁰ BiRS/*Spannowsky*, ROG, § 7 Rn. 105.
⁷¹ *Erbguth*, DVBl. 1998, 209 (212, 214).
⁷² OVG Münster ZfBR 2006, 51 (51).
⁷³ Siehe hierzu auch mit Bezug zur Bauleitplanung § 6 Rn. 17 ff.
⁷⁴ Vgl. dazu *Uechtritz*, ZUR 2006, 9; *Grotefels*, NWVBl. 2007, 41; *Kment*, NVwZ 2005, 886 (887 f.); *Scheidler*, NVwZ 2010, 19.
⁷⁵ Siehe dazu *Schlacke*, NWVBl. 2007, 420.
⁷⁶ Vgl. dazu *Hoppe*, NVwZ 2008, 936.
⁷⁷ *Söfker*, UPR 2009, 161 (163).
⁷⁸ Vgl. zu Raumordnungsklauseln BiRS/*Runkel*, ROG, § 4 Rn. 275 ff.

„Erfordernissen der Raumordnung" sind nach § 3 Nr. 1 ROG die Ziele der Raumordnung, die Grundsätze der Raumordnung und sonstige Erfordernisse[79] wie in Aufstellung befindliche Ziele der Raumordnung, Ergebnisse förmlicher landesplanerischer Verfahren wie des Raumordnungsverfahrens und landesplanerische Stellungnahmen zu verstehen. Sie haben die folgende Bindungswirkung:

a) Ziele der Raumordnung
aa) Zielbindung nach § 4 ROG

Ziele der Raumordnung (§ 3 Nr. 2 ROG) sind nach § 4 I 1 Nr. 1 ROG von allen öffentlichen Stellen[80] bei raumbedeutsamen Planungen und Maßnahmen[81] zu beachten.[82] Dies gilt auch bei Entscheidungen öffentlicher Stellen über die Zulässigkeit raumbedeutsamer Planungen und Maßnahmen anderer öffentlicher Stellen (§ 4 I 1 Nr. 2 ROG) sowie bei Entscheidungen öffentlicher Stellen über die Zulässigkeit raumbedeutsamer Planungen und Maßnahmen von Personen des Privatrechts, die der Planfeststellung oder der Genehmigung mit der Rechtswirkung der Planfeststellung bedürfen (§ 4 I 1 Nr. 3 ROG). Werden raumbedeutsame Planungen von **Personen des Privatrechts** in Wahrnehmung öffentlicher Aufgaben durchgeführt oder sind öffentliche Stellen an den Personen mehrheitlich beteiligt oder werden die Planungen und Maßnahmen überwiegend mit öffentlichen Mitteln finanziert, gelten nach § 4 I 2 ROG die Zielbindungsbestimmungen des § 4 I 1 Nr. 1, 2 ROG entsprechend. Diese letztgenannte gesetzliche Anordnung ist verfassungsrechtlich nicht ganz unproblematisch, da der Kompetenztitel des Art. 74 I Nr. 31 GG („Raumordnung") nicht die unmittelbare Beziehung zu Privatpersonen umfasst.[83]

33

bb) Bindungswirkung bei raumbedeutsamen Planungen und Maßnahmen des Bundes

Ausnahmen von der allgemeinen Zielbindung (§ 4 ROG) gelten nach **§ 5 ROG** für bestimmte raumbedeutsame Planungen und Maßnahmen bei Angelegenheiten des Bundes. Hier gilt die Bindungswirkung gem. § 5 I ROG nur, wenn der Planungsträger an der Aufstellung der Ziele der Raumordnung beteiligt worden ist (§ 10 ROG) und er den festgestellten Zielen der Raumordnung binnen zwei Monaten widersprochen hat. Der Widerspruch entfaltet seine Wirkung allerdings nur, wenn eine **fehlerhafte Abwägung** vorliegt (§ 5 II Nr. 1 ROG) oder die widersprechende Stelle ihre raumbedeutsamen Planungen und Maßnahmen **nicht auf anderen geeigneten Flächen** durchführen kann als auf denen, für die ein entgegenstehendes Ziel im Raumordnungsplan festgelegt wurde (§ 5 II Nr. 2 ROG).[84] § 5 II Nr. 1 ROG will Bundesbehörden bei sachlich gerechtfertigten Vorbehalten von den Fesseln einer

34

---

[79] Vgl. dazu § 3 Nr. 4 ROG.
[80] Dies sind nach § 3 Nr. 5 ROG die Behörden des Bundes und der Länder, kommunale Gebietskörperschaften, bundesunmittelbare und die der Aufsicht eines Landes unterstehende Körperschaften, Anstalten und Stiftungen des öffentlichen Rechts.
[81] § 3 Nr. 6 ROG definiert die „raumbedeutsamen Planungen und Maßnahmen" als Planungen einschließlich der Raumordnungspläne, Vorhaben und sonstige Maßnahmen, durch die Raum in Anspruch genommen oder die räumliche Entwicklung oder Funktion eines Gebiets beeinflusst wird, einschließlich des Einsatzes der hierfür vorgesehenen öffentlichen Finanzmittel.
[82] Umfassend zur Zielbindungswirkung BiRS/*Runkel*, ROG, § 4 Rn. 64 ff.; *Kment*, Rechtsschutz im Hinblick auf Raumordnungspläne, 2002, S. 71 ff., 83 ff.
[83] Vgl. *Kment*, DVBl. 2003, 1018, zum damaligen § 4 III ROG a. f.
[84] Vgl. SRG/*Spannowsky*, ROG, § 5 Rn. 35 ff.

fehlenden Normverwerfungskompetenz befreien, während § 5 II Nr. 2 ROG auf mangelnde Alternativen abstellt.

cc) Ausnahmen in Raumordnungsplänen

35 Eine weitere Ausnahme von der allgemeinen Zielbindungspflicht liefert § 6 I ROG.[85] Hiernach kann eine Ausnahme von den Zielen der Raumordnung im Raumordnungsplan vorgesehen werden.[86] Der Plangeber kann also bereits **im Raumordnungsplan** festlegen, dass unter bestimmten Voraussetzungen von einem Ziel der Raumordnung abgewichen werden darf. Zu beachten ist dabei, dass auch die Festlegung der Ausnahme den allgemein zu beachtenden Anforderungen an die Aufstellung der Raumordnungspläne genügen muss. Neben der Beteiligung der Öffentlichkeit und der Behörden ist auch erforderlich, dass bei der Festlegung von Ausnahmen die gesamtplanerischen Absichten nicht aus den Augen verloren werden. Im Übrigen müssen die Ausnahmeregelungen hinreichend tatbestandlich bestimmt sein.[87]

dd) Zielabweichungsverfahren

36 Von einem Ziel der Raumordnung kann nachträglich – also **nach Erlass des Raumordnungsplans** – in einem besonderen Verfahren, dem „Zielabweichungsverfahren" abgewichen werden.[88] In § 6 II ROG finden sich hierzu die materiellen Voraussetzungen:[89] Danach darf von Zielen der Raumordnung nur abgewichen werden, wenn die Abweichung unter raumordnerischen Gesichtspunkten vertretbar ist und die Grundzüge der Planung nicht berührt werden. Die Ausgestaltung des Verfahrens der Zielabweichung ist dem Landesgesetzgeber überlassen worden (§ 28 III ROG). Die einzige Verfahrensregelung des Bundes betrifft die Antragsberechtigten im Zielabweichungsverfahren.

b) Grundsätze und sonstige Erfordernisse der Raumordnung

37 Grundsätze (§ 3 Nr. 3 ROG) und sonstige Erfordernisse der Raumordnung (§ 3 Nr. 4 ROG) sind von öffentlichen Stellen insbesondere bei raumbedeutsamen Planungen und Maßnahmen in der **Abwägung** oder bei der **Ermessensausübung** zu **berücksichtigen** (§ 4 I 1 BauGB).[90] Mit anderen Worten: In ihrer Eigenschaft, grundlegende Aussagen zu typischen raumordnerischen Problemen zu transportieren, fließen sie selbst als Belange in eine nachfolgende Abwägungs- oder Ermessensentscheidung ein und werden auf der Grundlage des ihnen zukommenden Gewichts zu einem Ausgleich gebracht.[91] Die **Berücksichtigungspflicht** (das „ob" der Berücksichtigung) ist strikt verbindlich, während das Ergebnis der Berücksichtigung (das „wie" der Berücksichtigung) situationsabhängig bleibt.[92]

---

[85] Vgl. dazu *Kment/Grüner*, UPR 2009, 93; *Hoppe*, DVBl. 2008, 966.
[86] Es besteht eine Nähe zum § 31 I BauGB.
[87] Vgl. bereits BVerwGE 119, 54 (60).
[88] Hier hat § 31 II Nr. 2 BauGB Pate gestanden. Vgl. zum Zielabweichungsverfahren *Goppel*, UPR 2006, 296; *Kirchberg*, Die Zielabweichung nach § 24 LplG/§ 11 ROG – Voraussetzungen, Anwendungsbeispiele, Rechtsschutz – zugleich Anmerkung zum Normenkontrollurteil des VGH Baden-Württemberg vom 8. 12. 2005 – 3 S 2693/04, VBlBW 2006, 297.
[89] Siehe dazu SRG/*Goppel*, ROG, § 6 Rn. 20 ff.
[90] Vgl. dazu auch *Heemeyer*, UPR 2007, 10 (11).
[91] *Kment*, NVwZ 2004, 155 (156); *Goppel*, BayVBl. 1998, 311 (332); *Hoppe*, DVBl. 1999, 1457 (1458).
[92] *Kment*, NVwZ 2004, 155 (156), *ders.*, Rechtsschutz im Hinblick auf Raumordnungspläne, 2002, S. 80 ff.; BiRS/*Runkel*, ROG, § 3 Rn. 170.

Die Bindungswirkung gilt entsprechend bei raumbedeutsamen Planungen und Maß- 38
nahmen von **Personen des Privatrechts**, welche die Voraussetzungen des § 4 I 2
ROG erfüllen.[93]

c) Raumordnungsklauseln und Sonderregelungen für Abfallbeseitigungsanlagen

Im Übrigen sind bei sonstigen Entscheidungen öffentlicher Stellen über die Zulässig- 39
keit raumbedeutsamer Planungen und Maßnahmen von Personen des Privatrechts die
Erfordernisse der Raumordnung nach den für diese Entscheidungen geltenden Vorschriften zu berücksichtigen (§ 4 II ROG). Da die Erfordernisse der Raumordnung
hinsichtlich ihrer Bindungswirkungen auf einen Kompetenztitel angewiesen sind, der
außerhalb des Raumordnungsgesetzes liegt, bezeichnet man diejenigen Gesetze, welche die Bindungswirkung (extern) anordnen, als „Raumordnungsklauseln" (z. B. § 35
III 2, 3 BauGB).[94] Die durch die Raumordnungsklausel vermittelte Wirkung bestimmt sich **allein** nach den Vorgaben des Fachrechts bzw. des BauGB; die Vorgaben
des ROG sind unerheblich.[95]

Eine Sonderregelung trifft § 4 III ROG für **Abfallbeseitigungsanlagen**: Bei Geneh- 40
migungen nach dem BImSchG über die Errichtung und den Betrieb von derartigen,
öffentlich zugänglichen Anlagen, die von Personen des Privatrechts betrieben werden, sind die Ziele der Raumordnung zu beachten sowie die Grundsätze der Raumordnung und die sonstigen Erfordernisse der Raumordnung zu berücksichtigen.

4. Planerhaltung

Das Raumordnungsrecht kennt zur Absicherung der Raumordnungspläne und der 41
Verfahrensbeschleunigung Planerhaltungsvorschriften, die in § 12 ROG angesiedelt
sind. Ihrer Struktur nach sind die Vorgaben im Wesentlichen dem baurechtlichen
Planerhaltungssystem (§§ 214 und 215 BauGB) angeglichen.[96] So finden sich in
§ 12 I-IV ROG Vorgaben zur Unbeachtlichkeit von Fehlern, während in § 12 V
ROG die Unbeachtlichkeit nach rügelosem Fristablauf (ein Jahr) festgeschrieben ist.
Und schließlich wurde in § 12 VI ROG die Heilung von Fehlern im Rahmen eines
ergänzenden Verfahrens erlaubt. Gem. § 28 II ROG sind die Regeln zur sofortigen
Unbeachtlichkeit nach § 12 I-IV ROG auch „rückwirkend", d. h. auf Pläne anwendbar, die vor dem 30. 6. 2009 auf der Grundlage alten Rechts zustande gekommen
sind. Unionsrechtlich stellen sich hinsichtlich der gesamten Vorschrift (§ 12 ROG)
dieselben Probleme, wie sie das baurechtliche Instrumentarium betreffen.[97]

---

[93] Ausführlich *Kment*, NVwZ 2004, 155.
[94] SRG/*Runkel*, ROG, § 4 Rn. 167 ff.; BiRS/*ders.*, ROG, 4 Rn. 325; *Kment*, DVBl. 2003,
1018 (1019 ff.); *ders.*, Rechtsschutz im Hinblick auf Raumordnungspläne, 2002, S. 213 f.; *Hoppe*,
Die rechtliche Wirkung von Zielen der Raumordnung und Landesplanung gegenüber Außenbereichsvorhaben (§ 35 Abs. 3 S. 3 BauGB), in: Festschr. Weyruther, 1993, S. 89 (98 f.); *ders.*,
DVBl. 2003, 1345 (1346); *Schmidt*, Die Raumordnungsklauseln in § 35 BauGB und ihre Bedeutung für Windkraftvorhaben, DVBl. 1998, 669 (669); *Emde*, JA 2010, 87 (91 ff.).
[95] BiRS/*Runkel*, ROG, § 4 Rn. 327.
[96] Vgl. dazu oben § 12.
[97] Vgl. *Kment*, DÖV 2006, 462.

VI. Raumordnung im Bund

42 In dem mit „Raumordnung im Bund" überschriebenen Abschnitt 3 werden die Aufgaben des Bundes im Bereich der Raumordnung zusammengefasst (§§ 17-25 ROG). Sie bleiben angesichts des verfassungsrechtlich begründeten Vorrangs der Länder bei der Erfüllung der staatlichen Aufgaben (Art. 30 GG) weit **hinter den raumordnerischen Aufgaben der Länder zurück**. Zentrale Vorschrift ist § 17 ROG, der die Handlungsfelder der Raumordnung des Bundes definiert: die Raumordnung für den Gesamtraum der Bundesrepublik und für die deutsche ausschließliche Wirtschaftszone.

1. Raumordnung für den Gesamtraum

43 Ein wesentliches Betätigungsfeld der Bundesraumplanung ist die Raumordnung für den Gesamtraum. Diese untergliedert sich in zwei Abschnitte: Zunächst können nach § 17 I ROG auf Bundesebene Konkretisierungen von Grundsätzen der Raumordnung vorgesehen werden. Die Konkretisierung bezieht sich auf einzelne in Betracht kommende Grundsätze des § 2 II ROG. Dabei darf es nur um Aspekte der räumlichen Entwicklung des Bundesgebiets gehen sowie um Aspekte der Europäischen Union und ihrer Mitgliedstaaten. Die Aufstellung von Zielen der Raumordnung ist nicht möglich. Als Ergebnis der Konkretisierung von Grundsätzen der Raumordnung kommen nur weitere Grundsätze der Raumordnung in Betracht.

44 Ein weiteres Betätigungsfeld ist die Erarbeitung eines länderübergreifenden Standortkonzepts nach § 17 II ROG. Hierbei handelt es sich um ein Planwerk, das im Speziellen die Raumordnungsplanung hinsichtlich der Verortung von See- und Binnenhäfen sowie Flughäfen betrifft. Gem. § 17 II ROG darf auf Bundesebene hierzu ein länderübergreifendes Standortkonzept erarbeitet werden, wobei nationale und europäische Gesichtspunkte zu berücksichtigen sind. Bemerkenswert ist an dieser Regelung, dass die aufgestellten Raumordnungspläne keine Bindungswirkung hinsichtlich der raumbedeutsamen Planungen und Maßnahmen der Länder haben (§ 17 II 2 ROG); es wird mithin nur eine Selbstbindung für den Bund ausgelöst.[98] Daraus folgt auch, dass die Bindungsfreistellung nach § 17 II 2 ROG entsprechend für Personen des Privatrechts i.S. des § 4 I 2 ROG gilt, sofern diese nicht dem Bund zuzuordnen sind.

2. Raumordnung für die ausschließliche Wirtschaftszone

45 § 1 IV ROG stellt klar, dass eine Raumordnung nicht nur auf dem Land, sondern auch im maritimen Bereich möglich ist, und erlaubt in diesem Sinne die Raumordnung außerhalb des deutschen Hoheitsgebiets in der deutschen ausschließlichen Wirtschaftszone (AWZ).[99] Ausgefüllt wird diese sog. **„Erstreckungsklausel"** durch die § 17 III, IV ROG, der sich zur Raumordnung des Bundes in der AWZ verhält.[100] Danach stellt das Bundesministerium für Verkehr, Bau und Stadtentwicklung für die

---

[98] SRG/*Runkel*, ROG, § 17 Rn. 33.
[99] Zur Frage, ob eine ausdrückliche Zuweisung eines extraterritorialen Anwendungsbereichs – wie etwa durch § 1 IV ROG geschehen – überhaupt notwendig ist, vgl. *Kment*, Grenzüberschreitendes Verwaltungshandeln, 2010, S. 186 ff.
[100] *Wolf*, NuR 2005, 375; *Kment*, Verw 40 (2007), 53; *Maier*, Die Ausdehnung des Raumordnungsgesetzes auf die Ausschließliche Wirtschaftszone (AWZ), 2008; *Keller*, Das Planungs- und Zulassungssystem für Off-Shore-Windenergieanlagen in der deutschen Ausschließlichen Wirtschaftszone, 2006.

deutsche AWZ[101] einen Raumordnungsplan als **Rechtsverordnung** auf (§ 17 III 1 ROG). Der Raumordnungsplan soll Festlegungen zur wirtschaftlichen und wissenschaftlichen Nutzung, zur Gewährleistung der Sicherheit und Leichtigkeit des Verkehrs sowie zum Schutz der Meeresumwelt treffen (§ 17 III 2 Hs. 1 ROG). Dabei können Nutzungen und Funktionen auch in der Form von **Vorrang-, Vorbehalts- und Eignungsgebieten** i. S. des § 8 VII ROG festlegt werden (§ 17 III 2 Hs. 2 ROG).[102] Das **Aufstellungsverfahren** wird maßgeblich durch das Bundesamt für Seeschifffahrt und Hydrographie vorbereitet (§ 17 III 3 ROG); seine Einzelheiten werden durch die §§ 18 ff. ROG bestimmt. Das Bundesministerium für Verkehr, Bau und Stadtentwicklung stellt bei der Planaufstellung gem. § 17 III 4 ROG zusätzlich das Benehmen mit den angrenzenden Staaten und Ländern her. Auch der Abschluss **vertraglicher Vereinbarungen** zur Vorbereitung oder Verwirklichung des Raumordnungsplans ist möglich (§ 17 IV ROG).

3. Entwicklung von Leitbildern und Europäische Raumordnung

Das ROG kennt kein Bundesraumordnungsprogramm.[103] Das für die Raumordnung zuständige Bundesministerium hat jedoch nach § 26 II ROG die Möglichkeit, in der zusammen mit den für Raumordnung zuständigen obersten Landesbehörden gebildeten Ministerkonferenz (§ 26 I ROG) Leitbilder für die räumliche Entwicklung des Bundesgebiets oder von über die Länder hinausgreifenden Zusammenhängen zu entwickeln. Sie bilden die Grundlage für die Abstimmung raumbedeutsamer Planungen und Maßnahmen des Bundes und der Europäischen Union (§ 26 III ROG). Diese Leitbilder konkretisieren die raumordnerischen Belange auf Bundesebene und bilden eine Orientierung für die Landesplanung, die Fachplanungen des Bundes und die raumbedeutsamen Planungen der Europäischen Union, etwa von transeuropäischen Verkehrsnetzen.[104]

46

Der Bund beteiligt sich gem. § 26 III ROG an einer Raumordnung in der Europäischen Union und im größeren europäischen Raum. Hierbei und bei der grenzüberschreitenden Zusammenarbeit mit den Nachbarstaaten im Bereich der Raumordnung arbeitet er mit den Ländern zusammen.

47

Lösung zu Fall 18:

Eignungsgebiete nach § 8 VII Nr. 3 ROG führen aufgrund der Anordnung des § 35 III 3 BauGB (Raumordnungsklausel) grundsätzlich dazu, dass die von ihnen erfasste Nutzung im weiteren Plangebiet ausgeschlossen ist. Hierbei handelt es sich um eine unüberwindbare Letztentscheidung, die zur **Konzentration** von Windkraftanlagen

48

---

[101] Die deutsche AWZ beginnt ausgehend von den völkerrechtlich vereinheitlichten Küstenlinien (sog. Basislinien; vgl. Art. 4 ff. des UN-Seerechtsübereinkommen von 1982 – SRÜ) seewärts gewandt 12 Seemeilen von der Basislinie entfernt. Die Ausdehnung der AWZ hängt sodann von der Festlegung des jeweiligen Küstenstaats ab; sie darf sich jedoch gem. Art. 57 SRÜ nicht weiter als 200 Seemeilen von den Basislinien entfernt erstrecken. Siehe zu Einzelheiten *Kment*, Verw 40 (2007), 53 (53 f.); *Gloria*, in: Ipsen, Völkerrecht, 5. Aufl. 2004, § 53 Rn. 2 ff.
[102] Dazu *Kment*, Verw 40 (2007), 53 (63 ff.).
[103] 1975 hat die Ministerkonferenz für Raumordnung (§ 19 IV ROG 1998, § 8 ROG 1965) als planerisches Grobraster für die räumliche und strukturelle Entwicklung des Bundesgebiets ein Bundesraumordnungsprogramm beschlossen, dem jedoch keine rechtliche Verbindlichkeit zukam.
[104] *BiRS*, ROG, J 630 Ziff. 7.

im baurechtlichen Außenbereich (§ 35 BauGB) herangezogen werden kann – und in der Praxis wie im vorliegenden Fall auch häufig der Ansiedlung von Windkraftanlagen entgegensteht. Der Plangeber ist bei der Festsetzung von Eignungsgebieten jedoch nicht rechtlich frei. Bei der Aufstellung eines Raumordnungsplans hat er sowohl dem **Abwägungsgebot** des § 7 II ROG Genüge zu tun als auch die gesetzgeberische Entscheidung zu beachten, die Windenergienutzung nach § 35 I Nr.5 BauGB im Außenbereich zu **privilegieren**. Dies bedeutet, dass der Träger der Raumordnung die für Windkraftanlagen ungeeigneten Standorte auszugrenzen und im Anschluss an diese Bestandsaufnahme eine Auswahlentscheidung zu treffen hat. Aufgrund der stark einschränkenden Wirkung von Eignungsgebieten verlangt die Rechtsprechung dabei ein Tätigwerden auf Grundlage eines **schlüssigen Planungskonzepts**, um die im Außenbereich eigentlich privilegiert zulässige Ansiedlung von Windkraftanlagen (§ 35 I Nr. 5 BauGB) nicht abwägungsfehlerhaft zu stören. Es müssen also auf Basis eines sachgerechten Energieentwicklungskonzepts nach Zahl und Größe die geeigneten Standorte für die Windkraftanlagen bestimmt werden. Dabei verlangen die Privilegierungsvorgaben des § 35 I Nr. 5 BauGB nicht, den erneuerbaren Energien bestmöglich Rechnung zu tragen. Eine gezielte Verhinderungsplanung, bei der – wie im vorliegenden Fall – entgegen der tatsächlichen Potenziale bewusst nur ganz unbedeutende Flächen ausgewiesen werden, ist aber jedenfalls unzulässig.

§ 21. Die Sicherung und Verwirklichung der Raumordnungsplanung

Schrifttum: *Blümel/Pfeil*, Kommunale Planungshoheit und Ergebnis des Raumordnungsverfahrens, VerwArch 88 (1997), 353; *Hopp*, Rechts- und Vollzugsfragen des Raumordnungsverfahrens, 1999; *ders.*, Das Raumordnungsverfahren im Spiegel geänderter bundesrechtlicher Vorgaben, NuR 2000, 301; *Kment*, Das Raumordnungsverfahren – Befristung und Fristverlängerung, NVwZ 2010, 542; *Sandner*, Das Raumordnungsverfahren – ein taugliches Instrument zur Wahrung kommunaler Belange bei der Zulassung von Müllverbrennungsanlagen?, NuR 1996, 497; *Schmidt-Aßmann*, Aufgaben, Rechtscharakter und Entwicklungstendenzen des Raumordnungsverfahrens – Untersuchung zum baden-württembergischen Landesplanungsrecht, VBlBW 1986, 2; *Schoen*, Landesplanerische Untersagung – Eine Untersuchung zu den bundesrechtlichen Vorgaben des § 12 ROG und den landesrechtlichen Ausgestaltungsmöglichkeiten, 1999; *Wahl*, Das Raumordnungsverfahren am Scheideweg, in: Festschr. für Sendler, 1991, S. 199.

Fall 19:

1 Die international agierende Unternehmensgruppe U plant, in Norddeutschland einen Flughafen zu bauen. Hierzu beantragt sie im Vorfeld des Genehmigungsverfahrens die Durchführung eines Raumordnungsverfahrens nach § 15 ROG. Als Letzteres erfolgreich abgeschlossen ist, bittet U den zuständigen Träger der Regionalplanung, den im Raumordnungsverfahren für unbedenklich befundenen Flughafenstandort positiv in den Regionalplan aufzunehmen, um damit eine für U vorteilhafte Bindungswirkung nach §§ 4, 5 ROG auch gegenüber der Planfeststellungsbehörde zu erzeugen. Der zuständige Regionalplanungsträger steht diesem Vorschlag nicht abgeneigt gegenüber. Die Eröffnung des Planänderungsverfahrens schließt sich zwar erst ein Jahr nach Abschluss des Raumordnungsverfahrens an, dafür kommt es aber vergleichsweise schnell zu einem positiven Ende. Dies hängt insbesondere damit zusammen, dass die zuständige Behörde ihre Planung unmittelbar auf das Ergebnis des Raumordnungsverfahrens stützt. Die umfang-

§ 21. Die Sicherung und Verwirklichung der Raumordnungsplanung

reiche Untersuchung im Rahmen des Raumordnungsverfahrens habe eindeutig die Zulässigkeit des Standorts ergeben. Dieser könne damit in den Regionalplan aufgenommen werden. Weiter wird die Festsetzung des Flughafenstandorts nicht begründet. Anwohner A hält dieses Vorgehen für unzulässig und erwägt eine Klage gegen den Regionalplan. Sind seine rechtlichen Zweifel in der Sache begründet?
Lösung: Rn. 17.

Das Raumordnungsrecht befasst sich nicht nur mit der Aufstellung von Raumordnungsplänen und ihren Wirkungen, sondern liefert auch Instrumente, um die Raumordnungsplanung zu sichern und sie möglichst effektiv zu verwirklichen. Die wichtigsten Instrumente sind die **raumordnerische Zusammenarbeit** (§ 13 ROG), die **Untersagung** raumbedeutsamer Planungen und Maßnahmen (§ 14 ROG) und das **Raumordnungsverfahren** (§ 15 f. ROG). Abgerundet wird dies insbesondere durch weitere **flankierende Maßnahmen**. 2

I. Raumordnerische Zusammenarbeit

Durch § 13 ROG wird die raumordnerische Zusammenarbeit, die auch in § 1 Abs. 1 ROG angesprochen ist, seit der Neufassung der Vorschrift im Jahr 2008 deutlicher betont als im bisherigen Recht. Als wichtigste **Formen** der raumordnerischen Zusammenarbeit werden dabei in § 13 II ROG genannt: 3

– die **vertraglichen Vereinbarungen** insbesondere zur Koordinierung oder Verwirklichung von raumordnerischen Entwicklungskonzepten und zur Vorbereitung oder Verwirklichung von Raumordnungsplänen (Nr. 1);[1]
– **Maßnahmen** wie regionale Entwicklungskonzepte oder regionale und interkommunale Netzwerke (Nr. 2);
– Zusammenarbeit in Form der Durchführung einer **Raumbeobachtung** sowie **Beratungen** (Nr. 3).

II. Untersagung raumordnungswidriger Planungen und Maßnahmen

Gem. § 14 I ROG können raumbedeutsame Planungen oder Maßnahmen **zeitlich unbefristet** untersagt werden, wenn ihnen Ziele der Raumordnung entgegenstehen.[2] Dies erlangt insbesondere gegenüber solchen raumbedeutsamen Planungen Bedeutung, die in Selbstverwaltung erstellt werden und keiner staatlichen Genehmigung oder Rechtskontrolle bedürfen. § 14 I ROG bietet die Möglichkeit, die raumbedeutsame Planung unbefristet zu untersagen, und zwar in jedem Verfahrensstadium, sofern nur Ziele der Raumordnung dieser Planung entgegenstehen, d. h. materiell eine Unterlassenspflicht bezogen auf die mit dem Bebauungsplan verfolgten Planungsabsichten besteht. 4

Die Untersagung einer raumbedeutsamen Planung kann sich auch nur auf **räumliche oder sachliche Teile** des Plans erstrecken. Dies kann aus Gründen der **Verhältnismäßigkeit** geboten sein, wenn der raumbedeutsame Plan nicht insgesamt einem Ziel oder Zielen entgegensteht, sondern sich dies nur auf Teilflächen des Plans oder einen Teil seiner inhaltlichen Festlegungen bezieht.[3] So ist es etwa denkbar, dass eine 5

---

[1] Diese Vorschrift wird ergänzt durch § 13 II 2 ROG – vertragliche Vereinbarung auch zur Übernahme von Kosten.
[2] Siehe zur Untersagung *Schoen*, Landesplanerische Untersagung; BiRS/*Schmitz*, ROG, § 12 Rn. 1 ff.
[3] EZBK/*Runkel*, BauGB, § 1 Rn. 72.

Untersagung sich nur auf bestimmte räumliche Teile und inhaltliche Festlegungen des Plans bezieht, im Übrigen aber den Plan unberührt lässt.

6 Gem. § 14 II 1 ROG ist es außerdem möglich, durch die Untersagung auch in Aufstellung befindliche Ziele der Raumordnung zu sichern.[4] Dies setzt voraus, dass anhand konkreter Anhaltspunkte zu befürchten ist, dass die Verwirklichung in Aufstellung befindlicher Ziele ohne die Untersagung unmöglich gemacht oder wesentlich erschwert werden würde.[5] Dies kann durch faktische oder auch planerische Maßnahmen der Fall sein.[6] Selbst für den Fall, dass einem Privaten Rechte verliehen würden, die nur im Wege der Enteignung und bzw. oder Entschädigung wieder entzogen werden könnten, wäre eine Untersagung denkbar. Da sich die Untersagung des § 14 II ROG auf eine künftige zu erwartende Zielbeachtenspflicht bezieht – also vorbeugend schützt –, sind die Anforderungen an die vorläufige Untersagung höher als bei der allgemeinen Unterlassenspflicht. Es wird eine **wesentlich Erschwerung** der Zielverwirklichung gefordert und nicht nur eine unwesentliche Beeinträchtigung der Zielverwirklichung (§ 14 II 1 ROG). Außerdem ist die Untersagung zeitlich auf zwei Jahre befristet, wobei eine Verlängerung um ein weiteres Jahr möglich ist (§ 14 II 2, 3 ROG).

III. Das Raumordnungsverfahren

7 Das Raumordnungsverfahren war ursprünglich ein aus den Bedürfnissen der Praxis geschaffenes projektbezogenes Verfahren zur Abstimmung eines raumbedeutsamen Vorhabens unter Behörden und Planungsträgern und zur Feststellung seiner Vereinbarung mit den Erfordernissen der Raumordnung und Landesplanung.[7] Später verpflichtete der mit Blick auf die EG-Richtlinie über die Umweltverträglichkeitsprüfung[8] in das ROG 1965 eingefügte § 6 a die Länder, Rechtsgrundlagen für ein Verfahren zu schaffen, in dem raumbedeutsame Planungen und Maßnahmen untereinander und mit den Erfordernissen der Raumordnung und Landesplanung abgestimmt werden (Raumordnungsverfahren). Dies ist dann außer in den Stadtstaaten (§ 6 a XI ROG a. F.) durch Aufnahme entsprechender Regelungen in die Landesplanungsgesetze geschehen. In § 16 UVPG finden sich ergänzende Regelungen. Nunmehr bildet § 15 ROG die Rechtsgrundlage für das Raumordnungsverfahren. In § 16 ROG ist eine vereinfachte Variante normiert.

1. Die dem Raumordnungsverfahren unterliegenden Planungen und Maßnahmen

8 Die Planungen und Maßnahmen, die einem Raumordnungsverfahren zu unterwerfen sind, werden gem. § 23 I ROG in einer Rechtsverordnung des Bundes, der „Raumordnungsverordnung"[9] aufgezählt. Der in § 1 RoV enthaltene Katalog der dem

---

[4] *OVG Lüneburg* NVwZ-RR 1997, 690 (691 f.).

[5] Die Feststellung dieser Tatsachen erfolgt zumeist auf der Grundlage einer Prognose, die auf zuverlässigen Tatsachen beruhen und schlüssig sein muss; vgl. BVerwGE 56, 110 (121); *BVerwG* NVwZ 1999, 407 (410); BiRS/*Schmitz*, ROG, § 12 Rn. 45.

[6] EZBK/*Runkel*, BauGB, § 1 Rn. 72.

[7] Eingehend dazu *Wahl*, in: Festschr. für Sendler, S. 199 (201).

[8] Richtlinie des Rates über die Umweltverträglichkeitsprüfung bei bestimmten öffentlichen und privaten Projekten vom 27. 6. 1985 (85/337/EWG), ABl.EG Nr. L 175/40. Sie ist durch das Gesetz über die Umweltverträglichkeitsprüfung vom 12. 2. 1990, BGBl. I, S. 205 umgesetzt worden. Dazu Hoppe/*Kment*, UVPG, Vorb. Rn. 2 ff.

[9] Raumordnungsverordnung vom 13. 12. 1990, BGBl. I, S. 2766, zuletzt geänd. durch Art. 21 des Gesetzes v. 31. 7. 2009, BGBl. I, S. 2585.

Raumordnungsverfahren unterliegenden Planungen und Maßnahmen entspricht in vielem dem Katalog der Anlage 1 zu § 3 UVPG. Die in der Raumordnungsverordnung aufgeführten Planungen und Maßnahmen unterliegen überwiegend spezialgesetzlichen, nicht spezifisch baurechtlichen Regelungen, wie die kerntechnischen Anlagen, Abfalldeponien, Abwasserbehandlungsanlagen, Bundesfernstraßen, Eisenbahnlinien oder Flughäfen. Einige von ihnen bedürfen der Planfeststellung. Vornehmlich dem Baurecht unterfallen die Errichtung bestimmter umweltrelevanter Vorhaben im Außenbereich (§ 1 Nr. 1 RoV), die Errichtung von Feriendörfern, Hotelkomplexen und sonstigen großen Einrichtungen für die Ferien- und Fremdenbeherbergung und von großen Freizeitanlagen (§ 1 Nr. 15 RoV) sowie die Errichtung von Einkaufszentren, großflächigen Einzelhandelsbetrieben und sonstigen großflächigen Handelsbetrieben (§ 1 Nr. 19 RoV). Durch Landesrecht können weitere raumbedeutsame Vorhaben von überörtlicher Bedeutung dem Raumordnungsverfahren unterworfen werden (§ 1 S. 2 RoV). Für die in § 1 RoV genannten Vorhaben ist das Raumordnungsverfahren obligatorisch, sofern sie im Einzelfall raumbedeutsam sind und überörtliche Bedeutung haben (§ 15 I 1 ROG); eine Sonderregelung gilt für die Stadtstaaten nach § 15 VI ROG. Von einem Raumordnungsverfahren kann nach Maßgabe des § 15 I 4 ROG insbesondere abgesehen werden, wenn die Beurteilung der Raumverträglichkeit der Planung oder Maßnahme bereits auf anderer raumordnerischer Grundlage hinreichend gewährleistet ist.

2. Zweck des Raumordnungsverfahrens

Die Raumordnung versteht sich selbst als ein verwaltungsrechtliches Instrument, um unter zusammenfassender Berücksichtigung der übergeordneten und überörtlichen Belange zu planen und die Abstimmung raumbedeutsamer Planungen und Maßnahmen mit den Erfordernissen der Raumordnung und Landesplanung sicherzustellen. Zudem sind die auf der jeweiligen Planungsebene auftretenden Konflikte auszugleichen und Vorsorge für einzelne Nutzungen und Funktionen des Raums zu treffen; vgl. § 1 I ROG.[10] Dieser materiellen Abstimmungsfunktion wird verfahrensrechtlich durch das Raumordnungsverfahren entsprochen.[11] Dort wird untersucht, ob das Vorhaben mit den Erfordernissen der Raumordnung übereinstimmt, wie es unter den Gesichtspunkten der Raumordnung durchgeführt und auf andere Vorhaben abgestimmt werden kann und welche Auswirkungen das Vorhaben hat und wie diese zu bewerten sind. An dieser **Koordinierungsaufgabe** des Raumordnungsverfahrens zeigt sich gleichzeitig sein Komplementärverhältnis zu den Raumordnungsplänen.[12] Denn die Bedeutung des Raumordnungsverfahrens wächst, je abstrakter und allgemeiner Festlegungen in Raumordnungsplänen gemacht werden. Überdies ergeben sich Anwendungsbereiche, wenn landesplanerische Planwerke fehlen bzw. sachlich und zeitlich nicht aktuell sind.[13] Allerdings darf das Raumordnungsverfahren nur zu einer Ziel*konkretisierung* führen, sich aber nicht in Widerspruch zu verbindlichen Zielaussagen setzen oder Ziele der Raumordnung ändern. Es besteht stets ein sachliches Primat der Gesamtkonzeption der Raumordnungspläne, das der Einzelfallkoor-

---

[10] Siehe bereits § 20 Rn. 12 ff.
[11] *Krebs*, in: Schmidt-Aßmann/Schoch, Besonderes Verwaltungsrecht, 14. Aufl. 2008, Kap. 4 Rn. 66; *Sandner*, NuR 1996, 497 (499).
[12] *Schoeneberg*, Umweltverträglichkeitsprüfung und Raumordnungsverfahren, 1984, S. 179; BiRS/*Schmitz*, ROG, § 15 Rn. 31; *Erbguth*, Beschleunigung von Infrastrukturplanungen versus private oder staatliche Mediation: Warum wird das Raumordnungsverfahren übersehen?, NVwZ 1992, 551 (551).
[13] *Wahl*, in: Festschr. für Sendler, S. 199 (202).

dination vorgeht.[14] Daher darf ein Raumordnungsverfahren nur vorhandene Ziele konkretisieren, auslegen und ausfüllen, jedoch nicht zum Institut der Aufstellung, Änderung oder Ergänzung von Zielen der Raumordnung avancieren. Das Raumordnungsverfahren besitzt also eine akzessorische Natur.[15]

10 Eine weitere Funktion des Raumordnungsverfahrens liegt in seinem **Prüfungselement**. Indem in seinem Verlauf untersucht wird, ob raumbedeutsame Planungen oder Maßnahmen mit den Erfordernissen der Raumordnung übereinstimmen,[16] verhindert das Raumordnungsverfahren Fehlentwicklungen, die sich im Widerspruch zu diesen Erfordernissen befinden. Als Bindeglied zwischen raumordnungsrechtlicher Planung und fachgesetzlicher Zulassung sichert es folglich die Erfordernisse der Raumordnung und trägt damit zu einer Wirkungserhaltung, wenn nicht gar faktischen Wirkungsverstärkung insbesondere der Ziele der Raumordnung bei.[17]

11 Letztlich lassen sich auch noch eine **Hinweis- und eine Entlastungsfunktion** des Raumordnungsverfahrens ausmachen. Das Raumordnungsverfahren geht nämlich regelmäßig mit einer Behörden- und Öffentlichkeitsbeteilung einher, so dass andere Planungsträger über das neu geplante Projekt informiert werden. Diese Information kann als Hinweis verstanden werden.[18] Außerdem können die im Rahmen des Raumordnungsverfahrens durchgeführten Prüfungen von anderen Behörden – insbesondere in späteren Planfeststellungs-, Zulassungs- und Genehmigungsverfahren – genutzt werden, sofern sich sachliche Schnittmengen ergeben haben und die behördlichen Ergebnisse weiterhin aktuell sind.[19] Die anschließenden behördlichen Verfahren werden somit potenziell entlastet.[20]

3. Gang des Verfahrens

12 Die Ausgestaltung des Raumordnungsverfahrens im Einzelnen bestimmt **§ 15 II-V ROG**. Nach Zuleitung der Verfahrensunterlagen entscheidet die zuständige Behörde, ob ein Raumordnungsverfahren durchgeführt wird (§ 15 IV, V ROG). Ein **Rechtsanspruch** hierauf besteht **nicht**. § 15 IV 1 ROG bestimmt, dass über die Notwendigkeit, ein Raumordnungsverfahren durchzuführen, innerhalb einer **Frist** von höchstens vier Wochen zu entscheiden ist. Das Raumordnungsverfahren selbst ist nach Vorliegen der vollständigen Unterlagen innerhalb einer Frist von sechs Monaten abzuschließen (§ 15 IV 2 ROG). Die Behörde erörtert mit dem Vorhabenträger, welche Unterlagen für die raumordnerische Beurteilung vorzulegen sind, beteiligt die berührten Träger öffentlicher Belange und betroffenen Dritten und entscheidet, in welchem Umfang die Öffentlichkeit in das Verfahren einbezogen wird (§ 15 III ROG). Nach Abschluss der Prüfungen und Ermittlungen wird das Ergebnis des Raumordnungsverfahrens in einer raumordnerischen Beurteilung bzw. landesplanerischen Feststellung[21] niedergelegt.

---

[14] *Schmidt-Aßmann*, VBlBW 1986, 2 (7 f.); BiRS/*Schmitz*, ROG, § 15 Rn. 30, 33.
[15] *BVerwG* NVwZ 1984, 367 (369).
[16] *Zoubek*, Das Raumordnungsverfahren, 1977, S. 23 ff.
[17] *Hoppe/Schoeneberg*, Raumordnungs- und Landesplanungsrecht des Bundes und des Landes Niedersachsen, 1987, Rn. 1024; *Hopp*, Rechts- und Vollzugsfragen des Raumordnungsverfahrens, S. 15 f.
[18] *Bussek*, Die Wirksamkeit von Raumordnungsverfahren, 1987, S. 29; BiRS/*Schmitz*, ROG, § 15 Rn. 34.
[19] Vgl. Hoppe/*Kment*, UVPG, § 14 f Rn. 36.
[20] *Hopp*, Rechts- und Vollzugsfragen des Raumordnungsverfahrens, 1999, S. 16 f.; *Sandner*, NuR 1996, 497 (500).
[21] Vgl. zu den variierenden Termini *Kment*, NVwZ 2010, 542 (542).

4. Bedeutung der raumordnerischen Beurteilung

Das Ergebnis des Raumordnungsverfahrens, die raumordnerische Beurteilung, gehört 13 nach § 3 Nr. 4 ROG zu den „sonstigen Erfordernissen der Raumordnung". Seine rechtliche Bedeutung bemisst sich daher nach §§ 4, 5 ROG. Insbesondere ist es bei Genehmigungen, Planfeststellungen und sonstigen behördlichen Entscheidungen über die Zulässigkeit raumbedeutsamer Maßnahmen Privater nach Maßgabe der für diese Entscheidungen geltenden Vorschriften zu berücksichtigen (§ 4 II ROG).[22] Bei der Bauleitplanung ist das Ergebnis des Raumordnungsverfahrens in die planerische Abwägung (§ 1 VII BauGB) einzubeziehen. Es ist ein **abwägungserheblicher Belang**, der – anders als die Ziele der Raumordnung[23] – im Wege der Abwägung überwunden werden kann,[24] wobei seine üblicherweise große Bedeutsamkeit im Abwägungsprozess im Wesentlichen seiner (regelmäßig anzutreffenden) **fachlichen Qualität** und damit seiner **Überzeugungskraft** geschuldet ist.[25] Daraus folgt gleichwohl, dass dem Ergebnis des Raumordnungsverfahrens keine absolute Bedeutung zukommt; es gibt keine Aufschlüsse darüber, ob das Vorhaben, auf das sich seine Prüfung bezog, zulassungsfähig ist oder nicht.[26] Im nachfolgenden behördlichen Genehmigungs-, Planfeststellungs- oder sonstigen behördlichen Entscheidungsverfahren kann daher auch von dem Ergebnis des Raumordnungsverfahrens abgewichen werden.[27]

5. Rechtsqualität des Raumordnungsverfahrens

Das *BVerwG* hat aus den rechtlichen Wirkungen des Raumordnungsverfahrens[28] den 14 Schluss gezogen, dass es sich bei dem Ergebnis des Raumordnungsverfahrens lediglich um eine **gutachterliche Äußerung** handelt, nicht aber um einen Verwaltungsakt oder ein sonstiges Rechtsgebilde mit Außenwirkung.[29] Diese in der Literatur[30] nicht unwidersprochene Charakterisierung betont die **verwaltungsinterne Ausrichtung**

---

[22] *Cholewa*, in: ders. u. a., Raumordnung in Bund und Ländern, 2010, § 15 Rn. 78; BiRS/ *Schmitz*, ROG, § 15 Rn. 147.
[23] Dazu BVerwGE 90, 329 (332 f.) = NVwZ 1993, 167.
[24] *BVerwG* NVwZ-RR 1996, 67 (67); *OVG Schleswig* NuR 1995, 316 (317); *Hopp*, NuR 2000, 301 (304).
[25] *Kment*, NVwZ 2010, 542 (543); BiRS/*Runkel*, ROG, § 4 Rn. 462; *Hopp*, NuR 2000, 301 (304 f.); *Bussek*, Die Wirksamkeit von Raumordnungsverfahren, 1987, S. 151 ff.
[26] *BVerwG* NVwZ 1996, 267 (269); *BVerwG* NVwZ 1993, 894 (895).
[27] *OVG Schleswig* NuR 1995, 316 (317); *Appold*, Die historische Entwicklung des Rechts der Raumordnung, in: Festschr. für Hoppe, 2000, S. 21 (28); *Sanders*, NuR 1996, 497 (503); *Erbguth*, Rechtliche Grundlagen für Raumordnungsverfahren in den neuen Bundesländern, LKV 1993, 145 (147).
[28] Siehe oben § 21 Rn. 13.
[29] *BVerwG* NVwZ 1993, 894 (895); NVwZ-RR 1996, 67 (67); NVwZ 1996, 267 (269); ZfBR 2008, 592 (592).
[30] Eine andere Ansicht vertreten etwa *Zoubek*, Das Raumordnungsverfahren, 1977, S. 197 ff.; *Bussek*, Die Wirksamkeit von Raumordnungsverfahren, 1987, S. 170 ff.; *Blümel/Pfeil*, VerwArch 88 (1997), 353 (380 u. 388); *Schmidt-Aßmann*, VBlBW 1986, 2 (9). In der Tat spricht viel dafür, dass es sich bei dem Ergebnis des Raumordnungsverfahrens um eine schlicht-hoheitliche Maßnahme mit Außenwirkung handelt. Schließlich ist das Ergebnis des Raumordnungsverfahrens *zwingend* in nachfolgenden Abwägungs- oder Ermessensentscheidungen anderer Behörden zu berücksichtigen, so dass auch auf die Rechtssphäre eines Trägers subjektiver Rechte (etwa Gemeinden) eingewirkt wird. Vgl. dazu das Parallelproblem zur Außenwirkung von Grundsätzen der Raumordnung; *Kment*, Rechtsschutz im Hinblick auf Raumordnungspläne, 2002, S. 79 ff. Eine Verwaltungsaktqualität scheidet wohl aus, da sich die Bestandskraft des Verwaltungsaktes nur schwer mit der Funktion des Raumordnungsverfahrens vereinbaren lässt.

des Raumordnungsverfahrens, welches nur die raumordnungsrechtliche Verträglichkeit vorgeschaltet überprüfen möchte, ohne damit nachfolgend abweichende Beurteilungen endgültig auszuschließen.[31] Das Raumordnungsverfahren ende nämlich gerade *nicht* mit einer landesplanerischen Letztentscheidung.[32] Es habe auch keine Konzentrationswirkung oder sonstige ersetzende Wirkung.[33] Selbst Fürsorgepflichten in nachfolgenden behördlichen Entscheidungsverfahren würden nicht durch das Ergebnis des Raumordnungsverfahrens ausgelöst.[34]

6. Vereinfachtes Raumordnungsverfahren

15 Das vereinfachte Raumordnungsverfahren gem. § 16 ROG ist mit der Neufassung des ROG im Jahr 2008 hinzugekommen. Es dient dazu, die Verfahrensdauer des bisherigen Raumordnungsverfahrens zu verkürzen.[35] Dazu soll etwa beitragen, Beteiligungsverfahren zu vereinfachen, wenn die raumbedeutsamen Auswirkungen der Planungen und Maßnahmen gering sind oder wenn für die Prüfung der Raumverträglichkeit erforderliche Stellungnahmen schon in einem anderen Verfahren abgegeben wurden.

IV. Flankierende Maßnahmen

16 Die Verwirklichung der raumordnungsrechtlichen Zielsetzungen wird flankierend durch weitere raumordnungsrechtliche Instrumente und Institutionen gefördert und beeinflusst. So bilden Bund und Länder eine Ministerkonferenz für Raumordnung, in der sie sich gemeinsam beraten (§ 26 I ROG). Zudem sind sowohl der Bund als auch die Länder gem. § 26 IV ROG dazu verpflichtet, sich gegenseitig alle Auskünfte zu erteilen, die zur Durchführung der Aufgaben der Raumordnung notwendig sind. Nach § 24 ROG wird ein Beirat gebildet, der die Aufgabe hat, den zuständigen Bundesminister in Grundsatzfragen der Raumordnung zu beraten. Das Bundesamt für Bauwesen und Raumordnung hat dem Deutschen Bundestag in regelmäßigen Abständen Raumordnungsberichte zu erstatten (§ 25 II ROG). Dadurch wird die Raumordnung den politischen Instanzen des Bundes und damit der Öffentlichkeit regelmäßig bewusst gemacht.[36] Das Bundesamt unterhält überdies ein Informationssystem zur räumlichen Entwicklung im Bundesgebiet (§ 25 I ROG), das Bund und Ländern zugänglich ist.

Lösung zu Fall 19:

17 Die Bedenken des Anwohners A sind berechtigt. Die für die Regionalplanung zuständige Behörde hat verkannt, dass das Ergebnis des Raumordnungsverfahrens gem.

---

[31] Vgl. etwa *BVerwG* NVwZ-RR 1996, 67 (67); NVwZ 1996, 267 (269); ZfBR 2008, 592 (592); siehe auch *OVG Schleswig* NuR 1995, 316 (317); *Wagner*, Verfahrensbeschleunigung durch Raumordnungsverfahren, DVBl. 1991, 1230 (1233).
[32] *BVerwG* NVwZ-RR 1996, 67 (67).
[33] *BVerwG* NVwZ 1996, 381 (384); *Erbguth*, Rechtliche Grundlagen für Raumordnungsverfahren in den neuen Bundesländern, LKV 1993, 145 (147); *Schweer*, Zum Erfordernis eines Raumordnungsverfahrens neben einem Bauleitplanverfahren in den neuen Bundesländern, LKV 1994, 201 (202); BiRS/*Schmitz*, ROG, § 15 Rn. 151.
[34] *BVerwG* NVwZ 1996, 267 (269).
[35] SRG/*Goppel*, ROG, § 16 Rn. 5.
[36] Vgl. auch SRG/*Runkel*, ROG, § 25 Rn. 22.

§ 3 I Nr. 4 ROG lediglich ein **sonstiges Erfordernis der Raumordnung** ist und daher nur das Gewicht eines Belangs besitzt, der in nachfolgende Ermessens- und Abwägungsentscheidungen einzustellen ist. Eine strikte Verbindlichkeit löst er nicht aus. Er nimmt dem Planungsträger somit nicht seine **Abwägungspflicht** nach § 7 II ROG. Dies führt nun keineswegs zwangsläufig dazu, dass die Ergebnisse des Raumordnungsverfahrens nicht einem späteren Planungsprozess zugrunde gelegt werden können. Es ist vielmehr ein Gebot der Verfahrensökonomie – das bisweilen sogar durch das Unionsrecht eingefordert wird; vgl. Art. 4 III SUP-RL –, Erkenntnisse aus anderen Verwaltungsverfahren im Entscheidungsprozess zu berücksichtigen. § 4 I 1 ROG sieht dies schließlich für sonstige Erfordernisse der Raumordnung ausdrücklich vor. Bei einer Berücksichtigung muss jedoch gewährleistet sein, dass sich der Entscheidungsträger der Qualität des verwendeten Materials vergewissert, also das Gewicht des eingestellten Belangs (Ergebnis des Raumordnungsverfahrens) ermittelt. Bei einem Ergebnis eines Raumordnungsverfahrens muss sich diese Prüfung dabei insbesondere mit der Frage auseinander setzen, ob die verwendete Entscheidung noch auf **aktuellen Entscheidungsgrundlagen** basiert oder aber erhebliche Veränderungen der Außenwelt bzw. rechtlicher Voraussetzungen eingetreten sind. Fehlen derartige Erwägungen völlig, behandelt der Planungsträger das Ergebnis des Raumordnungsverfahrens, welches die Qualität eines Abwägungsbelangs besitzt, so, als sei dieses eine verbindliche Vorgabe. Hierdurch wird in der Regel ein **Abwägungsausfall** bewirkt, der die Planung fehlerhaft macht.

5. Teil. Die planungsrechtliche Zulässigkeit baulicher und sonstiger Vorhaben

Die normativen Schranken, die der Bebauungsplan der baulichen und sonstigen Nutzung der Grundstücke zieht, bedürfen der **Umsetzung im Einzelfall**. Sie erfolgt durch § 30 BauGB, der bestimmt, dass im Geltungsbereich eines Bebauungsplans ein Vorhaben nur zulässig ist, wenn es dem Bebauungsplan nicht widerspricht. Außerhalb des Geltungsbereichs eines Bebauungsplans zieht § 34 BauGB für den Innenbereich und § 35 BauGB für den Außenbereich der Bebauung planungsrechtliche Schranken. Ist ein Vorhaben planungsrechtlich nicht zulässig, darf die Baugenehmigung nicht erteilt werden. Ist das Vorhaben **genehmigungsfrei**, sind die §§ 30 ff. BauGB als unmittelbare materiell-rechtliche Schranken der Bebauung zu beachten.

§ 22. Das planungsrechtlich relevante Vorhaben

Schrifttum: *Dippel*, Alte und neue Anwendungsprobleme der §§ 36, 38 BauGB, NVwZ 1999, 921; *Finke*, Die Privilegierung der Fachplanung nach § 38 BauGB, 2001; *Kirchberg*, Das „Vorhaben von überörtlicher Bedeutung" i. S. des § 38 S. 1 BauGB n. F., UPR 2001, 12; *Koch*, Zur Konkurrenz zwischen Fachplanung und Bauleitplanung, in: Festschr. für Schlichter, 1995, S. 145; *Kuchler*, Keine Privilegierung von Abfallbeseitigungsanlagen ohne überörtliche Bedeutung gemäß § 38 BauGB, NuR 1999, 259; *Schmidt-Eichstaedt*, Planfeststellung, Bauleitplanung und städtebauliche Entwicklungsmaßnahmen, NVwZ 2003, 129; *Stüer*, Bauleitplanung und Fachplanung, UPR 1998, 408.

> **Fall 20 (nach *BVerwG* NVwZ 1993, 985):**
>
> Der Rentner R hat sich dazu entschieden, seinen landwirtschaftlichen Betrieb aufzugeben. Da seine Hofstelle nahe einer Autobahnabfahrt gelegen ist, entschließt er sich dazu, ein Teil seiner landwirtschaftlichen Flächen Lastkraftwagenfahrern zur Verfügung zu stellen, um dort nachts zu parken und im Lastwagen zu übernachten. Hierfür besteht nach Ansicht seines Neffen N – der selbst Lastkraftwagenfahrer ist – ein großer Bedarf, da des Nachts viele Autobahnraststätten überfüllt sind. R plant, ein früher als Weideland genutztes Grundstück mit Schotter zu befestigen, dieses aber nicht zu überwachen. Als R den ersten Wagen Schotter bestellt, fragt ihn der Bauunternehmer B, ob er eigentlich eine Baugenehmigung für sein Vorhaben besitze. R meint, sein Vorhaben störe doch niemanden, wenn die Lastkraftwagen im Dunkeln auf einem Feld parken. Außerdem wolle er doch gar nichts „bauen". B hält dem entgegen, dass R aus seiner Sicht sehr wohl ein Vorhaben nach § 29 BauGB plane. Hat B mit dieser letzten Annahme Recht?
> **Lösung:** Rn. 20

Die **planungsrechtlichen Schranken**, die die §§ 29 ff. BauGB der Grundstücksnutzung ziehen, gelten **nicht für jedes bauliche oder sonstige Vorhaben**. Bestimmte fachplanerische Vorhaben werden von § 38 BauGB von vornherein dem Anwendungsbereich der §§ 29 ff. BauGB entzogen. Für alle übrigen Vorhaben bestimmt § 29 BauGB, ob die §§ 30 ff. BauGB anwendbar sind.

I. Fachplanerische Vorhaben

4 Nach § 38 BauGB sind die §§ 29 bis 37 BauGB auf Planfeststellungsverfahren[1] für Vorhaben von überörtlicher Bedeutung nicht anzuwenden, wenn die Gemeinde beteiligt wird.[2] Man bezeichnet diese Fachplanungen auch als **„privilegierte Fachplanungen"**.[3]

5 Eine **Überörtlichkeit** der Planung liegt regelmäßig vor, wenn sich ein Vorhaben – wie bei einem Flughafen – auf benachbarte Gemeinden auswirkt, also einen **gemeindeübergreifenden Koordinierungsbedarf** auslöst.[4] Überdies können auch **Indizien** für eine Überörtlichkeit sprechen:[5] Zum einen wird daran angeknüpft, dass ein Vorhaben **das Gebiet** von zumindest zwei Gemeinden tatsächlich berührt.[6] Zum anderen soll sich eine Indizwirkung daraus ergeben, dass ein Fachplanungsgesetz die überörtliche Zuständigkeit eines von der Gemeinde unabhängigen Hoheitsträgers begründet.[7] Erfasst werden insbesondere Planfeststellungsverfahren nach dem Bundesfernstraßengesetz (§ 17 FStrG), dem Allgemeinen Eisenbahngesetz (§ 18 AEG),[8] dem Luftverkehrsgesetz (§§ 6, 8 LuftVG), dem Personenbeförderungsgesetz (§ 28 PBefG) sowie – in § 38 S. 1 BauGB ausdrücklich erwähnt – Verfahren nach dem Bundesimmissionsschutzgesetz, die die Errichtung oder den Betrieb öffentlich zugänglicher Abfallbeseitigungsanlagen[9] betreffen. Für Planfeststellungsverfahren, deren Gegenstand Vorhaben von lediglich örtlicher Bedeutung sind, gelten die §§ 29 ff. BauGB.

6 Die Gemeinde muss an dem Planfeststellungsverfahren als Träger öffentlicher Belange **beteiligt** werden, damit die §§ 29 ff. BauGB nicht gelten.[10] Sie hat dadurch die Möglichkeit, ihre städtebaulichen Belange in das Verfahren einzubringen. Dort sind ihre Belange dann zu berücksichtigen, wie § 38 S. 1 Hs. 2 BauGB ausdrücklich bestimmt. Als öffentliche Belange gelten sie nicht absolut, sondern können in der fachplanerischen Abwägung überwunden werden, sofern sie sich nicht aufgrund ihrer Gewichtigkeit durchsetzen. An den Flächennutzungsplan ist der öffentliche Planungsträger nach § 38 S. 2 in den Grenzen des § 7 BauGB gebunden.[11]

7 Die von § 38 S. 1, 2 BauGB den Fachplanungen gewährte Privilegierung bedeutet,[12] dass diese an die **Festsetzung von Bebauungsplänen nicht gebunden** sind.[13] Für die

---

[1] Gleiches gilt für Verfahren mit den Rechtswirkungen der Planfeststellung; dies sind die auf Erteilung einer Plangenehmigung gerichteten vereinfachten Fachplanungsverfahren.
[2] Vgl. *Schmidt-Eichstaedt*, NVwZ 2003, 129 (130).
[3] Ausführlich dazu *Finke*, Die Privilegierung der Fachplanung nach § 38 BauGB; *Schmidt-Eichstaedt*, NVwZ 2003, 129.
[4] *BVerwG* NVwZ 2001, 90 (91); NVwZ 2004, 1240 (1241); *Dippel*, NVwZ 1999, 921 (926).
[5] Vgl. *BVerwG* NVwZ 2004, 1240 (1241) mit Betonung der Indizwirkung.
[6] BVerwGE 79, 318 (320 f.) = NJW 1989, 242; *Stüer*, UPR 1998, 408 (409).
[7] *BVerwG* NVwZ 2001, 90 (91); *Dippel*, NVwZ 1999, 921 (926); *Kirchberg*, UPR 2001, 12 (14 f.).
[8] Vgl. dazu *BVerwG* NVwZ 2001, 90 (90 f.); NVwZ-RR 1998, 542 (543); Beschl. v. 7. 2. 2005 – 9 VR 15/04 – JURIS; *Kuschnerus*, ZfBR 2000, 300 (301 f.).
[9] Dazu *Kuchler*, NuR 1999, 259; *Reidt*, in: Gelzer/Bracher/Reidt, Bauplanungsrecht, Rn. 89. Die Abfall*verwertung* ist nicht erfasst; vgl. *Dippel*, NVwZ 1999, 921 (927).
[10] *Stüer*, UPR 1998, 408 (412 f.).
[11] Allgemein hierzu *Kauch*, Das Verhältnis von Bauleitplanung und Fachplanungen, 1997; *Koch*, in: Festschr. für Schlichter, 1995, S. 145. Siehe oben § 7 Rn. 49 ff.
[12] Vgl. etwa *Erbguth*, Bauleitplanung und Fachplanung: Thesen, NVwZ 1995, 243; *ders.*, Auswirkungen des Planfeststellungsverfahrens auf die Bauleitplanung, NVwZ 1989, 608; *Paetow*, Zum Verhältnis von Fachplanung und Bauleitplanung, UPR 1990, 321; *Koch*, in: Festschr. für Schlichter, 1995, S. 145.
[13] Siehe oben § 5 Rn. 23.

Fachplanungen nach Bundesfernstraßen- und Bundeswasserstraßengesetz folgt dies zugleich aus dem von § 16 III 3 FStrG und § 13 III 1 WaStG bestimmten Vorrang der Bundesplanung vor der Ortsplanung. Auch die §§ 34, 35 BauGB, welche die planungsrechtliche Zulässigkeit von Vorhaben im unbeplanten Innenbereich und im Außenbereich regeln, gelten nicht. Ein Einvernehmen der Gemeinde nach § 36 BauGB ist nicht erforderlich.[14]

II. Vorhaben allgemeiner Art

Auf alle übrigen Vorhaben baulicher oder sonstiger Grundstücksnutzung sind die §§ 30 ff. BauGB anzuwenden, sofern § 29 I BauGB dies bestimmt. Nach dieser Vorschrift, deren ausschließliche Aufgabe es ist, über die Anwendbarkeit der planungsrechtlichen Bestimmungen der §§ 30 bis 37 BauGB zu befinden, sind **zwei Gruppen** von Vorhaben planungsrechtlich erheblich: 8

– Vorhaben, die die Errichtung, Änderung oder Nutzungsänderung baulicher Anlagen zum Gegenstand haben;
– Aufschüttungen und Abgrabungen größeren Umfangs, Ausschachtungen, Ablagerungen einschließlich Lagerstätten.[15]

Für allgemeine, nicht von § 38 BauGB erfasste **Vorhaben, die diese Voraussetzungen nicht erfüllen**, gelten die §§ 30 bis 37 BauGB nicht. Sie sind im unbeplanten Innenbereich (§ 34 BauGB) und im Außenbereich (§ 35 BauGB) planungsrechtlich unbeschränkt zulässig. Dagegen sind diese Vorhaben nicht von den Bindungen freigestellt, die sich unmittelbar aus einem Bebauungsplan ergeben, da sich die Verbindlichkeit und Beachtlichkeit eines Bebauungsplans nicht nur aus § 30 BauGB, sondern auch unmittelbar aus seiner Normqualität ergibt.[16] 9

1. Vorhaben, die bauliche Anlagen betreffen

Nach § 29 I BauGB gelten die §§ 30 bis 37 BauGB für Vorhaben, die die Errichtung, Änderung oder Nutzungsänderung von baulichen Anlagen zum Inhalt haben. 10

a) Bauliche Anlage

Erstes Tatbestandsmerkmal des § 29 I BauGB ist die „bauliche Anlage". Was nicht bauliche Anlage ist, unterliegt nicht den §§ 30 ff. BauGB. Der von § 29 I BauGB verwendete und demgemäß **bundesrechtliche Begriff** der baulichen Anlage[17] deckt sich weitgehend, wenn auch nicht schlechthin mit dem gleichnamigen Begriff, den die Landesbauordnungen als Anknüpfungspunkt für das Baugenehmigungsverfahren verwenden.[18] Die „bauliche Anlage" i. S. § 29 I BauGB wird durch **zwei Elemente** bestimmt: ein Element des Bauens und ein Element der bodenrechtlichen Relevanz. 11

---

[14] *BVerwG* ZfBR 1981, 189.
[15] Vgl. dazu *BVerwG* NVwZ-RR 1999, 623.
[16] BVerwGE 25, 243 (248 ff.); *BVerwG* BRS 23 Nr. 129; *VGH Mannheim* BRS 50 Nr. 189.
[17] Zum Folgenden BVerwGE 39, 154 (156); 44, 59 (60); 91, 234 (235).
[18] Instruktiv *VGH Mannheim* BRS 50 Nr. 142; BRS 50 Nr. 189; BRS 40 Nr. 159. Fingiert das Bauordnungsrecht eine bauliche Anlage, fallen bauordnungs- und bauplanungsrechtlicher Begriff der baulichen Anlage auseinander. So zutreffend *OVG Lüneburg* NVwZ-RR 1995, 556 (556 f.) für einen Flugplatz für Modellflugzeuge, der wegen des mit ihm verbundenen Zu- und

aa) Element des Bauens

12 Alles, was Menschen „angelegt" haben, ist wörtlich genommen, eine „Anlage". Die „bauliche" Anlage ist daher dadurch gekennzeichnet, dass sie, von **Menschenhand geschaffen**, in einer **auf Dauer gedachten Weise künstlich mit dem Erdboden verbunden** ist.[19] Gleichgültig sind Größe, Material,[20] konstruktive Beschaffenheit und Art und Weise, wie die Anlage künstlich mit dem Erdboden verbunden ist. Sie kann auf Fundamenten im Boden fest verankert sein oder durch die eigene Schwere auf dem Erdboden ruhen. Die Verbindung mit dem Erdboden darf nicht nur für den Augenblick – wie ein parkendes Auto –, sondern muss mit einer gewissen Dauer erfolgen, wobei kurzzeitige Unterbrechungen wie das vorübergehende Entfernen einer[21] Traglufthalle[22] unschädlich sind. In diesem Sinne sind nicht nur Gebäude jeder Art, sondern auch stationäre Wohnwagen,[23] ein Wohnfloß in einem Baggersee,[24] Zäune,[25] ein über Monate auf einem Grundstück abgestellter Bienenwagen,[26] ein Tennisplatz,[27] ein befestigter Parkplatz,[28] ein Imbissstand[29] oder eine an einer Hauswand angebrachte großflächige Werbetafel[30] als bauliche Anlagen anzusehen.

bb) Element der bodenrechtlichen Relevanz

13 Nur solche Anlagen fallen unter § 29 I BauGB, durch welche die in § 1 BauGB genannten Belange in einer Weise berührt werden können, die geeignet ist, das **Bedürfnis nach einer verbindlichen Bauleitplanung** hervorzurufen. Dies ist auf der Grundlage einer die einzelne Anlage **verallgemeinernden Betrachtungsweise** zu beantworten.[31] Deshalb ist ein am Ufer einer Bundeswasserstraße verankertes Schiff keine bauliche Anlage, da die Nutzung der Bundeswasserstraßen im Bundeswasserstraßengesetz abschließend geregelt ist, so dass für eine Bauleitplanung weder Raum noch Bedürfnis besteht.[32] Das Element der bodenrechtlichen Relevanz klammert insbesondere kleinere und unbedeutende bauliche Anlagen aus dem Anwendungsbereich der §§ 30 ff. BauGB aus.[33] Diese Anlagen waren noch bis 1998, da genehmigungs- und anzeigefrei, nicht dem Planungsrecht unterworfen. Nachdem das Bau-

---

Abgangsverkehrs nach § 2 I 2 Nr. 13 NBauO (vormals § 2 I 2 Nr. 13 NBauO) als bauliche Anlage gilt.

[19] BVerwGE 91, 234 (236); *Hellermann*, in: Dietlein/Burgi/Hellermann, ÖRecht, § 4 Rn. 128.
[20] *BVerwG* NVwZ 2001, 1046 (1047).
[21] *BVerwG* NJW 1997, 2063 (2064); *OVG Hamburg* BRS 63 Nr. 157.
[22] *BVerwG* BRS 30 Nr. 117.
[23] *BVerwG* BRS 15 Nr. 87; *VGH Kassel* NVwZ 1988, 165; NVwZ 1987, 427.
[24] *BVerwG* BRS 27 Nr. 121; ähnlich in BVerwGE 44, 59 (60 ff.); *OVG Lüneburg* BRS 33 Nr. 131.
[25] *OVG Lüneburg* BRS 18 Nr. 33.
[26] *OVG Münster* BRS 28 Nr. 30.
[27] *VGH München* BRS 32 Nr. 121.
[28] Vgl. *BVerwG* BRS 32 Nr. 176; NVwZ 1993, 985 (986).
[29] *OVG Lüneburg* BRS 46 Nr. 57; *OVG Saarlouis* BRS 44 Nr. 137; *VG Meiningen* LKV 1995, 302 (302).
[30] BVerwGE 91, 234 (235 ff.); *BVerwG* NVwZ 1995, 899 (899); *VGH Mannheim* BRS 50 Nr. 142, der die Plakattafel nur im planungsrechtlichen, nicht aber im bauordnungsrechtlichen Sinne als bauliche Anlage ansieht. Allgemein zu Anlagen der Außenwerbung als bauliche Anlagen *VGH Kassel* NVwZ-RR 1995, 249 (249).
[31] BVerwGE 91, 234 (237).
[32] *BVerwG* BRS 28 Nr. 37.
[33] *VGH Mannheim* NVwZ 1996, 486 (486 f.): Errichtung eines Satteldachs auf einem Flachdachgebäude; *OVG Hamburg* NVwZ-RR 1998, 616 (616 f.); siehe aber auch *OVG Münster* NVwZ-RR 2005, 608 (609): zur bodenrechtlich relevanten Mobilfunkanlage.

§ 22. Das planungsrechtlich relevante Vorhaben   333

ROG 1998 das begrenzende Element der Genehmigungs-, Anzeige- oder Zustimmungsbedürftigkeit in § 29 BauGB gestrichen hat, kommt dem bisher eher bedeutungslosen Element der bodenrechtlichen Relevanz diese Funktion zu.

b) Errichtung, Änderung oder Nutzungsänderung

Das Vorhaben muss, um von § 29 I BauGB erfasst zu werden, die Errichtung, 14
Änderung oder Nutzungsänderung einer derartigen baulichen Anlage zum Gegenstand haben. Der **Abbruch** einer baulichen Anlage fällt nicht unter § 29 I BauGB, da er in der Vorschrift nicht erwähnt ist und auch nicht als „Änderung" einer baulichen Anlage verstanden werden kann.[34] Die vorgenannten Begriffe sind, obwohl sie an gleichnamige Begriffe der Landesbauordnungen anknüpfen, **bundesrechtlicher Art**. Sie erfordern **bodenrechtliche Relevanz**.

- Die **Errichtung** einer baulichen Anlage ist deren erstmalige Herstellung. Bei einem 15
  außerhalb des Grundstücks geschaffen Baukörper (Fertiggarage) ist die Aufstellung
  auf dem Grundstück die Errichtung.
- Die **Änderung** ist der Umbau, der Ausbau oder die Erweiterung einer baulichen 16
  Anlage, kurz jede Veränderung der vorhandenen Bausubstanz. Instandsetzungs-
  und Unterhaltungsarbeiten fallen nicht hierunter, da sie mit keiner Substanzveränderung verbunden sind.[35]
- Eine **Nutzungsänderung** liegt vor, wenn die bauliche Anlage zu einem anderen als 17
  dem ursprünglich genehmigten Zweck genutzt werden soll und die neue Nutzung
  die in § 1 VI BauGB genannten Belange berühren und damit planungsrechtlich
  erheblich sein kann.[36] Eine Nutzungsintensivierung reicht nicht aus.[37]

Beispiele: Eine Nutzungsänderung liegt vor, wenn ein Lichtspielhaus als Tanzlokal[38] oder ein für 18
den Großhandel genehmigtes Gebäude für den Einzelhandel genutzt werden soll.[39] Gleiches
gilt, wenn in einer Tankstelle künftig größere Kraftfahrzeugreparaturen ausgeführt werden
sollen[40] oder auf einem für Kohlenhandel und Nahtransport genehmigten Grundstück ein
Schwertransport- und Kranbetrieb eingerichtet werden soll.[41]

2. Aufschüttungen, Abgrabungen und Ähnliches

§ 29 I Hs. 2 BauGB unterwirft ferner Aufschüttungen[42] und Abgrabungen[43] größe- 19
ren Umfangs, Ausschachtungen sowie Ablagerungen einschließlich Lagerstätten, zu
denen insbesondere Lagerplätze gehören,[44] den §§ 30 ff. BauGB. Auf diese Weise sind

---

[34] *OVG Münster* NJW 1983, 2598 (2598). Städtebaulich kann der Abbruch einer baulichen Anlage nur aufgrund einer Erhaltungssatzung (§ 172 BauGB) verhindert werden.
[35] *BVerwG* ZfBR 2006, 160 (160 f.); NVwZ 2000, 1047 (1047 f.); NVwZ 1998, 58 (59); NVwZ 1994, 294 (295); *Stüer*, DVBl. 2006, 403 (404).
[36] *BVerwG* NVwZ 2000, 758; NVwZ 1991, 264 (264); NVwZ 1989, 667 (668); *VGH Kassel* BRS 35 Nr. 51.
[37] *BVerwG* NVwZ 1999, 417 (418); BRS 64 Nr. 73.
[38] *VGH München* BRS 33 Nr. 127.
[39] BVerwGE 68, 369 (371) = NJW 1984, 1775.
[40] *OVG Lüneburg* BRS 33 Nr. 128.
[41] *BVerwG* BRS 32 Nr. 140.
[42] Zum naturschutzrechtlichen Begriff der Aufschüttung *Busch*, NuR 1996, 345.
[43] *Büllesbach*, Die rechtliche Beurteilung von Abgrabungen nach Bundes- und Landesrecht, 1994.
[44] *BVerwG* DVBl. 1980, 175. Befestigte Lagerplätze sind bauliche Anlagen i. S. des § 29 I Hs. 1 BauGB. Vgl. zum Begriff der Lagerstädte auch *BVerwG* NVwZ-RR 1999, 623.

Eingriffe in die Landschaft wie Sandentnahmen, Auskiesungen oder Steinbrüche den planungsrechtlichen Bindungen unterstellt.[45]

Lösung zu Fall 20:

20 Die Eigenschaft eines Vorhabens nach § 29 I BauGB setzt zunächst eine **bauliche Anlage** voraus. Diese ist an zwei Voraussetzungen geknüpft: an ein Element des „Bauens" und eines der „bodenrechtlichen Relevanz". Von einem Bauen darf man ausgehen, da R einen Baustoff – nämlich Schotter – dauerhaft auf dem Erdboden auftragen will, so dass dieser dort aufgrund seiner eigenen Schwere mit dem Boden verbunden sein wird. Außerdem berührt R's Vorhaben städtebauliche Belange. Durch das Angebot eines Parkplatzes wird ein erheblicher An- und Abfahrverkehr ausgelöst. Zudem zieht das Vorhaben parkende Lastkraftwagen an, die optisch die Landschaft beeinträchtigen können. Da R zudem seine landwirtschaftliche Nutzung auf dem Grundstück aufgibt, um nunmehr eine Abstellmöglichkeit für Lastkraftwagen bereit zu stellen, liegt eine **Nutzungsänderung** i. S. des § 29 I BauGB vor. Es ist damit dem B zuzustimmen, dass R ein Vorhaben nach § 29 I BauGB zu verwirklichen sucht.

§ 23. Vorhaben im Geltungsbereich eines Bebauungsplans

Schrifttum: *Decker,* Die Grundzüge des (bauplanungsrechtlichen) Gebots der Rücksichtnahme – zugleich ein Beitrag zur neueren Rspr. des BVerwG, JA 2003, 246; *Gaentzsch,* Das Gebot der Rücksichtnahme bei der Zulassung von Bauvorhaben, ZfBR 2009, 321; *Konrad,* Gebietserhaltungsanspruch und Gebot der Rücksichtnahme – Klassische nachbarrechtliche Abwehransprüche im Bauplanungsrecht, JA 2006, 59; *Sarnighausen,* Rücksichtnahme und Zumutbarkeit im öffentlichen Bau- und Nachbarrecht – Bundes- oder Landesrecht?, NVwZ 1993, 1054; *Stühler,* Zum bauplanungsrechtlichen Grundsatz der Gebietsverträglichkeit, BauR 2007, 1350; *ders.,* Das Gebot der Rücksichtnahme als allgemeines Rechtsprinzip im öffentlichen Nachbarrecht und die Bildung von Fallgruppen nach Konfliktfeldern – in Erinnerung an Josef Esser zu seinem zehnjährigen Todestag (12. 3. 1910 bis 21. 7. 1999), BauR 2009, 1076; *Voßkuhle/Kaufhold,* Grundwissen – Öffentliches Recht: Das baurechtliche Rücksichtnahmegebot, JuS 2010, 497; *Weyreuther,* Die Anpassung bauplanungsrechtlicher Festsetzungen an den Einzelfall, in: Festschr. für Schlichter, 1995, S. 331; *Winkler,* Zum Verhältnis zwischen § 30 II und III BauGB n. F., NVwZ 1997, 1193.

Fall 21 (nach VGH Mannheim NJW 2006, 2344):

1 A ist Eigentümer des in der Gemeinde G gelegenen, ca. 60 m tiefen Grundstücks, das straßenseitig mit einem zweigeschossigen Wohnhaus bebaut ist und dessen rückwärtiger Teil als Garten genutzt wird. Das Grundstück des A grenzt an ein freies Grundstück an, auf dem das Unternehmen U ein Pflegeheim für behinderte Menschen errichten möchte. A wendet sich an die zuständige Genehmigungsbehörde. Er verlangt, dass U die Genehmigung für das Pflegeheim versagt wird. Er verweist darauf, dass beide Grundstücke im Geltungsbereich eines Bebauungsplans lägen und dort für beide Grundstücke ein reines

---

[45] Zu einem Friedhof, der als solcher keine bauliche Anlage ist und daher nur unter § 29 I BauGB fällt, wenn seine Anlegung mit Aufschüttungen oder Abgrabungen größeren Umfangs oder mit der Errichtung von Baulichkeiten verbunden ist, *VGH Kassel* BRS 35 Nr. 146.

Wohngebiet ausgewiesen sei, das sich durch besondere Wohnruhe auszeichne. Durch den Bau des Pflegeheims werde jedoch er, A, besonders gestört, da in Richtung auf sein Grundstück Balkone geplant seien. Gerade an Wochenenden und Feiertagen sei auf diesen Balkonen mit erheblichem Lärm zu rechnen, da sich die pflegebedürftigen Menschen dann – ohne in Behandlungen oder Therapiesitzungen eingebunden zu sein – vermehrt auf den Balkonen aufhielten. Die zuständige Genehmigungsbehörde bewertet die Einwendungen des A als unbegründet. Zu Recht?
Lösung: Rn. 24.

Der Bebauungsplan enthält für seinen räumlichen Geltungsbereich die rechtsverbindlichen Festsetzungen für die städtebauliche Ordnung (§ 8 I 1 BauGB). Die Bedeutung dieser Festsetzungen für das einzelne Vorhaben bestimmt § 30 BauGB.[1] Dabei wird zwischen dem **qualifizierten** (Abs. 1), dem **vorhabenbezogenen** (Abs. 2) und dem **einfachen** (Abs. 3) **Bebauungsplan** unterschieden. Der qualifizierte und der vorhabenbezogene Bebauungsplan reichen aufgrund ihrer umfassenden Inhalte aus, um alleiniger Maßstab für die planungsrechtliche Zulässigkeit von Vorhaben zu sein. Der einfache Bebauungsplan, der ungleich weniger Festsetzungen enthält, ist inhaltlich zu dürftig, um alleiniger Maßstab zu sein. Neben ihm gelten als ergänzende Maßstäbe § 34 oder § 35 BauGB.[2]

I. Vorhaben im Geltungsbereich eines qualifizierten Bebauungsplans (§ 30 I BauGB)

Nach § 30 I BauGB ist im Geltungsbereich eines qualifizierten Bebauungsplans ein Vorhaben zulässig, wenn es den Festsetzungen des Bebauungsplans nicht widerspricht und die Erschließung gesichert ist.[3]

1. Der Begriff des qualifizierten Bebauungsplans

Als „qualifizierter Bebauungsplan" wird ein Bebauungsplan bezeichnet,[4] der mindestens Festsetzungen über die Art und das Maß der baulichen Nutzung, die überbaubaren Grundstücksflächen und die örtlichen Verkehrsflächen enthält.[5] Die **Festsetzung der Art der baulichen Nutzung** erfolgt durch die Ausweisung eines der Baugebiete des § 1 II BauNVO, dessen Bedeutung sich gem. § 1 III 2 BauNVO aus den §§ 2 ff. BauNVO ergibt, oder durch die Festsetzung bestimmter in § 9 I BauGB vorgesehener baulicher Nutzungen.[6] Das **Maß der baulichen Nutzung** bestimmt der Bebauungsplan, indem er die zulässige Grundfläche oder Geschossfläche, die Zahl der Vollgeschosse oder die Höhe der baulichen Anlagen festsetzt (§ 16 BauNVO).[7] Die **überbaubaren Grundstücksflächen** werden mit Hilfe von Baulinien, Baugrenzen oder Bebauungstiefen (§ 23 BauNVO), die **örtlichen Verkehrsflächen** durch Festsetzung von Straßenverkehrsflächen oder Straßenbegrenzungslinien (§ 9 I Nr. 11

---

[1] Den Festsetzungen kommt auch unabhängig von § 30 BauGB normative Verbindlichkeit zu. Dazu BVerwGE 25, 243 (248 ff.).
[2] Siehe oben § 8 Rn. 29.
[3] Zur Sicherung der Erschließung siehe unten § 29.
[4] Das BauGB verwendet den Begriff des „qualifizierten Bebauungsplans" nicht, wohl aber in § 30 III BauGB den des „einfachen Bebauungsplans".
[5] Die in § 30 I BauGB erwähnten „sonstigen baurechtlichen Vorschriften", die gemeinsam mit dem Bebauungsplan diese Mindestfestsetzungen enthalten, gibt es vornehmlich bei übergeleiteten Bebauungsplänen alten Rechts.
[6] Siehe oben § 9 Rn. 2 ff.
[7] Siehe bereits die obigen Ausführungen unter § 9 Rn. 121 ff.

BauGB) festgelegt.⁸ Weitere Festsetzungen sind für den Begriff des qualifizierten Bebauungsplans nicht erforderlich.

2. Der planungsrechtliche Maßstab

5 Für ein Vorhaben im Geltungsbereich eines qualifizierten Bebauungsplans sind dessen Festsetzungen der **alleinige Maßstab für die planungsrechtliche Zulässigkeit** des Vorhabens. Dies gilt aufgrund der Normqualität des Bebauungsplans für sämtliche Festsetzungen,⁹ obwohl der Wortlaut des § 30 I BauGB („diesen" Festsetzungen) enger ist. Ihr Inhalt und ihre Tragweite –insbesondere ob sie Nachbarschutz vermitteln[10] – ist mittels der Planzeichen und textlichen Planergänzungen und unter Rückgriff auf die Baunutzungsverordnung (§ 1 III 2 BauNVO) durch Auslegung zu ermitteln. Andere Maßstäbe bestehen nicht. Die §§ 34, 35 BauGB sind verdrängt. Sie finden nur Anwendung, wenn der Bebauungsplan nichtig ist. Unbeachtlich sind auch die Darstellungen des Flächennutzungsplans.[11] Als Rechtsnorm setzt sich der Bebauungsplan ihnen gegenüber durch. Ein Widerspruch zwischen Flächennutzungsplan und Bebauungsplan ist möglich, wenn der Bebauungsplan nicht in gehöriger Weise aus dem Flächennutzungsplan entwickelt worden, dieser Mangel aber nach § 214 II BauGB ohne Einfluss auf die Wirksamkeit des Bebauungsplans ist,[12] oder wenn der Flächennutzungsplan nachträglich geändert und der Bebauungsplan ihm nicht angepasst wurde. Nur **§ 15 BauNVO** setzt sich – mit Bezug zum Einzelfall – gegenüber dem Bebauungsplan durch. Er kann noch verhindern, was der Bebauungsplan zulässt.[13]

3. Zulässigkeit von Vorhaben

6 Ein Vorhaben ist zulässig, wenn es dem qualifizierten Bebauungsplan **„nicht widerspricht"**. Damit ist zum einen alles zulässig, was den Festsetzungen des Bebauungsplans „entspricht", was gewissermaßen positiv von ihm zugelassen wird. § 30 I BauGB verlangt jedoch keine positive Zulassung durch den Bebauungsplan, sondern lässt es bereits genügen, dass das Vorhaben dem Bebauungsplan „nicht widerspricht". Dies bedeutet: Soweit der Bebauungsplan einer Nutzung nicht entgegensteht, besteht unter planungsrechtlichen Gesichtspunkten Baufreiheit.[14]

7 **Beispiel:** Eine Werbetafel ist als Anlage der gewerblichen Nutzung in einem Kerngebiet unabhängig von ihrer Größe zulässig, wenn der Bebauungsplan keine beschränkenden Nutzungsmaße für Werbeanlagen, sondern nur für Gebäude enthält.[15]

8 Hier zeigt sich der **Unterschied zum einfachen Bebauungsplan**, dessen Lücken nicht Baufreiheit gewähren, sondern durch Rückgriff auf die §§ 34, 35 BauGB zu schließen sind. Widerspricht das Vorhaben den Festsetzungen des qualifizierten Bebauungsplans, ist es unzulässig. Es kann allenfalls mit Hilfe einer Befreiung (§ 31 II BauGB) verwirklicht werden. Dies erschöpft indes das in § 30 I BauGB enthaltene Verbot planwidriger Nutzungen nicht. Ausgeschlossen sind auch Nutzungen, die die

---

[8] Siehe oben § 9 Rn. 167, 170.
[9] *BVerwG* NJW 1997, 2063 (2064); *VGH München* ZfBR 2008, 292 (292).
[10] Dazu *BVerwG* NVwZ 1996, 888 sowie allgemein *Otto* in Bd. II, § 18 I, 2.
[11] BVerwGE 28, 148 (152) = NJW 1968, 1105; BRS 22 Nr. 81.
[12] Siehe oben § 12 Rn. 27.
[13] Siehe dazu § 23 Rn. 15 ff.
[14] Zum Folgenden BVerwGE 42, 30 (33 ff.).
[15] *BVerwG* NVwZ 1995, 899 (900). Wäre der Bebauungsplan ein einfacher Bebauungsplan, müßte sich die Werbetafel an den Maßen der Werbetafeln in der näheren Umgebung orientieren.

Verwirklichung des Bebauungsplans verhindern oder wesentlich erschweren oder dem Gebietscharakter widersprechen.[16]

Beispiel: Das Abstellen von Fahrzeugen eines Speditionsbetriebs auf einem Grundstück, das in einem Sondergebiet „Wassersport" liegt, ist unzulässig, weil es dem Gebietscharakter zuwiderläuft.[17]

9

4. Rechtsanspruch

Nach den Bauordnungen besteht ein Rechtsanspruch auf die Erteilung der Baugenehmigung, wenn das Vorhaben den öffentlich-rechtlichen Vorschriften entspricht. Mit Blick auf § 30 I BauGB bedeutet dies, dass die Baugenehmigung zu erteilen ist, wenn das Vorhaben den Festsetzungen des Bebauungsplans nicht widerspricht. Allerdings – dies muss hinzugefügt werden – darf sich aus § 15 BauNVO und sonstigem Bundes- oder Landesrecht kein Versagungsgrund ergeben. § 30 I BauGB vermittelt somit einen **Rechtsanspruch**. Dieses Bild wandelt sich, wenn das Vorhaben nur mit Hilfe einer Ausnahme oder Befreiung (§ 31 BauGB) genehmigungsfähig ist.[18] Auf Ausnahmen (§ 31 I BauGB) und Befreiungen (§ 31 II BauGB) besteht grundsätzlich kein Rechtsanspruch. Wer ihrer bedarf, ist auf eine behördliche Ermessensentscheidung angewiesen. Er besitzt nur noch einen Anspruch auf **fehlerfreie Ermessensausübung**.

10

II. Vorhaben im Geltungsbereich eines einfachen Bebauungsplans (§ 30 III BauGB)

1. Begriff des einfachen Bebauungsplans

Enthält ein Bebauungsplan nicht die Mindestfestsetzungen, die § 30 I BauGB für den qualifizierten Bebauungsplan vorschreibt, und ist er auch nicht vorhabenbezogen (§ 30 II BauGB), ist er ein „einfacher Bebauungsplan" (§ 30 III BauGB).[19] Auch dieser ist gemeindliche Satzung (§ 10 I BauGB) und daher als Rechtsnorm für **jedermann** verbindlich. Er unterscheidet sich von dem qualifizierten Bebauungsplan dadurch, dass seine **Festsetzungen nicht umfassend genug** sind, um für sich allein die Nutzung der Grundstücke des Plangebiets zu leiten. Deshalb bestimmt § 30 III BauGB, dass sich im Geltungsbereich eines einfachen Bebauungsplans die Zulässigkeit von Vorhaben „im Übrigen" nach § 34 oder § 35 BauGB richtet. Erstarkt der einfache Bebauungsplan durch spätere Ergänzungen zum qualifizierten Bebauungsplan, verdrängt er die §§ 34 oder 35 BauGB als subsidiären Maßstab und wird zum alleinigen Beurteilungsmaßstab.

11

2. Planungsrechtliche Zulässigkeit

Im Geltungsbereich eines einfachen Bebauungsplans beurteilt sich die planungsrechtliche Zulässigkeit eines Vorhabens in erster Linie nach den **Festsetzungen des Bebauungsplans**, die den **subsidiären Maßstäben des § 34 oder § 35 BauGB** insoweit vorgehen, wie sie selbst reichen.[20] Die Art der baulichen Nutzung, die der einfache Bebauungsplan festsetzt, ist kraft dieser Festsetzung zulässig, auch wenn die nähere

12

---

[16] Grundlegend BVerwGE 42, 30 (35 ff.).
[17] *BVerwG* BRS 33 Nr. 31.
[18] Siehe nachfolgend § 24.
[19] Siehe bereits oben § 8 Rn. 29.
[20] *VGH München* BayVBl. 2010, 504 (507).

Umgebung eine andere Art der baulichen Nutzung aufweist (§ 34 BauGB) oder es sich bei einem Außenbereichsgrundstück nicht um ein privilegiertes Vorhaben (§ 35 BauGB) handelt. Dies ist auch umkehrbar: Ergeben die Festsetzungen des einfachen Bebauungsplans, dass eine bestimmte Bodennutzung nicht zulässig sein soll, ist sie unzulässig, auch wenn sie nach § 34 oder § 35 BauGB zulässig wäre. Soweit der einfache Bebauungsplan keine Festsetzungen trifft – also „im Übrigen" – gelten die §§ 34 oder 35 BauGB, abhängig davon, ob das Plangebiet in einem im Zusammenhang bebauten Ortsteil oder im Außenbereich liegt.[21] Das Vorhaben muss sich dann gegenüber § 34 oder § 35 BauGB durchsetzen, soweit es sich nicht auf die Festsetzungen des einfachen Bebauungsplans berufen kann. Anders als der qualifizierte Bebauungsplan vermag der einfache Bebauungsplan somit ein Vorhaben nicht aus eigener Kraft zuzulassen. Wie die Vorhaben im Geltungsbereich eines qualifizierten Bebauungsplans, stehen auch die Vorhaben im Geltungsbereich des einfachen Bebauungsplans nach **§ 15 BauNVO** unter dem Vorbehalt ihrer städtebaulichen und nachbarlichen Verträglichkeit. Durch die Bezugnahme des § 30 III BauGB auf die §§ 34, 35 BauGB ist sichergestellt, dass auch im Geltungsbereich des einfachen Bebauungsplans für ein Vorhaben die **Erschließung** gesichert sein muss.

3. Rechtsanspruch

13 Im Geltungsbereich des einfachen Bebauungsplans besteht entsprechend den Regelungen des Bauordnungsrechts ein **Anspruch** auf Erteilung der Baugenehmigung, wenn das Vorhaben den Festsetzungen des einfachen Bebauungsplans nicht widerspricht und die Anforderungen der subsidiär geltenden § 34 oder § 35 BauGB und der übrigen öffentlich-rechtlichen Vorschriften erfüllt sind.

III. Vorhaben im Geltungsbereich eines vorhabenbezogenen Bebauungsplans (§ 30 II BauGB)

14 Im Geltungsbereich eines vorhabenbezogenen Bebauungsplans (§ 12 BauGB) ist nach § 30 II BauGB ein Vorhaben zulässig, wenn es dem Bebauungsplan nicht widerspricht und die Erschließung gesichert ist. Vergleicht man § 30 II BauGB mit dem vorangestellten § 30 I BauGB, fällt auf, dass dort das Vorhaben den „Festsetzungen" des Bebauungsplans nicht widersprechen darf, während es hier notwendig ist, dass es dem „Bebauungsplan" nicht widerspricht. Der gesamte vorhabenbezogene **Bebauungsplan ist** mithin **Maßstab der planungsrechtlichen Beurteilung** des Vorhabens, nicht nur seine Festsetzungen.[22] Dies hat seinen guten Sinn, da der vorhabenbezogene Bebauungsplan nicht nur Festsetzungen enthält, sondern auch den Vorhaben- und Erschließungsplan umfasst, der nach § 12 III 1 BauGB ein Bestandteil von ihm ist.[23] Außerdem ist die Gemeinde bei seiner inhaltlichen Gestaltung nicht an die Festsetzungen nach § 9 BauGB und der BauNVO gebunden (§ 12 III 2 BauGB).[24] Also kann die Gemeinde Regelungen in den vorhabenbezogenen Bebauungsplan aufnehmen, die möglicherweise nicht als Festsetzungen zu qualifizieren sind. Dies alles erhebt § 30 II BauGB zum Maßstab für die Beurteilung von Vorhaben. Damit wird gleichzeitig darauf verzichtet, einen bestimmten Mindestinhalt für den vorhabenbezogenen Bebauungsplan zu fordern. Eine Unterscheidung ent-

---

[21] Siehe dazu § 8 Rn. 29.
[22] A. A. wohl BKL/*Löhr*, BauGB, § 30 Rn. 10.
[23] Siehe oben § 10 Rn. 13.
[24] Siehe oben § 10 Rn. 31.

sprechend § 30 I und III BauGB zwischen einem „qualifizierten" und einem „einfachen" vorhabenbezogenen Bebauungsplan kennt § 30 II BauGB nicht. Der vorhabenbezogene Bebauungsplan – und zwar in seinem gesamten Inhalt – ist stets der **alleinige Maßstab** für die planungsrechtliche Beurteilung von Vorhaben in seinem Geltungsbereich. Eine subsidiäre Geltung der §§ 34, 35 BauGB, wie sie § 30 III BauGB für den einfachen Bebauungsplan kennt, gibt es beim vorhabenbezogenen Bebauungsplan nicht.[25] Nur aus **§ 15 BauNVO** können sich zusätzliche Ablehnungsgründe ergeben.

IV. Ausschluss bebauungsplanrechtlich zulässiger Vorhaben im Einzelfall

Ein Vorhaben kann nach den Festsetzungen des Bebauungsplans zulässig, gleichwohl aber nach den örtlichen Gegebenheiten baugebietswidrig oder für seine Umgebung oder in seiner Umgebung unzumutbar sein.[26] Der Lösung dieses Konflikts zwischen genereller bebauungsplanrechtlicher Zulässigkeit und Baugebietswidrigkeit bzw. Unzumutbarkeit im Einzelfall dient § 15 BauNVO.[27] Er **verhindert** bebauungsplanrechtlich zulässige, aber **im Einzelfall nicht tragbare Vorhaben**, so wie umgekehrt § 31 II BauGB bebauungsplanwidrige, aber im Einzelfall verwirklichungswürdige Vorhaben zulässt.[28] Nach § 15 I BauNVO ist ein nach § 30 BauGB an sich zulässiges Vorhaben unzulässig, wenn es im Einzelfall baugebietswidrig ist (Abs. 1 S. 1), wenn von ihm unzumutbare Störungen ausgehen (Abs. 1 S. 2 Hs. 1) oder wenn es seinerseits unzumutbaren Störungen ausgesetzt wird (Abs. 1 S. 2 Hs. 2). Dies ist nach § 15 II BauNVO ausschließlich nach den **städtebaulichen Zielen und Grundsätzen** des § 1 V BauGB zu beurteilen. § 15 I BauNVO ist mithin kein Einfallstor, um unter politischen, gesellschaftlichen, wirtschaftlichen oder kulturellen Gesichtspunkten einzuschränken, was bebauungsplanrechtlich zulässig ist. Auch die immissionsschutzrechtliche Beurteilung eines Vorhabens ist – anders als von der Rechtsprechung früher angenommen[29] – kein alleiniger Maßstab für die Zulässigkeit genehmigungsbedürftiger Anlagen in einem Baugebiet (§ 15 III BauNVO). Eine Befreiung von den Versagungsgründen des § 15 BauNVO ist nicht möglich, da nach § 31 II BauGB nur von den Festsetzungen eines Bebauungsplans befreit werden kann.[30]

1. Baugebietswidrigkeit

Nach § 15 I 1 BauNVO sind die in den §§ 2 bis 14 BauNVO aufgeführten baulichen und sonstigen Anlagen im Einzelfall unzulässig, wenn sie nach Anzahl, Lage, Umfang oder Zweckbestimmung der Eigenart der Baugebiets widersprechen.[31] Diese Eigenart ergibt sich einerseits aus den **typisierenden Regelungen** der jeweiligen **Absätze 1** der

---

[25] Im Ergebnis ähnlich *Winkler*, NVwZ 1997, 1193.
[26] Hierzu und zum Folgenden *Weyreuther*, in: Festschr. für Schlichter, 1995, S. 331 ff.; vgl. auch BVerwGE 98, 235 (242 ff.); 109, 314 (318 ff.); *BVerwG* NVwZ-RR 2001, 217 (218).
[27] *Stühler*, BauR 2007, 1350 (1355). § 15 BauNVO bezieht sich nur auf die Art, nicht auch auf das Maß der baulichen Nutzung. *BVerwG* NVwZ 1995, 899 (899).
[28] Für die Bebauungsplanung eröffnet § 15 BauNVO die Möglichkeit planerischer Zurückhaltung. Hierzu *BVerwG* NVwZ 1989, 960 (960).
[29] Ausgehend von *BVerwG* NJW 1975, 460 (461 f.). Diese Entscheidung hat ein Jahrzehnt die Praxis vor kaum lösbare Probleme gestellt. Sie ist jetzt überholt.
[30] *VGH Mannheim* NVwZ-RR 2010, 45 (47).
[31] Zum Folgenden BVerwGE 79, 309 (312 ff.) = NJW 1988, 3168; *BVerwG* NVwZ 1991, 1078 (1079).

§§ 2 bis 14 BauNVO, andererseits aus der jeweiligen **örtlichen Situation**, in die ein Gebiet „hineingeplant" worden ist.[32]

17 **Beispiel:** In einem Mischgebiet, das städtebaulich nach § 6 I BauNVO durch das gleichberechtigte Nebeneinander von Wohnen und nicht wesentlich störendem Gewerbe gekennzeichnet ist, kann ein Einzelhandelsbetrieb unzulässig sein, wenn in dem Gebiet bereits so viele Einzelhandelsbetriebe zugelassen sind, dass durch einen weiteren Betrieb das von § 6 I BauNVO gebotene quantitative Mischungsverhältnis von Wohnen und Gewerbe gestört werden würde.[33] Größere Spielhallen, die an sich nach § 7 II Nr. 2 (Vergnügungsstätten) i. V. m. § 4a III Nr. 2 BauNVO in das Kerngebiet gehören, können bei Kerngebieten kleinerer Gemeinden unzulässig sein.[34]

2. Unzumutbare Störungen

18 Nach § 15 I 2 Hs. 1 BauNVO sind die in den §§ 2 bis 14 BauNVO aufgeführten baulichen und sonstigen Anlagen im Einzelfall unzulässig, wenn von ihnen Belästigungen oder Störungen ausgehen können, die nach der Eigenart des Baugebiets im Baugebiet selbst oder in dessen Umgebung unzumutbar sind.[35] Diese Regelung ist Ausdruck des **nachbarlichen Rücksichtnahmegebots** innerhalb beplanter Gebiete.[36] Sie kann drittschützende Wirkung haben.[37] Die Störungen müssen in **städtebaulich erheblichen Umständen** ihren Grund haben, nicht in persönlichen Eigenschaften der Bewohner, wie etwa in ihrem sozialen Milieu oder in anderen Lebensgewohnheiten.[38]

19 **Beispiele:** Unbedeutend sind deshalb als störend empfundene Lebensgewohnheiten, die etwa bei Asylbewerbern aus fernen Ländern anzutreffen sein mögen. Gleiches gilt hinsichtlich einer befürchteten kriminellen Neigung eines bestimmten Personenkreises.[39] Derartigen Störungen kann nicht baurechtlich, sondern muss **ordnungsbehördlich** begegnet werden. An § 15 I S. 2 Hs. 1 BauNVO kann aber in einem Dorfgebiet die Genehmigung eines Schweinestalles in der Nähe eines Wohngebiets scheitern.[40]

20 Allerdings ist es nicht zulässig, in einem Wohngebiet, für das der Bebauungsplan die **Zahl der Wohnungen** nicht festgelegt hat, über § 15 BauNVO eine Beschränkung der Wohnungen vorzunehmen, es sei denn, eine unbegrenzte Zahl von Wohnungen würde zu unzumutbaren Störungen führen.[41]

3. Störanfälligkeit

21 Nach § 15 I 2 Hs. 2 BauNVO sind an sich zulässige bauliche Anlagen unzulässig, wenn sie für den Fall ihrer Realisierung ihrerseits unzumutbaren Belästigungen oder

---

[32] *BVerwG* NVwZ 2002, 1384 (1385); König/Roeser/Stock/*Roeser*, BauNVO, § 15 Rn. 12 ff.; BKL/*Löhr*, BauGB, § 30 Rn. 22.
[33] BVerwGE 79, 309 (311 ff.) = NJW 1988, 3168. Zur Unzulässigkeit weiterer Wohngebäude in einem Mischgebiet *VGH Mannheim* BRS 52 Nr. 53.
[34] *BVerwG* NVwZ 1991, 1078 (1079).
[35] Vgl. etwa *OVG Münster* NVwZ-RR 1997, 16 (17) – Tankstelle im allgemeinen Wohngebiet; *VGH Mannheim* NJW 2006, 2344 (2345) – Pflegeheim im Wohngebiet.
[36] Zum Rücksichtnahmegebot allgemein BVerwGE 67, 334 (338 f.); *BVerwG* NVwZ 2007, 587 (587); *Konrad*, JA 2006, 59; *Decker*, JA 2003, 246; *Sarnighausen*, NVwZ 1993, 1054; *Gaentzsch*, ZfBR 2009, 321; *Stühler*, BauR 2009, 1076; *Voßkuhle/Kaufhold*, JuS 2010, 497.
[37] BVerwGE 67, 334 (338 f.); 128, 118 (120).
[38] BVerwGE 128, 118 (121); *BVerwG* NVwZ 2001, 813 (814).
[39] *OVG Berlin* NVwZ 1988, 264 (265); *OVG Lüneburg* BRS 49 Nr. 59; NVwZ 1994, 82 (83 f.).
[40] *VGH München* BRS 50 Nr. 192; *VGH Kassel* NVwZ-RR 1995, 633 (633 f.); vgl. aber auch *VGH Mannheim* NVwZ-RR 2 (3).
[41] *VGH Mannheim* BRS 57 Nr. 63, der allerdings generell § 15 BauNVO eine viel zu weitreichende Steuerungsfunktion beizumessen scheint.

§ 23. Vorhaben im Geltungsbereich eines Bebauungsplans   341

Störungen ausgesetzt werden.⁴² Auch dies ist eine **Konkretisierung des Rücksichtnahmegebotes**,⁴³ das nicht nur denjenigen in die Pflicht nimmt, der Emissionen verursacht, sondern auch von dem, der von diesen Emissionen betroffen ist, je nach den Umständen Rücksichtnahme verlangen kann.⁴⁴ Es sollen – mit Rücksicht auf die im Plangebiet bereits vorhandenen zulässigen Nutzungen – **Konflikte von vornherein vermieden** werden.

Beispiele: In einem Wohngebiet kann die Errichtung eines Wohnhauses in unmittelbarer Nachbarschaft zu einer bestandsgeschützten, stark emittierenden Autolackiererei an § 15 I 2 Hs. 2 BauNVO scheitern.⁴⁵ In einem Dorfgebiet kann ein in der Nähe von Stallungen geplantes Wohnhaus wegen der Geruchsbelästigungen, denen es ausgesetzt sein wird, unzulässig sein.⁴⁶ 22

§ 15 I 2 Hs. 2 BauNVO vermittelt **Nachbarschutz** und eröffnet dem emittierenden landwirtschaftlichen Betrieb eine Klagemöglichkeit gegen die „heranrückende Wohnbebauung".⁴⁷ Bei der Anwendung des § 15 I 2 Hs. 2 BauNVO ist stets sorgfältig zu prüfen, welches Maß an Rücksichtnahme dem potentiell hinzutretenden Nutzer auf den Emittenten und welche Rücksichtnahme diesem auf den Hinzukommenden abverlangt werden kann. Bei der Ermittlung dieser **Zumutbarkeitsgrenze** ist die Eigenart des Baugebiets – insbesondere eine vorhandene **Vorbelastung** – ebenso zu berücksichtigen wie die Möglichkeit, dem Emittenten zumutbare Maßnahmen der Immissionsvermeidung oder Immissionsminderung abzuverlangen.⁴⁸ Erst nach Ermittlung aller Umstände kann beurteilt werden, ob die beabsichtigte Grundstücksnutzung tatsächlich unzumutbaren Belastungen ausgesetzt sein wird. 23

Lösung zu Fall 21:

Das Vorhaben des Unternehmens U dient der Unterbringung sowie der Pflege und Betreuung der in ihm lebenden behinderten Menschen. Es ist somit gem. **§ 3 IV BauNVO** allgemein zulässig im reinen Wohngebiet; ein Widerspruch zu den Festsetzungen des Bebauungsplans scheidet demnach aus (§ 30 I BauGB). Die von A vorgetragene Lärmbelästigung, die durch das Benutzen der Balkone entstehen soll, führt zudem nicht zu einer Unzulässigkeit des Vorhabens nach **§ 15 I 2 BauNVO**. Ganz allgemein können Lebensäußerungen von behinderten Menschen nicht als Belästigungen im Sinne von § 15 BauNVO angesehen werden. **Lebensäußerungen behinderter Menschen** sind im Regelfall nicht lauter als geräuschvolle Tätigkeiten in und um Familienwohnungen, die ihrerseits auch im reinen Wohngebiet zulässig sind. Somit ergeben sich keine Anhaltspunkte, die für das Vorbringen des A sprechen. Die zuständige Genehmigungsbehörde hält seine Einwendungen zu Recht für unzutreffend. 24

---

⁴² Im unbeplanten Innenbereich ist nach § 34 I BauGB ein Vorhaben unzulässig, das sich zwar in die Eigenart der näheren Umgebung einfügt, aber die Anforderungen an gesunde Wohn- und Arbeitsverhältnisse nicht erfüllt. Hier zeigt sich derselbe Gedanke, der § 15 I 2 Hs. 2 BauNVO zugrunde liegt.
⁴³ *Stühler*, BauR 2009, 1076 (1077).
⁴⁴ *Reidt*, in: Gelzer/Bracher/Reidt, Bauplanungsrecht, Rn. 1226.
⁴⁵ Grundlegend BVerwGE 98, 235 (242 ff.) = NVwZ 1996, 379. Vgl. auch *VGH München* NVwZ-RR 1997, 464; *BGH* BRS 53 Nr. 59.
⁴⁶ *VGH Mannheim* BRS 57 Nr. 74.
⁴⁷ *VGH Mannheim* BRS 57 Nr. 74 Dazu auch *Stühler*, Heranrückende Wohnbebauung, VBlBW 1988, 201.
⁴⁸ *VGH Mannheim* NVwZ-RR 2008, 162 (163); *OVG Hamburg* BRS 71 Nr. 67; *OVG Lüneburg* NVwZ 2006, 1199 (1200).

§ 24. Ausnahmen und Befreiungen

Schrifttum: *Herrmann,* Befreiung gem. § 31 II BauGB ohne Atypik, NVwZ 2004, 309; *Hübner,* Nachträgliche Anpassung eines Bebauungsplans an eine gewünschte bauliche Anlage?, BauR 2008, 608; *Jung,* Planänderungsabsicht als Ermessenserwägung im Rahmen der Befreiungsentscheidung? – Anmerkung zu Bundesverwaltungsgericht, Urteil vom 19. 9. 2002 – 4 C 13.01 –, BauR 2003, 488, BauR 2003, 1509; *Mager,* Die Neufassung des Befreiungstatbestandes gemäß § 31 Abs. 2 BauGB 1998 – Ein Beitrag zum Verhältnis von Befreiung und vereinfachter Planänderung, DVBl. 1999, 205; *Mampel,* § 37 Abs. 1 BauGB – Besondere öffentliche Zweckbestimmung und Erforderlichkeit einer Abweichung – Besonderheiten eines besonderen städtebaulichen Befreiungstatbestandes, UPR 2002, 92; *Ritgen,* Zur bauplanungsrechtlichen Zulässigkeit öffentlicher Vorhaben nach § 37 BauGB, DÖV 1997, 1034; *Scheidler,* Die Beteiligungsrechte der Gemeinde nach § 37 Abs. 2 BauGB, VBlBW 2008, 291; *Scheidler,* Beteiligung der Gemeinde bei baurechtlichen Zulassungsverfahren für Vorhaben der Landesverteidigung, LKV 2010, 102; *Stüer,* Städtebaurecht 2004/2005: Planungsrechtliche Zulässigkeit von Vorhaben, DVBl. 2006, 404.

> **Fall 22 (nach *BVerwG* BRS 67 Nr. 86):**

1 Die beiden Studenten S1 und S2 gehen gemeinsam durch ihre Heimatgemeinde G. Dort sehen sie einen größeren Mobilfunksendemast, der wohl während ihrer Abwesenheit im letzten Semester errichtet wurde. S1 meint, dass die Errichtung dieses Mobilfunksendemasts unzulässig sei, weil – was zutrifft –, der in diesem Gebiet gültige Bebauungsplan nicht die Errichtung eines solchen Mobilfunksendemasts erlaube. Dem hält S2 entgegen, dass möglicherweise eine Befreiung nach § 31 II BauGB erteilt worden sei. Schließlich habe man vor der Errichtung dieses Masts in G keinen hinreichenden Mobilfunkempfang gehabt. Gründe des Wohls der Allgemeinheit hätten daher sicherlich die Befreiung erfordert. S1 will diesem Gedanken nicht zustimmen. Er wisse aus seinem Physikstudium, dass es durchaus möglich gewesen wäre, mit anderen – zwar deutlich teureren – technischen Vorkehrungen, die Errichtung eines Mobilfunksendemasts im Außenbereich (§ 35 I Nr. 3 BauGB) von G zu verwirklichen. Damit wären nur geringe Qualitätsabweichungen zu befürchten gewesen. Die Errichtung an der jetzigen Stelle sei demnach nicht erforderlich gewesen. Was wird S2 nunmehr entgegnen?
Lösung: Rn. 34.

2 Die Festsetzungen des Bebauungsplans gelten **nicht unabdingbar**. Durch Ausnahmen (§ 31 I BauGB) und Befreiungen (§ 31 II BauGB) kann von ihnen abgewichen werden.

I. Ausnahmen

3 Nach **§ 31 I BauGB** können Ausnahmen von den Festsetzungen des Bebauungsplans zugelassen werden.

1. Der Begriff der Ausnahme

4 Der Begriff der „Ausnahme" ergibt sich aus § 31 I BauGB: Es ist die im Bebauungsplan nach Art und Umfang **ausdrücklich vorgesehene Abweichung** von den planerischen Festsetzungen. § 31 I BauGB richtet sich erstens an die planende Gemeinde. Ihr wird gestattet, dem Bebauungsplan durch die Zulassung von Ausnahmen Flexibilität zu verleihen. Will die Gemeinde von dieser Möglichkeit Gebrauch machen, muss

sie dies im Bebauungsplan unmissverständlich zum Ausdruck bringen („**ausdrücklich**"), etwa durch Verwendung der Worte „ausnahmsweise" oder „kann zugelassen werden". Was erst durch Auslegung ermittelt werden muss, ist nicht „ausdrücklich".[1] Außerdem muss die Gemeinde die Ausnahme **nach Art und Umfang umgrenzen**. Die „Art" der Ausnahme bestimmt, von welchen Festsetzungen des Bebauungsplans abgewichen werden darf. Der „Umfang" der Ausnahme legt fest, wie weit die Abweichung gehen darf. Einen **generellen Ausnahmevorbehalt**, eine allgemeine Ausnahmeklausel, lässt § 31 I BauGB nicht zu. Da nach § 1 III BauNVO durch die Festsetzung eines Baugebiets die es konkretisierenden Bestimmungen der **BauNVO** Bestandteil des Bebauungsplans werden, stellen die nach den §§ 2 bis 14 BauNVO im Baugebiet ausnahmsweise zulässigen Nutzungen ausdrückliche und hinreichend bestimmte und umgrenzte Ausnahmen im Sinne von § 31 I BauGB dar.[2] Die Gemeinde kann im Bebauungsplan einzelne dieser Ausnahmen entfallen lassen (§ 1 VI BauNVO) oder an sich allgemein zulässige Nutzungen zu Ausnahmen herabstufen (§ 1 V BauNVO).[3] Inhaltlich ziehen BauGB und BauNVO der Ausnahmeermächtigung Grenzen: was nicht Inhalt des Bebauungsplans sein kann oder den Gebietscharakter nachhaltig stört, darf auch nicht als Ausnahme zugelassen werden.[4]

2. Die Zulassung der Ausnahme

Die Baugenehmigungsbehörde kann die Ausnahme nach ihrem **Ermessen** zulassen.[5] Das Ermessen muss pflichtgemäß, insbesondere sachgerecht ausgeübt werden. Daher sind ihm ausschließlich **städtebauliche Überlegungen** zugrunde zu legen.[6] Schutzwürdige Nachbarinteressen, insbesondere das sich aus § 15 BauNVO ergebende **Gebot nachbarlicher Rücksichtnahme**, sind in die Ermessensausübung einzubeziehen.[7] Da die Gemeinde die Ausnahme im Bebauungsplan ausdrücklich vorgesehen und damit in ihren planerischen Willen aufgenommen hat, bedarf die Zulassung der Ausnahme keines besonderen Rechtfertigungsgrunds.[8] Die Ermessensentscheidung ist zu begründen (§ 39 I 3 VwVfG).[9] Von der Begründung kann abgesehen werden („soll"), wenn durch die Ausnahme Rechte Dritter nicht berührt werden. Nach § 36 I 1 BauGB ist das **Einvernehmen der Gemeinde** erforderlich.[10] Die Ausnahme wird in der Regel in der Baugenehmigung ausdrücklich erwähnt und ist damit Teil der Baugenehmigung. Einzelne Bauordnungen sehen vor, dass mit der Erteilung der Baugenehmigung zugleich alle Ausnahmen, die erforderlich sind, damit die Baugenehmigung rechtmäßig ist, als erteilt gelten, auch wenn die Baugenehmigung sie nicht erwähnt (vgl. etwa § 62 I 2 BauOBln).

5

---

[1] JDW/*Jäde*, BauGB, § 31 Rn. 9.
[2] *Hübner*, BauR 2008, 608 (610).
[3] Siehe oben § 9 Rn. 104 ff.
[4] BVerwGE 116, 155 (157 ff.).
[5] Dies ist nach *BVerwG* BRS 20 Nr. 24 verfassungsrechtlich unbedenklich.
[6] *VGH Mannheim* ZfBR 2004, 284 (284); *VGH München* ZfBR 2008, 501 (503).
[7] *OVG Lüneburg* NVwZ-RR 1993, 532 (532).
[8] A. A. *VGH Kassel* BRS 48 Nr. 36.
[9] Dazu *VGH Mannheim* BRS 50 Nr. 111.
[10] Siehe nachfolgend § 28.

II. Befreiung

6 Neben der Ausnahme ermöglicht die in § 31 II BauGB geregelte „Befreiung" – früher „Dispens" genannt – Abweichungen von den Festsetzungen des Bebauungsplans.

1. Der Begriff der Befreiung

7 Die Befreiung ist eine **nicht** im Bebauungsplan **vorgesehene Abweichung** von dessen Festsetzungen.[11] Dies macht es notwendig, ihre Voraussetzungen im Gesetz genau zu umschreiben. Das Rechtsinstitut der Befreiung ist, wenngleich aus praktischen Gründen und mit Blick auf Art. 14 GG[12] unverzichtbar, **rechtsstaatlich nicht unbedenklich**. Da auf die Gewährung einer Befreiung kein Anspruch besteht, ist der Bürger in einer schwachen Rechtsposition. Selbst bei Vorliegen einer vom Bebauungsplan offenbar nicht beabsichtigten Härte, ist er nicht mit Rechtsansprüchen ausgestattet, sondern auf behördliches Wohlwollen angewiesen. Dies ist mit dem heutigen Staatsverständnis nur schwer zu vereinbaren, geht es doch für den betroffenen Bürger um ein für ihn wesentliches Anliegen. Nicht weniger bedenklich ist es, dass städtebaulich erwünschte Vorhaben häufig mit Hilfe von Befreiungen genehmigt werden, obwohl deren gesetzliche Voraussetzungen nicht vorliegen. Wo Nachbarwidersprüche nicht zu erwarten sind, ersetzt allzu oft die Befreiung die an sich gebotene Planänderung.[13] Auf der Strecke bleiben damit die Bindung an Gesetz und Recht wie auch die Bürgerbeteiligung.

2. Die Struktur der Befreiungsvoraussetzungen

8 Die **gesetzlichen Voraussetzungen** für eine Befreiung nach § 31 II BauGB sind:

– Es muss einer der in § 31 II Nr. 1 bis 3 BauGB normierten **Befreiungstatbestände** vorliegen.
– Durch die Befreiung dürfen die **Grundzüge der Planung** nicht berührt werden (§ 31 II Hs. 1 BauGB)[14]
– Die Befreiung muss auch unter Würdigung **nachbarlicher Interessen** mit den **öffentlichen Belangen** vereinbar sein.
– Die Erteilung der Befreiung steht im **Ermessen** der Baugenehmigungsbehörde, die nach § 36 I 1 BauGB des **Einvernehmens der Gemeinde** bedarf.

9 Die Befreiung ist nicht auf den **Einzelfall** beschränkt.[15] Von diesem Kriterium hat sich der Gesetzgeber bereits durch Änderung des § 31 II BauGB im Jahr 1998 getrennt. Nach der amtlichen Begründung der Neufassung[16] sollte erreicht werden, dass „eine

---

[11] *Stüer*, DVBl. 2006, 403 (404).
[12] Dazu eingehend BVerwGE 88, 191 (200 ff.) = NJW 1991, 3293.
[13] Zum Erfordernis einer Planänderung siehe auch *BVerwG* NVwZ 1999, 1110; *VGH Mannheim* BRS 71 Nr. 78.
[14] *BVerwG* NVwZ 1999, 1110; *VGH Mannheim* BRS 71 Nr. 78.
[15] In der vor dem BauROG 1998 geltenden Fassung lautete § 31 II BauGB: „Von den Festsetzungen des Bebauungsplans kann im *Einzelfall* befreit werden, wenn … ". Siehe auch *BVerwG* NVwZ 1999, 1110; *VGH Mannheim* NVwZ 2004, 357 (358); *Dolderer*, Die Neuerung des BauROG 1998 und die Amtshaftung der Gemeinden, BauR 2000, 491 (497); *Gaentzsch*, Zur Entwicklung des Bauplanungsrechts in der Rechtsprechung des BVerwG NVwZ 2000, 993 (998).
[16] BT-Drs. 13/6392, S. 56.

Atypik im Sinne der bisherigen Rechtsprechung nicht mehr vorliegen" muss. Die Rechtsprechung ließ nämlich bis zur Änderung des § 31 II BauGB eine Befreiung nur zu, wenn in bodenrechtlicher Hinsicht ein „atypischer Sonderfall" vorlag.[17] Gerechtfertigt wurde dies nicht mit der in § 31 II BBauG/BauGB enthaltenen ausdrücklichen Beschränkung der Befreiung auf den Einzelfall, sondern mit der Funktion der Befreiung, die dazu bestimmt sei, Fällen gerecht zu werden, die infolge der Abstraktion und Verallgemeinerung des Bebauungsplans wegen besonders gelagerter Sachverhalte „aus der Regel fallen", also atypisch sind. Diese Erwägungen dürften – trotz des gesetzgeberischen Willens – auch weiterhin das Verständnis des § 31 II BauGB prägen.[18] Im Gefüge der Zulassungstatbestände der §§ 29 ff. BauGB sollte die Befreiung, wenn nicht atypisch, dann doch jedenfalls ein **Sonderfall** bleiben und gerade nicht zum Regelfall werden.[19] Hierfür spricht, dass der Plangeber bei der Befreiung – anders als bei der Ausnahme – die Abweichung von den Festsetzungen des Plans nicht vorgesehen hat. Die Durchbrechung des planerischen Willens ist der **Milderung von Härten** geschuldet, die im Einzelfall durch die Planung ausgelöst werden, oder sie ist allgemein auf **Gemeinwohlbelange** zurückzuführen. Für regelmäßige Abweichungen von den Planfestsetzungen besteht daher kein Raum.[20]

3. Die Befreiungstatbestände des § 31 II BauGB

§ 31 BauGB nennt in Nr. 1 bis 3 drei Befreiungstatbestände. Nur wenn **einer** dieser Tatbestände vorliegt, kommt überhaupt eine Befreiung in Betracht.

10

a) Gründe des Wohls der Allgemeinheit (§ 31 II Nr. 1 BauGB)

Nach **§ 31 II Nr. 1 BauGB** kann von den Festsetzungen des Bebauungsplans im Einzelfall befreit werden, wenn Gründe des Wohls der Allgemeinheit die Befreiung erfordern.[21]

11

Das „**Wohl der Allgemeinheit**" umfasst alles, was unter den herkömmlichen Begriff der öffentlichen Interessen oder Belange fällt, ist also **nicht spezifisch bodenrechtlicher Natur**.[22] Dem Wohl der Allgemeinheit dient die Errichtung von Krankenhäusern, Kindertagesstätten, Alten- und Pflegeheimen ebenso wie von Schulen, Universitäten, Theatern oder anderen kulturellen Einrichtungen, von Anlagen der Sports, der Verteidigung, der Versorgung oder Entsorgung, des Umweltschutzes, des Verkehrs, die Errichtung eines Asylbewerberheims oder von Unterkünften für Aus- und Übersiedler.[23] Auch ein dringender Wohnbedarf kann, wie einst nach § 4 I a BauGB-MaßnG, ein öffentliches Interesse an der Erteilung einer Befreiung zur Verwirklichung eines Wohnbauvorhabens begründen. Der Befreiungstatbestand der Nr. 1 greift hingegen **nicht** bei Vorhaben, die **ausschließlich im privaten Interesse** liegen.

12

---

[17] Vgl. insbesondere BVerwGE 40, 268 (272); 56, 71 (74) = NJW 1979, 939; ferner *OVG Lüneburg* BRS 50 Nr. 172; *VGH Mannheim* BRS 50 Nr. 126; *OVG Hamburg* NVwZ-RR 1995, 379 (379).
[18] *Battis/Krautzberger/Löhr*, NVwZ 1997, 1145 (1160); a. A. *Hoffmann*, BauR 1999, 445 (450 f.).
[19] Zum geführten Streit, ob § 31 II BauGB weiterhin eine Atypik fordert, siehe *VGH Mannheim* NVwZ 2004, 357 (359); *Herrmann*, NVwZ 2004, 309; JDW/*Jäde*, BauGB, § 31 Rn. 13.
[20] *OVG Hamburg* ZfBR 2008, 800 (801).
[21] Zum Folgenden BVerwGE 56, 71 (75 ff.) = NJW 1979, 939.
[22] Vgl. auch *Hübner*, BauR 2008, 608 (612).
[23] *OVG Lüneburg* BRS 49 Nr. 63; BRS 52 Nr. 155.

13 **Erforderlich** ist die Befreiung, wenn es nach den Umständen des Einzelfalls zur Wahrung des Wohls der Allgemeinheit vernünftigerweise geboten ist, mit ihrer Hilfe das Vorhaben an der vorgesehenen Stelle zu verwirklichen.[24] Dass das Gemeinwesen einen unvertretbaren Schaden erleiden würde, falls das Vorhaben nicht verwirklicht wird, oder die Befreiung das schlechterdings einzige Mittel zur Erreichung des im öffentlichen Interesse liegenden Zwecks darstellt, wird von § 31 II Nr. 1 BauGB nicht verlangt.[25]

b) Städtebauliche Vertretbarkeit (§ 31 II Nr. 2 BauGB)

14 Nach **§ 31 II Nr. 2 BauGB** kann von den Festsetzungen des Bebauungsplans befreit werden, wenn die Abweichung städtebaulich vertretbar ist.

15 **Städtebaulich vertretbar** ist eine Befreiung, wenn die für die Befreiung angeführten Gründe, vor allem unter bodenrechtlichen Gesichtspunkten, ein Abweichen von den Festsetzungen des Bebauungsplans unter Hintansetzung des Vertrauens anderer Grundstückseigentümer in den Bestand der planerischen Festsetzung als hinnehmbar erscheinen lassen.[26] Das Vorhaben muss zumindest in einem Bebauungsplan planbar sein.[27] § 31 II Nr. 2 BauGB ist vor allem für ausschließlich privatnützige Vorhaben von Bedeutung, für die § 31 II Nr. 1 BauGB nicht zur Verfügung steht.

16 Angesichts der konturlosen Weite dieses Befreiungstatbestands kommt der für **alle Befreiungstatbestände geltenden** weiteren Voraussetzung, dass die „**Grundzüge der Planung** nicht berührt werden",[28] besondere eingrenzende Bedeutung zu. Des Weiteren ist darauf zu achten, keine zu weit greifende Befreiungspraxis zu etablieren, so dass die Befreiung ein Sonderfall bleibt.[29]

c) Offenbar nicht beabsichtigte Härte (§ 31 II Nr. 3 BauGB)

17 Nach **§ 31 II Nr. 3 BauGB** kann befreit werden, wenn die Durchführung des Bebauungsplans zu einer offenbar nicht beabsichtigten Härte führen würde.

18 Eine „**Härte**" liegt vor, wenn der Einzelfall in **bodenrechtlicher Hinsicht** Besonderheiten aufweist, die zur Folge haben, dass das Grundstück bei Einhaltung des Bebauungsplans aufgrund seiner Lage, seiner Größe oder seines Zuschnitts nicht oder nur höchst begrenzt baulich genutzt werden könnte.[30] Insbesondere bei der Überplanung bebauter Gebiete sind solche Härten denkbar, wenn der Bebauungsplan einem Umbau, einer Erweiterung oder einer Nutzungsänderung vorhandener baulicher Anlagen entgegensteht. Dagegen vermögen Besonderheiten, die nur in der **Person des Eigentümers** ihren Grund haben, da nicht bodenrechtlicher Art, eine Härte im Sinne des § 31 II Nr. 3 BauGB nicht zu begründen. Sie können jedoch bei der späteren Ermessensausübung einfließen.[31]

---

[24] *BVerwG* BRS 67 Nr. 86.
[25] Zumutbarkeitsfragen und Wirtschaftlichkeitsaspekte können aber eine Rolle spielen; vgl. *BVerwG* BRS 67 Nr. 86.
[26] *BVerwG* NJW 1991, 2783 (2785); NVwZ 1991, 264 (265).
[27] *BVerwG* NVwZ 1999, 981 (984); *OVG Münster* NVwZ-RR 2004, 404 (406).
[28] Siehe dazu alsbald unter § 24 Rn. 20.
[29] Siehe dazu § 24 Rn. 9.
[30] BVerwGE 40, 268 (271 ff.); *BVerwG* BRS 29 Nr. 126; BKL/*Krautzberger*, BauGB, § 31 Rn. 37; EZBK/*Söfker*, BauGB, § 31 Rn. 50 ff.
[31] EZBK/*Söfker*, BauGB, § 31 Rn. 52.

Offenbar nicht beabsichtigt ist die Härte, wenn sie wegen der Besonderheiten der Grundstückssituation über das jedermann im Plangebiet durch die Festsetzungen des Bebauungsplans zugemutete Opfer hinausgeht.[32] Erfasst die Härte das gesamte Plangebiet, dann ist sie gewollt und stellt den Regelfall und keinen Sonderfall dar.[33] Nutzungsbeschränkungen, die der Bebauungsplan für alle Grundstücke in gleicher Weise festsetzt, können nicht über § 31 II Nr. 3 BauGB korrigiert werden.[34] 19

4. Wahrung der Grundzüge der Planung

Auch beim Vorliegen eines der drei Befreiungstatbestände des § 31 II BauGB ist eine Befreiung nur möglich, wenn durch sie die **Grundzüge der Planung** nicht berührt werden (§ 31 II Hs. 1 BauGB).[35] Damit wird die in dem Bebauungsplan zum Ausdruck gekommene städtebauliche Ordnung geschützt.[36] Nur eine Befreiung, die mit der vom Bebauungsplan erstrebten geordneten städtebaulichen Entwicklung vereinbar ist, lässt § 31 II BauGB zu. Als **Orientierungshilfe** kann § 34 BauGB dienen.[37] Könnte das Vorhaben, wäre es nach § 34 BauGB zu beurteilen, nicht zugelassen werden, weil es in einem bodenrechtlich relevanten Widerspruch zu seiner näheren Umgebung steht, würde eine Befreiung in aller Regel die Grundzüge der Planung berühren.[38] Das Vorhaben kann dann nur über eine Planänderung verwirklicht werden, welche die widerstreitenden Interessen, die sich über die Erteilung einer Befreiung nicht harmonisieren lassen, im Wege der planerischen Abwägung zum Ausgleich bringt. 20

5. Vereinbarkeit mit den öffentlichen Belangen

Weitere Voraussetzung für die Erteilung einer Befreiung ist, dass die Befreiung auch unter Würdigung nachbarlicher Interessen mit den **öffentlichen Belangen** vereinbar ist (§ 31 II Hs. 2 BauGB). 21

Auch dieser Begriff ist spezifisch **bodenrechtlicher Natur**. Er erfasst über die Grundzüge der Planung hinaus, die bereits über Hs. 1 gesichert werden, alles, was an bodenrechtlichen Belangen denkbar ist. 22

Beispiel: infrastrukturelle Auswirkungen des beabsichtigten Vorhabens. 23

In diesem Zusammenhang sind, wie § 31 II Hs. 2 BauGB ausdrücklich hervorhebt, die **nachbarlichen Interessen** zu würdigen. Dies hat zur Folge, dass die Befreiung rechtswidrig ist und den Nachbarn in seinen Rechten verletzt, wenn die Behörde das Interesse betroffener Nachbarn an der Einhaltung der Festsetzungen des Bebauungsplans nicht gebührend gewichtet und gewürdigt hat.[39] § 31 II BauGB verleiht **Drittschutz**.[40] Der Nachbar kann um so mehr an Rücksichtnahme[41] verlangen, je emp- 24

---

[32] *Hübner*, BauR 2008, 608 (612 f.).
[33] *Jung*, BauR 2003, 1509 (1510).
[34] *BVerwG* NVwZ 1999, 1110; *OVG Münster* NVwZ-RR 2004, 404 (406).
[35] *BVerwG* BRS 74 Nr. 60.
[36] BVerwGE 56, 71 (78) = NJW 1979, 939, zu § 31 II Nr. 1 BBauG ergangen, aber nach wie vor von Interesse. Vgl. auch *OVG Lüneburg* BRS 52 Nr. 155.
[37] Vgl. ergänzend *Mager*, DVBl. 1999, 205 (209). Zu § 34 BauGB siehe auch nachfolgend § 26.
[38] BVerwGE 56, 71 (78 f.); 117, 50 (54).
[39] *Hübner*, BauR 2008, 608 (611).
[40] *BVerwG* NVwZ 1987, 409 (409); *VGH München* BRS 50 Nr. 182. Dies führt nach *OVG Bremen* BRS 52 Nr. 183 und BRS 47 Nr. 97 dazu, dass die ohne eine an sich erforderliche Befreiung erteilte Baugenehmigung („heimlicher Dispens") vom Nachbarn angefochten werden kann.
[41] Vgl. zum Rücksichtnahmeaspekt *BVerwG* NVwZ-RR 1999, 8.

findlicher seine Stellung durch eine an die Stelle der im Bebauungsplan festgesetzten Nutzung tretende andersartige Nutzung berührt werden kann. Umgekehrt braucht derjenige, der die Befreiung in Anspruch nehmen will, um so weniger Rücksicht zu nehmen, je verständlicher und unabweisbarer die von ihm verfolgten Interessen sind. Entscheidend ist, ob die durch die Befreiung eintretenden Nachteile das Maß dessen übersteigen, was einem Nachbarn billigerweise noch zumutbar ist. Wird von einer nachbarschützenden Vorschrift befreit, haben nachbarliche Rechtsbehelfe bereits Erfolg, wenn die Voraussetzungen des § 31 II BauGB nicht erfüllt sind. Betrifft die Befreiung hingegen eine nicht nachbarschützende Festsetzung, kann ein nachbarlicher Rechtsbehelf nur Erfolg haben, wenn seine von § 31 II BauGB geschützten Interessen die Versagung der Befreiung gebieten, weil eine reale Beeinträchtigung vorliegt.

6. Ermessen

25 Die Erteilung einer Befreiung steht im **Ermessen** („kann") der Baugenehmigungsbehörde. Auch bei Vorliegen einer der Befreiungsvoraussetzungen des § 31 II BauGB ist sie nicht verpflichtet, von den Festsetzungen des Bebauungsplans zu befreien, es sei denn ihr Ermessen hat sich „auf Null" reduziert.[42] Auch die **Gemeinde** entscheidet über die Erteilung ihres Einvernehmens (§ 36 BauGB) nach ihrem Ermessen.

III. Befreiung bei künftigen Gemeinbedarfsgrundstücken

26 **§ 32 BauGB** schränkt bei bebauten Flächen, die im Bebauungsplan als Baugrundstücke für den Gemeinbedarf oder als Verkehrs-, Versorgungs- oder Grünflächen (§ 9 I Nr. 5, 11, 12, 15 BauGB) festgesetzt sind,[43] die Erteilung von Befreiungen ein.[44] Eine Einschränkung kommt in Betracht, wenn die auf den Flächen befindlichen baulichen Anlagen wertsteigernd geändert, insbesondere erweitert werden sollen. Dies soll eine Erhöhung der **Entschädigung verhindern**, die gezahlt werden muss, wenn das Grundstück seinem öffentlichen Zweck zugeführt wird.[45] Ist die beabsichtigte Änderung der baulichen Anlage nicht wertsteigernd, oder ist das künftige Gemeinbedarfsgrundstück noch unbebaut, greift § 32 BauGB nicht.

27 Einer **wertsteigernden Änderung** der auf dem künftigen Gemeinbedarfsgrundstück befindlichen baulichen Anlage steht in der Regel die Festsetzung des Grundstücks als Gemeinbedarfsfläche entgegen (§ 30 BauGB). Eine Befreiung nach § 31 II BauGB ist deshalb erforderlich.[46] Sie darf nach § 32 BauGB grundsätzlich nur erteilt werden, wenn der künftige **Bedarfs- oder Erschließungsträger** der Befreiung **zustimmt**, worauf **kein Anspruch** besteht. Wird sie verweigert, muss die Baugenehmigungsbehörde die Befreiung versagen, sofern nicht der Eigentümer für sich und seine Rechtsnachfolger auf Ersatz der Werterhöhung für den Fall verzichtet, dass der Bebauungsplan durchgeführt, insbesondere das Grundstück durch Enteignung (§ 85 I Nr. 1 BauGB), Übernahme (§ 40 BauGB), freihändigen Erwerb (§ 87 II BauGB)

---

[42] Zur Ermessensreduzierung BVerwGE 117, 50 (55 f.); *VGH München* ZfBR 2008, 292 (294 f.).
[43] Siehe oben § 9 Rn. 160 ff., 167 ff. und 174 ff.
[44] *OVG Münster* BRS 74 Nr. 92; *Decker*, Die Zulassung von Bauvorhaben auf künftigen Grundstücken für den Gemeinbedarf, Verkehrs-, Versorgungs- und Grünflächen nach dem BBauG, 1964.
[45] Siehe oben § 13.
[46] BKL/*Krautzberger*, BauGB, § 32 Rn. 5.

oder Ausübung des Vorkaufsrechts (§ 24 I Nr. 1 BauGB) erworben wird. Der **Mehrwertverzicht** erfolgt durch einseitige öffentlich-rechtliche Willenserklärung.[47] Er gleicht einer auf dem Grundstück ruhenden öffentlichen Last und wirkt gegenüber jedem Eigentümer, unabhängig von dessen Kenntnis. Er bewirkt, dass in Höhe des Mehrwerts ein Entschädigungsanspruch nicht entstehen kann. Auch im Anwendungsbereich des § 32 BauGB hat die Baugenehmigungsbehörde Ermessen, ob sie die Befreiung erteilt. Überdies ist das Einvernehmen der Gemeinde regelmäßig gem. § 31 II i. V. m. § 36 I 1 BauGB erforderlich. Die Zustimmung des Bedarfs- oder Erschließungsträgers oder der Mehrwertverzicht des Eigentümers reduzieren das Ermessen der Baugenehmigungsbehörde nicht. Sie bleibt berechtigt, die Befreiung zu versagen. Unter den Voraussetzungen von § 40 II Nr. 2, III BauGB kann der Eigentümer **Übernahme seines Grundstücks** oder **Entschädigung** verlangen, wenn ein Vorhaben nach § 32 BauGB nicht ausgeführt werden kann.[48]

IV. Befreiung bei Bauten des Bundes und der Länder

Auch für Bauvorhaben des Bundes und der Länder gelten die §§ 29 ff. BauGB (arg. § 37 BauGB).[49] Wegen der Besonderheiten, die öffentliche Bauten, beispielsweise Polizeistationen, Ortsvermittlungsanlagen,[50] Fernmeldetürme[51] oder Kasernen[52] zuweilen aufweisen, stehen ihnen nicht selten die §§ 30 ff. BauGB hindernd im Wege. Deshalb sieht **§ 37 BauGB** eine umfassende, weit über § 31 II BauGB hinausgehende Befreiungsmöglichkeit vor.[53] Nach § 37 I BauGB kann „von den Vorschriften dieses Gesetzbuchs oder den aufgrund dieses Gesetzbuchs erlassenen Vorschriften" abgewichen werden. Es kann mithin **von allen Vorschriften des BauGB und der BauNVO befreit werden**. Dies erfasst nicht nur – wie nach § 31 II BauGB – die Festsetzungen eines Bebauungsplans, sondern auch die Beschränkungen der §§ 34, 35 BauGB oder die Erfordernisse gesicherter Erschließung.[54] Entstehen der Gemeinde hierdurch Aufwendungen für Entschädigungen oder Planungskosten, kann sie nach Maßgabe des § 37 III BauGB **Ersatz** verlangen.

28

Die Befreiung ist nach § 37 I BauGB **zulässig**, wenn sie durch die besondere öffentliche Zweckbestimmung der Anlage erforderlich ist. Hierin liegen zwei Einschränkungen:

29

– Nur Anlagen, die unmittelbar einem öffentlichen Zweck dienen, wie dies bei Anlagen des Verwaltungsvermögens, nicht hingegen des Finanzvermögens der Fall ist, besitzen eine „**öffentliche Zweckbestimmung**". Diese ist eine „**besondere**", wenn es sich um ein Vorhaben handelt, das sich wegen seiner Aufgabenstellung nach Notwendigkeit des Standorts, Art, Ausführung oder Auswirkung von sonstigen Verwaltungsbauten unterscheidet.

---

[47] EZBK/*Stock*, BauGB, § 32 Rn. 22.
[48] Siehe hierzu § 13 Rn. 10.
[49] Sie bedürfen allerdings nach den Bauordnungen statt einer Baugenehmigung der Zustimmung der höheren Bauaufsichtsbehörde. Vgl. etwa § 80 I 2 BauONW. Einzelheiten *Otto*, Bd. II § 7 II, 6. Vorhaben, die unmittelbar der Landesverteidigung dienen, sind wegen der notwendigen Geheimhaltung genehmigungs- und zustimmungsfrei. Sie werden von der Bundeswehr in eigener Zuständigkeit ausgeführt. Vgl. etwa § 80 IV BauONW.
[50] *OVG Münster* BRS 38 Nr. 172.
[51] *OVG Lüneburg* BRS 46 Nr. 157; 40 Nr. 157.
[52] *OVG Münster* BRS 18 Nr. 116.
[53] Dazu allgemein *Ritgen*, DÖV 1997, 1034.
[54] *BVerwG* BRS 38 Nr. 171, auch zum Folgenden.

30 **Beispiel:** Fernmeldeturm oder polizeiliche Anlage.

31 – Die Befreiung ist „**erforderlich**", wenn sie zur Erfüllung oder Wahrung der besonderen öffentlichen Zweckbestimmung vernünftigerweise geboten ist.[55]

32 Die **Befreiung erteilt** die **höhere Verwaltungsbehörde**.[56] Sie kann auch das Einvernehmen der Gemeinde nach § 36 BauGB ersetzen.[57] Die Gemeinde, deren Planungshoheit durch die Gewährung einer Befreiung nach § 37 I berührt wird, ist berechtigt (§ 42 II VwGO), die Entscheidung der höheren Verwaltungsbehörde anzufechten. Die Klage hat Erfolg, falls die Entscheidung materiell rechtswidrig ist.

33 Bei Vorhaben, die der **Landesverteidigung**, dienstlichen Zwecken des **Bundesgrenzschutzes** oder dem **zivilen Bevölkerungsschutz** dienen, ist für die Befreiung gem. § 37 II 1, 2 BauGB nur die Zustimmung der höheren Verwaltungsbehörde erforderlich, welche die Gemeinde lediglich zu hören hat.[58] Versagt die höhere Verwaltungsbehörde, die ausschließlich eine Rechtmäßigkeitskontrolle besitzt, ihre Zustimmung oder widerspricht die Gemeinde dem beabsichtigten Vorhaben, entscheidet der zuständige Bundesminister im Einvernehmen mit den sonstigen beteiligten Bundesministern und im Benehmen mit der zuständigen Obersten Landesbehörde (§ 37 II 3 BauGB). Die Entscheidung ist **Verwaltungsakt** und kann von Land oder Gemeinde mit der Anfechtungsklage angegriffen werden.[59] Muss das zu bebauende Grundstück nach den Bestimmungen des **Landbeschaffungsgesetzes** (LBG) beschafft werden, entfällt gem. § 37 IV BauGB das Zustimmungsverfahren nach § 37 II BauGB. Die Einwendungen der höheren Verwaltungsbehörde und der Gemeinde werden dann ausschließlich und abschließend im Verfahren nach § 1 II LBG erörtert.[60]

Lösung zu Fall 22:

34 S2 wird auf die Argumentation des S1 entgegnen, dass der Begriff der „**Erforderlichkeit**" i. S. des § 31 II Nr. 1 BauGB nicht so zu verstehen ist, dass eine Befreiung nur dann in Betracht kommt, wenn den Belangen der Allgemeinheit auf keine andere Weise als durch eine Befreiung entsprochen werden könnte. Nach dem Sinn und Zweck des § 31 II Nr. 1 BauGB sind die Anforderungen an die Erforderlichkeit schon dann erfüllt, wenn es zur Wahrnehmung des jeweiligen öffentlichen Interesses **vernünftigerweise geboten** ist, mit Hilfe der Befreiung das Vorhaben an der vorgesehenen Stelle zu verwirklichen. Die Befreiung muss folglich nicht schlechterdings das einzig denkbare Mittel für die Verwirklichung des jeweiligen öffentlichen Interesses sein. Selbst dann, wenn andere Möglichkeiten zur Verfügung stehen, kann eine Befreiung zur Wahrnehmung des öffentlichen Interesses vernünftigerweise geboten

---

[55] Nach *BVerwG* BRS 38 Nr. 171 gilt die von BVerwGE 56, 71 (76 f.) = NJW 1979, 939 zu § 31 II BBauG entwickelte Auslegung des Begriffs „erforderlich" entsprechend. Vgl. ferner *BVerwG* BRS 46 Nr. 158; *OVG Lüneburg* BRS 46 Nr. 157.
[56] Siehe dazu BVerwGE 88, 35 (37).
[57] *Scheidler*, VBlBW 2008, 291 (291); *Mampel*, UPR 2002, 92 (92 f.).
[58] *Scheidler*, VBlBW 2008, 291 (292 ff.); Schrödter/*Rieger*, BauGB, § 37 Rn. 17; *Scheidler*, LKV 2010, 102.
[59] BVerwGE 91, 227 (228).
[60] Zu diesem Verfahren *Geiger*, Rechtsschutz im Verfahren nach dem Landbeschaffungsgesetz, BayVBl. 1981, 641; *von Hesler*, Verwaltungsverfahren bei Bauvorhaben der Bundeswehr und der US-Streitkräfte, BayVBl. 1984, 161.

sein. Dabei ist auf die Umstände des **Einzelfalls** abzustellen. Mögliche Kriterien sind Aspekte der **Zumutbarkeit** und **Wirtschaftlichkeit**. Dies darf im konkreten Fall nun nicht dazu führen, dass der Netzbetreiber einseitig seine technischen Belange und wirtschaftlichen Interessen durchsetzen kann. Vielmehr ist vor Erteilung der Befreiung auf die gegenläufigen Belange der Wahrung der mit den Festsetzungen im Bebauungsplan angestrebten Ziele einerseits und der entgegenstehenden öffentlichen Belange einer flächendeckenden Versorgung (vgl. Art. 87f GG) mit Einrichtungen des Mobilfunks andererseits einzugehen. Im Rahmen dieser Gegenüberstellung sind, die Belange – bezogen auf die Standortbedingungen im Einzelfall – zu gewichten und zueinander abwägend in ein angemessenes Verhältnis zu setzen. Dies könnte vorliegend den Ausschlag zugunsten des Standorts für den Mobilfunkmast gegeben haben.

§ 25. Vorhaben im Geltungsbereich eines künftigen Bebauungsplans

Schrifttum: *Bartholomäi*, Die vorzeitige Zulässigkeit nach § 33 BauGB, BauR 2001, 725; *Scheidler*, Die Neufassung des § 33 BauGB durch das EAG-Bau, UPR 2006, 337; *Steiner*, Bauen nach künftigem Bebauungsplan (§ 33 BauGB), DVBl. 1991, 739; *Stüer*, Städtebaurecht 2004/ 2005: Planungsrechtliche Zulässigkeit von Vorhaben, DVBl. 2006, 403.

Fall 23 (nach BVerwGE 117, 25):

Die Gemeinde G möchte in ihrem Gemeindegebiet einen großen Einzelhandelsbetrieb ansiedeln. Hierzu beabsichtigt sie, einen Bebauungsplan zu erlassen, um die planungsrechtlichen Voraussetzungen für das Vorhaben zu schaffen. Als sich jedoch ein längerer Streit mit der Nachbargemeinde N abzeichnet, weil diese erhebliche finanzielle Einbußen durch einen Kaufkraftabfluss befürchtet, sieht die Gemeinde G zunächst von der Bekanntmachung des Bebauungsplans ab. Nach langen beratenden Gesprächen mit dem Rechtsbeistand des betroffenen Einzelhandelsunternehmers erteilt die Gemeinde G die Baugenehmigung auf der Grundlage des § 33 BauGB. Der Bürgermeister der Nachbargemeinde N hegt arge Zweifel an diesem Vorgehen. Zu Recht?
Lösung: Rn. 18

I. § 33 BauGB im System der Bauleitplanung

Bis zum Abschluss des Bebauungsplanverfahrens beurteilt sich die planungsrechtliche Zulässigkeit von Vorhaben im künftigen Planbereich unverändert nach den §§ 30, 34 oder 35 BauGB, je nachdem, ob das Grundstück im Geltungsbereich eines bereits vorhandenen, aber zu ändernden Bebauungsplans, im unbeplanten Innenbereich oder im Außenbereich liegt. Erst mit dem Inkrafttreten des neuen Bebauungsplans ändert sich dies. Fortan bestimmt sich die planungsrechtliche Zulässigkeit von Vorhaben nach seinen Festsetzungen. Sollen diese Festsetzungen bereits **vor Abschluss des Bebauungsplanverfahrens** angewandt werden, muss von § 33 BauGB Gebrauch gemacht werden.[1] Er gestattet im Vorgriff auf den künftigen Bebauungsplan die

---

[1] Allerdings muss das Bauungsplanverfahren auch ernsthaft betrieben werden; vgl. BVerwGE 117, 25 (39 ff.); *VGH München* NVwZ-RR 2008, 199 (200).

Durchführung eines Vorhabens, das nach der derzeitigen Rechtslage noch unzulässig wäre, wenn anzunehmen ist, dass es den Festsetzungen des künftigen Bebauungsplans nicht widerspricht. § 33 BauGB enthält einen **zusätzlichen Zulassungstatbestand**,[2] der **neben** den §§ 30, 34, 35 BauGB gilt und nicht etwa, worauf die missverständliche amtliche Überschrift des § 33 BauGB hindeuten könnte, mit Beginn des Planungsverfahrens an deren Stelle tritt.[3] Besteht für das künftige Plangebiet eine **Veränderungssperre**, kann von § 33 BauGB nur unter den Voraussetzungen des § 14 II BauGB Gebrauch gemacht werden. Das **Einvernehmen der Gemeinde** ist stets erforderlich (§ 36 I 1 BauGB).[4]

II. Vorabzulassung nach § 33 I BauGB

3 Nach § 33 I BauGB besteht ein **Rechtsanspruch** auf die planungsrechtliche Zulassung eines Vorhabens im Vorgriff auf den künftigen Bebauungsplan, wenn die folgenden Voraussetzungen erfüllt sind:

1. Planaufstellungsbeschluss

4 Die Gemeinde muss für das Gebiet, in welchem das Vorhaben verwirklicht werden soll, einen **Beschluss** über die Aufstellung, Änderung, Ergänzung oder Aufhebung (§ 1 VIII BauGB) eines Bebauungsplans gefasst haben (§ 33 I Hs. 1 BauGB).

2. Formelle Planreife des Bebauungsplanentwurfs

5 Der Bebauungsplanentwurf muss das Stadium „**formeller Planreife**" erlangt und damit die **wesentlichen Teile des Bebauungsplanverfahrens** durchlaufen haben (§ 33 I Nr. 1 BauGB).[5] Dies bedeutet, dass die Öffentlichkeits- und Behördenbeteiligung, die Prüfung der fristgerecht abgegebenen Stellungnahmen, erforderlichenfalls die Änderung des Entwurfs und das hierfür erforderliche Verfahren (§ 3 II, § 4 II und § 4a II-V BauGB) durchgeführt worden sein müssen.[6]

3. Plankonformität des Vorhabens

6 Nach **§ 33 I Nr. 2 BauGB** muss anzunehmen sein, dass das Vorhaben den künftigen Festsetzungen des Bebauungsplans nicht entgegensteht.

a) Materielle Planreife

7 Eine Prognose der Plankonformität des Vorhabens kann nur gestellt werden, wenn mit **hinreichender Sicherheit** zu erwarten ist, dass der formell planreife Bebauungsplanentwurf als Bebauungsplan festgesetzt werden wird.[7] Die **Planung** muss gewissermaßen **sachlich abgeschlossen** sein.[8] Man bezeichnet dies als „materielle Planrei-

---

[2] Es entsteht aber kein zusätzlicher planungsrechtlicher Bereich; vgl. *Scheidler*, UPR 2006, 337 (337).

[3] BVerwGE 20, 127 (131 f.) = NJW 1965, 549; *BVerwG* BRS 22 Nr. 35.

[4] Zum Einvernehmen unten § 28.

[5] § 33 BBauG forderte diese formelle Planreife nicht ausdrücklich. Sie ist als Voraussetzung der Vorabzulassung von der Rechtsprechung entwickelt und dann von § 33 I Nr. 1 BauGB übernommen worden. Vgl. etwa *BVerwG* BRS 33 Nr. 34; NVwZ 1993, 1205 (1206).

[6] BK/*Roeser*, BauGB, § 33 Rn. 8; BKL/*Krautzberger*, BauGB, § 33 Rn. 7; *Stüer*, DVBl. 2006, 403 (405).

[7] *OVG Koblenz* NVwZ-RR 2001, 638 (640); *OVG Münster* NVwZ-RR 2001, 568 (568).

[8] Spannowsky/Uechtritz/*Tophoven*, BauGB, § 33 Rn. 15.

fe". Es ist eine Frage der Umstände des **Einzelfalls**, wann und ob sie eingetreten ist.[9] Materielle Planreife liegt nicht vor, wenn der Planentwurf rechtlich zu beanstanden ist,[10] oder wenn Anzeichen dafür bestehen, dass die Gemeinde von ihrem in dem Entwurf dokumentierten planerischen Willen wieder abrückt,[11] worauf auch ein großer zeitlicher Abstand zum Abschluss der Planungsarbeiten hindeuten kann.[12] Bei inhaltlicher Teilbarkeit des Bebauungsplanentwurfs ist eine „**Teilplanreife**" denkbar.[13]

b) Prüfung des Vorhabens

Den so prognostizierten künftigen Festsetzungen des Bebauungsplans darf das Vorhaben „**nicht entgegenstehen**". Dies wird in der gleichen Weise ermittelt, wie nach § 30 I BauGB festgestellt wird, ob ein Vorhaben den Festsetzungen des Bebauungsplans „nicht widerspricht". Ist der künftige Bebauungsplan ein einfacher Bebauungsplan, sind zusätzlich die §§ 34 oder 35 BauGB zu beachten (arg. § 30 III BauGB). Entspricht das Vorhaben den prognostizierten künftigen Festsetzungen nicht, kann (Ermessen) analog § 31 I BauGB durch die Gewährung von im Bebauungsplanentwurf vorgesehenen Ausnahmen, im Übrigen gem. § 31 II BauGB durch die Erteilung einer Befreiung Plankonformität hergestellt werden.[14]

4. Anerkenntnis der künftigen Festsetzungen

Nach § 33 I Nr. 3 BauGB muss der Antragsteller die **künftigen Festsetzungen** des Bebauungsplans für sich und seine Rechtsnachfolger **schriftlich anerkennen**.

Das **Anerkenntnis** ist eine einseitige und empfangsbedürftige **öffentlich-rechtliche Willenserklärung**, die gegenüber der Baugenehmigungsbehörde abzugeben ist. Ist der Antragsteller nicht zugleich Eigentümer des Baugrundstücks, muss auch dieser die künftigen Festsetzungen anerkennen. Nur dadurch wird erreicht, was § 33 I Nr. 3 BauGB bezweckt: dass das Grundstück bis zum Inkrafttreten des Bebauungsplans (nur) auf der Grundlage der künftigen Festsetzungen bebaut und genutzt werden kann. Da grundstücksbezogen, wirkt das Anerkenntnis wie eine **öffentliche Last**, die auf dem Grundstück liegt und seinen planungsrechtlichen Status bestimmt.[15] Nach Maßgabe des Landesrechts kann das Anerkenntnis durch Baulast gesichert werden, um es für jedermann erkennbar zu machen.

Durch das Anerkenntnis wird im Verhältnis zwischen Antragsteller/Eigentümer und Baugenehmigungsbehörde/Gemeinde die **Wirksamkeit des künftigen Bebauungsplans vorverlegt**, so dass er schon jetzt, und zwar mit dem Inhalt des vorliegenden Entwurfs, Rechtsgrundlage für die Beurteilung der Bebaubarkeit des Grundstücks sein kann. Gleichzeitig sind *inter partes* die bisherigen planungsrechtlichen Grundlagen nicht mehr anwendbar.

---

[9] *BVerwG* Buchholz 406.11 § 33 BBauG/BauGB Nr. 7. Zuweilen wird der Eintritt der materiellen Planreife durch Erklärung der Gemeinde förmlich festgestellt. Eine rechtliche Bedeutung kommt dieser Erklärung, die das Gesetz nicht kennt, nicht zu. Sie hat nach *BVerwG* a. a. O. lediglich „eine gewisse indizielle Bedeutung".
[10] Dazu *BVerwG* BRS 15 Nr. 13; *VGH München* BRS 33 Nr. 35; *OVG Berlin* BRS 52 Nr. 170; *OVG Koblenz* NVwZ-RR 2001, 638 (639).
[11] *OVG Lüneburg* BRS 52 Nr. 168.
[12] Vgl. dazu BVerwGE 117, 25 (40 f.); *BVerwG* Buchholz 406.11 § 33 BBauG/BauGB Nr. 7.
[13] *OVG Berlin* BRS 52 Nr. 170; 36 Nr. 52; eingehend *Steiner*, DVBl. 1991, 739 (740).
[14] *Bartholomäi*, BauR 2001, 725 (733 f.); *Scheidler*, UPR 2006, 337 (340); a. A. *OVG Berlin* BRS 52 Nr. 166; Brügelmann/*Dürr*, BauGB, § 33 Rn. 3.
[15] BVerwGE 101, 58 (61 f.) = NVwZ 1996, 892.

354   5. Teil. Die planungsrechtliche Zulässigkeit baulicher und sonstiger Vorhaben

12 Da § 33 BauGB nur der Überbrückung bis zum Inkrafttreten des Bebauungsplans dient, bestimmt sich die Bebaubarkeit des Grundstücks **ab Inkrafttreten des neuen Bebauungsplans** ausschließlich nach diesem. Er tritt kraft seiner normativen Verbindlichkeit an die Stelle des durch das Anerkenntnis maßgebend gewesenen Bebauungsplanentwurfs. Dies gilt auch, wenn der Bebauungsplan inhaltlich von dem Entwurf, der dem Anerkenntnis zugrunde lag, **abweicht**. Abgesehen davon, dass der Antragsteller nach § 33 I Nr. 3 BauGB, der inhaltlich auf Nr. 2 („diese Festsetzungen") Bezug nimmt, die künftigen Festsetzungen des „Bebauungsplans" und nicht die Festsetzungen des Bebauungsplanentwurfs anerkannt hat, ist es nicht Zweck des Anerkenntnisses nach § 33 I Nr. 3 BauGB, mit dem schließlich festgesetzten Bebauungsplan konkurrierende Bindungen des Eigentümers zu erzeugen. Dem Antragsteller/Eigentümer ist deshalb alles gestattet, was der Bebauungsplan gestattet und alles untersagt, was der Bebauungsplan nicht zulässt.[16] Entsprach die nach § 33 BauGB erteilte Baugenehmigung dem Planentwurf, entspricht sie aber nicht mehr dem gegenüber dem Planentwurf abweichenden Bebauungsplan, genießt das verwirklichte Vorhaben **Bestandsschutz**. Ist die Baugenehmigung noch nicht verwirklicht, kann sie nach § 49 II Nr. 4 VwVfG widerrufen werden.

13 Verfahrensrechtlich bedeutet das Anerkenntnis einen **Verzicht auf die Anfechtung des Bebauungsplans**, soweit er dem anerkannten Entwurf entspricht.[17] Es wäre arglistig, die Baugenehmigung auf der Grundlage des anerkannten Entwurfs entgegenzunehmen und anschließend den Bebauungsplan gerichtlich zu Fall bringen zu wollen.

5. Sicherung der Erschließung

14 Wie bei Vorhaben nach §§ 30, 34 oder 35 BauGB muss auch bei nach § 33 BauGB genehmigten Vorhaben die **Erschließung** gesichert sein (§ 33 I Nr. 4 BauGB).[18]

III. Vorabzulassung nach § 33 II BauGB

15 Bereits **vor Eintritt der formellen** Planreife „kann" (**Ermessen**) nach § 33 II BauGB ein Vorhaben vorab zugelassen werden, wenn ein Planentwurf aufgrund einer Änderung oder Ergänzung nochmals zum Gegenstand einer Öffentlichkeits- und Behördenbeteiligung gemacht werden muss (§ 4a III 1 BauGB). Es muss allerdings sichergestellt sein, dass sich die vorgenommene Änderung bzw. Ergänzung des Bebauungsplanentwurfs **nicht auf das Vorhaben auswirkt**. Diese Einschränkung soll verhindern, dass durch die Genehmigung von Vorhaben vollendete Tatsachen geschaffen werden, welche die europarechtlich geforderte Umweltprüfung beeinträchtigen.[19] Im Übrigen kann ein Vorhaben nur genehmigt werden, wenn die weiteren Voraussetzungen des § 33 I BauGB erfüllt sind: es muss also gewährleistet sein, dass das Vorhaben den Festsetzungen des künftigen Bebauungsplans nicht entgegensteht

---

[16] Die gelegentlich anzutreffende Erörterung, ob das Anerkenntnis auch einen abweichend von dem Entwurf festgesetzten Bebauungsplan umfasst, behandelt ein Scheinproblem. Als Rechtsnorm bindet der Bebauungsplan aus sich heraus von seinem Inkrafttreten an den Antragsteller. Eines Anerkenntnisses bedarf es dafür nicht.
[17] Brügelmann/*Dürr*, BauGB, § 33 Rn. 11b; enger *VGH Mannheim* BRS 28 Nr. 17. Vgl. auch *VG Berlin* NVwZ 1989, 283 (284).
[18] Zur Sicherung der Erschließung siehe unten § 29.
[19] BKL/*Krautzberger*, § 33 Rn. 14; siehe auch BT-Drs. 15/2250, S. 53.

(Nr. 2), der Antragsteller diese künftigen Festsetzungen für sich und seine Rechtsnachfolger schriftlich anerkennt (Nr. 3) und die Erschließung gesichert ist (Nr. 4).

IV. Vorabzulassung nach § 33 III BauGB

Ebenso wie im Rahmen der Sonderregelung des § 33 II BauGB stellt es das Gesetz auch in das Ermessen der Genehmigungsbehörde eine Vorhabengenehmigung vorzeitig zu erteilen, wenn der Bebauungsplan im **vereinfachten Verfahren** nach § 13 BauGB oder im **beschleunigten Verfahren** nach § 13 a BauGB und damit **ohne Umweltprüfung** aufgestellt wird. Ohne das Vorliegen formeller Planreife genügt es, wenn die Voraussetzungen des § 33 I Nr. 2–4 BauGB erfüllt sind. Zum Ausgleich für die nicht durchgeführte Öffentlichkeits- und Behördenbeteiligung verlangt § 33 III 2 BauGB, dass der betroffenen Öffentlichkeit sowie den berührten Behörden und sonstigen Trägern öffentlicher Belange vor Erteilung der Genehmigung Gelegenheit zur Stellungnahme innerhalb angemessener Frist geben wurde, soweit sie dazu nicht bereits zuvor Gelegenheit hatten. Dabei muss sich die Beteiligungsmöglichkeit **sachlich** und **zeitlich** auf diejenigen künftigen **Festsetzungen des Bebauungsplans** beziehen, die Grundlage für die Genehmigung sind. Die **Angemessenheit** der Frist, innerhalb derer Gelegenheit zur Stellungnahme bestand, richtet sich nach den Besonderheiten des Einzelfalls.[20] Des Weiteren bestimmt sich der Kreis der **betroffenen Öffentlichkeit** danach, wer durch die künftigen Festsetzungen des Bebauungsplans, die für das zu genehmigende Vorhaben relevant sind, in seinen Rechten oder sonstigen abwägungsrelevanten Belangen tangiert ist.[21] Bei Behörden ist entsprechend auf den **berührten Aufgabenbereich** abzustellen.[22]

16

V. Rechtsschutz

Rechtsschutz zur Erlangung einer auf § 33 BauGB gestützten Baugenehmigung gewährt die **Verpflichtungsklage** (§ 42 I VwGO). Der Nachbar, der sich gegen die nach § 33 BauGB erteilte Baugenehmigung wenden will, muss entweder geltend machen, die Voraussetzungen des § 33 BauGB seien nicht erfüllt und die Baugenehmigung verletze unter Zugrundelegung der deshalb maßgebenden §§ 30, 34 oder 35 BauGB nachbarliche Rechte. Liegen die Voraussetzungen des § 33 BauGB vor, besteht **Nachbarschutz**, soweit die Festsetzungen des künftigen Bebauungsplans drittschützend sind.[23] Ein **Normenkontrollverfahren** gegen den künftigen Bebauungsplan ist für den Nachbarn nicht möglich, da dieses eine förmlich in Kraft getretene Satzung voraussetzt.[24]

17

Lösung zu Fall 23:

Die Zweifel des Bürgermeisters der Nachbargemeinde N sind begründet. § 33 BauGB möchte der Tatsache Rechnung tragen, dass das Planaufstellungsverfahren als notwendige Durchgangsstation zu einem wirksamen Bebauungsplan gem. § 10

18

---

[20] BKL/*Krautzberger*, BauGB, § 33 Rn. 15.
[21] JDW/*Jäde*, BauGB, § 33 Rn. 22; BKL/*Krautzberger*, BauGB, § 33 Rn. 15.
[22] BK/*Roeser*, BauGB, § 33 Rn. 13; BKL/*Krautzberger*, BauGB, § 33 Rn. 15.
[23] *BVerwG* NVwZ 1995, 598; *OVG Berlin* BRS 52 Nr. 170; *OVG Münster* DÖV 1991, 746.
[24] *VGH München* BayVBl. 1986, 497.

BauGB zwangsläufig von gewisser Dauer ist. Der Gesetzgeber verschafft mit diesem Zulassungstatbestand einerseits dem Prinzip der Planmäßigkeit der städtebaulichen Entwicklung Geltung. Andererseits trägt er dem Umstand Rechnung, dass das Planaufstellungsverfahren auf Hindernisse stoßen kann, die zu unvermeidbaren Verzögerungen führen. Diese Unwägbarkeiten sollen nicht zu Lasten eines Bauinteressenten gehen, der bereit ist, sich Festsetzungen zu unterwerfen, die sich für die Zukunft bereits verlässlich abzeichnen. Vor dem Hintergrund dieses **Normzwecks** ist bei der Anwendung des § 33 BauGB zu fordern, dass die planende Gemeinde die Voraussetzungen für das In-Kraft-Treten eines Bebauungsplans unverzüglich schafft, um die Verwirklichung von Vorhaben zu ermöglichen, die bei noch bestehender Rechtslage nach den §§ 30, 34 oder 35 BauGB unzulässig sind. Nur innerhalb des dadurch gezogenen **zeitlichen Rahmens** findet § 33 BauGB Anwendung. Schon die Beachtung dieser Anforderungen ist vorliegend fraglich, da die Gemeinde ein abgeschlossenes Planungsverfahren bewusst unterbrochen hat und damit die zeitliche Verzögerung zielgerichtet herbeiführte. Des Weiteren darf § 33 BauGB nicht **missbraucht**, als taktische Mittel eingesetzt oder ins Leere führend verwendet werden. Anderenfalls wird bereits der Grundansatz des § 33 BauGB verfehlt, ohne den die Norm der inneren Rechtfertigung entbehrt. Da die Gemeinde G nicht aus der Veranlassung heraus handelte, durch die Anwendung des § 33 BauGB dem Bauinteressenten über die Verzögerung hinwegzuhelfen, welche die Durchführung eines Bauleitplanverfahrens hervorruft, sondern bei rechtlich zweifelhafter Rechtslage „rechtliche Tatsachen schaffen wollte", ist § 33 BauGB zweckentfremdet zum Einsatz gekommen.

§ 26. Vorhaben im unbeplanten Innenbereich

Schrifttum: *Bienek/Krautzberger*, Aktuelle Fragen zum städtebaulichen Innenbereich nach § 34 BauGB und zum Außenbereich nach § 35 BauGB, UPR 2008, 81; *Decker*, Die Begriffe des Ortsteils und des Bebauungszusammenhangs in § 34 I BauGB, JA 2000, 60; *Decker*, Die Grundzüge des (bauplanungsrechtlichen) Gebots der Rücksichtnahme – zugleich ein Beitrag zur neueren Rspr. des BVerwG, JA 2003, 246; *Düppenbecker/Greiving*, Die Verträglichkeitsprüfung nach § 19 c BNatSchG für Vorhaben nach den §§ 34, 35 BauGB, DVBl. 1999, 1014; *Gaentzsch*, Das Gebot der Rücksichtnahme bei der Zulassung von Bauvorhaben, ZfBR 2009, 321; *Gerhards*, Die Festsetzung von Bauland aufgrund von Satzungen nach § 34 Abs. 4 BauGB und einfachen Bebauungsplänen, BauR 1990, 667; *Hoffmann*, Der Schutz von Nachbargemeinden durch das interkommunale Abstimmungsgebot bei Einzelgenehmigungen für Vorhaben gem. § 11 III BauNVO, NVwZ 2010, 738; *Hoppe*, Blockinnenbebauung im nicht beplanten Innenbereich (§ 34 Abs. 1, Abs. 2 BauGB), BauR 2004, 607; *Janning*, Der Ausschluss des zentrenschädigenden Einzelhandels im unbeplanten Innenbereich, BauR 2005, 1723; *Jeand'Heur*, Gibt es Satzungen mit nur „deklaratorischem" Gehalt? Zugleich ein Beitrag zur Auslegung von § 34 IV Nr. 1 BauGB, NVwZ 1995, 1174; *Konrad*, Gebietserhaltungsanspruch und Gebot der Rücksichtnahme – Klassische nachbarrechtliche Abwehransprüche im Bauplanungsrecht, JA 2006, 59; *Manssen*, Ortsbildschutz im unbeplanten Innenbereich, NWVBl. 1992, 381; *Paul*, Rechtliche Bindungen und Steuerungsmöglichkeiten der Gemeinde bei der Ansiedlung von Einkaufszentren in der Innenstadt, NVwZ 2004, 1033; *Reidt*, Die Genehmigung von großflächigen Einzelhandelsvorhaben – die rechtliche Bedeutung des neuen § 34 Abs. 3 BauGB, UPR 2005, 241; *Rieger*, Großflächige Einzelhandelsbetriebe im unbeplanten Innenbereich – Probleme bei der Anwendung des neuen § 34 Abs. 3 BauGB, UPR 2007, 366; *Rinke*, Ist Ortsteil i. S. des § 34 Abs. 1 BauGB nur der Gebäudebestand der jeweiligen Gemeinde?, BauR 2005, 1406; *Sarnighausen*, Rücksichtnahme und Zumutbarkeit im öffentlichen Bau- und Nachbarrecht – Bundes- oder Landesrecht?, NVwZ 1993, 1054; *Scheidler*, Bauen im unbeplanten Innenbereich – Zur Anwendung des § 34 Abs. 1 und 2 BauGB in der Praxis, BauR 2009, 597; *Schidlowski/Baluch*, Die erweiterte Zulassungsmöglichkeit eines Gewerbe- und Handwerksbetriebes im unbeplanten Innenbereich – § 34 Abs. 3 a BauGB, BauR 2006, 784; *Schink*, Möglichkeiten und Grenzen der

Schaffung von Bauland durch Innen- und Außenbereichssatzungen nach § 34 Abs. 4, 5 und § 35 Abs. 6 BauGB, DVBl. 1999, 367; *Schmitz*, Die Sicherung zentraler Versorgungsbereiche und der verbrauchernahen Versorgung, ZfBR 2007, 532; *Seibel*, Zur Gemeindebezogenheit der im Zusammenhang bebauten Ortsteile nach § 34 Abs. 1 BauGB, BauR 2006, 1242; *Söfker*, Zentrale Versorgungsbereiche, in: Jarass, Einzelhandel und Planungsrecht, 2011, i. E; *Sparwasser*, Bebauungspläne zur Sicherung zentraler Versorgungsbereiche, VBlBW 2007, 281; *Stühler*, Das Gebot der Rücksichtnahme als allgemeines Rechtsprinzip im öffentlichen Nachbarrecht und die Bildung von Fallgruppen nach Konfliktfeldern – in Erinnerung an Josef Esser zu seinem zehnjährigen Todestag (12. 3. 1910 bis 21. 7. 1999), BauR 2009, 1076, *Uechtritz*, Neuregelungen im EAG Bau zur standortgerechten Steuerung des Einzelhandels, NVwZ 2004, 1025; *ders.*, Die Änderungen des BauGB durch das Gesetz zur Erleichterung von Planungsvorhaben für die Innenentwicklung der Städte – BauGB 2007, BauR 2007, 476; *Vietmeier*, Die Steuerung des großflächigen Einzelhandels nach §§ 2 und 34 BauGB, BauR 2005, 480; *Voßkuhle/Kaufhold*, Grundwissen – Öffentliches Recht: Das baurechtliche Rücksichtnahmegebot, JuS 2010, 497; *Wahlhäuser*, Neues zu § 34 Abs. 3 BauGB – Anmerkungen zu OVG Nordrhein-Westfalen, Urteil vom 11. 12. 2006 - 7 A 964/05 -, BauR 2007, 845, BauR 2007, 1359.

Fall 24 (nach *BVerwG* ZfBR 2008, 52):

Der vielseitig aktive V betrieb seit dem Jahr 1990 eine Landmaschinenwerkstatt im unbeplanten Innenbereich der Stadt S. Das Gebiet war durch eine Vielzahl von Wohnhäusern aber auch andere Gewerbebetriebe geprägt. Nachdem die Konjunktur für Landmaschinen abflaute, stellte V seinen Betrieb 2000 um und begann sogleich mit der Auslieferung von Getränken, die er in den Räumen der ehemaligen Landmaschinenwerkstatt zwischenlagerte. Nachdem ein starker Sturm das Dach der Getränkelagerhalle zerstörte, beendete V im Jahr 2004 den ohnehin nicht lukrativen Handel mit Getränken. Erst im Jahr 2008 hatte er wieder genügend finanzielle Mittel, um ein neues Projekt anzugehen. Er überlegte, eine Kfz-Werkstatt in den alten Räumlichkeiten zu eröffnen, da dort noch viele Einrichtungsgegenstände aus der Zeit der Landmaschinenwerkstatt vorhanden waren. Allerdings hat sich im Verlauf der Jahre das Umfeld geändert. V's Grundstück war nun beinahe umringt von Wohnbebauung. Das betreffende Gebiet hatte sich jetzt charakterlich einem allgemeinen Wohngebiet angenähert. V erhielt daher keine Baugenehmigung für sein Vorhaben, obschon er sich auf Art. 14 GG berief. Wie ist die Rechtslage aus heutiger Sicht?
Lösung: Rn. 49

1

I. Historie

Es würde dem vom BauGB verfolgten Anliegen der Leitung der städtebaulichen Ordnung widersprechen, wenn die Bebauung von unbeplanten, aber bereits bebauten innergemeindlichen Gebieten planungsrechtlich unbegrenzt zulässig wäre. Deshalb unterwirft § 34 BauGB die Bebauung dieser Ortsteile planungsrechtlichen Beschränkungen.[1] Ursprünglich ließ **§ 34 BBauG** innerhalb der im Zusammenhang bebauten Ortsteile ein Vorhaben zu, wenn es „nach der vorhandenen Bebauung und Erschließung unbedenklich" war. Diese Voraussetzung war erfüllt, wenn das Vorhaben keinen „bodenrechtlich relevanten Widerspruch" zu der vorhandenen Bebauung hervorrief.[2] Die vorhandene Bebauung bildete für neue Vorhaben nur einen **grobmaschigen Maßstab** und gab im Zweifel der Baufreiheit Vorrang.[3] Das **BBauG 1976**

2

---

[1] Zum Nachbarschutz BVerwGE 94, 151 (156); *BVerwG* NVwZ-RR 1998, 540; NVwZ 1996, 888.
[2] BVerwGE 32, 31 (32 f.).

versuchte deshalb, durch Änderung des § 34 die Bebaubarkeit des unbeplanten Innenbereichs einzuschränken, auch um die Gemeinden zu veranlassen, das Baugeschehen stärker als bisher durch Bebauungspläne zu lenken.[4] Fortan musste sich ein Vorhaben, um im unbeplanten Innenbereich zulässig zu sein, nach Art und Maß der baulichen Nutzung, Bauweise und der Grundstücksfläche, die überbaut werden soll, in die Eigenart der näheren Umgebung unter Berücksichtigung der für die Landschaft charakteristischen Siedlungsstruktur einfügen. Sonstige öffentliche Belange durften nicht entgegenstehen. Die Anforderungen an gesunde Wohn- und Arbeitsverhältnisse mussten gewahrt bleiben und das Ortsbild durfte nicht beeinträchtigt werden. Der **heutige § 34 BauGB** schließt hieran an.[5] Fügt sich ein Vorhaben nicht in die Eigenart der näheren Umgebung ein, kann es nur durch Bebauungsplan zugelassen werden. § 34 BauGB ist mithin eine tendenziell **statische Vorschrift**, die zulässt, was sich einfügt, und untersagt, was sich nicht einfügt. Bauliche Weiterentwicklung ermöglicht nur der Bebauungsplan. Zur Wahrung der gemeindlichen Planungshoheit bedarf eine planungsrechtlich auf § 34 BauGB gestützte Baugenehmigung des **Einvernehmens der Gemeinde (§ 36 I 1 BauGB)**.[6]

II. Räumlicher Anwendungsbereich des § 34 BauGB

3   § 34 BauGB gilt **innerhalb der im Zusammenhang bebauten Ortsteile**, für die kein qualifizierter oder vorhabenbezogener Bebauungsplan (§ 30 I, II BauGB) besteht.[7] Ein einfacher Bebauungsplan schließt nach § 30 III BauGB die Anwendung des § 34 BauGB nicht aus, geht jedoch, soweit seine Festsetzungen reichen, § 34 BauGB vor.

1. Im Zusammenhang bebauter Ortsteil

4   Ein Grundstück liegt in einem im Zusammenhang bebauten Ortsteil, wenn es – erstens – in einem **Bebauungszusammenhang** liegt, der – zweitens – einen **Ortsteil** bildet.

a) Bebauungszusammenhang

5   Bebauungszusammenhang ist eine **tatsächlich aufeinander folgende, eine zusammenhängende Bebauung**.[8] Es ist nicht erforderlich, dass die Baulichkeiten genehmigt worden sind; es genügt, dass die zuständige Behörde sich mit ihrem Vorhandensein abgefunden hat, sie duldet.[9] Dieser auf den ersten Blick einfach zu handhabende Begriff wirft dennoch eine Reihe von Fragen auf:

---

[3] *Sendler*, Zulässigkeit von Bauvorhaben, BBauBl. 1968, 63 (67).
[4] Zu dem Unterschied zwischen § 34 BBauG 1960 und 1976 siehe BVerwGE 55, 369 (377 ff.) = NJW 1978, 2564. Zu der Frage, ob die Verschärfung des Maßstabs des § 34 BBauG enteignende Wirkung hat, Art. 3 § 10 ÄndG BBauG 1976 und jetzt § 238 BauGB sowie BGHZ 64, 366 (371 f.) = NJW 1975, 1562.
[5] Zu aktuellen Entwicklungen *Bienek/Krautzberger*, UPR 2008, 81.
[6] Zum gemeindlichen Einvernehmen siehe nachfolgend § 28.
[7] Nach *OVG Lüneburg* NVwZ-RR 1996, 132 (133), das sich auf eine mit teilweise unrichtigen Zitaten belegte „heute allgemein vertretene Auffassung" stützt, kann sich ein im Zusammenhang bebauter Ortsteil über die Gemeindegrenze hinaus erstrecken; a. A. BVerwGE 27, 137 (140) zu § 34 BBauG 1960. Richtig ist, dass das in § 34 BauGB enthaltene Rücksichtnahmegebot nicht an der Gemeindegrenze endet.
[8] BVerwGE 31, 20 (21).
[9] BVerwGE 31, 22 (26).

Der Begriff „Bebauungszusammenhang" stellt auf bauliche Anlagen ab, die dem 6
ständigen Aufenthalt von Menschen dienen sollen.[10] Daher begründen befestigte
Stellplätze,[11] ein Reitplatz[12] oder Kleingartengelände mit nicht zum dauernden Aufenthalt von Menschen bestimmten Lauben,[13] keinen Bebauungszusammenhang, obwohl sie sämtlich bauliche Anlagen im baurechtlichen Sinne sind.

Der Bebauungszusammenhang reicht so weit, wie die **aufeinander folgende Bebau-** 7
ung. Dabei sind Baulücken unschädlich, wenn die tatsächliche Bebauung gleichwohl nach der Verkehrsauffassung den Eindruck der Geschlossenheit, der Zusammengehörigkeit, vermittelt.[14] Deshalb unterbrechen eine **Baulücke** oder Flächen, die wegen ihrer natürlichen Beschaffenheit (stehendes oder fließendes Gewässer) oder wegen ihrer besonderen Zweckbestimmung (Sportplatz) nicht für eine Bebauung zur Verfügung stehen, den Bebauungszusammenhang solange nicht, wie sie den **Eindruck einer geschlossenen Bebauung nicht zerstören**.[15] Eine durch Abriss oder Zerstörung entstehende Baulücke, die ihrer Größe wegen den Bebauungszusammenhang unterbricht, fällt solange nicht ins Gewicht, wie die Verkehrsauffassung mit dem **Wiederaufbau** rechnet.[16] Eine unbebaute Fläche, die sich an den Bebauungszusammenhang anschließt, kann nach der Verkehrsauffassung diesem noch zuzurechnen sein.[17] Im Übrigen ist eine Erweiterung des Innenbereichs in den Außenbereich hinein nicht möglich,[18] außer durch Satzung nach § 34 IV 1 Nr. 2, 3 BauGB.[19]

b) Ortsteil

Der Bebauungszusammenhang muss einen „Ortsteil" bilden. Ortsteil ist jeder Bebau- 8
ungszusammenhang im Gebiet einer Gemeinde,[20] der nach der Zahl der vorhandenen Bauten[21] ein **gewisses Gewicht**[22] besitzt und **Ausdruck einer organischen Siedlungsstruktur** ist.[23] Deshalb bildet ein Bebauungszusammenhang mit Innenstadtlage stets einen Ortsteil.[24] Keinen Ortsteil stellt hingegen eine Bebauung dar, die nach Art einer **Splittersiedlung** (vgl. § 35 III Nr. 7 BauGB) die Landschaft zersiedelt, etwa eine regellose Anhäufung behelfsmäßiger Bauten. Auch eine bandartige oder einzeilige Bebauung kann die Annahme eines Ortsteils ausschließen. Ein bestimmtes städte-

---

[10] *BVerwG* NVwZ 1993, 985 (986); NVwZ 2001, 70 (70); ZfBR 2002, 69 (70); ZfBR 2002, 808 (808 f.); anders, wenn auch mit gleichem Ergebnis *BVerwG* BRS 54 Nr. 64.
[11] *BVerwG* NVwZ 1993, 985 (986).
[12] *BVerwG* BRS 54 Nr. 64.
[13] *BVerwG* NJW 1984, 1576 (1576).
[14] BVerwGE 31, 20 (21 f.); *BVerwG* NVwZ 1993, 985 (986); NVwZ-RR 1995, 66 (66).
[15] BVerwGE 41, 227 (233 ff.) = NJW 1973, 1014; *BVerwG* NVwZ 2001, 70 (71); *VGH Mannheim* BRS 46 Nr. 81.
[16] BVerwGE 75, 34 (38) = NVwZ 1987, 406; *BVerwG* ZfBR 2008, 52.
[17] *BVerwG* BRS 30 Nr. 39; ZfBR 2000, 428. Zu dieser von den Gegebenheiten des Einzelfalls abhängigen Frage siehe auch *VGH Mannheim* BRS 50 Nr. 71; *OVG Bremen* BRS 44 Nr. 50.
[18] *OVG Bremen* BRS 44 Nr. 52.
[19] Dazu alsbald unter § 26 Rn. 9.
[20] *BVerwG* NVwZ 1999, 527 (527); *VGH Kassel* NVwZ-RR 2006, 230 (231); *Seibel*, BauR 2006, 1242 (1245 ff.); a. A. *Rinke*, BauR 2005, 1406 (1406 ff.).
[21] *VGH Mannheim* BRS 46 Nr. 81: 12 Wohngebäude können genügen. Noch weitergehend in BRS 42 Nr. 63: 5 Wohnhäuser mit landwirtschaftlichen Nebengebäuden.
[22] Bei der Bewertung des „Gewichts" können nach *BVerwG* BRS 42 Nr. 80 siedlungsstrukturelle Gegebenheiten im Bereich der jeweiligen Gemeinde von Bedeutung sein.
[23] BVerwGE 31, 22 (26 f.); *BVerwG* BRS 42 Nr. 80; BRS 42 Nr. 94; BRS 46 Nr. 66; ZfBR 2007, 480 (480); *Decker*, JA 2000, 60 (63); *Scheidler*, BauR 2009, 597 (602).
[24] BVerwGE 75, 34 (37 ff.) = NVwZ 1987, 406; *BVerwG* ZfBR 2006, 54 (54); ZfBR 2007, 480 (481); *OVG Greifswald* NordÖR 2002, 18.

bauliches Ordnungsbild oder eine einheitliche Nutzung ist jedoch nicht erforderlich.[25]

2. Durch Satzung begrenzte oder bestimmte Ortsteile

9 Wo der im Zusammenhang bebaute Ortsteil endet, beginnt der Außenbereich, sofern sich nicht ein qualifiziert oder vorhabenbezogen beplantes Gebiet unmittelbar räumlich anschließt. Ob ein Grundstück noch im Innenbereich oder schon im Außenbereich liegt, ist von weitreichender Bedeutung, da Innenbereichsgrundstücke prinzipiell, Außenbereichsgrundstücke aber nur ausnahmsweise bebaut werden können. Wünschenswert ist deshalb eine möglichst **eindeutige Grenzziehung zwischen Innen- und Außenbereich**.[26] Außerdem kann es im Einzelfall sachgerecht sein, die Grenze zwischen Innen- und Außenbereich zu verschieben und bestimmte Bereiche oder Flächen des Außenbereichs dem Innenbereich zuzuordnen. Die **Instrumente** hierfür sind die Klarstellungs- oder Abgrenzungssatzung, die Entwicklungssatzung und die Abrundungssatzung des § 34 IV Nr. 1–3 BauGB, die auch miteinander verbunden werden können.

a) Klarstellungssatzung

10 Nach § 34 IV 1 Nr. 1 BauGB kann die Gemeinde durch Satzung die **Grenzen für im Zusammenhang bebaute Ortsteile festlegen**. Sie hat in Anwendung des Begriffs des im Zusammenhang bebauten Ortsteils festzustellen, wo die Grenze zwischen diesem und dem Außenbereich verläuft und dies in der Satzung möglichst **kartographisch** festzulegen. Man bezeichnet diese Satzung überwiegend als Klarstellungssatzung, zuweilen auch als Abgrenzungssatzung. Sie ist **deklaratorisch**,[27] da sie nur beschreibt, was ohnehin gilt. Daraus folgt: Spart die Satzung Grundstücke als vermeintlich zum Außenbereich gehörend aus, die in Wirklichkeit in dem im Zusammenhang bebauten Ortsteil liegen, gilt für diese Grundstücke nach wie vor § 34 BauGB. Der Klarstellungssatzung fehlt die rechtliche Kraft, Grundstücke aus dem unbeplanten Innenbereich auszugliedern und dem Außenbereich zuzuschlagen.[28] Dagegen kann die Klarstellungssatzung in Verbindung mit einer Satzung nach § 34 IV 1 Nr. 2 oder 3 BauGB einzelne Grundstücke des Außenbereichs in den Innenbereich einbeziehen. Der deklaratorische Charakter der Klarstellungssatzung wird dadurch bestätigt, dass sie, anders als die Satzungen nach Nr. 2 und 3, nicht an den planungsrechtlichen Mindeststandards gemessen wird, die § 34 V BauGB einfordert. So muss sie etwa nicht mit einer geordneten städtebaulichen Entwicklung im Einklang stehen (§ 34 V 1 Nr. 1 BauGB), nicht auf Schutzgüter nach § 1 VI Nr. 7 lit. b BauGB (FFH- und Vogelschutzgebiete) Rücksicht nehmen (§ 34 V 1 Nr. 3 BauGB) und auch keine Öffentlichkeits- oder Behördenbeteiligung durchführen (§ 34 VI 1 BauGB).

b) Entwicklungssatzung

11 Nach § 34 IV 1 Nr. 2 BauGB kann die Gemeinde durch Satzung bebaute Bereiche im Außenbereich als **im Zusammenhang bebaute Ortsteile festlegen**, wenn die Flächen

---

[25] *BVerwG* NVwZ 2003, 211 (213 f.).
[26] Dazu und zum Folgenden *Hansen*, Die Entwicklung der Satzungen nach § 34 Abs. 2 und Abs. 2 a BBauG zur Abgrenzung des unbeplanten Innenbereiches – Eine kritische Stellungnahme zum Entwurf eines Gesetzes über das Baugesetzbuch, DVBl. 1986, 1044; *Gerhards*, BauR 1990, 667.
[27] Offen gelassen von *BVerwG* NVwZ-RR 1995, 429; a. A. *Jeand'Heur*, NVwZ 1995, 1174.
[28] EZBK/*Söfker*, BauGB, § 34 Rn. 99; BKL/*Krautzberger*, BauGB, § 34 Rn. 64.

im **Flächennutzungsplan als Baufläche dargestellt** sind. Auf diese Weise können **bebaute Bereiche**, die aus sich heraus noch keinen im Zusammenhang bebauten Ortsteil darstellen und daher Außenbereich sind, insbesondere Streu- und Splittersiedlungen, der Geltung des § 34 BauGB unterstellt werden. Baulücken dieses Bereichs, die bisher in der Regel nur durch privilegierte Vorhaben nach § 35 I BauGB geschlossen werden konnten, können fortan nach Maßgabe der näheren Umgebung bebaut werden. Voraussetzung für die Einbeziehung durch Entwicklungssatzung ist, dass der Bereich eine **Bebauung aufweist, die geeignet ist, den Maßstab für künftige Bebauung abzugeben** (§ 34 I BauGB).[29] Außerdem muss der **Flächennutzungsplan** den Bereich als Baufläche (§ 1 II, III BauNVO) darstellen. Die Entwicklungssatzung muss mit einer **geordneten städtebaulichen Entwicklung** überdies vereinbar sein (§ 34 V 1 Nr. 1 BauGB).[30] Dies ist nicht der Fall, wenn die Maßstäbe des § 34 BauGB unzureichend sind, um die bauliche Entwicklung zu lenken und zu ordnen, es hierfür also vielmehr eines Bebauungsplans bedarf. Die Entwicklungssatzung ist **konstitutiv**. Sie ändert den Gebietscharakter und ähnelt darin einem Bebauungsplan. Dies wird dadurch unterstrichen, dass die Satzung gemäß § 34 V 2, 3 BauGB **Festsetzungen** nach § 9 I, III 1, IV BauGB treffen kann und die nachrichtlichen Hinweise des § 9 VI BauGB enthalten soll.[31] Sie gleicht dann einem einfachen Bebauungsplan, der von § 34 BauGB ergänzt wird.[32] Deshalb ist es notwendig, vor dem Erlass der Entwicklungssatzung der betroffenen Öffentlichkeit und den in ihrem Aufgabenbereich berührten Behörden innerhalb angemessener Frist **Gelegenheit zur Stellungnahme** zu geben (§ 34 VI 1 i. V. m. § 13 II 1 Nr. 2, 3 und S. 2 BauGB).

c) Ergänzungssatzung

Nach § 34 IV 1 Nr. 3 BauGB können durch Satzung einzelne Außenbereichsflächen[33] in die im **Zusammenhang bebauten Ortsteile einbezogen** werden, wenn die einbezogenen Flächen durch die bauliche Nutzung des angrenzenden Bereichs **entsprechend geprägt** sind.[34] Es kommt nicht darauf an, dass die Einbeziehung einzelner Außenbereichsgrundstücke der „Abrundung" der Gebiete dient.[35] Es genügt die „Prägung" der einzubeziehenden Fläche durch die Nutzung des angrenzenden Gebiets, was den Anwendungsbereich der Satzung des § 34 IV 1 Nr. 3 BauGB nicht unerheblich ausweitet.[36] An den unbeplanten Innenbereich angrenzende[37] Außenbereichsgrundstücke können dadurch städtebaulich sinn- und maßvoll in Ortsteile nach § 34 BauGB einbezogen werden. Um **prägend** zu sein, muss der relevante Innenbereich im Hinblick auf Art und Maß der baulichen Nutzung, Bauweise und überbaubarer Grundstücksflächen einen Maßstab liefern können, der sich derart verdichten lässt, dass er die notwendige Auskunft über die Bebaubarkeit der Außenbereichsflächen beinhaltet.[38] Von einer Bebaubarkeit kann nur ausgegangen werden,

---

[29] BKL/*Krautzberger*, BauGB, § 34 Rn. 66.
[30] Vgl. *VGH Kassel* NVwZ-RR 2010, 835 (836 f.).
[31] Es muss bei einzelnen Festsetzungen bleiben, vgl. EZBK/*Söfker*, BauGB, § 34 Rn. 108.
[32] BKL/*Krautzberger*, BauGB, § 34 Rn. 73.
[33] Vgl. *BVerwG* BRS 74 Nr. 104.
[34] *VGH München* NVwZ 2003, 236 (236); *Schink*, DVBl. 1999, 367 (372).
[35] Noch bis 1998 regelte § 34 IV 1 Nr. 3 BauGB die Ergänzungssatzung als planungsrechtliches Instrument, um den Innenbereich „abzurunden". Man sprach deshalb auch von einer „Abrundungssatzung".
[36] Vgl. *VGH Mannheim* ZfBR 2007, 795 (796).
[37] Siehe dazu *VGH Mannheim* ZfBR 2009, 793 (796).
[38] Eine Übereinstimmung mit einem in der BauNVO aufgeführten Gebiet ist nicht erforderlich; vgl. *VGH Kassel* ZfBR 2010, 799 (801).

wenn sich die Außenbereichsgebiete in das vorgefundene, prägende Innenbereichsbild einfügen. Werden städtebauliche Spannungen erzeugt oder ein umfassendes Planungsbedürfnis ausgelöst, muss von der Möglichkeit des § 34 I 1 Nr. 3 BauGB Abstand genommen werden.[39] Dies gilt auch, wenn die prägende Wirkung des Innenbereichs schwindet oder die Einbeziehung der Außenbereichsflächen mit einer geordneten städtebaulichen Entwicklung unvereinbar ist (§ 34 V 1 Nr. 1 BauGB). In der Satzung können nach § 34 V 2 BauGB einzelne **Festsetzungen** nach § 9 I, III 1, IV BauGB getroffen werden.[40] Sie soll die nachrichtlichen Hinweise des § 9 VI BauGB enthalten (§ 34 V 3 BauGB). Außerdem sind nach § 34 V 4 BauGB die Vorgaben zum **Bodenschutz** und die **naturschutzrechtlichen Eingriffsregelungen** der § 1 a II, III und § 9 I a BauGB entsprechend anzuwenden. Gemäß § 34 V 4 Hs. 2 i. V. m. § 2 a S. 2 Nr. 1 BauGB ist der Ergänzungssatzung eine **Begründung** beizufügen.

III. Der Maßstab des einfachen Bebauungsplans

13 Gilt innerhalb eines im Zusammenhang bebauten, unbeplanten Ortsteils ein einfacher Bebauungsplan, richtet sich nach § 30 III BauGB in seinem Geltungsbereich die Zulässigkeit von Vorhaben nach diesem und „im Übrigen" nach § 34 BauGB.[41] Erster und **vorrangiger Maßstab** ist im unbeplanten Innenbereich mithin ein etwa **vorhandener einfacher Bebauungsplan**. Soweit seine Festsetzungen reichen, verdrängt er den Maßstab des Einfügens in die Eigenart der näheren Umgebung (§ 34 I BauGB). Was er zulässt, ist zulässig, auch wenn es sich nicht in die Eigenart der näheren Umgebung einfügt. Was er ausschließt, ist unzulässig, auch wenn es der Eigenart der umgebenden Bebauung entspricht.

IV. Der Maßstab des Einfügens

14 Nach dem **Grundmaßstab des § 34 I BauGB** ist in einem unbeplanten Innenbereich ein Vorhaben zulässig, wenn es sich nach Art und Maß der baulichen Nutzung, der Bauweise und der Grundstücksfläche, die überbaut werden soll, in die Eigenart der näheren Umgebung einfügt und die Erschließung gesichert ist.[42] Der unbeplante Innenbereich darf dabei keinem Baugebiet der BauNVO entsprechen, da in diesem Fall der speziellere § 34 II BauGB zur Anwendung kommt; dazu aber später.[43]

15 Die in § 34 I BauGB einzeln aufgeführten Merkmale (Art und Maß der baulichen Nutzung usw.) entsprechen weitgehend denen des qualifizierten Bebauungsplans.[44] Hinzugefügt ist gegenüber § 30 I BauGB das Merkmal der „Bauweise". Entfallen ist das Merkmal der „örtlichen Verkehrsflächen", die in einem im Zusammenhang bebauten Ortsteil naturgemäß vorhanden sind. Die Ähnlichkeit mit § 30 I BauGB unterstreicht, dass der näheren Umgebung nach § 34 BauGB die **Funktion eines Planersatzes** zukommt. Gem. § 34 I 2 BauGB müssen aber noch **zusätzlich** die Anforderungen an gesunde Wohn- und Arbeitsverhältnisse gewahrt bleiben und auch

---

[39] *VGH Kassel* ZfBR 2010, 799 (801).
[40] Vgl. dazu auch *OVG Bautzen* NVwZ 2001, 1070 (1070 f.); *VGH Kassel* ZfBR 2010, 799 (801).
[41] Siehe oben § 8 Rn. 29.
[42] Zur Sicherung der Erschließung im unbeplanten Innenbereich BVerwGE 75, 34 (44 f.) = NVwZ 1987, 406 sowie allgemein unter § 29.
[43] Siehe nachfolgend § 26 Rn. 43
[44] Siehe oben § 23 Rn. 5 ff.

das Ortsbild darf nicht beeinträchtigt werden,[45] um zu einer Vorhabengenehmigung zu gelangen. Dies bedeutet im Einzelnen:

1. Nähere Umgebung

Beurteilungsgebiet ist die „**nähere Umgebung**" des Baugrundstücks. Diese reicht weiter als die unmittelbare Nachbarschaft und umfasst in der Regel weniger als den im Zusammenhang bebauten Ortsteil, von dem die „nähere Umgebung" zumeist nur einen Teil bildet und an dessen Grenzen sie in jedem Falle endet.[46] Der angrenzende Außenbereich gehört nicht zum Beurteilungsgebiet. Innerhalb dieser Grenzen reicht die „nähere Umgebung" soweit, wie sich die Ausführung des geplanten Vorhabens auf die Umgebung auswirken kann und soweit die Umgebung ihrerseits den bodenrechtlichen Charakter des Baugrundstücks prägt oder zumindest beeinflusst.[47] Hierbei bilden künstliche Trennlinien (z. B. Straßen) oder natürliche Zäsuren (z. B. ein Flusslauf) keine zwingenden Grenzen.[48] Die **wechselseitige Prägung von Baugrundstück und Umgebung** bestimmt, was zur „näheren Umgebung" und damit zum Beurteilungsgebiet gehört.[49] Der Umfang des Beurteilungsgebiets ist von erheblicher Bedeutung für das Merkmal des Einfügens: Je weiter die „nähere Umgebung" reicht, um so leichter kann sich in der Regel ein Vorhaben in sie einfügen, während ein kleineres Beurteilungsgebiet der Einfügung engere Grenzen zieht.

16

2. Eigenart

Maßstab für die Beurteilung des Vorhabens ist nicht die nähere Umgebung des Baugrundstücks als solche, sondern ihre „**Eigenart**". Diese muss ermittelt werden, bevor geprüft werden kann, ob sich das Vorhaben „einfügt".

17

a) Maßgebende Bebauung

Zunächst ist festzustellen, auf welche Baulichkeiten der näheren Umgebung für die Ermittlung der „Eigenart" abzustellen ist. Dies erfolgt in folgenden **Schritten**:[50]

18

In einem ersten Schritt ist die **tatsächlich vorhandene Bebauung**, also alles an Bebauung in den Blick zu nehmen, was in der näheren Umgebung vorhanden ist, was sich an Bebauung innerhalb des Beurteilungsgebiets niedergeschlagen hat, einschließlich der auf dem Baugrundstück selbst vorhandenen Bebauung.[51] Dabei ist auch das städtebaulich Unerwünschte und Unvertretbare mit heranzuziehen.[52] Eine künftige, eine erst zu erwartende Bebauung bleibt außer Betracht, sofern sie sich nicht bereits in der vorhandenen Bebauung niedergeschlagen hat.[53]

19

---

[45] Nach § 34 BBauG 1976/79 durften „sonstige öffentliche Belange" dem Vorhaben nicht entgegenstehen. Dies ist jetzt entfallen. Deshalb kann die Erforderlichkeit einer Bebauungsplanung einem nach § 34 BauGB zu beurteilenden Vorhaben nicht entgegengehalten werden. Vgl. dazu schon BVerwGE 61, 128 (133 f.) = NJW 1981, 2426. Auch die Darstellungen des Flächennutzungsplans sind ohne Bedeutung; so schon BVerwGE 62, 151 (153) = NJW 1981, 2770.
[46] *BVerwG* NJW 1983, 2460 (2461).
[47] BVerwGE 55, 369 (380) = NJW 1978, 2564; 75, 34 (41 f.) = NVwZ 1987, 406; *BVerwG* NJW 1975, 460 (461).
[48] *BVerwG* NVwZ 1997, 899 (899); BRS 63 Nr 102; ZfBR 2002, 69 (70); *Stüer*, DVBl. 2006, 403 (409).
[49] *BVerwG* BRS 73 Nr 80.
[50] Zum Folgenden BVerwGE 84, 322 (325 ff.) = NVwZ 1990, 755.
[51] BVerwGE 27, 341 (345).
[52] BVerwGE 55, 369 (381) = NJW 1978, 2564; *BVerwG* ZfBR 2009, 693 (694 f.).
[53] BVerwGE 55, 369 (380 f.) = NJW 1978, 2564; *BVerwG* BRS 28 Nr. 28.

20 In einem zweiten Schritt ist diese **Bebauung auf das Wesentliche zurückzuführen**. Dies bedeutet zweierlei: Es bleibt zum einen alles außer Betracht, was die vorhandene Bebauung nicht prägt, was insbesondere nach Ausdehnung, Höhe, Zahl oder Nutzungsmaß nicht die Kraft hat, die nähere Umgebung zu beeinflussen. Hierzu zählen die Baulichkeiten, die einem Betrachter der näheren Umgebung nicht ohne Weiteres auffallen, die er „nur am Rande wahrnimmt". Darüber hinaus sind bauliche Anlagen, die „Fremdkörper" darstellen, außer Betracht zu lassen. Das sind die Baulichkeiten, die in einem auffälligen Kontrast zu der sie umgebenden, im Wesentlichen homogenen Bebauung stehen. Ein „Fremdkörper" darf allerdings nur außer Betracht bleiben, wenn er wegen seiner Andersartigkeit, seines singulären Charakters, seine Umgebung nicht zu beeinflussen vermag. Besitzt er hingegen ein derartiges Gewicht, dass er sich auf die andersartige Umgebung prägend auswirkt, ist er nicht Fremdkörper, sondern Teil der „Eigenart der näheren Umgebung".[54]

21 Die tatsächlich vorhandene und die durch Ausscheiden des Unwesentlichen und des Fremdkörperartigen korrigierte Umgebung sind gedanklich zu erweitern um ehemals vorhanden gewesene, frühere Bebauung und Nutzung, soweit und solange nach der Verkehrsauffassung noch mit einer **Wiederbebauung** oder **Wiederaufnahme der Nutzung** zu rechnen ist.[55]

b) Der „Rahmen"

22 Die so bestimmte Bebauung der näheren Umgebung wird nur selten einem Baugebiet mit einheitlicher Nutzungsart[56] und einheitlichem Nutzungsmaß entsprechen. Zumeist finden sich verschiedene Arten und Maße der baulichen Nutzung. Die Eigenart der näheren Umgebung besteht dann aus dem **Rahmen, in den sich die im Beurteilungsgebiet vorhandene Bebauung einbinden lässt**.[57] Darstellungen in Flächennutzungsplänen oder Festlegungen in Raumordnungsplänen nehmen hierauf keinen Einfluss.[58]

23 **Beispiele:** Finden sich in der näheren Umgebung des Baugrundstücks Wohngebäude sowie emittierende und nicht emittierende Gewerbebetriebe, reicht der Rahmen der Art der Bebauung vom Mischgebiet bis zum Industriegebiet. Sind in der näheren Umgebung die Grundstücke mindestens zu einem Viertel, höchstens aber zur Hälfte bebaut, reicht der Rahmen des Maßes der Bebauung von GRZ 0,25 bis GRZ 0,5. Haben die Häuser in der als Maßstab beachtlichen Umgebung zwei, drei oder vier Vollgeschosse, schließt der Rahmen diese Zahl der Vollgeschosse ein. Findet sich im Beurteilungsgebiet sowohl die geschlossene wie die offene Bauweise, sind beide Bauweisen planungsrechtlich – nicht unbedingt bauordnungsrechtlich – zulässig.[59]

3. Einfügen

24 Das Vorhaben muss sich in die Eigenart der näheren Umgebung „**einfügen**".

---

[54] *BVerwG* BRS 22 Nr. 37.
[55] BVerwGE 75, 34 (38) = NVwZ 1987, 406; *BVerwG* NVwZ 1999, 523 (524 ff.); ZfBR 2007, 687 (687); ZfBR 2008, 52.
[56] Was zur Anwendung von § 34 II BauGB führen würde. Siehe dazu auch § 26 Rn. 43.
[57] Zum Folgenden BVerwGE 55, 369 (380 f.) = NJW 1978, 2564. Vgl. auch *BVerwG* BRS 47 Nr. 63.
[58] BVerwGE 119, 25 (36).
[59] *BVerwG* NVwZ 1994, 1008 (1008).

a) Begriff des Einfügens

Ein Vorhaben fügt sich in die Eigenart der näheren Umgebung ein, wenn es sich hinsichtlich seiner einfügungsbedürftigen Merkmale **innerhalb des Rahmens** hält, der sich aus der näheren Umgebung ableitet, und die erforderliche Rücksicht auf die unmittelbare Umgebung nimmt.[60]

25

b) Die einfügungsbedürftigen Merkmale

Das Vorhaben muss sich nicht insgesamt, sondern nur hinsichtlich der Merkmale Art und Maß der baulichen Nutzung, Bauweise und Grundstücksfläche, die überbaut werden soll, in die Eigenart der näheren Umgebung einfügen.[61] Deshalb kommt es für die Frage des Einfügens auf die Zahl der Wohnungen oder auf die äußere Gestaltung der Gebäude nicht an. Die **einfügungsbedürftigen Merkmale** sind:

26

aa) Art der baulichen Nutzung

Ob sich ein Vorhaben hinsichtlich der Art der baulichen Nutzung in die Eigenart der näheren Umgebung einfügt, ist aufgrund einer **typisierenden Betrachtung** und mit Blick auf die **Begriffe, die in der BauNVO enthalten sind**, zu beurteilen.[62] Dabei gilt die BauNVO jedoch nicht schematisch, sondern ist lediglich als Auslegungshilfe heranzuziehen.[63]

27

Beispiele: Unter Berücksichtigung dieser Prämissen können sich in einem durch gewerbliche Nutzung geprägten Gebiet Wohnungen für Betriebsinhaber und Betriebsleiter (§ 8 III 1 BauNVO) einfügen.[64] In einer durch landwirtschaftliche Nutzung und Wohnnutzung geprägten Umgebung fügt sich ein landwirtschaftlicher Betrieb, der eine Ferkelproduktion zum Gegenstand hat, ein.[65] In einer von Wohnbebauung und Gewerbenutzung geprägten Umgebung fügt sich ein Wohnhaus ein, wenn es nicht stärkeren Belastungen ausgesetzt ist als die vorhandene Wohnbebauung.[66] Ein großflächiger Handelsbetrieb fügt sich ein, wenn im Beurteilungsgebiet bereits ein derartiger Betrieb vorhanden ist; seine Auswirkungen auf die Versorgung der Bevölkerung, die Entwicklung zentraler Versorgungsbereiche und die anderen in § 11 III BauNVO genannten Beurteilungsmerkmale sind bei § 34 I BauGB ohne Bedeutung. Dagegen fügt sich in eine durch eine Schwermetallgießerei geprägte Umgebung eine Wohnbebauung nicht ein.[67]

28

bb) Maß der baulichen Nutzung

Das planungsrechtliche Nutzungsmaß wird durch die **Grund- und Geschossflächenzahl**, die **Zahl der Vollgeschosse** und die **Höhe der Gebäude** bestimmt (vgl. § 16 BauNVO).[68] In den hinsichtlich dieser Merkmale aus der Bebauung der näheren Umgebung abzuleitenden Rahmen fügt sich ein Bauvorhaben grundsätzlich nur ein, wenn es die vorhandenen und die Eigenart der näheren Umgebung prägenden Nutzungsmaße nicht überschreitet, wobei zum Vergleich auf bauliche Anlagen jeglicher Art abgestellt werden kann.[69] Dabei ist der Baukörper des Vorhabens sowohl **absolut**

29

---

[60] *BVerwG* ZfBR 2002, 69 (70); *OVG Münster* NVwZ-RR 2006, 592 (596 f.); *VGH München* BayVBl. 2009, 751 (752).
[61] *BVerwG* NVwZ 1987, 128 (129); NVwZ 1989, 1060 (1061).
[62] *BVerwG* NVwZ 1995, 698 (699); *OVG Münster* NVwZ-RR 1996, 493 (493).
[63] BVerwGE 95, 277 (282 f.).
[64] *BVerwG* BRS 42 Nr. 73.
[65] *BVerwG* NVwZ 1987, 884 (885 f.).
[66] *BVerwG* NVwZ 1984, 646 (647).
[67] *BVerwG* NVwZ 1986, 641 (642).
[68] Siehe dazu auch § 9 Rn. 122 ff.
[69] *BVerwG* NVwZ 1995, 897 (898) – Werbetafel; ZfBR 2007, 687 (688); siehe ferner *OVG Lüneburg* BRS 50 Nr. 77; *VGH Mannheim* BRS 49 Nr. 87; *VGH Kassel* BRS 33 Nr. 50; *OVG Münster* BRS 33 Nr. 52.

als auch **in seinem Verhältnis zum Baugrundstück** zu bewerten.[70] Der Ausbau eines vorhandenen Dachgeschosses soll sich in der Regel schon deswegen in die Eigenart der näheren Umgebung einfügen, weil das Gebäude in seinen Ausmaßen unverändert bleibt.[71]

cc) Bauweise

30 Als Bauweise kommt in Anlehnung an § 22 BauNVO[72] die **offene** und die **geschlossene Bauweise** in Betracht.[73] Finden sich im Beurteilungsgebiet beide Bauweisen, ist der Bauherr frei, welche er wählt, sofern nicht das Bauordnungsrecht etwas Anderes gebietet.[74]

dd) Überbaubare Grundstücksflächen

31 Der Begriff der „Grundstücksfläche, die überbaut werden soll",[75] umfasst zweierlei: Zunächst ist die **tatsächliche Größe der Grundfläche** der beabsichtigten baulichen Anlage im Vergleich zu der Größe der Grundflächen der baulichen Anlagen in der näheren Umgebung gemeint. Zusätzlich zielt der Terminus „überbaubare Grundfläche" auf die **räumliche Lage** der beabsichtigten baulichen Anlage innerhalb der vorhandenen Bebauung ab.[76] Die geplante bauliche Anlage fügt sich hinsichtlich der tatsächlichen Grundstücksfläche, die überbaut werden soll, nicht ein, wenn ihre Grundfläche so groß ist, dass sie den durch die Grundflächen der vorhandenen baulichen Anlagen gebildeten Rahmen überschreitet. Das Verhältnis der Grundfläche der beabsichtigten baulichen Anlage zur Größe des Baugrundstücks spielt dabei keine Rolle. Es wird im Bebauungsplan durch die Grundflächenzahl (§ 19 BauNVO)[77] bestimmt, ist aber innerhalb des § 34 I BauGB eine Frage des Einfügens in das Maß der baulichen Nutzung der näheren Umgebung. Hinsichtlich ihrer räumlichen Lage fügt sich eine bauliche Anlage in die vorhandene Bebauung der näheren Umgebung nicht ein, wenn sie die faktisch vorhandenen rückwärtigen Baugrenzen der Bebauung in der näheren Umgebung überschreitet, etwa im rückwärtigen Teil des Grundstücks errichtet werden soll, während in der näheren Umgebung die rückwärtigen Grundstücksteile sämtlich als gärtnerisch angelegte Freiflächen genutzt werden.[78]

c) Rahmenüberschreitende Vorhaben (erweiterndes Korrektiv)

32 Auch ein Vorhaben, das sich nicht in jeder Beziehung innerhalb des aus seiner Umgebung hervorgehenden Rahmens hält, sondern ihn überschreitet, kann sich **ausnahmsweise** in die Eigenart der näheren Umgebung **einfügen**.[79] Dies ist der Fall, wenn es

---

[70] *OVG Saarlouis* BRS 48 Nr. 4.
[71] BVerwGE 95, 277 (283)= NVwZ 1994, 1006; dazu präzisierend *BVerwG* NVwZ-RR 1997, 519 (520); NVwZ-RR 1997, 520 (520 f.).
[72] Siehe ergänzend oben § 9 Rn. 139 f.
[73] Nach *VGH Kassel* BRS 36 Nr. 126 stellt eine historisch gewachsene Bebauung mit „Traufgassen" und kleinen Durchgängen zwischen den Häusern aufgrund ihres Erscheinungsbilds eine geschlossene Bauweise dar. Ähnlich *OVG Lüneburg* BRS 33 Nr. 53.
[74] *BVerwG* NVwZ 1994, 1008 (1008).
[75] Dazu *Höver*, Die neuere Rechtsprechung des Bundesverwaltungsgerichts zum Begriff der „Grundstücksfläche, die überbaut werden soll" in § 34 Abs 1 BBauG, BauR 1987, 495.
[76] Dazu *BVerwG* NVwZ 1987, 1080; NVwZ 1989, 354.
[77] Siehe oben § 9 Rn. 125 ff.
[78] Grundlegend zur Hinterlandbebauung im nicht beplanten Innenbereich *BVerwG* ZfBR 1981, 36; ferner *OVG Saarlouis* BRS 48 Nr. 51; *VGH Kassel* BRS 47 Nr. 64; BRS 47 Nr. 65.
[79] Zum Folgenden BVerwGE 55, 369 (381 ff.) = NJW 1978, 2564; vgl. auch *VGH München* BayVBl. 2009, 751 (752); *Hoppe*, BauR 2004, 607 (608).

weder selbst noch als „Vorbild" für künftige Bauvorhaben geeignet ist, **bodenrechtlich beachtliche Spannungen** zu begründen oder vorhandene Spannungen zu erhöhen.[80] Steht es trotz seiner rahmenüberschreitenden Besonderheit in einer „harmonischen Beziehung" zur Bebauung der näheren Umgebung, fügt es sich ein.[81]

d) Rücksichtnahmegebot (einschränkendes Korrektiv)

Auch ein Vorhaben, das sich in jeder Hinsicht innerhalb des aus seiner Umgebung abzuleitenden Rahmens hält, fügt sich nicht ein, wenn es an der gebotenen Rücksichtnahme auf die vorhandene, insbesondere auf die in seiner unmittelbaren Nähe vorhandene Bebauung fehlen lässt.[82] Der Begriff des Einfügens enthält somit zugleich für den nicht beplanten Innenbereich das **Gebot der Rücksichtnahme**.[83] Eine „rücksichtslose" Bebauung fügt sich niemals ein. Es kann umso mehr Rücksichtnahme verlangt werden, desto empfindlicher und schutzwürdiger die Stellung dessen ist, dem die Rücksichtnahme zugutekommt. Umgekehrt braucht derjenige, der das Vorhaben verwirklichen will, um so weniger Rücksicht zu nehmen, je verständlicher und unabweisbarer die von ihm mit seinem Vorhaben verfolgten Interessen sind.[84] Es besteht somit eine **gegenseitige** Rücksichtnahmepflicht mit gegenseitigen Zugeständnissen.[85]

33

e) Sonderregelungen nach § 34 III a BauGB

Das Gesetz trifft in § 34 III a BauGB eine Ausnahmeregelung für Gewerbe- und Handwerksbetriebe wie auch Anlagen zu Wohnzwecken, die **vom Erfordernis des Einfügens in die Eigenart der näheren Umgebung im Einzelfall freigestellt werden** können. Damit soll in Gemengelagen und ähnlich konfliktträchtigen Gebieten eine baurechtlich vertretbare Problemlösung leichter erreicht werden können, um den vorhandenen Bestand sachgerecht zu erhalten oder weiterzuentwickeln.[86] § 34 III a BauGB knüpft somit an die in der Praxis häufig in diesen Gebieten anzutreffenden, schwer lösbaren Schwierigkeiten an, die sich sowohl bei der Anwendung des § 34 BauGB als auch der Aufstellung von Bauleitplänen zeigen.[87]

34

Die Gewährung einer Abweichung liegt im **Ermessen** der Behörde. Nicht nur deshalb, sondern auch wegen des tatbestandlichen Rückgriffs auf den „Einzelfall" erinnert § 34 III a BauGB an die Zulässigkeit von Vorhaben im Anwendungsbereich des § 31 BauGB. Die dort geführte Diskussion um die Anforderungen an den **Einzel-**

35

---

[80] Wird ein Planungserfordernis ausgelöst, fügt sich das Vorhaben in jedem Fall nicht ein; vgl. *BVerwG* ZfBR 2000, 68.
[81] *BVerwG* NVwZ 1986, 740.
[82] *VGH München* BayVBl. 2009, 751 (752).
[83] BVerwGE 55, 369 (385) = NJW 1978, 2564; *BVerwG* NJW 1986, 393 (394); zum Folgenden und allgemein zum Rücksichtnahmegebot als Teil des § 34 BauGB BVerwGE 52, 122 (125 ff.) = NJW 1978, 62; *BVerwG* NVwZ 1987, 128 (129); NVwZ-RR 1997, 516 (516 f.); *VGH Mannheim* NVwZ-RR 2005, 89 (90); *VGH Kassel* BRS 42 Nr. 77 sowie *Konrad*, JA 2006, 59; *Decker*, JA 2003, 246; *Sarnighausen*, NVwZ 1993, 1054; *Gaentzsch*, ZfBR 2009, 321; *Stühler*, BauR 2009, 1076; *Voßkuhle/Kaufhold*, JuS 2010, 497.
[84] BVerwGE 52, 122 (126) = NJW 1978, 62; *BVerwG* BRS 38 Nr. 186.
[85] *BVerwG* NVwZ 1999, 523 (526).
[86] BKL/*Krautzberger*, BauGB, § 34 Rn. 56.
[87] *Uechtritz*, BauR 2007, 476 (488 f.); zweifelnd *Gronemeyer*, Änderungen des BauGB und der VwGO durch das Gesetz zur Erleichterung von Planungsvorhaben für die Innenentwicklung der Städte, BauR 2007, 815 (822).

368   5. Teil. Die planungsrechtliche Zulässigkeit baulicher und sonstiger Vorhaben

fall – ob notwendiger Sonderfall oder gar Atypik – dürfte insofern auf § 34 III a BauGB übertragbar sein.[88]

36   Die Gewährung einer Abweichung ist nach § 34 III a 1 BauGB zusätzlich an bestimmte Voraussetzungen geknüpft. So erfasst die Privilegierung hinsichtlich der **Gewerbe- oder Handwerksbetriebe** lediglich deren Erweiterung, Änderung, Nutzungsänderung oder Erneuerung, sofern die entsprechenden Betriebe zuvor zulässigerweise errichtet wurden. Betreffend der **baulichen Anlage zu Wohnzwecken** muss auch diese zulässigerweise errichtet worden sein und eine Erweiterung, Änderung oder Erneuerung in Frage stehen. Keine Begünstigung erfahren nach **§ 34 III a 2 BauGB** Einzelhandelsbetriebe, die die verbrauchernahe Versorgung der Bevölkerung beeinträchtigen oder schädliche Auswirkungen auf zentrale Versorgungsbereiche in der Gemeinde oder in anderen Gemeinden haben können.[89] Dabei gehen mit Blick auf die Nahversorgung die Einschränkungen des § 34 III a BauGB über diejenigen nach § 34 III BauGB hinaus.[90] Schließlich muss die Gewährung einer Abweichung zugunsten von Gewerbe- oder Handwerksbetrieben bzw. Anlagen zu Wohnzwecken **städtebaulich vertretbar** (§ 34 III a 1 Nr. 2 BauGB) und gem. § 34 III a 1 Nr. 3 BauGB zusätzlich auch **unter Würdigung nachbarlicher Interessen mit den öffentlichen Belangen vereinbar** sein. Der Anwendungsbereich der Vorschrift erfährt hierdurch eine weitere, spürbare Einschränkung.[91]

4. Anforderungen an gesunde Wohn- und Arbeitsverhältnisse

37   Damit ein Vorhaben vor § 34 I BauGB bestehen kann, müssen die Anforderungen an gesunde Wohn- und Arbeitsverhältnisse gewahrt bleiben. Da die Grundstücke des nicht beplanten Innenbereichs grundsätzlich zur Bebauung anstehen, zieht § 34 I 2 Hs. 1 BauGB nur eine **äußerste Grenze** für die Zulässigkeit der Bebauung.[92] Dies zwingt zu einer zurückhaltenden Auslegung.

38   **Beispiele:** § 34 I 2 Hs. 1 BauGB kann – in seiner Funktion vergleichbar § 15 I 2 Hs. 2 BauNVO – eine Wohnbebauung verhindern, wenn vorhandener Verkehrslärm nach objektiven Durchschnittskriterien das gebotene Mindestmaß an Wohnruhe, Erholungsbedürfnis und ungestörtem Schlaf nicht zulässt.[93] Gleiches gilt, wenn von einem benachbarten Industriebetrieb Gesundheitsgefahren für eine Wohnbebauung ausgehen.[94]

5. Ortsbild

39   Das Vorhaben darf das Ortsbild nicht beeinträchtigen.[95] § 34 I 2 Hs. 2 BauGB greift damit einen Belang auf, der nach § 1 VI Nr. 4 BauGB auch bei der Bauleitplanung zu berücksichtigen ist, und erhebt ihn zur weiteren und **eigenständigen Voraussetzung** für die Zulässigkeit eines sich in die nähere Umgebung einfügenden Vorhabens. Sinn dieses Erfordernisses ist es, Vorhaben zu verhindern, die sich zwar nach Nutzungsart, Nutzungsmaß, Bauweise und Grundstücksüberbauung in die Eigenart der näheren Umgebung einfügen, aber eine Beeinträchtigung des Ortsbilds darstel-

---

[88] Siehe bereits oben § 24 Rn. 9.
[89] *Schidlowski/Baluch*, BauR 2006, 784 (790 ff.).
[90] *Vietmeier*, BauR 2005, 480 (488).
[91] *Uechtritz*, BauR 2007, 476 (488).
[92] *BVerwG* NVwZ 1991, 879 (880 f.).
[93] *BVerwG* NVwZ 1991, 879 (880 f.).
[94] Vgl. *OVG Münster* NVwZ 1990, 578 (580 f.), das mit Recht darauf hinweist, dass das Gebot der Rücksichtnahme hier nicht in Ansatz gebracht werden kann; ferner *OVG Münster* BRS 32 Nr. 49.
[95] Dazu *Manssen*, NWVBl. 1992, 381.

len.[96] Damit wird – anders als nach § 34 I 1 BauGB – nicht das vorhandene, sondern das **Erstrebens- und Wünschenswerte zum Maßstab** genommen.[97] Deshalb kann trotz eines vorgeschädigten Ortsbilds ein ihm entsprechendes Vorhaben verhindert werden, wenn es das Ortsbild zusätzlich beeinträchtigt. Denkbar ist allerdings, dass ein äußerlich unschönes Vorhaben wegen eines bereits vorgeschädigten Ortsbilds überhaupt nicht mehr ins Gewicht fällt und daher keine zusätzliche Beeinträchtigung darstellt. Da § 34 BauGB eine städtebauliche Vorschrift ist, können über sie nur ästhetische[98] Beeinträchtigungen verhindert werden, die von **bodenrechtlicher Bedeutung** sind und deshalb auch durch einen Bebauungsplan verhindert werden könnten,[99] wie Gebäudehöhen oder die Stellung der baulichen Anlagen.[100] Eine Verunstaltung im bauordnungsrechtlichen Sinne ist nicht erforderlich.

6. Naturschutzrechtliche Eingriffsregelung, Natura 2000-Gebiete, Arten- und Biotopschutz

Nach der Anordnung des § 18 II 1 BNatSchG sind die **naturschutzrechtlichen Eingriffsregelungen** auf Vorhaben nach § 34 BauGB nicht anwendbar. Dies bedeutet indes keine völlige Freistellung von einer Rücksichtnahme auf Natur und Landschaft. Das Einfügungsgebot des § 34 I BauGB, das erfüllt sein muss, damit ein Vorhaben im unbeplanten Innenbereich zulässig ist, kann im Einzelfall auch Rücksichtnahme auf Natur und Landschaft bedeuten, etwa bei der Festlegung der überbaubaren Grundstücksflächen.[101] Deshalb bestimmt § 18 III 1 BNatSchG, dass die bauaufsichtsbehördlichen Entscheidungen über die Errichtung von baulichen Anlagen nach § 34 BauGB im **Benehmen** – Information, Anhörung, Kenntnisnahme – mit den für Naturschutz und Landschaftspflege zuständigen Behörden ergehen. Damit wird die Genehmigung eines Vorhabens nicht zugleich von der positiven Haltung der für Naturschutz und Landschaftspflege zuständigen Stelle abhängig gemacht. Diese werden aber in die Lage versetzt, gegebenenfalls ökologisch wertvolle Flächen mit eigenen Mitteln, die ihnen die naturschutzrechtlichen Vorschriften zur Verfügung stellen, unter Schutz zu stellen.[102] Des Weiteren bestimmt § 18 III 2 BNatSchG, dass die für die Entscheidung nach § 34 BauGB zuständige Behörde davon auszugehen hat, dass Belange des Naturschutzes und der Landschaftspflege von dem Vorhaben nicht berührt werden, wenn sich die für Naturschutz und Landschaftspflege zuständige Behörde nicht binnen eines Monats äußert. **Schweigt** die für Naturschutz und Landschaftspflege zuständige Behörde, wirkt sich dies regelmäßig im Rahmen des § 34 BauGB zugunsten des fraglichen Vorhabens aus. Ergeben sich demgegenüber bei der Herstellung des Benehmens nach § 18 III BnatSchG Anhaltspunkte dafür, dass das Vorhaben eine **Schädigung von Arten und natürlichen Lebensräumen** i. S. des Umweltschadensgesetzes (§ 19 I 1 BNatSchG) verursachen kann, ist der Vorhabenträger hierüber gem. § 18 IV 1 BNatSchG zu informieren. Er kann sodann eine Entscheidung über seine Verursacherpflichten nach § 15 BNatSchG verlangen,[103]

---

[96] *BVerwG* NVwZ-RR 1991, 59 (59 f.).
[97] *OVG Münster* BRS 52 Nr. 66.
[98] Vgl. *BVerwG* NVwZ 2000, 1169 (1170 f.).
[99] *OVG Berlin* NVwZ 1982, 255 (255 f.).
[100] Vgl. *VGH Mannheim* BRS 49 Nr. 87; *VGH München* BRS 52 Nr. 120; *OVG Münster* BRS 52 Nr. 66.
[101] Landmann/Rohmer/*Gellermann*, Umweltrecht, § 21 BNatSchG a. F. Rn. 11.
[102] BKL/*Krautzberger,* BauGB, § 34 Rn. 80.
[103] Vgl. dazu *Hendler/Brockhoff*, Die Eingriffsregelung des neuen Bundesnaturschutzgesetzes, NVwZ 2010, 733 (734 ff.); *Scheidler,* Die naturschutzrechtliche Eingriffsregelung im

soweit sie der Vermeidung, dem Ausgleich oder dem Ersatz derartiger Schädigungen dient (§ 18 IV 2 BNatSchG).

41 Ist ein geplantes Vorhaben überdies geeignet, die Erhaltungsziele oder den Schutzzweck von Natura-2000 Gebieten i. S. der §§ 31 ff. BNatSchG erheblich zu beeinträchtigen, ist zusätzlich eine **Verträglichkeitsprüfung** gem. § 34 BNatSchG durchzuführen.[104] Die Streichung des § 29 III BauGB a. F., der dies früher ausdrücklich klarstellte, hat hieran nichts geändert.

42 Abgesehen davon kann letztlich noch der naturschutzrechtliche **Arten- und Biotopschutz** zum Tragen kommen (§§ 37 ff. BNatSchG). Dieser vermag zwar nicht, eine baurechtlich zulässige Bebauung zu verhindern. Nichtsdestotrotz müssen Vorhaben so geplant werden, dass sie Nist-, Brut-, Wohn- und Zufluchtsstätten der besonders geschützten Arten wild lebender Tiere nicht mehr als unvermeidbar beeinträchtigen.[105] Hierzu hat die Baugenehmigung erforderlichenfalls notwendige Nebenbestimmungen aufzunehmen, die sich zur Dimensionierung des Baukörpers, seiner Lage auf dem Grundstück oder der Bauausführung verhalten können.[106]

V. Die BauNVO als Maßstab

43 Entspricht die Eigenart der näheren Umgebung nach der **Art der baulichen Nutzung** einem der Baugebiete der BauNVO, beurteilt sich gemäß § 34 II BauGB die Zulässigkeit von Vorhaben hinsichtlich der Art der baulichen Nutzung nicht nach dem aus der näheren Umgebung abzuleitenden „Rahmen", sondern ausschließlich[107] nach der **BauNVO**.[108] Für dieses „faktische" Baugebiet i. S. der BauNVO sind die §§ 2 ff. BauNVO in der gleichen Weise anzuwenden wie in einem durch Bebauungsplan festgesetzten entsprechenden Baugebiet.[109] Diese Verweisung auf die BauNVO, die eine dynamische ist,[110] soll sicherstellen, dass ein gewachsenes Baugebiet, dessen Art der baulichen Nutzung der BauNVO und damit heutigen städtebaulichen Vorstellungen entspricht, bewahrt werden kann, ohne dass es dazu der Aufstellung eines lediglich sichernden und bewahrenden Bebauungsplans bedarf.[111] Die in der BauNVO ausnahmsweise zugelassenen **Arten** baulicher Nutzung können – wie die Verweisung des § 34 II BauGB auf § 31 I BauGB ergibt – zugelassen werden.[112] Befreiungen nach § 31 II BauGB sind ebenfalls möglich. § 15 BauNVO ist zudem anwendbar.[113] Die übrigen in § 34 I BauGB erwähnten Merkmale, nämlich **Nutzungsmaß**, **Bauweise** und **Grundstücksüberbauung** beurteilen sich nicht nach der BauNVO,

---

BNatSchG 2010, UPR 2010, 134 (137 ff.); *Louis*, Das neue Bundesnaturschutzgesetz, NuR 2010, 77 (81 ff.).

[104] *Düppenbecker/Greiving*, DVBl. 1999, 1014 (1016); *Mitschang/Wagner*, FFH-Verträglichkeitsprüfung in der Bauleitplanung, DVBl. 2010, 1257 (1260).

[105] BVerwGE 112, 321 (330 f.); BKL/*Krautzberger*, BauGB, § 34 Rn. 79.

[106] BVerwGE 112, 321 (333).

[107] *BVerwG* NVwZ 1990, 557 (558).

[108] Dazu *Lemmel*, Die Bedeutung der Baunutzungsverordnung für die Anwendung des § 34 BauGB, in: Festschr. für Schlichter, 1995, S. 353.

[109] *BVerwG* NVwZ-RR 1997, 463 (463 f.) zu einem „faktischen Mischgebiet". Siehe auch oben § 9 Rn. 2 ff.

[110] BVerwGE 68, 342 (351) = NVwZ 1984, 1768.

[111] Vgl. BVerwGE 68, 207 (209) = NJW 1984, 1572.

[112] *BVerwG* BRS 63 Nr. 102.

[113] *VGH Mannheim* NVwZ-RR 1996, 2 (3); *VGH Kassel* NVwZ-RR 1995, 633 (633 f.); *VGH München* NVwZ-RR 1990, 529 (530); BRS 50 Nr. 192.

sondern nach wie vor gem. § 34 I BauGB nach dem aus der näheren Umgebung abzuleitenden Rahmen. § 34 II BauGB gewährt Nachbarschutz.[114]

VI. Keine schädlichen Auswirkungen auf zentrale Versorgungsbereiche (§ 34 III BauGB)

1. Regelungszweck des § 34 III BauGB

Die Zulässigkeitskriterien des § 34 I, II BauGB sind in ihrer Wahrnehmung auf die nähere Umgebung beschränkt.[115] Ihre baurechtliche Koordinations- und Steuerungsleistung reicht nicht so weit, Fernwirkungen der zu beurteilenden Vorhaben mit in die Prüfung einzustellen.[116] Dies warf in der Vergangenheit häufiger Probleme bei der Ansiedlung großflächiger Einzelhandelsbetriebe auf, die sich durchaus in die nähere Umgebung einfügen konnten – z.B. wenn dort schon ein weiterer großflächiger Einzelhandelsbetrieb angesiedelt war –, gleichwohl aber erhebliche (auch negative) Auswirkungen auf Nachbargemeinden nach sich zogen.[117] So konnte es etwa zu Kaufkraftabflüssen kommen, die das nachbargemeindliche Einzelhandelskonzept empfindlich störten. Die Konfliktträchtigkeit wird dadurch begünstigt, dass selbst dann, wenn durch die drohende Ansiedlung eines Vorhabens mit störenden Fernwirkungen eine Planungspflicht nach § 1 III BauGB begründet wird,[118] dies dem Genehmigungsanspruch des Vorhabenträgers nicht entgegengehalten werden kann.[119] Sogar bei bewusster Nichtbeachtung der Planungspflicht vermag eine betroffene Nachbargemeinde sich nicht erfolgreich gegen die Genehmigung des großflächigen Einzelhandels zur Wehr setzen, da der Planungspflicht nach § 1 III BauGB kein insofern notwendiges, subjektives Recht korrespondiert.[120] § 34 III BauGB ist als **Reaktion auf dieses bauplanungsrechtliche Regelungsdefizit** konzipiert[121] und bestimmt, dass sowohl im Anwendungsbereich des § 34 I BauGB als auch des § 34 II BauGB Vorhaben nur dann zulässig sind, wenn sie keine schädlichen Auswirkungen auf zentrale Versorgungsbereiche in der Gemeinde oder in anderen Gemeinden erwarten lassen.[122] Ob das Vorhaben als großflächig anzusehen ist, ist dabei nicht maßgeblich.[123] Schwierigkeiten bereitet bei der Anwendung der Vorschrift allerdings

---

[114] BVerwGE 94, 151 (156) = NJW 1994, 1546; *BVerwG* NVwZ-RR 1997, 463 (464); *OVG Schleswig* NVwZ-RR 1995, 252 (252).
[115] Siehe oben § 26 Rn. 4 ff
[116] *Uechtritz*, § 34 III BauGB – Klarstellungen und offene Fragen, NVwZ 2007, 660 (660).
[117] *Uechtritz*, NVwZ 2004, 1025 (1029); *Janning*, BauR 2005, 1723 (1723 f.); *Erbguth*, Baurecht, § 8 Rn. 41.
[118] BVerwGE 119, 25 (29); siehe auch oben § 5 Rn. 8 ff.
[119] *Uechtritz*, NVwZ 2004, 1025 (1029).
[120] BVerwGE 119, 25 (36); *Paul*, NVwZ 2004, 1033 (1035); *Uechtritz*, NVwZ 2004, 1025 (1029).
[121] BT-Drs. 15/2250, S. 54.
[122] Dazu ausführlich *Janning*, BauR 2005, 1723; *Rieger*, UPR 2007, 366; *Reichelt*, Praxisprobleme der Neufassung des § 34 Abs. 3 BauGB: Geplante zentrale Versorgungsbereiche als Schutzgut? Kumulierte Auswirkungen mehrerer geplanter Vorhaben als Zulassungshindernis?, BauR 2006, 38; *Reidt*, UPR 2005, 241; *Vietmeier*, BauR 2005, 480; kritisch *Hoppe*, Das zentralörtliche Gliederungsprinzip: Keine Basis für Gemeindenachbarklagen und für ein klagebewehrtes raumordnungsrechtliches Kongruenzgebot – Gegen die Erweiterung der interkommunalen Klagebefugnis durch § 2 II 2 und § 34 III BauGB 2004-Entwurf, NVwZ 2004, 282 (285 ff.).
[123] BVerwGE 136, 10 (14 f.); *OVG Münster* ZfBR 2009, 687 (688).

noch der konkrete Sinngehalt der Begriffe „zentrale Versorgungsbereiche" und „schädliche Auswirkungen".[124]

2. Zentrale Versorgungsbereiche

45 Der Terminus „zentrale Versorgungsbereiche" ist nicht erst mit der Einführung des § 34 III durch das Europarechtsanpassungsgesetz Bau (EAG Bau)[125] in das Baurecht eingeführt worden. Er wird auch an anderen Stellen des BauGB herangezogen und im Wesentlichen gleichbedeutend angewandt.[126] Man versteht darunter **räumlich abgrenzbare Bereiche** einer Gemeinde,[127] denen aufgrund vorhandener Einzelhandelsnutzungen eine **Versorgungsfunktion über den unmittelbaren Nahbereich hinaus** zukommt, wobei es in größeren Gemeinden auch mehrere solcher zentralen Versorgungsbereiche geben kann.[128] Was konkreter als zentraler Versorgungsbereich zu verstehen ist, lässt sich auf Grundlage von Darstellungen und Festsetzungen in Bauleitplänen wie auch aus Raumordnungsplänen ermitteln.[129] Gleiches gilt für eindeutig nachvollziehbare tatsächliche Verhältnisse, welche die Konturen des zentralen Versorgungsbereichs ausgestalten können.[130] Im Hinblick auf die Eigentumsrelevanz des § 34 BauGB erscheinen unverbindliche planerische Konzeptionen problematisch, wenn diese als Maßstäbe herangezogen werden.[131] Mit Blick auf Art. 14 I 2 GG dürfte zumindest zu fordern sein, dass – in Anlehnung an das Kriterium der „Planreife" –[132] die wesentlichen Belange in eine Abwägung eingeflossen sind, Betroffene beteiligt wurden und eine Beschlussfassung der Gemeindevertretung erfolgt ist. Des Weiteren muss der Versorgungsbereich unter Berücksichtigung der infrastrukturellen Gegebenheiten **funktional** ein Zentrum der Versorgung für den Einzugsbereich des fraglichen Gebiets bilden, um **zentral** zu sein.[133] Insofern lassen sich Innenstadt-, Neben-, Grund- wie auch Nahversorgungszentren unterscheiden,[134] wobei auch Grund- und Nahversorgungszentren zentrale Versorgungsbereiche sein können.[135]

---

[124] *Uechtritz*, BauR 2007, 476 (487).
[125] BGBl. 2004 I S. 1359.
[126] Vgl. § 1 VI Nr. 4, § 2 II 2, § 9 II a 2, 3 BauGB sowie in § 11 III 3 BauNVO. Dazu auch *Söfker*, Zentrale Versorgungsbereiche, in: Jarass, Einzelhandel und Planungsrecht, 2011, i. E.
[127] Vgl. dazu auch *BVerwG* NVwZ 2009, 781 (782).
[128] BVerwGE 136, 10 (12, 14); BKL/*Krautzberger*, BauGB, § 34 Rn. 55; *Scheidler*, Der Schutz zentraler Versorgungsbereiche vor großflächigen Einzelhandelsbetrieben, NWVBl. 2010, 336 (339).
[129] *Hoffmann/Kassow*, Der Einfluss von städtischen Einzelhandelskonzepten auf die baurechtliche Zulässigkeit von Vorhaben, BauR 2010, 711 (714). EZBK/*Söfker*, BauGB, § 34 Rn. 86 d. Jedoch kann aus landesplanerischen Zielvorgaben nichts zur *Schädlichkeit* von Auswirkungen des Vorhabens hergeleitet werden; vgl. BVerwGE 136, 18 (24 ff.).
[130] BVerwGE 129, 307 (310).
[131] *Reichelt*, Praxisprobleme der Neufassung des § 34 Abs. 3 BauGB: Geplante zentrale Versorgungsbereiche als Schutzgut? Kumulierte Auswirkungen mehrerer geplanter Vorhaben als Zulassungshindernis?, BauR 2006, 38 (40 ff.); siehe auch *Schoen*, Zulässigkeit von Einzelhandelsvorhaben im Anwendungsbereich des § 34 BauGB, BauR 2010, 2034 (2043 f.).
[132] Siehe ergänzend oben § 8 Rn. 39.
[133] *OVG Münster* NVwZ 2007, 727 (730); *Schoen*, Zulässigkeit von Einzelhandelsvorhaben im Anwendungsbereich des § 34 BauGB, BauR 2010, 2034 (2040 f.); *Gatawis*, Die Neuregelung des § 34 III Baugesetzbuch (BauGB), NVwZ 2006, 272 (274); *Wahlhäuser*, BauR 2007, 1359 (1360 f.); *Scheidler*, Der Schutz zentraler Versorgungsbereiche vor großflächigen Einzelhandelsbetrieben, NWVBl. 2010, 336 (339).
[134] *Wahlhäuser*, BauR 2007, 1359 (1360 f.).
[135] BVerwGE 136, 18 (28).

3. Schädliche Auswirkungen

Die Konkretisierung des Begriffs der **„schädlichen Auswirkungen"** nach § 34 III **46** BauGB wirft weiterhin Probleme auf, da der Gesetzgeber § 34 III BauGB keine materiellen Maßstäbe beigelegt hat. Auch die Vermutungsregelung des § 11 III 4 BauNVO kann trotz der begrifflichen Nähe zu § 11 III 3 BauNVO nicht herangezogen werden,[136] da § 34 III BauGB auf die Einbeziehung von vorhabenbezogenen Fernwirkungen abzielt, nicht aber großflächige Einzelhandelsbetriebe ab einer Geschossfläche von 1200 qm **per se** einer negativen Regelvermutung unterwerfen will.[137] Überdies wäre § 34 III BauGB damit tendenziell zu eng verstanden. § 34 III BauGB beschränkt sich nämlich nicht nur auf die Steuerung der Ansiedlung großflächiger Einzelhandelsbetriebe, sondern erfasst auch andere Vorhabentypen, die nicht von § 11 III 4 BauGB adressiert werden.[138]

Überwiegend als schädlich werden Auswirkungen eingestuft, wenn zu erwarten ist, **47** dass sie die **städtebauliche Entwicklung und Ordnung der (Nachbar-)Gemeinden betreffen** sowie **unmittelbarer und gewichtiger Art** sind.[139] Dabei kommt einem verursachten **Kaufkraftabfluss** eine wesentliche Bedeutung zu. Diesbezüglich verwendete pauschale Prozentsätze – wie die häufig vorgefundene Formel von Umsatzabflüssen in Höhe von 10-20 % –[140] sind für sich genommen jedoch in der Regel unzureichend. Sie werden der Vielschichtigkeit und Individualität der verschiedenen Genehmigungssituationen zumeist nicht gerecht, da sie andere, ebenfalls relevante städtebauliche Belange – wie etwa räumliche Entfernungen – unberücksichtigt lassen, und so die jeweiligen räumlichen und sozio-ökonomischen Besonderheiten nicht vollständig erfassen.[141] Dies gilt entsprechend für einen Verkaufsflächenvergleich. Auch er kann für sich allein nicht genügen, um auf schädliche Auswirkungen zu schließen.[142]

4. Sonderregelung des § 9 II a BauGB

Um Anwendungsschwierigkeiten des § 34 III BauGB in der Praxis abzumildern, hat **48** sich der Gesetzgeber dazu entschlossen, mit § 9 II a BauGB ein weiteres Instrument

---

[136] *BVerwG* NVwZ 2009, 779 (780); *OVG Münster* NVwZ 2007, 727 (732); NJW-Spezial 2009, 109; *Kraus/Feise*, Einzelhandelsprojekte im unbeplanten Innenbereich, UPR 2010, 331 (335); *Johlen*, Die Anwendung von § 34 Abs. 3 BauGB – bei der Erweiterung bestehender Einzelhandelsbetriebe, BauR 2008, 459 (460); *Hoffmann*, NVwZ 2010, 738 (740); auch *Schneidler*, Der Schutz zentraler Versorgungsbereiche vor großflächigen Einzelhandelsbetrieben, NWVBl. 2010, 336 (342). Offen gelassen von *BVerwG* ZfBR 2010, 580 (580 f.).
[137] *Uechtritz*, NVwZ 2004, 1025 (1032); *Erbguth*, Baurecht, § 8 Rn. 44.
[138] BVerwGE 136, 10 (14 f.); *Wahlhäuser*, BauR 2007, 1359 (1361).
[139] Vgl. BVerwGE 129, 307 (311 ff.); 136, 18 (20 f.); *BVerwG* NVwZ 2009, 781 (782); *Uechtritz*, Die Neuregelungen zur standortgerechten Steuerung des Einzelhandels – Versuch einer Zwischenbilanz DVBl. 2006, 799 (809); *ders.*, § 34 III BauGB – Klarstellungen und offene Fragen, NVwZ 2007, 660 (662 f.); *Johlen*, Die Anwendung von § 34 Abs. 3 BauGB – bei der Erweiterung bestehender Einzelhandelsbetriebe, BauR 2008, 459 (460 ff.).
[140] Vgl. *Uechtritz*, NVwZ 2004, 1025 (1031).
[141] *OVG Münster* NVwZ 2007, 727 (730 ff.); NWVBl. 2010, 349 (349); *Hoppe*, Das zentralörtliche Gliederungsprinzip: Keine Basis für Gemeindenachbarklagen und für ein klagebewehrtes raumordnungsrechtliches Kongruenzgebot – Gegen die Erweiterung der interkommunalen Klagebefugnis durch § 2 II 2 und § 34 III BauGB 2004-Entwurf, NVwZ 2004, 282 (287); *Schlarmann/Hamann*, Marktgutachten – Ein geeignetes Instrument zur Prognose der Auswirkungen von Einzelhandelsvorhaben im Rahmen von § 34 III BauGB?, NVwZ 2008, 384 (386 f.). Ähnlich BVerwGE 136, 10 (15): „auf die Umstände des Einzelfalls abstellende Prognose".
[142] BVerwGE 129, 307 (316); *OVG Münster* BRS 71 Nr. 90.

zur Verfügung zu stellen, um das Genehmigungsverfahren zu erleichtern.[143] Mit einem **einfachen Bebauungsplan der Innenentwicklung** können Festsetzungen getroffen werden, die bauliche Nutzungen im (zuvor) unbeplanten Innenbereich für zulässig bzw. unzulässig oder nur ausnahmsweise zulässig erklären.[144] Das legislativ angebotene Instrument ist sicherlich nicht das einzige,[145] vermag jedoch viele Problemlagen zu entschärfen.

Lösung zu Fall 24:

49 Die Nutzung der ehemaligen Landmaschinenwerkstatt zur Errichtung einer Kfz-Werkstatt ist im unbeplanten Innenbereich unzulässig, wenn sie sich nicht in die **nähere Umgebung einfügt** (§ 34 I BauGB). Davon ist insbesondere dann auszugehen, wenn die beabsichtigte Nutzung für das fragliche Referenzgebiet nicht mehr **prägend** ist. In das aktuelle Umfeld – fast allgemeine Wohnbebauung – fügt sich V's Vorhaben nicht ein. Das Umfeld ist eben nicht von Kfz-Werkstätten oder anderen (störenden) Gewerbebetrieben geprägt. Die Ablehnung seiner Baugenehmigung liegt somit nahe. Jedoch könnte dem V zugutekommen, dass er auf seinem Grundstück bereits früher eine ähnliche Nutzung ausgeübt hat. Ein Altbestand, der vernichtet, oder eine Nutzung, die aufgegeben worden ist, verliert nämlich nicht automatisch die prägende Kraft, von der § 34 I BauGB es abhängen lässt, wie weit der Bezugsrahmen reicht. Die Prägung dauert – mit Blick auf Art. 14 GG – fort, solange mit einer **Wiederbebauung** oder einer **Wiederaufnahme der Nutzung** zu rechnen ist. Innerhalb welcher zeitlichen Grenzen Gelegenheit besteht, an die früheren Verhältnisse anzuknüpfen, richtet sich nach der Verkehrsauffassung. Zur Bestimmung der Verkehrsauffassung kann ein an § 35 IV Nr. 3 BauGB entwickeltes **Zeitmodell** als Orientierungshilfe dienen. Danach rechnet die Verkehrsauffassung im ersten Jahr nach der Zerstörung eines Bauwerks stets mit dem Wiederaufbau. Eine Einzelfallprüfung erübrigt sich. Im zweiten Jahr nach der Zerstörung spricht eine Regelvermutung für die Annahme, dass die Verkehrsauffassung einen Wiederaufbau noch erwartet. Sie kann jedoch im Einzelfall entkräftet werden, wenn Anhaltspunkte für das Gegenteil sprechen. Nach Ablauf von zwei Jahren kehrt sich die Regelvermutung um. Es ist davon auszugehen, dass die Grundstückssituation nach so langer Zeit nicht mehr für eine Neuerrichtung offen ist. Der Bauherr hat besondere Gründe dafür darzulegen, dass die Zerstörung des Gebäudes oder die Nutzungsaufgabe noch keinen als endgültig erscheinenden Zustand herbeigeführt hat. Unter Beachtung dieses Zeitmodells musste auf V's Grundstück mit der Aufnahme einer nunmehr störenden Nutzung – hier als Kfz-Werkstatt – acht Jahre nach Aufgabe der ursprünglichen Nutzung als Landmaschinenwerkstatt und vier Jahre nach Einstellung der Nutzung als Getränkeauslieferungslager nicht mehr gerechnet werden. V's ehemalige Grundstücksnutzungen sind folglich nicht mehr prägend. Sein Vorhaben fügt sich nicht mehr gem. § 34 I BauGB in die nähere Umgebung ein.

---

[143] BT-Drs. 16/2496, S. 11.
[144] Siehe hierzu auch § 6 Rn. 98.
[145] Siehe etwa *Sparwasser*, VBlBW 2007, 281 (282); *Schmitz*, ZfBR 2007, 532 (538). Zur Sicherung zentraler Versorgungsbereiche durch eine Veränderungssperre; OVG Koblenz NVwZ-RR 2010, 468 (470).

§ 27. Vorhaben im Außenbereich

Schrifttum: *Bienek/Krautzberger,* Aktuelle Fragen zum städtebaulichen Innenbereich nach § 34 BauGB und zum Außenbereich nach § 35 BauGB, UPR 2008, 81; *Ekardt/Kruschinski,* Bioenergieanlagen: Planungsrechtliche Minimierung möglicher Nutzungskonflikte, ZNER 2008, 7; Gaudi, Die angemessene Erweiterung eines Gewerbebetriebes im Außenbereich, NVwZ 1996, 849; *Gehrken/Kahle/Mechel,* Mobilfunkanlagen im öffentlichen Immissionsschutz- und Baurecht, ZUR 2006, 72; *Hentschke/Urbisch,* Baurechtliche Zulässigkeit für Biomasseanlagen im unbeplanten Außenbereich nach dem EAG Bau, AUR 2005, 41; *Hinsch,* Rechtliche Probleme der Energiegewinnung aus Biomasse, ZUR 2007, 401; *Hoppe,* Zur planakzessorischen Zulassung von Außenbereichsvorhaben durch Raumordnungs- und durch Flächennutzungspläne – Zugleich Anmerkungen zur Rechtsprechung des Bundesverwaltungsgerichts zur raumordnungsrechtlichen Zielbindung nach § 35 Abs. 3 BauGB, DVBl. 2003, 1345; *Jochum,* Die Genehmigung von Großvorhaben im Außenbereich: Von der Planungshoheit zur Planungsobliegenheit der Gemeinden – Zur Änderung der Rechtsprechung des Bundesverwaltungsgerichts zum bebauungsrechtlichen Planungserfordernis im Rahmen des § 35 Abs.2 BauGB (BVerwG, Urteil vom 1. 8. 2002, 4 C 5.01; 4 C 9.01), BauR 2003, 31; *Kment,* Die strikte Rechtsbindung Privater an die Ziele der Raumordnung im Rahmen des § 35 Abs. 3 Sätze 2 und 3 BauGB, UPR 2002, 428; *ders.,* Unmittelbarer Rechtsschutz Privater gegen Ziele der Raumordnung und Flächennutzungspläne im Rahmen des § 35 III BauGB, NVwZ 2003, 1047; *ders.,* Die unmittelbare Außenwirkung des Flächennutzungsplans, NVwZ 2004, 314; *Köck/Bovet,* Windenergieanlagen und Freiraumschutz – Rechtliche Anforderungen an die räumliche Steuerung von Windenergieanlagen, NuR 2008, 529; *Krautzberger,* Bodenschutz und Baurecht auf Zeit im Außenbereich, UPR 2010, 81; *Lampe,* Die unterschiedlichen rechtlichen Anforderungen an die Zulassung von Biomasseanlagen, NuR 2006, 152; *Mantler,* Biomasseanlagen im Außenbereich – Die bauplanungsrechtliche Zulässigkeit von Vorhaben zur energetischen Nutzung von Biomasse nach § 35 Abs. 1 Nr. 6 BauGB, BauR 2007, 50; *Mitschang,* Standortkonzeptionen für Windenergieanlagen auf örtlicher Ebene, ZfBR 2003, 431; *ders.,* Sachliche und rechtliche Anforderungen an die Zulassung und planerische Steuerung von Fotovoltaikfreiflächenanlagen, NuR 2009, 821; *Ortloff,* Ermessen in § 35 II BauGB – hat das Gesetz doch recht?, NVwZ 1988, 320; *Reidt,* Die Bedeutung von (in Aufstellung befindlichen) Zielen der Raumordnung bei der Genehmigung von Bauvorhaben Privater, ZfBR 2004, 430; *Scheidler,* Die planerische Steuerung von Windkraftanlagen auf örtlicher und überörtlicher Ebene, LKRZ 2010, 41; *Schidlowski/Duikers,* Mobilfunk und Gesundheitsschutz – zur bauplanungsrechtlichen Zulässigkeit von Mobilfunksendeanlagen, BauR 2007, 1503; *Schrödter,* Intensivtierhaltung im Außenbereich, NST-N 2010, 102; *Seibel,* Das Rücksichtnahmegebot im öffentlichen Baurecht, BauR 2007, 1831; *Söfker,* Bauplanungsrechtliche Beurteilung von gewerblichen Tierhaltungsbetrieben im Außenbereich und die Steuerung ihrer Ansiedlung, NVwZ 2008, 1273; *Stollmann,* Bauplanungsrechtliche Zulässigkeit von Vorhaben nach § 35 BauGB, JuS 2003, 855; *Ziegler,* Dauerhaftigkeit „auf Generationen"? Zur zeitlichen Dimension des landwirtschaftlichen Betriebs im Außenbereich nach § 35 I Nr. 1 BauGB, NVwZ 2010, 748.

Fall 25 (nach *BVerwG* NVwZ 2001, 1282):

E ist Eigentümer eines Grundstücks im Außenbereich, das im Flächennutzungsplan der Stadt S als Fläche für die Landwirtschaft dargestellt ist. Auf dem Grundstück befand sich früher die Hofstelle des landwirtschaftlichen Betriebs, der von dem verstorbenen Großvater G des E bewirtschaftet wurde. Vorhanden sind ein mehrfach umgebautes Bauernhaus mit drei Wohnungen und eine Getreidescheune. Auf dem Nachbargrundstück steht ein Einfamilienwohnhaus, das als Altenteilerhaus genehmigt worden war. Nach dem Tod des Großvaters des E im Jahr 2004 wurde der landwirtschaftliche Betrieb vollständig aufgegeben. Die Scheune wurde an einen Landwirt L verpachtet, dessen Hofstelle etwa 300 m entfernt ist. Dieser nutzte die Scheune bis 2009 für die eigene Landwirtschaft.

1

Nunmehr beantragt E einen Bauvorbescheid für den Einbau von drei Wohnungen in die Getreidescheune. Wird E den erwünschten Bauvorbescheid bekommen?
Lösung: Rn. 85

I. Freihalten des Außenbereichs

2   Da mit Grund und Boden als der natürlichen Lebensgrundlage des Menschen sparsam und schonend umgegangen werden muss (§ 1 a II 1 Hs. 1 BauGB), beschränkt das BauGB die bauliche Nutzung prinzipiell auf diejenigen Grundstücke, die durch Bebauungsplan **als Bauland ausgewiesen** (§ 30 BauGB) oder, obwohl unbeplant, aufgrund ihrer Lage in einem im Zusammenhang bebauten Ortsteil **tatsächlich Bauland** sind (§ 34 BauGB). Das übrige Gemeindegebiet[1] – das den Außenbereich der Gemeinde bildet – soll hingegen tunlichst von Bebauung freigehalten werden.[2] Deshalb lässt § 35 I BauGB im Außenbereich nur diejenigen (sog. „**privilegierten**") Vorhaben zu, die ihrer Natur nach in diesen Bereich gehören.[3] Alle übrigen („**sonstigen**") Vorhaben sind nach § 35 II BauGB im Außenbereich nur „im Einzelfall" zulässig, was einem Bauverbot nahe kommt. Lediglich nach § 35 IV BauGB können diese unter besonderen Voraussetzungen Genehmigungserleichterungen erfahren (sog. **teilprivilegierte Vorhaben**). Die Regelungsstruktur des § 35 BauGB soll eine weitreichende Schonung unbebauter Landschaft gewährleisten,[4] obschon die Umwandlung von Freiflächen in Wohn-, Verkehrs-, Freizeit- und Gewerbeflächen entgegen dem erklärten Ziel der Bundesregierung für das Jahr 2020[5] nicht spürbar abnimmt, sondern nahezu unvermindert bei einem Niveau von etwas unter 120 ha pro Tag anhält.[6]

II. Begriff des Außenbereichs und Grenzziehung zum Innenbereich

3   **Außenbereich** ist in Anlehnung an die Begriffsbestimmung des früheren § 19 I Nr. 3 BauGB a. F. derjenige Teil des Gemeindegebiets, der nicht qualifiziert oder vorhabenbezogen beplant (§ 30 I, II BauGB) ist und auch keinen im Zusammenhang bebauten Ortsteil (§ 34 BauGB) bildet. Der Außenbereich wird mithin nicht durch bestimmte Begriffsmerkmale, sondern in der Weise **negativ bestimmt**, dass Außenbereich die **Gesamtheit der von den §§ 30 I, II, 34 BauGB nicht erfassten Flächen des Gemeindegebiets** ist.[7] Dies stellt sicher, dass ein Vorhaben immer einem der drei städtebaulichen Bereiche der §§ 30, 34 oder 35 BauGB zugeordnet werden kann, notfalls dem Außenbereich. Die genaue **Grenzziehung** zwischen beplantem oder unbeplantem Innen- und dem Außenbereich erfolgt damit von §§ 30, 34 BauGB her: Innen-

---

[1] Prinzipiell gehört in der Bundesrepublik Deutschland jedes Grundstück zu einem Gemeindegebiet. Nur ausnahmsweise gibt es gemeindefreie Grundstücke, beispielsweise größere Truppenübungsplätze. Dazu *Zöllner*, Bauleitplanung im gemeindefreien Gebiet?, BayVBl. 1987, 549. Die Vorschriften der Bauleitplanung gelten, da gemeindebezogen, in gemeindefreien Gebieten nicht, BVerwGE 99, 127 (129) = NVwZ 1996, 265.

[2] *BVerwG* BRS 25 Nr. 58; 23 Nr. 85.

[3] Zur aktuellen Entwicklung des § 35 BauGB siehe *Bienek/Krautzberger*, UPR 2008, 81.

[4] *Stollmann*, JuS 2003, 855 (855); *Bracher*, in: Gelzer/Bracher/Reidt, Bauplanungsrecht, Rn. 2103.

[5] Die Nachhaltigkeitsstrategie der Bundesregierung aus dem Jahr 2002 (S. 99) visiert einen Flächenverbrauch von maximal 30 ha pro Tag an.

[6] *Sachverständigenrat für Umweltfragen*, Umweltgutachten 2008, Rn. 490.

[7] Vgl. *BVerwGE* 41, 227 = NJW 1973, 1014; *BVerwG* NVwZ 1997, 899 (899).

bereich ist jeder qualifiziert oder vorhabenbezogen beplante Bereich und jeder Bebauungszusammenhang, der aufgrund der Zahl der vorhandenen Bauten ein gewisses Gewicht besitzt und Ausdruck einer organischen Siedlungsstruktur, also ein Ortsteil ist.[8] Normativ kann die Grenze zwischen dem Innen- und dem Außenbereich durch Satzungen nach § 34 IV BauGB gezogen werden.[9] Dem Außenbereich steht nach § 30 III BauGB nicht entgegen, dass für das Gebiet ein einfacher Bebauungsplan besteht.[10]

III. Privilegierte Vorhaben

§ 35 I BauGB zählt **abschließend** die Vorhaben auf, die nach Auffassung des Gesetzgebers im Außenbereich zulässig sind, wenn ihnen öffentliche Belange nicht entgegenstehen und die Erschließung gesichert ist.[11] Sie werden als „**privilegierte**" **Vorhaben** bezeichnet. Soweit das Außenbereichsgrundstück im Geltungsbereich eines einfachen Bebauungsplans liegt, was nur selten vorkommt, ist vorrangig der Bebauungsplan zu beachten (§ 30 III BauGB).[12]

1. Begriff der privilegierten Vorhaben

Nach **§ 35 I BauGB** sind im Außenbereich Vorhaben zulässig, die

– einem land- oder forstwirtschaftlichen Betrieb (Nr. 1) oder
– einem Betrieb der gartenbaulichen Erzeugung (Nr. 2) dienen oder
– ortsgebunden sind (Nr. 3) oder
– wegen ihrer Anforderungen, Auswirkungen oder Zweckbestimmung außenbereichsbezogen sind (Nr. 4) oder
– der Wind- oder Wasserenergie (Nr. 5) oder
– der energetischen Nutzung von Biomasse (Nr. 6) oder
– der Kernenergie (Nr. 7) dienen.

Soll ein im Außenbereich errichtetes privilegiertes Vorhaben nicht privilegiert genutzt werden, bedarf die **Nutzungsänderung** der Genehmigung, die in der Regel zu versagen ist. Das Vorhaben verliert dadurch seinen Bestandsschutz.[13]

a) Vorhaben der Land- und Forstwirtschaft

Nach § 35 I Nr. 1 BauGB ist ein Vorhaben im Außenbereich zulässig, das einem **land- oder forstwirtschaftlichen Betrieb** dient und nur einen **untergeordneten Teil** der Betriebsfläche einnimmt.[14]

aa) Land- und Forstwirtschaft

Landwirtschaft ist nach **§ 201 BauGB** insbesondere der Ackerbau, die Wiesen- und Weidewirtschaft einschließlich Tierhaltung auf überwiegend eigener Futtergrund-

---

[8] Siehe dazu bereits oben § 26 Rn. 8.
[9] Siehe oben § 26 Rn. 9 ff.
[10] Siehe bereits § 23 Rn. 11.
[11] Zur Sicherung der Erschließung siehe unten § 29.
[12] Dazu auch *VGH Mannheim* BRS 39 Nr. 40.
[13] *BVerwG* NVwZ-RR 1995, 312 (312).
[14] Zu baurechtlichen Fragen der Land- und Forstwirtschaft *Ziegler*, Bauplanungsrechtliche Abgrenzungsprobleme beim Begriff der Landwirtschaft und bei den im Außenbereich privilegierten Vorhaben landwirtschaftlicher Betriebe, DVBl. 1986, 451; *ders.*, NVwZ 2010, 748; *Hagemann*, Überlegungen zum Rechtsbegriff der "Landwirtschaft" nach § 201 BauGB, AgrarR 1987, 261.

lage,[15] die gartenbauliche Erzeugung, der Erwerbsobstbau, der Weinbau, die berufsmäßige Imkerei[16] und die Binnenfischerei.[17] Aktuell relevant geworden ist zudem die Gewinnung von Biogas durch das Vergären von Biomasse.[18] Merkmal der landwirtschaftlichen Nutzungsarten ist die **unmittelbare Bodenertragsnutzung**.[19] Deshalb sind eine Massentierhaltung ohne eigene Futtergrundlage[20] oder die Zucht von Weinbergschnecken[21] keine Landwirtschaft. Betriebsweisen, die der Verarbeitung oder dem Absatz der in der Landwirtschaft erzeugten Güter dienen, können „Landwirtschaft" sein und nehmen dann an der Privilegierung teil.[22]

9 **Beispiel:** Zum Erwerbsobstbau kann das Brennen des selbsterzeugten Obstes, zum Weinbau die Verarbeitung der Trauben,[23] zur Pferdezucht die reiterliche Erstausbildung der Jungpferde[24] gehören.

10 Nicht zur Landwirtschaft rechnen Betriebe, die nur einen **mittelbaren Bezug** zur Landwirtschaft aufweisen.

11 **Beispiel:** Einen nur mittelbaren Bezug haben landwirtschaftliche Lohnunternehmen[25] oder der Schmied, Schlosser oder Wagenbauer.

12 Anders als die Landwirtschaft wird die **Forstwirtschaft** im BauGB nicht definiert. Es handelt sich dabei um die planmäßige, den Anbau, die Pflege und den Abschlag umfassende Bewirtschaftung von Wald zum Zwecke der Holzgewinnung.[26] Die Ausführung forstwirtschaftlicher Arbeiten für Dritte ist ebenso wenig ein forstwirtschaftlicher Betrieb[27] wie die Verarbeitung des Stammholzes.[28]

bb) Betrieb

13 Land- und Forstwirtschaft sind privilegiert, wenn sie in der Form eines „**Betriebs**" geführt werden.[29] Dahinter steht der Gedanke, dass der Außenbereich nur für eine

---

[15] *OVG Lüneburg* BRS 54 Nr. 66; *VGH Mannheim* BRS 52 Nr. 73; BRS 52 Nr. 74; *VGH München* NVwZ-RR 2005, 522 (523); *Küster*, Pensionspferdehaltung im Innen- und Außenbereich, RdL 1985, 227.
[16] *Gercke*, Bienenhaltung im Recht, RdL 1988, 3.
[17] Siehe auch *VGH Mannheim* ZfBR 2010, 164 (166 f.).
[18] *OVG Schleswig* NordÖR 2007, 41 (42).
[19] BVerwGE 34, 1 (1); daran hat nach *BVerwG* NJW 1981, 139 (140) die nachträgliche Aufnahme von Imkerei und Binnenfischerei in den Begriff der Landwirtschaft nichts geändert.
[20] *BVerwG* NVwZ-RR 1997, 590; *BVerwG* NJW 1981, 139 (140) – Schweinemastbetrieb; *VGH Kassel* BRS 49 Nr. 209; *OVG Lüneburg* NVwZ-RR 2003, 342 (343) – Intensivhühnerhaltung. Vgl. auch *Nebelsiek/Schmidt*, Der Entwurf des Gesetzes zur Anpassung des Baugesetzbuchs an EU-Richtlinien (Europarechtsanpassungsgesetz Bau – EAG Bau), NordÖR 2004, 93 (99); *Söfker*, NVwZ 2008, 1273 (1274); *Schrödter*, 102 (103). Die Massentierhaltung kann aber nach § 35 I Nr. 4 BauGB privilegiert sein. Dazu *BVerwG* NVwZ 1984, 169 (170) – Geflügelmaststall mit 180 000 Mastplätzen; *OVG Münster* BRS 74 Nr. 160; *Söfker*, NVwZ 2008, 1273 (1274 ff.); *Scheidler*, Baurechtliche und immissionsschutzrechtliche Vorhaben für landwirtschaftliche und gewerbliche Tierhaltung, RdL 2010, 281 (282).
[21] *OVG Münster* BRS 16 Nr. 32.
[22] *BVerwG* NVwZ 1986, 203 (204); NVwZ-RR 1999, 106 (106 f.); NVwZ 2007, 224; verneint von *BVerwG* NVwZ 1989, 559 (559) für Schank- und Speisewirtschaft eines Winzerbetriebs.
[23] *VGH Mannheim* BRS 39 Nr. 79.
[24] *BVerwG* NVwZ 1986, 201 (202); NVwZ 1986, 203 (203 f.). Zur Pferdezucht als Landwirtschaft ferner *OVG Lüneburg* BRS 46 Nr. 84; BRS 46 Nr. 85; *VGH Kassel* BRS 42 Nr. 84; *OVG Münster* BRS 42 Nr. 85.
[25] *BVerwG* NVwZ-RR 1990, 64.
[26] *BVerwG* BRS 40 Nr. 71; NVwZ 2007, 224.
[27] *BVerwG* NVwZ-RR 1997, 9.
[28] *BVerwG* NVwZ 2007, 224.
[29] Zum Folgenden BVerwGE 41, 138 (140 f.); *BVerwG* BRS 49 Nr. 92; NVwZ 1986, 916;

ernsthafte, auf Dauer angelegte und damit **nachhaltige landwirtschaftliche Betätigung** zur Verfügung gestellt werden soll,[30] nicht hingegen für eine Landwirtschaft, die zur Freizeitgestaltung bzw. als Hobby betrieben wird.[31] Die Rechtsprechung hat **Kriterien** entwickelt, deren Fehlen in der Regel darauf hindeutet, dass die Land- oder Forstwirtschaft nicht in der Form eines „Betriebs" geführt wird.[32] Diese Kriterien sind:

– die objektive Möglichkeit der **Gewinnerzielung**,[33]
– der mehr oder minder auf Dauer, „für Generationen", gesicherte Zugriff auf die notwendigen **Nutzflächen**, was in der Regel Eigentum erfordert und der Verwendung von Pachtland Grenzen zieht,[34]
– die persönliche, insbesondere fachliche und wirtschaftliche **Eignung** des Land- oder Forstwirts.[35]

cc) Dienen

Das Vorhaben muss dem land- oder forstwirtschaftlichen Betrieb „dienen".[36] Zweck dieses Merkmals ist es, Missbräuchen, insbesondere dem gerade im Außenbereich häufigen Versuch der Umgehung zu begegnen. Es soll zum Schutz des Außenbereichs sichergestellt werden, dass das Vorhaben tatsächlich in einer **funktionalen Beziehung zu dem land- oder forstwirtschaftlichen Betrieb** steht. Dies setzt zweierlei voraus:[37]

– das Vorhaben muss nach der konkreten Wirtschaftsweise dem Betrieb **funktional zugeordnet** sein. Es reicht nicht aus, wenn es dem Betrieb lediglich förderlich ist; dagegen ist es nicht erforderlich, dass es für den Betrieb unentbehrlich ist;
– es muss nach Gestaltung und Ausstattung durch den **betrieblichen Verwendungszweck geprägt** sein.

Beispiele: Die beiden Merkmale zur „funktionalen Beziehung" treffen auf typische Betriebsgebäude wie Ställe, Scheunen, Silos, aber auch auf Wohngebäude für den Landwirt, seine Familie oder seine Betriebsangehörigen[38] oder auf Altenteilerhäuser[39] zu. Keinem landwirtschaftlichen Betrieb dient wegen des Fehlens einer „Prägung für den angegebenen Zweck" eine nur teilweise den landwirtschaftlichen Betrieb versorgende Windenergieanlage,[40] ein als Aufbewahrungsort für Geräte, Futter und Spritzmittel sowie für die gelegentliche Unterbringung von Arbeits-

---

BRS 46 Nr. 76. Bei Betrieben in den neuen Ländern sind nach *VG Meiningen* LKV 1995, 300 die Besonderheiten zu berücksichtigen, die sich aus der Auflösung der landwirtschaftlichen Produktionsgenossenschaften ergeben.
[30] *BVerwG* BRS 64 Nr. 92; *VGH Mannheim* BRS 64 Nr. 93.
[31] *BVerwG* BRS 67 Nr. 96 – Haltung von zwei Pferden reicht nicht aus.
[32] Vgl. dazu etwa BVerwGE 122, 308 (310).
[33] Zur Gewinnerzielung BVerwGE 122, 308 (312); *BVerwG* NVwZ 1986, 916; BRS 46 Nr. 76.
[34] Siehe dazu BVerwGE 41, 138 (141); 122, 308 (311); *BVerwG* BRS 49 Nr. 92; BRS 46 Nr. 76; *Ziegler*, NVwZ 2010, 748.
[35] BVerwGE 122, 308; *BVerwG* BRS 67 Nr. 96; NVwZ-RR 1997, 9; *OVG Münster* OVGE 26, 35.
[36] Zum Folgenden BVerwGE 26, 121 (124); 41, 138 (141); *BVerwG* NVwZ-RR 1992, 400 (400 f.); NVwZ-RR 1992, 401 (402).
[37] BK/*Roeser*, BauGB, § 35 Rn. 27 f.
[38] *OVG Münster* OVGE 25, 108.
[39] Zum Altenteilerhaus *BVerwG* NVwZ 1985, 183 (183 f.); BRS 24 Nr. 57; BRS 24 Nr. 58; *OVG Lüneburg* BRS 50 Nr. 89.
[40] BVerwGE 96, 95 (103 f.) = NVwZ 1995, 64. Sie ist nach § 35 I Nr. 6 BauGB privilegiert.

kräften errichteter Massivbau mit zwei Aufenthaltsräumen, Kochnische und überdachter Terrasse, also ein typisches **Wochenend- oder Ferienhaus**.[41]

16 Da die beiden Merkmale der funktionalen Zuordnung und der betrieblichen Prägung den Gedanken größtmöglicher Schonung des Außenbereichs nicht enthalten, ist weiterhin erforderlich, dass unter Berücksichtigung dieses Grundsatzes ein „**vernünftiger Landwirt**" das Bauvorhaben mit etwa gleichem Verwendungszweck und mit etwa gleicher Gestaltung und Ausstattung für einen entsprechenden Betrieb errichten würde.[42] Mit dem Wortlaut des § 35 I Nr. 1 BauGB lässt sich diese ausgefächerte Auslegung kaum vereinbaren, wohl aber mit seinem Zweck. Schutz und Schonung des Außenbereichs sind die tragenden Motive dieses Rechtsverständnisses.

dd) Untergeordneter Teil der Betriebsfläche

17 Das Vorhaben darf nur einen **untergeordneten Teil** der Betriebsfläche einnehmen.[43] Dies soll sicherstellen, dass zur Wahrung des Charakters des Außenbereichs der wesentliche Teil der Betriebsgrundstücke unbebaut und damit als Freifläche erhalten bleibt. Für Betriebe auf kleinem Grundstück begrenzt dies die Möglichkeiten baulicher Erweiterung.

b) Betrieb der gartenbaulichen Erzeugung

18 Nach § 35 I Nr. 2 BauGB ist ein Betrieb privilegiert, welcher der **gartenbaulichen Erzeugung** dient.[44] Er ist damit als solcher und nicht mehr – wie früher lange Zeit – nur als „Unterart" der Landwirtschaft (§ 201 BauGB) im Außenbereich privilegiert zulässig.[45] Außerdem ist die für die Landwirtschaft geltende Beschränkung der baulichen Anlagen auf einen „untergeordneten Teil der Betriebsfläche" entfallen. Flächendeckende Gewächshäuser sind daher möglich.

c) Ortsgebundene Vorhaben

19 Nach § 35 I Nr. 3 BauGB ist ein Vorhaben privilegiert, das der öffentlichen Versorgung mit Elektrizität, Gas, Telekommunikationsdienstleistung, Wärme und Wasser, der Abwasserwirtschaft oder einem ortsgebundenen gewerblichen Betrieb[46] dient. Obwohl das Merkmal der **Ortsgebundenheit** nur bei den gewerblichen Betrieben erwähnt ist, müssen, ableitbar aus dem Schutzzweck des § 35 BauGB, alle Vorhaben, die eine Privilegierung aus § 35 I Nr. 3 BauGB in Anspruch nehmen wollen, ortsgebunden, nämlich auf einen Standort im Außenbereich aus insbesondere **geographischen oder geologischen Gründen** angewiesen sein.[47] Überdies ist die Versorgung nur dann **öffentlich**, wenn sie der Allgemeinheit zugutekommt.[48]

---

[41] *OVG Münster* MDR 1975, 254.
[42] BVerwGE 41, 138 (141).
[43] JDW/*Jäde*, BauGB, § 35 Rn. 46.
[44] Zu diesem Begriff *Gelzer*, Die „gartenbauliche Erzeugung", eine neue Formulierung zur Zuordnung des Gartenbaus zum bauplanungsrechtlichen Begriff der Landwirtschaft, BauR 1987, 485. Gartenbauliche Erzeugung ist etwa eine Champignonzucht, *OVG Lüneburg* BRS 54 Nr. 68.
[45] *OVG Hamburg* NVwZ-RR 2001, 86 (87).
[46] Zu diesem Begriff *BVerwG* BRS 32 Nr. 92; BRS 30 Nr. 56; *OVG Münster* BRS 42 Nr. 7.
[47] BVerwGE 96, 95 (100); *BVerwG* BRS 32 Nr. 92; *VGH Mannheim* NVwZ-RR 1998, 715; *VGH München* BayVBl. 2010, 565 (565); großzügiger noch *VGH München* ZfBR 2006, 684 (685).
[48] *Schidlowski/Duikers*, BauR 2007, 1503 (1509).

Beispiel: Privilegiert sind etwa Kraftwerke an Talsperren, Hochspannungsleitungen, Leitungen 20
für Fernwärme oder Ferngas, Kläranlagen,[49] Steinbrüche, Kiesgruben,[50] Kohlenzechen, Mobilfunkanlagen[51] oder Wassermühlen. Dagegen ist ein Lagerplatz für Ersatzteile eines Gasversorgungsunternehmens nicht privilegiert, da dieser nicht auf einen Standort im Außenbereich angewiesen ist, sondern auch in einem Gewerbegebiet errichtet werden kann.

Um nach § 35 I Nr. 3 BauGB privilegiert zu sein, muss das Vorhaben dem orts- 21
gebundenen Betrieb **dienen**. Der Begriff des Dienens enthält – vergleichbar dem des
§ 35 I Nr. 1 BauGB[52] – Elemente der Zuordnung, der Dauer, der Umweltverantwortlichkeit. Das zuordnende Element besagt, dass das Vorhaben für eine in § 35 I Nr. 3
BauGB aufgeführte Einrichtung eine Art **Zubehörfunktion** besitzen muss.

Beispiel: Im Sinne der „Zubehörfunktion" dient ein Sendemast dem Fernmeldewesen, die Hoch- 22
spannungsleitung der Energieversorgung und ein Förderturm dem Bergwerk.

Das Element der **Dauer** verlangt, dass die Zuordnung des Vorhabens zu dem orts- 23
gebundenen Betrieb auf Dauer gewährleistet ist. Das **umweltverantwortliche Element** ist aus dem Begriff des Dienens nicht unmittelbar abzuleiten. Jedoch ist es
durch Rückgriff auf den Schutzzweck des § 35 BauGB zu gewinnen, der verlangt,
dass ein „vernünftiger", nämlich ein umweltverantwortlich handelnder Unternehmer
das Vorhaben in etwa gleicher Weise errichten würde.[53]

d) Relativ außenbereichsgebundene Vorhaben

Nach § 35 I Nr. 4 BauGB ist ein Vorhaben privilegiert, das wegen seiner besonderen 24
Anforderungen an die Umgebung, wegen seiner nachteiligen Wirkung auf die Umgebung oder wegen seiner besonderen Zweckbestimmung nur im Außenbereich ausgeführt werden soll. Während die übrigen privilegierten Vorhaben in § 35 I BauGB
gegenständlich umschrieben sind, privilegiert § 35 I Nr. 4 BauGB nach Art einer
Generalklausel Vorhaben jedweden Gegenstands, sofern sie aus einem der in § 35 I
Nr. 4 BauGB aufgezählten Gründen nur im Außenbereich ausgeführt werden sollen.
Diese Gründe sind:

aa) Besondere Anforderungen an die Umgebung
Besondere Anforderungen an die Umgebung stellen beispielsweise ein Hundeaus- 25
bildungsplatz,[54] eine Wetterwarte, ein Autokino größerer Art[55] oder eine Jagdhütte.[56]
Verneint wurden besondere Anforderungen an die Umgebung für einen Golfplatz[57]
oder für eine veterinärmedizinische Nachsorgestation.[58] Subjektive Wünsche an eine
ruhige, naturnahe Umgebung reichen nicht aus, so dass **Wochenendhäuser** nicht
unter § 35 I Nr. 4 BauGB fallen.[59]

---

[49] *OVG Koblenz* NVwZ-RR 2000, 85 (86).
[50] *OVG Schleswig* NVwZ-RR 1997, 14 (15).
[51] *VGH Mannheim* NVwZ-RR 1998, 715; *Gehrken/Kahle/Mechel*, ZUR 2006, 72 (74).
[52] Zur Gleichartigkeit des Begriffs des Dienens in allen Alternativen des § 35 I BauGB siehe
BVerwG BRS 35 Nr. 60.
[53] *BVerwG* BRS 30 Nr. 56.
[54] *OVG Münster* BRS 33 Nr. 68, verneint von *BVerwG* NVwZ-RR 1992, 172.
[55] BVerwGE 29, 286 (287 ff.).
[56] *BVerwG* NVwZ 1983, 472 m. w. N.
[57] *BVerwG* NVwZ 1992, 476; NVwZ 1992, 476 (476 f.); siehe auch *OVG Lüneburg* BRS 40
Nr. 65.
[58] *OVG Münster* BRS 52 Nr. 75.
[59] BVerwGE 18, 247 (249 ff.); *VGH Mannheim* BRS 20 Nr. 49.

bb) Nachteilige Wirkungen auf die Umgebung

26 **Nachteilige Wirkungen** auf die Umgebung wurden beispielsweise bejaht für einen Schießplatz,[60] eine Tierkörperbeseitigungsanstalt,[61] ein Tierheim[62] oder einen Geflügelmaststall.[63] Sie wurden verneint für eine Tennisanlage,[64] Jagdhütte[65] und eine Fischereihütte.[66]

cc) Besondere Zweckbestimmung

27 Eine **besondere Zweckbestimmung** kann beispielsweise vorliegen bei einer Jagdhütte,[67] einem Forsthaus oder einer Berghütte.[68]

28 Die vorgenannten Eigenarten reichen für sich allein nicht aus, um das Vorhaben für den Außenbereich zu privilegieren. Hinzu kommen muss, dass eine Bewertung aller Umstände des Einzelfalls ergibt, dass das Vorhaben wegen dieser Eigenart „**nur im Außenbereich ausgeführt werden soll**".[69] Wäre es anders, wäre jedes Vorhaben, das nach seinen Auswirkungen, Anforderungen oder Zweckbestimmung vorzugsweise auf den Außenbereich angewiesen ist, allein deshalb nach § 35 I Nr. 4 BauGB im Außenbereich zulässig. Damit würde einer mit dem Zweck des § 35 BauGB nicht zu vereinbarenden Außenbereichsbebauung Tür und Tor geöffnet.[70] Mit Hilfe des Merkmals des „**Sollens**" in § 35 I Nr. 4 BauGB, das **wertend abwägender Natur** ist, erfolgt eine Steuerung.[71] Mit Blick auf den Schutzzweck des § 35 BauGB muss wertend abgewogen werden, ob das Vorhaben und der mit ihm verfolgte Zweck seine Privilegierung im Außenbereich rechtfertigen. Es muss die zu erwartende Belastung des Außenbereichs ausgeglichen werden durch das, was dem Vorhaben oder seinem Zweck an Wert zukommt.[72] An dieser Abwägung scheitern zahlreiche Vorhaben, obwohl sie zu ihrer Verwirklichung auf den Außenbereich angewiesen sind.

29 **Beispiele:** Eine Privilegierung wurde nach wertender Abwägung insbesondere abgelehnt für Vorhaben, die der **Liebhaberei** dienen, wie Wochenendhäuser,[73] ein der Freizeitgestaltung dienender Fischteich,[74] Camping- oder Zeltplätze,[75] Anlagen für Zwecke der Freikörperkultur[76] oder ein Schuppen für motorbetriebene Flugmodelle.[77] Die Vorhaben rechtfertigen es nach Gegenstand oder Zweck nicht, den Schutz des Außenbereichs hinten anzustellen und das Vorhaben – letztlich zulasten der Allgemeinheit – zuzulassen.

---

[60] *BVerwG* BRS 33 Nr. 66.
[61] *BVerwG* Buchholz 406.11 § 35 BauGB Nr. 110 (beiläufig).
[62] *OVG Münster* BRS 20 Nr. 53.
[63] *BVerwG* NVwZ 1984, 169 (170).
[64] *BVerwG* NVwZ 1991, 878 (879).
[65] *BVerwG* BRS 44 Nr. 83; BRS 25 Nr. 67; *OVG Weimar* NuR 2005, 58 (59); *OVG Lüneburg* NuR 2008, 866 (866 f.). Dazu auch *Knuth*, Bauplanungsrechtliche Fragen bei der Genehmigung von „Hütten" und Einfriedungen im Außenbereich – Eine Rechtsprechungsübersicht (Teil 1 und 2), NuR 1984, 289 und NuR 1985, 8.
[66] *VGH Mannheim* BRS 17 Nr. 42; *OVG Münster* BRS 18 Nr. 37; BRS 18 Nr. 38.
[67] Dazu auch *BVerwG* NVwZ-RR 1996, 484 (484); NVwZ-RR 1997, 273 (273 f.); BK/*Roeser*, BauGB, § 35 Rn. 45.
[68] *BVerwG* NVwZ 2000, 678 (678 f.).
[69] Hierzu und zum Folgenden siehe auch BVerwGE 48, 109 (112 ff.) = NJW 1975, 2114.
[70] *Söfker*, NVwZ 2008, 1273 (1274 f.).
[71] Vgl. auch *VGH München* BayVBl. 2010, 565 (566).
[72] *BVerwG* BRS 33 Nr. 66; *OVG Koblenz* BRS 74 Nr. 107.
[73] BVerwGE 18, 247 (249 ff.); 48, 109 (115).
[74] *BVerwG* NVwZ-RR 1996, 373.
[75] BVerwGE 48, 109 (110 ff.).
[76] *BVerwG* BRS 33 Nr. 64; BRS 33 Nr. 65.
[77] *BVerwG* BRS 35 Nr. 66.

e) Anlagen der Wind- und Wasserenergie

Nach § 35 I Nr. 5 BauGB sind Vorhaben privilegiert, die der Erforschung, Entwicklung oder Nutzung der **Wind- oder Wasserenergie** dienen[78].[79] Dabei ist zu beachten, dass den Gemeinden wie auch den Trägern der Regionalplanung durch **§ 35 III 2, 3 BauGB** die Möglichkeit eröffnet wurde, mit Hilfe von Flächennutzungsplan bzw. Raumordnungsplan den Standort gerade für Windenergieanlagen festzulegen.[80] Selbstständige **Photovoltaikanlagen** sind nicht vom Anwendungsbereich des § 35 I Nr. 5 BauGB erfasst.[81]

30

f) Energetische Nutzung von Biomasse

Erst durch das Europarechtsanpassungsgesetz Bau (EAG Bau) in den Privilegierungskatalog des § 35 I BauGB aufgenommen ist die energetische Nutzung von Biomasse.[82] Das Besondere an der Privilegierung nach § 35 I Nr. 6 BauGB ist ihre **tatbestandliche Verknüpfung** mit anderen Privilegierungstatbeständen, von deren Erfüllung ein Vorhaben nach § 35 I Nr. 6 BauGB abhängig bleibt. Demgemäß wird die energetische Nutzung von Biomasse nur dann im Außenbereich geduldet, wenn sie im Rahmen eines land- und forstwirtschaftlichen Betriebs oder einem Betrieb der gartenbaulichen Erzeugung erfolgt (§ 35 I Nr. 1, 2 BauGB).[83] Zulässig ist sie zudem bei außenbereichsgebundenen Betrieben nach § 35 I Nr. 4 BauGB, sofern dieser Tierhaltung betreibt.

31

Die energetische Nutzung der Biomasse muss stets **im Rahmen des Betriebs** erfolgen, d. h. sie muss dem jeweiligen „Hauptvorhaben" (§ 35 I Nr. 1, 2, 4 BauGB) dauerhaft zugeordnet werden können.[84] Es darf sich nur um **eine Anlage** je Betriebs-

32

---

[78] Der Begriff des „Dienens" ist entsprechend seiner Bedeutung im Rahmen der übrigen Privilegierungstatbestände des § 35 I BauGB zu verstehen; vgl. dazu *OVG Koblenz* ZfBR 2006, 571 (572); siehe auch oben § 27 Rn. 14.

[79] *BVerwG* NVwZ 2009, 918 (920); zur Windenergienutzung allgemein *Scheidler*, LKRZ 2010, 41; *Köck/Bovet*, NuR 2008, 529; *Köck*, Planungsrechtliche Anforderungen an die räumliche Steuerung der Windenergienutzung, ZUR 2010, 507; *Sydow*, Neues zur planerischen Steuerung von Windenergiestandorten, NVwZ 2010, 1534; *Hormann*, Windkraft – Rechtsgrundlagen und Rechtsprechung, NVwZ 2006, 969; *Wustlich*, Das Recht der Windenergie im Wandel – Teil 1 – Windenergie an Land, ZUR 2007, 16; *Hinsch*, Raumordnerische Steuerung der Windenergienutzung – Zulassung von Windenergieanlagen in zukünftigen Eignungsgebieten, NordÖR 2009, 477; *Middeke*, Windenergieanlagen in der verwaltungsgerichtlichen Rechtsprechung, DVBl. 2008, 292; *Gatz*, Rechtsfragen der Windenergienutzung, DVBl. 2009, 737. Windenergieanlagen waren ursprünglich nicht privilegiert. Sie haben die Rechtsprechung schon früher wiederholt beschäftigt. Vgl. etwa BVerwGE 67, 33 = NJW 1983, 2716; 96, 95. Zum Repowering von Windenergieanlagen *Mayer*, Raumordnungs- und bauleitplanungsrechtliche Probleme des Repowerings von Windenergieanlagen, EurUP 2009, 236 u. 281; *Quambusch*, Repowering als Planungsproblem – Zur Höhenbegrenzung von Windkraftanlagen, BauR 2007, 1824; zu Offshore-Windenergieanlagen *Erbguth/Stollmann*, Planungs- und genehmigungsrechtliche Aspekte der Aufstellung von Offshore-Windenergieanlagen, DVBl. 1995, 1270; *Dannecker/Kerth*, Die rechtlichen Rahmenbedingungen für Offshore-Windenergieanlagen in der deutschen Ausschließlichen Wirtschaftszone (AWZ), DVBl. 2009, 748.

[80] Siehe nachfolgend § 27 Rn. 62.

[81] *OVG Koblenz* ZfBR 2008, 63 (64); *Mitschang*, NuR 2009, 821 (824 ff.); auch eine Privilegierung nach § 35 I Nr. 4 BauGB entfällt, siehe *Kraus*, Solarpark – Rechtliche Grundlagen für die Realisierung, BayVBl. 2010, 618 (619).

[82] Siehe hierzu allgemein *Ludwig*, Möglichkeiten und Grenzen der Steuerung der Biomasseproduktion durch die Regionalplanung, DVBl. 2010, 944; *Ekardt/Kruschinski*, ZNER 2008, 7; *Hinsch*, ZUR 2007, 401.

[83] *Hinsch*, ZUR 2007, 401 (403 f.).

[84] *OVG Koblenz* BRS 71 Nr. 97; *Lampe*, NuR 2006, 152 (154).

standort handeln (§ 35 I Nr. 6 lit. c BauGB). Überdies muss die Energieerzeugung auf einen Anschluss der fraglichen Anlagen an das **öffentliche Versorgungsnetz** hinauslaufen und das Vorhaben muss in einem **räumlich-funktionalen Zusammenhang** mit dem Betrieb stehen (§ 35 I Nr. 6 lit. a BauGB). Dies erfordert eine räumliche Nähe zum Schwerpunkt der betrieblichen Abläufe.[85] Die **Biomasse** darf außerdem nur überwiegend aus dem „Hauptbetrieb" stammen, wobei eine ergänzende Zuführung von Biomasse aus nahe gelegenen Betrieben nach § 35 I Nr. 1, 2 und 4 BauGB unschädlich ist.[86] Damit soll vermieden werden, dass ein Betrieb in den Genuss des § 35 I Nr. 6 BauGB kommt, der selbst keine Biomasse einbringt.[87] Schließlich darf die Energieerzeugung einen Wert von **0,5 MW** nicht überschreiten (§ 35 I Nr. 6 lit. d BauGB).[88]

g) Vorhaben der Kernenergie

33 Nach § 35 I Nr. 7 BauGB ist ein Vorhaben, das der Erforschung, Entwicklung oder Nutzung der Kernenergie zu friedlichen Zwecken oder der Entsorgung radioaktiver Abfälle dient, privilegiert.[89] Die **praktische Bedeutung** dieser Vorschrift ist nicht nur hinsichtlich der politischen Bestrebungen zum Atomausstieg **gering**. Die Verwirklichung einer kerntechnischen Anlage wirft regelmäßig derart vielfältige planungsrechtliche Fragen auf, dass ihre Bewältigung nur durch eine der Genehmigung vorangehende Planung möglich ist (vgl. § 1 III BauGB).[90]

2. Zulässigkeit privilegierter Vorhaben

34 Das privilegierte Vorhaben ist im Außenbereich nicht schlechthin zulässig. Denn anders als ein Bebauungsplan, der durch seine Festsetzungen über die Zulässigkeit der Vorhaben in seinem Geltungsbereich entschieden hat, und anders als § 34 BauGB, der dadurch, dass er die Einfügung des Vorhabens in die Eigenart der näheren Umgebung verlangt, eine standortbezogene Entscheidung trifft, steht mit der Bejahung der Privilegierung nach § 35 I BauGB lediglich fest, dass das Vorhaben zu den im Außenbereich **potentiell** zulässigen Vorhaben gehört. An dem **konkret gewählten Standort** ist es nur zulässig, wenn eine ausreichende **Erschließung** gewährleistet ist und ihm dort öffentliche Belange im Sinne von § 35 III BauGB **nicht entgegenstehen**. Aus Letztgenanntem folgt, dass die öffentlichen Belange, die das Vorhaben an dem gewählten Standort berührt, zu ermitteln, zu gewichten und mit dem Vorhaben abzuwägen sind.[91]

IV. Sonstige Vorhaben

35 Die Zulassung „sonstiger Vorhaben" im Außenbereich bestimmt sich nach § 35 II BauGB. Sie können im Einzelfall zugelassen werden, wenn ihre Ausführung oder

---

[85] BKL/*Krautzberger*, BauGB, § 35 Rn. 38 c; *Hinsch*, ZUR 2007, 401 (404).
[86] Die „eigene" Biomasse muss mehr als 50% ausmachen; vgl. *OVG Schleswig* NordÖR 2007, 41 (42).
[87] BKL/*Krautzberger*, BauGB, § 35 Rn. 38 d.
[88] Dazu *Hentschke/Urbisch*, AUR 2005, 41 (45); *Bieneke/Krautzberger*, UPR 2008, 81 (90); *Mantler*, BauR 2007, 50 (62).
[89] Früher fielen Kernkraftwerke unter § 35 I Nr. 5 BBauG; dazu BVerwGE 72, 300 (326) = NVwZ 1986, 208. Zum radioaktiven Zwischenlager *VGH München* NVwZ 1984, 740 (740).
[90] Siehe auch oben § 5 Rn. 8 ff.
[91] Hierzu im Einzelnen unter § 27 Rn. 40 ff.

§ 27. Vorhaben im Außenbereich

Benutzung öffentliche Belange **nicht beeinträchtigt**, die **Erschließung gesichert** ist[92] und sie den Festsetzungen eines etwa vorhandenen einfachen Bebauungsplans (§ 30 III BauGB) nicht widersprechen.

1. Begriff des sonstigen Vorhabens

Alle Vorhaben, die nicht nach § 35 I BauGB privilegiert sind, fasst § 35 II BauGB unter dem Begriff der „sonstigen Vorhaben" zusammen. § 35 II BauGB ist somit in **negativer Abgrenzung** zu § 35 I BauGB zu verstehen.

Beispiel: In die Kategorie der „sonstigen Vorhaben" fallen insbesondere Wohnhäuser außerhalb des landwirtschaftlichen Bereichs,[93] Wochenend- und Ferienhäuser,[94] Einfriedungen von Grundstücken.[95]

Zu den „sonstigen Vorhaben" gehören ferner die Erweiterung oder Erneuerung von nach früherem Recht im Außenbereich zulässigerweise errichteten, daher bestandsgeschützten, aber aus der Sicht des § 35 I BauGB nicht mehr privilegierten Vorhaben. Für sie finden sich in § 35 IV BauGB Sonderregelungen (sog. **teilprivilegierte Vorhaben**). Soll ein privilegiertes Vorhaben einer nach § 35 I BauGB nicht privilegierten Nutzung zugeführt werden, stellt dies eine genehmigungspflichtige Nutzungsänderung dar, deren Zulässigkeit an § 35 II BauGB zu messen ist.[96]

2. Zulässigkeit sonstiger Vorhaben

Sonstige Vorhaben können nach § 35 II BauGB **„im Einzelfall"** zugelassen werden, wenn ihre Ausführung oder Benutzung öffentliche Belange nicht beeinträchtigen. Aus der Beschränkung der Zulassung auf den „Einzelfall", die § 35 I BauGB für die privilegierten Vorhaben nicht kennt, folgt, dass sonstige Vorhaben im Außenbereich nur **ausnahmsweise** zulässig sein sollen. Die Bebauung des Außenbereichs mit sonstigen Vorhaben soll mithin möglichst unterbleiben.[97] Ob ihre Ausführung oder Benutzung öffentliche Belange i. S. von § 35 III BauGB beeinträchtigt, wird dadurch festgestellt, dass die öffentlichen Belange ermittelt werden, die das Vorhaben an dem in Aussicht genommenen Standort berührt; sodann sind die Belange zu gewichten und gegen das Vorhaben abzuwägen.[98]

V. Öffentliche Belange

1. Funktion der öffentlichen Belange in der Genehmigungssituation des § 35 BauGB

Ein privilegiertes Vorhaben ist nach § 35 I BauGB nur zulässig, wenn ihm öffentliche Belange nicht entgegenstehen; ein sonstiges Vorhaben kann nach § 35 II BauGB nur zugelassen werden, wenn seine Ausführung oder Benutzung öffentliche Belange nicht beeinträchtigt. Die öffentlichen Belange bilden mithin die **Schranke für die Zulässig-**

---

[92] Zur Sicherung der Erschließung unten § 29.
[93] Dazu, auch zu ihrer ausnahmsweisen Zulässigkeit im Außenbereich, *OVG Münster* BRS 35 Nr. 72; *OVG Lüneburg* BRS 47 Nr. 79; *OVG Bremen* NVwZ 1995, 606 (607).
[94] *BVerwG* NVwZ 1988, 144 (145); *Schwendner*, Wochenendhäuser im Außenbereich, 1993.
[95] *VGH München* BRS 38 Nr. 106; *OVG Koblenz* BRS 40 Nr. 89.
[96] BVerwGE 47, 185 (187 f.); *BVerwG* BRS 23 Nr. 74. Vgl. auch *OVG Saarlouis* BRS 40 Nr. 230.
[97] So schon BVerwGE 25, 161 (162).
[98] Hierzu im Einzelnen nachfolgend unter § 27 Rn. 40 ff.

keit von Vorhaben im Außenbereich.[99] Dass das Gesetz bei den privilegierten Vorhaben auf „entgegenstehende" und bei den sonstigen Vorhaben auf „beeinträchtigte" öffentliche Belange abstellt, soll sprachlich deutlich machen, dass sich diese Schranke bei den **privilegierten Vorhaben graduell anders** auswirkt als bei den sonstigen Vorhaben.[100] Privilegierte Vorhaben scheitern erst, wenn ihnen öffentliche Belange entgegenstehen, sonstige Vorhaben schon dann, wenn sie öffentliche Belange beeinträchtigen.[101] Ob die öffentlichen Belange entgegenstehen oder beeinträchtigt werden, ist durch eine **Abwägung** zwischen dem beabsichtigten Vorhaben und den von ihm berührten öffentlichen Belangen zu ermitteln.[102] Bei dieser Abwägung weist das privilegierte Vorhaben grundsätzlich eine weit höhere Gewichtung auf als die sonstigen Vorhaben, da der Gesetzgeber es als im Außenbereich prinzipiell zulässig eingestuft hat.[103] Da diese Abwägung **Rechtsanwendung** und nicht – wie bei der Bauleitplanung – Gestaltung ist, sind die Begriffe „Beeinträchtigung" und „Entgegenstehen" unbestimmte Rechtsbegriffe, die der **gerichtlichen Überprüfung** unterliegen.[104]

2. Begriff der öffentlichen Belange

41 Die öffentlichen Belange, die nicht entgegenstehen oder nicht beeinträchtigt werden dürfen, zählt § 35 III **beispielhaft** auf.[105]

a) Flächennutzungsplan (§ 35 III 1 Nr. 1 BauGB)

42 Eine Beeinträchtigung öffentlicher Belange liegt zunächst vor, wenn das Vorhaben den Darstellungen des **Flächennutzungsplans** widerspricht (§ 35 III 1 Nr. 1 BauGB).[106] Der Flächennutzungsplan ist nicht nur planungsrechtliche Vorstufe eines daraus zu entwickelnden Bebauungsplans (§ 8 II 1 BauGB).[107] Er ist auch Ausdruck einer planerischen Konzeption der Gemeinde, die regelmäßig das gesamte Gemeindegebiet erfasst (§ 5 I 1 BauGB)[108] und somit auch Aussagen zum Außenbereich trifft.[109] Diese Darstellungen sind Ausfluss der gemeindlichen Planungshoheit (Art. 28 II 1 GG) und deshalb schutzwürdig, sofern sie **hinreichend konkret** gefasst sind, um als Bewertungsmaßstab einem Vorhaben entgegengehalten werden zu können.[110] Eine allgemeine Darstellung, die lediglich Funktionen des Außenbereichs umschreibt, die ihm ohnehin nach der Wertung des Gesetzgebers zukommen, genügt

---

[99] Hierzu und auch zum Folgenden *Weyreuther*, Bauen im Außenbereich, 1979, sub. „Beeinträchtigung öffentlicher Belange", S. 89 und sub. „Entgegenstehen öffentlicher Belange", S. 159.
[100] BK/*Roeser*, BauGB, § 35 Rn. 9.
[101] *Weyreuther*, Bauen im Außenbereich, 1979, S. 159.
[102] Vgl. *Weyreuther*, Bauen im Außenbereich, 1979, S. 89.
[103] BVerwGE 68, 311 (313) = NVwZ 1984, 367; *BVerwG* BRS 35 Nr. 60; *VGH München* BayVBl. 2010, 112 (113).
[104] *Weyreuther*, Bauen im Außenbereich, 1979, S. 89.
[105] Weitere Belange können sich aus sicherheitspolitischen Erwägungen ergeben; vgl. *BVerwG*, ZfBR 2007, 54 (55) – Bundeswehr.
[106] Allerdings rechtfertigt es nicht die Zulässigkeit des Vorhabens, wenn dieses den Festsetzungen des Flächennutzungsplans entspricht; vgl. *BVerwG* ZfBR 2000, 426 (427).
[107] Siehe bereits § 8 Rn. 32.
[108] Siehe oben § 7 Rn. 6 ff.
[109] Ein planreifer Entwurf eines Flächennutzungsplans vermag die Rechtsfolgen des § 35 III 1 Nr. 1 BauGB jedoch nicht auszulösen; vgl. *VGH Kassel* BRS 74 Nr. 178.
[110] *BVerwG* NVwZ 1998, 960 (960); vgl. auch *Bracher*, in: Gelzer/Bracher/Reidt, Bauplanungsrecht, Rn. 2163.

nicht.[111] Eine Besonderheit des Flächennutzungsplans liegt bei seiner Heranziehung im Rahmen des § 35 III 1 BauGB darin, dass sich seine Darstellungen stets durch die im Außenbereich vorgefundene Situation bestätigen und erhärten lassen müssen. Sie sind nach Ansicht der Rechtsprechung nämlich nur „Unterstützung und einleuchtende Fortschreibung bestimmter tatsächlicher Gegebenheiten".[112] Dieser restriktiven Annahme widerspricht allerdings dem Regelungscharakter der Flächennutzungspläne, also ihrem kreativen, schöpferischen und **gestaltenden Element**.[113] Dieses ist auch dafür verantwortlich, dass Flächennutzungspläne zukünftige Entwicklungen aufgreifen können, die in realen Gegebenheiten noch nicht (abschließend) angelegt sind.[114] Und nur so lässt sich schließlich erklären, dass der Flächennutzungsplan Abgrabungsflächen mit dem Ziel darstellen kann, Abgrabungen auf den ausgewiesenen Standort zu konzentrieren und an anderen Stellen zu vermeiden.[115] Eine derartige Steuerungsfunktion setzt einen Regelungsgehalt des Planwerks voraus.

b) Darstellungen eines Landschaftsplans oder sonstiger Pläne (§ 35 III 1 Nr. 2 BauGB)

Das Vorhaben darf nicht den Darstellungen eines **Landschaftsplans** oder **sonstigen** 43 **Plans**, insbesondere des Wasser-, Abfall- oder Immissionsschutzrechts widersprechen (§ 35 III 1 Nr. 2 BauGB), sofern diese Planwerke sachlich und räumlich **hinreichend konkret** sind.[116] Entgegenstehende **verbindliche Planungen** entwickeln sich regelmäßig zu einem Planungshindernis.[117] Befinden sich die Pläne bereits in Aufstellung, aber sind sie noch nicht rechtsverbindlich, ist darauf abzustellen, ob die Planung bereits derart vorangeschritten ist, dass den Plänen konkrete Aussagen hinsichtlich des Vorhabens entnommen werden können.[118] Zudem spielt es eine wesentliche Rolle, ob mit einer Verwirklichung des Plans mit dem Entwurfsinhalt zu rechnen ist.[119] Sofern den Plänen ihrer Natur nach ein **verbindlicher Rechtscharakter fehlt**, müssen sie – ähnlich wie der Flächennutzungsplan – qualifizierte Darstellungen enthalten, die in den tatsächlichen Gegebenheiten ausreichend Widerhall finden.[120] Ein Raumordnungsverfahren gehört jedoch nicht hierzu und damit nicht in den Anwendungsbereich des § 35 III 1 Nr. 2 BauGB.[121] Letztlich muss hinsichtlich der Aussagekraft einzelner Pläne noch das **Rangverhältnis zum Flächennutzungsplan** Berücksichtigung finden. Fließen fremde Planinhalte in den Flächennutzungsplan ein und finden sie dort Einlass in die Abwägungsentscheidung, müssen sie hinter dem

---

[111] Vgl. BVerwGE 79, 318 (323); *BVerwG* NVwZ 1991, 161 (162); NVwZ 1998, 960 (960); *Birk*, NVwZ 1989, 905 (910 ff.).
[112] BVerwGE 48, 70 (81); *BVerwG* NJW 1995, 2648 (2649).
[113] *Kment*, NVwZ 2004, 314 (314); ders., NVwZ 2003, 1047 (1055).
[114] BVerwGE 77, 300 (304 f.); *OVG Lüneburg* BRS 66 Nr. 99.
[115] Grundlegend BVerwGE 77, 300 (304 f.); instruktiv auch *OVG Schleswig* NVwZ-RR 1997, 14 (15).
[116] Dazu BVerwGE 68, 311 (315) = NVwZ 1984, 367; 77, 300 (304 f.) = NVwZ 1988, 54. Vgl. auch *OVG Lüneburg* BRS 49 Nr. 95; *VGH Mannheim* NVwZ-RR 1995, 133 (133); *Hoppe*, Die Rechtswirkungen eines Flächennutzungsplans gegenüber nach § 35 Abs. 1 BauGB privilegierten Außenbereichsvorhaben in der Rechtsprechung des Bundesverwaltungsgerichts, DVBl. 1991, 1277; *Taegen*, Die Bedeutung des Flächennutzungsplans für die Zulässigkeit von Vorhaben, in: Festschr. für Schlichter, 1995, S. 247.
[117] BVerwGE 109, 371.
[118] *BVerwG* NVwZ 2001, 1048 (1048 f.).
[119] *BVerwG* NJW 1980, 1537 (1538); BKL/*Krautzberger*, BauGB, § 35 Rn. 71.
[120] *Bracher*, in: Gelzer/Bracher/Reidt, Bauplanungsrecht, Rn. 2168.
[121] A. A. *BVerwG* ZfBR 2009, 57; zum Raumordnungsverfahren allgemein *Kment*, Das Raumordnungsverfahren – Befristung und Fristverlängerung, NVwZ 2010, 542.

Flächennutzungsplan zurücktreten, wenn sie sich zu ihm inhaltlich in Widerspruch befinden.[122]

c) Schädliche Umwelteinwirkungen (§ 35 III 1 Nr. 3 BauGB)

44 Ein weiterer bedeutsamer öffentlicher Belang sind **schädliche Umwelteinwirkungen**, die von einem Vorhaben **hervorgerufen** werden können[123] oder denen das fragliche Vorhaben **ausgesetzt** wird (§ 35 III 1 Nr. 3 BauGB). Das Begriffsverständnis der schädlichen Umwelteinwirkungen folgt dem Aussagegehalt des § 3 BImSchG.[124] Ist ein Vorhaben demnach nicht immissionsschutzrechtlich genehmigungsfähig, kann es auch nicht unter den Voraussetzungen des § 35 BauGB genehmigt werden.[125] Angaben über konkrete Immissionsgrenzwerte enthalten die auf Grundlage des § 48 BImSchG erlassenen Vorschriften – insbesondere TA Luft[126] und TA Lärm[127] –, die als normkonkretisierende Verwaltungsvorschriften die Prüfung entscheidend prägen.[128]

d) Unwirtschaftliche Aufwendungen (§ 35 III 1 Nr. 4 BauGB)

45 Ein Vorhaben führt zu einer Beeinträchtigung öffentlicher Belange, wenn es **unwirtschaftliche Aufwendungen** für Straßen und andere Verkehrseinrichtungen, für Anlagen der Versorgung oder Entsorgung, für die Sicherheit oder Gesundheit oder für sonstige Aufgaben erfordert (§ 35 III 1 Nr. 4 BauGB). Die Aufwendungen sind unwirtschaftlich, wenn sie in einem Missverhältnis zu dem erzielten Nutzen stehen oder wenn sie den Haushalt des Erschließungsträgers in unzumutbarer Weise oder in einem nach der Finanzplanung ungeeigneten Zeitpunkt belasten.[129] Dabei sind nicht nur die Kosten der Errichtung einer Erschließungsanlage, sondern auch die finanziellen Belastungen der laufenden Unterhaltung zu berücksichtigen.[130]

e) Naturschutz, Landschaftspflege, Bodenschutz, Denkmalschutz, Schutz der Landschaft und des Orts- und Landschaftsbilds (§ 35 III 1 Nr. 5 BauGB)

46 In § 35 III 1 Nr. 5 BauGB hat der Gesetzgeber eine ganze Reihe umwelt- und naturschutzorientierter Belange aufgenommen. So werden als öffentliche Belange der **Naturschutz**,[131] die **Landschaftspflege**,[132] der **Bodenschutz**[133] und der **Denkmalschutz**[134] anerkannt ebenso wie der Schutz der natürlichen **Eigenart der Landschaft** und ihr **Erholungswert**. Hinzu kommt der Schutz des **Orts- und Landschaftsbilds** vor Verunstaltung.

---

[122] *Erbguth*, Baurecht, § 8 Rn. 77.
[123] Dieser Belang enthält zugleich ein Rücksichtnahmegebot, *VGH München* BRS 50 Nr. 91.
[124] BVerwGE 52, 122 (126); 129, 209 (210); *BVerwG* ZfBR 2005, 806 (807).
[125] *BVerwG* ZfBR 2005, 806 (807); BKL/*Krautzberger*, BauGB, § 35 Rn. 54 ff.
[126] Technische Anleitung zur Reinhaltung der Luft (TA Luft) v. 24. 7. 2002, GMBl. 2002, S. 511.
[127] Technische Anleitung zum Schutz gegen Lärm (TA Lärm) v. 26. 8. 1998, GMBl. 1998, S. 503.
[128] BVerwGE 129, 209 (210 ff.); *OVG Münster* NVwZ-RR 2008, 450 (451).
[129] *BVerwG* BRS 25 Nr. 38.
[130] BKL/*Krautzberger*, BauGB, § 35 Rn. 57.
[131] Vgl. dazu *VGH München* NuR 2010, 885.
[132] Dazu *VGH Mannheim* NVwZ 1986, 53.
[133] *Krautzberger*, UPR 2010, 81 (83).
[134] *VGH München* BRS 39 Nr. 81. Der Denkmalschutz ist erstmals durch das BauGB ausdrücklich als öffentlicher Belang genannt worden, rechnete aber schon unter dem BBauG dazu, wie BGHZ 73, 229 (233) = NJW 1979, 118 und *VGH München* BRS 33 Nr. 72 zeigen.

Eine **rechtssatzförmliche Nutzungsregelung** – etwa eine naturschutzrechtliche 47
Schutzgebietsausweisung – geht in jedem Fall einer Vorhabengenehmigung nach § 35
BauGB vor. Sie ist nach § 35 III BauGB als öffentlicher Belang zu beachten.[135] Enthält
eine rechtssatzförmliche Regelung – etwa eine Schutzverordnung – ein Verbot mit
Genehmigungsvorbehalt, ist zunächst über die fachgesetzliche Genehmigung zu entscheiden.[136] Nur wenn diese erteilt wird oder eine Befreiung von fachgesetzlichen
Verbotstatbeständen in Frage kommt, kann die Baugenehmigung erteilt werden.[137] Die
fachgesetzliche Entscheidung ist also vorgreiflich gegenüber der Baugenehmigung.

Abgesehen von rechtssatzförmlichen Nutzungsregelungen kann sich allein aus **Zielen** 48
und Grundsätzen des jeweiligen Fachrechts eine Unzulässigkeit eines Vorhabens
ergeben, wenn es sich in seiner konkreten Gestalt als wesensfremde Nutzung erweist.[138]

Beispiel: Eine Unzulässigkeit außerhalb einer Schutzgebietsausweisung kann sich aus den §§ 1 f. 49
BNatSchG ergeben, wenn ein Vorhaben besonders reizvolle und ökologisch bedeutsame Landschaftsteile beeinträchtigen würde.[139]

Für die Genehmigung von Vorhaben im Außenbereich gilt gem. § 18 II 2 BNatSchG 50
zusätzlich die **naturschutzrechtliche Eingriffsregelung** der §§ 14 ff. BNatSchG.
Betrifft die bauaufsichtsrechtliche Entscheidung ein Vorhaben nach § 35 I BauGB,
ergeht sie gem. § 18 III 1 BNatSchG außerdem im Benehmen mit den für Naturschutz und Landschaftspflege zuständigen Behörden. Dabei ist entsprechend der
Wertung des § 15 III BNatSchG bei den privilegierten Vorhaben die Zielsetzung des
Gesetzgebers zu berücksichtigen, diesen Vorhaben eine besondere Rangstellung im
Außenbereich einzuräumen.[140]

Im Übrigen befasst sich der **Bodenschutz** mit schädlichen Bodenveränderungen, 51
denen vorgebeugt werden soll.[141] Hinsichtlich des **Denkmalschutzes** ist zu beachten,
dass dieser stets in seinen bodenrechtlichen Bezügen heranzuziehen ist.[142] Eine denkmalrechtliche Genehmigung schließt die Verletzung dieses Belangs aus.[143] Die Belange der **Eigenart der Landschaft** sind tangiert, wenn ein Vorhaben nach Lage, Gestaltung und Benutzung in der betreffenden Landschaft als wesensfremd erscheint.[144]
Ihr **Erholungswert** ist mit Rücksicht auf die Erholungsbedürfnisse der Allgemeinheit
und unter Beachtung des Erholungswerts der konkreten Landschaftsteile zu bestimmen.[145] **Orts- und Landschaftsbild** werden verunstaltet, wenn die Baulichkeiten
nach Lage und Stellung den städtebaulichen und landschaftlichen Gesamteindruck
nachdrücklich beschweren.[146] Es sind ästhetische Beurteilungen anzustellen.[147]

---

[135] BVerwGE 67, 84 (90) = NVwZ 1985, 42; *OVG Lüneburg* BRS 39 Nr. 78; *VGH Kassel* BRS 39 Nr. 88.
[136] *BVerwG* NVwZ 1986, 203; BRS 44 Nr. 81.
[137] *OVG Münster* NuR 1981, 140 (141); ferner *VGH Kassel* BRS 39 Nr. 88; NuR 1982, 228 (229).
[138] *BVerwG* ZfBR 2000, 428 (428); BRS 64 Nr. 100.
[139] *BVerwG* DVBl. 1969, 261 (262).
[140] BKL/*Krautzberger*, BauGB, § 35 Rn. 133.
[141] BKL/*Krautzberger*, BauGB, § 35 Rn. 59.
[142] BVerwGE 133, 347 (356); vgl. dazu auch *Martin/Krautzberger*, Hb. Denkmalschutz und Denkmalpflege, 2. Aufl. 2006, S. 348 ff.
[143] BVerwGE 133, 347 (357).
[144] *BVerwG* NVwZ 1985, 747 (747); BKL/*Krautzberger*, BauGB, § 35 Rn. 61.
[145] *BVerwG* BauR 1977, 403 (403 f.); EZBK/*Söfker*, BauGB, § 35 Rn. 98.
[146] EZBK/*Söfker*, BauGB, § 35 Rn. 100; *Bracher*, in: Gelzer/Bracher/Reidt, Bauplanungsrecht, Rn. 2189; *Scheidler*, Verunstaltung des Landschaftsbildes durch Windkraftanlagen, NuR 2010, 525 (527).
[147] *BVerwG* DVBl. 1969, 261 (262).

f) Agrarstruktur, Wasserwirtschaft und Hochwasserschutz (§ 35 III 1 Nr. 6 BauGB)

52 § 35 III 1 Nr. 6 BauGB greift Maßnahmen zur Verbesserung der **Agrarstruktur** auf, die er vor Beeinträchtigungen schützen will. Daneben darf ein Vorhaben die **Wasserwirtschaft**[148] oder den **Hochwasserschutz** nicht gefährden (§ 35 III 1 Nr. 6 BauGB). Dabei ist zu beachten, dass § 35 III 1 Nr. 6 BauGB unabhängig von wasserrechtlichen Regelungen und Planungen lediglich ein Mindestmaß an Gewässerschutz sicherstellen will.[149] Ihr Anwendungsbereich befindet sich somit neben wasserrechtlichen Schutzvorschriften.[150]

g) Splittersiedlung (§ 35 III 1 Nr. 7 BauGB)

53 Die Verhinderung unorganisierter Siedlungsstrukturen und damit jeder **Zersiedelung des Außenbereichs** ist das Anliegen des § 35 III 1 Nr. 7 BauGB.[151] Unter der **Entstehung** einer Splittersiedlung kann bereits die erste Errichtung eines Wohnhauses im Außenbereich verstanden werden,[152] wobei es unerheblich ist, ob es sich dabei um eine Anschlussbebauung von der Ortslage in den Außenbereich hinein handelt oder ohne Bezug zu anderen Gebäuden ein Wohnhaus errichtet werden soll.[153] Von einer **Verfestigung** ist auszugehen, wenn in einer vorhandenen Splittersiedlung Freiflächen in Anspruch genommen werden,[154] z. B. durch Schließung einer Baulücke.[155] **Erweitert** wird die Splittersiedlung, wenn sie durch ein Vorhaben eine räumliche Ausdehnung erfahren würde.[156] Obschon die Splittersiedlung grundsätzlich im Außenbereich unerwünscht ist, muss jeweils im Einzelfall der konkrete Missbilligungsgrund nachgewiesen werden, mithin eine **einzelfallbezogene Begründung** erfolgen, die Widersprüche zur geordneten Siedlungsstruktur darlegt.[157] Dass durch ein Vorhaben ein im Zusammenhang bebauter Ortsteil entstehen würde, gereicht einem Vorhaben dabei nicht zum Vorteil.[158]

h) Funkstellen und Radaranlagen (§ 35 III 1 Nr. 8 BauGB)

54 Schließlich darf durch ein Vorhaben die Funktionsfähigkeit von **Funkstellen** und **Radaranlagen** nicht gestört werden (§ 35 III 1 Nr. 8 BauGB). Dies ist insbesondere bei der Errichtung von Windkraftanlagen zu befürchten.[159] Eine Beeinträchtigung des Rundfunkempfangs ist vom Schutzbereich des § 35 III 1 Nr. 8 BauGB jedoch nicht erfasst.[160]

---

[148] Siehe dazu *BVerwG* BRS 25 Nr. 84; *OVG Münster* BRS 30 Nr. 173.
[149] BKL/*Krautzberger*, § 35 Rn. 66.
[150] *BVerwG* NVwZ 2001, 1048 (1049 f.).
[151] *BVerwG* NVwZ 1986, 916; *VGH München* BRS 71 Nr. 160; *Bracher*, in: Gelzer/Bracher/Reidt, Bauleitplanung, Rn. 2197.
[152] *BVerwG* NJW 1984, 1576 (1576). Vgl. auch *OVG Lüneburg* BRS 54 Nr. 69: Anlegung von Stellplätzen.
[153] *BVerwG* ZfBR 2000, 425 (425).
[154] *BVerwG* BauR 1973, 36 (37); ZfBR 2000, 278 (278 f.).
[155] *BVerwG* NVwZ 2001, 1282 (1283); vgl. auch *VGH München* BayVBl. 2010, 508 (509) – Einbau einer zweiten Wohneinheit in ein Wohnhaus im Außenbereich.
[156] *BVerwG* BRS 20 Nr. 67.
[157] *BVerwG* ZfBR 1983, 31 (32); ZfBR 2004, 702; ZfBR 2005, 277.
[158] *BVerwG* ZfBR 2000, 425 (425).
[159] Vgl. BT-Drs. 15/2250, S. 55.
[160] *OVG Münster* DVBl. 2009, 1589 (1585).

i) Ungeschriebene öffentliche Belange

Neben den ausdrücklich aufgeführten öffentlichen Belangen gibt es auch andere, in § 35 III BauGB nicht genannte bodenrechtlich erhebliche öffentliche Belange, die einem Vorhaben im Außenbereich entgegenstehen können. Dies sind etwa

– das **Gebot der Rücksichtnahme**,[161] welches als Einfallstor für Nachbarklagen im Außenbereich fungiert und über den Anwendungsbereich des § 35 III 1 Nr. 3 BauGB hinaus Wirksamkeit entfaltet,[162]
– das aus dem Umfang eines Vorhabens sich ergebende **Planungsbedürfnis**.[163] Hiervon ist auszugehen, wenn ein Vorhaben einen Koordinierungsbedarf auslöst, der nicht durch das Konditionalprogramm des § 35 BauGB aufgefangen, sondern nur durch eine förmliche Planung mit entsprechender Abwägung bewältigt werden kann.[164] Dies kann sowohl eine Binnenkoordination betreffen – also die Frage nach der Zuordnung von Anlagenteilen zueinander – als auch eine Außenkoordination bei unmittelbaren Auswirkungen gewichtiger Art auf Nachbargemeinden.[165]
– die Planungsgrundsätze des § 1 V BauGB,
– eine hinreichend verfestigte Straßenplanung,[166]
– ein in der Aufstellung befindlicher Bebauungsplan, dessen Verwirklichung zu erwarten ist,[167]
– das Fehlen der forstrechtlichen Genehmigung zur Rodung von Wald auf dem zur Bebauung vorgesehenen Außenbereichsgrundstück.[168]

3. Nachvollziehende Abwägung

Zur Beurteilung der Außenbereichsverträglichkeit eines Vorhabens ist zu ermitteln, welche öffentlichen Belange im konkreten Fall durch das Vorhaben berührt werden und welches Gewicht ihnen zukommt. Sie sind mit dem **Vorhaben nachvollziehend abzuwägen**,[169] also einer Gegenüberstellung zu unterziehen.[170] Hierbei kommt der Frage, ob es sich um ein privilegiertes oder ein sonstiges Vorhaben handelt, entscheidende Bedeutung zu.

Privilegierte Vorhaben besitzen aufgrund der gesetzlichen Einstufung, dass sie im Außenbereich potentiell angesiedelt werden können, eine hohe Gewichtigkeit und ein gesteigertes Durchsetzungsvermögen gegenüber den von ihnen berührten öffentlichen Belangen. Gleichwohl kann auch ein privilegiertes Vorhaben an öffentlichen Belangen scheitern, etwa wenn es an dem vorgesehenen Standort in nicht hinnehmbarer Weise Belange des Naturschutzes oder der Landschaftspflege beein-

---

[161] BVerwGE 52, 122 (125 ff.) = NJW 1978, 62; *BVerwG* NVwZ 1994, 686 (686); *OVG Lüneburg* BRS 47 Nr. 75; BRS 48 Nr. 164.
[162] *BVerwG* NVwZ 1983, 609 (610); *Seibel*, BauR 2007, 1831 (1832 ff.).
[163] BVerwGE 117, 25 (34 f.).
[164] BVerwGE 117, 25 (34 f.); dazu auch *Jochum*, BauR 2003, 31 (33 ff.).
[165] BVerwGE 117, 25 (31 ff.); *Wurzel/Probst*, Zu Planungserfordernissen für ein Factory Outlet Center und dem interkommunalen Abstimmungsgebot, DVBl. 2003, 197 (198); BKL/ *Krautzberger*, BauGB, § 35 Rn. 69 f.
[166] BVerwGE 34, 146 (148); BGHZ 94, 77 (85) = NJW 1985, 3071.
[167] *BVerwG* BRS 28 Nr. 48.
[168] *OVG Münster* RdL 1978, 174.
[169] Zum Begriff der „nachvollziehenden Abwägung" BVerwGE 115, 17 (25); *BVerwG* NVwZ 2002, 1112 (1113).
[170] Ein gestalterisches Element i. S. des § 1 VII BauGB wohnt diesem Entscheidungsprozess nicht inne.

trächtigt.¹⁷¹ Häufig wird sich jedoch die Privilegierung gegenüber den berührten öffentlichen Belangen durchsetzen, während ein sonstiges Vorhaben an ihnen scheitern würde. In dieser größeren Durchsetzungskraft gegenüber entgegenstehenden öffentlichen Belangen liegt der Unterschied der privilegierten gegenüber den sonstigen Vorhaben. Eine Sonderregelung findet sich zudem in § 35 III 2 Hs. 2 BauGB.¹⁷²

61 Den **sonstigen Vorhaben** kommt in der nachvollziehenden Abwägung nur ein verhältnismäßig geringes Gewicht („im Einzelfall") zu. Anders als privilegierte Vorhaben können sie sich in der nachvollziehenden Abwägung zumeist gegenüber den von ihnen berührten öffentlichen Belangen nicht durchsetzen. § 35 II BauGB läuft deshalb nahezu auf ein Bauverbot für nicht privilegierte Vorhaben hinaus. Der Außenbereich ist prinzipiell nicht für sie bestimmt. Setzt sich ein sonstiges Vorhaben ausnahmsweise gegenüber den öffentlichen Belangen durch, besteht entgegen dem Wortlaut des § 35 II BauGB ein aus Art. 14 GG fließender Anspruch auf Zulassung des Vorhabens.¹⁷³

VI. Steuerungskraft von Flächennutzungsplänen und Zielen der Raumordnung nach § 35 III 2, 3 BauGB

1. Zielbindungspflicht (§ 35 III 2 Hs. 1 BauGB)

62 Der Gesetzgeber hat sich dazu entschieden, die Zulässigkeit von Vorhaben im Anwendungsbereich des § 35 BauGB auch an die Vereinbarkeit mit Zielfestlegungen in Raumordnungsplänen und Darstellungen im Flächennutzungsplan zu koppeln. In diesem Sinne ist in § 35 III 2 Hs. 1 BauGB bestimmt, dass raumbedeutsame Vorhaben den Zielen der Raumordnung nicht widersprechen dürfen. Hierbei handelt es sich um eine sog. **Raumordnungsklausel**,¹⁷⁴ die es den Zielfestlegungen in einem Raumordungsplan ausnahmsweise erlaubt, unmittelbar auf das Rechtsverhältnis von Privatpersonen Einfluss zu nehmen.¹⁷⁵ **Raumbedeutsam** i. S. dieser Vorschrift ist ein Vorhaben dann, wenn von ihm infolge seiner Größe oder der von ihm ausgehenden Immissionen Auswirkungen zu erwarten sind, die über den unmittelbaren Nahbereich hinausgehen.¹⁷⁶ Fehlt es einem Vorhaben an dessen Raumbedeutsamkeit, entfaltet § 35 III 2 Hs. 1 BauGB keine Bedeutung; auf die Ziele der Raumordnung kommt es insofern nicht an.¹⁷⁷ Im Rahmen des § 35 Abs. 3 S. 2 Hs. 1 BauGB erfüllen die Ziele der Raumordnung nicht die Funktion eines öffentlichen Belangs, sondern sind **strikt verbindlich** einzuhalten.¹⁷⁸ Dies gilt auch für privilegierte Vorhaben. Allerdings müssen die Ziele der Raumordnung im Hinblick auf das konkrete Vorhaben hinreichend konkretisiert sein. D. h., sie müssen sachlich wie auch **räumlich hinreichend eindeutig festgelegt** sein, um überhaupt als Bewertungsmaßstab fungieren zu können.¹⁷⁹ In Aufstellung befindlich können die Ziele der Raumordnung für

---

¹⁷¹ *VGH München* BRS 54 Nr. 67.
¹⁷² Siehe dazu nachfolgend § 27 Rn. 63.
¹⁷³ BVerwGE 18, 247 (250 ff.) = NJW 1964, 1973; a. A. *Ortloff*, NVwZ 1988, 320. Dazu auch *Fislake*, Das Ermessen in § 35 Abs. 2 BauGB, ZfBR 1988, 166.
¹⁷⁴ Siehe hierzu bereits oben § 20 Rn. 32.
¹⁷⁵ *Kment*, NVwZ 2003, 1047 (1050 f.); *Anders/Jankowski*, Konzentrationszonen als Ziele der Raumordnung – Detailabwägung contra Globalabwägung, ZUR 2003, 84 (85 f.).
¹⁷⁶ Vgl. dazu *Runkel*, in: Spannowsky/Runkel/Goppel, ROG, § 3 Rn. 100 ff.
¹⁷⁷ *VGH Mannheim* ZfBR 2001, 567 (567).
¹⁷⁸ BVerwGE 118, 181 (190); *Hoppe*, DVBl. 2003, 1345 (1351 ff.); JDW/*Jäde*, BauGB, § 35 Rn. 230 ff.; *Kment*, UPR 2002, 428; *ders.*, NVwZ 2003, 1047 (1049 f.).
¹⁷⁹ BKL/*Krautzberger*, BauGB, § 35 Rn. 72; JDW/*Jäde*, BauGB, § 35 Rn. 234.

die Anwendung des § 35 III 2, 3 BauGB keine Bedeutung erlangen; sie sind aber gleichwohl als öffentlicher Belang gem. § 35 III 1 BauGB zu berücksichtigen.[180]

2. Abwägungsabschichtung (§ 35 III 2 Hs. 2 BauGB)

In § 35 III 2 Hs. 2 BauGB findet sich eine Sonderregelung für raumbedeutsame **privilegierte Vorhaben** i. S. des § 35 Abs. 1 BauGB. Nach der gesetzlichen Vorschrift können den privilegierten Vorhaben öffentliche Belange nicht entgegengehalten werden, sofern diese Belange bereits bei der Aufstellung der Ziele der Raumordnung abschließend abgewogen wurden. Dabei kommen nur solche Belange in Betracht, die auch aus der Sicht der Raumordnung abwägungsrelevant sind, also **überörtliche Bedeutung** besitzen.[181] Zudem müssen sie **standortbezogen** sein; sie sollten sich mithin zu Standortfestlegungen von Windparks, Grünzügen oder Kiesabbauflächen oder Ähnlichem verhalten.[182] Demzufolge bewirkt § 35 III 2 Hs. 2 BauGB eine **Abschichtung** der auf überörtlicher Ebene angesiedelten bedeutsamen Belange, die bei der Aufstellung eines Raumordnungsplans in eine (vorgelagerte) Abwägung einflossen.[183] Fehlt eine raumordnungsrechtliche Abwägung gar oder wurden maßgebliche öffentliche Belange nicht in die Abwägung eingestellt, bleibt es bei einer uneingeschränkten Prüfung des Entgegenstehens öffentlicher Belange i. S. des § 35 I BauGB.[184] Die privilegierende Wirkung des § 35 III 2 Hs. 2 BauGB kommt überdies nur in Betracht, sofern **nachprüfbar** festgestellt werden kann, dass die öffentlichen Belange auch in die raumordnungsrechtliche Abwägung einbezogen wurden.[185]

63

3. Konzentrationsflächen (§ 35 III 3 BauGB)

Schließlich findet sich in § 35 III 3 BauGB eine gesetzliche Anordnung, die es erlaubt, durch positive Standortzuweisungen privilegierter Nutzungen an einer oder mehreren Stellen im Planungsgebiet den übrigen Planungsraum von den durch den Gesetzgeber privilegierten Anlagen freizuhalten. Konkret heißt es in § 35 III 3 BauGB: „Öffentliche Belange stehen einem Vorhaben nach Absatz 1 Nr. 2 bis 6 in der Regel auch dann entgegen, soweit hierfür durch Darstellungen im Flächennutzungsplan oder als Ziele der Raumordnung eine Ausweisung an anderer Stelle erfolgt ist." Der Gesetzgeber hat also sowohl dem **Flächennutzungsplan** als auch der **Raumordnungsplanung** die Möglichkeit eröffnet, privilegierte Nutzungen baurechtlich auf bestimmte Gebiete zu **konzentrieren**.[186] Allerdings entwickelt § 35 III 3

64

---

[180] BVerwGE 122, 364 (366); *BVerwG* NVwZ 2003, 1261 (1262); ZfBR 2008, 806 (807); *Reidt*, ZfBR 2004, 430 (436 f.); a. A. nunmehr aber *BVerwG* NVwZ 2011, 61 (63). Zur Frage der Berücksichtigung als Belang nach § 35 III 1 BauGB siehe *BVerwG* NVwZ 2010, 1561 (1567).

[181] BKL/*Krautzberger*, BauGB, § 35 Rn.73; *Erbguth*, Öffentliches Baurecht, 2009, § 8 Rn. 133.

[182] *Hoppe*, Die rechtliche Wirkung von Zielen der Raumordnung und Landesplanung gegenüber Außenbereichsvorhaben (§ 35 Abs. 3 S. 3 BauGB), in: Festschr. für Weyreuther, 1993, S. 83 (107 f.); BKL/*Krautzberger*, BauGB, § 35 Rn. 73.

[183] Vgl. *Kment*, Rechtsschutz im Hinblick auf Raumordnungspläne, 2002, S. 127; *Reidt*, ZfBR 2004, 430 (433).

[184] EZBK/*Söfker*, BauGB, § 35 Rn. 122.

[185] BKL/*Krautzberger*, BauGB, § 35 Rn. 73; *Hendler*, Raumordnungsziele und Eigentumsgrundrecht, DVBl. 2001, 1233 (1240).

[186] Vgl. dazu BVerwGE 117, 258 (294); *BVerwG* NVwZ 2008, 559 (559); ZfBR 2010, 675 (676); *Regenfus*, Rechtsprobleme bei der Errichtung von Windkraftanlagen, Jura 2007, 279 (281); *Mitschang*, ZfBR 2003, 431 (432 ff.); EZBK/*Söfker*, BauGB, § 35 Rn. 123 ff.; *Stüer*, Hb. des Bau- und Fachplanungsrechts, 2009, Rn. 2678 ff.; *Sydow*, Neues zur planerischen Steuerung von Windenergiestandorten, NVwZ 2010, 1534 (1535 f.).

BauGB kein absolutes Planungshindernis; die Ausschlusswirkung tritt nur „**in der Regel**" ein.[187] Damit sind atypische Sondersituationen zu berücksichtigen.[188]

65 Auf der Ebene der Bauleitplanung hat der Gesetzgeber mit **§ 5 II a BauGB** ein Instrument geschaffen, um die Ansiedlung privilegierter Vorhaben – mit Ausnahme land- und forstwirtschaftlicher Betriebe – mit Hilfe eines sachlichen Teilplans zu steuern.[189] So können für Teilausschnitte des gemeindlichen Außenbereichs – für die möglicherweise bislang keine (rechtswirksame) oder eine nicht mehr erwünschte Regelung bestand – vergleichsweise schnell und zeitnah Darstellungen zu bestimmten Nutzungen getroffen werden. Diese können dann zusätzlich durch die Zurückstellung von Baugesuchen nach § 15 III BauGB abgesichert werden.[190]

66 Das entsprechende regelungstechnische Pendant zu § 35 III 3 BauGB findet sich auf Ebene der Raumordnung in § 8 VII 1 Nr. 3 ROG (**Eignungsgebiet**).[191] Prägend für die Eignungsgebiete ist ihre doppelte Steuerungswirkung im bauplanungsrechtlichen Außenbereich. Sie treffen **innergebietlich**, d. h. in Bezug auf den von ihnen eingeschlossenen Raum, eine Eignungsaussage für bestimmte, raumbedeutsame Maßnahmen und entwickeln **außergebietlich**, d. h. für den Rest des Planungsgebiets, eine verbindliche Ausschlusswirkung. Diese strikte Ausschlusswirkung verschafft den Eignungsgebieten außergebietlich die Steuerungswirkung von Zielen der Raumordnung.[192] Umstritten ist bislang noch die Qualität der Eignungsaussage für den umschlossenen Innenbereich.[193]

67 Die in den Eignungsgebieten angelegte Ausschlusswirkung hat hinsichtlich des betroffenen Vorhabentyps den wesentlichen Nachteil, dass sie die von ihr erfasste Nutzung im weiteren Plangebiet ausschließt. Hierbei handelt es sich um eine unüberwindbare Letztentscheidung,[194] die in der Praxis gerade zur Konzentration von Windkraftanlagen im baurechtlichen Außenbereich herangezogen wird und der Ansiedlung von Windkraftanlagen häufig entgegensteht. Aufgrund der stark einschränkenden Wirkung von Eignungsgebieten verlangt die Rechtsprechung insbesondere die Erstellung eines **schlüssigen Planungskonzepts**, um die im Außenbereich eigentlich privilegiert zulässige Ansiedlung von Vorhaben nach § 35 I Nr. 2-6 BauGB nicht abwägungsfehlerhaft zu stören.[195]

---

[187] BVerwGE 118, 33 (44); *Wustlich*, Das Recht der Windenergie im Wandel – Teil 1 – Windenergie an Land, ZUR 2007, 16 (18).
[188] BVerwGE 117, 287 (302 f.).
[189] Siehe oben § 7 Rn. 10.
[190] Siehe oben § 15 Rn. 8 ff.
[191] Vgl. dazu Spannowsky/Runkel/Goppel/*Goppel*, ROG, § 8 Rn. 84 ff.
[192] Bielenberg/Runkel/Spannowsky/*Spannowsky*, ROG, § 7 Rn. 105; *Kment*, Raumordnungsgebiete in der Deutschen Ausschließlichen Wirtschaftszone – Ein Plädoyer für eine Novelle nach der Novelle, Verw 40 (2007), 53 (57); *Runkel*, Das neue Raumordnungsgesetz und das Umweltrecht, NuR 1998, 449 (452).
[193] Für eine Zielqualität *OVG Münster* ZfBR 2006, 51; *Hendler*, Systematische Aspekte der Raumordnungsgebiete und die Bindungswirkung von Raumordnungszielen, in: Jarass, Raumordnungsgebiete (Vorbehalts-, Vorrang- und Eignungsgebiete) nach dem Raumordnungsgesetz, 1998, 88 (112 ff.); a. A. *Erbguth*, Eignungsgebiete als Ziele der Raumordnung? – Planungspraxis, ROG 98, § 35 Abs. 3 Satz 3 BauGB 98, DVBl. 1998, 209 (212, 214); *Grotefels*, Vorrang-, Vorbehalts- und Eignungsgebiete in der Raumordnung (§ 7 Abs. 4 ROG), in: Festschr. für Hoppe, 2000, S. 369 (380 ff.).
[194] *OVG Münster* NuR 2008, 736 (737); BKL/*Krautzberger*, BauGB, § 35 Rn. 78.
[195] BVerwGE 118, 33 (37); 122, 109 (111); *BVerwG* ZfBR 2006, 679 (680); ZfBR 2008, 808 (809); ZfBR 2010, 65 (66); *BVerwG* Beschl. v. 29. 3. 10 – Rs. 4 BN 65/09 – JURIS; *Köck*,

VII. Begünstigte sonstige Vorhaben

Die im Außenbereich vorhandenen baulichen Anlagen genießen, wenn sie im Zeitpunkt ihrer Errichtung zulässig waren, nach Art. 14 GG Bestandsschutz, auch wenn sie als „sonstige Vorhaben" zum aktuellen Zeitpunkt nach § 35 II BauGB unzulässig wären. Dagegen würden Ersatzbauten, Änderungen, Erweiterungen oder Nutzungsänderungen in der Regel an § 35 II, III BauGB scheitern, da sich der Bestandsschutz auf die vorhandene Bausubstanz und die ausgeübte Nutzung beschränkt. Dies kann berechtigten Interessen der Eigentümer zuwiderlaufen. Deshalb lockert § 35 IV BauGB[196] für bestimmte „sonstige Vorhaben"[197] die aus § 35 II, III folgenden Beschränkungen und erweitert damit gewissermaßen den **Bestandsschutz**.[198] Privilegierte Vorhaben benötigen wegen der ihnen kraft Gesetzes zukommenden größeren Durchsetzungskraft diese Hilfe nicht. Die Lockerung der Beschränkungen des § 35 II, III BauGB erfolgt dadurch, dass den in § 35 IV Nr. 1 bis 6 BauGB aufgezählten Vorhaben nicht entgegengehalten werden darf, dass sie Darstellungen des Flächennutzungsplans oder eines Landschaftsplans widersprechen, die natürliche Eigenart der Landschaft beeinträchtigen oder die Entstehung, Verfestigung oder Erweiterung einer Splittersiedlung befürchten lassen. In der Abwägung mit den verbliebenen öffentlichen Belangen vermag sich das sonstige Vorhaben dann eher zu behaupten. Dadurch wird seine Durchsetzbarkeit gegenüber entgegenstehenden öffentlichen Belangen der eines privilegierten Vorhabens angenähert, wenn auch nicht durch Erhöhung seiner Durchsetzungskraft, sondern durch Verringerung der ihm entgegenzusetzenden öffentlichen Belange. Die unter § 35 IV BauGB fallenden Vorhaben können deshalb als *„teilprivilegierte"* **Vorhaben** bezeichnet werden.[199] Wie alle Außenbereichsvorhaben sind auch die Vorhaben des § 35 IV BauGB gem. § 35 V 1 BauGB in einer flächensparenden, die Bodenversiegelung auf das notwendige Maß begrenzenden und den Außenbereich schonenden Weise auszuführen. Nach § 35 V 4 BauGB soll die Baugenehmigungsbehörde sicherstellen, dass die nach § 35 IV 1 BauGB erleichtert zugelassenen Vorhaben nur in der in der Baugenehmigung vorgesehenen Art genutzt werden.[200] Als Ausnahmevorschrift ist § 35 IV BauGB eng auszulegen.[201]

68

1. Nutzungsänderung land- oder forstwirtschaftlicher Anlagen

Um dem **Strukturwandel in der Land- und Forstwirtschaft** Rechnung zu tragen und eine anderweitige Nutzung ursprünglich land- oder forstwirtschaftlichen Zwecken dienender baulicher Anlagen zu ermöglichen, erleichtert § 35 IV 1 Nr. 1 BauGB die **Nutzungsänderung** baulicher Anlagen im Sinne des § 35 I Nr. 1 BauGB.[202] Auf

69

Planungsrechtliche Anforderungen an die räumliche Steuerung der Windenergienutzung, ZUR 2010, 507 (508).
[196] Zu § 35 IV BauGB und dessen Vorläufer in § 35 IV bis VI BBauG siehe *Lau*, Die „beabsichtigte" Nutzungsänderung im Sinne des § 35 Abs. 4 BBauG, BauR 1982, 340.
[197] BVerwGE 107, 264 (266 ff.).
[198] Der daneben nicht zusätzlich in Betracht kommt, *BVerwG* NVwZ-RR 1997, 521.
[199] Vgl. auch *VGH München* BauR 2010, 2071 (2072).
[200] Vgl. dazu BVerwGE 107, 264 (266).
[201] BVerwGE 107, 264 (269); vgl. auch *OVG Hamburg* NVwZ-RR 2001, 86 (87).
[202] Die Vorschrift ist eng auszulegen und auf bauliche Anlagen, die nicht nach § 35 I Nr. 1 BauGB privilegiert sind, nicht entsprechend anwendbar; *BVerwG* NVwZ 1988, 357; *OVG Hamburg* NVwZ-RR 2001, 86 (87). Dies geht auch zu Lasten von Betrieben der gartenbaulichen Erzeugung, die früher von § 35 I Nr. 1 BauGB erfasst wurden und nunmehr selbstständig in § 35 I Nr. 2 BauGB aufgegriffen sind; vgl. *OVG Hamburg* NVwZ-RR 2001, 86 (87); *OVG*

diese Weise soll wertvolle Bausubstanz erhalten werden.²⁰³ Die Nutzungsänderung ist allerdings nur zulässig, wenn das Vorhaben einer zweckmäßigen Verwendung erhaltenswerter Bausubstanz dient, die äußere Gestalt des Gebäudes im Wesentlichen gewahrt bleibt,²⁰⁴ die Aufgabe der bisherigen Nutzung nicht länger als sieben Jahre zurückliegt²⁰⁵ und es in einem räumlich-funktionalen Zusammenhang mit der Hofstelle des land- oder forstwirtschaftlichen Betriebs steht.²⁰⁶ Des Weiteren ist notwendig, dass im Falle der Änderung zu Wohnzwecken²⁰⁷ höchstens drei zusätzliche Wohnungen je Hofstelle entstehen und außerdem die Verpflichtung übernommen und durch Baulast oder in sonstiger Weise sichergestellt wird (§ 35 V 2 BauGB), keine Neubebauung als Ersatz für die aufgegebene Nutzung vorzunehmen, es sei denn, diese wird zur Entwicklung des land- oder forstwirtschaftlichen Betriebs notwendig.

2. Neuerrichtung eines gleichartigen Wohngebäudes

70 Da der Bestandsschutz, den Art. 14 GG baulichen Anlagen verleiht, keinen Ersatzbau gestattet, besteht die Gefahr, dass im Außenbereich vorhandene, nicht privilegierte Wohngebäude mit unvertretbarem Aufwand und letztlich doch nur unvollkommen erhalten werden, obwohl ein **Ersatzbau sachgerechter** und **wirtschaftlicher** wäre. § 35 IV 1 Nr. 2 BauGB erleichtert deshalb die Neuerrichtung eines gleichartigen Wohngebäudes an gleicher Stelle für ein **zulässigerweise**²⁰⁸ errichtetes Gebäude, das **Missstände** oder Mängel aufweist und seit längerer Zeit **vom Eigentümer selbst** genutzt wird.²⁰⁹ Überdies müssen Tatsachen die Annahme rechtfertigen, dass auch das neu errichtete Wohngebäude für den Eigenbedarf des Eigentümers oder seiner Familie genutzt wird. Geringfügige Erweiterungen des neuen Gebäudes sowie geringfügige Abweichungen vom bisherigen Standort sind zulässig (§ 35 IV 2 BauGB), im Übrigen muss das Gebäude aber **gleichartig** sein.²¹⁰

3. Ersatzbauten

71 § 35 IV 1 Nr. 3 BauGB erleichtert die alsbaldige²¹¹ **Neuerrichtung** eines zulässigerweise errichteten, durch Brand, Naturereignisse oder andere außergewöhnliche Ereignisse zerstörten, gleichartigen Gebäudes an gleicher Stelle. Damit wird dem bisherigen Bestandsschutz Rechnung getragen.²¹² Fehlte dem bisherigen Gebäude

---

Koblenz NVwZ-RR 2003, 263; zum Teil a. A. *Gröhn/Hellmann-Sieg*, Gartenbaubetriebe als begünstigte Vorhaben im Sinne des § 35 Abs. 4 Nr. 1 BauGB, NordÖR 2008, 369.
²⁰³ *BVerwG* NVwZ 2006, 696 (697).
²⁰⁴ Siehe dazu auch *VGH München* NVwZ 2007, 1450 (1452).
²⁰⁵ Vgl. dazu *BVerwG* NVwZ-RR 2003, 173 (173 f.); *Krautzberger/Stüer*, Städtebaurecht 2004: Was hat sich geändert?, DVBl. 2004, 781 (787).
²⁰⁶ *BVerwG* NVwZ 2001, 1282 (1283 f.).
²⁰⁷ Siehe zu Problemen der Geruchsbelästigung der neu entstehenden Wohneinheiten *Arnold*, Zumutbarkeit von Gerüchen aus Tierhaltung für entprivilegiertes Wohnen im Außenbereich, BauR 2010, 411.
²⁰⁸ Hierzu *BVerwG* BRS 47 Nr. 83.
²⁰⁹ Dazu BVerwGE 62, 32 (34) = NJW 1981, 2143; *BVerwG* NVwZ 1989, 355 (355 f.); BRS 64 Nr. 106; *OVG Münster* NVwZ-RR 2004, 480. Besonderheiten gelten beim Erwerb durch Erbfall; vgl. dazu *Sauer*, Unschädliche Nutzungsunterbrechung des Eigentümers oder Erben für die Begünstigung gemäß § 35 Abs. 4 Nr. 2 BauGB – Ersatzbau eines abgängigen Wohngebäudes im Außenbereich, BauR 2010, 1007.
²¹⁰ BVerwGE 58, 124 (130); 106, 228 (231); 120, 130 (134 ff.).
²¹¹ Zu der Frage, wann ein Ersatzbau „alsbald" errichtet wird, BVerwGE 58, 124 (129); 64, 42 (43 ff.) = NJW 1982, 400; *OVG Greifswald* LKV 1999, 190 (192).
²¹² Es ist nicht erforderlich, dass das Gebäude zum maßgeblichen Zeitpunkt vollständig nutzbar war; vgl. *VGH München* BRS 71 Nr. 112.

Bestandsschutz, weil es nicht rechtmäßig errichtet oder nachträglich durch Veränderungen baurechtswidrig geworden war, findet § 35 IV 1 Nr. 3 BauGB keine Anwendung.[213] Ein **außergewöhnliches Ereignis** liegt vor, wenn ein Brand oder Naturereignis vergleichbarer Unglücksfall wie eine Explosion oder ein Flugzeugabsturz zu der Zerstörung des Gebäudes geführt hat.[214] Langsamer Verfall oder ein bei Umbauarbeiten eintretender Einsturz morschen Mauerwerks rechnen nicht hierzu.[215] Geringfügige Erweiterungen des neuen Gebäudes und geringfügige Abweichungen vom bisherigen Standort lässt § 35 IV 2 BauGB zu; im Übrigen muss die Nutzung des Ersatzbaus mit der ursprünglichen Nutzung übereinstimmen.[216]

4. Änderung oder Nutzungsänderung erhaltenswerter Gebäude

Nach § 35 IV 1 Nr. 4 BauGB ist die Änderung oder Nutzungsänderung von erhaltenswerten, das Bild der Kulturlandschaft selbst prägenden Gebäuden,[217] auch wenn sie aufgegeben sind, erleichtert zulässig, wenn das Vorhaben einer zweckmäßigen Verwendung des Gebäudes und der Erhaltung des Gestaltswerts dient. Zweck dieser Vorschrift ist die **Erhaltung noch vorhandener Bausubstanz**, nicht der Wiederaufbau eines zur Ruine verfallenen Gebäudes.[218]

72

5. Erweiterung von Wohngebäuden

§ 35 I 1 Nr. 5 BauGB erleichtert die Erweiterung eines zulässigerweise im Außenbereich errichteten Wohngebäudes auf bis zu höchstens zwei Wohnungen. Es darf also nur **eine weitere Wohneinheit** geschaffen werden.[219] Die Erweiterung[220] muss im Verhältnis zum vorhandenen Gebäude und unter Berücksichtigung der Wohnbedürfnisse angemessen sein.[221] Eine Orientierung für das, was flächenmäßig **angemessen** ist, gab früher § 39 I, II des II. WoBauG.[222] Nach Wegfall dieser gesetzlichen Grundlage richtet sich die Angemessenheit der Wohnungsgröße grundsätzlich nach den Werten, welche die Länder aufgrund des § 10 WoFG festgelegt haben.[223] Außerdem müssen Tatsachen die Annahme rechtfertigen, dass das gesamte Wohngebäude vom bisherigen Eigentümer oder seiner Familie[224] selbst genutzt wird.[225] Dies soll die Schaffung von Zweit- oder Ferienwohnungen verhindern.

73

---

[213] *BVerwG* NVwZ-RR 1995, 68 (69).
[214] *BVerwG* Buchholz 406.11 § 35 BBauG Nr. 235; *VGH Kassel* BRS 50 Nr. 223.
[215] BVerwGE 62, 32 (35) = NJW 1981, 2143.
[216] BVerwGE 106, 228 (231); 120, 130 (134 ff.).
[217] Dazu *BVerwG* NVwZ-RR 1991, 339; *VGH München* NVwZ-RR 1995, 320 (321).
[218] *BVerwG* NVwZ 1985, 184. Siehe dazu auch *BVerwG* NVwZ-RR 1997, 521.
[219] Vgl. *BVerwG* NVwZ-RR 1999, 295 (296).
[220] Die Errichtung eines eigenständigen Gebäudes ist keine „Erweiterung"; vgl. *VGH München* ZfBR 2008, 285 (286).
[221] *BVerwG* ZfBR 2008, 593.
[222] *BVerwG* NVwZ 1989, 355; vgl. auch BKL/*Krautzberger*, BauGB, § 35 Rn. 109 ff.
[223] *VGH München* ZfBR 2008, 285 (286); BSGE 97, 254 (258); 97, 231.
[224] Der Begriff der Familienangehörigen entspricht dem des § 8 II des II. WoBauG, *BVerwG* NVwZ 1989, 355; *OVG Münster* BRS 44 Nr. 93.
[225] Dazu *OVG Münster* NJW 1989, 852 (853).

6. Erweiterung gewerblicher Betriebe

74 § 35 IV 1 Nr. 6 BauGB[226] erleichtert die **bauliche Erweiterung**, nicht die Nutzungsänderung,[227] eines zulässigerweise im Außenbereich errichteten gewerblichen Betriebs.[228] Eine „Erweiterung" setzt einen **funktionalen Bezug** zwischen dem vorhandenen Betrieb und dem geplanten Vorhaben voraus.[229] Die Erweiterung muss im Verhältnis zum vorhandenen Gebäude und Betrieb **angemessen** sein.[230] Dies ist nicht numerisch, sondern unter Würdigung der betrieblichen Belange, des Standorts und der Auswirkungen auf den Außenbereich – um dessen Schonung willen der Betriebserweiterung enge Grenzen gesetzt sind[231] – zu ermitteln.[232] Mehrfache Erweiterungen sind nicht ausgeschlossen.[233] Unzulässig ist es jedoch, ein Gesamtvorhaben über § 35 IV 1 Nr. 6 BauGB zeitlich gestaffelt zu verwirklichen, wenn das Vorhaben als solches den Rahmen des Angemessenen sprengt.[234]

VIII. Außenbereichssatzung

75 Nach § 35 VI BauGB kann die Gemeinde für bebaute Bereiche im Außenbereich, die nicht überwiegend landwirtschaftlich geprägt sind und in denen eine Wohnbebauung von einigem Gewicht vorhanden ist, durch Satzung bestimmen, dass Wohnzwecken dienenden sonstigen Vorhaben bestimmte öffentliche Belange nicht entgegengehalten werden können. Man bezeichnet diese Satzung als „**Außenbereichssatzung**".

1. Funktion

76 Die Außenbereichssatzung hat eine grundlegend andere rechtliche Bedeutung als die Satzungen nach § 34 IV BauGB.[235] Während letztgenannte Satzungen Außenbereichsgrundstücke dem im Zusammenhang bebauten Ortsteil zuordnen, die dadurch nach Maßgabe des § 34 BauGB zu Bauland werden, schafft die Außenbereichssatzung noch **kein Bauland** und **verändert auch nicht den Gebietscharakter**:[236] Die von ihr erfassten Grundstücke bleiben **Außenbereichsgrundstücke**, auf denen jedoch Wohnbauvorhaben unter **erleichterten Voraussetzungen** als „sonstige Vorhaben" (§ 35 II BauGB) zugelassen werden können.[237] Dadurch können vorhandene, aber noch nicht zu einem im Zusammenhang bebauten Ortsteil erstarkte Siedlungskerne („Wohnbebauung von einigem Gewicht") bis hin zur Entstehung eines im Zusammenhang bebauten Ortsteils fortentwickelt werden, wodurch das Gebiet dann schließlich vom Außenbereich zum nichtbeplanten Innenbereich (§ 34 BauGB) werden kann.

---

[226] Dazu *Hoppe*, Die angemessene bauliche Erweiterung eines gewerblichen Betriebs im Außenbereich als Privilegierungstatbestand (§ 35 Abs. 4 Satz 1 Nr 6 BauGB), DVBl. 1990, 1009.
[227] *BVerwG* NVwZ-RR 1991, 231 (232).
[228] Darunter fällt nicht die bauliche Erweiterung eines landwirtschaftlichen Betriebs, *BVerwG* NVwZ 1986, 201 (202 f.) und nicht die eines im Innenbereich belegenen Betriebs, der in den Außenbereich hinein will, *BVerwG* NVwZ 1994, 293 (294).
[229] *BVerwG* NVwZ 1992, 477.
[230] Siehe dazu *BVerwG* NVwZ-RR 1994, 371 (372).
[231] *BVerwG* NVwZ-RR 1993, 176.
[232] *OVG Münster* BRS 54 Nr. 70.
[233] *Guldi*, NVwZ 1996, 849 (851 f.).
[234] *BVerwG* NVwZ-RR 1993, 176.
[235] Hierzu oben § 26 Rn. 9 ff.
[236] *OVG Münster* BRS 63 Nr. 117.
[237] *BVerwG* BRS 66 Nr. 113.

Die Außenbereichssatzung kann nach § 35 VI 2 BauGB auch auf Vorhaben erstreckt 77
werden, die **kleineren Handwerks- oder Gewerbebetrieben** dienen. Die Worte
„auch" und „erstrecken" zeigen aber, dass die Außenbereichssatzung in erster Linie
für die Zulassung von Wohnbauvorhaben bestimmt ist.

2. Voraussetzungen

Die Voraussetzungen für den Erlass einer Außenbereichssatzung sind im Wesentli- 78
chen in **§ 35 VI 4 BauGB** niedergelegt:

a) Wohnbebauung von einigem Gewicht

Es muss sich um einen Bereich des Außenbereichs handeln, in dem eine **Wohnbebau-** 79
ung von einigem Gewicht vorhanden ist.[238] Dies ist nicht nur zwingende Voraussetzung für den Erlass der Außenbereichssatzung, sondern begrenzt zugleich ihren
räumlichen Anwendungsbereich: Die Außenbereichssatzung muss sich auf den **be-**
reits bebauten Bereich beschränken; sie darf nicht auf den „unbebauten" Außenbereich übergreifen. Nicht einmal eine Abrundung ist ihr gestattet. Daher kann die
Außenbereichssatzung nur zur Verdichtung bebauter Gebiete, nicht zu deren Ausdehnung führen oder neue Ortsteile entstehen lassen.[239] Will die Gemeinde den
bebauten Außenbereich ausdehnen, muss sie sich des Bebauungsplans bedienen.
Außenbereichsgebiete mit Wohnbebauung von einigem Gewicht dürften vor allem in
den neuen Bundesländern zu finden sein. In den alten Bundesländern hat § 35
BauGB außerhalb des Bereichs privilegierter Vorhaben die Entstehung derartiger
Wohnbebauung in der Regel verhindert.

b) Städtebauliche Entwicklung

Die Außenbereichssatzung muss mit einer geordneten **städtebaulichen Entwicklung** 80
vereinbar sein (§ 35 VI 4 Nr. 1 BauGB). Dies zieht ihrem Anwendungsbereich eine
weitere Grenze und kann insbesondere dazu zwingen, die städtebauliche Vertretbar-
keit des Vorhabens durch „nähere Bestimmungen" der Satzung sicherzustellen. Die
Außenbereichssatzung muss die in ihrem Anwendungsbereich möglichen städtebaulichen **Konflikte angemessen bewältigen**.[240] Soweit ihr dies wegen ihres begrenzten
Instrumentariums nicht möglich ist, kann die Gemeinde die weitere Bebauung des
Außenbereichs nur über einen Bebauungsplan zulassen.

c) Umweltrechtliche Aspekte

Gem. § 35 VI 4 Nr. 2 BauGB darf durch die Außenbereichssatzung nicht die Zu- 81
lässigkeit UVP-pflichtigen Vorhaben begründet werden. Dies rechtfertigt sich vor
dem Hintergrund, dass die Satzung **keiner Umweltprüfung**[241] bedarf.[242] Das Absehen von einer Umweltprüfung schlägt sich auch in § 35 VI 4 Nr. 3 BauGB nieder.
Hiernach dürfen keine Anhaltspunkte bestehen, dass es durch die Satzung zu einer
Beeinträchtigung von Natura 2000-Gebieten i. S. d. § 1 VI Nr. 7 lit. b kommt.

---

[238] Siehe dazu BVerwGE 126, 233 (236 f.); *BayVerfGH* BayVBl. 2010, 757 (757); *VGH München* NVwZ-RR 2000, 482 (483); NVwZ-RR 2004, 13 (13); *OVG Münster* BRS 67 Nr. 112.
[239] *OVG Greifswald* LKV 2002, 33 (34 ff.).
[240] Schrödter/*Rieger*, BauGB, § 35 Rn. 170.
[241] Vgl. dazu oben § 6 Rn. 17 ff.
[242] BKL/*Krautzberger*, BauGB, § 35 Rn. 122.

3. Rechtliche Bedeutung

82 Die Außenbereichssatzung bewirkt für die Zulässigkeit der von ihr **erfassten Vorhaben**, dass sie **erleichtert zulässig** sind. Zwar sind sie nach wie vor „sonstige Vorhaben" i. S. von § 35 II BauGB. Ihnen kann aber bei der Abwägung mit den öffentlichen Belangen (§ 35 III BauGB) nicht entgegengehalten werden, dass sie einer Darstellung im Flächennutzungsplan über Flächen für Landwirtschaft oder Wald widersprechen oder die Entstehung oder Verfestigung einer Splittersiedlung[243] befürchten lassen. Gegenüber den übrigen öffentlichen Belangen des § 35 III BauGB müssen sie sich nach wie vor durchsetzen.[244]

83 Wie es in § 35 VI 3 BauGB heißt, kann die Außenbereichssatzung „**nähere Bestimmungen über die Zulässigkeit** treffen".[245] Daher können die Vorhaben insbesondere nach der Art und dem Maß der baulichen Nutzung beschränkt werden. Die Außenbereichssatzung nimmt damit die Züge eines Bebauungsplans an.

4. Verfahren

84 Bei Aufstellung der Außenbereichssatzung ist gem. § 35 VI 5 BauGB das **vereinfachte Verfahren** des § 13 II 1 Nr. 2, 3 und S. 2 BauGB entsprechend anzuwenden. Demnach ist insbesondere der betroffenen Öffentlichkeit und den berührten Behörden und sonstigen Trägern öffentlicher Belange Gelegenheit zur Stellungnahme innerhalb angemessener Frist zu geben, sofern nicht eine förmliche Öffentlichkeits- und Behördenbeteiligung durchgeführt wird. Die Satzung bedarf **keiner Genehmigung** der höheren Verwaltungsbehörde. Die Außenbereichssatzung ist von der Gemeinde ortsüblich bekanntzumachen (§ 35 VI 6 i. V. m. § 10 III BauGB).[246] Sie ist mit der Normenkontrolle angreifbar.

Lösung zu Fall 25:

85 Gegen das Vorhaben des E spricht zunächst, dass der Einbau von Wohnungen in die ehemalige Getreidescheune gem. **§ 35 II BauGB** planungsrechtlich unzulässig ist, denn hierdurch würden öffentliche Belange i. S. von § 35 III BauGB beeinträchtigt. Insbesondere lässt sich die Änderung der Getreidescheune in ein Wohngebäude die Entstehung einer **Splittersiedlung nach § 35 III 1 Nr. 7 BauGB** befürchten. Hierfür spricht, dass die vorhandenen Baulichkeiten auf dem Grundstück des E und auf dem Nachbargrundstück bereits einen städtebaulich unerwünschten Siedlungsansatz darstellen. Die beantragte Nutzung der Scheune zu Wohnzwecken würde das Gewicht dieser vorhandenen Splittersiedlung erheblich verstärken und dadurch zur weiteren Zersiedlung des insoweit betroffenen Teils des Außenbereichs beitragen.

Die Besorgnis der Verfestigung einer Splittersiedlung durch die Änderung der Scheune in ein Wohngebäude ist auch nicht gemäß **§ 35 IV 1 Nr. 1 BauGB** unerheblich. Durch § 35 IV 1 Nr. 1 BauGB wird zwar die Änderung der bisherigen Nutzung

---

[243] Die „Erweiterung" einer Splittersiedlung ist jedoch nach § 35 III 1 Nr. 7 BauGB zu berücksichtigen; vgl. *OVG Lüneburg* NVwZ-RR 2001, 368 (369); *OVG Münster* NVwZ 2001, 1071 (1071).
[244] *OVG Lüneburg* NVwZ-RR 2001, 368 (369); *OVG Münster* NVwZ 2001, 1071 (1072); vgl. auch *Degenhart*, Außenbereichssatzungen nach dem Wohnungsbauerleichterungsgesetz, DVBl. 1993, 177 (178 f.).
[245] Siehe hierzu *OVG Münster* NVwZ 2001, 1071 (1072); *VGH München* ZfBR 2004, 181.
[246] Vgl. dazu *OVG Berlin/Brandenburg* BRS 74 Nr. 115.

eines land- oder forstwirtschaftlichen Gebäudes (§ 35 I Nr. 1 BauGB) begünstigt; insbesondere kann einer solchen Nutzungsänderung nicht entgegengehalten werden, dass sie die Verfestigung einer Splittersiedlung befürchten lässt. § 35 IV 1 Nr. 1 BauGB ist hier jedoch nicht anwendbar. Nach § 35 IV 1 Nr. 1 lit. e BauGB setzt eine Teilprivilegierung voraus, dass das Gebäude, dessen Nutzung geändert werden soll, im **räumlich-funktionalen Zusammenhang** mit der Hofstelle des landwirtschaftlichen Betriebs steht. Damit ist nicht irgendeine Hofstelle gemeint. Es muss vielmehr ein Zusammenhang zur bisherigen privilegierten Nutzung nach § 35 I Nr. 1 BauGB hergestellt werden, also zu demjenigen Betrieb, von dem das Gebäude seine bisherige Privilegierung nach § 35 I Nr. 1 BauGB abgeleitet hat. Bezugspunkt ist also die Hofstelle des landwirtschaftlichen Betriebs, dem das Gebäude bis zur Aufgabe der bisherigen Nutzung gedient hat. Nach der vollständigen Aufgabe des landwirtschaftlichen Betriebes des G kann dies vorliegend nur der Betrieb des Landwirts L sein. Von dieser Hofstelle ist die ehemalige Scheune jedoch etwa 300 m entfernt. Es fehlt somit an der erforderlichen räumlichen Nähe. E wird den gewünschten Vorbescheid demnach nicht bekommen.

§ 28. Gemeindliches Einvernehmen

Schrifttum: *Beutling/Pauli*, Klagerecht der Gemeinde bei Ersetzung ihres Einvernehmens nach § 36 BauGB, BauR 2010, 418; *Budroweit*, Kein gemeindliches Einvernehmenserfordernis bei Identität von unterer Baugenehmigungsbehörde und Gemeinde, NVwZ 2005, 1013; *Fehling*, Einvernehmen der Gemeinde nach § 36 BauGB trotz Identität von Gemeinde und Baugenehmigungsbehörde?, Jura 2006, 369; *Graupeter*, Rechtsfolgen der rechtswidrigen Versagung des gemeindlichen Einvernehmens und rechtmäßige Handlungsalternativen der Gemeinden zur Verhinderung eines Bauvorhabens- zugleich eine Erwiderung auf Bickenbach „Die Ersetzung des gemeindlichen Einvernehmens durch Verpflichtungsurteil?" (BauR 04, 428 ff.), ZfBR 2005, 432; *Groß*, Das gemeindliche Einvernehmen nach § 36 BauGB als Instrument zur Durchsetzung der Planungshoheit, BauR 1999, 560; *Hummel*, § 36 BauGB und kein Ende, BauR 2005, 948; *Jäde*, Der Schutzbereich des gemeindlichen Einvernehmens, UPR 2010, 248; *Möstl*, Der Rückbau des § 36 BauGB schreitet voran, BayVBl. 2007, 129.

Fall 26 (nach *BVerwG* NVwZ 2008, 1347):

Das Unternehmen U plant im Außenbereich der Gemeinde G einen Windenergiepark zu errichten. Die zuständige Genehmigungsbehörde hält die Voraussetzung für diese Errichtung für gegeben, allerdings fehlt noch das Einvernehmen der Gemeinde G nach § 36 BauGB. Da U jeden Tag, den er tatenlos wartet, 25.000 € verliert, erteilt die Genehmigungsbehörde die Baugenehmigung. Sie ist der Ansicht, dass die Gemeinde G ohnehin nicht zu einem abweichenden Ergebnis kommen könne. Daraufhin verlangt die Gemeinde G, die Genehmigung aufzuheben. Hat dies Aussicht auf Erfolg, wenn das Vorhaben des U tatsächlich genehmigungsfähig ist?
Lösung: Rn. 16

Zur Sicherung der gemeindlichen Planungshoheit[1] bedarf die Genehmigung oder sonstige Zulassung von Vorhaben auf Grundstücken, die nicht im Geltungsbereich eines qualifizierten oder vorhabenbezogenen Bebauungsplans liegen oder bei denen

---

[1] BVerwGE 22, 342 (346); 28, 268 (270 f.); 121, 339 (342); 122, 13 (18); *BVerwG* NVwZ 1991, 1076 (1076); NVwZ 2008, 1347 (1348); *VGH Kassel* NVwZ 1990, 1185 (1185).

von den Festsetzungen eines solchen Plans abgewichen werden soll, nach § 36 BauGB des **Einvernehmens der Gemeinde**.[2] Da er ausschließlich um der Gemeinde willen geschaffen ist, gewährt § 36 BauGB **keinen Nachbarschutz**.

I. Begriff des Einvernehmens

3   Einvernehmen bedeutet **Zustimmung**.[3] Ohne positiv hergestelltes Einvernehmen der Gemeinde darf deshalb ein einvernehmensbedürftiges Vorhaben von der Baugenehmigungsbehörde nicht genehmigt oder zugelassen werden.[4] Auch die Widerspruchsbehörde ist an die Verweigerung des Einvernehmens gebunden, es sei denn, das Landesrecht räumt ihr die Befugnis ein, sich darüber hinwegzusetzen.[5] Dies zeigt, dass § 36 BauGB der Gemeinde um ihrer Planungshoheit willen eine starke Rechtsposition einräumt. Nur im Aufsichtswege (§ 36 II 3 BauGB) kann ein rechtswidrig verweigertes **Einvernehmen ersetzt** werden.[6] Innerhalb der Gemeinde ist für die Erteilung des Einvernehmens das Gemeindeorgan zuständig, dem die Bauleitplanung obliegt, in der Regel der Gemeinderat.[7]

II. Notwendigkeit des Einvernehmens

4   Das Einvernehmen der Gemeinde ist grundsätzlich **erforderlich**:

5   – bei **Ausnahmen und Befreiungen** von den Festsetzungen des Bebauungsplans. Durch die von ihr festgesetzten Bebauungspläne leitet die Gemeinde die bauliche und sonstige Nutzung der Grundstücke (§ 8 I BauGB). An den Bebauungsplan ist die Baugenehmigungsbehörde gebunden (§ 30 BauGB). Will sie durch Ausnahmen oder Befreiungen von ihm abweichen, muss die Gemeinde mitwirken.

6   – bei Genehmigungen, die gemäß § 33 BauGB im Vorgriff auf einen **künftigen Bebauungsplan** erteilt werden. Nur die Gemeinde kann verlässlich beurteilen, ob Planreife besteht. Deshalb ist ihr Einvernehmen erforderlich.

7   – bei Vorhaben im **unbeplanten Innenbereich** (§ 34 BauGB) und im **Außenbereich** (§ 35 BauGB).[8] Hier hat die Gemeinde von ihrer Planungshoheit noch keinen Gebrauch gemacht. Deshalb muss sie die Möglichkeit besitzen, einerseits die Einhaltung der Grenzen zu überwachen, die der Bebauung durch die §§ 34, 35 BauGB gezogen sind, und andererseits nach diesen Vorschriften zulässige, ihr aber un-

---

[2] Vgl. zum gemeindlichen Einvernehmen *Budroweit*, NVwZ 2005, 1013 (1014 ff.); *Büchner/Schlotterbeck*, Die Stellung der Gemeinden in bauaufsichtlichen Verfahren – am Beispiel der Landesbauordnung für Baden-Württemberg, ZfBR 2004, 747 (752 ff.); *Graupeter*, ZfBR 2005, 432.

[3] BVerwGE 22, 342 (344) = NJW 1966, 513; *BVerwG* NVwZ 1986, 556 (556); BKL/*Krautzberger*, BauGB, § 36 Rn. 5.

[4] *VGH Kassel* BRS 50 Nr. 164.

[5] *BVerwG* BRS 48 Nr. 144; NVwZ 1986, 556 (557).

[6] Dazu auch BVerwGE 22, 342 (348 f.) = NJW 1966, 513; *VGH München* BRS 42, 175; 49 Nr. 161. Eine Sonderregelung enthält § 37 I BauGB für bestimmte öffentliche Bauten. Ist für sie das Einvernehmen der Gemeinde nicht zu erlangen, entscheidet die höhere Verwaltungsbehörde.

[7] *VGH Mannheim* BRS 20 Nr. 50.

[8] In den Fällen des § 35 II und IV BauGB kann gem. § 36 I 3 BauGB durch Rechtsverordnung bestimmt werden, dass außerdem die Zustimmung der höheren Verwaltungsbehörde erforderlich ist.

erwünschte Vorhaben durch die Einleitung eines Bebauungsplanverfahrens mit sich anschließender Veränderungssperre (§ 14 BauGB) zu verhindern.[9]
– bei der Zulassung von Ausnahmen von einer **Veränderungssperre** (§ 14 II BauGB). 8

Des Einvernehmens bedarf es in allen Verfahren, in denen über die Genehmigung 9 oder sonstige Zulassung der vorgenannten einvernehmensbedürftigen Vorhaben entschieden wird: im Verfahren über die Erteilung von Baugenehmigungen, Vorbescheiden oder Zustimmungen, bei anzeigepflichtigen Vorhaben, wenn die Bauaufsichtsbehörde durch Nichtwidersprechen das Vorhaben zulassen will sowie im immissionsschutzrechtlichen oder atomrechtlichen Genehmigungsverfahren.[10] Ist die **Gemeinde zugleich Baugenehmigungsbehörde**, bedarf es nach Ansicht der Rechtsprechung des Einvernehmens nicht,[11] da die Gemeinde selbst dafür sorgen kann, dass kein Vorhaben verwirklicht wird, dass bauplanungsrechtlich unzulässig ist oder ihren planerischen Vorstellungen widerspricht.[12] In diesen Fällen entfällt nach Ansicht des *BVerwG* die Anwendung des § 36 I 1 BauGB selbst dann, wenn die nicht der Gemeinde zugehörige **Widerspruchsbehörde** entgegen der gemeindlichen Vorstellung ein einvernehmensbedürftiges Vorhaben zulässt.[13] § 36 I 1 BauGB sei auf das Verhältnis von Baugenehmigungsbehörde und Widerspruchsbehörde nicht anwendbar.[14] Bedenklich ist diese Auffassung, da entgegen der Ansicht des *BVerwG* hierdurch der Gemeinde ein Verlust einer verfahrensrechtlichen Position im vorprozessualen behördlichen Genehmigungsverfahren entsteht, der nicht vollständig dadurch kompensiert wird, dass sich die Gemeinde gegenüber der Widerspruchsbehörde auf ihre materiell-rechtliche Planungshoheit berufen kann.[15] Das Prüfungsrecht nach § 36 II 1 BauGB geht schließlich über den subjektiven Rechtskreis der Gemeinde hinaus und eröffnet eine erweiterte objektiv-rechtliche Kontrollmöglichkeit. Gerade im Anwendungsbereich des § 31 BauGB erstarkt das der Gemeinde eröffnete Ermessen zu einem echten Mitentscheidungsrecht der Gemeinde.[16]

Einvernehmensfrei sind nach § 36 I 2 BauGB Vorhaben der in § 29 I BauGB 10 bezeichneten Art, die der Bergaufsicht unterliegen. Die Gemeinde ist nach § 54 II BBergG am bergrechtlichen Betriebsplanverfahren zu beteiligen.[17] Keines Einverneh-

---

[9] So *BVerwG* NVwZ 1986, 556 (556) unter Hinweis auf das die Gemeinde nach §§ 18, 39, 42 BauGB treffende Entschädigungsrisiko.
[10] *VGH München* NVwZ-RR 1991, 523; a. A. *VGH Kassel* NVwZ-RR 1990, 346 (346); kritisch hierzu *Uechtritz*, Kein gemeindliches Einvernehmen im immissionsschutzrechtlichen Genehmigungsverfahren?, DVBl. 1991, 466 (467 f.). Anders die Rechtslage nach § 36 BBauG; vgl. dazu *BVerwG* NJW 1978, 64 (64).
[11] BVerwGE 45, 207 (212 ff.); 121, 339 (342 ff.); kritisch *Hummel*, BauR 2005, 948 (949 ff.); *Fehling*, Jura 2006, 369 (372 ff.).
[12] EZBK/*Söfker*, BauGB, § 36 Rn. 15.
[13] BVerwGE 121, 339 (343 f.). Vgl. dazu auch *Budroweit*, NVwZ 2005, 1013; *Graupeter*, ZfBR 2005, 432; *Bickenbach*, Die Ersetzung des gemeindlichen Einvernehmens durch Verpflichtungsurteil?, BauR 2004, 428.
[14] *BVerwG* NVwZ 2008, 1347 (1348); bestätigt durch *BVerwG* ZfBR 2010, 797 (797 f.); so auch *Gern*, Einvernehmen bei Identität zwischen Baugenehmigungsbehörde und Gemeinde, VBlBW 1986, 451 (452).
[15] BVerwGE 121, 339 (344); *VGH München* BayVBl. 2003, 210 (211); kritisch *Erbguth*, Öffentliches Baurecht, § 8 Rn. 55; vgl. dazu auch *Möstl*, BayVBl. 2007, 129 (133 f.).
[16] *Möstl*, BayVBl. 2007, 129 (134 f.); *Groß*, BauR 1999, 560 (566 f.); *Jäde*, UPR 2010, 248 (252).
[17] Vgl. *Hösgen*, Zur Verfahrensbeteiligung der Gemeinden bei bergrechtlichen Betriebsplanzulassungen zum Schutz von kommunalen Trinkwasseranlagen, LKV 1992, 398 (398 ff.).

mens bedürfen Vorhaben, über die in einem unter § 38 BauGB fallenden Planfeststellungsverfahren entschieden wird (§ 38 S. 1 BauGB). Die Gemeinde ist gem. § 73 II VwVfG am Planfeststellungsverfahren beteiligt.

III. Maßstab für die Erteilung des Einvernehmens

11 Nach § 36 II 1 BauGB darf das Einvernehmen nur aus den sich aus den **§§ 31, 33, 34, 35 BauGB ergebenden Gründen** versagt werden.[18] Das Einvernehmen ist mithin **rechtlich gebunden**. Seine Erteilung steht nicht im Ermessen der Gemeinde,[19] sieht man von dem Fall des § 31 BauGB ab, der als Ermessensvorschrift auch im Rahmen von § 36 BauGB Ermessen gewährt.[20] Wenn sich ein Vorhaben im Sinne von § 34 BauGB nicht in die Eigenart der näheren Umgebung einfügt,[21] wenn es im Außenbereich öffentliche Belange beeinträchtigt oder wenn seine Erschließung nicht gesichert ist,[22] darf die Gemeinde ihr Einvernehmen verweigern. Anderenfalls muss sie es erteilen, selbst wenn das Vorhaben anderen Vorschriften als den §§ 33 bis 35 BauGB widerspricht.

12 **Gegenstand der Beurteilung** ist das Vorhaben, wie es sich nach dem Bauantrag darstellt. Wird der Antrag nach Erteilung des Einvernehmens in planungsrechtlich erheblicher Weise geändert, ist das Einvernehmen erneut herzustellen.[23] Dasselbe gilt, wenn im Einvernehmen mit der Gemeinde bislang (nur) ein Vorbescheid oder eine Teilbaugenehmigung erteilt wurde.[24] Die Gemeinde hat bei der Einvernehmensentscheidung jedoch die aus Vorbescheid oder Teilbaugenehmigung folgende Bindung zu beachten.[25] Die rechtswidrige Verweigerung des Einvernehmens kann Schadensersatzansprüche gegen die Gemeinde wegen Amtspflichtverletzung begründen.[26]

13 Die Gemeinde ist nicht gehindert, den ihr zur Herstellung ihres Einvernehmens vorgelegten Bauantrag eines nach den §§ 31, 33, 34 oder 35 BauGB genehmigungsfähigen Vorhabens **zum Anlass zu nehmen**, die Aufstellung eines **Bebauungsplans zu beschließen** und zur Sicherung des eingeleiteten Planungsverfahrens die **Zurückstellung des Baugesuchs** zu verlangen (§ 15 BauGB) oder eine **Veränderungssperre** (§§ 14 ff. BauGB) zu beschließen.[27] § 36 I 3 BauGB erkennt dies für den Fall eines

---

[18] *Jäde*, UPR 2010, 248 (249). Siehe aber auch *VGH Kassel* NVwZ-RR 2009, 750 (751 f.), wonach das Einvernehmen nur versagt werden darf, wenn zugleich subjektive (Planungs-) Rechte der Gemeinde tangiert sind.
[19] *BVerwG* NJW 1981, 1747 (1748); BRS 22 Nr. 156; *BGH* BRS 36 Nr. 161.
[20] *BVerwG* Buchholz 406.11 § 36 BauGB Nr. 45; *VGH München* NVwZ 1996, 919 (919); BRS 74 Nr. 61; Brügelmann/*Dürr*, § 36 Rn. 37. Dementsprechend steht auch in den Fällen des § 14 II BauGB der Gemeinde ein Ermessen zu. a. A. zum Ermessen i. R. des § 36 BauGB BK/*Roeser*, BauGB, § 36 Rn. 13.
[21] Zu eng *VGH München* NVwZ 1984, 740 (740): nur öffentliche Belange i. S. § 35 III BauGB, welche die gemeindliche Planungshoheit berühren, rechtfertigen die Versagung des Einvernehmens; ähnlich *VGH München* NVwZ 1987, 1089 (1090).
[22] *BVerwG* NVwZ 1991, 1076 (1076); *VGH Kassel* BRS 38 Nr. 141.
[23] *VGH München* BRS 49 Nr. 161.
[24] *OVG Frankfurt/Oder* BRS 58 Nr. 143.
[25] Anders *BGH* BRS 36 Nr. 160: Kein erneutes Einvernehmen; dazu auch *VGH Kassel* NVwZ 1990, 1185 (1185 f.).
[26] Dazu BGHZ 65, 182 (188 f.); 99, 262 (273) = NJW 1987, 1320; 118, 263 (265 f.); vgl. ferner *BGH* NVwZ 1990, 501; NVwZ-RR 2003, 403; NVwZ 2006, 117; *OLG Hamm* NVwZ 1995, 1142; *Graupeter*, ZfBR 2005, 432 (433 f.).
[27] BVerwGE 120, 138 (144); 121, 339 (342 f.); *BVerwG* NVwZ 1986, 556 (556).

nach § 30 I BauGB zu beurteilenden nicht einvernehmensbedürftigen Vorhabens ausdrücklich an.

IV. Verfahren

Das gemeindliche Einvernehmen ist ein Akt **verwaltungsinterner Mitwirkung** an einem von einer anderen Behörde geführten Genehmigungsverfahren und damit kein Verwaltungsakt.[28] Deswegen kann es erst erteilt werden, wenn das Genehmigungs- oder sonstige Verwaltungsverfahren eingeleitet ist. Es gibt kein „antizipiertes" Einvernehmen. Solange das Einvernehmen nicht erteilt ist, bleibt die Genehmigungsbehörde gehindert, die Genehmigung zu erteilen.[29] Wird es verweigert, muss sie die Genehmigung ablehnen, auch wenn die Verweigerung rechtswidrig ist.[30] Eine eingeschränkte Erteilung des Einvernehmens gilt dabei als Ablehnung.[31] Das Einvernehmen kann in diesem Falle allerdings aufsichtsbehördlich **ersetzt** werden, entweder im Wege der Kommunalaufsicht,[32] nach sonstigem Landesrecht[33] oder aufgrund des mit § 36 II 3 BauGB eigens geschaffenen bundesrechtlichen Verfahrens.[34] Wird das Einvernehmen erteilt, ist die Genehmigungsbehörde nicht gehindert, gleichwohl die Genehmigung zu versagen,[35] etwa, weil sie das Vorhaben aus einem anderen Grund für nicht genehmigungsfähig hält. Das einmal erteilte Einvernehmen kann **nicht** mehr **zurückgenommen** oder **angefochten** werden.[36] Eine widersprechende Bauleitplanung, die sogar durch eine Veränderungssperre geschützt wird, bleibt aber zulässig.[37] Nach § 36 II 2 BauGB gilt das Einvernehmen der Gemeinde als erteilt, wenn es nicht binnen **zwei Monaten** nach Eingang des Ersuchens der Genehmigungsbehörde bei der Gemeinde verweigert wird.[38] Die Frist ist nicht verlängerbar.[39] Diese Fiktion berechtigt die Genehmigungsbehörde dazu, nunmehr die Genehmigung zu erteilen.

14

V. Rechtsschutz

Da das Einvernehmen der Gemeinde ein verwaltungsinterner Mitwirkungsakt im Rahmen des Genehmigungsverfahrens ist, handelt im Außenverhältnis nur die Genehmigungsbehörde. Lehnt sie die Erteilung der Genehmigung ab, weil die Gemein-

15

---

[28] BVerwGE 22, 342 (345); *VGH München* BRS 49 Nr. 161.
[29] *BVerwG* NVwZ 1986, 556 (556); *VGH Kassel* NVwZ 1990, 1185 (1185); *OVG Lüneburg* NVwZ-RR 2002, 332 (333).
[30] *BVerwG* NVwZ-RR 1992, 529 (530); NVwZ 1995, 695 (696).
[31] *OVG Bautzen* BRS 74 Nr. 177.
[32] *BVerwG* NVwZ-RR 1992, 529 (530); BKL/*Krautzberger*, BauGB, § 36 Rn. 13.
[33] Siehe § 54 IV BauOBaWü; vgl. auch *Wortha*, Die Ersetzung des gemeindlichen Einvernehmens und amtshaftungsrechtliche Konsequenzen, VBlBW 2010, 219 (220).
[34] *Dippel*, Alte und neue Anwendungsprobleme der §§ 36, 38 BauGB, NVwZ 1999, 921 (924 f.); *Groß*, BauR 1999, 560 (569 f.).
[35] *BVerwG* BRS 39 Nr. 45; *OVG Münster* BRS 38 Nr. 156; *VGH München* NVwZ-RR 2000, 84 (85); BK/*Roeser*, § 36 Rn. 14.
[36] BVerwGE 120, 138 (145); *BVerwG* NVwZ 1997, 900 (901); *OVG Schleswig* NVwZ-RR 2002, 821; EZBK/*Söfker*, BauGB, § 36 Rn. 32; BKL/*Krautzberger*, § 36 Rn. 8.
[37] BVerwGE 120, 138 (144 f.); Schrödter/*Rieger*, BauGB, § 36 Rn. 16; BKL/*Krautzberger*, § 36 Rn. 9; *Graupeter*, ZfBR 2005, 432 (434).
[38] Vgl. zur Aufhebung eines fiktiven Einvernehmens *BVerwG* NVwZ 1997, 900 (901); *VGH München* NVwZ-RR 2000, 84 (85).
[39] *BVerwG* NVwZ 1997, 900 (901). Die Gemeinde trifft auch eine Mitwirkungslast. Siehe zu den Konsequenzen bei einem Versäumnis BVerwGE 122, 13 (18); *OVG Münster* BauR 2008, 799 (800).

de ihr Einvernehmen verweigert hat, ist die verwaltungsgerichtliche **Verpflichtungsklage gegen die Genehmigungsbehörde** zu richten. Die Gemeinde ist nach § 65 VwGO beizuladen.[40] Das Gericht prüft, ob der Kläger einen Rechtsanspruch auf die Erteilung der Genehmigung hat und kann wegen der Beiladung zugleich inzident die Verweigerung des Einvernehmens durch die Gemeinde überprüfen. Verurteilt das Gericht die Baugenehmigungsbehörde zur Erteilung der Genehmigung, ist gem. § 121 VwGO auch die beigeladene Gemeinde hieran gebunden.[41] Ist eine einvernehmensbedürftige Genehmigung ohne Herstellung des gemeindlichen Einvernehmens erteilt worden, kann die Gemeinde wegen der Verletzung ihres Beteiligungsrechts die Genehmigung verwaltungsgerichtlich anfechten.[42] Die Genehmigung ist **allein wegen des nicht erteilten Einvernehmens aufzuheben**, auch wenn sie inhaltlich rechtmäßig ist.[43] Selbst die Ersetzung des gemeindlichen Einvernehmens kann isoliert gerichtlich angegriffen werden,[44] nicht aber die Fiktion nach § 36 II 2 BauGB oder die von dieser Fiktion profitierende Baugenehmigung.[45]

Lösung zu Fall 26:

16 Die Missachtung des Einvernehmensgebots des § 36 I BauGB verletzt sowohl Verfahrensrecht als auch das – noch offene – Planungsrecht der Gemeinde G. Der Verstoß wiege so schwer, dass **allein die Missachtung** des gesetzlich gewährleisteten Rechts der Gemeinde auf Einvernehmen zur **Aufhebung der Baugenehmigung** führt. Einer materiell-rechtlichen Überprüfung der Rechtslage und damit des Genehmigungsanspruchs des U bedarf es nicht. Materiell-rechtlicher Bezugspunkt des § 36 I BauGB ist nämlich die Planungshoheit der Gemeinde. Hinter dem gesetzlichen Einvernehmenserfordernis steht der Zweck, die **gemeindliche Planungshoheit** zu schützen. Die Gemeinde ist als Trägerin der Planungshoheit befugt, gerade auch in Reaktion auf einen Bauantrag durch politische Entscheidung die planungsrechtlichen Beurteilungsgrundlagen für ein Vorhaben noch – wenn auch unter Umständen nur gegen Entschädigung – etwa durch Beginn eines Bebauungsplanverfahrens und Erlass einer Veränderungssperre zu ändern. Das gemeindliche Einvernehmen ist demnach ein Sicherungsinstrument, mit dem die Gemeinde als sachnahe und fachkundige Behörde an der Beurteilung der bebauungsrechtlichen Zulässigkeitsvoraussetzungen mitentscheidend beteiligt werden soll. Die Gemeinde G kann sich somit erfolgreich gegen die Baugenehmigung des U zur Wehr setzen.

---

[40] BVerwGE 28, 145 (147) = NJW 1967, 905.
[41] Vgl. *VGH Mannheim* NVwZ 1997, 198 (198).
[42] *BVerwG* NVwZ-RR 1989, 6 (6); NVwZ 1991, 1076 (1076 f.); BauR 1999, 1281 (1281 f.); *VGH Kassel* NVwZ 1984, 738; *OVG Koblenz* NVwZ 1985, 566; *Jäde*, UPR 2010, 248 (251).
[43] *BVerwG* NVwZ 2008, 1347 (1348); *OVG Lüneburg* NVwZ-RR 2003, 342 (342); NVwZ-RR 2009, 866 (868); *VGH Mannheim* BRS 57 Nr. 200 = NVwZ-RR 1996, 74 L.
[44] *OVG Lüneburg* NVwZ-RR 2002, 332 (333); *Beutling/Pauli*, BauR 2010, 418; zum Prüfungsumfang in diesem Fall siehe *BVerwG* NVwZ 2010, 1561 (1565).
[45] *OVG Münster* BauR 2008, 799 (802); *VGH München* NVwZ-RR 2000, 84 (85); BKL/*Krautzberger*, BauGB, § 36 Rn. 17. Dies gilt zumindest für den Fall, dass die Gemeinde sich auf Umstände beruft, die bereits vor Fristablauf die Verweigerung des Einvernehmens gerechtfertigt hätten.

§ 29. Die Sicherung der Erschließung

Schrifttum: *Auf der Straße*, Grundzüge des Erschließungsbeitragsrechts, SächsVBl. 1998, 40; *Driehaus*, Erschließungs- und Ausbaubeiträge, 8. Aufl. 2007; *Fischer*, Erschließungs- und Erschließungsbeitragsrecht, in: Hoppenberg/de Witt, Hb. Öffentliches Baurecht, Teil F; *Schmidt/Bogner/Steenbock*, Handbuch des Erschließungsrechts, 6. Aufl. 2010.

Fall 27 (nach BVerwGE 92, 8):

A erwirbt im Jahr 2007 ein Grundstück in der Gemeinde G. Das Grundstück liegt in einem qualifizierten Bebauungsplan (§ 30 I BauGB) und ist einer Wohnnutzung zugänglich. Nach Erteilung der Baugenehmigung durch die Gemeinde G lässt er mit den Bauarbeiten beginnen. Als A sein Wohnhaus im März 2009 fertiggestellt hat, ist es immer noch nicht vollständig erschlossen. A erfährt, dass bereits mehrere Eigentümer des Gebiets der Gemeinde einen auf das Wohngebiet beschränkten Erschließungsvertrag angeboten haben, um endlich eine Erschließung herbeizufügen; der Vertrag wurde aber von der Gemeinde G abgelehnt. Nachdem sich A dieser Gruppe angeschlossen hat, scheitern zwei weitere Versuche, mit der Gemeinde G einen Erschließungsvertrag abzuschließen, obschon das Angebot der Eigentümer ausgewogen und sachgerecht ist. A, der nicht länger auf eine vollständige Erschließung seines Grundstücks verzichten will, überlegt, ob er die Gemeinde G nicht gerichtlich zur Erschließung zwingen kann. Er fragt seinen Neffen N, der Jura studiert. N hat aber Zweifel an einer Verpflichtung der Gemeinde, da § 123 III BauGB ausdrücklich einen Anspruch auf Erschließung ausschließe. Hat N mit dieser Auskunft Recht?
Lösung: Rn. 19

1

Ein Grundstück ist baulich erst nutzbar, wenn es an das öffentliche Straßen- oder Wegenetz und, soweit erforderlich, an die Energie- und Wasserversorgung wie auch die Entwässerung angeschlossen ist. Die Gesamtheit dieser Maßnahmen wird als **Erschließung** bezeichnet.[1] Das Erschließungsrecht wird nachfolgend in seinen Grundzügen dargestellt.[2]

2

I. Erschließung als gemeindliche Aufgabe

1. Begriff der Erschließung

Das BauGB bestimmt in § 123 I, dass die Erschließung grundsätzlich **Aufgabe der Gemeinde** ist. Ohne diesen **Begriff** zu bestimmen, versteht es unter Erschließung im Sinne der §§ 123 ff. BauGB die für die Baureifmachung eines Gebiets erforderliche erstmalige Herstellung der örtlichen öffentlichen Straßen, Wege, Plätze und Grünanlagen, der Versorgungsanlagen für Elektrizität, Gas, Wärme und Wasser sowie der Anlagen zur Ableitung von Abwasser. Da nicht unmittelbar der Baureifmachung dienend, gehört die Herstellung überörtlicher Verkehrsanlagen wie Bundes- und

3

---

[1] BVerfGE 3, 407 (429) = NJW 1954, 1474.
[2] Dagegen wird das Erschließungsbeitragsrecht hier nicht behandelt. Es hat sich inzwischen zu einem umfangreichen Spezialgebiet entwickelt, dessen Darstellung den Rahmen dieses Buches sprengen würde. Vgl. hierzu *Driehaus*, Erschließungs- und Ausbaubeiträge, 8. Aufl. 2007; *Fischer*, in: Hoppenberg/de Witt, Hb. Öffentliches Baurecht, Teil F; *Schmidt/Bogner/Steenbock*, Handbuch des Erschließungsrechts, 6. Aufl.; *Auf der Straße*, SächsVBl. 1998, 40.

408   5. Teil. Die planungsrechtliche Zulässigkeit baulicher und sonstiger Vorhaben

Landstraßen einschließlich ihrer Ortsdurchfahrten (§ 128 III Nr. 2 BauGB), überörtlicher Grünanlagen wie Naturparks oder überörtlicher Versorgungsanlagen wie Elektrizitäts- und Gaswerke nicht zur gemeindlichen Erschließung. Die Errichtung von Erschließungsfolgeeinrichtungen wie Schulen, Krankenhäusern, Sportplätzen oder Verwaltungsgebäuden fällt ebenfalls nicht unter das Begriffsverständnis der Erschließung.

2. Träger der Erschließung

4   Die **Gemeinde** besitzt nicht nur die Planungshoheit, sondern trägt auch die **Erschließungslast**, wie die amtliche Überschrift des § 123 BauGB die Aufgabe der Erschließung umschreibt. Damit kommt die sachliche Nähe dieser Aufgabe zum Straßen- und Wegerecht („Straßenbaulast") zum Ausdruck. Die Erschließung gehört zu den Selbstverwaltungsaufgaben der Gemeinde. Ein Rechtsanspruch des Bürgers auf Erschließung besteht nach § 123 III BauGB nicht.[3] § 123 I BauGB sieht die Möglichkeit vor, dass die Erschließungslast aufgrund besonderer gesetzlicher Bestimmungen oder öffentlich-rechtlicher Verpflichtungen statt der Gemeinde **einem anderen obliegt**. In Betracht kommen etwa ein Planungsverband nach § 205 BauGB, der Bund, Länder oder Kommunalverbände als Träger der Straßenbaulast für Bundesstraßen (§ 5 FStrG) oder Landstraßen.[4] Außerdem kann die Gemeinde nach § 124 I BauGB die Erschließung als Ganzes durch öffentlich-rechtlichen Vertrag **auf einen Dritten übertragen**.[5]

3. Art und Umfang der Erschließung

5   Die Gemeinde entscheidet innerhalb der ihr insbesondere durch die §§ 123 II, 125 BauGB gezogenen Grenzen nach pflichtgemäßem **Ermessen** über „Ob", Art und Umfang der Erschließung. Dabei sind insbesondere die folgenden Grundsätze zu beachten:

a) Erfordernisse der Bebauung und des Verkehrs

6   Nach § 123 II BauGB sollen die Erschließungsanlagen entsprechend den Erfordernissen der Bebauung und des Verkehrs **kostengünstig** hergestellt werden und spätestens **bis zur Fertigstellung** der anzuschließenden baulichen Anlagen benutzbar sein. Da Vorschriften über die bei der Erschließung zu berücksichtigenden Grundsätze nicht bestehen,[6] entscheidet die Gemeinde prinzipiell nach eigenem Ermessen, was nach den konkreten Gegebenheiten den Erfordernissen der Bebauung und des Verkehrs entspricht, sofern auf eine kostengünstige Ausführung geachtet wird.[7] Regelmäßig wird die gemeindliche Konzeption in einem gemeindlichen Straßenbauprogramm fixiert, das festlegt, was und wie gebaut werden soll. Auch **spätere Erweiterungen und Verbesserungen** der Erschließungsanlagen fallen unter die Erschließungslast der Gemeinde.[8]

---

[3] Zu Ausnahmen von § 123 III BauGB siehe § 29 Rn. 16 ff.
[4] *BVerwG* NVwZ 2008, 905 (905 f.); BKL/*Löhr*, BauGB, § 123 Rn. 2.
[5] Zum Erschließungsvertrag siehe bereits oben § 11 Rn. 22 ff.
[6] § 124 BBauG, der den Erlass von Richtlinien über die städtebaulichen Grundsätze der Erschließung vorsah, ist nie verwirklicht worden und auch nicht in das BauGB übernommen worden.
[7] *BVerwG* NVwZ 2008, 905 (905).
[8] *Fischer*, in: Hoppenberg/de Witt, Hb. des öffentlichen Baurechts, F Rn. 10; EZBK/*Ernst/Grziwotz*, BauGB, § 123 Rn. 5; a. A. BVerwGE 78, 266 (270).

b) Planbindung

Nach § 125 I BauGB setzt die Herstellung der Erschließungsanlagen grundsätzlich einen Bebauungsplan voraus, nach dessen Festsetzungen sich die Gemeinde zu richten hat.[9] Die **erschließungsrechtliche Planbindung** ist Folge der dem Bebauungsplan als Rechtsnorm zukommenden Verbindlichkeit.[10] Nur in den Grenzen des § 125 III BauGB sind Planunterschreitungen und Planüberschreitungen zulässig.[11] Alle sonstigen Planabweichungen machen die Erschließungsanlage rechtswidrig. Liegt ein Bebauungsplan nicht vor, dürfen nach § 125 II BauGB Erschließungsanlagen nur hergestellt werden, wenn sie den in § 1 IV bis VII BauGB bezeichneten Anforderungen entsprechen.[12] Nur für eine nach Maßgabe des § 125 BauGB rechtmäßig hergestellte beitragsfähige Erschließungsanlage kann ein Erschließungsbeitrag erhoben werden.[13]

7

4. Erstellung der Erschließungsanlagen

Die Gemeinde stellt die für die Erschließungsanlage erforderlichen Grundstücke aus ihrem Bestand oder nachdem sie diese freihändig, durch Ausübung ihrer Vorkaufsrechte (§§ 24 ff. BauGB) oder im Wege der Enteignung (§§ 85 ff. BauGB) erworben hat, zur Verfügung. Da sie nicht über die personellen und sächlichen Mittel verfügt, um die Erschließungsanlagen selbst herzustellen, lässt sie die Anlagen auf der Grundlage **privatrechtlicher Werkverträge** erstellen. Der Eigentümer des erschlossenen Grundstücks ist nach § 126 I, III BauGB verpflichtet, Anlagen der **Straßenbeleuchtung** sowie **Kennzeichen** und **Hinweisschilder** für Erschließungsanlagen zu **dulden** und sein Grundstück mit der von der Gemeinde **festgesetzten Nummer** zu versehen.[14] Für dabei entstehende Schäden haftet die Gemeinde nach § 126 II BauGB.

8

5. Unterhaltung der Erschließungsanlagen

Die Unterhaltung der Erschließungsanlagen richtet sich gem. § 123 IV BauGB nach **Landesrecht** oder, dort nicht erwähnt, nach sonstigem Bundesrecht. Sie gehört also nicht zur Erschließungslast des § 123 I BauGB.[15] Maßgebend sind insbesondere die **Straßengesetze** der Länder sowie für Bundesstraßen § 3 FStrG. Die darin geregelte Straßenbaulast umfasst auch die Unterhaltung der Straßen. Erschließungslast und Straßenbaulast weichen insoweit voneinander ab. Nach dem Abgabenrecht der Länder können für die Straßenunterhaltung Beiträge erhoben werden,[16] während das Erschließungsbeitragsrecht des BauGB die Unterhaltungskosten nicht einschließt (§§ 127 ff. BauGB).

9

---

[9] BVerwGE 84, 80 (83).
[10] Eingehend hierzu *BVerwG* BRS 43 Nr. 17.
[11] von *Müller*, Zulässigkeit und Grenzen einer erschließungsrechtlichen Abweichung vom Bebauungsplan nach dem ergänzenden Absatz 1a des § 125 BBauG, BauR 1979, 372; *Kregel*, Erschließungsanlagenplanung nach dem Baugesetzbuch, NVwZ 1988, 1102 (1105).
[12] EZBK/*Löhr*, BauGB, § 125 Rn. 11 ff.
[13] BVerwGE 97, 62 (65) = NVwZ 1995, 1209.
[14] Vgl. Schrödter/*Quaas*, BauGB, § 126 Rn. 1; BK/*Driehaus*, BauGB, § 126 Rn. 1 ff.
[15] *BVerwG* NVwZ 2008, 905 (905); EZBK/*Löhr*, BauGB, § 123 Rn. 15.
[16] *Driehaus*, Das Straßenbaubeitragsrecht der Länder in der obergerichtlichen Rechtsprechung, 3. Aufl. 1982.

6. Erschließungsbeitrag

10 Da die Erschließung Voraussetzung für die Bebaubarkeit eines Grundstücks ist (§§ 30, 33, 34, 35 BauGB), erfährt dieses durch die Erschließung einen oft erheblichen Wertzuwachs. Es ist daher gerechtfertigt, den **Eigentümer an den Erschließungskosten zu beteiligen**. Das Baurecht kennt seit § 15 PrFlG das Rechtsinstitut des Anliegerbeitrags, durch den ein Teil der Kosten, die der Gemeinde durch die Erschließung entstehen, auf den Anlieger überwälzt und die Gemeinde finanziell entlastet wird. Das BauGB knüpft hieran an und regelt unter der Bezeichnung „Erschließungsbeitrag" in den §§ 127 bis 135 die Beteiligung des Anliegers an den Kosten der erstmaligen verkehrsmäßigen Erschließung, insbesondere an den Kosten der zum Anbau bestimmten öffentlichen Straßen, Wege und Plätze einschließlich der nicht befahrbaren Verkehrsanlagen und Sammelstraßen sowie der nach städtebaulichen Grundsätzen innerhalb der Baugebiete zu deren Erschließung notwendigen Parkflächen, Grünanlagen und Anlagen des Immissionsschutzes.[17] Eine Beteiligung an den Kosten für die Herstellung von Versorgungs- und Entsorgungseinrichtungen sieht das BauGB nicht vor. Wegen der Einzelheiten des Umfangs und der Ermittlung des Erschließungsbeitrags, seiner Verteilung auf die Anlieger und der Heranziehung muss auf die Darstellungen zum Erschließungsbeitragsrecht verwiesen werden.[18]

II. Planungsrechtliche Bedeutung der Erschließung

11 Das BauGB trägt der Notwendigkeit, Grundstücke vor ihrer baulichen Nutzung zu erschließen, dadurch Rechnung, dass es ein Vorhaben trotz Erfüllung aller planungsrechtlichen Voraussetzungen nur zulässt, wenn die „Erschließung" (§§ 30, 33, 34 BauGB) oder die „ausreichende Erschließung" (§ 35 BauGB) gesichert ist.[19] Die Erschließung ist **unabdingbare planungsrechtliche Voraussetzung jeder Bebauung**, von der weder Ausnahmen zugelassen, noch befreit werden kann (arg. § 31 II BauGB).[20] Da wegen des Grundsatzes der Verhältnismäßigkeit nie mehr als eine im Einzelfall **„ausreichende"** Erschließung verlangt werden kann, ist einheitlich für alle planungsrechtlichen Bereiche nicht mehr, aber auch nicht weniger als eine „ausreichende" Erschließung zu fordern.[21] So sind an die Erschließung von Außenbereichsgrundstücken bei entsprechender Nutzung (etwa: eine Scheune auf dem Feld) nur geringe Anforderungen zu stellen.[22] Würde man die gleichen Anforderungen wie im Innenbereich stellen, liefe dies der vom Gesetzgeber gewollten Privilegierung land- oder forstwirtschaftlicher Betriebe im Außenbereich zuwider.[23] Auch Gründe des Umweltschutzes und der Schonung des Außenbereichs können, soweit verkehrs-

---

[17] EZBK/*Löhr*, BauGB, Vorb. §§ 123-135 Rn. 10 ff.

[18] Hierzu insbesondere *Driehaus*, Erschließungs- und Ausbaubeiträge, 8. Aufl. 2007; *Fischer*, in: Hoppenberg/de Witt, Hb. Öffentliches Baurecht, Teil F; *Schmidt/Bogner/Steenbock*, Handbuch des Erschließungsrechts, 6. Aufl.; *Auf der Straße*, Grundzüge des Erschließungsbeitragsrechts, SächsVBl. 1998, 40.

[19] Dieses Erfordernis ist nicht nachbarschützend, *OVG Greifswald* BRS 56 Nr. 167; *OVG Münster* BRS 40 Nr. 70; EZBK/*Söfker*, BauGB, § 34 Rn. 142 zu einer Bebauung im unbeplanten Innenbereich.

[20] *BVerwG* NVwZ 1986, 646; BKL/*Löhr*, BauGB, § 31 Rn. 6. Eine Ausnahme gilt nach § 37 BauGB; vgl. dazu oben § 24 Rn. 28 ff.

[21] *BVerwG* BRS 30 Nr. 40.

[22] *BVerwG* NVwZ 1986, 38 (38); NVwZ 1991, 1076 (1978); *OVG Magdeburg* ZfBR 2010, 381 (382).

[23] *BVerwG* NVwZ 1986, 38 (38); BKL/*Krautzberger*, BauGB, § 35 Rn. 8.

mäßig vertretbar, im Außenbereich zu einer Herabsetzung der Anforderungen an die Erschließung führen.

1. Planungsrechtlicher Begriff der Erschließung

Die Erschließung, welche die §§ 30 ff. BauGB zur Voraussetzung für die Zulässigkeit von Vorhaben macht, ist **vorhabenbezogen**.[24] Es kommt darauf an, welche Erschließung für das zur Genehmigung stehende Vorhaben erforderlich ist.

- Erforderlich ist stets eine **wegemäßige, eine verkehrliche Erschließung** des Baugrundstücks.[25] Grenzt das Grundstück nicht an eine öffentliche Straße, bedarf es eines rechtlich gesicherten (Baulast, Dienstbarkeit) Zugangs zur öffentlichen Straße.[26] Bei einer Wohnbebauung muss das Grundstück jederzeit mit Kraftfahrzeugen erreichbar sein, sofern der Bebauungsplan nicht ausnahmsweise weniger genügen lässt oder mehr fordert, etwa dass auf das Grundstück heraufgefahren werden kann.[27] Notwendig ist, dass die Straße mit einer Beleuchtungsanlage, einer Straßenentwässerungsanlage und zum Schutz der Fußgänger mit einem Gehweg versehen ist. Von ihrer Kapazität her muss die Straße den durch die bauliche oder sonstige Nutzung zu erwartenden Verkehr bewältigen können.[28] Die Erschließung wäre nicht ausreichend, wenn das Vorhaben zu einer solchen Belastung der Grundstück erschließenden Straßen führen würde, dass die Sicherheit und Leichtigkeit des Verkehrs nicht nur in Spitzenzeiten ohne zusätzliche Erschließungsmaßnahmen wie Straßenverbreiterung oder Einfädelungsspuren nicht mehr gewährleistet wäre. Insbesondere im nicht beplanten Innenbereich sind im Hinblick auf die Erschließung nur solche Vorhaben zulässig, für die die vorhandenen Erschließungsanlagen ausreichen.[29]

- Die **Versorgung mit Wasser und Elektrizität und die Entwässerung des Grundstücks** müssen bei einer Wohn- oder Gewerbebebauung gesichert sein.[30] Die Wasserversorgung muss einwandfreies Trinkwasser und ausreichendes Löschwasser gewährleisten. Ist eine öffentliche Wasserversorgung nicht vorhanden, kann eine Versorgung aus Brunnen oder Quellen in Betracht kommen.[31] Die ausreichende Entwässerung setzt nach heutigen städtebaulichen Vorstellungen voraus, dass das Grundstück an einen Abwasserkanal angeschlossen ist[32]. Eine Klärgrubenentleerung reicht nur in Ausnahmefällen aus.[33]

2. Sicherung der Erschließung

Die Erschließung muss gesichert sein. Das zu bebauende Grundstück muss **bereits erschlossen** sein oder es muss verlässlich davon ausgegangen werden können, dass es **im Zeitpunkt der Ingebrauchnahme des geplanten Vorhabens erschlossen sein wird**.[34] Das BauGB gibt sich mit einer gesicherten **Prognose** künftiger Erschließung zufrieden; ein bloßer Anspruch auf Erschließung genügt jedoch nicht.[35] Die künftige

---

[24] *BVerwG* NVwZ 1986, 38 (38); BRS 30 Nr. 40; vgl. auch *OVG Münster* BRS 39 Nr. 115 und 35 Rn. 45 und 46.

[25] Zur wegemäßigen Erschließung im Einzelnen *BVerwG* NVwZ 1997, 389 (389 f.); *VGH Mannheim* NVwZ-RR 1998, 13 (13 f.); BRS 57 Nr. 291; *VGH München* BRS 57 Nr. 85; EZBK/*Söfker*, BauGB, § 30 Rn. 41.

[26] *BVerwG* BRS 57 Nr. 104; NVwZ 1991, 1076 (1077).

[27] *BVerwG* NVwZ 1991, 1090 (1091 f.).

[28] *OVG Münster* BRS 36 Nr. 133.

[29] So BVerwGE 75, 34 (44) = NVwZ 1987, 406.

[30] *BVerwG* BRS 30 Nr. 40; *OVG Münster* BRS 35 Nr. 150; BKL/*Löhr*, § 30 Rn. 16.

[31] Dazu *BVerwG* BRS 25 Nr. 38.

[32] Zur Möglichkeit, Zuleitungen zum öffentlichen Abwasserkanal gem. § 917 BGB über ein fremdes Grundstück zu führen, s. *BGH* NJW 1964, 1321 und BVerwGE 50, 282 (289 ff.) = NJW 1976, 1987.

[33] *VGH Kassel* BRS 40 Nr. 103; *VGH Mannheim* BRS 38 Nr. 124; weniger streng *OVG Lüneburg* BRS 35 Nr. 104.

[34] *BVerwG* NJW 1977, 405 (407); BKL/*Löhr*, § 30 Rn. 17.

[35] *BVerwG* NVwZ 1997, 389 (390).

Erschließung ist gesichert, wenn der Erschließungsträger verlässlich bereit ist, die Erschließung rechtzeitig vorzunehmen. Bei bereits vorhandener kommunaler Wasserversorgung und Entwässerung genügt es, dass der Anschluss des Grundstücks tatsächlich möglich ist und der Grundstückseigentümer ein Anschlussrecht besitzt.[36] Auch ohne Erschließungsbereitschaft des Erschließungsträgers kann die Erschließung gesichert sein, wenn sich die Erschließungslast der Gemeinde ausnahmsweise zu einer aktuellen Erschließungspflicht verdichtet hat oder wenn sich der Bauherr oder ein Dritter verlässlich, etwa in einem Erschließungsvertrag (§ 124 BauGB) oder einem sonstigen öffentlich-rechtlichen, insbesondere städtebaulichen Vertrag (§ 11 BauGB) zu hinreichender und rechtzeitiger Erschließung verpflichten.[37]

3. Rechtsanspruch auf Erschließung

16 Nach § 123 III BauGB besteht **kein Rechtsanspruch** auf Erschließung. Ebenso wenig, wie der Bürger einen Anspruch auf Bauleitplanung (§ 2 III BauGB) besitzt, korrespondiert der gemeindlichen Erschließungslast ein Erschließungsanspruch des Bürgers. Die Gemeinde kann sich allerdings durch eigenes Verhalten die ihr durch § 123 III BauGB gewährte, letztlich in Art. 28 II 1 GG wurzelnde Freiheit, selbst zu bestimmen, ob und wann sie eine Erschließung vornimmt, dadurch beschneiden, dass sie nach Erlass eines qualifizierten Bebauungsplans das **zumutbare Angebot eines Dritten**, die im Bebauungsplan vorgesehene Erschließung vorzunehmen, ablehnt. Dann ist sie gem. § 124 III 2 BauGB verpflichtet, die Erschließung selbst vorzunehmen.[38] Die Rechtsprechung hat außerdem eine Verdichtung der gemeindlichen Erschließungslast zu einer aktuellen Erschließungspflicht mit daraus erwachsendem Erschließungsanspruch des betroffenen Bürgers u. a. in folgenden Fällen angenommen:[39]

17 – Eine **Erschließungspflicht** besteht, wenn die Gemeinde einen qualifizierten Bebauungsplan erlassen und trotz nicht gesicherter Erschließung eine Baugenehmigung erteilt oder einvernehmlich an der Genehmigungserteilung mitgewirkt hat und die Bebauung daraufhin erfolgt.[40] Soweit bei einem bebauten Grundstück der Erschließungsmangel den Grad einer ordnungsrechtlich beachtlichen Störung erreicht, entsteht dem Betroffenen unter ordnungsrechtlichen Gesichtspunkten ein Erschließungsanspruch,[41] der jedoch nur die zur Beseitigung der Störung erforderliche Erschließung umfasst.[42] Gleiches gilt, wenn die Gemeinde eine Vorausleistung auf den Erschließungsbeitrag erhoben hat, jedoch gleichwohl sechs Jahre danach noch keine Erschließung vorgenommen hat, die eine funktionsgerechte Nutzbarkeit der genehmigten baulichen Anlage gewährleistet.[43] Rechtsgrund für diese Verdichtung der Erschließungslast zu einer einklagbaren Erschließungspflicht ist das Vorverhalten der Gemeinde und die daraus dem Bürger erwachsene Vertrauensposition.[44]

18 – Auch der bloße **Erlass eines qualifizierten Bebauungsplans** kann eine gemeindliche Erschließungspflicht zur Folge haben. Hierfür ist die Überlegung maßgebend,[45] dass der Erlass eines

---

[36] *VGH München* BRS 40 Nr. 127. Vgl. auch *VGH München* BRS 39 Nr. 118.
[37] EZBK/*Söfker*, BauGB, § 30 Rn. 52.
[38] Zur Zumutbarkeit vgl. *BVerwG* NVwZ 1993, 1101 (1101); NVwZ 1994, 281 (282); NVwZ-RR 2002, 413 (413).
[39] Vgl. außerdem BVerwGE 92, 8 (13 ff.); *VGH München* BRS 57 Nr. 85; 56 Nr. 96; *Fischer*, in: Hoppenberg/de Witt, Hb. öffentliches Baurecht, F Rn. 21 ff.; BKL/*Löhr*, BauGB, § 123 Rn. 4 ff.
[40] *VGH München* BayVBl. 2010, 509 (510).
[41] *BVerwG* NJW 1975, 402 (402) und, deutlicher den ordnungsrechtlichen Gesichtspunkt herausstellend, BVerwGE 64, 186 (191).
[42] *BVerwG* NJW 1975, 402 (402 f.).
[43] BVerwGE 64, 186 (189 ff.).
[44] A. A. *Quaas*, Kommunales Abgabenrecht, 1997, Rn. 177 unter Bezugnahme auf den gesetzlichen Rückzahlungsanspruch gem. § 133 III, IV BauGB.
[45] *BVerwG* NJW 1975, 402 (402); NJW 1977, 405 (407).

qualifizierten Bebauungsplans bei einer erschließungsunwilligen Gemeinde die Wirkung einer Veränderungssperre hat: Der Bebauungsplan hat zwar positiv die Wirkung, dass die seinen Festsetzungen entsprechenden Vorhaben vorbehaltlich der Sicherung der Erschließung zulässig sind; gleichzeitig hat er jedoch die negative Wirkung, dass er alle diesen Festsetzungen nicht entsprechenden Vorhaben ausschließt.[46] Solange eine ausreichende Erschließung nicht gesichert ist, kann somit im Geltungsbereich eines qualifizierten Bebauungsplans kein Vorhaben verwirklicht werden, weil es entweder an der nicht gesicherten Erschließung oder an der negativen Sperrwirkung des Bebauungsplans scheitert. Diese einer Veränderungssperre gleiche Wirkung kann auf Dauer nicht hingenommen werden. Die daraus folgende Verdichtung der gemeindlichen Erschließungslast zu einer Erschließungspflicht hat allerdings noch nicht deren sofortige Fälligkeit zur Folge. Ebenso wie die Veränderungssperre über längere Zeit hingenommen werden muss (§ 17 BauGB),[47] kann auch die Gemeinde einen längeren Zeitraum für die Verwirklichung der Erschließung in Anspruch nehmen.[48] Feste Zeitgrenzen haben sich bisher noch nicht herausgebildet. Maßgebend sind die Umstände des Einzelfalls. Die Gemeinde ist jedoch aufgrund ihres Vorverhaltens verpflichtet, das zumutbare Angebot eines Dritten auf Vornahme der Erschließung und dementsprechend auf Abschluss eines Erschließungsvertrags (§ 124 BauGB) anzunehmen. Zumutbar ist das Angebot, wenn die angebotene Erschließung inhaltlich ausreichend und deren Finanzierung gesichert ist, was notfalls durch Bankbürgschaft zu gewährleisten ist.[49] Weigert sich die Gemeinde, ein zumutbares Erschließungsangebot anzunehmen, kann dies zur sofortigen Fälligkeit ihrer zur Erschließungspflicht verdichteten Erschließungslast führen.[50] Da nur gemeindliches Vorverhalten zur Verdichtung der Erschließungslast führt, kann in einem nicht beplanten Innenbereich in der Regel keine Verdichtung eintreten.[51]

Lösung zu Fall 27:

N liegt mit seiner Einschätzung falsch. Entgegen der ausdrücklichen Anordnung des § 123 III BauGB kann es zu einer Erschließungspflicht der Gemeinde kommen. Dies ergibt sich aus **§ 124 III 2 BauGB**: Da die Gemeinde G einen qualifizierten Bebauungsplan erlassen hat und das zumutbare Angebot der Eigentümer (einschließlich A) abgelehnt hat, ist sie nunmehr verpflichtet, die Erschließung durchzuführen. Davon abgesehen, muss die Gemeinde G diese Erschließung auch aus dem Rechtsgedanken der **Folgenbeseitigung** durchführen. Sie hat mit Erlass des qualifizierten Bebauungsplans wie auch Erteilung der Baugenehmigung am Entstehen einer wegen unzureichender Erschließung nicht nutzbaren Bebauung des A mitgewirkt.

19

---

[46] *Weyreuther*, Der rechtliche Zusammenhang von Erschließung, Erschließungssicherung und Erschließungsbeitrag, DVBl. 1970, 3 (6 f.).
[47] Siehe oben § 14 Rn. 26 ff.
[48] BKL/*Löhr*, BauGB, § 123 Rn. 5.
[49] *OVG Madgeburg* ZfBR 2010, 381 (383).
[50] *BVerwG* NJW 1977, 405 (407).
[51] *BVerwG* BRS 32 Nr. 48.

6. Teil. Besonderes Städtebaurecht

Das BauGB behandelt unter der Überschrift „Besonderes Städtebaurecht" eine Fülle von rechtlichen Instrumenten. Es normiert neben dem **Stadtumbau** (§§ 171 a ff. BauGB), der **sozialen Stadt** (§ 171 e BauGB) und **privaten Initiativen** (§ 171 f BauGB), die mit dem Europarechtsanpassungsgesetz Bau ganz neu ins BauGB gekommen sind, auch den **Erhaltungsschutz** (§ 172 ff. BauGB). Zudem formuliert das BauGB **städtebauliche Gebote** (§ 175 ff. BauGB), die sich vielgestaltig auffächern. Hinzu kommt insbesondere noch das Recht der **städtebaulichen Sanierungs-** (§§ 136 bis 164 b BauGB) und **Entwicklungsmaßnahmen** (§§ 165 bis 171 BauGB), welches am Anfang des „Besonderen Städtebaurechts" steht. Hinsichtlich dieser letztgenannten Regelungsmaterien kommt mit der Übernahme der §§ 136 ff. BauGB in das BauGB eine jahrzehntelange Rechtsentwicklung zum Abschluss. Das BBauG hatte 1960 noch von einer Regelung des Rechts der städtebaulichen Sanierung und Entwicklung abgesehen und dies einem späteren Gesetz, dem 1971 in Kraft getretenen „Gesetz über städtebauliche Sanierungs- und Entwicklungsmaßnahmen in den Gemeinden (Städtebauförderungsgesetz – StBauFG)"[1] vorbehalten. Bis dahin erfolgte die städtebauliche Sanierung auf der Grundlage des hierfür nur begrenzt tauglichen BBauG sowie von Verwaltungsvorschriften.[2] Das StBauFG schuf ein zeitlich begrenztes, mit Abschluss der Sanierung oder der städtebaulichen Entwicklungsmaßnahme wieder entfallendes Sonderrecht für die Vorbereitung, Planung und Durchführung von städtebaulichen Sanierungs- und Entwicklungsmaßnahmen, neben dem ergänzend das BBauG galt. Mit den Novellen zum BBauG 1976 und 1979 und der Novelle zum StBauFG 1984[3] wurden BBauG und StBauFG stärker miteinander verzahnt. Das BauGB fasste BBauG und StBauFG zusammen.[4] Nach wie vor bildet das „Besondere Städtebaurecht" der §§ 136 ff. BauGB in seinen wesentlichen Teilen räumlich und sachlich ein **Sonderrecht**. Ihm liegt die Vorstellung zugrunde, dass städtebauliche Sanierungs- und Entwicklungsmaßnahmen nur als gebietsbezogene Gesamtmaßnahme erfolgen können, deren Vorbereitung und Durchführung weitgehend durch die Gemeinde oder durch von ihr bestellte Sanierungs- oder Entwicklungsträger erfolgt.

1

---

[1] Hierzu *Bielenberg/Koopmann/Krautzberger*, Städtebauförderungsrecht, Bd. 1: Städtebauliche Sanierungs- und Entwicklungsmaßnahmen, Loseblatt; *Schlichter/Stich/Krautzberger*, Städtebauförderungsgesetz mit Novelle 1984, 2. Aufl. 1985.

[2] Vgl. etwa für Berlin die „Richtlinien für städtebauliche Sanierungsmaßnahmen" vom 12. 12. 1961, ABl. 1962, 86.

[3] Siehe dazu *Gaentzsch*, Die Änderungen des Städtebauförderungsgesetzes, NJW 1985, 881; *Kleiber*, Gesetz zur Änderung des Städtebauförderungsgesetzes, BBauBl. 1984, 817; *Krautzberger*, Die Änderungen des Städtebauförderungsgesetzes zum 1. Januar 1985, DVBl. 1984, 1149.

[4] Gem. Art. 2 Nr. 1 des Gesetzes über das Baugesetzbuch ist mit dem Inkrafttreten des BauGB das StBauFG aufgehoben worden.

§ 30. Städtebauliche Sanierungsmaßnahmen

Schrifttum: *Aschmann*, Die Erhebung von Sanierungsausgleichsbeträgen, Grundeigentum 2009, 236; *Federwisch*, Zu den Grenzen städtebaulicher Sanierungskonzepte – Behutsame Stadterneuerung ohne Verdrängungsschutz?, NVwZ 2003, 1035; *Fieseler*, Leipziger Stadtentwicklungspraxis – Instrumente zur zügigen Durchführung der städtebaulichen Sanierungsmaßnahme, NVwZ 1997, 867; *ders.*, Leipziger Stadterneuerungspraxis: Sanierungsgenehmigung eines Grundstückskaufvertrages wegen Entschädigungsverzichts?, LKV 1998, 12; *Gerstinger*, Fortentwickelte Rechtsgrundlagen für städtebauliche Sanierungs- und Entwicklungsmaßnahmen (BauGB 98), ZfBR 1998, 65; *Goldschmidt*, Ordnungsmaßnahmen nach § 147 BauGB im Rahmen des Stadtumbaus, BauR 2003, 1325; *Heiß/Schreiner*, Der baurechtliche Sanierungsvermerk, NVwZ 2009, 1147; *Homa/Weigt*, Erhebung von Ausgleichsbeträgen nach dem BauGB – eine unliebsame kommunale Pflichtaufgabe, KStZ 2006, 21; *Krautzberger*, Städtebauförderungsrecht, 2010, Bd. 2; *Lässig*, Genehmigungspflicht für Vorhaben im Sanierungsgebiet, GE 1997, 890; *Mösinger/Morscheid*, Die vergaberechtskonforme Beauftragung städtebaulicher Gesamtmaßnahmen an Sanierungs- und Entwicklungsträger nach §§ 157, 167 BauGB, NZBau 2009, 413; *Partsch*, Die Vertreibung der Investoren aus den Sanierungsgebieten, NVwZ 1997, 139; *Schlarmann/Krappel*, Erteilung einer Sanierungsgenehmigung trotz Vorliegens eines Versagungsgrundes?, DVBl. 2010, 1341; *Schmidt-Eichstaedt*, Was gibt es Neues im Besonderen Städtebaurecht? – Die Änderungen im zweiten Kapitel des Baugesetzbuchs durch die BauGB-Novelle 2006/2007, LKV 2007, 439; *Stemmler/Hohrmann*, Neues im Besonderen Städtebaurecht – Zu den am 1 Januar 2007 in Kraft getretenen Änderungen im Besonderen Städtebaurecht, ZfBR 2007, 224.

Fall 28 (nach *BVerwG* NVwZ 1997, 991):

2   A erwirbt im nördlichen Teil der Gemeinde G ein Grundstück. Das Grundstück ist noch unbebaut und stellt eine Baulücke zwischen zwei anderen bebauten Grundstücken dar. Noch bevor A einen Antrag auf Erteilung der Baugenehmigung stellen kann, erlässt die Gemeinde G eine Sanierungssatzung, die auch das Grundstück des A einschließt. A beantragt daraufhin eine Genehmigung nach § 144 BauGB, die ihm auch umgehend erteilt wird. Hiergegen wendet sich jedoch der Nachbar N des A. N ist der Auffassung, dass das Bauvorhaben des A nicht im Einklang mit dem Sanierungskonzept der Gemeinde stehe und deshalb die Genehmigung nicht hätte erteilt werden dürfen. Wird N mit diesem Vorbringen auf dem Rechtsweg durchdringen?
Lösung: Rn. 67

3   Unter der Überschrift „Städtebauliche Sanierungsmaßnahmen" bestimmen die **§§ 136 bis 164 b** BauGB, was städtebauliche Sanierungsmaßnahmen sind, und regeln ihre Vorbereitung und Durchführung.

I. Begriff der städtebaulichen Sanierung

1. Städtebauliche Missstände

4   Städtebauliche Sanierungsmaßnahmen dienen der **Behebung städtebaulicher Missstände**.[1] § 136 II BauGB unterscheidet zwischen Missständen in der Substanz und in der Funktionsfähigkeit eines Gebiets.[2] Häufig weist ein Gebiet beide Missstände auf.

---

[1] *Fieseler*, NVwZ 1997, 867 (868).
[2] BKL/*Krautzberger*, BauGB, § 136 Rn. 13.

a) Missstände in der städtebaulichen Substanz

Nach § 136 II Nr. 1 BauGB liegt ein städtebaulicher Missstand vor, wenn ein Gebiet nach seiner vorhandenen Bebauung oder nach seiner sonstigen Beschaffenheit den **allgemeinen Anforderungen an gesunde Wohn- und Arbeitsverhältnisse** oder an die **Sicherheit** der in ihm wohnenden oder arbeitenden Menschen nicht entspricht.[3] Bei der Beurteilung, ob diese Voraussetzung vorliegt, sind nach § 136 III Nr. 1 BauGB insbesondere zu berücksichtigen:

- die Belichtung, Besonnung und Belüftung der Wohnungen und Arbeitsstätten,
- die bauliche Beschaffenheit von Gebäuden, Wohnungen und Arbeitsstätten,
- die Zugänglichkeit der Grundstücke,
- die Auswirkung einer vorhandenen Mischung von Wohn- und Arbeitsstätten,
- die Nutzung von bebauten und unbebauten Flächen nach Art, Maß und Zustand,
- die Einwirkungen, die von Grundstücken, Betrieben, Einrichtungen oder Verkehrsanlagen insbesondere durch Lärm, Verunreinigung und Erschütterungen ausgehen,
- die vorhandene Erschließung.

b) Missstände in der städtebaulichen Funktion

Ein städtebaulicher Missstand mangelnder Funktionsfähigkeit[4] liegt nach § 136 II Nr. 2 BauGB vor, wenn ein Gebiet in der **Erfüllung der Aufgaben, die ihm nach seiner Lage und Funktion obliegen, erheblich beeinträchtigt** ist. Bei der Beurteilung dieser Frage ist nach § 136 III Nr. 2 BauGB insbesondere zu berücksichtigen die Funktionsfähigkeit in Bezug auf:

- den fließenden und ruhenden Verkehr,
- die wirtschaftliche Situation und Entwicklungsfähigkeit des Gebiets unter Berücksichtigung seiner Versorgungsfunktion im Verflechtungsbereich,
- die infrastrukturelle Erschließung des Gebiets, seine Ausstattung mit Grünflächen, Spiel- und Sportplätzen und mit Anlagen des Gemeinbedarfs, insbesondere unter Berücksichtigung der sozialen und kulturellen Aufgaben im Verflechtungsbereich.

Nach neuem Verständnis soll es außerdem auf die Verwirklichung von Klimaschutzzielen ankommen können.[5]

Ob ein Gebiet städtebauliche Missstände aufweist, die eine städtebauliche Sanierung erforderlich machen, wird von der Gemeinden durch **vorbereitende Untersuchungen** (§ 141 BauGB) ermittelt. Bei der Prüfung des Vorliegens städtebaulicher Missstände besteht ein weiter Beurteilungsspielraum.[6]

2. Städtebauliche Sanierung als Gesamtmaßnahme

Die Maßnahmen, durch die ein Gebiet zur Behebung städtebaulicher Missstände wesentlich verbessert oder umgestaltet wird, bezeichnet § 136 II BauGB als „städtebauliche Sanierungsmaßnahmen". Dem liegt die Vorstellung zugrunde, dass städtebauliche Missstände nicht durch einzelne objektbezogene Maßnahmen, sondern nur durch eine **konzentrierte und koordinierte Vielzahl von Maßnahmen**, deren einheitliche Vorbereitung und zügige Durchführung im öffentlichen Interesse liegt (§ 136 I BauGB), beseitigt werden können. Die städtebauliche Sanierungsmaßnahme

---

[3] Vgl. dazu auch *OVG Schleswig* NVwZ-RR 2007, 811 (812).
[4] Man bezeichnet eine auf Behebung dieser Missstände gerichtete Sanierung als „Funktionsschwächesanierung"; so *BVerwG* NVwZ-RR 1997, 155 (155f.).
[5] *Krautzberger*, Städtebauliche Verträge zur Umsetzung klimaschützender und energieeinsparender Zielsetzungen, DVBl. 2008, 737 (744).
[6] *OVG Koblenz* BRS 60 Nr. 221; *OVG Münster* BRS 74 Nr. 231.

ist somit eine **Gesamtmaßnahme**, Teil eines Systems mehrerer einheitlich geplanter und aufeinander abgestimmter Maßnahmen, aber keine Einzelmaßnahme.[7]

II. Vorbereitung der Sanierung

9 Die Vorbereitung der Sanierung ist **Aufgabe der Gemeinde**. Nach § 140 BauGB umfasst sie:

– die vorbereitenden Untersuchungen,
– die förmliche Festlegung des Sanierungsgebiets,
– die Bestimmung der Ziele und Zwecke der Sanierung,
– die städtebauliche Planung, einschließlich der für die Sanierung erforderlichen Bauleitplanung oder Rahmenplanung
– die Erörterung der beabsichtigten Sanierung,
– die Erarbeitung und Fortschreibung des Sozialplans,
– einzelne Ordnungs- und Baumaßnahmen, die vor einer förmlichen Festlegung des Sanierungsgebiets durchgeführt werden.

1. Vorbereitende Untersuchungen

10 Die Gemeinde hat nach § 141 I 1 BauGB zunächst – eingeleitet durch einen ortsüblich bekanntzumachenden Beschluss des Gemeinderats – in den „Sanierungsverdachtsgebieten" ihres Gemeindegebiets vorbereitende Untersuchungen durchzuführen oder zu veranlassen.[8] Hierdurch gewinnt sie die **Beurteilungsunterlagen** über die Notwendigkeit der Sanierung, die sozialen, strukturellen und städtebaulichen Verhältnisse und Zusammenhänge sowie die anzustrebenden allgemeinen Ziele und die Durchführbarkeit der Sanierung. Die Untersuchungen sollen sich nach § 141 I 2 BauGB auch auf die nachteiligen Auswirkungen erstrecken, die sich für die von der beabsichtigten Sanierung unmittelbar Betroffenen in ihren persönlichen Lebensumständen, im wirtschaftlichen oder sozialen Bereich voraussichtlich ergeben werden. Von vorbereitenden Untersuchungen kann jedoch gem. § 141 II BauGB abgesehen werden, wenn bereits hinreichende Beurteilungsunterlagen vorliegen.[9] Der Beschluss über den Beginn der vorbereitenden Untersuchungen gibt der Gemeinde die Möglichkeit, entsprechend § 15 BauGB die **Zurückstellung von Anträgen** auf Durchführung eines Vorhabens oder auf Beseitigung einer baulichen Anlage zu verlangen (§ 141 IV 1, Hs. 2 BauGB). Aus der Bezugnahme auf § 15 BauGB folgt, dass dies für höchstens zwölf Monate möglich ist. Bereits vor Ablauf dieser Zeit wird der Zurückstellungsbescheid unwirksam, wenn das Sanierungsgebiet förmlich festgelegt wird (§ 141 IV 2 BauGB). Dann tritt die Genehmigungspflicht des § 144 BauGB ein, die nicht gilt, solange das Sanierungsgebiet noch nicht förmlich festgelegt ist. Eigentümer und Nutzungsberechtigte des Untersuchungsgebiets sind nach Maßgabe der §§ 137, 138 BauGB, öffentliche Aufgabenträger nach § 139 BauGB an der vorbereitenden Untersuchung zu **beteiligen**.[10] Diese sollte mit einem Abschlussbericht abschließen.[11] Er bildet die Grundlage für die Entscheidung der Gemeinde,

---

[7] Vgl. BVerwGE 107, 123 (125); 117, 248 (251); 126, 104 (108).
[8] Die Übertragung der vorbereitenden Untersuchungen auf einen Dritten erfolgt durch öffentlich-rechtlichen Vertrag. Siehe dazu den Mustervertrag („Vorbereitungsvertrag") der Bundesvereinigung der kommunalen Spitzenverbände sowie EZBK/*Bauernfeind*, § 159 Rn. 46.
[9] *Goldschmidt*, in: Hoppenberg/de Witt, Hb. öffentliches Baurecht, C I Rn. 35.
[10] Ein Verstoß gegen die Beteiligungsregeln ist grundsätzlich unbeachtlich und fällt nicht unter § 214 I 1 Nr. 2 BauGB; vgl. *BVerwG* ZfBR 2009, 692 (692 f.).
[11] Eine gesetzliche Pflicht hierzu besteht nicht; vgl. *Gerstinger*, ZfBR 1998, 65 (66); Schrödter/Köhler, BauGB, § 141 Rn. 17.

ob in dem Gebiet eine städtebauliche Sanierungsmaßnahme durchgeführt werden soll.

2. Förmliche Festlegung des Sanierungsgebiets

a) Sanierungssatzung

Kommt die Gemeinde aufgrund der vorbereitenden Untersuchungen und nach Abwägung der öffentlichen und privaten Belange (§ 136 IV 3 BauGB)[12] zu dem Ergebnis, dass in einem Gebiet eine Sanierungsmaßnahme durchgeführt werden soll,[13] hat sie es („**Anwendungspflicht**")[14] durch „Sanierungssatzung" förmlich als Sanierungsgebiet festzulegen (§ 142 BauGB). 11

Die Sanierungssatzung hat das **Sanierungsgebiet genau zu bezeichnen**.[15] Es ist nach § 142 I 2 BauGB so zu begrenzen, dass sich die Sanierung zweckmäßig durchführen lässt. Einzelne Grundstücke, die von der Sanierung nicht betroffen werden, können aus dem Gebiet ausgenommen werden (§ 142 I 3 BauGB), so wie umgekehrt auch Grundstücke, die außerhalb des förmlich festgelegten Sanierungsgebiets liegen, einbezogen werden können, auf denen Sanierungsmaßnahmen durchgeführt werden sollen (§ 142 II 1 BauGB), insbesondere bei der Funktionsschwächesanierung.[16] 12

Die **Ziele und Zwecke der Sanierung**, die einzelnen **Sanierungsmaßnahmen** sowie der **Zeitraum**, in dem die Gemeinde die Sanierung durchführen will, sind nicht notwendig[17] in die Satzung aufzunehmen.[18] Es ist nicht einmal erforderlich, dass zu diesem Zeitpunkt bereits feststeht, wie nach den Vorstellungen der Gemeinde das Sanierungsgebiet künftig gestaltet, wie es genutzt werden soll.[19] Es genügt, dass die Durchführung einer städtebaulichen Sanierung als das geeignete Mittel zur Beseitigung der städtebaulichen Missstände erscheint. 13

In der Sanierungssatzung ist die Anwendung der besonderen sanierungsrechtlichen Vorschriften der §§ 152 bis 156 BauGB auszuschließen und zudem kann die Anwendung des § 144 BauGB ganz oder teilweise ausgeschlossen werden, wenn sie für die Durchführung der Sanierung nicht erforderlich sind und die Durchführung hierdurch voraussichtlich nicht erschwert wird (§ 142 IV BauGB). Dies bedeutet insbesondere den Verzicht auf Preisprüfung (§ 153 II BauGB)[20] und auf die Erhebung von Ausgleichsbeträgen (§ 154 BauGB). Man bezeichnet dies als das **vereinfachte Sanierungsverfahren**.[21] 14

---

[12] Siehe zum sanierungsrechtlichen Abwägungsgebot BVerwGE 126, 104 (110); *BVerwG* NVwZ 1999, 1336 (1337); NVwZ 2001, 1050 (1051); ZfBR 2010, 479 (479); BKL/*Krautzberger*, BauGB, § 136 Rn. 34.
[13] Auch hier besteht ein weiter Beurteilungs- und Ermessensspielraum; vgl. *BVerwG* ZfBR 2010, 479 (479).
[14] Zur Anwendungspflicht Schrödter/*Köhler*, BauGB, § 136 Rn. 18 ff.; BKL/*Krautzberger*, BauGB, § 136 Rn. 7.
[15] *BVerwG* NVwZ-RR 1993, 457 (457); NVwZ 1999, 420.
[16] *BVerwG* NVwZ-RR 1997, 155 (155 f.); *OVG Schleswig* NVwZ-RR 2007, 811 (812).
[17] Es ist aber möglich; vgl. *OVG Koblenz* BauR 2010, 1195 (1197).
[18] *BVerwG* NVwZ-RR 1994, 9 (10); *Schlarmann/Krappel*, DVBl. 2010, 1341 (1342).
[19] *BVerwG* NJW 1979, 2577 (2578); *OVG Münster* BRS 36 Nr. 225.
[20] Siehe hierzu BKL/*Löhr*, BauGB, § 153 Rn. 11 f.
[21] Zum vereinfachten Verfahren eingehend Schrödter/*Köhler*, BauGB, § 142 Rn. 29 ff.; EZBK/*Krautzberger*, BauGB, § 142 Rn. 80 ff.

15 Die Sanierungssatzung ist von der Gemeinde **ortsüblich bekanntzumachen**.[22] Damit wird sie rechtsverbindlich (§ 143 I 1, 4 BauGB).

b) Rechtswirkungen der Sanierungssatzung

16 Die Sanierungssatzung hat die Aufgabe, das Sanierungsgebiet festzulegen und die Durchführung der Sanierung zu sichern, indem sie die **Genehmigungsvorbehalte** des § 144 I, II BauGB auslöst.[23] Diese ergänzen oder verdrängen für die Dauer der Sanierung die allgemeinen Vorschriften des BauGB über die Veränderungssperre, die Zurückstellung von Baugesuchen und die Verfügungs- und Veränderungssperre im Umlegungsgebiet (§§ 14 IV, 15 II, 51 I 2 BauGB).[24] Sie sind nicht drittschützend.[25] Nach § 24 I 1 Nr. 3 BauGB besitzt die Gemeinde im Sanierungsgebiet ein **Vorkaufsrecht** an allen Grundstücken, das sie auch zugunsten eines Sanierungsträgers ausüben kann (§ 27 a I 1 Nr. 2 BauGB). Die städtebaulichen Gebote der §§ 175 ff. BauGB, das Enteignungsrecht der §§ 85 ff. BauGB, und zwar auch zugunsten eines Sanierungsträgers (§§ 87 III 3, 88 S. 2 BauGB), und das Recht der Bodenordnung bleiben im Sanierungsgebiet anwendbar. Die Sanierungssatzung wirkt sich als öffentlicher Belang schließlich auch auf den nachfolgenden Bebauungsplan aus.[26] Nach Abschluss der Sanierung gelten wieder ausschließlich und uneingeschränkt die allgemeinen Vorschriften des BauGB.

c) Sanierungsvermerk

17 In die Grundbücher der sanierungsbetroffenen Grundstücke trägt das **Grundbuchamt** nach Maßgabe des § 143 II BauGB einen **Sanierungsvermerk** ein. Er wird mit Abschluss der Sanierung wieder gelöscht (§§ 162 III, 163 III 2 BauGB).[27] Der Sanierungsvermerk macht das Grundbuchamt auf die Notwendigkeit der nach § 144 II BauGB für Rechtsgeschäfte des Grundstücksverkehrs erforderliche Genehmigung aufmerksam. Er ist **deklaratorisch**: Er führt für sich allein die Rechtswirkungen der Sanierung weder herbei, noch ist er Voraussetzung für die Einbeziehung eines Grundstücks in die Sanierung. Auch ohne Eintragung eines Sanierungsvermerks unterliegt ein Grundstück, das in einem förmlich festgelegten Sanierungsgebiet liegt, den Rechtswirkungen der Sanierung. Ist es unterblieben, einen Sanierungsvermerk im Grundbuch einzutragen, findet ein Schutz des gutgläubigen Erwerbers nicht statt, da öffentlich-rechtliche Beschränkungen und Belastungen nicht den bürgerlich-rechtlichen Vorschriften über den gutgläubigen lastenfreien Erwerb (§ 892 BGB) unterliegen.

3. Genehmigungspflichten im Sanierungsgebiet

18 Im förmlich festgelegten Sanierungsgebiet bedürfen nach § 144 I, II BauGB bauliche Vorhaben, Grundstücksteilungen und grundstücksbezogene Rechtsgeschäfte der **schriftlichen Genehmigung** der Gemeinde, sofern nicht die Sanierungssatzung die Anwendung des § 144 BauGB ausgeschlossen hat, was nach § 142 IV BauGB möglich ist. Die Genehmigungspflicht soll der Gemeinde einen **angemessenen Zeitraum** für die Verwirklichung ihrer Sanierungsziele verschaffen und soll die Betroffenen vor

---

[22] *Fieseler*, NVwZ 1998, 903 (904).
[23] Hierzu und zum Folgenden *BVerwG* NVwZ-RR 1995, 66 (67).
[24] BKL/*Krautzberger*, BauGB, § 144 Rn. 3.
[25] *BVerwG* NVwZ 1997, 991 (992).
[26] *OVG Koblenz* BauR 2010, 1195 (1198).
[27] Vgl. dazu *Heiß/Schreiner*, NVwZ 2009, 1147 (1148 ff.).

§ 30. Städtebauliche Sanierungsmaßnahmen

Dispositionen schützen, die sich möglicherweise bei weiterem Fortgang der Sanierung als verfehlt erweisen.[28] Die Regelungen des § 22 VI BauGB über Grundbuchsperre und Eintragung eines Widerspruchs im Grundbuch gelten gem. § 145 VI 1 BauGB entsprechend; zum **Negativzeugnis** verhält sich § 145 VI 2 BauGB.

a) Die genehmigungspflichtigen Vorhaben

Nach § 144 I, II BauGB[29] bedürfen im förmlich festgelegten Sanierungsgebiet der schriftlichen[30] Genehmigung der Gemeinde:[31]   19

aa) Vorhaben und sonstige Maßnahmen nach § 14 I BauGB

Gem. § 144 I Nr. 1 BauGB sind die in § 14 I BauGB bezeichneten Vorhaben und sonstigen Maßnahmen genehmigungsbedürftig. Dies sind insbesondere alle Vorhaben, die, wie es in § 29 BauGB – auf den § 14 BauGB Bezug nimmt – heißt, die **Errichtung, Änderung**[32] oder **Nutzungsänderung von baulichen Anlagen** zum Gegenstand haben. Ferner sind die **Beseitigung** baulicher Anlagen sowie die erhebliche oder wesentlich **wertsteigernde Veränderung** von Grundstücken und baulichen Anlagen erfasst. Diese sind zu unterscheiden von den nach § 144 IV Nr. 3 BauGB genehmigungsfreien Unterhaltungsarbeiten.[33]   20

bb) Längerfristige Gebrauchs- und Nutzungsvereinbarungen

Nach § 144 I Nr. 2 BauGB unterliegen der Genehmigungspflicht **längerfristige Gebrauchs- und Nutzungsvereinbarungen**, nämlich Vereinbarungen, durch die ein schuldrechtliches Vertragsverhältnis über den Gebrauch oder die Nutzung eines Grundstücks, Gebäudes oder Gebäudeteils[34] auf bestimmte Zeit von **mehr als einem Jahr** eingegangen oder verlängert wird. Gemeint sind vor allem Miet- oder Pachtverträge. Verträge bis zu einem Jahr Laufzeit oder von unbestimmter Dauer sind dagegen genehmigungsfrei, es sei denn, die Kündigungsfrist des auf unbestimmte Zeit abgeschlossenen Vertrags beträgt mehr als ein Jahr. Denn auch dieser Vertrag erstreckt sich zwangsläufig über einen Zeitraum von mehr als einem Jahr.   21

cc) Übereignung eines Grundstücks bzw. Grundstücksteils und Bestellung und Veräußerung eines Erbbaurechts

Nach § 144 II Nr. 1 BauGB erfasst die Genehmigungspflicht auch die rechtsgeschäftliche Veräußerung, d. h. die gem. §§ 925, 873 BGB vorgenommene **Übereignung** eines Grundstücks oder Grundstücksteils (§ 200 I BauGB), oder eines Miteigentumsanteils oder von Wohnungs- oder Teileigentum, sowie die Bestellung und Veräußerung eines Erbbaurechts.[35] Dagegen ist die Veräußerung eines Restitutionsanspruchs oder von Gesellschafts- oder Erbanteilen (arg. § 144 IV Nr. 2 BauGB) genehmigungsfrei, auch wenn das Vermögen der Gesellschaft oder die Erbmasse nur aus einem Grundstück bestehen, da dies keine unmittelbare rechtsgeschäftliche Grund-   22

---

[28] BVerwGE 70, 83 (87) = NJW 1985, 278.
[29] Die Aufteilung der Genehmigungstatbestände auf zwei Absätze deutet auf einen systematischen Unterschied beider Absätze hin, den es indes nicht gibt.
[30] Siehe *VGH Mannheim* NVwZ-RR 1997, 157 (158).
[31] Allgemein dazu *Lässig*, GE 1997, 890. Zur Verfassungsmäßigkeit der Genehmigungspflicht *OVG Münster* BRS 30 Nr. 196, bestätigt von BVerwGE 57, 87 = NJW 1979, 2578.
[32] Dazu *OVG Lüneburg* BRS 46 Nr. 217: Umbau einer Gaststätte in eine Spielhalle.
[33] Dazu *OVG Lüneburg* BRS 30 Nr. 195.
[34] Auch über ein erst zu errichtendes Gebäude, BVerwGE 70, 83 (88) = NJW 1985, 278.
[35] *BVerwG* NVwZ 1998, 954 (954); vgl. auch *BGH* NJW 1984, 1617 (1617). *OVG Berlin* BRS 59 Nr. 252 zum schwebend unwirksamen Vertrag.

stücksveräußerung ist.³⁶ Soweit hingegen Verfügungen von Todes wegen wie Vermächtnis (§ 2147 BGB), Auflage (§ 2192 BGB) oder Teilungsanordnung (§ 2048 BGB) des dinglichen Vollzuges durch Auflassung bedürfen, greift die Genehmigungspflicht. Die Unterscheidung von genehmigungsfreier Universal- und genehmigungspflichtiger Singularsukzession mag wenig überzeugen, ist aber – sofern man nicht Bedenken aus Art. 3 GG sieht – angesichts der Wortfassung des § 144 II Nr. 1 BauGB unvermeidbar. Das der Grundstücksveräußerung zugrunde liegende schuldrechtliche Verpflichtungsgeschäft ist nach § 144 II Nr. 3 BauGB genehmigungspflichtig.³⁷ Die **doppelte Genehmigungsbedürftigkeit** von schuldrechtlichem Vertrag (Abs. 2 Nr. 3) und dinglichem Erfüllungsgeschäft (Abs. 2 Nr. 1) hat zur Folge, dass bei genehmigungsfreiem Vertrag – etwa Vertragsschluss vor förmlicher Festlegung des Sanierungsgebiets – immer noch die Grundstücksübereignung an dem Sanierungszweck (§ 145 II BauGB) zu messen und eine nicht genehmigte Übereignung schwebend unwirksam ist. Andererseits erstreckt § 144 II Nr. 3 BauGB die Genehmigung des Vertrags auch auf das zur Ausführung des Vertrags vorgenommene dingliche Rechtsgeschäft.³⁸

dd) Bestellung eines das Grundstück belastenden Rechts

23 Der Genehmigungspflicht unterliegt des Weiteren nach § 144 II Nr. 2 BauGB die **Bestellung** – nicht die Übertragung oder Aufhebung³⁹ – **eines das Grundstück belastenden Rechts**. Hierzu zählen die in Abteilung II und III des Grundbuchs einzutragenden Rechte wie Nießbrauch, Dienstbarkeit, Vorkaufsrecht, Grundschuld, Hypothek oder das Dauerwohn- und Nutzungsrecht des § 31 WEG. Wohnungs- oder Teileigentum sind keine eigentlichen Belastungen des Grundstücks, fallen aber, da einer Grundstücksbelastung ähnlich, ebenfalls unter die Genehmigungspflicht. Die Vormerkung ist kein Recht an einem Grundstück, sondern merkt ein künftig einzutragendes Recht vor. Sie fällt deshalb nicht unter § 144 II Nr. 2 BauGB. Auch die Eintragung einer Zwangshypothek ist, da nicht rechtsgeschäftlich begründet, genehmigungsfrei.⁴⁰ Die Bestellung eines Rechts, das im Zusammenhang mit der Durchführung von Baumaßnahmen i. S. des § 148 II BauGB steht, etwa die Grundschuld zur Sicherung der Baufinanzierung, ist nach § 144 II Nr. 2, Hs. 2 BauGB genehmigungsfrei, da sie dem Sanierungszweck dient und die Baumaßnahme in der Regel ihrerseits nach § 144 I Nr. 1 BauGB der Genehmigung bedarf. Beleihungen des Grundstücks zu anderen Zwecken sind dagegen genehmigungspflichtig.

ee) Bestimmte grundstücksbezogene schuldrechtliche Verträge

24 Gem. **§ 144 II Nr. 3 BauGB** besteht eine weitere Genehmigungspflicht für einen **schuldrechtlichen Vertrag**, insbesondere den Kauf-, Tausch- oder Schenkungsvertrag, durch den eine Verpflichtung zur Veräußerung eines Grundstücks oder zur Bestellung oder Veräußerung eines Erbbaurechts oder zur Bestellung eines nicht mit der Durchführung einer Baumaßnahme i. S. des § 148 II BauGB im Zusammenhang stehenden, das Grundstück belastenden Rechts begründet wird. Mit der Genehmigung des Vertrags gilt auch das zur Ausführung des Vertrags vorgenommene dingliche Rechtsgeschäft als genehmigt (§ 144 II Nr. 3, Hs. 2 BauGB).⁴¹ Auch die Ände-

---

³⁶ Ebenso Brügelmann/*Schmidt-Eichstaedt*, BauGB, § 144 Rn. 26; BKL/*Krautzberger*, BauGB, § 144 Rn. 13.
³⁷ Siehe nachfolgend § 30 Rn. 24.
³⁸ BKL/*Krautzberger*, BauGB, § 144 Rn. 15.
³⁹ Anders ist dies nach § 51 I 1 Nr. 1 BauGB im Umlegungsgebiet.
⁴⁰ *LG Regensburg* RPfleger 1977, 224.
⁴¹ BKL/*Krautzberger*, BauGB, § 144 Rn. 15.

rung eines nach Abs. 2 Nr. 3 genehmigungspflichtigen Vertrags bedarf der Genehmigung.

ff) Sonstige Genehmigungstatbestände

Letztlich auch genehmigungsbedürftig sind:

25

– die Begründung, Änderung oder Aufhebung einer **Baulast** (§ 144 II Nr. 4 BauGB);[42]
– die **Teilung eines Grundstücks** (§ 144 II Nr. 5 BauGB).[43]

b) Ausnahmen von der Genehmigungspflicht

§ 144 IV BauGB befreit bestimmte, an sich nach § 144 I, II BauGB genehmigungspflichtige Vorhaben oder Rechtsvorgänge von der Genehmigungspflicht. Es sind dies:

26

– Vorhaben und Rechtsvorgänge, wenn die Gemeinde oder der Sanierungsträger für das Treuhandvermögen als **Vertragsteil** oder **Eigentümer** beteiligt ist;
– Rechtsvorgänge nach Abs. 2 Nr. 1 bis 3, die zum Zwecke der **Vorwegnahme der gesetzlichen Erbfolge** vorgenommen werden;
– Vorhaben nach Abs. 1 Nr. 1, die vor der förmlichen Festlegung des Sanierungsgebiets **baurechtlich genehmigt** worden sind oder die aufgrund eines anderen baurechtlichen Verfahrens **zulässig** sind, sowie **Unterhaltungsarbeiten** und die **Fortführung** einer bisher **ausgeübten Nutzung**;
– Rechtsvorgänge nach Abs. 1 Nr. 2 und Abs. 2, die Zwecken der **Landesverteidigung** dienen;
– der rechtsgeschäftliche Erwerb eines in ein (Planfeststellungs-)Verfahren i. S. des § 38 BauGB einbezogenen Grundstücks durch den Bedarfsträger.

c) Die Genehmigung

Die Genehmigung nach § 144 BauGB ist eine gegenüber der Baugenehmigung **eigenständige Genehmigung**, die selbstständig beantragt werden muss.[44] Ob die Baugenehmigung erst erteilt werden darf, wenn die sanierungsrechtliche Genehmigung vorliegt, oder ob die Baugenehmigung unabhängig hiervon zu erteilen ist, bestimmt das Landesrecht.[45] Über die Genehmigung ist **binnen eines Monats** zu entscheiden (§ 145 I 1, Hs. 2 i. V. m. § 22 V 2 BauGB). Die Frist kann um höchstens drei Monate **verlängert** werden, wenn dies notwendig ist, um die Prüfung der Genehmigungsfähigkeit abzuschließen (§ 145 I 1, Hs. 2 i. V. m. § 22 V 3 BauGB). Wird die Genehmigung nicht fristgerecht versagt, gilt sie als erteilt (§ 145 I 1, Hs. 2 i. V. m. § 22 V 4 BauGB).[46] Sie kann nach Maßgabe des § 145 IV BauGB mit Nebenbestimmungen versehen oder vom Abschluss eines städtebaulichen Vertrags abhängig gemacht werden, wenn dadurch Versagungsgründe ausgeräumt werden.

27

---

[42] Vgl. dazu *Fieseler*, NVwZ 1998, 903 (904 f.).
[43] Im Rahmen des Sanierungsrechts ist es nicht zu einer Abschaffung der Teilungsgenehmigung kraft Bundesrechts gekommen; vgl. zur allgemeinen Teilungsgenehmigung oben § 16 Rn. 2 ff.
[44] *BVerwG* NJW 1982, 2787 (2787).
[45] BVerwGE 99, 351 (355) = NVwZ 1996, 377; *BVerwG* NVwZ 1996, 378 unter Aufgabe der gegenteiligen Auffassung in NVwZ-RR 1995, 66 (67). Die Praxis in den Bundesländern ist unterschiedlich. Vgl. etwa *VGH Mannheim* NVwZ-RR 1997, 156 (156): Die Baugenehmigung muss nicht den „Schlusspunkt" bilden. Vgl. auch EZBK/*Krautzberger*, BauGB, § 145 Rn. 6 ff.
[46] Zur Genehmigungsfiktion *Goldschmidt*, in: Hoppenberg/de Witt, Hb. öffentliches Baurecht, C I Rn. 128 a.

d) Genehmigungsvoraussetzungen

28 Die Entscheidung der Behörde über den Genehmigungsantrag ist nach § 145 II, III BauGB **teils rechtlich gebunden, teils** steht sie in ihrem **pflichtgemäßen Ermessen**.[47] Dies folgt aus der Wortfassung des § 145 II BauGB, der nicht bestimmt, wann die Genehmigung erteilt oder versagt werden muss, sondern lediglich sagt, wann sie versagt werden darf. Dies bedeutet:

aa) Vorgaben des § 145 II BauGB

29 Nach § 145 II BauGB darf die Genehmigung nur versagt werden, wenn Grund zu der Annahme besteht, dass das Vorhaben, der Rechtsvorgang einschließlich der Teilung eines Grundstücks oder die damit erkennbar bezweckte Nutzung die Durchführung der Sanierung unmöglich machen oder wesentlich erschweren oder den Zielen und Zwecken der Sanierung zuwiderlaufen würde. Die Ablehnungsgründe lassen sich dahin zusammenfassen, dass die Genehmigung (nur) versagt werden darf, wenn eine **Sanierungsvereitelung** oder **Sanierungserschwerung** durch das geplante Vorhaben positiv festgestellt werden kann. Dies setzt voraus, dass die Ziele und Zwecke der Sanierung **hinreichend konkretisiert** sind,[48] was in einem Bebauungsplan, durch ein gesondertes Sanierungskonzept[49] oder durch einen von der Gemeinde aufzustellenden Rahmenplan[50] geschehen kann. Fehlt es an einer hinreichenden Konkretisierung, kann die Genehmigung mangels einer konkret sichtbaren Erschwerung oder Verhinderung der Sanierung nicht versagt werden.[51] Das Maß der zu fordernden Konkretisierung ist zu Beginn des Sanierungsverfahrens gering. Art. 14 GG gebietet es jedoch, mit fortschreitendem Sanierungsverfahren höhere Anforderungen an die Konkretisierung zu stellen.[52] Dies hat zur Folge, dass bei verzögernd betriebener oder steckengebliebener Sanierung § 144 BauGB allmählich seine Sperrwirkung verliert,[53] da die Genehmigung dann mangels zeitgerecht hinreichend konkretisierter Sanierungsziele zu erteilen ist.

30 Einen **besonderen Fall der wesentlichen Erschwerung der Sanierung** begründet § 153 II BauGB, wenn er die unwiderlegbare Vermutung[54] aufstellt, dass es eine wesentliche Erschwerung der Sanierung i. S. d. § 145 II BauGB darstellt, wenn bei der rechtsgeschäftlichen Veräußerung eines Grundstücks oder bei der Bestellung oder Veräußerung eines Erbbaurechts der vereinbarte **Gegenwert über dem sanierungsbereinigten Verkehrswert** liegt.[55] Dies ist zu prüfen, wenn der Rechtsvorgang selbst, die Veräußerung des Grundstücks etwa, als solcher nicht der Sanierung zuwiderläuft, das Grundstück beispielsweise nicht für Sanierungszwecke benötigt wird. Auch § 153 II BauGB setzt hinreichend konkretisierte Ziele und Zwecke der Sanierung voraus. Die **Preislimitierung** soll „Preisruhe" im Sanierungsgebiet bewirken, da

---

[47] A. A. BKL/*Krautzberger*, BauGB, § 145 Rn. 3.
[48] *BGH* NVwZ 1982, 329 (330 f.).
[49] Zur Änderung oder Fortschreibung des Sanierungskonzepts *VGH Mannheim* BRS 46 Nr. 218, das auch die Erhaltung der Wohnbevölkerung, also Milieuschutz, umfassen kann, *OVG Berlin* NVwZ 1996, 920 (921). Zu Sanierungskonzepten allgemein *Federwisch*, NVwZ 2003, 1035.
[50] Vgl. *OVG Lüneburg* BRS 46 Nr. 217.
[51] *BVerwG* NJW 1982, 2787 (2788 f.) betr. einen Entwicklungsbereich.
[52] BVerwGE 70, 83 (91); 126, 104 (109); *BVerwG* NVwZ 1999, 1336 (1337); *OVG Lüneburg* BRS 44 Nr. 233.
[53] Vgl. *BVerwG* NJW 1979, 2577 (2578); NVwZ 1985, 184 (185 f.).
[54] BVerwGE 57, 87 (91).
[55] *BVerwG* NVwZ 1998, 954. Vgl. auch BVerwGE 57, 87 (93 ff.); *OVG Bautzen* LKV 1998, 201 (202); *Schlarmann/Krappel*, DVBl. 2010, 1341 (1343).

spekulativ überhöhte Preise den häufig notwendigen Grundstückserwerb im Sanierungsgebiet erschweren, die Gemeinde von der Ausübung ihres Vorkaufsrechts (§ 24 I Nr. 3 BauGB) abhalten und sie zwingen könnten, das Grundstück später gegen überhöhte Entschädigung enteignen zu müssen (§ 85 BauGB). Der Erwerber des Grundstücks soll davor geschützt werden, sanierungsbedingte Preiszuschläge bezahlen und anschließend die durch die Sanierung bedingte Erhöhung des Bodenwerts als Ausgleichsbetrag gemäß § 154 BauGB an die Gemeinde abführen, also ein weiteres Mal den Sanierungsgewinn bezahlen zu müssen.[56] Der Veräußerer des Grundstücks könnte sich, gäbe es die Preislimitierung nicht, durch rechtzeitigen Verkauf seines Grundstücks zu einem sanierungserhöhten Preis der von § 154 BauGB vorgesehenen Abschöpfung des Sanierungsgewinns entziehen. Die Preislimitierung ist mithin zur Durchführung einer ordnungsgemäßen Sanierung notwendig und daher verfassungsrechtlich zulässige Inhalts- und Schrankenbestimmung des Eigentums.[57] Nach § 153 II BauGB darf der vereinbarte Gegenwert für Grundstück oder Erbbaurecht nicht über dem Wert liegen, der sich bei Anwendung von § 153 I BauGB ergibt. Damit ist der um sanierungsbedingte Wertsteigerungen bereinigte Verkehrswert gemeint. Dies ergab sich bei § 23 StBauFG – dem Vorläufer des § 153 BauGB – aus der darin enthaltenen Bezugnahme auf die Entschädigungsregelung des BBauG, denen jeweils der Verkehrswert zugrunde lag.[58] In § 153 BauGB ist diese Bezugnahme entfallen. Es gibt jedoch keinerlei Anhaltspunkte dafür, dass damit der Verkehrswert als Bezugsgröße aufgegeben worden ist. Vergleichswert, an dem der vertraglich vereinbarte „Gegenwert" zu messen ist, ist daher nach wie vor der Verkehrswert (§ 194 BauGB),[59] der gemäß § 153 I BauGB um sanierungsbedingte Werterhöhungen zu bereinigen ist. Da sich dieser Wert nicht eindeutig ausrechnen oder aus Tabellen ablesen lässt, sondern in einem schwierigen Verfahren nach der **Immobilienwertermittlungsverordnung**[60] und in der Regel durch ein Gutachten des **Gutachterausschusses** (§§ 192 ff. BauGB) festgestellt werden muss, ist § 153 II BauGB verfassungsrechtlich nicht unbedenklich. Denn in einem Rechtsstaat müssen Gebote und Verbote so genau gefasst sein, dass die Betroffenen die Rechtslage erkennen und ihr Verhalten danach einrichten können.[61] Deshalb wird ein Verstoß gegen die von § 153 II BauGB angeordnete Preislimitierung nur angenommen, wenn der sanierungsbedingte Verkehrswert „in einer dem Rechtsverkehr erkennbaren Weise deutlich verfehlt wird".[62] Die Genehmigung darf mithin nur versagt werden, wenn der maßgebende Verkehrswert nicht nur geringfügig, sondern deutlich überschritten wird und dies dem Rechtsverkehr, nicht unbedingt den Beteiligten selbst, erkennbar war.

---

[56] § 155 I Nr. 3 BauGB rechnet auf den Ausgleichsbetrag nur „zulässigerweise" entrichtete Kaufpreiszuschläge an, zu denen Sanierungsgewinne nicht gehören.
[57] Grundlegend *OVG Münster* BRS 30 Nr. 196, bestätigt von BVerwGE 57, 87 = NJW 1979, 2578.
[58] BVerwGE 57, 87 (92 ff.) = NJW 1979, 2578.
[59] BKL/*Löhr*, BauGB, § 153 Rn. 1.
[60] Siehe dazu bereits oben die Ausführungen unter § 19 Rn. 24. Vgl. auch *BVerwG* NVwZ 2003, 211 (212 ff.); NVwZ 2005, 449 (449 f.).
[61] BVerfGE 21, 73 (79), auf den sich BVerwGE 57, 87 (97) beruft.
[62] BVerwGE 57, 87 (94 ff.) = NJW 1979, 2578 zu dem insoweit gleichlautenden § 15 III StBauFG, bestätigt von *BVerwG* NJW 1982, 398 (398); ebenso *BGH* NVwZ 1994, 409 (409). Dazu *Gronemeyer*, Der Verkehrswert als Schranke rechtsgeschäftlicher Veräußerung eines Grundstücks – Gedanken zu den §§ 15 und 23 StBauFG, BauR 1979, 112 (117); kritisch *Dieterich*, Verkehrswert oder Verkehrswertspanne, ZfBR 1979, 223.

bb) Vorgaben des § 145 III BauGB

31 Auch wenn ein Versagungsgrund im Sinne von § 145 III BauGB vorliegt, ist in den Fällen des § 144 I Nr. 1, 2 oder II Nr. 2, 3 BauGB die Genehmigung zu erteilen, wenn die wesentliche Erschwerung der Sanierung dadurch beseitigt wird, dass die Beteiligten für den Fall der Durchführung der Sanierung für sich und ihre Rechtsnachfolger nach Maßgabe des § 145 BauGB **auf Entschädigung verzichten**. Dies gilt nicht für den Fall der Veräußerung eines Grundstücks, da § 144 II Nr. 1 BauGB in § 145 III BauGB nicht genannt ist.[63]

cc) Genehmigung trotz Ablehnungsgrund nach § 145 II BauGB

32 Aber auch wenn ein Ablehnungsgrund im Sinne von § 145 II BauGB vorliegt, der nicht gem. § 145 III BauGB ausgeräumt werden kann, ist eine Erteilung der Genehmigung denkbar.[64] Denn § 145 II BauGB bestimmt nicht, dass in diesen Fällen die Genehmigung versagt werden muss, sondern, dass sie versagt werden darf. Dies bedeutet, dass die Versagung in diesen Fällen zwar der Regelfall ist, dass die Behörde jedoch von ihrer Ablehnungsbefugnis keinen Gebrauch machen muss, sondern nur Gebrauch machen darf. Nach **pflichtgemäßem Ermessen** kann sie **auch bei Vorliegen eines Ablehnungsgrunds die Genehmigung erteilen**.[65] Dies trägt dem Grundrecht auf Eigentum Rechnung und lässt Abstufungen zu. Das Vorhaben, das den Zielen und Zwecken der Sanierung nur geringfügig zuwiderläuft oder an dessen Verwirklichung trotz entgegenstehender Sanierungsziele ein öffentliches Interesse besteht, kann auf diese Weise verwirklicht werden. Der Gedanke des § 31 BauGB (Befreiung) findet in dieser Auslegung seinen Niederschlag.

dd) Genehmigungsanspruch

33 Liegt kein Ablehnungsgrund vor, **muss die Genehmigung erteilt werden**. Denn sie darf nur bei Vorliegen eines Ablehnungsgrunds versagt werden. Die Ablehnung der Genehmigung ist mithin gesetzlich gebunden.[66]

e) Übernahmeanspruch

34 Wird eine nach § 144 BauGB erforderliche Genehmigung versagt, kann der Eigentümer von der Gemeinde nach § 145 V 1 BauGB die **Übernahme des Grundstücks gegen Entgelt**, dessen Höhe sich nach den Vorschriften über die Enteignungsentschädigung bemisst (arg. § 145 V 4 BauGB), verlangen, wenn und soweit es ihm mit Rücksicht auf die Durchführung der Sanierung wirtschaftlich nicht mehr zuzumuten ist, das Grundstück zu behalten oder es in der bisherigen oder einer anderen zulässigen Art zu nutzen.[67] Kommt eine Einigung über die Übernahme nicht zustande, kann der Eigentümer nach § 145 V 3 BauGB die Entziehung des Eigentums an dem Grundstück gegen Entschädigung verlangen. Hierfür sind die Vorschriften der §§ 85 ff., 43 I, IV, V und 44 III, IV BauGB entsprechend anzuwenden.

---

[63] Dazu *Fieseler*, LKV 1998, 12 (12).
[64] *Schlarmann/Krappel*, DVBl. 2010, 1341 (1344 ff.).
[65] Brügelmann/*Schmidt-Eichstaedt*, BauGB, § 145 Rn. 58 ff.; a. A. *OVG Lüneburg* BRS 35 Nr. 230; BKL/*Krautzberger*, BauGB, § 145 Rn. 3.
[66] *OVG Münster* BRS 30 Nr. 196 zu dem vergleichbaren § 15 StBauFG; EZBK/*Krautzberger*, BauGB, § 145 Rn. 22; Schrödter/*Köhler*, BauGB, § 145 Rn. 8.
[67] Zu dieser Art der Entschädigung allgemein *BGH* NJW 1968, 1278 (1278 f.); BRS 19 Nr. 69.

4. Ziele und Zwecke der Sanierung

Nach § 140 Nr. 3 BauGB gehört zur Vorbereitung der Sanierung die „**Bestimmung der Ziele und Zwecke der Sanierung**".[68]

Die Sanierung, die nach § 136 I BauGB einheitlich vorbereitet und zügig durchgeführt werden muss, bedarf einer Gesamtplanung. Man bezeichnet sie als das **Sanierungskonzept** der Gemeinde. Es enthält die Ziele und Zwecke der Sanierung und umfasst, je nach den konkreten Bedürfnissen des Sanierungsgebiets, Teil- und Einzelplanungen wie Rahmenpläne (§ 140 Nr. 4 BauGB), Stadtteilentwicklungspläne, Strukturpläne, Kosten- und Finanzierungsübersichten (§ 149 BauGB). Dabei hat sich die Sanierung am Wohl der Allgemeinheit gem. § 136 IV 1 BauGB zu orientieren, welches in § 136 IV 2 BauGB näher konkretisiert wird.[69]

Das BauGB enthält keine Bestimmungen darüber, welche **Form** und welchen **Inhalt** das Sanierungskonzept im Einzelnen haben muss. Dies zu bestimmen, obliegt der Gemeinde, die Art und Weise des Sanierungskonzepts in planerischer Entscheidungsfreiheit festlegt, gebunden nur durch die ihr vom Gesetz gezogenen Schranken einschließlich des Gebots nach § 136 IV 3 BauGB, bei der Entscheidungsfindung die öffentlichen und privaten Belange gegeneinander und untereinander gerecht abzuwägen. Das Sanierungskonzept ist keine förmlich fixierte Planung, sondern kann laufend fortgeschrieben und mit Fortgang der Sanierung verfeinert, weiter konkretisiert und auch geändert werden.[70] Insbesondere für die Anwendung der §§ 144, 145 BauGB ist wichtig, dass sich die jeweiligen Ziele und Zwecke der eingeleiteten Sanierung zunehmend konkret erkennen lassen. Nach § 137 BauGB sind die Betroffenen und nach § 139 BauGB die Träger öffentlicher Belange an der Sanierungsplanung und damit auch an der Bestimmung der Ziele und Zwecke der Sanierung zu beteiligen.[71]

5. Städtebauliche Planung

Die städtebauliche Planung im Sanierungsgebiet gehört nach § 140 Nr. 4 BauGB zu der jeder Gemeinde obliegenden Vorbereitung der Sanierung. Das StBauFG kannte ursprünglich einen besonderen „Sanierungsbebauungsplan" (§ 10 StBauFG 1971).[72] Heute erfolgt die städtebauliche Planung im Sanierungsgebiet durch **Bebauungspläne** nach § 10 I BauGB, die aufzustellen sind, sobald und soweit es für die städtebauliche Entwicklung und Ordnung im Sanierungsgebiet erforderlich ist.

6. Sozialplan

Als weitere Maßnahme der Vorbereitung der Sanierung hat die Gemeinde einen **Sozialplan** zu erarbeiten und fortzuschreiben (§ 140 Nr. 6 BauGB).

Nach § 180 I BauGB soll die Gemeinde, falls sich Bebauungspläne oder städtebauliche Sanierungsmaßnahmen voraussichtlich nachteilig auf die **persönlichen Lebensumstände** der in dem Gebiet wohnenden oder arbeitenden Menschen auswirken, Vorstellungen entwickeln und mit den Betroffenen erörtern, wie diese nachteiligen

---

[68] Siehe zum Folgenden auch *Schlichter/Stich/Krautzberger*, Städtebauförderungsgesetz mit Novelle 1984, 2. Aufl. 1985, Einl. Rn. 21.
[69] Dazu *OVG Berlin* NVwZ 1996, 920 (921); *Partsch*, NVwZ 1997, 139 (139 f.).
[70] *VGH Mannheim* BRS 46 Nr. 218.
[71] BVerwGE 126, 104 (109); BK/*Roeser*, BauGB, § 137 Rn. 1.
[72] § 10 StBauFG 1971 ist seit der Novelle StBauFG 1984 entfallen. Dazu *Krautzberger*, Die Änderungen des Städtebauförderungsgesetzes zum 1. Januar 1985, DVBl. 1984, 1149 (1153).

Auswirkungen möglichst vermieden oder gemildert werden können.[73] Die Gemeinde hat den Betroffenen bei ihren eigenen Bemühungen, solche Auswirkungen zu vermeiden oder zu mildern, zu helfen, insbesondere beim Wohnungs- und Arbeitsplatzwechsel sowie beim Umzug von Betrieben. Soweit öffentliche Leistungen in Betracht kommen, soll die Gemeinde hierauf hinweisen. Sind Betroffene nach ihren persönlichen Lebensumständen nicht in der Lage, Empfehlungen oder anderen Hinweisen der Gemeinde zur Vermeidung von Nachteilen zu folgen oder Hilfen zu nutzen oder sind aus anderen Gründen weitere Maßnahmen der Gemeinde erforderlich, hat sie geeignete Maßnahmen zu prüfen.

41 Das Ergebnis der Erörterungen und Prüfungen sowie die voraussichtlich in Betracht zu ziehenden Maßnahmen der Gemeinde und die Möglichkeiten ihrer Verwirklichung sind gem. § 180 II BauGB in dem Sozialplan **schriftlich darzustellen**. Der Sozialplan ist **kein rechtsverbindlicher Plan** mit normativer Wirkung.[74] Er verpflichtet die Gemeinde nicht zu Leistungen gegenüber den Sanierungsbetroffenen.[75] Der Einzelne kann aus ihm unmittelbar keine Rechte herleiten. Der Sozialplan kann jedoch nach § 186 BauGB Anlass zur Verlängerung von Miet- oder Pachtverhältnissen sein und nach § 181 I Nr. 4 BauGB dazu führen, dass einem Mieter oder Pächter für Umzugskosten ein Härteausgleich in Geld gewährt wird.

III. Durchführung der Sanierung

42 Die Durchführung der Sanierung umfasst nach § 146 I BauGB die innerhalb des förmlich festgelegten Sanierungsgebiets nach den Zielen und Zwecken der Sanierung erforderlichen **Ordnungs- und Baumaßnahmen**. Nach § 140 Nr. 7 BauGB können einzelne Ordnungs- und Baumaßnahmen bereits vor einer förmlichen Festlegung des Sanierungsgebiets durchgeführt werden.

1. Ordnungsmaßnahmen

43 Von den Ordnungsmaßnahmen handelt § **147 BauGB**.[76]

a) Aufgabe der Gemeinde

44 Die Durchführung der Ordnungsmaßnahmen ist **Aufgabe der Gemeinde** (§ 147 I 1 BauGB). Sie kann diese aufgrund eines Vertrags ganz oder teilweise einem Sanierungsträger (§§ 157 ff. BauGB) **übertragen**, was in der Praxis regelmäßig geschieht.[77] Selbst der Eigentümer kann hiermit auf Grundlage eines öffentlich-rechtlichen Vertrags betraut werden.[78] Die Gemeinde ist verpflichtet, die nach den von ihr bestimmten Zielen und Zwecken der Sanierung erforderlichen Maßnahmen zügig durchzuführen oder durchführen zu lassen. Erweist sich dies, etwa aus finanziellen Gründen, als nicht möglich, muss sie die Ziele und Zwecke der **Sanierung den gegebenen Möglichkeiten anpassen**. Äußerstenfalls muss sie durch Aufhebung der Sanierungssatzung von der Sanierung Abstand nehmen (§ 162 I 1 Nr. 2, 3 BauGB).

---

[73] BVerwGE 126, 104 (112 f.).
[74] BK/*Holtbrügge*, BauGB, § 180 Rn. 9; Schrödter/*Köhler*, BauGB, § 180 Rn. 8.
[75] BKL/*Battis*, BauGB, § 180 Rn. 8.
[76] Vgl. dazu *Goldschmidt*, BauR 2003, 1325.
[77] Zu vergaberechtlichen Problemen siehe *Mösinger/Morscheid*, NZBau 2009, 413.
[78] *OVG Koblenz* BauR 2008, 720 L.

b) Begriff der Ordnungsmaßnahme

§ 147 I BauGB zählt abschließend auf, was zu den **Ordnungsmaßnahmen** gehört. Es sind insbesondere:[79]

aa) Bodenordnung einschließlich des Erwerbs von Grundstücken

Der Begriff der **Bodenordnung** ist – wie ein Einbeziehen des Grunderwerbs zeigt – in einem weiteren Sinne gemeint und umfasst alle Maßnahmen, die auf eine der Verwirklichung der Sanierung zielende Neuordnung der Grundstücksverhältnisse zielen. Dazu gehören:

- der **freihändige** Erwerb von Grundstücken, wobei nach § 153 III BauGB nur ein sanierungsunbeeinflusster Kaufpreis vereinbart werden darf;
- der Erwerb durch Ausübung gesetzlicher **Vorkaufsrechte** (§§ 24 I Nr. 3, 27 a I Nr. 2 BauGB);[80]
- der Erwerb aufgrund eines **Übernahmeverlangens** nach § 145 V oder § 40 II BauGB;[81]
- die **Enteignung** (§ 85 I Nr. 1, 2 i. V. m. § 87 III 3 BauGB);[82]
- die **Umlegung** (§§ 45 ff. BauGB), auch in vereinfachter Form (§§ 80 ff. BauGB).[83]

bb) Umzug von Bewohnern und Betrieben

Der **Umzug von Bewohnern und Betrieben** kann die Folge des Erwerbs eines Grundstücks durch die Gemeinde in Verbindung mit einer vertragsgemäßen Kündigung oder die Folge der Aufhebung eines Miet- oder Pachtverhältnisses nach §§ 182 ff. BauGB sein.[84] Hierdurch kann ein Anspruch auf Zahlung einer Entschädigung nach § 185 BauGB ausgelöst werden.

cc) Freimachen von Grundstücken

Das **Freimachen von Grundstücken** umfasst die Beseitigung und Abräumung baulicher Anlagen. Die Gemeinde kann nach Maßgabe des § 179 BauGB den Eigentümer zur Duldung der Freilegung verpflichten[85] oder sie nach Erwerb des Grundstücks als nunmehriger Eigentümer vornehmen.[86]

dd) Herstellung oder Änderung von Erschließungsanlagen

Zur **Herstellung oder Änderung von Erschließungsanlagen** im Sinne von § 127 II und IV BauGB zählen außer den öffentlichen Straßen, Wegen und Plätzen auch die Anlagen zur Ableitung von Abwasser sowie zur Versorgung mit Elektrizität, Gas, Wärme und Wasser.[87] Ein Erschließungsbeitrag nach §§ 127 ff. BauGB entfällt gem. § 154 I 3 BauGB. Stattdessen werden die Erschließungskosten als Teil der Sanierungskosten über den Ausgleichsbetrag nach § 154 BauGB erhoben.[88] Die Erschließungsanlagen können unter der Voraussetzung des § 147 I 3 BauGB auch außerhalb des förmlich festgelegten Sanierungsgebiets liegen.

---

[79] § 147 I 1 Nr. 5 BauGB verdeutlicht, dass die Aufzählung nicht abschließend ist.
[80] Siehe hierzu § 17.
[81] Siehe hierzu bereits § 30 Rn. 34 sowie § 13 Rn. 11.
[82] Siehe auch § 19 Rn. 5 f.
[83] Vgl. auch die Ausführungen zu § 18.
[84] Siehe auch nachfolgend § 34 Rn. 16, 24.
[85] Siehe hierzu ergänzend die nachfolgenden Ausführungen unter § 34 Rn. 15 f.
[86] BK/*Fislake*, BauGB, § 147 Rn. 9.
[87] Siehe auch BKL/*Krautzberger*, BauGB, § 147 Rn. 6.
[88] *BVerwG* ZfBR 2005, 387 (388). Zum Ausgleichsbetrag siehe nachfolgend § 30 Rn. 63 f.

ee) Bereitstellung von Flächen und die Durchführung von Maßnahmen zum Ausgleich

50 Maßnahmen zur Bodenordnung sind schließlich auch die **Bereitstellung von Flächen und die Durchführung von Maßnahmen zum Ausgleich** i. S. des § 1 a III BauGB, soweit sie gemäß § 9 I a BauGB an anderer Stelle den Grundstücken, auf denen Eingriffe in Natur und Landschaft zu erwarten sind, zugeordnet sind (§ 147 I 2 BauGB).[89]

2. Baumaßnahmen

51 An die Ordnungsmaßnahmen schließt sich die Phase der **Baumaßnahmen** an.

a) Zuständigkeit

52 § 148 I 1 BauGB überlässt die Durchführung der Baumaßnahmen grundsätzlich den **Eigentümern**, sofern die zügige und zweckmäßige Durchführung durch sie gewährleistet ist.[90] Anderenfalls muss die Gemeinde gem. §§ 175 ff. BauGB insbesondere durch Bau-, Modernisierungs- und Instandsetzungsgebote, durch die Einschaltung von Sanierungsträgern oder in eigener Regie für die Durchführung der Baumaßnahmen sorgen. Dies erfordert in der Regel den vorherigen Eigentumserwerb der Gemeinde oder des Sanierungsträgers an den zu bebauenden Grundstücken.

b) Begriff der Baumaßnahmen

53 Zu den Baumaßnahmen gehören nach der **abschließenden Aufzählung** in § 148 II BauGB:

54 – die **Modernisierung und Instandsetzung**; zum Verständnis dieses Begriffs kann auf § 177 BauGB zurückgegriffen werden;[91]

55 – die **Neubebauung und Ersatzbauten**, wobei zum Verständnis des Begriffs § 176 BauGB herangezogen werden kann.[92] Ersatzbauten können gem. § 148 I 2 BauGB auch außerhalb des Sanierungsgebiets liegen;

56 – **Errichtung und Änderung von Gemeinbedarfs- und Folgeeinrichtungen**, und zwar gem. § 148 I 2 BauGB auch außerhalb des Sanierungsgebiets. Einrichtungen dieser Art sind Anlagen, die sozialen, gesundheitlichen, kulturellen sowie kirchlichen Zwecken dienen. Folgeeinrichtungen sind insbesondere die notwendigen Einrichtungen zur Verwaltung des Gebiets, wie etwa Verwaltungsgebäude;

57 – **Verlagerung** von **Betrieben** in das Sanierungsgebiet und **Änderung vorhandener Betriebe**, etwa zur Anpassung an das Sanierungsgebiet;

58 – Maßnahmen zum Ausgleich für **Eingriffe in Natur und Landschaft** (§ 148 II 2 BauGB). Voraussetzung für Ausgleichsmaßnahmen ist jedoch, dass sie auf den Grundstücken durchgeführt werden, auf denen Eingriffe in Natur und Landschaft zu erwarten sind.

IV. Finanzierung

1. Städtebauförderungsmittel

59 Die städtebauliche Sanierung erfordert erhebliche finanzielle Mittel, deren Aufbringung durch Gemeinde und Eigentümer allein oft unmöglich ist.[93] Daher bedarf es

---

[89] *Gerstinger*, ZfBR 1998, 65 (68).
[90] BVerwGE 126, 104 (112).
[91] Siehe hierzu nachfolgend § 34 Rn. 10 ff.
[92] Siehe hierzu ergänzend die nachfolgenden Ausführungen unter § 34 Rn. 3 ff.
[93] Zum Folgenden *Krautzberger*, Städtebauförderungsrecht, Bd. 2 Teil A., Einführung in die Städtebauförderung.

eines **begleitenden Finanzierungssystems**, durch das Bund, Länder und Gemeinden die Städtebauförderung als Gemeinschaftsleistung unterstützen. Dies ist im Einzelnen in § 164 a BauGB geregelt.[94] Hervorzuheben ist, dass der Bund nach § 164 b BauGB den Ländern zur Förderung städtebaulicher Sanierungsmaßnahmen nach Art. 104 b GG entsprechend der Maßgabe des jeweiligen Haushaltsgesetzes Finanzhilfen für Investitionen der Gemeinde und Gemeindeverbände gewährt.[95] Dabei sind in gleicher Weise geltende, allgemeine und sachgerechte Maßstäbe anzulegen. Der Maßstab und das Nähere werden gem. § 164 b I 2 BauGB durch Verwaltungsvereinbarungen zwischen dem Bund und den Ländern festgelegt.[96] Die Gemeinden können die ihnen **zugewiesenen Mittel unterschiedlich verwenden**: entweder zur Finanzierung der ihnen obliegenden Sanierungsaufgaben oder als Zuschüsse bzw. Darlehen zur Finanzierung der von Dritten, insbesondere den Eigentümern vorzunehmenden Sanierungsmaßnahmen. Die förderungsfähigen Investitionsbereiche, die schwerpunktmäßig als Verwendungszwecke der Bundesfinanzhilfen bestimmt werden, sind dabei in § 164 b II näher bestimmt.[97]

Rechtsgrundlage für den jeweiligen Mitteleinsatz sind entweder Bewilligungsbescheide oder abzuschließende öffentlich-rechtliche Verträge. Nach Abschluss der Sanierung findet eine **Abrechnung der Gesamtmaßnahme** zwischen der Gemeinde und dem Land und zwischen dem Land und dem Bund statt. In sie sind alle Einnahmen, Ausgaben und Vermögenswerte einzubeziehen, die bei Vorbereitung und Durchführung der Sanierung entstanden sind. Als Einnahmen aus der Sanierung stehen der Gemeinde insbesondere die Erträge aus Grundstücksverkäufen, Erträge aus der Bewirtschaftung von Grundstücken des Sanierungsgebiets, Rückflüsse aus gewährten Darlehen, Überschüsse aus der Umlegung und die Ausgleichsbeträge der Eigentümer nach § 154 BauGB zur Verfügung. Die Abrechnung bildet die Grundlage für die abschließende Entscheidung, ob im Verhältnis zwischen Bund und Land einerseits und Land und Gemeinde andererseits die zunächst als Vorauszahlung zur Verfügung gestellten Mittel endgültig als Zuschuss oder als verzinsliche Darlehen zu gewähren sind. 60

2. Die Kostentragungspflicht nach BauGB

Nach §§ 136 ff. BauGB hat die **Gemeinde** insbesondere die **Kosten** für die folgenden Maßnahmen zu tragen: 61

– Vorbereitung der Sanierung (§ 140 BauGB);
– Ordnungsmaßnahmen (§ 147 BauGB);
– Gemeinbedarfs- und Folgeeinrichtungen (§ 148 I Nr. 1 BauGB);
– einzelne Baumaßnahmen nach § 148 I Nr. 2 BauGB.

Die Kosten der baulichen Maßnahmen im Übrigen hat der jeweilige **Eigentümer** zu tragen, unbeschadet der Möglichkeit, hierfür Zuschüsse oder Darlehen aus Städtebauförderungsmitteln zu erhalten. Sind aufgrund von Maßnahmen, die der Vorbereitung oder Durchführung der Sanierung im förmlich festgelegten Sanierungsgebiet 62

---

[94] Vgl. BKL/*Krautzberger*, BauGB, § 164 a Rn. 1 ff.
[95] Dazu *Fieseler*, NVwZ 1998, 903 (907).
[96] Vgl. die Verwaltungsvereinbarung – Städtebauförderung 2010 – über die Gewährung von Finanzhilfen des Bundes an die Länder nach Artikel 104 b des Grundgesetzes zur Förderung städtebaulicher Maßnahmen (VV Städtebauförderung 2010) v. 28. 4. 2010 / 22. 7. 2010; www.bmvbs.de/cae/servlet/contentblob/53884/publicationFile/24817/vv-staedtebaufoerderung-2010.pdf (abgerufen 14. 9. 2010).
[97] BKL/*Krautzberger*, BauGB, § 164 b Rn. 3.

dienen, nach den Vorschriften des BauGB **Ausgleichs- oder Entschädigungsleistungen** zu gewähren, werden nach § 153 I 1 BauGB bei deren Bemessung Werterhöhungen, die lediglich durch die Aussicht auf die Sanierung, auf ihre Vorbereitung oder ihre Durchführung eingetreten sind, nur insoweit berücksichtigt, als der Betroffene diese Werterhöhungen durch eigene Aufwendungen zulässigerweise bewirkt hat. Hierdurch wird vermieden, dass sanierungsbedingte Werterhöhungen, die durch den Einsatz öffentlicher Mittel bewirkt worden sind, zu Gewinnen bei den Eigentümern führen.

3. Ausgleichsbetrag

63 Nach Abschluss der Sanierung haben die Eigentümer[98] der im Sanierungsgebiet gelegenen Grundstücke zur Finanzierung der Sanierung gem. § 154 BauGB an die Gemeinde einen Ausgleichsbetrag zu entrichten, welcher der durch die Sanierung bedingten Erhöhung des Bodenwerts der Grundstücke entspricht und damit eine **Abschöpfung des durch die Sanierung erzielten Wertzuwachses** darstellt.[99] Die Beträge nach § 155 BauGB sind auf den Ausgleichsbetrag anzurechnen. Ein Ausgleichsbetrag ist nach § 152 i. V. m. § 142 IV, Hs. 1 BauGB nicht zu entrichten, wenn die Sanierung im vereinfachten Sanierungsverfahren durchgeführt worden ist.

64 Die durch die Sanierung bedingte Erhöhung des Bodenwerts der Grundstücke besteht nach § 154 II BauGB aus dem Unterschied zwischen dem Bodenwert, der sich für das Grundstück ergeben würde, wenn eine Sanierung weder beabsichtigt noch durchgeführt worden wäre (**Anfangswert**) und dem Bodenwert, der sich für das Grundstück durch die rechtliche und tatsächliche Neuordnung des förmlich festgelegten Sanierungsgebiets ergibt (**Endwert**). Ein **vereinfachtes Berechnungsverfahren** bietet ergänzend § 154 II a BauGB an. Danach kann die Gemeinde durch Satzung bestimmen, dass der Ausgleichsbetrag abweichend von § 154 I 1 BauGB ausgehend von dem Aufwand (ohne die Kosten seiner Finanzierung) für die Erweiterung oder Verbesserung von Erschließungsanlagen i. S. des § 127 II Nr. 1–3 (Verkehrsanlagen) in dem Sanierungsgebiet zu berechnen ist.[100] Der Ausgleichsbetrag wird **durch Bescheid** der Gemeinde **angefordert** (§ 154 IV 1 BauGB). Er kann nach § 154 V BauGB in ein **Tilgungsdarlehen** umgewandelt werden. Von seiner Erhebung kann gem. §§ 155 IV 1, 135 V 1 BauGB im öffentlichen Interesse oder zur Vermeidung unbilliger Härten abgesehen werden.[101] Die Gemeinde kann **Vorauszahlungen** auf den Ausgleichsbetrag verlangen (§ 154 VI BauGB).[102]

---

[98] Erbbauberechtigte fallen nicht unter den Begriff des „Eigentümers"; vgl. *OVG Lüneburg* NVwZ 1994, 1134 (1134).
[99] Zum Ausgleichsbetrag *Homa/Weigt*, KStZ 2006, 21; *Wollny*, Erhebung von Ausgleichsbeträgen für sanierungsbedingte Bodenwertsteigerungen nach § 154 BauGB, DÖV 1993, 740; *Mampel*, Erhebung von Ausgleichsbeträgen nach dem Baugesetzbuch (Städtebauförderungsgesetz), DÖV 1992, 556; *Schindhelm/Wilde*, Der Ausgleichsbetrag für sanierungsbedingte Bodenwertsteigerung nach § 154 BauGB, NVwZ 1992, 747; *Aschmann*, Grundeigentum 2009, 236.
[100] Vgl. dazu *Stemmler/Hohrmann*, ZfBR 2007, 224 (227 ff.); *Schmidt-Eichstaedt*, LKV 2007, 439 (441 ff.).
[101] Vgl. dazu BVerwGE 126, 238 (239 ff.).
[102] *BVerwG* NVwZ 2003, 211 (211).

V. Beendigung der Sanierung

1. Aufhebung der Sanierungssatzung

Ist die **Sanierung** durchgeführt, erweist sie sich als **undurchführbar** oder wird die **Sanierungsabsicht aufgegeben**, ist gem. § 162 I 1 BauGB die Sanierungssatzung aufzuheben.[103] Gleiches gilt, wenn die nach § 142 III 3 oder 4 BauGB für die Durchführung der Sanierung festgesetzte **Frist abgelaufen** ist.[104] Sind diese Voraussetzungen – abgesehen von der Alternative des Zeitablaufs (§ 162 I 1 Nr. 4 BauGB) – nur in einem Teil des förmlich festgelegten Sanierungsgebiets gegeben, ist die Satzung für diesen **Teil aufzuheben** (§ 162 I 2 BauGB). Trifft dies nur für **einzelne Grundstücke** zu, kann die Gemeinde nach § 163 I 1 BauGB die Sanierung für diese Grundstücke als abgeschlossen erklären.[105] Dies lässt die Satzung unberührt. Nach dem allgemeinen Grundsatz, dass eine Rechtsnorm in derselben Weise aufzuheben ist, in der sie geschaffen wurde, erfolgt die Aufhebung der Sanierungssatzung durch gemeindliche Satzung (dazu § 162 II BauGB). Durch bloßen Zeitablauf oder wegen unzureichender Förderung der Sanierung tritt die Satzung nicht von selbst außer Kraft.[106]

2. Erklärung der Sanierung als abgeschlossen

Nach § 163 I BauGB kann und muss auf **Antrag des Eigentümers** die Gemeinde die Sanierung für ein Grundstück als abgeschlossen erklären, wenn das Grundstück entsprechend den Zielen und Zwecken der Sanierung bebaut ist oder in sonstiger Weise genutzt wird oder das Gebäude modernisiert oder instandgesetzt ist. Bereits vor diesem Zeitpunkt kann die Sanierung gem. § 163 II 1 BauGB für abgeschlossen erklärt werden, wenn die den Zielen und Zwecken der Sanierung entsprechende Bebauung oder sonstige Nutzung oder die Modernisierung oder Instandsetzung auch ohne Gefährdung der Ziele und Zwecke der Sanierung zu einem späteren Zeitpunkt möglich ist. Die Abgeschlossenheitserklärung erfolgt durch **Bescheid** gegenüber dem Eigentümer. Fortan entfällt die Anwendung der §§ 144, 145 und 153 BauGB (§ 163 III 1 BauGB).

Lösung zu Fall 28:

N wird mit seinem Vorbringen auf dem Rechtsweg keinen Erfolg haben, da der sanierungsrechtliche Genehmigungsvorbehalt **keine Nachbarrechte** begründet. Der Zweck des Genehmigungsvorbehalts besteht in erster Linie darin, den Gemeinden einen angemessenen Zeitraum für die Verwirklichung ihrer Sanierungsziele bis hin zur Aufstellung eines (Sanierungs-)Bebauungsplans einzuräumen. Damit erfüllt der Genehmigungsvorbehalt des § 144 BauGB im Sanierungsgebiet dieselbe Aufgabe, die sonst die Veränderungssperre (§ 14 BauGB) erfüllt. Auch sie dient allein der Sicherung künftiger Planungen der Gemeinde und nicht (auch) dem Schutz des Nachbarn.

---

[103] *BVerwG* NVwZ 2003, 1289 (1390); *Stemmler/Hohrmann*, ZfBR 2007, 224 (225).
[104] Siehe hierzu auch *Gronemeyer*, Änderungen des BauGB und der VwGO durch das Gesetz zur Erleichterung von Planungsvorhaben für die Innenentwicklung der Städte, BauR 2007, 815 (822 f.); BKL/*Krautzberger*, BauGB, § 142 Rn. 29 a; *Stemmler/Hohrmann*, ZfBR 2007, 224 (225).
[105] *BVerwG* NVwZ-RR 1996, 629.
[106] *BVerwG* NJW 1979, 2577 (2578).

§ 31. Städtebauliche Entwicklungsmaßnahmen

Schrifttum: *Ax*, Die städtebauliche Entwicklungsmaßnahme im Überblick, BauR 1996, 803; *Degenhart*, Möglichkeiten und Grenzen der städtebaulichen Entwicklungsmaßnahme neuen Rechts, DVBl. 1994, 1041; *Dieterich*, Ermittlung von Grundstückswerten in städtebaulichen Entwicklungsbereichen, WiVerw 1993, 122; *v. Feldmann*, Konversionsflächen als städtebaulicher Entwicklungsbereich – Dargestellt am Beispiel Bornstedter Feld in Potsdam, LKV 1997, 151; *Gerstinger*, Fortentwickelte Rechtsgrundlagen für städtebauliche Sanierungs- und Entwicklungsmaßnahmen (BauGB '98), ZfBR 1998, 65; *Kleiber*, Das Bewertungsprivileg für land- oder forstwirtschaftlich genutzte Grundstücke in städtebaulichen Entwicklungsbereichen (§ 169 Abs 4 BauGB), DVBl. 1994, 726; *Krautzberger*, Ziele und Voraussetzungen städtebaulicher Entwicklungsmaßnahmen, WiVerw 1993, 85; *Schmidt-Eichstaedt*, Die Voraussetzungen für die Einbeziehung von im Zusammenhang bebauten Gebieten in einen Entwicklungsbereich, BauR 1993, 38.

Fall 29 (nach BVerwGE 107, 123):

1 Landwirt L besitzt viele Grundstücke im Außenbereich der Gemeinde G. Einige davon liegen innerhalb eines städtebaulichen Entwicklungsbereichs, der von der Gemeinde G förmlich festgelegt wurde. Der Entwicklungsbereich umfasst sechs räumlich nicht zusammenhängende Flächen in vier verschiedenen Ortsteilen. Als Entwicklungsmaßnahme ist vorgesehen, auf fünf dieser Flächen Wohnraum und auf einer Fläche Arbeitsstätten zu schaffen. Die Gemeinde will mit der Entwicklungsmaßnahme in den nächsten fünf Jahren einen Zuwachs von 1500 Einwohnern (350 Wohneinheiten) erreichen und die damit – anteilig – verbundenen Infrastrukturmaßnahmen (Kindergarten, Schule, Feuerwehrgerätehaus, Dorfgemeinschaftshaus) finanzieren. L, der weiterhin seine Grundstücke für seinen landwirtschaftlichen Betrieb nutzen will, hält das Vorgehen der Gemeinde G für rechtswidrig. Zu Recht?
Lösung: Rn. 29

I. Historie

2 Das **Städtebauförderungsgesetz (StBauFG)** regelte neben der städtebaulichen Sanierung in den §§ 53 ff. das Recht der städtebaulichen Entwicklungsmaßnahmen. Durch sie sollten, wie es in § 1 III StBauFG hieß, entsprechend den Zielen der Raumordnung und Landesplanung neue Orte geschaffen oder vorhandene Orte zu neuen Siedlungseinheiten entwickelt oder um neue Ortsteile erweitert werden. In rund 40 Fällen ist von diesem Instrumentarium Gebrauch gemacht worden.[1] Großsiedlungen,[2] Gewerbe- und Industriegebiete,[3] Güterverkehrszentren,[4] Universitätssiedlungen in Bayreuth, Bochum und Trier und das Parlaments- und Regierungsviertel in Bonn zählen hierzu. Da Mitte der achtziger Jahre ein Bedürfnis für städtebauliche Entwicklungsmaßnahmen allgemein verneint wurde, ließ das seit Mitte 1987 geltende BauGB neue Entwicklungsmaßnahmen nicht mehr zu. Für die bereits förmlich festgelegten Entwicklungsbereiche galten die §§ 165 ff. BauGB a. F., die fast wörtlich den

---

[1] Nach *Krautzberger*, WiVerw 1993, 85 (88) sind im gleichen Zeitraum über 2000 Sanierungsgebiete förmlich festgelegt worden.
[2] Vgl. *Krautzberger*, WiVerw 1993, 85 (88), dessen Beitrag die folgenden Beispiele entnommen sind.
[3] *OVG Lüneburg* BRS 29 Nr. 21.
[4] *OVG Bremen* NVwZ 1983, 749 (749 ff.).

§§ 54 bis 63 StBauFG entsprachen. Als der nicht zuletzt durch die Ergebnisse der Volkszählung 1987 sichtbar gewordene Mangel an Wohnraum dazu zwang, den Wohnungsbau zu erleichtern, ließ Art. 2 WoBauErlG[5] durch die von ihm geschaffenen §§ 6, 7 BauGB-MaßnG die städtebaulichen Entwicklungsmaßnahmen in veränderter Form und zunächst zeitlich befristet wieder aufleben. Ihr Zweck war jetzt nicht mehr, wie nach § 1 III StBauFG, die Schaffung neuer Orte, die Entwicklung vorhandener Orte zu allgemein neuen Siedlungseinheiten oder ihre Erweiterung um neue Ortsteile, sondern war nunmehr die Entwicklung vorhandener Ortsteile oder anderer, noch keinen Ortsteil bildender Teile des Gemeindegebiets mit dem Ziel der Errichtung von Wohn- und Arbeitsstätten sowie von Gemeinbedarfs- und Folgeeinrichtungen (§ 6 II BauGB-MaßnG). Das Investitionserleichterungs- und WohnbaulandG[6] hat 1993 das Recht der städtebaulichen Entwicklungsmaßnahmen in die gleichzeitig geänderten §§ 165 ff. BauGB überführt.[7] Damit haben die Gemeinden das Instrument der städtebaulichen Entwicklungsmaßnahme zurückerhalten, wenn auch in veränderter Form. Es **ähnelt** in seiner Struktur in vielem **dem Sanierungsrecht** der §§ 136 ff. BauGB.

II. Begriff der städtebaulichen Entwicklungsmaßnahme

Städtebauliche Entwicklungsmaßnahmen sind städtebauliche **Gesamtmaßnahmen**.[8] Sie dienen nach § 165 II BauGB dazu, Ortsteile[9] und andere Teile des Gemeindegebiets[10] erstmalig zu entwickeln („**Außenentwicklung**") oder sie im Rahmen einer städtebaulichen Neuordnung einer neuen Entwicklung zuzuführen.[11] Diese „**Innenentwicklung**"[12] kann unter den Voraussetzungen des § 136 BauGB auch mit den Mitteln des Sanierungsrechts erfolgen.[13] Die Gemeinde muss entscheiden, welches der beiden städtebaulichen Instrumente, die städtebauliche Sanierung oder die städtebauliche Entwicklung, am geeignetsten ist, um ihr städtebauliches Konzept verwirklichen zu können.[14] Die städtebaulichen Entwicklungsmaßnahmen **sollen der Errich-**

3

---

[5] Gesetz v. 17. 5. 1990, BGBl. I, S. 926.

[6] Gesetz zur Erleichterung von Investitionen und der Ausweisung und Bereitstellung von Wohnbauland (Investitionserleichterungs- und Wohnbaulandgesetz) v. 22. 4. 1993 (BGBl. I S. 466). Siehe dazu *Krautzberger*, Das Investitionserleichterungs- und Wohnbaulandgesetz – Zu den Änderungen im Städtebau- und Raumordnungsrecht, NVwZ 1993, 520; *Leisner*, Städtebauliche Entwicklungsmaßnahmen und Eigentum Privater – Zum neuen Investitionserleichterungs- und Wohnbaulandgesetz, NVwZ 1993, 935; *Lüers*, Investitionserleichterungs- und Wohnbaulandgesetz – Überblick über die für die neuen Länder besonders bedeutsamen Rechtsänderungen, LKV 1993, 185; *Hoffmann*, Das Investitionserleichterungs- und Wohnbaulandgesetz als Durchbruch für den „Aufschwung Ost"?, LKV 1993, 281.

[7] Siehe hierzu *Ax*, BauR 1996, 803; *Schmidt-Eichstaedt*, BauR 1993, 38.

[8] *BVerwG* NVwZ 1999, 407 (408); NVwZ 1986, 917 (918).

[9] Zum „Ortsteil" siehe JDW/*Dirnberger*, BauGB, § 165 Rn. 6.

[10] Zum Verständnis der „anderen Teile des Gemeindegebiets" siehe *OVG Koblenz* NVwZ-RR 2002, 816 (817); BK/*Schlichter/Roeser*, BauGB, § 165 Rn. 5.

[11] Vgl. *BVerwG* NVwZ 1998, 1298 (1299); *OVG Münster* NVwZ-RR 2002, 626 (627); *v. Feldmann*, LKV 1997, 151 (151).

[12] Ein wichtiger Anwendungsfall der Innenentwicklung ist die Umwidmung ehemals militärisch genutzter Flächen zu Wohn- und Arbeitsgebieten. Siehe hierzu *VGH Mannheim*, BRS 57 Nr. 287; *Stich*, Bisher militärisch genutzte Flächen im Bundeseigentum als städtebauliche Entwicklungsbereiche im Sinne der §§ 6, 7 BauGB-MaßnahmenG, ZfBR 1992, 256; *v. Feldmann*, LKV 1997, 151.

[13] Siehe dazu oben § 30 Rn. 8 ff.

[14] BVerwGE 107, 123 (125); vgl. dazu auch *Neuhausen*, Die reaktivierte Entwicklungsmaßnahme, DÖV 1991, 146 (148); *Krautzberger*, WiVerw 1993, 85 (96).

tung von **Wohn- und Arbeitsstätten** sowie von **Gemeinbedarfs- und Folgeeinrichtungen dienen**.[15] Diese in § 165 III 1 Nr. 2 BauGB angelegte, nicht abschließende Aufzählung gestattet es, mit der städtebaulichen Entwicklungsmaßnahme eine breite Palette städtebaulicher Ziele zu verfolgen.[16] So entspricht die Entwicklung der Parlaments- und Regierungsbereiche in Berlin nach § 247 VII BauGB den Zielen und Zwecken einer städtebaulichen Entwicklungsmaßnahme nach § 165 II BauGB.[17]

III. Voraussetzung städtebaulicher Entwicklungsmaßnahmen

4   Eine städtebauliche Entwicklungsmaßnahme, die den Zielen und Zwecken des § 165 II BauGB entspricht, kann nach **§ 165 III BauGB** durchgeführt werden, wenn

- das **Wohl der Allgemeinheit** ihre Durchführung erfordert,[18] insbesondere zur Deckung eines erhöhten Bedarfs an Wohn- und Arbeitsstätten,[19] zur Errichtung von Gemeinbedarfs- und Folgeeinrichtungen oder zur Wiedernutzung brachliegender Flächen (§ 165 III 1 Nr. 2 BauGB);
- die angestrebten Ziele und Zwecke **durch städtebauliche Verträge nicht errichtet** werden können oder die **Eigentümer der betroffenen Grundstücke nicht bereit** sind, ihr Grundstück an die Gemeinde oder den Entwicklungsträger zu veräußern (§ 165 III 1 Nr. 3 BauGB);[20]
- die **zügige Durchführung** der Maßnahme innerhalb eines absehbaren Zeitraums gewährleistet ist (§ 165 III 1 Nr. 4 BauGB).[21]

5   Hierbei sind gem. § 165 III 2 BauGB die **öffentlichen und privaten Belange** gegeneinander und untereinander gerecht **abzuwägen**.[22] Das **Gebot zügiger Durchführung** (§ 165 III 1 Nr. 4 BauGB) trägt Art. 14 GG Rechnung: Die mit der Festsetzung eines Entwicklungsbereichs verbundenen Eigentumsbeschränkungen gebieten eine zeitliche Begrenzung durch eine angemessene Beschleunigung.[23]

IV. Vorbereitung der städtebaulichen Entwicklungsmaßnahme

6   Die Vorbereitung der städtebaulichen Entwicklungsmaßnahme obliegt grundsätzlich der **Gemeinde** (§ 166 I 1 BauGB).[24] Sie beginnt mit **vorbereitenden Untersuchun-**

---

[15] Dies ist nur ein Ausschnitt des § 165 III 1 Nr. 2 BauGB.
[16] *Krautzberger*, WiVerw 1993, 85 (95). So kann etwa ein Ausgleich für Eingriffe in Natur und Landschaft angestrebt werden; vgl. *BVerwG* NVwZ 1999, 407 (410); NVwZ 2001, 558 (559).
[17] Siehe dazu die Verordnung über die förmliche Festlegung des städtebaulichen Entwicklungsbereichs und der zugehörigen Anpassungsgebiete zur Entwicklungsmaßnahme „Hauptstadt Berlin – Parlaments- und Regierungsviertel" vom 17. 6. 1993 (GVBl. S. 268), zuletzt geänd. durch Art. I der Verordnung v. 22. 6. 1999 (GVBl. S. 346).
[18] *BVerwG* NVwZ 2001, 1050 (1051); *Gaentzsch*, Städtebauliche Entwicklungsmaßnahmen nach dem Baugesetzbuch-Maßnahmengesetz, NVwZ 1991, 921 (922 f.); *Bunzel/Lunebach*, Die neue städtebauliche Entwicklungsmaßnahme – erste Erfahrungen aus der kommunalen Praxis, DÖV 1993, 649 (655 f.).
[19] Dazu BVerwGE 117, 248 (251 ff.); *BVerwG* NVwZ 1999, 407 (410 ff.); NVwZ-RR 2004, 325 (325 f.); *VGH Mannheim* BRS 70 Nr. 217.
[20] In dieser Anforderung konkretisiert sich das Erforderlichkeitsprinzip; vgl. *Gerstinger*, ZfBR 1998, 65 (70); Schrödter/*Köhler*, BauGB, § 165 Rn. 28.
[21] Die zulässige Länge des Zeitraums hängt von den Umständen des Einzelfalls ab; vgl. *OVG Münster* BauR 2010, 1890 (1891 f.); *Degenhart*, DVBl. 1994, 1041 (1043); BK/*Schlichter/Roeser*, BauGB, § 165 Rn. 21.
[22] *BVerwG* NVwZ 1999, 407 (413); ZfBR 2010, 789 (790).
[23] *VGH München* BRS 57 Nr. 286; *OVG Lüneburg* BRS 59 Nr. 251.
[24] Zur Übertragung dieser Aufgabe auf Dritte siehe § 167 BauGB.

gen (§ 165 IV BauGB), der die förmliche **Festlegung des städtebaulichen Entwicklungsbereichs** durch gemeindliche Satzung folgt (§ 165 III, VI BauGB).

1. Vorbereitende Untersuchungen

Die vorbereitenden Untersuchungen werden durch **Beschluss der Gemeinde** eingeleitet, (§ 165 IV i. V. m. § 141 III, IV BauGB). Von ihnen kann abgesehen werden, wenn bereits hinreichende Beurteilungsunterlagen vorliegen. Die vorbereitenden Untersuchungen haben insbesondere zu ermitteln, ob die Notwendigkeit einer städtebaulichen Entwicklung des Untersuchungsgebiets besteht und welche allgemeinen Ziele der Entwicklung anzustreben sind.[25] Die §§ 137 bis 141 BauGB über die vorbereitende Sanierungsuntersuchung gelten entsprechend (§ 165 IV 2 BauGB).[26] Die Ergebnisse der Voruntersuchung bilden den **wesentlichen Gegenstand der Begründung**, welche die Gemeinde gem. § 165 VII BauGB zu erstellen hat. Der Beschluss über den Beginn der vorbereitenden Untersuchungen gibt der Gemeinde insbesondere das Recht, die **Zurückstellung von Baugesuchen** entsprechend § 15 BauGB zu verlangen (§§ 165 IV 2, 141 IV 1, Hs. 2 BauGB).

7

2. Entwicklungssatzung

Der städtebauliche Entwicklungsbereich wird nach § 165 VI 1 BauGB durch **Satzung der Gemeinde**, Entwicklungssatzung genannt,[27] förmlich festgelegt.[28] In der Entwicklungssatzung ist der städtebauliche **Entwicklungsbereich zu bezeichnen**.[29] Er ist so zu begrenzen, dass sich die Entwicklung zweckmäßig durchführen lässt (§ 165 V 1 BauGB). Insbesondere räumlich voneinander getrennte **Teilflächen** müssen in einem funktionalen Zusammenhang zueinander stehen.[30] Einzelne Grundstücke können aus dem Entwicklungsbereich ausgenommen werden (§ 165 V 2 BauGB). Grundstücke, die bestimmten öffentlichen Zwecken dienen, dürfen nur mit Zustimmung des Bedarfsträgers in den Entwicklungsbereich einbezogen werden (§ 165 V 3 BauGB). Mit ihrer ortsüblichen Bekanntmachung wird die Entwicklungssatzung rechtsverbindlich (§ 165 VIII BauGB);[31] eine Begründung ist gem. § 165 VII BauGB beizufügen. Die Entwicklungssatzung unterliegt der **Normenkontrolle** nach § 47 VwGO. Nach Inkrafttreten der Entwicklungssatzung wird im Grundbuch (Abteilung II) der betroffenen Grundstücke ein **Entwicklungsvermerk**[32] eingetragen (§ 165 IX BauGB). Er stellt sicher, dass die im Entwicklungsbereich fortan genehmigungspflichtigen Rechtsvorgänge (§§ 169 I Nr. 3, 144, 145 BauGB) nur bei Vorliegen einer Genehmigung im Grundbuch vollzogen werden. Allerdings hat er – wie der Sanierungsvermerk auch – nur deklaratorischen Charakter.[33]

8

---

[25] Siehe § 165 IV 2 i. V. m. § 141 I 1 BauGB; vgl. hierzu und zum Folgenden zudem *Krautzberger*, WiVerw 1993, 85 (98).
[26] Siehe hierzu bereits oben unter § 30 Rn. 10.
[27] Vgl. etwa die „Entwicklungssatzung für den Entwicklungsbereich Bornstedter Feld der Stadt Potsdam" v. 16. 2. 1993, ABl. der Stadt Potsdam 1993 Sonderausgabe Nr. 6.
[28] Zur Verfassungsgemäßheit von Entwicklungssatzungen *BVerfG* NVwZ 2008, 1229 (1230 ff.); *BayVerfGH* NVwZ-RR 2008, 635 (635 f.).
[29] BK*L/Krautzberger*, BauGB, § 165 Rn. 29; *Schrödter/Köhler*, BauGB, § 165 Rn. 48.
[30] BVerwGE 107, 123 (127).
[31] BK*/Schlichter/Roeser*, BauGB, § 165 Rn. 35.
[32] Der Entwicklungsvermerk kann etwa lauten: „Städtebauliche Entwicklungsmaßnahme wird durchgeführt".
[33] Siehe dazu § 30 Rn. 17.

3. Genehmigungspflichtige Vorgänge

9   Gem. § 169 I Nr. 3 BauGB bedürfen – wie im Sanierungsgebiet – auch im städtebaulichen Entwicklungsbereich **die in § 144 BauGB aufgezählten Vorhaben und Rechtsvorgänge** der Genehmigung der Gemeinde.[34] Es gilt nach § 169 I Nr. 6 BauGB zudem die **Kaufpreislimitierung** des § 153 II BauGB. Dadurch werden die Bodenpreise im Entwicklungsbereich stabil gehalten. Anders als im Sanierungsrecht (§ 142 IV BauGB) kann die Genehmigungspflicht nicht von der Gemeinde in der Entwicklungssatzung ausgeschlossen werden.

V. Durchführung der Entwicklungsmaßnahme

10 Die städtebauliche Entwicklungsmaßnahme ist eine **Gesamtmaßnahme**, die darauf angelegt ist, ein bestimmtes Gebiet koordiniert zu entwickeln.[35] Ihre Durchführung obliegt der Gemeinde (§ 166 I 1 BauGB). Soweit erforderlich, umfasst sie in Anlehnung an §§ 146–148 BauGB die Neuordnung und Freilegung der Grundstücke, die Verlagerung von Betrieben, den Umzug der Bewohner und die Erschließung des Gebiets. Die Gemeinde kann hiermit einen Dritten – insbesondere einen Entwicklungsträger – beauftragen (§§ 167, 166 IV BauGB). Dies ist weithin üblich, zumal die Gemeinde meist nicht über die personellen Kapazitäten zur zügigen Durchführung der Entwicklungsmaßnahme verfügt. Der **Entwicklungsträger**, der seit dem EAG Bau 2004 keiner staatlichen Bestätigung mehr bedarf, erfüllt die ihm von der Gemeinde übertragenen Aufgaben im eigenen Namen für Rechnung der Gemeinde als deren Treuhänder (§ 167 II BauGB). Die Einzelheiten werden durch öffentlich-rechtlichen Vertrag geregelt (§§ 167 II, 159 II BauGB).[36]

1. Gesamtplanung

11 Aus dem Gebot des § 165 I BauGB, die Entwicklungsmaßnahme einheitlich vorzubereiten und zügig durchzuführen, folgt die Notwendigkeit, für das Entwicklungsgebiet „eine flächendeckende und zeitlich geschlossene **Planungskonzeption**"[37] zu erstellen. In der Praxis erfolgt dies häufig durch Aufstellung eines – für das Sanierungsrecht ausdrücklich in § 140 Nr. 4 BauGB erwähnten[38] – Rahmenplans.

2. Bebauungsplanung

12 Nach § 166 I 2 BauGB hat die Gemeinde für den städtebaulichen Entwicklungsbereich ohne Verzug Bebauungspläne aufzustellen. Mit ihnen hat sie die **planungsrechtlichen Voraussetzungen zu schaffen**, damit, wie § 166 II BauGB ihr als Aufgabe stellt, ein funktionsfähiger Bereich entsprechend der beabsichtigten städtebaulichen Entwicklung und Ordnung entsteht, der nach seinem wirtschaftlichen Gefüge und der Zusammensetzung seiner Bevölkerung den Zielen und Zwecken der städtebaulichen Entwicklungsmaßnahme entspricht und in dem eine ordnungsgemäße und zweckentsprechende Versorgung der Bevölkerung mit Gütern und Dienstleistungen sichergestellt ist. Die Bebauungspläne des Entwicklungsbereichs sind solche der **§§ 8 ff. BauGB** und deshalb grundsätzlich aus dem Flächennutzungsplan zu ent-

---

[34] Dazu im Einzelnen oben § 30 Rn. 18.
[35] *BVerwG* NJW 1982, 398 (400).
[36] Siehe dazu auch *BGH* NJW 1985, 1778 (1779).
[37] *BVerwG* NJW 1982, 398 (400).
[38] Siehe bereits § 30 Rn. 9, 29.

wickeln (§ 8 II 1 BauGB),[39] sofern nicht insbesondere die Voraussetzungen für eine Entwicklung im Parallelverfahren oder für einen vorzeitigen Bebauungsplan vorliegen.[40]

3. Erwerb der Grundstücke durch die Gemeinde

Kernstück der Durchführung der städtebaulichen Entwicklungsmaßnahme ist der Erwerb der Grundstücke des Entwicklungsbereichs durch die Gemeinde, ihre Neuordnung und Erschließung und ihre anschließende Veräußerung an Bauwillige, die sich verpflichten, die Grundstücke innerhalb angemessener Frist entsprechend den Festsetzungen des Bebauungsplans und den Erfordernissen der Entwicklungsmaßnahme zu bebauen. Hierdurch soll die **zügige Durchführung der städtebaulichen Entwicklungsmaßnahme** innerhalb angemessener Zeit sichergestellt werden. Im Einzelnen stellt sich der Grunderwerb durch die Gemeinde wie folgt dar: 13

a) Erwerbspflicht

Nach § 166 III 1 BauGB soll die Gemeinde die Grundstücke im städtebaulichen Entwicklungsbereich erwerben.[41] Dies begründet eine **Pflicht und ein Recht der Gemeinde zum Grunderwerb**. Der Erwerb erfolgt: 14

– **freihändig** durch Kauf oder Tausch (arg. § 169 V 1 BauGB); 15
– durch Kauf aufgrund eines **Übernahmeverlangens des Eigentümers** (§ 168 BauGB). Kommt eine Einigung über die Übernahme nicht zustande, kann der Eigentümer nach §§ 168 S. 1, 145 V 2–5 BauGB eine „Enteignung gegen sich selbst" beantragen. 16
– durch Ausübung von **gesetzlichen Vorkaufsrechten**, insbesondere der §§ 24 I Nr. 3, 25 BauGB. 17
– durch **Enteignung**. Diese ist im städtebaulichen Entwicklungsbereich nach Maßgabe des § 169 III 1 BauGB auch ohne Bebauungsplan zulässig. Die §§ 85, 87, 88, 89 I bis III BauGB sind nach § 169 III 3 BauGB nicht anzuwenden. Dies rechtfertigt sich dadurch, dass die städtebauliche Entwicklungsmaßnahme nur zulässig ist, wenn das Wohl der Allgemeinheit sie erfordert (§ 165 III Nr. 2 BauGB)[42] und weil durch die Veräußerungspflicht der Gemeinde und die Rückerwerbsanwartschaft des früheren Eigentümers (§ 169 VI 1, 2 BauGB) der Eigentumseingriff wieder beseitigt werden kann. Deswegen soll die Gemeinde bereits vor der förmlichen Festlegung des Entwicklungsgebiets die wesentlichen Enteignungsvoraussetzungen prüfen[43] und außerdem beim Erwerb feststellen, ob und in welcher Rechtsform der bisherige Eigentümer einen späteren Erwerb anstrebt (§ 166 III 2 BauGB). 18

Bei der **Bemessung des Kaufpreises** oder der **Enteignungsentschädigung** ist gem. § 169 I Nr. 6 BauGB die Preislimitierung des § 153 I bis III BauGB zu beachten.[44] Danach sind Werterhöhungen, die lediglich durch die Aussicht auf die städtebauliche Entwicklungsmaßnahme, durch ihre Vorbereitung oder ihre Durchführung eingetreten sind, nur insoweit zu berücksichtigen, als der Betroffene diese Werterhöhungen durch eigene Aufwendungen zulässigerweise bewirkt hat (§ 169 I Nr. 6 i. V. m. § 153 I 1 BauGB). Änderungen in den allgemeinen Wertverhältnissen auf dem Grund- 19

---

[39] Siehe dazu § 8 Rn. 32 ff.
[40] Stich, Die Aufgaben der Gemeinden zur Durchführung förmlicher städtebaulicher Entwicklungsmaßnahmen, WiVerw 1993, 104 (107).
[41] Im Sanierungsgebiet ist der Erwerb von Grundstücken durch die Gemeinde zwar möglich (§ 147 1 Nr. 1 BauGB), aber nicht generell vorgeschrieben.
[42] BVerwG ZfBR 2010, 789 (790). Eine Enteignung zugunsten von Entwicklungsmaßnahmen kommt nur in Betracht, wenn sie erforderlich ist, um besonders schwerwiegende und dringende öffentliche Interessen zu verwirklichen; BVerfG NVwZ 2003, 71 (72).
[43] BVerfG NVwZ 2003, 71 (72); BVerwG NJW 1982, 2787 (2788).
[44] Siehe auch § 30 Rn. 30.

stücksmarkt sind zu berücksichtigen (§ 169 I Nr. 6 i. V. m. § 153 I 2 BauGB). Maßgebend ist mithin grundsätzlich nicht der aktuelle Verkehrswert (§ 194 BauGB), sondern der **„Entwicklungsanfangswert"**,[45] den der Gutachterausschuss ermittelt (§§ 192 ff. BauGB). Besonderheiten gelten für land- und fortwirtschaftlich genutzte Grundstücke (§ 169 IV BauGB).[46]

b) Ausnahmen von der Erwerbspflicht

20 Nach § 166 III 3 BauGB soll die Gemeinde **von dem Erwerb eines Grundstücks** absehen, wenn

21 – bei einem baulich genutzten Grundstück die **Art und das Maß der baulichen Nutzung** bei der Durchführung der Entwicklungsmaßnahme **nicht geändert** werden sollen oder

22 – der Eigentümer eines Grundstücks, dessen Verwendung nach den Zielen und Zwecken der städtebaulichen Entwicklungsmaßnahme bestimmt oder mit ausreichender Sicherheit bestimmbar ist, in der Lage ist, das Grundstück binnen angemessener Frist dementsprechend zu nutzen, und er sich hierzu verpflichtet. Diese Verpflichtung wird üblicherweise durch städtebaulichen Vertrag mit der Gemeinde gesichert, der als **„Abwendungsvereinbarung"** bezeichnet wird, da er den anderenfalls drohenden Erwerb des Grundstücks durch die Gemeinde abwendet.

c) Ausgleichszahlung

23 Erwirbt die Gemeinde, insbesondere aufgrund einer Abwendungsvereinbarung ein Grundstück nicht, ist der Eigentümer nach § 166 III 4 BauGB verpflichtet, in entsprechender Anwendung der §§ 154 f. BauGB einen **Ausgleichsbetrag** an die Gemeinde zu entrichten, welcher der durch die Entwicklungsmaßnahme bedingten Erhöhung des Bodenwerts seines Grundstücks entspricht. Bei den von der Gemeinde erworbenen Grundstücken wird die entwicklungsbedingte Wertsteigerung bei der späteren Weiterveräußerung durch Bemessung des Kaufpreises nach dem **„Neuordnungswert"** (§ 169 VIII BauGB) berücksichtigt.[47]

4. Neuordnung des Gebiets

24 Nach dem Erwerb der Grundstücke ist die Gemeinde in der Lage, die **Neuordnung des Gebiets** vorzunehmen. Die verbliebenen sonstigen Eigentümer können in den mit ihnen abgeschlossenen Abwendungs- oder sonstigen städtebaulichen Verträgen zur Mitwirkung an der Neuordnung, insbesondere zur Durchführung von Ordnungsmaßnahmen im Sinne von § 147 BauGB, verpflichtet werden. Die Grundstücke werden, soweit erforderlich, neu geschnitten. Das Gebiet wird mit den notwendigen Erschließungsanlagen im Sinne des § 127 II BauGB einschließlich der Anlagen zur Ableitung von Abwasser sowie zur Versorgung mit Elektrizität, Gas, Wärme und Wasser sowie mit Gemeinbedarfs- und Folgeeinrichtungen ausgestattet.

---

[45] Dazu eingehend *Dieterich*, WiVerw 1993, 122.
[46] Dazu *Kleiber*, DVBl. 1994, 726.
[47] BKL/*Krautzberger*, BauGB, § 169 Rn. 23; Schrödter/*Köhler*, BauGB, § 169 Rn. 26 f.

5. Anpassungsgebiet

Befindet sich innerhalb des städtebaulichen Entwicklungsbereichs ein im Zusammenhang bebautes Gebiet, das an die vorgesehene städtebauliche Entwicklung anzupassen ist, kann es in der Entwicklungssatzung als „**Anpassungsgebiet**" festgesetzt werden (§ 170 S. 1 BauGB).[48] In dem Anpassungsgebiet gelten nach Maßgabe des § 170 S. 4 BauGB neben den für städtebauliche Entwicklungsbereiche geltenden Vorschriften mit Ausnahme des § 166 III BauGB (gemeindliche Grunderwerbspflicht) und des § 169 II bis VIII BauGB die Vorschriften über städtebauliche Sanierungsmaßnahmen entsprechend, jedoch mit Ausnahme des § 136 BauGB (Sanierungsvoraussetzungen) und der §§ 142 und 143 BauGB (Sanierungssatzung). Das Anpassungsgebiet ist mithin ein städtebauliches Entwicklungsgebiet mit sanierungsrechtlichem Einschlag.

25

6. Veräußerung der Grundstücke

Nach Abschluss der Neuordnung und Erschließung **hat die Gemeinde** die von ihr zur Durchführung der Entwicklungsmaßnahme **erworbenen Grundstücke zu veräußern** (§ 169 V BauGB). Zur Erfüllung dieser Verpflichtung kann sie das Eigentum an dem Grundstück übertragen, grundstücksgleiche Rechte oder Rechte nach dem WEG oder sonstige dingliche Rechte begründen oder gewähren (§§ 169 VI 3, 89 IV BauGB). **Von der Veräußerungspflicht ausgenommen** sind Flächen, die als Baugrundstücke für den Gemeinbedarf oder als Verkehrs-, Versorgungs- oder Grünflächen in einem Bebauungsplan festgesetzt sind oder für sonstige öffentliche Zwecke oder als Austauschland oder zur Entschädigung in Land benötigt werden (§ 169 V, Hs. 2 BauGB). Die Veräußerung erfolgt an **Bauwillige**, die sich verpflichten, die Grundstücke innerhalb angemessener Frist entsprechend den Festsetzungen des Bebauungsplans und den Erfordernissen der Entwicklungsmaßnahme zu bebauen. Die Auswahl der Erwerber erfolgt unter Berücksichtigung weiter Kreise der Bevölkerung und unter Beachtung der Ziele und Zwecke der Entwicklungsmaßnahme (§ 169 VI 1 BauGB).[49] Die **Zwischenschaltung eines Bauträgers** ist zulässig, sofern sichergestellt ist, dass die Grundstücke in der vom Gesetz vorgesehenen Weise an Privatpersonen weiterveräußert werden.[50] Dabei sind zunächst die früheren Eigentümer zu berücksichtigen (§ 169 VI 2 BauGB). Zur land- oder forstwirtschaftlichen Nutzung festgesetzte Grundstücke sind gem. § 169 VI 4 BauGB Land- oder Forstwirten anzubieten, die zur Durchführung der Entwicklungsmaßnahme Grundstücke übereignet haben oder abgeben mussten. In dem Veräußerungsvertrag, der nach § 311b I BGB der notariellen Beurkundung bedarf, hat die Gemeinde nach § 169 VII BauGB dafür zu sorgen, dass die Bauwilligen die Bebauung in wirtschaftlich sinnvoller Aufeinanderfolge derart durchführen, dass die Ziele und Zwecke der städtebaulichen Entwicklung erreicht werden und die Vorhaben sich in den Rahmen der Gesamtmaßnahme einordnen. Ferner ist sicherzustellen, dass die neu geschaffenen baulichen Anlagen entsprechend den Zielen und Zwecken der städtebaulichen Entwicklungsmaßnahme dauerhaft genutzt werden. Diese Sicherstellung erfolgt durch entsprechende vertragliche Verpflichtungen, die mit der Vereinbarung von Vertragsstrafen oder Rückgabeverpflichtungen unterlegt und – etwa durch Eintragung einer Rückauflassungsvormerkung – im Grundbuch gesichert werden können.[51] Zur Erleichterung der Weiterveräußerung gewähren §§ 169 I Nr. 5, 151 BauGB eine **Abgaben- und Auslagenbe-**

26

---

[48] Näher hierzu *Schmidt-Eichstaedt*, BauR 1993, 38 (39 ff.).
[49] Schrödter/*Köhler*, BauGB, § 169 Rn. 17.
[50] *VGH Mannheim* NVwZ-RR 1995, 558 (559).
[51] Vgl. auch *BVerwG* ZfBR 2006, 357 (357); BKL/*Krautzberger*, BauGB, § 169 Rn. 22.

freiung. Die Veräußerung erfolgt nach § 169 VIII BauGB zum „**Neuordnungswert**", d. h. zu dem Verkehrswert, der sich durch die rechtliche und tatsächliche Neuordnung des städtebaulichen Entwicklungsbereichs ergibt.[52] Der Unterschied zwischen dem ursprünglichen Kaufpreis, der nach §§ 169 I Nr. 6, 153 BauGB nach dem „Entwicklungs-Anfangswert" zu bemessen war, und dem jetzigen Verkehrswert kann gem. §§ 169 VIII 2, 154 V BauGB zur Erleichterung des Erwerbs in ein Tilgungsdarlehen umgewandelt werden.

VI. Kosten der städtebaulichen Entwicklungsmaßnahme

27 Die **Gemeinde**, welche die städtebauliche Entwicklungsmaßnahme vorbereitet und durchführt, **trägt deren Kosten**. Dies gilt auch, wenn mit der Durchführung der Entwicklungsmaßnahme ein Entwicklungsträger beauftragt wird (§ 167 II BauGB). Soweit sich die Eigentümer an der städtebaulichen Entwicklung ihrer Grundstücke beteiligen, tragen sie die Kosten, sofern nicht in einem städtebaulichen Vertrag etwas anderes vereinbart worden ist. Die Gemeinde „**refinanziert**" sich durch den bei der **Wiederveräußerung** der Grundstücke erzielten Mehrerlös, der sich daraus ergibt, dass die Grundstücke zum „Entwicklungs-Anfangswert" erworben wurden (§§ 169 I Nr. 6, 153 III BauGB) und zum „Entwicklungs-Endwert" (Neuordnungswert) veräußert werden (§ 169 VIII 1 BauGB).[53] Der Finanzierung der Entwicklungsmaßnahme dienen außerdem der Ausgleichsbetrag,[54] den die Eigentümer, deren Grundstücke nicht von der Gemeinde erworben worden sind, nach § 166 III 3 BauGB zu entrichten haben, wie auch die bei der Vorbereitung und Durchführung der Entwicklungsmaßnahme erzielten Einnahmen (§ 171 I 1 BauGB). Einen darüber hinausgehenden Finanzierungsbedarf hat die Gemeinde aus ihrem Haushalt oder durch Fördermittel Dritter zu decken.

VII. Abschluss der städtebaulichen Entwicklungsmaßnahme

28 Für den Abschluss der städtebaulichen Entwicklungsmaßnahme gelten nach **§ 169 I Nr. 8 BauGB** die §§ 162 bis 164 BauGB über den Abschluss der Sanierung entsprechend.[55]

Lösung zu Fall 29:

29 Die von der Gemeinde G getroffene Festlegung des städtebaulichen Entwicklungsbereichs steht im Widerspruch zu den Vorgaben des § 165 I, V BauGB. Sie entspricht in räumlicher Hinsicht nicht dem besonderen Charakter einer integrierten **Gesamtmaßnahme** im Sinne des Ineinandergreifens einer Vielzahl von Einzelmaßnahmen. Zwar ist es nicht von vornherein ausgeschlossen, dass eine einheitliche Entwicklungsmaßnahme auf voneinander getrennten Flächen rechtlich möglich ist. Das würde aber voraussetzen, dass diese Flächen untereinander in einer funktionalen Beziehung zueinander stehen, welche die gemeinsame Überplanung und die einheitliche Durch-

---

[52] *OVG Münster* BauR 2010, 1890 (1892); krit. *Busse*, Das Investitionserleichterungs- und Wohnbaulandgesetz – Übersicht über die wichtigsten Neuregelungen für die alten Bundesländer – Teil 1, BayVBl. 1993, 193 (197).
[53] *OVG Münster* BauR 2010, 1890 (1892).
[54] *BVerwG* NVwZ 2003, 211 (212).
[55] Siehe bereits § 30 Rn. 65 ff.

führung zur Erreichung des bestimmten Entwicklungsziels nahe legt. Vorliegend ist dies aber nicht der Fall. Die jeweiligen Teilflächen des Entwicklungsbereichs sind nicht in der Weise voneinander abhängig, dass **die Entwicklung des einen Teilgebiets auf derjenigen des anderen aufbaut oder davon abhängig** wäre. Der einzig vorhandene „Zusammenhang" der Teilflächen besteht im Wesentlichen darin, durch die Zusammenfassung der entwicklungsbedingten Bodenwertsteigerungen in allen Teilflächen eine bessere Finanzierungsmöglichkeit für die gemeindlichen Einrichtungen zu erhalten. Diese nicht **räumlich-funktionale**, sondern zur Finanzierbarkeit der Durchführung hergestellte „Klammer" reicht indes nicht aus, um die Vorbereitung und Durchführung der funktional und städteplanerisch nicht in besonderer Weise verbundenen Teilgebiete zu einer Gesamtmaßnahme im Sinne des städtebaulichen Entwicklungsrechts zusammenzuführen. Landwirt L ist somit zu Recht der Auffassung, dass das Vorgehen der Gemeinde G rechtwidrig ist.

§ 32. Stadtumbau, soziale Stadt, private Initiativen

Schrifttum: *Bartholomäi*, Business Improvement Districts, HessischINGE – Wird so unser Dorf schöner?, BauR 2006, 1838; *Ganske*, Business Improvement Districts (BIDs) und Vergaberecht: Ausschreiben! Aber wie?, BauR 2008, 1987; *Goldschmidt*, Stadtumbaumaßnahmen nach §§ 171 a–d BauGB, BauR 2004, 1402; *ders.*, Stadtumbau und Soziale Stadt, DVBl. 2005, 81; *ders.*, Bodenordnung im Rahmen von Stadtumbaumaßnahmen, DVBl. 2006, 740; *ders.*, Rückbau, Planungsschaden sowie Verzicht und Aufrechterhaltung von Baurechten bei Stadtumbaumaßnahmen, BauR 2006, 318; *Huber*, Business Improvement Districts – Neue Instrumente auf der Schnittstelle zwischen Städtebau und Wirtschaftsförderung, DVBl. 2007, 466; *Kersten*, Business Improvement Districts in der Bundesrepublik Deutschland – Urban Governance zwischen privater Initiative und staatlichem Zwang, UPR 2007, 121; *Köster*, Das nordrhein-westfälische Gesetz über Immobilien- und Standortgemeinschaften (ISGG NRW), ZfBR 2008, 658; *Löhr*, Soziale Stadt – ein neuer Ansatz in der Stadtentwicklung und im Städtebaurecht, in: Festschr. für Krautzberger, 2008, S. 295; *Martini*, Der öffentliche Raum zwischen staatlicher Aufgabenwahrnehmung und privater Initiative: Housing und business improvement districts als Instrumente privater Selbstorganisation unter staatlicher Verantwortung, DÖV 2008, 10; *Schmidt-Eichstaedt*, Schrumpfende Städte – Was bedeutet der Stadtumbau für das Städtebaurecht?, in: Festschr. für Krautzberger, 2008, S. 345; *Schmitz*, in: Private Initiativen zur Stadtentwicklung – zum neuen § 171 f BauGB, in: Festschr. für Krautzberger, 2008, S. 359; *Schutz/Köller*, Business Improvement Districts (BIDs) – (K)ein Modell für Bayern?, ZfBR 2007, 649; *Spangenberger*, Städtebauliche Entwicklungskonzepte nach § 171 b BauGB im Rahmen des Stadtumbaus West – Verständnis, aktueller Sachstand, Empfehlungen, UPR 2007, 211; *Stemmler*, Stadtumbau und Soziale Stadt – Zu den Neuregelungen im Regierungsentwurf für ein Europarechtsanpassungsgesetz Bau – EAG Bau, ZfBR 2004, 128; *Stemmler/Hohrmann*, Neues im Besonderen Städtebaurecht – Zu den am 1. Januar 2007 in Kraft getretenen Änderungen im Besonderen Städtebaurecht, ZfBR 2007, 224; *Wahlhäuser*, Festlegung von Business Improvement Districts (BIDs) nach dem Gesetz über Immobilien- und Standortgemeinschaften (ISGG-NRW) – Public-Private-Partnership zur Stärkung con Einzelhandels- und Dienstleistungszentren, BauR 2008, 1238; *Wellens*, Rechtsfragen zu Business Improvement Districts, 2009.

Fall 30:

Die Brüder B1 und B2 leben in der Stadt S. In einigen Teilen des Stadtgebiets – einschließlich des von B1 und B2 bewohnten – gibt es häufiger Unruhen. Die hier anzutreffenden Bevölkerungsgruppen weisen deutliche kulturelle Unterschiede auf. Zudem liegt die Arbeitslosenquote um sechs Prozentpunkte über dem Bundesdurchschnitt. Die Stadt S legt 1

daraufhin ein Maßnahmegebiet nach § 171e III BauGB fest und beschließt zudem ein Entwicklungskonzept nach § 171 e IV BauGB. Die Brüder B1 und B2 profitieren wirtschaftlich von der Ghettobildung in ihrem Stadtviertel und beauftragen den renommierten Rechtsanwalt R, sowohl gegen die Festlegung des Maßnahmegebiets als auch gegen das Entwicklungskonzept gerichtlich vorzugehen. Nach ihrer Ansicht ist die Festlegung des Maßnahmegebiets willkürlich erfolgt und das Entwicklungskonzept inhaltlich unausgewogen. Letzteres begünstige die dort ansässige deutsche Bevölkerung. Wie wird R seine Mandanten beraten?
Lösung: Rn. 22

2 Das Europarechtsanpassungsgesetz Bau (EAG Bau)[1] hat 2004 die traditionellen Instrumente des besonderen Städtebaurechts um wichtige neue Vorschriften ergänzt. Hinzugekommen sind die Regelungen der §§ 171a–171d BauGB, die den **Stadtumbau** normieren, wie auch § 171e BauGB zur **Sozialen Stadt**. Der Gesetzgeber reagiert damit insbesondere auf den **demografischen Wandel** und auf **Strukturveränderungen** in der Wirtschaft.[2] Hinzu kommt das Bedürfnis, **Wanderungsbewegungen** der Bevölkerung von Ost nach West bzw. der Zuwanderung aus dem Ausland städtebaulich Rechnung zu tragen.[3] Im Kern zielen dabei die Vorschriften zum Stadtumbau darauf ab, die rechtlichen Rahmenbedingungen für den Abriss minderwertigen Wohnraums zu schaffen, der gerade in den neuen Bundesländern vermehrt anzutreffen ist. § 171e BauGB, der mit „Maßnahmen der Sozialen Stadt" überschrieben ist, bezweckt einer **Ghettobildung** in Städten entgegenzuwirken. Hierzu werden die rechtlichen Voraussetzungen geschaffen, um soziale und wirtschaftliche Maßnahmen städtebaulich zu flankieren, welche die lokale Infrastruktur und die Zusammensetzung der Bevölkerung positiv beeinflussen wollen. Dabei zeichnen sich beide Maßnahmen dadurch aus, dass sie in Bezug zu den klassischen Instrumenten des besonderen Städtebaurechts ausgestaltet sind und zugleich verfahrensmäßige Erleichterungen gewähren.[4] Diese Entformalisierung der städtebaulichen Instrumente entspricht dem Wunsch der kommunalen Spitzenverbände.[5] Sie bietet den Städten gesetzlich – und damit auf breiter Basis – Handlungsmöglichkeiten an, die bereits im Vorfeld (vereinzelt) in der Praxis auf anderer Rechtsgrundlage, aber in ganz ähnlicher Wirkungsstruktur zum Einsatz kamen.

3 Neben den Vorschriften zum Stadtumbau und zur Sozialen Stadt hat der Gesetzgeber in § 171f BauGB eine **gesetzgeberische Klarstellung** getroffen, um Bedenken hinsichtlich der kompetenzrechtlichen Zulässigkeit landesrechtlicher Bestimmungen zu **privatrechtlichen Initiativen** im Städtebaurecht zu begegnen.[6] Landesrechtliche Normierungen zur Standortentwicklung in privater Verantwortung werden unbeschadet sonstiger gemeindlicher Maßnahmen ausdrücklich zugelassen.

I. Stadtumbau

4 Gerade in den neuen Bundesländern führen Leerstände in den Wohnquartieren zu erheblichen Problemen.[7] Viele Wohnungen verfallen und beeinflussen dadurch die

---

[1] BGBl. I, S. 1359.
[2] BT-Drs. 15/2250, S. 60.
[3] *Goldschmidt*, DVBl. 2005, 81 (81).
[4] *Erbguth*, Baurecht, § 9 Rn. 19.
[5] *Stemmler*, ZfBR 2004, 128 (128).
[6] BKL/*Krautzberger*, BauGB, § 171f Rn. 1.
[7] Vgl. *Schmidt-Eichstaedt*, in: Festschr. für Krautzberger, 2008, S. 345.

Wohnqualität des noch genutzten Wohnraums erheblich. Die verbliebene Wohnbevölkerung droht zu verelenden und die Wohnquartiere zu verwahrlosen. Zumeist bietet sich nur noch der **Abriss** der Gebäude und eine **Umwidmung** der somit frei werdenden Flächen an.[8] Damit sind sowohl erhebliche Kosten verbunden als auch rechtliche Probleme, da sich betroffene Eigentümer häufig gegen Abriss und Umwidmung zur Wehr setzen. Die §§ 171 a–e BauGB nehmen sich dieser Sachlage an und schaffen ein möglichst **flexibles Regelwerk**, das **neben** den sonstigen Instrumenten des besonderen Städtebaurechts zum Einsatz kommt (§ 171 a I BauGB: „auch an Stelle von oder ergänzend zu sonstigen Maßnahmen nach diesem Gesetzbuch").[9]

1. Stadtumbaumaßnahmen

Zentrale Vorgabe für den Stadtumbau ist gem. § 171 a I BauGB die **einheitliche** und **zügige** Durchführung der Maßnahmen zum Stadtumbau. Beide Anforderungen – Einheitlichkeit und Zügigkeit – verdeutlichen, dass die Maßnahmen des Stadtumbaus als **Gesamtmaßnahmen** verstanden werden müssen, die darauf angelegt sind, ein bestimmtes Gebiet koordiniert zu gestalten.[10] Sie müssen außerdem im öffentlichen Interesse liegen bzw. – wie § 171 a III 1 BauGB zusätzlich konkretisiert – dem Wohl der Allgemeinheit dienen.[11]

Gemäß der **Legaldefinition** des § 171 a II 1 BauGB sind Stadtumbaumaßnahmen solche Maßnahmen, durch die Anpassungen zur Herstellung nachhaltiger städtebaulicher Strukturen vorgenommen werden. Vorgenommen werden diese Maßnahmen in Gebieten, die von erheblichen städtebaulichen Funktionsverlusten betroffen sind. Solche Funktionsverluste liegen insbesondere vor, wenn ein dauerhaftes **Überangebot an baulichen Anlagen** für bestimmte Nutzungen, namentlich für Wohnzwecke, besteht oder zu erwarten ist (§ 171 a II 2 BauGB).

Die Aufzählung des § 171 a III 2 BauGB konkretisiert die programmatische Ausrichtung der Stadtumbaumaßnahmen auf das **Wohl der Allgemeinheit** (§ 171 a III 1 BauGB).[12] In der Form von **Beispielen** werden die hauptsächlichen Handlungsfelder des Stadtumbaus aufgeführt.[13] Sie sollen insbesondere dazu beitragen, dass

- die Siedlungsstruktur den Erfordernissen der Entwicklung von Bevölkerung und Wirtschaft angepasst wird,
- die Wohn- und Arbeitsverhältnisse sowie die Umwelt verbessert werden,
- innerstädtische Bereiche gestärkt werden,
- nicht mehr bedarfsgerechte bauliche Anlagen einer neuen Nutzung zugeführt werden,
- einer anderen Nutzung nicht zuführbare bauliche Anlagen zurückgebaut werden,
- freigelegte Flächen einer nachhaltigen städtebaulichen Entwicklung oder einer hiermit verträglichen Zwischennutzung zugeführt werden,
- innerstädtische Altbaubestände erhalten werden.

---

[8] *Dolde*, Umweltprüfung in der Bauleitplanung – Novellierung des Baugesetzbuchs, NVwZ 2003, 297 (304).
[9] *Goldschmidt*, DVBl. 2005, 81 (82); *Stemmler*, ZfBR 2004, 128 (129); JDW/*Dirnberger*, BauGB, § 171 a Rn. 3; BK/*Roeser*, BauGB, § 171 a Rn. 5.
[10] BK/*Roeser*, BauGB, § 171 a Rn. 2; *Bönker*, in: Hoppe/Bönker/Grotefels, Baurecht, § 14 Rn. 119.
[11] Die Anbindung der Stadtumbaumaßnahmen an das Wohl der Allgemeinheit entspricht § 136 IV 1 BauGB; vgl. dazu § 30 Rn. 36.
[12] JDW/*Dirnberger*, BauGB, § 171 a Rn. 8; *Stemmler*, ZfBR 2004, 128 (130); *Goldschmidt*, DVBl. 2005, 81 (82).
[13] Vgl. dazu BK/*Roeser*, BauGB, § 171 a Rn. 12 ff.

8 Die Reihenfolge drückt **keine Rangordnung** oder Wertigkeit der einzelnen Maßnahmen aus.[14] Zudem beinhaltet § 171 a BauGB **keine Ermächtigungsgrundlage**, um damit in Rechte Dritter einzugreifen. Wird dies erforderlich, muss auf andere baurechtliche Instrumente zurückgegriffen werden; gegebenenfalls muss sogar an den Erlass eines Bauleitplans gedacht werden.[15]

2. Stadtumbaugebiet

9 Die Stadtumbaumaßnahmen müssen in einem bestimmten Gebiet durchgeführt werden. Dieses wird gem. § 171 b I 1 BauGB von der Gemeinde durch **Beschluss** als Stadtumbaugebiet festgelegt. Hinsichtlich des räumlichen Umfangs ist gem. § 171 b I 2 BauGB auf **Zweckmäßigkeitsgesichtspunkte** abzustellen. Demgemäß ist auch eine Begrenzung auf Teile des Stadtgebiets sowie eine Herausnahme einzelner Grundstücke möglich.[16]

10 Obschon die förmliche Festlegung des Stadtumbaugebiets für die Eigentümer und sonstigen Beteiligten gem. § 171 b III i. V. m. §§ 137, 139 BauGB Mitwirkungsrechte und -pflichten auslöst, bewirkt der Beschluss nach § 171 b I BauGB keine unmittelbaren bodenrechtlichen Wirkungen. Er ist deshalb auch nicht gerichtlich angreifbar; er ist **keine Rechtsnorm** und weist insbesondere nicht die Rechtsqualität einer Satzung auf. Verfahrensrechtliche Vorgaben zum Prozedere des Beschlussfassens lässt das Gesetz zudem vermissen.

3. Städtebauliches Entwicklungskonzept

11 Die Beschlussfassung über das Stadtumbaugebiet ist in ein **Entwicklungskonzept** eingebettet, welches inhaltlich auf den Zielvorgaben des § 171 a I, III BauGB fußt.[17] In diesem Entwicklungskonzept sind nach § 171 b II 1 BauGB die Ziele und Maßnahmen im Stadtumbaugebiet **schriftlich** darzustellen.[18] Die Aufstellung des Entwicklungskonzepts erfolgt – in Anlehnung an das Sanierungsrecht –[19] im Rahmen einer **Abwägungsentscheidung**, in der gem. § 171 b II 2 BauGB die öffentlichen und privaten Belange gegeneinander und untereinander gerecht abzuwägen sind.[20] In diesen Entscheidungsprozess fließen insbesondere die Ergebnisse der Betroffenenbeteiligung und der Beteiligung der öffentlichen Aufgabenträger nach § 171 b III i. V. m. §§ 137, 139 BauGB ein.[21] Zusätzlich stellt § 171 b IV BauGB die Verbindung zur **Städtebauförderung** her, indem er die §§ 164 a und 164 b BauGB im Stadtumbaugebiet für entsprechend anwendbar erklärt.[22]

4. Stadtumbauvertrag

12 Das Städtebaurecht verstärkt bereits seit vielen Jahren das **Kooperationsprinzip**, um städtebauliche und damit in Zusammenhang stehende sonstige Problemstellungen im Zusammenwirken mit Betroffenen und sonstigen Beteiligten zu lösen. In diese Rich-

---

[14] BKL/*Krautzberger*, BauGB, § 171 a Rn. 6.
[15] *Goldschmidt*, BauR 2004, 1402 (1407); *Stemmler*, ZfBR 2004, 128 (131).
[16] BK/*Roeser*, BauGB, § 171 b Rn. 6.
[17] *Spangenberger*, UPR 2007, 211; JDW/*Dirnberger*, BauGB, § 171 b Rn. 2.
[18] *Spangenberger*, UPR 2007, 211 (211); *Goldschmidt*, DVBl. 2006, 740 (741); BK/*Roeser*, BauGB, § 171 b Rn. 9.
[19] Siehe hierzu § 30 Rn. 11.
[20] Vgl. dazu BK/*Roeser*, BauGB, § 171 b Rn. 10.
[21] BKL/*Krautzberger*, BauGB, § 171 b Rn. 3.
[22] Siehe hierzu ergänzend § 30 Rn. 59

tung weist auch § 171c BauGB, der die Gemeinden anhält, die Möglichkeit zu nutzen, durch konsensuales Agieren die städtebaulichen Entwicklungskonzepte umzusetzen. Als Instrument verweist § 171 c S. 1 BauGB dabei auf **städtebauliche Verträge** i. S. des § 11 BauGB[23], die als Grundlage für Stadtumbaumaßnahmen fungieren können, insbesondere wenn sie mit den beteiligten Eigentümern abgeschlossen werden. Allerdings statuiert § 171 c S. 1 BauGB **keinen grundsätzlichen Vorrang** vertraglicher Gestaltungen gegenüber anderen Instrumenten des besonderen Städtebaurechts.[24] Er darf vielmehr nur als Leitbild verstanden werden, das insbesondere keinen Kontrahierungszwang auslöst.[25] Als denkbare **Vertragsgegenstände** nennt § 171 c S. 2 BauGB in Ergänzung zu § 11 I 2 Nr. 1 BauGB:[26]

– die Durchführung des Rückbaus baulicher Anlagen innerhalb einer bestimmten Frist und die Kostentragung für den Rückbau (Nr. 1);
– den Verzicht auf die Ausübung von Ansprüchen nach den §§ 39 bis 44 BauGB (Nr. 2);
– den Ausgleich von Lasten zwischen den beteiligten Eigentümern (Nr. 3).

5. Sicherung von Durchführungsmaßnahmen

Um die Durchführung der Stadtumbaumaßnahmen sicherzustellen, hat die Gemeinde gem. § 171 d I BauGB die Möglichkeit, durch **Satzung** ein Gebiet festzuschreiben, in dem die in § 14 I BauGB bezeichneten Vorhaben und sonstigen Maßnahmen einer Genehmigung bedürfen. Das ausgewählte Gebiet kann mit dem festgelegten Stadtumbaugebiet (§ 171 b I BauGB) identisch sein, es darf aber auch lediglich Teile davon umfassen. Für die Satzung gelten grundsätzlich keine besonderen formellen oder materiellen Voraussetzungen. Sie muss gem. § 171 d I lediglich materiell zur Sicherung und sozialverträglichen Durchführung von Stadtumbaumaßnahmen erforderlich sein. Soll mit ihr eine Zurückstellung von Baugesuchen (§ 15 I BauGB) bewirkt werden, bedarf es (formell) zuvor einer ortsüblichen Bekanntmachung (§ 171 d II BauGB).[27] Aufgrund der von ihr ausgelösten Rechtsfolgen ist die Satzung nach § 171 d I BauGB mit der **Normenkontrolle** nach § 47 VwGO angreifbar.[28]

13

Den unter Genehmigungsvorbehalt gestellten Vorhaben (§ 171 d I BauGB) darf gem. § 171 d III 1 BauGB die **Genehmigung** nur versagt werden, um einen den städtebaulichen und sozialen Belangen Rechnung tragenden Ablauf der Stadtumbaumaßnahmen auf der Grundlage des von der Gemeinde aufgestellten städtebaulichen Entwicklungskonzepts (§ 171 b II BauGB) oder eines Sozialplans (§ 180 BauGB) zu sichern. Es ist also an das allgemeine Bedürfnis für ein Genehmigungserfordernis anzuknüpfen, nicht an subjektive Belange konkret Betroffener.[29] Dies ändert sich nur, wenn die Versagung wirtschaftlich zumutbar ist (§ 171 d II 2 BauGB).[30] Die §§ 138, 173 und 174 BauGB sind überdies im Satzungsgebiet nach § 171 d I BauGB entsprechend anzuwenden.[31]

14

---

[23] Siehe hierzu § 11 Rn. 5.
[24] BK/*Roeser*, BauGB, § 171 c Rn. 4; a. A. *Bönker*, in: Hoppe/Bönker/Grotefels, BauGB, § 14 Rn. 125; JDW/*Dirnberger*, BauGB, § 171 c Rn. 1.
[25] BKL/*Krautzberger*, BauGB, § 171 c Rn. 1; BK/*Roeser*, BauGB, § 171 c Rn. 5.
[26] Siehe dazu BKL/*Krautzberger*, BauGB, § 171 c Rn. 5 ff.; *Goldschmidt*, BauR 2006, 318.
[27] Siehe BK/*Roeser*, BauGB, § 171 d Rn. 10.
[28] BKL/*Krautzberger*, BauGB, § 171 d Rn. 9 i. V. m. § 172 Rn. 66.
[29] JDW/*Dirnberger*, BauGB, § 171 d Rn. 1.
[30] BK/*Roeser*, BauGB, § 171 d Rn. 14.
[31] Vgl. dazu § 33 Rn. 15 ff. Siehe auch *Goldschmidt*, BauR 2004, 1707.

II. Soziale Stadt

1. Alternative Gesamtmaßnahmen

15 Im Einklang mit den Vorschriften zum Stadtumbau hat auch die Durchführung von städtebaulichen Maßnahmen der Sozialen Stadt gem. § 171 e I 1 BauGB einheitlich und zügig zu geschehen.[32] Damit teilt dieses neue Instrument des besonderen Städtebaurechts den Charakter als **Gesamtmaßnahme**, die auch sonst das traditionelle Sanierungs- und Entwicklungsrecht prägt.[33] Die städtebaulichen Maßnahmen der Sozialen Stadt können im Übrigen **an Stelle von oder ergänzend** zu sonstigen Maßnahmen nach dem BauGB durchgeführt werden, sofern sie im öffentlichen Interesse liegen (§ 171 e I BauGB).

2. Maßnahmen

16 Im Gegensatz zu den übrigen Maßnahmen des besonderen Städtebaurechts ist § 171 e BauGB gezielt darauf angelegt, **soziale Missstände** zu beheben.[34] Eingedenk dieser Zielsetzung definiert § 171 e II 1 BauGB die städtebaulichen Maßnahmen der Sozialen Stadt als Maßnahmen zur Stabilisierung und Aufwertung von durch soziale Missstände benachteiligten Ortsteilen oder anderen Teilen des Gemeindegebiets, in denen ein **besonderer Entwicklungsbedarf** besteht.[35] Dabei darf mit Blick auf den Wortlaut der Norm („Gemeindegebiet") nicht verkannt werden, dass sich die sozialen Brennpunkte im Regelfall in größeren Städten und nicht in den allgemein mit dem Terminus „Gemeinde" assoziierten kleineren Gemeinden befinden. Zur näheren Erläuterung der Begriffe „soziale Missstände" und „besonderer Entwicklungsbedarf" liefert § 171 e II 2, 3 im Anschluss an die Legaldefinition des § 171 e II 1 BauGB eine beispielhafte Umschreibung, obschon diese auf einem recht abstrakten Niveau verharrt.[36] Sie muss jedenfalls so verstanden werden, dass der notwendige, **städtebauliche Bezug** des § 171 e BauGB erhalten bleibt.[37] Eine Ermächtigungsnorm, die Eingriffe in Rechte Dritter erlaubt, ruht in § 171 e II BauGB nicht.

3. Maßnahmengebiet und Entwicklungskonzept

17 Die Gemeinde ist gem. § 171 e III BauGB aufgerufen, durch **Beschluss** ein Gebiet zu bestimmen, in dem die Maßnahmen nach § 171 e II BauGB durchgeführt werden sollen. Die räumlichen Grenzen sind dabei so festzulegen, dass sich die Maßnahmen zweckmäßig durchführen lassen (§ 171 e III 2 BauGB).[38] Die **Gebietsfestlegungen** basieren gem. § 171 e IV, V BauGB auf einem unter Beteiligung der Betroffenen (§ 137 BauGB) und der öffentlichen Aufgabenträger (§ 139 BauGB) aufzustellenden **Entwicklungskonzept**.[39] Dieses hat die Ziele und Maßnahmen der Sozialen Stadt schriftlich darzustellen, wobei insbesondere Maßnahmen enthalten sein sollen, die der Verbesserung der Wohn- und Arbeitsverhältnisse sowie der Schaffung und Erhal-

---

[32] Siehe bereits § 32 Rn. 5.
[33] BK/*Roeser*, BauGB, § 171 e Rn. 3; siehe auch § 30 Rn. 1.
[34] Siehe dazu *Löhr*, in: Festschr. für Krautzberger, 2008, S. 295; BK/*Roeser*, BauGB, § 171 e Rn. 8 ff.
[35] *Krautzberger/Stüer*, Städtebaurecht 2004: Was hat sich geändert?, DVBl. 2004, 781 (788 f.).
[36] *Goldschmidt*, DVBl. 2005, 81 (87); *Stemmler*, ZfBR 2004, 128 (132 f.).
[37] *Stemmler*, ZfBR 2004, 128 (132).
[38] BK/*Roeser*, BauGB, § 171 e Rn. 21 f.
[39] *Löhr*, in: Festschr. für Krautzberger, 2008, S. 295 (310 ff.); *Goldschmidt*, DVBl. 2005, 81 (88 f.).

tung sozial stabiler Bewohnerstrukturen dienen. Um das Zusammenwirken von Gemeinde und Beteiligten zu fördern, kann die Gemeinde gem. § 171 e V 3 BauGB eine **Koordinierungsstelle** einrichten.[40] Außerdem soll sie – soweit dies erforderlich ist – zur Verwirklichung und zur Förderung der mit dem Entwicklungskonzept verfolgten Ziele sowie zur Übernahme von Kosten mit den Eigentümern und sonstigen Maßnahmenträgern städtebauliche Verträge schließen (§ 171 e V 4 BauGB).[41] Im Übrigen gelten die Vorgaben zur Städtebauförderung nach §§ 164 a und 164 b BauGB entsprechend (§ 171 e VI BauGB); **Sicherungsinstrumente** – wie sie beim Stadtumbau eingeführt wurden[42] – kennt § 171 e BauGB nicht. Gerichtlichen Rechtsschutz gibt es weder gegen die Festlegung des Maßnahmengebiets (§ 171 e III BauGB) noch gegen das Entwicklungskonzept (§ 171 e IV BauGB); es **fehlt** ihnen der notwendige **Normcharakter**.

III. Private Initiativen

1. Regelungsanlass

§ 171 f BauGB trifft keine inhaltlichen Vorgaben für die Ausgestaltung von städtebaulichen Maßnahmen, die in privater Verantwortung durchgeführt werden.[43] Die Vorschrift liefert lediglich eine unter **kompetenzrechtlichen Gesichtspunkten** wichtige **Klarstellung**, dass derartige Erscheinungsformen auch jenseits gewerblicher Ausrichtung durch das BauGB akzeptiert werden, wenn sie durch Landesrecht geregelt wurden. Damit stärkt § 171 f BauGB im Wesentlichen indirekt die Innenentwicklung, obschon private Initiativen i. S. des § 171 f BauGB gar nicht auf innerstädtische Gebiete begrenzt sein müssen. Auch die Förderung des außerstädtischen Umweltschutzes oder die Verfolgung von Klimaschutzzielen ist zulässig.[44]

18

Konkret bestimmt **§ 171 f BauGB**, dass nach Maßgabe des Landesrechts Gebiete festgelegt werden dürfen, in denen in privater Verantwortung standortbezogene Maßnahmen durchgeführt werden, die auf der Grundlage eines mit den städtebaulichen Zielen der Gemeinde abgestimmten Konzepts der Stärkung oder Entwicklung von Bereichen der Innenstädte, Stadtteilzentren, Wohnquartiere und Gewerbezentren sowie von sonstigen für die städtebauliche Entwicklung bedeutsamen Bereichen dienen. Zur Finanzierung der Maßnahmen und gerechten Verteilung des damit verbundenen Aufwands können durch Landesrecht Regelungen getroffen werden.

19

2. Landesrechtliche Vorgaben zu privaten Initiativen

Im Zentrum des § 171 f BauGB stehen somit **landesrechtliche Gesetzgebungsakte**, die sich zu privaten Initiativen – wie Business Improvement Districts,[45] Standort-

20

---

[40] Siehe dazu BKL/*Krautzberger*, BauGB, § 171 e Rn. 27.
[41] Siehe BK/*Roeser*, BauGB, § 171 e Rn. 38 ff.
[42] Siehe oben § 32 Rn. 13 f.
[43] BKL/*Krautzberger*, BauGB, § 171 f Rn. 3. Dies gilt auch hinsichtlich der nachfolgenden Ausführungen unter § 32 Rn. 21, die sich nur darauf beziehen, unter welchen Bedingungen das BauGB zu einer Zulassung *landesrechtlicher Regelungen* bereit ist.
[44] *Krautzberger*, Städtebauliche Verträge zur Umsetzung klimaschützender und energieeinsparender Zielsetzungen, DVBl. 2009, 737 (744).
[45] Siehe dazu *Wellens*, Rechtsfragen zu Business Improvement Districts; *Köster*, ZfBR 2008, 658; *Wahlhäuser*, BauR 2008, 1238; *Huber*, DVBl. 2007, 466.

gemeinschaften oder Climate Improvement Districts[46] – verhalten und einer bundesrechtlichen Vorschrift **vorausgeeilt** waren.[47] Sie schreiben üblicherweise fest, wie im Rahmen derartiger Innovationsbereiche beispielsweise Gebiete festgelegt werden oder wie durch die regelmäßig eingerichteten, privaten Maßnahmenträger koordinierte, gemeinsame Maßnahmen geplant und letztlich auch durchgeführt werden. Die landesrechtlichen Regelwerke basieren dabei auf Erfahrungen aus Nordamerika,[48] wo erfolgreich **Business Improvement Districts** eingerichtet wurden. Sie sind rechtlich jedoch nicht ohne Kritik geblieben.[49] So regen sich **rechtliche Zweifel** hinsichtlich der demokratischen Legitimation des zu bestellenden Aufgabenträgers und der regelmäßig gesetzlich festgeschriebenen Zwangsmitgliedschaft, gerade auch, wenn Mehrheitsentscheidungen zu Lasten Betroffener gefällt werden, die sich an der privaten Initiative eigentlich nicht beteiligen wollten. Schließlich bereiten die unterschiedlichen Finanzierungsmodelle, die jeweils notwendiger Bestandteil der privaten Initiative zur Verteilung und Beitreibung des finanziellen Aufwands sind, rechtliche Schwierigkeiten. Wird ein Beitrag erhoben, können sich Widersprüche zum Äquivalenzprinzip ergeben, bei Sonderabgabenmodellen kann die Gruppenhomogenität gestört sein.[50]

3. Voraussetzungen

21 Sofern – ungeachtet der aufgeführten Kritikpunkte[51] – eine private Initiative mit städtebaulichem Bezug verwirklicht werden soll, darf sie nicht **andere Planungsinstrumente** oder andere Maßnahmen des besonderen Städtebaurechts beeinträchtigen. Überdies muss das verfolgte **Konzept** mit der Gemeinde gem. § 171 f S. 1 BauGB abgestimmt sein. Eine zudem erforderliche gerechte Verteilung des mit der Initiative verbundenen Aufwands setzt außerdem voraus, dass die Verteilung nachvollziehbar gestaltet und die Berechnungsgrundlagen für Betroffene einsehbar und transparent sind. Die Anwendbarkeit des Vergaberechts bereitet noch Schwierigkeiten.[52]

Lösung zu Fall 30:

22 Rechtsanwalt R wird seine Mandanten (B1 und B2) darüber aufklären, dass weder die Festlegung des Maßnahmegebiets nach § 171 e III BauGB noch das beschlossene Entwicklungskonzept nach § 171 e IV BauGB **normativen Charakter** besitzen. Sie können deshalb nicht gerichtlich angegriffen werden. Erst wenn sich aus beiden städtebaulichen Instrumenten rechtlich verbindliche, mit Außenwirkung versehene Maßnahmen ergeben, kann gegen die nachfolgenden Rechtsakte Rechtsschutz ersucht werden.

---

[46] *Ingold*, Climate Improvement Districts (CID) – Klimaschutz durch private Initiativen zur Stadtentwicklung (§ 171 f BauGB), UPR 2009, 431.
[47] So etwa in Hamburg, Hessen, Bremen, Nordrhein-Westfalen, Saarland oder Hessen. Vgl. auch *Stemmler/Hohrmann*, ZfBR 2007, 224 (231); *Bartholomäi*, BauR 2006, 1838; *Huber*, DVBl. 2007, 466; *Köster*, ZfBR 2008, 658 (658).
[48] *Schutz/Köller*, ZfBR 2007, 649 (649); JDW/*Dirnberger*, BauGB, § 171 f Rn. 1.
[49] *Kersten*, UPR 2007, 121 (124 ff.); *Schutz/Köller*, ZfBR 2007, 649 (650 ff.); *Martini*, DÖV 2008, 10 (13 ff.).
[50] Vgl. dazu *Schmitz*, in: Festschr. für Krautzberger, 2008, S. 359 (370 ff.).
[51] Siehe hierzu § 32 Rn. 20.
[52] *Ganske*, BauR 2008, 1987 (1988).

§ 33. Erhaltungsschutz

Schrifttum: *Becker,* Erhaltungssatzungen nach § 172 Abs. 1 Satz 1 Nr. 2 BauGB: Städtebaurechtliche Voraussetzungen, kommunale Anwendungspraxis und wohnungsmarktpolitische Implikationen, WuM 1999, 139; *Brohm,* Ermessen und Beurteilungsspielraum im Grundrechtsbereich – Zugleich ein Beitrag zu den Genehmigungsvorbehalten zur Sicherung von Stadtfunktionen (§§ 22, 172 BauGB), JZ 1995, 369; *Schladebach,* Milieuschutzsatzungen, BauR 2000, 1137; *Tietzsch,* „Milieuschutz" durch Sanierungsrecht, NVwZ 1996, 870; *Wriedt,* Die Rechtsnatur des Denkmalbereichs und seine Berücksichtigung im Bauplanungsrecht, 1996.

Fall 31 (nach BVerwGE 105, 67):

Die reiche Witwe W ist Eigentümerin mehrerer Grundstücke in der Stadt S. Darunter befindet sich auch ein Objekt mit einem großen Mietshaus, welches den Blick auf den historisch weltbekannten Dom in S freigibt und zugleich im Bereich einer wirksamen Erhaltungssatzung (§ 172 I 1 Nr. 2 BauGB) liegt. Im Dachgeschoss des Hauses möchte W eine Loggia einbauen lassen. Sie beantragt deshalb bei der zuständigen Behörde die Genehmigung zum Einbau der Loggia in die 77 qm große Dachgeschosswohnung, welche ihr jedoch versagt wird. Die Stadt S argumentiert, dass die beabsichtigte Umbaumaßnahme die Gefahr der Verdrängung der ansässigen Wohnbevölkerung in sich berge. Die Umbaukosten in Höhe von etwa 12.500 € führten bei einer gesetzlich zulässigen Umlage von 11 % zu einer Mieterhöhung von 1,50 € pro Quadratmeter. Damit würde die sog. Höchstbelastungsmietengrenze um rund 43 % überschritten werden. Die Stadt S benützt die Höchstbelastungsgrenze als Indikator für die Gefahr der Verdrängung der ansässigen Wohnbevölkerung. Die Höchstbelastungsgrenze wird auf der Basis der durch Haushaltsbefragungen ermittelten gebietsspezifischen Einkommensstrukturen ermittelt und gibt Aufschluss über die finanzielle Belastbarkeit der jeweils ansässigen Wohnbevölkerung. W will sich mit dieser Entscheidung der Stadt S nicht abfinden. Sie beauftragt Rechtsanwalt R, der ihr eine Erfolgschance in Aussicht stellt. Nach seiner Rechtsauffassung habe die Stadt S jedenfalls ein „Dispensermessen" gehabt, welches nicht ausgeübt worden sei. Liegt R mit dieser Ansicht richtig, wenn sich im Bescheid der Stadt S tatsächlich keine ausdrücklichen Ermessenserwägungen finden lassen?
Lösung: Rn. 28

Zur Erhaltung der städtebaulichen Gestalt eines Gebiets oder der Zusammensetzung seiner Wohnbevölkerung oder zur Sicherung der Bevölkerung vor den nachteiligen Folgen städtebaulicher Umstrukturierungen kann es notwendig sein, bauliche Maßnahmen, die diesen Zielen zuwiderlaufen, zu unterbinden. Die §§ 30 bis 35 BauGB bilden für Erhaltungsschutz keine Rechtsgrundlage, da sie nicht dazu bestimmt sind, die städtebauliche Gestalt eines Gebiets zu sichern und die dort lebende Bevölkerung vor Veränderungen und ihren Folgen zu schützen. Hierfür bedarf es eines besonderen Instrumentariums, welches das BauGB der Gemeinde mit der in den §§ 172 bis 174 geregelten „**Erhaltungssatzung**" zur Verfügung stellt.[1] Die Gemeinde kann durch Ortsrecht Gebiete bestimmen, in denen zur Erhaltung ihrer in ihrer städtebaulichen Gestalt begründeten Eigenart, zur Erhaltung der Zusammensetzung der Wohnbevölkerung oder zum Schutz der dort wohnenden oder arbeitenden Bevölkerung vor den nachteiligen Folgen städtebaulicher Umstrukturierungen bauliche Maßnahmen einer **besonderen Genehmigung** bedürfen. In dem Genehmigungsverfahren wird geprüft,

---

[1] Zur Verfassungsmäßigkeit des Erhaltungsschutzes *VGH Kassel* BRS 57 Nr. 289.

ob die beabsichtigte bauliche Maßnahme von nachteiliger Wirkung auf die genannten Erhaltungsziele ist und deshalb durch Versagung der Genehmigung zu unterbinden ist. Auf diese Weise wird sichergestellt, dass in dem Erhaltungsgebiet eine bauliche Maßnahme nur durchgeführt werden kann, wenn sie nicht nur nach allgemeinem Baurecht zulässig, sondern darüber hinaus auch gebiets- und bevölkerungsverträglich ist. Man bezeichnet diesen aus Erhaltungssatzung und anschließendem Genehmigungsverfahren bestehenden **zweistufigen Schutz** als „Erhaltungsschutz".

I. Ortsrechtliche Begründung des Erhaltungsschutzes

3   Das dem Erhaltungsschutz dienende besondere Genehmigungsverfahren bedarf der Einführung durch **Ortsrecht**, nämlich durch eine „Erhaltungssatzung" der Gemeinde. Das Gesetz versteht unter diesem Begriff, den die Gesetzesüberschriften vor § 172 BauGB mehrfach verwenden, das Ortsrecht, durch das gem. § 172 I BauGB in einem Gebiet Erhaltungsschutz eingeführt wird.[2] Dient die Erhaltungssatzung der Erhaltung der Zusammensetzung der Wohnbevölkerung, wird sie auch als „**Milieuschutzsatzung**" bezeichnet.[3]

1. Form der Erhaltungssatzung

4   Ein Gebiet kann nach § 172 I 1 BauGB durch **kommunale Satzung oder** durch **Bebauungsplan** unter Erhaltungsschutz gestellt werden. Beide Instrumente lassen sich auch **kombinieren**.[4]

a) Kommunale Satzung

5   Es ist weithin üblich, den Erhaltungsschutz durch **kommunale Satzung** einzuführen.[5] Für ihren Erlass gilt das **allgemeine Kommunalrecht**. Eine Behörden- und Öffentlichkeitsbeteiligung ebenso wie eine öffentliche Auslegung des Satzungsentwurfs sind daher nicht erforderlich.[6] Mit Rücksicht auf die zur genauen Kennzeichnung des Erhaltungsgebiets in die Satzung oftmals aufzunehmenden Pläne gestattet § 172 I 3 BauGB, statt der ortsüblichen Bekanntmachung der Satzung den Weg der Ersatzverkündung nach § 16 II 2 BauGB zu wählen. Macht die Gemeinde den beabsichtigten Erlass einer Erhaltungssatzung ortsüblich bekannt, kann sie gem. §§ 172 III, 15 I BauGB von der Baugenehmigungsbehörde die **Zurückstellung von Baugesuchen** oder die **vorläufige Untersagung** baulicher Vorhaben verlangen[7] und dadurch den Erhaltungsschutz auf den Beginn des Satzungsverfahrens vorverlagern.

b) Bebauungsplan

6   Der Erhaltungsschutz kann auch durch Festsetzung in einem **Bebauungsplan** eingeführt werden, wobei der Bebauungsplan nach § 10 I BauGB seiner Rechtsnatur nach

---

[2] Die Gesetzesüberschriften vor § 172 BauGB und der nachfolgende S. 1 zwingen zu dem Schluss, dass der Gesetzgeber auch dann von einer „Erhaltungssatzung" spricht, wenn der Erhaltungsschutz durch Bebauungsplan eingeführt wird.

[3] Ein Begriff, den das Gesetz nicht verwendet, der aber wegen seines plakativen, an Zille erinnernden Wortteils „Milieu" weithin gebräuchlich ist. Vgl. auch *Tietzsch*, NVwZ 1996, 870.

[4] Vgl. *BVerwG* DVBl. 2001, 1455 (1456).

[5] In den Stadtstaaten Berlin (§ 30 S. 1 AGBauGB) und Hamburg (§ 4 BauleitplanfestG) tritt gem. § 246 II BauGB an die Stelle der Satzung eine Rechtsverordnung.

[6] *VGH München* NVwZ-RR 1997, 595 (595); *OVG Lüneburg* NJW 1984, 2905 (2906).

[7] Siehe hierzu ergänzend § 15.

ebenfalls kommunale Satzung ist.[8] Gegenstand eines solchen Bebauungsplans kann **nicht der Erhaltungsschutz allein** sein. Nicht ohne Grund formuliert § 172 I BauGB, dass die Bezeichnung des Erhaltungsgebiets und damit die Einführung des Erhaltungsschutzes „in" einem und nicht „durch" Bebauungsplan erfolgen kann. Der Bebauungsplan muss mithin einen bebauungsplantypischen Inhalt haben, muss einfacher oder qualifizierter Bebauungsplan sein und kann dann von der Gemeinde dazu benutzt werden, im Plangebiet oder Teilen davon Erhaltungsschutz einzuführen. **Zu empfehlen ist dieser Weg nicht.** Er ist wegen des Bebauungsplanverfahrens mit Behörden- und Öffentlichkeitsbeteiligung sowie öffentlicher Auslegung deutlich zeitaufwendiger als ein kommunales Satzungsverfahren und zwingt außerdem dazu, auch bei der Änderung oder Aufhebung des Erhaltungsschutzes ein Bebauungsplanverfahren durchzuführen (§ 1 VIII BauGB). Die Vorteile dieses Wegs, insbesondere die Möglichkeit, Milieu schützende Festsetzungen zu treffen (§ 9 I Nr. 7, 8 BauGB)[9] und eine Veränderungssperre (§ 14 BauGB)[10] zu erlassen, wiegen diese Nachteile im Regelfall nicht auf.

2. Voraussetzung der Einführung von Erhaltungsschutz

Erhaltungsschutz kann nach **§ 172 I 1 Nr. 1 bis 3 BauGB** eingeführt werden 7

– zur Erhaltung der städtebaulichen **Eigenart eines Gebiets** aufgrund seiner städtebaulichen Gestalt (Nr. 1);
– zur Erhaltung der **Zusammensetzung der Wohnbevölkerung** eines Gebiets (Nr. 2);
– zum Schutz der in einem Gebiet wohnenden oder arbeitenden Menschen vor nachteiligen Auswirkungen städtebaulicher Umstrukturierungen auf ihre **persönlichen Lebensumstände** (Nr. 3).

Hieraus kann indes nicht gefolgert werden, dass eine Erhaltungssatzung nur erlassen 8 werden darf, wenn – gerichtlich nachprüfbar – ein Gebiet eine städtebauliche Eigenart oder eine Wohnbevölkerung aufweist, die objektiv schützenswert sind,[11] so wie die Einführung von Denkmal-, Landschafts- und Naturschutz gesetzlich an das Vorliegen einer objektiv erhaltenswerten baulichen Anlage oder von schützenswerter Natur und Landschaft geknüpft ist. Ob die Gemeinde in einem Gebiet Erhaltungsschutz einführen will, ist vielmehr eine **kommunalpolitische Entscheidung.** Gesetzlich gibt es hierzu keine Vorgaben. Die Gemeinde kann Erhaltungsschutz einführen, wenn sie ihn nach ihren **städtebaulichen Vorstellungen** für erforderlich hält.[12] Nur wenn in dem Gebiet Erhaltungsschutz unter keinem denkbaren Gesichtspunkt erforderlich ist und daher die Vermutung unabweisbar ist, dass die Gemeinde mit der Erhaltungssatzung in Wirklichkeit andere als die in § 172 I 1 Nr. 1 bis 3 BauGB genannten Ziele verfolgt, ist die Satzung rechtswidrig. Es ist deshalb rechtlich nicht zwingend erforderlich, vorbereitende Untersuchungen zu führen oder in eine förmliche Abwägung der von dem Erhaltungsschutz berührten öffentlichen und privaten Belange einzutreten.[13]

---

[8] In Berlin (§ 6 V AGBauGB) erfolgt dies durch Rechtsverordnung, in Hamburg (§ 3 I, II BauleitplanfestG) ist es eine Rechtsverordnung oder ein Gesetz.
[9] Siehe hierzu bereits § 9 Rn. 17 f.
[10] Siehe die obigen Ausführungen unter § 14.
[11] So aber im Ergebnis *VGH München* NVwZ-RR 1995, 429 (429 f.); NVwZ-RR 1997, 595 (595 f.).
[12] *OVG Münster* ZfBR 2007, 485 (486).
[13] Zu weit *OVG Lüneburg* NJW 1984, 2905 (2908 f.) und ihm folgend BK/*Lemmel*, BauGB, § 172 Rn. 19, und BKL/*Krautzberger*, BauGB, § 172 Rn. 30, die eine planerische Abwägung für erforderlich halten, dann aber einräumen, eine so umfassende Abwägung wie bei der Aufstellung eines Bebauungsplans sei nicht zu fordern (Lemmel) und die Abwägung beziehe sich nur auf

3. Inhalt der Erhaltungssatzung

9   Der Inhalt der Erhaltungssatzung ist in **§ 172 I BauGB** vorgezeichnet.

a) Angabe des Gebiets

10 Die Satzung muss das **Gebiet bezeichnen**, in dem der Erhaltungsschutz gelten soll.[14] Dies kann durch Text oder Zeichnung und muss in eindeutiger Weise geschehen.

b) Festlegung des Erhaltungsziels

11 In der Satzung muss angegeben werden, aus welchem oder welchen der drei in § 172 I 1 Nr. 1 bis 3 BauGB genannten Gründe der Erhaltungsschutz eingeführt wird. Dieses **Konkretisierungserfordernis**, das in § 39 h BBauG, dem Vorläufer des heutigen § 172 BauGB, ausdrücklich erwähnt war, ergibt sich aus dem rechtsstaatlichen Bestimmtheitserfordernis normativer Regelungen und außerdem daraus, dass die Versagungsgründe für die im Erhaltungsgebiet erforderliche Genehmigung bei den einzelnen Erhaltungszielen unterschiedlich sind (§ 172 III bis V BauGB).[15] Zum Teil überschneiden sich die verfolgten Ziele und Zwecke der Erhaltungssatzung mit städtebaulichen **Sanierungsmaßnahmen**.[16] Von daher kann es angebracht sein, die Erhaltungssatzung mit einer Sanierungssatzung zu verbinden.[17]

c) Rechtswirkung

12 Die Stellung eines Gebiets unter Erhaltungsschutz durch Erlass einer Erhaltungssatzung hat die zwingende gesetzliche Folge, dass nunmehr **die in § 172 I BauGB genannten baulichen Maßnahmen einer besonderen**, der Sicherung des Erhaltungsschutzes dienenden **Genehmigung bedürfen**,[18] deren Versagungsgründe in § 172 III bis V BauGB abschließend niedergelegt sind.[19] Es ist deshalb nicht notwendig, Genehmigungspflicht und Versagungsgründe in die Erhaltungssatzung im Einzelnen aufzunehmen. Aus Gründen der Rechtsklarheit ist es jedoch geboten, in der Erhaltungssatzung auf § 172 BauGB nachrichtlich hinzuweisen, damit die Betroffenen wissen, aus welcher gesetzlichen Vorschrift sich Genehmigungspflicht und Versagungsgründe ergeben.

d) Rechtsschutz

13 Die Erhaltungssatzung unterliegt nach § 47 VwGO der **Normenkontrolle** durch das Oberverwaltungsgericht.

---

den Belang der Erhaltung in dem Gebiet (Krautzberger). Dem ist entgegenzuhalten: So wie sich die Erforderlichkeit eines Bebauungsplans nach den städtebaulichen Vorstellungen der Gemeinde richtet, entscheidet die Gemeinde hier, ob sie nach ihren städtebaulichen Vorstellungen Erhaltungsschutz für erforderlich hält und deshalb die vom Gesetz für zulässig erklärte Hürde eines besonderen Genehmigungsverfahrens errichtet (BVerwGE 78, 23 (26)). Alles Weitere ist im Genehmigungsverfahren zu entscheiden. Wie hier auch *Schladebach*, BauR 2000, 1137 (1138).

[14] *BVerwG* NVwZ 1988, 357 (358); BKL/*Krautzberger*, BauGB, § 172 Rn. 27.
[15] Ebenso *VGH Kassel* BRS 57 Nr. 289.
[16] Vgl. dazu auch § 30 Rn. 35 ff.
[17] *OVG Berlin* NVwZ 1996, 920 (921).
[18] Vgl. dazu *OVG Münster*, Beschl. v. 21. 7. 2008 – 7 A 3255/07 – JURIS.
[19] BVerwGE 78, 23 (26) = NVwZ 1988, 357.

II. Das Genehmigungsverfahren

Die Erhaltungssatzung stellt das in ihr bezeichnete Gebiet unter den von ihr bezeichneten Erhaltungsschutz. Fortan bedürfen die in § 172 I BauGB genannten baulichen Maßnahmen, wie bereits dargelegt,[20] einer **Genehmigung**. 14

1. Zuständigkeit

Die **Genehmigung** wird nach § 173 I 1 BauGB **von der Gemeinde** erteilt, es sei denn, das Vorhaben bedarf nach Bauordnungsrecht einer Baugenehmigung oder baurechtlichen Zustimmung. In diesem Falle wird im Baugenehmigungs- oder Zustimmungsverfahren auch über die Genehmigungsvoraussetzung des § 172 III bis V entschieden (§ 173 I 2 BauGB). Die Baugenehmigung enthält dann zugleich die Genehmigung nach § 172 BauGB. Erforderlich ist zudem gem. § 173 I 2 BauGB das **Einvernehmen der Gemeinde**.[21] Das Einvernehmen kann nicht in entsprechender Anwendung des § 36 II 3 BauGB ersetzt werden.[22] 15

2. Verfahren

Das Genehmigungsverfahren ist ein **Verwaltungsverfahren**, für das die Bestimmungen des VwVfG gelten. Nach § 173 III BauGB hat die Gemeinde vor der Entscheidung über den Genehmigungsantrag mit dem Eigentümer oder sonstigen zur Unterhaltung Verpflichteten die für die Entscheidung **erheblichen Tatsachen zu erörtern**. In den Fällen des § 172 IV, V BauGB hat sie auch Mieter, Pächter und sonstige Nutzungsberechtigte zu hören. 16

3. Genehmigung bei Erhaltungssatzung nach § 172 I 1 Nr. 1 BauGB

a) Genehmigungserfordernis

Ist die Unterschutzstellung des Gebiets zur Erhaltung seiner städtebaulichen Eigenart aufgrund seiner städtebaulichen Gestalt (§ 172 I 1 Nr. 1 BauGB) erfolgt, bedarf die **Errichtung**,[23] der **Rückbau**, die **Änderung** oder die **Nutzungsänderung** baulicher Anlagen der Genehmigung. Es handelt sich hierbei um einen städtebaulichen Schutz von Gesamtanlagen,[24] wobei auf die flächenbezogene Prägung des Ortsbilds abgestellt wird.[25] 17

b) Genehmigungsvoraussetzungen

Die Genehmigung zur Errichtung einer baulichen Anlage darf nach § 172 III 2 BauGB nur versagt werden, wenn durch die beabsichtigte bauliche Anlage die **städtebauliche Gestalt des Gebiets beeinträchtigt** wird.[26] Die Genehmigung zum Rückbau, zur Veränderung oder Nutzungsänderung darf demgegenüber nur versagt werden, wenn die bauliche Anlage allein oder im Zusammenhang mit anderen baulichen 18

---

[20] Siehe bereits oben § 33 Rn. 12.
[21] Hinzu kommt ein Vorkaufsrecht der Gemeinde gem. § 24 I Nr. 4 BauGB; vgl. dazu auch § 17 Rn. 11.
[22] *OVG Greifswald* BRS 74 Nr. 233.
[23] Vgl. § 172 I 2 BauGB.
[24] *VGH Mannheim* NVwZ-RR 1999, 565 (566); *Henke*, DÖV 1983, 402 (404).
[25] *OVG Hamburg* ZfBR 2008, 383 (383), das die Bedeutung der optischen Wirkung einer baulichen Anlage herausstellt.
[26] *BVerwG* BRS 70 Nr. 220; NVwZ-RR 2003, 259.

Anlagen das **Ortsbild**, die **Stadtgestalt** oder das **Landschaftsbild** prägt oder sonst von **städtebaulicher**, insbesondere geschichtlicher oder künstlerischer **Bedeutung** ist (§ 172 III 1 BauGB).[27] Liegt keiner dieser Versagungsgründe vor, ist die Genehmigung zu erteilen. Aus der Fassung des Gesetzes „darf nur versagt werden" statt „ist zu versagen", kann man schließen, dass die Gemeinde berechtigt ist, trotz des Vorliegens eines Versagungsgrunds dennoch die Genehmigung zu erteilen.[28] Dieses „**Dispensermessen**" eröffnet ihr die grundrechtlich gebotene Möglichkeit, in Fällen die Genehmigung zu erteilen, in denen zwar ein Versagungsgrund vorliegt, die Versagung jedoch zu einer im Einzelfall nicht beabsichtigten Härte führen würde.[29]

c) Übernahmeverlangen

19 Wird die Genehmigung versagt, kann der Eigentümer nach § 173 II BauGB in Verbindung mit § 40 II BauGB von der Gemeinde die **Übernahme seines Grundstücks** verlangen, wenn es ihm infolge der Versagung der Genehmigung wirtschaftlich nicht mehr zuzumuten ist, das Grundstück zu behalten oder es in der bisherigen oder einer anderen zulässigen Art zu nutzen.[30]

4. Genehmigung bei Milieuschutzsatzung (§ 172 I Nr. 2 BauGB)

a) Genehmigungserfordernis

20 Ist die Unterschutzstellung des Gebiets zur Erhaltung der Zusammensetzung der Wohnbevölkerung (§ 172 I Nr. 2 BauGB) erfolgt, bedarf der **Rückbau**, die **Änderung** oder die **Nutzungsänderung** baulicher Anlagen der Genehmigung; die Errichtung baulicher Anlagen ist hingegen genehmigungsfrei. Außerdem kann durch **Rechtsverordnung der Landesregierung** für höchstens fünf Jahre die Begründung von Wohnungseigentum oder Teileigentum gem. § 1 WEG an Gebäuden, die ganz oder teilweise Wohnzwecken zu dienen bestimmt sind, der Genehmigungspflicht unterworfen werden (§ 172 I 4 BauGB). Das Grundbuchamt darf eine auf die Begründung von Wohnungs- oder Teileigentum gerichtete Eintragung in das Grundbuch erst vornehmen, wenn die Genehmigung der Gemeinde oder ein Zeugnis vorgelegt wird, dass eine Genehmigung – etwa nach § 174 BauGB – nicht erforderlich ist (§ 172 I 6 i. V. m. § 22 VI BauGB).

b) Genehmigungsvoraussetzungen

21 Die Genehmigungsvoraussetzungen bei **Milieuschutzsatzungen**, die sich in § 172 IV BauGB finden, unterscheiden zwischen Versagungsgründen und Erteilungsansprüchen.

22 Nach § 172 IV 1 BauGB darf die Genehmigung im Milieuschutzbereich nur versagt werden, „wenn die Zusammensetzung der Wohnbevölkerung aus besonderen städtebaulichen Gründen erhalten werden soll". Dies ist auf den ersten Blick nichtssagend und als Versagungsgrund konturlos. Gemeint ist nach dem aus § 172 I Nr. 2 BauGB

---

[27] Zu diesem Versagungsgrund *OVG Lüneburg* NVwZ 1983, 557 (559); *VGH Kassel* NVwZ-RR 1996, 631 (632); *VGH Kassel* BRS 57 Nr. 289.
[28] Grundlegend hierzu *Brohm*, JZ 1995, 369 (374); Schrödter/*Köhler*, BauGB, § 172 Rn. 52; a. A. *VGH Kassel* NVwZ-RR 1993, 401: zwingender Versagungsgrund; EZBK/*Stock*, BauGB, § 172 Rn. 130 ff.
[29] Vgl. BVerwGE 105, 67 (72 f.); *VGH Mannheim* NVwZ-RR 1999, 565 (565).
[30] *OVG Hamburg* ZfBR 2008, 383 (385); *VGH Mannheim* NVwZ-RR 1999, 565 (566). Zum Übernahmeanspruch allgemein oben § 13 Rn. 11.

§ 33. *Erhaltungsschutz* 457

ableitbaren Sinn und Zweck der Vorschrift, dass die Genehmigung versagt werden darf, wenn aufgrund der beabsichtigten baulichen Maßnahme die Gefahr besteht, dass die Bevölkerung, die in ihrer Zusammensetzung aufgrund städtebaulicher Gründe erhalten werden soll, verdrängt wird.[31] Wesentlich für **Erhaltung oder Verdrängung der Wohnbevölkerung** ist insbesondere die Miethöhe. Daher ist es zulässig, für den Milieuschutzbereich einen regelmäßig fortzuschreibenden **Mietspiegel** aufzustellen, an dem die durch die beabsichtigte bauliche Maßnahme zu erwartende Miete zu messen ist. Wird die Miethöhe nachhaltig verändert, kann die Gefahr der Verdrängung bestehen.[32]

Im Bereich der Milieuschutzsatzung ist die Genehmigung nach § 172 IV 2 BauGB zu erteilen, wenn auch unter Berücksichtigung des Allgemeinwohls die Erhaltung der baulichen Anlage oder ein Absehen von der Begründung von Sondereigentum wirtschaftlich nicht mehr zumutbar ist. Dieser zwingende Erteilungsgrund rechtfertigt es, bei Milieuschutz von einem Übernahmeanspruch des betroffenen Eigentümers bei **Unzumutbarkeit** abzusehen. Die Genehmigung ist ferner nach § 172 IV 3 Nr. 1 BauGB zu erteilen, wenn die Änderung einer baulichen Anlage der **Herstellung des zeitgemäßen Ausstattungszustands** einer durchschnittlichen Wohnung unter Berücksichtigung der bauordnungsrechtlichen Mindestanforderungen dient. Hierdurch soll gewährleistet werden, dass die Erhaltungssatzung keine untragbaren Wohnverhältnisse perpetuiert.[33] Hat die Landesregierung die Begründung von Wohnungseigentum und Teileigentum einer Genehmigung unterworfen (§ 172 I 4 BauGB), gewähren § 172 IV 3 Nr. 2 bis 6 BauGB weitere Genehmigungsansprüche. 23

5. Genehmigung bei Erhaltungssatzung nach § 172 I 1 Nr. 3 BauGB

Bei einer Erhaltungssatzung, die dem Schutz der im Erhaltungsgebiet wohnenden und arbeitenden Menschen vor den nachteiligen Auswirkungen städtebauliche Umstrukturierungen dient, darf die Genehmigung nach § 172 V BauGB nur versagt werden, um einen den sozialen Belangen Rechnung tragenden Ablauf auf der **Grundlage eines Sozialplans** (§ 180 BauGB) zu sichern.[34] Gibt es noch keinen Sozialplan, hat ihn die Gemeinde gem. § 172 V 2 BauGB aufzustellen. Die Genehmigung ist zu erteilen, wenn auch unter Berücksichtigung des Allgemeinwohls die Erhaltung der baulichen Anlagen wirtschaftlich nicht mehr zumutbar ist (§ 172 V 3, IV 2 BauGB).[35] 24

6. Ausnahmen von der Genehmigungspflicht

Von der Genehmigungspflicht gibt es **Ausnahmen**. Ausgenommen sind nach § 174 I BauGB i. V. m. § 26 Nr. 2, 3 BauGB: 25

– Grundstücke, die Zwecken der **Landesverteidigung**, der **Bundespolizei**, der **Zollverwaltung**, der **Polizei**, des **Zivilschutzes** oder des **Gottesdienstes** und der **Seelsorge von Kirchen und Religionsgesellschaften** des öffentlichen Rechts dienen;
– Grundstücke, auf denen Vorhaben von überörtlicher Bedeutung aufgrund eines nach § 38 **BauGB** eingeleiteten oder bereits durchgeführten Planfeststellungsverfahrens errichtet werden sollen.

---

[31] So im Ergebnis auch *VGH Kassel* NVwZ-RR 1993, 401; BRS 46 Nr. 123; *OVG Lüneburg* NJW 1984, 2905 (2908); *VG Ansbach* NVwZ-RR 1991, 61 (62); BKL/*Krautzberger*, BauGB, § 172 Rn. 44 f.
[32] BVerwGE 105, 67 (69 ff.); *VGH Kassel* NVwZ-RR 1993, 401; vgl. auch *OLG München* BRS 56 Nr. 239; *Schladebach*, BauR 2000, 1137 (1139 ff.); *Becker*, WuM 1999, 139 (139).
[33] *BVerwG* NVwZ 2005, 446 (446 f.); vgl. auch BVerwGE 121, 169 (175 ff.).
[34] Vgl. dazu auch EZBK/*Stock*, BauGB, § 172 Rn. 54.
[35] *Wuster/Schöneweiß*, in: Hoppenberg/de Witt, Hb. öffentliches Baurecht, D Rn. 469.

26 An die Stelle der Genehmigung tritt nach § 174 II 2 BauGB die Pflicht, Vorhaben im Sinne des § 172 I BauGB der Gemeinde **anzuzeigen**. Liegen die Voraussetzungen vor, unter denen die Genehmigung nach § 172 BauGB versagt werden könnte, soll der Bedarfsträger auf Verlangen von seinem Vorhaben absehen, wenn ihm dies auch unter Berücksichtigung seiner Aufgaben zuzumuten ist (§ 174 II 3 BauGB).

III. Erhaltungsschutz und Denkmalschutz

27 Nach § 173 IV BauGB bleiben die landesrechtlichen **Vorschriften über den Schutz und die Erhaltung von Denkmälern unberührt**.[36] Daher ist neben dem Erhaltungsschutz, den § 172 I 1 Nr. 1 BauGB für Gebiete ermöglicht, die eine auf ihrer städtebaulichen Gestalt beruhende städtebauliche Eigenart aufweisen und der auch die Erhaltung von baulichen Anlagen von städtebaulicher, geschichtlicher oder künstlerischer Bedeutung umfasst (arg. § 172 III 1 BauGB),[37] grundsätzlich auch ein denkmalrechtlicher Schutz für einzelne bauliche Anlagen des Gebiets oder als Ensembleschutz für eine Mehrheit baulicher Anlagen möglich. Voraussetzung für die Einführung von **Ensembleschutz** ist nach Maßgabe des Landesrechts in der Regel, dass an der Erhaltung des Ensembles aus geschichtlichen oder künstlerischen Gründen ein öffentliches Interesse besteht. Der Ensembleschutz wird in einigen Ländern durch konstitutive oder deklaratorische Eintragung in die Denkmalliste oder durch Erlass einer Satzung oder Rechtsverordnung herbeigeführt.[38]

Lösung zu Fall 31:

28 Die Stadt S kann die Versagung der Genehmigung auf § 172 IV 1 BauGB stützen. Der Einbau der Loggia in die Dachgeschosswohnung der W ist generell – insbesondere auch im Hinblick auf ihre Vorbildwirkung – geeignet, die Zusammensetzung der Wohnbevölkerung zu verändern. Dabei darf sich die Stadt S hinsichtlich der **Prognose** einer Verdrängungsgefahr auf nach der Lebenserfahrung typische Entwicklungen stützen. Mietbelastungsobergrenzen liefern hierzu geeignete Indikatoren. Aber auch bei Annahme einer Verdrängungsgefahr scheidet in atypischen Fällen eine Genehmigung der beantragten Maßnahme nach pflichtgemäßem Ermessen nicht von vornherein aus. Der Wortlaut des § 172 IV 1 BauGB lässt ein behördliches **Dispensermessen** insofern zu („darf nur versagt werden, wenn").

Doch selbst bei Annahme einer Ermessensentscheidung steht damit die Rechtmäßigkeit der Genehmigungsversagung durch S nicht zwangsläufig in Frage. Zwar enthält der Versagungsbescheid keine ausdrücklichen Ermessenserwägungen; er begnügt sich vielmehr mit dem Hinweis, dass die Genehmigung nicht erteilt werden könne, weil

---

[36] Dazu insbesondere *Leidinger*, Ensembleschutz als Instrument des Denkmalrechts und sein Verhältnis zu anderen Instrumenten der Stadterhaltung und -gestaltung, BauR 1994, 1; *Watzke*, Zur Konkurrenz von Denkmalschutz- und städtebaulichem Erhaltungsrecht, ZfBR 1981, 10 und 57. *Wriedt*, Die Rechtsnatur des Denkmalbereichs und seine Berücksichtigung im Bauplanungsrecht. Vgl. zur Abgrenzung auch *OVG Münster* ZfBR 2007, 485 (485 f.); *OVG Berlin/Brandenburg* LKV 2007, 327 (329); Schrödter/*Köhler* BauGB, § 173 Rn. 18 f.
[37] Vgl. auch *OVG Koblenz* BRS 73 Nr. 222.
[38] Vgl. etwa *Schmiemann/Hellhammer-Hawig*, Denkmalrecht in NRW: Eintragung und Löschungen von Baudenkmälern – zur Bedeutung von Denkmaleigenschaft, Substanzverlust und Rekonstruktion, NWVBl. 2010, 1; *Peter*, Das neue Thüringer Denkmalschutzgesetz und seine wesentlichen Neuerungen, LKV 2006, 449.

die Höchstbelastungsmietgrenze um ca. 43 % überschritten und somit die Belange der Erhaltungssatzung beeinträchtigt würden. Die Stadt S muss jedoch Ermessenserwägungen nur anstellen, wenn Anhaltspunkte für eine **atypische Fallgestaltung** vorliegen. Das bedeutet: Nur wenn W Umstände gegenüber der Stadt S vorgetragen hat, die auf einen atypischen Ausnahmefall hindeuten, kann eine ermessensfehlerhafte Ausübung des Dispensermessens angenommen werden. Anderenfalls ist die Versagung der Genehmigung rechtmäßig.

§ 34. Die städtebaulichen Gebote

Schrifttum: *Lege*, Stadtumbau und städtebauliche Gebote – Neue Herausforderungen durch Stadterhaltung und Rückbau, NVwZ 2005, 880; *Schlichter*, Überlegungen zum Baugebot, in: Festschr. für Weyreuther, 1993, S. 349; *Stollenwerk*, Rechtsproblem Baugebot, VR 1995, 51.

Fall 32 (nach BVerwGE 84, 335):

Der Grundstückseigentümer E betreibt auf seinem Grundstück eine Tankstelle, obschon die planungsrechtliche Situation lediglich eine Wohnbebauung zulässt. Daher erlässt die Stadt S gegenüber E einen Bescheid, der u. a. folgenden Inhalt hat:
„Ich fordere Sie auf, das Grundstück Albertstr. 10 innerhalb von 2 Jahren nach Zugang dieses Schreibens ... mit einem viergeschossigen Gebäude, gegebenenfalls mit ausgebautem Dachgeschoss, das kein Vollgeschoss sein darf, zu bebauen. Mit Zustimmung des Nachbarn, Albertstr. 12, ist das Grundstück zu 100 % zu überbauen. Ansonsten ist ein Bauwich von 3 m Breite einzuhalten. Der notwendige Bauantrag ist innerhalb einer Frist von 6 Monaten ab Zustellung dieses Bescheids bei der Stadt S ..., Bauaufsichtsamt, ..., einzureichen."
E ist empört. Er fühlt sich in seiner Freiheit aus Art. 14 GG verletzt. Zu Recht?
Lösung: Rn. 26

Die Bauleitplanung war ursprünglich eine lediglich Schranken setzende **„Angebotsplanung"**. Sie reglementierte die bauliche und sonstige Nutzung der Grundstücke im Plangebiet und überließ es dem Eigentümer, ob er von den durch den Bebauungsplan eröffneten Möglichkeiten baulicher Nutzung Gebrauch machte. Gegen seinen Willen konnte der Bebauungsplan nur verwirklicht werden, wenn die Gemeinde das Grundstück erwarb oder enteignete. Seit der BBauG-Novelle 1976 geben die städtebaulichen Gebote – auch **Planverwirklichungsgebote** genannt – zunächst die §§ 39 a ff. BBauG und nunmehr die §§ 175 ff. BauGB der Gemeinde die Möglichkeit, dem Eigentümer durch Verwaltungsakt ein Bau-, Modernisierungs-, Instandsetzungs-, Pflanz-, Rückbau- oder Entsiegelungsgebot aufzuerlegen. Von den städtebaulichen Geboten machen die Gemeinden allerdings nur **zurückhaltend Gebrauch,** vor allem wegen ihrer Kompliziertheit, der bei der Inanspruchnahme gerichtlichen Rechtsschutzes langen Verfahrensdauer und wegen der hohen Kosten, die durch Übernahmeverlangen des Eigentümers entstehen können.[1] Aus der Sicht des Art. 14 GG bestimmen die städtebaulichen Gebote gleich dem ihnen zugrunde liegenden Bebau-

---

[1] Einzelheiten im Bericht des difu über „Planverwirklichungsgebote in der Praxis", NVwZ 1984, 425. Siehe auch und bei *Schlichter*, in: Festschr. für Weyreuther, 1993, S. 349 (351 ff.); *Lege*, NVwZ 2005, 880 (881).

ungsplan Inhalt und Schranken des Eigentums und aktualisieren dessen Sozialpflichtigkeit.[2]

I. Das Baugebot

3 Zweck des in § 176 BauGB geregelten Baugebots ist es, den Eigentümer eines Grundstücks zu einer dem Planungsrecht gemäßen baulichen oder sonstigen Grundstücksnutzung zu veranlassen, ihm eine **Bau- oder Nutzungspflicht** aufzuerlegen.

1. Baugebot im Geltungsbereich eines Bebauungsplans

4 **Im Geltungsbereich eines Bebauungsplans** kann das Baugebot des § 176 BauGB nach **pflichtgemäßem Ermessen**[3] durch Bescheid als Bebauungsgebot, Anpassungsgebot oder Nutzungsgebot erlassen werden.

a) Bebauungsgebot

5 Das Bebauungsgebot verpflichtet den Eigentümer, sein Grundstück **innerhalb einer zu bestimmenden angemessenen Frist entsprechend den Festsetzungen des Bebauungsplans zu bebauen** (§ 176 I Nr. 1 BauGB). Ist die Bebauung nur möglich, wenn zuvor eine bauliche Anlage ganz oder teilweise beseitigt wird, kann dem Eigentümer nach § 176 V 1 BauGB[4] dies als vorbereitende Maßnahme aufgegeben werden. Das Bebauungsgebot hat den Zweck, den in Passivität verharrenden Eigentümer zu veranlassen, sein Grundstück plangemäß zu bebauen. Es ist hingegen nicht dazu bestimmt, dem Eigentümer darüber hinaus im Einzelnen vorzuschreiben, was und wie er zu bauen hat, und damit seine Möglichkeiten einzuschränken, innerhalb der von dem Bebauungsplan gezogenen Grenzen in Baufreiheit selbst zu disponieren. Deshalb hat das Baugebot in gleicher Weise den Interessen der Gemeinde an städtebaulicher Verwirklichung des Bebauungsplans und dem Interesse des Eigentümers an Baufreiheit innerhalb der planerischen Schranken Rechnung zu tragen. Diese Respektierung des aus Art. 14 GG fließenden **Handlungsspielraums des Eigentümers** begrenzt zwangsläufig das aus § 37 I VwVfG folgende Gebot hinreichender Bestimmtheit des Baugebots.[5] Das Baugebot hat sich darauf zu beschränken, dem Eigentümer aufzugeben, alsbald Maßnahmen zur baulichen Nutzung seines Grundstücks im Rahmen des planungsrechtlich Zulässigen zu ergreifen. Mehr anzuordnen, ist ihm verwehrt. Insbesondere darf es dort, wo das Baurecht der Gestaltung durch den Bauherrn Raum lässt, **die Baumaßnahme nicht anstelle des Eigentümers konkretisieren**. Lediglich **erläuternde Anregungen**, von denen der Eigentümer im Rahmen des baurechtlich Zulässigen abweichen darf, die also nicht verbindlich sind, kann die Gemeinde geben. Der Eigentümer erfüllt demnach das Baugebot auch dann, wenn er ein anderes als das von der Gemeinde erhofftes Bauvorhaben ausführt, sofern er dabei innerhalb der planerischen Festsetzungen bleibt. Will die Gemeinde ein bestimmtes Vorhaben erzwingen, muss sie zuvor im Bebauungsplan entsprechend enge planerische Vorgaben setzen. Nach § 176 VII BauGB kann mit dem Baugebot die

---

[2] BVerwGE 84, 335 (340) = NVwZ 1990, 658; siehe ferner BVerwGE 7, 297 (299) = NJW 1959, 165.
[3] Schrödter/*Köhler*, BauGB, § 176 Rn. 4.
[4] Wegen der hierfür zu leistenden Entschädigung verweist § 176 V 2 BauGB auf den für das Rückbaugebot geltenden § 179 III 1 BauGB.
[5] Zum Folgenden BVerwGE 84, 335 (338 f.) = NVwZ 1990, 658; 84, 354 (357) = NVwZ 1990, 663.

Verpflichtung des Eigentümers verbunden werden, innerhalb **angemessener Frist** einen seiner Bauverpflichtung genügenden **Bauantrag zu stellen**.

b) Anpassungsgebot

Ein Anpassungsgebot nach § 176 I Nr. 2 BauGB kommt in Betracht, **wenn vorhandene Baulichkeiten an die Festsetzungen des Bebauungsplans angepasst werden sollen**. Zu denken ist etwa an den Umbau von nach dem Bebauungsplan nicht mehr zulässigen Geschäftsräumen zu Wohnungen. Das Anpassungsgebot kann mit einem Rückbaugebot nach § 176 V BauGB und der Verpflichtung, rechtzeitig einen Bauantrag zu stellen (§ 176 VII BauGB), verbunden werden.

6

c) Nutzungsgebot

Ein Nutzungsgebot kann ausgesprochen werden, wenn der Bebauungsplan für das Grundstück eine **andere als eine bauliche Nutzung** festsetzt. Dann kann nach § 176 VI BauGB die Anpassung der gegenwärtigen Nutzung an die im Bebauungsplan festgesetzte Nutzung verlangt und der Eigentümer zu diesem Zweck auch zum Abbruch baulicher Anlagen (§ 176 V BauGB) und zur rechtzeitigen Stellung des Bauantrags (§ 176 VII BauGB) verpflichtet werden. Auf die **Änderung der Nutzung** baulicher Anlagen ist § 176 VI BauGB entsprechend anzuwenden. Dies lässt es zu, die nicht plangemäße Nutzung von bebauten Grundstücken dem Bebauungsplan anzupassen.

7

2. Baugebot im unbeplanten Innenbereich

Innerhalb eines im Zusammenhang bebauten, unbeplanten Ortsteils kann nach § 176 II BauGB ein Baugebot angeordnet werden, um unbebaute oder geringfügig bebaute Grundstücke entsprechend den baurechtlichen Vorschriften zu nutzen oder einer baulichen Nutzung zuzuführen, insbesondere zur **Schließung von Baulücken**. Auch dies kann mit der Verpflichtung verbunden werden, vorhandene Baulichkeiten ganz oder teilweise zu beseitigen (§ 176 V BauGB) und in bestimmter Frist den erforderlichen Bauantrag zu stellen (§ 176 VII BauGB). Das Baugebot muss sich auch hier darauf beschränken, dem Eigentümer die Bebauung des Grundstücks als solche aufzugeben, **ohne ihm Vorgaben für Art und Weise der Bebauung zu machen**.[6]

8

3. Übernahmeanspruch

Ist das Baugebot objektiv zumutbar – anderenfalls wäre es nach § 176 III BauGB rechtswidrig –, ist seine **Durchführung** dem betroffenen Eigentümer jedoch aus **persönlichen wirtschaftlichen Gründen nicht zuzumuten**, kann dieser von der Gemeinde nach § 176 BauGB die Übernahme des Grundstücks gegen Entschädigung verlangen. § 176 IV BauGB trägt Art. 14 GG Rechnung, aus dessen Sicht ein Baugebot, das für den betroffenen Eigentümer zu einer unzumutbaren wirtschaftlichen Belastung führt, nicht mehr zulässige Inhaltsbestimmung, sondern unzulässiger Eigentumseingriff ist.[7] Für die **Durchführung der Übernahme** und die **Leistung der Entschädigung** gelten die §§ 43 I, IV, V, 44 III, IV BauGB.[8] Dies bedeutet insbesondere: Kommt eine Einigung über die Übernahme des Grundstücks und die Höhe der Entschädigung nicht zustande, kann der Betroffene bei der Enteignungs-

9

---

[6] BVerwGE 84, 335 (339 ff.) = NVwZ 1990, 658; 84, 354 (357 ff.) = NVwZ 1990, 663.
[7] Vgl. BVerwGE 7, 297 (299 f.) = NJW 1959, 165.
[8] Siehe dazu oben § 13 Rn. 19, 25.

behörde einen Antrag auf Entziehung seines Eigentums stellen. Die Entschädigung bemisst sich gem. § 43 I 3 BauGB nach §§ 93 ff. BauGB sowie nach §§ 43 IV, 44 II BauGB. Durch ein berechtigtes Übernahmeverlangen erledigt sich das Baugebot.

II. Das Modernisierungs- und das Instandsetzungsgebot

10 Eine sanierungsbedürftige und sanierbare bauliche Anlage kann nach § 177 BauGB durch ein **Modernisierungs-** oder ein **Instandsetzungsgebot** den geltenden städtebaulichen Anforderungen angepasst werden. Von dem Modernisierungs- oder Instandsetzungsgebot sind die der Gefahrenabwehr dienenden Anordnungen des Bauordnungs- oder des allgemeinen Ordnungsrechts sowie die wohnungsaufsichtlichen Maßnahmen nach den Wohnungsaufsichtsgesetzen der Länder[9] zu unterscheiden, die ebenfalls auf Modernisierung oder Instandsetzung zielen können. Für eine der Modernisierung oder Instandsetzung dienende Anordnung können daher verschiedene Rechtsgrundlagen mit unterschiedlichen Voraussetzungen und Zuständigkeiten in Betracht kommen.

1. Voraussetzungen

11 Ein Modernisierungs- oder ein Instandsetzungsgebot kann für **jede bauliche Anlage** im Geltungsbereich eines Bebauungsplans, im unbeplanten Innenbereich oder im Außenbereich erlassen werden. Sie muss nach ihrer inneren oder äußeren Beschaffenheit Missstände aufweisen, deren Beseitigung durch ein Modernisierungsgebot möglich ist, oder Mängel, die durch ein Instandsetzungsgebot behoben werden können (§ 177 I 1 BauGB). **Missstände** liegen nach § 177 II BauGB insbesondere vor, wenn die bauliche Anlage nicht den allgemeinen Anforderungen an gesunde Wohn- und Arbeitsverhältnisse entspricht. **Mängel** sind nach § 177 III BauGB insbesondere gegeben, wenn durch Abnutzung, Alterung, Witterungseinflüsse oder Einwirkungen Dritter die bestimmungsgemäße Nutzung der Anlage nicht nur unerheblich beeinträchtigt wird, sie nach ihrer äußeren Beschaffenheit das Straßen- oder Ortsbild nicht nur unerheblich beeinträchtigt oder sie erneuerungsbedürftig ist und wegen ihrer städtebaulichen insbesondere geschichtlichen oder künstlerischen Bedeutung erhalten bleiben soll.

2. Inhalt

12 In dem Bescheid sind die zu beseitigenden Missstände oder die zu behebenden Mängel zu **bezeichnen**. Zudem ist für die Durchführung der erforderlichen Maßnahmen eine **angemessene Frist** zu bestimmen (§ 177 I 3 BauGB). Die im Einzelnen zu ergreifenden Maßnahmen brauchen nicht angegeben zu werden, sondern können der **Wahl des Eigentümers überlassen bleiben**. Nur Instandsetzungsmaßnahmen, die auch aus Gründen des Denkmalschutzes geboten sind, müssen nach § 177 III 3 BauGB genau bezeichnet werden. Sie bedürfen gem. § 177 I 2 BauGB der Zustimmung der für den Denkmalschutz zuständigen Landesbehörde.

---

[9] *Zezschwitz*, Die neuen Wohnungsaufsichtsgesetze der Länder und ihre verfassungsrechtliche Problematik, NJW 1976, 129; vgl. zur Aufhebung des Wohnaufsichtsgesetzes in Bayern *Frey*, Aufhebung des Wohnungsaufsichtsgesetzes, KommunalPraxis Bayern 2005, 170.

3. Kosten

Nach § 177 IV 1 BauGB **trägt der Eigentümer die Kosten** der ihm aufgegebenen 13
Modernisierung und Instandsetzung insoweit, als er sie durch eigene oder fremde
Mittel decken und die Kapital- und zusätzlichen Bewirtschaftungskosten aus Erträgen
des Gebäudes aufbringen kann.[10] Die darüber hinausgehenden unrentierlichen Kosten
hat die Gemeinde ihm gem. § 177 IV 2 BauGB zu erstatten, soweit nicht anderweitig
ein Zuschuss zu ihrer Deckung gewährt wird. Die Gemeinde ist zur **Erstattung der
unrentierlichen Kosten** nicht verpflichtet, soweit der Eigentümer aufgrund anderer
Rechtsvorschriften – etwa nach den Bestimmungen des allgemeinen Ordnungsrechts,
des Bauordnungs- oder des Wohnungsaufsichtsrechts – verpflichtet ist, diese Kosten
selbst zu tragen, oder wenn es sich um Kosten für notwendige, aber vom Eigentümer
gleichwohl unterlassene Instandsetzungen handelt, es sei denn, der Eigentümer weist
nach, dass die Vornahme der Instandsetzung wirtschaftlich unvertretbar oder ihm
nicht zuzumuten ist (§ 177 IV 3 BauGB). Angesichts der gemeindlichen Kostenbe-
teiligung ist ein Recht des Eigentümers, sich durch ein Übernahmeverlangen von dem
Modernisierungs- oder Instandsetzungsgebot zu lösen, nicht vorgesehen.[11]

III. Das Pflanzgebot

Der Bebauungsplan kann gem. § 9 I Nr. 25 BauGB das Anpflanzen oder die Erhal- 14
tung von Bäumen, Sträuchern oder sonstigen Bepflanzungen festsetzen.[12] Kommt der
Eigentümer der sich hieraus für ihn ergebenden Verpflichtung innerhalb einer zu
bestimmenden angemessenen Frist nicht nach, kann nach § 178 BauGB ein **Pflanzgebot** erlassen werden. Aus der generellen Verweisung des § 178 BauGB auf § 9 I
Nr. 25 BauGB folgt, dass das Pflanzgebot auch zur **Wiederherstellung** eines entgegen einer Festsetzung nach § 9 I Nr. 25 lit. b BauGB nicht erhaltenen Bestands
eingesetzt werden kann. Im unbeplanten Innen- und im Außenbereich ist es unzulässig.[13] Unter den Voraussetzungen des § 41 II BauGB ist der Eigentümer zu entschädigen.[14]

IV. Das Rückbau- und das Entsiegelungsgebot

Die Beseitigung formell und materiell baurechtswidriger und daher nicht bestands- 15
geschützter Bausubstanz kann nach den Bauordnungen durch Beseitigungs- oder
Abbruchverfügung angeordnet und mit den allgemeinen Mitteln des Verwaltungszwangs durchgesetzt werden.[15] Das Rückbau- und das Entsiegelungsgebot des § 179
BauGB[16] haben demgegenüber grundsätzlich **bestandsgeschützte Bausubstanz im
Geltungsbereich eines Bebauungsplans** zum Gegenstand. Sie können in folgenden
drei Fällen angeordnet werden:

– wenn eine bauliche Anlage den **Festsetzungen des Bebauungsplans nicht entspricht** und ihm
  auch nicht angepasst werden kann (§ 179 I 1 Nr. 1 BauGB);[17]

---

[10] Dazu auch *BVerwG* NVwZ 1992, 164 (164); ZfBR 2006, 53 (53).
[11] Kritisch hierzu *Lege*, NVwZ 2005, 880 (883 f.).
[12] Näher dazu oben § 9 Rn. 180 ff.
[13] JDW/*Dirnberger*, BauGB, § 178 Rn. 2.
[14] Dazu oben § 13 Rn. 14.
[15] JDW/*Dirnberger*, BauGB, § 179 Rn. 10; BKL/*Krautzberger*, BauGB, § 179 Rn. 13.
[16] Vgl. *OVG Bremen* NVwZ 1986, 764 (765).
[17] Dazu *OVG Lüneburg* BRS 73 Nr. 224.

– wenn eine bauliche Anlage **Missstände oder Mängel** aufweist, die durch eine Modernisierung oder Instandsetzung nicht behoben werden können (§ 179 I 1 Nr. 2 BauGB);
– wenn für die Wiedernutzbarmachung von dauerhaft nicht mehr genutzten Flächen der durch Bebauung oder Versiegelung **beeinträchtigte Boden** in seiner Leistungsfähigkeit erhalten oder wiederhergestellt werden soll (§ 179 I 2, Hs. 1 BauGB).[18]

16 Rückbau- und Entsiegelungsgebot begründen entgegen ihrem missverständlichen Wortsinn **keine Pflicht** des Eigentümers zum Rückbau der baulichen Anlage oder zur Entsiegelung. Beides wird vielmehr von der Gemeinde durchgeführt. Eigentümer sowie Mieter, Pächter und sonstige Nutzungsberechtigte haben Rückbau und Entsiegelung lediglich zu **dulden**.[19] Sie können dazu von der Gemeinde mit den Mitteln des Verwaltungszwangs angehalten werden. Entgegenstehende Nutzungsrechte sind nach §§ 182 ff. BauGB aufzuheben.[20] Betrifft der Rückbau Wohn- oder Geschäftsräume, ist nach Maßgabe von § 179 II BauGB für Ersatzraum zu sorgen. Für entstehende Vermögensnachteile hat die Gemeinde nach § 179 III 1 BauGB Entschädigung zu leisten. Ist es dem Eigentümer mit Rücksicht auf das Rückbau- oder Entsiegelungsgebot wirtschaftlich nicht mehr zuzumuten, das Grundstück zu behalten, kann er nach § 179 III 2 BauGB von der Gemeinde anstelle der Entschädigung die Übernahme des Grundstücks verlangen. Die §§ 43 I, II, IV, V und 44 III, IV BauGB sind entsprechend anwendbar.[21]

V. Zuständigkeit, Verfahren, allgemeine Voraussetzungen

1. Zuständigkeit

17 Die städtebaulichen Gebote werden **von der Gemeinde** angeordnet (§§ 176 I, 177 I, 178, 179 I BauGB). Diese Zuständigkeit ist Ausfluss ihrer Planungshoheit.

2. Verfahren

18 Das Verfahren zum Erlass eines Baugebots ist ein Verwaltungsverfahren, für das die Bestimmungen des VwVfG gelten. Nach § 175 I 1 BauGB soll die Gemeinde ihre Absicht, ein Bau-, Modernisierungs-, Instandsetzungs-, Pflanz-, Rückbau- oder Entsiegelungsgebot zu erlassen, vorher **mit den Betroffenen** erörtern. Zudem soll sie die Eigentümer, Mieter, Pächter und sonstigen Nutzungsberechtigten gem. § 175 I 2 BauGB **beraten**, wie die Maßnahme durchgeführt werden kann und welche Finanzierungsmöglichkeiten aus öffentlichen Kassen bestehen. Häufig führt diese Erörterung zur freiwilligen Planverwirklichung durch die Betroffenen.

3. Allgemeine Voraussetzungen

a) Planverwirklichungsinteresse

19 Ein städtebauliches Gebot kann nur angeordnet werden, wenn im konkreten Einzelfall für die alsbaldige Durchführung des Bau-, Modernisierungs-, Instandsetzungs-, Pflanz-, Rückbau- oder Entsiegelungsgebots **besondere städtebauliche Gründe** sprechen (§ 175 II 1 BauGB). Diese müssen in ihrem Gewicht und in ihrer Dringlichkeit im Falle der einen Bebauungsplan erfordernden Gebote (§§ 176, 178, 179 BauGB) über diejenigen Gründe hinausgehen, die den Bebauungsplan

---

[18] Vgl. BK/*Lemmel*, BauGB; § 179 Rn. 10; Schrödter/*Köhler*, BauGB, § 179 Rn. 8 a.
[19] *Guckelberger*, Abbruch verfallender baulicher Anlagen, NVwZ 2010, 743 (744).
[20] BVerwGE 126, 104 (113).
[21] Zu diesen Bestimmungen siehe § 13 Rn. 19, 25.

tragen.²² Nur in diesem Fall ist der Schluss zulässig, dass die alsbaldige Umsetzung des Bebauungsplans im Interesse der Gemeinde liegt.²³ Bei Anordnung eines Baugebots kann gem. § 175 II 2 BauGB auch ein dringender Wohnbedarf der Bevölkerung berücksichtigt werden.²⁴ Fehlt es an einem qualifizierten Verwirklichungsinteresse, kommt ein städtebauliches Gebot nicht in Betracht.

b) Wirtschaftliche Zumutbarkeit

Ist die Durchführung eines Baugebots aus wirtschaftlichen Gründen „einem Eigentümer" nicht zuzumuten, hat nach § 176 III BauGB die Gemeinde von dem Baugebot abzusehen. Die Bezugnahme auf „einen Eigentümer" – im Gegensatz zu dem folgenden Absatz 4, der die Zumutbarkeit für „den" – konkreten – Eigentümer behandelt –, zeigt, dass hier die **objektive wirtschaftliche Unzumutbarkeit** der Maßnahme angesprochen und mit Rücksicht auf Art. 14 GG²⁵ zum Hinderungsgrund für den Erlass eines Baugebots erhoben wird.²⁶ Objektiv unzumutbar ist die Durchführung des Vorhabens insbesondere, wenn dieses schlechterdings unwirtschaftlich ist, weil auch unter Ausschöpfung aller verfügbaren und zumutbaren Finanzierungsmöglichkeiten eine Finanzierungslücke bleibt oder die Rentabilität nicht herzustellen ist. Die Gemeinde kann in diesem Fall nur über eine Enteignung nach § 85 I Nr. 1 BauGB zur Planverwirklichung kommen, nach deren Durchführung die Gemeinde die Finanzierungslast trifft.²⁷

20

VI. Ausnahmen

Die städtebaulichen Gebote sind nach § 175 IV i. V. m. § 26 Nr. 2, 3 BauGB nicht anzuwenden auf

21

– Grundstücke, die Zwecken der **Landesverteidigung**, des **Bundesgrenzschutzes**, der **Zollverwaltung**, der **Polizei**, des **Zivilschutzes**, des **Post- und Fernmeldewesens** oder des **Gottesdienstes** und der **Seelsorge von Kirchen und Religionsgesellschaften** des öffentlichen Rechts dienen, und auf
– Grundstücke, auf denen Vorhaben von überörtlicher Bedeutung aufgrund eines nach **§ 38 BauGB** eingeleiteten oder bereits durchgeführten Planfeststellungsverfahrens errichtet werden sollen.

Liegen für diese Grundstücke die Voraussetzungen für die Anordnung eines städtebaulichen Gebots vor, soll auf Verlangen der Gemeinde der **Bedarfsträger** gem. § 175 IV 2 BauGB die entsprechenden **Maßnahmen durchführen oder ihre Durchführung dulden**, soweit dadurch nicht die Erfüllung seiner Aufgaben beeinträchtigt wird.

22

---

²² BVerwGE 84, 335 (346); *BVerwG* NVwZ 1990, 60 (60); *Schlichter*, in: Festschr. für Weyreuther, 1993, S. 349 (353); BKL/*Krautzberger*, BauGB, § 175 Rn. 5.
²³ Ob es notwendig ist, dass das qualifizierte Verwirklichungsinteresse sich auf alle Nutzungsarten des Bebauungsplans bezieht, wie BKL/*Krautzberger*, BauGB, § 176 Rn. 3 meint, ist zweifelhaft, da § 175 II BauGB auf die „Maßnahme" und nicht auf den Bebauungsplan abstellt.
²⁴ BVerwGE 84, 335 (346).
²⁵ Vgl. BVerwGE 7, 297 (300) = NJW 1959, 165.
²⁶ *Stollenwerk*, VR 1995, 51 (51 f.).
²⁷ Siehe bereits oben § 19 Rn. 5.

VII. Durchsetzung der städtebaulichen Gebote

23 Als Verwaltungsakt kann das städtebauliche Gebot nach Maßgabe des Landesrechts im Wege des **Verwaltungszwangs** durchgesetzt werden (arg. § 176 VIII BauGB), insbesondere durch Festsetzung eines Zwangsgelds.[28] Führt der Verwaltungszwang, insbesondere die Festsetzung von Zwangsgeld, nicht zum Ziel, ist vor der grundsätzlich wiederholt möglichen Festsetzung weiterer Zwangsgelder im Hinblick auf den Grundsatz der Verhältnismäßigkeit zu prüfen, ob die Voraussetzungen einer **Enteignung** gegeben sind (§ 176 VIII BauGB), zumal dies die städtebaulich gebotene Bebauung (§ 175 II BauGB) eher zu verwirklichen vermag als die wiederholte und fruchtlose Festsetzung von Zwangsgeld. Erweist sich eine Enteignung als rechtlich nicht möglich, ist der Weg für die Festsetzung weiterer Zwangsgelder frei.

24 Sind Mieter, Pächter oder sonstige Nutzungsberechtigte zu der ihnen nach § 175 III BauGB obliegenden Duldung der städtebaulichen Gebote nicht bereit, kann der Eigentümer die **Duldung im Zivilrechtsweg** durchsetzen. Außerdem kann die Behörde, gestützt auf § 175 III BauGB, eine **Duldungsverfügung** erlassen, die als Verwaltungsakt mit den Mitteln des Verwaltungszwangs durchgesetzt werden kann.[29] Um der Gefahr, auf Duldung in Anspruch genommen zu werden, zu begegnen, kann auch der nach § 175 III BauGB zur Duldung Verpflichtete das gegenüber dem Eigentümer ergangene städtebauliche Gebot anfechten. Erfordert die Durchführung eines städtebaulichen Gebots die Aufhebung, Beendigung oder Verlängerung eines Miet- oder Pachtverhältnisses oder eines sonstigen auf **Grundstücks- oder Gebäudenutzung zielenden Vertragsverhältnisses**, kann dies unter den Voraussetzungen der §§ 182 ff. BauGB von der Gemeinde, notfalls gegen Entschädigung, angeordnet werden.

VIII. Enteignung

25 Kommt der Eigentümer einem Baugebot nicht nach, ist nach § 85 I Nr. 5 BauGB die Enteignung statthaft (§ 176 VIII BauGB). Die allgemeinen Enteignungsvoraussetzungen müssen erfüllt sein (§ 176 IX 1 Hs. 2 BauGB).[30] Insbesondere muss die Enteignung zum **Wohl der Allgemeinheit erforderlich** und ihr Zweck **nicht auf andere zumutbare Weise erreichbar** sein (§ 87 I BauGB). Das Vorliegen der Voraussetzungen des Baugebots wird von § 176 IX 1 Hs. 1 BauGB für das Enteignungsverfahren unterstellt. Es wird also nicht mehr geprüft, selbst wenn das Baugebot noch nicht unanfechtbar geworden, sondern nur vorläufig vollstreckbar ist. Trotz dieser Verfahrenserleichterung, die aus der Sicht des Art. 14, 19 IV GG nicht unbedenklich ist, wird von der Enteignung zur Verwirklichung eines Baugebots in der Praxis so gut wie kein Gebrauch gemacht.

Lösung zu Fall 32:

26 Die Stadt S hat gegenüber E ein **Baugebot** nach § 176 BauGB ausgesprochen. Mit einem Baugebot kann eine Gemeinde, sofern bestimmte gesetzliche Voraussetzungen

---

[28] Dazu und zum Folgenden BVerwGE 84, 354 (356 ff.) = NVwZ 1990, 663.
[29] *VGH Mannheim* BRS 40 Nr. 231.
[30] BVerwGE 84, 354 (359); BKL/*Krautzberger*, BauGB, § 176 Rn. 7. Zur Bemessung der Entschädigung siehe § 176 IX 2 BauGB und oben § 19 Rn. 19 ff.

(insbesondere § 175 II, § 176 III BauGB) erfüllt sind, den Eigentümer eines Grundstücks verpflichten, innerhalb einer näher zu bestimmenden angemessenen Frist auf seinem Grundstück eine bauliche Nutzung zu schaffen, die den geltenden bauplanungsrechtlichen Bestimmungen entspricht. Der Inhalt der Handlungspflicht wird also durch die für das Grundstück bestehenden **planungsrechtlichen Vorgaben** bestimmt. Diesen Zulässigkeitsrahmen verengt das Baugebot nicht. Vielmehr überlässt es dem Eigentümer die Entscheidung darüber, welche der bauplanungsrechtlich zulässigen baulichen Nutzungen des Grundstücks er verwirklichen will. Städtebauliche Gründe (§ 175 II BauGB) können folglich nur die Befugnis des Eigentümers überwinden, über die bauliche Nutzung seines Grundstücks jederzeit frei zu entscheiden, es also auch unbebaut zu lassen. Sie haben dagegen nicht die Kraft, etwa eine bestimmte Art der Nutzung enger als in den anderweit festgelegten planungsrechtlichen Bestimmungen (hier: Wohnbebauung) bindend vorzugeben. Mit den konkreten Vorgaben zu Art und Maß der baulichen Nutzung hat die Stadt S somit ihren Handlungsspielraum (§ 176 BauGB) überschritten. E wird demnach in seinem Grundrecht aus Art. 14 I 1 GG verletzt.

Sachverzeichnis

(Die vorangestellten Zahlen bezeichnen den Paragrafen, die Zahlen in Klammern die Randnummer der Fundstelle. **Fettungen** markieren Hauptfundstellen.)

Aarhus-Konvention 6 (36)
Abfallbeseitigungsanlagen 5 (22), 20 (40)
Abgrabungen 7 (35), 9 (185), 22 (19), 27 (42)
Abriss 4 (22), 11 (5), 32 (4)
Abschichtung **6 (31 f.)**
Abstandsflächen 4 (36), 9 (138 ff.)
Abstimmungsbedarf, einfacher/qualifizierter 5 (83)
Abstimmungsgebot, interkommunales 5 (73, **75 ff.**, 81, 83)
Abwägung **5 (24 ff.)**
– Abwägungsabschichtung 27 (63)
– Abwägungsausfall **5 (28 ff.)**, 59
– Abwägungsausschluss 6 (64)
– Abwägungsdefizit 5 (33, 54), 12 (9)
– Abwägungsdirektiven *siehe Optimierungsgebot*
– Abwägungsdisproportionalität 5 (70)
– Abwägungsergebnis **5 (70)**, 6 (69), 8 (4), 12 (16, 41 f.)
– Abwägungsfehleinschätzung 5 (55)
– Abwägungsgebot 5 (51, 70, 75), 6 (33), 9 (201), 14 (9)
– Abwägungsmaterial **5 (33 ff.)**, 6 (38, 54, 57), 7 (51), 12 (6, 9 f.)
– Abwägungsüberschuss 5 (54)
– durch Befangene 6 (16)
– bei der Fachplanung 5 (79)
– Fehlerfolgen 12 (6 ff., 39 ff.)
– bei der Genehmigung von Außenbereichsvorhaben 27 (28, 40, 59 ff., 82)
– nachvollziehende ~ 27 (59 ff.)
– in der Planbegründung 7 (4)
– raumordnerische Beurteilung 21 (13)
– bei der Raumordnung 20 (30)
– beim Stadtumbau 32 (11)
– Übertragbarkeit 6 (14)
– Umweltprüfung 6 (30, 102)
– bei vorhabenbezogenen Bebauungsplänen 10 (27)
Abwasser *siehe Entsorgung*
Abweichungskompetenz 20 (5 f., 9, 20)
Abwendungsbefugnis beim Vorkaufsrecht 17 (25 f.)
Agrarstruktur 27 (52) *siehe auch Landwirtschaft*
Allgemeinwohl *siehe Gemeinwohl*
Alternativenprüfung 2 (12), **5 (51)**, 6 (21, 26, 69)

Altlasten 5 (50), 7 (40), 11 (5)
Amtshaftung 14 (5, 35), 27 (12)
Änderung 22 (16)
Änderungsverfahren *siehe Planänderungsverfahren*
Anfechtungsklage
– gegen die Ausübung von Vorkaufsrechten 17 (28, 34)
– gegen Befreiungen zugunsten von Bauten des Bundes und der Länder 24 (33)
– gegen Flächennutzungspläne 7 (53)
– gegen Zurückstellungen und Untersagungen von Baugesuchen 15 (13)
Angebotsplanung 8 (2), 34 (2)
Angemessenheitsgebot 10 (20)
Angstklausel 12 (39)
Anhörung der Gemeinden 5 (6)
Anlage, bauliche 22 (11)
Anliegerbeitrag 29 (10)
Anliegerverkehr 9 (167)
Anpassungsgebiet 31 (25)
Anpflanzungen 9 (180 ff.)
Anschluss- und Benutzungszwang 11 (9)
Ansiedlungsgesetz 2 (4)
Anzeigeverfahren 6 (78)
Apartmentwohnungen 9 (25)
Anpassungsgebot 34 (6)
Äquivalenzprinzip 32 (20)
Artenschutz 26 (42)
Ärztehaus 9 (90)
Asylbewerberheim 9 (24, 35)
Aufbaugesetze 2 (7)
Aufgabenverteilungsprinzip 5 (5)
Aufenthaltsräume 9 (133)
Auflage 6 (74, 83), 9 (181 f.)
Aufschüttungen 7 (35), 9 (185), 22 (19)
Aufsichtsbehörde
– Behandlung fehlerhafter Bauleitpläne 12 (55)
– Behandlung von Veränderungssperren 14 (11)
– Ersetzung des Einvernehmens 28 (3, 14)
– Erzwingung der Planänderung 5 (17)
– Erzwingung des Planerlasses 5 (10)
– Genehmigung von Bebauungsplänen 8 (32, 39, 41, 45 f.), 10 (28)
– Genehmigung von Flächennutzungsplänen 7 (9)
Auftrag (i. S. d. Vergaberechts) 11 (16)

Aufwendungsersatz 13 (20 ff.)
Außenbereich **27 (1 ff.)**
– Abgrenzung zum Innenbereich 26 (7, 9 ff.)
– Außenbereichsinseln 6 (99)
– Bodenschatzabbau 9 (185)
– Eignungsgebiete 20 (26)
– Erschließung 29 (11)
– Gestaltung durch Flächennutzungspläne 7 (47)
– Inanspruchnahme durch Bebauungsplan der Innenentwicklung 12 (32)
– Land- und Forstwirtschaft 7 (36), 9 (186)
– privilegierte Nutzungen 7 (2), 15 (8 ff.)
– überbaubare Grundstücksfläche 9 (143)
– Wohnbauflächen 17 (12)
Außenentwicklung 31 (3)
Ausgleichsbetrag 30 (63 f.)
Ausgleichsmaßnahmen/Ausgleichsflächen **5 (40 ff.)**
– im Bebauungsplan 9 (188)
– bei Bebauungsplänen der Innenentwicklung 6 (105)
– für die Beeinträchtigung von Schutzgebieten 5 (45)
– im Flächennutzungsplan 7 (38)
– für Sanierungsmaßnahmen 30 (50, 58)
Auslegung von Planentwürfen
– zur Behördenbeteiligung 6 (55 ff.)
– zur Bürgerbeteiligung 6 (41 ff.)
– Fehler 12 (20 f.)
– Verbindung von Bürger- und Behördenbeteiligung 6 (60 f.)
– im vereinfachten Verfahren 6 (90)
Ausnahmenbebauung 9 (6)

Baufälligkeit 4 (22)
Bauflächen 7 (21 ff.)
Baufreiheit 1 (3 ff.)
– Beseitigung durch Veränderungssperren 14 (26)
– Einschränkung durch Baugebote 34 (5)
– im Geltungsbereich des qualifizierten Bebauungsplans 23 (6)
– im Preußischen Allgemeinen Landrecht 2 (3)
– verfassungsrechtliche Grundlagen 4 (17 ff.)
Baugebiet **7 (24 f.)**, 23 (16)
Baugebot 4 (32), 8 (2), 19 (8), **34 (3 ff.)**
Baugestaltungsvorschriften 9 (201)
Baugenehmigung
– Antrag 9 (9), 15 (3 ff.), 28 (12 f.), 34 (5 ff.)
– bei Aufhebung des Bebauungsplans 10 (29)
– Auflagen 9 (181 f.)
– gemeindliches Einvernehmen 26 (2), **28 (1 ff.)**
– Genehmigungsanspruch 4 (18), 9 (103), 13 (16), 23 (10, 13), 25 (3), 26 (44), 27 (61), 28 (15)
– Genehmigungsverfahren 3 (15), 5 (69)

– Legalisierungswirkung 4 (20)
– Sachbescheidungsinteresse 1 (9)
– Rechtsschutzmöglichkeiten der Gemeinde 5 (82)
– bei Veränderungssperren 14 (19 ff.)
– bei vorhabenbezogenen Bebauungsplänen 10 (34 ff.)
Baugrenze 9 (145)
Baukonzessionen 11 (16)
Baukörperfestsetzung 9 (144)
Baukultur 5 (68)
Baulandgerichte 19 (48 f.)
Baulast 9 (163, 165), 25 (10), 27 (69), 30 (25)
Bauleitplan
– Abstimmung 5 (75 ff.)
– als Abwägungsergebnis 5 (70)
– Änderung 6 (92 ff.)
– Aufhebung 6 (95 ff.)
– Aufstellung 6 (1 ff.)
– Beschluss 6 (68 ff.)
– als Einschränkung der Baufreiheit 4 (25)
– Entwurf 6 (14, 33, 40, **41 ff.**, 54 ff., 61), 8 (37), 25 (5)
– Ergänzung 6 (92 ff.)
– Fehler 12 (1 ff.)
– Funktionslosigkeit 6 (107 ff.)
– Genehmigung 6 (71 ff.)
– Gestaltungsfunktion 1 (10)
– mit grenzüberschreitenden Auswirkungen 6 (65 ff.)
– Inkrafttreten 6 (79 ff.)
– Monitoring 6 (84 ff.)
– Planungspflicht 5 (7 ff.)
– Planungsverbot 5 (12 f.)
– Planzeichen 3 (7)
– Umweltprüfung 6 (13 f.)
– vereinfachtes Verfahren 6 (87 ff.)
– Zuständigkeit 6 (3 ff.)
Baulinie 9 (144)
Baulücken
– im Außenbereich 26 (11), 27 (53)
– Enteignung zur Schließung von ~ 19 (6)
– Schließung durch Baugebote 34 (8)
– als Unterbrechung des Bebauungszusammenhangs 26 (7)
Baumasse 7 (26), 9 (91, **135**)
Baumaßnahmen (i. S. d. Sanierungsrechts) 30 (51 f.)
Baunutzungsverordnung 3 (6), 9 (1 ff.)
Bauordnungsrecht
– Abstandsflächen 9 (138 ff.)
– Begrünungspflichten 9 (183)
– Beseitigung rechtswidriger Bauten 34 (15)
– Durchsetzung von Veränderungssperren 14 (18)
– Gesetzgebungskompetenz 3 (3, 14 f.)
– Schutzfunktion 3 (15)
Bauplanungsvertrag 11 (5 f.)
Baurealisierungsvertrag 11 (7)

Baureifmachung *siehe Erschließung*
Bau- und Raumordnungsgesetz 2 (10), 12
 (49), 20 (4), 22 (13)
Bauverbot 14 (34), 27 (2, 61)
Bauweise 9 **(138 ff.)**, 26 (30)
Bauwich *siehe Abstandsflächen*
Bebauungsgebot 34 (5)
Bebauungsplan 8 **(1 ff.)**
– Ausfertigung 6 (70)
– Ausgleichsbebauungsplan 5 (40)
– Ausnahmen 24 (3 ff.)
– Auswirkung auf die Zulässigkeit von Vorhaben 23 **(1 ff.)**, 25 (1 ff.), 26 (13)
– Befreiung 24 (6 ff.)
– Bekanntmachung 6 (46)
– einfacher ~ 8 **(29)**, 23 (11 f.)
– Entschädigung für Eingriffe durch ~ 13 (1 ff.)
– im Entwicklungsbereich 31 (12)
– Erforderlichkeit 5 (8)
– Ergänzung durch Baunutzungsverordnung 3 (6)
– Erhaltungsschutz durch ~ 33 (6)
– Festsetzungen 9 (1 ff.)
– Funktionslosigkeit 6 (107 ff.)
– Genehmigung 6 (76)
– als Grundlage für Baugebote 34 (4 ff.)
– als Grundlage für Enteignungen 19 (5)
– als Grundlage für Umlegungen 18 (5)
– als Grundlage für Vorkaufsrechte 17 (8)
– Gültigkeit 5 (82)
– Inkrafttreten 6 (81 ff.)
– als Inhalts- und Schrankenbestimmung 4 (25 ff.)
– der Innenentwicklung 2 (14), 5 (42), 6 (24, 88, **98 ff.**), 12 (31 ff.), 26 (48)
– Maßgaben für Erschließungsanlagen 29 (7)
– qualifizierter ~ 8 **(28)**, 23 (3 ff.), 29 (17 f.)
– Rechtsnatur 8 (51)
– Rechtswirkungen 8 (52)
– im Sanierungsgebiet 30 (38)
– Satzungsbeschluss 6 (68)
– Sicherung der Planung 14 ff.
– Selbstständiger ~ 8 (46 ff.)
– Textbebauungsplan 8 (3)
– Verhältnis zum Flächennutzungsplan 7 (2 f., 22 f., 47 f.), **8 (31 ff.)**, 12 (25 ff.)
– Verhältnis zur Fachplanung 5 (80)
– vorhabenbezogener ~ 5 (50), 8 (30), **9 (1 ff.)**, 23 (14)
– vorzeitiger ~ 8 (41 ff.)
Bebauungstiefe 9 (146)
Bebauungszusammenhang 26 (5 ff.)
Befreiung 10 (35), 13 (10), **24 (6 ff.)**, 26 (43)
Begründung 6 (33 ff., 43, 62, 69), 7 (4), **8 (4 ff.)**, 9 (183, 201), 10 (26), 12 (22, 31),16 (11), 26 (12)
Beherbergungsbetrieb 9 (25)
Behördenbeteiligung *siehe Beteiligung*

Behördengebäude *siehe Verwaltungsgebäude*
Beitrittsbeschluss 6 (74)
Belange, öffentliche 5 (34 f.), 24 (21 ff.), 27 (40 ff.)
Bepflanzungen 9 **(180)**, 13 (14), 34 (14)
Bereichsentwicklungsplan 5 (85)
Bergbau *siehe Bodenschätze*
Bergrecht 28 (10)
Beseitigungsanordnung 4 (19), 5 (82), 14 (16, 18)
Besitzeinweisung 18 (12), 19 (47)
Bestandskraft 4 (20), 7 (50)
Bestandsschutz
– im Außenbereich 27 (68)
– im besonderen Wohngebiet 9 (39)
– Ersatzbauten 27 (70 f.)
– bei nachträglich erlassenen Bebauungsplänen 9 (120)
– bei Nutzungsänderungen 27 (6)
– bei Veränderungssperren 14 (19)
– verfassungsrechtliche Grundlage 4 (4, 15, 17, **19 ff.**)
– bei Vorabzulassungen 25 (12)
Bestimmtheitsgebot
– beim Baugebot 34 (5)
– beim Bebauungsplan 8 (13)
– bei der Erhaltungssatzung 33 (11)
– bei der Festsetzungsfindung 10 (31)
– bei Gemeinbedarfsflächen 9 (158)
– beim Vorhaben- und Erschließungsplan 10 (12 f.)
Beteiligung 6 (59 ff.)
– bei der Abschichtung von Umweltprüfungen 6 (31)
– Anstoßfunktion von Verfahrensregeln 6 (15, 47, 83)
– bei Außenbereichssatzungen 27 (84)
– beim Bebauungsplan der Innenentwicklung 6 (102, 105 f.)
– Behördenbeteiligung 6 (50 ff.)
– als Beitrag zur Sammlung des Abwägungsmaterials 5 (52 f.)
– bei Entwicklungssatzungen 26 (11)
– Ergebnis 6 (69), 8 (4)
– der Fachplanungsträger an der Aufstellung des Flächennutzungsplans 7 (49 ff.)
– Fehler 12 (18 f., 32)
– der Gemeinden an fremden Planungen 5 (72 ff.)
– grenzüberschreitende ~ 6 (65 ff.)
– Öffentlichkeitsbeteiligung 6 (36 ff.)
– am Planaufhebungsverfahren 6 (97)
– Präklusion 5 (49)
– in der Raumordnung 20 (29), 21 (11 f.)
– Rechtsschutz 7 (56)
– am Scoping 6 (29)
– unionsrechtliche Modifizierung 2 (12)
– im vereinfachten Verfahren 6 (90)
– bei Vorabzulassungen 25 (15 f.)

– bei Vorausbindung des Planungsträgers 5 (32), 10 (26)
Betriebswohnungen 9 (15, 58, 64, 68)
Beurteilung, raumordnerische 21 (13)
Beurteilungsspielraum 4 (4), 12 (34, 37), 30 (7)
Bewertungsfehler 12 (6 ff.)
Biogas 27 (8)
Biomasse 27 (31 f.)
Biotopschutz 26 (42)
Blockheizwerke 9 (162)
Bodenertragsnutzung 27 (8)
Bodenordnung **18 (1 ff.)**, 30 (46, 50)
Bodenrecht 3 (1), 20 (11)
Bodenschätze 7 (**35**, 40), 8 (17), **9 (185)**
Bodenschutz
– als Abwägungsmaterial 5 (37 f., 58)
– im Außenbereich 27 (51)
– durch Begrenzung der bebaubaren Grundfläche 9 (124)
– durch Innenentwicklung 6 (98)
Bonitätsnachweis 10 (18)
Bundesamt
– für Bauwesen und Raumordnung 21 (16)
– Bundesbaugesetz 2 (6 ff.), 9 (8), 12 (2), 13 (15), 26 (2), 30 (1, 30)
– für Seeschifffahrt und Hydrographie 20 (45)
Bundesfernstraßengesetz 5 (80), 9 (170)
Bundeskleingartengesetz 9 (179)
Bundeswasserstraßen 5 (80), 22 (13)
Bürgerbeteiligung *siehe Beteiligung*
Bürgerentscheid 6 (3)
Business Improvement Districts 32 (20)

Campingplatzgebiete 9 (73)
Carport 9 (85)

Dauerkleingärten 9 (179)
Denkmalschutz
– im Außenbereich 27 (51)
– durch Instandsetzungsgebote 34 (12)
– nachrichtliche Übernahme 7 (42), 8 (19, 22)
– Rechtsgrundlagen 3 (19)
– Verhältnis zum Erhaltungsschutz 33 (27)
Dienstbarkeit 5 (41), 9 (163, 165), 13 (11, 13)
Dispens *siehe Befreiung*
Doppelhaus 9 (139)
Dorfgebiete 9 (**43 ff.**, 108, 116), 23 (19)
Dreidimensionalität der Raumentwicklung 20 (16)
Drittschutz 9 (193), 24 (24)
Duldungsverfügung 34 (24)

Eigentum **4 (3 ff.)** *siehe auch Wohnungseigentum*
– Baufreiheit 1 (3 ff.)
– Eingriff durch Anbauverbote 9 (173)
– Eingriff durch fremdnützige Festsetzung 13 (3 ff.)
– Eingriff durch Geh-, Fahr- und Leistungsrechte 13 (13)
– Eingriff durch Lärmemissionen 9 (169)
– im Entwicklungsbereich 31 (5)
– als Gegenstand der Enteignung 19 (12)
– Grunderwerbsrecht 17 (35)
– Miteigentum 13 (11), 17 (5)
– im Sanierungsgebiet 30 (30, 32)
– als Schranke der Planungshoheit 5 (25, 48, 62 f.)
– Situationsgebundenheit 4 (29)
– Sozialpflichtigkeit des ~ 4 (4 ff.), 13 (14, 15), 34 (2)
– Teileigentum 16 (10 ff.)
Eigentümergarten 9 (179)
Eignungsgebiete 20 (26), 27 (66)
Einkaufszentrum 9 (77 ff.)
Einliegerwohnung 9 (20)
Einstellplätze *siehe Stellplätze*
Einvernehmen, gemeindliches **28 (1 ff.)**
– bei Baugenehmigungen 26 (2)
– bei der Befreiung von Festsetzungen 24 (8, 25, 27, 32)
– bei Genehmigungen im Erhaltungsgebiet 33 (15)
– Rechtsschutz der Gemeinde 5 (82)
– bei Vorabzulassung 25 (2)
– bei der Zulassung von Ausnahmen 24 (5)
Einfügungsgebot 6 (87)
Einzelhandelsbetrieb *siehe Laden*
Einzelhandelskonzept, kommunales 9 (81, 200), 26 (44)
Emissionen siehe Immissionsschutz
Energie **9 (199)**, 20 (9), 27 (30 ff.)
Ensembleschutz 33 (27)
Enteignung **19 (1 ff.)**
– Abgrenzung zur Inhalts- und Schrankenbestimmung 4 (8, 25)
– Ausführungsanordnung 19 (46)
– zur Begründung von Geh- Fahr- und Leitungsrechten 9 (165), 13 (13)
– enteignungsersetzendes Vorkaufsrecht 17 (33)
– im Entwicklungsbereich 31 (18)
– Grunderwerbsrecht 17 (35)
– grundrechtliches Schutzniveau 4 (14)
– zur Planverwirklichung 34 (20, 23, 25)
– Rückenteignung 19 (50 ff.), 31 (18)
– durch Veränderungssperre 14 (26)
– mit „vertauschten Rollen" 13 (12), 31 (16), 34 (9)
– Vorbereitung durch planerische Festsetzungen 13 (6 f.)
– Vorbereitung durch Veränderungssperre 14 (34)
Entschädigung
– wegen Aufhebens eines Bebauungsplans 10 (7, 21)
– wegen eines Baugebotes 34 (9)

– wegen Eingriffen in das Eigentumsrecht 4 (8, 13 f., 25)
– wegen Enteignung 19 (19 ff., 51), 30 (30, 34), 31 (19)
– für Erwerbsrechte bei der Ausübung des Vorkaufsrechts 17 (29)
– wegen Geh-, Fahr- und Leitungsrechten 9 (165)
– Mehrwertverzicht 24 (27)
– wegen Pflicht zur Pflanzenerhaltung 9 (182)
– für Planungsschäden 13 (1 ff.)
– Regress bei anderen Behörden 5 (79), 24 (28)
– wegen Rückbau- und Entsiegelungsgeboten 34 (16, 24)
– wegen Sanierungsmaßnahmen 30 (62)
– wegen Umsiedlung 30 (47)
– wegen unterlassener Planung 5 (11)
– wegen Veränderungssperren 4 (30), 14 (5, 26, 30, **33 f.**)
– Verzicht 30 (31)
Entsiegelungsverbot 34 (15 f.)
Entsorgung 7 (**30**, 41), **9 (164)**, 29 (14)
Entwicklungsbereich/Entwicklungsmaßnahmen **31 (1 ff.)**
– Behandlung von Baugesuchen 15 (5)
– als Grundlage für Enteignungen 19 (4)
– als Grundlage für Vorkaufsrechte 17 (10)
– Kosten 31 (27)
– Verhältnis zur Veränderungssperre 14 (31)
Entwicklungsgebot 8 (33, 37 f., 50), 10 (28)
Entwicklungskonzept
– Maßgeblichkeit für die Bauleitplanung 5 (86), 9 (200)
– in der Raumordnung 21 (3)
– bei der sozialen Stadt 32 (17)
– beim Stadtumbau 32 (11 f.)
Erhaltungsschutz 33 (1 ff.)
Erholungsflächen *siehe Freizeitanlagen*
Erholungsgebiete 9 (70 ff.)
Erholungswert 27 (51)
Ermessen
– Abgrenzung zur Abwägung 5 (25)
– bei der Ausübung des Vorkaufsrechts 17 (27)
– bei der Behandlung baurechtswidriger Vorhaben 5 (82)
– bei der Behandlung von Anträgen auf Erlass eines vorhabenbezogenen Bebauungsplans 10 (25)
– bei der Berücksichtigung verspäteter Stellungnahmen 6 (64)
– bei Enteignungen 19 (49)
– beim Erlass von Baugeboten 34 (4)
– beim Erlass von Veränderungssperren 14 (10)
– bei der Erschließung 29 (5 f.)

– bei der Erteilung der Baugenehmigung 4 (18), 9 (64, 68), 13 (16), 14 (23 ff.), 25 (8, 15 f.), 26 (35)
– bei der Erteilung von Befreiungen 24 (8, 18, 25, 27)
– bei der Festsetzung des Nutzungsmaßes 9 (123)
– bei der Festsetzung der zulässigen Vollgeschosse 9 (136)
– beim gemeindlichen Einvernehmen 28 (11)
– bei Genehmigungen im Sanierungsgebiet 30 (32)
– Nutzungssteuerung in Baugebieten 9 (103, 106, 111)
– bei der Reparatur fehlerhafter Bauleitpläne 12 (53)
– bei der Umlegung 18 (8)
– bei der Verlängerung der Auslegungsfrist 6 (56)
– bei der Zulassung von Ausnahmen 23 (10), 24 (5)
Ermittlungsfehler 12 (6 ff.)
Errichtung 22 (15)
Ersatzbau 4 (22), 27 (70, **71**), 30 (55)
Ersatzland 19 (7, 36 f.)
Ersatzplan 7 (47)
Ersatzraum 34 (16)
Ersatzverkündung 6 (80), 14 (12), 33 (5)
Ersatzvornahme 11 (25)
Erschließung **29 (1 ff.)**
– Dispensermessen 33 (18)
– im Entwicklungsbereich 31 (24)
– Erschließungsanlagen 11 (26)
– Erschließungsanspruch 29 (16 ff.)
– Erschließungsbeitrag 11 (23, 27), 29 (7, **10**), 30 (49)
– Erschließungskosten 10 (8, 17, 20,), **11 (27)**, 27 (45), 30 (49)
– Erschließungslast 11 (25), 29 (4)
– Erschließungspflicht 11 (25)
– Erschließungsvertrag 10 (16), **11 (23 ff.)**, 29 (4, 15)
– durch Geh-, Fahr- und Leitungsrechte 9 (165)
– durch Parkanlagen 9 (178)
– im Sanierungsgebiet 30 (49, 64)
– durch Verkehrsflächen 9 (167)
– als Voraussetzung des qualifizieren Bebauungsplans 8 (28 ff.), 23 (3)
– beim vorhabenbezogenen Bebauungsplan 10 (19)
– wertsteigernder Erschließungsvorteil 19 (30)
– als Zulässigkeitsvoraussetzung für Vorhaben 23 (12, 14), 25 (14), 27 (4, 34 f.), 29 (12 ff.)
Erschließungsfolgeeinrichtungen 29 (3)
Erstplanungspflicht 5 (17)
Erwerbspflicht 31 (14 ff.)
Europarecht/Europäisierung *siehe Unionsrecht*

Fachplanung
- Abgrenzung zur Gesamtplanung 20 (1 ff.)
- Beteiligung der Gemeinden 5 (79 ff.)
- privilegierte ~ 22 (4 ff.)
- Rechtsgrundlagen 3 (12 f.)
- als Schranke der Planungshoheit 5 (21 ff.)
- Verhältnis zur Bauleitplanung 5 (84), 7 (2, 29 f., 42, 49 ff.), 8 (22)
Fahrrechte **9 (165)**, 13 (13)
FFH-Gebiete/FFH-Richtlinie 2 (11), 5 (36, **43 ff.**)
Flächennutzungsplan **7 (1 ff.)**
- Auswirkungen auf Außenbereichsvorhaben 27 (42)
- gemeindeumfassender ~ 7 (6 ff.)
- gemeinsamer ~ 6 (12)
- Genehmigung 6 (72 ff.)
- als Grundlage für Entwicklungssatzungen 26 (11)
- als Grundlage für Vorkaufsrechte 17 (12)
- Inkrafttreten 6 (80)
- mehrgemeindlicher ~ 7 (4)
- Rechtsnatur 7 (45 f.)
- Rechtswirkungen 7 (47 ff.)
- regionaler ~ 7 (13), 20 (22)
- Sicherung der Planung 15 (8 ff.)
- teilgemeindlicher ~ 7 (11)
- Verhältnis zum Bebauungsplan 6 (76, 105), **8 (31 ff.)**, 10 (28), 12 (25 ff.), 23 (5)
- Verhältnis zur Fachplanung 5 (23)
- Verhältnis zur Planung der Nachbargemeinden 5 (74)
- Verhältnis zur Raumordnungsplanung 5 (14, 79), 20 (22)
Flächenverbrauch 6 (98, 105)
Feinsteuerung 9 (100)
Ferienhaus(gebiete) **9 (72)**, 27 (15)
Fertiggarage 22 (15)
Festsetzungen 8 (9 ff.), 9 (1 ff.)
Festsetzungsfindungsrecht 5 (20), 9 (5), 10 (31)
Feststellungsklage 7 (53 f., 56)
Fluchtliniengesetz 2 (4)
Flughafen 22 (5)
Flurbereinigung 18 (2)
Föderalismusreform 3 (4, 10 f.), 5 (67), 20 (4 f.)
Folgeeinrichtungen 30 (56)
Folgekostenvertrag 11 (**8**, 26)
Folgenbeseitigungsanspruch 9 (151)
Formfehler 12 (3 ff.)
Forstwirtschaft 27 (12) *siehe i Ü. Landwirtschaft*
Freiberufler 9 (88 ff.)
Freimachen von Grundstücken 30 (48)
Freizeitanlagen 9 (151 ff.)
Fremdenverkehrsgebiete 4 (35), **16 (10 ff.)**
Fremdkörper 26 (20)
Fremdkörperfestsetzung 9 (120)

Funkstellen 27 (54)
Funktionsschwächesanierung 30 (12)

Garagen 9 (**84 ff.**, 157)
Garagengeschosse 9 (**87**, 136)
Garten 9 (179)
Gartenbaubetriebe 9 (54), 27 (18)
Gebietscharakter
- Änderung durch Entwicklungssatzung 26 (11)
- Störung durch unpassende Vorhaben 24 (4)
- Wahrung durch planerische Festsetzungen 9 (2), 23 (8)
Gebietsveränderung 7 (5, 11), 8 (45)
Gebote, städtebauliche 34 (1 ff.)
Gefahrenabwehr 3 (14), **9 (193 ff.)**
Gegenstromprinzip 20 (17, 23)
Gehrechte **9 (165)**, 13 (13)
Gemeinbedarfsflächen/Gemeinbedarfsanlagen
- Befreiung von Festsetzungen 24 (26 f.)
- im Bebauungsplan 9 (158)
- im Flächennutzungsplan 7 (28)
- Kosten 11 (8)
- im Sanierungsgebiet 30 (56)
Gemeindenachbarklage 5 (83)
Gemeindesatzungen *siehe Satzungen*
Gemeindeverbände 6 (9 f.)
Gemeinschaftsanlagen 9 (125, **155,** 157)
Gemeinwohl
- als Enteignungszweck 4 (14), 19 (2, 16, 43, 47), 31 (18), 34 (25)
- als Sanierungsgrund 4 (33), 30 (36)
- Sozialgebundenheit des Eigentums *siehe Eigentum → Sozialpflichtigkeit*
- sozialgerechte Bodennutzung 5 (61 f., **63**)
- als Zweck der Ausübung des Vorkaufsrechts 17 (2, 18, 20, **23,** 25)
- als Zweck der Befreiung von Festsetzungen 24 (9, 11 ff.)
- als Zweck der Bildung von Planungsverbänden 6 (11)
- als Zweck des öffentlichen Baurechts 2 (1)
- als Zweck des Stadtumbaus 32 (5 f.)
Genehmigungsfreistellung 3 (15), 15 (12)
Gesamtplanungsrecht 20 (1)
Geschäfts- und Bürogebäude 9 (49)
Geschoss(flächen) **9 (131 ff.)**
- Addierung von ~ 9 (16)
- Begrenzung durch Bauleitpläne 7 (26), 9 (39, 59)
- Dachgeschosse 26 (29)
- bei großflächigen Einzelhandelsbetrieben 9 (80)
- Nebenanlagen 9 (91, 97)
- für Stellplätze und Garagen 9 (87)
- vertikale Gliederung nach ~ 9 (118)
Gesetzgebungskompetenzen
- für Enteignungen 19 (2)
- der Länder 3 (14 ff.)

Sachverzeichnis 475

– für das öffentliche Baurecht 3 (1 ff.)
– für die Raumordnung 3 (10 ff.), 20 (5 ff.)
– für die Stadtentwicklungsplanung 5 (86)
Ghettobildung 32 (2)
Gewächshäuser 27 (18)
Gewerbebetriebe
– im besonderen Wohngebiet 9 (39)
– Entschädigung für planerische Eingriffe 13 (11, 17)
– Erweiterung 27 (74)
– als Gegenstand der Enteignung 19 (15)
– im Gewerbegebiet 9 (62 ff., 115)
– im Industriegebiet 9 (65 ff.)
– im Kerngebiet 9 (58)
– im Mischgebiet 9 (47, 51, 108)
– im unbeplanten Innenbereich 26 (36)
– Vergnügungsstätten als ~ 9 (58)
– Werbeanlagen 9 (93)
– zugeordnete Bürogebäude 9 (49)
Gewerbegebiete 9 (**62 ff.**, 93, 115)
Gewichtungsprivileg *siehe Optimierungsgebot*
Gleichheitsgebot 4 (6), 15 (12), 19 (30)
Gliederung 9 (115 ff.)
Großhandel 9 (82)
Grenzabstände *siehe Abstandsflächen*
Grenzlegung 18 (14)
Grundbuch
– Eintragung von Dienstbarkeiten 9 (165)
– einzutragende Belastungen 30 (23)
– Enteignungsvermerk 19 (44)
– Entwicklungsvermerk 31 (8)
– Grundbuchsperre 17 (27), 30 (18)
– Grundstücksteilung 16 (3 f.)
– Rückauflassungsvormerkung 31 (26)
– Sanierungsvermerk 30 (17)
– Umlegungsvermerk 18 (8)
– Vormerkung 17 (29), 30 (23)
– Wohnungseigentum und Teileigentum 16 (13), 33 (20)
Grunderwerbsrecht 17 (35)
Grundfläche 9 (124 ff.)
Grundstücksfläche, überbaubare 9 (143 ff.)
Grundstückteilung 16 (2 ff.)
Grünflächen 7 (**31**), 9 (153, **174 ff.**)
Gutachterausschuss 19 (25, 43), 30 (30), 31 (19)

Hafengebiet 9 (76)
Handelsbetriebe 9 (56, **77 ff.**, 112)
Handwerksbetriebe 8 (11), 9 (11, **32 ff.**), 26 (36)
Härte, offenbar nicht beabsichtigte 24 (17 ff.)
Hauptstadtausbau 5 (47), 31 (3) *siehe auch Stadtstaaten*
Hausgruppe 9 (139)
Heizungsanlagen 9 (198)
Hochwasserschutz *siehe Überschwemmungsgebiete*

Immissionsschutz 9 **(193)**
– als Abwägungsmaterial 5 (52, 57), 6 (58)
– im Außenbereich 27 (44)
– als Bindung der Planungshoheit 5 (22 f.)
– im Dorfgebiet 9 (43)
– in der Flächennutzungsplanung 7 (34)
– im Gewerbegebiet 9 (64, 115)
– bei großflächigen Einzelhandelsbetrieben 9 (80)
– Schallschutz 9 (53)
– durch Schutzflächen 9 (192)
– bei Spiel- und Sportstätten 9 (151)
– Störanfälligkeit 23 (21 ff.)
– bei Verkehrsflächen 9 (169)
– durch Waldgebiete 7 (36)
Immobilienwertermittlungsverordnung **3 (8)**, 19 (24), 30 (30)
Individualsperre 14 (9)
Industriegebiet 8 (34), 9 (63, **65 ff.**)
Informationstechnologien 6 (62)
Infrastruktur **7 (27 ff.)**, 16 (11)
Inhalts- und Schrankenbestimmungen 4 (4 ff., 24 ff.)
– Abmilderung durch Ausgleichsansprüche 13 (2)
– Preislimitierung im Sanierungsgebiet als ~ 30 (30)
– Veränderungssperre als ~ 14 (26)
– Vorkaufrecht als ~ 17 (23)
– Umlegung als ~ 18 (6, 9)
– Zurückstellung der Baugenehmigung als ~ 15 (11)
Innenbereich **26 (1 ff.)**
– Abgrenzung zum Außenbereich 27 (3, 76)
– Außenbereichsinseln 6 (99)
– Baugebote 34 (8)
– Beeinflussung durch Eignungsgebiete 27 (66)
– Enteignung 19 (6)
– Entstehung aus Splittersiedlung 27 (53)
– Erschießung 29 (13, 18)
– Festsetzungen zur Innenentwicklung 9 (200)
– großflächige Handelsbetriebe 9 (78)
– Steuerung durch Veränderungssperren 14 (21)
– überbaubare Grundstücksflächen 9 (143)
– Umlegung 18 (6)
Innenentwicklung 9 (200), 31 (3), 32 (18) *siehe auch Bebauungsplan → der Innenentwicklung*
Innovationsbereiche 32 (20)
Instandsetzung 4 (22)
Instandsetzungsgebot 34 (10 ff.)
Investitionserleichterungs- und Wohnbaulandgesetz 2 (9), 31 (2)
IWU-Richtlinie 2 (12)

Junktimklausel 4 (8)

Karten **7 (3), 8 (3),** 18 (8, 12)
Kaufkraftabfluss 26 (44, 47)
Kaufpreis 17 (30 ff.)
Kaufpreislimitierung 30 (30), 31 (9)
Klärgrube 29 (14)
Kleingärten 9 (179)
Kernenergie 27 (33)
Kerngebiete 9 (**56 ff.,** 78, 119), 23 (17)
Kleinsiedlungsgebiete 9 (**19 ff.,** 26, 102)
Kleintierhaltung 9 (91)
Klimaschutz *siehe Umweltschutz*
Klimaschutzvertrag 11 (9)
Kommunalaufsicht *siehe Aufsichtsbehörde*
Konfliktbewältigung
– durch Außenbereichssatzung 27 (80)
– durch Bauleitplanung 5 (27, **69**), 9 (120), 12 (41)
– Konfliktvermeidung durch Unzulässigkeit von Vorhaben 23 (21)
– durch Raumordnung 20 (14), 21 (9)
Kontrahierungszwang 32 (12)
Konversionsflächen 6 (99)
Konzentrationsfläche 15 (8 f.), **27 (64 ff.)**
Kooperation
– Kooperationsprinzip 32 (12)
– mit Privaten 2 (11), 5 (29), 6 (14), 8 (30), **10 (1 ff.), 11 (1 ff.),** 12 (9), 20 (33, 38 f.), 30 (44), 31 (10), **32 (18 ff.)** *siehe auch Vertrag*
– zwischenstaatliche ~ 6 (66), 20 (47)
Koppelungsverbot 11 (12 f.)
Kraftfahrzeugreparaturwerkstatt 9 (52)
Kraft-Wärme-Kopplung 11 (9)
Kreislaufwirtschafts- und Abfallgesetz 5 (22), 7 (30)
Kreuzbergurteil 2(4)
Kulturlandschaft 27 (72)
Kurgebiet 9 (76)

Laden
– im allgemeinen Wohngebiet 9 (30)
– im Gewerbegebiet 9 (63)
– großflächige Einzelhandelsbetriebe 9 (77 ff.), 26 (44)
– im Mischgebiet 9 (50)
– im unbeplanten Innenbereich 26 (36)
Landbeschaffungsgesetz 24 (33)
Landesnaturschutzrecht 3 (18)
Landesplanungsrecht 3 (17), 5 (17), 20 (20), 21 (7)
Landschaftspläne 6 (32), 7 (37), 27 (43)
Landschaftsschutz
– als Abwägungsmaterial 5 (**39 ff.,** 50, 61)
– im Außenbereich 27 (51)
– durch Festsetzungen im Bebauungsplan 9 (187 ff.)
– Flächen zum ~ **7 (37),** 8 (33)
– im unbeplanten Innenbereich 26 (40)
Landwirtschaftsbetriebe
– im Außenbereich 27 (7 ff.)

– im Bebauungsplan 9 (186)
– im Dorfgebiet 9 (43 f., 116)
– Emissionen 23 (23)
– im Flächennutzungsplan 7 (36)
– Nutzungsänderung 27 (69)
Laube 9 (179)
Legitimation 32 (20)
Leistungsklage 10 (25), 17 (26)
Leitungen **9 (163, 165),** 13 (13)
Liebhaberei 27 (29)
Luftverschmutzung 9 (198)

Mängel
– eines Bauleitplans *siehe Planungsmängel*
– einer baulichen Anlage 34 (11)
Maßnahmengesetz zum Baugesetzbuch 2 (9)
Mediator 6 (14)
Mehrwertverzicht 24 (27)
Mietspiegel 33 (22)
Milieuschutzsatzung 33 (3, **20 ff.**)
Ministerkonferenz für Raumordnung 20 (46), 21 (16)
Mischgebiete 9 (**47 ff.,** 58, 108, 118)
Mischnutzung 9 (41 ff.)
Missstände **30 (4 ff.),** 32 (16), 34 (11)
Modernisierung 4 (22), 30 (54)
Modernisierungsgebot 34 (10 ff.)
Monitoring 6 (**84 ff.,** 91)
Musterbauordnung 2 (8), 3 (14)

Nachbargemeinden
– Beeinträchtigung durch Einzelhandelsbetriebe 9 (81), 26 (44 ff.)
– Beteiligung an der Bauleitplanung von ~ 5 (73 ff.), 6 (53), 10 (26)
– Betroffenheit durch Außenbereichsvorhaben 27 (57)
– mehrgemeindlicher Flächennutzungsplan 7 (12)
– Rechtsschutz der ~ 5 (82 f.), 7 (56)
Nachbargrundstücke 9 (139)
Nachbarklage 8 (53), 27 (56)
Nachbarrecht 1 (5)
Nachbarschutz
– bei Ausnahmen von Festsetzungen 24 (5)
– durch Baugrenzen 9 (145)
– bei Befreiungen von Festsetzungen 24 (24)
– durch faktische Baugebiete 26 (43)
– durch Festsetzungen im Bebauungsplan 9 (2), 23 (5)
– durch gemeindliches Einvernehmen 28 (2)
– gegen störanfällige Anlagen 23 (23)
– bei Vorabzulassungen 25 (17)
Nachbarstaaten 6 (65 ff.)
Nachbarwiderspruch 24 (7)
Nachhaltigkeit 5 (37, **62**), 6 (18, 28)
Nahversorgung 9 (30)
Natura-2000 20 (30), 26 (41), 27 (81)
Naturgewalten 7 (40), 8 (17)

Naturschutz *siehe auch* Umweltschutz und
  Landschaftsschutz
– als Abwägungsmaterial 5 (39 ff.)
– im Außenbereich 27 (46 ff.)
– Erhaltung von Pflanzen 9 (182)
– Flächen zum Zwecke des ~ 7 (37)
– im unbeplanten Innenbereich 26 (40 ff.)
Naturschutzverbände 6 (40)
Nebenanlagen **9 (91 ff.)**
– außerhalb der überbaubaren Grundstücksflächen 9 (147)
– freizeitbezogene ~ 9 (152)
– im reinen Wohngebiet 9 (24)
– Stellplätze und Garagen als ~ 9 (84)
– zur Ver- oder Entsorgung 9 (162)
Negativplanung 5 (13), 8 (12)
Negativzeugnis 17 (27), 30 (17)
Neuordnung 31 (24)
Normenkontrolle 5 (83), 6 (46), 7 (53, 55 f.), 8 (53), 9 (201), 12 (24, 43), 14 (14, 32), 25 (17), 27 (84), 31 (8), 33 (13)
Normverwerfungskompetenz 6 (96), 20 (34)
Nutzungsänderung 22 (17)
– Bestandsschutz 4 (22), 27 (69)
– bei erhaltenswerten Gebäuden 27 (72)
– Genehmigungsbedürftigkeit 27 (6, 38)
Nullvariante 6 (21, 26)
Nutzungsbeschränkungen 1 (6), 13 (17), 24 (19)
Nutzungsgebot **34 (7)**
Nutzungsmaße
– im Bebauungsplan **9 (122 ff.)**, 23 (4)
– als Bindung der Planungshoheit 5 (20)
– Einschränkung durch Funktionslosigkeit des Bebauungsplans 6 (109)
– im Flächennutzungsplan 7 (26), 8 (33)
– bei Gemeinbedarfsflächen 9 (158)
– als Kriterium für das Einfügen in die nähere Umgebung 26 (29)
– Regelung durch Außenbereichssatzung 27 (83)
– bei Versorgungsflächen 9 (162)
Nutzungsrechte
– Aufhebung bei Rückbau und Entsiegelung 34 (16)
– von der Baufreiheit abgeleitete ~ 1 (3)
– befristete ~ 8 (15)
– dingliche ~ für Geh-, Fahr- und Leitungsmöglichkeiten 13 (13)
– Übergang bei Umlegung 18 (12)
Nutzungsregelungen 8 (22), **9 (2 ff.)**, 27 (47 f.)
Nutzungsuntersagung 4 (19), 5 (82)
Nutzungsvermischung 9 (119)

Obdachlosenheime 9 (35)
Öffentlichkeitsbeteiligung *siehe* Beteiligung
Öffentlichkeitsbeteiligungsrichtlinie 6 (36)
Öko-Konto 5 (40)
Opfergrenze 13 (8)

Optimierungsgebot 5 (56 ff.), 6 (58)
Ortsbild 9 (136), **26 (39)**, 27 (51), 33 (17)
Ortsgebundenheit 27 (19 ff.)
Ortsteil
– Entwicklungsförderung 31 (2 f.)
– Innenentwicklung 6 (99)
– durch Satzung begrenzter oder bestimmter ~ 26 (9 ff.)
– im Zusammenhang bebauter ~ **26 (4 ff.)** *siehe i. Ü.* Innenbereich

Parallelverfahren 6 (76), 8 (26, **36 ff.**, 43 f.)
Parkanlagen 9 (178)
Pflanzgebot 9 (181 f.), **34 (14)**
Photovoltaikanlagen 27 (30)
Planänderungsverfahren 8 (50), 9 (8), 13 (22)
Planaufhebungsverfahren **6 (97)**, 12 (51)
Planaufstellungsbeschluss 6 (**15 f.** 39), 14 (7 f.), 15 (9), 25 (4)
Planaufstellungsverfahren **6 (1 ff.)**, 11 (6), 12 (17)
Planergänzung 7 (8)
Planergänzungsbestimmungen 8 (3)
Planerhaltung **12 (1 ff.)**, 20 (41)
Planfeststellungsverfahren/Planfeststellungsbeschluss 5 (23, 69, 80), 7 (50), 22 (4 ff.), 28 (10)
Plangewährleistungsanspruch 13 (16)
Plankonzentration 8 (8)
Planmäßigkeitsgebot 5 (8)
Planungsanspruch 5 (10 f.), 6 (16), 10 (10), 11 (6)
Planungsamt/Planungsbehörde 6 (14, 40)
Planungsgrundsätze 5 (8, 55, **60 ff.**)
Planungshoheit, gemeindliche **5 (1 ff.)**, 6 (3)
– Beeinträchtigung durch Bauten des Bundes und der Länder 24 (32)
– als Grundlage für städtebauliche Gebote 34 (17)
– der Nachbargemeinden 6 (53)
– Sicherung 14 (1), 26 (2), 28 (2 f.)
Planungskataster 7 (18)
Planungskonzept
– Alternativenprüfung 6 (21)
– bei Eignungsgebieten 27 (67)
– für Entwicklungsgebiete 31 (11)
– Flächennutzungsplan als ~ 7 (6)
– als Grundlage der Bebauungsplanung 5 (8, 12)
– nachträgliche Änderung 14 (8)
Planungskosten
– bei Bauten des Bundes und der Länder 24 (28)
– bei vorhabenbezogenen Bebauungsplänen 10 (8, 17, 20, 26)
Planungsleitlinien 5 (36, 55, 60)
Planungsmängel 12 (1 ff.)
Planungsmaterial 6 (38, 40)
Planungspflicht 5 (7 ff.), 26 (44)

Planungsschaden 8 (15), 13 (2) *siehe auch Ent-
 schädigung*
Planungsverband **6 (11)**, 7 (12 f.), 20 (22)
Planungsverfahren 6 (13 ff.)
Planverwirklichungsgebote *siehe Gebote,
 städtebauliche*
Planverwirklichungsinteresse 34 (19)
Planungsziele 5 (13, 60)
Planungszuständigkeit 6 (3 ff.)
Planreife
– des Flächennutzungsplans im Parallelver-
 fahren 8 (39)
– Sicherungsbedürfnis 15 (6)
– als Voraussetzungen für Vorabzulassungen
 10 (35), 25 (5, 7, 15)
Planzeichenrecht **3 (7)**, 7 (3, 28), 8 (3)
Positivfestlegungen 1 (7)
Präklusion 6 (46, **63 f.**, 90, 106)
Preisermittlungsstichtag 19 (21, 25)
Preußisches Baurecht 2 (2 ff.)
Privatrecht
– bürgerlich-rechtlicher Unterlassungsanspruch 9 (151)
– als Ergänzungsordnung 1 (9)
– freiwillige Umlegung 18 (13)
– als Gestaltungsalternative 1 (7)
– Grundstücksgeschäfte im Sanierungsgebiet
 30 (21 ff.)
– privatrechtliche Rechtswirkungen des Vorkaufsrechts 17 (29)
– bei städtebaulichen Verträgen 11 (18)
– vermögenswerte Rechte des ~ als Schutzgut
 der Eigentumsfreiheit 4 (11)
Prognosen
– über die Bedürfnisse einer Gemeinde 7 (18)
– bei der Ermittlung abwägungsrelevanter Belange 5 (53)
– über die Erschließung von Grundstücken
 29 (15)
– über die Plankonformität eines Vorhabens 8
 (39), 25 (7)
– über Umweltauswirkungen 6 (26)

Qualitätsstichtag 19 (22)

Radaranlagen 27 (54)
Raumordnung **20 (2 ff.)**
– Raumordnungsgesetz 3 (9 ff.)
– Raumordnungsgrundsätze 20 (37)
– Raumordnungspläne 3 (9), 5 (84), **20 (22 ff.)**
– Raumordnungsverordnung 21 (8)
– Raumordnungsziele 5 (14 ff., 84), 9 (80 f.),
 20 (33 ff.), 27 (62)
– regionaler Flächennutzungsplan 7 (13), 20
 (22)
– Verhältnis zur Bauleitplanung 7 (2)
– Verfahren 21 (7)
Reallast 5 (41)
Rechtmäßigkeitskontrolle
– bei der Genehmigung von Bauten des Bundes oder eines Landes 24 (33)
– bei der Genehmigung von Bebauungsplänen
 6 (77), 10 (28)
– bei der Genehmigung von Flächennutzungsplänen 6 (73)
– im Zusammenhang mit Veränderungssperren 14 (9)
Rechtsquellen des Baurechts 3 (1 ff.)
Rechtsschein beim schwebend unwirksamen
 Bebauungsplan 12 (51)
Rechtsschutz
– gegen Bebauungspläne 8 (53)
– zur Durchsetzung der gemeindlichen Planungshoheit 5 (81 ff.)
– zur Durchsetzung von Entschädigungsansprüchen 13 (25)
– gegen Enteignungen 19 (48 f.)
– gegen Erhaltungssatzungen 33 (13)
– gegen Flächennutzungspläne 7 (53 ff.)
– beim gemeindlichen Einvernehmen 28 (15)
– gegen Maßnahmen der sozialen Stadt 32
 (17)
– gegen städtebauliche Gebote 34 (2)
– bei Vorabzulassungen 25 (17)
– gegen Vorkaufsrechte 17 (34)
– gegen Zurückstellung und vorläufige Untersagung von Baugesuchen 15 (13)
Rechtsstaat(sprinzip) 5 (27), 6 (83), 30 (30)
Regelbebauung 9 (6)
Regionalplan 20 (20, 22)
Reichsstädtebaugesetz 2 (6)
Relevanz, bodenrechtliche 22 (13)
Repowering 8 (15)
Reprivatisierung 17 (35)
Risikobewertung 6 (28)
Risikogebiete 7 (43), 8 (20)
Rückbaugebot 34 (6, **15 f.**)
Rücksichtnahmegebot
– bei Ausnahmen von Festsetzungen 24 (5)
– Auswirkungen auf die Zulässigkeit von Vor-
 haben 23 (18, 21)
– im Außenbereich 27 (56)
– bei Betriebswohnungen im Industriegebiet 9
 (68)
– bei Sportstätten 9 (151)
– bei Stellplätzen und Garagen 9 (84)
– als Voraussetzung für das Einfügen in die
 nähere Umgebung 26 (33)
Rundfunkempfang 27 (54)

Sammeleingaben/Sammeleinwendungen 6
 (48)
Sammelgarage 9 (85)
Sanierung(sgebiet) **30 (2 ff.)**
– Anwendung im Anpassungsgebiet 31 (25)
– Behandlung von Baugesuchen 15 (5)
– als Beschränkung der Baufreiheit 4 (33)
– Historie 30 (1)

Sachverzeichnis 479

– Sanierungsbebauungsplan 30 (38)
– Sanierungskonzept 30 (36 f.)
– Sanierungskosten 30 (59 ff.)
– Sanierungsverdachtsgebiet 30 (10)
– Sanierungsvertrag 30 (44)
– Verhältnis zur Veränderungssperre 14 (31)
– Vorkaufsrecht 17 (10)
– zum Zwecke der Innenentwicklung 31 (3)
Satzungen 3 (20)
– Abgrenzungssatzung *siehe Klarstellungssatzung*
– Abrundungssatzung 13 (17)
– Außenbereichssatzung 27 (75 ff.)
– Bebauungspläne als ~ 6 (68, 70), 8 (51)
– Entwicklungssatzung 26 (11), **31 (8)**
– Erhaltungssatzung 13 (17), 17 (11), 19 (9, 41), **33 (5)**
– Fremdenverkehrssatzung 16 (11)
– Gestaltungssatzung 9 (200)
– Klarstellungssatzung 26 (10)
– Mängel 12 (1 ff.)
– Sanierungssatzung 14 (31), 30 **(11 ff.)**
– Satzungsvorkaufsrecht 17 (16 ff.)
– Veränderungssperre als ~ 14 (11 ff., 27)
– Verbandsatzungen von Planungsverbänden 6 (11)
– Vorhaben- und Erschließungsplansatzung 10 (2, 24)
– im Zusammenhang mit Stadtumbaumaßnahmen 32 (13 f.)
Schank– und Speisewirtschaft 9 (25, **31**)
Schutzflächen/Schutzgebiete 9 (169, **190 ff.**), 27 (47)
Schweinestall 23 (19)
Scoping 6 (**29**, 50), 10 (26)
Selbstverwaltung, gemeindliche 5 (**4**, 67), 29 (4)
Sicherheiten 10 (17, 21)
Sicherungsbedürfnis 14 (9), 15 (6)
Siedlungskern 27 (76)
Siedlungsstruktur 5 (62), 26 (2, 8), 27 (3, 53)
Situationsgebundenheit *siehe Eigentum → Situationsgebundenheit*
Solarenergie 9 (199), 11 (9)
Sollanspruch 18 (11)
Sondergebiete 9 (**69 ff.**, 88, 156, 158)
Sortimentsbeschränkungen 9 (81, 112)
Sozialgebundenheit des Eigentums *siehe Gemeinwohl → Sozialgebundenheit des Eigentums*
Sozialplan 30 (**39 ff.**), 33 (24)
Spielhalle 9 (58), 23 (17)
Spielplätze 9 (23, **151 ff.**)
Splittersiedlung 26 (8), **27 (53)**
Sportanlagen 9 (63, 151, **153 f.**)
Stadt, soziale 32 (15 ff.)
Städtebauförderungsgesetz 2 (8), 31 (2)
Städtebauförderungsmittel 30 (59 f., 62)
Städtebaugesetz 2 (5)

Stadtentwicklungsplanung 5 (85)
Stadtstaaten 6 (5), 8 (53), 21 (7 f.) *siehe auch Hauptstadtausbau*
Stadtumbau 17 (11), 19 (10), **32 (4 ff.)**
Standortentwicklung 32 (3)
Standortkonzept 20 (44)
Stellplätze 9 (**84 ff.**, 157)
Stoffe, luftverunreinigende 9 (198)
Störanfälligkeit 23 (21 ff.)
Straßen
– Entlastung 9 (84)
– als Erschließungsanlage 9 (165), 11 (26), 29 (13)
– Straßenbaulast 29 (4, 9)
– Straßenbauprogramm 29 (6)
– Straßenbegrenzungslinie 9 (125)
– Straßenplanung 9 (170 f.)
SUP-Richtlinie
– Auswirkungen auf das deutsche Recht 2 (13)
– Auswirkungen auf das Raumordnungsplanungsverfahren 20 (27)
– Öffentlichkeitsbeteiligung 6 (36)
– Zulässigkeit von Planerhaltungsregeln 12 (57)
Surrogationsprinzip 18 (12)

Tankstellen 9 (54, 58, 60, 63)
Teilflächennutzungsplan 7 (5, **10**), 15 (8)
Teilplanreife 25 (7)
Teilungsgenehmigung 16 (2 ff.)
Territorialitätsgrundsatz 6 (66)
Tiefgaragen 9 (133)
Tiere 26 (42), 27 (31)
Trennungsgebot 5 (57)
Typenzwang 9 (5 ff.)

Übermaßverbot *siehe Verhältnismäßigkeit*
Übernahmeanspruch
– wegen Baugeboten 34 (9)
– wegen Erhaltungsschutz 33 (19)
– wegen fremdnützigen Festsetzungen 13 (11)
– wegen Milieuschutz 33 (23)
– wegen Rückbau- und Entsiegelungsgeboten 34 (16)
– im Sanierungsgebiet 30 (34)
Überörtlichkeit 22 (5)
Überschwemmungsgebiete
– Flächen zum Hochwasserschutz 7 (32)
– nachrichtliche Übernahme 7 (43), 8 (20)
– Planverbot 5 (21)
– Vorkaufsrechte 17 (14)
Überwachungssysteme 6 (85), 12 (31)
Umgebung, nähere 26 (16)
Umlegung **18 (1 ff.)**
– zur Begründung von Geh-, Fahr- und Leitungsrechten 9 (165)
– Rechtsnatur des Verfahrens 1 (11)
– Umlegungsmasse 18 (10 ff.)

– Umlegungsplan 18 (12)
– Verhältnis zur Enteignung 9 (17)
– Vorkaufsrechte zum Zwecke der ~ 17 (9, 26)
Umweltschadensgesetz 26 (40)
Umweltschutz
– als Abwägungsmaterial 5 (34 f., **36 ff.**, 61 f.), 6 (102)
– beim Bebauungsplan der Innenentwicklung 6 (105)
– durch Fachplanung 5 (22)
– Flächen zum Zwecke des ~ 7 (34), 9 (190 ff.)
– durch Festsetzungen im Bebauungsplan 9 (187 ff.)
– Klimaschädlichkeit als Missstand 30 (6)
– Luftreinhaltung 9 (198)
– Monitoring 6 (84 ff.)
– als Planungsziel 5 (65 ff.)
– private Initiativen 32 (18)
– unionsrechtliche Vorgaben 2 (11 ff.)
Umweltverträglichkeitsprüfung/Umweltbericht 6 (**17 ff.**, 69)
– Auslegung mit dem Planentwurf 6 (43, 61 f.)
– Behördenbeteiligung 6 (54)
– im beschleunigten Verfahren 6 (104 ff.), 12 (34 ff.)
– Monitoring 6 (85 f.)
– Überlagerung sonstiger Ermittlungsregeln 5 (50)
– unionsrechtliche Hintergründe 2 (11 ff.)
– im vereinfachten Verfahren 6 (89, 91, 94)
– als verfahrensrechtliche Schranke der Planungshoheit 5 (18)
– beim vorhabenbezogenen 10 (26)
Unionsrecht **2 (11 ff.)**, 5 (18, 35)
– europäische Raumordnung 20 (46 f.)
– FFH- und Vogelschutzrichtlinie 5 (44)
– Grenzwerte für Immissionen 5 (22)
– rückwirkende Inkraftsetzung von Bauleitplänen 12 (54)
– Umweltprüfung 6 (17 ff.)
– Vergaberecht 11 (16)
– Zulässigkeit von Planerhaltungsregeln 12 (56 f.)
Unterhaltsarbeiten 30 (20)
Unterhaltungslast 11 (26)
Untersagungsverfügung 14 (14), **15 (12)**
UVP–Richtlinie 6 (22), 12 (36), 21 (7)

Veränderungssperre **14 (1 ff.)**
– bei erteiltem Einvernehmen 28 (14)
– gemeindliches Einvernehmen 28 (8)
– als Hindernis für die Zurückstellung von Baugesuchen 15 (4)
– als Inhalts- und Schrankenbestimmung 4 (30)
– qualifizierter Bebauungsplan als faktische ~ 29 (18)
– durch Umlegungsbeschluss 18 (8)
Verfahrensfehler 12 (3 ff.)

Verfassungsrechtlicher Standort des Baurechts 4 (1 ff.)
Verfügungssperre 18 (8)
Vergaberecht 11 (14 ff.), 32 (21)
Vergleichswertverfahren 19 (24)
Vergnügungsstätten 9 (46, 54 f., 58, 64)
Verhältnismäßigkeit
– als Abwägungskriterium 5 (25)
– bei der Beseitigung von Vorhaben 14 (18)
– bei der Durchsetzung städtebaulicher Gebote 34 (23)
– bei Eingriffen in das Eigentum 4 (7, 15, 27), 13 (11)
– bei Enteignungen 19 (17)
– bei städtebaulichen Verträgen 11 (11)
– bei der Übertragung von Planungszuständigkeiten 6 (10)
– beim Umfang der Erschließung 29 (11)
– bei Umlegungen 18 (6)
– bei der Untersagung raumordnungswidriger Planungen 21 (5)
– Zumutbarkeitskorrektiv bei der Umweltprüfung 6 (20, 29)
Verkehr 9 (84), 29 (6, 13)
Verkehrsflächen
– im Bebauungsplan 9 (167 ff.)
– im Flächennutzungsplan 7 (29)
– als Voraussetzung des qualifizierten Bebauungsplans 8 (28), 23 (4)
Verpflichtungsklage 6 (75), 7 (57), 25 (17), 28 (15)
Versorgungsbereiche
– im Bebauungsplan der Innenentwicklung 6 (88)
– besondere Festsetzungsbefugnisse 9 (200)
– Gefährdung durch Planungen der Nachbargemeinde 5 (83)
– als öffentlicher Belang in der Abwägung 5 (35)
– Schutz vor schädlichen Auswirkungen 26 (44 ff.)
Versorgungsflächen 7 (30), 9 (160 ff.)
Vertrag 11 (1 ff.)
– Abwendungsvereinbarung 17 (25 f.), 32 (22)
– über Ausgleichsmaßnahmen 5 (41)
– Bauplanungsvertrag *siehe Bauplanungsvertrag*
– Baurealisierungsvertrag *siehe Baurealisierungsvertrag*
– Durchführungsvertrag zum vorhabenbezogenen Bebauungsplan 8 (30), 10 (2, 9, 12, **14**)
– Erschließungsvertrag *siehe Erschließung* → *Erschließungsvertrag*
– Folgekostenvertrag *siehe Folgekostenvertrag*
– als Indiz für ein Abwägungsdefizit 12 (8)
– Kaufvertrag 17 (3 ff.)

– Klimaschutzvertrag *siehe Klimaschutzvertrag*
– Neuordnung von Grundstücksverhältnissen durch ~ 8 (13)
– Sanierungsvertrag *siehe Sanierung → Sanierungsvertrag*
– Stadtumbauvertrag 32 (12)
– vertraglicher Planungsanspruch 5 (10), 11 (6)
– Vorfinanzierungsvertrag *siehe Vorfinanzierungsvertrag*
– Werkvertrag 29 (8)
Verträglichkeitsprüfung 5 (45 f.)
Vertrauensschutz
– durch Bebauungspläne 6 (107)
– gegen Bebauungspläne 13 (20 ff.)
– Erschließungspflicht wegen ~ 29 (17)
– gegen Veränderungssperren 14 (19)
– bei zeitlich begrenzten Festsetzungen 8 (15)
Verunstaltung 26 (39), 27 (46)
Verunstaltungsgesetze 2 (4)
Verwaltungsermessen *siehe Ermessen*
Verwaltungsgebäude 9 (49, 54), 24 (28 ff.), 30 (56)
Verwaltungsrechtsweg 6 (75), 11 (19), 17 (26)
Verwaltungszwang 18 (12), 19 (46), 34 (15 f., 23 f.)
Verwendungsfrist 19 (45, 50)
Verwendungsverbote 9 (198 f.)
Vogelschutzgebiete **5 (43 ff.)**
– bei Bebauungsplänen der Innenentwicklung 6 (104)
– als Gesichtspunkt in der planerischen Abwägung 5 (36)
– unionsrechtliche Grundlagen 2 (11)
– im vereinfachten Verfahren 6 (89, 94)
Vollgeschosse 7 (26), **9 (136)**
Vorabzulassung 25 (1 ff.)
Vorausbildung 5 (29 ff.)
Vorbehaltsgebiete 20 (25)
Vorbelastung 23 (23)
Vorfinanzierungslast 11 (27)
Vorfinanzierungsvertrag 11 (25)
Vorhaben, planungsrechtlich relevantes 22 (2 ff.)
Vorhaben- und Erschließungsplan 10 (2, 10 ff., 32), 23 (14)
Vorkaufsrecht 17 (1 ff.)
– als Beschränkung der Baufreiheit 4 (31)
– im Entwicklungsbereich 31 (17)
– Rechtsform der Umsetzung 1 (11)
– im Sanierungsgebiet 30 (16, 30)
– Umgehungsgeschäft 17 (4)
– Verhältnis zum vorhabenbezogenen Bebauungsplan 10 (25)
Vorranggebiete 20 (24)
Vorteilsausgleich 19 (28 ff.)

Wald **7 (36)**, 8 (33), **9 (186)**, 27 (12)

Wanderungsbewegungen 32 (2)
Wärmeversorgung 9 (198)
Wasserenergie 27 (30)
Wasserflächen 7 (32), 9 (184)
Wasserhaushaltsgesetz 7 (43), 8 (20), 9 (184)
Wasserversorgung 29 (14)
Wasserwirtschaft 27 (51)
Werbeanlagen 9 (93), 23 (7)
Widerspruch 15 (13), 17 (28, 34)
Wiederaufbau 26 (7, 21)
Windhundrennen 9 (78)
Windkraftanlagen
– Außenbereichsprivilegierung 15 (8), 27 (30)
– im Flächennutzungsplan 8 (34), 14 (8)
– Konzentration in Eignungsgebieten 27 (67)
– Repowering 8 (15)
– Störung von Funk- und Radaranlagen 27 (54)
Wirtschaft 5 (34), 9 (49), 19 (16)
Wirtschaftszone, ausschließliche 20 (45)
Wochenendhaus(gebiete) **9 (71)**, 27 (15, 25)
Wohnbedarf 24 (12), 34 (19)
Wohnbevölkerung *siehe Milieuschutzsatzung*
Wohngebäude/Wohnungen *siehe auch Betriebswohnungen*
– im Außenbereich 27 (76 ff.)
– im Dorfgebiet 9 (43 f.)
– Erschließung 29 (13)
– Erweiterung 27 (5)
– freiberufliche Nutzung 9 (90)
– im Fremdenverkehrsgebiet 16 (11)
– heranrückende Wohnbebauung 23 (23)
– landwirtschaftliche Hofstelle als ~ 27 (69)
– im Kerngebiet 9 (58 ff.)
– Leerstände 32 (4, 6)
– im Mischgebiet 9 (47 ff.)
– Neuerrichtung 27 (70)
– im unbeplanten Innenbereich 26 (36)
– im Wohngebiet 9 (14 ff.)
Wohngebiet **9 (14 ff.)**
– allgemeine ~ 9 (26 ff.)
– Altlasten 5 (50)
– Begrenzung der Wohnungszahl 23 (20)
– besondere ~ 9 (38 ff.)
– horizontale Gliederung 9 (116)
– Immissionsschutz 5 (57)
– reine ~ 9 (23 ff.)
– Stellplätze und Garagen 9 (86)
– zulässige Nutzungsarten 8 (11, 33 f.)
– zulässige Nebenanlagen 9 (93, 95)
– Vorkaufsrechte 17 (12 f.)
Wohnqualität 9 (15, 132, 146), 32 (4)
Wohnungsaufsichtsgesetze 2 (14)
Wohnungsbaugesetz 9 (20)
Wohnungseigentum 4 (35), 16 (4, 10 ff.)
Wohnungsgesetz 2 (5)
Wohnverhältnisse, gesunde 26 (37 f.)
Wohnwagen 9 (73)

Zaunwerte 9 (115)
Zielabweichungsverfahren 20 (8, **36**)
Zivilrecht *siehe Privatrecht*
Zubehör 19 (12, 15)
Zurückstellung von Baugesuchen 15 (3 ff.)

Zusammenarbeit *siehe Kooperation*
Zuschnitt von Baugrundstücken 9 (150)
Zwangsgeld 34 (23)
Zweistufigkeit 8 (41 ff.)
Zweitwohnungen 16 (10 f.)